감사의 글

Fallen Giants는 1955년 케네스 메이슨의 '눈의 거처' 이후 53년(2008년) 만에 히말라야 도전의 역사를 다룬 역사서입니다. 방대한 내용으로 3년에 걸친 각고의 노력 끝에 하루재 클럽이 미국 이외의 지역에서 처음으로 번역서를 발간했습니다.
하루재 북클럽 회원이 없었다면 저는 이 한 권의 책만 발간하고 지쳐서 분명 출판사 문을 닫았을 것입니다. 그래도 후회하지 않았을 좋은 책입니다.
하루재 북클럽 회원과 번역해주신 조금희, 김동수씨와 그 이후 직간접적으로 도와주신 수많은 분들, 특히 2015년을 마지막 교정과 윤문을 해주시느라 봉사하신 한국외대 산악회 김동수씨에게 진심으로 감사의 말씀을 드립니다.

발행인 변기태 배상

머메리의 'By fair means'와 맬러리의 'Because it is there' 그 이상을 추구하는 산악인들에게 권해드립니다. 그리고 진정으로 山을 좋아하는 친구와 동료 岳友에게 이 책을 선물해주세요.

님께

드림

Fallen Giants

히말라야 도전의 역사

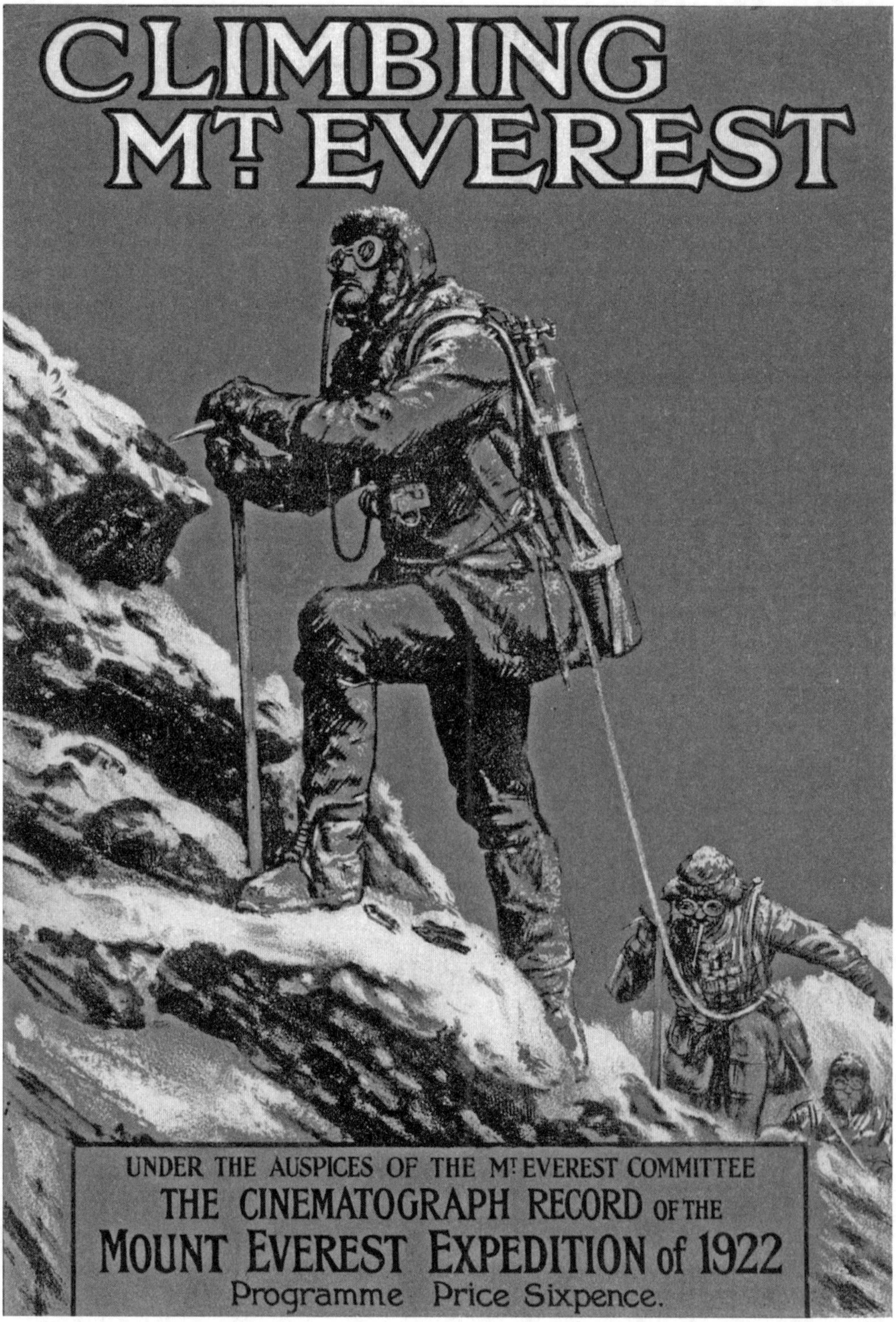

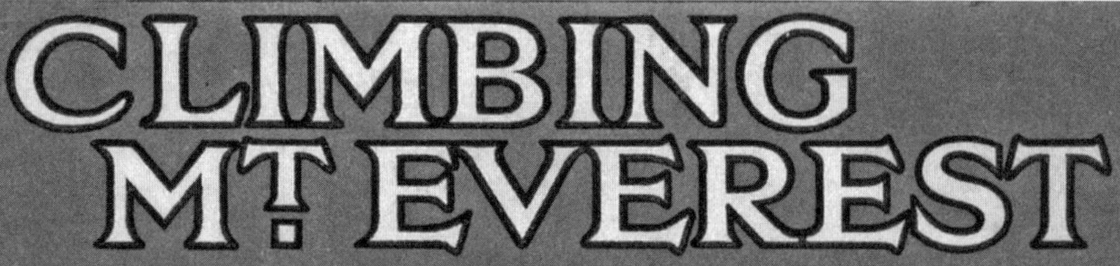

CLIMBING
M^T EVEREST
UNDER THE AUSPICES OF THE M^T EVEREST COMMITTEE
THE CINEMATOGRAPH RECORD OF THE
MOUNT EVEREST EXPEDITION of 1922
Programme Price Sixpence.

Fallen Giants

제국의 시대부터 극한등반의 시대까지

히말라야 도전의 역사

모리스 이서먼·스튜어트 위버 지음
조금희·김동수 옮김
디 몰나르 그림(지도·등반 루트 개념도)

하루재클럽

저자인 모리스 이서먼Maurice Isserman은 해밀턴대학의 제임스 L. 퍼거슨 역사학 교수이며,
스튜어트 위버Stewart Weaver는 로체스터대학의 역사학 교수이다.
또한 두 사람 모두 열성적인 등산가이다.

역자인 조금희는 서울대학교 사회교육과를 졸업 후 서울대학교 대학원 영어교육과 석사로
현재 영어 교사로 재직중이며, 김동수는 한국외대산악회원(76학번)으로
『사이코버티컬』 외 다수의 책을 번역 출간하였으며 하루재클럽 프로젝트 매니저이다.

FALLEN GIANTS – A HISTORY OF HIMALAYAN MOUNTAINEERING
FROM THE AGE OF EMPIRE TO THE AGE OF EXTREMES

에베레스트를 성공적으로 오른 이야기가 실패를 거듭한 과거의 이야기보다 더 흥미로울 것이라고 생각하지는 않는다. 인간의 발길이 닿지 않았던 정상이 함락되면 그 산과 관련된 그때까지의 여러 가지 신비와 위엄이 사라지게 된다. 그러므로 8천 미터 급 고봉 중의 하나가 함락된 이야기를 다룬 책이라면, 등산가들은 불안한 마음으로 사서 견딜 수 없는 마음으로 읽을 것이다.

틸먼H. W. Tilman의 『난다데비 등정』 중에서

차 례 CONTENTS

서문

어느 등산가의 죽음

1999년 5월 1일 정오 무렵 미국의 산악인 콘래드 앵커Conrad Anker는 에베레스트 북벽 8,230미터 지점의 경사진 이판암 바위지대 한가운데 서 있었다. 그때 30미터쯤 떨어진 곳에서 하얀 어떤 것이 어렴풋이 그의 눈에 들어왔다. 그것은 눈과 같은 하얀색이 아니라 대리석과 같은 하얀색이었다. 그는 그것이 무엇인지 알아보러 다가갔다. 그는 자신이 보고 있는 것이 죽은 사람 — 그것도 아주 오래전에 얼굴을 산의 경사면에 댄 채 엎드려 죽은 사람 — 의 시신이라는 것을 알 수 있었다. 그 시신은 오른쪽 다리와 오른쪽 팔꿈치가 모두 부러진 듯 보였고, 맨손이었으며, 추락을 막으려 했었던 듯 앞쪽으로 팔을 뻗고 있었다. 그의 허리에 감긴 면으로 된 낡은 로프가 한쪽 어깨에 얽혀있었다. 한쪽 발은 맨발이었고, 다른 쪽 발은 징이 박힌 등산화를 신고 있었다. 등 쪽으로 불어오는 바람에 입은 옷은 찢겨 날아갔지만, 남아있는 모직, 면직, 그리고 명주로 된 옷은 아주 오래전의 등산가들이 입던 스타일이었다. 그가 추락하던 날 입었던 셔츠와 재킷의 목깃이 목 주위에 남아있었다. 한쪽 목깃 안에 "G. 맬러리"라고 쓰인 이름표가 붙어있었다. 조지 맬러리George Mallory와 앤드루 어빈Andrew Irvine이 에베레스트 정상으로 향하다 실종된 1924년 6월 이후 무려 75년이 지나고 나서 마침내 맬러리의 시신이 발견된 것이다.

산악인이라면 모두 맬러리와 어빈의 도전에 깊은 경의를 표한다. 바로 그 존경심과 역사적인 호기심에서 1999년 수색 원정대가 조직되어, 맬러리의 시신을 찾는 성과를 거두었다. 앵커 일행이 맬러리의 시신을 촬영하고, 그의 주머니에서 유품을 꺼내온 것을 비판하는 사람들도 있다. 하지만 그들은 자신들이 할 수 있는 한 가장 정중하게 맬러리의 시신을 묻었다. 그들은 그의 시신을 바위로 덮고, 그의 무덤 옆에서 시편 103편을 낭송했다. "인생은 그 날이 풀과 같으며 그 영화가 들의 꽃과 같도다. …"

등산의 역사는 문헌에 풍부하게 기록되어 있는데, 맬러리의 시신을 찾은 사건을 기록한 앵커와 데이비드 로버츠의 『사라진 탐험가The Lost Explorer』(1999) 역시 그중 한 부분이다. 수많은 등산가가 좋은 등산서적을 접하고 나서 등산을 시작하게 되었다고 말하지만 놀랍게도 이 문헌들을 직접 쓴 사람들은 등산가 바로 자신들이다. 등산이란 관중이 없는 스포츠이고, 특히 히말라야에서는 승리와 비극을 목격하고 기록할 유일한 사람이 바로 등산가 자신인 경우가 많다. 다행히 최고의 히말라야 등산가들 중 작가의 재능을 겸비한 사람도 많아서 독자들에게 큰 즐거움을 준다.

바로 이런 점 때문에 우리 두 명의 역사가는 히말라야 도전의 역사를 쓰는 작업을 하기로 결심하고도 한동안 망설였다. 우리 둘은 수십 년 동안 히말라야를 비롯한 여러 산을 오르고 트레킹도 했지만, 애석하게도 우리 둘 다 이 책에서 다룰 등산가들의 관록에 감히 견주어 볼 수조차 없다. 물론 우리 중 한 명이라도 8천 미터 급 고봉을 올라보았더라면 훨씬 더 좋은 책을 쓸 수 있었을 것이다. 그러나 우리는 그 대신 실수와 판단착오를 줄이기 위해 그런 위대한 일을 해낸 분들로부터 너그럽고도 정확한 조언을 받을 수 있었다. 이 책은 그분들의 도움이 아니었다면 쓰지 못했을 것이다. 케네스 메이슨Kenneth Mason의 『눈의 거처Abode of Snow』(1955)가 고전이 된 오늘날, 메이슨의 뒤를 이어 우리가 최초로 종합적인 히말라야 도전의 역사를 쓰는 작업을 시도하게 되었는데, 역사학자로서 우리가 얻은 지식과 안목으로 다소나마 특색 있는 책이 되기를 바란다.

이 책은 영국인 역사가 에릭 홉스바움Eric J. Hobsbawm의 시대 구분에 따라 '제국의 시대age of empire'부터 '극한등반의 시대age of extremes'에 이르기까지, 즉 19세기 후반부터 현재까지의 히말라야 등반을 시간의 흐름에 따라 서술한 것이다. 우리는 케네스 메이슨과는 달리 모든 주요 히말라야 등반을 자세히 다루지는 않을 것이며, 그럴 수도 없을 것이다. 메이슨은 형편이 좋은 해라고 해봐야 1년에 대여섯 팀의 원정대가 2,400킬로미터에 달하는 히말라야 산맥 전 구간에 흩어져서 출발하던 시절에 책을 썼다. 반면 우리는 한 시즌에 같은 산, 같은 루트에서 대여섯 팀에 달하는 원정대가 등반하는 시절에 책을 쓰고 있다. 우리 책은 기존의 등산 백과사전이나 데이터베이스와 경쟁하지 않을 것이기 때문에 주목할 만한 여러 등반이 언급되지 않을 수도 있고, 책의 끝 부분에서 간단히 주석으로만 다뤄질 수도 있다. (네팔의 봉우리에 대한 보다 자세한 등반기록에 관심이 있는 분들은 리처드 살리스버리Richard Salisbury의 『히말라얀 데이터베이스—엘리자베스 홀리의 원정등반 기록 모음The Himalayan Database: The Expedition Archives of Elizabeth Hawley』(미국 알파인 클럽, 2004)을 참고하기 바란다. 또한 히말라야 전역에서 이루어진 원정에 대해 알고 싶다면 런던의 알파인 클럽이 운영하는 "히말라야 색인The Himalayan Index" 웹사이트에서 목록을 찾아보기를 권한다. (주소는 http://www.alpine-club.org.uk이다.) 우리는 등산가와 등산의 방대한 목록 가운데 주목할 만하거나 그들이 활동하던 시대와 지역을 잘 나타낸다고 생각되는 내용을 추려 수록했다.

영국인 역사가 아널드 토인비는 한때 "역사는 '일련의 대사건'으로 이루어진다."라는 견해를 비판했다. 우리도 그와 같은 입장에서 등산의 역사가 '일련의 고봉 등정을 기록'한 것 이상이 되어야 한다고 주장한다. 등산이란 일상생활과 조금 먼 곳에서 이루어지는 도전이기는 하지만, 통틀어봤을 때 세상과 아주 동떨어진 것은 아니다. 우리는 빙하나 능선, 거대한 벽에 대한 도전뿐만 아니라 150년에 걸친 히말라야 등산에서 분명하게 나타나는 문화적 가치, 기대, 갈등의 역사도 추적하려 했다.

우리는 언제 누가 어떤 루트로 어떤 산을 올랐는지에 대한 실제 기록뿐만 아니라 그 도전을 규정짓고 지탱한 '원정 문화'에 주목하고자 했다. 즉, 등반일지와 원정보고서라는 주된 사료에 그치지 않고, 가능한 한 등산가들이나 그들의 지인을 직접 만나서 보다 광범위한 자료를 찾고 분석하려 노력했다. 정치가, 성직자, 군인, 예술가, 공예가(이들의 이야기는 정치, 지성, 문화, 사회라는 장르에서 다루어진다.)처럼, 산을 오르내린 우리의 등산가들은 그들이 산 시대가 만들어놓은 역사적인 배우들이다. 예를 들어, 조지 맬러리는 여러 면에서 사회적으로 부적응을 보이기는 했지만 빅토리아 시대 후반의 전형적인 중류층 인물이다. 그는 윈체스터와 케임브리지를 졸업했으며, 자신을 글자 그대로의 영국 신사라 여겼고, 자신의 계층에게 주어지는 특권 또한 당연하게 받아들였다. 그는 에베레스트를 오르는 이유로 '산이 거기 있으니까'라는 유명한 말을 남겼지만, 1920년대에 그가 참가한 원정등반은 히말라야 개척지를 탐험하고, 조사하고, 결국에는 지배하고자 하는 노골적인 식민주의적 필요성에서 시작된 것이었다. 이처럼 우리는 이 책을 통해 히말라야 등산이라는 복잡한 활동을 시대적인 맥락 속에서 다양한 사건들과 연관 지어보고자 했다.

맬러리의 시대와 그 후 몇 년간에 걸친 에베레스트 등반에서 잘 드러나듯이, 제국주의 시대의 원정 문화는 모순에 가득 차 있었다. 원정 문화는 백인(유럽)의 유색인(아시아) 지배를 정당화하는 제국주의적 환상과 연관이 있었고, 영국의 공립학교와 영국군의 위계질서로부터도 많은 관행이 도입되었다. 한편 개인적으로 보면, 자신이 속한 사회에 적응하지 못한 낭만적 반항아로 고국에서 평범한 것을 통해서는 얻을 수 없는 정신적 목표와 자유를 산에서 얻으려 한 등산가도 많았다. 따라서 비판적으로 보면 원정 문화가 제국주의적 오만과 군사주의적 폭력에 공헌했다고 말할 수도 있겠지만, 우호적으로 보면 위험에 맞서 공동의 목표를 추구하는 과정에서 형성되는 강한 동료애와 타인에 대한 책임감 등 진정 존경받을 만한 자질도 원정 문화에 포함되어 있음을 알 수 있다. 과도한 상업적 개인주의로 물든 극한등반의 시대이며 위의 두 가지 가치가 혼재하는 요즈음, 과거를 돌아보면 그동안 많은 가치가 스러져 갔다는 것을 알 수 있다.

이 책을 읽는 독자들께 두 가지를 말씀드린다. 한 가지는 철자법에 대한 것이다. 같은 지명이라도 인도와 히말라야 지방에서는 매우 다양하게 쓰인다. 네팔 쪽의 에베레스트 아래에 자리한 불교 사원을 방문했던 최초의 서양인 중 한 명인 빌 틸먼은 『네팔 히말라야Nepal Himalaya』(1952)에서 그곳을 'Thyangboche'라고 칭했다. 1963년 미국인이 최초로 에베레스트를 올라갈 때의 철자는 'Thangboche'로 변해 공식 기록에 남아있다. 대부분의 최근 저자들은 이를 '텡보체Tengboche'라고 쓰는데 역사적인 기록을 인용하는 경우를 제외하면 최근의 어휘를 채택한다는 원칙에 맞춰 우리도 이 책에서 그 용어를 사용했다. 반면 현행 철자법이 비록 언어학적으로 적절하다 할지라도 혼란을 야기하거나 독자들에게 생소할 경우 전통적인 철자법과 지명을 그대로 사용했다. 따라서 우리는 뭄바이 대신 '봄베이'를, 콜카타 대신 '캘커타'를, 쉼라 대신 '실마'를 사용했다.

히말라야 등산 문헌의 또 다른 변수는 산의 고도이다. 1953년에 영국 원정대가 에베레스트를 초등할 때는 해발 8,840미터라고 여겼지만, 10년 후 미국 원정대가 등정했을 때는 그 추정 고도가 8,848미터로 높아졌다. 오늘날은 대개 29,035피트 또는 8,850미터라 여기고 있다. 혼란을 피하기 위해 우리는 처음 산을 언급할 때 고도를 미터와 피트 두 가지로, 약어 또는 정자로 괄호 안에 쓰고자 한다. 따라서 우리는 세계에서 두 번째로 높은 산을 이 책에서 처음 언급할 때 'K2(8,611m/28,250ft)'와 같이 쓸 것이다.† 이후에는 루트 및 산의 특징과 등반의 세부사항에 대한 설명에서 간략히 미터만 사용했다. 고도 추정치는 가장 최근의 것을 사용할 것이고, 그 수치는 미국 알파인 클럽의 히말라얀 데이터베이스와 영국 알파인 클럽의 히말라야 색인을 인용했다.

이 책을 쓰는 동안 많은 사람이 우리를 도와주셨는데, 그 가운데는 이 책의 주인공이 된 분들도 있다. 찰리 휴스턴과 톰 혼바인, 닉 클린치, 이 세 분께 감사드린다. 이분들이 우리 일에 쏟아주신 너그러운 관심에 감사드릴 기회를 갖게 되어 기쁘다. 또한 등산가인 조지 밴드, 알린 블룸, 밥 코맥, 에드 더글러스, 노먼 다이렌퍼스, 존 에번스, 앤디 하버드, M. S. 콜리, 피터 레브, 몰리 루미스, 톰 라이먼, 짐 매카시, 마이크 모티머, 타모츠 나카무라, 빌 푸트넘, 리지 스컬리, 필 트림블, 크리스 워너, 짐 휘태커께서 주신 도움에 깊이 감사드린다. 특히 디 몰나르는 유명한 산악지도 제작자일 뿐만 아니라 우리가 묘사할 가장 극적인 등반, 즉 1953년 미국 K2 원정대에 참가한 대원으로서 이 책을 쓰는 데 기꺼이 도와주셨다.

등산의 역사와 문헌에 대해 조언을 주신 다른 분들은 빌 벅스턴, 그랙 글래이드, 짐 레스터, A. D. 모디, 해리엇 터키, 빌 울먼, 존 B. 웨스트, 프리츠 W. 윈터스텔러이다. 실리아 애플게이트는 뮌헨의 독일 알파인 클럽에서 우리 연구를 도와주셨고, 고맙게도 계속 독일어 통역을 해주셨다.

등산가와 등산역사가뿐만 아니라 기록 보관인들과 사서들에게도 많은 신세를 졌다. 우리가 속한 해밀턴대학과 로체스터대학 도서관 직원들에게 감사드리며, 애팔래치아 산악회와 영국 도서관, 케임브리지대학 도서관, 독일 알파인 클럽(뮌헨), 인도 국제센터의 히말라얀 클럽 도서관(델리), 막달레나칼리지 도서관(케임브리지), 내셔널 지오그래픽 협회, 옥스퍼드대학 지질학 도서관, 왕립 지리학회, 스코틀랜드 국립 도서관의 관계자분들께 감사드린다. 특히 런던 알파인 클럽 도서관의 마거릿 에클스톤, 이본 시볼드, 바버라 그리거 테일러, 안나 로포드와 콜로라도 주에 있는 미국 알파인 클럽 도서관의 브리짓 버크, 프랜 힐, 개리 랜덱에게 감사드린다.

---

† 이 책에서는 우리나라 독자들의 가독성을 위해 특별한 경우를 제외하고는 미터만 썼다.

1장

사람과 산의 만남

눈의 거처

지질학자들에 따르면 인도라는 땅덩어리는 1억 2천만 년 전에 곤드와나의 거대한 중생대 대륙으로부터 떨어져 나가, 1년에 평균 16센티미터라는 놀라운 속도로 북쪽으로 이동하기 시작했다. 그 땅덩어리는 약 4천 5백만 년 전에 적도를 지나 2,400킬로미터 정도의 길이에 걸쳐 유라시아가 침강한 부위의 해안선과 충돌했다. 암석 밀도가 높은 인도 대륙 북쪽 해저 지역은 많은 부분이 지구의 맨틀로 침강해 현재는 자취를 감춘 화산대 아래로 사라졌다. 그러나 그 후에도 인도와 유라시아 두 지각판은 계속 충돌했고, 결국 중간에 있던 바다가 사라졌으며, 그 와중에 유라시아 쪽 암석보다 상대적으로 가벼운 인도와 티베트 쪽 퇴적암이 위로 밀려 올라갔다. 요컨대 두 지각판의 경계선 부분이 맞물려 충돌했고, 지질학자들이 조산 운동이라고 부르는 과정에서 지구상 가장 젊고 높은 산맥, 즉 히말라야가 생겨났다. 히말라야Himalaya라는 말은 항상 단수형으로 사용된다. 이 말은 '눈의 거처'를 의미하는 고대 산스크리트어에서 나왔다.(Himā는 '눈', alāya는 '집, 거처'의 뜻이다.) 정확히 말해 히말라야는 인더스Indus 강과 브라마푸트라Brahmaputra 강을 경계로 하여 2,400킬로미터에 걸친 구간이며, 서쪽의 낭가파르바트Nanga Parbat에서부터 동쪽의 남차바르와Namcha Barwa에 이르는 지역이다. 그러나 아시아 지각판과 맞물리는 범위는 히말라야보다 훨씬 더 넓어서 대략 아프가니스탄에서 미얀마까지 걸쳐 있고 융기현상도 계속되고 있다. 오늘날까지도 인도 쪽은 티베트 쪽 지각을 1년에 5센티미터라는 무서운 속도로 밀어붙이고 있으며, 이로 인해 히말라야 산맥이 1년에 1센티미터 정도씩 높아지고 있다. 에베레스트(공식적인 네팔어로 사가르마타Sagarmatha, 지역 방언으로 초모룽마Chomolungma)는 현재 8,850미터의 고도로 세계 최고봉이지만, 히말라야의 서쪽 끝에 있는 낭가파르바트의 고도가 아주 빠르게 높아지고 있기 때문에 언젠가는 낭가파르바트가 세계 최고봉이 될지도 모른다. 지표면과 성층권의 중간 지점까지 솟아오른 이 산들에는 아무것도 자라지 않는다. 그러나 지질학적 의미에서 이 산들은 여전히 살아있다.

히말라야는 그 자체로도 거대하며, 인접한 카라코람 산맥과 힌두쿠시 산맥까지 포함하면 지구상에서 가장 거대한 지형이다. 세계에서 가장 긴 산맥의 자리는 남아메리카의 안데스 산맥에 양보한다 해도, 분명히 세계에서 가장 높은 산맥인 히말라야는 그 북쪽 지역에서부터는 해발 평균 6,000미터 고도로 이어지며, 해발 8,000미터가 넘는 고봉 14개를 모두 거느리고 있다. 히말라야에는 해발 7,620미터(25,000피트)가 넘는 산이 30개 이상 있다. 이에 비해 서반구 최고봉인 아르헨티나의 아콩카과Aconcagua(6,962m)는 상위 200위 안에도 들지 못한다. 극지방을 제외하면, 히말라야에는 '눈의 거처'라는 이름에 걸맞게 세계에서 가장 큰 빙하지대들과 그로 인해 생성된 가장 깊은 골짜기들이 있다. 또한 히말라야는 세계적인 하천 가운데 세 개, 즉 인더스, 갠지스, 브라마푸트라 강에 물줄기를 공급하고 있으며, 이 세 강의 유역에는 세계 인구의 1/6이 살고 있다.

히말라야가 없다면 인도-갠지스 평야의 비옥한 토양도 없을 뿐더러, 생명을 지탱해줄 비도 내리지 않을 것이다. 힌두교도가 히말라야를 단순히 눈 덮인 곳이 아니라 신들이 살고 있는 거처로 숭배하는 것도 당연하다. 유명한 베다 경전『스칸다푸라나Skanda Purana』에는 히말라야를 찬양하는 다음과 같은 시가 기록되어 있다. "신들의 시간으로 시대가 백 번 바뀐다 해도, 시바Shiva의 거처였고, 비슈누Vishnu의 발에서 갠지스 강이 연꽃의 가느다란 줄기처럼 흘러나오는 곳, 히마찰Himachal의 찬란함을 그대에게 다 말할 수 없으리라. … 아침 해가 뜨면 이슬이 마르듯이, 히마찰의 시선을 받으면 인간의 죄가 사라지리라."

히말라야는 남과 북으로는 폭이 240~320킬로미터이고, 고도와 지질학적 조성 시기에 따라 곡선이면서도 서로 평행을 이루는 세 개의 융기, 즉 산맥으로 이루어졌다. 이 가운데 가장 낮으면서 최근에 생성된 첫 번째 산맥이 시발릭 산맥Shivalik Range이다. 네팔에서는 "추리아Churia"라고 부른다. 브라마푸트라 강에서 인더스 강까지 북서쪽으로 뻗어 나간 갈색의 시발릭 산맥은 고도가 다소 낮은 해발 1,000미터에서 1,200미터 사이의 산군으로 이루어졌다. 시발릭 산맥은 히말라야 산 기슭에 펼쳐진 퇴적암 지질이며, 마이오세Miocene(2,370만 년~530만 년 전)에서 플라이스토세Pleistocene(258만 년~1만 년 전)에 걸쳐 조성되어 침식이 계속되고 있다. 힌두교 신화에서는 시발릭 산맥을 히말라야에 있는 시바 신의 집의 처마라고 한다. 시발릭이라는 이름도 '시바에게 속한'이라는 뜻이다. 시발릭 산맥은 한때 울창한 숲이었고, 수많은 호랑이와 표범, 코끼리, 곰이 살았지만 지금은 거의 민둥산이다. 1936년 쿠마온Kumaon 지역 내 짐 코벳Jim Corbett 국립공원 지정을 시작으로 인도와 네팔 정부가 자연보호구역으로 지정해온 극소수의 숲을 제외하고는 야생동물이 서식하지 않는다. 시발릭 산맥과 히말라야의 더 높은 산맥들 사이에는 나지막한 언덕 같은 넓은 평원이 펼쳐져 있는데, 우타락한드Uttarakhand의 데

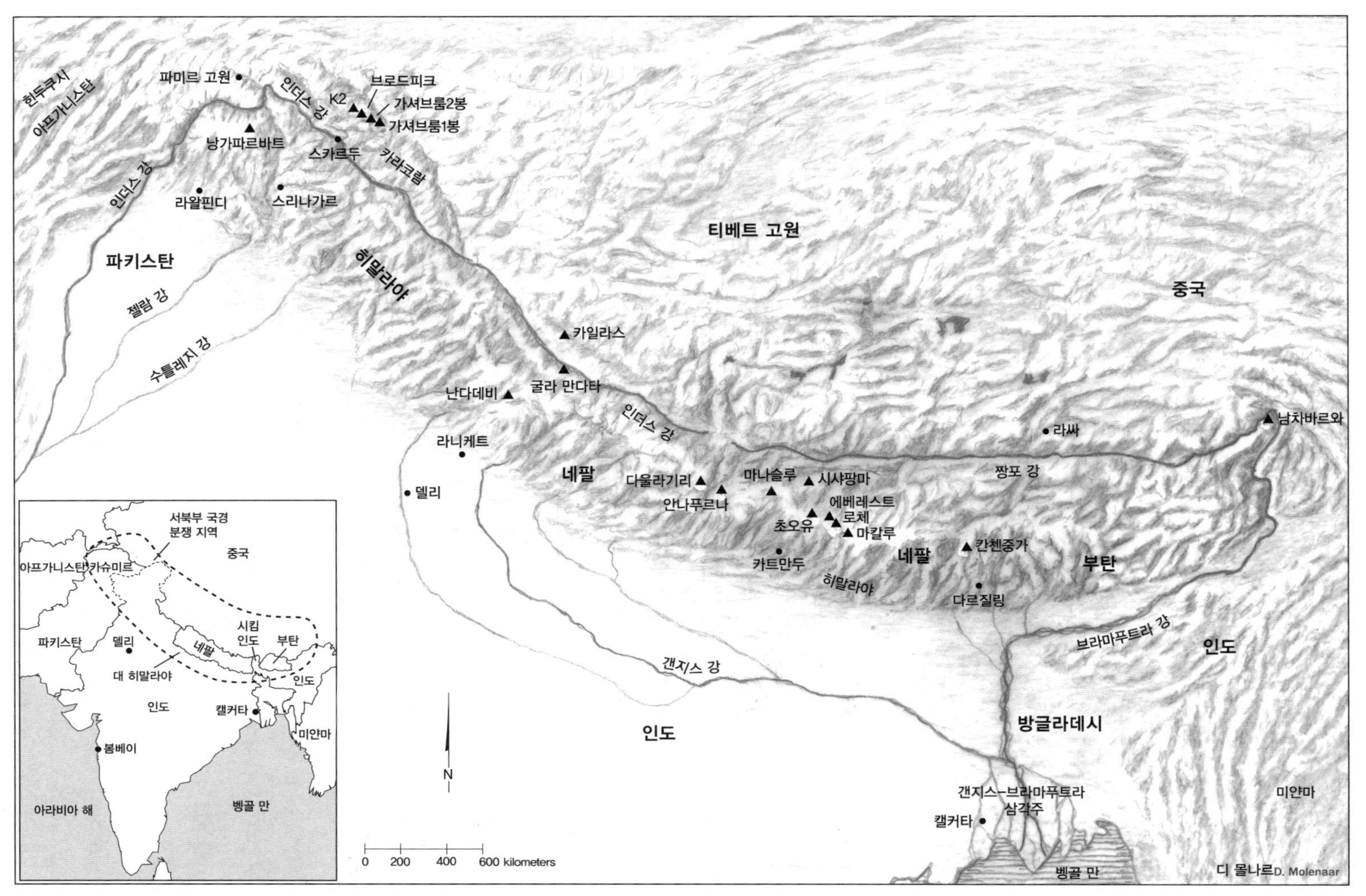
힌두쿠시
아프가니스탄
파미르 고원
인더스 강
K2
브로드피크
가셔브룸2봉
가셔브룸1봉
낭가파르바트
스카르두
카라코람
인더스 강
라왈핀디
스리나가르
티베트 고원
파키스탄
히말라야
중국
젤람 강
카일라스
수틀레지 강
굴라 만다타
난다데비
인더스 강
남차바르와
라싸
라니케트
짱포 강
네팔
다울라기리
마나슬루
시샤팡마
델리
안나푸르나
에베레스트
로체
초오유
마칼루
칸첸중가
네팔
부탄
카트만두
히말라야
다르질링
브라마푸트라 강
인도
갠지스 강
방글라데시
인도
N
갠지스-브라마푸트라 삼각주
미얀마
캘커타
0 200 400 600 kilometers
벵골 만
디 몰나르D. Molenaar
서북부 국경 분쟁 지역
중국
아프가니스탄
카슈미르
시킴
인도
부탄
파키스탄
델리
네팔
대 히말라야
인도
인도
캘커타
미얀마
봄베이
아라비아 해
벵골 만
대 히말라야와 카라코람

라 둔Dehra Dun이 좋은 예이다. 이 평원 덕분에 히말라야를 조망하기가 좋아서 19세기 초반부터 중반까지 히말라야 산맥을 삼각 측량했던 인도 측량국Great Trigonometrical Survey of India의 윌리엄 램턴William Lambton이나 조지 에베레스트George Everest 같은 관리들은 시발릭을 주요 관측지점으로 삼았다. 현재 시발릭은 심한 홍수와 침식을 겪고 있지만 광범위한 지역에서 농사가 이루어지고 있으며, 최근 산간지역까지 무분별한 경제개발이 이루어지면서 새로운 마을들이 많이 생겨나고 있다.

두 번째 산맥은 좀 더 오래되고 복잡한 산맥으로 지질학자들이 소 히말라야Lesser Himalaya 혹은 중간 히말라야Middle Himalaya라고 부르는데, 이 산맥은 시발릭과 대 히말라야 사이에 있는 30~50킬로미터의 평원을 가로지르면서 솟아올라 있다. 이 산맥은 융기작용으로 뒤틀린 것이며, 인도 지각판의 경계선 부근이 선캄브리아기[†1]와 저신생대[†2] 사이에 침전되어 만들어진 퇴적암으로 이루어져 있다. 소 히말라야는 시발릭과 지질학적으로 평행을 이루고 있고, 급류에 파이고 깎여 만들어진 산등성이들이 남쪽을 향해 방사선 형태로 뒤엉켜 뻗어나가는 표면 형태를 이루며, 이 산등성이들이 대 히말라야Great Himalaya의 고원지대를 떠받치고 있다. 세계적인 기준으로 보자면 소 히말라야는 상당히 높은 산맥으로 평균 고도가 2,000~4,000미터이고, 5,000미터 이상의 봉우리들도 많아 사실상 유럽의 몽블랑이나 미국의 고봉들보다 높다. 그러나 북쪽의 대 히말라야가 울타리 역할을 하고 따뜻한 봄비가 풍부하게 내리는 덕분에, 소 히말라야는 수목 한계선이 거의 나타나지 않으며 기후 또한 온화하다. 이런 이유로 영국인들은 이곳 해발 1,500~2,000미터 지대에 유명한 여름 막영지를 세웠고, 당시 영국인들이 의도하지는 않았겠지만 이 지역은 그 후 고봉을 오르려는 사람들이 이용하는 중요한 거점이 되었다. 한때 식민지 시대 엘리트들의 조용한 휴양지였던 심라Simla와 무소리Mussoorie, 라니케트Ranikhet, 알모라Almora, 나이니탈Nainital, 다르질링Darjeeling은 인구밀도가 높아졌으며, 산간지대에서는 무분별한 자연 파괴가 행해지고 있다. 나무가 울창했던 소 히말라야의 경사지에도 이제는 어디나 계단식 경작지와 콘크리트 건물로 이루어진 마을이 들어섰고, 환경적·생태적 문제가 심각하여 인도와 네팔 정부 간에 많은 논쟁이 벌어지고 있다. 그러나 이런 상황임에도 다르질링을 벗어나 싱갈리라 능선Singalila Ridge을 따라 태고의 고산 초

---

†1 선캄브리아기Proterozoic　지구가 형성된 때부터 5억 4,200만 년 전

†2 저신생대Lower Cenozoic　6,640만~160만 년 전

1932년 페어리 메도에서 바라본 낭가파르바트와 라키오트 빙하
(사진출처: 독일 알파인 클럽)

원을 걷거나, 수많은 산중 사원을 지나 외딴 변경 마을 산닥푸Sandakphu에 이르러 안개 자욱한 계곡 위로 칸첸중가Kangchenjunga와 마칼루Makalu, 에베레스트Everest를 바라보면, 여전히 소히말라야의 신성한 영원성을 느낄 수 있고, 문명의 타락에 맞서는 자연의 힘을 실감하게 된다.

세 번째이자 히말라야 산맥의 결정체인 대 히말라야Great Himalaya는 산닥푸와 같은 많은 산간 마을 위쪽에 펼쳐져 있다. 이 산맥은 주로 융기된 화강암과 편마암으로 구성되어 있으며, 고대 테티스 해† Tethyan Sea의 해저 퇴적암이 변성암으로 바뀐 암석도 일부 섞여 있다. 이곳은 어마어마하게 큰 고원지대가 만들어 놓은 눈과 얼음, 바위로 이루어져 있어, 사람과 생물이 거의 살지 못한다. 남쪽으로 급류를 이루어 흐르는 강에 파인 지형의 티베트 고원지대를 제외하면, 대부분의 지형이 5,500미터에 가까운 고도이다. 대 히말라야는 쉽게 일반화해서 설명할 수 없다. 따라서 대부분의 지리학자는 편의상 관례대로 6개의 하위 분류체계를 사용한다. 이 분류체계는 시드니 버라드Sidney Burrard 경이 1907년 인도 히말라야를 측량하면서 최초로 고안해냈고, 1955년 케네스 메이슨Kenneth Maison이 선구적으로 히말라야 탐험의 역사를 연구할 때 보완한 것이다.

먼저, 첫 번째 지역은 서쪽의 펀자브 히말Punjab Himal로 직사각형 모양이다. 지리적으로는 인더스 강과 수틀레지Sutlej 강에 의해 구획되며, 정치적으로는 인도(히마찰프라데시Himachal Pradesh 지방), 파키스탄(북서 국경지방Northwest Frontier Province), 그리고 분쟁지역인 자무 카슈미르Jammu and Kashmir로 나누어진다. 펀자브란 글자 그대로 '다섯 강의 땅'이라는 뜻이다. 펀자브의 다섯 강 중 네 개, 즉 젤룸Jhelum(혹은 젤람Jhelam), 체나브Chenab, 라비Ravi, 베아스Beas가 이 지역에서 발원한다. 다섯 번째 강인 인더스는 동쪽으로 흐른다. 인더스 강은 2,900킬로미터의 수계 대부분이 파키스탄 땅으로 흐르지만, '인도'라는 이름의 뿌리가 된 역사적인 강이다. 펀자브 히말의 자랑은 8,126미터 높이의 낭가파르바트인데, 이 산은 세계 9위 고봉이며, 서쪽에서 보면 인더스 강에서 수직으로 거의 7,000미터나 치솟아 올라 최고의 장관을 이루는 산이기도 하다. 이곳에는 히말라야를 서쪽 끝에서 떠받치고 있는 낭가파르바트로부터 카슈미르의 눈 쿤Nun Kun 산군까지, 그리고 거기서 북쪽으로 올라가 위치한 히마찰프라데시로부터 수틀레지와 인

† 테티스 해 3~3억 5,000만 년 전인 고생대 데본기에서 석탄기의 시대에 현재의 알프스 산맥에서 히말라야 산맥을 거쳐 아시아 대륙으로 빠지는 지역에 펼쳐져 있던 바다

도-티베트 국경선까지 히말라야의 고봉이 펼쳐져 있다. 펀자브 히말의 고봉 북쪽에는 하위 산맥인 잔스카르Zanskar 산맥이 있는데, 이곳의 가장 높은 산은 레오 파르기알Leo Pargial(6,791m)이다. 외진 구석에 있는 레오 파르기알의 둥근 정상부는 인도와 중국 간에 국경 분쟁이 벌어지는 곳이기도 하고, 1817년에 진정한 히말라야 등반이 최초로 시도된 곳이기도 하다. 레오 파르기알 남쪽에 피르 판잘Pir Panjal이 있다. 이 산군은 소 히말라야의 서쪽 끝에 있으며 유명한 카슈미르 계곡으로부터 한때는 아름다웠지만 이제는 황폐해진 쿨루Kulu의 베아스 계곡까지 뻗어 있는데, 우리 중 한 명은 어린 시절 여러 해의 여름을 2주일씩 그곳에서 보낸 적이 있었다.

펀자브 히말의 중심 고원지대에서 인더스 강이 흐르는 계곡을 건너 150킬로미터 가량 떨어진 곳에 카라코람Karakoram이 있다. 카라코람은 면적이 207,000평방킬로미터나 되는 고봉의 요새이며, 무수한 빙하 계곡에 흩어져 있는 수백만 톤의 검은 빙퇴석 때문에 이런 이름이 붙었다.(kara는 '검다', koram은 '바위나 자갈'을 뜻한다.) 정확히 말하자면 카라코람은 인더스 강의 북쪽에 솟아 있는 트랜스 히말라야(대 히말라야의 건너편 히말라야) 산맥의 일부이며, 히말라야와는 달리 인도양과 중앙아시아의 사막을 나누는 분수령을 이룬다. 하지만 카라코람 역시 인도와 유라시아 지각판의 충돌로 인한 조산운동에 의해 생겨났으며, 펀자브 히말과 거리가 가깝고 지질학적으로 동일하게 이루어졌다. 이런 이유로 대부분의 지리학자와 등산가들은 카라코람을 히말라야 산맥에 포함시키고 있으며, 우리도 이 책에서 이런 관행을 따랐다.

카라코람은 그 자체만 놓고 봤을 때 세계에서 가장 높은 산맥으로 480킬로미터 이상에 걸쳐 평균 6,100미터의 고도가 끊임없이 이어진다. 7,300미터가 넘는 히말라야의 75개 봉우리 중에서 33개가 카라코람에 있으며, 전설적인 히말라야의 8천 미터 급 고봉 14개 가운데 4개, 즉 가셔브룸1봉Gasherbrum1(히든피크Hidden Peak 8,068m), 가셔브룸2봉Gasherbrum2(8,035m), 브로드피크Broad Peak(8,047m)와 독특한 이름을 가진 세계 2위 고봉 K2(8,611m)가 카라코람에 있다. 이런 고봉 말고도 카라코람에는 히스파르Hispar, 브랄두Braldu, 비아포Biafo, 발토로Baltoro를 비롯한 여러 빙하들이 있는데, 이 빙하지대는 극지방을 제외하면 세계에서 가장 넓은 곳이다. 이 가운데 발토로 빙하가 K2 아래쪽에서 고드윈 오스틴Godwin-Austin 빙하와 만나는 콩코르디아 합류점Concordia junction이 유명하다. 또한 지구 온난화에도 여전히 72킬로미터라는 거대한 길이를 자랑하는 시아첸Siachen 빙하를 놓고 인도와 파키스탄 간에 치열한 국경분쟁이 벌어지고 있다. 초기 탐험가들과 연구자들은 카라코람을 빙하 지역에 따라 무즈타그muztagh로 구분했다.(무즈muz는 터키어로 '눈', 타그tagh는 '산'이라는 뜻이다.) 각각의 무즈타그에는 각각의 산군이 있다. 예를 들면, 바투라Batura 무즈타그는 바투라 빙하로 흘러가는 카라코람의 서쪽 끝 지역이다. 히스파르 무즈타그는 훈자 협곡Hunza Gorge에서 동쪽 판마흐Panmach 빙하로 흘러가는 지역 전체를 가리키며, 발토로 무즈타그는 중앙에 있는 가장 높은 지대로 대륙의 분수령을 이루면서 카라코람의 8천 미터 급 고봉을 모두 거느리고 있다. 지리학자들은 편의상 카라코람 산맥을 위도에 따라 대 카라코람과 소 카라코람으로 나눈다. 이 중 남쪽으로 뻗은 소 카라코람은 대 카라코람에 비해 다소 낮아도 그 자체만 놓고 보면 굉장히 높다. 라카포시Rakaposhi(7,788m)와 마셔브룸Masherbrum(7,821m)이 남쪽 발토로 무즈타그에 있다. 예전에는 히말라야 산맥 전체를 통틀어 카라코람이 가장 외지고 가기 어려운 곳이었다. 그러나 1978년 카라코람 하이웨이(KKH)가 완공된 후로 이 지역이 세계를 향해 개방되면서 매년 수많은 등산가들과 트레커들이 이 산맥을 찾아와, 이로 인한 문제가 커지고 있다.

대 히말라야는 옛 펀자브 지방(현재의 히마찰프라데시 남동쪽)에서부터 가르왈-쿠마온Garhwal-Kumaon 지역(현재 인도의 새로운 주(州)인 우타락한드Uttarakhand로 편입)으로 이어진다. 이곳은 줌나Jumna(야무나Yamuna) 강, 갠지스(강가Ganga) 강과 여러 산들이 시작되는 지역으로 힌두교도에게는 가장 신성한 곳이다. 이곳에서 가장 신성한 산은 카일라스Kailas(6,660m)이다. 카일라스는 시바 신의 옥좌이자 세계의 중심이라 여겨지는데, 중국령 티베트의 니티 고개Niti Pass 북쪽까지 가로놓여 있다. 쿠마온에 있는 난다데비Nanda Devi(7,816m)도 시바의 배우자인 파르바티 신의 옥좌로 받들어지고 있다. 또한 가르왈 서부의 케다르나트Kedarnath와 바기라티Bhagirathi, 사토판트Satopanth, 차우캄바Chaukhamba에는 인도에서 가장 많은 사람들이 순례하는 사원들이 있다.

가르왈-쿠마온은 대 히말라야의 모든 지역 가운데 영국이 직접 지배한 유일한 곳이다. 당시 아그라Agra와 오우드Oudh의 통합 주 안에 쿠마온 구역이 있었다. 가르왈-쿠마온에는 영국령 인도풍이 아직도 잘 보존되어 있다. 짐 코벳Jim Corbett과 러드야드 키플링Rudyard Kipling이 이곳에 머물렀었다. 이곳 나그 티바Nag Tibba의 바깥쪽 다소 낮은 산맥에는 예전에 산간 막영지였던 심라Simla(영국령 인도의 여름 수도)와 차크라타Chakrata, 무소리Mussoorie가 있다. 무소리에는 한때

1909년 아브루치 공의 카라코람 원정 당시 발티인 짐꾼들이 행렬을 이루며 고드윈 오스틴 빙하를 따라가고 있다. 거대한 피라미드의 K2가 보인다. 비토리오 셀라 촬영 (사진출처: 폰다지오네 셀라, 비엘라, 이탈리아)

조지 에베레스트George Everest 경의 집이 있었고, 그가 1833년부터 1843년까지 히말라야 산맥에서 수행했던 삼각 측량의 기준점도 있었다. 무소리에서 동쪽으로 더 가면 라니케트Ranikhet가 있다. 이곳은 영국령 인도의 막영지였고, 오랜 세월 동안 가르왈로 등반하러 왔던 원정대가 머물던 곳으로, 현재는 유명한 인도의 쿠마온 연대가 머무르고 있다. 파르파티의 에메랄드빛 녹색 눈(나이나naina)에서 이름을 따온 인근의 나이니탈Nainital은 통합 주의 여름 수도였다. 나이니탈 마을도 유명한 담수호도 이제는 '에메랄드빛 녹색'이 아니지만, 아직도 어퍼 치나 몰Upper Cheena Mall에서 몇 킬로미터 떨어진 나이나피크Naina Peak(이전에는 중국령)에 오르면, 서쪽의 케다르나트Kedarnath(6,940m)로부터 동쪽으로 네팔 국경 너머의 아피Api(7,132m)까지 200킬로미터에 달하는 눈 덮인 고산의 숨 막히는 절경을 한눈에 볼 수 있다. 이 절경에서 가장 아름다운 산인 난다데비는 나이나피크의 정상에서 가깝다. 난다데비는 인도에서 가장 높고 아름다운 산이며, 독특하게도 평균 6,100미터 높이의 봉우리들이 마치 호위하는 것처럼 그 주위를 둘러싸고 있다. 트리술Trisul(7,120m)과 창가방Changabang(6,864m), 마이크톨리Maiktoli(6,803m), 두나기리Dunagiri(7,066m)가 거룩한 여신의 성역인 난다데비를 호위하는 봉우리들이며, 바로 그 위 동쪽으로 난다코트Nanda Kot(6,861m)와 장엄한 판치 출리Panch Chuli(6,354m)의 다섯 봉우리, 즉 '다섯 심장'이 솟아 있다. 이 가운데 판치 출리는 마하바라타에 등장하는 다섯 영웅, 즉 다섯 판다바Pandava가 하늘로 승천하기 전에 지상에서 마지막으로 쉰 곳이라고 한다. 난다데비 북서쪽에는 카메트Kamet(7,756m)와 아비가민Abi Gamin(7,355m)이 쿠마오니Kumaoni로 이어져 잔스카르 산맥Zanstar Range으로 연결된다. 잔스카르는 히말라야의 하위 산맥으로 자연스럽게 인도와 티베트의 경계를 이룬다. 전체적으로 가르왈-쿠마온에는 아름답고 접근하기 쉬운 봉우리에, 향기로운 소나무와 히말라야 삼나무의 숲이 있으며, 꽃이 피는 초원과 편안한 마을이 있어서 히말라야 지역 가운데 스위스 알프스와 가장 비슷한 곳이다. 이곳에 온 영국인들은 고향에 온 느낌을 받았으며, 다른 곳에서보다 이곳에서 산을 탐험하고 산에 오르고 싶은 욕망을 강하게 느꼈다.

히말라야 산맥의 고원지대는 가르왈-쿠마온에서 칼리Kali 강을 건너 네팔로 이어진다. 네팔은 완전한 직사각형 모양의 국가로 잉글랜드와 웨일스를 합친 크기이며, 위도에 따라 테라이Terai(남쪽 저지대)와 히말(북쪽 고지대)로 나뉜다. 지리학자들은 네팔 히말을 카르날리Karnali 강, 간다키Gandaki 강, 코시Kosi 강의 물줄기에 따라 대개 세 지역으로 나눈다. 서쪽의 카르날리 지역에는 아피 사이팔Api-Saipal 산군이 있으며, 지류인 세티Seti 강이 흘러가고, 티베트 남쪽 잔스카르 산맥에 우뚝 솟아오른 굴라 만다타Gurla Mandhata(7,694m)가 있으며, 칸지로바 히말Kanjiroba Himal과 다울라기리Dhaulagiri 산맥이 있다. 그중 가장 유명한 다울라기리 산맥에는 굉장한 고봉들이 치솟아있는데, 그 가운데 가장 높은 것이 세계 7위 고봉인 다울라기리(8,167m), 즉 '흰 산'이다. 여기서 바로 동쪽으로 칼리 간다키의 협곡이 다울라기리와 안나푸르나 산맥을 나눠 놓는데, 안나푸르나 산군이 두 번째 지역이다. 저지대 마을인 포카라Pokhara와 네팔 히말의 간다키 지역 중앙에서는 다울라기리와 안나푸르나를 모두 쉽게 볼 수 있다. 안나푸르나Annapurna(8,091m)와 순례자들의 성지인 묵티나트Muktinath의 뒤쪽에는 페리 히말Peri Himal과 라르캬 히말Larkya Himal이 동쪽으로 이어져 세계 8위 고봉인 마나슬루Manaslu(8,163m) 및 히말출리Himalchuli(7,893m)와 이어지는 남-북 방향의 하부 산맥을 이룬다. 마지막으로 동쪽 지역에는 코시 강과 그 지류인 보테코시Bhote Kosi, 탐바 코시Tamba Kosi, 두드 코시Dudh Kosi, 아룬Arun, 타무르Tamur 강이 엄청난 급류를 이루면서 티베트의 시샤팡마Shishapangma(8,046m)로부터 네팔 국경 시킴Sikkim에 있는 칸첸중가Kangchenjunga(8,586m)까지 흐른다. 이 두 산맥 사이에 세계 최고의 높이를 자랑하는 마하랑구르 히말Mahalangur Himal의 고봉들이 두드 코시와 아룬의 골짜기 위로 높이 솟아있다. 이곳에는 세계에서 가장 높은 여섯 개의 고봉 가운데 네 개, 즉 초오유Cho Oyu(8,201m), 에베레스트Everest(8,850m), 로체Lhotse(8,516m), 마칼루Makalu(8,463m)가 있다.

요약하자면, 네팔은 상상을 뛰어넘는 산악 왕국이지만, 영국의 기나긴 인도 지배기간 동안 간혹 외국인들이 부분적으로 접근할 수 있었던 에베레스트와 칸첸중가를 제외하고는 엄격하게 통제되었기 때문에 등산가들은 네팔에 있는 산에 접근할 수 없었다. 네팔은 외국인을 혐오하던 라나†Rana 가문의 통치가 1950년에 막을 내리면서 개방되었다. 그전에는 '동쪽의 민족'이라고 불리던 셰르파의 고향이 네팔에 있다는 것만이 등산의 역사에서 네팔이 차지한 유일한 비중이었다. 셰르파족은 티베트계 네팔인으로 솔루쿰부Solu Khumbu 지역에 사는데, 20세기 초반부터 서양인들이 히말라야 산맥을 이해하고 점령하는 데 필수불가결한 역할을 담당해 왔다.

에베레스트에서 동쪽으로 130킬로미터 떨어진 곳에서 히말라야 산맥의 고원지대는 시킴

† **라나 가문** 1846년 이후 네팔을 실질적으로 통치했던 가문으로, 왕은 상징적인 존재에 지나지 않았다. 1950년에 라나 가문의 통치가 막을 내리면서 1953년에 네팔의회당에 의해 왕정이 복구되었다.

주州로 흘러들어간다. 시킴 주는 오랫동안 거의 독립적인 왕국이었고, 현재도 인도로부터 일정한 자치권을 부여받고 있다. 시킴 히말라야는 히말라야 산맥에서 극히 작은 부분인데, 경도 0.5정도 너비의 이 지역에 칸첸중가와 그에 딸린 여러 봉우리들이 있다. 시킴의 전설에 의하면 칸첸중가의 다섯 봉우리는 소금, 보석, 곡식, 무기와 경전의 다섯 가지 보물을 각각 지킨다 하여 '눈으로 이루어진 다섯 가지 보물'이라는 이름이 붙었다고 한다. 영국인 등산가 프랭크 스마이드Frank Smythe가 말한 바와 같이 칸첸중가는 히말라야의 고봉 가운데 그 위엄을 세계에 충분히 보여주는 유일한 산이다. 그보다 더 높은 두 산인 에베레스트와 K2는 쿰부와 카라코람의 바위 성채 속 외딴곳에 숨어 있어서 사람들이 보려면 상당한 고생을 감수해야 한다. 반면, 시킴의 명실상부한 수호신인 칸첸중가는 벵골의 산간 마을인 다르질링에서부터 7,000미터의 아찔한 높이로 솟아있기 때문에 평범한 여행객도 그 광경에서 무한한 신비감을 맛볼 수 있다. 칸첸중가는 독특하게도 대 히말라야 중심축에서 19킬로미터 남쪽에 솟아오른 독립적이고 장엄한 산군이다. 자누Jannu(7,710m), 카브루Kabru(7,394m)와 같은 늠름한 봉우리들이 방사선 모양으로 펼쳐진 능선 위로 솟아있고, 제무 갭Zemu Gap을 넘어 동쪽에는 세계에서 가장 아름다운 산이라고 많은 사람이 극찬하는 시니올추Siniolchu(6,887m)가 있다. 칸첸중가는 1955년이 되어서야 초등이 이루어졌지만, 칸첸중가 산군이 문명세계에서 비교적 가까운 거리에 있었고, 정치적인 상황도 비교적 안정적인 지역에 있었기 때문에 가르왈이나 쿠마온에서처럼 초기부터 탐험과 등반이 이루어졌다.

칸첸중가에서 동쪽으로 가서 티스타Tista 강의 라첸Lachen 지류를 건너면 약간 낮은 동캬Dongkya 산맥이 바깥쪽 봉우리인 파우훈리Pauhunri(7,125m)로부터 남쪽으로 뻗어 나가 시킴과 티베트의 경계를 이루고 있다. 파우훈리의 동쪽으로는 히말라야 산맥에서 좀처럼 보기 어려운 넓은 계곡이 나타나는데, 이곳은 춤비Chumbi 계곡으로 한때 라싸Lhasa로 가는 고산 통로였고, 에베레스트로 가는 직선 코스는 아니었지만 초기 영국 원정대가 에베레스트로 갈 때 고산 통로로 이용하기도 했다. 바로 이곳이 '눈의 거처'의 기나긴 동남쪽 끝이다. 춤비 계곡을 사이에 두고 파우훈리의 맞은편에 초몰하리Chomolhari(7,315m)가 성스럽게 솟아있고, 여기에서 아삼Assam 히말라야(동 히말라야) 산맥이 동쪽으로 부탄 북쪽을 지나 240킬로미터 길이로 뻗어간다. 이 산맥은 거기에서 약간 북동쪽으로 방향을 틀어 중국의 티베트 자치구와 인도의 아루나찰프라데시Arunachal Pradesh 주州 간에 분쟁을 빚고 있는 국경지역인 맥마혼McMahon 경계선을 따라 240킬로미터를 더 뻗어 짱포Tsangpo 강 유역에 있는 남차바르와Namcha Barwa(7,762m)에 이르고, 여기에서 남쪽으로 급격히 방향을 틀어 브라마푸트라 강 쪽으로 향한다. 동 히말라야는 오랜 기간 문화적 고립을 겪었고, 정치적 긴장이 아직 해소되지 않았으며, 사람들이 편애하는 8천 미터 이상의 고봉도 없고, 해발 고도가 비교적 낮기 때문에 히말라야의 여섯 지역 가운데 가장 나중에 탐사된 지역이며, 따라서 가장 덜 알려져 있다. 그러나 최근 부탄은 근대화된 국가의 대열에 적극적으로 동참하려고 하며, 한편으로는 좋든 싫든 자국의 산을 이용해 외화를 벌어들일 수 있다는 점을 깨달았다. 1980년까지만 해도 맥마혼 경계선에서 동쪽으로 더 멀리 떨어져 있는 아삼 히말라야의 파차크시리Pachaksiri와 캉토Kangto 산맥은 미지의 지역이었지만, 요즘에는 이곳의 산들도 많이 등반되고 있다. 대 히말라야의 서쪽 끝인 낭가파르바트가 초등된 후 39년이 지난 1992년 중국과 일본의 합동 등반대가 남차바르와를 올라, 대 히말라야는 마침내 동쪽 끝까지 정복되었고, 따라서 세계에서 가장 높은 봉우리들에 대한 인간의 도전도 일단 마무리되었다.

탐험의 초창기

기원전 1500년대부터 아리아인, 인도·아리아인 또는 인도·유럽인이라고 다양하게 불리는 코카서스계 유목민들이 이란 고원지대를 지나 힌두쿠시 산맥을 넘어 인도로 이동해 와서, 그곳 인도 아亞대륙에 거주하던 피부색이 '검은dasa' 원주민을 대체했다. 그 후 히말라야는 동양과 서양이 만나는 거점이 되었다. 이들은 같은 뿌리에서 나온 그리스와 로마 민족처럼 신이 산에 거주한다는 신화의 체계를 가져와 베다 신화를 확립했다. 아리아인이 이주한 원인과 시기, 이주 범위 등은 아직도 학자들 간에 상당한 논란을 빚고 있지만, 어쨌든 아리아인이 이주해 왔다는 사실은 영국이 식민 통치를 인도-유럽의 통합이라는 이름으로 정당화하는 데 있어서 큰 의미를 띠게 되었다. 독일인들은 인도 지역에 식민지가 없었지만 1930년대에 다른 어느 민족보다도 소위 인도-유럽 문명의 아리아인 뿌리에 집착했다. 1938년 하인리히 히믈러Heinrich Himmler는 자신들의 혈연적 연관성을 찾고, 티베트 지배층과 영국 간의 관계가 발전되는 것을 방해하기 위해 친위대의 에른스트 샤퍼Ernst Schafer 소위에게 과학 탐험을 가장해 티베트에 다녀오라고 명령하기도 했다. 코카서스 산맥을 통해 히말라야에 도착한 독일인 등산가들은 유라시아의 두 산맥인 코카서스 산맥과 히말라야 산맥이 얼마간 연결된다고 생각했으며, 그들의 게르만 선조들이 이 두 산맥에서 왔다고 주장했다. 독일인 등산가 빌리 메르클Willy Merkl은 히말라야 산맥이야말로 인도-독일 민족의 고향이며, 여기에서 게르만 민족의 문화적 정체성이 형성되었다고 말했다.

이처럼 서양인들이 히말라야를 사랑하고 자신의 필요성에 맞추어 히말라야에 멋대로 상상을 덧붙여 왔지만, 히말라야는 알렉산더 대왕의 원정을 계기로 유럽에 처음 알려졌다. 기원전 326년에 알렉산더 대왕의 마케도니아 군대는 키베르 고개Khyber Pass를 넘고 펀자브를 가로질러 하이파시스Hyphasis(현재의 베아스) 강까지 이르렀다. 알렉산더 대왕 자신이 인더스 강 유역의 아오르노스Aornos(현재의 피르 사르Pir-Sar)를 지나 얼마만큼 북쪽으로 가보았는지는 확실히 알려지지 않았지만, 훈자Hunza 계곡에 시칸데라바드Sikanderabad 마을이 있다는 점을 보면, 모험심 많은 그리스 혈통의 사람들이 군대를 따라 이주해 와서 현지인들과 접촉했다는 것을 알 수 있다. 또한 발티스탄Baltistan의 길기트Gilgit 도로에 있는 스카르두Skardu는 K2 원정대가 머물러 가는 마을로, 그 이름이 알렉산더Alexander를 발티인 방식으로 읽는 '이스칸다리아Iskandaria'와 유사하다. 그곳 전설에 의하면 초기 K2 원정대가 스카르두에서 인더스 강을 건너갈 때 사용한 거룻배가 마케도니아의 왕자에게서 기원했다고 하는데, 여전히 이 배는 '알렉산더 대왕의 거룻배'라고 불린다. 인도의 민족주의자들은 아리아인의 이주에 대해 불편한 감정을 느끼는 것만큼이나 마케도니아의 침략에 대해서도 불편하게 여긴다. 그들은 마케도니아의 침략이 역사적으로나 정치적으로나 인도에 그다지 영향을 주지 않은 단순한 약탈이었다고 생각한다. 하지만 1910~1929년 사이에 진행된 인도 고고학 연구Indian Archeological Survey를 감독했던 오럴 스타인Aurel Stein 경의 발굴을 통해 알렉산더 대왕이 산악지역에 광범위한 영향을 미쳤다는 점이 입증되었으며, 1913년에 훈자의 미르Mir(토후)라는 사람은 대인도 삼각 측량을 수행하던 케네스 메이슨에게 자신이 마케도니아 왕자와 힌두쿠시의 정령 사이에 태어난 왕손이라고 자랑스럽게 말했다고 한다. 알렉산더 대왕이 문화적 영향을 끼쳤다는 것은 분명해 보이며, 아무리 짧은 기간 동안 머물렀다 하더라도 그가 이곳에 온 것을 계기로 히말라야와 헬레니즘이 관계를 맺게 되었다는 점 또한 확실하다. 바로 이 점이 고전을 배우며 교육받은 탐험 1세대의 상상력을 사로잡았다.

알렉산더 대왕 이후 거의 13세기가 지난 서기 997년에 가즈니Ghazni 왕국의 마무드Mahmud

가 키베르 고개를 넘어 인도 대륙으로 쳐들어왔고, 그 후 열여섯 번을 더 쳐들어왔다. 이를 계기로 이슬람교가 인도 대륙으로 들어왔으며, 산악지역의 인종적·정치적 분포가 이전보다 복잡해졌는데, 이 상태는 지금까지 유지되고 있다. 마무드가 카슈미르와 펀자브에 힘들게 건설했던 왕국은 1030년에 그가 사망하자 얼마 가지 못했다. 그러나 이를 시작으로 수 세기 동안 이슬람교도의 이주와 정복이 계속되었는데, 1526년 바부르Babur가 무굴제국을 세우면서 절정에 달했다. 바부르의 무굴제국 후계자들은 델리와 아그라에 있던 양쪽 수도로부터 영토를 넓히기 위해 남쪽으로 눈을 돌렸다. 라자스탄Rajasthan 귀족의 후손들은 초기 이슬람 정복전쟁 때 피난하여 북부지역에 부족 국가를 세웠고, 이 왕국을 다스리던 힌두 영주들은 산악지역을 힘닿는 대로 서로 나눠 가졌다. 그러나 무굴제국은 전성기를 누리던 아우랑제브Aurangzeb(치세: 1658~1707) 대제 시절에 시킴에서 아프가니스탄에 이르는 소 히말라야와 대 히말라야의 광대한 영역이 무굴제국의 영토라고 선포했다. 카슈미르와 펀자브에 세워진 봉건 제후국들은 계속 존속하다가 1947년 인도-파키스탄 분리를 계기로 새로운 이슬람 국가인 파키스탄의 영토에 속하게 되었다. 힌두교와 달리 이슬람교는 산에 우주적인 중요성을 부여하지 않지만, 이 지역의 이슬람교도들이 서쪽, 특히 아라비아, 메카, 지중해 동부 국가에 문화적인 관심을 보였기 때문에 서양인들도 이곳의 이슬람교도에게 관심을 가졌고, 이것이 서양인이 이 지역의 '발견'과 탐험을 서두르게 되는 계기가 되기도 했다.

마르코 폴로는 중앙아시아의 파미르 고원지대를 지났다. 그는 1272년이나 1273년에 중국으로 가는 도중 카라코람 북쪽의 산기슭을 돌아갔을 것이다. 히말라야 산맥을 본 것으로 알려진 최초의 서양인이자 지도에 기록하려 시도한 최초의 인물은 안토니오 몬세라테Antonio Monserrate 신부이다. 그는 1590년 악바르Akbar 대제의 궁정에 파견되었던 스페인 선교사였다. 13년 후 또 다른 스페인 예수회 신부인 베네딕트 데 고에스Benedict de Goes가 중국의 기독교 공동체에 대한 지속적인 보고가 있어서 이에 관심을 갖게 되었다. 그는 대상을 따라 라호르Lahore에서 카불Kabul까지 갔으며, 그곳에서 파미르 고원지대를 지나 야르칸드Yarkand로 갔다. 고에스는 서양인으로는 최초로 고산지대를 통해 인도에서 중국까지 여행했다. 히말라야를 가로질러 지나간 최초의 인물은 안토니오 데 안드라데Antonio de Andrade 신부와 마누엘 마르케스Manuel Marques 수사였다. 이들은 1624년 3월 아그라에서 출발하여 위험한 마나 고개Mana Pass(5,610m)를 넘어, 4개월 후 가르왈의 수틀레지 강 위쪽에 있는 짜브랑Chabrang(Tsaparang이라고도 함)

에 이르렀다. 다음해 안드라데는 티베트 최초의 선교회를 창설했는데 그것은 곧 번성했다. 연이어 선교사들이 마나 고개를 통하거나, 나중에는 쿨루Kulu의 로흐탕 고개Rohtang Pass(3,978m)를 넘어 티베트로 갔다. 한편 동쪽에서는 포르투갈 예수회의 후안 카브랄John Cabral과 스테판 카셀라Stephen Cacella가 춤비Chumbi 계곡과 탕 라[†1] Tang La(4,639m)를 통해 산악지대를 넘어가서 짱포Tsangpo의 쉬가체Shigatse에 두 번째 선교회를 창설했는데 이것은 1631년까지 존속되었다. 30년 후 오스트리아 예수회의 요한 그루에버Johann Grueber와 벨기에인 알베르 도르빌Albert d'Orville은 북경에서 아그라까지 산악지대를 여행하여 라싸와 카트만두를 지났다. 그들은 어떻게 네팔 히말라야를 넘어갔는지 기록을 남기지 않았지만, 이 두 사람이 만일 포 추[†2] Po Chu 강을 따라가서, 이 강이 시샤팡마Shishapangma와 초오유Cho Oyu 사이의 산악지역을 흐르다가 보테코시Bhote Kosi 강이 되는 녜남Nyenam의 국경 마을로 갔다면 분명히 서양인으로는 최초로 에베레스트를 보았을 것이며, 또한 그 장관에 감명 받은 최초의 서양인이었을 것이다. 그루에버의 일기는 17세기 예수회의 감성을 잘 보여주는 귀중한 기록이지만, 여기에 산에 대한 언급은 한마디도 나오지 않는다.

신부가 주축을 이루던 탐험의 선구자들 가운데 마지막 인물은 이탈리아인 이폴리토 데시데리Ippolito Desideri였다. 그는 스리나가르Srinagar에서 출발하여 조지 라Zoji La(3,529m)를 넘어 1714년 5월에 라다크의 트랜스 히말라야 지역에 있는 레Leh로 간 다음 라싸로 향했고, 1721년 티베트의 예수회 선교단이 문을 닫을 때까지 그곳에 머물렀다. 그 이후 히말라야 탐험의 주도권은 신의 종들로부터 영국 동인도회사로 대표되는 배금주의의 사도들에게 넘어갔다. 영국 동인도회사Governor and Company of Merchants of London는 1600년 12월 국왕의 허가로 설립되었고, 알려진 대로 1612년 탑티Tapti 강의 수라트Surat에 최초의 무역지대를 설립했다. 동인도회사는 1674년에 포르투갈로부터 봄베이를 사들였고, 1639년에는 당시 보잘것없는 어촌이었던 마드라스를 코로만달Coromandal의 지방 영주로부터 사들였다. 애초에 이 회사는 인도에서 영토를 확장할 생각이 없었다. 그들은 무굴제국 대제로부터 권한을 부여받고 동양과의 향료와 직물 무역을 위해 그곳에 있었던 것이다. 하지만 시간이 흐르면서 무굴제국의 인도에 대한 통치력이 약화되고 프랑스와의 무역 경쟁이 격화되자, 동인도회사가 대리통치 권한을 갖고

---

†1 라La 티베트어로 '언덕'이라는 뜻이다.

†2 추Chu 티베트어로 '샛강'이라는 뜻이다.

지방의 왕권 경쟁에 개입하는 일이 잦아졌다. 1757년 6월 23일은 '영국령 인도'의 서막을 알리는 날이었다. 이날 로버트 클라이브Robert Clive는 군대의 위용과 외교적 음모에 힘입어 시라지 우드 다울라Siraj-ud-daula의 군대를 플라씨Plassy의 망고 숲에서 격퇴하고, 자신이 벵골 지방의 실질적 지배자임을 선포했다. 캘커타는 1690년 좁 챠녹Job Charnock이 후글리Hooghly 강 유역의 무역 거점으로 건설했는데, 1772년부터 영국령 인도의 수도가 되면서 총독 관저가 이곳에 들어왔다. 캘커타는 점차 영국인이 히말라야 산맥을 파악하고 장악하는 과정에서 중요한 북부 거점이 되었다.

클라이브는 1767년 인도를 떠나기 전에 벵골 공병 가운데 제임스 레넬James Rennell 대위를 뽑아 벵골 사령관에 임명했는데, 이것이 인도 측량국의 기초가 되었다고 생각하는 사람들이 많다. 레넬의 임무는 '다양한 종류의 탐사로 벵골 지방의 일반지도를 만들기 시작하는 것'이었고, 그는 주로 장교들의 현장답사 결과를 축적하는 방식으로 이것을 수행했다. 레넬 자신은 조사를 하지 않았고 산에 올라가지도 않았지만 그래도 북쪽으로 여행하여 부탄과의 변경지대까지 가서 초몰하리Chomolhari 정도는 보았고, 히말라야가 '구舊반구에서 가장 높은 산맥 중 하나'라고 생각했다. 몇 년이 지나자 클라이브의 후임자였던 워런 헤이스팅스Warren Hastings는 중국과 교역을 개시할 목적으로 당시 28세였던 스코틀랜드인 조지 보글George Bogle을 티베트에 외교 사절로 파견했다. 보글과 그의 동료인 알렉산더 해밀턴Alexander Hamilton은 부탄에서 상당한 시간을 보낸 다음, 1774년 10월 하순 탕 라Tang La를 넘어서 영국인으로는 최초로 티베트 고원지대를 가로질러 히말라야를 횡단했다. 당시 달라이 라마가 아직 미성년이어서 이 탐험가들이 라싸로 들어가는 것이 금지되었기 때문에 이들은 쉬가체Shigatse(Xigaze) 쪽으로 향했다. 이곳에서 보글은 티베트 여성과 결혼했고, 달라이 라마 대신 섭정을 하던 6대 판첸 라마Panchen Lama 로브상 팔덴 예세Lobsang Palden Yeshé의 친구가 되었다. 헤이스팅스는 그럼에도 동인도회사가 상업적인 이득을 거의 보지 못하자 9년 후 자신의 사촌인 새뮤얼 터너Samuel Turner를 두 번째 사절로 보냈다. 쉬가체에 도착한 터너는 판첸 라마가 북경을 방문하던 중 천연두로 사망했다는 것을 알게 되었다. 보글과 터너는 대담한 여행가였고 빈틈없는 문화 관찰자였지만 제대로 훈련받은 연구자들을 동행하지 못했기 때문에 짱포 강을 따라간 구간을 제외하고는 그들의 임무가 지리학적 지식에 거의 보탬이 되지 못했다. 제임스 레넬이 1792년 펴낸 선구적인 『힌두스탄 지도Map of Hindoostan』 제2판에는 북쪽 산간지역 바깥쪽 전체가 미지의 지역으로 남아 있었으며, 이 부분에는 프톨레마이오스의 지도에 나오는 미지의 지역처럼 산봉우리가 아무렇게나 그려져 있었다.

헤이스팅스의 후임자였던 콘월리스 경(요크타운의 콘월리스 경Lord Cornwallis of Yorktown fame)은 1788년 티베트와 구르카[†1]Gurkha 사이에 전쟁이 일어났을 때 티베트에 대한 지원을 거부했다. 이 결정에 대해 티베트인들은 격노했고, 게다가 라싸 지역에서 중국의 영향력이 점차 강화되고 있었기 때문에 티베트는 1792년을 마지막으로 서방 세계에 대해 문호를 닫게 된다. 그 이후 1904년에 프랜시스 영허즈번드Francis Younghusband가 무력으로 영국–티베트 관계를 재개하기 전까지는 가끔 이 지역을 지나가는 몇몇 사람들을 제외하고 탕 라를 넘어가는 영국인은 없었다. 네팔 왕국은 1801~1803년에 영국인이 카트만두에 잠시 머무르는 것을 허용했는데, 이에 따라 연구원이던 찰스 크로퍼드Charles Crawford는 자신의 말대로 '주거지대보다 대략 3,000미터에서 6,000미터 정도 높은 고도의 산악지대'를 잠시나마 조사할 수 있었다. 하지만 그 후 곧 영국–네팔 친선협정이 붕괴되었기 때문에 거주자들은 퇴거했고, 크로퍼드가 계측한 것과 스케치한 자료가 모두 소실되었으며, 중앙 히말라야는 다시 미지의 지역으로 남게 되었다. 크로퍼드가 1802년에 개략적으로 조사했던 네팔 동쪽의 코시 강 지역은 1950년이 되어서야 외국인 여행자들이 다시 들어갈 수 있게 되었다.

그동안 인도에서는 동인도회사의 주도로 마라타 동맹[†2]Maratha Confederacy에 대항한 공격이 진행되었으며, 1805년에는 외견상 델리 북쪽까지 영국의 영토가 확장되었다. 조사관들은 군대를 따라다녔으며, 이들은 빠르게 확장되는 이 제국을 캘커타의 정부가 파악할 수 있도록 지도를 만드는 작업을 했다. 레넬의 후임자로 벵골의 사령관에 임명된 로버트 콜브룩Robert Colebrooke은 갠지스 강의 시원을 찾고자 1807년 몸소 현장으로 나섰다. 이때 그는 아내와 두 명의 자녀, 네 마리의 코끼리, 다섯 마리의 낙타와 36명의 하인을 거느리고, 50명의 세포이[†3]로부터 호위를 받았다. 콜브룩은 갠지스 강의 지류인 고그라Gogra 강과 랍티Rapti 강을 따라 비하르 주의 파트나Patna에서부터 고락푸르Gorakhpur까지 올라갔다. 그는 그곳에서 네팔 히말을 최초로 관찰하게 된다. 콜브룩은 가족을 러크나우Lucknow의 서양인 마을에 머물도록 하고 가

---

†1 **구르카족** 네팔 산악지대에 사는 부족으로 성품이 용맹하여 영국령 인도 군인으로 활약함

†2 **마라타 동맹** 18세기 무굴제국의 압력으로 인도 서부 마하라슈트라의 시바지 왕국이 붕괴된 후 형성된 동맹

†3 **세포이** 동인도회사에 고용된 인도인 용병

족과 떨어져 테라이Terai를 거쳐 북서쪽으로 계속 가서 히말라야 기슭인 로힐칸드Rohilkhand 지역의 필리비트Pilibhit까지 이르렀다. 그는 그곳에서 히말라야 산맥을 두 번째로 관찰하고 '남미의 코르디예라스Cordilleras 산맥보다 높은지 확실하지는 않지만 단연코 그와 같은 수준의 높이는 된다.'라고 확신했다. 콜브룩은 당시 네팔 왕국의 영토였던 가르왈-쿠마온까지 비밀리에 가보려 했다. 하지만 그는 1808년 초 말라리아성 이질에 걸렸고, 대신 자신의 부관인 10보병대Tenth Bengal Native Infantry의 벵골 원주민 윌리엄 웹William Webb 중위를 보내어 "후르드와Hurdwar에서 궁고우트리Gungoutri("소의 입Cow's Mouth"이라고도 불림)까지 탐사하라. 레넬 소령이 전에 말한 대로 물줄기가 궁고우트리에서 히말라야 산맥의 지하 통로로 흘러 넘어오는지 알아보라."라고 지시했다.

웹은 같은 10보병대에 속한 레이퍼F. V. Raper 대위와, 영국인과 인도인 사이에 태어난 혼혈 용병대원 하이더 영 히어시Hyder Young Hearsey를 데리고 빙하로부터 갠지스 강이 흘러나오는 곳을 시작으로 65킬로미터를 더 거슬러 올라가 바기라티Bhagirathi 위쪽의 라이탈Raithal에까지 이르렀다. 거기서 웹은 알라크난다Alaknanda 지류를 따라 바드리나트Badrinath까지 간 다음 다울리Dhauli 강을 따라 타포반Tapoban까지 가서 쿠아리 고개Kuari Pass(3,700m)에 올라 서양인으로는 최초로 가르왈 히말 전체를 목격하게 된다. 웹은 자신이 목격한 대로 히말라야가 세계에서 가장 높은 산맥이라고 확신했지만, 평지에 있는 네 군데의 관측소에서 다울라기리Dhaulagiri로 알려진 산을 계측하여 이 산의 높이가 8,187미터라는 것을 확인하게 됨으로써 분명한 증거를 얻게 되었다. 웹의 측정은 20미터의 오차가 있었지만 비교적 정확했다. 그러나 유럽의 지리학자들은 오랫동안 안데스 산맥이 세계에서 가장 높은 산맥이라고 믿어왔기 때문에 웹의 발견이 동양에 대한 신비주의에서 나온 오류라고 무시했다. 조지 에베레스트가 1830년대에 북인도 지방에 대한 대인도 삼각 측량을 수행하고 난 다음에야 비로소 히말라야가 가장 높은 산맥이라는 것이 논란의 여지가 없는 사실로 받아들여졌다.

윌리엄 웹이 선구적으로 가르왈-쿠마온 지역에 진출하고 난 직후인 1808년 12월에 영국인 수의사 윌리엄 무어크로프트William Moorcroft가 동인도회사의 새로운 종마 감독자로 임명받아 벵골 지방의 푸사Pusa에 도착했다. 그는 말들의 상태가 좋지 않은 것을 보고 영국령 인도 지역의 바깥쪽으로 2,400킬로미터를 여행하여 말을 사들이고 정보를 모으면서, 서북부 국경지역의 민족들과 지형에 친숙해졌다. 그는 동인도회사의 종마 문제를 해결하려면 산맥의 고개를 넘어가야 한다고 확신하며 푸사로 돌아왔다. 무어크로프트는 1812년 옛 친구인 하이더 영 히어시와 함께 여행했는데, 이들의 신분이나 권한은 분명치 않았다. 두 사람은 인도 수행자로 변장하고 마야푸리Mayapoori와 하르기리Hargiri라는 가명을 쓰면서 쿠마온을 넘어 람강가Ramganga 강을 따라 난다데비 동쪽의 발원지까지 갔다. 그들은 그곳에서 산맥 사이의 고개를 발견하지 못하게 되자 웹이 갔던 길을 되밟아, 조시마트Josimath를 거쳐 다울리로 올라가서, 카메트 동쪽의 니티 고개Niti Pass(5,068m)를 넘어 티베트 서쪽의 가르톡Gartok까지 들어갔다. 두 사람은 가르톡에서 말은 거의 보지 못했지만, 대신 값비싼 파시미나 모毛가 풍부하다는 것을 알아냈다. 특히 무어크로프트는 이 지역에 그때까지 러시아인이 있었다는 흔적에 더 큰 관심을 보였다. 그는 델리의 찰스 메트컬프Charles Metcalfe에게 "동인도회사가 점령한 주에서 34일을 여행하면 다다를 수 있는 거리의 지역들에 대해 나폴레옹 보나파르트는 그간(러시아를 통해) 중요한 정보를 얻어왔지만, 영국인은 이 지역에 한 번도 와보지 않았다."라는 경고의 편지를 썼다. 그는 그 당시(1812년 7월) 프랑스와 러시아가 더 이상 동맹국이 아니며, 나폴레옹이 니멘Niemen 강을 건너 러시아를 침략했다는 사실을 모르고 있었다. 그러나 무어크로프트의 경고가 비록 시기를 놓친 것이었다 할지라도, 그는 동시대인들보다 훨씬 앞서 러시아인이 히말라야 이남지역에 관심을 갖고 있다는 것을 알아챘다. 또한 그의 1812년 비공식 여행을 통해 이 사실이 밝혀짐으로써 대영제국은 러시아 황제의 영향력에 불안감을 느끼게 되었고, 영국이 히말라야를 식민지로 만들기 위해 나서는 결정적인 계기가 되었다.

지도를 만든 일꾼들

표면상으로는 구르카†Gurkha가 동인도회사 영역 안에 들어와 있다는 구실로 영국이 일으킨 영국-네팔 전쟁이 1814~1816년에 있었다. 이 전쟁을 계기로 동인도회사는 가르왈-쿠마온을 합병했고, 영국 총독부는 최초로 히말라야 산맥 전역이 '영국의 조사와 사업 수행 지역'이라고 선포했다. 한때는 산의 높이를 과학적인 호기심에서 측정했지만, 이제 히말라야가 영국 정부의 조사 대상이 되면서 그 지역이 장악되기 시작했다. 그 지역의 민족들이 영국의 지배를 어쩔 수 없이 받아들이게 되자 조사관들이 파견되었다. 1819년 제임스 허버트

† **구르카** 네팔 중앙에 있는 마을, 구르카족이 살던 지역

James Herbert는 존 호지슨John Hodgson의 후임으로 파견되어 '서북부 산악 주 조사관'이라는 직함으로 활동하게 되었다. 그는 최초의 히말라야 시작점(베이스라인base line)을 사하란푸르Saharanpur로 정했는데, 이곳은 봉우리의 고도와 위치를 정확하게 측정하는 데 기준이 되는 최초의 측정 기준선이었다. 그들이 측정한 봉우리 가운데 'A2'(난다데비)는 거의 정확한 측정치로 7,848미터라는 엄청난 높이였다. 그때는 어느 누구도 난다데비를 올라가겠다는 생각을 하지 않았다. 그러나 최초의 쿠마온 부감독관이었던 트레일G. W. Traill은 1830년 핀다리Pindari 계곡에서부터 밀람Milam까지 답사하여 난다데비와 난타코트 사이의 대 히말라야 축을 횡단했다. 트레일은 눈 덮인 위험한 고개를 넘었는데, 그 고개는 지금도 '트레일 고개Traill's Pass'로 불리고 있다. 당시 트레일이 올라간 5,395미터의 높이는 놀라운 것이었고, 그 이후에도 거의 다시 시도되지 않았다. 그 지역 전설에 의하면 트레일은 그 등반으로 여신의 분노를 사서 설맹雪盲이 되었고, 알모라Almora의 신전에 속죄의 제물을 바친 다음에야 그 분노를 누그러뜨릴 수 있었다고 한다. 영국인 등산가 빌 틸먼은 "정확한 이야기는 아니지만 진지한 연구자들을 제외하면 대부분 그렇게 받아들이고 있다."라고 말했다.

그 사이에 남쪽에서는 조지 에베레스트가 윌리엄 램턴의 뒤를 이어 대인도 측량국장이 되었다. 그는 자오선Arc of the Meridian을 따라가며 — 경도 78도를 따라 지구의 곡면을 측정한 삼각 측량점을 연결하며 — 북쪽 산악지역의 지도를 그렸다. 그 일은 위험하고 고생스러우며 비용이 많이 드는 작업이었고, 고온과 병과 다양한 정치적·기술적 장애로 애를 먹었다. 하지만 에베레스트가 은퇴할 무렵인 1841년에 측량점은 종착점인 데라 둔Dehra Dun까지 전진했다. 또한 에베레스트는 1825~1831년 조셉 올리버Joseph Olliver가 측량한 캘커타 경도(동-서)에 근거하여 북쪽에서 남쪽을 잇는 평행 자오선 측량 사업을 시작했다. "강철 격자grid iron"라고 불리던 에베레스트의 유명한 동쪽 경계선은 데라 둔에서 아삼까지 1,210킬로미터에 걸쳐 히말라야 산맥과 평행선을 이루는 북동 경도(1840~1850년 삼각 측량)를 지정하는 기초가 되었다. 북동 경도는 북부 벵골 소나코다Sonakhoda에서 캘커타 경도와 교차한다. 북동 경도 덕분에 1840년대 후반 이후 동부 산악지역에서 정확한 측량이 가능하게 되었다.

에베레스트의 후임자로 측량국장을 지낸 사람은 앤드루 워Andrew Waugh였다. 그는 1847년 다르질링에서 칸첸중가를 삼각 측량하고 나서 "칸첸중가의 서쪽 봉우리는 해발 고도 8,588미터이며 지금까지의 추정치보다 훨씬 더 높다."라고 기록했다. 그것은 놀라운 발견이었지만, 워는 칸첸중가가 세계에서 가장 높은 산이라고 주장하지도 않았고, 널리 알리지도 않았다. 그 이유는 1847년 12월에 다르질링 바깥쪽의 유명한 봉우리인 타이거 힐Tiger Hill 꼭대기에서 193킬로미터 떨어진 외딴곳의 희미한 봉우리를 발견했는데, 그 봉우리가 칸첸중가보다 더 높을 것 같아 보였기 때문이다. 워는 임시로 이 봉우리를 '감마gamma'라고 이름 붙이고, 자신의 조수였던 존 페이턴John Peyton과 제임스 니콜슨James Nicholson에게 여러 계절 동안 다양한 각도에서 그 산의 높이를 측량하라고 명령했다. 1850년에 감마는 '15번 봉우리Peak XV'로 명명되면서 캘커타†에서 가장 흥미로운 관심사가 되었지만, 정작 워는 1856년에야 비로소 그 봉우리의 존재를 세계에 알렸다. 삼각 측량의 수석 계산원이었던 라다나트 시크다르Radhanath Sikdhar가 워의 사무실로 달려가서 "국장님, 세계에서 가장 높은 산을 발견했습니다!"라고 소리쳤다는 유명한 이야기는 애석하게도 민족주의자들이 지어낸 이야기이다. 물론 시크다르도 한몫을 담당했지만, 15번 봉우리를 '발견'하고 그것의 높이가 해발 8,840미터라고 측량해낸 것은 여러 해에 걸쳐 많은 사람들이 현장과 사무실에서 작업하여 이루어낸 성과였다. 대인도 삼각 측량은 영국이 인도 점령을 위해 상세한 지식을 얻어나가는 과정에서 수행된 사업이었지만, 여러 지역에서 실무를 맡았던 관리와 조사관은 지도를 만들어가는 과정에서 양심적으로 그 지방의 토착어를 사용하려 노력했다. 15번 봉우리의 경우만 예외였는데, 워는 그 봉우리의 다양한 토착어 이름을 무시하고 자신이 존경하던 전임자인 조지 에베레스트의 이름을 따서 '에베레스트'라고 명명했다.

히말라야 조사관들과 앞서거니 뒤서거니 하며 히말라야를 연구한 수많은 박물학자 가운데 가장 중요한 인물은 조셉 돌턴 후커Joseph Dalton Hooker(1817~1911)였다. 후커는 다윈의 후배로 친구이자 공동 연구자였고, 제임스 클라크 로스James Clark Ross의 에레부스Erebus 호 남극 항해에 동참한 이력이 있었다. 후커는 1847년 재무부 예산으로 인도에 왔고, 시킴과 동부 벵골 지역에서 2년을 보냈다. 그는 주로 식물학에 관심이 있었다. 그의 첫 번째 저서인 『시킴 히말라야의 철쭉Rhododendrons of the Sikkim-Himalaya』(1849~1850)이 출간되자, 19세기 영국 정원사들 사이에서는 철쭉이 크게 유행했다. 후커는 또한 지질학자기도 했다. 그는 다윈에게 헌정한 유명한 『히말라얀 저널Himalayan Journals』(1854)에 '추물라리Chumulari'와 '킨친-중가Kinchin-junga', 그리고 그 밖의 주요 봉우리들에 대해 최초로, 그것도 너무나 근사하게 묘사했는데, 그가 쓴 글

† 캘커타 당시 영국령 인도 지역

과 삽화가가 그린 히말라야 그림은 독자들의 마음을 빼앗기에 충분했다. 그런데 후커가 조사관 신분도 아니면서 지도를 만드느라 돌아다니자, 시킴의 영주와 그의 수상은 이를 수상하게 여겨, 1849년 그와 영국인 대리인 아치볼드 캠벨Archibald Campbell을 체포해 강토크Gangtok 북쪽의 툼롱Tumlong에 억류했다. 동인도회사는 시킴을 공격하겠다고 협박하여 두 사람의 석방 약속을 얻어냈으며, 이를 빌미로 시킴 남부지역 일부를 합병해버렸다. 그리고 이 사건이 계기가 되어 칸첸중가 전투가 점점 임박하게 되었다.

19세기 중반 히말라야를 탐험한 과학자 가운데 후커 다음으로 중요한 인물은 바이에른 출신으로, 저명한 안과 의사의 다섯 아들 중 세 명인 헤르만Hermann, 아돌프Adolf, 로베르트 슐라긴트바이트Robert Schlagintweit 형제들이었다. 이들은 알프스 산맥의 자연지리학 연구에서 이름을 떨쳤으며, 프러시아 황제와 동인도회사의 후원으로 지구의 자기장 연구를 위해 인도로 갔다. 이들은 인도대륙을 가로질러 봄베이에서 마드라스까지 가는 힘든 도보여행 끝에 1855년 3월 캘커타에 도착했다. 이곳에서 헤르만은 싱갈리라 능선을 따라 북쪽으로 가서 칸첸중가로 가겠다고 마음먹고 다르질링에서 혼자 출발했다. 이 계획이 시킴 정부의 적대적인 태도로 인해 좌절되자, 헤르만은 동쪽으로 방향을 돌려 아삼 쪽으로 가서 브라마푸트라강을 따라 디브루가르Dibrugarh까지 갔다. 한편 아돌프와 로베르트는 그 당시에 세워진 고산 막영지인 쿠마온의 나이니탈로 갔는데, 이곳에서 아돌프는 알모라의 여신에게 속죄의 제물을 바치고 나서 역사상 두 번째로 트레일 고개를 넘어 티베트 국경의 밀람Milam까지 갔다.

아돌프와 로베르트는 불교 라마승으로 변장하고 밀람의 교역로를 따라 각자 티베트로 잠입한 후, 잡히지 않고 계속 가서 무어크로프트 이후 서양인으로는 최초로 가르톡에 도착했다. 두 사람은 돌아오는 길에 아비가민 빙하에 올라가 보았으며, 이들이 카메트라고 생각한 산, 즉 이들이 "중앙 이비 가민Central Ibi Gamin"이라고 부른 산에 도전했다. 아마 이들은 카메트 북쪽에 있는 가장 근접한 봉우리 아비가민(7,355m)을 공략했던 것으로 보인다. 이것은 히말라야 산맥에서 이루어진 최초의 스포츠 등반이었고, 다른 목적이 아닌 등반 그 자체를 위해 오른 최초의 사례였다. 물론 이들의 등정 시도는 실패로 돌아갔지만, 슐라긴트바이트 형제와 8명의 짐꾼은 5,180미터 이상의 고도에서 열흘 밤을 지새우며 용감하게 6,778미터 고도까지 올라갔고, 이 기록은 9년간 깨지지 않았다. 1년 후 헤르만과 로베르트는 심라의 바깥 지역에서 각각 대 히말라야를 횡단하여 라다크의 레Leh를 거쳐 북쪽으로 계속 전진했고, 인도에서 투르케스탄까지 카라코람과 쿤룬Kunlun 산맥을 횡단한 최초의 서양인이 되었다.

1841년 영국은 러시아의 남하에 대항하여 아프가니스탄에 완충지대를 만들려는 의도를 갖고 신드Sind를 시작으로 펀자브를 정복하려 했다. 1848년에는 한때 카슈미르, 자무, 라다크를 호령하며 '펀자브의 사자'로 알려진 란지트 싱Ranjit Singh의 자랑스러운 왕국이 동인도회사와 그 앞잡이들에게 무릎을 꿇었고, 영국의 영토 확장을 위한 필수적인 조처인 탐험과 조사의 문호가 열렸다. 용감한 영국인 고드프리 토머스 비네Godfrey Thomas Vigne는 1835~1838년 사이에 인도 북부 오지를 광범위하게 여행했다. 그는 낭가파르바트가 '히말라야의 모든 광경 가운데 가장 무섭고도 장엄한 모습'이라고 묘사했다. 그는 초고룽마Chogo Lungma 빙하가 끝나는 곳까지 올라가서 카팔루Khapalu 바깥쪽의 살토로Saltoro 계곡을 지나갔으나 카라코람 산맥에 가로막혀 더 이상은 가지 못했다. 이로써 비네는 카라코람을 묘사한 최초의 서양인이 되었다.

카슈미르 지방은 대부분 미지의 지역이었는데, 1855년 영국군 공병대의 토머스 조지 몽고메리Thomas George Montgomerie 중위가 대인도 삼각 측량 사업을 하려고 카슈미르 지방으로 들어가면서 알려지기 시작했다. 몽고메리나 그의 부관들은 어느 누구도 등산가가 아니었다. 그들은 피켈도 크램폰도 없었으며, 등반용 로프나 확보† 지점 같은 것은 알지도 못했다. 그럼에도 몽고메리가 이끈 조사관들은 카슈미르 조사를 위해 경위기와 회광기, 평판, 신호 표기용 기둥을 끌고 상당한 고도까지 올라갔다. 그들은 4,570미터(15,000피트)에서 6,100미터(20,000피트) 사이의 봉우리나 혹은 그보다 더 높은 봉우리의 정상까지 가서 복잡한 삼각 측량의 기초로 사용할 지형의 윤곽선이 선명하게 보일 때까지 여러 주일 동안 추위와 피로, 허기를 참아가며 기다렸다. 몽고메리가 몸소 얼마만큼의 산을 올랐는지는 정확하게 알 수 없다. 한 부관은 "몽고메리가 측량 조사관 가운데 가장 적은 고생을 하고도 영예를 누리고 이름을 날렸다."라고 불만을 털어놓았다. 하지만 몽고메리는 1857년에 분명히 카슈미르 계곡 위쪽 하라무크Haramukh의 5,143미터 정상에서 241킬로미터 전방 지점에 '높이 솟은 두 개의 봉우리'를 보았고, 카라코람1과 카라코람2라는 의미에서 임시로 공책에 그 이름을 'K1'과 'K2'라고 써 놓았다. 이후 K1은 측량국 관습대로 그 지역 방언으로 된 이름을 얻어 지도에 '마셔브룸Masherbrum'으로 기록되었다. 그러나 영국인들은 K2를 일컫는 여러 지역 방언 가운데 어떤

---

† **확보** 등반하는 동료의 추락을 방지하기 위한 확보기술

것이 옳은지 판단할 수 없어, K2라는 이름을 그대로 지도에 남겨놓음으로써 결국 무명의 조사관들에게 말 없는 경의를 표하게 된다.

1857년 대반란[†1]이 일어나 카슈미르 지방에서 폭력사태가 산발적으로 이어졌다. 몽고메리는 스리나가르의 안전지대로 물러났지만, 연로한 마하라자 굴라브 싱Maharaja Gulab Singh에 대해 개인적인 영향력을 가지고 있던 덕분에 측량작업은 계속할 수 있었다. 현장에서는 몽고메리 대신 헨리 헤이버샴 고드윈 오스틴Henry Haversham Godwin-Austin이라는 뛰어난 인물이 그 자리를 대신했다. 고드윈 오스틴은 조사관이자 탐험가, 예술가, 지질학자였을 뿐만 아니라, 케네스 메이슨의 정통한 평가에 의하면 '당시 가장 위대한 등산가'였다. 1834년 틴머스[†2]에서 저명한 지질학자의 장남으로 태어난 고드윈 오스틴은 1848년 샌드허스트[†3]에 입학했고, 옛 프랑스 방식대로 그림을 그려 지도를 만드는 법을 공부했다.

1851년 그는 24보병대에 임명되어 미얀마로 배치되었다. 고드윈 오스틴은 조부이자, 2차 미얀마 전쟁에서 영국군의 총사령관을 맡았던 헨리 토머스 고드윈Henry Thomas Godwin 육군 중장의 전속부관으로 첫 임무를 시작했다. 이라와디Irrawaddy 삼각주를 그린 그의 지도는 굉장히 독창적이었다. 당시 고드윈 오스틴은 앤드루 워와 인도 사령관의 주목을 받게 되었고, 1856년 워의 추천으로 대인도 삼각 측량 사업을 위해 카슈미르 지방으로 배치되었다. 그는 카지 나그Kazi Nag와 피르 판잘Pir Panjal의 낮은 산지에 있는 자무Jammu 마을 근처에서 반란군에게 발각되었는데, 이때 심하게 얻어맞아서 생긴 부상 때문에 치료를 위해 1년간 영국에 가 있어야 했다. 그가 언제 인도로 돌아왔는지는 확실치 않지만 1860년에는 카슈미르 지방에 와 있었고, 이곳에서 소 카라코람의 쉬가르Shigar와 살토로Saltoro 계곡을 조사했다.

1858년 당시 카슈미르는 더 이상 동인도회사의 영역이 아닌 영국 국왕의 직할 통치령이었다. 이 무렵 영국은 카라코람을 이론상 카슈미르 지방의 북쪽 국경선이라고 규정짓고 있었다. 소위 이론상 국경선이란 영국령 인도와 중앙아시아의 오지 국가들 사이의 경계선을 말하는 것이었다. 고드윈 오스틴의 실제 임무는 이 국경선을 연구하고 측정하고 확립하여 지도에 기록하는 일이었다. 그는 카라코람으로 들어갈 권한이 없었지만 탐험가적 열정에 이

---

†1 대반란Great Mutiny 세포이 항쟁Sepoy Rebellion으로도 불림

†2 틴머스Teignmouth 잉글랜드 데번 주 틴브리지 행정구에 있는 도시

†3 샌드허스트Sandhurst 잉글랜드 버크셔 주 브라크넬 행정구에 있는 왕립 육군사관학교

헨리 헤이버샴 고드윈 오스틴(1834~1923)
(사진출처: 왕립 지리학회)

끌려 60명의 짐꾼과 가이드, 부관을 이끌고 아스콜리Askole를 떠나 판마흐Panmah 빙하로 올라갔다. 그는 5,486미터(18,000피트) 고도의 얼음에 뒤덮인 무즈타그Muztagh에 가려고 했다. 이 무즈타그는 대 카라코람을 넘는 고개로, K2 바로 30킬로미터 서쪽에 있다. 고드윈 오스틴은 시야가 흐려 이틀간 빙하에서 헤매고 눈 위에서 괴로운 하룻밤을 보낸 후, 일행 가운데 여덟 명을 골라 움직이는 크레바스가 곳곳에 있는 섬뜩한 미로를 향해 올라갔다. 고드윈 오스틴은 훗날 "균열의 깊이를 측정하려고 로프를 던져서 소리를 들어봤지만 로프를 모두 이어서 만든 50미터짜리가 너무 짧아서 측정할 수 없었다. 크레바스의 가장자리에는 눈이 덮여 있었고, 앞으로 나아가기가 너무 위험해서 로프에 몸을 의지할 수밖에 없었다. 우리는 마치 한 줄로 묶인 죄수와 같은 모양으로 전진했다."라고 회상했다. 그날 오후 늦게 고드윈 오스틴 일행은 무즈타그에서 1.6킬로미터 떨어져 있고 고도가 150미터 아래인 곳에 도착했지만, 무시무시한 구름이 내려앉고 빙하가 섬뜩한 소리를 내기 시작했다. 굉장히 넓은 곳까지 빙하가 부서지고 갈라지면서 신음하는 소리를 냈다. 고드윈 오스틴은 현명하게도 철수를 결정했다. 따라서 이곳을 횡단한 최초의 서양인이라는 영예는 1887년의 프랜시스 영허즈번드에게 넘어가게 된다.

고드윈 오스틴은 카라코람 탐험을 절반도 끝내지 못했다. 고드윈 오스틴과 그의 동료들은 자신들의 발자국을 되짚어 아스콜리로 돌아온 다음, 브랄두Braldu 계곡 동쪽을 올라 파이주Paiju 쪽으로 해서 발토로 빙하가 끝나는 곳까지 갔다. 바로 위쪽에 트랜스 히말라야 서쪽의 가장 내밀한 성소가 있었는데, 이곳은 세계 30위 안에 드는 고봉 가운데 10개를 감싸는 대협곡으로, 눈과 얼음과 바위로 덮여있었다. 고드윈 오스틴은 서양인으로는 처음 발토로를 올랐고, 그 코스를 측량해서 지도에 기록한 최초의 인물이었으며, 거대한 성당처럼 장엄하게 북쪽 사면에서 솟아오른 주황색 화강암의 뾰족한 봉우리와 버트레스를 처음 오른 인물이었다. 그의 주목적은 K2의 위치와 높이를 측정하는 것이었고, 그것이 카라코람 분수령의 북쪽에 있는지 남쪽에 있는지, 그래서 그것이 카슈미르 지방에 속한 것인지 아닌지를 판단하는 것이었다. 고드윈 오스틴은 발토로 안쪽으로 25킬로미터를 들어가, 북쪽의 마셔브룸과 무즈타그 빙하와 같은 높이에까지 도달했다. 그는 여기서 직선으로 25킬로미터를 더 들어가 'K3'와 장엄한 가셔브룸 산군을 보았다. 하지만 K2는 너무 멀어서 잘 보이지 않았으며, 식량이 바닥나고 있어 짐꾼들에게 더 멀리 들어가자고 요구하지 못했다. 그는 더 좋은 시야를 확보하려고 평판과 공책을 가지고 발티[†1]족 안내인 몇 명과 함께 마셔브룸의 가파른 능선을 오르기 시작했다.

빙하에서 610미터를 올라가자 인근의 설선 위쪽으로 멀리 얼음과 바위로 덮인 산의 모습이 어렴풋이 나타났다. 고드윈 오스틴은 용기를 내어 그가 있던 능선의 봉우리를 향해 올라갔다. 그는 그곳에서 "구름 한 점 없이 선명한 K2 영봉이 아시아의 분수령에 서 있는 것을 보았다. 그곳은 산맥이 정점에 다다른 곳으로, 광범위한 지역을 적시는 강이 그곳에서 발원한다."라고 적었다. 안내인들이 케른[†2]을 세우고 있을 때 고드윈 오스틴은 원뿔 모양의 K2를

---

†1 **발티** 파키스탄의 미르푸르Mirpur 시 인근 지방

†2 **케른** 추모나 이정표로 사용되는 원추형 돌무덤

스케치하고 그 위치와 높이를 측정해서 그 지역을 영국 여왕의 영역으로 편입시켰다. K2는 그가 발견한 대로 분수령이었고, 그곳의 빙하에서 나온 물이 남쪽으로 흘러 인더스 강을 이루었다. 그의 입장에서 보면 K2는 인도의 일부였으며, 대영제국의 일부였다. 고드윈 오스틴은 안내인이 세운 케른에 마지막 돌을 얹고 흡족한 마음으로 발토로로 하산했다.

19세기 말에 제임스 워커James Walker 장군은 K2의 이름을 '고드윈 오스틴 산'으로 바꾸려고 노력했으나 실패했다. 따라서 히말라야에서는 에베레스트만이 식민지배의 상처가 남아 있는 유일한 산이 되었다. 그러나 제국주의 시대가 끝난 후에도 여전히 K2의 동쪽을 흐르는 빙하 이름은 '고드윈 오스틴 빙하'로 남아 카라코람 조사관 중 가장 위대한 인물을 기리고 있다. 고드윈 오스틴과 동시대 인물인 윌리엄 헨리 존슨William Henry Johnson은 신분이 낮은 집안에서 출생하여 민간인 조사관을 거쳐 카슈미르 지방의 몽고메리 중위 부관으로 승진한 인물이다. 존슨은 비록 고드윈 오스틴처럼 지도에 이름을 남기는 영예를 얻지는 못했지만, 등반이라는 측면에서는 그 시대에 가장 위대한 업적을 남겼다. 존슨은 먼저 쿠마온에서 경험을 쌓은 다음 1857년에 카슈미르에 가서, 그곳에서 곧 두각을 나타냈다. 그는 측량 조사단의 예비 측량대를 세울 지점을 찾아내고 확보하는 것을 임무로 하는 척후병 부대를 지휘했으며, 유능하고 지칠 줄 몰랐다. 몽고메리가 훗날 K2를 측량하고 스케치하게 된 측량대를 하라무크Haramukh에 설치한 사람이 바로 존슨이다. 그는 그 이전에도 이미 쿠마온에서 넬라 고개Nela Pass 동쪽으로 400미터 떨어진 고도 5,812미터의 히말라야 산 정상부에 삼각 측량대를 설치하고 측량을 시행해 측량국의 고도기록을 세운 적이 있었다. 존슨은 카슈미르에서 자신의 고도기록을 매년 경신하면서 측량대를 5,974미터에서 6,066미터로, 그리고 6,279미터 이상으로 점점 더 높은 곳에 설치해 갔다. 1862년 무렵 존슨은 6,100미터 이상의 높이에 9개의 측량대 설치를 완료했다. 이 가운데 4개는 그 후 60년간 세계에서 가장 높은 측량대로 남아있었다.

존슨은 인도에서 태어났고 보잘것없는 교육을 받은 민간인 부관으로, 옥스퍼드대학이나 샌드허스트는커녕 영국에 가본 적도 없어서 사람을 주로 신분으로 평가했던 영국령 인도에서 별로 두각을 나타내지 못했다. 존슨은 고드윈 오스틴과는 달리 중요한 지도나 지형도를 만들지 않았기 때문에 고작해야 존슨이라는 이름이 기록된 정도로 끝났고, 그의 놀라운 등반 업적은 거의 알려지지 않았다. 존슨이나 몽고메리, 고드윈 오스틴을 포함하여 조사에 나선 수많은 나리들과 동행했던 미천한 인도인 칼라시[†1] 조수들은 한 달에 6루피 정도의 돈을 받고 귀중한 신호 표기용 기둥과 경위기, 평판을 서양인들이 상상할 수조차 없는 아찔한 높이까지 운반했다. 신호 표기용 기둥을 운반한 칼라시 한 명이 1860년 7,030미터 고도의 쉴라Shilla에 올라 세계 최고의 고도기록을 세웠다는 유명한 이야기는 유감스럽게도 신빙성이 떨어진다.(쉴라는 그보다 낮은 6,111미터로 밝혀졌다.) 하지만 등반의 발전 과정에서 이름 없는 일꾼들이 우직하게 돕지 않았다면, 고드윈 오스틴과 그의 일행은 아무것도 성취할 수 없었을 것이다.

그레이트 게임

1864년 카슈미르의 측량을 완료한 대인도 측량국은 영국령 인도의 경계선이 대략 산맥과 일치하며 북서쪽에서 중국 및 러시아령 중앙아시아와 인접한다고 선포했다. 캘커타의 인도 정부는 달갑지 않은 정치적 반격을 피하기 위해 공식적으로 더 이상의 무단 출입을 금지했다. 그러나 인도 정부는 잘 알지 못하는 고개 너머의 왕국들에서 무슨 일이 일어나는지 비공식적인 경로로 계속 정보를 입수하고 싶어 했으며, 특히 러시아가 인도의 산악 국경지역에 얼마나 영향을 끼치고 있는지 알고 싶어 했다. 키플링이 지어낸 것이라고 많이들 알고 있는 '그레이트 게임The Great Game'은 사실, 벵골 원주민 6경기병대의 젊은 대위 아서 코널리Arthur Connolly가 친구에게 보낸 편지에서 비롯됐다. 코널리는 1831년 영국 통제부[†2]의 수장이었던 엘렌버러Ellenborough 경에 의해 파견되었다. 그의 임무는 정치적으로 민감한 코카서스 산맥과 키베르 고개 사이의 무인지대 정찰이었다. 당시에도 영국은 러시아가 아시아 지역에 대해 품고 있던 야심을 경계하고 있었으며, 인도에 대한 러시아의 영향력 행사가 정치적인 불안을 야기할 것으로 생각했다. 이 때문에 영국은 1839년 아프가니스탄을 침공하여 친영국계 왕을 옹립하기도 했다. 그러나 많은 사람이 이해한 대로 키플링이 각색한 그레이트 게임으로 인해 냉전이 촉발되었고, 음모와 첩보활동이 전개되었다. 이러한 상황은 19세기 말 히말라야 국경지대에서 절정에 달했으며, 카슈미르의 측량이 완료된 시점에 시작되어 1904년

---

†1 **칼라시** 파키스탄 칼라시 지방 혹은 그 지방에 거주하는 사람들

†2 **통제부Board of Control** 런던에서 동인도회사를 감독하고 인도 관련 일을 맡아 보던 부서

프랜시스 영허즈번드가 군대를 거느리고 라싸로 진군할 때까지 계속되었다. 그 시대는 히말라야 등산의 역사에서 간접적이며 부수적인 중요성을 갖는다. 키플링의 『킴Kim』에는 등반 그 자체를 위해 산에 오르는 장면이 한군데도 등장하지 않는다. 그러나 키플링이 스포츠 등반을 암시하는 은유법을 사용했다는 점과, 첩보활동과 등반 사이의 역사적인 관계를 암시했다는 점은 상당한 의미가 있다. 그레이트 게임으로 인해 대인도 삼각 측량처럼 상당수의 자발적인 등반이 이루어졌고, 그 숫자는 많은 등산역사 연구자가 알고 있는 것 이상이며, 특히 이 가운데 가장 두각을 나타낸 인물인 영허즈번드의 활동에는 첩보활동과 낭만적인 원정등반의 성격이 모두 나타나 있다. 요약하자면, 그레이트 게임을 계기로 하여 국경지역을 정치적·군사적으로 장악하려는 노력에서 등반이 시작됐고, 마침내 정상 정복의 의지가 생겨난 것이다.

어떻게 보면 1863년 7월에 압둘 하미드Abdul Hamid(모하메드 이 하메드Mohamed-i-Hameed)라는 무슬림 여행자가 라다크의 수도인 레Leh를 떠나 중국령 투르케스탄(현재 신장 웨이우얼Xinjiang Uygar 자치구)에 있는 전설의 도시 야르칸드를 찾아 떠난 것이 그레이트 게임의 시작이었다고도 할 수 있을 것이다. 하미드는 문시[†1]처럼 옷을 입기는 했지만 실은 대인도 측량국의 직원이었으며, 육분의와 나침반을 사용할 수 있도록 훈련받았고, 히말라야 산맥을 넘어 지리와 정치 정보를 수집해 와서 영국 측에 보고하는 임무를 띠고 파견되었다. 이런 종류의 임무를 수행했던 인물로는 하미드가 처음이었다. 이렇게 히말라야 국경지대와 그 너머에서 첩보활동을 할 목적으로 고용된 인도인 직원들은 차츰 "펀디트[†2]"라고 불리게 되었다. 인도인을 첩보활동의 인적자원으로 활용하자는 것은 토머스 몽고메리의 생각이었다. 몽고메리는 키플링이 묘사한 크레이턴 대령Colonel Creighton의 모델이기도 한데, 1860년 라다크를 측량할 때 힌두스탄 원주민들은 서양인의 출입이 금지된 지역으로 자유롭게 드나들 수 있다는 점에 주목했고, 따라서 이들을 활용하여 비밀탐사를 하기로 결정했다. "만일 영리한 사람을 찾을 수 있다면, 그는 별문제 없이 장사할 물건 사이에 몇 가지 기구를 운반할 수 있을 것이고, 그들의 도움을 받는다면… 지리학적으로 좋은 결과를 가져올 수 있을 것이다."라는 것이 그의 주장이었다. 몽고메리는 처음에는 별생각 없이 이것을 벵골의 왕립 아시아학회Asiatic Society에 제안했고, 1862년 5월에

---

†1 문시munshi 스승 혹은 학자

†2 펀디트pundit 박사, 박식한 사람

는 공식적으로 캘커타의 인도 정부에도 제안했다. 그즈음 일어난 반란 사건으로 인해 인도인에 대한 불신 분위기가 조성되어 있었으므로, 캘커타의 인도 정부는 인도인의 첩보활동이라는 아이디어에 대해 처음에는 경계심을 갖고 회의적으로 받아들였다. 하지만 영국의 주도하에 티베트로 들어가고자 했던 두 차례의 시도가 1861년과 1862년에 연이어 실패하자, 몽고메리의 제안이 긍정적으로 검토되었다. 1863년 몽고메리는 필요한 자금을 지원받고 카슈미르로 돌아가 압둘 하미드에게 휴대용 육분의를 사용하여 위도를 측정하는 방법과 물의 끓는점을 이용하여 고도를 측정하는 방법을 가르쳤다. 몽고메리의 회상에 의하면 압둘 하미드는 곧 적절한 수준의 능력을 갖추게 되었으며, 가장 작은 크기의 육분의, 나침반, 인공 수평기, 두 개의 온도계와 두 개의 '평범한 은시계', 구리 주발과 물을 끓일 수 있는 기름 램프, 밤에 수치를 읽기 위한 조그만 휴대용 주석 등과 펜, 잉크, 두 권의 공책과 여분의 종이를 갖고 레Leh로 출발했다.

애석하게도 하미드는 돌아오지 않았다. 그는 험난한 카라코람 고개를 넘고 야르칸드의 혹독한 겨울을 버텼으나, 레로 돌아오는 길에 야생 대황초를 먹고 그 독으로 인하여 사망했다. 그러나 신출귀몰하던 윌리엄 헨리 존슨이 그 당시 라다크의 현장에 있었으므로, 그를 시켜서 사망한 하미드의 공책과 기구를 찾아올 수 있었다. 몽고메리는 '실험적인 탐사'가 성공적이었다고 주장했고, 이 탐사를 통해 가장 좁은 곳도 640킬로미터나 되는 '히말라야 산맥의 엄청난 너비'에 대한 지식을 얻게 되었다고 말했다. 또한 몽고메리는 하미드의 첩보활동을 통해 중국령 투르케스탄에 러시아의 영향력이 미치고 있다는 확신을 갖게 되었다. 조사관들은 한편으로는 용기를 얻고, 다른 한편으로는 경각심을 가지고 은밀하고도 진지하게 중앙아시아 탐사에 착수했다. 몽고메리는 난다데비 북동쪽의 밀람 마을에서 사촌 간이던 인도인 두 명을 고용했는데, 그들은 나인 싱Nain Singh(후에 판디트 혹은 1번 판디트로 알려짐)과 마니 싱Mani Singh이었다. 몽고메리는 이 두 사람을 데라 둔에 있는 중앙 인도 측량국으로 데려갔다. 나인 싱과 마니 싱은 그곳에서 2년 동안 비밀 감시 기술을 배우고 염주와 마니차(기도 바퀴)†를 사용해 거리를 측정하는 군사 기술을 익힌 뒤, 돌아다니면서 첩보활동을 시작하게 되었다. 1865년 나인 싱은 카트만두를 거쳐 히말라야를 넘었으며, 동쪽으로 계속 나아가 금단의 도시인 라싸까지 갔는데, 거기서 의심을 사지 않고 달라이 라마를 알현하기까지 했다. 2년 후, 나인 싱

† 마니차 라마교에서 사용하는 기도 도구

은 동생과 사촌인 칼리안 싱Kalian Singh(G. K.라고도 불림)을 데리고 바드리나트Badrinath 외곽의 마나 고개를 넘어 서부 티베트에 대한 최초의 체계적인 조사를 수행했다. 1873년 나인 싱은 또 다른 사촌인 키샨 싱Kishan Singh(A. K라고도 불림)과 함께 카슈가르Kashgar로 향한 더글러스 포시스T. Douglas Forsyth의 유명한 작전에 동참했다. 매우 정교했던 그 작전에는 여섯 명의 장교와 여러 명의 과학자, 네 명의 인도인 조사관, 350명의 짐꾼, 550마리의 수송용 동물이 동원되었다. 펀자브 감독관이 지휘를 맡은 이 작전의 목표는 그 당시 중국령 투르케스탄 영토의 절반을 차지하며 우세를 점하고 있던 남쪽 지역 카쉬가리아Kashgaria에서 족장이라고 자처하며 위세가 등등했던 야쿠브 벡Yakub Beg과 우호적인 외교 및 무역 관계를 수립하는 것이었다. 그 작전은 전체적인 의미에서 실패로 돌아갔다. 하지만 트랜스 히말라야 지방에서 이루어진 수많은 은밀한 탐사를 그 작전으로 위장할 수 있었다. 한편으로 그 작전에는 군사적인 감시와 과학적인 조사에 순수한 등반이 결합되었는데, 그 모습은 규모에서나 전체적인 방식에서나 후일에 진행될 원정등반의 원형이 되었다.

나인 싱Nain Singh이 1875년 정부의 연금을 받고 실무에서 은퇴할 무렵에는 대인도 측량국에서 고용한 인도인 탐험가가 20명가량이었다. 물론 이 가운데 가장 유명한 사람은 아마도 사라트 찬드라 다스Sarat Chandra Das(바부Babu라고도 불림)일 것이다. 그가 가장 유명한 이유는 간단한데, 키플링이 다스를 모델로 하여 "후리 바부Hurree Babu"라는 인물을 구상했기 때문이다. 하지만 등반이라는 관점에서 본다면 펀디트 가운데 가장 중요한 사람은 하리 람Hari Ram, 혹은 '9번'이라 불렸던 인물일 것이다. 그에 대해 알려진 사실은 1868년 측량국에 들어갔다는 것과 쿠마온의 인도인이었다는 것 정도이다. 하리 람이 같은 해 에베레스트 북쪽 지역을 통과하여 팅그리 마이단Tingri Maidan까지 간 바로 그 사람이었는지는 확실치 않다. 최초로 에베레스트 방향으로 진행된 이 은밀한 탐사에 대한 기록은 남아있지 않다. 그러나 하리 람이 의사로 변장해서 1871년 여름 다르질링을 떠나 시킴을 가로질러 팁타 라Tipta La(5,102m)를 넘어 티베트의 쉬가체Shigatse로 갔고, 동쪽으로 향하면서 티베트 고원지대를 넘어 팅그리Tingri로 갔다는 점은 확실하다. 팅그리는 현재 에베레스트 북쪽을 등반하는 원정대가 머무르는 마을이다. 당시의 길은 북서쪽으로 종카종Jongkajong까지 간 다음 남쪽의 키롱Kirong과 카트만두로 이어진 것이었지만, 첩보원인 하리 람은 그 길로 갈 수 없어, 대신 보테코시Bhote Kosi 강을 따라가 에베레스트 서쪽 100킬로미터 지점에서 머리가 쭈뼛 설 정도로 겁이 나는 통 라Thong La(쿠티 고개Kuti Pass)를 넘어갔다. 통 라는 강 위 450미터 높이의 양쪽 절벽에 철심을 박아 연결한 다음 그 위에 놓은 돌 판을 지나가게 한 곳도 있었다. 1월에 하리 람은 카트만두에 무사히 도착해 바로 다르질링으로 귀환했다. 그는 비록 에베레스트에서는 상당히 먼 거리였지만, 어쨌든 에베레스트 산군을 한 바퀴 돈 최초의 인물이었다. 하리 람은 2년 후 자신의 고향인 쿠마온에 있는 피토라그라Pithoragrah에서 출발하여 외줄을 타고 칼리Kali 강을 건넜으며, 네팔의 북부를 서쪽에서 동쪽으로 횡단해 다울라기리와 안나푸르나 산군 사이를 흘러가는 지류인 칼리 간다키Kali Gandaki 강에 이르렀다. 1885년 하리 람은 오랜 기간의 휴식기를 마치고 비밀 탐험대를 이끌고 두드 코시 강을 거슬러 올라가 네팔 동북지역에 있는 솔루쿰부Solu Khumbu까지 갔는데, 그곳에서 한 달간 머문 다음 낭파 라Nangpa La(5,716m)에 도전했다. 낭파 라는 히말라야 고봉들 사이를 지나가는 빙하 고개로, 초오유와 가우리샹카르Gaurishankar(7,134m)를 지나 티베트로 연결된다. 하리 람은 에베레스트에서 24킬로미터 떨어진 곳까지 접근했다. 비록 에베레스트를 동쪽에서 보지는 못했겠지만 그는 그때까지 훈련받은 어느 관찰자들보다도 가장 가까운 거리까지 접근한 사람이었다. 하리 람이 지나온 경로와 등반로를 조사한 결과는 이후 영국이 에베레스트 지역을 이해하는 기본 토대가 되었다.

하리 람은 1892~1893년에 네팔과 티베트로 가는 다섯 번째이자 마지막 임무를 수행했다. 이것은 인도인 펀디트가 수행한 마지막 탐험이기도 했다. 하지만 그레이트 게임은 끝나지 않았다. 1883년 러시아가 카스피 해 이남의 고대 도시 메르프Merv를 병합한 후, 1885년 아프가니스탄 지역의 판데Pandjeh 마을에서 영국과 러시아 군대 사이에 군사적 대치 상태가 발생했는데, 이것이 파국적인 국면으로 치닫고 있었다. 이제 영국은 이 게임을 비밀리에 할 필요성을 느끼지 못했다. 러시아 황제의 입김이 점차 인도를 잠식하고 있는 것은 엄연한 현실이었으며, 이로 인해 전쟁 분위기가 감돌고 있었다. 특히 실마Simla 지역에서 위기가 고조되었으며, 이곳의 인도군 병참감이자 정보부 신설의 주역이었던 찰스 맥그리거Charles MacGregor 경은 교전 개시와 전략적인 병합을 골자로 하는 '전진정책'을 총독에게 강력히 주장했다. 반면 윌리엄 글래드스턴William Gladstone의 자유당 내각이 집권하고 있던 런던은 상황이 그렇게 급박하다고 판단하지 않았다. 그러나 1886년 조셉 체임벌린Joseph Chamberlain이 이끄는 자유주의적 제국주의자 단체가 하원에서 글래드스턴의 아일랜드 자치법안과 대영제국 영토 전반에 대한 상대적 무관심을 비판하며 반기를 들자 정세가 바뀌었다. 자유당 내각은 막을 내렸고, 그해 7월 치른 선거에서 보수당이 솔즈베리 후작Marquess of Salisbury을 수장으로 삼아 집권에 성공했다. 솔즈베리는 대영제국의 문명 전파 사명을 굳게 믿는 완고한 제국주의자였다. 상부로부터 전진정책이 승인되어 하달되었고, 유독 체구가 작았던 프랜시스 에드워드 영허즈번드Francis Edward Younghusband는 전진정책을 히말라야 국경지대에서 실현하려고 노력했다.

영허즈번드는 군인이자 탐험가이며 지리학자였고, 산적이자 애국자이며 신비주의자였다. 그는 제국주의의 마지막 모험가였고, 식민주의적인 히말라야 등반에 누구보다 앞장섰다. 그는 1863년에 펀자브 지방의 무레Murree라는 산악 군사기지에서 존 윌리엄 영허즈번드John William Younghusband 소장의 아들로 태어났다. 그의 아버지는 저명한 산악 탐험가였으며 차茶 무역업을 하다가 그만두고 야르칸드에서 영국의 정치적 대리인이 되었다. 영허즈번드는 영국 기숙학교와 샌드허스트 왕립 육군사관학교라는 전형적인 장교 양성 과정을 거친 다음 근위 용기병 연대Dragoon Guards에 배치되어 인도로 갔다. 그는 곧 인도에서 '솔선수범하는 대장'이라는 명성을 얻게 된다. 그는 열정적으로 모험을 추구하는 장교였고 지칠 줄 모르는 정찰과 순찰활동을 했는데, 이것은 아득히 먼 곳까지 앞서 나아가 주 병력을 인도하는 일이었다. 그는 한편으로 내성적인 낭만주의자로서 동양의 정신세계에 대한 동정 섞인 관심을 갖고 있는 모험주의자이며 신비주의자였기 때문에 산에 강하게 이끌렸다.

영허즈번드는 아마도 숙부인 로버트Robert를 통해 인도 정보부의 주목을 받게 된 것 같다. 1885년 5월 판데 사건의 직접적인 여파로 인해 영허즈번드는 실마로 소환되어 카슈미르에서 군대의 관보官報를 개정하는 작업에 착수한다. 이곳에서 그는 러시아의 위협이 임박했다고 주장하여 논란을 빚던 찰스 맥그리거의 『인도 방위The Defence of India』(1883) 한 부를 보고, 이 내용에 한 술 더 떠서 몽골과 시베리아, 한국 사이에 있는 오지인 만주에 영국령 인도의 운명이 달려있다고 생각하게 되었다. 러시아 공포증에 사로잡힌 맥그리거조차 이런 지정학적인 논리를 믿지 않았지만, 어쨌든 영허즈번드가 6개월에 걸친 휴가를 낼 테니 이 기간 동안 자신을 중앙아시아 쪽으로 보내달라고 요청하자, 맥그리거는 이에 동의했다. 영허즈번드의 여행은 만주와 북경에서 시작하여 카슈가르와 야르칸드를 거쳐 남쪽으로 향해 카라코람을 넘어 카슈미르까지 가는 19세기의 대장정이었다. 영허즈번드의 독창적이고도 선구적인 생각으로 이루어진 이 여행에서 후세에 가장 의미가 컸던 것은 당시 정보부의 수장이던 마크

티베트로 군사 작전을 나가기 직전인 1903년 무렵의
프랜시스 영허즈번드 대령
(사진출처: 왕립 지리학회)

벨Mark Bell 대령의 명령에 따라 카라코람을 넘은 일이었다. 영허즈번드는 카라코람 고개를 넘어 무즈타그를 지나가는 일반적인 대상 교역로를 따라가는 대신, 보안을 위해 K2 바로 서쪽에 있는 해발 5,486미터의 험난한 고개를 넘어갔다. 그곳은 1861년 고드윈 오스틴이 올라가려다 실패했던 곳이었다. 영허즈번드는 북쪽에서 K2를 본 최초의 서양인이 되었으며, 더욱 놀라운 것은 등반 경험이나 등산장비도 없이 이루어낸 성과였다는 것이다. 그는 "징 박힌 등산화 한 켤레도, 피켈 한 자루도 없었다."라고 말했다. 영허즈번드와 그의 발티족 안내인이었던 왈리Wali는 후에 스웨덴 탐험가인 스벤 헤딘Sven Hedin이 말했듯, 그때까지 그 지역의 산악지대에서 있었던 가장 어렵고도 위험한 업적을 이루어냈다. 전략적·과학적인 면에서는 이 탐험의 가치가 그다지 높지 않을지 몰라도 무즈타그 횡단을 통해 등산역사의 새로운 장이 열렸으며, 영허즈번드는 이 여행을 자청하여 떠맡음으로써 소위 히말라야를 서방에 알리는 외교 사절의 역할을 확고히 했다.

1889년 당시 영허즈번드는 왕립 지리학회의 최연소 특별 연구원으로 선출되어 활동하고 있었다. 그는 대상들의 무역을 놓고 발생했던 부족 간의 분쟁을 연구하고, 한편으로는 카슈미르의 보호령인 훈자에 대한 중국과 러시아의 접근을 차단하기 위해 다시 카라코람으로 갔다. 1885년 힌두쿠시 산맥을 따라 영국-러시아 국경 조약Anglo-Russian Boundary Commission이 정해졌고, 이것이 아프가니스탄 경계선이 되었지만 파미르와 카라코람 주변 카슈미르 국경지대는 경계선이 정립되지 않았기 때문에 영국의 입장에서 본다면 적국의 침략을 받기 쉬운 곳이었다. 1888년 국경지대에서 사소한 전투가 있었는데, 이를 계기로 영국 군대가 스리나가르에서 북쪽으로 160킬로미터 지점에 있는 전략적 요충지 길기트Gilgit에 영구 주둔하게 되었다. 이제 영허즈번드가 맡은 일은 길기트 주둔군의 관할 영역을 산악 쪽으로 확장시켜 북쪽과 동쪽으로 넓히는 것이었다. 그는 구르카 5소총대Fifth Gurkha Rifles 대원 여섯 명의 호위를 받으면서 레Leh 바깥쪽의 카라코람 고개를 넘었고, 트랜스 히말라야의 샥스감Shaksgam 계곡에 대한 최초의 체계적인 원정을 시작했다. 그 후 영허즈번드는 파미르 쪽으로 가서 민타카Mintaka 고개를 넘어 훈자로 들어간 다음, 훈자 계곡을 따라 남쪽으로 계속 전진하여 라카포시Rikaposhi를 지나 영국령 지역인 길기트에 이르렀다. 그가 이렇게 산을 탐험하여 무엇을 성취했는지는 분명하게 말하기 어렵다. 어느 전기 작가의 말처럼 영허즈번드는 간단하게 말하자면 '영국령 인도, 러시아, 중국과 아프가니스탄 지역에서 활동한 대영제국의 군인'이었다. 영허즈번드는 그레이트 게임의 정치적·전략적 긴급성을 느끼고 이 답사를 시작했지만, 결국 히말라야 여행이 그 자체로 정신적·예술적인 가치가 있다는 것을 깨달았다. 영허즈번드는 무즈타그를 비켜서 내려왔다는 놀라운 업적을 거두었지만, 정상 등정을 꿈꾸지 않았다는 점에서 진정한 의미의 히말라야 등산가는 아니었다. 그러나 1888~1891년에 실행된 영허즈번드의 유명한 등반 여행은 원래의 주목적이었던 국경지역의 '평정'에 공헌했을 뿐만 아니라, 1892년에 이루어진 최초의 대규모 히말라야 원정등반에 불을 붙였다. 영허즈번드를 마지막으로 식민주의 등산이 막을 내리고, 진정한 등산의 역사가 탁월한 고산 등산가였던 윌리엄 마틴 콘웨이William Martin Conway로부터 시작되었다.

유럽의 놀이터

최초의 히말라야 원정등반으로 꼽히는 마틴 콘웨이의 1892년 카라코람 원정을 언급하기 전에 그의 등반에 대해 잠깐 다른 이야기를 하고 넘어가야 한다. 영허즈번드가 여러 면에서 서양과 히말라야의 만남이 이루어진 탐험의 초창기 역사에서 가장 중요한 인물이었던 것처럼, 1892년의 콘웨이는 등반의 초창기 역사에서 가장 중요한 인물이었다. 히말라야 등반은 인도 국경지역의 영토 편입에 따른 식민주의적인 탐험과 영국인의 등산에 대한 의식 발전이라는 두 가지 면이 맞물려 시작되었다. 다른 서양인들도 그러했지만, 특히 영국인은 유럽 알프스 등반을 일종의 여가 활동이나 스포츠 혹은 친교활동의 일환으로 여겼다. 히말라야 정복과는 달리 알프스 정복에 대해서는 이미 다른 책에서 여러 차례 다루었으므로 여기서는 자세히 다루지 않겠지만, 뒤에 등장하는 보다 극적인 드라마의 무대를 준비하는 의미에서 잠깐 요약하고자 한다. 알프스에서 등반한 경험을 통해 굳어진 문화적 관습이 히말라야 지방에서 조직화되고 확대되어 결국 히말라야 등반이라는 열매를 맺었다. 따라서 여러 면에서 히말라야 등산의 역사는 트랜스 히말라야의 카슈미르 지방이 아닌 프랑스, 이탈리아와 스위스의 국경지대, 즉 레슬리 스티븐Leslie Stephen의 유명한 말처럼 '유럽의 놀이터'였던 유럽 알프스에서 시작되었다고 봐야 한다.

인간은 처음에는 지각으로 솟아오른 부분을 지구의 둥그런 모양에 어울리지 않는 사마귀쯤으로 여기다가 점차 의식이 발전하여 산을 경외의 대상으로 바라보게 되었고, 마침내 산이 최고의 자연경관이라고 여기게 되었다. 이 무렵부터 산의 아름다움을 직접 느껴보고 싶어 산을 올라가면서 등반이 시작되었다. 요즘에는 높은 산의 아름다움을 싫어하는 사람들이 거의 없는 것처럼, 예전에는 높은 산을 숭배하는 사람들이 거의 없었다. 그러나 여러 자료를 통해 분명히 확인할 수 있듯이, 18세기 중후반 사이에 '산은 음울하다'에서 '산은 영광스럽다'로 서양인의 의식에 전반적인 변화가 일어났다. 18세기에 고딕 양식이 부활함에 따라 사람들은 알프스의 음울한 경치를 경외의 눈으로 바라보게 되었으며, 아름다운 경치에 대한 열광과 더불어 험준한 산의 경치에 대해서도 관심을 가졌다. 1757년 에드먼드 버크†Edmund Burke는 아름다움과 숭고함을 미학적으로 구분하여 고전적인 정의를 내렸다. 그는 "아름다움

† 에드먼드 버크 18세기 영국 보수주의의 대표적 이론가

은 평범하면서도 균형이 맞아 그 모양을 예상할 수 있고, 숭고함은 극적이며 예측이 어려워서 경외감을 불러일으킬 수 있는 것"이라고 말했다. 독자들은 버크의 작품을 통해 산에서 느끼는 고상한 경외감을 묘사할 수 있는 적절한 어휘를 찾을 수 있었다. 장 자크 루소는 자신의 등반 경험에 비추어 알프스의 촌사람을 낭만적으로 이상화했다. 루소에게 산이란 그 자체로 장엄하고 숭고할 뿐만 아니라, 문명화되지 않고 더럽혀지지 않은 본성을 가진 인간이 사는 장소이며, 공화주의적인 미덕이 있는 곳이었다. 스코틀랜드의 지리학자 제임스 허튼 James Hutton은 산이란 인류가 발견한 지구의 지형 중에서도 오랜 시간에 걸쳐 변화하므로 — 성서의 내용과는 달리 — 지구의 헤아릴 수 없는 나이를 나타내는 증거라고 말했다. 허튼은 낭만주의자가 아니었다. 18세기 말에서 19세기 초 사이의 낭만적인 분위기 속에서 지질학의 균일설†이 인기를 끌기도 했지만, 철도鐵道의 발전으로 — 산에 직접 가 볼 수 있게 되었으므로 — 산에 대한 현대적 정서와 산악지대 여행이 줄기차게 발전하여 오늘날에 이르렀다.

산에 대한 관심이 새로워지고 산으로 여행할 기회가 생겼다는 것만으로 등산의 출현을 설명할 수는 없다. 등반 욕구를 자극한 요인은 이 밖에도 여러 가지가 있었다. 존 러스킨은 두말할 나위 없이 산의 아름다움을 열렬히 예찬했지만, 본격적인 등반이란 얼빠진 짓이며 적절치 않다고 비난했다. 러스킨은 1865년 영국 알파인 클럽의 등반 사교모임에서 "사람들은 자연을 혐오하고 자연경관의 깊고도 신성한 느낌 또한 싫어합니다."라고 말하면서 "프랑스 혁명주의자들이 프랑스의 대성당을 엉망진창으로 만들어버렸습니다. 사람들은 지구의 신성한 대성당에 경주 코스를 만들었습니다. … 마치 서커스 공연장에서 곰이 비누칠한 장대를 갖고 노는 것처럼 사람들은 시인들이 그토록 칭송해마지않는 알프스 산맥을 올라가본 다음 '기쁨의 탄성'을 내지르며 미끄러져 내려왔습니다."라고 덧붙였다. 러스킨이 무엇 때문에 등반 충동에 대해 유감스럽다고 생각하는지는 언급하지 않았지만, 그의 논평은 상류층의 고상한 시각에서 등산에 대한 새로운 풍조를 비판한 느낌이 든다. 최근에 이 문제를 깊이 연구한 사람들은 초기 등반이 노골적으로 상업적인 모습을 띤 전문직 중산층의 세태와 관계가 있다고 여긴다.

등산이란 자기계발과 인격 수련에 뿌리를 두고 있다고 주장하는 사람도 있다. 등산은 원

---

† **균일설**uniformitarian 동일과정설이라고도 함. 과거의 자연환경에 작용했던 과정이 현재의 자연현상과 같을 것이라고 하는 가설

래 자수성가한 사람의 진취적인 자세에 부합하는 스포츠 여가활동의 하나였다. 조금 놀라운 것은 자국에 이렇다 할 높은 산이 없는 영국인들이 등산에 앞장섰다는 사실이다. 영국인들은 이것이 유럽인들 가운데 자신들이 세계적인 야심으로 가득 차있고 상업적인 마인드가 충만했기 때문이라고 주장한다. 새뮤얼 스마일스Samuel Smiles는 『자조론Self-help』(1859)에 "성공으로 가는 길은 오르기 험난하며, 그것은 정상에 오르는 자가 얼마만큼의 힘을 쏟을 수 있는지를 시험한다."라고 썼다. 이 책은 사회적 신분상승의 기술을 다룬 빅토리아 시대의 유명한 논문인데, 버크나 러스킨이 등산에 빗대어 자신의 미학을 피력한 것처럼, 스마일스도 영국인 등산객이 늘어나는 사회상을 반영하여 등산을 이용한 은유법을 사용했다. 『자조론』의 등장과 같은 해에 다윈의 『종의 기원On the Origin of Species』이 출간되었다. 다윈은 이 책에서 자연의 역경을 극복한다는 개념이 생명의 기본적인 특징이며 문화적인 생존의 열쇠라고 강조했다. 빅토리아 시대에 만연했던 이런 철학풍조와 등산의 출현이 얼마나 밀접하게 연관되어 있는지에 대해서는 앞으로 더 논의돼야 할 여지가 있다. 하지만 다른 풍습처럼 등산도 문화 풍습이니만큼 정치·사회적 배경이 있고, 역사적 상황과 맥락이 있는 것이다. 또한 빅토리아 시대 중반 중산계급의 생활양식이 밖으로 표출되면서 등산이 시작되었다는 점은 반박의 여지가 없다.

물론 빅토리아 시대 중반 이전에도 등산을 한 사람들은 있었다. 널리 알려진 바와 같이 시인 페트라르카는 리비우스Livy가 쓴 마케도니아 필립 왕(알렉산더 대왕의 아버지)의 하에무스Haemus 산 등정 이야기를 읽고 감명을 받아서 1336년 4월 보클뤼즈Vaucluse에 있는 몽방투Mont Ventoux에 올랐다. 페트라르카는 정상을 오른 후 그 경험을 낭만적인 필치로 기록한 최초의 인물이었다. 또한 동쥘리앵Dompjulien과 보프레Beaupré의 영주 앙트완 드 빌Antoine de Ville은 프랑스 왕 샤를 8세의 왕명을 받아 — 그리고 당시 초창기 수준이던 '섬세한 방법과 장치'의 도움으로 — 1492년 그레노블Grenoble 남쪽 도피네Daupiné에 있는 몽테귀Mont Aiguille에 올랐는데, 이곳은 당시로는 아찔한 높이인 2,097미터의 바위산으로, 이들의 등산은 새로운 기원을 여는 것이었다. 그 후에는 등정에 성공한 사람이 없다가 1834년에 이르러서야 장 리오타르Jean Liotard가 혼자 이곳을 오르는 데 성공했다. 1555년에는 취리히대학의 교수였던 콘래드 그레스너Conrad Gresner가 루체른 호숫가에 있는 2,134미터 높이의 필라투스Pilatus에 올랐다. 그는 등산 자체가 주는 흥분을 느끼려 했고, 세상을 창조한 위대한 건축가인 신에 대해 고상한 명상을 하려고 산에 올랐다. 19년 후, 같은 스위스 사람이며 역시 같은 취리히대학 교수였던 요지아스 지믈러Josias Simler는 최초의 등산 매뉴얼로 알려진 『알프스 계곡에 대한 설명과 회고록Vallesiae Descriptio et de Alpibus commentarius』(1574)을 출간했다. 지믈러가 염두에 둔 독자들은 취미로 등산하는 사람이 아니라 어쩔 수 없이 알프스를 넘어야 하는 여행객들이었다. 레오나르도 다빈치도 초창기 등산가 중 한 명이었지만, 르네상스의 세속적이고 인본주의적인 정신이 쇠퇴하자 유럽에서 등산에 대한 열기가 점차 식어갔다. 유럽인의 등산에 대한 열기는 1741년 당시 알프스에 살던 젊은 영국인 윌리엄 윈드햄[†1]William Windham이 부목사였던 리처드 포코크Richard Pococke와 그의 동향인 몇 명을 제네바 외곽 오트 사부아Haute Savoie의 샤모니Chamonix 마을로 데려가면서 되살아났다.

오늘날의 샤모니는 전 세계에서 온 관광객들로 넘쳐나는 유럽의 등산 수도이지만, 1741년에는 수정을 채취하는 사람 몇 명과 소수의 사슴 사냥꾼들을 제외하고는 누구도 이 마을에 관심을 갖지 않았다. 대다수의 사람들은 샤모니 지역의 계곡 위쪽에 펼쳐진 환상적인 산들과 빙하가 추하고 무서운 곳이며 마녀와 용이 사는 얼음의 왕국이라고 여겼다. 하지만 윈드햄 일행은 샤모니 계곡의 아름다움에 놀랐다. 그들은 산과 빙하에 매혹되어 마을로 가는 길에 그 고장 농부 몇 명을 고용해 메르 데 글라스[†2]Mer de Glace, 즉 '빙하의 바다'로 갔다. 당시 그 빙하는 몽블랑Mont Blanc, 혹은 샤모니 사람들이 저주의 의미를 담아 부르던 '몽모디Mont Maudit(저주받은 산)'의 북벽에서 샤모니 마을의 동쪽 경계선까지 흘러내리고 있었다. 하지만 윈드햄은 훗날 "그것만으로는 우리의 호기심이 충족되지 않았으며, 여기서 멈추기보다는 더 가보고 싶었다."라고 말했다. 윈드햄 일행은 가이드의 충고를 무시하고 메르 데 글라스 위쪽의 작은 고원인 몽땅베르Montenvers를 향해 4시간 동안 계속 올라갔다. 그들은 그곳에서 눈사태로 생긴 '엄청나게 황폐한 광경'을 보고 놀랐으나 한편으로는 산이 가진 경치의 장관에 더욱 놀랐다. 그들은 빙하를 통해 하산했다. 윈드햄 일행은 그곳에서 메아리 소리를 들으려고 하늘로 권총을 쏜 다음, 해군 영웅이었던 버논Vernon 제독의 건강과 영국 군대의 건승을 위해 건배했다. 그들은 적절한 도구가 없었기 때문에 정식으로 과학적인 관찰은 하지 못했으며 고도 측정도 하지 못했으나, 산에 마녀나 용이 없다는 것을 알게 되었다. 그 후 윈드햄의 샤

†1 **윌리엄 윈드햄** 영국의 휘그당 정치가

†2 **메르 데 글라스** 프랑스와 이탈리아 국경 근처에 있는 몽블랑 산군에서 가장 큰 빙하

모니 계곡 여행담을 읽고, 그들이 우연히 시작했던 알프스 탐사를 더 해보겠다는 사람들이 점점 늘어났다.

윈드햄과 포코크의 뒤를 이어 샤모니 계곡으로 갔던 수많은 여행자들 중에서 알프스 등산의 역사와 관련하여 아주 중요한 인물이 있는데, 그가 바로 오라스 베네딕트 드 소쉬르Horace Bénédict de Saussure(1740~1799)이다. 소쉬르는 제네바의 부유한 지질학자이자 식물학자로 1760년 첫 등반에서 에귀 루즈Aiguilles Rouge의 최고봉인 브레방Brévant에 올랐다. 소쉬르는 샤모니 계곡 위로 솟아오른 몽블랑이 유럽에서 가장 높은 산이라고 여겨, 몽블랑을 처음으로 올라가는 사람에게 상당한 상금을 주겠다고 했다. 당장 그곳에 도전한 사람은 없었지만 그의 제안이 발표되자 샤모니 사람들은 크게 고무되었고, 1775년에 네 명의 현지인들이 몽블랑에 속한 봉우리인 돔 뒤 구테Dôme du Goutêr(4,304m)에 올랐다. 곧이어 여러 차례의 시도가 있었으나 모두 실패로 돌아갔고, 1786년이 되어서야 현지 의사였던 미카엘 가브리엘 파카르Michael-Gabriel Paccard와 그 고장의 사슴 사냥꾼이었던 자크 발마Jacques Balmat가 가장 높은 봉우리의 정상에 올라섰으나, 곧 둘 중 누가 더 먼저 올라갔는지를 놓고 싸움이 벌어졌다. 몽블랑 등정은 이내 소문과 논란에 휩싸였는데, 그 논란은 현재까지도 계속되고 있다. 우리는 몽블랑 등정이 전반적인 알프스 등반에 박차를 가하게 된 계기가 되었다는 점에서 그 중요성을 찾고자 한다. 이미 제네바와 파리, 런던의 독자들은 소쉬르의 『알프스 여행기Voyages dan les Alpe』(1779)를 통해 샤모니의 아름다움에 대해 알고 있었지만, 파카르와 발마가 몽블랑을 등정하고 1787년 소쉬르가 재등까지 성공하자, 더 이상 대리만족만으로는 충분치 않다고 느끼게 되었다. 사람들은 샤모니 계곡을 보러 가기 시작했고, 한때 가난했던 이 마을은 곧 중산층을 위한 새로운 놀이의 중심지가 되었다.

1787년 마크 뷰포이Mark Beaufoy가 영국인으로는 최초로 몽블랑에 올랐다. 이어 3년 후에는 윌리엄 워즈워드William Wordsworth가 혁명기의 프랑스를 여행할 때 알프스 산맥에도 다녀왔으며, 그곳에서 강렬한 시적 영감을 얻었다. 1795년부터 1815년까지 프랑스와의 전쟁 때문에 영국인의 유럽 여행이 금지되었으나, 그때도 예외는 있었다. 새뮤얼 테일러 콜리지Samuel Taylor Coleridge와 터너J. M. W. Turner는 짧은 기간 동안 효력을 발휘했던 아미엥 평화조약Peace of Amiens 기간을 이용해 1802년 알프스를 방문했다. 1802년 『모닝 포스트』 9월호에 콜리지의 "샤모니 계곡의 일출 전 성가Hymn before Sunrise in the Vale of Chamouni"가 게재되었는데, 콜리지는 샤모니 계곡을 빌려 영국적인 낭만을 표현했다. 터너가 그의 알프스 스케치북에 그렸던 그림은 19세기의 정신을 산의 아름다운 경치에 투영해 표현했고, 러스킨으로부터 최고의 찬사를 받았다. 그 사이에 마리 파라디Marie Paradis는 비록 자크 발마와 가이드들의 도움을 받긴 했지만 어쨌든 여성 최초로 몽블랑을 등정했다. 1811년에는 요한 루돌프Johann Rudolf와 히에로니무스 마이어Hieronymus Meyer 형제가 베르니즈 오버란트Bernese Oberland에 있는 융프라우에 올랐다. 이것은 샤모니 계곡 바깥에서 이루어진 최초의 주목할 만한 등정이었다. 이후 1815년의 평화조약 덕분에 영국 관광객이 샤모니로 몰려들었다. 젊은 퍼시 비쉬 셸리Percy Bysshe Shelley는 수많은 귀족과 가이드와 여행객으로 인해 망가진 샤모니 계곡을 보고 별로 큰 감흥을 받지 못했다. 그러나 셸리는 1816년 몽블랑을 보고 나서 시적 황홀감에 젖어 "나는 전에 산이 무엇인지 알지 못했고 상상하지도 못했다."라고 감탄했다. 1820년 가이드 세 명이 몽블랑에서 눈사태로 사망하자 샤모니 계곡에 침묵이 찾아왔으나 그때뿐이었다. 3년 후인 1823년 역사상 최초로 조직적이고 체계적인 등반이 이루어졌다. 명목상 오트 사부아 지방의 군주였던 사르디니아 왕이 산을 올라가고자 하는 외국인 등산객을 안내하는 일을 전담하는 샤모니 지방의 길드인 샤모니 가이드 조합Syndicat des guides de Chamonix의 설립을 선포한 것이다.

그 후 약 30년 동안 알프스 등반은 대개 과학적 필요에 의해서 이루어졌다. 낭만주의자들은 산을 아래에서 올려다보는 것으로 만족했지만 지질학자들과 박물학자들은 산을 올랐고, 그들은 특히 조산운동과 빙하의 신비로운 움직임에 관심을 보였다. 그 가운데 중요한 인물로는 스위스 출신의 미국인 루이스 아가씨Louis Agassiz와 스코틀랜드인 제임스 데이비드 포브스James David Forbes가 있었다. 영국인 앨버트 스미스Albert Smith는 가벼운 희곡, 코미디, 패러디를 여러 편 쓴 작가로 쇼맨십도 있었다. 그는 전에도 자신의 동방 여행을 대중적인 관심사로 만들어 재미를 본 적이 있었는데, 이번에는 대중에게 보여주기 위해 1851년 몽블랑을 등반하기로 했다. 뒤이어 스미스는 자신의 경험을 바탕으로 여러 편의 쇼를 만들었는데, 이 가운데 〈몽블랑 등정The Ascent of Mont Blanc〉에는 배경에 스위스의 샬레[†1]chalet와 산을 그려 넣고, 여기에 움직이는 모형 세트를 가미했으며, 세인트버나드 개[†2]까지 동원했다. 이 쇼는 피커딜리의 이집트 홀Egyptian Hall에서 6년간 상연되었고, 3만 파운드를 벌어들였으며 앨버트 스미스를 세계

---

†1 **샬레** 알프스 지방의 주거 형태

†2 **세인트버나드 개** 스위스 원산의 큰 개

최초의 유명 등산가, 즉 '몽블랑 사람The man of Mont Blanc'으로 만들어주었다. 사람들은 그 쇼를 보면서 모험을 찾아 알프스 지방을 여행하고 싶은 낭만적·과학적인 욕구를 대리만족할 수 있었다. 그 쇼가 저속하다고 비난하는 사람들도 있었지만, 어쨌든 스미스 덕분에 등산이 인기를 끌게 되었다.

스미스가 쇼를 상연하기 시작한 지 2년째 되던 1854년, 최초의 대규모 영국 원정대가 알프스로 갔다. 여전히 몽블랑이 가장 큰 목표였다. 1854년 9월 17일 알프레드 윌스Alfred Wills가 그린델발트Grindelwald에서 베터호른†Wetterhorn을 초등함으로써, 역사가들이 알프스 등정의 전설적인 '황금시대golden age'라고 부르는 시기의 막이 올랐다. 그 후 10년간 140개의 처녀봉이 주로 영국의 등산가들에 의해 등정되었다. 이 영국인들은 혈기왕성하고 소유욕에 가득 찬 중산층과 귀족 출신이었다. 이 가운데 레슬리 스티븐Leslie Stephen과 존 볼John Ball, 존 틴달John Tyndall, 무어A. W. Moore, 에드워드 윔퍼Edward Whymper는 당시 단순히 '등산'이라고 불리던 활동을 스포츠로 승격시킨 원조들이었다. 그들은 영국인답게 자신들의 고산 경험을 알리고 토론할 대중적인 포럼이 필요하다고 느꼈으며, 1857년 세계 최초의 알파인 클럽을 영국에서 창립했다. 1859년에는 대중의 찬사 속에서 알파인 클럽 최초로 회원들의 등반 이야기를 쓴 명시선집『봉우리와 고개 그리고 빙하Peaks, Passes, and Glaciers』가 발간되었다. 그리고 4년 후인 1863년, 최초의 산악 탐사 정기간행물인『알파인 저널Alpine Journal』창간호가 간행되었다.(부제는 '과학적인 관찰'이었다.) 알파인 클럽은 초창기부터 재산이 상당하고 등반 업적을 인증받은 사람들에게만 문호를 개방했다. 1857년부터 1890년 사이에 가입 허가를 받은 823명의 회원이 모두 대학을 졸업한 중산층 출신이었다. 알파인 클럽은 폐쇄적으로 운영되었기 때문에 영국의 등반에서 일어난 발전과 성장을 따라잡지 못했다. 그러나 비록 회원들 대부분이 알프스 토박이 가이드에게 의지하여 정상 등정에 성공했다 할지라도, 알파인 클럽 초창기 회원들은 분명히 부인할 수 없는 그 시대 최고의 등산가들이었다. 구전되어 내려오는 황금시대의 등반 업적은 대부분 알파인 클럽과 전문화된 소수 정예의 가이드가 협력하여 이루어낸 것이다.

알프스 등반의 황금시대 사상 가장 큰 승리이자 비극이 1865년 7월 14일에 일어났다. 에드워드 윔퍼가 마터호른을 초등한 다음 하산하는 과정에서 그를 제외한 일행 4명, 즉 프랜

† **베터호른** 그린델발트의 봉우리

시스 더글러스Francis Douglas 경, 찰스 허드슨Charles Hudson 목사, 더글러스 해도우Douglas Hadow와 걸출한 샤모니 가이드 미셸 크로Michel Croz가 사망했다. 여러 해가 지난 후, 빅토리아 시대의 위대한 고산 등산가 쿨리지W. A. B. Coolidge는 "그 엄청난 비극 이후 등반이라는 대의명분을 추구하는 데 일종의 무기력증이 찾아왔다."라고 말했다. 쿨리지는 특히 "영국 산악인들이 지금 검은 그림자 아래에서 무기력하게 머물러있으며, 이것은 평범한 여행객들의 눈에도 경멸스럽게 비친다."라고 비난했다. 하지만 마터호른 비극이 일어나기 전부터 노련한 등산가들은 이제 알프스에서는 초등할 봉우리가 없으니 더 이상 기대할 것이 없다고 생각했다. 최종적이자 최대의 목표였던 마터호른도 등정 되고, 사기를 꺾는 비극까지 겹치고 보니 노련한 등산가들은 더 먼 곳에서 목표를 찾기 시작했다. 평생에 걸친 길고도 유명한 산악 탐험을 막 시작한 더글러스 프레쉬필드Douglas Freshfield와 무어A. W. Moore, 코민스 터커Comyns Tucker는 1868년 코카서스 산맥으로 탐사를 떠나 그곳을 처음부터 끝까지 모두 훑었고, 유럽에서 가장 높은 산인 엘브루스Elbruz(5,642m)의 정상 부근까지 올라갔다. 4년 후에는 윌리엄 세실 슬링스비William Cecil Slingsby가 노르웨이의 산으로 여행하여, 이 지역의 등반에 선구적인 역할을 했다. 노르웨이의 산은 알프스보다는 고도가 낮지만 해안에서부터 솟구쳐 올라가는 지형으로 알프스만큼 극적인 산악미를 보여주기 때문에 등반 또한 알프스만큼 어려운 곳이다. 윔퍼는 그린란드에서 두 차례에 걸쳐 탐사를 시도했으나 별로 만족할 만한 결과를 얻지 못했고, 1879~1880년에 에콰도르의 안데스 산맥에서 침보라조Chimborazo를 비롯한 여러 봉우리를 성공적으로 답사했다. 윔퍼의 원정으로 향후 히말라야 원정의 기준이 체계적으로 마련되었다. 사실 윔퍼는 1874년에 몸소 히말라야에 가고 싶어 했지만 모호한 정치적 문제로 인해 가지 못했다. 윔퍼의 전기를 쓴 프랭크 스마이드의 말처럼 만일 윔퍼가 히말라야에 갔다면 그곳에서도 위대한 업적을 이룰 수 있었을 것이다. 또한 윔퍼가 그곳에 갔다면 향후 여러 해 동안 스마이드를 비롯한 알프스 등반의 여러 선구자들이 위험을 무릅쓰고 히말라야의 빙하와 능선을 등반했을 것이다. 그는 몽블랑이나 마터호른, 침보라조 등 그 어떤 것도 히말라야의 장엄한 봉우리들이 보여주는 규모와 도전에 비교되지 않을 것이며, 자신의 폭넓은 경험조차 그곳에서는 보잘것없다는 것을 깨달았을지도 모른다. '유럽의 놀이터'인 알프스와 '눈의 거처'인 히말라야는 등반의 양식과 어려움에서 큰 차이가 있었다. 윔퍼 이후 최소한 한 세대 동안은 당대의 가장 위대한 등산가들이 히말라야에서 고전을 면치 못했다.

2장

제국의 시대

(1892~1914년)

숙련된 고산 등산가로서 역사상 최초로 히말라야에 진출한 사람은 모리스 드 데키Maurice de Déchy라는 헝가리 사람이었다. 당시까지는 셰르파족의 존재가 알려지지 않아서 데키는 1879년 시킴으로 갈 때 스위스인 가이드였던 마이링겐 출신의 안드레아스 마우러Andreas Maurer를 데려갔다. 데키는 칸첸중가 산군의 고봉 한 곳을 등정하고 싶었지만, 싱갈리라 능선 근처에 있는 팔루트Phalut 마을에 도착하자마자 말라리아에 걸려 철수할 수밖에 없었다. 따라서 그는 알프스와 코카서스 산맥에서 등반한 것으로 만족해야 했다. 데키의 시도가 실패로 돌아간 다음, 최초로 순수하게 등반을 목적으로 히말라야에 간 인물은 윌리엄 우드먼 그레이엄William Woodman Graham이라는 영국인 변호사였다. 그레이엄은 알프스의 고봉 대다수를 오른 기록을 보유하고 있었는데, 당시 그는 히말라야로 간 동기를 "과학적인 지식의 발전을 위해서가 아니라 스포츠와 모험을 위해서"라고 당당하게 말했다. 그레이엄은 세인트 니클라우스St. Niklaus 출신의 요제프 임보덴Josef Imboden을 가이드로 데려갔고, 1883년 2월 20일 봄베이를 떠나 아그라를 거쳐 캘커타까지 간 다음, 그곳에서 새로 개통된 협궤철도의 기차를 이용하여 '산의 여왕'이라 불리던 다르질링에 도착했다. 그들은 '총이 도착하지 않아서' 잠깐 다르질링에서 지체했다. 그들의 행동이 이상하게 느껴질지 모르지만 초기 히말라야 등반이 이루어지던 국경지대는 분위기가 어수선했다. 그레이엄은 3월 하순 칸첸중가 산군으로 출발했다. 그는 라통 추Rathong Chu의 쫑그리Dzongri 마을(그때는 여름철에 목동들이 머무르는 곳이었는데, 지금은 여름철에 트레커들이 머무르는 곳이 되었다.)에서 외따로 떨어져 있는 돌로 된 오두막을 출발해 싱갈리라 능선을 넘어 입국이 금지된 네팔로 들어가 이름을 알 수 없는 산을 비밀리에 올랐는데, 그는 이 산이 6,100미터(20,000피트) 이상의 고도라고 주장했다. 그레이엄은 그다음 날 다시 한 번 쫑그리를 출발해 북쪽으로 가서 고에차 라Goecha La를 넘어 탈룽Talung 빙하로 향했다. 그는 추위는 물론이고 병과도 싸우면서 부주의로 등산화가 불에 타는 불상사까지 겪었지만 분명히 칸첸중가를 한 바퀴 돌아볼 수는 있었다.(그레이엄은 처음에는 순진하게도 칸첸중가를 돌아보는 것이 9일이면 될 것으로 생각했다.) 그는 4월 10일 다르질링으로 돌아왔는데, 건강은 좋지 않았지만 거대한 칸첸중가의 북쪽 사면을 가까이에서 보았다는 기쁨에 들떠있었다.

다음해 6월 그레이엄은 영국령 인도의 가르왈로 출발했다. 임보덴은 미열과 계속된 설사로 고생한 데다 향수병까지 걸려 스위스로 돌아갔고, 이번에는 에밀 보스Emil Boss와 울리히 카우프만Ulrich Kaufman이 그레이엄과 동행했다. 보스와 카우프만은 각각 스위스 호텔업자와 가이드였는데, 둘이 함께 1883년에 뉴질랜드 알프스의 마운트 쿡Mount Cook을 등반한 적이 있었다. 그들은 알라크난다의 조시마트Josimath 마을에서 리쉬 강가Rishi Ganga를 거슬러 올라가 난다데비Nanda Devi를 오르려 했으나, 이 여신의 성채로 들어갈 수는 없었다. 대신 그들은 두나기리의 바깥쪽 봉우리를 오르려고 했다. 그러나 이것도 실패했다. 다음으로 그레이엄은 당시에는 그저 "A21"이라고 불리던 '빛나는 산' 창가방Changabang에 도전해서 '별 어려움 없이' 올랐다고 말했다. 그러나 그의 애매한 묘사와 오르기가 쉬웠다는 점으로 미루어볼 때, 그가 오른 곳은 두나기리의 남쪽 지릉에 있는 하누만Hanuman(6,079m)이었을 확률이 높다. 사실 그레이엄의 여정은 전체적으로 잘 알려진 것이 없어 논란의 여지가 많다. 그에게는 정확한 지도가 없었고, 그가 사용했던 아네로이드 기압계는 고도 측정이라는 면에서 정말 신빙성이 없는 물건이었다. 또한 가끔은 그가 나침반의 바늘도 잘못 읽은 데다, 그의 원정보고서에는 중요한 지형지물에 대한 설명이 너무 적어서 그가 실제로 어디에 갔는지는 확실하지 않다. 예를 들어, 그는 9월에 두 번째로 시킴으로 가서 칸첸중가와 이웃한 카브루Kabru(7,394m)에 올랐다고 했는데, 전혀 어려운 코스가 아니었고 고소증도 없었으며, 등정에 겨우 3일밖에 안 걸렸다고 주장했다. 만일 그의 말이 사실이라면 히말라야 고산등반이 본격적으로 도래했다고 선포할 만큼 놀라운 기술적·생리학적 위업일 것이다. 그러나 그런 일은 거의 일어날 수 없으며, 그레이엄이 등반에 대해 묘사한 글은 지형학적으로도 이치에 맞지 않았기 때문에 대인도 측량국이나 알파인 클럽에서는 누구도 그의 말을 믿지 않았다. 그레이엄이 조사관도 아니고 알파인 클럽 회원도 아니라는 점이 불신의 이유 중 하나이기도 했다. 그레이엄은 순수한 즐거움을 느끼고자 히말라야를 오른 최초의 인물이며, 이런 면에서 선구자적 위치를 차지한다는 점은 반박할 여지가 없지만, 그의 히말라야 등반기록은 논란의 여지가 많다. 따라서 대부분의 연대기 작가들은 윌리엄 마틴 콘웨이(훗날 알링턴 남작Baron Conway of Arlington으로 서품되었다.)를 최초의 본격적인 히말라야 등산가로 꼽는다.

카라코람의 콘웨이

콘웨이는 모든 면에서 후기 빅토리아 시대의 영국을 가장 잘 나타내는 인물이다. 그는 1856년 저명한 복음주의 국교도 목사이자 웨스트민스터 대성당 참사위원이었던 윌리엄 콘웨이William Conway의 외아들로 태어나 후에 "마틴"으로 불렸다. 콘웨이는 렙톤 스쿨Repton School을 나온 뒤 케임브리지의 트리니티 칼리지[†1]Trinity College를 보잘것없는 성적으로 졸업하여 3급[†2] 역사 학위를 받았다. 그 후 콘웨이는 대학의 사서였던 헨리 브래드쇼Henry Bradshaw의 자상한 격려를 받으며 주로 목판화와 초기 목판 인쇄본을 전문적으로 연구했다. 그는 1879년부터 1882년 사이에 저지대 국가[†3]를 여행하며 『15세기 저지대 국가 목판화가Woodcutters of the Netherlands in the Fifteenth Century』(1884)를 쓰기 위한 자료를 모았다. 이 책은 콘웨이가 예술, 역사, 예술사와 예술 비평에 관해 쓴 30권 가량의 책 가운데 첫 번째 책이며 가장 유명하다. 1885년 콘웨이는 자신의 저서와 인맥을 동원하고 거기에 케임브리지대학 확장 운동의 후원으로 3년간 가르친 경력까지 인정받아 리버풀 유니버시티 칼리지University College 최초의 예술 교수Roscoe Professor로 임용되었다. 콘웨이의 강의에는 학생들의 출석이 저조했다. 그는 가끔 자신이 숭배하는 노령의 존 러스킨John Ruskin을 방문하러 코니스턴Coniston에 가기도 했다. 그는 이 시기에 '예술의 발전과 산업적 이용을 위한 전국 협회National Association for the Advancement of Art and its Application to Industry' 창립에 주도적 역할을 했다. 1887년 콘웨이는 러스킨이 전에 받았었던 케임브리지대학의 슬레이드 교수 자격Slade Professorship을 받고자 했으나 거절당했다. 지방에서 생활하는 데 진력이 난 그는 1888년 리버풀의 직위를 사직하고 런던으로 이사했다. 콘웨이의 아내인 카트리나 램바드Katrina Lambard는 체서피크와 오하이오에 철도를 건설한 찰스 램바드Charles Lambard의 딸이자 『뉴욕 월드[†4]』의 전 소유주이자 전직 편집장이었던 맨턴 마블Manton Marble의 의붓딸이었는데, 콘웨이는 부인의 상당한 재산 덕분에 생활하는 데는 지장이 없었다.

콘웨이는 어린 시절에 맬번 힐스Malvern Hills에 있는 워체스터 비콘Worcester Beacon을 오른 것을

†1 **트리니티 칼리지** 케임브리지대학의 단과대학

†2 고급 자격증 과정에서 주는 학위에 first-class degree, upper-second class degree, lower-second class degree, third degree, pass가 있다.

†3 **저지대 국가** 유럽의 저지대 국가는 벨기에, 네덜란드, 룩셈부르크를 포함하는 지역. 네덜란드Netherlands는 '저지대'라는 의미이다.

†4 **뉴욕 월드**New York World 1860년부터 1931년까지 발간된 뉴욕의 신문

(윌리엄) 마틴 콘웨이, 알링턴의 콘웨이 남작(1856~1937)
1895년 바싸노Bassano 촬영
(사진출처: 내셔널 포트레이트 갤러리, 런던)

계기로 등산과 산을 좋아하는 성품을 키워왔고, 러스킨의 영향도 크게 받았다. 그는 케임브리지를 졸업할 무렵 이미 고산등반에서 상당히 이름을 떨쳐 알파인 클럽의 회원으로 뽑혔다. 콘웨이는 1880년대에 가장 유명했던 등산가이자 홉슨주의[†1]Hobsonian 경제학자였던 머메리A. F. Mummery와 당대의 위대한 등산가 윔퍼를 존경했다. 그러나 그는 결코 봉우리의 정상만을 노리는 등산가가 아니었고, 오히려 후대의 에릭 쉽턴Eric Shipton이나 빌 틸먼Bill Tillman처럼 얼음 덮인 콜[†2]과 고개를 넘어다니며 이 계곡 저 계곡을 여행하는 것을 더 좋아했다. 19세기에 '중도파centrist'와 '탈중도파ex-centrist' 간에 등산에 대한 토론이 치열하게 벌어졌는데, 콘웨이는 후자를 적극적으로 지지했다. 중도파는 한 곳에 머무르면서 그곳에서 가볼 수 있는 모든 봉우리를 다 등정하는 것을 등산의 본질이라고 생각한 반면, 탈중도파는 불편을 감수하며 여

---

†1 **홉슨주의** 제국주의 경제학자이자 20세기 초반의 신자유주의 경제학을 주창한 J. A. Hobson을 신봉하는 경제학의 유파

†2 **콜**col 산정과 산정을 잇는 능선 상의 움푹 들어간 곳. 안부(鞍部)

기저기 돌아다니는 것을 등산의 본질이라고 생각했다. 1881년 콘웨이는 등반 안내서의 전형을 잘 보여주는 『체르마트 포켓북Zermatt Pocket Book』을 발간했고, 그 후로도 쿨리지와 함께 독창적이고 영향력 있는 등반 안내서 시리즈를 꾸준히 편집했다. 그 무렵에는 이미 알프스 산맥의 고봉들이 모두 정복되면서 지리적인 궁금증이 상당히 풀렸으므로, 콘웨이는 더 이상 알프스 산맥에서 매력과 경이로움을 느낄 수 없었다. 등반 지식과 등반 업적은 결국 상상력이 뒷받침되어야 발전하고 성취되는 것이다. 훗날 콘웨이는 "알프스에 대해 모든 것이 밝혀졌다는 바로 그 사실 때문에 아시아와 슈피츠베르겐[†1]Spitzbergen과 남미의 산으로 간 것이다. 그곳에는 신비와 경이로움이 아직 남아있어서 모든 등산 지식과 경험을 가지고 도전하는 재미를 충분히 맛볼 수 있다."라고 말했다.

리버풀의 직위를 사직한 지 2년 후인 1890년 무렵에 그는 오랜 프로젝트였던 알브레히트 뒤러Albrecht Dürer에 대한 책을 출간하고 나서 유유자적한 시간을 보냈다. 그는 주로 클랜리카드 가든스Clanricarde Gardens에 있는 자기 집과 사빌 클럽[†2]Savile Club, 알파인 클럽, 대영 박물관을 오가고 유니버시티 칼리지에서 선사시대와 고전 고고학에 대한 강의를 듣기도 하면서 시간을 보냈다. 꽤 만족스러운 생활이었지만 34세의 젊은 유부남에게 적절한 생활이라기보다는 중년의 미술 애호가에게나 걸맞은 생활이었다. 그 무렵 로버트 루이스 스티븐슨Robert Louis Stevenson이 남태평양으로 떠났는데, 이것이 콘웨이를 자극한 것 같다. 콘웨이는 1890년 3~4월경에, 히말라야 산맥을 탐험하여 명성을 쌓겠다는 막연한 계획을 세웠다. 콘웨이의 아내는 물론이고, 그가 후원을 요청했던 장인 맨턴 마블도 이 계획에 찬성하지 않았다. 마블은 콘웨이에게 "등산과 예술 비평가의 경력은 어울리지 않는다."라는 편지를 보냈다. 그러나 동시에 마블은 변화무쌍한 히말라야가 예술적 탁월함을 쌓는 초석 — 모든 계층의 독자들을 자극해서 청중을 만들어주는 도구 역할 — 이 되리라는 것을 알고 있었다. 결국 1891년 그랑프리 날에 마블은 콘웨이의 원정이 『더 타임스The Times』와 왕립 지리학회Royal Geographical Society의 후원을 받게 될 경우, 자신이 탐사 비용을 떠맡는 것에 동의했다.

왕립 지리학회는 1830년에 윌리엄 6세의 후원으로 설립되었는데, 빅토리아 여왕은 이 학회에 지리 과학의 발전과 지리학적 지식의 발전 및 전파라는 사명을 부여했다. 사빌 로우

---

†1 **슈피츠베르겐** 북극해의 노르웨이령 스발바트(Svalbard. Is) 제도의 서쪽 섬

†2 **사빌 클럽** 1867년에 설립된 문학, 예술 클럽

Savile Row에 세운 초창기의 검소한 연구소에서 출발한 이 학회는 점차 성장하여 19세기 영국의 제국주의적 팽창에 필요한 과학적인 중개 역할을 오랫동안 담당했다. 왕립 지리학회는 존 프랭클린John Franklin 경과 조지 네어George Nare 경의 극지 탐사뿐만 아니라 데이비드 리빙스턴David Livingstone, 리처드 버튼Richard Burton 경 및 존 스픽John Speke의 전설적인 아프리카 탐험도 추진하고 후원하여, 대중에게 널리 알려졌다. 당시 왕립 지리학회가 히말라야 산맥에 대해 직접적인 관심을 보이지는 않았지만 정기 간행물을 통해 고드윈 오스틴, 영허즈번드, 그레이엄과 다른 히말라야 탐험가들을 위한 대중적 포럼을 제공했는데, 이 포럼은 유명했을 뿐만 아니라 사회적으로도 인정되어 신뢰할 만했다.(왕립 지리학회의 정기 간행물은 처음에 『왕립 지리학 정기 회보Journal of the Royal Geographical Society』로 불리다가 『왕립 지리학 회보Proceedings of the Royal Geographical Society』로 불렸고 마지막에는 『지리학 회보Geographical Journal』로 불렸다.) 윔퍼의 뒤를 이어 대영제국에서 가장 탁월한 등산가 중 한 사람이라 불린 더글러스 프레쉬필드Douglas Freshfield도 1869년부터 왕립 지리학회의 회원으로 활동했고, 1881년 이후부터는 이 단체의 명예 비서를 역임했다. 프레쉬필드가 공감하고 중개해준 덕분에(프레쉬필드는 당시 알파인 클럽의 신임 회장이었다.) 콘웨이는 1891년 6월 왕립 지리학회 이사회에 나가서 자신의 계획을 발표할 기회를 잡을 수 있었다. 이사회는 그레이엄이 했던 것과 같은 단순한 원정등반에는 전혀 관심이 없었다. 결국 이사회는 만족할 만한 과학적인 결과를 가져온다는 조건으로 200파운드의 임시 지원금을 지급하기로 결정했다. 왕립 식물원의 감독도 고산 식물 중에서 흥미로우며 쉽게 채취할 수 있고 쉽게 건조되는 식물을 가져온다는 조건으로 지원금을 지급하겠다고 약속했다. 용기를 얻은 콘웨이는 등반기술을 연마하고 무엇보다도 절실한 문제인 적절한 동행자를 구하기 위해 스위스로 갔다.

당연히 콘웨이는 처음부터 앨버트 프레더릭 머메리Albert Frederick Mummery를 생각하고 있었다. 머메리는 보잘것없는 사회적 출신배경을 극복하고 상당히 저명한 정치경제학자로 출세했으며, 선천적인 장애를 극복하고 후기 빅토리아 시대의 가장 뛰어난 등산가가 되었다. 머메리는 1855년 도버에서 태어났다. 제혁업자였던 그의 아버지는 도버 시장을 지냈다. 머메리는 1871년 스위스에 처음 갔다. 이때는 봉우리를 초등하기에는 이미 늦은 시대였지만 혁신적이고 독창적인 루트로 산을 오르는 도전을 하기에는 적절한 시대였다. 머메리는 1879년부터 1881년 사이에 가이드인 알렉산더 부르게너Alexander Burgener와 함께 마터호른의 츠무트 능선Zmutt Ridge을 포함하여 여러 차례 주목할 만한 등반을 이루어냈다. 그 후 등반기술을 충분히 익혔다고 생각한 머메리는 가이드 없는 등반과 과학적인 목적 없이 순수한 스포츠를 위해 하는 등반의 열렬한 지지자가 되었다. 머메리는 "스포츠의 정수는 등정하는 게 아니라 어려움에 대한 도전과 극복에 있다."라고 주장했다. 낭만적 전통주의자들은 이에 반발했고, 급기야 1880년 머메리가 알파인 클럽 회원으로 선출되는 것을 저지했다. 그를 배척한 이유에는 질투심도 있었지만, 머메리가 '생업에 종사하는 사람'이라 사교 활동에 어울리지 않으며 단지 모험을 즐기는 스포츠맨일 뿐이라는 생각도 작용했다. 그러다가 나중에 머메리가 코카서스 산맥의 다이크 타우Dyhk Tau(5,204m)를 초등하고 자신의 이름으로 불리게 된 유명한 가벼운 견직 텐트를 개발하는 등 중요한 기술혁신의 공로를 쌓자 반대자들도 어쩔 수 없이 그를 알파인 클럽 회원으로 선출했다. 그러나 그 후에도 머메리는 옥스브리지[†1]를 졸업한 지주 신사들이 다수를 차지한 알파인 클럽에서 이방인으로 남았다. 마틴 콘웨이는 알파인 클럽의 확실한 핵심 멤버였지만 머메리를 존경했고, 그에 대해 "인간이 말에 대해 잘 알듯 산에 대한 지식이 해박한 사람"이라고 평했다. 콘웨이는 머메리도 히말라야에 대한 야심이 있다는 말을 듣고 함께 원정을 가자고 제안했다. 1891년 4월 프레쉬필드와 머메리는 왕립 지리학회에서 콘웨이를 만나, 그해 9월에 다르질링으로 가서 칸첸중가에 함께 도전하기로 했다.

그해 여름에 프레쉬필드가 아들의 돌연한 사망으로 인해 함께 갈 수 없게 되자, 콘웨이와 머메리는 그레이언 알프스[†2]Graian Alps에서 실험적인 등반을 함께했다. 콘웨이는 "머메리를 알면서 그를 더욱 좋아하게 되었으며, 산을 대하는 그의 태도가 근본적으로 나와 다르다는 것이 점점 더 확실해졌다."라고 말했다. 콘웨이는 산의 방랑자였다. 칸첸중가 도전이 애매한 정치적 이유로 인해 좌절되자, 그는 재빨리 카라코람의 K2를 대안으로 점찍었다. 그러나 곧 콘웨이가 그 지역의 고봉을 공략하기보다 정교한 답사를 더 중시한다는 것이 드러났다. 나중에 콘웨이는 "나는 가능한 한 많은 지역을 답사해보고 싶었고, 그 지역 전체가 어떤지 알아보고 싶었다. 나는 처음부터 예술가를 한 명 데려가서 여건이 허락한다면 우리가 눈으로 본 것을 스케치로 남겨 돌아가고 싶었으며, 또한 과학적인 수집을 하고, 상황이 되는 대로

---

†1 옥스브리지Oxbridge　옥스퍼드Oxford와 케임브리지Cambridge를 합쳐서 부르는 말

†2 그레이언 알프스　프랑스와 이탈리아 국경을 따라 뻗어있는 서부 알프스 산맥의 북쪽 부분

가능한 한 모든 과학적인 탐구를 진행해보고 싶었다."라고 설명했다. 머메리는 순수주의자였기 때문에 이런 일에는 전혀 관심이 없었다. 머메리는 K2에 오르고 싶어 했다. 그러나 그는 8월 하순에 콘웨이 일행이 그렇게 험한 산에 도전할 만큼 강하지도 빠르지도 않은 것을 알고는 마음 내키지 않는 원정에서 빠졌다. 머메리는 콘웨이에게 "집을 떠나면 늘 있는 정도의 어려움을 겪는다면야 당연히 가겠습니다만, 이것은 내게 너무나 중요한 일이며, K2가 우리 손아귀에 확실히 들어온다는 느낌이 있어야 이런 — 예사롭지 않을 — 고생을 기꺼이 할 마음이 들 것 같습니다."라는 편지를 보냈다.

머메리와 함께 갈 수 없게 된 콘웨이는, 독일에서 망명한 사람의 아들로 영국에서 태어난 오스카 에켄슈타인Oscar Eckenstein(O. E.)에게 눈을 돌렸다. 에켄슈타인은 스위스와 웨일스의 여러 산을 올랐으며, 콘웨이가 알브레히트 뒤러의 책을 작업할 때 그의 누나인 리나Lina와 함께 일을 도와주기도 했다. 오스카 에켄슈타인도 그의 아버지처럼 대영제국을 소리 높여 비난하는 사회주의자였으며, 한 걸음 더 나아가 알파인 클럽이 자기 과시적인 현학자들의 사교장이라며 공공연히 비난했다. 에켄슈타인의 등정 기록은 그 자체로도 굉장히 존경받을 만한 것이었다. 그러나 그는 수학자이자 기술자였으므로 어려운 코스를 등반하는 것과 이를 극복할 수 있는 등반장비에 관심이 많았을 뿐, 등반을 통한 개인적인 성취에는 별 관심이 없었다. 에켄슈타인은 10발 크램폰을 고안하고 혁신적인 암벽 등반기술인 '균형 등반'을 창안하여 유명해졌다. 에켄슈타인은 키가 작고 단단한 체구였다. 그를 아는 어떤 사람은 "에켄슈타인은 '피로'라는 말을 몰랐으며 눈썹 하나 까딱하지 않고 극한의 어려움을 견뎌냈다."라고 회상했다. 그러나 그는 성격이 급하여 걸핏하면 싸웠고, 콘웨이의 신사적 권위에 쉽게 복종하려 하지 않았다. 게다가 에켄슈타인은 콘웨이가 자신에게 바란 아마추어 과학자의 역할을 맡을 생각도 없었다. 그런 이유로 원정 기간 동안 에켄슈타인과 콘웨이는 서로 사이가 좋지 않았고, 결국 원정이 끝나갈 무렵 헤어지고 말았다.

콘웨이의 전통적인 관점에서 보자면 어떤 원정이든지 등산가와 후원자를 제외하고 가장 중요한 필수 요소는 1급 가이드였다. 콘웨이가 찾아낸 1급 가이드는 마티아스 추르브리겐Mattias Zurbriggen이었는데, 그는 스위스계 이탈리아인이었다. 우연의 일치인지 추르브리겐은 훗날 남반구에서 가장 높은 산인 아콩카과(6,962m)를 최초로, 그것도 단독으로 등정하는 업적을 세우게 된다. 콘웨이는 심미주의자였기 때문에 원정대에 예술가를 한 명 추가하고 싶었지만, 이름난 예술가는 누구도 그와 함께 갈 의사가 없었고, 혹시 있다 해도 돈이 없었다. 결국 콘웨이는 젊은 무명 수채화가인 맥코믹A. D. McCormick을 선발했다. 맥코믹은 고산을 몇 번 보지 못했지만 원정 비용을 부담할 부유한 후원자가 있었다. 콘웨이의 처가 쪽 친척이자 맥코믹의 친구이기도 했던 헤이우드 로드부시Heywood Roudebush가 다방면으로 팀을 돕기 위해 합류했고, 같은 목적으로 아마추어 조류학자이자 수렵가인 로이드 디킨Lloyd-Dicken 중위가 합류했다. 그러나 히말라야 등산의 역사에서 중요한 의의가 있는 원정대원은 구르카 5소총대의 찰스 그렌빌 브루스Charles Granville Bruce였다. 구르카 5소총대는 아보타바드Abbottabad에 본부를 둔 산악연대로, 당시 서북부 인도 국경지역의 '평정' 작전에 큰 역할을 담당했다. 브루스의 아버지인 글래모건Glamorgan의 아버데어Aberdare 경은 유명한 자유당 정객이자 왕립 지리학회의 전 회장이었다. 콘웨이는 바로 이 점 때문에 이 젊은 하급 장교를 주목하고 원정대원으로 데려가고 싶어 했다. 브루스는 상당한 고산 등반기록을 보유하고 있었고, 콘웨이가 여행하려는 히말라야 산악지역을 이미 경험한 사람이었다. 게다가 브루스는 히말라야에 있었던 기간이 겨우 3년밖에 안 되고, 당시 나이도 25세밖에 안 되었지만, 산악지역 방언을 제법 구사했다. 원주민의 정서를 놀랍도록 이해하는 그의 능력은 후에 굉장히 — 그리고 약간은 정치적인 이유로 — 찬양받았다. 애초에 유명한 구르카족을 군인으로 모병하고 이들을 산악지역의 원정과 여행에 동행시킨 것은 프랜시스 영허즈번드였지만, 구르카족이 가진 등반 재능을 발견하고, 당시까지 필수불가결한 존재였던 스위스인을 대체할 현지인 가이드의 잠재적 가치를 알아본 사람은 브루스였다. 조만간 네팔 동부 지역의 셰르파족이 이 역할로 더 적절하다고 밝혀질 것이지만, 찰스 브루스가 1891년 마틴 콘웨이를 설득해서 파르비르 타파Parbir Thapa와 자신의 연대원인 세 명의 다른 구르카 병사를 카라코람 원정에 데려간 것을 계기로 히말라야 등반에 현지인이 참가하는 역사가 시작되었다.

1891년 원정대가 모두 꾸려지자 콘웨이는 필요한 물품을 구매하고, 짐을 꾸리고, 왕립 지리학회와 자연사 박물관National History Museum에서 사전조사를 하며 인도 정부의 허가를 받기 위해 남은 몇 달을 보냈다. 왕립 지리학회장인 그랜트 더프M. E. Grant-Duff는 10월에 인도 총독[†] 랜스다운 후작Marquess of Lansdowne에게 콘웨이와 그의 '카라코람의 고산 빙하지대 탐험을 위한

† 총독viceroy 1858년 영국이 인도를 합병한 후 직접 통치체제로 바꾸면서 인도 총독은 빅토리아 여왕의 대리라는 의미에서 '부왕viceroy'이라는 칭호를 붙였다.

원정'을 소개하는 편지를 보냈다. 그랜트 더프는 그들의 목적이 "빙하의 상부 지역을 탐험하고 지도에 기록하며, 중앙에 있어서 지도 제작이라는 측면에서 전망대로 가치가 탁월한 망고 구소르Mango Gusor 정상에서 시작하여 현재 오를 수 있는 가장 높은 봉우리를 등정하는 것입니다. 또한 대 발토로 빙하와 비아포Biafo 빙하를 철저히 조사하는 것이며, 더 나아가 종 라R. Jong La의 꼭대기에 올라가 서쪽으로 하산하여 남쪽의 나가르Nagar 빙하를 내려와 누시크 라Nushik La를 넘어 아룬두Arundu로 가는 것입니다."라고 설명했다. 랜스다운은 이 험난한 여정에 반대하지 않았지만, 콘웨이가 인도 정보부Indian Intelligent Department와 인도 주둔군, 그리고 데라둔 지역 인도 측량국으로부터 최종 허가를 받았는지 확인했다. 이 사이에 에켄슈타인, 브루스, 파르비르 타파 일행은 체르마트에서 추르브리겐을 만나 2주일 동안 운터 가벨호른Unter Gabelhorn, 림피슈호른Rimpfischorn, 클라이네 마터호른Kleine Matterhorn에서 훈련등반을 했는데, 림피슈호른에서는 눈 위를 너무 힘들게 돌아다녀서 완전히 녹초가 되기도 했다. 일행은 런던에서 다시 만났으며, 콘웨이가 왕립 지리학회에서 약정된 발표를 하기 전까지 다른 대원들은 원정기를 언론에 공개하지 않기로 약속했다. 원정대는 1892년 2월 5일 펜처치 가Fenchurch Street에서 인도를 향해 출발했다.

일행은 5주일에 걸쳐 도버, 지브롤터, 포트사이드, 아덴, 카라치, 라호르Lahore, 라왈핀디Rawalpindi를 지나 아보타바드에 도착했다. 아보타바드는 구르카 5연대가 주둔해 있는 요새로 낭가파르바트 서쪽에 있는 4,267미터의 바부사르 고개Babusar Pass를 넘기 위해 머무르는 마을이었다. 화물보다 일찍 도착한 콘웨이와 그의 동료들은 화물을 기다리면서 2주일간 이곳에 머무르게 되었고, 브루스의 극진한 접대를 받았다. 3월 28일 그들은 제후국이던 카슈미르의 수도 스리나가르로 떠났다. 콘웨이는 원래 이곳에서 출발하여 곧바로 스카르두, 아스콜리, 발토로 빙하를 지나 그가 공언하다시피 한 등반 목표인 K2로 가려고 했다. 하지만 등산 시즌이 오려면 한참 있어야 해서, 콘웨이는 곧바로 K2로 가지 않고 아스토르Astor와 길기트 도로를 지나 좀 더 멀리 돌아가는 코스를 통해 접근하기로 했다. 그는 분명히 카라코람의 서쪽에 솟아 있는 라카포시를 등정할 속셈이었겠지만 인더스 상류의 분지Bunji 지역에서 그 고봉을 보자 스스로 꿈을 접었다. 콘웨이는 원정기에서 "남남서쪽의 능선에 정상으로 가는 쉬운 루트가 있는 것 같았다. 하지만 계속되는 눈사태로 이 능선으로 가는 모든 통로가 막혀 있다는 것을 알았다. 이 산의 등정으로 원정을 개시하려는 희망이 완전히 꺾였다."라고 말했다.

사실, 콘웨이는 히말라야 산맥을 보면 볼수록 등반에 대한 의욕이 꺾여, 그 대신 탐사하고 스케치하고 조사하는 일에 더 많은 관심을 가졌다. 콘웨이는 5월 5일 영국의 주권이 미치는 가장 먼 외곽 전초기지인 길기트에 도착해서, 그곳에서 바그로트Bagrot 계곡을 조사하며 5월을 모두 보냈다. 바그로트 계곡은 빙하 협곡으로 라카포시의 남동 사면에서 시작되어, 길기트 마을로부터 아래쪽으로 22킬로미터 떨어진 곳에서 길기트 강과 합류한다. 콘웨이의 원정은 정말 독창적인 연구 여행으로 가벼운 등정을 몇 개 했고, 세 사람(브루스, 콘웨이, 추르브리겐)은 썩 마음에 내키지 않아 했던 눈에 띄게 아름다운 '에메랄드', 즉 오늘날의 미아르피크Miar Peak(6,824m) 등반을 시도했다. 하지만 에켄슈타인은 애초에 이런 원정등반을 원했던 것이 아니었기 때문에 뚜렷한 목적이 없어 보이는 콘웨이의 여정이 마음에 들지 않아 속이 상했다.

6월 8일, 원정대는 길기트에서 빠져나와 북쪽으로 이동해 훈자 계곡으로 들어갔다. 훈자 계곡은 바로 1년 전 영국의 과감한 군사작전으로 봉건 부족국가였던 훈자와 나가르†Nagar가 제압되어 영국의 간접 통치를 받게 되었다. 그러나 콘웨이는 장문의 원정기에서 영국의 영향력이 미치는 곳에 다녀왔다는 점은 거의 언급하지 않고, 그저 자신과 일행이 미지의 땅으로 갔다는 뉘앙스만 풍겼다. 원정대는 그곳에서 거의 한 달에 걸쳐 라카포시 산맥의 북쪽 사면과 계곡을 탐사했으며, 6월 초순에 히스파르Hispar 빙하를 경유하여 카라코람 안쪽으로 접근했다. 나중에 콘웨이는 "진정 이곳에는 인간과는 관계없는 별세계로 가는 직통로가 있다. 이 통로는 용과 거인, 귀신의 땅으로 향하는 것 같다. 이렇게 장엄한 곳에 서면 내 자신이 인간이라는 생각이 사라진다. 이곳에는 동물이 살고 있다는 흔적이 없다. 이곳의 광경은 마치 음악을 눈으로 보는 것과 같다."라고 묘사하여 특유의 낭만적인 성격을 나타냈다. 그러나 에켄슈타인의 견해에 의하면 그들의 행보는 정말 별 볼 일 없었으며, 빙하의 빙퇴석과 자갈 위를 끝없이 지루하게 헤매는 것뿐이었다. 이 무렵 원정대의 식량이 거의 다 떨어져서 7월 3일에 콘웨이는 브루스, 에켄슈타인과 두 명의 구르카 대원(아마르 싱Amar Singh과 카르비르Karbir), 8명의 나가르 짐꾼을 누쉬크 라Nushik La — 고드윈 오스틴이 1861년에 접근했으나 넘지 못했던 — 를 넘어 초고룽마Chogo Lungma 빙하가 시작되는 곳에 있는 아란두Arandu 마을로 가

† 나가르 현재의 파키스탄 최북단 지역에 있었던 제후국

라고 지시했다. 그 사이에 콘웨이와 추르브리겐은 히스파르를 거슬러 올라 히스파르 고개와 '눈의 호수Snow Lake'로 갔다. '눈의 호수'는 심 캉Sim Kang과 비아포 빙하 위쪽에 있는 거대한 산악 분지이다. 일행은 콘웨이가 오거Ogre(우즘 브락)라고 이름 붙인 눈에 잘 띄는 침봉 아래를 지나 비아포를 따라가 라톡Latok과 메루Meru 산군을 거쳐 비아포 빙하가 끝나는 브랄두 계곡으로 갔다. 이리하여 콘웨이 일행은 극지를 제외하면 세계에서 가장 긴 빙하를 완주했다.

콘웨이는 자세히 설명하지 않았지만, 모종의 이유로 에켄슈타인을 영국으로 보내기로 했다. 에켄슈타인은 나중에 다음과 같이 말했다. "산악지대에서 두 달 반을 지내면서 중요한 등반을 하나도 시도하지 않았기 때문에 가끔 상당한 마찰이 있었다. 고작해야 전에 알려진 고개 둘을 지나갔을 뿐인데 나는 계속 가고 싶은 마음이 전혀 없었다." 브루스는 아버지에게 사적으로 보낸 편지에서 "에켄슈타인이 등반기술은 뛰어날지 모르지만 원정대에 도움이 안 되는 짐이며, 데리고 있기에는 비용이 너무 많이 들고 무능하다."라고 했다. 공공연한 사회주의 신봉자였던 에켄슈타인이 대영제국에 대한 반감을 품고 있다는 점 때문에 이런 가혹한 평가를 받았는지는 확실치 않다. 확실한 것은 에켄슈타인이 마틴 콘웨이를 따라 '낭만적인 순례'를 하면서 끝없이 돌아다니는 일에 흥미를 잃었다는 것이다. 에켄슈타인은 히말라야의 1급 봉우리에 도전하고자 했다. 콘웨이는 이것을 직접적으로 막지 않았고, 콘웨이 자신도 높은 봉우리에 도전해서 기록을 세우고 싶어 했지만, 에켄슈타인의 희망을 충족시키기에는 콘웨이의 행동이 적극적이지 않았다. 그래서 7월 27일, 콘웨이가 언젠가는 카라코람의 체르마트†Zermatt가 되리라고 생각했던 비아포 아래의 작은 마을 아스콜리에서 원정에 대해 심각하고도 전반적인 논의를 한 다음 두 사람은 갈라서기로 했다. 콘웨이는 발토로 무즈타그로 향했고, 에켄슈타인은 스리나가르를 거쳐 영국으로 돌아갔다.

같은 날인 7월 27일, 콘웨이는 약정한 대로 『더 타임스』에 실을 첫 번째 기사를 작성했다. 그것은 허풍이 섞인 원정 특집기사였으나, 히말라야 개척에 대한 대중의 관심이 높아지던 시점에서는 시의적절했다. 그는 그 기사에서 "세계에서 가장 긴 빙하 고개인 히스파르 고개에 대해 최초로 명확하게 기록된 글"이라며 자랑을 늘어놓았다. 그 기사에서 콘웨이는 자신이 고생스럽게 과학적 자료를 수집했다는 점은 전혀 언급하지 않았지만, 장모인 애비게

---

† **체르마트Zermatt** 스위스의 마터호른 아래에 있는 유명한 마을

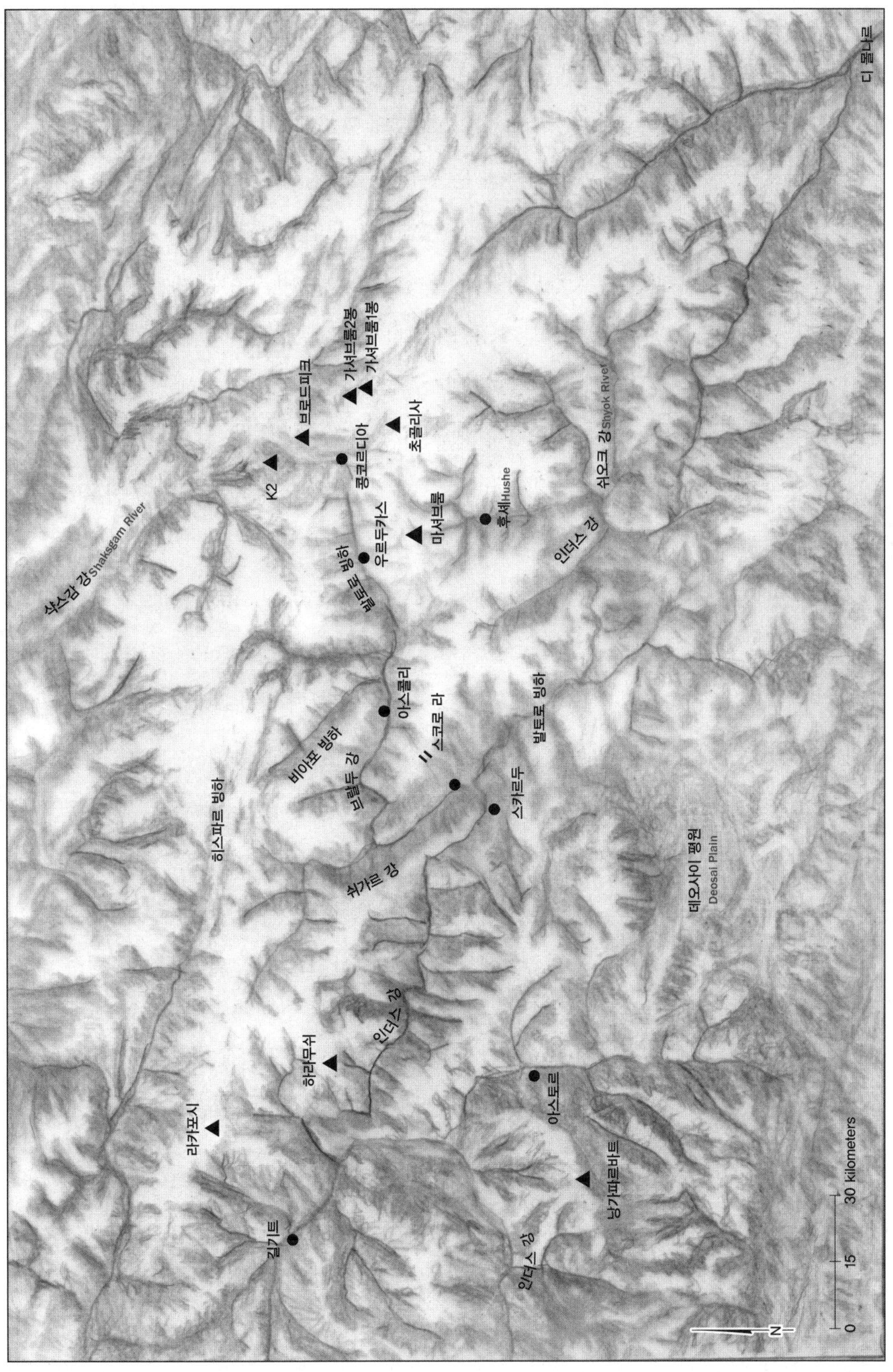
샥스감 강 Shaksgam River
K2
브로드피크
가셔브룸2봉
가셔브룸1봉
콩코르디아
초골리사
우르두카스
마셔브룸
후세 Hushe
발토로 빙하
아스콜리
비아포 빙하
브랄두 강
스코로 라
스카르두
히스파르 빙하
쉬가르 강
발토로 빙하
인더스 강
쉬오크 강 Shyok River
데오사이 평원
Deosai Plain
하라무쉬
라카포시
길기트
아스토르
낭가파르바트
인더스 강
인더스 강
디 몰나르
N
0 15 30 kilometers
카라코람

일 롬바드Abigail Lombard에게는 자료 수집이 속속 진행되고 있다고 개인적으로 확언했다. 그는 "우리는 300종의 다양한 꽃과 200종의 지질학 표본을 구했고, 40종의 나비를 채집했으며, 소량의 딱정벌레를 잡았고, 목숨을 걸고 나기르Nagyr의 묘지에 가서 인간의 두개골 2점을 채집했으며, 토착민들이 사용하는 악기와 모든 종류의 이상한 물건들을 모았습니다. 게다가 우리 식당에 장식할 큰 뿔을 상당량 모으기도 했습니다."라는 편지를 썼다. 콘웨이의 귀중한 지도는 거의 2미터에 달했는데, 1.6제곱킬로미터당 0.127센티미터(1제곱마일당 0.5인치)의 축적으로 만든 것이었다. 그 지역은 대부분이 몽블랑보다 높은 고도로, 이전에 연구된 적이 없는 곳이었다. 그는 고향으로 보낸 편지에 "오르기 쉬운 봉우리를 찾아서 전에 인간이 올라가본 적이 없는 높이까지 올라가본다면 원정 전체가 훨씬 성공적일 것 같습니다."라고 썼다. 이것이 그의 최종 계획이었다. 8월 초순, 80명의 사람과 103개의 무거운 짐으로 이루어진 콘웨이 원정대는 발토로를 향해 육중한 걸음을 옮겼다.

그 2년 전에, 무명에 가까웠던 이탈리아인 로베르토 레르코Roberto Lerco가 발토로에서 K2의 산기슭으로 올라가려고 시도했었다. 그는 아마도 남동쪽의 유명한 '아브루치 능선Abruzzi Spur'에 잠깐 올라간 것 같다. 그러나 레르코는 여행 기록을 남기지 않았고, 콘웨이는 당시 거의 알려지지 않았던 레르코의 존재에 대해 전혀 몰랐다. 물론 콘웨이는 이전에 고드윈 오스틴과 영허즈번드가 발토로의 하부를 횡단했다는 것을 알고 있었다. 그는 런던에서 몸소 그 두 사람을 만나 자문을 하기도 했지만, 콘웨이가 아는 한 분명히 거대한 발토로 빙하가 끝나는 곳까지 올라가보고, 세계에서 가장 장엄한 산으로 이루어진 원형 분지를 본 사람은 자신이 최초였다. 콘웨이는 넓은 빙하의 합류점에 지형이 비슷한 스위스의 알레츠Aletsch 빙하 끝의 합류점 이름을 따 "콩코르디아Place de la Concorde"라는 이름을 붙이고, 가셔브룸 산군으로 들어갔다. 콩코르디아 위로 솟아오른 가셔브룸 산군에는 서로 연결된 네 개의 높은 봉우리가 있고, 그중 가장 높은 것이 가셔브룸1봉Gasherbrum1이다. 콘웨이는 발토로 빙하 상부를 따라 남쪽으로 이동하고 나서야 그 모습을 볼 수 있었다고 하여 그 봉우리에 "히든피크Hidden Peak"라는 이름을 붙였다. 북쪽에는 콘웨이가 "고드윈 오스틴"이라고 이름 붙인 빙하의 지류 몇 킬로미터 안쪽에 '거대한 피라미드'의 K2가 솟아있었다. 콘웨이가 아는 한, 밑에서부터 꼭대기까지 그 봉우리 전체를 본 사람은 그가 최초였다. 또한 남쪽으로 같은 거리에는 1828년 카라코람에 도전했던 영국인 고드프리 빈Godfrey Vigne의 이름을 따서 콘웨이가 "빈"이라고 이름 붙인 빙하가 끝나는 곳에, 역시 콘웨이가 "브라이드피크Bride Peak"라고 이름 붙인 K6가 있었다. K6는 현재 초골리사Chogolisa(7,668m)로 더 잘 알려졌다. 콘웨이가 발토로 빙하의 중간 부근을 올라가자 마셔브룸 산군이 솟아있었고, 그 맞은편 북쪽으로 바위산인 무즈타그 타워Muztagh Tower(7,668m)가 어마어마한 기세로 솟아있었다. 콘웨이는 무즈타그 타워를 "전망대Watch-Tower" 또는 "수호자Guardian"라고 불렀다. 콘웨이의 앞쪽으로 K2와 가셔브룸 산군 사이에 봉우리가 하나 더 있었는데, 콘웨이는 이 봉우리에 체르마트 계곡에 있으며 봉우리가 세 개인 브라이트호른Breithorn을 따서 "브로드피크Broad Peak"라는 이름을 붙였다. 콘웨이의 시야에 들어온 광경은 자신의 화려하고 낭만적인 필체로도 담아내기 힘들 만큼 대단했으며, 서양인이 히말라야의 규모에 대해 깨달은 최고의 순간이었다. 추르브리겐은 고작 "세상에! 사람들은 스위스에 있는 산도 잘 모르는데!"라는 말밖에 하지 못했다.

이제 이 기념비적 봉우리들 중에서 어떤 것에 도전할 것인가가 심각한 문제가 되었다. 콘웨이는 마셔브룸을 마음에 품고 있다고 강력하게 피력했다. "하지만 추르브리겐은 보기만 해도 공포감이 든다고 말했습니다."라고 브루스는 자유당 정객이자 왕립 지리학회의 전 회장인 아버지 아버데어 경에게 보고했다. 그리고 그것으로 끝이었다. K2와 브로드피크도 무시무시했지만, 마셔브룸은 '가장 완강하게 접근을 거부하고' 있었다. 결국 의욕을 고취시키는 풍경에도 불구하고, 일행 전체는 낙담해서 크리스털피크Crystal Peak의 돌이 널려있는 사면을 내려와 철수했다. 크리스털피크는 발토로 빙하의 북쪽 가장자리에 있는 작은 봉우리이다. 콘웨이, 브루스, 추르브리겐, 하크비르Harkbir, 아마르 싱과 파르비르가 8월 10일 정찰을 목적으로 이 봉우리에 올랐다가 정상에서 수정을 발견하고 "크리스털피크"라는 이름을 붙였다. 한편 콘웨이는 크리스털피크의 정상에서 남동쪽으로 24킬로미터 떨어져 있는 '둥근 산'을 발견하고 그 산에 "황금왕좌Golden Throne"라는 이름을 붙였는데, 이것이 '왕좌와 같은 모양'을 하고 있으며 화산물질로 이루어져서 금맥이 있다고 생각했기 때문이었다. 나중에 콘웨이는 이렇게 말했다. "이것은 우리가 본 것 중에서 가장 빛나는 산으로, 우리가 올라간 지점에서 보이는 곳에 솟아있었으며, 희미한 새벽에 몸을 돌려 바라보니 기쁨에 찬 우리의 눈에 강렬한 인상으로 들어왔다. 우리는 모두 한목소리로 외쳤다. '저 봉우리는 우리 봉우리야. 다른 봉우리가 아니라 바로 저기로 가야 해!'"

황금왕좌는 현재 "발토로 캉그리Baltoro Kangri(7,274m)"로 불리는데 비교적 두드러지지 않는 수수한 산이다. 분명히 콘웨이가 황금왕좌에 대해 느꼈던 강렬한 인상은 아마도 그가 실제로 그 산을 등정할 수 있으리라는 기대감에서 나온 것이며, 발토로 지역의 모든 고봉 가운데 오로지 이 산만 등정 성공 확률이 높다는 계산에서 나온 것이다. 그럼에도 콘웨이는 이 산으로 가는 길을 찾을 수 없어 등정하는 데는 실패했다. 초기 히말라야 등반에서는 등반뿐만 아니라 산으로 접근해가는 것도 어려운 문제였다. 8월 24일, 콘웨이, 브루스, 추르브리겐, 파르비르 타파, 그리고 하크비르는 훗날 히말라야 스타일이라 불리게 되는 '포위전법'을 사용했다. 그들은 에켄슈타인이 개발한 크램폰(콘웨이는 "클라이밍 아이언"이라고 불렀다.)을 발에 부착하고 황금왕좌로 이어질 것 같은 능선을 올라갔다. 하지만 그곳은 황금왕좌 훨씬 아래쪽에 있는 독립된 작은 봉우리였다. 그 봉우리와 황금왕좌는 깊은 틈으로 완전히 분리되어있었다. 그때가 원정 전체에 걸쳐 가장 실망스러운 순간이었지만, 콘웨이는 자신이 오른 봉우리에 "파이어니어피크Pioneer Peak"라는 이름을 붙이고, 이 봉우리에 7,010미터(23,000피트) 이상의 고도를 부여함으로써 이 등반을 최대한 활용했다. 콘웨이는 최고 고도를 경신한 점에 만족했으며 — 혹은 만족하기로 마음먹었으며 — 이 순간을 위해 런던에서 가져온 고급 브랜디를 따고 시가에 불을 붙였다. 그는 이 원정이 성공적으로 마무리되었다면서 다음과 같이 선언했다. "우리가 하려고 했던 가장 큰 위업이 달성되었다는 것을 모두가 알고 있으며, 이제 남은 것은 산을 내려가 집으로 가는 일이다."

그러나 아직 홍보와 선전이 남아있었다. 콘웨이가 파이어니어피크를 오른 바로 그날, 더글러스 프레쉬필드는 콘웨이에게 "평범한 영국이나 인도의 탐험가보다 고산 등산가가 얼마나 더 훌륭하게 일을 해내는지 보여줄 수 있는 한 다 보여주게."라는 편지를 보냈다. 콘웨이는 우연히 알파인 클럽의 연례 만찬에 맞게 런던으로 돌아왔다. 그는 프레쉬필드의 말에 따라 런던에서 자신의 탐험이 대중적 관심을 끌 수 있도록 상당한 노력을 기울였다. 그는 영국 전역을 돌면서 강연을 했고, 자신을 위해 열린 만찬과 연회에 참석했으며, 신문이 인터뷰를 실을 수 있도록 허락했고, 왕립 지리학회와 알파인 클럽에서 성대한 발표회를 했다. 콘웨이는 굉장한 찬사를 받았지만, 그가 미국에서도 순회강연을 하려고 하자 맨턴 마블이 반대했다. 그는 사위에게 다음과 같은 편지를 보냈다. "내가 등반이나 거대한 빙하, 최고 고도기록 같은 것을 무시해서 이렇게 말하는 게 아닐세. 그 나라 사람들은 에베레스트를 제외하고는 히말라야에 대해 아무것도 들은 바가 없고, 자네가 갔다는 K2에 대해서는 전혀 모른다네."

1894년에 출간된 콘웨이의 명저 『카라코람 히말라야의 등반과 탐험Climbing and Exploration in the Karakoram-Himalayas』은 풍부한 삽화를 수록한 '공식적인' 원정기의 전례를 남긴 중요한 책이다. 콘웨이는 1,000파운드에다가 인세까지 주겠다는 피셔 언윈Fisher Unwin의 제안을 받아들였다. 이 책에 대한 서평은 대부분 호의적이었지만 『내셔널 옵서버National Observer』의 한 분별력 있는 평론가는 다음과 같은 서평을 썼다. "콘웨이는 왕립 협회, 지리학회와 영국 알파인 클럽의 후원을 받고 수많은 짐꾼에, 징발한 구르카 군인들에, 스위스인 가이드까지 데려갔는데 고작 7천 미터 정도밖에 안 되는 2급 봉우리 하나를 달랑 등정해 놓고 그곳에서 진정한 히말라야를 조사했다고 말한다. … 하긴 우리도 리펠호른†Riffelhorn 정상에서 마터호른을 볼 수 있기는 하다."

사실 콘웨이는 상당한 등반 업적을 남겼다. 그는 4,877미터(16,000피트) 이상의 고도에 16번 올랐고, 히스파르 고개를 넘었으며, 크리스털피크에 올랐고, 역사상 처음으로 발토로 캉그리에 도전했다. 콘웨이는 에켄슈타인 덕분에 히말라야에 크램폰의 사용법을 알렸으며, 브루스 덕분에 현지에서 등반을 지원해줄 사람을 구하는 아이디어를 얻었는데 이것은 그 이후로 계속 이어지게 되었다. 하지만 콘웨이가 독창적인 기준을 세운 것은 바로 원정의 계획과 방식에 대한 것이었다. 그는 최초로 공식적인 후원자를 확보했고, 언론과 독점 게재 계약을 놓고 협상을 벌인 최초의 인물이었으며, 최초로 원정에 화가를 데려갔고, 원정기도 최초로 썼다. 그의 원정이 후대의 기준으로 보기에는 보잘것없어 보일지 몰라도 히말라야 등반에 대규모 원정이라는 전통을 수립했으며, 브루스라는 탁월한 중개인 덕분에 영국인이 에베레스트로 접근하는 데 큰 영향을 미쳤다. 콘웨이는 1896년에 히말라야에 다시 가볼 것을 분명히 고려해보긴 했지만 결국 가지는 않았다. 그는 1895년 '굉장한 성과를 거둔 여행'을 한 공로로 작위를 받아 로즈버리 백작Earl of Rosebery에 서품되었고, 총선에서 바스Bath 지역의 자유당 후보로 나왔다가 낙선한 다음 예술과 정치에 전념했다. 그는 1902~1904년에 알파인 클럽 회장을 역임했고, 1905년에는 왕립 지리학회의 설립자 메달Founders Medal을 받았으며, 카라코람에 대한 탁월한 대중적 권위자이자 영국 등산계의 대부로 활동하다가 1937년 81세를 일기로 타계했다.

---

† 리펠호른 2,927미터 마터호른 4,478미터

머메리의 죽음

머메리는, 1892년 콘웨이를 따라 카라코람으로 갈 수 있는 기회를 사양하고 나서, 낭가파르바트를 오르고자 하는 자신의 히말라야 야심에 집중했다. 낭가파르바트는 일명 '벌거벗은 산'으로 히말라야 서쪽 끝 인더스 계곡 위쪽에 전체가 다 보이게 치솟아오른 고봉이다. 낭가파르바트는 8,126미터의 높이를 자랑하는 세계 9위의 고봉으로 아시아의 경이로운 보배이지만, 독특하게도 카슈미르의 수도 스리나가르에서 북쪽으로 130킬로미터밖에 떨어져 있지 않아 접근이 용이하다. 머메리는 특히 이 점에 상당한 매력을 느꼈다. 그는 콘웨이만큼 가용자원이 풍족하지 않았다. 또한 정성을 들이거나 시간과 노력이 많이 드는 원정에는 전혀 관심이 없었다. 머메리는 후원을 원하지도 구하지도 않았으며, 과학이나 탐험 같은 목적을 경멸한다고 자랑스럽게 말했다. 머메리는 "솔직히 말하자면, 나는 경위의經緯儀에 대해 아는 바가 거의 없고 평판 같은 것들은 이름만 들어도 역겹다."라는 충격적인 고백을 했다. 그의 유일한 야심은 가능한 모든 수단을 동원하여 두세 명의 신뢰할 만한 친구들과 함께 히말라야의 고봉을 오르는 것이었다. 그런 접근법이 코카서스 산맥에서 하는 등반에는 효과가 있었다. 머메리는 마이링겐Meiringen의 하인리히 추르플루Heinrich Zurfluh와 둘이서 로프를 사용하여 유럽 제2위 고봉인 다이크 타우Dykh Tau에 오른 경험이 있었다. 따라서 그는 이것이 당연히 히말라야의 고산에서도 효과가 있을 것으로 생각했다.

1894년 머메리는 카슈미르 반半 자치주에 들어가겠다고 요청하여 허가를 받았다. 당시 그가 제출한 명단은 제프리 헤이스팅스Geoffery Hastings, 존 노먼 콜리John Norman Collie와 머메리 자신, 이렇게 세 사람이었다. 헤이스팅스는 레이크랜드 암장 출신의 선구적인 등반가 중 한 명이었고, 콜리는 뛰어난 화학자로서 스카이Skye의 쿨린 힐스†Cullin Hills에서 어릴 적부터 등반 경험을 쌓아 왔으며, 사람들의 평가에 의하면 당대의 가장 다재다능한 등산가였다. 머메리는 1890년대 초반에 가이드 없이 등반하는 사람들을 모아 자신을 중심으로 새로운 친목회를 결성했는데, 헤이스팅스와 콜리는 세실 슬링스비Cecil Slingsby, 엘리스 카르Ellis Carr, 릴리 브리스토우Lily Bristow와 더불어 이 모임의 핵심 멤버였다. 머메리는 이들과 더불어 당 뒤 르캥Dent du Requin, 에귀 뒤 플랑Aiguille du Plan의 서벽, 콜 데 쿠테Col des Courtes 등을 오름으로써 여러 차례 주

† **쿨린 힐스** 스코틀랜드 이너헤브리디즈 제도 북단의 스카이Skye 섬에 있는 바위산 지역

A. F. 머메리, 그의 부인 메리Mary, 딸 힐다Hilda, 1892년경
(사진출처: 대영 도서관)

목할 만한 알프스 등반을 해냈다. 이들은 몽블랑의 브랑바 스퍼Brenva Spur를 가이드 없이 최초로 등반하기도 했다. 하지만 가이드 없이 하는 이들의 등반이 히말라야에서도 효과가 있을지는 두고 봐야 할 일이었고, 특히 머메리를 비방하던 알파인 클럽의 회원 한 명은 "그는 분명 매우 뛰어난 스포츠맨이고 암벽 등반가이지만, 산에 대한 감각이나 탐험가의 자질이 있는지는 의심스럽다."라고 말하기도 했다. 머메리를 비판적으로 보던 데이비드슨W. E. Davidson도 윔퍼에게 이렇게 말했다. "머메리가 — 늘 하는 것처럼 — 주도를 해서 성공한 1급 등반은 전에 가이드와 함께 성취한 것이었거나 또는 단순히 등반만 하면 되는, 즉 루트를 찾는 능력이 필요 없는 등반이었습니다. 그는 이번에 가이드를 데려가려 하지 않을 것입니다. 동반자인 콜리가 상당히 신사적이라서 그저 머메리 뒤만 따라다닐 것이기 때문에 머메리는 자신의 힘에만 의지해야 할 것입니다. 그렇게 머나먼 곳까지 힘든 원정을 다녀오는 데 필요한 돈이나 시간이 그에게 있을 것 같지 않고, 따라서 어떤 중요한 결과도 얻지 못할 것 같습니다."

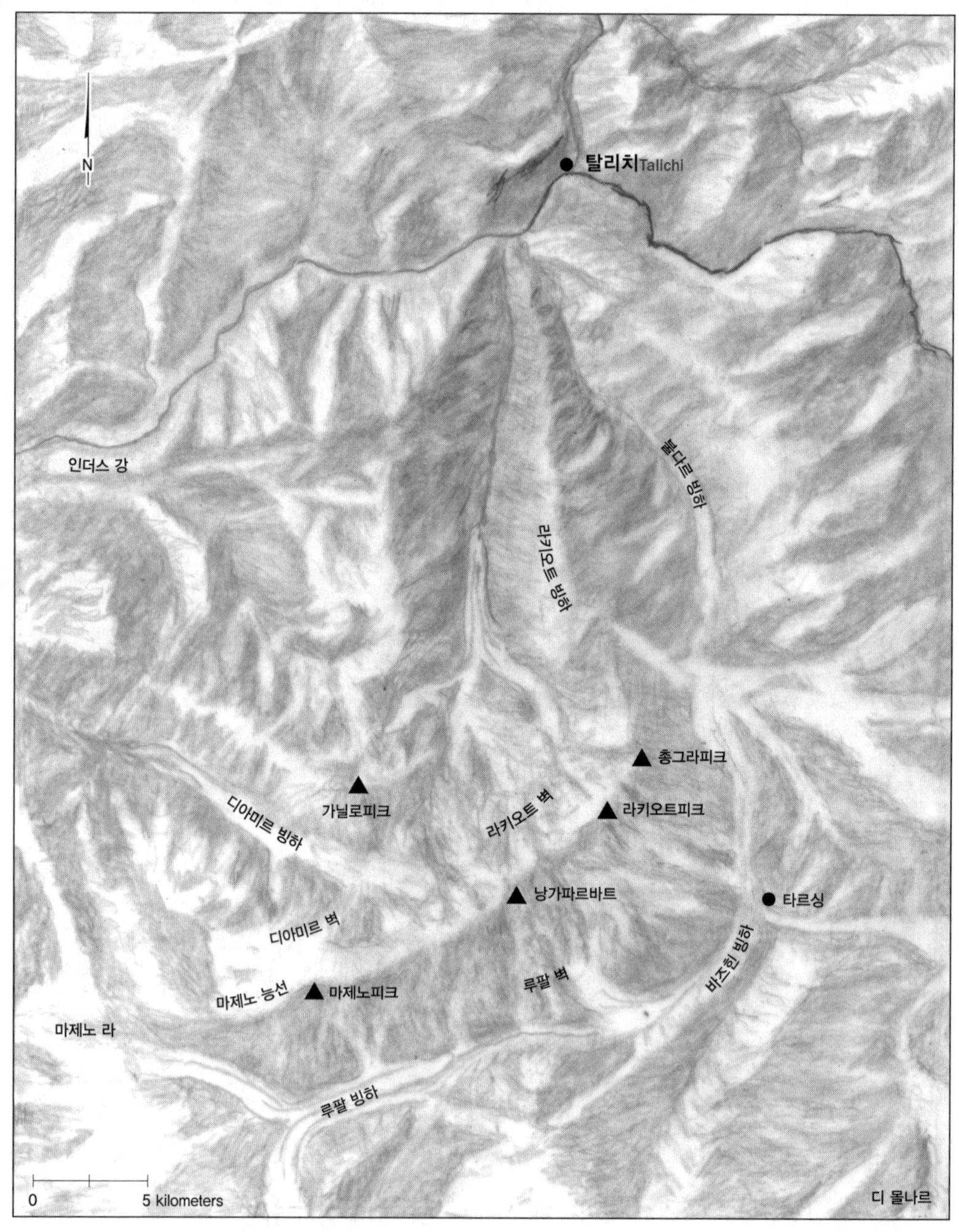

낭가파르바트 산군

1895년 6월 20일 머메리의 책 『알프스에서 카프카스로My Climbs in the Alps and Caucasus』가 출간되었다. 이 책은 윔퍼의 『알프스 등반기Scrambles amongst the Alps』와 더불어 등산문학의 고전으로 길이 남게 된다. 머메리의 책이 출간되고 바로 일주일 후 소위 '삼총사'로 불리던 콜리, 헤이스팅스, 머메리는 인도로 떠났다. 세 사람은 봄베이에서 2주일간 머문 후 곧장 낭가파르바트로 향했는데, 가는 길에 라왈핀디와 무레에 있는 영국군 주둔지를 지나가게 되었다. 여기서 그들은 영국군 사령관을 만나 두 명의 구르카 병사를 넘겨받아 일행에 합류시켰다. 머메리는 카슈미르 계곡의 바라물라Baramula에서 당시 구르카 5연대의 소령으로 복무하던 찰스 브루스를 만났다. 브루스는 머메리 일행이 사용할 조랑말을 몰고 아보타바드에서 왔다. 머메리는 브루스가 콘웨이의 보좌관 역할을 해준 것을 알고 있었기 때문에 자신의 일행에 합류해달라고 간청했다. 그러나 브루스는 연대에 묶여 있는 몸이어서 휴가를 요청해보겠다고 말하며 아보타바드로 돌아갔다. 이 사이에 삼총사는 북쪽으로 나아가 울라르Wular 호수를 건너고 캄리 고개Kamri Pass(4,074m)를 넘어 길기트 도로에서 약 16킬로미터 정도 떨어진 루팔 계곡Rupal Valley의 상당히 크고 부유한 타르싱Tarshing 마을로 향했다. 이때 이들 일행은 12필의 말과 요리사 한 명, 이름이 알려지지 않은 감독 한 명과 몇 명인지 숫자가 정확하지 않은 짐꾼들 — 당시 머메리가 "쿨리coolies"라고 낮추어 부르던 — 로 늘어나 있었다. 7월 16일, 그들은 마을로부터 5킬로미터 떨어진 곳의 루팔 가Rupal Gah를 따라 펼쳐진 경치 좋은 풀밭에 베이스캠프를 설치했다. 콜리의 고도계는 3,048미터(10,000피트)를 가리키고 있었다.

그들 위쪽으로 낭가파르바트의 루팔 벽Rupal Face이 4,500미터 높이로 치솟아있었다. 머메리는 세계에서 가장 높은 벽 중 하나를 보고도 별로 감탄하거나 겁먹지 않았다. 머메리는 7월 17일 "낭가 등반에 심각하게 어려운 코스가 있으리라고는 생각하지 않소. 그 산에는 현수 빙하[†]가 예상보다 훨씬 적다오. 꾸준히 참고 올라가면 등정할 수 있을 것 같소."라는 편지를 아내이자 실력 있는 등산가였던 메리Mary에게 썼다. 반면 부정적인 입장이었던 콜리는 루팔 벽에 캠프를 설치할 수 있는지에 대해 회의적이었으며, 과학적 지식이 있었기 때문에 고소가 미칠 영향에 대해 머메리보다 더 크게 우려했다. 7월 18일 그들은 바깥쪽에 있는 남쪽 봉우리, 즉 콜리가 "치케피크Chicke Peak"라고 이름 붙인 곳을 '훈련 삼아' 올라가려 했으나 4,880미터에서 좌절하고 말았다. 결국 머메리는 루팔 벽으로 돌진할 상황이 아니라 다른 루트를 찾아봐야 한다는 점에 동의했다.

이 결정에 따라 7월 20일 헤이스팅스와 머메리, 콜리는 낭가파르바트 서쪽의 잘 알려진 교역로인 마제노 라Mazeno La(5,360m)를 넘어 사람이 살지 않는 디아미르Diamir 계곡으로 들어갔다. 머메리 일행은 이곳의 북서쪽 사면, 즉 디아미르 벽Diamir Face에서 가파른 바위로 된 지릉

† 현수 빙하hanging glacier 계곡이나 다른 빙하 위에 있는 빙하

을 보았는데, 지금은 "머메리 능선Murmmery Ribs†"이라고 불리는 이 능선이 빛나는 눈으로 덮인 정상 아래까지 곧장 연결된 것처럼 보였다. 그들은 여기까지만 간 다음 루팔 계곡에 있는 베이스캠프로 돌아가기로 했다. 그들은 캠프로 가는 지름길이라고 생각하고 갔지만, 결국 마제노 능선Mazeno Ridge에 있는 고도 6,400미터의 엉뚱한 곳에서 길을 잃고 말았다. 분별력을 발휘한 콜리는 임시 비박을 하자는 머메리의 제안에 반대했고, 일행은 비참한 몰골로 자신들이 온 길을 밤새워 돌아왔다. 머메리는 최고의 등산가였지만 근시와 전반적인 쇠약증으로 인해 잘 걷지 못하고 더듬거리며 전진했는데, 이것이 비극을 초래한 주요 원인 중 하나인 것 같다. 48시간 동안 거의 먹지도 못하고 전진했기 때문에 머메리가 세 명 중 가장 마지막으로 타르싱 캠프에 돌아왔을 때는 거의 탈진한 상태였다. 그러나 머메리는 굉장한 회복력을 보였고 '낭가파르바트로 통하는 절대 안전한 루트'를 찾았다고 굳게 믿었다. 머메리는 타르싱에서 아내에게 "내 건강이 회복될 거라고 굳게 믿고 있소. 그러니 당신은 아무 걱정할 것 없소."라는 편지를 보냈다.

7월 27일과 28일 양일간 머메리 일행은 자신들이 "총그라피크Chongra Peak(6,824m)"라고 이름 붙인 북동쪽 봉우리에 내키지 않는 마음으로 도전했다. 하지만 콜리의 말대로 '모두가 게으름을 피워' 5,180미터에서 발길을 돌렸다. 이때 간신히 군대에서 휴가를 받아 나온 찰스 브루스가 구르카 병사 라고비르 타파Ragobir Thapa와 고만 싱Goman Singh을 데려와 이들과 동행했는데, 이들 구르카 병사들은 등반 경험이 전혀 없었다. 3일 후, 마제노 능선을 넘어가서 곧바로 디아미르 계곡으로 가려 했던 시도도 좌절돼, 머메리 일행은 5,790미터에서 준비도 변변치 않은 가운데 비참한 비박을 해야 했다. 앞을 정확하게 내다보는 대장이라면 이때 멈추어서 이 일이 자신의 능력 밖의 일인지 아닌지, 자신들에게 익숙한 알프스와 지금 자신들이 도전하는 히말라야의 규모가 완전히 달라서 자신들이 이해할 수 없는 것인지, 따라서 훨씬 더 정교하고 끈질긴 접근을 시도해봐야 할지 어쩔지에 대해 생각해보았을 것이다. 하지만 데이비드슨이 예견한 대로, 머메리는 전반적으로 산에 대한 감각이 거의 없는 것 같았다. 그는 어려움이 크게 없을 것으로 보고, 알프스 방식으로 공략하면 낭가파르바트를 오를 수 있을 것으로 확신했다. 비참한 비박을 한 후, 8월 1일 머메리, 콜리, 헤이스팅스, 브루스, 라고비르는 마제노 능선으로 돌아가서 다시 마제노 라를 올라 루바르Lubar와 디아미르 계곡을 향해

† Ribs 능선 가운데 주릉이 아닌 지릉

비틀비틀 걸어갔다. 이때 라고비르는 제대로 먹지 못해서 거의 탈진 상태였다. 그들은 디아미르 빙하(4,420m)가 끝나는 이곳에 일종의 전진캠프를 세웠고, 브루스가 훗날 "등반 성공 가능성이 가장 적어 보이는 벽"이라 부른 디아미르 벽을 정찰 등반했다.

머메리의 계획대로 하려면 그가 "두 빙하 사이에 나 있는 작은 능선"이라고 부른 그 지릉(머메리 능선)의 꼭대기 5,486미터에 캠프를 설치해야 했다. 이곳에서 눈으로 덮인 비교적 완만한 설원을 지나면 북릉 꼭대기로 이어진다. 머메리는 이틀치 식량만 갖고 가서 그 눈 덮인 설원 6,706미터에 2캠프를 설치할 수 있다면 정상은 그의 것이 될 것이라고 보았다. 그러나 브루스는 휴가가 끝난 데다 몸도 좋지 않았고, 헤이스팅스는 마제노 라를 넘는 저주스러운 길에서 발목을 다쳤다. 그래서 등반 팀은 네 명으로 줄어들었다. 세계 9위의 고봉에 본격적으로 첫 도전을 하기에는 너무 적은 인원이었다. 하지만 머메리는 낭가파르바트의 거대한 규모를 생각하지 않고 단지 어려운 코스를 오른다는 생각만 했기 때문에 인원이 적은 것을 걱정하지 않았다. 머메리는 '작은 바위 능선'이 샤모니에 있는 침봉들과 비슷한 난이도라고 보고 오를 수 있다고 생각했다.

결국 오를 수 있었다. 머메리는 콜리와 고만 싱에게 바깥쪽의 가닐로피크Ganilo Peak와 낭가파르바트 사이를 흐르는 디아미르 빙하를 탐사하라고 명령했다. 그리고 두 명의 구르카 병사 중 산을 더 잘 타는 라고비르와 함께 8월 5일 한밤중에 출발하여 두 번째 능선 위의 5,180미터에서 5,490미터 사이의 한 곳에 도달한 다음, 텐트를 칠 만한 자리를 찾고 용기백배하여 돌아왔다. 그 뒤로 날씨가 나빠지면서 사태가 악화되었고, 고도로 인한 이상증세가 나타나기 시작했지만, 원정대는 그 이유를 몰랐다. 머메리는 8월 9일 "우리는 낭가가 깨기 어려운 호두라고 생각했다."라고 썼는데, 이 글에서 그의 비관적인 태도가 조금 드러났다. "위로 올라가는 길은 상당히 쉬운데, 캠프를 설치하는 것이 정말 어렵다. 확실히 공기가 영향을 미치는 것 같다." 이어 그는 "구르카인들은 굉장했는데, 요즘의 스위스인 가이드 수준이다. 정말 지구력이 좋다."라고 기록했다. 하지만 구르카 병사들은 많은 짐을 운반할 수 없어서 콜리와 짐을 잘 지지 못하는 머메리가 무거운 짐을 옮겨야 했다. 8월 8일 그들은 5킬로그램의 초콜릿, 5킬로그램의 헌틀리 앤드 파머스 비스킷과 상당량의 '깡통 수프와 생필품'을 지고 5,180미터로 올라가면서 한 걸음 걸을 때마다 무게 때문에 고생해야 했다. 머메리는 "공기가 정말 이상하고, 태양이 정말 괴상하오. 보통 오전 10시 정도가 되면 모든 힘이 다

빠져요."라고 아내에게 쓴 편지에서 고백했다. 그는 고생을 하면서 히말라야 등반의 어려움을 알아가고 있었다. 머메리는 "우리가 알프스에서 하던 등반은 거의 할 수 없었소."라고 덧붙였다. 그는 그제야 패배를 인정하고 베이스캠프로 돌아가 날씨가 좋아지기를 기다렸다.

8월 11일, 헤이스팅스와 고만 싱이 아스토르Astor로 신선한 식품을 사기 위해 나갔을 때, 머메리와 콜리, 라고비르는 "로르 칸Lor Kahn"이라고 하는 카슈미르 사냥꾼과 함께 '디아미라이피크Diamirai Peak'를 운동 삼아 올라갔다. 이 산은 마제노 능선의 북서쪽 돌출 벽에 5,790미터 높이로 솟아있는 산이다. 이 등반은 상당히 성공적이었지만, 콜리는 이 경험을 통해 그들의 능력으로는 낭가파르바트를 오를 수 없다고 생각하게 되었고, 머메리에게 돌아가자고 조용히 설득하기 시작했다. 하지만 머메리는 그 성공으로 용기를 얻었기 때문에 부나르Bunar 계곡에서 식료품을 구하느라 귀중한 이틀을 보낸 뒤 8월 15일 디아미르 벽에 다시 도전했다. 콜리는 갑작스런 설사와 두통으로 꼼짝도 못하게 되어 그가 "리처드 3세"라고 부르던 등이 굽은 짐꾼과 함께 베이스캠프로 돌아갔다. 머메리와 라고비르는 로르 칸의 지원을 받아가면서 며칠 더 버텼는데, 라고비르가 6,100미터에서 8월 18일 쓰러지지 않았다면, 아마 정상까지 올라갈 수도 있었을 것이다. 머메리는 순진하게도 그렇게 믿었다.

마침내 콜리는 머메리에게 디아미르 벽을 포기하자고 설득했다. 이렇게 되면 북쪽의 라키오트Rakhiot 벽이 유일한 대안이었다. 콜리는 내키지 않았지만 그곳을 잠깐 정찰 등반해보자는 데 동의했다. 논리적으로 보아 가능한 길은 디아미르 계곡 아래쪽의 부나르 가Bunar Gah로 간 다음 인더스 강을 따라 동쪽으로 가서 중간에 놓인 능선을 넘어 라키오트 계곡으로 가는 것이었지만, 머메리는 그렇게 돌아가는 길을 원치 않았다. 그 대신 그는 가닐로피크 아래의 높은 빙하 고개(디아미르 갭Diamir Gap†)를 돌파해 낭가파르바트의 북서쪽 측면으로 내려가 라키오트 계곡으로 직진해 가겠다고 했다. 콜리와 헤이스팅스가 돌아서 가는 짐꾼들을 감독하기로 하고, 8월 24일 머메리는 라고비르 타파, 고만 싱과 출발했지만 끝내 돌아오지 못했다.

콜리는 3일 후에 라키오트 계곡의 안전한 곳에서 가닐로피크를 쳐다보다가 그쪽에서 내려오는 것은 불가능하다는 것을 깨닫고, 머메리와 구르카 병사들이 생각을 바꿔 돌아서 오기를 바랐다. 이틀이 더 지났는데도 머메리 일행이 돌아오지 않자, 콜리는 헤이스팅스를 디아미르 계곡으로 보내 그들을 찾게 했다. 헤이스팅스는 이런 사태에 대비해 필요한 물자를

† 갭gap 산의 능선이 V자 형으로 심하게 갈라진 곳

남겨두었던 디아미르 캠프에 그 후 사람이 다시 온 흔적이 없다는 것을 발견했고, 결국 세 사람이 죽고 말았다고 결론지었다. 그 사이에 콜리는 아스토르에 있던 스튜어트 대위라는 영국 부대리인에게 이 사실을 알렸고, 그 대위는 계곡 아래쪽에서 대규모 수색작업을 벌였다. 수색작업이 성과가 없는 데다, 9월 8일 눈이 심하게 내리면서 빙하 위쪽에서 눈사태의 위험이 있었기 때문에 콜리는 무거운 마음으로 머메리를 비롯한 세 사람이 죽었다는 것을 받아들이고 물러났다.

그들에게 구체적으로 무슨 일이 일어났는지는 알려지지 않았다. 헤이스팅스는 아스토르에서 머메리의 형에게 이런 편지를 보냈다. "틀림없이 바로 전에 내린 눈으로 시작된 눈사태에 파묻혔다고 생각합니다. 위쪽의 지형 때문에 그 눈사태가 바로 눈앞에 올 때까지도 보이지 않았을 겁니다. 구르카인 두 명은 좋은 사람들이었고, 그중 한 사람은 스위스인 1급 가이드 정도의 지구력과 정확하게 발을 디디는 능력을 갖추고 있었습니다. 따라서 그들이 실족했다는 것은 정말 있을 수 없는 일입니다. 전에 머메리는 고개의 사정이 좋지 않으면 돌아와서 우리를 따라 돌아서 오겠다고 말했습니다. 날씨가 좋지 않고 밤에는 몹시 추운 데다 눈사태로 그들이 죽은 것이라면, 그들의 흔적을 찾을 가능성은 매우 희박합니다. 그러나 우리가 최선을 다했다는 점은 꼭 알아주십시오."

이미 오래전에 그들을 떠난 찰스 브루스도 머메리가 실족했다고는 생각하지 않았다. 머메리는 실족사하기에는 너무나 아까운 훌륭한 등산가였다. 콜리는 침묵을 지켰고, 그 후 여러 해 동안 머메리에 대해서는 거의 아무런 언급도 하지 않았다. 콜리의 원정기는 1902년에 출간되었는데, 그는 이 책에서 머메리에 대해 깊은 경의를 표했다. 그러나 콜리가 머메리의 조급성에 불만을 품고 있었다는 것이 행간에 보였는데, 콜리는 머메리가 사망한 지 40년이 지난 후 이 감정을 사적으로나마 제프리 윈스롭 영Geoffrey Winthrop Young에게 솔직하게 털어놓았다. 콜리는 "물론 머메리가 뛰어난 '암벽 등반가'이고 확실히 모든 '아마추어' 가운데에서 가장 뛰어난 '빙벽 등반가'였지만 '훌륭한 등반가'는 아니었다."라고 말했다. 그는 "머메리는 산을 오르는 가장 좋은, 혹은 가장 안전한 방법에 대한 지식이 별로 없었다. 일단 어떤 루트를 오르기 시작하면, 그를 설득해 어려운 코스나 위험을 피해 돌아오도록 하는 것이 거의 불가능했다."라고 덧붙였다. 머메리가 1895년 8월 24일 가닐로 능선에서 어떤 특별한 위험이나 어려움에 부딪쳤는지는 알 수 없다. 하지만 그에게 닥친 위험은 히말라야 차원의 거대한 것이었을 것이고, 머메리는 이것을 이해할 수 없었을 것이다. 머메리와 구르카 병사 두 명의 사망사고는 히말라야 등산의 역사상 최초로 인명 피해를 가져온 비극이었다.

여성에게 투표권을

1895년 머메리가 사망할 무렵의 히말라야 고산지대는 대부분 영국령이었다. 칼라시khalasi족과 대인도 측량국에서 고용한 '펀디트(스파이)', 콘웨이와 머메리의 탐험에 동행했던 구르카인을 제외하면, 현재까지 알려진 바로는 고산지대에 사는 원주민들 가운데 계곡의 마을을 떠나 산악지대를 일부러 돌아다닌 사람은 거의 없다. 산 위에 목초지가 있는 경우 한시적으로 이용하거나 전통적인 교역로로 사용되던 얼어붙은 고개를 넘어다닌 것을 제외하면 산악지대에 거의 사람의 발길이 닿지 않았다. 앞서 말한 바와 같이 1850년대에 슐라긴트바이트 형제 세 명이 카라코람뿐만 아니라 시킴과 가르왈까지 탐사했고, 1879년 헝가리인 등산가 모리스 드 데키가 칸첸중가 방향으로 가려고 해보았지만 역부족이었다. 이들 탐험가와 아주 오래전에 이곳을 드나들었던 예수회 선교사를 제외하면 히말라야 탐사와 등반은 이때까지는 주로 영국의 식민지 확장을 위해 이루어졌다고 할 수 있다. 물론 머메리는 영허즈번드나 콘웨이와는 정반대로 노골적인 식민주의적 목적의 탐사를 비난했다. 머메리는 국가적인 위신이나 애국심 때문에 원정을 다니지 않았으며, 낭가파르바트에 대한 자신의 도전이 영국령 인도의 영토를 고도가 높은 곳으로 확장하는 것이라고 생각하지 않았다. 하지만 지금까지도 국경분쟁의 대상이 되고 있는 지역에 그가 갈 수 있었던 것은 대영제국의 대리자, 즉 총독에서부터 하부기관에 걸친 여러 관료의 도움과 방조(그 당시에는 그랬다.)에 의한 것이었다. 머메리는 낭가파르바트로 가는 길에 아내에게 "총독이 영국 주재원에게 우리가 간다는 것을 알렸고, 우리는 영국 국왕의 권위를 등에 업고 갈 것이오."라는 편지를 썼다. 머메리가 의도했건 하지 않았건 히말라야 등반은 영국인이 독점했고, 또한 남성들만이 할 수 있는 일이었다.

1898년 처음으로 미국의 한 여성이 돌연히 이곳에 나타났다. 그녀의 이름은 패니 벌락 워크먼Fanny Bullock Workman이었다. 당시 39세였던 그녀는 자부심과 오만함으로 가득 찬 상속인이었다. 그녀의 아버지는 한때 매사추세츠 주의 공화당 주지사였던 알렉산더 해밀턴 벌락

Alexander Hamilton Bullock이었다. 패니는 워체스터Worcester에서 태어나 가정교사에게 교육을 받았고, 후에 그레이엄 여사의 교양학교[†]Finishing School에 다니며 프랑스어와 독일어를 완벽하게 배워 유럽 신사계급의 생활에 익숙했다. 그녀는 1879년 워체스터에 돌아가서, 2년 후에 12세 연상의 외과의사이며 예일대와 하버드대를 졸업한 윌리엄 헌터 워크먼William Hunter Workman과 결혼했다. 윌리엄은 패니에게 등산을 가르쳐주었다. 그들은 뉴햄프셔의 화이트 마운틴White Mountain에서 등산을 시작하여 알프스로 갔다. 벌락 워크먼은 알프스에서 마터호른, 몽블랑, 융프라우를 오른 초기 여성들 중 한 명이 되었다. 윌리엄은 건강이 나빠져서 1889년 병원을 그만두고 딸 레이첼Rachel과 아내를 데리고 독일로 이주했다. 단출하게 가족끼리 음악적이고 지적인 문화생활을 즐기고 싶었기 때문이다. 존 던롭John Dunlop이 1888년 공기 압축 타이어를 발명하여 자전거가 여가생활과 운송수단으로 인기를 끌고 있었는데, 워크먼 가족은 자전거를 타고 오페라와 박물관 구경을 즐겨 다녔다. 그들은 독일에 사는 5년 동안 시간을 내어 자전거로 스칸디나비아와 프랑스, 이탈리아를 여행했다. 1893년 레이첼이 기숙학교에 들어가자, 워크먼 부부는 한 곳에 머무르던 생활을 원정과 여행으로 바꾸었다. 그들은 알제리, 스페인, 인도차이나와 인도를 자전거로 여행한 다음, 거의 도보로 카라코람 히말라야로 갔다.

『알제리의 추억Algerian Memories』은 워크먼 부부가 펴낸 8권의 여행기 중 첫 번째 책이다. 이 책은 뉴욕과 런던에서 1895년에 출간되었으며, 조잡한 수준의 글이었음에도 불구하고 지속적이고도 충실한 독자층을 확보했다. 이 책을 주로 누가 썼는지 확실히 나와 있지는 않지만, 이 책을 읽어보면 이 유명한 공동 창작물에서 누가 주요 역할을 했는지 알 수 있다. 패니는 독립적인 정체성을 지킨다는 의미에서 "패니 벌락 워크먼"이라고 불리기를 좋아했다. 그녀는 의지가 강했고, 여성의 권리를 대변하려 했다. 벌락 워크먼은 남편이 병약하고 나이를 먹어간다며 몸소 부부여행을 조직하고, 전체 여정을 도맡았다. 그녀는 부부의 외국여행을 자신의 능력을 보여줄 증거로 활용하려 했다. 그녀는 문화적인 이해가 뛰어나거나 관찰력이 좋은 여행자가 아니었다. 그녀는 터무니없거나 무례한 현지인들이 길을 비키게끔 2인승 자전거의 앞쪽 의자에 앉아 채찍이나 권총을 휘둘러댔다. 벌락 워크먼의 숭배자들이 늘 주목하는 것처럼, 그녀는 어디를 가든 여성들의 낙후한 환경에 관심을 가졌다. 하지만 그녀가 보

† **교양학교** 젊은 여성의 사교계 진출 준비학교

인 아시아 문화에 대한 일반적 적대감은 자매애姉妹愛라기보다는 부유한 백인 미국인으로서 그녀가 가진 전통적인 권위의식의 표출이었다.

1897년 워크먼 부부는 이베리아 반도 여행을 끝내고 '불교, 힌두교, 이슬람교의 건축과 예술의 걸작을 보러' 배를 타고 동쪽으로 떠났다. 그들은 1898년 인도 아대륙의 끝에 있는 케이프 코모린Cape Comorin에 도착했고, 그곳에서부터 자전거로 북쪽으로 이동하며 지나간 마을, 유적과 사적지를 기록했다. 그들은 5월의 평야지대에서 뿜어져 나오는 열기를 피해 스리나가르로 갔다. 그리고 자전거에서 내려 라다크의 산악지대를 지나 카라코람 고개까지 트레킹 했다. 광대하고 다채로운 인도의 풍광 가운데 특히 히말라야 산악지대의 경치가 이 부부를 사로잡았다. 9월이 되자 그들은 돈을 아끼지 않고 런던으로부터 텐트와 등반장비를 주문했으며, 체르마트 가이드인 루돌프 타우그발더Rudolf Taugwalder를 불러 칸첸중가에 도전하려고 시킴으로 갔다. 그들은 다르질링의 외곽에서 멀리 가지 못했는데, 늘 그랬듯 두 사람은 그 이유를 현지인들의 비타협성이나 정치적인 장애 때문이었다고 말했다. 그러나 워크먼 부부는 용기 있게 히말라야에 거듭 도전했다. 1899년, 그들은 6개월에 걸쳐 자전거로 캄보디아와 인도네시아 여행을 마치고 스리나가르로 돌아와 카라코람에 도전했고, 그 후로도 여섯 번을 더 도전했다.

이 시기에 워크먼 부부는 1892년 콘웨이와 카라코람에 다녀온 이탈리아인 가이드 마티아스 추르브리겐과 네 명의 '캠프 일꾼들', 그리고 자신들이 "작은 무리의 시끄러운 발티Balti인"이라고 부른 사람들과 함께 다녔다. 그들은 북쪽으로 길을 잡아 스리나가르에서 스카르두로 간 다음, 쉬가르 계곡을 지나 스코로 라Skoro La를 넘어 브랄두의 아스콜리로 갔다. 그곳에서 콘웨이가 간 길을 반대방향으로 짚어서 비아포 빙하를 넘어 히스파르 고개Hispar Pass로 갔다. 날씨가 좋으면 스노레이크Snow Lake 지역에 있는 봉우리에 도전할 계획이었다. 비아포의 끝부분에 있는 스노레이크는 빙하에 원형으로 파인 아름다운 곳이다. 그러나 추르브리겐이 여러 날 동안 몸이 좋지 않아서 그 도전에 자신이 없다고 말하자 모두가 낙담하여 아스콜리로 돌아왔다. 그들은 일주일 후 짐꾼 30명을 새로 보충한 다음, 스코로 라 아래쪽에 넓게 원형으로 파인 곳(그들의 지도에 스코로 라 빙하로 표기됨)으로 돌아갔다. 그리고 비교적 낮은 봉우리 두 개를 올랐는데, 그중 하나에는 자랑스럽게 "벌락 워크먼 산Mt. Bullock Workman"이라는 이름을 붙였다. 이 원정에서 가장 극적인 순간은 8월 25일 쉬가르 계곡 바깥쪽의 장대한 봉우리 코세르 궁지Koser Gunge(6,400m)를 초등했을 때이다. 워크먼 부부가 습관적으로 고도를 부풀리기도 했고, 그 시대에 사용하던 아네로이드 기압계의 성능이 나쁘기도 했지만, 그럼에도 그들의 고도기록은 과도하게 부풀려졌다. 그러나 코세르 궁지의 등반은 힘들었고, 특히 모직 치마를 입고 징 박힌 등산화를 신고 오르는 것은 더욱 어려운 일이었으므로, 그것은 의미 있는 등반이었다. 이렇게 하여 벌락 워크먼은 3회 연속으로 여성 세계 고도기록을 경신했다.

1902년 워크먼 부부는 추르브리겐과 지형학자인 프랑크푸르트의 카를 외슈트라이히Karl Oestreich와 함께 소小 카라코람의 라카포시와 하라무쉬Haramush 사이를 갈라놓는 45킬로미터 길이의 초고룽마 빙하에 대한 적극적인 탐사에 나섰다. 이 지역은 고드윈 오스틴이 1862년에 왔었고, 그 몇 년 후 영국인 여행가인 프레데릭 드류Frederick Drew가 초고룽마 쪽으로 몇 킬로미터를 모험적으로 가본 적이 있었다. 그러나 워크먼 부부는 인더스 나가르 워터쉐드2봉Indus Nagar Watershed No.2(현재의 말루비팅Malubiting) 아래쪽 5,790미터의 초고룽마 빙하가 끝나는 곳과 그들이 "피라미드피크Pyramid Peak(예전의 옝구츠 하르Yengutz Har, 현재의 스판틱Spantik)"라고 부른 산에 오른 최초의 서양인이었다. 워크먼 부부는 1년 후 초고룽마로 다시 가서 피라미드피크를 7,130미터까지 올랐다고 주장했다. 그 등반에는 쿠르마예 출신인 조제프Joseph와 로랑 프티각스Laurent Petigax 부자가 동행했는데, 정상에 오른 사람은 패니가 아니라 윌리엄이라고 한다. 그러나 워크먼 부부가 피라미드피크의 높이를 7,468미터로 높여 잡았고, 그들이 오른 7,130미터 고도 역시 원래 피라미드피크의 고도†보다 높은 것이라서 워크먼 부부, 혹은 윌리엄이 전에 콘웨이가 발토로 캉그리에서 수립했던 — 그나마도 불확실한 — 기록을 경신했는지 확실하게 단정 짓기는 어렵다. 사실 워크먼 부부가 여정에 대해 기록한 내용은 지형학적 사실과 일치하지 않고 애매하여 논란의 여지가 많다. 히말라야 등산의 역사를 최초로 종합적이고 권위 있게 집필한 케네스 메이슨은 워크먼 부부가 "지형학적 개념이 부족했고… 그들이 데리고 다닌 조사관들이 너무 서둘렀으며… 종종 지도를 놓고 볼 기준점을 잘못 잡았다."라고 단정했다. 메이슨은 예전에 인도 측량국에서 일했었던 데다 미국인에 대한 반감도 갖고 있었으므로, 그의 말을 글자 그대로 받아들일 수는 없다. 그러나 워크먼 부부의 여행 기록이 정확하지 않은 것은 사실이며, 독일의 측지학자이자 등산가였던 빌헬름 킥Wilhelm Kick은 1954년 초고룽마

† 피라미드피크(7,027m) 스판틱Spantik 혹은 골든피크Golden Peak라고 불린다.

1902년 카라코람의 윌리엄 헌터 워크먼과 패니 벌락 워크먼.
패니 벌락 워크먼과 윌리엄 헌터 워크먼의 책『무즈타그의 얼음에 덮인 고원—두 시즌에 걸친 발티스탄 히말라야의 선구적인 탐사와 고산 등반기Ice-Bound Heights of the Mustagh: An Account of Two Seasons of Pioneer Exploration and High Climbing in the Baltistan Himalaya』(아치볼드 콘스터블 출판사, 1908년 런던)에서 발췌
(사진출처: 보스턴 공공도서관)

를 연구한 다음 초고룽마의 실제 지형과 워크먼 부부의 혼란스러운 기록을 일치시키기가 어렵다고 밝혔다. 워크먼 부부는 분명 대담한 탐험가이자 등산가였지만 적극적으로 자신들을 선전하려 했으며, 유명세와 명예에 집착했기 때문에 자신들이 거둔 업적의 독창성과 중요성을 과장한 측면도 있었다.

워크먼 부부는 2년에 걸쳐 유럽에서 대규모 순회강연을 했다. 벌락 워크먼은 1905년 여성으로는 두 번째로 남성들의 아성이었던 왕립 지리학회원으로 선출되었다. 그 후 워크먼 부부는 낭가파르바트의 남동쪽 약 193킬로미터 지점의 대 히말라야 중심축에 있는 조밀한 산군, 눈 쿤Nun Kun을 샅샅이 탐사하기 위해 다시 카슈미르로 갔다. 워크먼 부부는 1898년 북부 라다크에서 돌아올 때 이 산에서 가까운 길로 지나간 적이 있었다. 눈 쿤은 사람들의 왕

래가 잦고 상당히 잘 알려진 지역에 있었지만, 이 산 자체에 대해서는 거의 아무것도 알려진 바가 없었다. 1898년에 찰스 브루스와 루카스F. G. Lucas가 구르카 훈련병 16명을 이끌고 이곳으로 와서 사전정찰을 어느 정도 진행한 적이 있었다. 의사이자 선교사였던 아서 네브Arthur Neve는 동생 어니스트Ernest와 함께 피르 판잘Pir Panjal 지역의 비교적 낮은 산을 여러 차례 등반한 바 있고, 눈 쿤에는 두 차례 갔었다. 이 가운데 한 번 네브는 눈 쿤의 샤파트Shafat 빙하 위 동쪽 사면 5,486미터 지점까지 올라갔었다. 1903년에 네덜란드 등산가 실렘H. Sillem은 두 고봉인 눈(7,135m)과 쿤(7,077m) 사이에 만년설로 뒤덮인 고원지대가 있다는 것을 발견했다. 그럼에도 눈 쿤 산군은 1906년 워크먼 부부가 떠들썩하게 방문하기 전까지는 어느 곳에도 외부인의 발길이 닿지 않은 상태였다.

이 등반에는 이탈리아인 가이드인 쿠르마예 출신의 시피앵 사보이에Cypien Savoye뿐만 아니라 투린 알파인 클럽Turin Alpine Club의 에토레 칸지오Ettore Canzio를 통해 모집한 이탈리아인 짐꾼들이 동행했다. 히말라야에서 네 번의 여름을 보낸 워크먼 부부는 원주민 '쿨리들'에게 진절머리를 냈다. 그 부부는 짐꾼들만 일을 잘하면 등반 속도가 훨씬 빠를 텐데 현지에서 고용하는 인도 원주민 짐꾼들은 가는 길을 자꾸 지체시키고 어렵게 한다고 판단했다. 사실 히말라야 문헌에는 보편적으로 현지인이 '교활한 원주민'으로 묘사되어 있다. 그 표현은 콘웨이 때부터 계속 이어져온 식민주의의 잔재이기는 하지만, 워크먼 부부는 이 전형적 모습을 더 과장해서 새로운 차원으로 확대했다. 그들의 책은 현지 일꾼들에 대한 기나긴 욕설로 가득 차 있는데, 워크먼 부부는 현지에서 의지해야 했던 일꾼들이 게으르고 거짓말을 하며 물건을 훔치고, 반항적인 사기꾼들이라는 비방을 늘어놓았다. 아마 이런 욕설이 없었다면 그들이 펴낸 책의 가치는 훨씬 더 높았을 것이다. 영국인들은 자신들이 식민지에 대해 '후원자'로 능숙하게 접근한다는 것에 자부심을 느끼고 있어서 워크먼 부부의 불평을 비판거리로 자주 도마에 올리곤 했다. 케네스 메이슨은 워크먼 부부의 저작물을 살펴보고 다음과 같이 말했다. "이들은 문화적 관용정신이 없고 짐꾼들의 정신세계를 이해하려는 노력을 거의 하지 않았다. 따라서 짐꾼들의 잠재력을 충분히 활용하지 못했다." 물론 메이슨도 식민주의의 영향을 받긴 했지만, 이 말은 사실이었다. 지리학자 도로시 미들턴Dorothy Middleton도 이 점에 대해 다음과 같이 정확하게 지적하고 있다. "빅토리아 시대 여행객 가운데 특히 워크먼 부부는 현지인들에 대해 전혀 공감하지 않았고, 심지어는 상식적인 이해도 하려고 하지 않았다. 그들은 무리를 이끌고 가난한 외딴 마을로 쳐들어가서는 자신들을 위해 일하고 물자를 조달하라고 요구했다." 워크먼 부부의 직선적인 뉴잉글랜드식(미국식) 사고방식으로는 '친절한 대우의 효과'라는 말이 고작해야 '말도 안 되는 감상적인 표현'으로 들렸을 것이다. 그들은 상당한 기간에 걸친 산악지대 원정이 끝나갈 무렵까지도 협조를 명령하거나 강제로 징발하는 태도를 계속 유지했다. 이것 때문에 그들의 명성은 갈수록 퇴색했고, 그들의 업적도 점점 더 낮게 평가되었다.

워크먼 부부는 눈 쿤에서 비록 자신들이 떠벌린 정도로 대단한 업적을 거두지는 못했을지라도 상당한 업적을 거두었다. 그들은 라다크의 큰 무역 중심지인 카길Kargil에서 60명의 현지인 짐꾼들을 모집하여 6명의 이탈리아인 안내인들을 보조하도록 했는데, 이탈리아인 안내인들은 고소에 대비해 아껴두어야 했기 때문이었다. 일행은 카길에서 출발하여 남쪽 수루Suru로 갔고, 그곳에서 동쪽으로 수루 강을 따라 타시 통즈Tashi-Tongze로 갔다. 타시 통즈는 먼지투성이의 작은 마을로 사원 마을인 랑둠Rangdum에서 5킬로미터 떨어진 곳에 있었다. 여기서 그들은 수루 강을 걸어서 건넜는데, 시기가 7월 초순이었으므로 상당히 어려운 일이었다. 수루 강을 건너 그들은 샤파트 빙하 아래쪽에 있는 샤파트 날라Shafat Nala로 갔다. 샤파트 날라는 눈 쿤 산군의 남동 사면으로 접근할 수 있는 거의 유일한 통로였다. 계곡 위 5킬로미터 지점의 모레인 캠프Morraine Camp에 도달했을 때 카길에서 모집한 일꾼들이 대규모로 이탈해버려서, 남은 이들은 워크먼 부부와 이탈리아인 '짐꾼', 그리고 수루에서 데려온 소위 '쿨리' 20명 정도였다. 그러나 워크먼 부부는 이런 인력 손실에 익숙했기 때문에 조금도 기가 꺾이지 않고 7월 17일 빙하 위쪽으로 8킬로미터를 더 걸어 올라가 4,570미터 지점에 베이스캠프를 설치했다. 베이스캠프 맞은편에는 지금까지도 "Z1(6,181m)"이라 불리는 봉우리가 서 있었다. 그들은 일주일간 고소에 적응을 하고 샤파트 분지에서 여유롭게 탐사를 한 다음 눈부신 흰 눈의 플라토로 올라갔다. 그 플라토는 길이가 5킬로미터 정도 되고 너비가 800미터이며 6~8개의 빛나는 고봉으로 둘러싸여 있었다. 워크먼 부부의 주장과는 달리 이들이 눈 쿤 산군의 이러한 놀라운 지형을 본 최초의 인물은 아니었다. 1903년에 네덜란드 출신의 실렘Sillem 박사가 이 광경을 촬영했었다. 그러나 워크먼 부부는 이곳에 처음 캠프를 설치하고 머물렀으며 당시까지는 역사상 가장 높은 고도에서 밤을 보낸 등산가였다.

워크먼 부부는 애국심에 가득 차 자신들의 기록경신 캠프를 "캠프 아메리카Camp America"라고 불렀다. 바로 이 캠프에서 벌락 워크먼은 이 산군에서 두 번째로 높다고 생각했던 — 사실은 세 번째로 높은 — 피너클피크Pinnacle Peak(6,930m) 도전에 착수했다. 그녀가 그 봉우리의 높이를 172미터가량 더 높여 잡기는 했지만, 어쨌든 이것은 그녀의 일생에서 가장 큰 등반 업적이었다. 피너클피크는 어느 면으로 보나 가공할 만한 히말라야의 높은 봉우리로, 얼음으로 뒤덮여 있고 그 이름(pinnacle: 첨탑)으로 알 수 있듯 경사가 매우 가팔랐다. 물론 시피앵 사보이예가 힘들게 발판을 깎았고, 이름 모를 짐꾼들이 '마님'의 장비를 나르기는 했지만, 벌락 워크먼이 현대적인 장비도 없이 거추장스러운 긴 치마까지 입고 등반을 했다는 것은 그녀가 굉장한 능력과 의지력을 가졌다는 것을 단적으로 보여준다. "워크먼 박사와 나는 7,010미터(23,000피트) 이상의 고도에 올라간 소수의 등산가 대열에 들어갔다."라고 했던 그녀의 주장은 비록 사실과 다르지만, 그녀는 여성 최고 고도기록 보유자가 되었다. 이 기록은 1934년에 헤티 다이렌푸르트Hettie Dhyrenfurth가 시아 캉그리 C봉Sia Kangri C, 즉 이전에 퀸메리피크Queen Mary Peak(7,273m)라고 불리던 산을 등정함으로써 깨졌다.

워크먼 부부는 이어 샤파트 빙하의 베이스캠프에서 서쪽의 파리아바드Fariabad 분수령으로 들어가 'D41' 아래의 바르말 라Barmal La를 넘은 다음 바르말 빙하로 가서 센틱 라Sentik La를 넘고 통굴Tongul 마을을 거쳐 수루에 도착했다. 이리하여 이들은 눈 쿤 산군을 최초로 완전히 한 바퀴 돌아보았다. 등산이라는 면에서만 보면 주목할 만한 원정이었지만, 그들이 제작한 지도에 결함이 많아 왕립 지리학회나 인도 측량국에서는 별로 인정받지 못했다. 1908년의 카라코람 히스파르 빙하 탐사도 이미 콘웨이가 1892년 그곳을 한 번 다녀왔기 때문에 그다지 시선을 끌지 못했다. 워크먼 부부의 여정이 콘웨이의 여정보다 좀 더 복잡하고 작은 봉우리를 대여섯 개 오르기도 했지만, 그 원정은 탐험가로나 등산가로나 그들의 명성을 높이는 데 거의 도움이 되지 못했다.

반면 1911년과 1912년 2년 연속으로 여름 동안 카라코람 동쪽의 시아첸 빙하를 탐사한 것은 이 부부의 명성을 대단히 높여주었으며, 사실상 그들이 이룩한 가장 큰 업적이었다. 시아첸 빙하가 세계에서 가장 길고도 넓은 비非극지 빙하이며, 당시에 전혀 탐사가 안 된 미지의 빙하였고, 접근하기도 어려운 빙하였기 때문에 이 업적은 대단한 것이었다. 1911년 여름, 워크먼 부부는 남쪽과 서쪽 방면에서 아주 독창적인 정찰을 해본 다음, 1912년 시아첸에 다시 가서 시아첸 빙하의 시원始原을 찾아 멀리 샥스감Shaksgam과 발토로 분수령까지 추적해 갔다. 그들은 도중에 빙하의 많은 지류를 통과했고 네다섯 개의 산에 올랐는데, 특히 압사라사스Apsarasas(7,245m)의 반대편 서쪽 사면에 있는 타위즈Tawiz(7,500m)는 그들이 오른 가장 높은 봉우리였다. 그들은 빙하가 끝나는 곳에 있는 '인디라 콜Indira Col'(락슈미 여신의 이름에서 따옴)에 올라서 북쪽으로 투르케스탄에 펼쳐진 미답봉들을 보았다. 그들은 자신들이 "웨스트 소스West Source 빙하"라고 부른 서쪽 지류에서 시아 라Sia La(약 5,700m)를 넘어 콘두스Kondus 빙하를 올랐다. 이로써 그들은 서양인으로는 최초로 남동쪽에서 발토로 캉그리(콘웨이가 "황금왕관"이라고 이름 붙인 곳)에 접근했다. 그들은 다른 서쪽 빙하 지류에서 당시 "36번 피크Peak 36"라고 알려진 거대한 살토로 캉그리Saltoro Kangri(7,507m)를 6,100미터 정도까지 올랐다. 그러나 글자 그대로 그들의 원정에서 최고의 순간은 단연 6,400미터의 고원지대에 이르렀을 때였다. 이 고원지대는 워크먼 일행이 콘웨이의 골든 쓰론(황금왕관)을 의식해 "실버 쓰론(7,502m)"이라고 이름 붙인 원추형 산 아래에 펼쳐져 있었다. 패니는 이곳에서 늘 들고 다니던 코닥 스냅샷 카메라로 자신들의 모습을 촬영했다. 이 순간 그녀는 성조기도, 불교의 기도문이 그려진 깃발도 아닌, 참정권을 요구하는 신문을 꺼내 읽었고, 자신의 정체성을 상징하는 페미니스트 구호인 "여성에게 투표권을Votes for Women"을 히말라야의 바람에 실어 보냈다.

이 순간이 워크먼 부부의 여행에서 가장 강렬한 클라이맥스였다. 각각 53세와 65세가 된 워크먼 부부는 이제 체력적인 한계에 다다랐다. 그들은 더 이상의 원정을 다니지 않고 독일로 돌아가서 순회강연과 자신들의 걸작인 『동부 카라코람의 얼음 덮인 황무지에서 보낸 두 번의 여름Two Summers in the Ice-Wilds of Eastern Karakoram』을 공동으로 집필하는 데 안주했다. 1914년 전쟁이 발발하자, 부부는 독일을 떠나려 했으나 책을 펴내느라 서너 해 동안 더 독일에 있다가 칸으로 갔다. 1925년 패니는 그곳에서 병에 걸려 세상을 떠났다. 윌리엄은 처음 여행을 시작할 때 건강이 좋지 않아서 자주 여행을 쉬어야 할 정도였지만, 패니가 사망한 다음 매사추세츠로 돌아가서 91세까지 살았다.

워크먼 부부는 말년에 많은 존경을 받았지만, 그들이 히말라야 등반에 남긴 유산에는 긍정적인 면과 부정적인 면이 공존한다. 그들은 당시까지 역사상 가장 긴 거리를 여행했고, 가장 많은 봉우리를 올랐다. 또한 많은 화보를 실은 원정기를 5권이나 출간했는데, 그것들은 널리 읽혔다. 패니는 여성의 몸으로 히말라야 등반에서 귀중한 선구자적 역할을 했다. 그러나 워크먼 부부를 위대한 등산가라고 보기는 어렵다. 그들은 고작해야 힘들게 발판을 깎으며 앞서 가는 이탈리아인 안내인을 잘 따라가 주었던, 정력적이며 유능한 주인의 자리에 머물렀을 뿐이다. 나쁘게 말하자면, 일부 비평가들의 말대로 워크먼 부부는 '전형적인 관광객의 원조' 격이었다. 게다가 조급하고, 트집을 잘 잡고, 짐꾼이나 현지인과 자주 마찰을 빚고, 자신들만 중요하다고 생각하며, 자주 못되게 구는 모습을 보인 점도 지적받고 있다. 그러나 우연의 일치인지는 몰라도, 워크먼 부부가 미국인이었으므로 결과적으로 영국인들이 히말라야에서 누렸던 독점적 지위를 깨뜨리면서 국가 간 경쟁을 가져온 인물이 되었다.

엄청난 짐승 666

워크먼 부부의 인상적인 등반경력에서 이상한 점 하나는 카라코람 성채 안쪽의 내밀한 장소이자 가장 높은 산들이 모여있는 발토로 무즈타그에 가지 않았다는 점이다. 워크먼 부부는 히스파르와 비아포에서 콘웨이가 갔던 길을 그대로 따라갔기 때문에 콘웨이가 1892년에 이미 그곳을 충분히 답사했다고 생각해서 발토로 무즈타그를 여정에서 뺀 것 같지는 않다. 그곳의 다소 낮은 봉우리조차 자신들의 능력 밖이라고 생각해서 가지 않았는지도 워크먼 부부는 언급하지 않았다. 하여간 발토로는 그 부부의 관심을 끌지 못했고, 그들은 K2를 160킬로미터 이내에서 볼 기회를 갖지 못했다. 세계 제2위 고봉을 콘웨이보다 더 가까이 가본 사람은 오스카 에켄슈타인이 처음이었다. 에켄슈타인은 1892년 콘웨이 일행과 함께했던 원정에서 중도 탈락했지만, 1902년에는 K2를 등정하겠다는 야심을 갖고 다시 카슈미르로 갔다. 이때 에켄슈타인과 함께한 일행은 오스트리아인 등산가 하인리히 파늘Heinrich Pfannl과 빅터 베슬리Victor Wessely, 스위스인 의사 줄르 자크 기아르모Jules Jacot-Guillarmod, 트리니티 칼리지의 학부생 가이 노울스Guy Knowles였으며, 부대장은 "엄청난 짐승 666the Great Beast 666"이라는 별명으로 불리던 알리스터 크로울리Aleister Crowley였다. 그는 히말라야를 찾는 사람이 점차 많아지던 그 시대에 가장 이채롭고도 괴팍한 등산가로 한 획을 그었다. 크로울리는 1875년 10월 12일, 워윅셔Warwickshire의 리밍턴 스파Leamington Spa에서 태어났다. 그의 부모는 그에게 "에드워드 알렉산더 크로울리Edward Alexander Crowley"라는 이름을 붙여주었다. 그의 부모는 성서를 글자 그대로 해석하며 재림이 임박했다고 믿는 광신적 단체, 플리머스 조합Plymouth Brethren의 전도사였고, 에드워드는 그들의 장남이었다. 알리스터[†1]라는 이름은 에드워드라는 이름과 단절하기 위해 크로울리가 스스로 지은 이름이다. 크로울리는 소년 시절에 신의 완벽한 제자가 되고자 노력했지만 부모의 도덕적 독재에 저항감을 느끼게 되었고, 요한계시록에 나오는 거짓 선지자, 즉 '엄청난 짐승[†2] 666'에게 점점 끌리게 되었다. 처음에는 그의 어머니가 절망에 차서 엄청난 짐승이라고 그를 부르기 시작했지만, 알리스터는 오히려 그 후 자신의 별명을 엄청난 짐승으로 삼고 스스로 악마주의자라고 선언했다. 그는 맬번 칼리지Malvern College와 톤브리지 스쿨Tonbridge School에서 케임브리지의 트리니티 칼리지로 옮겼다. 표면상으로는 케임브리지대학의 자연과학 우등졸업 시험을 공부하러 옮겼다고 했지만, 실은 중세적인 분위기에 푹 젖고 싶어서 그랬다. 1897년 10월 알리스터는 — 아마도 약 때문에 일어난 것으로 보이는 — 고열로 고생하다가 환상을 보았고, 이를 계기로 세속적 활동들이 무가치하다는 것과 초자연적 힘이 존재한다는 것을 굳게 믿게 되었다. 그는 대학에서 오컬트(occult: 초자연적인 것을 추구하는) 학문을 탐구하려던 마음을 버리고 학위를 받지 않은 채 1898년 케임브리지를 떠나 '황금여명회[†3]Hermetic Order of the Golden Dawn'의 런던 성단에 가입했다. 그 모임은 시인 윌리엄 버틀러 예이츠William Butler Yeats 등이 활동하던 비밀 기사단 조직이었다.

어떤 전기 작가가 말한 바와 같이 알리스터 크로울리는 이곳에서 '환희와 혐오와 기괴함'으로 가득 찬 기나긴 인생을 시작했다. 처음에는 첸서리 레인Chancery Lane의 아파트에서 "블라디미르 스바레프 백작Count Vladimir Svareff"이라는 이름으로 활동했고, 나중에는 네스 호 기슭의 기도실에서 "볼스카인 경Laird of Boleskine"이라는 이름으로 광란의 시간을 보냈다. 그는 이때 약물복용, 자유연애, 흑마술, 하타 요가, 탄트라 불교, 장미십자회주의[†4]Rosicrucianism, 점성술, 포르노 등에 모두 탐닉해보았고, 이로 인해 "세계에서 가장 사악한 남자"로 널리 알려지게 되었으며, 나중에 비틀즈의 〈페퍼 중사의 론리 하트 클럽 밴드[†5]Sgt. Pepper's Lonely Heart Club Band〉

---

†1 **알리스터** 그리스어로 '복수의 신'을 뜻함.

†2 **요한계시록 13장 1절** 내가 보니 바다에서 한 짐승이 나오는데 뿔이 열이요 머리가 일곱이라 그 뿔에는 열 왕관이 있고 그 머리들에는 신성 모독하는 이름들이 있더라. **요한계시록 13장 18절** 지혜가 여기 있으니 총명 있는 자는 그 짐승의 수를 세어보라. 그 수는 사람의 수니 육백 육십 육이니라.

†3 **황금여명회** 1887년, 검시관인 윌리엄 윈 웨스트커트 박사와 비학서적 번역가인 S. L. 머그레거 매서스, 의사인 윌리엄 로버트 우드먼 박사가 결성했다. 이 조직은 마법이나 비술에 관심이 있던 사람들에게는 고상한 모임으로 받아들여졌다.

†4 **장미십자회** 고대부터 전해 내려온 비밀스런 지식을 알고 있다고 주장하는 세계적인 단체

†5 비틀즈의 8집 앨범에는 비틀즈의 네 멤버 뒤로 작가, 예술가, 학자 등 다양한 분야의 저명한 인사 52명의 사진이 있다. 여기에는 밥 딜런, 마릴린 먼로, 말론 브란도 등 대중 스타뿐만 아니라 현대 음악가 슈토크하우젠, 심리학자 프로이트, 작가 에드거 앨런 포, 신비주의자 알리스터 크로울리 등이 자리하고 있다.

표지에 실린 여러 저명인사들 중 한 사람으로 소개되기도 했다. 크로울리는 이런 행적이 등산과 무슨 연관이 있는지 논리적으로 말하지는 않았지만, 등산뿐만 아니라 이런 일들 또한 크로울리가 열정적으로 추구했던 것들이었으며, 그는 일종의 니체주의적 '초월'을 몸소 실천하려 했다. 등산도 그중의 하나였고, 케임브리지를 떠나오기 전에 이미 크로울리는 스위스, 컴벌랜드, 웨일스에서 여러 산을 광범위하게 올랐다. 1898년 부활절 무렵 크로울리는 오스카 에켄슈타인을 레이크 디스트릭트Lake District의 웨스데일 헤드Wastdale Head에서 만났다. 그는 에켄슈타인도 자기처럼 알파인 클럽의 구식 늙은이들에 대해 반감을 갖고 있다는 것을 알게 되었고, 잘 맞는 등반 파트너로서 뿐만 아니라 형이나 아버지 같은 사람이라고 느꼈다. 에켄슈타인은 크로울리보다 16살 연상이었고, 크로울리에게 균형 등반의 기본 원리와 바위에서 루트를 찾는 법을 가르쳐주었다. 그는 크로울리에게 등반을 신체적인 운동이 아니라, 정신적이고 시각적인 예술로 받아들이라고 권했다. 크로울리가 나중에 회상한 바로는, 자신이 절망에 차서 레이크 디스트릭트에서 방황하며 진리를 가르쳐줄 사람을 보내달라고 우주에 소리치자 에켄슈타인이 마치 마법에 따라 소환된 것처럼 파이프 담배 연기를 내뿜으며 나타났고, 엄청난 짐승(크로울리)은 단숨에 그에게 의지하게 되었다고 한다. 두 사람은 만난 지 며칠 되지 않아 여건이 허락하면 히말라야로 원정을 가자는 일종의 잠정적 약속을 하게 되었다.

그 후 크로울리는 소위 '비물질 기술', 즉 자신의 모습을 안 보이게 감추는 기술을 연마하러 멕시코로 갔다. 그는 그곳에서 여러 달 동안 주문을 외며 기도를 했고, 거울에 비친 자신의 모습이 희미해지면서 거울 속에서 나타났다 사라졌다 하는 것을 보고 만족한 다음 에켄슈타인을 불러 함께 포포카타페틀Popocatapetl과 익스타치후아틀Ixtaccihuatl을 등반했다. 이 두 산은 아즈텍인들이 신으로 숭배하던 아름다운 쌍둥이 화산이다. 그 후 에켄슈타인은 히말라야 원정 준비를 위해 런던으로 돌아갔다. 크로울리는 서쪽으로 가서 샌프란시스코, 하와이(여기서 미국인 변호사의 부인과 약간의 불륜관계가 있었다.), 일본, 스리랑카(여기서 황금여명회 소속 옛 친구의 지도에 따라 명상을 하다가 중간 단계의 선에 들어섰다.)를 거쳐 인도에 도착했다. 그는 탁발하며 인도를 여행했고, 힌두교의 파괴 신인 시바 신에 대한 신앙을 갖게 되었는데, 이 신앙은 평생 유지되었다. 1902년 3월 크로울리는 사전에 약속한 대로 델리에서 에켄슈타인을 만났고, 그와 함께 당시 카슈미르와 카라코람 전담 군대가 주둔하던 라왈핀디로 갔다. 그곳에서 그들은 '산에 대해서는 아무것도 모르지만, 에켄슈타인이 하라는 대로 할 수 있는 정도의 상식을 가진' 영국 청년 노울스와 '타라스콩의 타르타랭[†1] Tartarin de Tarascon과 생김새나 하는 행동이 비슷하고 의학뿐만 아니라 산에 대해서도 거의 모르는' 스위스인 의사 자크 기아르모, 그리고 오스트리아인 파늘과 베슬리를 만났다. 파늘과 베슬리는 결함이 없는 등반경력을 자랑했는데, 특히 파늘은 2년 전 북릉과 북서벽 루트로 제앙Géant을 초등한 업적이 있었다. 그러나 외국인을 혐오했던 크로울리는 그들이 외국인으로서 '국제적인 질투심'을 갖고 있었다며, 나중에 원정 실패의 원인을 이 두 사람 탓으로 돌렸다. 3월 29일에 일행은 3톤이나 되는 엄청난 짐을 갖고 발토로와 당시 서양인들이 접근할 수 있었던 가장 높은 산(K2)을 향해 10주일에 걸친 도보여행을 떠났다. 초기 등산가 가운데 유일하게 크로울리만 K2를 "초고리[†2] Chogo Ri"라는 이름으로 정확하게 불렀다.

고작 하루가 지났는데 라왈핀디의 경찰청 부감독관이 트레트Tret에서 그들을 가로막고, 에켄슈타인은 카슈미르에 들어갈 권한이 없다고 말했다. 크로울리는 즉시 마틴 콘웨이가 경찰의 물을 흐려놓았다고 추측했다. 크로울리는 "그 사건은 남자답지 못한 질투와 사소한 술책의 결과였으며 공공기관의 혼동으로 인해 더 복잡해진 것이다."라고 말했다. 그러나 사실은 에켄슈타인의 이름 때문에 프러시아 스파이가 아닐까 의심해서 이런 일이 벌어졌을지 모른다. 하여간 이것 때문에 나머지 원정대원들은 크로울리의 지시에 따라 움직여야 했고, 그 사이에 에켄슈타인은 말단에서부터 한 단계씩 거치면서 자신이 영국인이라는 사실을 증명해야 했다. 결국 당시 인도 총독이었던 커즌Curzon 경은 마지못해 그를 풀어주라는 명령을 내렸다. 이 사건으로 인해 시간을 3주일이나 허비한 에켄슈타인은 스리나가르에서 크로울리를 만났고, 일행은 별다른 사고 없이 발티스탄의 조지 라로 들어갈 수 있었다. 그들은 5월 14일 인더스 주의 주도州都인 스카르두에 이르렀고, 놀랍게도 계획보다 빠른 5월 26일 발토로로 향하는 마지막 마을인 아스콜리에 도착했다.

에켄슈타인과 크로울리는 아스콜리에서 여러 권의 책을 놓고 싸웠다. 크로울리는 빙하로 이 책들을 가지고 가려 했다. 당연히 에켄슈타인은 불필요한 짐을 갖고 가는 것에 반대했지만, 크로울리는 조셉 콘래드Joseph Conrad의 소설을 너무 많이 읽어서 황야로 갈 때 문명의 상

†1 **타라스콩의 타르타랭** 알퐁스 도데가 쓴 『타라스콩의 타르타랭이 겪은 놀라운 모험Les Aventures prodigieuses de Tartarin de Tarascon』(1872)에 나오는 주인공이다. 타르타랭은 모험을 좋아하고 천진함과 허풍스러움을 보이는 풍자적 인물이다.

†2 **초고리(K2)** K2는 현지에서 위대한 산이라는 의미의 "초고리"로 불린다.

징을 가져가지 않으면 어떻게 될지 알고 있었다. 결국 그 책들은 가져가기로 했다. 한편 에켄슈타인의 숨 막히는 규율에 싫증난 오스트리아인 두 명은 자신들이 알프스가 아니라 히말라야에 있다는 사실을 망각한 채 자기들끼리 필요한 물자만 챙겨서 3일 동안 K2로 가보겠다고 했다. 그들은 에켄슈타인의 완강한 반대에 부딪혀 결국 포기하긴 했지만 불만이 많았다. 아직 K2가 보이기도 전에 원정대는 이미 분열되어 사기가 떨어진 채 6월 초 빙하로 향했다.

6월 15일 원정대는 가셔브룸 산군 아래에서 콘웨이가 "콩코르디아"라고 이름 붙인 거대한 빙하의 합류점을 발견했다. 그다음 날 크로울리는 다른 사람보다 먼저 북쪽으로 올라가 고드윈 오스틴 빙하의 지류로 갔다. 그는 그곳이 사람이 한 번도 밟은 적이 없는 곳이라고 잘못 알고 있었는데, 그곳에서 K2의 모습 전체가 그의 눈에 들어왔다. 크로울리는 쌍안경으로 밤낮에 걸쳐 K2를 자세히 관찰했다. 그 결과 동-남-동쪽으로 설사면을 걸어올라 정상부의 피라미드 모양 바위 아래 눈 덮인 돌출부까지 가는 데는 아무 어려움이 없을 것이라고 가볍게 결론 내렸다. 그러나 이것은 너무 낙관적인 평가였다. 나중에야 어려운 경험을 통해, K2의 남동릉 마지막 600미터 구간도 히말라야의 모든 정상 구간이 그렇듯 어려운 곳이라는 것이 밝혀졌다. 크로울리는 이때 아래에서 올려다봤을 뿐이기 때문에 잘 보이는 동-남-동쪽 설사면이 어려운 코스라는 것까지는 알 수 없었다. 그는 6월 16일 그 산의 남벽 아래 5,030미터 지점에 캠프를 쳤는데, 훗날 이 장소는 대부분의 등반대가 베이스캠프로 이용하게 된다. 그는 계속해서 고드윈 오스틴 빙하를 거슬러 올라가 남동쪽의 가파른 능선 기슭으로 갔다. 그는 이곳을 오르는 것이 가능하다고 어렴풋하게나마 생각했고, 정말 — 아브루치 능선처럼 — 하루만 더 가면 남동릉과 정상까지 갈 수 있을 것으로 생각했다.

그러나 에켄슈타인은 더 나은 루트가 있을 것이라고 생각했다. 2주일간 폭풍에 힘들게 시달린 후, 에켄슈타인은 파눌과 베슬리를 보내어 정상에서 스캉 캉그리Skyang Kangri(7,555m), 즉 크로울리가 "스테어웨이피크Stairway Peak"라고 부른 봉우리 방면으로 빙하와 평행을 이루며 내려오는 북동릉을 정찰하도록 했다. 북동릉은 길고 이리저리 구부러진 칼날 같은 능선으로, 1978년에야 그것도 정말 힘들게 함락될 정도로 어려운 코스였는데 이상하게도 당시 파눌과 베슬리는 이 능선을 오를 수 있을 것으로 판단했다. 7월 7일 에켄슈타인은 크로울리의 반대에도 불구하고 전원 이동하여 빙하 10킬로미터 위쪽에 새로운 베이스캠프를 설치하라고 명령했다. 그들은 그곳에서부터 시작하여 5,928미터에 11캠프를 세웠다. 크로울리는 7월 9일 그곳에서 혼자 출발하여 6,706미터까지 올랐다고 주장했는데, 크로울리 자신의 원정기 말고는 이에 대해 언급한 사람이 없어 신빙성이 떨어진다. 하여간 그날 밤 그는 고열과 오한을 동반한 구토 증세에 시달렸고, 결국 자기 텐트로 돌아와 내내 그곳에 머물렀다. 그다음 날인 7월 10일 자크 기아르모와 베슬리는 북동릉의 6,553미터까지 올라갔다가 접근하기에 적절한 곳이 아니라고 판단하고 내려왔다. 두 오스트리아인은 K2 대신 '윈디 갭Windy Gap(스캉 라Skyang La)'을 경유하여 스캉 캉그리에 도전하자고 제안했다. 윈디 갭은 빙하가 북동쪽에서 끝나는 곳에 있는 눈에 잘 띄는 콜로, 두 사람이 며칠 전에 정찰하고 "그렌츠자텔Grenzsattel(프런티어 콜Frontier Col)"이라 이름 붙인 곳이었다. 그러나 에켄슈타인은 이것이 원정의 대의에 맞지 않는다며 완강하게 반대했다. 파늘과 베슬리는 궁여지책으로 스캉 캉그리와 "Pt.22,380" 봉우리 사이에 있는 북동릉의 협로로 올라가려 시도했는데, 이들이 에켄슈타인의 허락을 받았는지는 분명하지 않다. 하여간 그 시도는 파늘이 요즈음 폐부종으로 알려진 병으로 쓰러지는 바람에 6,400미터에서 좌절되었다. 파늘이 천신만고 끝에 발토로의 풀이 무성한 오아시스 우르두카스Urdukas로 철수할 무렵, 반쯤 정신착란 상태가 된 크로울리가 노울스를 권총으로 위협하고 있었고, 노울스는 크로울리의 위협으로부터 벗어나기 위해 무릎으로 그의 배를 걷어찼다. 베슬리는 비상식량을 훔친 죄로 등반대로부터 쫓겨났고, 파늘은 거의 정신이 나갔으며, 날씨는 점점 나빠지고, 브랄두 계곡에 콜레라가 번지기 시작했다. 간단히 말해, 1902년 K2 등반대는 악의에 찬 무질서 속에서 와해되었다.

'엄청난 짐승'은 고향으로 돌아와서 다시 주술사로 활동했다. 1903년 그는 놀랍게도 로스 에디트 스커렛Rosse Edith Skerett이라는 여인과 결혼했다. 그녀는 화가 제럴드 켈리Gerald Kelly의 동생으로 당시 미망인이었다. 그녀는 자신도 모르게 수호령으로 빙의했고, 알리스터는 자신의 수호령인 소위 아이와스Aiwass와 초자연적인 대화를 하게 되었다. 수호령은 알리스터에게 『율법서The Book of the Law』를 쓰라고 했다. 이 책은 차라투스트라[†]적 신앙을 설파하는 경전이었는데, 크로울리는 그 신앙을 "텔레마thelema"라고 불렀다. 텔레마는 그리스어로 '의지'를 뜻한다. 크로울리는 자신이 파라오의 신관이었던 안크 픈 콘수Ankh-f-n-khonsu가 환생한 몸이라고 하면서 "그대의 의지대로 행하는 것이 율법의 전부다."라고 선포했다. 1904년, 크로울리는 딸

† **차라투스트라** 니체의 책 『차라투스트라는 이렇게 말했다』의 주인공

을 낳아 이름을 "누이트 마 아하투르 헤케트 사포 제제벨 릴리스 크로울리Nuit Ma Ahathoor Hecate Sappho Jezebel Lilith Crowley"라고 붙였고, 볼스카인 경의 생활에 완전히 안주했다. 그 후, 1905년 4월 스위스인 의사 자크 기아르모가 시킴의 칸첸중가에 다시 도전하자고 제안했다. 크로울리는 산은 이제 질렸다고 생각했지만, 여전히 세계 최고 고도기록에 도전하고 싶은 마음이 있었던 데다 에켄슈타인이 아니라 자신이 원정대장이라는 말을 듣고 이 제안에 동의했다.

크로울리는 원정대장 자리를 걱정할 필요가 없었다. 에켄슈타인은 그 원정대에 들어가는 것을 원치 않았고, 크로울리의 권총에 위협을 당했던 기억이 생생한 가이 노울스도 고개를 흔들었다. 그 두 명 대신 자크 기아르모는 스위스인 두 명을 구했는데, 그들은 알렉시스 파슈Alexis Pache와 샤를 레이몽Chales Reymond이었다. 그 사이에 크로울리는 필요한 허가를 받고 짐꾼들을 모집하러 서둘러 인도로 갔다. 다르질링에 도착했을 때 그는 아무 생각 없이, 자기가 묵었던 호텔의 지배인이었던 이탈리아인 알체스티 C. 리고 데 리기Alcesti C. Rigo de Righi를 수송 담당으로 뽑았다. 그때는 데 리기가 '웨이터 일 말고는 아무것도 할 수 없을 것'이라고 미처 예상하지 못했다. 세 명의 스위스인은 7월 31일에 도착했고, '산과 관련한 모든 일에' 대해 크로울리가 단독으로 최종 권한을 가진다는 내용에 동의하고 서명했다. 8월 8일 등반대가 출발했다. 그들 일행은 5명의 유럽인과 전에도 에켄슈타인의 K2 원정대에 참가했던 3명의 카슈미르 하인들, 그리고 230명 정도의 짐꾼이었다.

6년 전에 영국의 등산가이자 탐험가였던 더글러스 프레쉬필드가 시킴에 와서 굉장한 정치적·지형적 어려움을 무릅쓰고 칸첸중가 산군을 처음으로 한 바퀴 돌아본 적이 있었다. 그때 프레쉬필드 일행과 함께 조사관 에드먼드 거우드Edmund Garwood와 훗날 사진사로 대성한 비토리오 셀라Vittorio Sella가 동행했다. 따라서 크로울리는 프레쉬필드가 루트를 설명한 기록뿐만 아니라 신뢰할 수 있는 지도와 우수한 산 사진들을 모두 이용할 수 있었다. 그러나 크로울리는 자신의 본능이 더욱 우월하다고 판단했고, 칸첸중가 등반에서 가장 성공 확률이 높은 곳은 서벽이라는 프레쉬필드의 제안을 무시했다. 대신 크로울리는 얄룽Yalung 빙하를 거쳐 거대하게 솟아오른 남서벽에 도전하기로 했다. 얄룽 빙하는 — 프레쉬필드는 탐험하지 못했지만 — 결국 훗날 초등 루트가 되는 곳이다. 다르질링에서 출발한 등반대는 싱갈리라 능선을 경유해 서쪽의 춤밥 라Chumbab La를 넘어 네팔로 들어간 다음 얄룽 추Yalung Chu에 도착했다. 그들은 빙하가 시작되는 곳 바로 아래에 있는 작은 마을, 쩨람Tseram에서 네팔의 재상

Diwan of Nepal이 파견한 사절을 만나기 위해 잠시 기다리기로 되어 있었으나, 이같이 세심한 정치적인 배려를 무시하고 호위대 없이 산을 향해 계속 나아갔다. 원정대는 이미 의견이 맞지 않아서 혼란스러웠다. 자크 기아르모는 남서벽 등반이 불가능하다고 주장했고, 레이몽은 등반계획 전반에 대해 불만을 품은 채 내키지 않아 했으며, 크로울리의 말에 의하면 데 리기는 '자연의 장엄함에 놀라고 또한 그런 계층 사람들이 늘 그렇듯 맘 편한 동료와 수다를 떨 기회가 없어서 거의 정신이 반쯤 나간' 상태였다. 크로울리의 말로는 '최소한 파슈는 굉장히 잘해내고 있었고, 자기 자신은 원기 왕성했다'고 한다. 그래서 그는 짐꾼들에게 기운을 내라고 격려하기도 했고, 등반이 성공할 것이라는 확신에 차서 빙하가 끝나는 5,490미터에 3캠프를 설치하라고 지시했다.

크로울리는 여기에서 서쪽으로 산을 횡단해 바깥쪽 봉우리인 캉바첸Kangbachen(7,903m)을 향해 갈 생각이었다. 그 루트의 장점은 주봉 아래 불룩 튀어나온 곳에서 쏟아져 내린 거대하고도 위험한 아이스 폴 지대를 피해 돌아갈 수 있다는 점이었지만, 단점은 그 루트로 가면 주봉에서 약 1,200미터 떨어진 곳에 도달하기 때문에 높은 서릉을 힘들게 횡단해야 한다는 점이었다. 하지만 사실 거기까지 가지도 못했다. 크로울리 일행이 빙하 위의 눈으로 된 날카로운 턱에 도착해 4캠프를 설치할 무렵, 일행은 그의 명령에 공공연하게 반발하기 시작했다. 특히 자크 기아르모가 크로울리의 고압적인 리더십과 짐꾼들을 맨발로 방치하는 등의 잔인한 취급에 몸서리쳤다. 한편 크로울리는 자크 기아르모가 정신적으로 불안정해서 그의 의견은 고려할 가치가 없다고 단정했다. 어쨌든 원정대원은 6,218미터의 5캠프에 모두 도착했고, 9월 1일 크로울리, 파슈, 레이몽이 300미터를 더 올라갔으나, 작은 눈사태를 만나서 짐꾼들이 겁을 먹자 결국 위험을 무릅쓰고 철수해야 했다. 그다음 날 자크 기아르모와 데 리기는 5캠프의 한 텐트에 모여서 크로울리를 등반대장 직위로부터 끌어내리자는 이야기를 나누었다. 온종일 열띤 입씨름을 하고도 결론이 나지 않자, 자크 기아르모는 오후 5시에 주 캠프였던 3캠프로 내려가기로 했다. 크로울리는 눈이 열을 받는 낮에 가파른 설사면을 내려가는 것이 위험하다고 경고했지만 — 혹은 경고했었다고 나중에 주장했지만 — 그 의사는 이성의 목소리에 귀를 기울이지 않았다. 자크 기아르모가 앞장서고 데 리기, 파슈, 그리고 이름이 알려지지 않은 네 명의 짐꾼이 로프 하나에 서로를 묶고 내려갔다. 누가 추락을 해서 비극이 일어났는지는 모르지만, 연달아 일어난 눈사태에 파슈와 세 명의 짐꾼이 죽었다.

레이몽과 크로울리는 5캠프에서 끔찍한 비명을 들었다. 레이몽은 구조를 하러 내려갔지만 크로울리는 자신의 텐트에 꼼짝 않고 남아있었다. 바로 그날 저녁 크로울리는 캘커타의 『파이어니어Pioneer』 지에 "나는 그런 종류의 등산사고에 대해 동정심을 느끼지 않는다."라는 내용으로 자기변명의 편지를 썼다. 그는 그다음 날 하산하면서 사고 지점에 가보지도 않았다. 자크 기아르모의 말에 의하면, 크로울리는 동료를 발견할 가능성마저 타진해보지 않고 내려갔다. 그 후 크로울리는 혼자 다르질링으로 가서 대부분 자크 기아르모가 모금한 원정 자금의 사용권을 거머쥐었다. 캘커타로 돌아온 크로울리는 『파이어니어』와 『데일리 메일Daily Mail』에 원정에 대한 억지 주장을 기고하고, 오히려 그 참사를 알파인 클럽의 '할머니들'을 공격하는 데 이용했다. 그는 알파인 클럽의 계략 때문에 그런 참사가 빚어졌다는 망언까지 했다. 자크 기아르모와 데 리기는 공개적으로 언론을 통해 법적 조처를 하겠다고 크로울리를 협박했지만, 크로울리는 이들의 공격을 '허세'라고 응수했다. 결국 자크 기아르모는 크로울리를 협박하기 위해 그가 쓴 음란한 시를 공개하겠다고 했다. 궁지에 몰린 크로울리는 '그간 간과했던 몇 가지 항목에 대해 약간의 금액'을 지불하고, 네팔인 정부情婦와 모하르반지Moharbhanj의 토후를 이끌고 오리사 주로 대규모 사냥여행을 떠나버렸다.

'엄청난 짐승 666'의 괴상한 등반경력은 이렇게 치졸한 언쟁으로 끝을 맺었다. 캘커타에서 크로울리는 '외국인 없이' 칸첸중가에 오르자는 편지를 에켄슈타인에게 보냈다. 당연히 에켄슈타인은 답장을 보내지 않았고, 이제 30세가 된 크로울리는 섹스, 마약, 흑마술에 빠져들었다. 그는 계속 히말라야에 대해 큰 관심을 갖고 있었고, 이후에도 여러 해 동안 다른 사람들의 잘 짜인 원정에서 흠집과 허영기를 찾아내어 신랄한 독설을 퍼부었다. 1921년 영국의 공식적인 정찰로 에베레스트가 뉴스에 자주 등장하게 되자 크로울리는 대담한 계획을 세웠다. 그의 계획은 자신과 윌리엄 시부룩William Seabrook이라는 자신의 제자 한 명이 비행기로 '에베레스트의 남동쪽 빙하에 있는 평평한 장소나 고도가 높은 어느 지점'에 텐트와 물자를 갖고 가, 그곳에서 '산으로 줄달음쳐 올라가서' 자신들의 힘으로 정상을 올라간다는 것이었다. 물론 그 계획은 무산되었지만, 서둘러 정상으로 올라가는 요즘 세태를 보면 그의 생각이 아주 허황되었던 것은 아닌 듯하다. 알리스터 크로울리는 분명히 망상에 가득 찬 괴상한 사람이었다. 그러나 톰 롱스태프Tom Longstaff 같은 권위자조차 1899년에 스위스에서 크로울리를 만나보고는, 이상할 정도로 모험심이 강하긴 하지만 최고의 등산가라면서 그를 칭찬한

적이 있었다. 크로울리는 알파인 클럽과 왕립 지리학회라는 특권층만의 조직과는 동떨어진 곳에서 활동했고, 그 두 조직에 속한 사람들이 크로울리의 업적을 축소하거나 삭제해버리려 공모하기도 했으나, 이에 굴복하지 않고 자신만의 방법으로 세계에서 두 번째와 세 번째로 높은 산에 도전했으며, 어쨌거나 훗날 그 두 산의 초등에 이용된 루트를 발견해냈다.

진정한 왕족 등산가

1938년 여름 컬럼비아대학의 찰스 휴스턴Charles Houston이라는 젊은 의대생이 소규모 미국 알파인 클럽 원정대를 이끌고 K2에 도전하기 위해 카라코람으로 갔다. 그 팀은 북서릉과 북동릉을 정찰한 후 단념하고, 1902년 크로울리가 원정을 갔을 때 아래쪽에서 바라보고 희망을 품었던 남동쪽의 가파른 능선으로 도전하기로 했다. 6월 23일 휴스턴은 친구인 빌 하우스Bill House와 돌출부의 아랫부분을 정찰하다가 고드윈 오스틴 빙하에서 300미터 올라간 작은 콜에 나무 막대 몇 개가 흩어져 있는 것을 보고 깜짝 놀랐다. 물론 그때는 지금처럼 히말라야의 거대한 사면이 쓰레기더미로 무분별하게 덮여 있지 않았기 때문에 그들이 본 흔적, 즉 조각난 포장용 나무상자 같은 것들은 산에서 보기 어려웠고, 따라서 무엇인지 알기도 쉬웠다. 1902년 에켄슈타인 원정대는 남동쪽의 가파른 능선에 도전하지 않고 빙하를 따라 올라가서 북동릉 기슭으로 올랐기 때문에 그것을 남겨놓은 원정대는 오직 한 팀밖에 없었다. 즉, 그 나무토막들은 1909년 아브루치 공의 이탈리아 원정대가 남겨놓은 것이었다.

아브루치 공의 정식 이름은 루이지 아메데오 쥐세페 마리아 페르디난드 프란체스코 디 사보이아 아오스타, 일 두카 드 아브루치Luigi Amedeo Giuseppe Maria Ferdinando Francesco di Savoia-Aosta, il Duca d'Abruzzi이다. 긴 이름으로 알 수 있듯 그는 '진정한 왕족 등산가'였다. 그는 1873년 1월 마드리드에서 태어났다. 그의 할아버지는 이탈리아 왕인 빅토르 에마뉘엘 2세Victor Emmanuel II였고, 아버지는 스페인 왕인 아마데오Amadeo였다. 그가 태어난 지 한 달 후, 그의 아버지는 왕권을 이양하고 스페인 공화국을 선포했다. 비록 아브루치는 왕위 계승권 중 하나를 잃어버렸지만 서열이 먼 이탈리아의 왕위 계승권은 그대로 남아있었다. 그는 오래된 도시인 투린Turin(토리노)에서 성년이 될 때까지 자랐다. 스포츠광이었던 그의 할아버지는 야생 염소와 사슴을 사냥했다. 학교가 쉬는 날이면 어린 아브루치는 자주 그랑 파라디소Gran Paradiso에 있는 사냥터에서 시간을 보냈다. 그랑 파라디소는 그레이언 알프스Graian Alps의 험한 산지로 몬테 체르비노Monte Cervino(이탈리아인들이 마터호른을 부르는 명칭)에서 48킬로미터밖에 떨어지지 않은 곳이었다. 사보이아 왕가의 가족 구성원은 거의 모두 산을 사랑했지만 아름다운 공주 마르게리타 디 사보이아Margherita di Savoia(왕의 조카딸이며 황태자비)가 특히 산을 좋아했다. 어린 아브루치 왕자에게 산에 대한 열정을 심어준 것도 바로 마르게리타였다. 아브루치 왕자는 1892년 그레이언 알프스의 푼타 레바나Punta Levanna에 오른 이후 계속 놀라운 진보를 보였다. 그는 지루한 해군 지휘관의 임무 중에 짬짬이 산에 올라 1년 만에 놀라운 알프스 등정기록을 세웠는데, 그 가운데에는 그랑 파라디소와 몽블랑, 몬테 로자Monte Rosa도 포함되어 있었다. 1894년 아브루치 왕자는 우연히 자신이 숭배하던 A. F. 머메리를 만났다. 놀랍게도 이들 사이에 우정이 싹터서, 그해 여름 왕자와 평민 머메리는 노먼 콜리Norman Collie와 팀을 이루어 마터호른의 츠무트Zmutt 능선을 재등했다. 그 후 아브루치 공은 크리스토포로 콜롬보Cristoforo Colombo 호를 타고 2년에 걸쳐 해군을 지휘했는데, 이때 다른 곳도 가보았지만 특히 캘커타를 방문한 다음 칸첸중가를 보기 위해 다르질링까지 가기도 했다. 아브루치 공은 고향으로 돌아오는 길에 머메리가 낭가파르바트에서 죽었다는 소식을 들었다. 그는 죽은 친구를 추모하기 위해 자신도 카슈미르로 가서 그 '벌거벗은 산'을 오르겠다고 맹세했다.

아브루치 공이 낭가파르바트를 목표로 삼자마자 애석하게도 전염병과 기근이 펀자브 지방을 덮쳤다. 이에 인도 정부는 히말라야로 가는 모든 길을 차단했고, 아브루치 공은 히말라야 대신 세인트 엘리아스Saint Elias(5,489m)를 오르는 대담한 모험을 감행했다. 이 산은 알래스카 주의 유콘 아래쪽에 있으며, 해안으로부터 20킬로미터도 안 떨어진 곳에 솟아오른 미등봉이었다. 이 산은 엄청나게 높지도 않고 어려운 곳도 아니지만, 외딴곳에 있고 폭풍이 몰아치면 접근하기 어려워 오늘날까지도 도전하기에 버겁고 전반적으로 오르기 어려운 산이다. 이전에 다섯 번의 도전이 있었지만 모두 실패로 돌아가서, 아브루치 공이 여섯 번째 도전자였다. 그는 이때 초등에 성공하여 신대륙을 발견한 콜럼버스를 계승하는 위대한 탐험가이자 이탈리아의 영웅으로 존경받았다. 1900년 아브루치 공은 자신의 다음 도전과 이탈리아의 더 큰 명예를 위해 근대 탐험의 성배로 여겨지던 북극에 가기로 결심했다. 결과적으로 이 탐험에서는 북극점에도 도달하지 못하고 세 명이 희생되었지만, 아브루치 공은 86도 34분 지점까지 가서 '북극점에 가장 가까이' 간 기록을 보유하게 되었다. 이 기록은 1905년 로버

'진정한 왕족 등산가' 루이지 아메데오, 아브루치 공(1873~1923). 찰스 모리스의 『북극을 찾아서Finding the North Pole』 (스탠더드 출판사, 1909년 필라델피아)에서 발췌 (사진출처: 로체스터 공공도서관)

트 피어리Robert Peary가 두 번째 북극 탐험에 나섰을 때 깨졌다. 아브루치 공은 몇 년간 해군과 왕가에서 요구하는 임무를 수행하고 나서 처음으로 우간다의 루웬조리Ruwenzori, 즉 전설적인 '달의 산'을 탐험하기 위해 완벽한 원정대를 조직했다. 1889년 빅토리아 호숫가에서 루웬조리를 처음 본 헨리 모튼 스탠리Henry Morton Stanley는 그곳이 나일 강의 진정한 시원始原이라고 주장했다. 영국인 더글러스 프레쉬필드와 아널드 멈Arnold Mumm이 1905년 루웬조리에서 선구적인 정찰을 수행했다. 그다음 해에 아브루치 공은 이 산의 주봉을 초등하고, 이 산이 빅토리아 호와는 다른 별개의 분수령을 이루므로 나일 강의 진정한 시원은 아니라는 결론을 내렸다. 요즘은 '검은 대륙'의 지리적인 수수께끼가 서양인들의 상상력을 예전처럼 자극하지 않기 때문에 아브루치 공의 아프리카 원정 업적이 거의 잊힐 정도로 경시되고 있지만, 1906년 당시에는 이 모험담이 널리 칭송되었다. 아브루치 공은 이를 계기로 최고 산악 탐험가의 반열에 올랐다.

아브루치 공은 히말라야에서 자신이 얼마만큼 높이 오를 수 있는지 스스로 시험해보고 싶었다. 1909년 K2로 향한 생애 마지막 대규모 원정대를 이끌 때 그의 마음속 목표는 이토록 단순한 것이었다. 아브루치 공은 낭가파르바트에서 머메리가 죽은 것을 복수하겠다는 다짐도 잊지 않고 있었지만, 그보다는 세계 최고 고도기록을 경신하고자 하는 야망에 이끌려 K2로 향한 것으로 보인다. 당시 고도기록은 카브루Kabru에서 노르웨이인 두 명이 세운 7,315미터(24,000피트)였는데, 낭가파르바트는 고도기록만을 위해 오르기에는 너무 위험한 산이었고, 인근에 다른 대안들도 없었다. 아브루치 공의 생각에 K2의 장점은 일단 정치적으로 접근할 수 있으면서도 카브루를 능가하는 다른 봉우리들로 빽빽이 둘러싸여 있다는 점이었다. 세계 제2위 고봉의 등정에 실패하더라도, 그는 인근의 산에 도전하여 세계 최고 고도기록을 경신할 수 있었다. 물론 해발 고도만이 그의 유일한 관심사였던 것은 아니다. 그레이엄과 머메리의 원정을 제외한 다른 모든 초기 원정대처럼 그도 낭만적이면서 과학적으로 정당화된 모든 종류의 수단을 공식적으로 동원했다. 그러나 개인적인 차원에서 보면 그 등반은 K2를 이탈리아와 사보이아 왕가의 영역으로 정한다는 의미도 있었다.

아브루치 공은 당연히 팀 전체를 이탈리아인으로 구성하려고 했다. 그는 발 다오스타Val d'Aosta(다오스타 계곡)의 쿠르마예Courmayeur에서 네 명의 전문 가이드를 뽑았다. 그들은 조제프Joseph와 로랑 프티각스Laurent Petigax 부자, 알렉시스Alexis와 앙리 브로슈렐Henri Brocherel 형제였다. 프티각스 부자는 워크먼 부부와 초고룽마를 다녀오고 아브루치 공과 루웬조리를 다녀온 경험이 있었으며, 브로슈렐 형제는 톰 롱스태프와 함께 가르왈-쿠마온에 다녀온 경험이 있었다. 이 가이드들을 세 명의 이탈리아인 짐꾼들이 도왔다. 그들은 에밀리오 브로체렐Emilio Brocherel, 알베르 사보이Albert Savoie, 에르네스트 바뢰Ernest Bareux였다. 아브루치 공의 캠프 야전 부관은 해군 중령 페데릭 네그로토Federic Negrotto가 맡았고, 아브루치 공의 오랜 친구이며 항해 여행을 함께한 탐험 사진사 필리포 데 필리피Filippo De Filippi가 원정대의 의사이자 기록자로 동행했다. 네그로토와 데 필리피는 이름난 고산 등산가였으며, 특히 데 필리피는 아브루치 공의 알래스카 탐험에 동행하기도 했다. 하지만 그 원정대에서 가장 주목할 만한 대원은 데 필리피의 사촌인 비토리오 셀라Vittorio Sella였다. 셀라는 뛰어난 등산가였으며 동시에 고금을 통틀어 가장 위대한 산 사진작가였다.

K2 원정 당시 셀라는 50세였다. 그는 이탈리아 피에드몽트Piedmont의 직물 제조 도시인 비엘라Biella에서 태어났다. 비엘라는 왕궁이 있는 투린에서 북동쪽으로 가까운 곳에 있었다.

그의 아버지 주세페 베난지오 셀라Giuseppe Venanzio Sella는 직물 장인이자 아마추어 사진작가로 1856년 사진술에 대한 최초의 이탈리아어 논문을 출간했다. 정치가이자 외교관인 셀라의 숙부 쿠엔티노 셀라Quentino Sella는 유명한 등산가였는데, 그는 이탈리아 알파인 클럽의 창시자였다. 따라서 최근 그의 숭배자가 말했듯, 비토리오는 어떤 면에서 변덕스러운 경치를 포착하여 사람들에게 보여주는 데 일생을 바치도록 태어날 때부터 정해진 사람이었다. 그러나 비토리오는 노력형 인물이었다. 그는 어린 시절에 아버지의 직물공장에서 화학 담당으로 도제 생활을 할 때부터 사진을 열심히 공부했다. 물론 셀라 이전에도 주목할 만한 산 사진작가들이 있었다. 셀라가 덩치 큰 달메이어Dallmayer 카메라를 지고 돌아다니기 전에도 에메 시비알Aimé Civiale, 루이 비송과 오귀스트 비송Louis and Auguste Bisson, 셀라의 정신적 지주였던 비토리오 베쏘Vittorio Besso가 20년에 걸쳐서 아름다운 산 사진을 찍었다. 그러나 셀라는 그들보다 등산을 훨씬 더 잘 했다. 그는 1879년 몽테 마르Monte Mars 정상에서 알프스의 파노라마 사진을 찍은 후부터 자신의 신체적인 등반 재능과 당시 개발된 새로운 사진 기술인 젤라틴 브로마이드 콜로디온 건판 사용법을 접목해 누구도 따라올 수 없는 선명하고 예술적인 사진을 찍기 시작했다. 그는 훗날 이렇게 회상했다. "나는 1880년부터 등산과 사진술을 결부시키겠다고 마음먹었다. 산의 낮은 곳에 대해서는 전혀 관심이 없었다. 주로 정상에서 촬영하며, 사진에 찍힌 적이 없고 거의 알려지지 않은 알프스의 고산지역만 촬영하기로 범위를 국한했다."

처음으로 겨울에 마터호른을 횡단하고 나서, 3개월이 지난 1882년 6월 셀라는 마터호른을 다시 올라가 360도 파노라마 사진을 촬영했다. 이 사진을 본 당대 사람들은 등산을 생생하게 대리 경험하게 하는 사진의 힘에 깜짝 놀랐다. 이 사진과 다른 초기 사진들에 힘입어 셀라의 사진은 사진 대리점인 런던의 스푸너스Spooner's에서 상당한 고가로 중개되었으며, 에드워드 윔퍼Edward Whymper나 존 틴달John Tyndall과 같은 유명한 등산가의 열성적인 후원을 받게 되었다. 1880년대 중반에 셀라는 알프스 관련 서적 분야에서 가장 유명한 사진 일러스트레이터였는데, 이는 그가 경치를 자세히 보여줄 뿐만 아니라 실사 풍경과 셀라만의 독특한 예술적 상상력이 결부된 이미지를 선보였기 때문이다. 등산서적 저자인 로널드 클라크Ronald Clark가 말했듯, 그는 진정으로 산의 경치에서 핵심을 포착하고 빛과 그늘과 대기의 효과를 살려 산의 핵심적인 이미지를 마치 화가가 캔버스에 그림으로 그리듯 자신의 그라운드 유리

1889년 비토리오 셀라
(사진출처: 폰다지오네 셀라)

판에 구성하여 담았다. 셀라는 알프스 여행을 통해 확고한 명성을 얻었다. 1889년과 1890년 두 번에 걸쳐 코카서스 산맥에 다녀오면서 그가 찍은 사진들과 엘브루스 정상에서 찍은 유명한 파노라마 사진을 통해, 대중은 셀라의 사진이 평범한 규모나 장소를 넘어서는 새로운 세계를 보여준다고 확고히 믿게 되었다. 한 영국인은 엘브루스 파노라마에 대한 비평에서 "멋진 산의 경치를 본 적이 없는 사람이라도 이 사진을 보면 실제 경치를 알 수 있을 것이다. 반면에 고산의 봉우리에 대해 더 이상 볼 것이나 알아낼 것이 없다고 생각하는 사람들이라면 이 사진을 보고 후회할 것이다."라고 말했다.

1890년 왕립 지리학회는 당시 그가 수행한 '코카서스 여행과 그의 사진으로 인한 그 산맥의 물리적 특성에 대한 지식 및 지형학적 지식이 발전하게 된 공로'를 인정하여 셀라에게 그해의 머치슨 기금Murchison Grant을 지급했다. 2년 후 셀라는 처음으로 영국을 방문하여 자신의 사진을 모으기 시작한 프레쉬필드와 머메리 그리고 알파인 클럽의 다른 저명한 인물들을 만났다. 같은 해 그의 첫 미국 전시회가 보스턴의 애팔래치아 마운틴 클럽Apalachian Mountain Club과 워싱턴의 국립 지리학회National Geographical Society 그리고 뉴욕의 미국 자연사 박물관American Museum of Natural History에서 열렸다. 1893년 애팔래치아 마운틴 클럽의 찰스 페이Chales Fay가 조직한 순회 전시회가 미국 전역의 75개 도시에서 개최되었는데, 그 가운데 코네티컷Connecticut 주의 브리지포트Bridgeport에서는 2만 명이 넘는 관람객이 모여들었다. 1896년 등산 역사상 가장 위대한 작품 중 하나인 프레쉬필드의 『코카서스 산맥 탐험Exploration of the Caucasus』이 출간되었는데, 셀라의 사진이 이 책에 특별히 수록되었고, 이를 계기로 셀라의 명성과 인기는 더욱 높아졌다.

아브루치 공은 이 모든 일들을 잘 알고 있었다. 그와 셀라는 같은 이탈리아 출신에다가 같은 피에드몽트 고장 출신이기도 했다. 그들은 많은 친구들과 등산가들을 서로 잘 알고 있었다. 아브루치 공이 알래스카 원정을 갈 때 원정대 사진사로는 셀라만한 적격자가 없었다. 그러나 셀라를 히말라야에 처음 데려간 사람은 아브루치 공이 아닌 더글러스 프레쉬필드였다. 1889년 프레쉬필드가 칸첸중가 산군을 한 바퀴 돌 때 셀라가 그와 함께 갔는데 이 원정에서도 그의 천재성이 빛났다. 그는 이 원정에서 달메이어 카메라보다 훨씬 발전된 로스 앤드 코Ross and Co.라는 새로운 카메라를 사용했다. 이 카메라는 20×25 필름 네거티브와 더 작은 24×18 유리 평판 네거티브를 모두 찍을 수 있었다. 셀라는 이 카메라를 사용하여 여러 장의 사진을 찍었는데, 그중에는 시니올추Siniolchu의 유명한 능선 사진과 춘제르마Chunjerma에서 찍은 감성적인 자누Jannu 사진도 있었다. 이 사진들은 그 이후에도 견줄 만한 작품이 없을 정도로 뛰어났다. 에인절 애덤스Ansel Adams가 언젠가 논평했듯, 그의 사진에는 가식적인 장엄함이 없었다. 그의 사진에는 오히려 절제된 표현과 조심성, 그리고 진솔한 목표의식이 있었다. 애덤스는 셀라가 가장 뛰어난 산 사진작가라고 생각했는데, 그 이유는 셀라가 세계 오지의 사실적 모습을 담아냈을 뿐만 아니라 우리 마음 깊숙한 곳에서 정신적인 반향을 불러일으키는 경험의 핵심을 잘 포착했기 때문이었다.

1906년 당시 셀라는 이미 코카서스, 알래스카, 시킴까지 돌아봤고, 아브루치 공과 함께 아프리카로 가서 필름과 유리 평판에 루웬조리의 불가사의한 매력을 담아냈다. 그러나 셀라는 1909년에는 K2에 가고 싶어 하지 않았다. 그는 나이가 벌써 쉰이 되어서 더 이상 예전의 혈기왕성한 등산가가 아니었다. 게다가 그의 명성은 이미 최고에 달해 있었고, 그의 사진은 유화와 같은 가격으로 판매되었으며, 자기 사업을 6개월씩이나 비울 수 있을 정도로 한가하지도 않았다. 결정적으로 셀라는 원정대의 동료들에게 완전히 정나미가 떨어져 있었다. 그들 중 누구도 — 심지어는 아브루치 공마저도 — 사진을 단순한 기록 도구 이상으로 생각하지 않았고, 셀라와 미학적인 관심사를 공유하지도, 셀라의 작품이 가진 미학적인 가치를 인정하지도 않았다. 1906년 루웬조리에서 돌아오자 셀라는 사적인 문서에 "동료들이 보여준 감수성과 도덕적 자질에 대해 늘 실망했다. 그들에게서 시인의 자질이라든가 아름다움에 대한 관심사를 조금이라도 찾아보려면 현미경으로 들여다보아야 할 것이다."라고 썼다. 아브루치 공이 어떻게 셀라의 마음을 돌려 1909년 원정에 참가하게 했는지는 알 수 없다. 그 동기가 애국심이나 산에 대한 사랑 혹은 우정 때문이었는지는 명확하지 않다. 하여간 3월 26일 셀라와 그의 조수인 에르미니오 보따Erminio Botta는 아브루치 공과 함께 P&O 증기선 오체아나Oceana 호를 타고 마르세유에서 봄베이를 향해 떠났다. 셀라가 K2 원정에 참가한 것은 후세들에게 큰 행운이었다. 그가 1909년 카라코람에서 찍은 사진들은 지금도 다른 어떤 사진들과 견줄 수 없을 만큼 훌륭하다.

아브루치 공 일행은 의류와 등반장비에서부터 식량과 약품, 카메라와 사진측량 조사 장비, 기상장비 등을 넘치도록 준비하여 배에 5,900킬로그램의 물자를 싣고 갔다. 전에 알래스카의 말라스피나Malaspina 빙하에서 10개의 강철 침대 틀을 끌고 가라고 명령한 이래 아브루치 공은 이번에도 긴 원정을 떠나야 했지만, 발토로에서는 어쨌든 공기를 넣은 매트리스나 바닥에서 잘 예정이었다. 그럼에도 그의 원정은 왕자의 행차였으므로 거추장스러운 원정의 전형으로 이름이 높았다. 그래도 다행히 그 원정에서 히말라야 원정의 효율적 운영과 인간적인 동지애의 전형이 수립되었다. 다른 초기의 히말라야 원정처럼 그 원정도 결국 난관과 실패와 실망에 부딪쳤다. 하지만 결국 아브루치 공의 원정대는 하나의 목적으로 운영되었으며, 조화로운 목적의식을 유지했다. 비록 그 원정이 콘웨이의 업적을 토대로 진행되기는 했지만, 영국인 등산가 빌 틸먼의 말처럼 아브루치 공은 '대규모 히말라야 원정의 원조'가 되었다. 그리고 이런 점 때문에 등반이 실패로 돌아갔음에도, 그 원정은 크게 인정받지는 못 했지만 무시되지도 않았다.

아브루치 공은 성 금요일인 4월 9일 봄베이에서 출발하여 라왈핀디를 경유하여 스리나가르로 갔고, 그곳에서 당시 카슈미르 궁정의 영국 주재원이었던 프랜시스 영허즈번드의

1899년 춘제르마 고개에서 본 석양의 자누. 비토리오 셀라 촬영
(사진출처: 폰다지오네 셀라)

호의에 찬 환영을 받았다. 영허즈번드는 아브루치 공이 왕족이라는 사실을 믿고 다른 외국 원정대와는 다르게 어떤 의혹도 품지 않았다. 또한 카슈미르 토후 정부와 협상을 해 아브루치 공이 반입한 물건들을 관세 없이 통관시키도록 함으로써 시간과 비용을 아낄 수 있도록 도와주었다. 토후는 스리나가르에서 하루 거리인 군데르발Gunderbal로 몸소 와서 아브루치 공을 만나 그의 원정이 성공하기를 기원해주었다. 원정대는 신드Sind 계곡으로 가서 대 히말라야 중심축의 가장 낮은 지점인 인더스 계곡과 카슈미르 계곡 사이에 있는 조지 라(3,529m)를 넘었다. 조지 라는 태곳적부터 중국령 투르케스탄과 티베트, 인도 간의 교역로였다. 아브루치 공은 조지 라에 있는 꽤 큰 마을 드라스Dras에서 영국인 연락 담당관이자 물자 수송 담당인 베인스A. C. Baines를 만났다. 베인스는 라다크인과 발티인 짐꾼 300명 정도와 수송용 조랑말 60마리 정도를 모아왔고, 원정대는 이에 힘입어 당당한 규모로 인더스 계곡을 거슬러 올라 스카르두로 갔다. 그들은 그곳에서 왕족에게 걸맞은 환영을 받았다.

춤과 악단의 공연이 벌어졌고, 폴로 경기가 개최되었으며, 모든 계층의 지역 유지들이 환영 행사에 참가했다.

5월 13일 아브루치 원정대는 아스콜리로 갔다. 그곳은 1892년 에켄슈타인과 콘웨이가 다툼 끝에 갈라선 곳이었다. 셀라는 여기서 3,962미터 지점으로 올라가 망고 구소르 산맥과 브랄두 계곡 위쪽의 파노라마 사진을 찍었다. 일주일 후 셀라는 우르두카스 위쪽의 눈 덮인 고산 능선에서 발토로 계곡 아래쪽의 유명한 '파노라마 B' 사진을 찍었다. 우르두카스의 고산지대는 지금은 환경이 많이 파괴되었지만 한때는 순수한 아름다움을 간직한 곳이었다. 아브루치 공은 이곳에 주베이스캠프를 설치했다. 그 원정에서 촬영된 많은 사진 가운데 오직 셀라가 찍은 이 두 장의 파노라마 사진들만 데 필리피의 최종적인 원정기에 수록되었는데, 이 두 장의 사진들은 독자들이 마음속으로 히말라야의 실제 규모를 상상해볼 수 있게 해주었다. 콘웨이는 펜과 잉크 스케치를 통해 그의 원정을 섬세하게 묘사했고, 워크먼 부부는 적절치 못한 기구이긴 했지만 어쨌든 패니의 코닥 스냅샷 카메라로 자신들의 모습을 남겼다. 그러나 셀라의 작품들은 그런 것들과 차원이 달랐다. 그의 작품을 통해 완벽한 가능성을 보인 사진술은 이전까지 사용되던 장황한 설명을 대신하여 산에서 이루어지는 개별적·집단적인 업적을 기록할 수단으로 자리 잡았다.

5월 23일 아브루치 공은 우르두카스의 주캠프에 베인스를 책임자로 남겨놓고, 콩코르디아로 떠났다. 그는 그다음 날 콩코르디아에서 처음으로 K2를 보고 나서 "K2는 이 지역의 두말할 나위 없는 지배자이며, 거대하면서도 고독하다. 이 산은 수많은 산맥들이 인간의 시야를 가리고 있고, 위성봉들이 빈틈없이 가로막고 서 있으며, 길고도 긴 빙하가 외부의 침입을 막는다."라고 말했다. 물론 K2를 알프스에 비유한 것은 히말라야의 규모를 알프스의 규모로 축소한 말도 안 되는 일이며, K2를 이탈리아의 산이라고 주장한 것은 제멋대로의 상상에 불과했지만, 데 필리피는 분명히 K2가 발토르난케Valtournanche에서 보는 마터호른과 비슷하다고 생각했고, 이후 여러 등산가도 이 점에 대해 동의했다. 그러나 아브루치 공은 신속한 등반이 가능할 것이라는 환상을 품지는 않았다. 그는 캠프 야전부관의 이름을 따서 '네그로토 고개'라고 이름을 붙인 남서릉의 오목한 곳 아래 작은 빙퇴석의 평지에 텐트를 치고 돌을 쌓아 대규모 야영지를 만들었다. 베인스가 우르두카스에서 발토로를 오가며 신선한 달걀, 고기, 물, 연료, 편지와 심지어 신문까지 공급하는 가운데 아브루치 공은 K2에서 히말라야 방식이라고 입증된 포위전법으로 공격을 전개했다.

아브루치 공이 시간을 허비한 것은 아니었다. 데 필리피와 다른 사람들이 캠프를 보강하는 동안 아브루치 공은 자신의 가문 이름을 따서 "사보이아Savoia"라고 이름 붙인 서쪽 지류 빙하에 올라가서 그 빙하가 끝나는 곳에 있는 넓고 둥근 콜을 눈여겨봤다. 이후 그 콜은 "사보이아 안부Savoia Saddle"라고 불리게 된다. 아브루치 공은 그 콜을 통해 K2의 북서릉으로 접근할 수 있을 것으로 보았다. 그때 알렉시스 브로슈렐과 에밀리오 브로체렐은 북동릉을 보려고 고드윈 오스틴 빙하를 올라갔다. 그들은 산의 동쪽 사면 전체와 마찬가지로 북동릉도 등반할 수 없고, "극도로 가파르고 얼음으로 덮여 있으며 세락[†1]의 붕괴 위험에 노출되어 있다."라는 결론을 내렸다. 따라서 당분간은 — 분명치는 않지만 — 정상 능선과 만나는 7,500미터 정도의 돌출부로 이어지는 남동릉만 유일한 가능성으로 남게 되었다. 아브루치 공 원정대의 이탈리아인 가이드들은 이틀간 텐트, 로프, 피톤[†2], 난로, 침낭과 식량을 남동릉의 기슭으로 날랐다. 5월 30일, 아브루치 공은 준비를 마치고 올라가기 시작해 커다란 바위 아래에서 움푹 들어간 곳을 발견했다. 그는 두 개의 윔퍼 텐트를 치기에 충분한 그곳에 4캠프(5,561m)를 설치했다. 그곳에서 아브루치 공이 3일을 기다리는 동안 네 명의 가이드는 눈이 차있는 가파른 쿨르와르와 얼음이 들러붙은 썩은 바위로 된 곳을 통해 그 위쪽으로 올라가려 시도를 했다. 결국 그들은 6,250미터까지 간신히 올라간 다음 포기했다. 극복할 수 없는 장애물을 만난 것은 아니었지만 그들은 "짐이 하나도 없는 가이드라도 간신히 오를 수 있을 정도로 어려워서, 이렇게 무서운 등반을 시도해본다고 해도 전혀 가망이 없습니다. 최소한의 필수품을 옮기는 것도 의심의 여지없이 불가능합니다."라고 아브루치 공에게 보고했다. 아브루치 공은 안락한 캠프에서 나와 몸소 등반하려 하지 않고 이 의견을 받아들여 그 능선에서 철수할 것을 명령했다. 그 능선은 현재 아브루치 공의 신중하면서도 선구적이었던 노력을 기리는 의미에서 "아브루치 능선"으로 불리고 있다.

아브루치 공은 남쪽에서 좌절을 겪고 난 후, 만만하게 경사진 북서릉으로 접근해보려고 서쪽의 사보이아 빙하로 갔다. 6월 7일, 12시간에 걸쳐 힘들게 발판을 깎는 작업을 한 끝에 그와 세 명의 가이드가 6,666미터의 사보이아 안부에 도달했으나, 그 위쪽은 도저히 오를

---

†1 **세락serac** 급경사 지역의 빙하에서 균열의 교차로 생기는 빙탑

†2 **피톤piton** 추락 보호나 확보를 위해 바위의 틈에 박는 암벽등반 장비

수 없는 첨탑들에 가로막혀 있었다. 북벽 또한 오버행으로 이루어진 넓은 눈처마[†]로 가로막혀 보이지도 않았다. 데 필리피는 "그리고 그것이 원정의 끝이었다. 그간의 수고에 대한 대가로 아브루치 공에게 돌아온 것은 이 등반을 시작할 때 품었던 희망이 물거품으로 돌아간 것뿐이었다."라고 간결하게 기록했다. 그러나 사보이아 빙하를 올라가본 시도가 아무짝에도 쓸모없는 실패는 아니었다. 빙하가 끝나는 곳에 있는 지저분한 얼음 덩어리 위에서 셀라는 K2의 거대한 서벽을 찍은 불멸의 작품을 남겼고, 이뿐만 아니라 서쪽을 찍은 파노라마 사진인 '파노라마 E'도 찍었다. 짐 큐런Jim Curran에 의하면 바로 이 사진을 보고 미국인들이 자극을 받아 1975년에 북서릉에 도전했다고 한다.

아브루치 공에게 남은 일은 고드윈 오스틴 빙하의 상부 분지와 K2의 동쪽 사면을 탐사하는 것이었다. 그쪽을 가보자, 아브루치 공도 처음에 브로슈렐 형제가 북동릉 등반이 불가능하다고 내렸던 판단에 동의하지 않을 수 없었다. 따라서 그는 그 분지에 대해 철저한 정찰을 한 후 스캉 캉그리, 즉 크로울리가 "스테어웨이피크"라고 불렀던 봉우리의 윈디 갭을 올라가보려고 했다. 악천후에다가 가이드인 알렉시스 브로슈렐이 원인 모를 병을 앓아서 이 도전은 약 6,700미터 고도에서 좌절됐다. 아브루치 공은 데 필리피가 원정보고서를 쓸 때 표지 사진으로 사용했던 유명한 K2의 동벽 사진을 이때 찍었다.(아브루치 공은 사진도 상당히 잘 찍었다.) 그 사이에 셀라는 브로드피크를 원형경기장처럼 둘러싼 산맥 사이의 낮은 지점(셀라 패스Sella Pass)으로 올라가 남동쪽을 향해 동부 카라코람의 전혀 알려지지 않은 산들을 담은 '파노라마 F'를 찍었다. 그는 전혀 몰랐겠지만 바로 5일 전에 톰 롱스태프가 — 아서 네브, 슬링스비A. M. Slingsby와 함께 — 살토로Saltoro 고개를 넘어 시아첸 빙하로 가서 셀라가 사진을 찍은 산군을 보고, 그것들 중 가장 높은 산에 테람 캉그리Teram Kangri(7,464m), 즉 '테람의 얼음 봉우리'라는 이름을 붙였다. 데 필리피의 책이 나오자 롱스태프는 셀라의 사진을 보고 그 산이 바로 테람 캉그리라고 알려주었는데, 이것은 영국인과 이탈리아인이 우연히 지형학에 대해 협력을 하게 된 사례였다.

6월 하순, 아브루치 공은 K2가 오를 수 없는 산이며 앞으로도 오를 수 없을 것이라는 결론을 내렸다. 확신에 찬 이 결론은 이후 30년간 이 산에 도전하려는 의욕을 좌절시켰다. 그러나 아브루치 공은 최고 고도기록에 대한 희망을 계속 품고 있던 터라 7월이 되자 콘웨이

† 눈처마cornice 벼랑 끝에 처마 모양으로 얼어붙은 눈 더미

의 '브라이드피크(7,668m)', 즉 초골리사를 오르기 위해 출발했다. 브라이드피크는 K2에서 29킬로미터 남쪽에 있는 멋진 설산으로 균형미가 대단하다. 아브루치 공은 초골리사 안부(6,335m)에 캠프를 설치하는 데는 이틀이면 충분할 것으로 보았으나, 결국 8일이 걸렸다. 셀라는 후원자인 아브루치 공을 만난 다음 발토로 상부에서 '파노라마 P'를 촬영하고서 우르두카스에 있는 주캠프로 돌아오는 도중에 거대한 바위산인 무즈타그 타워를 찍은 유명한 사진을 남겼다. 여러 가지 이유로 데 필리피, 네그레토, 알렉시스 브로슈렐과 로랑 프티갹스가 전투력을 상실했기 때문에 아브루치 공만 7월 10일 두 명의 가이드(조제프 프티각스와 앙리 브로슈렐)와 이탈리아인 짐꾼(에밀리오 브로체렐)을 데리고 초골리사의 남은 1,333미터 구간에 도전하기 위해 떠났다. 이때부터 날씨가 나빠지더니 악천후가 이어졌다. 아브루치 공을 좌절시킨 것은 바람이나 추위, 눈보라가 아니라 이상하게도 안개였다. 7월 18일 그는 정상을 170미터 남겨둔 곳까지 올라갔다. 이것은 사상 최고 고도기록보다 213미터를 더 올라간 것이었는데, 이 지점에서부터 앞을 볼 수 없을 정도로 짙은 안개가 가로막아 더 이상 갈 수 없었다. 잠깐이라도 바람이 불어서 안개가 흩어지기를 두 시간 동안 기다렸지만 바람은 불지 않았다. 어두워지기 전에 안부로 내려와야 해서 아브루치 공은 이후 13년간 깨지지 않을 최고 고도기록(7,498m)을 수립한 것으로 만족하고 오후 3시 30분에 돌아섰다.

프랜시스 영허즈번드가 나중에 "히말라야 역사상 가장 완벽하게 조직된 원정"이라고 논평했던 도전은 이렇게 막을 내렸다. 주된 목적이었던 K2 등정은 에켄슈타인이나 크로울리의 시도처럼 완전히 좌절되었다. 그러나 그 원정은 최고의 조건을 충족시켰고, 히말라야 탐험이 어떻게 진행될 수 있는지를 보여주는 가장 완벽한 전형이었다. 아브루치 공 일행 가운데 아무도 죽거나 심하게 다치지 않았다. 어떤 사람도 마음을 상하지 않았고, 우정에 금이 가지도 않았으며, 짐꾼 중 누구도 저항하거나 반기를 들지 않았다. 아브루치 공의 1차적 목적인 등반과 2차적 목적인 과학적 임무는 완벽한 조화를 이루며 수행되었다. 이 원정에서는 두 가지 목적이 서로 보완하는 역할을 했다. 네그로토가 꼼꼼하게 모아온 기상학적 데이터는 별 쓸모가 없었지만, 그가 제작한 10만분의 1 축적의 사진 측량 지도는 이전 지도들보다 훨씬 더 개선된 것이었으며, 이후 이 지역의 원정과 등반에 기초 자료가 되었다. 아브루

1909년 K2 서벽 아래의 캠프. 비토리오 셀라 촬영
(사진출처: 폰다지오네 셀라)

치 공이 초골리사 안부에서 오랫동안 머물렀기 때문에 6,100미터(20,000피트) 이상의 고도에서 잠을 자는 것은 불가능하다고 했던 워크먼 부부의 괴상한 주장이 잘못된 것으로 밝혀졌다. 또한 아브루치 공이 등정에 거의 성공할 뻔한 사례를 통해, 인간이 7,620미터(25,000피트) 고도에도 적응할 수 있다는 것을 알게 되었다. 데 필리피가 솜씨 있게 쓴 것처럼, 아브루치 공이 왕족이었기 때문에 그 산에 대한 권한을 이탈리아가 가지게 되었고, 이후에도 그 권한은 남아있었다. 아브루치 공은 다시는 히말라야로 가지 않았지만, 아브루치라는 이름은 히말라야의 가장 거대한 산 중 한 곳에 남았다. 또한 비토리오 셀라를 데려가는 선견지명을 발휘한 덕분에 아브루치의 원정은 위대한 유산으로 남게 되었다. 셀라가 촬영한 숨 막히는 사진들은 느리고 조용한 시간 속에 서 있는 카라코람의 엄숙한 위엄을 세계인의 마음속에 영원히 새겨놓았다.

에베레스트를 향하여(1893~1914년)

히말라야 '15번 봉우리Himalaya Peak XV'로 알려진 산은 1856년 대인도 삼각 측량 조사에서 원래 높이보다 약간 낮은 8,840미터(29,000피트)로 계측된 이후 — 확실하지는 않지만 — 아마도 세계에서 가장 높은 산일지 모른다는 점에서 그 당시 지형학적인 호기심의 대상이 되었다. 그때까지 서양인은 시킴의 싱갈리라 능선에 있는 산닥푸Sandakphu 근처의 작은 마을 팔루트Phalut까지밖에 갈 수 없는 상황이었다. 그러나 에베레스트(혹은 당시 헤르만 슐라긴트바이트가 실수로 58킬로미터 서쪽에 떨어진 산과 착각하여 가우리샹카르Gaurisankar로 잘못 알려진 산)는 발견과 동시에 서양인들의 상상력을 사로잡았다. 1857년 알파인 클럽이 창립되자 회원들은 곧바로 고도 문제와 더불어 과연 지구의 최고봉에 오를 수 있는지, 그 가능성을 검토하기 시작했다. 1876년 괴짜 미국인 고산 등산가 메타 브리보트Meta Breevort가 본격적으로 등반해보고자 하는 마음을 먹었지만, 류머티즘 열로 옥스퍼드에서 갑자기 사망했다. 그렇게 죽지 않았다면 그녀는 티베트와 네팔의 쇄국정책으로 에베레스트 도전이 거의 불가능하다는 것을 깨닫게 되었을 것이다. 이후 윌리엄 그레이엄과 마틴 콘웨이가 초기 히말라야 원정을 다녀오면서 자연스럽게 에베레스트에 대한 논의도 촉진되었다. 1893년, 콘웨이와 원정을 마치고 갓 돌아온 젊은 찰스 브루스는 당시 치트랄Chitral에서 영국 정부의 대리인으로 있던 프랜시스 영허즈번드에게 자신과 함께 두 사람만 비밀리에 티베트 국경을 넘어 그 산을 북쪽에서 올라보자고 제안했다. 놀랍게도 인도 정부의 외무부 장관이었던 모티머 듀런드Mortiner Durand가 이 정신 나간 계획에 대해 아무런 반대를 하지 않았지만 당연히 이 계획은 성과가 없었고, 성격이 비슷한 모험가였던 브루스와 영허즈번드 두 사람은 각자의 일상으로 돌아갔다.

머메리가 낭가파르바트에서 죽고 나서 3년이 지난 뒤 조지 나다니엘 커즌George Nathaniel Curzon이 인도 총독으로 부임하자, 에베레스트를 등정하자는 발상이 다시 탄력을 받게 되었다. 커즌 총독 자신도 경험이 풍부한 트랜스 히말라야 지역 여행가였으며, 직접 옥수스Oxus강의 시원을 탐사하여 왕립 지리학회로부터 금메달을 받기도 했다. 그는 노골적인 식민주의자로 영국의 문명 전파라는 사명을 굳게 믿었으며, 국경 외교에서 확고한 '진보파'였다. 커즌 총독은 더글러스 프레쉬필드가 칸첸중가를 한 바퀴 돌아보기 위해 비밀리에 티베트와 네팔로 가보고 싶다고 요청하자 만류하기는커녕 국경을 넘어서 에베레스트 산군에도 가보라고 부추겼다. 커즌은 1899년 7월 프레쉬필드에게 이렇게 편지를 써 보냈다. "영국 보호령이나 영국 제후국의 국경에 세계에서 가장 높은 봉우리와 두 번째, 세 번째로 높은 봉우리일 가능성이 큰 산들이 있는데, 지난 20년간 과학 원정이나 탐험을 진행하지 못한 것은 정말 큰 유감입니다. 아주 유능한 원정대가 칸첸중가나 에베레스트를 등정하거나 등정을 시도하는 것을 꼭 보고 싶습니다." 프레쉬필드는 이 편지에 용기를 얻어 런던의 왕립 지리학회와 왕립 학회Royal Society에서 이 계획을 역설했으나, 두 단체 모두 남극 원정에만 관심이 있었고 에베레스트에 대해서는 별로 생각이 없었다. 커즌 총독은 네팔을 통해 에베레스트 입산허가를 받아내려 했는데, 이 노력도 별로 소득이 없었다. 프레쉬필드와 커즌이 그해가 가기 전에 만나 에베레스트 등반에 대해 더 논의하기는 했지만 에베레스트 등반계획은 계속 뒤로 미루어졌다.

당시 국경지역은 커즌 총독에게 제국의 최대 걱정거리를 안겨주었다. 최악의 전염병과 기아로 커즌은 인도 총독 임기의 초반을 힘들게 보내야 했다. 1901년에는 소요가 발생하던 펀자브-인더스 서부 지방을 떼어 서북부 국경 주로 개편하고 캘커타로부터 직접 명령을 받게 했다. 그는 힌두쿠시 북쪽으로 중국령 신장까지 영국의 영향력이 미치는 범위를 확대해 카슈미르의 넓이를 효과적으로 두 배로 키웠고, 카라코람을 통한 러시아의 영향력 개입을 미리 차단했다. 그러나 그는 티베트가 여전히 불안한 상태여서 러시아가 눈독을 들일 수 있다고 생각했다. 따라서 1903년 영국령 인도에서 가장 큰 행사인 델리 궁전에서의 총독 알현이 끝나자, 커즌 총독은 당시 인도르Indore 주재원이었던 프랜시스 영허즈번드를 불러 라싸로 향한 군사 작전을 지휘하게 했다. 영국 정부는 영허즈번드가 달라이 라마를 무력으로 협박해 체결한 협정을 후에 부인하면서, 1904년 춤미 셍고Chumi Shengo에서 실수로 티베트인 700명을 학살한 책임을 그에게 물었다. 하지만 일단 벌어진 일은 벌어진 일이었다. 티베트는 마지못해 대영제국과 후원 관계를 맺게 되었고, 이로 인해 초기 에베레스트 원정의 코스와 맥락이 결정되었다.

영허즈번드는 1904년 9월 라싸에서 철수하기 전에 세실 롤링Cecil Rowling 대위의 지휘 아래 브라마푸트라 강을 따라 티베트 서쪽 무역 도시인 가르톡Gartok까지 탐사하는 소규모 원정대를 파견했다. 롤링의 루트는 성채 도시인 라체 쫑†Lhatse Dzong(라추La-tzu)을 거쳐 카라 라Kara La(5,456m)를 넘는 것이었다. 카라 라에서 롤링과 그의 수석 조사관 라이더C. H. D. Ryder는 80킬로미터 거리에서 마할랑구르 히말Mahalangur Himal을 또렷하게 볼 수 있었다. 롤링은 이렇게 기록했다.

> 수천 미터 높이로 솟아오른 에베레스트의 눈 덮인 정상이 환하게 빛나고 있었다. 난쟁이들 사이에 서 있는 거인이었다. 그 높이가 대단했을 뿐만 아니라 그 모습 또한 완벽했다. 근처의 어떤 봉우리도 에베레스트가 가진 최고의 지위를 감히 따라오지 못했다. 굽이치는 언덕이 산기슭으로부터 사방으로 뻗어있고, 에베레스트의 북쪽 4,570미터 아래에는 딩그리 평원Dingri Plain이 펼쳐져 있었다. 에베레스트의 동쪽과 서쪽 방면으로는 가까운 곳에 높은 산이 없었지만, 좀 떨어진 곳에 눈과 바위로 된 다른 고봉들이 솟아있었다. 다른 고봉들도 아름다웠지만 숙연한 위엄을 보이는 에베레스트에 견줄 수는 없었다. 그 엄청난 높이와 눈이 부신 하얀색, 압도적인 크기를 묘사할 만한 마땅한 말을 찾기가 어려웠다. 북벽은 깎아지른 절벽인 것 같았지만 너무 멀어 확실하지 않았다.

나중에 롤링은 만일 에베레스트를 오른다면 상대적으로 완만한 북동릉으로 도전해야 한

---

† 쫑Dzong 티베트어로 '요새'를 뜻함.

다는 결론을 내렸다. 그러나 커즌은 아직 보지 못한 남쪽 사면에 희망을 품고 있었다. 4년의 침묵을 깨고 1905년 4월, 커즌 총독은 네팔을 탐사할 알파인 클럽과 왕립 지리학회의 합동 원정대를 프레쉬필드가 조직해야 한다고 주장했다. 커즌 총독은 자신의 입장을 다음과 같이 설명했다. "세계 제2위 고봉이 있는 땅이 대부분 영국 영토에 속해 있고, 세계 제1위 고봉이 인근 우방에 있는데, 전 우주를 통틀어 가장 우수한 우리 영국인 등산가들이 그 두 개의 봉우리를 등정하려는 지속적이고도 과학적인 시도를 하지 않는 것은 큰 유감이라 생각합니다." 커즌 총독은 자신이 이 계획에 대해 진지하다는 것을 보여주기 위해 정부 재정 가운데 3,000파운드를 원정 기금으로 내겠다고 제안했다. 프레쉬필드가 알파인 클럽에 이런 제안을 하자 알파인 클럽은 예의상 100파운드의 기금을 내고 지지를 표명했지만, 왕립 지리학회는 전혀 관심을 보이지 않았다. 지리학회장인 조지 골디George Goldie는 커즌 총독에게 "에베레스트를 오르는 것은 굉장한 스포츠적인 모험이며 몇 가지 의문에 대한 흥미 있는 대답을 줄 수는 있겠지만, 이곳 사람들은 그 등반을 범위가 더 넓은 지리학적인 작업의 일부일 뿐이라고 생각합니다."라는 편지를 보냈다.

커즌 총독은 인도 군대의 통솔권을 놓고 키츠너Kitchener 경과 벌였던 긴 투쟁에서 결국 패배하자 1905년 8월 인도 총독의 직위에서 사임한 후 영국으로 돌아갔다. 그의 후임자였던 민토Minto 경도 알파인 클럽의 회원이었고 에베레스트 등정에 대해 관심을 갖고 있었지만, 발포어Balfour의 보수당 정권이 관세 개혁 문제로 실각한 후 내핍을 강조하는 존 몰리John Morley가 세인트 존 브로드릭St. John Brodrick의 뒤를 이어 인도성[†1]India Office의 후임이 되자, 정치적인 이유로 에베레스트 원정의 전망이 어두워졌다. 글래드스턴의 전기 작가였던 몰리는 그의 열렬한 계승자를 자처했는데 국경 확장에 반대하는 소小영국주의자[†2]였다. 히말라야 등반에 관심이 있는 등산가들은 아일랜드인 장관이자 알파인 클럽 회원이었던 제임스 브라이스James Bryce가 내각에서 우호적인 태도를 보여줄 것으로 기대했다. 찰스 브루스로부터 알파인 클럽 창립 50주년을 기념하여 에베레스트로 제한적인 원정을 가자고 제안 받은 프레쉬필드는 브라이스에게 직접 편지를 써서 호소했다. "우리가 영향력을 행사할 수 있는 지역에 있는 가

---

†1 영국이 인도 지배를 위해 설치한 본국 관청. 1858년 인도통치개선법에 의해 개설, 인도를 지배하는 영국 행정부의 중요한 부문이 되었으나 1847년 인도와 파키스탄의 분리 독립에 따라 폐지되었다.

†2 **소영국주의Little Englandism** 19세기 말 식민지의 확장을 피하고 본국의 재정 부담을 줄이려는 W. E. 글래드스턴 등 영국 자유당의 정책기조

장 높은 산을 등정할 기회를 놓치게 된다면, 그것은 불안감에서 초래된 너무나 슬픈 일이 될 것이라는 점에 동의하실 것으로 믿습니다. 사람과 돈은 늘 준비되는 것이 아닙니다. 크로울리와 워크먼 부부로 인해 인도에서 등산의 가치가 추락한 것을 잘 알고 있고 유감으로 생각합니다. 그렇지만 부적절한 사람들에게도 허용돼온 시설을 적절한 인재들이 사용하지 못한다면 그것은 너무한 일입니다. … 만일 영국인들이 지금 바로 가지 않는다면, 아브루치 공이 먼저 시도할 것이라고 생각할 만한 충분한 이유도 있습니다." 그러나 국가적인 야심을 자극한 호소마저도 몰리를 움직이지 못했다. 몰리는 그들이 제안한 원정이 그 직전 마무리된 영-러 협약을 위반하는 것이라고 생각했다. 2월이 되자 몰리는 '제국의 정책을 고려하여' 그 제안을 거부했다.

에베레스트에 대한 접근 시도가 모두 거부되자, 그 대신 브루스는 1907년에 영국령 가르왈로 출발했다. 브루스의 일행은 막강했다. 1905년에 더글러스 프레쉬필드와 함께 동부 아프리카 루웬조리 산맥의 초기 원정 경험이 있는 20년 경력의 고산 등산가 아널드 멈Arnold Mumm, 멈과 떨어질 수 없는 스위스인 가이드 모리츠 인데르비넨Moritz Inderbinnen, 쿠르마예 출신의 알렉시스 브로슈렐과 앙리 브로슈렐 형제, 브루스가 데리고 있던 구르카 병사 9명, 2년 전 난다데비의 동쪽 접근로를 원정했고 브로슈렐 형제와 네팔 서쪽의 오지인 인도 국경지대 굴라 만다타Gurla Mandhata(7,694m)에 도전했던 톰 롱스태프Tom Longstaff가 브루스와 동행했다. 이번 원정대는 '대장' 없이 한 팀으로 움직이는 드문 경우였고, 브루스 혼자만의 목적이라기보다 팀 전체가 공유한 목적이 있었는데, 그것은 바로 여신 난다데비의 외곽 성소를 굽어보고 있는 트리술Trisul(7,120m), 즉 시바 신Lord Shiva의 거대한 세 개의 연봉 중 가장 높은 봉우리를 오르는 것이었다.

일행은 자치구의 수도 알모라를 떠나 북쪽으로 이동했다. 이들은 쿠마온의 아열대 계곡을 지나, 가르왈로 들어가서 쿠아리 고개Kuari Pass(3,700m)를 넘어, 리쉬 강가Rishi Ganga와 난다데비 분지에 가장 가깝고 상당히 큰 마을인 타포반Tapoban에 도착했다. 이들은 5월 8일 수라인 토타Surain Thota의 편백나무 숲으로 가서 트리술을 향한 기지를 마련했다. 등반하러 가기에는 너무 이른 시기여서, 브루스는 시간도 보낼 겸 북쪽 성채에 우뚝 솟아오른 두 개의 거대한 봉우리인 두나기리와 창가방 아래의 빙하 계곡을 탐사하자고 제안했다. 6월 2일 일행은 '디브루게타Dibrugheta의 아름다운 초원'을 떠나 리쉬 강의 급류를 건너서 트리술리 날라Trisuli Nala

의 3,993미터에 전진캠프를 설치했다. 그때부터 브루스는 무릎이 아파서 다리를 절기 시작했고, 멈의 고산등반 경험은 힘든 히말라야 등반에 잘 맞지 않았으며 게다가 심한 설사에 시달렸다. 그리하여 일행 가운데 롱스태프, 브로슈렐 형제, 브루스의 구르카 병사 가운데 산을 가장 잘 오르긴 했지만 그 능력이 확인되지 않은 카르비르Karbir만이 6월 12일 빙하에 있는 5,304미터 지점의 캠프로부터 정상까지 갔다. 트리술은 기술적으로 어려운 코스가 있는 산이 아니었지만 높은 산이었고, 그레이엄이 1883년 카브루를 올랐다는 의심스러운 기록을 무시한다면, 당시까지 등정된 산 가운데 가장 높은 산이었다. 1907년 이 산을 안전하고도 성공적으로 등정했다는 사실 덕분에 롱스태프의 '속도전' 전술에 대한 믿음이 강화되었고, 더 높은 산을 오르고자 하는 이들에게도 이 전술이 권장되었다.

에베레스트 이야기에서 롱스태프가 트리술을 오른 것보다 더 중요한 것은 몇 달 후 거의 무명이었던 카를 빌헬름 루벤손Carl Wilhelm Rubenson과 이름은 모르지만 성이 몬라트 아스Monrad-Aas로 알려진 노르웨이인 두 명이 시킴의 싱갈리라 능선에 있는 칸첸중가의 거대한 남쪽 위성봉인 카브루를 등반한 것이었다. 이 스칸디나비아 출신의 불청객들이 더 높고도 힘든 산에 올라 정상까지 불과 30미터도 안 남은 곳까지 도달했다는 것도 의미가 있었지만, 더 중요한 것은 그들이 최초로 셰르파족 혹은 '동쪽 민족'의 놀라운 등반 능력을 발견하고 다른 사람들에게 알렸다는 점이다. 셰르파족은 티베트계 사람들인데, 그들의 선조는 16세기 중반 무렵 낭파 라를 넘어 동부 네팔의 쿰부Khumbu 계곡으로 들어갔다. 말할 필요도 없이 루벤손과 몬라트 아스는 네팔에서는 셰르파들을 발견하지 못했다. 셰르파족은 19세기 중반부터 계절에 따라 일거리를 찾기 위해 벵골 언덕의 다르질링으로 이동해 왔다. 1901년에 다르질링 자치구 인구조사에 따르면 3,450명의 셰르파족이 퉁 숭 부스티Toong Soong Busti 판자촌과 그 인근에 살고 있었다. 퉁 숭 부스티 판자촌은 다르질링의 초우라스타Chowrasta 광장에서 조금 떨어진 곳에 있었다. 이들의 먼 사촌인 보티아족처럼 처음에는 셰르파족도 빠르게 늘어나는 관광지와 정부군의 주둔지에서 짐꾼, 릭샤 꾼이나 일용 노동자로 일했다. 루벤슨과 몬라트 아스가 어떻게 셰르파족을 알게 되었는지는 말하지 않았지만, 카브루에서 돌아올 때 셰르파족이 다른 부족의 많은 원주민 짐꾼들과는 다르다고 칭찬했다. 루벤손은 능숙한 영어로 이렇게 썼다. "정말 용감했던 원주민은 티베트계 네팔인, 소위 셰르파족이었다. 내 생각에 그들이 피켈과 로프 사용법에 대한 적절한 교육을 받는다면 서양인 가이드보다 훨씬 쓸모 있을 것이다. 그들은 가이드이기도 하고 동시에 짐꾼 역할도 할 수 있으며, 특별한 주의가 필요한 것도 아니다. 그들은 일단 상대방을 신뢰하고 좋아하게 되면 상대방을 위해 어떤 일도 할 것이다."

그들이 실패한 카브루 원정보고서에 지나가는 말투로 적어놓은 이 제안은 히말라야 등산의 체계적인 역사를 구성하는 데 있어서 결정적인 돌파구를 만들어주었다. 하지만 루벤손은 더 이상 이 발견에 대해 언급하지 않았고, 그의 예언은 거의 주목받지 못했다. 찰스 브루스도 분명히 1910년에 셰르파족의 존재에 대해 알고 있었지만, 그는 셰르파족의 독특한 자질을 전혀 알아차리지 못하고 전에 해오던 방식대로 자신의 구르카 병사들에게만 의존했다. 셰르파족을 마침내 '발견'한 사람은 영국인이라고 주장하는 사람들이 있을지 모르지만 실은 스코틀랜드 사람이 셰르파족을 발견했다. 그 사람은 겸손한 성품의 화학자로, 제1차 세계대전 후에 굉장한 등반을 여러 차례 했지만 놀랍게도 알려지지는 않았다. 또한 그의 등반은 에베레스트의 역사와 고소에서 일어나는 생리학적인 현상을 규명하려는 노력과 깊이 연관되어 있다.

알렉산더 미첼 켈러스Alexander Mitchell Kellas는 1868년 제임스 파울러 켈러스James Fowler Kellas와 메리 보이드Mary Boyd의 아홉 자녀 중 둘째로 태어났다. 그의 아버지는 머캔틸 마린 컴퍼니Mercantile Marine Company의 관리인이자 비서였다. 알렉산더 켈러스는 그래머 스쿨†을 졸업한 후 애버딘 대학Aberdeen University과 에든버러의 해리엇 와트 칼리지Heriot-Watt College에서 화학을 공부하고 런던의 유니버시티 칼리지에서 윌리엄 램지William Ramsay 경의 연구 조수로 잠시 있었다. 램지 경은 원소 아라곤을 발견한 사람으로 영국인 최초로 1904년 노벨 화학상을 수상했다. 켈러스는 1897년 하이델베르크대학에서 화학 박사학위를 받았다. 그는 3년 후에 런던의 미들섹스 병원 의과대학Middlesex Hospital Medical School에 화학 강사로 임용되었으며, 1919년 정신병 초기 증세가 나타나서 사임하기 전까지 근무했다. 그는 평생 독신을 유지했다. 애버딘 대학의 학생 시절 켈러스는 스코틀랜드 하일랜드의 그램피언Grampians에서 처음으로 등산을 알게 되었는데, 그 후에는 화학 다음으로 등산에 열정을 쏟았다. 그는 하이델베르크로 갈 무렵 이미 스코틀랜드와 웨일스의 산을 모두 올랐고, 스위스에서도 광범위한 지역에서 등반했다.

---

† **그래머 스쿨** 라틴문법을 주요 학과로 삼았던 고전문법학교. 공립 중학교(대학 진학자를 위한 public school과 같은 과정)

켈러스는 도전적이거나 혁신적인 등산가도 아니었고, 등산가라기보다는 걸어서 낮은 산에나 올라 다니는 사람에 불과했지만, 지칠 줄 모르는 체력을 갖고 있었다. 또한 자신만의 과학적 배경 지식 덕분에 켈러스는 높은 고도와 희박한 기압이 인체에 미치는 영향에 대해 최초로 체계적이고도 깊이 있게 연구했다. 그러나 켈러스는 거의 저술을 하지 않았고, 대중의 관심을 끌지 못했으므로 이런 업적에도 불구하고 세상에 잘 알려지지 않았다.

켈러스는 1907년 처음으로 인도에 갔다. 이때 그는 39세여서 나이가 비교적 많은 편이었다. 그는 동쪽의 시킴과 제무 빙하로 향하기 전에 세 명의 원주민 짐꾼과 두 필의 말을 끌고 2주일 동안 카슈미르의 피르 판잘에서 트레킹을 했다. 그는 이름이 알려지지 않은 두 명의 스위스인 가이드와 함께 칸첸중가의 동쪽 위성봉인 심부Simvu(6,812m)에 세 번 도전했고, 네팔 갭Nepal Gap에 도달하기 위해 두 번 도전했다. 네팔 갭은 기미겔라Gimmigela(당시 '트윈스Twins'로 불림)와 네팔피크Nepal Peak(6,910m) 사이의 칸첸중가 북릉에 있는 눈에 잘 띄는 낮은 지점이다. 이 모든 도전이 새로 내린 눈과 악천후로 실패했으며, 네팔 갭 도전의 경우 입을 쩍 벌리고 있어 건너갈 수 없는 크레바스 때문에 실패했다. 그러나 켈러스에 의하면 전반적으로 그 여행은 '첫 시도로는 상당히 흥미로웠으며', 특히 심부에서 거듭 실패를 겪었기 때문에 '희박한 공기 속에서 나의 유럽인 동행자보다 편안하게 지낸 네팔인 짐꾼(셰르파)들'과 함께 다시 돌아와서 등반해야겠다는 결심을 굳혔다.

2년 후인 1909년 8월 켈러스는 다시 시킴으로 갔다. 이번에는 원주민 짐꾼들만을 데리고 갔으며(그 가운데 네다섯 명이 셰르파였다.) 크로울리의 강적이었던 리고 데 리기도 동행했다.(유감스럽게도 칸첸중가를 경험하고 난 후에도 데 리기의 개인적인 성품이나 고소 적응력이 별로 좋아진 것 같지는 않았다.) 그들은 가장 북동쪽에 있는 외곽 봉우리 파우훈리(7,125m)에 도전했으나, 6,615미터에서 폭풍을 만나 돌아와야 했다. 켈러스는 서쪽으로 이동하여 로나크Lhonak로 갔고, 존송 라Jonsong La를 넘어 존송 빙하로 올라가, 이름이 알려지지 않은 셰르파 한 명과 함께 칸첸중가의 북릉 끝에 있는 랑포피크Langpo Peak(6,954m)에 올랐다. 나중에 켈러스는 이 등정에 대해 "라이헨브라터Leichenbratter의 오두막에서 체르마트 브라이트호른Zermatt Breithorn을 오르는 정도의 난이도였다."라고 말했다. 그는 9월 22일 단독으로 존송피크의 서릉을 6,700미터까지 올랐다. 또한 켈러스는 칸첸중가 산군 동쪽으로 이동하여 세 번째로 네팔 갭으로 가려 했으나 실패했고, 파우훈리에 두 번째로 도전한 다음 10월에 다르질

1921년 알렉산더 켈러스(1868~1921)
(사진출처: 왕립 지리학회)

링으로 돌아왔다. 이것이 켈러스의 진정한 첫 번째 원정등반 — 자신이 생각하기에는 — 이었고, 당대의 다른 등산가와 확실히 차별되는 것이었지만, 켈러스는 평소의 버릇대로 10년 후 이 원정의 일정을 간략한 기록으로 남긴 것을 제외하고는 거의 아무런 자료도 남기지 않았다. 워크먼 부부가 이런 원정을 다녀왔다면 그 원정에 대해 삽화를 곁들인 방대한 책을 냈겠지만, 켈러스는 내성적이고 남 앞에 나서기 싫어하는 성격인 데다 순수한 탐사 목적으로 히말라야에 갔을 뿐이었다.

켈러스가 히말라야 산맥에서 보낸 여덟 번의 시즌 가운데 가장 대담한 시도를 한 해는 1911년이었다. 그때 그는 시킴으로 돌아가서 6,100미터 이상의 봉우리 10개를 초등했다. 그 가운데는 센티넬피크Sentinel Peak(6,490m), 초모유모Chomoyummo(6,829m), 파우훈리도 있었다. 게다가 켈러스는 등반에만 만족하지 않고 이 봉우리들을 횡단 등반했다. 즉, 그는 한쪽 사면으로 올라가서 다른 쪽 사면으로 내려왔는데, 이것은 요즘의 산악인들도 거의 시도하지 않는 대담한 도전이었다. 그가 한 거의 모든 등반에 두 명의 셰르파가 동행했는데, 이들은 소남Sonam과 투니Tuny(혹은, 가끔 투니의 동생이 동행)였다. 시즌이 끝나갈 무렵 켈러스는 "이들이 적절한 훈련을 받는다면 칸첸중가와 같은 어려운 고봉 등반에 동원될 수 있을 만큼 일류 등산가와 맞먹는 능력을 갖췄다."라고 평가했다. 또한 켈러스는 당시까지 '고소에서 앓는 병'으로 알려진 증세의 원인을 밝혀내서 만족해했다. 그는 이 증세를 '고소의 나른함'이라고 불렀다. 켈러스는 사람이 호흡을 하면 혈액 속에 산소헤모글로빈이 생성되는데, 고소에서는 이것이 덜 생성되어서 나른함이 발생한다는 것과 이것을 방지하려면 천천히 그리고 꾸준히 고도를 높여가야 한다는 것을 알아냈다. 이런 면에서 그는 롱스태프가 '속도전'을 권장하는 것에 대해 회의적이었고, 히말라야 등반을 원하는 사람들에게 "높은 곳에 캠프를 설치하고 안전을 위해 가능하다면 최대한 일찍 출발하라."라고 조언했다. 그는 기술적인 면에서는 '로프 사용법 등의 일반적인 등반 규칙'을 준수하라는 것 말고는 별로 조언하지 않았다. 그는 셰르파들과 완벽한 동반자 관계를 이루어 고산에서 간소한 규모로 생활하고 여행할 수 있는 능력을 가진 면에서 독보적인 존재였다. 켈러스는 알파인 클럽의 회원이었지만 식민지적 의미의 '협회'라는 것을 별로 좋아하지 않았고, 대중에게 이름이 알려지는 것도 싫어했다.

처음으로 보았네 높은 산의 퍼져가는 푸른색
사랑하게 되었네 봉우리마다 다른 오묘한 색
반가움에 마음이 뛰네 바위마다 떠오르는 친구의 얼굴
마음속에 고이 품었네 빛나는 산의 얼굴

영국 시인 바이런은 1824년 사망하기 한두 해 전에 이런 시를 남겼다. 과학자(화학자)였던 켈러스도 바로 이런 고독하고도 낭만적인 정신에 깊이 공감했다. 그는 등산을 "세상에서 가장 철학적인 스포츠"라고 말했다.

1912년 켈러스는 네 번째로 시킴에 갔다. 이번에는 셰르파가 두 명 동행했는데, 그들은 네마Nema와 이름이 확실치는 않으나 안데르쿄우Anderkyow라는 사람이었다. 켈러스는 칸첸중가가 등반하기에 적절치 않은 상황임을 알고 나서 칸첸중가 대신 대 히말라야 중심축의 외곽에 있으며 칸첸중가보다 낮은 캉첸갸오Kangchengyao(6,889m)로 목표를 변경했다. 켈러스는 점점 더 에베레스트와 서쪽의 '초모캉카르Chomokankar 또는 초모랑모 산군Chomo Langmo group'(켈러스는 현지어 명칭을 따라 이 산들을 이렇게 불렀다.)에 관심을 기울이게 되었다. 1911년,

그는 에베레스트 산군을 보지도 못하는 것에 실망해서 셰르파 중 한 명을 보내어 동쪽 접근로를 사진으로 촬영해오도록 했다. 물론 이것은 인도 측량국의 비밀엄수 원칙을 어긴 것이었다. 켈러스는 티베트와 네팔로 여행하는 것이 정치적인 이유로 금지되어 있다는 것을 물론 알고 있었지만 그 규정에 별로 신경 쓰지 않았고, 확실하지는 않지만 언젠가는 셰르파의 도움을 받아 카르타Kharta와 카마Kama 계곡을 경유하여 은밀하게 에베레스트로 가보려는 계획을 세우기도 했다. 켈러스의 친구인 존 뱁티스트 노엘John Baptiste Noel은 나중에 "그것은 정말 정교한 계획이었다. 식량과 물 몇 십 그램까지도 다 계산에 넣었다."라고 회상했다. 당시 동요크셔 연대의 젊고 잘생긴 중위였던 노엘은 1913년 켈러스 모르게 이슬람교도 인도인으로 변장하고 당시로는 가장 가깝게 접근한 에베레스트 동쪽 64킬로미터 이내까지 갔지만, 그곳에서 발각되어 티베트 병사들의 호송을 받으며 다르질링으로 소환되었다. 결국 런던에서 노엘과 켈러스는 북쪽과 동쪽 접근로에 대한 메모를 비교해본 후 서로의 사정이 허락되는 즉시 에베레스트로 은밀하게 정찰을 가보자는 결정을 내렸다.

에베레스트로 가보려는 공식적인 노력은 계속 수포로 돌아가고 있었다. 1908년 겨울 카트만두의 영국인 주재원이던 찰스 브루스는 네팔의 라나Rana 가문 수상이었던 마하라자 찬드라 샴세르Maharajah Chandra Shamsher에게 직접 이 문제를 제기했다. 수상은 원래부터 이 문제에 상당한 관심을 가져왔다. 브루스의 말에 따르면, 실은 수상이 직접 영국-네팔 합동으로 하누만 나가르Hanuman Nagar와 두드 코시 강을 탐사하자고 제안했다고 한다. 그러나 찬드라의 편지는 네팔 궁정에서 법적 효력이 없었다. 롱스태프의 말에 따르면 그 제안은 곧 완강한 정치적·종교적 편견에 부딪혔다고 한다. 네팔 왕궁의 주재원은 이 문제를 너무 강하게 밀어붙이지 말라고 충고했다. 그는 카트만두에서 외무성으로 이런 편지를 보냈다. "물론 이곳은 극히 별 볼 일 없고 지루한 곳이지만, 아마도 백인들이 가보지 못한 곳을 가보는 것이 흥미롭긴 할 것 같습니다. 그러나 아무 이득도 얻을 수 없을 것 같고 — 에베레스트 원정으로부터 — 혹시 개인적인 만족을 얻는다고 해도 그것을 국가적인 이득이라고 보기 어렵습니다." 물론 커즌 전 총독은 강하게 반대했다. 그는 "다른 국가보다 먼저 정상에 오를 수 있다면 그렇게 하는 것이 영국인의 임무이다."라고 생각했다. 1909년 6월 커즌은 브루스의 의견을 지지하여 몰리에게 호소했지만, 몰리는 다른 사람도 아니고 커즌 전 총독이 그런 말을 했기 때문에 이 제안을 거절했다.

2년 반이 지났을 때 로알드 아문센Roald Amundsen과 로버트 팰컨 스콧Robert Falcon Scott이 남극에 도달함으로써 근대 탐험역사의 한 시대가 끝났다. 미국인 로버트 피어리Robert Peary는 자신이 1909년에 이미 지리적 북극점에 도달했다고 주장했다. 미국인 프레데릭 쿡Frederick Cook도 자신이 피어리보다 먼저 북극점에 도달했다고 주장했다.† 남극점 도달에서는 반박할 여지없이 아문센이 승리를 거두었다. 로버트 스콧 원정대가 비통하게 패배한 다음, 돌아오는 길에 전원 사망한 사건은 대중의 상상력을 자극했고, 이것이 간접적으로 훗날 에베레스트 원정으로 이어졌다. 다른 한편으로는 이미 양 극점이 정복되었기 때문에 국가적·개인적·조직적인 차원의 탐험에 대한 모든 열망은 또 다른 새로운 목표로 향했다. 새로운 정복의 대상은 히말라야에 있었으며, 따라서 히말라야는 비유적으로 "제3의 극지"로 불렸다. '극지를 향한 경쟁'에 대해 엄청난 홍보와 보도가 쏟아졌고, 스콧 탐험대의 '순교'를 기리는 거창한 국가적 기념식을 거행하면서 히말라야에 대한 열망이 더욱 높아졌으며, 히말라야 정복은 이제 투쟁과 명예, 그리고 동료애와 희생이라는 단어로 묘사되었다.

스콧의 비극은 그의 모든 세대가 부딪치게 될 더 큰 비극의 전조일 뿐이었다. 영허즈번드의 라싸 군사 작전에 같이 갔던 세실 롤링은 1913년 왕립 지리학회의 관심과 지지를 받으며, 그다음 해 에베레스트 정찰등반을 제안했다. 이번에는 놀랍게도 인도성에서조차 그 구상을 거부하지는 않았지만, 1914년 6월 28일 가브릴로 프린치프Gavrilo Princip라는 젊은 보스니아 민족주의자가 오스트리아-헝가리 제국의 황태자 프란츠 페르디난트Franz Ferdinand 대공을 사라예보에서 암살할 때까지 승인해주지도 않았다. 5주일 후 유럽 전역이 전쟁에 휩쓸렸다. 롤링은 프랑스로, 브루스는 이집트로, 노엘은 인도의 연대를 떠나 요크셔 근위 경보병대로 갔다. 아무도 — 어느 곳의 어느 누구도 — 에베레스트에 대해 생각하지 않았다. 제1차 세계대전은 히말라야 원정에 대한 모든 계획을 침몰시켰고, 4년이라는 괴로운 세월이 지난 다음에야 히말라야 원정이 군인 정신에 입각한 군대식으로 다시 시작되었다.

† 1891년의 탐험대원이었던 쿡F. A. Cook이 피어리보다 먼저 북극점에 도착했다고 주장하여 논쟁이 있었으나, 과학적인 조사 결과 피어리의 주장이 옳은 것으로 입증되었다.

3장

산이
거기 있으니까

조지 맬러리와 에베레스트를 향한 투쟁(1921~1924년)

종전 협정이 이루어지던 날(1918년 11월 11일) 조지 허버트 리 맬러리George Herbert Leigh Mallory 중위는 아라Arras와 도버 해협의 해변 사이에 위치한 후방의 515포병대에서 편안하게 머무르고 있었다. 당시 모든 전투는 남쪽의 먼 곳에서 벌어지고 있었고, 맬러리는 서부전선의 조용한 작전 지구에서 지루한 일상을 보내고 있었다. 그러나 맬러리는 1916년 솜†Somme에서 벌어진 전투에도 참가했고, 많은 친구를 잃었으며, 세계대전의 참혹함을 경험했기 때문에 종전이 발표되자 자신이 전쟁 속에서 살아남았다는 사실을 굉장히 기쁘게 받아들였다. 그는 아내 루스Ruth에게 "이곳에서 대부분의 사람이나 내가 느끼는 감정은 대단히 중요하고도 어려운 게임이나 경주가 끝난 다음에 느끼는 의기양양함 같은 것이라오. 마지막까지 남은 힘을 다 쓰고 난 다음 마침내 이겼을 때 느끼는 그런 느낌말이오."라고 편지를 써 보냈다. 당시 그의 아내는 웨이 밸리Wey Valley의 웨스트부룩Westbrook에서 두 명의 어린 자녀를 돌보며 살림을 하고 있었다. 세계대전을 겪은 동시대 사람들처럼 맬러리도 '문명화된 모습에 대한 강한 혐오감과 이로 인한 정신적인 불편함, 일종의 불만스러운 정신적 거북스러움'을 서서히 겪고 있었다. 그러나 11월 11일에는 살아남았다는 것 그 자체가 매우 감사한 선물이었다. 제대를 하면 남편, 아버지, 그리고 교사로서의 일상생활로 돌아갈 수 있기를 간절한 마음으로 기다리면서 맬러리는 아내에게 또 이렇게 편지를 썼다. "우리는 얼마나 멋진 삶을 함께 살 것인가! 그러한 선물은 또 얼마나 아름다울까!"

런던의 로더 로지Lowther Lodge에 당당한 규모로 새로 건립된 왕립 지리학회의 웅장한 복도 사이에도 종전 소식이 퍼졌다. 이 소식과 함께 오랫동안 묵혀있던 세실 롤링의 에베레스트 등반계획이 새롭게 활기를 띠기 시작했다. 불행히도 롤링은 1917년 10월 이프르 살리앙Ypres Salient에서 전사했다. 존 노엘과 톰 롱스태프, 알렉산더 켈러스는 살아남았다.(톰 롱스태프는 전쟁이 끝날 무렵 길기트 정찰대Gilgit Scouts의 부사령관으로 복무하고 있었다.) 그러나 히말라야로 원정을 갈 만한 인재들이었던 대인도 측량국의 경험 많은 군인들 중 많은 사람이 전사했고, 맬러리가 가끔 등반 파트너로 삼았던 지크프리드 허포드Siegfried Herford를 비롯

† 솜 전투는 제1차 세계대전 중 프랑스의 솜Somme 지역에서 프랑스·영국 연합군과 독일군이 1916년과 1918년 두 번에 걸쳐 격전을 벌인 전투이다. 제1차 세계대전 사상 가장 규모가 크고 가장 많은 사상자를 낸 전투로 기록된다.

한 전도유망한 젊은 고산 등산가들도 전쟁의 난리 중에 여러 명이 목숨을 잃었다. 롤링을 대신해 에베레스트 원정을 이끌 만한 두 번째 인물이었던 찰스 브루스 역시 갈리폴리Gallipoli에서 심하게 다쳤고, 맬러리의 의논 상대이자 당대 영국의 최고 등산가였던 제프리 윈스롭 영은 이탈리아의 이손조Isonzo 전선에서 구급차 부대 근무를 하던 중 한쪽 다리를 잃었다. 간단히 말해, 전쟁으로 에베레스트를 오를 능력이 있는 사람의 숫자가 심각하게 줄어들었다. 이 상황이 실망스럽기는 했지만 오히려 너무나 많은 사람이 죽거나 다쳤다는 것 때문에 그들을 추모한다는 의미에서 에베레스트 등반이 더욱 절실한 문제로 다가왔다. 전후의 에베레스트는 단지 지리학자나 등산가들의 일시적인 기분이 아니라 국가적인 긴급 과제가 되었고, 희생된 세대와의 약속을 지키는 숭고한 과업으로 다가왔다.

당시 왕립 지리학회의 회장이던 토머스 홀디쉬Thomas Holdish 경은 종전 협정의 잉크가 마르기도 전에 로이드 조지Lloyd George 내각의 인도정청政廳 서기secretary of state for India(= India secretary) 에드윈 몬테규Edwin Montague에게 편지를 보냈다. 홀디쉬 경은 에베레스트 탐사가 왕립 지리학회와 알파인 클럽의 공동 후원에 의해 이루어진다면 당국도 에베레스트 지역에 대한 탐사를 허가해달라고 요청했다. 몬테규는 그 요청을 당시 영국 총독이던 쳄스포드Chelmsford 경에게 보고하면서 "이 일은 엄청난 규모로 진행될 것이며 지리학적으로 굉장히 중요한 과업입니다. 이런 일은 다른 누구도 아닌, 바로 적절한 자질을 갖춘 영국인 탐험가들이 대영제국 최고의 지리학적 후원을 받아 수행해야 할 과업이라 생각합니다."라고 언급했다. 당시 쳄스포드 경과 몬테규는 인도에 연방 자치정부를 세우도록 발의할 생각이었다. 쳄스포드 경은 몬테규가 말한 대의에는 동의했으나, 그 탐사로 인해 갼체Gyantse와 라싸에 정찰기지를 세우려는 자신의 계획에 차질이 생길까 우려했다. 러시아 혁명과 내전으로 인해 러시아의 위협은 사라졌지만, 인도 정부는 일본이라는 새로운 적을 설정했고, 제국의 정책이라는 이유로 그 원정에 대한 허가를 내주지 않았다. 인도성의 한 고위 간부는 1919년 4월 다음과 같이 기록했다. "에베레스트를 정복하겠다는 열망에는 깊이 공감하지만, 그 원정의 결과는 대부분 학술적인 면에 국한돼야 한다. 이와 같은 학술적인 원정이 티베트에 대한 일본의 영향력을 최소화하는 데 불리하게 작용해서는 안 될 것이다."

이와 같은 반응은 확실한 거부가 아니라 약간 애매한 것이었으므로 원정을 지지하는 사람들은 제1차 세계대전 직후의 시기 동안 계속 압력을 가했다. 1919년 3월 존 노엘은 상당한 홍보활동을 벌인 후에 왕립 지리학회에서 강연했다. 그는 롤링의 뜻을 기리며 에베레스트를 북쪽에서 등정해보자고 열정적으로 주장했다. 그는 다음과 같이 말했다. "양 극점이 정복되었으므로 그만큼 중요한 다음 과업은 에베레스트를 탐사하고 이 산을 지도에 기록하는 것입니다." 이런 주장은 이후 보편적인 정당화 논리가 되었다. 1904년 라싸 군사 작전을 이끌었던 위대한 군인이자 탐험가인 프랜시스 영허즈번드 경이 3개월 후 조그Jog(왕립 지리학회: 영허즈번드는 이렇게 불렀다.)의 수장으로 취임했고, 그는 '당면한 에베레스트 탐험'을 임기 내 주요 사업으로 삼겠다고 결정했다. 그는 취임 연설에서 과학의 발전이라는 부분을 중시하는 사람들의 반감은 아랑곳하지 않고 이렇게 말했다. "세계 최고봉 등정이 무엇에 이득이 될 것이냐는 질문을 받는다면 '아무 이득이 없습니다.'라고 답하겠습니다. 사실 실용적인 이득은 없습니다. 공을 차거나 춤을 추거나 피아노를 치거나 시를 쓰거나 혹은 그림을 그리는 것과 같은 것입니다." 영허즈번드는 그 등반이 단순히 '인간 정신의 고양'과 인간이 '자연환경보다 우세하며 자연에 대한 진정한 통제권을 가지고 있다'는 것을 보여주기 위해 이루어지는 것이라고 말했다.

에베레스트 등반의 태동기에는 이런 논리에 대해 대중이 복합적인 반응을 보였다. 먼저 기삿거리에 민감한 신문들이 발 빠르게 반응했다. 『펀치Punch』는 "히말라야인들의 유희Himalayans at Play"라는 제목으로 이 발상을 통렬하게 공격했고, 런던의 『데일리 뉴스』는 "지구상에 더럽혀지지 않은 장소가 보존되어야 한다."라는 선구적인 논조로 이 문제를 다루었다. 에베레스트는 아직 일반 영국인들 사이에서 북극이나 남극과 같은 매혹과 호기심의 대상이 아니었다. 그러나 에베레스트는 양 극점처럼 거대하고 금지된 곳이며 춥고 외딴곳이라는 점에서 어느 정도 관심이 가는 곳이었고, 그것이 정복되지 않았다는 점에서 대중적인 호기심을 끌었다. 영허즈번드는 국가적인 야심에 호소하는 전략이 효과적일 것이라고 확신했다. 영국 정부는 경계심을 풀지 않고 있었지만, 1920년 여름 인도성은 확실한 귀족 가문 출신인 영국계 아일랜드인 지주 찰스 하워드 버리Charles Howard-Bury 중령이 자비 부담으로 인도로 와서 총독과 찰스 벨Charles Bell을 포함한 다른 고관들을 만나는 것에 동의했다. 찰스 벨은 시킴의 영국 대리인이자 라싸의 달라이 라마에게 파견된 인도의 비공식 대표였다. 벨은 에베레스트 원정이 종교적으로나 정치적으로 티베트인의 민감한 부분을 자극할 것이라는 이유로 그 제안에 반대했다. 그는 총독에게 다음과 같이 말했다. "(그들은) 탐사 동기가 지리학적 지식과 과학적인 관심에 국한되어 있다고 믿지 않을 것입니다. 그들은 우리가 말한 것 이면에 다른 속셈이 있을 것으로 의심할 것입니다." 그러나 벨은 달라이 라마에게 가서 이 탐사가 티베트에 대한 무기 원조라는 영국의 오래된 약속 이행과 관련이 있다고 주장하기로 했다. 벨은 후일 이렇게 회상했다. "나는 이 등반이 인류에게 이득이 될 과학적인 성과를 가져올 것이라고 설득했고, 영국인들 대다수가 영국인이 세계 최고봉을 등정하기를 바란다고 말했습니다." 벨의 말 속에는 아직도 마음에 남아 있던 의구심과 달라이 라마가 이에 대해 반대하지 않은 점에 대한 놀라움이 살짝 엿보인다. 일단 티베트 측의 동의를 얻자 인도 총독도 이에 대한 허가를 해주었고, 원정은 본격적으로 궤도에 올랐다. 1920년 12월 20일 이 소식이 런던에 전해졌다.

왕립 지리학회의 에베레스트 원정 위원회Everest Expedition Committee는 그 몇 달 전 "원정등반의 1차적인 목적은 에베레스트 등정이며 모든 정찰과 조사는 그 목적에 맞춰져야 한다."라고 결의했다. 그러나 이제 공식적인 승인을 받자 원정의 목적에 대한 반대의 목소리가 높아지기 시작했다. 영허즈번드는 이것이 일종의 세속적 순례로 '인간이 자연에 비해 보잘것없다는 말도 안 되는 생각'을 타파하는 데 목적이 있다고 굳게 믿었다. 그는 등반 그 자체를 위해 등반하고자 했다. 그러나 그는 이렇게 회상했다. "사회 전반에 아직도 에베레스트 등반이 놀랄 만한 일이긴 하지만 '과학적인 목표에는 부합되지 않는다'는 생각이 널리 퍼져있었다. 사람들은 '만일 원정의 목적이 그 지역에 대한 지도를 만드는 것이라면 그 원정이 이루어지도록 힘을 보태야 한다. 그러나 그 원정의 목적이 산을 오르는 것뿐이라면 그것은 등산가들이 하도록 내버려두고 왕립 지리학회와 같은 과학 기관이 관심을 기울일 필요가 없다.'라고 말했다." 물론 알파인 클럽은 만장일치로 원정에 찬성했고 게다가 빨리 원정이 시작되어야 한다는 생각이 팽배했다. 1921년 1월 12일 왕립 지리학회와 알파인 클럽 위원회가 합동으로 첫 회의를 열었고, 공식적으로 '에베레스트 등정'이 지질학적·기상학적·식물학적 목적보다 더 중요한 1차적인 목적이라는 점에 동의했다. 그러나 합동 위원회와 원정대의 중요한 직위에 과학적인 목적을 옹호하는 사람들이 자리 잡고 있었기 때문에 이 선언 이후에도 계속 남아 있던 목적의 혼란과 분란이 초기 에베레스트 등정 시도의 연이은 실패 원인이라고 분석하는 사람들도 있다.

이런 목적의식의 혼란이 신문의 논조에까지 반영되지는 않았다. 『모닝 포스트Morning Post』

에 "에베레스트는 등정되어야Mount Everest to Be Scaled"라는 머리기사가 처음으로 등장했고, 이 머리기사의 뒤를 이어 각종 일간지에 '등정되어야'와 비슷한 의미의 다양한 표현들, 즉 '공격해야, 습격해야, 맞서야, 겨뤄봐야'가 등장했다. 원정대원은 아직 선발되지도 않았고, 정상은 머나먼 환상에 불과했다. 그러나 1921년 1월 무렵 '에베레스트에 대한 도전' 의식을 불러일으키는 데 사용된 상투적 어구들이 벌써 대중의 마음속에 자리 잡았다. 1921년 1월 22일자 (희한하게도) 『레이디스 픽토리얼Lady's Pictorial』에 실린 다음 문구를 보자.

> 지구상에는 인내심과 용기를 가지고 도전해야 할 정복과 모험의 대상이 아직 남아있다. 몇몇 사람들은 우리의 탐사에 한계가 왔다고 생각한다. 그렇지 않다. 에베레스트가 아직 미등인 채 남아있다. 세계 최고봉의 눈 덮인 고지에 인간의 발이 닿지 않았다. 그 엄청난 추위, 산사태, 끔찍한 강풍과 앞을 볼 수 없을 정도로 몰아치는 눈보라, 고독, 그리고 신비와 마법의 이 산이 가져올 알려지지 않은 위험을 뚫고 승리하는 자는 영원히 이름을 남길 것이다. 얼마나 엄청난 모험인가! 얼마나 손에 땀을 쥐게 하는 이야기인가! 그러나 애석하다! 이 도전에는 고귀한 인명의 희생이 따를 것이다.

서부전선 전투를 통해 정신적 충격과 환멸을 경험한 후 세상이 부조리하다는 의식과 냉소적인 염세주의가 사회 전반에 퍼졌기 때문에 대중이 이토록 순진하고도 구태의연한 감상을 완전히 불신했을 것이라 생각할 수도 있을 것이다. 그러나 1914년 8월의 정신이 살아나서 다른 면으로 효율적으로 이용되지 않는다면 우리가 얻는 것은 아무것도 없을 것이다. 자원자, 모험, 정복과 희생이라는 말이 사람들의 상상력을 사로잡았다. 『레이디스 픽토리얼』처럼 영국의 언론사들은 전쟁의 고통스러운 기억을 임박한 에베레스트 도전으로 덮어씌워 버렸다. 전쟁에서 살아남은 운 좋은 사람들이 조국을 위해 죽을 기회를 다시 한 번 잡을 수 있을 것 같았다.

그러나 누가 갈 것인가? 처음부터 영허즈번드는 다른 사람과 마찬가지로 군대식으로 운영될 이 거대한 원정대의 대장으로 당연히 찰스 브루스를 마음속에 점찍어 두고 있었다. 찰스 브루스는 거칠기도 했지만 유명한 육군 준장으로 콘웨이와 카라코람에 가본 적이 있었고, 머메리와 낭가파르바트에도 갔었으며, 원주민 부대에서 아버지처럼 인기 있는 지휘자로 독보적인 명성을 쌓았다. 더글러스 프레쉬필드는 1906년 커즌 경에게 다음과 같이 말했다. "브루스는 구르카인과 그들의 언어에 대해 잘 압니다. 원주민으로 하여금 6천 미터 이상 고지에서 일하게 할 수 있는 유일한 사람이 바로 브루스입니다." 그러자 그는 곧 영국 대중에게 '에베레스트 정복자'로 인식되기 시작했다. 그러나 당시 브루스는 글래모건셔 지방 수비대Glamorganshire Territorial를 지휘하고 있었기 때문에 갈 수 없었다. 에베레스트 위원회는 브루스 대신 이미 원정을 위한 외교적인 업무를 수행한 바 있는 하워드 버리를 지명했다. 영허즈번드의 말에 의하면 '알파인 클럽의 관점'에서 봤을 때 하워드 버리는 등산가는 아니었지만, 그는 인도에서 의심할 여지없는 신분 높은 나리였고, 히말라야에서 상당한 경험을 쌓았으며, 개인적인 자금을 투입할 만한 경제력이 있었다. 영국의 스포츠 및 과학 애호가들 사이에 아직도 신사는 아마추어라는 윤리가 남아있던 터라, 위원회는 하워드 버리가 개인 재산을 사용하면서 원정대장을 하려 한다는 점에 강하게 끌렸다. 그러나 이 점 때문에 원정대장과 원정대의 젊은 대원들과의 관계가 조금 복잡해졌는데, 원정대원들이 원정에 대한 물질적인 대가를 바랐기 때문이다.

하워드 버리와 함께 갈 사람들로 누구를 뽑았는지를 보면 원정의 목적 두 가지가 다 나타난다. 조사관으로는 헨리 모스헤드Henry Morshead와 올리버 휠러Oliver Wheeler가 뽑혔다. 모스헤드는 1920년에 카메트를 7,138미터까지 올라갔던 노련한 탐험가였고, 휠러는 에베레스트 위원회가 캐나다를 대표하는 사람으로 뽑은 새로운 사진측량 조사의 권위자였다. 지질학자 헤런A. M. Heron도 동행했다. 하지만 헤런의 왕성한 — 땅을 파는 — 지질조사는 곧 티베트인들에게 종교적인 의구심을 불러일으키게 된다. 의사 겸 박물학자로는 알렉산더 울라스턴Alexander Wollaston이 뽑혔다. 루웬조리에 다녀온 경험이 있는 그는 이번 원정에 자신의 비용을 스스로 부담해서 하워드 버리의 신임을 얻게 되었다. 헤럴드 래번Harold Raeburn은 네 명의 등산가를 데려왔다. 래번은 강인하고 고집 센 스코틀랜드인으로 도피네 알프스Dauphiné Alps의 메이예Meije를 최초로 단독 횡단등반 했고, 칸첸중가를 6,400미터까지 올라간 경력이 있었다. 켈러스Kellas는 고도가 높은 지역에서 일어나는 생리현상에 대한 권위자이며 동시대 인물 가운데 히말라야 등반 경험이 가장 풍부했으므로 처음부터 원정대원 명단에 들어갔다. 그러나 그는 나이도 많고 건강도 좋지 않았으며 후일 다른 사람들의 말에 의하면 그전 해에 시킴 히말라야와 가르왈에서 강도 높은 등반을 했기 때문에 지쳐있었다고 한다. 켈러스나 56세의 래번,

둘 다 등반을 기준으로 본다면 나이가 너무 많아서 에베레스트의 고지대로 가기에는 적절치 않았다. 영허즈번드는 "고도가 훨씬 높은 곳에서 필요할지 모르는 등반을 위해 알파인 클럽 회원들이 곧바로 한 사람을 지명했다. 그가 바로 맬러리였다."라고 회상했다.

에베레스트의 맬러리

아마 지구에서 가장 높은 산과 떼려야 뗄 수 없는 사람은 독특하게도 '힐러리Hillary'와 유사음을 가진 조지 맬러리일 것이다. 수많은 그의 전기 중 한 권의 제목처럼 그는 진정한 '에베레스트의 맬러리'였다. 에드먼드 힐러리 경이 언젠가 "에베레스트는 맬러리의 산"이라고 너그럽게 말한 적이 있는데, 힐러리와 텐징이 1953년 이 산을 초등한 이래 그 뒤를 따라 에베레스트를 오른 등산가 천여 명 가운데 이 말에 반대할 사람은 거의 없을 것이다. 결과를 놓고 되돌아보면 1921년에 맬러리가 뽑힌 것은 너무나 당연했다. 그는 그런 운명을 처음부터 타고난 사람인지도 모른다. 그러나 몇 가지 면에서 보면, 맬러리가 뽑힌 것은 의아스러운 일이기도 했다. 일단 맬러리는 히말라야 경험이 전혀 없었고, 상당한 고산등반 경력을 쌓긴 했지만 그의 경력이 아주 대단한 것도 아니었다. 그는 재치 있거나 혁신적인 등산가가 아니라 오히려 유능한 등산가에 가까웠고, 아직 자신의 등반 잠재력을 다 발휘하지 못하고 있었다. 게다가 그는 반항적이고 반문명적인 성격이어서 극히 보수 우파적인 원정대의 성격과 잘 맞지 않았다. 하워드 버리는 그를 좋아하지 않았으며, 아서 힝크스Arthur Hinks도 마찬가지였다. 명석한 데다 만만찮은 힝크스는 왕립 지리학회의 비서로서 향후 20년간 에베레스트 위원회의 살림을 도맡을 인물이었다. 그러나 맬러리는 부정할 수 없는 매력을 가진 남자여서 알파인 클럽에서는 그를 신임했으며, 그 자신이 등산가로 어떤 능력이나 한계를 가졌는지와는 관계없이 다른 어느 누구보다도 에베레스트와 가장 치열하게 맞붙었다. 그는 영허즈번드가 "에베레스트의 대서사시"라고 부른 원정의 비극적인 주인공이며, 히말라야 등반으로 인해 유명해진 최초의 인물이자 지금까지도 가장 흥미를 끄는 인물이다.

티베트로 긴 여정이 시작될 무렵 조지 허버트 리 맬러리는 35세의 평범한 교사였다. 그는 전형적인 후기 빅토리아 시대의 중산층 출신으로, 1886년 모버리Mobberley에서 태어났다. 그곳은 체셔의 맨체스터에서 24킬로미터 떨어진 나무가 많은 부유한 마을이었다. 맬러리의 사위이자 처음으로 맬러리의 전기를 쓴 데이비드 로버트슨David Robertson에 따르면, 조지의 아버지인 허버트 리 맬러리 목사는 '극도로 보수적인 인물이었으며 모든 일이 늘 하던 방식대로 이루어져야 한다고 생각하는' 사람이었다. 반면 그의 어머니 애니 젭Annie Jebb은 살림은 잘했지만 여러 면에서 건망증이 심했고 관행을 깨고 모험을 즐기는 성격도 갖고 있었다. 건망증과 모험에 대한 사랑이라는 어머니의 기질은 장남 맬러리에게 고스란히 이어져, 그는 훗날 이로 인해 최후를 맞이하게 된다. 조지의 여동생 애비Avie는 나중에 자기들 4남매에 대해 "우리는 정말 대단한 장난꾸러기였다."라고 말했다. 그중에 특히 맬러리는 장난을 더 재미있게 만들고 더 위험하게 만드는 요령을 알고 있었다. 그는 물이 불어난 강물을 걸어서 건너기도 하고, 덮쳐오는 파도를 향해 달려가기도 했으며, 기찻길에 서 있다가 기차가 오면 살짝 피하기도 하는 등의 위험한 장난을 즐겼다. 그리고 그는 올라갈 수 있는 것이라면 무엇이든 기어 올라갔다. 나무, 벽, 벼랑, 수직 홈통 등을 기어올랐고, 전설처럼 전해 내려오는 말로는 아버지 교구에 있는 세인트 윌프리드St. Wilfrid 교회의 사각 석탑도 기어 올라갔다고 한다.

맬러리는 기숙학교 두 개를 마치고, 1900년 9월에 이튼Eton 다음으로 유명하며 입학 경쟁이 치열했던 윈체스터 공립학교에 수학 장학생으로 입학했다. 그는 이곳에서 젊고 원기 왕성한 조교 어빙R. L. G. Irving의 관심을 끌었다. 어빙은 후일 등산문학 방면에서 꾸준히 글을 쓰게 되는 인물인데 당시 고산등반 파트너를 구하기 위해 이리저리 알아보던 중이었다. 맬러리는 그전까지 산을 본 적도 올라가본 적도 없었지만, 키가 크고 몸동작이 유연하며 도전적이어서 물받이 홈통을 타고 올라가는 요령을 보여주기까지 했기 때문에 어빙의 눈에 들었다. 두 사람은 맬러리의 친구이자 급우인 해리 깁슨Harry Gibson과 함께 1904년 8월 스위스에 갔다. 당시 파격적인 새로운 등산 방식으로 가이드 없는 등반이 소개되었는데, 맬러리 일행은 논란도 많았던 바로 이 가이드 없는 등반에 열중했다. 그들은 벨랑Vélan에서 출발하여 그랑 콩뱅Grand Combin과 듀포르슈피체Dufourspitze에 올라갔고, 폭풍 속에서 고생스럽게 돔 위트Dôme Hut를 출발하여 그랑 뮐레Grand Mulet로 가는 루트를 거쳐 몽블랑(4,808m)을 횡단했다. 맬러리는 이 모든 과정을 다 좋아했지만 특히 '폭풍으로 오랫동안 꼼짝도 못하다가 약간의 비스킷과 꿀에 의지하며 마침내 극적으로 이루어낸' 몽블랑 횡단등반에서 등반에 대해 강렬한 애착을 품게 되었다. 어빙은 나중에 다음과 같이 회상했다. "그는 신체적으로나 정신적으로나 자기 자신의 완전한 존재감을 눈 덮인 산에서 찾았다."

맬러리는 1904년 울위치Woolwich 입학시험에서 떨어졌다. 물론 맬러리 자신은 장교가 되고 싶어 하지도 않았지만 어쨌든 이로 인해 장교가 될 기회를 잡지 못했고, 다음해인 1905년 케임브리지의 막달레나 칼리지Magdalene College에 역사 장학생으로 입학했다. 역사학은 그가 수학 전공에 실패한 뒤 마지막 순간에 절박해서 선택한 것이었다. 맬러리에게 매혹된 수많은 케임브리지 사람들 중 하나였던 조교 아서 벤슨Arthur Benson이 친밀하게, 심지어는 사랑을 담아 격려했지만, 맬러리는 역사학을 결코 좋아하지 않았다. 맬러리는 졸업시험에서도 좋은 성적을 거두지 못했다. 그러나 그는 폭넓고 창의적인 독서를 했고 작문과 토론에 대한 재능을 계발했다. 그가 에세이 경시대회Members' Prize Essay를 위해 썼던 글들은 후일 호평을 받았던 제임스 보스웰James Boswell의 평전(『전기 작가 보스웰Boswell the Biographer』 조지 맬러리 작)의 바탕이 되었다. 게다가 당시는 연이은 혁신으로 들썩이는 에드워드 왕조(1901~1910) 시대였기 때문에 케임브리지에 있다는 것 자체가 상당한 배움의 기회가 되었다. 국가적으로 들뜬 분위기였고, 이는 1906년 자유당의 압승으로 나타났다. 케임브리지는 거의 체제전복적인 분위기였다. 학부생들은 빅토리아 시대의 구습을 광범위하게 타파하려 했으며 여성의 참정권에서부터 자유연애에 이르기까지 자유분방한 대의명분을 받아들였다.

1907년 2월, 맬러리는 이와 같은 분위기로 들끓는 케임브리지에서 찰스 세일Charles Sayle의 트럼핑턴 스트리트Trumpington Street 사교모임에 들어갔다. 세일은 사서司書이자 애서가愛書家였으며 제1차 세계대전 이전 시기에 케임브리지를 이끌던 5인방 중 한 명이었다. 벤슨Benson에 의하면 당시 그의 사교모임은 '책, 음악 그리고 잘생긴 젊은이들'이 모이는 곳이었다고 한다. 세일을 통해 맬러리는 잭스 래버랫Jacques Raverat, 찰스 다윈Charles Darwin, 제프리 케인스Geoffrey Keynes, 루퍼트 브룩Rupert Brooke을 만났다. 래버랫은 당시 에마누엘Emmanuel에서 수학을 공부하고 있었지만 곧 화가가 되었고, 블룸즈버리 그룹†Bloomsbury Group에 가끔 참여하는 동호인이 되었다. 다윈은 위대한 생물학자의 손자로, 할아버지의 영향으로 자유로운 사상을 갖고 있었다. 제프리는 열의에 찬 외과의사로, 형인 메이너드 케인스는 위대한 경제학자였다. 브룩은 장래가 촉망되는 젊은 시인이었는데 잘생긴 외모, 육감적인 에너지와 사람을 끌어

† 1907~1930년에 대영박물관에서 가까운 런던 블룸즈버리 구(區)에 있는 클라이브 부부(부인 이름은 바네사)의 집과 바네사의 남자형제 에이드리언, 버지니아 울프로 알려진 자매 버지니아 스티븐의 집에서 자주 모인 그룹을 뜻한다. 블룸즈버리 그룹 구성원들은 특정한 사상과 가치관을 공유하기는 했지만, 일정한 학파를 형성하지는 않았다. 이 그룹의 의의는 놀랄 만큼 많은 수의 재능 있는 사람들이 여기에 참여했다는 것이다.

당기는 매력으로 인해 전쟁 중이었던 1915년 스키로스Scyros에서 요절하기 전까지 전설적인 존재였다. 이들뿐만 아니라 많은 젊은이들이 이 사교모임에 모여들었다. 코티 샌더스Cottie Sanders는 이들을 "케임브리지의 친구들Cambridge School of Friendship"이라고 불렀다. 샌더스는 등산가이자 소설가로서 필명인 앤 브리지Ann Bridge로 문학계에서 더 잘 알려졌고, 사교계에서는 메리 오맬리Mary O'Malley라는 이름으로 더 잘 알려진 여인이었다. 샌더스는 훗날 이렇게 회상했다. "그들은 개인적인 친교를 너무나 중요하게 생각해서 그보다 더 중요한 일은 없었다. 다른 것들은 그들에게 거의 의미가 없었다. 그들은 특이할 정도로 서로에게 애정을 품었다. 그들은 형제들보다 더 친했다. 글자 그대로 서로를 위해 못 해줄 것이 없었다. 그들은 열정적으로 서로 좋아했고 서로 더 알아가고 좋아해 가는 과정에서 일어나는 모든 것을 탐구하고 즐겼다. 음식이나 함께하는 운동과 같이 단순한 즐거움에서부터 슬픔이나 진리를 함께 나누는 진정한 우정에 이르기까지 모든 일이 그들에게는 너무나 소중했다."

블룸즈버리 그룹이 나누던 친교와 케임브리지의 친구들이 서로에게 품었던 우정은 상당히 비슷하다. 맬러리는 출신 가정환경이 비슷하기도 하고 학연도 있었기 때문에 자기보다 나이가 많고 더 쟁쟁한 케임브리지 동인同人 그룹의 시선을 끌게 되었다. 리턴 스트래치Lytton Strachey는 군계일학 격이던 맬러리를 처음 봤을 때 이런 유명한 평을 했다. "이런! 조지 맬러리! 글로 쓴다면 무슨 말이 더 필요할까? 손이 떨리고, 가슴이 뛰고, 할 말을 잃고, 정신이 아득해진다. 오, 세상에, 세상에!" 그러나 블룸즈버리 그룹에 맬러리를 소개한 것은 리턴이 아니고 후일에 프로이트의 저작물을 번역하기도 하는 리턴의 동생 제임스 스트레치James Strachey였다. 맬러리는 이를 계기로 소위 블룸즈버리 그룹이 "고차원적인 남색男色"이라고 부르던 남자들과 친밀한 교제를 즐기게 되었다. '맬러리의 바람기'가 정확하게 무엇이었는지는 알 수 없으며 별로 중요하지도 않다. 히말라야 등산의 역사에서 그보다 흥미롭고 중요한 사실은 조지 맬러리가 문화적·정치적 격동기에 에베레스트에 올랐다는 것이다. 그는 웰스H. G. Wells의 서적을 읽는 페이비언 사회주의자†였고, 머리를 길렀으며 검은 플란넬 셔츠와 색이 화려한 넥타이를 착용하는 등 특이한 복장을 했다. 그는 또한 여성의 참정권을 주장하는 운동에서 연설했고 남자와 잤으며 덩컨 그랜트Duncan Grant가 그린 일련의 육감적인 초상화 모

† 페이비언협회의 사상을 따르는 사람. 페이비언협회는 자유무역에 반대했고 토지의 국유화를 주장했다. 1900년 영국 노동당의 창립에 수많은 협회회원이 참여했고 협회의 강령이 노동당 강령의 모태가 되었다.

델을 했다. 이러한 사실들 중에 어떤 것도 1924년의 장례식 추도사에서는 언급되지 않았지만, 이런 행적들은 맬러리가 어떤 성향의 등산가가 되어 가는지와 관련이 있으며 '자신'의 산에 다가갈 때 어떤 자세로 갔는지를 밝히는 데 어느 정도 도움이 될 것이다.

등산이 단순한 여가 활동이 아닌 고상한 예술로 인식되었기 때문에 케임브리지의 친구들은 등산과 깊은 관계를 맺게 된다. 트럼핑턴 스트리트 사교모임을 이끌었던 찰스 세일은 등산가들의 모임Climbers' Club의 발기인이기도 했다. 등산가들의 모임은 영국 북北 웨일스Wales와 컴브리아Cumbria의 산악지역 등산을 주목적으로 하는 단체였다. 세일은 휴 윌슨Hugh Wilson(맬러리, 제프리 케인스와 '세일의 동물원Sayle's menagerie'의 또 다른 멤버로 속물적인 것을 극히 싫어했다.)을 독려하여 1907년과 1908년의 방학기간 동안 웨일스에서 함께 긴 등반여행을 했다. 그들은 고전이 된 수많은 루트를 개척했다. 그 가운데에는 오르는 것이 불가능하다고 널리 알려진 리웨드Lliwedd의 슬랩 등반도 있다. 전설처럼 전해지는 이야기에 의하면 이 루트는 맬러리가 무심코 바위 턱에 두고 온 파이프를 되찾기 위해 꺼져가는 불빛에 의지해서 기어오른 즉흥적인 루트라고 한다. 루퍼트 브룩은 등산가라기보다는 도보여행을 즐기는 편이었고, 블룸즈버리 그룹 사람들은 나약하지는 않았지만 등반에 본격적으로 달라붙기에는 지적인 면에 지나치게 관심이 많았다. 리턴 스트래치는 스카이Skye 산맥의 블랙 쿨린Black Cullin에 처음 갔을 때 날카로운 가성으로 "정말 어이없군!"이라고 말했다. 그러나 제프리 케인스의 형인 메이너드는 가끔 알프스에서 산행했고, 덩컨 그랜트는 최소한 한 번 정도 웨일스에서 산행한 적이 있었다. 그들의 친구였던 에이드리언Adrian, 바네사Vanessa, 버지니아 스티븐Virginia Stephen(후일의 버지니아 울프Virginia Woolf)의 피츠로이Fitzroy와 브룬스윅Brunswick 스퀘어에 있던 집들은 블룸즈버리 그룹의 아지트였다. 버지니아 스티븐은 레슬리 스티븐Leslie Stephen 경의 딸이었는데, 스티븐 경은 한때 알파인 클럽 회장을 역임하기도 했고 등산문학의 고전인 『유럽의 놀이터The Playground of Europe』를 저술하기도 했다. 데이비드 로버트슨은 "케임브리지의 지적인 모임에 들어갔던 인물들이라면 누구나 등산가나 등산가 혈통을 물려받은 사람들을 쉽게 만날 수 있었을 것이다."라고 말했다.

1909년 2월, 사람들을 서로 소개해주는 데 열성이던 메이너드 케인스는 맬러리를 제프리 윈스롭 영에게 소개했다. 영은 이전에 말보로Marlborough 칼리지와 트리니티 칼리지에서 수학했고 케인스의 이튼 시절 은사였으며 맬러리를 처음으로 만났을 때는 33세로 영국 고산등반의 핵심 인물이었다. 그 한 해 전인 12월에 영을 포함한 14명의 알파인 클럽 회원들은 어빙이 맬러리와 다른 학생들을 알프스에 데려가서 가이드 없는 등반을 한 것에 대해 공개적으로 비난한 바 있었다. 따라서 이 때문에 맬러리와 영의 첫 만남이 별로 좋지 않았을 수도 있었을 것이다. 그러나 맬러리의 다른 추종자들과 마찬가지로 영도 맬러리를 만나자마자 그에게 끌렸고, 그를 만난 기쁜 마음을 다음과 같이 개인적으로 기록해 놓았다. "183센티미터의 키에 사슴과 같은 힘을 가졌고 완벽한 타원형 얼굴이 몸과 조화를 이루고 있었으며 고전적인 옆모습과 약간 긴 타원형의 갈색 눈과 너무나 아름다운 테너 톤의 목소리를 갖고 있었다." 그는 즉시 맬러리를 유명한 페니패스Pen-y-Pass 부활절 산행에 초청했다. 그 산행은 스노도니아†Snowdonia의 험준한 심장부에 있는 란베리스Llanberis 고개에서 개최되었다. 일행 가운데는 영국의 등산 역사상 전설적인 인물이 여럿 있었는데, 이 중에는 1907년 리웨드의 애벌랜치 루트Avalanche Route를 개척한 톰슨J. M. A. Thomson과 카라코람에 두 번 다녀온 오스카 에켄슈타인도 있었다. 영의 회상에 따르면 이런 상황에서도 맬러리는 위축되지 않았으며 '완벽한 체격에 산행에 대한 열의까지 보태져 동작마다 힘이 넘쳤고, 긴 다리로 단번에 바위를 훌쩍훌쩍 뛰어 올라갔으며, 무릎을 들어 올리자 척척 진도가 나갔고, 잔잔하지만 매력적인 움직임으로 올라갔다'고 한다.

페니패스 산행에서 인정받은 맬러리는 그해 여름 영과 도널드 로버트슨Donald Robertson을 동행하여 고산등반을 했다. 영이 후일 쓴 바에 따르면 이 등반은 경험 부족에서 일어나기 쉬운 안전사고를 '간발의 차이로 면한 일'로 기억에 남을 만했다고 한다. 맬러리는 고양이와 같은 유연성과 균형 감각을 지니고 있었지만 위험한 하강코스에서 몸에 로프를 묶지 않고 내려가는 등의 유명한 일화를 남길 만큼 세밀한 것을 위험할 정도로 자주 잊어버렸다. 그래도 어쨌든 맬러리는 이 등반을 해냈고, 1909년 말에는 등반이 일종의 오락이나 기분전환이 아니라 자신의 정신적·신체적인 자아 정체성을 이루는 핵심적인 요소이자 자신의 소명이라고 받아들이게 되었다. 그러나 당시에는 등반을 통해 돈을 벌 수 없어서, 맬러리는 1909년 케임브리지를 졸업하자 생계를 위해 어떤 직업을 가질 것인가라는 오래된 문제를 해결해야 했다. 2년 전 맬러리는 아버지의 뒤를 이어 성직에 종사할 생각을 잠깐 했었다. 그러나 놀랄 정도로 전통적인 기독교 신앙을 계속 유지하고 있었음에도 맬러리는 자신이 성직자 주변의

† 영국 북 웨일스 컨위에 있는 산맥

1913년 페니패스에서 조지 맬러리(오른쪽)와 지크프리트 허포드Siegfried Herford. 제프리 윈스롭 영 촬영 (사진출처: 알파인 클럽 도서관)

사람들을 참아낼 수 없을 것으로 생각했다. 맬러리는 조교였던 아서 벤슨에게 "그들은 대부분 내가 상상할 수 없을 정도로 지나치게 선합니다. 그렇지만 그들은 가끔 선함을 너무 강조해서 논리적인 사고를 거부하는 것 같습니다."라고 말했다. 맬러리는 학교 교사가 좀스러운 바보들이라고 생각했지만 교육을 통한 계몽의 힘이라는 빅토리아 시대의 신념을 갖고 있었기 때문에 대륙에서 프랑스어를 배우고 산행을 하면서 상당한 시간을 보낸 다음인 1910년 9월, 비교적 유명한 공립학교인 채터하우스Chatterhouse에 수습교사로 들어가서 시골인 서레이Surrey의 공립학교로 갔다.

1910년경의 시대상에 대해 말하자면, 1924년 맬러리가 사망했을 무렵 버지니아 울프가 당시를 돌아보며 "1910년 12월 즈음 인간이라는 존재의 전형적인 모습이 변화했다."라고 한 논평이 딱 맞을 것 같다. 그녀는 새뮤얼 버틀러Samual Burtler와 버나드 쇼Bernard Shaw가 문학계에 등장한 것과 그래프턴 갤러리스Grafton Galleries에서 후기 인상파의 대규모 전시회가 열려 영국 근대 미술의 시작을 알린 것을 염두에 두고 이런 말을 했을 것이다. 그러나 울프는 1910년 12월 헌법상의 위기가 최고조에 달했으며, 상원의 권위를 뒤흔든 두 번째 총선이 열렸다는 점도 잘 알고 있었다. 1910년 5월 에드워드 7세가 사망하고 난 다음부터 1914년 8월 전쟁이 발발할 때까지, 영국은 노조와 아일랜드 민족주의자들의 소요 등으로 영국 역사상 가장 소란스러운 시기를 겪었다. 맬러리는 거북하게나마 단조로운 교사의 생활에 적응해 가고 있었으나, 얼스터 충성주의자[†]Ulster Loyalists와 호전적인 페미니스트는 각각 자신들의 반정부적 에너지를 웨스트민스터를 향해 쏟아내며 국가를 무정부 상태와 내전으로 끌고 가겠다고 위협했다. 맬러리는 이런 사회적인 환경을 교육에 반영하려 했다. 그는 라틴어와 그리스어로 점철된 무미건조한 교육과정에 새로운 예술, 사상 및 정치를 반영하여 바꾸어보려 했으나 극히 미미한 성과를 거두었다. 로버트 그레이브스Robert Graves에 따르면 맬러리는 채터하우스에서 지쳐갔다. 그는 이렇게 회상했다. "아이들은 맬러리가 엄격한 교사도 아니고 크리켓이나 축구에도 관심이 없었기 때문에 그를 무시했다. 결국 맬러리는 자신에게 맞지 않는 일을 하면서 성격이 변했지만, 그럼에도 자신처럼 적응을 잘 못하는 네다섯 명의 아이들을 찾아내어 친하게 지내면서, 그들이 채터하우스의 생활에 보다 잘 적응하도록 늘 도와주었다."

맬러리와 블룸즈버리 그룹과의 관계는 케임브리지를 졸업한 후에 더욱 깊어졌다. 리턴 스크래치, 메이너드 케인스, 덩컨 그랜트는 맬러리를 방문하기 위해 함께 채터하우스로 왔고, 맬러리로부터 더 각별한 우정을 받기 위해 서로 경쟁했다. 제프리 영은 등반 파트너이고 정신적 지주이자 연인이라는 모호한 위치에 있었다. 그러나 맬러리는 코티 샌더스Cottie Sanders와의 깊은 우정을 통해 뒤늦게나마 여성의 진가를 깨달았다. 1914년 마침내 그의 이성애적 본성이 깨어나서 루스 터너Ruth Turner를 만나 사랑에 빠졌다. 루스는 저명한 건축가 대커리 터너Thacheray Turner의 둘째 딸이었다. 대커리는 위대한 디자이너이자 장인이었고 시인이자 반항아였던 윌리엄 모리스William Morris의 친구이기도 했다. 루스는 책을 많이 읽지 않았으며 정치에도 거의 관심이 없었다. 그러나 루스 터너는 맬러리처럼 야외활동을 좋아했다. 그녀는 날카로운 언어감각에다가 예술적 감수성이 있었으며, 너그럽고 동정심이 많고 솔직한

† 북아일랜드에서 활동한 단체로 신교도를 중심으로 한 충성주의자(loyalist)들이었다. 이들은 영국에 잔류하기를 희망했다.

성품이었는데, 그녀도 맬러리처럼 아름다운 외모를 가져서 두 사람이 함께 있으면 보티첼리의 그림에 나오는 인물들 같았다. 데이비드 파이David Pye는 "그 두 사람처럼 완벽하게 서로 변화시키며 함께 있을 때 유쾌하고 서로를 보완하는 커플은 거의 본 적이 없다."라고 회상했다. 맬러리를 좋아하던 다른 남자들도 그 둘의 만남을 기뻐할 수밖에 없었다. 제프리 영은 루스를 만나고 나서 다음과 같이 썼다. "'대단해! 정말 대단해! 너무나 자연스러워.' 나는 이렇게 외칠 수밖에 없었다." 1914년 6월 29일 조지와 루스는 조지 아버지의 집전으로 결혼식을 올렸다. 이때 영과 덩컨 그랜트가 참석했는데, 그중 영은 신랑 들러리를 했다.

독일군이 벨기에 전선을 넘자, 4일 후 영국은 참전을 선언했다. 맬러리의 가장 친한 친구 중 루퍼트 브룩, 로버트 그레이브스, 제프리 영과 제프리 케인스는 수많은 다른 병사들처럼 즉시 전장으로 달려갔다. 맬러리도 맹목적인 애국심을 느껴서라기보다는 천 년 만에 찾아온 엄청난 모험을 찾아 전쟁에 나가야겠다고 느꼈다. 8월 중순 그는 친구에게 다음과 같은 편지를 썼다. "수세기 만에 처음으로 몰아친 거대한 파도가 지난 2주일 동안 우리를 덮친 것 같네. … 우리는 따뜻한 햇볕을 쪼이고 있고, 희망에 가득 차 아침 햇살을 바라보고 있네." 그렇지만 맬러리의 직업은 조국을 지키는 '열외' 직업이었기 때문에 그는 교장이 자신을 다른 교사로 교체해주기 전까지는 하릴없이 영국에 머물러 있어야 했다. 맬러리는 죄책감을 달래기 위해 전쟁에 대해 강의하고 〈소년 소녀를 위한 전쟁 공부War Work for Boys and Girls〉라는 팸플릿을 만들었다. 맬러리는 팸플릿과 강의를 통해 강경한 전쟁 만능주의를 멀리하며 자기 스스로를 단련시키고 정신적인 성장을 이루며 맑은 정신으로 생각하라고 아이들에게 가르쳤다. 그와 루스는 너무나 행복한 생활을 하고 있었다. 두 사람은 레이크 디스트릭트와 웨일스에서 함께 등반했고 1915년 3월 고델밍Godalming의 새집으로 이사했다. 9월에는 첫 아이인 프랜시스 클레어Frances Clare가 태어났다. 그러나 전쟁이 장기화되고 친구들과 제자들이 계속 전사하자 전쟁에서 뭔가 해야겠다는 맬러리의 초조감은 커져갔다. 맬러리는 루퍼트 브룩의 사망 소식을 들은 날 아서 벤슨에게 "그토록 많은 친구가 극심한 공포 속에서 고생하고 있는데 일도 계속하면서 굉장히 행복하고 유복한 생활을 하고 있다는 것이 약간 민망하다네." 라는 편지를 썼다. 결국 영국이 1916년 1월 징병제로 극적인 변화를 꾀하자, 맬러리의 학교 교장은 맬러리가 채터하우스를 잠시 쉬고 전장으로 갈 수 있도록 허가했다. 맬러리는 웨이머스Weymouth에서 벼락치기로 포술 훈련을 받은 다음 5월 4일 영국 해협을 건너 르 아브르Le

Havre를 거쳐 아르망티에르Armentières 바로 북쪽에 있는 40포병대에 배속되었다.

맬러리는 전선에 도착하자 곧 전쟁은 '돌이킬 수 없는 과오'라고 느꼈다. 그는 루스에게 "이 아름다운 나라의 멋진 신록과 꽃에 감탄하고 근사한 건물들을 보고 있자니 전쟁이란 정말 상상할 수도 없고 너무나 끔찍한 일이라 느껴진다오."라고 편지를 썼다. 그럼에도 후방에서 종잡을 수 없는 포격을 몇 번 겪고, 또 몇 주간 식량을 구하러 다니고 나자 맬러리는 제대로 한번 싸워보고 싶었다. 6월에 포병대가 피카르디Picardy 남쪽으로 이동하여 솜 공격에 참가하자 마침내 그런 순간들이 찾아왔다. 1916년 7월 1일, 그는 비교적 안전한 포격라인에 있었지만 이전에 경험해본 적이 없는 공포를 맛보았다. 그는 "마치 들끓는 큰 냄비의 가장자리에 서 있는 듯이 느껴졌다."라고 말했다. 그 후 몇 달 동안 영국 4여단이 난공불락의 독일 전선을 돌파하고자 공격을 지속했지만 성과가 없었다. 맬러리는 정찰병 초소로 가거나 또는 참호에 전화선을 설치하는 과정에서 몇 번 죽을 고비를 넘겼다. 그런 순간들마다 그는 등반을 떠올렸다. 생사의 위험과 동료에 대한 완전한 신뢰는 등반에서 겪었던 것과 똑같은 것이었다. 그는 루스에게 다음과 같이 말했다. "내가 얼마나 자주 알프스를 회상하게 되는지 정말 놀랍다오. 전선의 행동규칙이 등반을 떠올리게 한다오." 다행히도 그는 '끔찍한 광경에도 불안해지지는 않는' 것 같다고 느꼈다. "그러나 죽은 자들의 시신이 변명의 여지없이 널브러져 있는 것을 보면 '오, 너무나 불쌍하군!'이라고 외치게 되고, 그들의 시신이 매장도 되지 않고 방치된 것을 보면 분노를 느낀다."라고 말했다.

결국 영국은 석 달간의 솜 공격으로 9월 26일, 최초의 목표였던 티에발Thiepval을 마침내 점령했다. 그러나 이것은 전선 돌파로 이어지지 못했고, 솜 공격은 가을비로 인해 끝을 맺지 못한 채 중단되었다. 맬러리는 포상으로 받은 크리스마스 휴가를 마치고 전선에서 5킬로미터 후방에 있던 여단 본부에서 좌절의 시간을 보낸 다음 1917년 3월 자신의 포병대로 돌아갔다. 이때는 서부전선이 비교적 평온한 시기였다. 맬러리는 일상적인 임무를 수행하면서도 독서할 시간을 낼 수 있었다. 그는 웰스H. G. Wells, 헨리 제임스Henry James, 조지 엘리엇George Eliot, 셰익스피어Shakespeare 등의 고전과 근대 작가들의 작품을 두루 읽었다. 그는 루스에게 매일 편지를 썼고, 전후의 생활에 대해 생각했다. 5월에는 오래전에 등반을 하다가 다친 발목 때문에 어쩔 수 없이 영국으로 돌아와 수술을 받았고 웨스트브룩에서 오랜 기간 요양을 했다. 9월에 맬러리의 둘째 딸인 베리지Beridge이 태어나서 기쁘긴 했지만, 몬테 산 가브리엘Monte San Gabriel에서 제프리 영이 한쪽 다리를 잃었다는 소식에 그 기쁨이 퇴색되었다. 아마도 이것을 계기로 맬러리는 자기 일생에서 가장 뛰어난 등산수필을 쓰게 된 것 같다. 그것은 1911년 몽 모디의 동쪽 버트레스를 통해 몽블랑을 등정한 경험을 정신적인 차원에서 조망한 글이다. 이 유명한 글에서 맬러리는 스스로에게 물었다. "우리 자신이 없다면 아무것도 아니다. 우리가 성공을 거두었는가? 이 말은 여기에 남은 것은 아무것도 없다는 의미이다. 우리가 왕국을 얻었는가? 아니… 하지만 그렇기도 하다. 우리는 궁극적인 만족감을 얻었고… 운명을 채웠다. … 싸우면서 깨닫는 것, 이 두 가지가 불가분의 관계라는 것은 궁극적인 진리이다."

1918년 1월, 로버트 그레이브스가 그전 해에 죽었다는 소식이 다행히 사실이 아닌 것으로 밝혀졌고, 맬러리는 후에 불행하게 끝난 그레이브스와 낸시 니콜슨Nancy Nicholson의 결혼식에서 신랑 들러리 역할을 했다. 맬러리는 굉장한 좌절감을 맛보았는데, 그 이유는 그해 봄과 여름 마땅히 군대에 있어야 할 시기에 영국에서 하루하루 시간을 낭비하고 있었기 때문이었다. 1918년 9월 프랑스로 다시 복귀할 무렵 독일의 공세가 끝났고, 미국이 참전했으며, 전쟁이 거의 끝나가고 있었다. 그는 아버지에게 다음과 같이 고백했다. "제가 영웅은 아닐지라도 최소한 실제로 수행했던 임무보다는 더 큰일을 하고 고국에 돌아가고 싶었습니다. 저의 역할은 너무나 미미했습니다. 제 본능은 더 큰 투쟁을 원하고 있습니다." 종전 협정 소식에 그는 당연히 안도감을 느꼈고 '굉장한 기쁨'을 느꼈다. 그러나 전쟁은 전반적으로 그를 좌절시켰고 무언가 달랠 수 없는 갈망을 느끼게 했다.

맬러리의 친구인 로버트 그레이브스는 포탄에 의한 충격 후유증으로 고국에 돌아와서도 잠을 이루지 못하고 전화도 사용하지 못했으며 기차 여행도 할 수 없었고 하루에 두 사람 이상을 만날 수 없었다. 반면 맬러리는 일상생활로 돌아오는 데 별다른 어려움을 겪지 않은 것으로 보인다. 그러나 가르치는 일은 더욱 정신적인 족쇄처럼 느껴졌고 명성을 얻을 수 있는 다른 야심찬 일을 갈망하게 되었다. 사실 그는 무엇보다도 작가, 즉 소설가나 저명한 역사학자가 되고 싶어 했다. 그러나 언젠가 메이너드 케인스가 제프리 영에게 말한 것처럼, 맬러리는 재능 있는 동료들과 사귀었지만 안타깝게도 반짝이는 재능이나 날카로운 지성이 부족했다. 그는 교육 개혁에 대한 흥미로운 생각을 갖고 있었으며 전쟁 중에 그 생각을 집필하려고까지 했었다. 전후 맬러리, 제프리 영, 데이비드 파이가 모여 자신들끼리 새로운 학교를 세우는 문제에 대해 잠깐 이야기를 나눈 적이 있었다. 그 학교는 모든 계층을 아울러 학생들을 뽑아서 공부와 놀이, 학업과 여가 사이의 구분을 허물고 예술과 공예, 농사법과 시민의 의무를 가르친다는 생각이었다. 그러나 성과가 없었다. 그 사이에 영은 다리를 하나 잃었음에도 페니패스의 산행모임을 다시 시작했다. 맬러리와 루스는 1919년 부활절부터 그 모임에 참석했는데, 1920년에 루스가 세 번째 아이인 존을 임신했을 동안에는 맬러리 혼자 참석했다. 1919년 여름 맬러리는 7년 만에 알프스로 돌아가 첫 등반을 했다. 영은 이것을 보고 그의 등반 방식이 굉장히 성숙했다는 것을 깨달았다. 영은 이렇게 말했다. "초기에 그가 '리더십'이라고 생각했던 것은 단숨에 '정상'에 올라가는 것이었다. 그때 그는 리더의 초연함이 부족했었다." 그러나 맬러리는 전쟁과 결혼을 통해 성숙해졌고, 더욱 주의 깊게 정신을 차리고 신중하게 등반했다.

1920년 6월에 '미래형 학교'를 세우겠다는 생각이 좌절되자 맬러리는 옥스퍼드의 레지우스 그리스어 교수Regius Professor of Greek이자 영국 국제연맹 비서였던 길버트 머레이Gilbert Murray에게 편지를 써서 국제연맹에 일할 자리가 있는지 물어보았다. 그는 다음과 같이 썼다. "저는 국제 정치에 열정을 품고 있으며 그것이 저에게 가장 중요한 일이라고 감히 말씀드릴 수 있습니다." 그의 말이 진심이었다는 것은 모든 정황을 통해 알 수 있다. 영국 좌파 대다수처럼 맬러리도 베르사유 조약에서 드러난 치졸한 복수심을 혐오했다. 맬러리는 친구 메이너드 케인스의 『평화의 경제적 귀결The Economic Consequences of the Peace』(1919)을 읽고, 배상 조항의 이행을 강제할 경우 독일의 민주주의가 큰 타격을 입어 고사할 것이고 이것 때문에 유럽의 평화가 깨질 것이라는 점에 동감했다. 그는 국제적인 화해를 도모하고 사회개혁을 추진하는 일에 참여하기를 간절히 원했다. 맬러리는 전후 혼란과 테러와 내전상태에 빠진 아일랜드에도 깊은 관심을 가졌다. 그는 1920년 12월 아일랜드로 가서 테러 상황을 직접 봤는데(누가 알겠는가? 아마도 스스로를 위험에 몰아넣고자 했는지도 모른다.) 이것은 정말 위험한 행동이었다. 그가 아일랜드에서 느낀 감정은 복합적이었다. 그가 보기에 공화주의자와 연맹주의자 양측이 모두 끔찍한 잔학행위와 과오를 저지르고 있었다. 그는 다음과 같이 말했다. "민족적인 열망과 열정적인 이상주의는 오로지 한쪽에서만 찾아볼 수 있었다. 아일랜드 사람들이 '잉글랜드 사람들이 알기만 한다면! 그들이 와서 보기만 한다면!'이라고 외치는 것은 이 점에 호소하는 것이다." 맬러리는 아일랜드로 가서 그 상황을 직접 보았지만 아일랜드로 간 구체적인 목적은 알려지지 않았다. 그는 곧 퍼시 파라Percy Farrar의 편지를 받고 집으로 돌아왔다. 페니패스 산행을 통해 알고 지내던 파라는 알파인 클럽의 회장을 역임했는데 그 당시에는 비서직을 맡고 있었다. 그가 영국 에베레스트 원정대에 맬러리를 초청했다. "4월 초에 가서 10월에 돌아온다네. 가고 싶은 마음이 있는가?"

1921년: 정찰

가고 싶은 열망? 1921년 당시 조지 맬러리는 뭔가 하고 싶은 열망을 발산하고 있었지만 처음부터 에베레스트로 등반을 떠나고 싶어 했는지는 확실하지 않다. 그는 오랫동안 아내와 떨어져 있었는데 또다시 떨어져 있어야 한다는 것이 내키지 않았다. 그에게는 가정과 직업과 돌봐야 할 아이들이 셋이나 있었다. 그리고 그는 솔직히 그 원정이 반쯤은 국가적인 차원에서 이루어져서 애국심을 고취시키며 조직된다는 것 때문에 주춤했다. 여동생 애비에게 말한 것처럼 맬러리는 이 원정이 '그저 엉뚱한 놀음'이 될 것 같다고 생각했다. 그러나 제프리 영은 처음부터 맬러리를 에베레스트 위원회에 추천했고, 맬러리에게 원정이 아무리 마음에 들지 않아도 에베레스트 자체는 일생일대의 기회가 될 수 있으며, '에베레스트'라는 이름이 그의 이름에 붙어서 따라다닐 것이고, 이로 인해 맬러리가 교사나 작가로 뭔가 해보려 할 때 훨씬 수월할 것이라고 설득했다. 이런 실용적인 이점을 생각해 루스도 동의했고, 일단 루스가 에베레스트 원정을 지지하자 맬러리의 마음도 누그러졌다. 그는 2월 9일 런던에서 파라와 헤럴드 래번, 그리고 프랜시스 영허즈번드를 만나 '별로 눈에 띄는 감정표현 없이' 공식적으로 에베레스트 위원회의 원정 초청을 수락했다. 맬러리는 그다음 날 영에게 이런 편지를 썼다. "엄청난 발걸음을 내디딘 것 같습니다. 돌아오면 새로운 직업을 찾아야겠군요. 그렇지만 지금 누리는 안정적인 생활의 편안함을 포기한다는 것이 나쁜 일만은 아닐 겁니다. 솔직히 저는 지금 서 있는 교단보다는 더 높은 자리를 원하고 있습니다. 적어도 관심을 보일 많은 사람들의 마음에 호소할 수 있는 자리 말입니다."

맬러리가 원정대에 합류했다는 말을 듣자 아서 힝크스는 곧바로 의구심을 품었다. 왕립지리학회의 완고한 비서인 힝크스는 이 원정의 1차적인 목적이 지도상의 공백을 메우는 것이라고 굳게 믿고 있었다. 2월 중순 힝크스는 에베레스트 위원회의 명예비서 자격으로 맬러리에게 편지를 보내, 알파인 클럽 친구들이 무슨 생각을 하든지 간에 등반이 아니라 그 지역에 대한 탐사가 가장 중요한 일이며, 식물학 분야에 깊은 관심을 갖고 있는 원정대장인 하워드 버리 중령의 명령에 철저하게 복종하라고 요구했다. 맬러리는 이에 대해 정찰이 원정의 1차적인 목적이긴 하지만 2차적인 목적은 정상이며 자신은 래번의 등산 동호회원이므로 오로지 이 점에만 관심이 있다는 내용의 답장을 보냈다.

원정 홍보를 둘러싸고 또 다른 언쟁이 벌어졌다. 에베레스트 위원회는 원정비용을 조달하기 위해 독점 계약을 했다. 『더 타임스The Times』와 『필라델피아 레저Philadelphia Ledger』는 원정대가 보내오는 전보를 독점 게재하기로 했고, 『그래픽Graphic』 지는 원정 사진을 게재하기로 했으며, 에드워드 아널드 사Edward Arnold and Co.는 공식 원정보고서를 출간하기로 했다. 이런 계약을 통해 상업적인 등반이 보잘것없는 규모로나마 시작되었다고 할 수도 있지만, 힝크스는 돈을 경멸하는 구식 신사의 태도를 갖고 있었으며 대중적인 홍보를 비정상적으로 싫어했으므로, 이 모든 것들을 받아들이는 것을 몹시 힘들어했다. 그는 조용히, 개인적으로 돈을 내서 다른 사람들 모르게 원정을 가고 싶었다. 그러나 한편으로 힝크스는 이 계약을 이용해서 관련자들에게 원정에 대한 비밀을 엄수하라고 요구할 수 있었다. 그는 3월 초순 모든 사람에게 다음과 같은 내용의 계약서에 서명하도록 했는데, 그것은 "에베레스트 위원회의 승인을 받지 않고 원정 전이나 도중 그리고 원정 후에 언론사 및 언론사의 대리인과 회견을 하지 않고, 대중적인 강연도 하지 않고, 어떠한 정보나 사진도 누출하지 않는다."라는 것이었다. 맬러리는 다른 원정대원들과는 달리 따로 수입이 나오는 곳이 없었으며 이 등반을 위해 직장까지 그만두고 자신의 운을 시험해보고자 했으므로, 이런 계약은 거의 받아들일 수 없는 것이었다. 그래서 그는 이 계약이 효력을 발휘하는 기간과 금지 항목을 줄여달라고 호소했다. 그러나 이 호소는 받아들여지지 않았다. 아서 힝크스의 생각에 개인적인 이해관계나 야심을 위해 히말라야 원정을 양보할 수는 없었다. 위원회는 그에게 인도까지의 여비를 부담해주기로 했고, 등산화와 장비 구입을 위해 50파운드를 가불해주기로 했다. 그 이상을 바랄 수 없는 처지의 맬러리는 '정상이 충분히 참작'되었다는 점에 만족해야 했다.

맬러리가 더 심각하게 걱정한 것은 사실 원정대였다. 히말라야 경험이 없던 맬러리와 달리 래번과 켈러스는 히말라야 경험이 풍부했지만 각각 56세와 53세여서 당시 기준으로 보면 상당히 늙은 편이었으며, 맬러리의 생각에 산에서는 별로 도움이 될 것 같지 않았다. 호주에서 태어난 조지 핀치George Finch는 막강한 고산 등반경력을 보유하고 있고 33세밖에 되지 않았지만 전쟁 중 말라리아에 감염되어 건강이 좋지 않았다. 3월 초순 맬러리는 영에게 이런 편지를 썼다. "올라갈 수 있을지, 혹은 발가락을 잃지 않고 돌아올 수 있을지에 대해 정말 비관적인 느낌에 빠져 있습니다." 3월 17일 맬러리는 건강검진을 자신 있게 마쳤다. 그러나 핀치는 실망스럽게도 통과하지 못했는데, 표면상 이유는 체중 미달에 빈혈 때문이었지만 사실은 — 혹은 핀치가 보기에는 — 그가 식민지 출신에다가 긴 머리에 상스럽고 혈통도 불분명하다는 것 때문이었다. 이유가 무엇이었든 간에 핀치가 탈락하는 바람에 전력이 심각하게 약화되었다. 에베레스트 위원회가 핀치 대신 스코틀랜드 사람인 중년의 빌 링Bill Ling을 선발하겠다고 했을 때 맬러리의 인내심은 한계에 달했다. 그는 힝크스에게 이렇게 편지를 썼다. "핀치를 링으로 교체하면 어느 모로 보나 공격조의 전력이 심각하게 약화될 것입니다." 그는 에베레스트에 대한 도전이 기술적인 어려움에 달려있는 것이 아니고 고도와 거대한 규모에 달려있다고 설명하면서 바로 그 점 때문에 "우리는 체력적으로 버틸 수 있는 대원이 필요합니다. 물론 (링은) 저지대에서는 도움이 될지 모릅니다. 하지만 정상을 위해서는 정교한 기술을 보유한 사람이 아니라 지구력이 있는 사람을 한 명 선발해야 합니다."라고 덧붙였다. 그러나 힝크스는 꿈쩍도 하지 않았다. 그는 등반대의 전력을 증강해달라는 맬러리의 요청을 거절하면서 다음과 같은 편지를 보냈다. "자네가 파라와 친해서 그의 견해에 영향을 받은 것은 알겠지만 이 원정의 1차적인 목적이 올해 안에 에베레스트 정상에 서는 것이라는 파라의 의견에 동의하는 사람들은 별로 없다는 점을 명심하게." 다행히 맬러리는 힝크스의 윗사람인 영허즈번드에게 호소하여 그의 친구이며 어빙 밑에서 동문수학한 가이 벌락Guy Bullock이 원정대에 합류하도록 했다. 맬러리에 의하면 "그는 아무리 힘든 일이 닥쳐도 허둥대지 않으며 이를 참아낼 수 있는 강인한 친구"라는 것이었다.

에베레스트, 즉 초모룽마Chomolungma는 8,850미터 고도의 고봉이며 네팔과 티베트 경계선의 북동쪽 외진 곳, 즉 대략 동경 87도, 위도 28도 지점에 있다. 오늘날 그 산을 오르려 하는 사람들은 네팔의 수도인 카트만두까지 비행기로 가서, 쿰부Khumbu 계곡의 루클라Lukla까지 경비행기나 헬리콥터를 타고 간 다음, 며칠간을 걸어서 에베레스트의 아름다운 위성봉인 눕체Nuptse와 푸모리Pumori 아래쪽 쿰부 빙하에 있는 남쪽 베이스캠프까지 간다. 1921년에는 비행기 여행이 걸음마 단계였고, 네팔 왕국은 외국인의 접근을 완고하게 막고 있었으며, 에베레스트 남쪽 접근로는 아직 알려지지 않은 상태였다. 따라서 에베레스트에 가기 위해서는 일단 5주일간 배를 타고 벵골 만 끝에 있는 인도 제2의 도시 캘커타로 가서 18시간 동안 기차를 타고 외딴 산간 마을인 다르질링으로 간 다음 또다시 6주일간 트레킹을 해야 했다. 트레킹 루트는 먼저 시킴의 열대 삼림지대를 지난 다음 서쪽으로 향하여 메마른 황무지인 티베트 고원지대를 가로질러 가는 것이었다. 에베레스트의 위치는 1849년에 원거리에서 측량되었고, 고도는 1852년에 계측되었다. 그러나 롤링의 1904년 조사팀과 1913년 이 산 동쪽으로 은밀하게 접근했던 존 노엘John Noel을 제외하고 영국인들은 이 산에 가까이 가본 적도 없었고, 이 산에 어떻게 가야 하는지 정확하게 아는 사람도 없었다. 1921년 무렵에는 이 산의 북부 인접 지역은 탐사와 조사의 발길이 전혀 미치지 않았다. 따라서 최초의 이 원정은 분명하게 어렵고 역사적으로도 독특한 도전에 직면할 수밖에 없었다. 그들은 이 산을 오르기 전 산의 기슭을 먼저 찾아야 했다.

1921년 4월 8일 맬러리는 35개에 달하는 원정대 짐을 SS 사르디니아Sardinia 호에 싣고 영국을 떠났다. 자칭 '에베레스트인Everester' 중 세 명의 대원(모스헤드, 휠러, 헤런)은 이미 인도에 가 있었고, 켈러스는 정찰을 하기 위해 티베트에 가 있었다. 등반대장인 래번은 3월에 먼저 영국을 떠났다. 하워드 버리, 울라스턴과 벌락은 마르세유에서 출발하기로 했다. 따라서 맨 마지막에 혼자 가게 된 맬러리는 이 일을 위해 직장을 그만둔 것이 잘한 일인지 생각할 수 있는 시간을 배 위에서 가질 수 있었다. 그는 로버트 그레이브스에게 다음과 같은 편지를 썼다. "신께서는 이제부터 나의 인생 여정에서 내가 무엇을 찾을지, 그리고 그것을 어디에서 찾을지 아시겠지. … 나에게는 쓰고 싶은 주제들이 너무 많지만, 사실 일생일대의 대작을 쓸 정도로 충분한 재능은 없는 것 같아." 그는 자신과 함께 1등 선실을 쓰는 사람들을 보고 기겁을 했다. 그는 루스Ruth에게 이토록 지적으로 열등한 사람들만 골라서 43명을 모아놓기도 어려울 것이라는 편지를 썼다. 그래서 그는 시간을 혼자서 보냈고, 엄청나게 두꺼운 『마틴 처즐윗Martin Chuzzlewit』(디킨즈의 소설)을 읽거나 몸을 만들기 위해 갑판을 뛰어다니고 배의 객실 유리창 밖으로 유유히 흘러가는 지중해의 풍경을 경탄하며 바라보았다. 그는 지브롤터, 수에즈, 콜롬보를 거쳐 5월 10일 캘커타에 도착했고, 원정대의 짐 수송 절차를 마치고 난 다음 북쪽의 다르질링으로 향했다. 세계 3위 고봉인 칸첸중가의 거대한 그림자가 닿는 그곳에 원정대의 나머지 대원들이 이미 모여있었다. 벵골 주의 주지사였던 로널즈헤이

Ronaldshay 경은 5월 11일 관저에서 공식 만찬을 열어 원정대에 경의를 표했다. 모스헤드와 그의 조사관들은 5월 13일 티베트를 향해 떠났다. 5월 15일 시킴으로부터 약한 계절풍인 초티 바르사트chhoti barsat가 불길하게 불어왔다. 매년 불어오는 초티 바르사트는 곧 더 좋지 않은 날씨가 이어진다는 전조였다. 그리고 일행은 출발했다. 원정대는 다섯 명의 영국인과 두 명의 스코틀랜드인, 한 명의 캐나다인, 열일곱 명의 셰르파인, 스물 한 명의 보티아Bhotia인, 두 명의 렙차Lepcha인과 인도 정부가 내어준 100필의 노새로 이루어져 있었다.

노새들은 다르질링에서 고작 닷새거리인 세돈첸Sedonchen까지밖에 가지 못했다. 노새들은 평지에 주둔한 군대에서 부리던 것들이라 겉모양은 번지르르하고 덩치가 좋았지만 시킴 정글의 가파른 진흙탕 산길에는 전혀 맞지 않았다. 죽지 않은 노새들은 원정대가 그 지역에서 구할 수 있는 조랑말과 야크를 위해 버려졌다. 사람이 그나마 짐을 더 잘 날랐지만 무자비한 더위와 비로 인해 영국인 특유의 온화함이 흔들리면서 사람들 간의 융화가 깨지는 피치 못할 문제가 점점 더 커지기 시작했다. 맬러리는 루스에게 다음과 같이 썼다. "나는 켈러스를 좋아하오. 그는 두말할 나위 없는 스코틀랜드 사람 그 자체라오. 전반적으로 말투가 투박한 그런 사람이오." 반면 하워드 버리는 극단적인 영국인 대지주의 모습을 보였다. 즉, 그는 우월감에 차 있었고 너그러움이 부족하며 고집이 셌다. 맬러리는 "나는 평화를 위해 대화에서 몇몇 주제를 들춰내서 지적하지 않으려고 아주 조심하고 있다오."라고 말했다. 래번은 등반대장이라는 위치를 지나치게 의식하고 있다는 점 말고도 심하게 모든 일에 독선적이고 더 나쁘게는 '자주 잘못된 의견'을 내놓았다. 처음부터 맬러리는 산에 가면 골치 아픈 일이 벌어질 것으로 짐작은 하고 있었다. 그러나 일단 그는 트레킹에 만족스럽게 적응하면서 아열대의 무성한 식물 군상을 경탄하며 바라보려고 노력했다.

원정대는 다르질링을 출발한 지 9일 만에 4,386미터 높이의 젤렙 라Jelep La를 넘어 티베트의 춤비Chumbi 계곡으로 들어갔다. 맬러리는 다음과 같이 썼다. "숲이 우거진 아름다운 시킴이여 잘 가게. 그리고 아무도 알지 못하는 곳이여, 환영하네!" 공기가 갑자기 건조해졌고 하늘은 푸르렀으며, 상쾌한 고산의 경치는 마치 유럽의 어느 곳 같았다. 그러나 고작 이틀 후 '모든 것이 가깝고 친근하게' 느껴졌던 춤비 계곡의 꽃과 나무는 사라지고 대신 '모든 것이 낯설고 멀어 보이는' 티베트 고원지대의 자갈과 먼지투성이 길이 나타났다. 이제 가장 큰 적은 바람이었다. '먼지투성이에다가 건조하고, 끊이지 않는 영국의 동풍이 가진 나쁜 점이

1924년 셰카르 쫑의 캠프
(사진출처: 왕립 지리학회)

란 나쁜 점은 다 가진' 춥고 건조한 바람이었다. 마침내 드문드문 산이 보이기 시작했지만, "산은 언제나 아름답다고 가장해봐야 아무 소용이 없어."라고 맬러리는 루스에게 편지를 보냈다. 맬러리는 투나Tuna 평원 저 멀리 7,315미터 높이로 돌연히 솟아오른 전설의 초몰하리Chomolhari가 "정말 엄청나게 장엄한 광경이었고 사람을 압도하며 거대하다."라고 인정했지만 "그러나 밝은 낮에 보면 사람들이 그 거대한 벽에 큰 관심을 갖게 될지는 몰라도 매혹되지는 않을 것이다. 그걸 보면 열정이 식고 어떤 의미로는 두려움에 떨게 된다."라고 말했다.

원정대는 얕은 청록색 호수 밤 초Bam-tso의 바로 건너편에 있는 외딴 티베트 마을 도첸Dochen에서 라싸로 향하는 큰 길을 마침내 벗어나 서쪽으로 방향을 틀었고, 5,030미터 높이의 두그 라Dug La를 넘어 에베레스트와 미지의 다른 산들이 있는 지역으로 향했다. 여기서 며칠간 원정대원들은 — 정도는 달랐지만 — 당연히 찾아온 고산증, 즉 두통과 구토, 피로와 설사 증세에 시달렸다. 특히 원정대원 가운데 켈러스는 다르질링에서 출발할 때부터 벌써 몸이 허약해져 병에 걸리기 쉬운 상태였는데 여기까지 와서는 생명이 위독했다. 그는 파리Phari에서부터 몸이 너무 허약해져서 걷지도 못하고 야크를 탈 기운도 없어서 네 명의 짐꾼이 임시로 만든 들것에 실어 어깨에 메고 가야 했다. 맬러리는 데이비드 파이에게 물었다. "원정대 같지도 않은 이런 원정대를 상상이나 했나?" 6월 4일 타창Tatsang에 이르자 회복 기미를 보인 켈러스는 자신을 놔두고 모두 먼저 가라고 쾌활하게 말했다. 그러나 그다음 날 5,243미터 높이의 고개를 넘는 힘든 일정을 이겨내지 못한 켈러스는 결국 창자를 쥐어뜯는 고통에 시달리다 캄파 종Kampa Dzong을 16킬로미터 앞둔 곳에서 홀로 눈을 감았다. 하워드 버리는 깜짝 놀라서 더 이상은 대원을 잃는 모험을 감행하고 싶지 않았다. 바람이 휘몰아치는 6월 6일 시킴의 거대한 세 봉우리인 초모유모Chomoyummo, 파우훈리Pauhunri, 캉첸갸오Kangchengyao가 보이는 돌 언덕에 켈러스를 묻고 난 다음, 하워드 버리는 병색이 완연한 래번을 다르질링으로 돌려보내고 갑자기 두 사람으로 줄어든 등반조의 책임자로 맬러리를 임명했다. 어느 누구도 히말라야 경험이 없었다. 등정 가능성은 당연히 매우 희박했지만, 맬러리는 다음과 같이 루스에게 편지를 썼다. "원정에 대해 절망적으로 생각하지는 말아주오. 아직 우리는 잘 해내고 있어요."

1921년 6월 6일, 즉 켈러스의 장례식 날 맬러리는 마치 운명의 조화와도 같이 마침내 '처음으로 에베레스트를 보고 이상한 기쁨을 느끼는' 경험을 했다. 그는 이른 아침에 캠프에서 나와 험난한 요새처럼 생긴 캄파 종 뒤쪽의 경사면을 300미터가량 힘들게 기어 올라갔다. "캄파 종 그 자체가 인상적이고 극적인 광경이었지만, 거기서 몸을 돌리자 서쪽 먼 곳에 그 산이 서 있었다. 그것은 지구의 턱뼈에서 솟아나온 엄청난 흰 송곳니였다. 위쪽은 여전히 옅은 안개로 덮여 있었지만, 이 안개가 신비감과 장엄함을 더해주었다."라고 맬러리는 회상했다. 그는 세계 최고봉이 자신을 실망시키지 않았다는 점에 대단히 만족하며 캄파 종을 떠났다. 그 후 7일 동안은 답답하게도 에베레스트가 앞쪽에서 가로막는 낮은 산맥 뒤로 숨어있어서, 맬러리와 벌락은 에베레스트가 어디로 사라졌는지 계속 궁금해할 수밖에 없었다. 그들은 본대보다 서둘러 앞서가면서 매일 아침 시야에서 사라진 에베레스트를 찾아보려 했지만 그때마다 실망하기만 했다. 6월 13일, 결국 그들은 넓은 모래 평원에 도착했다. 이곳은 서쪽에서부터 흘러온 봉 추Bhong Chu가 남쪽으로 방향을 틀어 아룬Arun 계곡으로 들어가는 곳이다. 맬러리는 기대감에 부풀어 몸을 떨었다. 그는 나중에 루스에게 이렇게 편지를 썼다. "우리가 오기 전에 어떤 서양인들도 이곳에 와본 적이 없었소. 게다가 우리는 비밀의 땅을 관통해 가고 있소. 캄파 종에서 서쪽으로 향한 이래로 북쪽에서 남쪽으로 뻗어 우리 시야를 가로막는 거대한 장애물의 뒤쪽을 줄곧 보면서 지나왔소." 조랑말들이 강둑에서 풀을 뜯도록 놔두고 두 사람은 협곡이 내려다보이는 바위 등성이까지 기어 올라갔다. 남동쪽으로 위풍당당한 칸첸중가가 '마치 영광스러운 흰 머리를 날리는 위대한 음악가의 사자 같은 얼굴처럼' 선명하게 보였다. 그러나 남서쪽으로는 어두운 구름밖에 보이지 않았다. 맬러리는 이렇게 썼다. "혹시 어떤 마법으로 그 베일을 뚫고 볼 수 있을까 해서 쌍안경으로 그쪽을 열심히 지켜보았다." 그리고 곧 기적이 일어났다.

> 우리는 잿빛 안개 뒤쪽에서 눈이 하얗게 빛나는 것을 보았다. 거대한 산군이 조금씩 드러나기 시작했다. 안개 속으로 보이는 산의 모습은 환상적이었다. 그것은 꿈속에서나 나오는 거친 창조물이었다. 깊은 협곡에서 삼각형 덩어리가 기묘하게 솟아 있었다. 능선의 실루엣이 70도 정도의 경사를 이루며 솟아오르더니 어디선가 끝나버렸다. 왼쪽으로는 톱니 같은 검은 돌출부가 마치 하늘에 매달려 있는 것 같았다. 믿을 수가 없었다. 천천히, 아주 천천히 우리는 그 거대한 산의 측면과 빙하와 가파르고 험준한 능선들을 바라보았다. 안개가 이리저리 몰려다니며 산을 조금씩 보여주었고, 그 한가운데에 다른 봉우리들보다 훨씬 더 높이, 사람이 상상하지 못할 높이에 에베레스트의 하얀 정상이 나타났다. 우리는 한 부분씩 보아가다가 결국에는 전체를 다 보았다. 그리고 마치 꿈을 해몽하듯 전체를 꿰맞출 수 있었다. 이해되지 않는 것이 많이 있었지만, 그 한가운데에는 분명한 의미, 즉 하나의 산의 형태로 에베레스트가 있었다.

두 사람은 에베레스트로부터 92킬로미터 떨어진 쉴링Shiling 마을 위쪽에서 에베레스트의 장관을 직접 볼 수 있었다. 그것은 맬러리에게 '다른 어떤 잊지 못할 모험보다 훨씬 더 대단한' 일이었다. 그는 "그날 이후 우리 마음속에 들어와 아른거리는 에베레스트의 모습이 가까이 다가갈수록 우리의 추론에 적지 않은 영향을 미쳤다."라고 말했다. 그와 벌락은 북동쪽에서 에베레스트를 보았다. 그들 앞에 긴 북동릉이 정상에서 이어져 내려오다가 한때 그들이 넘어설 수 없는 장애물이라고 판단했던 울퉁불퉁한 검은 돌출부로 이어졌다. 그러나 돌출부의 오른쪽으로는 북쪽으로 형성된 스카이라인이 있었고, 맬러리는 이를 지릉이라고 생각했는데 정확한 추측이었다. 이 지릉은 넘어갈 수 있을 것처럼 보였고, 북쪽의 날카로운 봉우리(창체Changche)와 콜이 하나로 연결된 것처럼 보였다. 이 콜 쪽에서부터 동쪽으로 계곡이 내려와 결국은 아룬으로 빠지고 있었다. 그렇게 그 산은 거기에 있었다. 거의 100킬로미터 정도의 먼 거리에서 잠깐 보았을 뿐이지만 맬러리는 희미하게나마 루트를 찾아냈다. 즉 동쪽 계곡에서 노스 콜로 간 다음 북릉을 올라가서 북동릉에서 정상으로 가면 될 것 같았다. 이 판단은 이후 30년간 서양인들이 이 산을 파악하는 데 결정적인 영향을 주었다.

1921년 에베레스트 정찰등반은 6월 19일부터 본격적으로 시작되었다. 원정대는 에베레스트의 북서쪽 사면에서 64킬로미터 북쪽에 있는 팅그리Tingri에 도착했다. 이곳은 넓은 소금 평원의 작은 언덕에 300가구 정도가 들어선 꽤 큰 마을이었다. 하워드 버리는 이곳에 군대식으로 베이스캠프를 설치했고, 해야 할 일들을 위해 원정대원들을 곳곳으로 보냈다. 휠러와 모스헤드는 북쪽과 서쪽의 접근로를 촬영하고 조사하기 위해 갔고, 헤런은 암석을 채취하러 갔으며, 울라스턴은 환자들을 돌보고 새와 딱정벌레를 수집하는 임무를 맡았다. 맬러리와 벌락은 산을 정찰하는 임무를 맡았다. 하워드 버리는 이미 에베레스트에 대해 평가를 내리고, 오를 수 없다고 단정 지은 상태였다. 그는 일단 암실과 의무실, 회의용 텐트를 그의 마음에 맞게 설치한 다음, 다루는 방법도 잘 모르고 가지고 다니기도 힘든 — 하워드 버리가 생각하기에 — 장비들과 함께 맬러리와 벌락을 베이스캠프에 남겨두고, 케트락Kyetrak 계곡에 있는 헤런, 휠러와 합류하려고 출발했다. 맬러리가 서양인 최초로 거대한 에베레스트 북벽을 본 날은, 그와 벌락이 사다[†]와 요리사, 그리고 16명의 보티아 짐꾼들을 데리고 가다가 초북Chobuk 마을 근처에서 자르카르 추Dzarkar Chu 강을 발견하고 롱 추Rong Chu 강을 따라 남쪽으로 방향을 틀어서 유명한 롱북Rongbuk 사원을 우연히 지나가던 6월 25일이었다. 남쪽에서 보면 에베레스트는 눕체Nuptes와 로체Lhotse에 가려 있어 잘 보이지 않는 산이다. 그러나 맬러리는 북쪽에서 본 에베레스트를 이렇게 표현했다. "시야를 가리는 것이 없다. 세계의 고봉 중 가장 높은 이 산은 모든 산의 군주라는 지위에 걸맞은 장엄한 광경을 보여주며 다른 산으로부터 도전받지 않고 외따로 떨어져 월등한 높이로 우뚝 솟아있었다. 자세히 보면 7천 미터에서 8천 미터 사이의 다른 고봉들도 보인다. 그러나 그 고봉의 정상들은 군주인 에베레스트의 어깨에도 미치지 못한다. 에베레스트는 옆에 있는 다른 산들이 거의 주목을 받지 못할 정도로 탁월하게 높고 장엄했다."

† **사다sirdar** 히말라야를 등반할 때 셰르파를 통솔하는 셰르파의 우두머리

에베레스트를 보고 느낀 놀라움과 경이로움은 상상을 초월했다. 사실 맬러리는 정찰등반이 예상보다 길어진 데다 기가 차도록 낯선 산악지방의 환경으로 힘들어 했다. 예를 들어, 그가 했던 모든 고산등반에서는 빙하를 따라가면 산으로 빠르게 접근할 수 있었다. 빙하는 가끔 이상한 곳으로 흘러가기도 했지만 대개는 쉽게 산으로 접근할 수 있는 통로가 되었다. 그러나 히말라야의 동쪽에서는 절망스럽게도 빙하가 혼란스러운 미로이고, 바위가 빙하에 흩어져 있었으며, 얼음이 녹은 수로에는 페니텐트[†1]라고 불리는 20미터 높이의 빙주氷柱들이 솟아있었다. 이렇게 '기둥들로 가득 찬 기이한 세계'에서 길을 찾기는 불가능했고, 맬러리와 벌락은 곧 유일한 길이 빙하 옆쪽의 빙퇴석이 쌓인 지대를 따라 힘들게 올라가는 것임을 알았다. 고도뿐만 아니라 이곳의 더위와 거리 때문에 두 사람은 지쳐갔다. 롱북 빙하는 해발 4,800미터에서 5,500미터의 높이로 몽블랑 정상보다 높았고, 맬러리는 알프스에서 경험해 본 적 없는 수준의 피로감을 느꼈다고 고백했다. 그는 이렇게 말했다. "몸을 이끌고 50미터 정도 가는 것도 거의 불가능할 정도로 힘든 것은 새로운 느낌이다." 그러나 높은 곳으로 올라오니 에베레스트가 계속 보였고, 맬러리는 고산증으로 몸이 처지기 시작했지만 정신적으로는 고무되어있었다. 빙하에 올라간 지 하루가 지났을 때 그는 루스에게 "여보, 여기는 모든 것이 놀랍소. 이 모든 것이 얼마나 매혹적인지 모르겠소. 그리고 이 광경이란… 너무나 아름답소!"라고 편지를 썼다.

에베레스트는 아름다웠다. 그러나 과연 오를 수 있을까? 맬러리와 벌락이 가까이 다가갈수록 등정 가능성은 점점 멀어지는 것 같았다. 위쪽으로는 롱북 빙하가 "경기병 여단의 돌격[†2]"과 같은 모습으로 3천 미터 높이의 북벽으로 이어지고 있었다. 맬러리는 루스에게 이렇게 말했다. "등산가의 입장에서 본다면 이토록 가공할 만한 광경은 상상도 할 수 없소. 중간에 쉴 수 있는 곳도 없고, 도움을 받을 수 있는 것도 하나 없소." 따라서 이제는 마치 거인의 팔처럼 정상에서 뻗어 내린 '간단하고, 심각하고, 엄청난' 두 개의 험준한 아레트arêtes, 즉 능선만이 가능성으로 남았다. 맬러리는 둘 가운데 상대적으로 만만해 보이는 북동릉을 선호했고 그 능선이 에베레스트와 창체 사이의 넓은 콜 쪽으로 뻗어 내려오는 '일종의 바위 능선(북릉)'으로 올라가면 닿을 수 있는 곳이라고 확신하게 되었다. 그러나 불행히도 그 콜(노스

---

†1 **페니텐트**penitent 건조한 고산지대에 발달하는 빙하 표면의 빙주(氷柱)

†2 크림전쟁 당시 영국의 카디건 백작이 이끄는 경기병 여단은 압도적인 러시아군에 대항하여 맹목적인 돌격을 감행했다가 패주했다. 이후 '경기병 여단의 돌격'은 무모하고 맹목적인 군사행동의 상징으로 불린다.

북쪽에서 바라본 에베레스트 산군. 1921년 정찰등반과 1924년 정상 도전 루트

콜North Col, 티베트인들은 창 라Chang La라고 불렀다.)은 최소한 그쪽에서는 갈 수 없다는 걸 알게 되었고, 맬러리는 금지된 북서릉Northwest Ridge, 즉 요즘에는 서릉West Ridge이라고 불리는 능선으로 잠시 눈길을 돌렸다. 맬러리와 벌락은 훗날 "리 링Ri-Ring"이라고 알려진 6,858미터 봉우리의 정찰등반을 성공적으로 마치고, 7월 7일 서쪽 롱북 빙하 지류로 올라갔다. 그들은 그 빙하가 에베레스트 산군을 남쪽으로 감아 도는지 찾아보았다. 그때까지는 날씨가 좋았지만 그날부터 궂은 날씨가 계속되었고, 이로 인해 맬러리의 의욕도 한풀 꺾였다. 그는 페니패스 시절의 친구인 루퍼트 톰슨Rupert Thompson에게 "이 원정이 가끔 처음부터 끝까지 알파인 클럽에서 무슨 귀띔을 듣고 마음이 달아오른 영허즈번드의 허황된 정열 때문에 시작된 일종의 사기 행각이 아닐까 생각한다네. 등정 가능성은 어느 방향에서도 거의 제로에 가깝고, 현재 우리의 임무는 고작 고상한 영웅심이 다시 패배하는 것을 보여주려고 울며 겨자 먹기로 불가능에 도전하는 것이라네."라고 편지를 썼다.

맬러리가 이 예언적인 편지를 쓴 7월 12일 날씨가 화창해졌다. 그와 벌락은 서쪽 롱북 빙하를 따라 올라갔지만 결국 이 빙하가 산에서 너무 멀다는 것을 알았다. 그 빙하는 금지된 국경지대이자 난공불락의 서쪽 지대, 즉 에베레스트의 북서릉을 감아 돌고 있었다. 소득이 없는 시도를 서너 번 한 다음 두 사람은 링트렌Lingtren(6,714m)과 푸모리Pumori(7,161m) 사이의 능선에 있는 낮은 곳에 올라서 둥근 빙하 계곡을 내려다보았다. 이들은 그곳을 웨일스식으로 "웨스턴 쿰Western Cwm"이라고 불렀다. 훗날 웨스턴 쿰은 1950년 이후 에베레스트로 가는 빠른 길이라는 사실이 밝혀지게 된다. 당시 맬러리는 웨스턴 쿰으로 전혀 가고 싶어 하지 않았다. 그가 서 있는 곳에서는 그쪽으로 가는 것이 불가능했다. 아래쪽의 빙하는 어느 면으로 보나 경사가 심하고 쩍쩍 갈라져 있어서, 하워드 버리가 로체(남쪽 봉우리)라고 이름 붙인 거대한 이웃 봉우리와 에베레스트 사이로 올라갈 수 있는 틈이 보이지 않았기 때문에 루트가 없을 것으로 생각했다. 당시에는 추측만 할 수 있었지만 높은 곳에 남쪽 콜이 있는 것 같았고, 그곳에서 솟아올라간 거대한 능선이 어느 모로 보나 에베레스트로 접근하는 가장 쉬운 길인 것으로 보였다. 그러나 당시 그곳은 정치적인 이유 때문에 갈 수 없는 지역이었으며, 그뿐만 아니라 그쪽으로 갈 실질적인 방법도 없었다. 훗날 그의 생각이 옳았다는 것이 입증되었다.

이제는 노스 콜만 남았고, 맬러리는 그곳을 '희망의 콜'이라고 부르기 시작했다. 동쪽에서

1921년 리 링Ri-Ring에서 바라본 롱북 빙하와 에베레스트 북벽. 조지 맬러리 촬영
(사진출처: 왕립 지리학회)

접근할 수는 없을까? 정찰 첫째 날 맬러리와 벌락은 동쪽에서 롱북 계곡으로 흐르는 개울을 하나 건넌 적이 있었고, 동쪽에 빙하 지류가 있을 것이라는 추측을 했었다. 그렇지만 그 개울은 너무 가늘어서 크게 중요하지 않을 것으로 판단해 탐사하지 않고 그냥 지나쳐 남쪽과 서쪽으로 전진했었다. 이제 서쪽 루트가 불가능하다고 판단한 맬러리는 그 개울로 되돌아가, 개울을 따라가면 어디로 갈 수 있는지 알아봐야겠다고 생각했다. 그때쯤 하워드 버리는 맬러리가 사진 원판을 몽땅 뒤집어서 촬영하는 단순하고도 치명적인 실수로 사진을 한 장도 인화할 수 없게 되었다는 소식을 전했다. 맬러리는 크게 실망했고, 이 끔찍한 실수를 만회하기 위해 가능한 한 먼 거리를 다시 되돌아가 보아야 했다. 그는 사진을 찍었던 지점을 되짚어 가느라 소중한 며칠을 허비했다. 하워드 버리는 베이스캠프를 팅그리에서 동쪽 마을인 카르타Kharta로 옮겼다. 맬러리는 7월 말에 일행과 서둘러 합류했다. 맬러리가 롱북 계곡에 대한 좋은 소식을 가져오긴 했지만, 동쪽 롱북 빙하에 대한 핵심적인 지형학적 세부사항을 놓친 점은 뼈아픈 실수였다.

1921년 초몰룬조Chomolunzo와 마칼루. 조지 맬러리 촬영
(사진출처: 왕립 지리학회)

하워드 버리의 동쪽 정찰 베이스캠프인 카르타는 아룬 계곡의 비교적 낮은 고도인 3,750미터에 자리 잡고 있었다. 롱북의 돌투성이 황무지에 비하면 맬러리와 벌락에게는 이곳이 근사한 열대지방 같았다. 여기서 회복을 위해 쉬는 가운데 맬러리는 루스에게 "나는 거의 황홀경에 빠져 지내고 있소. 마치 초목이 태양과 비를 즐기면서 자라는 것 같은 모습을 다시 볼 수 있게 된 것은 정말 기쁜 일이라오."라고 편지를 써 보냈다. 그러나 그는 들꽃이 만발하고 나비가 떼 지어 날아다니는 광경을 보면서도 맡은 임무를 도외시할 수는 없었다. 맬러리와 벌락은 '희망의 콜'을 향해 출발했다. 그들은 초모룽마가 남쪽에 있다고 잘못 안내한 가이드 때문에 원래의 의도와는 달리 초목이 우거진 카마Kama 계곡으로 들어섰고, 세계에서 가장 거대한 원형 분지를 보았다. 그곳은 에베레스트, 로체, 페탕체Pethangste, 초몰룬조Chomolunzo, 마칼루로 둘러싸인 곳이었다. 맬러리는 이렇게 썼다. "나는 그저 할 말을 잃었다. 마칼루로부터 에베레스트까지 일련의 고봉들이 늘어선 광경은 전에 본 어떤 광경보다도 훨씬 대단했다." 그런데 카마 계곡의 고산 풍광은 대단했지만 유감스럽게도 노스 콜로 연결되

지 않았고 난공불락의 동쪽 벽(지금의 캉슝Kangshung 벽)으로 연결되어있었다. 이 방면에서 에베레스트를 공략하는 것은 '그들보다 어리석은 다른 사람들'이 하리라 생각하고, 맬러리와 벌락은 카르타로 돌아왔다. 그들은 깊은 감명을 받았지만 한편으로는 실망했다. 더구나 맬러리는 고열에 시달렸다.

마지막 희망 하나가 남아있었다. 그것은 카르타 계곡이었는데, 이 계곡 옆으로는 카마와 평행으로 이어지는 능선이 솟아있었다. 8월 13일에 맬러리가 일시적으로 의욕을 잃어서 벌락이 혼자 이 계곡을 따라 카르타 빙하로 갔지만 결국 이 계곡이 에베레스트 옆에 있는 산의 고개에서 끝난다는 것을 발견하고 돌아왔다. 이것으로부터 — 벌락은 예전의 그 작은 개울을 기억해내고 — 그는 동쪽 빙하가 있고 이것이 방향을 틀어 북쪽으로 흘러 롱북 계곡으로 갈 것으로 유추했다. "롱북 계곡으로 흘러간다!" 맬러리는 환호했다. 맬러리는 아직은 그저 가능성일 뿐이며 확신할 수 없다고 생각했지만 억지로 용기를 내어 8월 18일에 출발하여 벌락이 갔던 카르타 빙하 상부의 고개인 6,705미터 높이의 락파 라Lhakpa La로 올라갔다. 그곳은 굉장히 어려운 코스였다. 멜러리는 후일 그때가 자신의 등반 경험 중 가장 힘들게 올라갔던 때라고 윈스롭 영에게 말했다. 오후 3시쯤 다 올라가서 보니 에베레스트에서 창체로 이어지는 능선 전체가 구름에 가려져 있었다. 그러나 그곳에서 아래쪽으로 250미터 떨어진 곳에 정말 빙하가 있었고, 그 빙하는 만만한 권곡[†]을 가로질러 노스 콜의 기슭으로 가 닿아 있었다. 그 산으로 가는 길이 발견된 것이다. 그 순간 맬러리는 당당한 자부심을 느꼈다. 그는 루스에게 이렇게 말했다. "다시 이 긴 구간을 힘겹게 내려오면서 내 마음은 이 조망과 우리의 성공으로 인해 벅찼소. 나는 개인적인 성취로 인해 이토록 기쁨을 느낀 적이 없었소. 그저 잘해냈다는 생각과 자부심으로 가슴이 부풀었소. 우리가 굉장한 노력을 했다는 생각과 큰 임무를 수행했다는 자부심에 만족스러운 기분이 들었다오." 그러나 맬러리는 북부에서 조사를 할 때 자신과 동시에 조사 경쟁을 했던 올리버 휠러가 그때쯤 확신했던 내용을 간과했고, 이에 대해 마음속으로나마 실수했다는 느낌이 들었을 것이다. 휠러는 롱북 계곡의 조그만 협곡에서 흘러나오던 개울이 사실은 동쪽 롱북 빙하로 통하고 결국 노스 콜로 연결된다고 믿었다. 맬러리가 그 산으로 갈 수 있는 루트를 찾아낸 것은 맞지만 뒤이은 모든 북쪽 방면 등반대가 취하게 되는 더 쉬운 길은 놓친 셈이었다.

---

† 권곡cirque 빙하는 땅 표면의 움푹 파인 곳에서 발견되고 특징적인 원형을 가진다.

예정보다 뒤늦게나마 락파 라로 올라가서 동쪽 롱북 빙하를 찾아냈기 때문에 1921년 에베레스트 정찰등반은 사실상 마무리되면서 원정대는 위엄 있게 철수하게 되었다. 그러나 맬러리는 그 산으로 한 번 가보겠다고 결심했으며 최소한 북동쪽의 돌출부, 또는 그 너머 '최고의 목표'까지 가보고 싶었다. 8월 마지막 날 맬러리와 벌락은 짐꾼 몇 명을 데리고 5,270미터 지점으로 이동하여 카르타 계곡에 캠프를 세우고 몬순이 끝나기를 기다렸다. 날씨가 좋지 않아서 그들은 3주일간 그곳에서 꼼짝도 못했고 신체적·감정적으로 거의 한계에 다다랐다. 누군가 맬러리 일행이 원정대의 물자를 멋대로 사용했다고 주장했고, 이로 인해 언제나 불편했던 하워드 버리와의 관계가 거의 파탄에 이르렀다. 맬러리는 이렇게 말했다. "그는 경제관념에 사로잡힌 사람인데, 나는 그의 인색함을 참을 수가 없다."

다행히도 하워드 버리는 전진 베이스캠프와 대부분 떨어져 지냈다. 9월 6일 오랫동안 보이지 않던 래번이 전진 베이스캠프에 느닷없이 나타났다. 맬러리는 윈스롭 영에게 이렇게 편지를 썼다. "그는 정말 늙은 데다 머리털까지 하얗게 되었습니다. 그를 보면 가엾은 생각이 들긴 하지만 자꾸 따분한 소리를 늘어놓아서 불쌍하다는 생각이 들 겨를도 별로 없습니다. 다행히 언쟁에서는 그가 별로 이기질 못합니다." 벌락은 합리적이고 꿋꿋한 자세를 견지했다. 그러나 그때쯤 그와 맬러리는 너무 오랫동안 함께 있어서 독립적인 사람들이 함께 살아야 할 때 흔히 나타나는 태도가 나타났다. 벌락과 맬러리는 경쟁심을 느꼈고 약간 신경질적이어서 매사에 사소하게 싸웠으며 서로에게 얕보이지 않으려고 주의했다. 9월 9일, 집에서 편지가 왔고 아일랜드 휴전 협상 소식도 전해 들었다. 이 소식을 들은 맬러리는 자기가 기억할 수 있는 한 그 어느 때보다도 집에 돌아가고 싶은 마음이 간절했다고 한다. 그는 윈스롭 영에게 "문명세계로 돌아가서 세상이 어떻게 돌아가는지 알게 된다면 섭섭할 것이 없겠습니다. 개탄스러운 세상이지만 이곳에서도 세상 돌아가는 일이 궁금합니다. 혐오스러운 민족이 사는 혐오스러운 나라인 티베트와 대조적이라서 그런지도 모르겠습니다."라는 편지를 썼다. 심지어 그는 산에도 넌더리가 났다. 맬러리는 마칼루가 '놀라울 정도로 인상적'이라는 점은 인정했지만 히말라야가 전반적으로 '실망스럽고 확실히 알프스 산맥보다 덜 아름답다'고 했다.

9월 22일 드디어 날씨가 개자, 간단히 말하자면 낙담하고 지친 소규모의 등반대가 에베레스트에 대한 역사적인 첫 도전에 나섰다. 다르질링을 떠난 지 4개월이 지난 후였다. 물론

1921 에베레스트 정찰등반대. 왼쪽에서 오른쪽으로 서 있는 사람들: 알렉산더 울라스턴, 찰스 하워드 버리, A. M. 헤런, 헤럴드 래번. 왼쪽에서 오른쪽으로 앉아 있는 사람들: 조지 맬러리, 올리버 휠러, 가이 벌락, 헨리 모스헤드 (사진출처: 왕립 지리학회)

요즘 히말라야 등반의 속도(가고 올라가고 내려온다.)와는 무모할 정도로 정반대에 있었지만 1921년 원정대는 고산지대에 너무 오래 있어서 효과적인 고소순응은 이미 다 된 상태였다. 힘든 루트인 데다 요즘 기준으로 보면 그들의 복장과 장비는 너무나도 적절치 못했다. 벌락은 모직 스웨터를 입고 트렁크를 등에 메고 등반을 했다. 놀라운 것은 그들이 이런 상황에서도 그토록 등반을 잘 할 수 있었다는 것이다. 6명의 유럽인, 즉 맬러리, 벌락, 모스헤드, 하워드 버리, 울라스턴과 휠러는 10명의 셰르파와 함께 살을 에는 듯한 늦은 오후의 추위를 뚫고 락파 라, 즉 '윈디 갭Windy Gap'까지 올라갔다. 그다음 날 아침 대원 세 명, 즉 맬러리, 벌락, 휠러는 눈 덮인 사면을 내려가 동쪽 롱북 빙하에 도착했고 천신만고 끝에 노스 콜의 동쪽 산기슭을 찾아내어 캠프를 설치했다. 그들은 이곳에서 무지막지한 바람이 잦아들기를 기다렸지만, 맬러리에 의하면 밤에도 전혀 날씨가 부드러워지는 기미가 없었다. 매서운 돌풍이 위쪽의 높은 절벽으로부터 불어 내려와 보잘것없는 머메리 텐트를 잡아 뽑을 듯한 기세를 보였다. 어쨌든 맬러리는 잠이 들었다가 일어나 대원들을 불러 모았다. 9월 24일 오전 7시, 대원들은 에베레스트의 사면으로 신중하게 올라갔다. 그들은 눈사태로 인해 쌓인 눈과 얼음더미를 뚫고 천천히, 그러나 정연하게 얼음을 깎아 발판을 만들면서 올라갔다. 맬러리는 훗날 영허즈번드에게 이렇게 말했다. "노스 콜을 올라갈 때를 생각해보면 휠러의 검은 턱수염이 제 등 뒤로 계속 따라오던 것 말고는 마음속에 별로 크게 떠오르는 것이 없습니다." 베르크슈룬트Bergschrund(산과 빙하 사이의 갈라진 틈)의 모퉁이를 돌아갈 때 심한 비탈이 있어서 약간 불안했던 정도를 제외하고는 순탄하게 올라가 정오 무렵 드디어 7,010미터 높이의 창 라에 도달했다.

맬러리는 재빨리 앞을 살피며 루트를 찾았다. 멈추지 않는 눈보라가 북동릉을 가려서 위쪽을 볼 수 없었지만 그쪽으로 이어지는 바위 능선은 다행히도 만만해 보였다. "그 날카로운 능선으로 접근할 수 있는가를 계속 의심했는데 더 이상 의심할 수도 없었다." 그는 정말 계속 가고 싶었다. 그렇지만 바람은 마귀처럼 매섭게 울부짖었으며 폭약처럼 폭발했다. 훗날 맬러리는 그 바람은 누구도 1시간 이상 버틸 수 없는 종류였다고 말했다. 그 자신은 체력이 많이 남아 있었고 최소한 600미터는 더 올라갈 수 있었지만, 벌락이 지쳐 있었고, 휠러는 이미 동상에 걸려있었다. "성과를 거두겠다는 열망으로 안전을 무시하면 안 되고 또한 무리하지 말아야 하네."라고 제프리 영이 7월에 조언한 대로 맬러리는 안전하게 '정석대로 하자.'라고 마음을 바꿔 먹었다. 에베레스트의 거대한 북벽을 간절한 마음으로 바라보던 맬러리에게 '정석대로 하자.'라는 생각이 진짜로 떠올랐는지는 아무도 알 수 없다. 그러나 생애 최초로 맬러리는 그 생각에 유념했다. 폭풍설에 물어뜯기면서 힘겹게 180미터를 더 전진한 다음, 맬러리는 소규모의 등반대를 돌려세워 콜로 철수했다. 그는 카르타의 안전한 곳으로 돌아와서 루스에게 편지를 썼다. "내가 예상했던 것보다 끝부분은 더 쉬울 것 같았지만 실망스럽게도 더는 올라갈 수 없었소. … 이렇게 우리는 최고의 모험을 하고자 하는 사람들을 위해 정상으로 가는 길을 찾아냈소. … 이제 지체하지 않고 집으로 돌아갑니다."

1922년: 공략

런던에서 알파인 클럽과 왕립 지리학회는 1921년의 에베레스트 정찰등반이 완전한 성공이었다고 대중에게 홍보했다. 『더 타임스』는 "정상으로 가는 길을 찾았다."라고 10월 중순에 보도했고, 다른 신문들도 하워드 버리의 소식을 독점적으로 게재할 수 있는 『더 타임스』의 권리를 부러워하면서『더 타임스』의 승리에 찬 애국적인 논조를 그대로 따랐다. 그러나 힝크스는 개인적으로 실망감을 느꼈다. 고도기록을 경신하지도 못했고, 맬러리가 카메라 작동법을 몰랐던 탓에 사진조사 역시 뒤죽박죽이었다. 원정대가 영국으로 돌아가기 위해 인도에서 출발하자, 힝크스는 다음해에 다시 갈 원정대를 조직하기 시작했다.

맬러리는 절대 다시 참가하고 싶지 않았다. 그는 데이비드 파이에게 "여행과 여행자들에게 진력이 났다네. 먼 나라와 거친 사람들, 배도 기차도 빛나는 모스크도 더 이상은 보기 싫고, 외국인 짐꾼이나 검은 얼굴들, 내리쬐는 태양도 지긋지긋해. 진정 내가 원하는 것은 아는 사람들의 얼굴과 정다운 내 집이네. 그리고 폴 몰Pall Mall의 엄숙한 외관이나 안개에 싸인 블룸즈버리도 보고 싶어. 서쪽 강변에서 소가 한가하게 풀을 뜯고 있는 영국의 강 생각이 간절하네."라고 말했다. 봄베이를 떠나자 맬러리는 알파인 클럽에 제출할 정찰등반 보고서를 작성하기 시작했다. 그는 '대단한 에베레스트 위원회에서 아주 다양한 의견들을 가지고 고개를 끄덕이는 모습'과 그동안 보낸 사진을 검토하고, 편지에 대해 토론하고, 목청을 가다듬어 신중하게 '원정대가 제대로 하고 있는지'에 대해 의문을 제기하고, 지적으로는 고작 이유식이나 먹을 수 있는 정도로 유치한 대중에게 던져주기 위해 위원회의 어르신들이 조심스럽게 지식을 잘게 쪼개고 있을 모습을 생각하자 울화가 치밀었다. 그는 여동생 애비에게 '아라비아의 황금을 다 준다 해도' 이듬해에는 에베레스트에 가지 않겠다고 말했다. 그러나 시간이 지나고 그가 탄 배가 에베레스트로부터 점점 멀어지자 그의 마음도 많이 누그러졌다. 에베레스트는 상당한 뉴스거리가 되었다. 맬러리는 고국으로 돌아오자 자신이 겸손한 명사가 되었다는 것을 알았다. 결국은 바로 그가 정상으로 가는 루트를 발견한 것이 아닌가. 그가 정찰한 내용에 힘입어 다른 등산가가 불멸의 명성을 얻게 될 것이라 생각하니 참을 수 없었다. 영국으로 돌아오고 나서 며칠이 지난 11월 하순, 맬러리는 힝크스를 만나 그다음 해 봄 2차 원정을 갈 때 참가할 뜻이 있다고 밝혔다.

3개월간의 열광적인 활동이 이어졌다. 홍보활동을 아주 싫어했던 힝크스 역시 홍보활동을 통해 원정비용을 모금할 수 있다는 점을 인정하면서 '미국식 난리법석' — 하워드 버리가 내키지 않는다는 투로 말한 — 을 반대하지 않았다. 12월 20일 힝크스는 런던의 퀸즈 홀에서 맬러리, 래번, 울라스턴을 주인공으로 하는 기획 행사를 개최했고, 앞으로 나올 여러 권의 '공식' 원정기 발간에 대해 에드워드 아널드 사와 상당히 수익성이 좋은 계약을 맺었다.

『에베레스트—정찰Mount Everest: The Reconnaissance』로 제목을 정한 첫 번째 책은 1922년에 있을 원정과 동시에 발간하기로 했다. 힝크스는 비록 맬러리의 능력이나 품성을 별로 좋아하지 않았지만, 대중 앞에서 원정대를 대표할 얼굴이 될 맬러리의 가치를 알고, 1월에 맬러리를 보내 10주 안에 30개 도시를 도는 순회강연을 하도록 했다. 맬러리는 맨체스터에서 영허즈번드에게 "대중의 관심은 엄청납니다. 3천 명이 들어갈 수 있는 자유무역 홀Free Trade Hall에 자리가 없어 많은 군중이 돌아가야 했습니다. 그리고 제가 직접 눈으로 보고 온 아름다운 광경을 말할 때 대중들은 반응이 빨랐고 분별력이 있었을 뿐만 아니라 듣고자 하는 열망이 넘쳤습니다. 강연하는 것이 즐거웠습니다."라고 편지를 써 보냈다.

홍보활동이 끝나자 다음 원정대원을 뽑는 민감한 문제가 남아있었다. 힝크스가 주장한 대로 에베레스트 위원회는 하워드 버리를 퇴출시키고 그보다 더 출중한 인물이면서 1922년에 에베레스트로 갈 수 있는 여건을 갖춘 찰스 브루스를 선택했다. 브루스는 새로운 원정대가 전원 영국인이어야 할 뿐만 아니라 연령, 힘과 능력이라는 면에서 확실한 등산가로 구성되어야 한다고 주장했다. 1921년에 에베레스트에 다녀온 대원들 중에서는 맬러리와 조사관 모스헤드만이 1922년의 원정대원으로 뽑혔다. 새로운 구성원들은 다음과 같았다. 먼저, 당시 30년의 고산등반 경력 보유자이면서 훗날 알파인 클럽의 회장을 역임하게 되는 스트러트E. L. Strutt가 있었다. 1907년 트리술Trisul에 올라 당시까지 가장 높은 고도기록을 보유하고 있던 톰 롱스태프Tom Longstaff도 있었고, 맬러리의 먼 친척이자 황금시대 고산등산가였던 알프레드 윌리스Alfred Willis의 손자 에드워드 노턴Edward Norton도 있었다. 벌락을 대신하여 맬러리와 텐트를 함께 쓰게 된 사람은 레이크랜드의 등산가이자 의사인 하워드 소머벨Howard Somervell이었다. 또 다른 대원인 웨이크필드A. W. Wakefield도 레이크랜드 출신이었는데, 그는 언덕에서 빠르게 달리는 것으로 유명했다. 또한 존 노엘이 원정대의 사진사로 참가했다. 사실은 노엘이 1913년 비밀리에 에베레스트로 가려고 하면서 에베레스트 원정이 시작된 것이었다. 콜린 크로퍼드Colin Crawford는 수송 담당을 맡았다. 그리고 1921년 원정 때 독보적인 능력을 갖고 있었음에도 의심스러운 혈통 때문인지 신체검사에서 석연치 않은 이유로 탈락했던 조지 핀치가 이번에는 원정대에 들어갔다. 예상대로 핀치가 원정대에 들어오자 원정대의 양상이 결정적으로 바뀌었다. 핀치는 브루스가 "윔퍼 텐트를 함께 사용할 수 있을 정도로 너그러워지려면 라마교 사원에서 6개월간 수련해야 할 것이다."라고 말할 정도로 투박한 인물이었다.

1년에 딱 한 번 목욕과 양치를 한다고 사람들이 진저리를 낼 정도로 털털한 이 식민지 출신 등산가가 들어오자 원정대의 분위기만 달라진 것이 아니었다. 핀치는 오리털 파카 의류와 압축 산소의 사용이라는 신기술을 열렬히 지지했고, 그것 때문에 원정대의 외양과 등반 방식이 변화했다.

산소의 사용이 히말라야에 소개되기 시작한 것은 1907년 멈A. L. Mumm이 가르왈로 가는 알파인 클럽의 주빌리Jubilee 원정에 실린더를 가져갔을 때부터였다. 그 실린더는 작동이 잘 되지 않아 웃음거리가 되었다. 하지만 1920년 켈러스가 카메트에서 고소 생리학에 대한 정교한 연구를 시작하자 상황이 달라지기 시작했다. 켈러스는 1921년 에베레스트 원정 때도 초창기적인 호흡 장비를 가져갔지만, 다른 원정대원들은 아무도 그것을 사용할 줄 몰라서, 켈러스가 죽은 후에는 그 장비가 잊혀버렸다. 결국 켈러스가 아니라 옥스퍼드의 병리학자였던 조지 드레이어George Dreyer(그는 전쟁 중에 영국 공군에서 나타나는 고소순응 문제에 대해 연구했었다.)가 1922년 원정에서는 압축 산소통을 본격적으로 이용하라고 에베레스트 위원회를 설득했다. 그는 핀치와 다른 여러 사람들을 초보적인 산소실로 데려가 실험을 했고, 이 실험을 통해 산소 공급의 장점을 입증한 것으로 보인다. 드레이어의 도움으로 항공성Air Ministry 측에서 에베레스트 위원회를 위해 장비를 개량해 주었다. 그 장비는 네 개의 강철 실린더와 두 개의 마스크, 다양한 튜브와 조절 밸브로 이루어져 있었고 베르간스Bergans 사가 제작한 운반용 프레임에 장착되어있었다. 가상 실험에 의하면, 완전히 장착할 경우 무게가 15킬로그램에 이르는 이 장치는 이론상 등산가가 4,500미터 이상의 고도에서 7시간까지 도움을 받을 수 있었다.

맬러리는 크게 놀랐다. 그는 데이비드 파이에게 "등에 네 개의 강철 실린더를 지고 얼굴에 마스크를 쓴 채 등반을 한다고 생각하니 등반의 매력이 사라졌다네."라고 말했다. 맬러리에게 고소증으로 인해 몸이 쇠약해진다는 사실을 다시 일깨워줄 필요는 전혀 없었다. 맬러리는 노스 콜에서 겪었던 숨이 막히는 혼수상태를 생생히 기억하고 있었다. 그렇지만 그는 서서히 고소에 순응되면 문제가 없으며 심호흡법이 유일하게 올바른 해결책이라고 굳게 믿었다. 모든 생리학자들이 에베레스트에서 산소를 사용해야 한다는 점에 동의했다고 1월 31일 옥스퍼드에서 월터 롤리Walter Raleigh 경이 맬러리에게 말하자, 맬러리는 "생리학자들이야 그들의 악마의 방에 들어가서 죽을 수도 있겠지만, 우리는 그들의 부당하고 편법적인 주장을 종결시킬 수 있도록 우리가 할 수 있는 일을 할 것입니다."라고 말했다. 힝크스는 일단 맬러리에게 공감하는 입장이었다. 그는 "우리는 인간이 무산소로 얼마나 높이 올라갈 수 있는지 알아보고자 하며 특정한 장소, 즉 그곳이 세계 최고봉이라고 하더라도 '정당한 방법'이 아닌 인위적인 환경을 조성해 등반하고 싶지는 않다."라고 장담했다. 핀치는 산소통이 인위적이거나 정당하지 않은 보조 기구가 아니고 음식이나 텐트 혹은 따뜻한 옷과 같은 것이라고 주장했다. 그는 맬러리 등이 주장한 대로 그 장치의 무게와 그것을 지고 가는 노력이 산소통이 주는 이점을 상쇄할 수 있다는 점에는 수긍했다. 그러나 산소통을 '이용하는 것이 정당하지 않고 따라서 영국적이지 않다는 근거로' 비난하는 것은 위선적이며 '등반을 좀 더 쉽게 하도록 해주는 다른 과학적인 장치를 사용하는 것'과 모순된다고 주장했다. 결국 근본적인 대결구도는 이것이었다. 산소를 보조로 이용하느냐 마느냐라는 격앙된 논점 뒤에서 신사와 선수라는 태도의 차이가 충돌한 것이었고, 스포츠를 스포츠 자체를 위해 해야 한다는 아마추어(귀족주의적) 입장과 성공을 위해 스포츠를 해야 한다는 프로페셔널(부르주아적) 입장이 맞붙은 것이었다. 핀치는 새로운 방법을 옹호해서가 아니라 새로운 등반시대를 예고했다는 점에서 다른 사람들과 뚜렷하게 구분되는 인물이었다.

여름 몬순이라는 골칫거리를 피하기 위해 늦어도 5월 초순에는 롱북 빙하에 도착할 수 있기를 바라면서, 에베레스트 원정대는 1922년 3월 초순 영국을 떠났다. 맬러리는 소머벨, 노엘, 스트러트, 핀치와 함께 칼레도니아Caledonia 호를 타고 갔다. 맬러리의 편지에 의하면 1921년의 여행과는 달리 즐겁게 늘 미소 짓는 일행이었고, 편안한 대화가 오갔다. 특히 맬러리는 소머벨이 자신과 비슷한 인문학적·문학적 소양을 갖고 있다는 것을 알았다. 두 사람은 선실에서 셰익스피어 작품을 큰 소리로 낭독하기도 했다. 런던에서 처음 만났을 때 소머벨은 '무미건조하고 뻣뻣한 군인' 같았다. 그러나 사실 소머벨은 유쾌하고 말이 많은 사람이었다. 한때 커즌 경이 그가 반역자라면서 군법회의에 회부하려 한 적이 있다는 사실을 알게 된 다음부터 맬러리는 소머벨이 좋은 사람이라는 결론을 내리게 되었다. 핀치는 불쾌한 인물인 데다 광신적으로 새로운 기술을 믿었지만, 결국 맬러리는 어쩔 수 없이 참가했던 산소 사용법을 배우는 수업이 "굉장히 재미있다."라고 인정할 수밖에 없었다. 그 수업은 노엘의 최신 영화 장비를 이용해서 진행됐다. 오후에는 여섯 명이 갑판에서 테니스를 치거나 크리켓을 했고, 저녁에는 맬러리의 표현대로 '우아한 침묵'에 잠겨서 각자 시간을 보냈다. 이때 맬러리는 혼자 앉아 바닷바람을 쐬면서 베르사유 조약의 개정을 촉구하는 메이너드 케인스의 글을 읽거나 버지니아 울프의 두 번째 소설 『밤과 낮Night and Day』을 읽었다.

여섯 명의 일행은 봄베이에서 2톤의 짐을 내리고 기차 편으로 캘커타와 다르질링으로 갔다. 그들의 화물에는 심지어 메추리 젤리 통조림까지 있었는데 후일 이것 때문에 조롱을 받기도 했다. 다르질링에서 일행은 브루스를 포함한 원정대 주력과 합류했다. 일행은 그전 해 원정 때보다 훨씬 많아졌다. 13명의 유럽인, 티베트어 통역담당, 5명의 구르카인, 40명의 셰르파, 헤아릴 수 없는 숫자의 각양각색 조리사, 심부름꾼, 짐꾼과 약 300필의 수송용 동물이 함께 움직였다. 따라서 원정대는 엄청난 규모였다. 에베레스트 위원회의 1922년 기록 파일은 돈을 더 보내달라는 브루스의 전보와 이 요청에 격분한 힝크스의 답신으로 가득 차 있다. 일행은 다르질링에서 그전 해의 루트를 따라가 춤비 계곡을 통해 북쪽으로 가서 서쪽으로 티베트 고원지대를 가로지른 다음 셰카르 쫑Shekar Dzong의 화이트 글래스 포트White Glass Fort로 갔다. 맬러리는 '이 황량한 나라에 다시 왔는데 친근한 느낌이 들다니 놀랍다.'라고 생각했다. 하지만 그와 함께한 일행이 모두 같은 기분이었던 것은 아니다. 맬러리는 루스에게 이렇게 편지를 썼다. "새로운 지역에 갈 때마다 늘 스트러트의 티베트를 저주하는 소리가 환영의 인사처럼 들린다오. 올 봄은 작년보다 티베트가 더 황량하고 불쾌해 보이오. 그리고 마을도 작년보다 더 더럽다는 생각이 드오." 반면 에베레스트는 맬러리가 기억했던 것보다 더 근사했다. "우리 일행은 모두 에베레스트를 보고 기쁨에 젖었소. 물론 그 광경을 보면 작년에 이 산을 혼자 볼 때가 생각나서 더욱 감회에 젖게 된다오."

원정대는 셰카르 쫑에서 1921년의 루트를 벗어나 남쪽으로 가서 팡 라Pang La를 넘어 에베레스트 쪽으로 갔다. 그들은 4월 30일 롱북 사원에 도착했는데 그곳에서 위엄 있고 카리스마가 넘치는 라마교 주지 자트룰 린포체Dzatrul Rinpoche를 만났다. 그는 독거 수행 중임에도 통역을 통해 일행이 도대체 어디로 가고 있으며 왜 가는지 물었다. "나는 우리 원정 전체, 특히 에베레스트 등정 시도를 거룩한 순례로 여깁니다." 브루스가 쓰고 영허즈번드가 승인한 기록에 의하면 이와 같이 답변했다고 되어 있다. 하지만 라마승은 전혀 다르게 기억하고 있었다. 그는 "그들은 세상에서 가장 높은 산으로 간다고 말했다. 만일 그들이 그 산에 올라 등정에 성공하면 영국 정부가 그들에게 큰 상금과 작위를 수여할 것이라고 했다."라고 들은 것으로 일지에 적어놓았다. 그들이 무슨 대화를 나누었던 간에 양쪽의 기록은 모두 사실로 보인다. 노엘의 원정기록 영화인 〈에베레스트 등반Climbing Mount Everest〉(1922)에 의하면 아주 다정한 만남이 이루어졌고 선물 교환과 다양한 여흥이 포함된 의식이 이루어졌던 것 같다. 라마교 주지는 이 신사들이 그 고장의 자연을 해칠 의사가 없다는 것을 확인한 다음 그 원정대를 축복하고 강건함과 조심스러움을 잃지 말라고 조언하고 나서 가던 길을 계속 가라고 했다. 일행은 계획된 일정대로 정확하게 5월 1일 롱북 빙하에 베이스캠프를 설치했다.

여기서부터 브루스의 단계별 전진 작전이라고 불린 원정 계획이 착착 실행되었다. 그것은 여섯 개의 캠프 또는 짐을 놓아둘 장소를 빙하에서는 8킬로미터 간격으로, 그리고 산에서는 고도 600미터마다 계속 설치하며 전진하는 것이었다. 롱스태프는 불길하게도 로버트 스콧에 대한 존경을 담아 이 전진법을 "극지법polar method"이라고 불렀고, 그 후 이 이름이 굳어졌다. 그러나 사실 이 귀찮은 방식은 극지가 아니라 영국군이 서부전선에서 전진하던 전술에서 영향을 받은 것이었다. 존 노엘은 이렇게 썼다. "이 극지법에서는 지켜야 할 심리학적 핵심 원칙이 있다. 각각의 캠프를 설치하면서 올라갈 때 이것을 산에서 영역을 확장하는 것으로 생각하면 된다. 그 캠프는 강화되고 지켜져야 하며, 어떤 대원도 이미 획득한 영역을 다시 내어주거나 공격을 개시한 다음 산에서 등을 돌리면 안 된다. 후퇴는 정신적으로 상당한 영향을 준다. 만일 한 무리의 대원들이 예상하지 못한 긴급 상황이나 악천후로 인해 발이 묶이게 된다면, 그들은 그 진지를 지키고 다음 기회를 기다렸다가 다시 도전해야 한다. 일단 공격조가 산에서 후퇴하면 공격은 반쯤 진 것이나 마찬가지이다. 그들은 완전한 승리를 거둘 때까지 계속 전진해야 한다." 세계대전 당시의 정신이 이렇게 분명하게 티베트라는 장소에서 그대로 재현되었고, 1922년 에베레스트 원정에서 시작되어 정립된 이런 군대식 히말라야 등반 모델이 반세기 동안 이어졌다. 1922년의 원정은 실패로 돌아갔지만, 이 방식은 계속 유지되었다.

모든 것이 근사하게 시작되었다. 5월 9일까지 스트러트가 이끄는 네 명의 등반대원들은 맬러리와 벌락이 1921년 간과했던 동쪽 롱북 지역을 성공적으로 정찰했고, 최초로 중간 캠프 세 개를 설치했다. 1캠프는 빙하가 끝나는 곳(5,425m)에, 2캠프는 멋진 빙벽 아래의 측면 움푹 들어간 곳(6,035m)에, 3캠프는 노스 콜의 산기슭에서 1시간 거리에 있고 창체가 바람막이 역할을 하는 빙퇴석 하류(6,400m)에 설치했다. 5월 10일 맬러리와 소머벨은 참호로 비유하면 '전선 위쪽으로' 이동하여 셰르파 다스노Dasno와 함께 노스 콜로 올라가는 길을 뚫어나갔다. 이곳의 바람은 그전 해보다 덜 매서웠다. 그들은 그다음 날 4캠프를 세우려 했지만 포터들 중 많은 수가 예상치 못하게 이탈해 가장 중요한 보급선이 중간에 끊겼다. 할 수 없이 그들은 3캠프에 머물면서 시를 읽고 정치를 토론하며 귀중한 3일을 보냈는데, 그 기간 동안 날씨가 더 나빠졌다. 소머벨은 훗날 이렇게 회상했다. "우리가 토론했던 수많은 주제에 대해 맬러리의 생각이 구체적으로 어땠는지는 생각이 나지 않는다. 그렇지만 전반적으로 그는 항상 대국적이고 자유주의적인 시각을 견지했다. 그는 사회악에 대해 진심으로 우려했다. 그는 위선과 허풍을 몹시 싫어했으며 선하고 건전한 것을 진심으로 소중하게 생각했다."

마침내 5월 16일 스트러트, 노턴, 모스헤드, 크로퍼드가 포터들의 호위를 받으며 도착했고, 4캠프는 7,010미터의 노스 콜에 안전하게 설치되었다. 4캠프에는 머메리 텐트를 여섯 개 쳤고 230킬로그램 이상의 식량과 다양한 물자를 보관했다. 원래 계획은 이 지점에서 맬러리와 소머벨이 무산소로 1차 등정을 시도하고, 핀치와 노턴이 유산소로 2차 등정을 시도하는 것이었다. 그러나 브루스는 무겁고 신뢰할 수 없는 산소 장비에 대해 확신이 없었고, 핀치가 설사병으로 누워버린 데다 날씨까지 점점 나빠져서 노턴과 모스헤드도 1차 무산소 등정 시도에 참가하라고 지시했다. 핀치는 화를 냈고 맬러리는 반발했다. 그의 반발은 두 배로 인원이 늘어나면 두 배로 장비가 많아지고 게다가 고산증이 발생할 가능성이 두 배로 늘어나기 때문이었다. 그는 3캠프에서 루스에게 이렇게 썼다. "우리는 정상으로 못 갈 것 같소. 8,352미터 높이의 돌출부까지 가는 것도 여기서 기대하는 것보다 훨씬 좋은 결과일 것이오." 그러나 콜 위쪽의 날씨가 맑아 정상 등정 가능성이 매우 높다고 생각되었다. 이에 따라 5월 20일 오전 7시 최초의 에베레스트 '공략'이 시작되었다. 맬러리, 소머벨, 노턴, 모스헤드와 이름이 알려지지 않은 네 명의 포터가 4캠프를 출발하여 북릉 7,925미터 지점에 5캠프를 설치하려 했다.

처음에는 빠르게 올라갔다. 발밑에 돌이 깔려 있어서 오르기가 쉬웠지만 곧 단단한 눈으로 바뀌었고, 그들에게는 크램폰이 없어 힘들게 발판을 깎으면서 천천히 올라가야 했다. 하늘은 맑았지만 맬러리의 회상에 의하면 햇볕은 전혀 따뜻하지 않았다. 그들의 명주 셔츠와 모직 스웨터, 목도리와 면직 코트는 살을 에는 듯한 히말라야의 바람을 전혀 막아주지 못했다. 정오쯤 되어서 이미 지칠 대로 지치고 동상에 시달리자 네 명의 영국인들은 포터들을 내려 보내고 나서 7,620미터의 보잘것없는 곳에 캠프를 설치했다. 밤사이에 18센티미터의 눈

1922년 제프리 브루스와 조지 핀치가 정상 도전을 마치고 노스 콜로 돌아오고 있다.
(사진출처: 왕립 지리학회)

이 더 내리더니 그다음 날 아침에는 기온이 급강하했다. 모스헤드는 가파른 바위 턱 위를 비틀대면서 몇 걸음 걸은 다음 더 이상 가지 않겠다며 다른 세 명에게 갈 수 있는 한 가라고 했다. 맬러리는 훗날 "그 후 몇 시간 동안 우리가 겪은 고생은 차마 말로 표현할 수 없다."라고 말했다. 그들은 고되고 지루하게 발판을 깎으면서 고작 1시간에 120미터를 오르는 속도로 전진했다. 정오쯤 일행은 정상은커녕 북동쪽 돌출부까지도 가지 못할 것이라고 생각했다. 그들은 8,225미터로 고도기록을 경신한 것으로 위안을 삼으며 오후 2시 30분에 돌아섰다. 자주 그렇듯 하산 중에 거의 재앙에 가까운 사고가 일어났다. 심하게 동상을 입은 모스헤드(5캠프에서는 안전하게 빠져나왔다.)가 실족하면서 노턴과 소머벨을 잡아챘다. 제일 앞에서 가던 맬러리는 아무것도 보지 못했지만 '뭔가 뒤쪽에서 일이 잘못되어 가는 소리를 듣고' 본능적으로 피켈을 눈에 박아 확보를 한 다음 '그들이 떨어지면서 로프가 팽팽하게 당겨지기 전까지 충분한 시간을 들여' 대비하고 있었다. 일행은 구조되었지만 심리적으로 크게 흔들린 가운데 각별히 조심하면서 점점 어두워지는 루트를 촛불랜턴에 의지하여 마침내 안전한 노스 콜의 4캠프에 도착했다.

이제 핀치의 차례였다. 셰르파들이 '영국의 공기'라고 부르던 산소통의 가치를 입증할 기회가 온 것이다. 5월 25일 맬러리 일행이 부상당한 채 비틀대면서 베이스캠프에 돌아오자, 핀치와 브루스 장군의 조카였던 구르카 연대 대위 제프리 브루스Geoffrey Bruce, 브루스와 함께 온 네팔인 장교 테지비르 부라Tejbir Bura는 콜을 떠나 5캠프와 정상을 향해 나아갔다. 맬러리가 루스에게 "그들이 만일 성공한다 해도 전혀 질투심을 느끼지 않소. 산소를 가지고 가서 하는 그들의 모험은 우리의 모험과 완전히 다른 것이므로 이 두 가지는 서로 경쟁의 대상도 아니오."라고 말한 것은 사실 진심이 아니었다. 그것은 경쟁이었고 핀치 또한 이를 잘 알고 있었다. 핀치는 처음부터 5캠프를 맬러리가 설치한 것보다 더 높은 곳에 설치하려고 굳게 결심하고 있었으며, 그에 따라 150미터를 더 올라간 7,770미터 지점에 5캠프를 설치했다. 밤에 강한 폭풍이 불기 시작해 아침까지 계속됐지만 세 사람은 철수하지 않고 폭풍이 멎을 때까지 기다리기로 했다. 그들은 뜨거운 차와 산소를 마셨고 핀치가 담배를 피우면 고도에서 호흡이 더 좋아진다고 하여 담배를 피웠다. 27일에는 날씨가 다시 갰다. 그들은 희망찬 기세로 출발했다. 테지비르는 거의 20킬로그램에 달하는 실린더의 무게 때문에 쓰러질 것 같았는데 그가 속한 연대의 명예를 생각해서 정신력으로 버티라는 말을 들어도 별로 도움이 되지 않았다. 결국 핀치와 브루스는 테지비르를 내려가도록 하고 둘이서 전진했다. 그들은 꾸준히 잘 올라갔고, 핀치는 산소의 이점에 대해 만족했다. 그는 훗날 이렇게 회상했다. "나는 우리가 실패할 것이라고는 단 한순간도 생각하지 않았다. 꾸준히 앞으로 나아가고 있었으며 정상이 바로 우리 앞에 있었다. 조금만 더 가면 정상에 올라갈 것으로 생각했다. 그런데 갑자기 그 예상이 깨졌다." 브루스의 호흡 장치가 고장 났고 핀치가 그것을 고쳤을 때는 이미 진 싸움이었다. 그들은 맬러리보다 고도로는 95미터를, 거리로는 1.6킬로미터를 더 간 8,320미터 지점에서 돌아섰다. 북동릉에는 약간 못 미치는 곳이었다.

이제 문제는 다시 도전할 것인지 여부였다. 원정대 의사였던 톰 롱스태프는 강력히 반대했다. 경험이 풍부한 등산가들 가운데 오직 소머벨만 계속 도전할 만한 상태였고, 나머지 대원들은 다양한 정도의 동상에 걸렸거나 심장의 부담을 안고 있었고, 둘 다에 시달리고 있는 경우도 많았다. 즉시 철수해야 했다. 몬순이 다가오고 있기도 했지만 브루스가 염려하고 있는 것처럼 대원들이 '최고의 몸 상태'가 아니어서였다. 그러나 브루스는 영허즈번드와 힝크스로부터 상당한 압박을 받고 있었다. 그들은 원정대가 고도기록을 경신하는 정도가 아닌 더 큰 것을 성취하기 위해 산에 계속 머물러 있기를 바랐다. 웨이크필드가 신체검사 결과 몸 상태가 조금이나마 괜찮은 대원들을 알려주자 브루스는 주저하면서 핀치, 맬러리, 소머벨에게 세 번째 등정 시도를 명령했다. 맬러리는 루스에게 "손가락의 상태가 전혀 나아지지 않아 한 번 더 올라가면 더 심한 동상을 입을 위험이 있소. 그러나 이 게임은 손가락보다 가치가 있소. 손가락과 발가락을 모두 조심하겠소. 내가 동상을 한 번은 입었지만 두 번 입지는 않을 거요!"라고 말했다.

6월 3일, 구름이 짙어지는 가운데 맬러리 일행은 베이스캠프를 떠났다. 웨이크필드와 크로퍼드가 뒤쪽에서 지원을 맡았다.(너무 빨리 산으로 돌아가는 것에 둘 다 만족스러워 하지 않았다.) 핀치가 1캠프까지밖에 못 가서 지쳐 떨어져서 그때부터는 맬러리가 책임자였다. 그다음 이틀간 큰 눈이 내렸는데 당시를 돌아보면 이 눈 때문에 더 이상 나아가지 말았어야 했다. 그러나 맬러리가 산에 홀렸던 것 같다. 6월 7일, 그는 17명의 대원들을 네 개의 로프에 나누어 배치하고 눈이 새로 덮여 울퉁불퉁한 노스 콜로 올라갔다. 물론 그는 눈사태의 위험성을 잘 알고 있었고 전진하면서 눈의 안정성을 검사했다. 그는 훗날 이렇게 회상했다. "모든 검사 결과가 만족스러웠다." 맬러리의 마음속에서 눈사태에 대한 생각이 점차 사라졌다. 오후 1시 50분, 콜의 안전지대로부터 약 180미터 아래 지점에서 '제대로 눌러 담아지지 않은 화약이 터질 때 나는 소리와 비슷한 소리'가 난 다음 몸이 휩쓸렸다. 말할 필요도 없이 혼란과 공포에 찬 시간이 지나갔고 눈이 멎자 끔찍한 사실이 밝혀졌다. 눈사태로 인해 일곱 명의 셰르파, 즉 락파Lhakpa, 누르부Nurbu, 파상Pasang, 페마Pema, 상게Sange, 도르제Dorje, 렘바Remba가 눈에 휩쓸려 절벽 아래로 떨어져 사망했다.

맬러리는 비탄에 잠겨 베이스캠프로 돌아왔다. 그리고 그는 즉시 영허즈번드에게 편지를 썼다. 그는 이 편지에서 사고가 자신의 책임이라는 것은 받아들이지만, 자신의 조심성 부족이나 조급성 때문은 전혀 아니라고 강조했다. 사실 슬픈 아이러니는 원정대에서 맬러리가 셰르파들의 처우에 관심이 가장 많았고, 그들에게 마음을 썼는데도 결국 그들의 목숨을 잃게 했다는 것이었다. 죽은 사람들의 친족이나 롱북의 라마승은 맬러리를 곧 용서했다. 그들은 그 사고가 인간의 실수로 인한 것이 아니라 운명으로 정해져 있는 것이라 생각했다. 그러나 맬러리는 철학적으로 그들처럼 쉽고 편하게 자신을 용서할 수 없었다. 그는 루스에게 이런 글을 남겼다. "내 실수의 결과가 너무나 참담하오. 이런 일이 일어났다는 것을 믿기도 어렵고, 이 사태를 개선하기 위해 내가 할 수 있는 것이 없다는 것도 너무나 참기 어려운 일이오. 나는 다른 어떤 일보다도 정말 고인들을 기리고 보살피고 싶소." 결국 그는 생각을 가다듬으며 마음을 가라앉힐 수 있었다. 그리고 원정보고서에 이렇게 썼다. "에베레스트를 올라가면서 캠프를 설치하는 일은 돈으로 계산할 수 있는 단순한 계약이 아니다. 포터들은 우리와 일을 함께했다. 이 사람들은 자유로운 의지에 의해 자발적인 방식으로 일했고 충성스럽게 그 임무를 수행했다."

1924년: 실종

브루스는 개인적으로 1922년 원정의 결말이 "아주 수치스러웠고 정말 불필요했다."라고 말했지만, 에베레스트 위원회는 즉시 티베트 정부에 1923년의 등반을 신청했다. 사실 영허즈번드는 1922년 가을에 본대보다 먼저 가서 베이스캠프를 설치하려고 했다. 그러나 브루스에게는 새로운 원정대원을 모집하고 장비를 개선하면서 그전 해의 뼈아픈 실패의 고통을 삭힐 시간이 필요했다. 브루스의 제안도 있고 라싸 측의 허가도 늦어짐에 따라 에베레스트 위원회는 1924년까지 원정을 유보하기로 했다. 이로 인해 1년 내내 홍보활동과 준비를 할 수 있게 되었고, 우연히도 에베레스트 정상 도전 날짜와 많은 사람들이 고대하던 윔블리 대영박람회의 개막식 날짜가 겹치게 되었다. 이전까지 인도의 외진 변경에 있다고 어렴풋이 알려졌던 에베레스트는 대영제국 식민지 전체에 걸쳐 초미의 관심사로 떠올랐다. 두 번의 등정 시도가 실패로 끝났기 때문에 대중은 더욱 매력을 느꼈고, 에베레스트 등정은 국가적인 야심이 되었으며, 머나먼 곳에 있어서 실감은 잘 안 났지만 결국 노르웨이인들에게 양보했던 남극점을 대신할 새로운 대상으로 떠올랐다. 맬러리 자신은 이런 상황을 막연하게 알았을 뿐 책임은 거의 없었다. 그러나 1924년 그는 대중의 마음속에서 분명하게 에베레스트와는 떼려야 뗄 수 없는 관계가 되어 '남극의 스콧'과 나란히 '에베레스트의 맬러리'로 숭고한 희생자들의 반열에 오르게 되어있었다.

인도에서 돌아온 맬러리는 직업이 없어 돈이 절실하게 필요했으므로 에베레스트 위원회가 개최하는 고된 강연회 일정에 참가했다. 맬러리는 10월 중순부터 12월 중순까지 애버딘에서부터 더블린까지 영국의 도서지방을 돌면서 강연을 했다. 그는 수입의 30퍼센트를 받는다는 조건으로 학교, 지리학회, 등산 동호회 등에서 강연했다. 1월에는 기금 마련을 위해 미국으로 순회강연을 떠났다. 워싱턴과 필라델피아에서 3천 명이 참가하는 등 시작은 거창했지만 곧 그 기세가 꺾였다. 뉴욕 강연은 브로드허스트 극장을 반밖에 채우지 못했고『뉴욕 타임스』의 짧은 기사를 제외하고는 언론의 관심도 없었다. 그나마도『뉴욕 타임스』기사는 당시의 금주령에 반대한다는 내용이 주된 것이었고, 그 기사에 맬러리가 8,225미터에서 브랜디를 한 잔 마셨다는 내용을 곁들였다. 미국 쪽 대리인이었던 리 키딕Lee Keedick은 영국 쪽 대리인이었던 제럴드 크리스티Gerald Christy에게 이렇게 말했다. "맬러리는 좋은 사람이고 강연도 잘하지만, 미국인들은 전반적으로 그 문제에 대해 관심이 없는 것 같네." 시카고 지리학회가 대중 강연 개최를 거절하고 연사들에게 강연료로 고작 100달러를 주겠다고 하자 키딕은 이제 그만두자고 조언했다. 힝크스는 대중의 무관심을 정치적인 이유로 돌렸다. 그는 맬러리에게 이렇게 말했다. "이것은 진정한 가치만큼의 값으로 팔리지 않는 단적인 예일세. 위대한 미국인들이 우리를 점점 더 싫어하게 되었다는 것이 나의 판단일세. 물론 그들이 우리를 싫어하는 것이야 별로 걱정스럽지 않지만 이 점이 우리 일과 관련이 있으니까 걱정이네." 맬러리는 키딕의 조언을 무시하고 강연을 강행했다. 그는 몬트리올, 토론토, 톨레도, 시카고, 버펄로, 로체스터, 보스턴에서 강연했지만 고작 250파운드밖에 벌지 못했다.

이 강연은 250파운드와 불멸의 명언을 남겼다. 필라델피아에서 이름 모를 한 기자가 맬러리에게 전에도 수백 번은 들었을 질문을 했다. 왜 에베레스트를 오르고 싶어 하느냐는 질문에 맬러리는 영원히 남을 한마디를 했다. "산이 거기 있으니까.Because it is there." 맬러리의 친구들은 맬러리가 원래 좀 시건방지고 참을성도 없는 데다 강연 후에 지쳤기 때문에 그 기자의 말을 딴 데로 돌리거나 잘라버리기 위해 이런 말을 했다고 생각하기도 한다. 반면에 맬러리의 전기 작가들은 그에게 순간적으로 심오한 영감이 떠올라서 그런 말을 했다고 생각하기도 한다. 둘 중 어느 쪽이 옳다고 단정짓기는 어렵다. 맬러리는 아마도 양쪽 모두의 이유로 인해 그런 말을 한 것 같다. 그가 어떤 뜻으로 그런 말을 했든 그 말은 영원히 남았고 거듭해서 인용되었으며, 특히 존 F. 케네디가 미국의 우주 탐사를 정당화하면서 이 말을 인용하여 더욱 유명해졌다. 사실 맬러리는 에베레스트를 다음의 네다섯 가지 동기 때문에 오르고자 했다. 그것은 스릴, 모험, 유명세, 건강, 그리고 부였다. 맬러리는 그 유명한 말을 남긴 필라델피아 인터뷰에서도 지리학과 식물학의 발전을 위해 에베레스트에 간다고 인정했다. 그러나 그는 원래 취지로 초점을 옮겨 세계 최고봉의 존재 자체가 거부할 수 없는 도전이라고 말했다. 이 모든 점에 비추어 그가 시건방져서 그렇게 말했다고는 절대 생각할 수 없다. 사실 브로드허스트 극장의 강연을 위해 준비했던 원고를 보면 맬러리가 그 유명한 말 그대로는 아닐지라도 그와 비슷한 말을 썼고, 그가 하려는 말의 핵심도 그 말과 거의 비슷했음을 알 수 있다. 그는 강연에서 "우리가 에베레스트에 가는 이유는 한마디로 거절할 수 없어서입니다. 좀 더 다르게 표현하면 우리는 등산가이기 때문입니다."라고 말했다.

맬러리가 4월에 영국으로 돌아오자 예상치 않게 케임브리지대학에서 공개강좌를 맡아 달라는 요청을 해왔고, 이로 인해 그가 에베레스트로 돌아갈 것인지에 대한 문제가 복잡해졌다. 브루스는 이제 원정대장을 맡았을 뿐만 아니라 알파인 클럽 회장과 에베레스트 위원회의 회장까지 맡았고, 맬러리가 팀에 들어오기를 간절히 원했다. 그러나 맬러리는 가족과 대화를 해보아야 하며 케임브리지로부터 정식 휴가를 받아야 한다는 이유로 6개월간 참가를 미뤘다. 위원회는 다른 대원들을 선발했다. 새로운 대원 가운데에는 벤틀리 비텀Bentley Beetham이 있었는데, 그는 레이크랜드의 교사이자 소머벨의 등반 파트너였다. 또 다른 대원인 노엘 오델Noel Odell은 케임브리지 출신의 등산가이자 지질학자였다. 핀치는 팀에서 제외되었다. 브루스가 "그는 완전히 골칫거리다."라고 말할 정도로 핀치는 다른 사람들을 짜증나게 하는 비신사적인 인물이었다. 그는 자기가 찍은 사진을 위원회에 제출하지 않으려 했고 스스로 강연회를 조직해 입장료를 전부 자기 호주머니에 넣음으로써 힝크스의 격분을 샀다. 위원회는 처음부터 핀치 대신 그레이엄R. B. Graham을 지목했다. 그는 레이크랜드 출신이었고 굉장한 지구력을 지닌 인물로 명성이 높았다. 그러나 그레이엄은 퀘이커 교도였고 제1차 세계대전에 반대하는 입장을 계속 취해왔기 때문에 그를 대원으로 선발하는 것은 정치적으로 부담스러웠다. 맬러리는 그레이엄이 탈락해서 깊이 실망했지만, 그레이엄은 마지못해 자신의 자리를 존 드 비어 해저드John de Vere Hazard에게 양보했다. 그는 솜 전투에서 헨리 모스헤드와 함께 있었다는 점 때문에 추천을 받은 묘한 인물이었다. 노턴은 부대장을 맡았고, 노엘은 '사진 역사가'의 역할로 합류했다. 마지막 한 자리는 당시 무명의 옥스퍼드 학부생이었던 조정 선수 앤드루 코민 어빈Andrew Comyn Irvine에게 돌아갔다.

어빈은 1902년 4월 버컨헤드Birkenhead에서 출생해 허버트 맬러리의 목사관에서 1킬로미터밖에 떨어지지 않은 파크 로드 사우스Park Road South에서 자랐다. 그는 당시 21세로 에베레스트 원정대에서 가장 어린 대원이었고, 내세울 만한 등반기록은 없었지만 대단한 스포츠 선수였다. 어빈은 1922년 슈피츠베르겐에서 열린 머튼 칼리지의 썰매 원정에 오델, 롱스태프와 함께 참가했다. 오델은 특히 어빈의 힘과 지구력, 감정을 다스릴 줄 아는 능력에 깊은 인상을 받았고, 영국으로 돌아오자마자 브루스에게 차기 에베레스트 원정대원으로 그를 추천했다. 에베레스트 위원회 일각에서는 어빈이 나이가 어리고 경험이 없다는 점 때문에 그의 선발에 반대하는 목소리가 있었지만, 어빈은 신체 조건이 좋았으며 특히 맬러리에게는 부족한 기계 관련 지식과 실용적인 재주를 갖고 있었기 때문에 브루스는 어빈을 실험적으로 에베레스트 원정대에 포함시켰다. 맬러리는 제프리 영에게 이렇게 말했다. "어빈은 경험이 부족하기는 하지만 슈퍼맨을 보유하고자 하는 시도의 일환으로 원정대에 선발되었습니다." 맬러리는 에베레스트에서 기술적인 능력보다는 힘과 정력이 더 중요하다고 생각했기 때문에 어빈의 지명을 지지했으며 처음부터 이 젊은 금발의 걸출한 인재를 멋진 등반 파트너라고 여겼다.

맬러리가 새로운 원정 계획에 참가할지의 여부는 결말이 나지 않았다. 힝크스는 10월 하순 케임브리지대학 연합으로부터 맬러리에게 6개월간의 휴가를 주고 이 기간 동안 본래 급여의 절반을 주겠다는 약속을 우격다짐으로 받아냈다. 맬러리는 루스와 아이들 곁을 떠난다고 생각하니 발이 떨어지지 않았지만 사적인 감정을 접고 아버지에게 "이번 원정에 대한 신의도 있고, 한편으로는 이전에 이미 시작된 과업을 끝맺어야 할 것 같아서 가겠습니다."라고 말했다. 루스는 월급이 줄어서 속이 상했다. 특히 딸인 클레어가 나중에 회상한 바에 의하면 불길한 예감이 들기도 했지만 맬러리가 아닌 다른 사람이 에베레스트 정상에 서는 것을 본다면 '아주 우울할' 것이라는 점에서 동의했다. 결국 10월 말이 되자 루스는 주저하며 맬러리에게 에베레스트에 가도 좋다고 말했다. 11월 6일 에베레스트 위원회 소속의 의사는 맬러리가 "모든 면에서 건강이 좋다."라고 말했고, 맬러리는 원정대에 참가했다. 그는 아버지에게 이렇게 말했다. "고국에서 저를 걱정하실 것을 알기 때문에 제 마음이 좋지 않습니다. 그렇지만 저희들이 맞이할 위험에 대해서 이제는 잘 알고 그것에 어떻게 대처해야 할지도 알고 있으니 너무 염려하지 마십시오."

힝스크는 원정대원 선발을 마친 다음 자금 마련으로 관심을 돌렸다. 에베레스트 위원회는 맬러리와 핀치의 강연 덕분에 1923년 당시 2,474파운드의 흑자 상태였다. 그러나 그전의 원정 비용이 12,538파운드였기 때문에 새로운 원정 비용도 현재 흑자액의 다섯 배 정도를 넘어갈 것으로 예상되었다. 만일 실패한다면, 즉 만일 아무도 정상에 도달하지 못하면, 세 번째의 강연 수입은 보나마나 보잘것없는 액수일 것이다. 그래서 에베레스트 위원회는 『더 타임스』와 원정 속보를 게재하는 문제에 대해 표준적인 홍보 계약을 맺고, 에드워드 아널드 사와 원정보고서를 출간하는 계약을 했으며 동시에 사상 최초로 회사의 후원을 받고자 했다. 그들은 상품 이름을 붙이는 조건으로 돈을 받겠다고 했다. 노먼 콜리는 처음에 반 농담으로 듀이 제독이 주인공으로 나오는 유명한 페어스 비누Pears' Soap 광고 이야기를 하면서 위원회가 선라이트 비누 회사에 접근하여 그 회사의 로고를 에베레스트 정상에 영국 국기와 함께 꽂아주겠다고 하면 어떠냐고 제안했다. 힝크스는 이를 진지하게 고려했다. 아직 완전한 상업등반의 시대는 멀었고, 힝크스는 요즘의 원정대처럼 팀에 참가할 권리를 팔지 않았다. 그렇지만 1924년의 에베레스트 원정은 확실히 이전과는 구별되는 새로운 걸음을 내디뎠다. 전통적인 방식으로 재원을 구하러 다니던 원정은 이제 막을 내리기 시작했고, 원정 자체가 자원이자 투자를 위해 팔 수 있는 상품이라고 생각하는 새로운 아이디어가 싹을 틔우고 있었다.

1924년 에베레스트 원정의 진정한 상업적 가치를 알아본 사람은 힝크스나 브루스, 맬러리가 아니고 바로 원정대의 사진사였던 존 노엘이었다. 그는 사진 기술뿐만 아니라 뛰어난 마케팅 감각을 가지고 있었다. 노엘은 이미 1922년에도 원정 기록영화를 히말라야 현지에서 원정 중간 중간 유럽에 보내 〈피테 픽토리얼 뉴스Pathé Pictorial News〉를 통해 즉시 배급함으로써 돈을 번다는 수지맞는 생각을 해냈었다. 이것은 실시간 인터넷 사진 전송의 원조 격이라고 할 수 있다. 원정을 보도하는 영화인 〈에베레스트 등반〉이 완성되어 1922년에 영화관에서 공개되었는데, 조지 버나드 쇼가 "코네마라†Connemara에서 소풍을 하다가 눈보라에 놀라는 것이 에베레스트 등반이야."라고 말할 정도로 휴먼 드라마가 없고 정지된 풍경 사진에 지나치게 의존하고 있다는 약점에도 불구하고 큰 반향을 불러일으켰다. 이를 계기로 노엘은

---

† 아일랜드의 서부지역 오지로 몽환적인 아름다움을 가지고 있어 관광객들이 많이 찾는다.

더욱 대담한 장편 극영화를 제작하겠다는 야심을 품게 되었다. 1923년 노엘은 에베레스트 원정대원으로 지명되자 즉시 자신의 영화 제작사인 익스플로러 필름스 주식회사Explorer Films, Ltd.를 만들고 독점적인 영상권을 얻는 대가로 에베레스트 위원회에 8천 파운드를 제시했다. 그는 모든 최신 기술에 투자했는데 그 가운데에는 거의 예술적 경지에 다다를 정도로 정교한, 50센티미터 홉슨Hobson 원거리 촬영 렌즈가 붙어있고 건전지로 작동하는 35밀리미터 뉴먼Newman 카메라 — 마치 장난감 총처럼 보이는 — 와 이스트먼Eastman 코닥 판크로매틱(건판) 필름이 있었다. 그는 브루스에게 설명한 바와 같이 '일반적인 제작사에서 제작한 시네마토그래프(영화)와 경쟁할 수 있을 정도의 영화를 제작하길' 희망했다. 노엘은 영국을 떠나기도 전에 자신의 영화가 '아무도 밟지 않은 가공할 만년설에 맞서 인간이 열정적인 사투를 벌이는' 낭만적인 이야기라고 광고했다. 『위클리 디스패치Weekly Dispatch』에 의하면 이 영화에서는 에베레스트가 "비정한 '흡혈귀'로서 히말라야 산맥의 희디흰 이세벨†Jezebel로 형상화되며, 이 요부가 인간을 깔보듯이 앞을 볼 수 없는 눈보라를 계속 던지고 그녀의 다정한 구애자들에게 눈사태를 안기는 모습"으로 묘사될 것이라고 했다. 물론 그녀는 결국 인간 앞에 굴복하게 된다. 노엘의 예고편 광고는 승리에 찬 결말로 끝을 맺고 있었다. 그러나 그는 원정대가 맞부딪칠 어려움을 잘 알고 있었고 조용히 그것을 대신할 영화, 즉 전통적인 여행 영화를 만들 준비를 했다. 그 영화에서는 '티베트, 시킴과 부탄에 사는 사람들'을 다룰 생각이었다. 노엘은 원정이 실패할 경우를 대비해서 가능하다면 적은 수의 셰르파들이나 티베트 라마승들을 데리고 미리 영국으로 돌아와 영화의 '살아 있는 서막'으로 활용할 계획이었다. 이전에도 영화계에서는 이런 일이 있었지만, 그럼에도 이 계획 때문에 곧 노엘과 에베레스트 위원회 양쪽 간에 상당한 설전이 오갔다.

맬러리는 이번에는 비텀, 해저드, 어빈과 함께 1924년 2월 29일 에스에스 캘리포니아SS California 호를 타고 리버풀 항구를 떠났다. 맬러리는 떠나기 직전에 제프리 케인스에게 "이번에는 도전하러 가는 것이 아니라 마치 전쟁터에 나가는 것 같은 생각이 든다네. 돌아올 수 있을 것 같지가 않아."라고 말하며 마음속에 드는 불길한 예감을 표현했다. 당시 제프리 영의 동생인 힐튼과 로버트 스콧의 미망인인 캐슬린Kathleen이 결혼했는데, 맬러리는 이들을 급히 방문했다. 이것을 보아도 그가 불길한 예감을 느꼈다는 걸 짐작할 수 있다. 그러나 맬러

† 이스라엘 왕 아합의 사악한 왕비로 성서에 나온다.

리는 루스에게 에베레스트를 다녀오고 난 다음 함께 보낼 나날들에 대한 희망찬 계획과 등정의 전망이 밝다는 내용의 편지를 보냈다. 배에서는 힌두어 공부를 했고, 산소 사용법 훈련을 했으며, 어빈과 감자 자루를 들고 경주를 벌였고, 갓 출간된 앙드레 모루아가 쓴 셸리의 일대기를 읽었다. 배에서의 생활은 즐거웠고 맬러리의 말대로 전의에 차 있었으며, 건강하고 '놀랍도록 멋진' 일행이었다. 3월 셋째 주, 일행은 다르질링의 에베레스트 호텔에 모였다. 곧 브루스는 엄청난 양의 물자와 수많은 사람을 모았다. 캘커타에서 도착한 산소 장비는 여기저기 부서지고 엉망이 되어 있었지만 '기계적인 면에서 굉장한 재능을 가진' 어빈이 그 장비를 수리했다. 맬러리는 어빈이 핀치를 대신했다는 점 때문에 기분이 좋아졌고, 일행이 3월 26일 칼림퐁Kalimpong으로 출발할 때 8천 미터 이상의 고도로 가면 산소통을 사용하겠다고 한 발 양보했다.

케임브리지에는 눈이 내려 루스와 아이들이 정원에서 눈사람을 만들고 있었지만, 시킴에서는 날씨가 이상할 정도로 따뜻해 맬러리는 '몽상가의 즐거움, 나른함과 계곡의 편안함'을 누렸다. 페동Pedong 아래 지역에서는 맬러리, 오델, 어빈이 600미터를 달려 내려가 롱포 추Rongpo Chu 강의 근사한 다이빙 풀처럼 생긴 곳에서 발가벗고 수영을 했다. 비텀은 이미 설사병으로 고생하고 있었고, 파리를 지나 이틀째 갔을 때 맬러리에게도 역시 '약한 대장염 증상'이 나타나기 시작했다. 소머벨은 이것이 충수염이 아닐까 의심했다. 그렇지만 가장 큰 걱정거리는 브루스였다. 그는 야퉁Yatung을 지나올 때부터 열이 났고 '몸이 약간 좋지 않았다.' 브루스 장군은 4월 6일 파리에서 58번째 생일을 맞이했고 140년 된 럼주를 마시며 앞으로의 전진에 대해 호언장담을 했다. 그러나 이틀 후 브루스는 예전에 감염되었던 말라리아가 다시 재발해서 완전히 뻗어버렸다. 원정대 의사였던 힝스턴은 타국의 오지에서 가엾게 죽어갔던 켈러스와 같은 희생자가 생길까 봐 걱정하며 브루스에게 다르질링으로 돌아가라고 권유했다. 맬러리는 이렇게 썼다. "우리는 엄청난 전력을 상실했고 그를 아주 많이 그리워했다." 그렇지만 노턴은 브루스의 자리를 훌륭히 대신했다. "그는 그 복잡한 원정대 전체를 하나부터 열까지 모두 꿰고 있었으며 우리가 무슨 생각을 하는지를 금방 알았다. 모두가 그를 인정했고 그에게 만족했다. 그는 항상 관심을 잃지 않았으며 편안하지만 위엄이 있었다. 아니, 위엄을 잃는 경우가 없었으며 엄청난 모험가였다."

더 근사한 일은 노턴이 즉시 맬러리를 등반을 책임지는 부대장으로 임명하고 원정대의 정

조지 맬러리와 앤드루 어빈. 1924년 에베레스트로 향하는 길에 캘리포니아 호에서
(사진출처: 솔켈드 컬렉션)

상 도전계획을 짜라고 명령한 것이었다. 맬러리는 그 명령에 즉시 화답했고 자기 텐트로 돌아오자마자 갑자기 어떤 영감에 의해 마치 '뇌파가 통한 듯' 완전히 새로운 계획을 짜냈다. 그 계획은 노스 콜 위에 캠프를 하나가 아니라 세 개를 설치하고 가장 높은 캠프 두 곳에서 두 등반 팀이 동시에 한 팀은 무산소로, 한 팀은 유산소로 정상에 도전하는 것이었다. 맬러리의 의견에 의하면 전통적인 공격법을 변형한 이 계획의 가장 큰 장점은 정상 공격 팀이 두 팀이라 서로 도울 수 있다는 점이고 아직 의심스러운 산소 장비에 문제가 생기면 보완할 수 있어 실수가 있어도 만회할 수 있으며 한편으로 힘을 비축할 수 있고 무엇보다도 산의 정상부를 몇 구간으로 나누어 사람의 통제 하에 놓는다는 것이었다. 노턴은 즉시 이 계획을 승인했고 맬러리에게 등정 팀을 인선하는 어려운 문제를 맡겼다. 당연히 맬러리와 소머벨이 등

정 팀에 선정되었다. 두 사람 모두 산소 사용에 대해 회의적인 편이었지만, 맬러리는 좀 더 장비를 보강한 팀이 에베레스트에 도전해야 한다고 결심한 다음부터 산소 사용에 대한 비난을 자제하고 있었다. 소머벨이 7캠프에서 노턴이나 해저드와 함께 무산소 등정 팀을 이끌어야 한다고 결정하는 한편 맬러리는 6캠프에서 산소 기구를 가지고 어빈과 함께 도전하기로 했다.

맬러리가 헤아릴 수 없는 경험을 보유한 노엘 오델 대신 자신의 운명적인 등반 파트너로 어린 청년 어빈을 선택한 것 때문에 노턴은 상당히 놀랐다. 나중에 사람들은 맬러리가 일종의 로맨틱한 매력에 끌려 어빈을 선택한 것이 아닌가 하는 생각을 하기도 했다. 물론 맬러리는 어빈을 좋아했고 어빈에게서 열정적이던 자신의 젊은 시절 모습을 보았다. 게다가 맬러리는 미학적인 감수성이 상당했고 이것이 맬러리의 개인적인 판단에 영향을 미쳤다. 어빈을 선택한 이유에 대해 질문을 받자 블룸즈버리 그룹 예술가였던 덩컨 그랜트는 이렇게 말했다. "맬러리가 놀랍도록 잘생겼지 않소. 동등한 두 사람을 놓고 선택해야 한다면 더 멋지게 생긴 쪽을 선택하는 것이 맬러리 특유의 행동이지요." 그러나 이번에는 에베레스트에 도전하는 것이었다. 이번 일은 알프스 휴가여행이 아니었다. 맬러리는 두 가지 단순하고도 실용적인 이유로 어빈을 선택했다. 첫 번째는 어빈이 산소 기구를 속속들이 안다는 점이었다. 맬러리가 기계에 문외한이라는 점을 비추어봤을 때 어빈을 선택하는 것은 당연한 것이었다. 두 번째는 어빈의 체력이었다. 어빈은 견줄 사람이 없을 정도로 체력이 강했는데 맬러리의 생각에 에베레스트에서는 경험보다도 체력이 중요했다. 어렵긴 했지만 이렇게 등정 팀이 결정되었고 맬러리는 확신에 가득 찼다. 그는 톰 롱스태프에게 이런 편지를 보냈다. "우리는 이번에 정상까지 올라갈 것이고 하나님이 우리와 함께하실 것입니다. 우리는 웃으면서 정상을 밟을 것입니다."

1924년의 에베레스트 원정대는 4월 29일 롱북 빙하에 도착해 베이스캠프를 설치했고 몬순이 시작될 것으로 예상되는 시기보다 훨씬 빠른 5월 17일 네 명의 대원을 정상에 올릴 계획이었다. 그러나 처음부터 날씨가 좋지 않았고 너무 복잡한 원정 계획 때문에 이런 희망은 깨지고 말았다. 맬러리가 인정한 대로 동쪽 롱북 빙하에 세 개의 캠프를 설치하는 것만 해도 너무 복잡한 일이었고, 모든 일이 동시에 주의 깊게 이루어져야 했으며, 200명 이상의 티베트인과 셰르파 포터들이 릴레이 방식으로 수 톤에 달하는 장비와 짐을 서로 맞물려 주고 받아야 했다. 상황이 완벽했다면 계획대로 진행될 수 있었을 것이다. 그렇지만 5월 4일부터 눈이 내리기 시작했고 기온이 영하 30도로 급강하하자 책임감도 옷도 부실한 짐꾼들은 짐을 버리고 도망갔으며, 노엘의 회상대로 수송 시스템 전체가 무너졌다. 원정대는 5월 11일 무렵 완전히 혼란에 빠졌으며 한심하게도 빙하 여기저기로 흩어져 헤맸다. 노턴은 전원 베이스캠프로 철수하라고 명령했다. 맬러리는 루스에게 "모든 상황이 우리에게 불리하게 돌아가는 너무 힘든 시기요."라고 했다. 누가 그것을 부인할 수 있겠는가? 공식 원정기의 해당 장면을 읽어보면 짐과 짐의 릴레이식 수송과 쌓아놓은 장소, 보급선, 일렬로 배치된 포터들에 대한 내용이 나오는데 이것으로 날씨뿐만 아니라 원정대의 짐이 너무 무거웠던 것이 실패의 요인이었음을 알 수 있다.

원정대가 베이스캠프로 향할 무렵 런던에서는 대영제국 박람회가 4월 23일 웜블리에서 거대한 규모로 개막되었다. 언제나처럼 인도가 가장 많은 자랑과 찬사의 대상이 되었다. 인도는 대영제국 왕관에 박힌 보석이며 지난 세기 대영제국의 성립 이유였다. 박람회의 인도관은 18만 파운드를 들여서 지었는데 이렇게 건립된 박람회용 건물로는 마지막이자 가장 큰 것이었다. 인도관은 1만2천 평방미터에 달하는 면적에 인도에서 전시할 만한 물건은 다 가져와 전시했다며 자랑이 대단했다. 수많은 토착 예술품과 공예품 및 관습을 보여주는 물건뿐만 아니라 영국의 지배에 힘입어 새로이 건설된 문물도 전시되었다. 그렇지만 '벵골 궁정'의 중앙에 우뚝 세워 적극적으로 영국령 인도 영토라고 선언된 에베레스트 산군 전체의 부조가 단연 가장 눈길을 끌었다. 그 부조의 높이는 1.7미터에 달했고 둘레가 약 7.3미터였다. 그 부조는 2,640:1의 축적으로 시프톤프래드 사Sifton Praed and Co.가 제작했으며 인도 정부의 소유였다. 에베레스트 위원회는 그 부조의 제작경비 지원을 거절했다. 그러나 위원회는 필요한 지도와 사진을 제공했고, 그 부조 작품이 전시되자 힝크스는 이 작품에 대해 독점적인 권한이 있는 것처럼 행동했으며 끊임없이 그 부조의 지형학적 세부사항에 대해 불평하고 투덜댔다. 그 부조와 함께 1922년의 원정을 다룬 노엘의 영화 〈에베레스트 등반〉이 상영되었다. 영화는 박람회 영화관에서 상영되었고 부조와 함께 지도, 사진, 그림엽서 등이 전시되어 관중들로 하여금 당시의 시각적인 기술이 허락하는 한 가장 완벽하게 에베레스트를 대리 체험할 수 있도록 했다. 산의 남쪽 부분은 전혀 알려지지 않았지만 당시까지 알려진 에베레스트 지역 중 유명한 곳마다 작은 핀을 꽂았으며 전보를 통해 전달되는 등산가들의 상황이 그때그때 표시되었다. 인도관의 입장객 숫자를 기록한 것이 남아있지 않아서 얼마나 많은 관중이 이 전시를 보았는지는 정확하지 않다. 그러나 박람회의 인도 부문을 담당했던 빈센트A. W. Vincent가 힝크스에게 확언한 바에 의하면 '인도관에 상당한 관심이 집중되었다'고 한다. 특히 단체관람과 학생 관람객이 많았고, 다른 단편적인 증거로 미루어 보아도 인도관 전시가 굉장한 성공을 거두었다는 것을 알 수 있다.

에베레스트를 등반 중이던 노턴은 이 소식을 들었다 하더라도 그다지 큰 위안을 받지 못했을 것이다. 그는 흩어져 있는 등반대원들을 베이스캠프로 집합시키고 난 다음 두 번째 공격을 준비했다. 노턴은 거의 병적으로 몬순을 걱정했고 몬순이 오기 전에 올라갔다가 내려오기를 바랐다. 5월 12일, 노턴은 정상 공격 날짜에 대해 맬러리와 상의한 다음 5월 29일을 등정일로 잡았고 그대로 진행했다. 5월 12일 이후 5일 동안은 어쩔 수 없이 캠프에서 가만히 기다려야 했는데 노엘의 기억에 의하면 맬러리는 "항상 뭔가 계획하면서 안절부절못하는 것 같았다."라고 한다. 맬러리는 동료에게 실망감을 느낀다고 루스에게 고백했다. 소머벨은 '2년 전의 몸 상태가 아닌 것 같고' 노턴은 '별로 강하지 않다'고 말했다. 그러나 어빈에 대해서는 '승리할 만한 기백으로 넘쳐 있고 놀랍도록 열심히 일하며 산소 기구를 영민하고 능숙하게 다룬다'고 말했다. 맬러리는 루스에게 자기 자신은 '모든 이들 가운데 가장 체력이 좋고 유산소든 무산소든 간에 정상에 올라갈 가능성이 가장 높다'고 확언했다.

5월 17일, 일주일 동안 휴식도 취하고 롱북 라마승을 방문하여 영감도 받은 원정대는 다시 등반의 세계로 돌아왔다. 1, 2, 3캠프가 복구되어 대원들이 배치되었고, 5월 20일 맬러리와 노턴이 창 라의 얼음으로 덮인 경사면을 300미터 올라가면서 루트를 냈다. 그다음 날 소머벨, 어빈, 해저드가 4캠프를 설치했고, 해저드와 포터가 그곳에 남았다. 시작은 좋았지만 정상 도전은 추위와 폭풍 때문에 연기되었다. 5월 23일, 온종일 폭풍에 시달린 해저드가 더 이상 참지 못하고 콜을 비우고 내려와 버렸다. 그는 네 명의 포터를 콜에 잔류시키는 용서할 수 없는 짓을 저질렀고, 어쩔 수 없이 '노장들', 즉 맬러리, 노턴과 소머벨이 5월 24일 출동하여 콜에 갇힌 포터들을 구해 오느라 남은 기력을 소진해야 했다. 그다음 날에도 폭풍이 계속되었기 때문에 등반대는 비교적 안전한 1캠프로 대피했고, 5월 26일 저녁에 노턴은 최후의 군사작전과 같은 회의를 소집했다. 원정대는 비참한 상태였다. 대원들은 아프고 지쳤으며 낙담해있었다. 고소에서 움직여야 하는 55명의 포터 가운데 15명만 계속 전진할 수 있는 상태였다. 노턴은 산에서 철수하는 것을 심각하게 고려했다. 그러나 5월 27일 '구름 한 점 없이 맑은' 날씨가 펼쳐져 대원들은 절박한 최후 계획을 실행에 옮겼다. 무게를 줄이기 위해 산소통을 떼고 두 명씩 두 조로 나뉘어 콜에서 5캠프와 6캠프로 전진했다. 맬러리와 유일하게 몸 상태가 좋은 제프리 브루스가 먼저 가고, 노턴과 소머벨이 뒤를 이었다. 맬러리는 루스에게 보낸 마지막 편지를 이렇게 썼다. "마치 1대 50으로 싸우고 있는 것 같소. 그렇지만 아직 우리에게는 마지막 기회가 있고, 자랑스럽게 그 일을 수행할 것이오. 당신을 너무너무 사랑하오."

5월 28일에도 날씨가 좋았고 심지어 따뜻하기까지 했다. 이날 노턴이 '선동가들'이라고 부르던 등반대원들은 '정상까지 가려' 했다. 그러나 노턴은 하루 더 쉬면서 기력을 회복해야 한다고 주장했다. 당시 감사하는 마음으로 '타이거'라는 호칭을 붙여준 15명의 강인한 셰르파들이 2캠프에 집합했다. 2캠프에서는 어빈과 오델의 유명한 '옛 공작소'에서 로프와 텐트 말뚝으로 초보적인 사다리를 만들어 콜 아래의 어려운 코스인 침니Chimney구간을 올라가려고 했다. 1캠프에서는 맬러리가 마지막 편지 몇 통을 썼고 시를 몇 편 읽었으며 침낭 속에서 무기력하게 시간을 보내면서 끊임없이 등반계획을 마음속에 그려보고 있었다. 그는 여기서 출발하여 최초의 네 명이 계획한 대로 정확하게 6일간을 가야 정상에 도달할 것으로 예상했다. 6월 1일에 맬러리, 제프리 브루스, 네 명의 셰르파 포터가 북릉의 7,681미터에 있는 바람을 막아주는 곳에 안전하게 자리를 잡았다. 그러나 그다음 날 날씨가 좋았음에도 셰르파 네 명 중 세 명이 전날의 작업 때문에 지쳤다고 주장하면서 꼼짝도 하지 않으려 했다. 맬러리는 셰르파들을 통해 노턴에게 보냈던 쪽지에 간결하게 이렇게 썼다. "쇼를 망쳤습니다. 어제 포터들이 바람과 싸우며 올라왔는데 더 이상은 올라가려 하지 않습니다." 5캠프를 보수하고 세 번째 텐트를 세우느라 약간 지체한 다음 맬러리와 브루스는 콜로 철수했고, 이리하여 가장 좋은 기회를 놓쳤다.

이제 노턴과 소머벨이 올라갈 차례였고, 그들은 그 기회를 최대한 활용했다. 그들은 6월 2일 오전 6시 노스 콜에서 출발하여 별 어려움 없이 오후 이른 시간에 5캠프까지 올라갈 수 있었다. 그다음 날 아침 그 팀의 셰르파들도 움직이려고 하지 않자, 노턴은 지지 않고 그들의 의무감과 명예심에 호소했다. 소머벨은 셰르파들에게 "만일 너희들이 8,230미터에 캠프를 설치해주어 우리가 정상에 올라간다면, 너희들의 이름은 이 성공을 다룬 책에 금박으로 적힐 것이다."라고 말했다. 결국 그들 중 세 명, 즉 노르부 이스하이Norbu Yishay, 락파 체디 Lhakpa Chedi, 셈춤비Semchumbi가 계속 올라가는 것에 동의했다. 날씨는 여전히 좋았고 바람이 멎었지만 그럼에도 자갈이 느슨하게 덮이고 경사진 북벽의 악명 높은 슬랩을 올라가는 길은 숨 막히게 힘들었다. 오후 이른 시간에 셈춤비가 지쳐 떨어지자 노턴은 이들 일행에게 등반을 중단하라고 명령하고 감사하는 마음으로 세 명의 셰르파를 내려 보냈다. 그리고 8,170미터 지점에 위치한 북향의 좁은 틈에 6캠프를 설치했다.

맬러리의 계획은 이 지점에서부터 북동쪽의 완만한 능선을 통해 정상으로 가는 것이었다. 그러나 노턴은 눈에 띄는 두 개의 돌출 부분, 즉 능선에 있는 '바위 계단'을 싫어했다. 그 다음 날 아침, 즉 6월 4일 노턴과 소머벨은 북벽을 사선으로 넘어가려고 출발했다. 그들은 피라미드 모양의 정상에서 내려오는 걸리(협곡)나 거대한 쿨르와르(노턴 트래버스)를 통해 정상에 도달하려 했다. 그들은 캠프에서 한 시간 가량 올라간 다음 에베레스트 정상 부분의 상부를 둘러싸며 다른 지대와 뚜렷하게 구분되는 노란 석회암 지대(옐로 밴드)의 아래쪽 경계 부분에 도달했다. 이 길로 잠시 동안은 쉽게 갈 수 있었고 기적적으로 날씨도 잠잠했다. 그러나 고소증으로 인해 속도가 느려지기 시작했다. 한 걸음 갈 때마다 호흡을 8~10회나 해야 했고 10~12걸음을 가면 쉬어야 했다. 정오 무렵 소머벨이 기권했다. 그는 체력이 완전히 고갈되었고 목에 숨 막히는 고통을 겪었다. 노턴은 바위 아래에 소머벨을 앉혀 놓았는데 소머벨은 노턴에게 혼자서라도 가라고 말했고 노턴은 그의 말에 따랐다. 그는 옐로 밴드 최상단부를 돌아 거대한 '노턴 쿨르와르'로 들어섰다. 노턴의 회상에 의하면 계속 나아가는 것이 더욱 힘들어졌다고 한다. 가파른 내리막 바위 턱이 고작 몇 센티미터밖에 안 되는 폭으로 이어졌는데 그나마도 가루눈 속에 깊이 파묻혀있었다. 노턴은 그날 오전에 발 디딜 틈을 더 잘 보려고 고글을 벗어버렸다. 이제 바위를 하나하나 더듬어 가면서 내려가야 했는데 물건이 두 개로 보였고 쿨르와르의 암벽은 계속 가팔라졌다. 안타깝게도 그는 정상 가까운 곳까지 올라갔다. 그곳은 정상 피라미드의 하부 지점에서 고작 60미터밖에 떨어지지 않은 곳이었다. 그렇지만 이 루트는 로프 없이 갈 수 없는 길이었고 시간이 다 되어가고 있었다. 노턴은 정상까지 278미터를 남겨둔 지점, 즉 8,570미터 지점에서 오후 1시에 돌아섰다. 그의 고도기록은 1952년까지 어느 누구에 의해서도 깨지지 않은 채로 남아있었다.

맬러리는 브루스와의 정상 도전 시도가 날씨 때문에 좌절되어서 심히 낙담하고 있다가 이

노엘 오델이 촬영한 맬러리(왼쪽)와 어빈(오른쪽). 실종되던 날, 정상 도전을 위해 노스 콜에 설치된 4캠프를 떠날 준비를 하고 있다.
(사진출처: 왕립 지리학회)

번에는 산소를 갖고 어빈과 한 번 더 도전하자는 생각을 했다. 그것은 끈덕진 집착이나 매서운 도전 정신 때문이 아니고 영허즈번드가 훗날 썼듯 "작품이 완벽하게, 매끈하게 완성되기 전까지 일을 끝낼 수 없는 예술가적 상상력"에서 비롯된 것이었다. 맬러리는 어빈이 올라갈 수 있는 상태이고 올라가기를 간절히 바란다는 것을 알고 있었다. 노턴이 거의 정상에 도달할 뻔했던 바로 그날, 즉 6월 4일 두 사람은 산소 장비를 갖고 기록적으로 빠른 시간인 2시간 반 만에 콜로 올라갔다. 그날 밤 노턴은 거의 다 죽을 지경이 되어 반쯤 눈이 먼 상태로 4캠프에 도착했다. 그는 맬러리의 계획이 성사될 가능성이 없다고 생각했고, 상당히 건강상태가 좋고 고도에 적응이 잘된 오델과 함께 갈 수 있는데 굳이 어빈과 함께 가려는 이유에 대해 회의감을 나타냈다. 그러나 맬러리의 결심은 확고했다. 결국 노턴은 자신의 판단을 보류하고 맬러리 일행의 승리를 빌었다. 6월 5일은 필요한 장비를 갖추느라 흘러갔고 그다음 날 아침 8시 40분에 맬러리와 어빈이 8명의 셰르파와 함께 출발했다.

노웰 오델이 찍은 유명한 사진에 그 출발 순간이 포착됐다. 어빈은 바람을 등지고 무릎을 약간 구부린 채 기다리고 있다. 산소통을 멘 그의 어깨가 카메라 쪽을 향하고 주머니에 손을 넣은 채 피켈을 왼쪽에 차고 있다. 맬러리는 어빈 옆에서 잠깐 몸의 균형을 잃고 카메라를 향해 있다. 그는 아래쪽을 내려다보고 있으며 출발 포즈를 잡은 채 마스크를 한손에 들고 다른 손을 피켈 쪽으로 가져가고 있다. 두 사람 모두 면직 셰클턴 재킷과 승마용 바지에 캐시미어 각반을 착용하고 있었다. 어빈은 자신의 트레이드마크인 넓은 챙이 펄럭이는 모자를 썼고, 맬러리는 공군 헬멧과 고글, 모직 목도리를 하고 있었다. 그들 바로 뒤에는 4캠프의 텐트가 바람을 맞으며 서 있고, 노스 콜의 설원이 살짝 밟힌 채로 펼쳐져 있었다. 나중에 이 사진을 보고 사람들이 느낀 것이지만 이 광경을 담은 사진은 어쩐지 마지막이라는 비장함과 불길한 예감이 느껴진다. 오델은 셔터가 눌리고 몇 초 후 "두 사람은 묵묵히 출발했다."라고 말했다. 두 사람은 곧 시야에서 사라졌다.

그날 오후 5시, 맬러리와 함께 갔던 셰르파들이 콜로 돌아와서 그와 어빈이 적절한 시간에 5캠프에 도착했다고 말했다. 맬러리는 오델에게 이런 쪽지를 휘갈겨 써서 보냈다. "바람이 전혀 불지 않고 일이 되어 가는 상황이 희망적입니다." 그다음 날인 6월 7일, 오델과 셰르파 네마Nema가 5캠프로 올라갔는데 셰르파 락파가 그곳에서 기다리고 있다가 맬러리가 쓴 두 장의 메모를 전했다. 한 장은 동료인 오델에게 5캠프가 어수선한 점에 대한 양해를 구하는 것이었다. 맬러리와 어빈은 아침에 난장판 같이 어지러운 5캠프에서 출발했을 것이다. 다른 한 장은 카메라맨인 노엘에게 쓴 것인데 그다음 날 그들이 정상 피라미드에 도달할 예정 시간이 적혀있었다. 모든 셰르파들은 감사하는 마음으로 3캠프로 돌아갔다. 4캠프에는 해저드가 남아있었고, 오델은 5캠프에, 맬러리와 어빈은 6캠프에 있었다. 그다음 날인 1924년 6월 8일, 오델은 약간의 긴급 물자와 맬러리가 결국 자신의 성격답게 마지막 순간에 5캠프에 두고 간 나침반을 갖고 혼자서 6캠프를 향해 출발했다. 그날 날씨는 별로 춥지 않았다. 오델은 고산의 지질학에 관심이 있어서 약간 우회하는 루트로 북벽을 향해 전진했다. 아침에 안개와 구름 사이로 산 위쪽이 간간이 보였다. 12시 50분, 오델이 몸 상태를 점검하기 위해 작은 바위를 올라갈 무렵 하늘이 맑아지면서 정상 부근 능선이 완전히 드러났다. 오델의 시선이 작고 검은 점에 꽂혔다. 그 점은 능선의 바위 계단 아래쪽 눈 덮인 부근에서 검은 실루엣으로 보였다. 그 점이 움직이고 나서 곧 다른 검은 점이 움직이더니 두 점이 합쳐졌다. 오델은 이렇게 전했다. "첫 번째 점이 거대한 바위 계단으로 접근했고 곧 그 위로 올라갔다. 두 번째 점도 그렇게 했다. 그러고 나자 그 환상적인 광경이 구름에 가려 사라졌다."

4장

어디서나 수확의 기쁨을 누리다

(1929~1933년)

6월 19일 케임브리지의 루스 맬러리에게 남편의 실종과 죽음을 알리는 소식이 날아들었다. 사고가 일어난 날로부터 11일이 지난 후였다. 그 무렵 1924년의 원정대는 맬러리, 어빈, 켈러스와 1922년 사망한 셰르파들을 추모하는 케른(돌 무더기)을 쌓고 나서 산에서 철수했다. 노턴은 훗날 이렇게 회상했다. "우리는 슬픔에 잠긴 왜소한 집단일 뿐이었다. 우리는 우리 세대가 세계대전에서 배운 합리적인 정신에 입각하여 처음부터 동지의 죽음을 담담하게 받아들일 마음의 준비가 되어 있어서 돌이킬 수 없는 비극에 대해 언제까지나 슬픈 노래를 부르지 않기로 했다." 그러나 그 비극은 '매우 생생했고' 상실감은 '가슴 깊이 쓰라린' 것이었다고 그는 말했다. 한편 멀리 런던에서 편안하게 있던 힝크스는 비극을 승리로 탈바꿈시키고 있었다. 그는 에베레스트 위원회 집행 위원장인 노먼 콜리의 이름으로 "위원회는 원정대의 영웅적인 업적을 열렬히 축하한다. 모두가 정상 근처에서 실종된 대원들의 고귀한 죽음에 감동했다."라는 내용의 전보를 보냈다. 더글러스 프레쉬필드는 이런 문구를 선택한 점에 대해 즉각 이의를 제기했다. 그는 힝크스에게 "열렬한 축하라는 말은 그토록 큰 비극을 표현하기에는 너무나 이상한 말입니다."라는 편지를 보냈다. 그러나 프레쉬필드 자신도 전에 로버트 스콧 원정대의 소식을 전하기 위해 전보를 쓸 때 얼마나 마음고생을 했는지를 기억하면서 그런 문구를 작성하는 일이 힘들다는 것은 인정했다. 힝크스의 문구 대신 프레쉬필드가 제안한 "위원회는 엄청난 슬픔과 자랑스러움을 동시에 느끼면서 맬러리와 어빈의 영웅적인 정상 도전과 죽음을 받아들이고 있다."라는 문구도 슬픈 느낌을 가미하기는 했지만 결국 승리감을 나타내는 것이었다. 게다가 거기서 끝이 아니었다. 『더 타임스』가 6월 21일 그 뉴스를 대중에게 보도하면서부터 이 사건은 제국과 전쟁이라는 구호로 도배되기 시작했다. 맬러리와 어빈은 '영광스러운 죽음을 맞이한 것'이고, 에베레스트는 '세계에서 가장 장엄한 전몰 기념비'가 되었다.

맬러리를 아는 사람들과 이 소식에 매료된 대중 사이에서 맬러리와 어빈이 정상에 올랐는지에 대한 논쟁이 다시 벌어졌다. 흥미롭지만 입증할 수 없는 이 논쟁은 영원히 끝날 줄 몰랐다. 당시 이 문제를 가장 확실하게 판단할 만했던 노엘 오델은 원인은 잘 알 수 없지만 두 등산가가 정상에 올랐다가 내려오는 과정에서 사망했을 가능성이 있다고 생각했다. 노턴은 어느 정도는 맬러리와 어빈 가족에 대한 염려의 마음에서 그들이 '등반에서 흔히 발생하는 사고'로 인해 순식간에 사망했을 것이라고 주장했다. 노엘은 이론상 정상 등정 가능성이 있으며 두 등산가가 하산하는 과정에서 추락사했을지 모른다고 인정했다. 하지만 맬러리가 안전하게 돌아올 수 없는 지점까지 무리하여 더 나아갈 만한 인물이 '절대로 아니라고' 믿었기 때문에 모든 사정을 감안해보면 두 사람이 정상을 밟지는 않았을 것으로 생각했다. 하산 과정에서 사망했다는 노턴의 주장은 '입증되지 않은' 가설일 뿐이었다. 루스는 남편의 죽음을 둘러싼 논란에 대해 어이가 없어했다. 그녀는 제프리 영에게 이렇게 말했다. "내가 사랑했던 것은 살아 있는 남편이고 그의 삶이었습니다." 영이 페니패스 시절의 오랜 친구인 조지 트레빌리언George Trevelyan에게 보낸 편지에서도 그녀와 비슷한 마음이 느껴진다. "경중을 따져봤을 때 그의 죽음을 둘러싼 논란이 아름답거나 중요한 일이라고는 생각하지 않는다네. 그것은 그가 선택한 삶의 방식에 따른 우연한 결과일 뿐이야. 마치 내가 다리를 잃은 것과 같은 것이지. 나에게 중요했던 것은 그의 생명일 뿐일세." 그러나 영은 영허즈번드에게 쓴 편지에서 맬러리의 죽음을 둘러싼 논쟁을 자신이 굉장히 중요하게 여긴다는 점과 자신이 나서서 노턴의 입증되지 않은 가설을 증명해내겠다고 굳게 마음먹고 있다는 점을 내비쳤다.

> 그와 함께 등산가로 보낸 20년 가까운 세월로 미루어보았을 때 저는 감히 이렇게 말할 수 있습니다. 맬러리는 극도로 주의 깊은 등산가이긴 하지만 위험이 있다는 것을 아는 한, 특히 에베레스트의 위험과 같은 경우에는 위기 상황이 닥치면 분명히 젖 먹던 힘까지 다 내어서라도 움직일 사람이었습니다. 그의 성격으로 보건대 적수가 눈앞에 나타나면 냉정한 판단을 내리거나 평정을 유지할 수 있는 사람이 아닙니다. 따라서 저는 그가 "앞으로 전진할 만한 사람이 결코 아니다."라는 등의 말이 틀리다고 주장합니다. 반대로, 그는 제가 알던 등산가 가운데에서 확실하게 전진 결정을 내렸을 것 같은 사람입니다. 그는 앞길에 어떤 위험이 올 것을 예상하더라도, 혹은 하산이라든가 어둠이라든가 하는 어려움이 올 것을 예측하더라도 일단 그 어려움이 닥치기 전까지는 용감하게 나아갈 사람입니다. 그는 등반 인생에서 엄청난 위기를 많이 겪었습니다. 많은 경우 어빈보다 훨씬 못한 파트너 한 명과 둘이서 헤쳐 나가야 했습니다. 그는 항상 앞으로 나아가서 대단한 능력으로 성공을 거두었습니다. 그렇게 거대한 목표물이 눈앞에 보이는 상황이라면, 그는 아마도 자신이 또 한 번 어려움을 극복할 수 있으리라 생각했을 것입니다.

합리적인 회의파와 낭만적인 믿음파의 대립은 계속 이어졌다. 낭만적인 믿음파는 현재까지도 "에베레스트는 1924년에 초등되었다. 맬러리는 맬러리다."라고 영이 말한 것을 굳게 믿고 있다. 한편 왕실에서는 '고귀한 두 탐험가'에게 공식적으로 조의를 표명하면서 양쪽 유족에게 위로의 마음을 전했다. 추도식이 막달레나 칼리지Magdalene College의 채터하우스에서 거행되었고, 마지막으로는 10월 17일 체스터Chester 주교가 집전한 가운데 세인트 폴 대성당에서 치러졌다. 주교는 라틴어 시편 84장 5절의 앞 구절인 "마음이 그곳에 있는 자여 축복이 있도다."를 인용하고 데이비드 왕의 조사를 붙여서 다음과 같이 마무리했다. "조지 맬러리와 앤드루 어빈이여, 기쁘고도 복이 있도다. 삶도 죽음도 그들을 갈라놓지 못하였다." 같은 날 저녁 알파인 클럽과 왕립 지리학회는 앨버트 홀에서 열린 공개회의에서 원정대의 마지막 보고를 들었으며 정상 도전을 계속하기로 결의했다.

정상 근처에서 영국인 등산가 두 명이 사망했다는 소식으로 인해 에베레스트에 오른다는 생각이 기가 꺾이기는커녕 사람들은 그들을 추모하는 시급한 일이라고 생각하게 되었고, 대중의 마음속에는 그 산을 초등할 권한이 영국에 있다는 생각이 굳어졌다. 11월 5일 에베레스트 위원회는 티베트 정부에 1926년 원정을 허가해달라고 공식적으로 신청했고, 아서 힝크스는 시킴의 정치적인 책임자 찰스 벨 경의 업무를 대행하던 프레데릭 마쉬먼 베일리Frederick Marshman Bailey 대령에게 사적인 편지를 보냈다. 힝크스는 라싸에 대한 대령의 영향력을 행사하여 에베레스트 위원회에 유리한 결정을 내리고 핀치의 원정 계획을 반려시켜달라고 요청했다. 당시 힝크스는 "핀치가 내년에 개인적으로 그곳에 가서 에베레스트 위원회를 앞지르려는 계획이 있다."라고 믿었다. 힝크스는 이 편지에서 또 다른 경쟁 상대인 스위스와 독일 원정대가 에베레스트로 향할 계획인데 이것도 막아줄 것을 베일리에게 요청했다. 베일리 자신은 상당한 탐험가이자 모험가였지만 전임자였던 벨과 마찬가지로 에베레스트 원정이 별로 쓸모가 없다고 생각했다. 베일리에게 에베레스트 원정은 미묘한 국경지역에서 불필요한 마찰을 일으키는 행동으로 여겨졌다. 그렇긴 해도 많은 에베레스트 연대기 기록자들이 그 후 이어진 정치적인 후퇴에 대한 책임을 전적으로 베일리에게 전가하는 것은 과장된 것이다. 1925년 티베트 정부가 에베레스트로 가는 문호를 차단한 것은 존 노엘 대위의 터무니없는 행동이 도를 넘어섰기 때문이었다.

돌이켜보면 에베레스트와 관련된 일들은 존 노엘이 1913년 티베트에 몰래 들어간 것에서 시작됐다. 티베트인들은 결국 에베레스트 원정에 동의하기는 했지만 결코 그 일을 좋아하지 않았고, 1904년 영허즈번드가 라싸를 침략했을 때와 같이 외교적 문제가 다시 일어날 것을 항상 염려했다. 1921년 정찰등반 때도 티베트 측은 헤런의 저주Heron's demon가 악령을 깨웠다면서 강하게 반발했고, 모스헤드가 허가받은 지역을 넘어서 에베레스트 인근을 개별적으로 돌아다니며 조사하는 것에도 반대했다. 1922년의 원정은 브루스가 이런 민감한 일들을 주도면밀하게 살핀 덕분에 사고 없이 지나갔지만, 티베트 인들은 1924년에 이루어진 다양한 방식의 국경 침범에 다시 반발했으며, 노엘의 영화 〈에베레스트의 대서사시The Epic of Everest〉에 격분했다. 처음 인도에서 개봉될 당시 그 영화에는 티베트 원주민이 머리의 이를 씹어 먹는 보기에 역겨운 장면이 들어있었다. 베일리는 "티베트인들에게 그런 일은 극히 예외적인 것에 지나지 않으며, 세계에 티베트에 대한 나쁜 인상을 심어줄 수 있다."라고 힝크스에게 급히 편지를 보냈다. 노엘은 이에 동의하여 영국에서 개봉할 때 그 장면을 삭제했지만 노인이 이빨로 벼룩을 물어 죽이는 혐오스러운 장면은 그대로 두었다. 노엘은 허가를 받지 않고 라마승 여섯 명을 영국으로 데려갔는데, 이들을 '실물로 움직이는 살아 있는 영화의 장면'으로 연출하기 위해 계속 데리고 있겠다고 버텨서 상황이 악화되었다. 라싸 측은 격분했다. 에베레스트 위원회는 정치적으로나 종교적으로 민감한 부분을 심각하게 모욕했다는 것을 즉시 깨닫고, 노엘의 극장 판 터무니없는 행동과 거리를 두려고 애썼지만 끝내 노엘과 완전히 결별할 수는 없었다. 따지고 보면 1924년 원정 자금의 대부분은 노엘이 댄 것이었다. 1925년 4월 라싸는 '광대 노릇하는 라마승'을 돌려보내줄 것을 주장했고, 이후 에베레스트에 대한 원정을 무기한 금지했다.

네팔과 티베트가 외국인 여행객을 막아 초모룽마에 접근하는 것이 불가능해지자 1920년대 후반 등산계의 관심은 영국령 인도 쪽에서 접근이 가능한 히말라야 지역으로 옮겨갔다. 이 봉우리들에 대한 도전은 여전히 매혹적이었다. 칸첸중가는 다르질링에서 고작 72킬로미터 거리에 있지만 세계에서 세 번째로 높은 봉우리이며 가장 추운 산이었다. 쿠마온 지역의 난다데비는 알모라에서 121킬로미터 거리일 뿐이며 높이는 에베레스트에서 맬러리가 세운 5캠프와 비슷한 7,816미터밖에 안 되지만 가파른 산으로 둘러싸여 있어서 모두가 공략이 불가능하다고 생각했다. 서쪽에는 트랜스 히말라야 산맥이 솟아있었다. 그곳에는 카라코람(K2, 브로드피크, 가셔브룸)이 있고, 펀자브 히말에는 낭가파르바트와 눈 쿤 산군이 있으며, 가르왈-쿠마온에는 카메트와 난다데비가 있고, 시킴에는 칸첸중가가, 아삼에는 초몰하리가 있었다. 1925년, 등산가들은 불가피하게 영국령 인도로 접근을 시도하게 되었지만 오히려 그곳에서 놀라울 정도로 다양한 등반 가능성을 찾을 수 있었다. 티베트와 달리 영국령 인도에서는 특정한 나라나 클럽, 위원회 등이 독점적인 권리를 주장하지 않았다. 정치적인 이유로 폐쇄되어 있던 낭가파르바트의 북벽을 제외하면 가고자 하는 의지와 자금이 있는 모든 사람에게 산이 개방되어있었다. 그래서 점점 많은 등산가들이 원정등반을 하러 갔다. 그 규모는 국가의 지원을 받아 마치 준 군사작전처럼 8천 미터 이상의 고봉을 등정하기 위해 진행된 대규모 원정에서부터 숨겨진 계곡이나 비교적 낮은 산을 오르기 위한 작은 규모의 사적이고 조용한 탐사대까지 다양했다. 후일 에베레스트에서 명성을 얻은 에릭 쉽턴Eric Shipton은 1931년 프랭크 스마이드Frank Smythe의 초청을 받아 카메트에 갔던 시절을 회상하면서 당시의 히말라야 등반은 "알프스 황금시대 초창기와 거의 유사한 상황이었고, 특별한 능력이 없는 평범한 등산가도 어디서나 수확의 기쁨을 누릴 수 있었다."라고 말했다.

히말라야 등반의 황금시대가 시작된 것을 알리는 가장 분명한 사실은 1927~1928년 사이에 '히말라얀 클럽Himalayan Club'이 설립된 일일 것이다. 역사가 유구한 런던의 '알파인 클럽'과 같은 등산 단체를 만들자는 발상은 1866년부터 있었다. 즉, 1866년 인도 측량국 소속이던 윌리엄 헨리 존슨William Henry Johnson이 벵골의 아시아협회Asiatic Society에서 이런 제안을 했었다. 20년 가까운 세월이 흐른 다음, 더글러스 프레쉬필드는『알파인 저널』을 통해 히말라얀 클럽을 캘커타Calcutta나 심라Simla에 조직하고 산맥에 관한 '과학과 모험 이야기Narratives of Science and Adventure'를 펴낼 준비를 하자고 주장했다. 이 발상은 제1차 세계대전 전에 카슈미르를 여행하거나 이곳에서 일하던 사람들의 마음속에 큰 반향을 불러일으켰다. 그러나 중간에 전쟁이 일어나는 바람에 실행이 늦어지다가 알파인 클럽의 오랜 회원이자 명성 있는 산악지대 여행가인 제프리 코비트Geoffrey Corbett 경이 1926년 인도의 상공부장관으로 부임하면서 마침내 히말라얀 클럽이 조직되었다. 코비트는 영국령 인도의 여름 수도였던 심라의 관저에서 광대한 펀자브 히말의 눈 덮인 경치를 즐겼다. 그는 매일 능선을 따라 자쿠 힐Jakhu Hill 꼭대기에 올랐는데 전해지는 이야기로는 1927년 10월 그곳에서 돌아오는 길에 '인도 알파인 클럽' 창립을 구상했다.

한편 이미 그 10일 전에 캘커타에서는 윌리엄 올섭William Allsup과 토빈H. W. Tobin이 앞장서고

소수의 히말라야 애호가들이 모여 '인도 산악회Mountain Club of India'를 만들었지만 이 단체는 결국 오래가지 못했다. 코비트는 인도 측량국의 케네스 메이슨Kenneth Mason 소령에게 자신의 생각에 대해 운을 뗐을 때도 인도 산악회라는 단체가 있다는 사실을 몰랐다. 메이슨은 코비트와는 달리 상당히 오랫동안 히말라야에서 일한 경험이 있었다. 그는 1910~1913년 사이에 카슈미르의 측량 사업국에서 일하면서 훈자 북쪽 지역에서 인도와 러시아를 삼각 측량으로 연결했다. 1914년 전쟁이 일어나자 메이슨은 영국으로 불려가서 서부전선(1914~1915)에 이어 메소포타미아 전선(1916~1918)에서도 복무했는데 이때 쿠트 알 아마라Kut al-Amara 탈환 작전에서 공을 세워 십자훈장을 받았다. 전후 인도로 돌아온 그는 그 사이에 인도의 사정이 안 좋아졌다고 느꼈다. 그는 훗날 이렇게 불만을 표시했다. "모든 물가가 올랐고 정치적인 선동과 불안으로 충성심도 줄어들었으며 예산이 삭감되면서 과학과 과학 관련 부서의 활동이 가로막혔다." 이런 장애에도 1925년 메이슨은 '지도의 공백'으로 남아 있던 북부 카라코람의 샥스감 계곡에 대한 선구적인 측량을 지휘했다. 그는 이에 대한 공로를 인정받아 왕립 지리학회의 설립자 금메달Founder's Gold Medal을 받았다. 그는 스스로 기술이 탁월한 등산가가 아니라고 말했지만, 사실 어니스트 네브Ernest Neve와 함께 전쟁 전에 카슈미르에서 산을 올랐고, 비교적 낮은 봉우리이지만 콜라호이Kolahoi를 초등하기도 했다. 메이슨은 히말라야를 아주 잘 알았으며 영국령 인도의 관료조직에서 상당한 중책을 맡고 있어서 그와 코비트가 염두에 두고 있던 대단한 명망가들을 히말라얀 클럽으로 영입할 수 있었다. 그들은 유명하고 경험이 풍부한 100여 명의 등산가들에게 답장이 동봉된 편지를 보냈는데, 그 속에는 콘웨이, 콜리, 프레쉬필드, 영허즈번드, 브루스, 노턴 및 에베레스트 원정대의 모든 대원들이 포함되어 있었다. 그들이 보내온 답신은 그 숫자와 금액만으로도 예상을 초월했는데 등산가가 아닌 사람들에게 거부감을 주지 않도록 "히말라얀 클럽"이라고 이름을 붙인 단체가 1928년 2월 17일 인도군 총사령관이던 윌리엄 버드우드William Birdwood 경의 뉴델리 사무실에서 탄생했다.

클럽의 정관에서 밝힌 바와 같이 히말라얀 클럽의 가장 큰 목표는 '히말라야 여행과 탐사를 소개·지원하고 히말라야와 주변 산맥에 대한 지식을 과학, 예술, 문학과 스포츠 측면으로 확산시키는 것'이었다. 히말라얀 클럽은 전적으로 등산가만의 클럽이 아니었다. 이 클럽은 지질학자, 식물학자, 예술가, 저술가, 탐험가와 다양한 분야의 스포츠인들 사이에 히말라야 산맥에 대한 관심을 고취시키고자 했다. 소수의 히말라야 지역 인사들을 제외하면 회원들은 모두 유럽인이었다. 인도에 있는 이 산맥을 인도 사람들도 사랑할 것이라는 생각은 식민주의의 영향을 받은 유럽인들의 마음속에 전혀 떠오르지 않았으며, 설령 그런 생각을 했을지라도 편견 때문에 인도인의 참가를 꺼렸을 것이다. 히말라얀 클럽은 히말라야 산맥에서 '업적을 이룬' 사람들만 회원으로 초청했고, 언제나 그렇듯 여기에 의례적으로 총독, 주지사, 장군 등의 인물들을 끼워 넣었다. 서류상으로는 그럴듯하게 모든 직책이 정해져 있었지만 초창기에는 코비트와 메이슨이 거의 모든 일을 도맡아 했다. 먼저, 그들은 산악 주둔지인 스리나가르, 참바, 심라, 알모라, 다르질링에 '지역 서기'를 임명하여 이들로 하여금 등반 여행과 관련된 모든 일, 즉 식량, 수송, 장비 및 짐꾼의 모집을 지원하고 조언하도록 했다. 산에서 좀 더 멀리 떨어진 곳에서 사전 준비 같은 일을 돕기 위한 '지역 연락책'은 델리Delhi, 라호르Lahore, 런던에 두었다. 메이슨은 클럽의 편집자 역할을 맡아 대인도 측량국의 권위 있는 자료에 근거한 지도, 루트개념도, 지역 안내책자를 모으거나 편찬하고 이를 심라의 클럽 도서관에 보관하는 작업에 착수했다.

1929년 메이슨은 드디어『히말라얀 저널Himalayan Journal』을 펴냈다. 이것은『알파인 저널』과 같은 위상을 지닌 인도의 정기 간행물로 이후 히말라야에서 이루어진 업적에 대한 권위 있는 기록물이 되었다. 이미 그 무렵 이 클럽은 유럽인들로부터 상당한 주목을 받으면서 고봉을 오르고자 하는 사람들이 가장 먼저 접촉하는 단체가 되었다. 저널의 창간호를 선보이자마자 메이슨은 독일의 등산가인 빌리 리크머 리크머스Willi Rickmer Rickmers로부터 편지를 받았다. 리크머스는 그 무렵 독일-소련 원정대장을 맡아 파미르 원정을 다녀왔다. 리크머스는 편지에서 알프스와 코카서스 산맥을 두루 올라본 일단의 젊은 바바리아인들이 인도로 가기를 희망하는데 자신은 그들을 대신하여 도움을 요청한다고 밝혔다. 그는 이렇게 썼다. "그들은 어려운 목표를 정해서 자신들을 시험해보고자 합니다. 그들은 용기와 인내력, 지구력을 모두 동원해야 될 정도의 어려운 산을 오르고자 합니다." 감정적으로나 정치적으로나 당연히 에베레스트에는 도전할 수 없었다. 그러나 사람들 사이에 널리 퍼진 이야기와는 달리 영국인들은 히말라야에 대한 독점적 권한을 주장하지 않았다. 국가적인 적대감정이 높아진 상황임에도 불구하고 메이슨은 히말라얀 클럽이 영국과 인도에서 적극적으로 그들을 도와줄 것이라고 리크머스에게 약속했다.

파울 바우어와 뮌헨파

이렇게 하여 독일인들이 마침내 히말라야로 왔다. 1929년의 원정대장은 파울 바우어였다. 그는 지난 몇 년간 소위 뮌헨파의 등반을 이끌어왔던 33세의 공증인公證人이었다. 뮌헨파는 순수하게 기술적 차원에서 거침없는 혁신을 추구하면서 사용 가능한 모든 수단을 동원하여 그 당시로는 상상할 수 없는 루트를 등반하고자 했다. 영국인이었던 오스카 에켄슈타인이 1908년 10발 크램폰을 발명하여 얼음 위에서 힘들게 발판을 깎지 않아도 되었지만, 이 크램폰을 실제로 사용한 것은 바로 독일인들이었다. 그들은 확보를 할 수 없는 깎아지른 암벽에서 피톤(금속 못)과 카라비너(쇠고리)라는 간단한 기술을 결합시켜 마치 기적처럼 확보 지점을 만드는 데 성공했다. 1922년 독일인 프리츠 리겔레Fritz Rigele는 피톤(보일라voilà, 아이스 펙)을 얼음에서 사용하는 데 성공했다. 역시 독일인이던 빌로 벨첸바흐Willo Welzenbach는 긴 피켈 대신 짧은 피켈의 장점을 살려 그동안 오르기 힘들었던 얼어붙은 경사면을 살금살금 기어 올라가는 데 성공했다. 이런 새로운 장비 덕분에 뮌헨파는 암벽을 곧장 위로 공격하는 것으로 유명했다. 그들의 목표는 다른 사람들이 이미 갔거나 체력 소모가 큰 능선을 따라가는 것이 아니었다. 1925년 8월 바바리아인 빌로 벨첸바흐와 오이겐 알바인Eugen Allwein이 당 드랑Dent d'Herens 북벽을 16시간 만에 직등直登하는 데 성공함으로써 등산역사의 새로운 장이 열렸다.

뮌헨파는 영국의 순수주의자들로부터 "대롱대롱 매달려 바위를 쪼아대는 일파"라고 조롱받았지만 그들에게는 기술적인 혁신이나 대담함 말고도 중요한 것이 있었다. 사실 '일파'라는 표현은 이 집단에게 적절치 않았다. 이들은 국가적인 패배라는 공통의 경험을 토대로 결속한 일종의 형제적 결사체였다. 바우어에 의하면 뮌헨파는 세계대전의 유산인 강하고 호전적이고 훈련받은 정신을 물려받은 사람들이었다. 바우어 자신이 이 점을 잘 보여주었다. 그는 경치가 평범한 국경지역인 라인란트 팔라티나테Rhineland Palatinate에서 태어나 고산지대의 모험과 카이저 시대의 제국주의적 영광을 꿈꾸었지만 별로 특별할 것도 없는 유년기를 보냈다. 그는 1914년 8월 돌로미테 지방을 자전거로 여행하고 돌아와서 기꺼이 전쟁터로 나갔다. 그는 그 전쟁이 정당하다는 확신에 차 있었고, 전쟁이 가져올 긍정적인 결과를 굳게 믿었다. 1918년 포로가 되어 전쟁 막바지의 몇 주를 영국의 감옥에서 보낸 다음 실의에 빠진 퇴역군인이 되어 독일로 돌아온 그는 독일이 너무나 낯설어졌다고 느꼈다. "애국심, 영웅주

파울 바우어(1896~1990). 1929년과 1931년 독일 칸첸중가 원정대장
(사진출처: 독일 알파인 클럽)

의와 자기희생이라는 정신이 천대받고 조롱당했다."라고 그는 말했다. 그가 정확히 언제 법학을 공부하기 위해 뮌헨으로 갔는지는 확실하지 않지만, 1919년 이미 그는 뮌헨이 과격한 국수주의자들의 심장부이자 히틀러의 도시이며 국가사회주의의 가장 힘 있는 본산이라는 것을 알고 있었을 것이다. 바우어는 프라이코프스Freikorps(과격할 정도로 사회주의에 적대적이며 전쟁의 패배를 인정하지 않는 퇴역군인들의 자발적 준군사 단체)의 열성적인 회원이었으므로 1919년 5월의 뮌헨 레테레푸블릭; 민주당Munich Räterepublik; Councils Republic의 잔인한 진압[†]에 참가했을 것이다. 그는 1933년에 나치당이 권력을 장악하기 전까지는 나치당에 가입하지 않은 것으로 보이지만 그럼에도 자신이 '노병'이라는 사실을 자랑스러워했고 사람들의 말로는 처음부터 나치당의 대의에 찬동했다고 한다. '비어 홀 반란Beer Hall Putsch'이 수포로 돌아간 1923년에 이미 그는 '아돌프 히틀러의 명

† 1919년 4월에는 뮌헨 시 일대에 소련식 소비에트공화국이 선포되었다. 독일 정부는 이 공산주의 폭동을 제대 군인들과 의용군의 힘을 빌려 진압했다.

예가 감히 훼손되는 것을 용인할 수 없다'고 생각하고 있었다.

제2차 세계대전의 전운이 감돌기 시작할 무렵 바우어가 열렬히 조직하고 싶어 했고 활동력을 집중했던 것은 나치당도 아니고 독일을 휩쓸고 있던 다른 국수주의 정치 소조직도 아니었다. 그는 뮌헨대학의 산악회이던 뮌헨 학생산악연맹Akademischer Alpenverein München에 모든 정력을 쏟았다. 뮌헨 학생산악연맹은 1892년에 창립되어 당시에는 이미 잘 정립되어 있었으며 오래된 조직인 독일-오스트리아 산악연맹을 보강할 조직으로 여겨졌다. 이 조직은 대학에 그 근거를 두고 있어 젊은 혁신의 동력이 되었으며 뮌헨파가 보여준 기발함의 근원지이기도 했다. 이곳에서 바우어는 빙벽등반에 뛰어난 산악인들을 발굴하는 동시에 '특별한 정신적 재능을 지닌' 사람들이 서로 친교를 맺고 정신적 위안을 주는 모임을 만들었다. 뮌헨의 남쪽 지평선 너머에 있는 산들이 그들을 불렀고, 1922~1923년 사이의 초인플레 시절부터 대공황까지의 시기에 바우어와 그의 친구들은 일요일마다 도시의 소음과 광기를 떠나 기력을 회복시켜주는 고요한 자연을 찾아갔다. 그들은 언제나 산장이나 사람들이 많이 다니는 길을 피하면서 바바리안 알프스에서 가장 어려운 직등 루트를 의도적으로 찾아 다녔다. 이것으로 만족감을 못 느끼면 그들은 더 멀리 이탈리아, 스위스, 프랑스까지 갔다. 바우어는 훗날 이렇게 회상했다. "우리는 전쟁 때문에 독일이 강요당한 숨 막히는 궁핍함과 압박에서 너무나 절박하게 잠시나마 벗어나고 싶었다." 1928년, 뮌헨 사람들인 오이겐 알바인과 에르빈 슈나이더Erwin Schneider, 카를 빈Karl Wien이 리크머 리크머스와 함께 독일-소련 원정대에 참가하여 파미르의 레닌 봉Lenin Peak으로 갔지만, 바우어는 자신을 포함한 네 명의 등반대를 조직하여 코카서스 산맥으로 가서 유럽에서 두 번째로 높은 봉우리인 다이크 타우(5,205m)에 도전했다. 그 봉우리는 1888년 머메리가 초등했는데, 바우어는 폭풍 때문에 정상을 30미터 앞둔 지점에서 돌아섰으나 기대한 대로 순조롭게 원정이 진행되었기 때문에 더 큰 야심을 품게 되었다. 귀국길에 그는 친구에게 "1929년에는 이제 우리가 히말라야 산맥으로 가야 한다고 굳게 믿네."라고 편지를 썼다.

바우어는 히말라야에 가기로 결심하고 관련 있는 서너 국가의 승인을 받았다. (영국 정부는 독일 원정대가 에베레스트에 갈 예정이 없다는 것만 확인했다.) 다음으로 그는 독일인답게 철저하고 엄격하게 원정대의 조직에 착수했다. 그는 에베레스트 원정을 자세히 연구한 다음 이들 원정대가 너무 많은 물자와 목적의 혼란, 너무 다양한 종류의 사람들 때문에 실패했다는 결론을 내렸다. 그는 일단 '스파르타식 단순함'을 요구했다. 등산화의 징에서부터 커피콩 숫자에 이르기까지 모든 것을 자세히 세고, 무게를 달고, 극도로 엄격한 기준에 비추어 필요 없다고 판단되면 포기했다. 기본 발상은 짐꾼의 숫자를 최소한으로 줄여서 히말라야에 일종의 알파인 스타일의 기동성을 도입한다는 것이었다. 이런 발상의 저변에는 실용적인 고려뿐만 아니라 등반에는 극기와 고통 감수가 뒤따르는 것이 당연하다는 철학이 깔렸었다. 바우어는 산에 설치하는 캠프가 군대 참호의 연장이라는 생각을 영국인 등산가들보다도 더 강하게 하고 있었다. 그에게 있어서 등반이란 전쟁이나 다름없었다. 다시 말하자면 '굳건한 용기와 동지애, 자기희생 등이 일상생활에서는 있어도 그만 없어도 그만인 것 같지만 등반에서는 이것이 세상에서 가장 중요한 자질이며 우리에게 등반은 이것을 시험해볼 기회이다.'라는 것이 그의 생각이었다. 게다가 독일은 전쟁과 케인스가 "카르타고적 협약Carthaginian Peace"이라고 불렀던 보복적 전후戰後 협약으로 인해 거의 원초적인 내핍 상태였기 때문에 바우어는 독일 원정대가 이에 부응하는 윤리성을 갖추는 것이 필요하다고 보았다. 그는 자금의 대부분을 학생산악연맹 회원들의 소규모 기부에 의존했고, '선정적인 것을 좋아하는' 언론사의 후원을 받거나 돈을 낼 '소수의 부유한 후원자'들과 함께 등반하는 것에 집착하는 것을 경멸했다. 사람들은 그의 원정대가 독일을 대표하는 적절한 품위를 갖추지 못했다고 공격했지만 그는 끄떡도 하지 않았다. 그는 훗날 이렇게 말했다. "우리의 적들이 우리를 강탈했다. 그러나 그 사실을 은폐할 필요가 없다."

바우어는 '등반이라는 이상'을 과학적인 조사라는 보호막으로 덮을 필요성도 느끼지 않았다. 그에게는 원정의 목적이 순수하고 단순했다. 그것은 오로지 히말라야의 거대한 산을 오르고 퇴색한 조국의 명예를 회복하는 것이었다. 그는 개인적인 야심도, 고도기록에 대한 관심도 없었으며 '센세이션을 일으키는 효과'에도 무관심했다. '원정대', 즉 대원의 구성에만 몰두했고 그것을 구성하는 과정에서 바우어는 전적으로 학생산악연맹의 형제애와 오래된 개인적 친분관계에 의존했다. 최종적으로 아홉 명이 추려졌다. 바우어를 제외한 나머지 여덟 명은 파미르의 레닌 봉을 오른 경력이 있는 오이겐 알바인과, 에른스트 바이겔Ernst Beigel, 페터 아우프슈나이터Peter Aufschnaiter, 율리우스 브레너Julius Brenner, 빌헬름 펜트Wilhelm Fendt, 카를 폰 크라우스Karl von Kraus, 알렉산더 퇴네스Alexander Thoenes, 그리고 요아힘 로이폴트Joachim Leupold였다. 이 중 바이겔은 코카서스 산맥을 바우어와 함께 다녀왔으며, 아우프슈나이터는 하인리히 하러Heinrich Harrer와 함께 훗날 『티베트에서의 7년』이라는 책으로 유명해졌다. 로이폴트는 당시 몽블랑을 동계에 최초로 횡단등반 했다. 각각의 대원들은 모두 초등기록을 비롯해 상당한 업적을 쌓은 사람들이었지만 바우어는 그들 가운데 '거물'이 없도록 의도적으로 대원을 선발했다. 그 이유는 바우어 원정대의 1차적인 운영 원칙이 '무조건적인 군대식 복종'이었기 때문이다. 그는 자신의 권위에 도전하는 것은 어떤 것이든 용납하지 않았다. 맬러리 같은 사람들은 영국 에베레스트 원정대가 너무 남성적이고 군대식이라고 느꼈지만, 독일인들은 이보다 한 차원 더 강화된 군대식 질서를 추구했다. 영허즈번드는 이렇게 말했다. "그들은 정말 산을 사랑한다. 그러나 조국을 더 사랑한다. 그들은 히말라야의 거대한 권좌 앞에 자신을 내던져가면서 도전할 만한 사람들이 아직도 독일에 있다는 것을 알려주기 위해서 등반한다."

그들이 1929년 6월말 제노아Genoa를 떠나 캘커타에 도착할 무렵까지도 히말라야의 어떤 봉우리에 도전할 것인지가 정해지지 않은 상태였다. 플랜 A는 다르질링과 제무 빙하를 거쳐 칸첸중가에 도전하는 것이었지만 원정대가 시킴의 자치 왕국에 들어갈 수 있도록 인도 정부가 허용할지 의심스러웠기 때문에 큰 기대는 하지 않았다. 대신, 영국령 가르왈의 카메트로 가는 플랜 B와 히말라야의 서쪽에서 몇 년 후 독일인들이 운명적인 재앙을 만나게 되는 고봉 낭가파르바트로 가는 플랜 C가 있었다. 바우어는 세 가지 계획이 모두 실패하면 산기슭에서 사진을 촬영하는 등 조사를 하는 것으로 만족하려 했지만 물론 그렇게 되지는 않았다. 그는 처음부터 뮌헨의 영국 영사에게 정중하게 전화를 하는 조심스럽고도 교묘한 외교적 수단을 사용했다. 그들이 탄 배가 열대지방인 콜롬보의 중간 기착지에 가까이 갈 무렵인 7월 중순, 시킴으로 들어가는 것을 일시적으로 허가한다는 통보가 델리로부터 날아왔다. 그리하여 플랜 A가 가동되었다. 즉 그들의 목표는 칸첸중가였다.

눈으로 이루어진 다섯 가지 보물

칸첸중가Kangchenjunga는 '눈으로 이루어진 다섯 가지 보물'을 뜻하며 지역 방언으로 캉첸쫑가Kangchendzonga라고도 불린다. 이 산은 네팔과 시킴의 경계선인 경도 88.9도에 있고 히말라야의 8천 미터 급 고봉들 가운데 가장 동쪽에 있다. 이 산은 높이가 8,586미터로 세계에서 세 번째로 높은 봉우리이지만, 독일인들이 그곳을 오르려 할 당시인 1929년에는 이 점이 확실하게 정리되지 않아서, 칸첸중가와 카라코람의 제왕인 K2가 세계 2위 고봉이라는 지위를 공동으로 차지하고 있었다. 칸첸중가는 다르질링과 싱갈리라 능선을 통해 가기 때문에 8천미터 급 고봉 가운데 가장 접근하기가 쉽다. 그러나 아이러니컬하게도 가장 오르기 힘든 산이기도 한데, 그 이유는 이 산이 대 히말라야 중심축에서 19킬로미터 남쪽에 있어, 매년 불어오는 몬순의 강력한 남서풍에 상대적으로 노출되면서, 아시아에서 가장 많은 강설량을 보이기 때문이다. 칸첸중가는 비교할 바 없이 아름답고도 매혹적인 산이지만 또한 타의 추종을 불허할 정도로 위험한 산이기도 하다. 그곳은 간담을 서늘케 하는 칼날 같은 능선이 미로처럼 얽혀있고, 절벽은 얼음으로 덮여있다. 에베레스트 원정대를 성공적으로 이끌었던 존 헌트 경은 "칸첸중가 초등은 분명 등산역사상 가장 큰 업적일 것임에 이론의 여지가 없다. 그 산은 바람과 기후와 고도라는 악조건을 두루 갖췄을 뿐만 아니라 객관적 위험성이 에베레스트보다 더 크며 등반상의 기술적 어려움까지 겸비한 산이다."라고 말했다.

칸첸중가는 매우 높지만 가까운 거리에 있는 산이어서 사람들을 거부할 수 없는 매력으로 잡아끌었고, 1929년 독일인들이 그곳에 나타나기 전부터 오랫동안 서양인들의 주목을 받아왔다. 남극 탐험으로 유명한 영국의 박물학자 조셉 후커Joseph Hooker 경은 1848년 일찍이 그 지역을 탐사하면서 인접한 봉우리인 캉첸갸오(6,889m)와 파우훈리(7,125m)에 도전했다가 국경을 넘은 죄목으로 붙잡혀 시킴의 감옥에 갇혔던 적이 있다. 그 8년 후에는 유명한 바바리아인 탐험가 삼형제 중 만형인 헤르만 슐라긴트바이트가 다르질링의 동쪽 싱갈리라 능선을 따라 팔루트Phalut 마을까지 가서, 북서쪽 가까운 곳에 있는 칸첸중가와 에베레스트-마칼루 산군을 스케치했다. 1883년에는 윌리엄 우드먼 그레이엄이 카브루를 올랐다고 의심스러운 주장을 하기도 했다. 1899년에는 더글러스 프레쉬필드가 역사적인 칸첸중가 산군 일주탐사를 했고, 이 탐사에서 비토리오 셀라가 영원불멸의 산악 사진을 남겼다. 1905년에는 알리스터 크로울리가 이 산을 오르려다가 불미스러운 일화를 남긴 채 길을 잃고 사고를 당했다. 위대한 켈러스는 1907년에서 1912년 사이에 이 지역의 산을 광범위하게 올랐고, 1921년 에베레스트 원정대의 대원이었던 헤럴드 래번과 1922년, 1933년 두 번 에베레스트 원정대원으로 활약한 크로퍼드C. G. Crawford도 1920년 비밀리에 얄룽 빙하를 정찰했다. 그러나 누구도 '칸치Kanch'(등산가들이 칸첸중가를 부르는 표현)에 다시 도전하지 않았고, 1929년이 되어서야 뉴욕 주 뉴로첼르New Rochelle 출신의 파머E. F. Farmer라는 사람이 혼자 그곳에 도전했다.

물론 그 도전은 성공하지 못했다. 파머와 그의 돈키호테식 단독 도전에 대해 그 이상의 내용은 거의 알려진 것이 없다. 그의 도전은 히말라야 등산의 역사에서 가끔 보이는 비극적인 해프닝 중 하나였다. 파머는 어느 날 다르질링에 나타나서 1924년에 에베레스트에 간 적이 있는 로브상Lobsang 셰르파를 포함한 네 명의 포터를 모집해 산으로 출발했는데, 어느 누구에게도 자신의 의도를 말하지 않았다. 그는 시킴에서 얼마간 헤맨 다음 몰래 캉 라Kang La를 넘어 네팔로 들어갔고, 추적을 피하기 위해 쩨람Tseram 마을을 돌아 얄룽 빙하를 거슬러 올라가 칸첸중가의 남서쪽 산기슭으로 갔다. 5월 26일, 파머는 칸첸중가와 남쪽의 가장 가까운 봉우리 사이의 능선에 있는 낮은 지점인 탈룽 안부Talung Saddle를 오르기 시작했다. 장비가 부실했던 짐꾼들은 정오 무렵 현명하게도 그만두었지만, 일행 중 유일하게 크램폰을 착용하고 있었던 파머는 로브상의 조언을 듣지 않고 "사진을 찍겠다."라고 하면서 혼자 전진했다. 그는 안개 속을 뚫고 여러 시간 동안 계속 올라갔다. 오후 5시 로브상은 파머가 탈룽 쿰 입구 근처에 있는 것을 발견하고 즉시 내려오라고 절박하게 손을 흔들었지만, 파머는 밤이 되도록 내려오지 않았다. 포터들은 주저하다가 빙하 위에 설치된 캠프로 돌아갔다. 그다음 날 그들은 주위가 잘 보이는 인근의 언덕으로 올라가서 파머가 어디 있는지 올려다보았고, 그가 거의 오르기 불가능할 정도로 높은 곳에서 빈사상태에 빠져 팔을 뻗친 채 경련을 일으키고 있는 것을 보았다. 그리고 그것이 끝이었다. 그들은 파머를 다시 보지 못했다. 히말라야 경험이 많은 사람들은 즉각 파머가 무능한 바보이며 자신이 무슨 짓을 하고 있는지 모르는 순진한 미국인이라고 생각했다. 그들은 훗날 다른 사람들이 실제로 파머가 했던 것과 똑같은 시도, 즉 도움 없이 가벼운 장비만 갖고 단독으로 히말라야의 8천 미터 급 고봉에 올라가는 데 성공할 것이라고는 거의 예측하지 못했다. 물론 파머의 어리석은 행동이 바보스럽다고 생각할 수도 있지만 어떤 면에서는 단독등반의 선구자였는지도 모른다.

파머의 실종 한 달 후, 파울 바우어 일행이 캘커타에 도착해서 케네스 메이슨을 만났다. 바우어와 메이슨은 전쟁이 한창이던 1915년 완충 무인지대를 사이에 두고 불과 90미터 거리에 서로 있었다는 것을 알게 되었다. 메이슨은 독일인들이 식민지의 두터운 관료체계를 뚫고 허가를 받을 수 있도록 도왔고 귀중한 측량 지도를 제공했으며 칸첸중가 도전의 시작점인 다르질링으로 가도록 주선해주었다. 맬러리의 시대와 히말라얀 클럽의 설립이 이어지

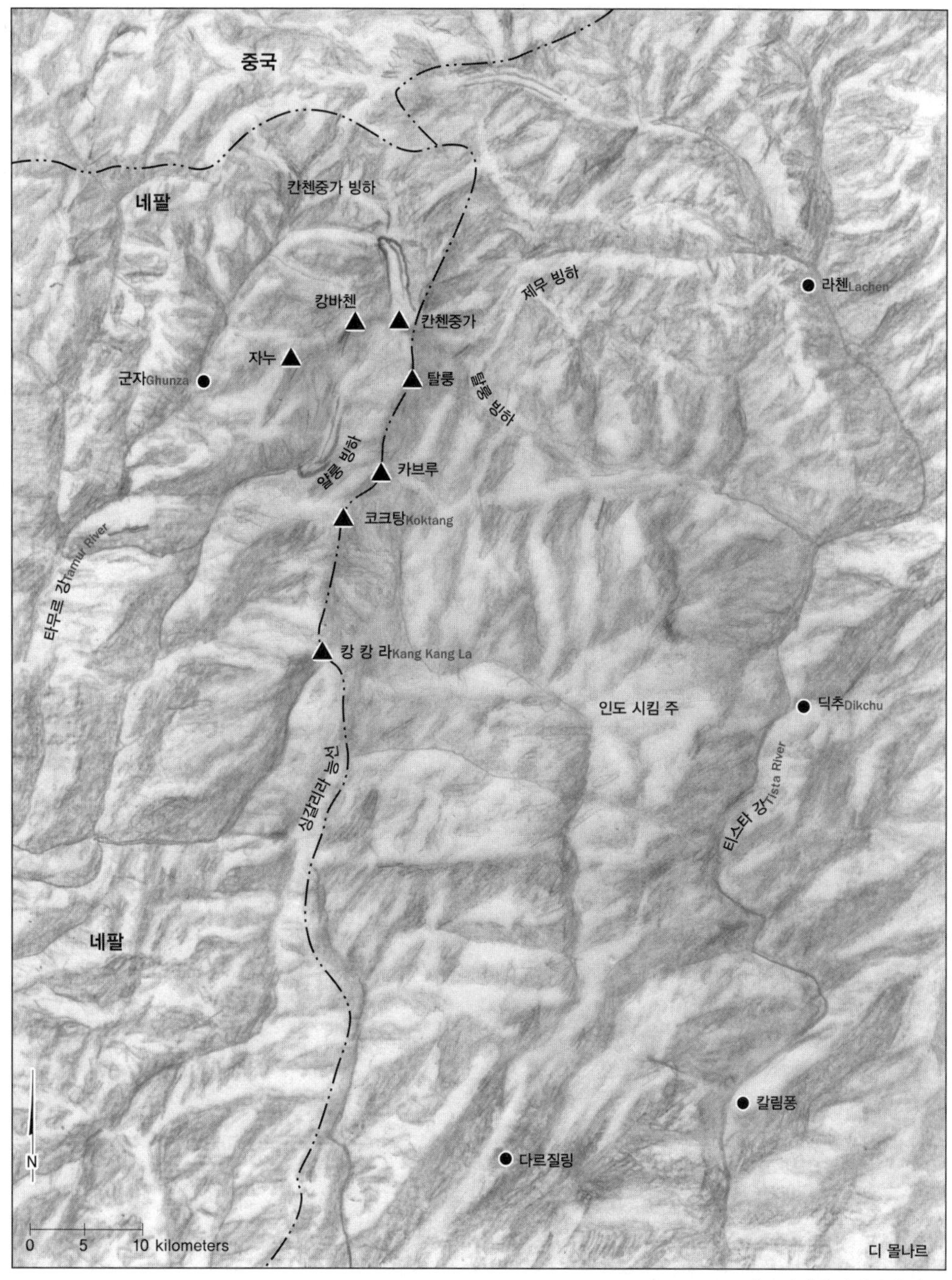

다르질링과 칸첸중가 산군

면서 다르질링은 셰르파들을 등록하고 모집하는 조직적인 중심부 역할을 했다. 히말라얀 클럽의 지역 서기인 토빈H. W. Tobin의 요청에 의해 에베레스트에 다녀온 적이 있는 셰르파 15명이 이미 마을에 모여있었다. 바우어는 원하기만 한다면 그들 중에서 유명한 사람을 책임자로 임명하여 나머지 짐꾼들을 모으는 일을 맡길 수도 있었다. 그러나 군대 경험과 등반대장 경험이 있는 바우어는 친근하고 아버지 같은 손길을 통해 규율과 질서를 잡을 수 있다는 것을 알고 있었으므로 현지인들과의 의사소통을 가능한 한 중개인 없이 직접 하기로 했다. 그 다음 3일간 바우어는 원정대 의사 알바인Allwein과 크라우스Kraus의 도움을 받아 원정대에서 일하기를 열망하는 군중들 중에서 86명을 선발하고 엄숙한 표정으로 현금 15루피씩을 선불로 나눠주었다. 이전에 브루스는 200명 이상을 필요로 했지만, 독일인들은 그렇게 많이 뽑지 않았다. 이제 독일인들은 회의적인 시각으로 그들을 보는 영국인들에게 원정대가 적절한 장비를 갖추고 있으며, 정말로 자기들은 맬러리가 에베레스트에 갈 때 가져갔던 탁자나 의자를 가져갈 필요가 없다는 것을 납득시키기만 하면 되었다. 서부전선에서 단련된 독일 노장들은 장기전長期戰이 아닌 단기 공략[†]Blitzkrieg을 염두에 두고 있었다. 캘커타에 도착하고 나서 3주일이 채 지나지 않은 1929년 8월 14일, 독일 원정대는 이미 칸첸중가의 북동쪽 기슭 제무 빙하의 상부에 캠프를 설치했다.

그러고 나서『알파인 저널』에 실린 대로 '등반기록 사상 비교할 수 없을 정도의 놀라운 업적'이 이루어졌다. 바우어는 칸첸중가와 트윈스Twins 사이 북릉의 가장 낮은 곳으로 이어지는 900미터 높이의 어마어마한 절벽을 정찰한 후 그곳을 통해 오르는 것은 불가능하다고 판단했다. 또한 그는 칸첸중가와 심부Simvu를 잇는 거대한 남동릉도 불가능하다고 포기했다. 그는 북동쪽의 가파른 능선을 오르기로 재빨리 결정했다. 그 능선은 제무 빙하로부터 우뚝 솟아올라 정상에서 450미터 아래에 있는 북릉의 한 지점으로 이어졌다. 그 능선이 시작되는 곳에 올라서기 위해는 200미터 높이의 빙벽을 올라야 하는 어려운 작업이 필요했다. 그곳에 도달한 다음에도 2,800미터 높이의 암벽을 올라가는 고된 과정을 거쳐야 능선 위로 올라설 수 있었다. 독일인들은 대략 5,800미터 고도의 이 지점에서부터 어려움을 겪기 시작했다. 그들 앞에는 누구도 도전해본 적 없는 2,000미터 높이의 얼음으로 뒤덮인 뾰족한 봉우리들과 눈처마가 매달려 있는 능선이 솟아있었다. 앞에 선 대원들은 그 능선에서 거의 한 달가량 매일 크램폰을 차고 기어 올라가서 얼음과 바위를 찍어 힘들게 길을 내며 전진했고, 뒤따라가는 대원들은 캠프에 물자를 나르면서 루트를 보다 안전하게 정비했다. 넘어갈 수도 돌아갈

† **전격전Blitzkrieg** 대규모 전차사단의 집단으로 이루어지는 전격적인 침공작전; 제2차 세계대전 당시 독일군이 전차, 기계화 보병, 항공기, 공수부대를 이용해 기동성을 최대화한 전술 교리로 널리 알려졌다.

1929년 제무 빙하와 칸첸중가. 북동쪽의 가파른 능선(바우어 능선)이 가운데에서 약간 오른쪽에 분명하게 보인다. (사진출처: 독일 알파인 클럽)

수도 없게 생긴 빙탑이 앞에 나타나면 등반대원들은 터널을 뚫어가며 전진했는데, 이런 방법은 완전히 새롭고도 독창적인 독일식이었다. 더 고도가 높은 곳으로 갔을 때는 텐트로 캠프를 설치하는 대신 여섯 명이 들어갈 수 있을 정도의 설동을 파고 잠을 잤는데, 이 정도의 고도에서는 경이적인 체력의 승리이자, 그 이후에도 극히 소수만이 도전했던 방법이었다.

10월 3일, 드디어 여섯 명의 독일인(바우어, 바이겔, 아우프슈나이터, 크라우스, 퇴네스, 알바인)과 네 명의 셰르파(체딴Chettan, 레와Lewa, 일라 키타르Ila Kitar, 파상 안주Pasang Anju)가 6,793미터 고도에서 설동을 파고 휴식을 취했다. 그들은 북릉을 성공적으로 올라 그 위에 있는 정상으로 갈 수 있다고 확신하고 있었다. 그러나 희망에 부푼 상황에서 늘 그러했듯 기상이 악화되기 시작했다. 사실 이때까지는 날씨가 좋았다. 특이하게도 가을 몬순의 시작이 여러 주일 동안 늦춰져서 독일인들은 그 덕을 보았다. 그러나 이제 맹렬한 눈보라가 능선을 강타했고, 그들은 그곳에서 3일간 꼼짝도 못하다가 결국 살아남기 위해 기록에 남을 만한 처절한 철수를 감행했다. 바우어가 이름 붙인 '전력을 다한 정찰'은 이렇게 참패했지만 히말라야 등반의 기술수준을 높였으며, 이 원정을 통해 애초의 취지대로 추락한 조국의 명예를 되살리려던 목표를 달성했다.

그다음 해에 칸첸중가 등반의 선제권이 독일 출생으로 스위스 국적을 가진 지질학자 귄터 오스카 다이렌푸르트Günter Oskar Dyhrenfurth에게 넘어가서 바우어는 심기가 불편했다. 44세의 다이렌푸르트는 히말라야가 첫 번째 도전이었지만 이미 다른 곳에서 쌓은 풍부한 고산 경험을 갖고 있었다. 그는 제1차 세계대전 때 이탈리아 국경지대에서 산악 가이드 부대를 지휘하기도 했다. 그러나 다이렌푸르트는 평범한 등산가였고 독재적인 지도자였다. 그는 재능은 풍부했지만 공통의 이념이나 목적을 갖고 있지 않은 사람들로 급조한 다국적 원정대를 조직했다. 원정대에는 다이렌푸르트의 부인인 헤티Hettie, 부대장을 맡은 스위스인 지도 제작자 마르셀 쿠르츠Marcel Kurz, 오스트리아인 어빈 슈나이더Erwin Schneider, 독일인 헤르만 횔린Herman Hoerlin, 울리히 빌란트Ulich Wieland와 영국인 프랭크 스마이드가 있었다. 헤티는 등산가라기보다는 테니스 선수로 유명했고, 쿠르츠는 살아 있는 사람들 가운데에서는 동계등반 최고 권위자라는 소리를 듣던 사람이었으며, 슈나이더는 1929년 독일-소련 파미르 원정 경험이 있었다. 또한 횔린은 슈나이더의 등반 파트너로 쟁쟁한 업적을 쌓은 사람이었으며, 빌란트는 뮌헨파의 열성적인 회원이었다. 원정대원 가운데 가장 유명했던 당대 최고의 등산가 스마이드는 빙벽등반과 설상등반 기술로 명성이 자자했는데, 그는 포터나 가이드가 아니라 전문적인 등산가로 생계를 꾸려간 최초의 인물이기도 했다.

어느 전기 작가의 표현대로 프랜시스 시드니 스마이드Francis Sydney Smythe는 1900년에 '상당히 잘사는 켄트의 금리金利 생활자' 가정에서 태어났다. 그는 모든 면에서 허약하고 잔병치레가 잦은 가냘픈 체구를 가진 아이였는데, 교실이나 운동장에서 매일 창피당하는 것을 잊으려 어린 시절부터 도피처로 산을 찾았다. 그는 그 계층 출신의 다른 사람들처럼 평범하게 버캠스테드 스쿨Berkhamsted School에서 교육을 받았고, 그 후 패러데이 하우스 공과대학Faraday House Engineering College을 졸업했다. 놀랍게도 그의 버캠스테드 스쿨 동기 가운데에는 동시대에 위대한 등산가로 이름을 날린 틸먼H. W. Tilman도 있었다. 대학 졸업 후 그는 별로 내키지 않았지만 전기 공학 쪽 일자리를 잡았고, 일 때문에 요크셔로 갔다가 남미를 거쳐 스위스에까지

등산가로서 유명한 인물이었던 프랭크 스마이드
1934년 7월 촬영, 프랭크 스마이드의 서명이 보인다.
(사진출처: 왕립 지리학회)

가게 되었다. 스마이드는 요크셔의 암스클리프 암장Almscliff Crag에서 하워드 소머벨과 더불어 암벽등반의 기본을 배웠고, 남미에서는 안데스의 유혹을 뿌리쳤지만 스위스에서는 여가 시간마다 알프스 곳곳을 다니며 등반을 했다. 1926년 그는 건강 문제로 대영제국 공군에서 전역한 후 잠깐 이스트먼 코닥에서 일했다. 이것은 그가 후에 산악 사진사로 성공을 거두는 데 확실히 도움이 되었다. 그는 코닥을 그만둔 후 전적으로 등반에 몰두했다. 스마이드는 천성적인 외톨이로 사회에 잘 적응하지 못했고, 당시로는 특이하게 가이드나 고정적인 파트너 없이 등반했다. 그는 동료 영국인인 그레이엄 브라운T. Graham Brown과 팀을 이루어 1927년과 1928년 두 번에 걸쳐 몽블랑의 브랑바 벽Brenva Face(상티넬 루즈Sentinelle Rouge와 루트 마조르Route Major)을 오르기도 했다. 언젠가 에릭 쉽턴의 회고에 의하면 스마이드는 기발하다기보다는 견실한 등산가였다고 한다. 쉽턴은 이렇게 말했다. "그의 놀라운 성공은 엄청난 지구력 덕분이다. 어려운 상황을 만나면 그는 고행을 하는 수도승과 같은 능력을 발휘하여 스스로의 정신적 몰입을 통해 피로, 지루함, 불편함이나 정신적인 스트레스를 극복하면서 자신이 가진 모든 것을 무한대로 발휘했다."

스마이드는 지칠 줄 모르는 작가였다. 사실 그는 윔퍼 이래로 가장 활발하고 인기 있는 작가였다. 그리고 윔퍼가 그랬듯 스마이드 역시 알파인 클럽의 완고한 정통파들로부터 산을 좋아해서가 아니라 등반을 통해 얻는 것이 많아서 산을 오른다는 비난을 자주 받았다. 그러나 이런 비난은 정당하지 못하다. 스마이드는 선정적인 업적주의를 맹렬히 비판했으며 그저 정상에 오르는 데 급급하기보다는 산을 여행하는 것을 더욱 높이 평가했다. 그는 성향 자체가 천성적으로 낭만적이었다. 그러나 그는 활용할 수 있는 모든 매체, 즉 책, 신문, 사진과 라디오를 활용하여 자신이 했던 모험으로 사람들의 관심을 끌어 모았다. 그가 쓴 책들은 다른 사람들이 흉을 보고 질투했음에도 불구하고 놀라운 성공을 거두었다. 1930년의 국제 히말라야 원정대는 다이렌푸르트가 기획한 대로 네 개의 7천 미터 급 봉우리를 초등했는데, 스마이드는 이 원정에서 영감을 얻어 『칸첸중가 모험The Kangchenjunga Adventure』을 썼다. 이 책은 스마이드가 쓴 26권의 책 가운데 두 번째 책이었으며, 모리스 에르조그Maurice Herzog의 『초등 안나푸르나Annapurna』(1950)가 나오기 전까지는 히말라야를 다룬 책 가운데 가장 많이 팔린 책이었다.

다이렌푸르트의 원정은 실패했는데, 그것도 아주 수치스러운 실패였다. 지난번의 바우어는 사전 준비와 계획에서 새로운 기준을 세울 정도로 치밀했지만, 그는 바우어와 달리 사전 준비나 계획도 없이 어느 날 갑자기 다르질링에 나타났다. 그는 사전에 연락조차 하지 않았다. 그는 구체적으로 어디를 통해 갈지에 대한 계획도 없었다. 제무 빙하를 따라가는 것이 산으로 갈 수 있는 실질적인 최단거리의 길이었지만, 다이렌푸르트는 바우어가 간 길을 따라가고 싶어 하지 않았다. 그래서 뜻밖에도 네팔 왕국에서 입국허가를 내주자 칸첸중가 빙하를 따라 북서쪽에서 접근하고자 했다. 원정대는 이 길로 가려고 3주일 동안 힘들게 여러 개의 높은 고개를 넘었는데, 비대한 원정대는 초반부터 삐걱댔다. 스마이드의 회상에 의하면 그 원정대는 사상 최대 규모였다. 4월이라 날씨는 아직 추웠고 기상이 불규칙했으며 고개는 눈이 쌓여있었다. 분별력이 있는 대장이라면 천천히 전진했을 것이다. 그러나 스마이드의 전기 작가에 의하면 다이렌푸르트는 '의지력만 있다면 뭐든지 할 수 있다고 굳게 믿는 케케묵은 게르만 대장'이었기 때문에 경험도 없고 보급품도 부족한 가운데 급히 징발된 400

명의 짐꾼을 계속 앞으로 내몰았다.

시킴과 네팔의 국경지대에 있는 고도 5,015미터의 캉 라Kang La 바로 아래 쫑그리Dzongri에서 8일째를 보내던 와중에 50명의 렙차Lepcha 짐꾼들이 반기를 들고 짐을 버렸다. 그들 중 일부는 이미 동상에 걸렸거나 설맹 증세를 보였다. 나머지 다른 짐꾼들도 사기를 잃고 소극적인 저항을 했다. 히말라얀 클럽의 대표로 수송 총책을 맡았던 토빈이 사기를 북돋우려고 필사적으로 노력했고, 짐을 릴레이 방식으로 옮기는 체계를 즉석에서 고안해 냈지만, 토빈 자신도 추락으로 부상을 입었기 때문에 곧 넌더리를 내면서 다르질링으로 가버렸다. 5월 3일 사다 중 한 명이었던 푸리Phuri가 캉 라에서 죽자 수송대는 어찌할 도리 없이 길 전역에 흩어졌고, 결국 현지에서 식량을 찾거나 징발해야 할 처지가 되었다. 네팔 정부가 개입하여 새로운 짐꾼과 비상식량을 보내주지 않았다면 원정 자체가 취소될 형편이었다. 선발대가 베이스캠프에 도착한 것 자체가 거의 기적이었다.

그러나 이것은 난관의 시작에 불과했다. 다이렌푸르트는 프레쉬필드의『칸첸중가 일주기Round Kangchenjunga』(1905)에 가볍게 언급된 내용에 근거하여 칸첸중가 빙하의 동쪽 지류가 칸첸중가 정상과 북쪽의 트윈스 사이를 잇는 북릉의 낮은 지점에 연결될 것으로 생각했던 모양이다. 그러나 실제로 가보니 칸첸중가 빙하는 깎아지른 빙벽으로 연결되어있었다. 스마이드와 빌란트는 이것을 보자마자 오르는 것이 불가능하다는 판단을 내렸다. 그들의 오른편에는 3,350미터 높이의 거대한 북서벽이 테라스를 겹쳐 쌓아올린 듯 수직으로 솟아올라 곧바로 정상으로 연결되어있었다. 이것은 대안으로 생각할 수조차 없는 루트였다. 그러나 다이렌푸르트는 그 테라스의 아래쪽을 왼쪽으로 횡단해서 북릉으로 갈 수 있으며, 일단 그곳에 도달하면 정상으로 갈 수 있다고 생각했다. 다이렌푸르트는 이 산을 시도도 해보지 않고 철수하는 나약하지만 합리적인 선택 대신에 역사상 최초로 히말라야의 벽 전면을 공략하도록 대원들에게 명령했다. 다이렌푸르트는 8일 동안 계속 목이 아파 베이스캠프에서 쉬고 있었고, 대원들 중 먼저 스마이드와 빌란트, 다음으로는 슈나이더와 횔린이 빙벽에 매달려 한 걸음 한 걸음 곧장 위로 올라갔다. 그들이 270미터를 올랐을 때 결국은 눈사태가 일어나 그들이 개척한 루트가 흔적도 없이 사라지면서 체딴 셰르파가 목숨을 잃는 비극을 겪게 되었다. 체딴 셰르파는 에베레스트를 두 번 다녀온 노장인 데다 '당대의 가장 유명한 타이거 셰르파'였다.

눈사태 다음 날인 5월 10일 1캠프에서 열린 회의에서 이 무렵 원정대의 예언자로 자처하고 나선 스마이드가 칸첸중가에서 전원 철수하자고 제안했다. 그러나 다이렌푸르트는 이 산에 대한 도전이 아직 끝나지 않았다고 판단했다. 체딴이 죽어 원정대 후미에 불가피한 혼란이 발생하면서 많은 식량과 장비가 아직도 베이스캠프에 도착하지 않은 상황인데도 그는 물러서지 않았다. 그는 서쪽 빙하 지류 위로 솟은 북서릉에 대한 필사적인 도전을 명령했다. 다이렌푸르트가 무슨 생각을 하고 있었는지는 알 수 없다. 그러나 이 루트는 바우어가 맞닥뜨렸던 북동쪽의 가파른 능선보다 더 어려운 곳인 데다 칸첸중가의 주봉으로 연결되지 않고 외곽의 캉바첸(7,903m)으로 연결된다. 원정대는 캉바첸까지 가지도 못했다. 스마이드는 훗날 그 능선에서 슈나이더와 빌란트가 보여준 선등이 "아마도 그 고도에서 이루어진 역사상 가장 훌륭한 암벽등반이었다."라고 말했다. 그러나 그곳은 아무 곳으로도 연결되지 않았고 봄 몬순이 임박했기 때문에 다이렌푸르트는 등반이 실패했다는 것을 마침내 인정했다. 스마이드와 슈나이더는 칸첸중가 등반 실패에 대한 위안으로 람탕피크Ramthang Peak(6,700m)를 초등했다. 이때 그들은 다이렌푸르트가 대원들에게 강요하다시피 신겼던 3.6킬로그램 무게의 등산화를 신고 있었다. 대원 전원은 당시로는 히말라야에 처음 등장한 스키를 타고 팡페르마Pangperma의 베이스캠프까지 철수했다. 원정대는 왔을 때처럼 그곳에서 다르질링으로 바로 가지 않고 칸첸중가를 북쪽으로 돌아가서 존송 라Jonsong La를 넘어 존송피크Jonsong Peak를 오름으로써 아쉬움을 달랬다. 존송피크는 기술적으로 오르기 어려운 봉우리는 아니었지만 당시까지 정복된 가장 높은 봉우리(7,483m)였다.

파울 바우어는 국제 히말라야 원정대가 활동을 시작할 무렵부터 이 원정이 자신과 학생산악연맹의 신성한 영역에 주제넘게 끼어드는 것이라며 내심 불쾌해 하고 있었다. 바우어는 1930년 5월 6일 독일-오스트리아 산악연맹 이사회 보고에서 자신이 다이렌푸르트와는 관련이 없다는 것을 명확히 했다. 바우어는 다이렌푸르트가 독일 등산계에 남긴 업적이라고는 영국식 자금 모금방식을 들여온 것밖에 없다고 말했다. 또한 바우어는 다이렌푸르트가 자기 자신을 부풀리며 해온 광고, 원정 준비 부실에 팀워크 상실, 리더십의 명백한 실패까지 생각해볼 때 그 원정은 결국 독일에 나쁜 영향을 끼쳤을 뿐이라고 주장했다. 이리하여 1931년 칸첸중가 원정등반은 더욱 국가적인 명예를 걸고 진행되었다. 이번에는 1929년에 칸첸중가에 다녀왔던 다섯 명, 즉 알바인, 아우프슈나이터, 브레너, 펜트, 로이폴트에다가 새로운 대원 네 명, 즉 한스 하트만Hans Hartmann과 한스 피르셔Hans Pircher, 헤르만 샬러Hermann Schaller, 카를 빈Karl Wien이 함께 갔다.

이번에는 다르질링에서 문제가 생겼다. 셰르파들이 티베트 출신의 보티아 짐꾼들을 원정대에서 제외하라고 요구하며 파업을 했다. 바우어에 의하면 셰르파들은 다이렌푸르트의 1930년 원정대가 그들에게 — 보티아 짐꾼들과 비교해 — 적절치 못한 처우를 했고, 임금도 적게 주었다고 느끼고 있었다고 한다. 보티아 짐꾼들도 1930년 원정대의 임금을 담당했던 히말라얀 클럽의 지역 서기인 토빈에게 임금을 더 지급하라는 소송을 걸고 있는 중이었다. 이미 1931년 무렵에 셰르파들은 고소 포터로서 자신들의 명성과 이름을 강력히 보호하고 있었으며, 점점 더 독점적인 지위를 차지하기로 결정한 상태여서 확실한 대책이 있는 것은 아니었다. 결국 하루 반 동안 바우어와 다르질링 경찰국장인 바하두르 라덴 라Bahadur Laden La가 호소하고 설득한 끝에 셰르파들은 이번 원정대에 참가하기로 마음을 누그러뜨렸고, 7월 중순 원정대는 칸첸중가의 북동쪽 가파른 기슭에 캠프를 설치했다.

하지만 이곳에서 모든 것이 꼬여가기 시작하면서, 히말라야에서는 아무리 계획을 잘 세워도 사소한 불운에 의해 모든 것이 잘못될 수 있다는 것이 또다시 입증되었다. 포터인 바부 랄Babu Lal과 사다이자 1924년 에베레스트에 다녀온 로브상Lobsang이 원인을 알 수 없는 열대성 열병으로 사망했다. 곧 로이폴트와 펜트도 너무 아파서 등반을 할 수 없게 되었고, 알바인은 심한 좌골 신경통 때문에 걸을 수 없게 되었으며, 등반대에서 가장 강인했던 바우어 자신도 과로로 심장에 통증을 느꼈다. 게다가 기온이 치솟아서 1929년에 단단하게 얼어붙어 있던 가파른 능선이 진흙과 낙석으로 가득 찬 미로迷路로 변했다. 원정대는 2주일 반 동안 이 미로 사이에서 눈사태를 요리조리 피하면서 앞으로 나아갔다. 이들은 능선에 8캠프를 설치했지만 곧 비극이 닥쳤다. 8월 9일에 헤르만 샬러와 셰르파 파상이 아래쪽인 제무 빙하로 500미터를 추락해 사망하고 말았다.

바우어 자신에게는 비극을 딛고 등반을 계속하는 것이 당연했다. 그렇지만 포터들은 이제 주저하는 것에서 더 나아가 운행을 거부했다. 바우어가 그들을 간신히 설득해 계속 전진하려고 할 무렵 고국인 독일에서 돈을 찾기 위해 사람들이 은행으로 몰려들고 있다는 소식과 예금 지급을 중지할 정도로 독일의 국가신용이 파탄 위기를 맞았다는 소식이 들려왔다. 바우어는 그때 무엇을 해야 할지 혼란스러웠다고 회상한다. "이 상황에서 우리가 여기에 있어야 하는가? 그렇게 해야 한다면, 독일을 위해 우리가 가진 모든 예금을 포기해야 하는가? 가족을 지키기 위해, 재앙으로부터 우리 자신의 존재를 구하기 위해 우리가 있을 곳이 집이 아닌 이곳이란 말인가?" 결국 집에 대한 이런 생각과 독일이 짊어지고 있던 전후 배상이 부당하다는 정의감에 힘입어 바우어는 등반을 계속해야 한다는 결심을 굳혔다. 그는 이렇게 다짐했다. "다른 모든 것이 흔들린다 해도 우리만은 단단히 버텨야 한다." 파상과 샬러에 대한 추모의 의미로 잠시 중단했던 등반을 8월 16일 재개했다. 한 달 동안 기를 쓰고 올라간 끝에 마침내 하트만과 빈은 정상에서 1.6킬로미터밖에 떨어지지 않은 북동쪽의 가파른 능선 위(7,772m)로 올라갔다. 그러나 그곳과 정상으로 이어지는 능선 사이에 예상하지 못한 120미터 길이의 사면이 있었다. 그 사면은 가파른 데다 신설新雪로 덮여 있어 당연히 눈사태가 날 가능성이 매우 컸다. 바우어는 용감했지만 자살을 감행할 사람은 아니었다. 9월 19일 마침내 그는 전면 철수를 명령했다. 『알파인 저널』은 이 결정에 대해 "기술, 지구력, 냉철한 용기에 더한 굉장한 판단력이었고, 이들의 업적은 역사에 고전적인 본보기로 영원히 남을 것이다."라고 논평했다.

카메트를 정복하다

영국인 프랭크 스마이드는 1930년 칸첸중가에서 돌아왔다. 그는 더 작은 규모로 히말라야 등반을 해야 한다고 확신했다. 물론 스마이드가 1970년대에 행해진 알파인 스타일과 같이 소규모 등반을 생각할 정도로 시대를 앞서간 것은 아니다. 그는 더 규모가 큰 히말라야 고봉은 장기전長期戰인 포위전법으로 도전해야 한다고 믿었다. 하지만 그는 1930년의 다이렌푸르트 원정대처럼 지나치게 비대해도 성공할 수 없다고 생각했다. 그는 알파인 스타일의 소규모 등반과 실패한 1930년의 대규모 장기전 사이의 중간 규모를 염두에 두고 1931년에 다시 히말라야로 갔다. 그의 목표는 카메트였다. 이 산은 영국령 가르왈에 있는 잔스카르 산맥의 최고봉으로 7,756미터의 높은 봉우리이다. 1855년 바바리아인 형제인 아돌프 슐라긴트바이트와 로베르트 슐라긴트바이트는 자기들이 6,778미터 고도까지 올랐다고 생각했었다. 톰 롱스태프, 찰스 브루스와 멈이 1907년 성공적으로 트리술을 등반할 때 카메트의 동쪽과 서쪽 접근로에 대한 사전정찰도 수행했었다. 그 사이에 찰스 미드Charles F. Meade와 국경 56소총대의 슬링스비Captain A. M. Slingsby 대령이 1911년에서 1913년 사이에 네 번이나 이 산에 대한 도전을 감행했었다. 그때 마지막 도전에서 미드와 그의 등반 가이드인 피에르 블랑Pierre Blanc이 카메트와 아비가민 사이의 7,138미터에 넓게 펼쳐진 북동 콜(미드의 콜)까지 도달했지만 결국 고소증으로 인해 포기하고 내려왔었다. 제1차 세계대전이 끝난 후 히말라야를 종횡무진으로 누비던 켈러스가 헨리 모스헤드와 함께 가르왈로 왔는데, 그들은 이때 미드의 콜에서 더 높이 올라가 정상에서 550미터 떨어진 곳까지 도달했었다. 그러나 셰르파들의 도움을 받지 않던 상황인 데다 현지 포터들이 혹독한 추위 속에서 캠프 설치를 거부해서 정상 도전은 실패로 돌아갔었다. 그 직후 영국인들은 에베레스트에 집착했고, 카메트는 10년 가까이 사람들에게 잊힌 산이 되었다.

스마이드가 히말라야의 여러 산 가운데 가장 많은 사람이 찾았던 카메트에 끌린 이유는 간단하다. 이 봉우리가 정치적 여건상 손쉽게 접근할 수 있는 봉우리 가운데 등정되지 않은 가장 높은 봉우리인 데다 스마이드는 등정에 성공할 가능성이 상당히 높다고 생각했다. 스마이드는 카메트에서 성공하면 젊은 등산가들로 핵심 대원을 구성해 훗날 기회가 생겼을 때 에베레스트에 다시 도전할 수 있을 것으로 기대했다. 스마이드는 시간이 된다면 바드리나트 산맥을 횡단하고 갠지스 강의 시원始原을 이루는 두 지류인 강고트리Gangotri와 알라크난다Alaknanda 강도 탐사해보고 싶었다. 스마이드는 이런 목표들 가운데 카메트를 가장 큰 목표로 잡고 1931년 포츠머스Portsmouth를 떠나 봄베이로 가는 배를 탔다.

한편 차와 커피를 재배하던 젊은 에릭 얼 쉽턴Eric Earle Shipton이 스마이드의 초청으로 카메트 원정대에 합류하기 위해 케냐의 몸바사를 떠나 봄베이로 오고 있었다. 쉽턴은 히말라야는 그때가 처음이었고 23세에 불과했지만 진정한 제국의 아들이었다. 그는 1907년 실론Ceylon(오늘날의 스리랑카)에서 태어났다. 아버지는 차와 커피 재배업자였는데 그가 세 살이 되기 전에 돌아가셨다. 쉽턴은 미망인이 된 어머니와 함께 단 한 번도 한 곳에 정착하지 못하고 인도 전역과 대영제국의 동방 식민지 영토를 돌아다니며 살았다. 쉽턴은 사회적 계급에 맞는 교육을 받기 위해 열 살부터 영국에서 기숙학교 생활을 했다. 그는 겉보기에는 별 어려움 없이 교육을 잘 견뎌냈지만 비정상적일 정도로 수줍음이 많고 배우는 데 느려서 자주 벌을 받는 학생이었다. 따라서 그는 필연적으로 속세를 떠나는 '머나먼 이국땅'의 생활을 꿈꾸며 살았다. 쉽턴은 우연히 윔퍼가 쓴 『적도의 대 안데스 산맥 여행기Travels amongst the Great

Andes of the Equator』를 읽고 자신의 꿈을 산으로 집중시켰고, 열일곱 살부터 가족을 만나러 가도록 허용된 휴일마다 알프스 산맥의 광범위한 지역에서 등산을 했다. 그는 대학에 가지 않았는데, 그의 전기 작가는 "일생 동안 그것으로 인해 마음고생을 했다. 당대 최고의 영국인 등산가들이 모두 대학 졸업자라는 점에 대해 그는 일종의 열등감을 갖고 있었다."라고 말했다. 고국에서 별다른 전망이 보이지 않는 사람들이 당시에 흔히 했던 방식대로 쉽턴은 식민지 쪽으로 눈길을 돌려서 1928년 케냐로 이주했다.

양대 세계대전 사이의 케냐는 엄격한 사회의 제약에서 벗어나 살고자 하는, 에너지가 넘치는 사람들의 낙원이었다. 사바나와 초원에 사냥감이 넘쳐났고 경작지는 가격이 쌌으며 기후가 쾌적했다. 물론 산도 많았다. 쉽턴이 커피 재배자의 도제徒弟로 들어간 곳은 운 좋게도 애버데어Aberdarre 고원의 니에리였는데, 그곳은 케냐 산Mount Kenya 기슭에서 32킬로미터 떨어진 곳이었다. 쉽턴은 훗날 이렇게 회상했다. "동아프리카 농장으로 피켈과 등산화, 수백 미터의 로프를 들고 가는 것이 어떤 면에서는 좀 우스꽝스러운 일이었을 것이다." 그러나 사실 그 식민지에는 비슷한 사람들이 몇 명 있었고, 그들 가운데는 퍼시 윈 해리스Percy Wyn-Harris도 있었다. 윈 해리스는 케임브리지대학 산악회 출신의 걸출한 인물로 당시에는 인근의 카카메가Kakamega에서 지역 부감독관으로 일하고 있었다. 윈 해리스는 이전에 케냐 산 도전에서 실패한 경험이 있었는데, 이번에는 쉽턴에게 함께 도전하자고 제안했다. 1929년 새해 첫날, 두 사람은 트럭을 빌려 나이로비에서 출발하여 산의 동쪽 기슭에 있는 오지 마을 초고리아Chogoria로 향했다. 이때 쉽턴의 옛 학교 친구인 구스타프 조머펠트Gustav Sommerfelt도 그들과 동행했다.

초고리아에서 세 사람은 서둘러 메루Meru족 짐꾼 15명을 고용하고 목적지를 확실하게 정하지도 않은 채 열대우림으로 들어섰다. 그들은 이름 모를 협곡을 올라가서 산 전체를 조망한 다음 짐꾼들에게 품삯을 주어 내려 보내고 짐꾼도 없이 케냐 산의 유명한 두 봉우리 가운데 더 높은 봉우리인 바티안Batian(5,199m)의 북동벽으로 향했다. 이 봉우리는 1899년 홀포드 맥킨더Halford Mackinder가 초등한 적이 있었다. 쉽턴 일행은 정상으로부터 120미터 떨어진 지점에서 화강암 절벽에 막혀 가지 못하게 되자 산을 돌아서 남쪽으로 갔다. 바티안보다는 낮지만 아직 처녀봉이던 넬리언Nelion(5,188m)을 횡단하여 맥킨더가 "안개의 문Gate of Mists"이라고 부른 지역을 통과해 바티안을 올랐다. 안개의 문은 눈으로 덮인 두 봉우리 사이에 눈에 띄게

푹 들어간 균열부이다. 그들은 만족하여 하산했으며 초고리아까지 걸어가서 네덜란드 선교사의 트럭을 얻어 타고 나이로비로 돌아왔다. 케냐 산 등반은 쉽턴의 초기 산행이었지만 쉽턴 방식의 중요한 특징을 모두 보여주었다. 21세였던 쉽턴은 미지의 세계에 대한 자유로운 도전과 본능적으로 알파인 스타일 등반을 추구하는 양면을 다 보여주었다. 이 두 가지는 그가 히말라야 등반에 부여한 가장 큰 특징인 동시에 결국 그가 실패를 겪게 되는 원인이기도 했다.

1929년 쉽턴은 나이로비를 떠나 투르보Turbo로 이주했다. 투르보는 우간다와의 접경지대인 우아신 기슈Uasin Gishu 지역에 있는 곳이었다. 쉽턴은 그곳에서 헤럴드 윌리엄 틸먼Harold William Tilman의 관심을 받았다. 틸먼은 에드워드 노턴의 지휘하에 서부전선에서 복무하면서 두 번 부상을 입은 유명한 참전 용사였다. 그는 퇴역군인에게 분배되는 토지를 받아 투르보에서 97킬로미터 떨어진 소틱Sotik에서 농장을 운영하고 있었다. 틸먼은 이렇다 할 등반 경험이 없었고, 이 점을 그 자신도 인정하고 있었다. 그는 당시 식민지 경영자들이 하던 방식대로 큰 짐승을 사냥하며 여가시간의 대부분을 보냈지만, 쉽턴이 『이스트 아프리칸 스탠다드East African Standard』에 기고한 글에 흥미를 느껴서 킬리만자로(5,895m)에 함께 도전하자는 편지를 보냈다. 킬리만자로는 아프리카 최고봉이긴 했지만 오르기에는 어렵지 않은 산이었다. 두 사람은 나이로비에서 만났는데, 이곳에서 '산악 탐험 역사상 가장 흥미롭고도 결실이 풍부했던 파트너 관계'가 시작되었다.

틸먼은 현명하고 과묵하며 냉담하고 염세적일 정도로 감상적인 사람이었는데 쉽턴의 젊고 성급한 혈기를 보완하는 완벽한 파트너가 되었다. 그들은 탐험 철학을 공유했다. 그것은 가볍고 저렴하게 여행하고 빠르게 움직이며 필요한 물자를 현지에서 구한다는 것이었다. 이 점 때문에 후세의 도전적인 산악인들이 이 둘을 존경하기도 했다. 킬리만자로는 서곡序曲에 불과했다. 두 사람의 파트너 관계는 6개월 후 케냐 산을 최초로 횡단하면서 굳건해졌으며, 쉽턴은 이 등반이 그가 당시까지 한 등반 중에서 가장 어렵고도 즐거웠다며 이렇게 회상했다. "이상적인 동행과 함께한 완벽하고도 정말 만족스러운 나날이었다." 이제는 루웬조리, 즉 '달의 산Mountains of the Moon'을 오를 차례였다. 이 산은 우간다와 오늘날의 콩고민주공화국의 국경선에 걸쳐 있는데 20세기가 시작될 무렵에 먼저 프레쉬필드와 멈이, 그다음으로 아브루치 공이 탐사했었다. 그러나 쉽턴과 틸먼의 '달의 산' 등반계획은 뒤로 미루어질 수밖에 없었다. 1931년 틸먼은 잠시 카카메가에서 금광 사업을 하고 있었고, 쉽턴은 자신의 말대로 '금의 유혹보다 빛나는 히말라야의 유혹에 이끌려서' 스마이드의 초청에 응해 카메트로 갔다.

쉽턴은 전통적인 '인도의 관문'인 봄베이에서 스마이드를 만나 원정대 조직을 도왔으며 기차를 타고 대타르Great Thar 사막을 지나 델리를 거쳐 계속 나아갔다. 그는 처음에는 인도에 대해 별로 감동을 받지 못했다. 그는 델리에서 친구인 매지 앤더슨Madge Anderson에게 이렇게 편지를 썼다. "인도는 끔찍한 곳이라네. 덥고 먼지 나고 더러운 광경만 끝도 없이 펼쳐진다네." 그러나 일단 소나무와 히말라야 삼나무로 뒤덮인 히말라야의 산기슭에 들어서자 그는 그 광경에 매혹되면서 평생 히말라야를 사랑하게 된다. 쉽턴과 스마이드는 당시 가르왈과 쿠마온으로 가는 유일한 철도 종착지이던 카트고담Kathgodam에서 버스를 타고 라니케트로 갔다. 라니케트는 1857년 세포이 항쟁Sepoy Mutiny 때 영국인들이 고산지대에 건설한 막영지였다. 그들은 이곳에서 다른 영국인 일행과 10명의 셰르파들을 만났다. 셰르파들은 항상 준비태세를 늦추지 않는 히말라얀 클럽이 다르질링에서 보내준 사람들이었다. 영국인 일행은 대영제국의 공군 중령인 뷰먼E. B. Beauman, 인도군 대위 버니E. St J. Birnie, 교사이자 스포츠맨인 홀즈워스R. L. Holdsworth, 소설가 그레이엄 그린의 형이자 원정대 의사인 레이먼드 그린Raymond Greene이었다. 셰르파들은 아충Achung, 니마 텐드룹Nima Tendrup, 니마 도르제Nima Dorje, 니마Nima, 온디Ondi, 파상Pasang, 앙 네르부Ang Nerbu, 네르부Nerbu, 도르제Dorje였고, 사다는 다이렌푸르트와 스마이드를 따라 칸첸중가에 갔던 레와Lewa였다. 6명의 유럽인과 10명의 셰르파, 현지에서 모집한 60명의 짐꾼으로 구성된 원정대는 당시 기준으로 보면 상당히 작은 규모였지만, 나리 노릇을 하는 데 익숙하지 않았던 쉽턴은 원정대의 숫자가 지나치게 많다고 생각했다. 그는 훗날 이렇게 회상했다. "드 소쉬르조차도 이보다 더 편한 산행을 하지는 않았을 것이다. 모든 잔심부름을 셰르파들이 했다. 개인 소지품을 모두 날랐으며, 아침에 차를 끓여서 가져다주었고, 캠프를 설치하고 철거했으며, 심지어 등산화까지 벗겨주었다. 요리사가 있었고, 음식을 하면 식당으로 쓰는 텐트로 가져다주었다. 그 고장의 음식을 조금 먹기는 했지만 우리는 대부분 통조림으로 된 맛있는 음식을 먹었다. 빌 버니Bill Birnie는 수송을 맡았기 때문에 할 일이 많았으나, 우리는 그와 떨어져서 잘 닦인 길을 통해 가르왈의 아름다운 산기슭을 편안하게 소풍하듯 걸어가며 참나무와 소나무로 이루어진 숲과 꽃이 만발한, 히말라야에서 알프스와 가장 비슷한 지역을 즐긴 것 말고는 한 것이 별로 없었다."

물론 올라가야 할 산이 있었지만 카메트로 가는 길은 — 쉽턴의 판단으로는 — '완만하고도 완전히 즐거운' 곳이었다. 일행은 10일 동안 편안하게 앞으로 나아갔고 3,900미터 높이의 카우리Kauri 고개를 넘어 다울리Dhauli 계곡으로 들어갔다. 그리고 거기서부터 7일을 더 전진하여 동 카메트 빙하와 라이카나Raikana 빙하가 서로 끊어지면서 만나는 곳에 베이스캠프를 설치했다. 그곳에서 그들은 카메트와 아비가민 사이의 능선에 있는 낮은 지점인 미드의 콜(7,138m)까지 비교적 잘 드러난 루트를 따라 올라간 다음 하루 종일이 걸릴지 모르는 정상까지 치고 가면 되는 것이다. 스마이드는 산으로 접근해가면서 '포위전법'을 써야 할지도 모른다는 불길한 말을 했지만 결국 거의 그럴 필요도 없었다. 날씨가 좋았고, 일행이 잘 버텼으며, 3캠프와 4캠프 사이의 기술적인 어려움이 예상되던 300미터의 암벽 루트가 결국 — 쉽턴의 말에 의하면 — '그렇게까지 고되지는' 않았다. 베이스캠프에서 2주일간 전진한 다음 1931년 6월 21일 스마이드, 쉽턴, 홀즈워스와 레와가 7,756미터 높이의 정상에 올랐다. 에베레스트에서는 더 높은 곳까지 올라간 기록이 있었지만, 초등된 것으로는 당시까지 가장 높은 산이었다. 스마이드는 엄청난 환희에 젖었으나, 쉽턴은 훗날 "나는 너무나 둔감해서 기쁨을 느끼지 못했다. 장엄한 경치를 보고도 나는 작은 감동도 느끼지 못했다. 흐리멍덩한 가운데 뭔가를 하기 위해 움직였던 것만 기억날 뿐이다."라고 말했다. 추위와 시간적인 제약으로 인해 자부심에 젖어 오래 있기는 어려웠다. 일행 네 명은 정상에서 꼭 피워야 하는 파이프 담배를 한 대 피우고 영국 국기를 꽂은 다음 재빠르게 콜에 설치한 5캠프로 내려와 빌 버니가 끓여준 차를 마셨다.

이틀 후 레이먼드 그린, 빌 버니뿐만 아니라 당시로는 놀랍게도 현지 보티아족인 케사르 싱Kesar Singh 등 네 명이 정상에 또 올라 스마이드는 만족했다. 일행은 연이은 에베레스트 등반의 실패로 추락한 국가적인 사기를 어느 정도 회복한 점에 만족했다. 쉽턴은 정상 정복이 '처음부터 기정 사실'이라고 생각했지만, 이 등반의 결과에 흠을 잡으려 하지 않았다. 일단 공기가 덜 희박한 베이스캠프로 돌아오자, 모두가 성공을 축하하는 분위기에 쉽턴도 쉽게 젖어들었다. 정상을 초등한 대가로 심한 동상을 입어서 바깥쪽 발가락 몇 마디를 잃어야 할 처지에 놓인 레와는 약간 우울해했다. 그러나 쉽턴에게 '카메트 정복'보다 훨씬 더 즐겁고 기억에 남는 일은 그 후 한 달 동안 원정대가 시간을 내어 서쪽으로 가서 바드리나트의 신성한 힌두교 사원을 찾아보고 그곳에서 북쪽으로 더 나아가 당시까지는 탐험의 발길이 닿지 않았던 티베트 국경지대를 가본 것이었다. 쉽턴은 이름이 없는 고개를 넘고 이름이 없는 봉우리를 목적 없이, 계획 없이 올랐다. 그는 이때 마치 천국에 있는 것 같았다. 이때가 바로 그에게는 히말라야의 황금시대, 즉 그가 나중에 말한 대로 '어디서나 수확의 기쁨을 누린' 시기였다. 하지만 이후 곧 '우울하고 소득도 없는' 에베레스트 사업에 연루된 것은 그의 인생에서 가장 큰 비극이었다.

벌거벗은 산

파울 바우어 일행이 제무 빙하를 통해 칸첸중가 기슭으로 접근하고 프랭크 스마이드 일행이 카메트에서 승리감에 넘쳐 철수할 무렵인 1931년 7월 5일, 뮌헨파의 유명하고도 용감한 청년 빌로 벨첸바흐와 빌리 메르클이 목숨을 걸고 그랑 샤르모Grands Charmoz의 북벽 초등에 도전해 성공을 거두었다. 샤모니 계곡의 메르 드 글라스Mer de Glace에서 1,100미터의 높이로 치솟아오른 그곳은 얼음으로 덮인 화강암 벽이었다. 그 후 채 한 달도 지나지 않아 당시 비교적 무명이었던 뮌헨파의 프란츠와 토니 슈미트Franz Schmid/Toni Schmid 형제가 상징적인 봉우리인 마터호른의 북벽을 밑에서부터 꼭대기까지 30시간 만에 올랐다. 전통주의자들이 '인위적인 도움'이라고 경멸하던 피톤과 카라비너를 적극 활용한 이 극적인 두 등반은 논란을 불러일으켰다. 일각에서는 이들의 등반 방식이 등반의 가치를 떨어뜨린다고 비판했다. 하지만 이 두 등반에 대한 대중의 반향은 컸으며, 이로부터 1930년대 알프스 등반을 특징짓는 악명 높은 거대한 북벽에 대한 경쟁이 시작되었다. 한편 국가주의도 나타났는데, 사실 국가주의는 새로운 현상이 아니었다. 이미 1865년에도 이탈리아인 장 앙투완느 카렐Jean-Antoine Carrel이 영국인 윔퍼보다 마터호른에 먼저 올라야 한다는 애국적인 결의를 한 적이 있었다. 그러나 1930년대에는 국가주의가 전에 없이 높아졌다. 강렬해진 국가사회주의에 경도된 수많은 독일 젊은이들이 독일 수정주의자들에게 선동되어 스스로를 "산의 전사"라고 부르면서 조국의 이름을 드높이고자 역사에 길이 남을 위대하고도 과감하며 거의 자살에 가까운 등반을 함으로써 공적을 세우려 했다. 그 열광은 1935년에서 1938년 사이에 여덟 명의 목숨을 앗아간 아이거 북벽에 대한 소름끼치는 경쟁에서 정점에 달했다. 위대한 프랑스인 가이드 아르망 샤를레Armand Charlet가 "이것은 알피니즘이 아니라 전쟁이다."라고 말했을 정도였고, 영국인 등산가들 역시 독일인들이 이곳저곳에서 신중함과 전통적인 '등반 윤리'를 희생해 가면서 조국을 앞세우는 것을 보고 섬뜩하다고 느꼈다. 그러나 아직 히말라야의 벽은 뮌헨파식의 전면적인 공세를 허용하지 않았다. 이 격동기에 독일 국가주의자들의 눈에 운명적으로 들어온 산은 그랑 샤르모도, 마터호른도, 아이거도 아닌 벌거벗은 산, 즉 낭가파르바트였다. 대 히말라야의 서쪽 끝 카슈미르 지방에서 인더스 강 상류 위쪽으로 솟아오른 이 산은 결국 독일인들의 운명의 산이 되고 말았다.

머메리가 구르카 병사 라고비르, 고만 싱과 함께 디아미르 벽에서 실종된 후 37년이 흐르는 동안 유럽인들은 낭가파르바트로 거의 발걸음을 돌리지 않았다. 머메리와 그 산에 가봤던 찰스 브루스 같은 권위자조차 그 산은 불가능하다고 말했다. 낭가파르바트는 스리나가르와 카슈미르 계곡에서 북쪽으로 130킬로미터밖에 안 되는 거리에 있었지만 만성적인 분쟁지역인 길기트와 발티스탄 접경에 있었으며, 이 지역에 대한 영국의 영향력은 극히 미약했다. 1913년에는 지칠 줄 모르는 켈러스가 인근 가날로 능선Ganalo Ridge에 갔는데, 이때 그는 낭가파르바트를 오르려면 결국 북쪽에서 올라야 한다는 결론을 내렸다. 그러나 낭가파르바트에 대한 도전은 제1차 세계대전과 에베레스트 원정 때문에 중단되었고, 카슈미르 사람들이 '산의 왕'이라는 뜻으로 부르는 '디아미르Diamir'는 엄숙한 고립 속에 우뚝 서 있었다. 1929년 파울 바우어는 칸첸중가의 대안으로 낭가파르바트를 잠깐 생각한 적이 있었지만, 이 산에 대한 독일인들의 집착을 처음부터 주도한 사람은 바우어가 아니라 그의 뮌헨파 동료이자 한때 등반 파트너였으며 그랑 샤르모 등반으로 유명해진 빌로 벨첸바흐였다.(나중에 바우어는 자신이 처음부터 낭가파르바트에 대한 관심을 고취했다고 주장하기도 했다.) 벨첸바흐는 리크머 리크머스의 1928년 파미르 레닌 봉 등반 때는 병으로 철수해야 했고, 바우어의 칸첸중가 도전 때는 '알 수 없는 이유'로 원정을 가지 못했다. 1929년 벨첸바흐는 히말라야 원정을 스스로 조직해야겠다고 결심했다. 그는 머메리의 편지와 머메리 원정에 대한 몇 안 되는 믿을 만한 정보원인 노먼 콜리의 『히말라야 등반Climbing on the Himalaya』으로부터 영향을 받아서 성공 가능성이 비교적 높은 8천 미터 급 고봉으로 낭가파르바트를 점찍었다.

벨첸바흐는 1년간 비할 데 없이 철저하게 낭가파르바트 원정을 준비했다. 그는 찰스 브루스와 당시 대인도 측량국의 감독으로 일하던 케네스 메이슨, 스리나가르의 히말라얀 클럽 명예 서기이던 에른스트 네브, 당시 길기트의 정치적 중개인이던 토드 등을 광범위하게 접촉했다. 벨첸바흐는 1930년 초 독일-오스트리아 산악연맹 중앙위원회에 흠잡을 데 없는 원정 계획을 제출해서 지지를 얻어냈다. 그는 뮌헨시의 직장에서 휴가를 얻었고 영국 영사에게서 카슈미르로 들어갈 수 있는 허가를 받았는데, 바로 그 직후 독일 외무부가 G. O. 다이렌푸르트의 칸첸중가를 위해 그의 원정을 가로막았다. 벨첸바흐는 이 처사에 분개했지만 자신의 원정 계획을 1931년으로 1년 늦추었다. 그러나 1931년에는 낭가파르바트 원정 계획이 파울 바우어의 칸첸중가 원정 일정과 겹쳤고, '독일의 힘을 분산시킨다는 이유'와 바우어가 주의 깊게 일구어 놓은 영국인들의 호감이 사라질 수 있다는 이유로 낭가파르바트를 향한 벨첸바흐의 모험이 좌절되었다. 이에 독일인 등산가들 사이에서 격렬한 논쟁이 일어났고, 결국 이것 때문에 양쪽 산을 향한 열기가 조금 식어버렸다. 벨첸바흐가 이 결정에 승복하려 하지 않아서 결국 외무부가 개입하여 바우어의 원정에 우선순위를 주었다. 벨첸바흐는 바우어의 칸첸중가 원정을 무시하면서, 불가능한 산에 대한 시간 낭비라고 생각했다. 1932년 마침내 낭가파르바트에 대한 정부의 허가를 얻어냈지만, 그 무렵 독일은 정치적·경제적인 위기를 겪으면서 바이마르공화국은 몰락하기 직전이었다. 뮌헨시 의회는 공무원에게 휴가를 줄 수 없다는 결정을 내렸다. 벨첸바흐는 실망했지만 낭가파르바트 원정을 친구이자 그랑 샤르모의 파트너 빌리 메르클에게 양보했다. 비록 메르클이 말로 약속하지는 않았지만, 벨첸바흐는 그가 칸첸중가 원정에 바우어를 따라갔던 사람들은 누구도 부르지 않으리라 믿었다.

이렇게 부를 수 있는 대원이 제한된 상태에서 메르클은 여덟 명으로 이루어진 팀을 구성했다. 이들 가운데 비교적 이름이 알려진 사람은 프리츠 베흐톨트Fritz Bechtold, 페터 아쉔브레너Peter Aschenbrenner, 프리츠 비스너Fritz Wiessner, 랜드 헤런Rand Herron이었다. 베흐톨트는 코카서스와 알프스에서 메르클과 함께 등반했던 바바리아인이었고, 아쉔브레너는 '직업적인' 오스트리아인 가이드였는데, 그가 직업으로 산을 오른다는 것 때문에 몇몇 사람들이 싫어하기도 했다. 비스너는 드레스덴 출신의 화학자로 1929년 미국으로 이민을 가기 전까지 돌로미테와 페닌Pennine 알프스의 광범위한 지역에서 산행을 했다. 헤런은 비스너의 미국인 친구로 원정대에 상당한 등반기술뿐만 아니라 유용한 자금까지 제공했다. 다른 미국인으로는, 대단한 등산가이자 히말라야에서 6천 미터 이상의 고도기록을 가진 최초의 여성 중 한 명이었

빌리 메르클(1900~1934). 1932년과 1934년 독일 낭가파르바트 원정대장. 1932년 촬영
(사진출처: 독일 알파인 클럽)

던 엘리자베스 놀턴Elizabeth Knowlton이 원정대의 서기로 참가했다. 원정대는 등반 면에서는 강인하고도 경험이 많은 팀이었지만, 누구도 히말라야나 심지어 인도조차 가본 적이 없었기 때문에 처음부터 경험 부족으로 인한 문제가 불거져 나왔다. 메르클은 원정대의 수송에 있어서 그 무렵 이미 필수 불가결한 단체가 된 히말라얀 클럽을 염두에 두지도 않았다. 게다가 원정대는 칠라스Chilas 지역을 경유해서 낭가파르바트에 가야 했는데, 이 지역은 자주 분쟁을 겪어서 폐쇄된 상황이었다. 그런데도 메르클은 영국 측으로부터 칠라스를 통과해도 좋다는 허가도 받지 않은 채 뮌헨을 떠난 것으로 보인다. 따라서 원정대는 스리나가르에서 초조한 며칠을 보냈다. 허가를 받지 못하면 산을 남쪽에서 접근해야 할 텐데 그것은 소름끼치고도 불가능한 일이었다. 낭가파르바트의 남벽은 세계에서 가장 높은 거벽으로 루팔 계곡에서 4,500미터 높이로 솟아있다. 영국 당국은 자세를 약간 누그러뜨려 북쪽에서 산에 접근하는 것을 허가했지만 원정대가 칠라스 계곡에서는 주민이 거주하는 모든 마을을 피해 가야 한다

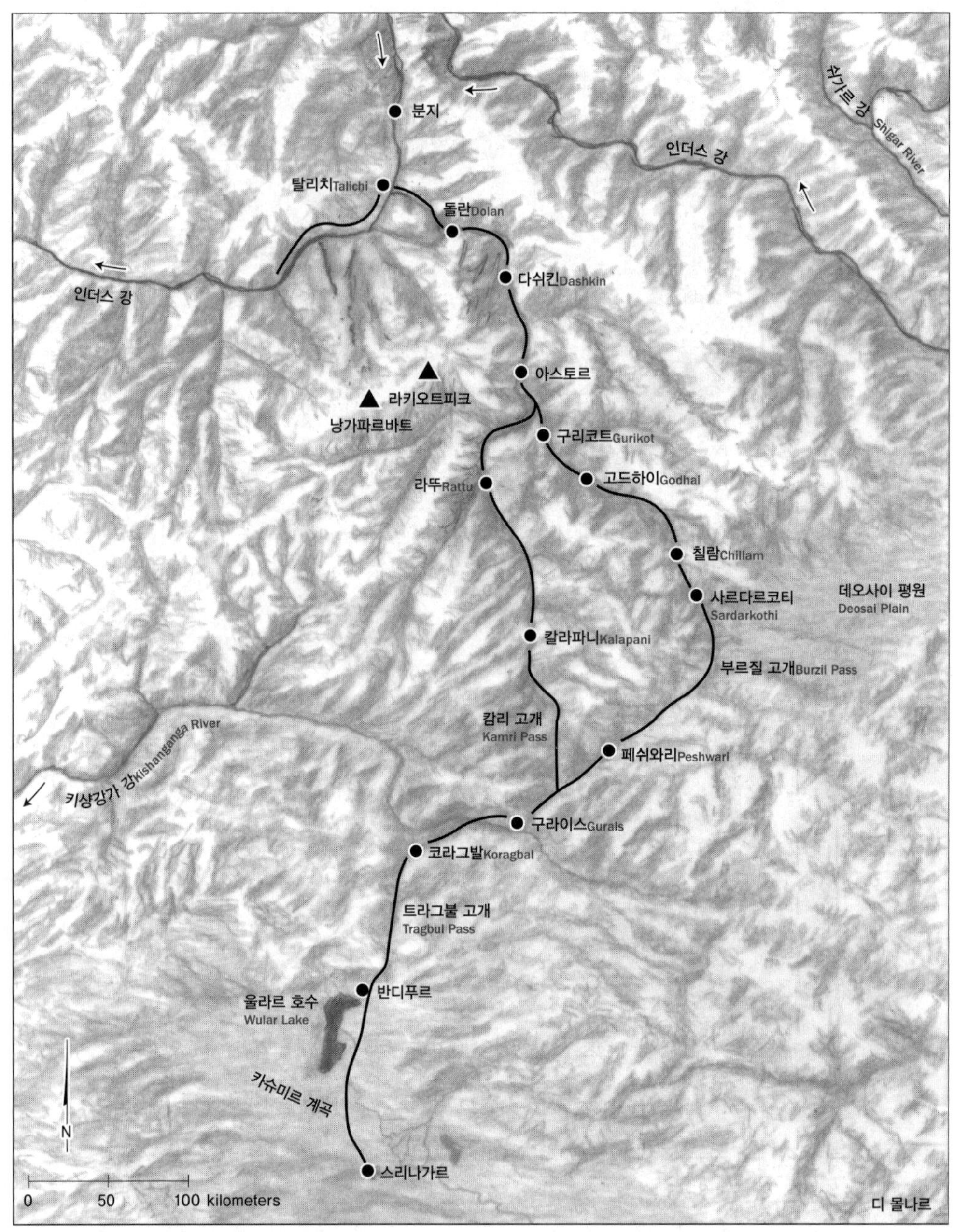

1932년과 1934년 스리나가르에서 인더스 강을 거쳐 낭가파르바트로 간 트레킹 루트

는 엄격한 조건을 붙였다. 접근로가 굉장히 복잡해져서 결국 이 산에 대한 접근이 늦어졌다. 영국이 제시한 조건 때문에 당초 계획대로 그 지역에서 물자를 구하는 것이 불가능해졌고, 원정대는 자주 보잘것없는 자체 식량에 의존해야 했다.

짐꾼을 뽑는 일도 만만치 않았다. 메르클은 돈도 아끼고 영국에 기대지도 않는다는 독자적인 전략을 보여주기 위해 산에서 거리가 먼 다르질링에서 보티아나 셰르파 짐꾼을 뽑지 않기로 했다. 대신 그는 낭가파르바트 근처의 카슈미르, 발티와 훈자 계곡에서 사람을 뽑았다. 이들은 셰르파들처럼 고산 생활과 노동에 익숙했다. 그러나 서양인들과 생활하는 것에 전혀 익숙하지 않았고, 셰르파 조합원이 가지고 있는 직업의식이 전혀 없었다. 사실상 그들은 징발된 짐꾼들에 불과해서 시무룩한 태도로 일관했으며, 일을 시키면 선뜻 하려 하지 않았다. 그들은 원정대원들과는 달리 목적의식이 전혀 없는 사람들이었기 때문에 메르클의 원정은 초기부터 전망이 어두웠다. 엘리자베스 놀턴은 그녀의 첫 번째 원정기인 『벌거벗은 산The Naked Mountain』에서 원정대 나리들이 끊임없이 "원주민은 과격하다."라고 주장하고, 또한 몇몇 사람들은 여기에 민족주의적 의미를 덧붙여 원정대 짐꾼들이 보여준 저항을 일종의 반제국주의적인 태업으로 보려 했던 것에 경멸감을 드러냈다. 간디가 전매법에 대한 불복종의 의미로 소금을 만들러 바다로 간 것이 1930년의 일이었고, 서북부 국경 주와 인근의 카슈미르를 포함한 인도의 많은 지역이 간디의 요청에 화답하여 무저항 불복종 운동에 동참하고 있던 시국이기는 했다. 그녀의 글은 실제로 대영제국의 꽉 막힌 벽에 대한 것이었다. 그러나 메르클이 부딪쳤던 문제는 정치적인 것이 아니었다. 메르클과 놀턴이 '전면 파업'이라고 부른 짐꾼들의 행동은 간디식 저항이 아니었다. 경험도 없고, 임금도 빈약하며, 먹을 것도 부족한 조건에서 그들은 자신들이 이해할 수 없는 목적을 위해 생명의 위협과 산신의 분노를 무릅쓰며 산을 오르고 싶지 않았고, 따라서 그런 명령을 필사적으로 거부했을 뿐이었다.

원정대는 헤런과 놀턴을 배려하여 '독일-미국 히말라야 원정대'라는 이름으로 5월 23일 카슈미르의 수도 스리나가르를 떠났다. 히말라야 주산맥을 넘는 4,206미터 높이의 부르질 고개Burzil Pass를 안전하게 넘기에는 아직 너무 일렀지만, 다이렌푸르트처럼 메르클도 전진하라고 내몰았다. 이것 때문에 처음부터 카슈미르 짐꾼 40명이 반감을 품었다. 경유가 허용된 길기트 도로에 있는 마지막 마을인 아스토르Astor에서 8일간을 보내자 모든 짐꾼이 그만두었다. 오직 단 한 명 라마나Ramana, 즉 유명한 '낭가파르바트의 요리사'만 남았는데, 그는 결국 이 원정대의 친근한 붙박이 멤버가 되었다. 길기트 정찰대의 프라이어R. N. D. Frier 중령이 영국 측에 의해 파견되어 절박하게 필요한 수송 담당을 맡았지만, 한편으로 그는 독일인들에 대한 감시를 늦추지 않았으며, 규제사항을 지키면서 여행할 것을 요구했다. 그러나 원정대는 영국의 묵인 아래 아스토르를 지배하고 있던 나힘 테셀다르Nahim Tesseldar를 통해 인근 마을에서 160명의 짐꾼을 징발했다. 그런 다음 원정대는 서둘러 낭가파르바트 산군 동쪽의 지릉을 통해 릴레이식으로 전진해 나갔다. 그들은 불다르Buldar 빙하를 따라 올라가 접근해보려는 희망을 갖고 있었는데, 이것이 총그라피크Chongra Peak(6,824m)의 절벽 아래에서 끝나버리는 바람에 좌절되었다. 일부가 도망을 가서 수가 줄어든 아스토르 짐꾼들〔메르클은 유치하게도 이들을 '쿨리(하급 노무자)들 중에서도 가장 나약하고 일할 의지가 없는 자들'이라고 매도했다.〕을 인솔하여 원정대는 산맥 하나를 더 넘어서 북쪽의 라키오트 계곡으로 들어갔다.

영국령 인도의 머나먼 카슈미르 국경지방이자 인더스 강 상류와 낭가파르바트의 중간쯤되는 라키오트 계곡의 이곳에 와서 독일인들은 이상하게도 마치 고향에 온 것 같은 느낌을 받았다. 빌리 메르클은 이렇게 기록했다.

> 산길을 따라 잠깐 걸으니 페어리 메도(요정의 화원, Märchenwiese)가 우리 앞에 펼쳐졌다. 매혹적인 연두색 초원에 에델바이스가 점점이 피어 있었고, 태곳적부터 있어온 듯이 오래된 아름드리나무가 이곳을 둘러싸고 있었다. 빙하 위에 펼쳐진 근사한 초원은 파괴되지 않은 낙원의 한 귀퉁이처럼 보였고, 그 위로 낭가파르바트의 얼음 덮인 북쪽이 솟아있었다. 정말 놀라웠다. 여기 빙하 위 3천 미터 고지에 거대한 양치류 식물과 빛나는 자작나무로 이루어진 고대의 삼림이 있다니! 그곳을 보는 순간 우리는 고향의 산에서 느꼈던 감정을 다시금 느꼈다. 인도-게르만 민족의 시원이자 그들을 압도했던 히말라야 산맥은 상상할 수 없을 정도로 거대한데, 그 히말라야의 한복판에서 알프스의 느낌을 받으니 그 감명이 더욱 컸다. 이곳에 두 번째 라키오트 캠프를 설치했다. "사랑하는 고향이여, 이곳에서 만나는구나."라는 노래를 부르는 가운데 바바리안 스모크 햄을 처음으로 잘랐다. 그날은 너무나 느낌이 각별하여 우리의 색슨족 동료인 펠릭스 사이먼Felix Simon이 에델바이스를 마구 꺾어대는 모습을 보아도 마음이 상하지 않았다.

독일인들이 앞으로 사망자를 낼 운명이라든가, 아직 원정대의 독일인 중 어느 누구도 산에 발을 들여놓지 않았다는 것, 그리고 정상 등정을 위해 앞으로 다섯 번의 원정등반이 더 계획되어 있다는 것은 너무 신경 쓰지 말자. 그러나 1932년의 낭가파르바트는 이미 이곳 페어리 메도에서 독일인들에게 주문을 걸어 향수에 젖은 이 등산가들에게 죽음의 포옹을 하고 있었다.

6월 중순, 페터 아쉔브레너와 원정대의 막내였던 24세의 바바리아인 헤르베르트 쿠니크 Herbert Kunigk가 계곡 위쪽을 정찰 등반했다. 그들은 그곳이 가능성이 있고 정상으로 가는 괜찮은 루트가 된다는 결론을 내렸다. 외견상 독일인들이 이 결정을 내린 것은 초기에 영국인들이 에베레스트에서 내렸던 잠정적 결론과 비슷하다. 그때 영국인들은 북쪽 빙하로 들어가 북동릉을 오른 다음 북벽의 상단에서 서쪽으로 횡단하면 정상에 갈 수 있다고 생각했다. 에베레스트에서는 동쪽 롱북 빙하가 1,400미터의 높이를 완만하게 올라가 에베레스트의 노스 콜 기슭으로 연결되는 반면, 낭가파르바트의 라키오트 빙하는 더 낮은 고도에서 시작하여 더 가파르게 올라가고 크레바스와 아이스 폴로 끊어지는 곳이 많다. 그 빙하에서 능선으로 올라가는 것은 노스 콜로 올라가는 것보다 두 배는 더 높이 올라가는 것이고, 세 배는 더 위험하고, 네 배는 시간이 더 걸린다. 낭가파르바트는 카라코람의 남쪽에 있기 때문에 에베레스트 북벽보다는 강풍이 덜하지만, 그로 인해서 칸첸중가처럼 낭가파르바트도 얼음과 눈으로 덮여있다. 따라서 언제 빙하가 무너져 내리고 언제 눈사태가 일어날지 아무도 모른다. 그들의 다음 도전은 지금 머물고 있는 페어리 메도에서 먼저 빙하를 따라 남쪽으로 가서 불다르피크 아래의 큰 빙퇴석 지대를 통과한 다음, 아이스 폴 지대에서 동쪽으로 난 가파른 루트를 따라 능선의 아래쪽에 있는 높은 플라토로 가는 것이었다. 이렇게 위성봉인 라키오트 피크를 어떻게든 넘거나 돌아서 간 다음, 능선을 따라 처음에는 북동봉과 남서봉 사이의 높은 실버 새들을 향해 서쪽으로 가고, 다음에는 널찍한 플라토를 건너 북쪽으로 가서 눈에 보이지 않는 낭가파르바트의 정상으로 가는 것이었다. 이 루트는 길게 돌아가는 복잡한 길이며, 기술적으로 극복할 수 없는 위험으로 가득 찬 루트였다. 그렇지만 어쨌든 이곳도 루트는 루트였다. 메르클은 목숨을 걸고 머메리의 디아미르 벽을 정찰 등반하는 위험을 무릅쓰는 대신 이 루트를 고수하기로 결심했다. 그는 헤런과 쿠니크를 보내어 설선에 더 가까운 곳에서 원정이 끝날 때까지 베이스캠프로 사용할 만한 장소를 찾도록 했다.

한편 6월 19일, 페어리 메도에서는 훈자 짐꾼들을 위해 준비한 여덟 꾸러미의 소중한 고소용 의류와 장비가 도난당한 것을 비스너가 발견했다. 아마도 불다르 계곡에서 해고된 아스토르인들이 한 짓 같았다. 결국 이 사건을 계기로 목가적인 전원생활이 끝나버렸다. 이 사건은 결정적인 타격이었고 독일인들은 짐꾼의 숫자를 줄여야 했다. 그들은 간신히 입힐 수 있는 최대한의 숫자인 아홉 명의 짐꾼들만 데리고 있게 되었고, 이것으로 이후의 캠프 설치가 엄청나게 늦어졌다. 훈자 짐꾼들이 일을 잘하는 것도 아니었다. 그들은 통조림이나 밥은 먹으려 하지 않았고 대신 늘 하던 대로 짜파티를 먹겠다고 했다. 짜파티는 밀로 만든 납작한 빵으로 설선 아래쪽에서 불을 피워 만들어야 하는 음식이었다. 서양인들은 이런 요구에 대해 화를 냈고 이상하게 생각했다. 비스너가 영어를 약간 하는 척하는 요리사 라마나를 통해 이제부터는 밥을 먹든지 아니면 아무것도 먹지 말라고 엄하게 말하자, 훈자 짐꾼들이 장비를 챙겨서 가버려 원정대는 일시적으로 곤경에 빠졌다. 이틀 후 짐꾼들은 처음부터 원정대를 지원해주었던 훈자 족장의 진노를 피하기 위해 다시 돌아왔지만 음식 문제에 대해서는 완강했다. 결국 원정대는 끝까지 훈자 짐꾼들의 식량을 밑에서부터 조달해 오는 괴상한 문제를 겪어야 했다.

원정대는 히말라야에 대한 경험 부족으로 빚어진 이런 문제들을 겪었지만 어쨌든 7월 내내 신중하게 산을 올랐다. 1캠프에서 눈사태를 위기일발로 피하고 난 다음 짐꾼들이 한 번 더 파업을 했는데, 프라이어가 그들에게 일당을 처음 약속했던 1루피에서 다섯 배 올려 5루피를 주겠다고 설득해서 계속 전진할 수 있었다. 놀턴이 "호강스러운 임금"이라고 말한 돈을 받고도 짐꾼들은 마지못해 일을 했으며 아픈 척하며 일을 하지 않으려는 자가 많아졌다. 아이스 폴의 평편한 곳에 설치했던 2캠프와 3캠프에서 메르클은 바우어가 썼던 설동 방식을 실험해봤지만 그 쓸모에 비해 쏟아 부어야 하는 노력이 너무 크다는 결론을 내리고 바람에 이리저리 날리는 텐트를 계속 쓰기로 했다. 라키오트피크 아래의 플라토 가장자리에 설치했던 6,100미터 고도의 4캠프를 전진 베이스캠프 삼아 라키오트 능선에 도전했지만 성과가 지지부진했다. 아쉔브레너와 쿠니크가 7월 16일 라키오트피크에 올라보고 나서 짐꾼들은 그곳으로 갈 수 없다는 결론을 내렸다. 그래서 그들은 서쪽으로 그 피크의 아래쪽을 돌아서 넓고, 깊고, 가파르며, 눈으로 가득 찬 옴폭 들어간 곳을 건너는 루트를 택해야 했다. 독일인들은 이곳을 "물데Mulde"라고 불렀고, 미국인들은 "원형극장amphitheater"이라고 불렀다. 그곳은 오르는 곳이 아니라 허리나 가슴팍까지 쌓여 극도로 불안정한 신설을 뚫고 허우적거리며 나가는 곳이었다. 헤런과 베흐톨트는 7월 26일 바람을 피할 수 있는 원형경기장 안 빙하의 틈새 6,700미터에 6캠프를 설치했다. 3일 후 메르클, 베흐톨트, 비스너가 마침내 능선을 뚫고 나아갔으나, 실망스럽게도 고도를 1,100미터 더 올리면서 3킬로미터를 더 가야 하

1932년 프리츠 비스너(1900~1988). 낭가파르바트 베이스캠프에서 휴식을 즐기고 있다. (사진출처: 독일 알파인 클럽)

는 곳에 있는 낭가파르바트의 정상을 바라볼 수밖에 없었다.

1932년의 정상 도전은 라키오트 능선 7,010미터에서 무산되었다. 하지만 지나치게 희망적이었던 등반의 최악의 사태는 바로 그들 뒤에 있었다. 그때까지 이상할 정도로 좋았던 날씨가 악화되면서 등반대는 4캠프로 철수할 수밖에 없었고, 그곳에서 상상할 수 없을 만큼 고생스러운 3주일을 보내는 동안 그들의 사기는 땅에 떨어지고 말았다. 그들은 계속되는 폭풍에 좌절하고, 말을 안 듣는 짐꾼들로 고생하고, 식량 부족에다 고소증에까지 시달렸다. 베흐톨트와 사이먼, 동상을 입은 아쉔브레너는 넌더리가 나서 포기하고 8월 13일 돌아갔다. 단호한 자세로 남은 비스너와 헤런, 메르클은 베이스캠프에서 일주일 동안 회복을 하고 난 다음 내키지 않는 기분으로 도움을 주는 사람도 없이 다시 도전했지만 이번에는 4캠프까지밖에 올라갈 수 없었다. 9월 2일 엘리자베스 놀턴이 베이스캠프에서 저녁식사를 마칠 무렵 석양이 깔리는 가운데, 사다인 제마다Jemardar를 비통하게 부르는 프리츠 비스너의 목소리가 들렸다. "낭가파르바트는 이제 끝이다! 낭가파르바트는 끝…."

그러나 낭가파르바트와의 싸움은 시작에 불과했다.

다시 에베레스트로

1932년, 메르클은 4캠프에서 내려오기 전부터 '그다음 해'에 대해 이야기하기 시작했다. 그러니까 1933년에 낭가파르바트를 두 번째로 도전하러 오겠다는 것이었다. 그러나 엘리자베스 놀턴이 에둘러 말했듯 그 무렵 '독일의 사정'은 위기를 향해 치닫고 있었다. 낭가파르바트에서 살아남았던 랜드 헤런이 어이없게도 돌아오는 길에 이집트 기자에 있는 피라미드에서 추락사한 일을 제외하면 원정대원 전원이 고국으로 잘 돌아왔는데, 곧 아돌프 히틀러가 독일 수상이 되면서 혁명이 일어나 가장 잘 짜인 계획마저 무산되었다. 나치당은 "모두 함께 간다."라는 의미의 표준화Gleichschaltung 정책을 시행하여 1차적으로 공적인 서비스를 단숨에 모두 없애고 기존 바이마르당의 체계를 제거했으며 행정부와 의회를 해산하고 노동조합 운동을 통합시켰다. 이 운동은 여기서 더 나아가 독일의 시민생활과 단체뿐만 아니라 여가생활까지 재조직하는 방향으로 흘러갔다. 히틀러 본인은 별 볼일 없는 체구를 갖고 있었지만 나치당이 '신체 단련'이라 즐겨 부르던 스포츠에 대해 오랫동안 상당한 관심을 갖고 있었다. 그의 『나의 투쟁Mein Kampf』에 따르면 '완벽하게 건강한 신체'를 단련하는 것이 국가사회주의 교육의 '1차적인 관심사'였다. 1933년 4월 이미 히틀러는 친위대장이던 한스 폰 차머 운트 오스텐 라이히Hans von Tschammer und Osten Reich를 제국 스포츠Leibesubüngen 감독관(훗날의 제국 스포츠 대장Reichssportsführer)으로 임명했고, 조직화된 형태의 모든 육체적 운동을 표준화하도록 했는데 여기에는 물론 등산도 포함되어있었다.

국가사회주의자들은 이미 존재하면서 군사적인 색채를 가지고 있던 등산에 상당히 높은 우선순위를 두었다. 히틀러 초창기에 나치 각료였던 헤르만 괴링Hermann Göring과 빌헬름 프리크Wilhelm Frick는 독일-오스트리아 산악연맹 회원이었으며, 프리크는 내무부 장관의 직권으로 산악연맹을 국가사회주의자들의 구미에 맞도록 재조직하는 일에 직접적인 관심을 기울였다. 1933년 6월 프리크와 차머 운트 오스텐은 세 명의 산악연맹 대표, 즉 렐렌Rehlen, 폰 클레벨스부르크von Klebelsburg, 폰 지도우von Sydow와 만났다. 프리크와 차머 운트 오스텐은 이들에게 산악연맹이 게르만총회German Chapters Group의 결성을 받아들이고 유태인과 관련한 문제에 대해 국가사회주의자의 이념을 지지하며 리더십을 인정한다면 산악연맹을 해체하지도, 국제적인 위상을 빼앗지도 않을 것이라고 확언했다. 한 달 후 차머 운트 오스텐은 칸첸중가를 두 번 다녀온 오이겐 알바인의 직접 추천을 받아들여 파울 바우어를 베를린으로 불러들인 다음 새로운 신체 단련을 위한 게르만제국 연맹German Reich League for Physical Exercise의 산행, 등반 및 캠핑 부문의 책임을 맡겼다. 이 권한과 '조국의 최고위급 당국이 직접 부여한' 임무에 따라 바우어는 게르만제국 등산가연맹Reich League of German Mountaineers의 결성을 주도했다. 나치의 국가 단체였던 이 단체는 설립 목적이 — 바우어가 써 넣은 산악연맹의 등반 조항에 따르면 — "게르만 등산가들로 하여금 드높은 임무에 대해 늘 자각하도록 하며 자라나는 세대를 지도하여 그들이 두려움을 모르도록 하고 즉각적인 행동에 나서도록 하며 고귀한 야망의 빛을 품도록 하고 어떠한 어려움도 침착하고 확고하게 대처할 준비를 갖추도록 하는 것"이었다. 전통주의자들은 이런 과장된 표현들이 역겹다고 생각했지만, 바우어는 이 단체의 이상은 새로운 것이 아니라고 주장했다. 산악연맹은 항상 그 활동을 국가와 결부시켜서 진행해왔으며 '민족 전체의 이득을 위해' 존재해왔다. 바우어는 산악연맹의 전체 회의에서 그때 처음으로 "우리의 지도자인 아돌프 히틀러가 지키고자 분투해온 영웅적인 세계관이 실현되면서 우리의 등반 활동이 대중에게 응당한 대접을 받으면서 등장하게 되었다."라고 선언했다. 산악연맹은 전보다 더 명확하게 그리고 의식적으로 제국 등산가연맹을 통해 '국가와 국민, 그리고 미래'를 위해 봉사하게 되었다.

나치국가의 노골적인 후원에 힘입고, 또한 국가적으로 노고를 인정받는 들뜨고 열광적인 분위기 속에서 낭가파르바트로 향하는 1934년 2차 원정대는 메르클의 지휘 아래 출발하게 되었다. 낭가파르바트는 이제 더 이상 여러 나라 등산가들이 모인 작은 원정대의 관심사가 아니라 동시대의 누군가 말했듯 '게르만 민족 전체의 대의명분'이 되었다. 메르클은 이 산에 게르만족인 자신들이 다시 가는 것은 바로 인도·아리아인의 시원지로 나치의 스와스티카卍를 가져가는 것이라 생각했다.

한편 독일인들이 히말라야를 공격적으로 차지하러 나서는 것을 보고 자극을 받아, 런던에서도 당연히 대영제국의 숙명의 산인 에베레스트에 대한 국가적인 계획이 다시 활기를 띠기 시작했다. 오랫동안 지지부진한 상태에 있었던 에베레스트 위원회가 1931년 3월 왕립 지리학회장이던 윌리엄 굿이너프William Goodenough 경이 위원장에 취임한 것을 계기로 다시 조직되었다. 위원회는 티베트로 다시 들어갈 허가를 받고 싶어 했다. 굿이너프는 인도성 국무장관이던 윌리엄 웨지우드 벤William Wedgewood Benn에게 "우리나라 사람 두 명이 여전히 정상 혹은 그 근처에 잠들어 있습니다. 이로 인해 우리나라가 시급히 정상에 도달해야 하며, 이 도전이 역사에 기록되어야 한다고 가슴 깊이 절박하게 느낍니다."라고 편지를 써 보냈다. 국무장관을 대신해서 답변해야 했던 인도성의 월턴J. C. Walton은 별로 마음이 내키지 않았다. 티베트의 태도가 지난 5년간 변하지 않은 데다 인도에서 정치적인 불안이 고조되는 분위기였으므로 인도성 국무장관은 '현재와 같은 상황에서는' 에베레스트 위원회를 위해서 라싸 쪽으로 중재하는 것이 어렵다고 정중하게 거절했다. 위원회는 네팔을 통해 산으로 접근한다는 다른 발상을 추진해봤는데 그것 역시 무산되었다. 그 이유는 실패로 돌아갔던 1930년 다이렌푸르트의 원정으로 네팔 사람들이 외국인의 입국에 대해 더욱 적대적인 태도를 보인다고 브루스 장군이 지적했기 때문이다. 1932년 초 카메트 등정을 성공적으로 마치고 갓 돌아온 프랭크 스마이드가 사적으로 인도성에 접근하여 에베레스트로 소규모 등반을 할 수 있는지 여부를 타진해봤지만 벤은 이것도 승인하지 않았다. 모든 것이 다 막힌 상황이었는데 1932년 갑자기 시킴의 정치 관료가 라싸의 심장부에서 예기치 못한 정치적 변화가 일어났다고 보고했다. 중국-티베트 국경에서 긴장감이 다시 높아지자 달라이 라마가 다시 한 번 막강한 군사력을 가진 옛 친구들의 잠재적 중요성을 느끼게 되었고, 원정대원이 전원 영국인이라는 조건 아래 에베레스트 원정대가 1933년 티베트에 들어가도록 '별로 내키지 않는 허가'를 내주었다.

이렇게 허가를 받자 위원회의 관심은 대장을 선임하는 중요한 일에 쏠렸다. 프랜시스 영허즈번드는 굿이너프에게 이렇게 말했다. "온전히 이 일에 마음을 쏟을 수 있는 대장이 필요합니다. 맬러리는 '산에 있을 때는' 온전히 산에 마음을 쏟지만 전체적으로는 자신을 모두 쏟는 사람이 아니었습니다. 그의 마음속 한 구석에는 에베레스트 등반이 선정주의라는 생각이 자리 잡고 있었습니다. 우리에게는 에베레스트 등반이 인류에게 정신사적으로 큰 과업이라고 믿는 사람이 필요합니다." 노턴은 그런 사람이었고 제프리 브루스도 그런 사람이었지만 두 사람 모두 다른 일이 있다며 새로운 원정대의 대장 자리를 고사했다. 다음으로, 몇 가지 면에서 최상의 대안은 프랭크 스마이드였다. 그는 당시 32세로 등반의 절정기에 있었으며 히말라야에서 그 능력을 입증한 경험이 있었다. 그러나 에베레스트 위원회의 눈에 스마이드는 적절한 '신사'가 아니었다. 그는 2류 공립학교를 나왔고 종합대학을 가지도 않았으며 내세울만한 군 복무 경력도 없었다. 스마이드는 카메트 등정에 성공한 다음 에베레스트 위원회에 에베레스트 등반에 대한 자발적인 조언을 제공했었는데, 오만하고 함께 시간을 보내기에는 불쾌한 인물이라는 평이 자자했다. 설상가상으로 그는 등반에 대한 책이나 써서 생계를 꾸려가고 있었다. 간단히 말해 위원회는 '전문적인 기술 분야'를 의존하기 위해 스마이드를 설득해 팀에 있게 만들면서 대장은 휴 러틀레지Hugh Ruttledge에게 맡기려 했다. 러틀레지는 첼텐햄Cheltenham과 케임브리지를 졸업했고, 인도에서 일했으며, 1925~1929년 알모라에서 부감독관으로 복무하는 동안 가르왈과 쿠마온 및 북쪽의 티베트 국경지역을 광범위하게 탐사했다. 러틀레지는 우르두어를 유창하게 했고 히말라야를 사랑했다. 등산가 잭 롱랜드Jack Longland는 훗날 이렇게 회상했다. "그는 미개척지에 사는 사람들에 대해 진정한 애정을 가졌고, 그로 인해 권위가 자연스럽게 흘러 나왔으며 쫑펜Dzongpen(쫑 사람)과 노새몰이꾼, 셰르파와 다른 짐꾼들을 확실하고도 친근하게 다룰 수 있었다." 그렇지만 그는 당시 중년의 나이에 현역 등산가도 아니었다. 그를 대장으로 선발한 것을 보면 1933년의 원정대는 출발 무렵부터 인도에서 오랫동안 일한 노장들과 양차 세계대전 사이에 성장해 케케묵은 대영제국과는 이해관계가 전혀 없는, '새롭게 두각을 나타내는 젊은 알피니스트' 사이에 세대차가 있었다는 것을 알 수 있다.

원정대의 핵심은 카메트 원정대 출신들, 즉 프랭크 스마이드, 에릭 쉽턴, 빌 버니와 레이몬드 그린이었다. 러틀레지는 이 유명한 대원들에다가 스마이드와 칸첸중가를 다녀온 조지 우드 존슨George Wood-Johnson, 쉽턴과 케냐 산을 함께 다녀온 퍼시 윈 해리스와 시킴에서 등반을 해왔으며 수단 낙타 부대의 지휘관이던 휴 보스테드Hugh Boustead 외에도 잭 롱랜드, 로렌스 웨이저Lawrence Wager와 톰 브로클뱅크Tom Brocklebank를 추가했다. 롱랜드는 영국 내에서 성장한 대담한 젊은 세대 암벽 등반가로 케임브리지대학 산악회장이었다. 웨이저는 롱랜드의 등반 파트너였고, 브로클뱅크는 케임브리지의 조정 챔피언이었다. 이 팀은 그간 에베레스트에 도전했던 원정대 중에서 가장 강하고도 유능한 팀이었지만 각자의 자아의식이 지나치게 강해서 문제가 되기도 했다. 사회적인 면에서는 이 원정대가 1920년대의 원정대와 전혀 차이가 없었다. 모든 대원이 1857년 알파인 클럽이 창립된 이후 주축을 이루어 온 중산층 이상의 출신이었다. 원정 자금은 전통적인 방식대로 개인적인 후원도 받고 기업의 후원도 약간 받았다. 국왕은 친히 100파운드와 '에베레스트에서 마실 뜨거운 코코아'를 보냈다. 에베레스트 위원회는 존 노엘이 1924년에 벌인 터무니없는 행동으로 인해 화가 나 있었기 때문에 이번에는 당연히 1933년 원정 영화 제작에 대한 모든 제안을 뿌리쳤다. 이번 원정대는 전례를 깨고 지난번과는 달리 『더 타임스』가 아닌 『데일리 텔레그래프Daily Telegraph』에 1933년 원정 기사 독점 게재권을 사상 유례없는 3,500파운드라는 거금을 받고 팔았다.

맬러리가 죽은 지 9년이 지났지만 영국인들이 가져간 등반장비는 달라진 것이 별로 없었다. 그러나 이 와중에서도 진보한 것이 있었는데 그것은 무선통신의 도입이었다. 이것은 대영제국 라디오 사업자협회와 무선통신연맹의 합동위원회 명예 서기를 맡아보던 리처즈D. S. Richards가 자발적으로 선물한 것이었다. 리처즈는 실제로 티베트 원정에 동행하여 네 명의 직원들과 대영제국 무선부대Royal Corps of Signals 소속의 군무원NCO들로부터 도움을 받아 가면서 베이스캠프와 다르질링과 3캠프가 서로 연락을 주고받도록 했다. 모두가 상당히 놀라워했는데 히말라야에 무선통신을 최초로 도입한 것은 실질적인 가치가 있었다. 무선통신 덕분에 러틀레지는 캘커타에 있는 알리포어Alipore 관측소로부터 매일 일기예보를 받을 수 있었고, 런던의 에베레스트 위원회와 24시간 이내에 연락을 주고받을 수 있었다.

원정대는 2월 하순 다르질링에 모여서 떠들썩하게 출발했다. 그들은 첫 24킬로미터는 익숙한 길을 따라 갔다. 그것은 춤비 계곡을 지나 서쪽으로 티베트 고원지대를 가로지르는 것이었다. 원정대는 사상 최대 규모였는데 16명의 영국인, 엄선된 170명의 셰르파족, 보티아족, 구르카족들과 350필이 넘는 수송용 가축으로 이루어진 각양각색의 무리였다. 모든 '나리'는 전용 조랑말이 있었고, 자신의 잔심부름을 해주는 셰르파를 거느렸으며, 식사 후에는 널찍한 개인용 윔퍼 텐트에서 브랜디와 시가를 즐길 수 있었다. 쉽턴은 이것이 기가 차고 놀랄 만한 일이라고 생각했다. 그는 훗날 이렇게 썼다. "괴물처럼 큰 우리 일행의 무리가 평화로운 티베트 고원지대를 습격하면서 멈추는 곳마다 캔버스 천의 텐트가 마을을 이루는 것을 보면, 또 우리가 도착하고 출발할 때마다 벌어지는 난리법석을 보면 꼭 내가 엄청난 괴물의 무리에 한데 묶여서 가는 것 같은 느낌이 든다. 나는 우리 문명의 굴레에 속박당하지 않고 자유롭게 이 아름다운 곳으로 다시 오기를 간절히 바란다." 다르질링을 출발한 지 일주일이 지나자 쉽턴과 다른 젊은이들(롱랜드, 윈 해리스, 웨이저)은 나투 라Natu La 바로 북쪽에 있는 5,182미터의 이름 없는 산을 올라보고 싶었다. 그들에게 이것은 '만족스럽고도 완벽에 가까운 외도'에 불과했을 테지만, 러틀레지는 이것이 에너지 낭비라고 허락하지 않으면서 그런 개인적인 외도는 더 이상 하지 못하도록 했다. 셰카르 쫑에서 잠깐 문제가 생겼다. 그곳에서 화물 일부가 없어진 것을 발견한 러틀레지가 자백을 받아내는 과정에서 쫑 지역 출신 짐꾼들을 마구잡이로 채찍질해댄 것이다. 이것을 제외하면 원정대는 평화로운 분위기에서 천천히 전진하여 4월 17일 롱북 계곡의 베이스캠프에 도달했다. 이것은 앞선 원정대보다 12일이나 단축된 것으로 모두가 성공을 굳게 확신하고 있었다.

이보다 2주일 전, 에베레스트의 역사와 비행의 역사가 떠들썩하게 교차하는 사건이 발생했다. 데이비드 맥킨타이어David McIntyre 중위와 클라이즈데일 후작Marquis of Clydesdale인 더글러스 더글러스 해밀턴Douglas Douglas-Hamilton 경이 두 대의 웨스트랜드Westland PV3 경비행기를 조종하여 8,850미터 높이의 에베레스트 정상을 넘어간 것이다. 그런 대단한 모험을 해보겠다는 발상은 오래전부터 있었다. 1924년, 에베레스트 위원회도 영국의 유명한 조종사였던 앨런 콥햄Alan Cobham 경과 에베레스트를 공중에서 정찰할 수 있는지 잠깐 토론한 적이 있었다. 아서 힝크스가 대중적인 구경거리를 지독하게 싫어한 것도 부분적으로 작용해 그 토론은 별 성과가 없었다. 콥햄은 그 이듬해에 에베레스트보다 좀 낮은 산을 비행기로 넘었다. 1927년에는 상상력이 풍부한 존 노엘이 에베레스트 상공에서 정상으로 사람을 내려 보내자고 제안했지만 광대 노릇을 시킨 라마승 사건 때문에 노엘은 이미 불명예스러운 평판을 얻은지라 비행기를 이용한다는 발상은 더 이상의 진전이 없었다. 그러다가 1932년이 되자 곧 떠날 러틀레지의 원정에 대한 언론보도를 보고 대영제국 비행부대Royal Flying Corps에서 혁혁한 무공을 세운 노장 스튜어트 블랙커L. V. Stewart Blacker 장군이 그 문제에 관심을 갖게 되었다. 그는 사설 무기 제조업자에게 접근했다. 블랙커는 여태까지 탐사하지 못했던 에베레스트의 남쪽 접근로에 대해 완벽한 사진 조사를 할 수 있다고 약속하여 왕립 지리학회의 지지를 얻어냈고, 이것을 근거로 항공성Air Ministry과 인도성India Office의 허가를 받아냈으며, 인도성을 통해 네팔 정부의 허가도 받아냈다. 이제 필요한 것은 돈뿐이었는데 패니 루시 휴스턴 남작부인Dame Fanny Lucy Houston이 자금을 충분히 제공했다. 괴짜 모험가인 그녀는 볼셰비키를 혐오했으며 대영제국에 대해 열정적인 애착을 갖고 있던 나체주의자였다. 블랙커와 그의 위원회는 "휴스턴 에베레스트 원정대"라고 부른 이 일을 그럴싸한 과학적 방식을 모두 동원해 정당화시켰다. 휴스턴 남작 부인에게는 원정을 통해 반항적인 원주민들을 억압하고 제국의 도덕적 지배를 강화할 수 있다는 점만이 중요했을 뿐이었다. 한편『더 타임스』의 제프리 도슨Geoffrey Dawson은 이 일을 에베레스트 위원회에 대한 보복의 기회로 삼아 러틀레지의 원정을 완전히 무시하면서 휴스턴 원정을 1면 머리기사로 다루었다.

브리스틀 항공기 회사Bristol Aeroplane Company의 자랑스러운 신제품인 IS3 페가수스 엔진을 특별히 장착한 두 대의 PV3 복엽 비행기는 여러 달 동안 준비하고 좋은 날씨를 기다린 끝에 5월 3일 아침 에베레스트에서 남동쪽으로 260킬로미터 떨어진 비하르Bihar의 푸르네어Purnea 인근 기지에서 이륙했다. 고도 그 자체는 큰 문제가 아니었다. 1933년 이전에 이미 해발 12,000미터 상공을 비행한 기록이 있었다. 문제는 거대한 산맥의 바람막이에서 자연스럽게 생겨나는 하향기류와 싸우면서 '조사용' 사진을 찍어 지형을 파악할 수 있도록 하는 것이었다. 칼날 같은 능선을 여러 번 아슬아슬하게 피하는 등의 위험이 있었다고 신문은 보도했지만 사실은 매우 평범한 비행이었다고 한다. 고작해야 카메라맨 한 명의 산소장비가 고장 났고 클라이즈데일이 에베레스트의 유명한 빙탑 사이를 과감하게 지나간 정도였다. 오전 10시 05분, 후세들을 위해 두 대의 비행기는 남동쪽에서 접근해 정상 30미터 위쪽을 날았다. 항공 조사는 히말라야의 낮은 지대를 자주 둘러싸는 먼지구름 때문에 전반적으로 실패였다. 그러나 이 홍보성 모험의 목적은 사실 조사가 아니었다. 조사가 실패했음에도 블랙커는 이것이 굉장한 성공이었다고 선언했다. 그는『더 타임스』에 다음과 같이 으스댔다. "비행이 끝난 후 며칠이 지나서야 비로소 세계의 마지막 내밀한 지역을 내려다보던 그 긴박했던 몇 분 사이에 무엇을 보았는지 깨닫기 시작했습니다. 우리는 바람을 타고 넘어갔고 그 순간 인간은 자연의 비밀스러운 베일 하나를 벗겼습니다. 궁극의 목표인 그 산은 이제 더 이상 사람의 손이 닿지 않은 산이 아닙니다."

물론 아래쪽의 롱북 빙하에 있는 사람은 어느 누구도 그 비행의 가치를 그렇게 중요하게 여기지 않았다. 신사였던 러틀레지는 나중에 그 비행사들에게 '용감한 탐사와 놀라운 성공'이라고 축하를 보내면서 그들이 북동릉에 대한 항공 사진을 보내준 데 대한 감사의 마음을 표했다. 그러나 등산가들은 대부분 휴스턴 원정대를 경멸했고『더 타임스』가 에베레스트 사진이라면서 인근에 있는 마칼루 사진을 전면에 내보냈을 때 마음속으로 기뻐했다. 자랑의

1933년 4월 3일 휴스턴 웨스트랜드 PV3이 남쪽에서 에베레스트 정상으로 접근하고 있다.
(사진출처: 왕립 지리학회)

목소리가 높았던 항공 정찰의 이득은 대략 이 정도였다.

한편 산 아래쪽에서는 에베레스트를 오르는 일이 계속 진행되고 있었다. 러틀레지는 앞선 실패의 경험을 잘 알고 있었으므로 점차적인 고소 적응과 대원들의 에너지 보존을 위해 빙하를 올라가는 힘들고도 느린 방식을 고집했다. 그가 미처 생각하지 못한 부작용은 높은 고도에서 느리게 움직이는 것이 유발하는 노곤하고 멍한 상태였다. 특히 쉽턴은 물자가 이곳저곳으로 운반되기를 기다리거나, 날씨가 개기를 기다리거나, 적혈구가 증가하기를 기다리면서 침낭 속에서 뒤척이는 것을 참지 못했다. 그는 훗날 이렇게 비아냥거렸다. "동상이나 심장의 압박보다도 욕창이 더 큰 위험이라고 생각될 정도였다." 5월 2일 전원이 노스 콜 기슭의 3캠프에 도착했지만, 그 후 날씨가 나빠졌고 콜의 벽은 1924년 이후 오르기가 힘들 정도로 상태가 좋지 않아 귀중한 10일을 지루하게 기다린 후에야 쉽턴과 스마이드가 루트를 개척해 간신히 콜 아래 60미터 지점의 불룩 튀어나온 얼음 턱 위에 4캠프를 설치할 수 있었다.

5월 19일 러틀레지는 브루스에게 이렇게 보고했다. "쉽턴과 스마이드는 굉장한 2인조입니다. 그들이 정상에 올라갈 것으로 생각합니다." 그러나 그의 확신은 하루 만에 깨졌다. 완벽한 날씨에다 상황도 좋았지만 5캠프를 설치할 책임을 졌던 대원들(윈 해리스, 버니, 보스테드)이 이상하게도 명령받은 대로 7,600미터 이상에 5캠프를 설치하지 않고 300미터 못 미치는 7,300미터에 짐을 내려놓았다. 4캠프에서는 심한 싸움이 벌어졌다. 윈 해리스가 일행에게 돌아가도록 명령한 버니에게 "빌어먹을 군인자식!"이라고 투덜거렸고, 러틀레지는 "에베레스트 연대기에 남을 가장 불명예스러운 날"이라며 펄펄 뛰었다. 다행히 계속 날씨가 좋아서 이틀 후 레이먼드 그린이 추가된 일행이 실수를 만회하고 5캠프를 7,830미터에 설치했다. 그렇지만 날씨가 좋은 이틀을 이미 손해 본 뒤였고, 신경쇠약에 걸릴 정도였던 러틀레지는 감정적인 싸움의 와중에 평정심을 잃어서 이상하게도 이런 예언적인 말을 남겼다. "우리가 손해를 본 건 이틀이 아니라 이십 년일지 몰라."

4일간 폭풍에 시달린 끝에 5월 29일 웨이저, 윈 해리스, 롱랜드, 앙 타르카이Ang Tharkay와 린징 보티아Rinzing Bhotia(이 둘은 후에 히말라얀 클럽의 탐나는 타이거 배지를 받았다.)를 포함한 아홉 명의 셰르파가 1924년 맬러리의 6캠프보다 180미터 더 올라간 지점인 북동릉 8,350미터 지점의 바람을 막아주는 경사진 조그만 바위 턱 위에 6캠프를 설치했다. 잠도 거의 못 자고 아침도 빈약하게 먹은 상태로 웨이저와 윈 해리스가 이곳에서 정상을 향해 출발했다. 그러나 그들은 가야 하는 거리를 너무 과소평가하고 있었다. 윈 해리스는 앞서 도전했던 맬러리처럼 '능선의 사나이'였다. 즉, 그는 정상으로 가는 길이 능선을 따라가는 것이지 거대한 북벽을 가로지르는 것이 아니라고 믿었다. 그래서 오전 7시 직전에 그가 퍼스트 스텝으로부터 동쪽으로 230미터, 그리고 능선으로부터 18미터 아래 지점에서 윌리쉬 오브 태쉬Willisch of Täsch 피켈에 발이 걸린 것은 전적으로 기적이라고만 할 수는 없다. 그는 그 피켈을 맬러리의 것으로 추측했지만 결국에는 샌디 어빈Sandy Irvine의 것으로 밝혀졌다. 그는 이 굉장한 발견이 맬러리와 어빈의 운명에 대해 무엇을 밝혀줄 것인가를 생각해보려고 당장 멈추지는 않았다. 그는 잠시 이 피켈을 원래 자리에 놓아두고 웨이저와 함께 능선을 향해 계속 횡단해 가서 퍼스트와 세컨드 스텝을 성공적으로 돌아 올라갔지만, 결국 이전에 노턴이 그랬던 것처럼, 곧 위험이 곳곳에 숨어 도사리고 있는 눈 덮인 그레이트 쿨르와르Great Couloir의 슬

1933년 에베레스트에서 셰르파가 짐을 지고 올라가고 있다. 프랭크 스마이드 촬영 (사진출처: 왕립 지리학회)

랩 지대에 도달했다. 오후 12시 30분 이들은 정상까지 대략 270미터가 남은 곳에 도달했지만 결국 돌아섰고, 어빈의 피켈을 찾은 다음 능선에 올라서서 인간으로서는 처음으로 캉슝 벽 전체를 다 보고 6캠프로 안전하게 철수했다.

그다음 날 쉽턴과 스마이드가 고독한 도전을 감행했다. 쉽턴은 설사증세가 있어 여러 날 잠을 자지 못했으며, '아기 고양이처럼 약하다'고 느꼈다. 게다가 두 벌의 모직 바지를 입고 다섯 켤레의 양말을 신은 다음 일곱 겹의 셰틀랜드 모직 스웨터를 입으니 마치 "스쿠버 장비를 완전히 갖춘 심해 다이버가 탱고를 추러 나가는 것처럼 격에 맞지 않는 부적절한 옷을 갖춰 입고 미묘한 암벽등반을 하러 간다."라는 생각이 들었다. 그는 두 시간 만에 포기했다. 스마이드는 혼자서 계속 전진하여 그레이트 쿨르와르까지 갔지만 아마도 윈 해리스와 웨이저가 갔던 곳으로 추정되는 곳까지 도달하자 더 이상은 어쩔 수 없다는 것을 깨달았다. 그들은 각자 떨어져서 너무나 힘든 단독 하산을 해야 했다. 쉽턴은 4캠프와 5캠프 사이에서 떨어져 죽을 위기를 넘겼고, 스마이드는 초조와 혼란 속에서 위험하게도 하루를 뒤에 더 남아서 머뭇거렸다. 쉽턴은 매지 앤더슨Madge Anderson에게 "우리는 동상과 심장의 부담 등으로 거의 폐인이 되다시피 하여 베이스캠프에 도착했다네."라고 편지를 썼다. 그러나 러틀레지는 아직 패배를 인정하려 하지 않았다. 그는 베이스캠프에서 하루 동안 회복한 다음 3캠프로 다시 전진하여 한 번 더 도전을 하려고 했다. 하지만 이 무렵 몬순이 시작되었는데, 런던의 에베레스트 위원회는 몬순이 끝난 다음 소규모로 도전을 해보자는 러틀레지의 제안에 대해 다음과 같은 전보를 보내 거부했다. "가을 원정을 위한 자금이 없음." 원정대는 다르질링으로 철수했고, 국왕이 보낸 관례적인 축전을 받고 나서야 기운을 조금 차렸다.

고국으로 돌아오는 기나긴 여행 동안 1933년 원정대의 낙심한 대원들은 자신들이 용감했다는 체면을 세우고자 그들의 불운을 날씨 탓으로 돌렸다. 스마이드는 공개적으로 이렇게 말했다. "1933년의 전반적인 조건에서라면 에베레스트는 어떤 루트로든 불가능했을 겁니다." 그러나 개인적으로 그와 다른 대원들은 최소한 5월 중순에 날씨가 상당히 좋았지만 절호의 기회를 놓쳤다는 것을 알고 있었다. 영국으로 돌아오자 당연히 이에 대한 비난의 목소리가 여기저기서 터져 나왔다. 그 비난은 조용히 시작되었다. 처음에는 젊은 세대에서 자기들끼리 모여 시대에 뒤진 선배들과 지나치게 조심스럽고 케케묵은 등산 방식에 대해 투덜댔다. 그 후 라싸 측이 예상외로 다음 탐사에 대한 허가를 내주자 백발이 성성한 에베레스트 위원회의 위원들이 켄싱턴 고어Kensington Gore에 다시 모였는데, 이때 상황이 굉장히 시끄러워졌다. 표면적인 문제는 리더십이었다. 젊은 세대에서는 러틀레지가 마음이 약하고 우유부단하니 러틀레지 대신에 콜린 크로퍼드를 뽑자고 주장했는데, 웨이저, 롱랜드, 브로클뱅크가 적극적이었고 그린이 소극적인 찬성 의사를 밝히고 나섰다. 러틀레지는 그를 비판하는 사람들의 행동을 이해했다. 그는 시드니 스펜서Sydney Spencer에게 "그들은 시대의 소산이지. 그리고 자네도 알다시피 요즘 젊은이들은 일단 비판적이라네. 그들의 핏속에는 전쟁을 겪은 세대나 전쟁 이전 세대라면 누구나 비판하고자 하는 생각이 흐른다네. 그 사태에 개인적인 원한이나 의지가 티끌만큼도 개입하지 않았다고 나는 생각하네. 그러나 불행히도 우리가 고국에 돌아온 후 언성을 높일 일이 많아졌고, 그것은 항상 문젯거리가 되었네. 우리는 이제 스스로를 속일 필요가 없다네. 원정대가 대원들을 잘 뽑은 것은 아니었지. 나는 그것을 아주 빨리 깨달았다네. 산에 도달할 무렵 '조화를 이루지 못하는' 대원이 다섯 명 있다는 것을 알았지. 그러나 나는 그들을 최대한 활용해야 했네. 그래서 결국 유능한 대원들이 너무 혹사당했어. 나는 이 사태의 이면에 이 점에 대한 불만이 무의식적으로 도사리고 있다고 생각하네."라는 내용의 편지를 보냈다.

러틀레지는 그를 향했던 젊은 세대의 불만이 결국 알파인 클럽과 대영제국 지리학회, 에베레스트 위원회와 안이한 에베레스트 원정 조직에 대한 젊은 세대의 깊은 좌절감과 같은 선상에 있었다는 점은 파악하지 못했다. 여러 해가 지난 후 혈기가 어느 정도 식었을 때, 러틀레지를 반대하던 일파 중 한 명이었던 잭 롱랜드가 이 일에 대해 회상하면서 이것은 바로 "실제로 산을 올랐던 젊고 활동적인 등산가들과 알파인 클럽과 같은 클럽을 운영하고 원정과 관련된 여러 가지 정책을 결정하던 나이 많은 사람 사이에서 반복적으로 일어난 갈등"이라고 말했다. 그럼에도 그는 "1930년대 중반의 젊은 등산가들이 여러 해 동안 본격적인 등반을 해본 적 없는 사람들의 손에 의해 알파인 클럽과 에베레스트 관련 사업들이 좌지우지된다고 생각하면서 느꼈던 좌절감에 대해 깊이 공감한다."라고 덧붙였다. 1933년 원정대가 에베레스트에서 별 소득 없이 허우적거리고 있을 때, 마르코 팰리스Marco Palliss는 소규모 원정대를 이끌고 쿠마온의 강고트리 지역으로 갔다. 이 원정에서 찰스 워런Charles Warren과 콜린 커커스Colin Kirkus는 바기라티3봉Bhagirathi3을 선구적인 알파인 등반으로 등정하는 업적을 쌓았다. 당시의 공격적인 게르만 전술에 경각심을 품고 있던 젊은 과격분자들은 — 알파인 클럽에 반발하던 — 이 소규모의 알파인 등반을 에베레스트 등반과 비교해보려 했다. 스마이드는 그들의 의견에 부분적으로만 동조했다. 롱랜드는 스마이드를 넌지시 공격했다. "프랭크는 우리 편인 척했지만 사실은 그렇지 않았다." 스마이드는 러틀레지의 원정이 무거운 짐 때문에 실패로 돌아갔다는 점에 동의했고, 다음 원정대는 반드시 대단한 알파인 등반을 감행할 수 있는 일류 알파인 등산가로 이루어져야 한다는 점에도 동의했다. 그러나 근본적으로 스마이드는 포위전법을 믿으면서 러틀레지의 리더십을 지지했는데, 그 이유는 러틀레지가 유일한 대장 역할을 하지 않고 대부분 스마이드에게 의존했기 때문이다. 결국 러틀레지는 대장의 대리에 불과했다.

에릭 쉽턴은 '우울하고 소득도 없는' 에베레스트 사업에서 손을 뗀 다음, 마음을 정리하고 웨이저와 함께 티베트에 남아서, 빠르고 짐도 가벼운 탐험을 만족스럽게 즐겼다. 그는 약간 불안해했지만 결국 농장 일을 접고 '히말라야 여행가라는 불투명한 직업'을 갖기로 마음먹었다. 그는 그때 확정하지는 않았지만, 이런 매력적인 목적을 마음속에 품고 '눈의 거처'를 넓게 조망하다가 결국 여신의 성채인 난다데비로 눈길을 돌렸다.

5장

히말라야의 전성기

(1934~1939년)

성채

쿠마온의 전설에 의하면 오래전에 아름다운 공주가 호색한인 로힐라Rohilla 영주의 구애를 거절하여 아버지의 나라를 전쟁과 파멸로 몰고 갔다고 한다. 공주는 목숨과 정조를 지키기 위해 라니케트 전투에서 도망쳐 시바 신의 아내 파르바티가 태어난 거대한 산의 눈 덮인 정상에 가서 숨었다. 그 산은 깎아지른 봉우리와 능선으로 둘러싸여 있어 아무도 들어오지 못하는 곳이었다. 그녀는 어느 누구도 범접할 수 없도록 영원히 그곳에 머물러 그 산 자체가 되었다. 그 산이 바로 난다데비다. 7,816미터 높이의 난다데비는 가르왈 히말라야의 여왕으로 인도에서 가장 높고 성스러운 산이며 두말할 나위 없이 가장 아름답다. 일반적으로 동양인의 눈에도, 그리고 서양인의 눈에도 모든 산은 '여성'이다. 따라서 등산에서 '정복'이라는 단어는 아주 드물게 순전히 군사적으로 비유할 때만 쓰인다. 상당히 구체적이고 약간은 기이한 신화들(처녀 공주, 어머니 여신, 시바의 관능적인 아내, 풍요의 신)과 독특한 지형적 특성을 감안한다면 난다데비보다 더 유혹적인 산은 없다. 그 산은 휴 러틀레지Hugh Ruttledge가 말한 대로 최고의 요부로, 숭배자들은 리쉬 협곡[†]Rishi Gorge이라는 엄청난 시험을 통과해야만 한다. 하지만 그 산은 그 이후에도 여러 가지 술수를 부려서 자신의 정조를 지키려 한다. 서양인들의 상상 속에서 에베레스트가 전쟁에 가까웠다면, 난다데비는 종종 구애에 가까웠다.

난다데비는 낭가파르바트와 에베레스트의 중간 정도에 있는 인도-티베트 접경 지역에 있다. 영국 통치시기에 그곳은 아그라와 오우드가 합병된 통합 주의 쿠마온 구역이었고, 지금은 인도의 우타락한드Uttarakhand 주이다. 정상 바로 동쪽에는 쌍둥이처럼 보이는 난다데비 동봉Nanda Devi East이 솟아있어 난다데비를 그녀의 성채에 단단히 묶어두는 역할을 한다. 성채의 벽은 난다데비 동봉에서 뒤쪽으로 이어져 북서쪽의 창가방과 두나기리로 향하고, 남서쪽으로는 마이크톨리Maiktoli와 트리술로 이어진 후 다시 안으로 굽어서 거의 완벽한 원형에 가까운 '바깥쪽 성채'를 형성한다. 창가방과 마이크톨리에서 나오는 두 개의 안쪽 능선은 리쉬 협곡 상부로 동그랗게 이어져 '안쪽 성채'를 이루며, 여신의 두 번째 난공불락의 성채가 된다. 안쪽 성채의 벽 둘레는 113킬로미터로 6,400미터가 넘는 봉우리가 19개나 있다. 그 성

† 고지gorge 협곡. 깊은 골짜기

채 둘레의 평균 고도는 6,100미터이며, 서쪽에서 고도가 갑자기 뚝 떨어지는 리쉬 협곡(리쉬 협곡은 힌두교의 현자인 일곱 리쉬rishi가 이 세상에 있을 때 살던 곳이라 한다.) 부분만 제외하면 5,500미터 이하로 낮아지는 곳은 한 군데도 없다. 난다데비는 기슭에서부터 3,960미터 높이로 솟아있는데, 이 여신은 인적이 닿지 않는 386제곱킬로미터의 빙하와 고산 초원이라는 낙원으로 둘러싸여 있어, 마치 '인간으로서는 상상할 수 없는 어떤 힘에 의해 만들어진 거대한 조각 작품' 같다.

1934년 이전에 난다데비를 공략했던 탐험가는 세 명뿐이었다. 하지만 그들 중 어느 누구도 여신의 성채 안쪽으로 뚫고 들어가지 못했다. 첫 번째 탐험가였던 윌리엄 우드먼 그레이엄William Woodman Graham은 1883년에 리쉬 협곡 하부를 탐험하여 라마니Rhamani 지류까지 갔다. 그는 난다데비에 도전해보고 싶었지만 리쉬 협곡 상부가 '통과가 불가능하도록 매끈하게 파놓은 참호' 같다는 것을 발견하고, 북쪽 성채에 있는 낮은 봉우리들을 오르는 것으로 만족했다. 1905년에는 위대한 롱스태프가 난다데비의 동쪽에 있는 파추Pachu와 라완Lawan 계곡을 탐험하던 중 성채의 낮은 곳에 이르렀다. 이후 그곳은 롱스태프 콜Longstaff's Col(5,910m)이라 불렸고, 롱스태프는 성채 안쪽을 목격한 것으로 알려진 최초의 인간이자 최초의 서양인으로 기록되었다. 잘 알려진 대로 롱스태프는 2년 후 찰스 브루스, 아널드 멈과 함께 가르왈로 돌아와 트리술을 등정한 다음, 당시까지 가장 높은 산을 오른 것을 자축했는데 이때 이 성채의 바깥쪽을 돌아갔었다. 휴 러틀레지는 1925~1929년에 알모라 지구의 부감독관으로 일할 때 난다데비를 두 번 정찰등반할 기회가 있었다. 한 번은 팀푸 빙하Timphu Glacier를 통해 북동쪽에서 접근해보았고, 또 한 번은 난다키니 계곡Nandakini Valley을 통해 남서쪽에서 접근해보았다. 그러나 두 번 다 성채 안쪽으로 들어갈 수는 없었다. 돌이켜보면, 이 원정들의 의미 있는 가장 큰 혁신은 에베레스트 지역 밖에서 셰르파와 함께 등반한 것이었다. 그 당시가 셰르파들이 히말라야 등반에서 핵심적인 보조자로 인식되던 무렵이었다. 러틀레지는 퇴직한 지 3년이 지난 1932년 쿠르마예 출신의 에밀 레이Emile Rey와 다르질링 출신의 셰르파 여섯 명을 데리고 난다데비로 돌아왔다. 이번에는 남쪽 성채의 벽에 있는 마이크톨리의 동쪽 순데르훙가 콜Sunderhunga Col(5,639m)의 벽을 탐사했지만, 결국 그곳은 세락과 오버행의 아레트로 이루어져 있어 통과할 수 없었다. 러틀레지는 "난다데비로 바로 가는 접근로를 찾을 수 있을 것이라는 희망이 끝내 사라졌다."라고 기록했다. 1933년 러틀레지가 에베레스트 원정을 지휘하

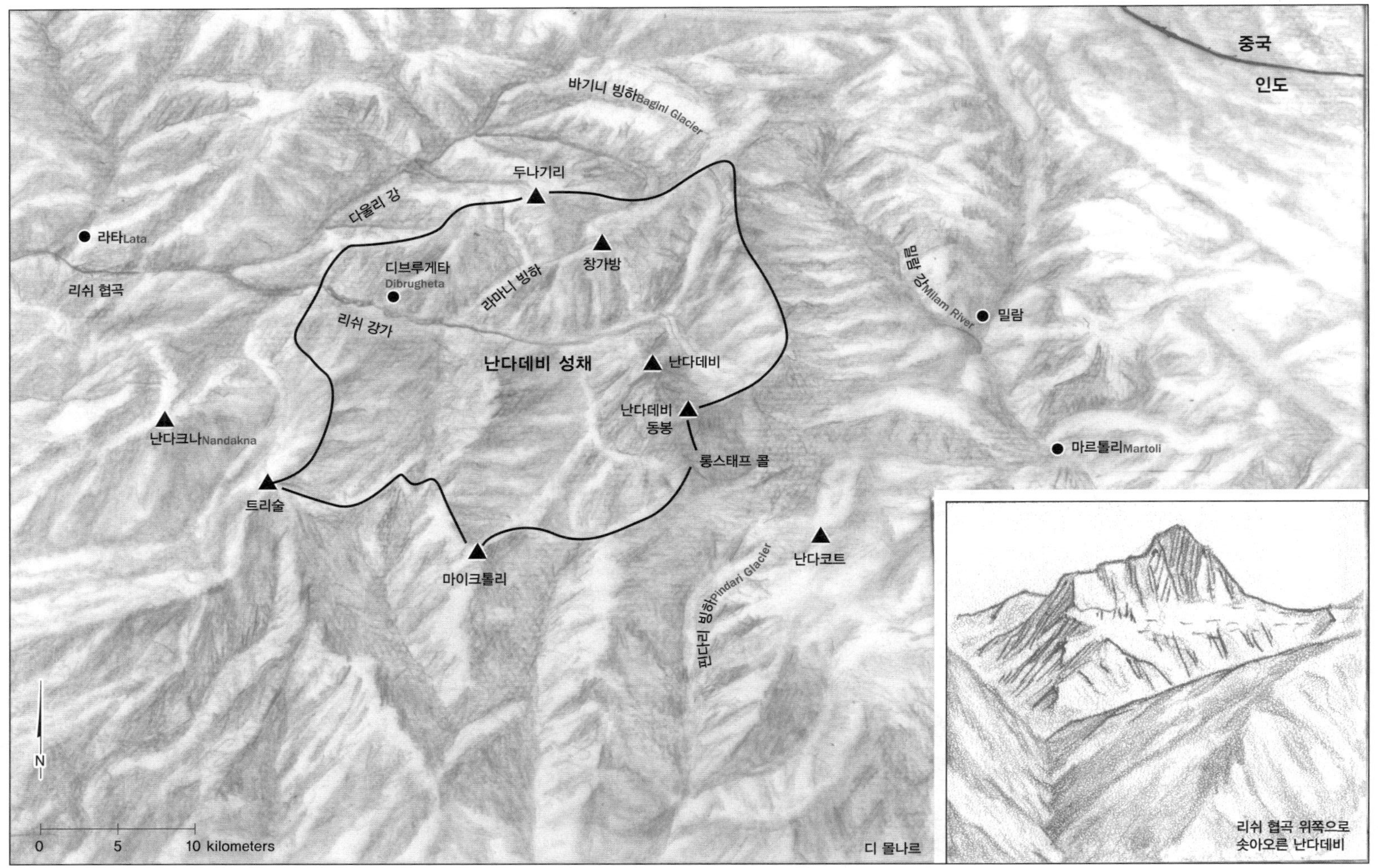

중국
인도
바기니 빙하Bagini Glacier
두나기리
다울리 강
라타Lata
리쉬 협곡
디브루게타
Dibrugheta
라마니 빙하
창가방
리쉬 강가
난다데비 성채
난다데비
난다데비
동봉
롱스태프 콜
밀람 강Milam River
밀람
마르톨리Martoli
난다크나Nandakna
트리슐
마이크톨리
핀다리 빙하Pindari Glacier
난다코트
N
0
5
10 kilometers
디 몰나르
리쉬 협곡 위쪽으로
솟아오른 난다데비

난다데비 성채

기 위해 영국으로 돌아가서, 여신은 계속 비밀을 지킬 수 있었다.

에릭 쉽턴은 1931년 스마이드와 함께 가르왈에 갔을 때 리쉬 협곡의 입구를 본 적이 있었지만 훗날 에베레스트 원정 때 러틀레지가 난다데비 성채에 대해 말하는 것을 듣고서야 처음으로 관심을 갖게 되었다. 러틀레지의 말을 듣자 쉽턴의 방랑 본능이 꿈틀거렸고, 그는 그 자신만의 방식으로 도전했다. 쉽턴은 일단 영국으로 돌아오자 등산과 탐험계의 원로이자 난다데비에 관한 한 가장 권위 있는 인물이었던 롱스태프를 찾아갔다. 롱스태프는 쉽턴의 생각을 격려하면서 리쉬 협곡 탐사에 집중해보라고 강조했지만, 고작 150파운드밖에 안 되는 쉽턴의 예산이 너무나 부족하다면서 회의적인 반응을 보였다. 쉽턴은 자신의 프로젝트에 신문사들의 관심을 끌어들여 자금을 모으려 했지만, 그들의 입장에서 난다데비는 아주 모호한 야망에 불과했다. 따라서 그는 자신의 좋은 취지와는 다르게 에베레스트 강연으로 자금을 모으는 전략을 받아들일 수밖에 없었다. 쉽턴은 전에는 에베레스트 강연 연사로 고용해줄 테니 순회강연을 하자는 제안을 멋지게 거절했지만, 이번에는 어쩔 수 없이 마음을 돌려 강연 연사로 돌아다니며 자금을 모아야 했다. 쉽턴은 에베레스트 원정 당시 티베트어 통역이었던 카르마 폴Karma Paul을 통해 세 명의 셰르파를 모집했다. 그는 앙 타르카이Ang Tharkay, 파상 보티아Pasang Botia를 선발했고, 노련한 린징Rinzing이 함께 등반할 수 없자 초보자인 쿠상 남기르Kusang Namgir를 데려가기로 했다.

이제 마음에 맞는 동료를 구하는 가장 중요한 일만이 남아있었다. 쉽턴은 "동료란 어려운 일을 시작할 때 등산가나 여행자가 가질 수 있는 가장 큰 자산이며 거액의 돈이나 장비, 좋은 날씨보다 훨씬 더 가치가 있다."라고 말했다. 쉽턴은 루웬조리를 등반한 경험이 있으며 '경량 탐험의 열렬한 옹호자'였던 노엘 험프리스Noel Humphreys를 생각했지만, 그는 북극 탐사에 몰두하고 있었다. 쉽턴이 셰르파들만 데리고 원정에 나서야겠다고 생각하고 있을 때 뜻밖에도 빌 틸먼으로부터 편지가 왔다. 당시 틸먼은 케냐에서 탄광사업을 하다 실패하자 자전거를 한 대 사서 아프리카를 횡단해 프랑스령 카메룬의 도우알라Douala로 가 그곳에서 영국으로 가는 증기선을 탈 계획이었다. 틸먼은 당시 개인적으로나 직업적으로나 정해진 것이 없어서 쉽턴에게 레이크 디스트릭트로 2주일 동안 산행을 가자고 제안하는 편지를 보낸 것이다. 쉽턴은 그러지 말고 인도로 7개월간 여행을 가자고 제안을 했고, 틸먼은 즉시 이를 수락했다. 이들의 유명한 파트너 관계는 이렇게 시작되었다. 자전거를 이용해 인도로 가는 것보다 더 좋은 방법이 있는지 생각해본 다음 두 사람은 1934년 4월 6일 배를 타고 리버풀을 떠났다.

나머지 이야기는 너무나 유명하다. 그들은 캘커타에서 우스꽝스러운 불운을 몇 번 겪은 다음 앙 타르카이, 파상과 쿠상(그는 그때까지 다르질링을 벗어난 적이 없었다.)을 만났다. 그 후 쉽턴과 틸먼은 라니케트로 향했고, 그곳에서 도티알Dotial 짐꾼 12명을 고용하여 리쉬 강가로부터 약 16킬로미터 아래쪽인 다울리 계곡의 조시마트까지 자신들이 식량과 장비를 가져가는 것을 돕도록 했다. 그들은 상하지 않도록 간 고기와 말린 과일, 쇠기름을 섞어서 만든 페미컨 캔 10개와 4.5킬로그램짜리 체다 치즈 몇 덩이 등 약간의 식량을 가져갔지만, 원래 계획은 대부분 그 지역에서 나는 것을 먹고 그 지역 사람들이 먹는 식단인 렌즈콩과 차파티, 짬파(볶은 보리로 만든 죽)를 먹는 것이었다. 장비는 미드 텐트 두 개와 오리털 침낭, 프리머스 버너와 로프, 카메라, 관측 장비와 랜턴을 가져갔다. 요즘 사람들에게는 그 정도면 넉넉해 보일지 모르지만 당시 그 정도로 단출한 장비를 사용하던 쉽턴과 틸먼은 셰르파처럼 간소하게 등반한다는 명성을 얻었다. 두 사람은 아테네식 민주주의라는 독특한 요소를 도입했다. 그들은 비록 '나리'였지만 영국인 등산가로는 처음으로 셰르파와 함께 모닥불 곁에 앉았으며, 같은 음식을 먹고 같은 텐트를 사용하고 같은 무게의 짐을 짊어졌다. 쉽턴은 훗날 이렇게 주장했다. "우리는 곧 그들을 하인이라기보다는 동료 등산가라고 여겼다. 그리고 그들은 기대감과 승리의 기쁨을 우리와 함께 나누었다." 그러나 두 명의 '나리'들 간에는 이런 친근감 이상의 발전은 없었다. 쉽턴은 7개월간 꾸준한 파트너 관계를 이어간 후에야 틸먼에게 자신을 편하게 "에릭"으로 부르라고 말했는데, 틸먼은 "이 제안을 거절하면서 엄청나게 당황해서 고개를 내리더니 '그건 정말 말도 안 되는 소리구먼.' 하고 중얼거렸다."라고 한다.

쉽턴의 회상에 의하면 틸먼은 사실 '재미없는 동료'였다. 그는 내성적이고 금욕적인 사람이며 '공허한 대화나 사소한 수다는 거의 쓸모가 없다'고 생각했다. 그러나 그에게는 늘 유머감각이 있어서 셰르파들과는 잘 지냈다. 그는 외모를 다듬지 않아 텁수룩하고 허름한 모습이었는데 셰르파들은 애정을 담아 그를 발루 나리Balu Sahib(곰 나리)라고 불렀다. 틸먼은 난다데비 정찰등반에 대한 책을 쓰지 않고 이 생각을 처음 해낸 쉽턴에게 그 일을 넘겼다. 그러나 훗날 틸먼이 다른 등반에 대해 쓴 책에는 독특하게도 셰르파 개개인에 대한 면밀한 관

1934년 리버풀을 떠나는 에릭 쉽턴(왼쪽)과 빌 틸먼
(사진출처: 알파인 클럽 도서관)

심과 그들에 대한 인간적인 기억이 드러나 있다. 그 책에 묘사된 텐징Tenzing이나 파상 키쿨리 Pasang Kikuli에 견주어 보면 쉽턴마저 그 존재감이 희미할 정도이다. 그러나 두 사람을 다 잘 아는 사람이라면 틸먼이 자신보다 나이 어린 이 영국인을 얼마나 깊은 애정을 가지고 대했는지 믿어 의심치 않는다. 틸먼은 자신보다 경험이 많은 쉽턴에게 대부분의 판단을 기꺼이 맡겼지만, 현명한 연장자의 분위기를 풍기면서 쉽턴을 마치 아버지와 같은 은근한 애정을 가지고 배려했다.

일행은 라니케트로부터 12일에 걸친 '즐거운 산책'을 한 끝에 다울리 계곡 상부에 있는 수라이 토타Surai Thota 마을에 도착했다. 그들은 그곳에서 남쪽으로 방향을 틀어 그레이엄의 발자취를 따라 눈 덮인 두라쉬 고개Durashi Pass와 그 지역의 목동들에게 잘 알려진 고산 계곡 디브루게타를 통해 리쉬 협곡 중간으로 들어갔다. 틸먼은 디브루게타를 보니 묘하게도 레이크 디스트릭트가 생각났다고 한다. 5월 28일 그들은 라마니 날라Rhamani Nala와의 합류점에 도달했다. 이곳은 그레이엄과 롱스태프가 전에 왔던 가장 먼 곳이었다. 거기서 그들은 도티알 짐꾼들을 돌려보내고 베이스캠프를 설치한 후 리쉬 협곡에 도전했다. 장애물이 헤아릴 수 없이 많았고, 위험은 말할 수도 없을 만큼 컸으며, 구불구불한 길은 찾기도 어려웠다. 고작 6킬로미터를 가는 데 9일이나 걸려, 쉽턴은 "마지막 순간까지 길을 찾을 수 있을지 걱정이 됐다."라고 고백했다. 그러나 결국 6월 6일, 그들은 '남쪽 성채로 들어가는 마지막 가냘픈 연결점'을 찾았고 3주일을 버틸 수 있는 충분한 식량을 가지고 안쪽 성채로 들어갔다. 여신이 결국은 자신의 비밀을 보여준 것이다.

그곳이 바로 낙원이었다. 낙원이 다른 곳에 있다는 것은 상상할 수조차 없었다. 높은 봉우리들이 솟아있고, 빙하가 펼쳐져 있고, 꽃이 만발한 고산 초원이 끝없이 펼쳐진 곳에 티베트 산양인 바랄 무리가 풀을 뜯고 있으며, 그 위로 '비할 바 없이 아름다운' 난다데비가 솟아있었다. 그들이 가는 곳에 따라 난다데비는 계속 형태와 색을 바꾸었다. 쉽턴과 틸먼은 난다데비에 조심스럽게 도전해볼 생각이었다. 그들은 난다데비를 보고 난 후 식량을 점검하고 즉시 도전에 착수했다. 그들은 자신들의 생각대로 아래쪽의 버트레스에서 짧은 시도를 해본 다음 북부 분지에 대한 고생스러운 조사를 하는 데 귀중한 시간을 보냈다. 물론 그들이 등반을 등한시한 것은 아니었다. 그들은 이 조사 과정에서 이름 없는 6,400미터 봉우리를 등정했고, 7,010미터 높이에 도전했으며, 동쪽과 서쪽 둘레에 있는 세 개의 콜에 가보았다.

6월 말이 되자 몬순이 시작되었다. 그들은 리쉬 강가로 내려가서 조쉬마트로 철수해 휴식을 취한 다음 순례의 길Pilgrim Road을 따라 성스러운 마을 바드리나트로 갔다. 그들은 거기서 두 달에 걸쳐 지형학적 관심 이상의 관심을 가지고 열성적으로 바드리나트 산맥을 정찰했다. 이 산맥은 갠지스 강의 주요 수원 세 곳인 알라크난다, 바기라티, 만다키니 강 사이에서 분수령 역할을 하기 때문에 전통적으로 신들의 거처로 숭배되었다. 두 사람은 일단 바가트 카라크 빙하Bhagat Kharak Glacier를 따라 올라가 아직 탐험되지 않은 지역의 고개를 여러 개 넘어서 아르와 계곡Arwa Valley으로 간 다음, 분수령을 넘고 강고트리 빙하를 건너 갠지스 강의 시원인 가우무크Gaumukh, 즉 '소의 입' 쪽으로 향했다. 그러자 8월이 되었다. 그들은 산토판트 빙하Santopanth Glacier를 통해 남쪽으로 분수령을 넘어가보려고 했다. 이것은 그들이 예상한 것보다 훨씬 더 어려운 일이었다. 그들은 일주일 동안 버섯 세 개와 죽순으로 버티면서 숲으로 뒤덮여 길이 없는 작은 협곡에서 빠져 나오려 상당히 애를 쓴 결과, 결국 순례자의 마을인

1934년 난다데비 원정대(왼쪽에서 오른쪽으로): 앙 타르카이, 에릭 쉽턴, 파상 보티아, 빌 틸먼, 쿠상 남기르.
(사진출처: 왕립 지리학회)

케다르나트Kedarnath로 가는 길을 찾았다. 쉽턴은 이렇게 자랑했다. "힌두 신화 말고 현실 속에서 신성한 갠지스 강의 수원 세 곳 사이를 직접 가보는 데 성공한 첫 번째 사람들은 바로 우리다."

9월에 몬순이 멈추자 쉽턴과 틸먼, 그리고 세 명의 셰르파는 성채에 대한 조사를 마무리하고, 가능하다면 올라갈 수 있는 등반선 정도는 찾으려고 난다데비로 돌아갔다. 그러나 이제 그들의 주된 야심은 동쪽이나 남쪽 벽을 통해 성채에서 빠져나와 횡단을 완료해보는 것이었다. 1905년에 영웅 톰 롱스태프가 성채를 내려다본 동쪽의 롱스태프 콜은 가망이 없는 것으로 판명되었다. 그들은 그곳에 도달할 수 없었다. 다음 가능성으로는 1932년 러틀레지가 바깥쪽에서 정찰해본 5,486미터의 남쪽 급경사, 즉 순데르훙가 콜이 남아있었다. 쉽턴은 9월 10일 그곳을 찾으러 떠났지만 당시 인도 측량국에서 동 트리술이라고 불렸고 지금은 마이크톨리라고 부르는 눈 덮인 봉우리 때문에 길을 잘못 들었다. 쉽턴은 이 원정에서 여러 차례 고산증을 겪은 틸먼을 파상에게 맡기고, 9월 12일 마이크톨리를 쿠상, 앙 타르카이와 함께 올랐다. 이후 그곳은 1961년이 되어서야 두 번째로 등정되었다. 이틀 후 쉽턴과 틸먼은 함께 난다데비 동쪽 능선(6,400m)에 올랐고, 거기까지 오른 것에 만족했다. 그것이면 충분했다. 그들은 9월 16일 순데르훙가 콜을 넘어 그 성채를 빠져나옴으로써 그들이 '원정'이라는 말보다 더 좋아했던 '여행'을 마쳤다. 그들의 이번 여행은 히말라야 탐험 연대기에 새로운 이정표를 세웠다.

낭가파르바트의 분노

에릭 쉽턴은 1934년의 난다데비 정찰에 대한 탐험기 『난다데비Nanda Devi』를 공들여 썼는데, 그는 이 책에서 남릉을 통한 접근을 평가했다. 그는 특히 '그 당시 히말라야에서 유행하던 기나긴 포위전법'에 대한 반대론을 펼쳤다. 쉽턴은 짐을 잔뜩 놓아두는 캠프를 설치하면서 나아가는 방식은 그 자체로 너무 많은 사람을 높은 고도에 올라가게 하는 위험이 있다고 생각했다. 그는 이렇게 썼다. "고산에서는 이동성이 효율성과 안전성의 핵심이다. 그리고 이런 이유로 나는 대규모로 중무장한 원정이 에베레스트에서 성공을 거두기는 어렵다고 생각한다." 물론 그의 이런 생각은 잘못되었다는 것이 훗날 밝혀졌다. 그러나 그가 1934년 난다데비에서 고국으로 돌아오면서 글을 쓸 당시에는 이 논쟁이 그에게 유리한 쪽으로 진행되고 있었다. 그와 틸먼이 바드리나트의 분수령을 날쌔고 가볍게 넘어간 것도 그들에게 유리한 근거였지만, 쉽턴과 틸먼이 모르는 사이에 독일 원정대의 낭가파르바트 공략이 처참한 실패로 돌아갔다는 것도 쉽턴의 주장에 손을 들어주었다. 낭가파르바트에서 16명(5명의 독일인과 11명의 셰르파)이 폭풍설로 고소 캠프에 갇혀 이들 중 9명이 목숨을 잃었다. 그것은 1870년 몽블랑에서 11명 전원이 폭풍설에 목숨을 잃은 이후 가장 끔찍한 등반 사고였고, 그 결과는 오랫동안 영향을 끼쳤다. 독일의 등산 조직 안에서 정치적인 격변이 일어났고, 독일인들의 뇌리 속에 낭가파르바트가 굳건히 자리 잡음으로써, 쉽턴이 개탄한 것처럼 히말라야 등반과 국가주의가 노골적으로 결부되었다.

빌리 메르클은 1932년에 카슈미르를 떠나면서 1933년에 다시 돌아오려고 했지만 나치일당 독재의 출현으로 모든 것이 불투명하게 되었다. 러틀레지가 만일에 대비해서 모든 셰르파를 에베레스트 등반을 위해 예약해두었는데, 메르클은 1932년 훈자에 갔던 경험이 있어 이런 상황에서는 계획을 계속 추진할 생각이 없었다. 한편 파울 바우어는 1933년 칸첸중가로 가려는 자신만의 계획을 가지고 있었으나 그 자신도 독일의 등반을 새로운 정치적 노선에 맞추는 표준화 정책에 깊이 연루되어있었다. 결국 그는 1936년이 되어서야 히말라야로 갈 수 있었다. 바우어의 상관이었던 제국 스포츠대장 차머 운트 오스텐은 자신의 상관인 아돌프 히틀러를 위해 으스댈 만한 자랑거리를 히말라야에서 찾는 데 혈안이 되어있었다. 그는 괜찮은 제안이 온다면 어떤 것이든 후원하기로 마음먹고 있었다. 그러나 나치제국과 1934년 낭가파르바트 원정이 직접적으로 관련되어 있다고 말하는 것은 과장이다. 사실은 메르클이 그 원정을 갈 목적으로 나치제국을 이용한 것이었다. 메르클은 그의 친구이자 직업상 동료인 하인츠 바우마이슈터Heinz Baumeister를 통해 직접 독일제국 철도스포츠협회에 자금 지원을 호소했다. 당시 협회는 바이마르제국의 조직으로 그때까지는 차머 운트 오스텐의 영향력 아래에 있지 않았다. 그 지원금에다가 독일-오스트리아의 산악연맹에서 온 추가 지원금, 그리고 독일 과학지원협회에서 온 지원금으로 역대 가장 풍부한 자금과 가장 좋은 장비를 갖춘 독일 원정대가 탄생하게 되었고, 제국 스포츠국이 이것을 국가적인 사업으로 승인했다. 그러나 사실 이 등반은 바우어가 사고 직후 곧바로 지적한 바와 같이 거의 개인적인 관심으로 시작된 모험이었다.

1932년 원정에 참가했던 인물 가운데 프리츠 베흐톨트와 오스트리아인 가이드 페터 아쉔브레너만이 1934년의 원정에 다시 동참했다. 가장 눈에 띄는 참가자는 빌로 벨첸바흐였는데, 그는 낭가파르바트 원정이라는 아이디어를 처음 냈지만, 1932년에는 직업상의 이유로 그 원정을 메르클에게 양보해야만 했던 사람이었다. 벨첸바흐의 어머니는 지혜롭게도 그에게 "원정대장으로 가는 게 아니라면 가지 마라."라고 말했다. 그러나 벨첸바흐는 낭가파르바트를 오르고 싶다는 열망 때문에 그런 주의 깊은 충고를 무시하고 불운하게도 부대장이라는 한 단계 낮은 직책을 맡았다. 다른 신참들은 알프레드 드렉셀Alfred Drexel(벨첸바흐와 베르네 알프스의 북벽을 네 번 오른 파트너이자 바바리안 철도에서 메르클과 함께 근무), 에르빈 슈나이더Erwin Schneider, 울리히 빌란트Ulrich Wieland(두 사람 모두 다이렌푸르트의 칸첸중가 원정에 참가), 페터 뮐리터Peter Müllritter(원정대 사진사), 빌리 베르나트Willy Bernard(원정대 의사)였다. 그리고 리처드 핀슈터발더Richard Finsterwalder, 발터 레흘Walter Raechl, 페터 미쉬Peter Misch, 이렇게 세 사람이 과학 분야의 팀을 구성했다.

나중에 지질학자인 미쉬로 인하여 문제가 생겼는데, 그의 아버지가 유태인이었다. 미쉬의 아버지는 빌헬름 딜타이Wilhelm Dilthey의 사위였으며 괴팅겐의 철학자였다. 차머 운트 오스텐 쪽에서 볼 때는 이 원정이 모든 공적인 부문에서 유태인을 배제하는 것을 목표로 하는 '전문적인 공공 서비스의 복원을 위한 법령'(1933년 4월 아리아인 동맹으로 1차 결성됨) 아래 진행되어야 했으므로, 미쉬는 원정대원으로 뽑힐 수 없었다. 그러나 과학팀 수석이자 지도 제작자였던 핀슈터발더가 이 사안을 히틀러의 부관인 루돌프 헤스에게까지 항의했고, "이 법은 원래 건전한 법인데 죄가 없는 사람에게 잘못 적용되었다."라고 주장했다. 이런 문제가 있었지만 결국 원정대가 로이드 트리에스티노Lloyd Triestino 회사의 정기선인 콘테 베르데 Conte Verde 호를 타고 1934년 4월 13일 금요일에 베니스를 출발할 때 어찌됐든 미쉬도 함께 가게 되었다.

그날 콘테 베르데에는 G. O. 다이렌푸르트의 가셔브룸1봉(히든피크Hidden Peak) 국제 원정대 대원들도 탔다. 가셔브룸1봉은 카라코람 산맥의 8,068미터 고봉으로 낭가파르바트에서 인더스 계곡 건너편 북동쪽으로 160킬로미터 떨어진 곳에 있다. 히말라야는 차츰 사람들로 붐벼가고 있었다. 비록 훗날 베흐톨트가 신문이 말한 두 원정대 간의 '치열한 경쟁의식'을 부정하면서 그 증거로 친근한 분위기에서 진행된 선상 쿠오티 게임을 예로 들었는데, 아주 상반되는 정치적 견해를 가진 원정대가 함께 있었기 때문에 분위기가 불편했던 것은 사실이었다. 다이렌푸르트는 독일에서 태어나기는 했지만 스위스 시민권을 받아들였고, 등반을 일부러 두 번이나 '국제적'으로 조직했다. 유태인 부인을 둔 민주주의자로서 다이렌푸르트는 독일의 시국을 개탄했다. 그는 훗날 독일이 오스트리아를 합병[†]Anschluss하자 34년간 지켜온 독일 산악연맹 회원 자격을 '명예의 문제'라면서 반납했다. 다이렌푸르트도 메르클처럼 대규모 원정이라는 개념에 몰두해 있었고 또한 스마이드가 칸첸중가에서 깨달은 것처럼 독재적이기도 했다. 그러나 그는 등반에 대해 국가적인 의미를 부여하지 않았으므로 베흐톨트의 선실 안에 나치 깃발이 유니언잭과 함께 걸린 것을 보았다면 소름이 끼쳤을 것이다. 정치와는 별개로 1934년 여름에 최초로 대규모 원정대 두 팀이 동시에 두 개의 8천 미터 급 고봉에서, 그것도 서로 볼 수 있는 거리에서 도전을 하게 되었으니 그들은 친근한 분위기에서 진행된 선상 쿠오티 게임에서도 경쟁이 시작되었다는 느낌이 들었을 것이다.

1934년 낭가파르바트 원정대가 이전 원정대에 아름다운 기억을 남겼던 페어리 메도에 도착했을 때 그곳은 여전히 '더럽고 역겨운 겨울 눈'에 덮여있었다. 메르클은 지난번 실수로부

† **오스트리아 합병** 나치 독일의 1938년 오스트리아 합병

1934년 낭가파르바트 2캠프의 셰르파. 뒤쪽에 총그라피크가 보인다.
(사진출처: 독일 알파인 클럽)

터 배운 바가 있어 다르질링에서 35명의 셰르파들과 보티아 짐꾼들을 고용했지만 라키오트 빙하가 엉망진창이어서 처음에는 수송 전술의 이득을 보지 못했다. 설선이 1932년 때보다 산 아래쪽으로 상당히 내려와 있었고, 루트를 찾기가 어려워서 메르클은 3,290미터의 고도에 임시 베이스캠프를 설치해야 했다. 과학자들은 이곳에서 일행을 떠나 낭가파르바트 산군에 대한 조사를 시작했으며, 이 조사는 이후에도 계속되어 완벽한 지도 제작이라는 결실을 맺었고, 이 지도는 현재까지도 유용하게 쓰이고 있다. 한편 등반대원들은 베이스캠프에서 2

미터 높이로 쌓인 신설을 치워야 했다. 결국 이들은 3,960미터 고도에서 체력을 소진하며 화창한 날씨의 귀중한 며칠을 놓쳤다. 6월 1일까지 벨첸바흐는 아쉔브레너, 드렉셀, 슈나이더와 함께 악조건 아래에서 하부 캠프를 설치하기 위해 애를 써야 했는데, 그는 메르클이 원정대의 노동력을 잘못 쓰고 있다는 불안감을 느꼈다. 특히 메르클은 셰르파 몇 명을 과학자들에게 딸려 보냈는데 이로 인해서 등반대원들은 믿음이 덜 가는 발티인들에게 의지하게 되었다. 벨첸바흐는 메르클이 '낭가파르바트 등정'이라는 원래의 목적을 잊어버릴 정도로 '조직의 딜레마'에 빠진 것이 아닌가 하는 느낌을 받았다.

이런 어려움과 더불어 모순되는 지시가 베이스캠프에서 끊임없이 올라오는데도 불구하고 선발대원들은 라키오트피크의 북쪽 절벽 아래 가장 높은 빙하 플라토에 있는 4캠프에 도달했다. 그들이 이곳에서 정상을 공략하기 위해 기다리던 6월 8일, 비극이 그들을 덮쳤다. 알프레드 드렉셀이 갑자기 죽자 원정대 의사인 빌리 베르나트가 사망원인을 폐렴이라고 진단했지만 폐의 세포가 저산소증 때문에 부풀어 오르는, 즉 고소증으로 인한 폐부종이 거의 확실했다. 드렉셀의 죽음은 감정적으로나 실질적으로나 원정대에 큰 타격을 주었고 대원들의 단합을 깨뜨렸으며 억압된 적개심이 드러나는 계기가 되었다. 먼저, 슈나이더는 드렉셀의 매장을 동영상으로 촬영하겠다는 메르클의 생각이 상업적 동기에서 나온 것이며 부적절하다고 공개적으로 반대했다. 메르클은 감동적이며 국가적으로 숭고한 원정대의 동영상을 찍어오겠다고 차머 운트 오스텐과 나치당 권력자들에게 약속했으므로 슈나이더의 말을 듣자 그를 하산시키겠다고 협박했다. 슈나이더는 이렇게 편지를 써 고향으로 보냈다. "메르클은 점점 어느 누구의 말도 듣지 않는 독재자같이 행동하려 한다. 그는 엄격하고 협상을 거부하는 태도를 통해서만 자신의 권위를 지킬 수 있다고 믿는 것 같다. 그는 원정대원들에게 갑자기 열등한 이상 심리가 나타났다면서, 자신의 그런 태도가 이상심리를 제압할 수 있을 것으로 생각하는 것 같다." 드렉셀이 죽자 벨첸바흐는 원정대가 "위엄에 대한 빌리의 망상과 광적인 억압에 맞서 싸울 효과적인 버팀목을 잃은 것 같다."라며 걱정했다. 한편 메르클의 오랜 친구인 프리츠 베흐톨트는 메르클에 대해 눈에 보이지 않는 영향력을 은근히 행사하면서 원정대를 그 자신의 공적인 목적에 부합되도록 끌고 갔다. 벨첸바흐의 전기 작가는 베흐톨트의 비망록을 읽을 때 이 점을 염두에 두라고 경고한다. 벨첸바흐는 부모님께 쓴 편지에서 "저는 조심스러운 태도를 취하고 있습니다만 조만간 싸움이 벌어질까 봐 걱정스럽습니다."라고 단언했다.

드렉셀은 6월 11일 나치 깃발에 싸여 베이스캠프 위쪽의 둥근 빙퇴석 지대에 매장되었다. 완벽할 정도로 맑은 열흘이 지났지만 등반은 재개되지 않았고, 나중에 판명된 대로 정상 도전의 가장 좋은 기회를 이때 잃어버리고 말았다. 그동안 아무것도 하지 않은 것에 대한 공식적인 핑계는 셰르파들이 고산에서 먹는 주식인 짬파가 떨어졌다는 것인데, 벨첸바흐는 메르클이 긴급한 상황을 깨닫지 못하고 베이스캠프에서 '주군 역할'을 하는 것을 즐겼기 때문이라고 생각했다. 그러나 메르클 자신도 독일의 영광을 위해 최대한 많은 사람이 정상에 오르기를 바랐다. 당장 가지고 있는 식량만 갖고도 6월 12일이나 13일에 여러 명의 공격조가 전진할 수 있었다. 벨첸바흐는 모든 대원이 앉아서 기다리는 대신 그렇게 하자고 주장했다. 벨첸바흐는 부모님께 이렇게 털어놓았다. "원정대가 너무 커서 부담스럽습니다. 전진하는 데 짐만 되는 대원들이 있는데, 설치해놓은 캠프까지 따라오는 정도의 능력밖에 안 되는 그들에게도 식량과 텐트와 포터가 필요합니다. 이 사람들은 원정대에 전혀 도움이 되지 않지만 모두 정상에 가고 싶어 합니다. 8천 미터 급 고봉에 10~12명의 등반대원을 데리고 가려 해서는 안 됩니다. 결과적으로 아무도 정상에 올라가지 못할 것입니다. 하지만 그 점을 누누이 강조해봐야 소용이 없습니다. 빌리는 항상 자기가 제일 잘 안다고 생각하니까요."

6월 22일 소중한 짬파가 도착해서 원정대는 무거운 걸음을 재촉했다. 그리하여 전진 베이스캠프인 4캠프를 비운 지 무려 17일 만에 다시 4캠프에 도착했다. 벨첸바흐가 모든 물자를 위쪽으로 느리게 올리는 것은 현명하지 못하며 이제 정상에 도전해야만 한다고 주장해서, 몬순도 임박한 데다 시간에 쫓긴 메르클은 마지못해 그의 말에 동의했다. 따라서 7월 첫 주에 6명의 나리와 16명의 셰르파들로 이루어진 등반대 전체가 전진하여 라키오트 피크의 돌출부에 있는 5캠프에 도착했다. 이 캠프는 벨첸바흐, 슈나이더, 아쉔브레너가 아이스 하켄과 로프를 사용해 전형적인 독일식으로 설치해 놓은 것이었다. 원정대는 더 전진하여 6캠프(6,955m)에 이르렀다. 라키오트피크와 실버 새들 사이 능선에 긴 눈처마가 생겼고 거기 움푹 들어간 곳에 6캠프가 있었다. 셰르파 세 명(앙 텐징Ang Tenjing, 팔텐Palten, 니마Nima)은 병이 나서 7월 5일 동행자 없이 하산했다. 나머지 대원들은 그들이 무어스 헤드Moor's Head(Mohrenkopft)라고 부른, 검은 광맥이 노출된 15미터 높이의 바위를 지나 능선을 통해 남동쪽 봉우리 아래의 눈이 소용돌이 모양으로 덮여서 "생크림롤빵"이라고 이름 붙인 곳으로 갔

라키오트 능선의 6캠프에 몰려 있는 사람들. 뒤쪽에 무어스 헤드와 실버 새들이 보인다.
(사진출처: 독일 알파인 클럽)

다. 하지만 이곳 7캠프(7,184m)에는 완벽한 재앙이 기다리고 있었다. 19명의 사람들(메르클, 벨첸바흐, 베흐톨트, 빌란트, 슈나이더, 아쉔브레너, 툰두, 누르부, 파상, 니마 도르제, 핀조 노르부, 니마 타쉬, 다 툰두, 키타르, 파상 키쿨리, 니마 노르부, 다크쉬, 앙 쩨링, 가이라이)은 아래쪽의 지원을 전혀 받을 수 없는 고소에 있었고, 정상은 그들이 알고 있던 것보다 옆쪽으로 훨씬 더 먼 곳에 있었다. 메르클은 기동성과 속도라는 면에서는 벨첸바흐의 말에 동의했지만, 이번 등반이 집단적인 순례라는 발상에 여전히 집착했다. 돌이켜보면 쉽게 알 수 있듯 적은 물자와 많은 인원이 결합되면 엄청난 위험이 되어 결국 날씨 앞에서 속수무책이 되고 만다.

비극은 7월 6일부터 시작되었다. 그날 아침 툰두와 노르부가 아프다고 호소했다. 베흐톨트는 '자발적으로' 그들을 데리고 하산하겠다고 해 자신과 그들의 목숨을 건졌다. 한편 벨첸바흐는 앞장서서 떠났지만 가장 몸 상태가 좋았던 두 명의 오스트리아인 슈나이더와 아쉔브레너에게 곧 추월당했다. 두 사람은 몸 상태가 아주 좋아서 만약 둘만 갔다면 그날 정상에 도달했을지도 모른다. 그러나 그들은 벨첸바흐와 떨어지기를 원하지 않았다. 그들은 실버 새들에서 두 시간을 기다린 끝에 벨첸바흐와 만나 상의한 다음, 전위봉forepeak이라고도 불리는 낭가파르바트의 북봉(7,925m) 조금 못 미치는 곳에 도달했다. 그들은 이곳에서 오후 2시가 막 지날 때까지 다시 기다린 후 메르클과 빌란트가 셰르파 본대와 함께 실버 새들에 나타나 캠프를 설치하는 것을 보았다. 좌절감과 함께 혼란에 빠진 슈나이더는 실버 새들로 돌아와 메르클에게 캠프를 전위봉 쪽으로 옮겨 더 높은 곳에 설치하자고 했지만, 메르클은 셰르파들이 그날의 일을 모두 끝냈다고 주장하면서 이를 거절했다. 그날 밤 폭풍설이 휘몰아치기 시작했다. 메르클은 목표에 거의 다 도달한 시점에서 포기하고 싶지 않았기 때문에 7월 7일 하루 동안 더 전진하기로 했다. 훗날에는 — 공정한 평가는 아니었지만 — 메르클이 위험을 즐겼으며 독일인들이 자주 그렇게 하듯 그도 역시 경솔하게 위험한 조건을 무시했다고 분석하기도 했다. 그러나 메르클은 7월 8일 아침 무렵 등정에 실패한 것을 알고 철수 명령을 내렸다. 훗날 이복동생인 카를 헤를리히코퍼Karl Herrligkoffer는 이 철수에 대해 "등산역사상 그 유례를 찾아볼 수 없는 길고도 고통스러운 철수였다."라고 말했다.

벨첸바흐와 빌란트가 생각했던 것은 대원 중 가장 힘이 좋은 슈나이더와 아쉔브레너가 파상, 니마 도르제, 핀조 노르부와 함께 앞장서 내려가고 메르클, 벨첸바흐, 빌란트가 여덟 명의 셰르파와 함께 그들 뒤에 바싹 붙어서 따라 내려가는 것이었다. 모두 일사불란하게 움직였다. 혹시 빠른 시일 내에 돌아올 수 있을지도 모른다는 희망으로 텐트와 침낭 몇 개를 남겨두고 왔지만 폭풍설은 수그러들지 않았고 시야가 십 여 미터밖에 안 되는 상황이어서 두 그룹은 곧 떨어지고 말았다. 슈나이더와 아쉔브레너는 7캠프 위쪽의 쉬운 곳에 도달하자 로프를 풀어놓았고(훗날 그들은 셰르파들이 힘들게 먼 거리를 돌아오지 않도록 하기 위해서였다고 주장했다.) 두 사람은 각자 4캠프까지 갔으며 그들의 모습에 놀라워하면서 걱정하는 베흐톨트를 보자 나머지 사람들은 곧 올 것이라면서 안심시켰다. 사실 다른 사람들은 상상할 수 없을 정도로 뒤처져 있었고, 각자 라키오트 능선에서 절박한 사투를 벌이고 있었다.

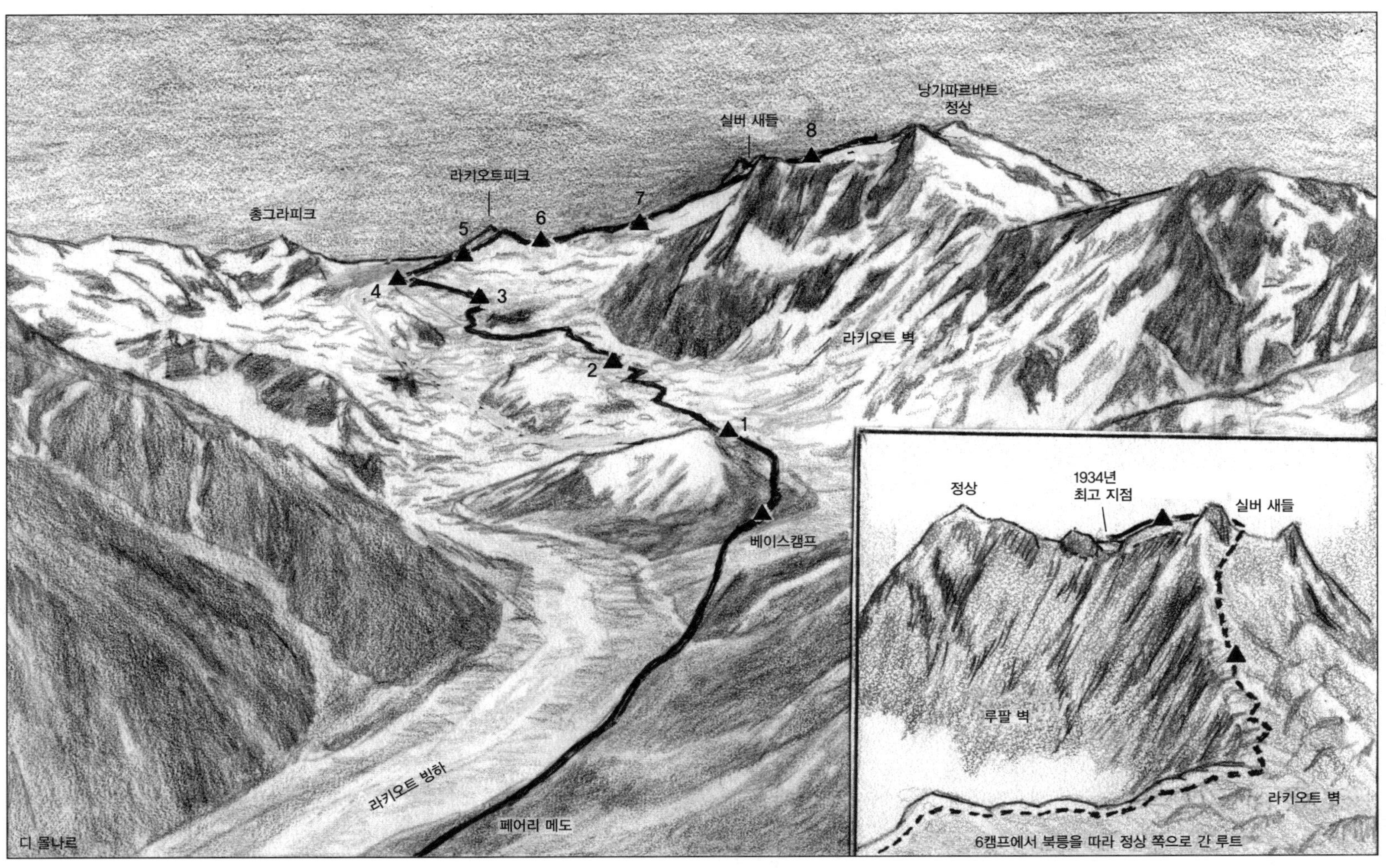

낭가파르바트의 북서쪽 사면과 1934년 독일 등반 루트

로프와 연결되지 못한 파상과 니마 도르제, 핀조 노르부는 간신히 7캠프까지 갔는데, 그들은 먹을 것이나 마실 것도 없고 침낭도 하나밖에 없는 그곳에서 처참한 하룻밤을 보내야 했다. 한편 메르클, 벨첸바흐, 빌란트와 다른 여덟 명의 셰르파들(니마 타쉬, 다 툰두, 리타르, 파상 키쿨리, 니마 노르부, 다크쉬, 앙 쩨링, 가이라이)은 더 처참했는데, 그들은 침낭이 세 개밖에 없는 상황에서 8캠프와 7캠프 사이에서 비박을 해야 했다. 7월 8일 밤에서 9일 새벽 사이에 그곳에서 니마 노르부가 죽었다.

그다음 날인 7월 9일 아침 앙 쩨링, 가이라이, 다크쉬는 계속해서 내려갈 수 없을 만큼 상태가 안 좋다며 비박한 곳에 남았다. 벨첸바흐, 메르클, 빌란트와 다른 네 명의 셰르파들은 그들을 놔두고 7캠프로 향했지만, 그곳에는 그들이 기대했던 식량이나 침낭, 연료가 없었다. 빌란트는 텐트에서 30미터 떨어진 곳에서 죽었다. 메르클과 벨첸바흐는 이제 기력이 거의 다한 데다 판단력까지 흐려진 상태였는데 키타르, 파상 키쿨리, 니마 타쉬와 다 툰두를 6캠프로 보내 도움을 요청하도록 했지만, 이 네 명의 셰르파들은 가는 도중에 길을 잃어 그날 밤을 설동에서 보내야 했다. 한편 뒤쪽에 버려졌던 세 명의 셰르파 파상, 니마 도르제, 핀조 노르부는 7캠프를 떠나 6캠프로 향했지만, 그들도 폭풍설 속에서 캠프를 찾는 데 실패해 능선의 설동에서 폭풍설을 피했다. 그다음 날 아침 이 일곱 명의 셰르파들은 라키오트피크의 힘든 횡단구간에서 서로 만났다. 니마 도르제와 니마 타쉬는 5캠프 위쪽의 고정로프에서 죽었고, 핀조 노르부는 5캠프의 텐트에서 겨우 2미터밖에 떨어지지 않은 곳에서 죽었다. 나머지 네 명은 심하게 동상을 입은 채 비틀거리며 7월 10일 4캠프로 안전하게 돌아왔다. 위에서는 다섯 명이 힘겹게 사투를 벌이고 있었다. 앙 쩨링, 가이라이, 다크쉬는 7캠프와 8캠프 사이의 비박장소에 있었고, 메르클과 벨첸바흐는 7캠프에 있었다. 7월 10일에는 어느 누구도 전혀 움직일 수 없었다. 다크쉬는 그날 밤에 죽었고, 앙 쩨링과 가이라이는 7월 11일 아침에 7캠프로 갔는데, 거기서 메르클과 벨첸바흐가 살아 있기는 하지만 상태가 너무 안 좋다는 것을 알았다. 메르클은 고산증으로 정신이 멍한 상태였고, 벨첸바흐는 '눈 위에서 고통스럽게 몸부림치고' 있었다. 7월 12일 앙 쩨링은 두 독일인을 하산하자고 설득했으나, 메르클은 아래쪽에서 구조대가 곧 올라올 것이라는 망상에 빠져 그곳에서 그냥 기다리겠다고 고집했다. 그러나 사실은 라키오트피크의 깊은 눈으로 모든 구조활동이 좌절되었다. 빌로 벨첸바흐는 7월 12일 밤 7캠프에서 죽었다. 7월 13일 아침이 되자 메르클, 가이라이, 앙 쩨링은 힘들게 라키오트 능선의 안부까지 내려왔지만 이곳에서 메르클이 쓰러졌다. 앙 쩨링은 도움을 청하려 용감하게 혼자서 계속 갔다. 훗날 그는 이런 영웅적 행동으로 독일 적십자 명예 훈장을 받았다. 가이라이는 마치 좋아하는 아버지 곁을 지키는 것 같이 '주인 옆에 남아' 그의 곁, 무어스 헤드 바로 옆에서 7월 15일이나 16일에 죽은 것으로 보인다. 철수가 시작된 후 너무나 처참했던 8일 또는 9일간의 일이었다.

차머 운트 오스텐은 원정대가 출발하기 전 메르클에게 이렇게 말했다. "정상을 정복한다면 독일의 영광이 될 걸세." 20만 제국 마르크를 썼음에도 10명이 희생된 참사가 일어나면서 낭가파르바트 정상 정복을 이루지 못했으므로 분명히 격노한 비판이 기다리고 있을 터였다. 물론 처음에는 등산계의 모든 사람이 대원들의 영광스러운 죽음을 기리고 용감한 생존자들에게 찬사를 보내는 대중의 목소리에 동조했다. 그러나 에르빈 슈나이더가 새롭게 제국 철도청과 독일-오스트리아 산악연맹의 후원을 받아 다시 낭가파르바트로 원정을 떠나겠다고 운을 떼자, 그해에 이미 칸첸중가로 갈 계획이 있었던 파울 바우어가 즉시 슈나이더에 대한 비밀스러운 방해 공작을 펼치기 시작했다. 1934년 11월 바우어는 이미 제국 스포츠대장이 자신에게 '독일 산악인들이 해외로 가는 행보와 그 시도에 대한 특별 감찰관'을 맡아 줄 것을 의뢰했다고 발표했다. 바우어는 독일의 국제적 명성이 위기에 처한 상황이므로 제국 스포츠대장은 독일의 명성을 지키기 위해 제국 스포츠국 등산분과의 허가를 받지 않은 — 다시 말해, 바우어 자신의 허가를 받지 않은 — 어떠한 원정도 허락하거나 권장하지 않을 것이라고 덧붙였다.

슈나이더는 당연히 이 거만한 발표에 별로 동요하지 않았고, 어쨌든 낭가파르바트로 가겠다는 자신의 계획을 밀고 나갔다. 이에 격분한 바우어는 직접 차머 운트 오스텐에게 오스트리아인들인 슈나이더와 아쉔브레너에 대해 비난했다.

> 셰르파들을 폭풍설 속에 두고 오면 당연히 죽는다는 것을 아는 슈나이더와 아쉔브레너가 그들을 두고 도망쳐온 것은 동료애를 중요하게 여기는 오늘날의 등산가라면 누구도 이해할 수 없는 일입니다. 제가 들은 설명이란 것은 그저 변명에 불과했습니다. 시야 확보가 불가능한 날씨에서 운행을 할 때 첫 번째 규칙은 팀이 모두 함께 있어야 하며 선두에 가는 사람이 뒤에서 따라오는 사람들을 기다려야 한다는 것입니다. 슈나이더와

아쉔브레너 두 사람은 뒤처진 사람들에 대한 배려 없이 계속 앞으로 나아갔으므로 동지로 적절치 않다고 생각됩니다. 이렇게 의문의 여지가 있는 행동을 한 사람들이 계속 영웅으로 여겨지는 것은 매우 위험합니다. 낭가파르바트에서 이들이 보여준 나쁜 사례가 젊은 등산가들을 더럽힐 수 있습니다. 저는 그런 점에 대한 책임을 질 수 없습니다.

바우어는 일주일 후 영광스러운 죽음에 대해서까지 비난의 범위를 넓혔다. 그는 차머 운트 오스텐에게 격정적인 장문의 편지를 보내 1932년과 1934년의 원정에 대해 자신이 처음부터 품었던 우려의 마음을 다시 토로했고, 뮌헨 학생산악연맹 시절의 옛 동지인 벨첸바흐와 자신은 정치적으로나 철학적으로도 거리가 멀다고 말했다.

벨첸바흐는 성공만을 중요하게 생각하던 사람이었지만, 저는 등반 방식과 그에 대한 태도가 더 중요하다고 생각했습니다. 그는 기록을 위해 매진했고 자신이 등산계의 스타라고 생각했으며 자신을 의도적으로 홍보했습니다. 반면에 저는 완전히 다른 견해를 가졌으며, 저와 같은 생각이 뮌헨 학생산악연맹에 지배적이었습니다. 게다가 저는 오랫동안 저 자신이 노장이라고 생각해왔고, 뮌헨 학생산악연맹에서도 국가주의 및 국가사회주의적인 노선을 견지해왔습니다. 우리는 이미 1923년 당시 아돌프 히틀러 동지의 위신이 실추되는 것은 보아 넘길 수 없다고 생각했습니다. 우리와는 달리 벨첸바흐는 바바리아 인민당 소속이었고, 성향이 비슷한 몇몇 인물들과 함께 우리와 반대되는 견해를 가졌지만 뮌헨 학생산악연맹 안에서 그들을 지지할 사람이 없을 것이라는 것을 알고 자신들의 속내를 털어놓지 않았습니다. 그럼에도 그들은 우리 국가사회주의자들처럼 자신의 견해에 대해 확신하고 있었으며, 그 점에 대해 으스대는 분위기를 풍겼습니다.

바우어는 메르클에 대해서도 비난을 퍼부었다. 그는 메르클과 벨첸바흐 두 사람 모두 '단단하게 결속된 팀보다는 부자들에 둘러싸여 있었다'고 말했다. 메르클과 벨첸바흐도 역시 그들의 친구인 슈나이더와 회를린(1930년에 슈나이더와 칸첸중가를 다녀옴)처럼 등산이 '국가적인 사업'이라는 것을 이해하지 못했다고도 했다. 바우어는 그들이 1930년, 1931년, 1932년에 기본적으로 '부유한 외국 등산가들'이 참가하는 것을 감안하여 원정 계획을 수립했으며 심지어 슈나이더와 회를린은 '애송이 유태인 다이렌푸르트'를 따라서 히말라야에 가기도 했고, 그곳에서 '독일 국기를 내걸 용기도 없어서' 독일 국기 대신 슈바벤과 티롤의 깃발을 내걸었다고 비난했다.

당시의 날선 정치적 상황 때문에 이토록 추한 감정적 표현이 사용된 것일 수도 있고, 그저 차머 운트 오스텐이 듣고 싶어 하는 말을 바우어가 해준 것일 수도 있다. 그러나 '바우어-슈나이더 논쟁'에 대한 기록을 객관적으로 읽어보면, 임무를 맡았던 사람은 바우어이며 그가 강력히 주장해서 제국 스포츠대장이 슈나이더와 아쉔브레너를 심의하기 위해 3월에 '명예재판'을 소집한 것으로 보인다. 명예재판은 잘 안 되면 큰 낭패를 볼 수도 있는 일이었다. 독일의 히말라야 등반의 향방과 리더십에 대해 의견이 분분했고 슈나이더에게도 동조자가 많았다. 제국 철도청, 오스트리아 등산계, 독일-오스트리아 산악연맹이 그의 배후에 있었다. 사실 산악연맹의 실행위원회는 그 논쟁에 보다 광범위한 의미가 담겨있다는 것을 분명히 인식하고 있었고, 자신들이 공격을 받고 있다는 것도 확실히 알고 있었기 때문에 슈나이더의 행동에 대해 그해 2월 자체적으로 내부 심의를 했다. 심의 후에 그들은 슈나이더의 모든 잘못을 용서했으며, 그가 가장 적임자라는 판단 하에 차기 낭가파르바트 원정대장으로 추천했다. 그러나 바우어의 배후에는 나치제국의 더 큰 힘과 자원이 있었다. 1935년 3월 11일, 바우어가 미리 주의 깊게 구상한 각본에 따라 자세한 청문회가 이루어졌다. 제국 스포츠대장인 차머 운트 오스텐은 슈나이더와 아쉔브레너에 대해 공식적인 기소는 하지 않았지만 그럼에도 그들이 '명예롭지 못하다'고 판결했으며, 당연히 이후의 모든 히말라야 원정에 대한 두 사람의 참가 자격을 박탈했다. 한편 그 판결은 그전 해 11월 바우어의 선전포고에 실질적인 힘을 실어주었다. 그것은 "이후의 모든 원정대는 — 그 자금을 누가 대든 — 일단 공개적으로 토론되거나 발표되기 전에 제국 스포츠대장의 재가를 받아야 한다."라는 것이었다. 이 계책으로 문서상 산악연맹은 허를 찔렸고, 이제 파울 바우어는 독일 등산계에서 독재자의 자리에 앉게 되었다.

그러나 여전히 산악연맹은 굴복을 완강히 거부했다. 1935년 4월 3일, 헤르만 횔린은 직접 차머 운트 오스텐에게 명예 재판의 판결에 대한 산악연맹의 반박문을 제출했다. 그 내용은 슈나이더와 아쉔브레너가 로프를 풀어놓은 그 결정적인 순간에 셰르파들이 안전할 것이라 확신하고 있었으며 따라서 잘못한 것이 없다는 것이었고, 로프를 풀어놓을 때에는 그들이 죽게 내버려둘 의도가 없었다는 것이다. 3개월 후 필립 보르쉐Philip Borchers가 바우어에게 산악연맹이 계속하여 1936년에 낭가파르바트로 갈 계획을 추진하고 있다는 것을 알려왔다. 보르쉐는 슈나이더도 참가했던 강력한 원정대를 1932년에 페루의 코르딜레라 레알Cordillera Real에서 이끈 적이 있는 유능한 등산가였다. 바우어는 그 당시에는 침묵했지만, 보르쉐에게 자신과 베흐톨트는 낭가파르바트에 갈 자신들만의 계획이 따로 있으며 분명하게 정하지는 않았지만 산악연맹이 부수적인 역할을 할 수 있도록 초청하겠다고 말했다. 산악연맹 실행위원회는 한 달가량 시간을 끌다가 바우어에게 반격을 가했다. 그들은 보르쉐가 원정대장을 맡고 대원 중 절반을 산악연맹이 선정하는 것을 이해해달라고 하면서 바우어에게 자신들과 함께하자고 요청했다.

그다음 원정의 주도권에 대한 논쟁은 사소해 보일지 모른다. 하지만 낭가파르바트는 평범한 산이 아니다. 그것은 8천 미터 급 고봉이었으며 야심을 갖고 정상에 도전해야만 하는 몇 안 되는 세계의 거대한 산 가운데 하나였다. 게다가 그것은 독일의 운명적 산이 되었고, 영국 외무성조차 그렇게 인정하고 양보하고 있었다. 그 산을 오른 사람에게는 상상할 수조차 없는 특권이 주어지면서 독일 체육조직 내에서 그 권력과 특권을 따라올 사람이 없게 되는 것이다. 여기서 가장 핵심적인 문제는 산악연맹의 정치적인 독립성과 자율성이다. 산악연맹의 주도권을 잡으려고 하는 관료들과의 보이지 않는 이러한 투쟁은 나치즘에 대한 조직적인 저항의 한 예이다.

어쨌든 바우어는 1935년 여름 무렵 산악연맹에 대해 모든 것을 포기하고 다른 등산 조직인 독일 히말라야 재단을 창설할 계획을 구상했다. 유감스럽게도 이 재단의 창립 관련 기록은 제2차 세계대전 중에 모두 유실되었지만 그 이전과 이후의 사료로 미루어보아 바우어의 구상을 짐작할 수 있다. 먼저 그는 자신이 직책을 맡고 있는 제국 스포츠국 등산분과와 산악연맹 사이에 방화벽 역할을 해줄 일종의 중립적인 완충장치와 새롭고 방해가 되지 않으며 논쟁을 불러일으키지 않고 히말라야 문제에만 우선적으로 집중할 조직이 필요했다. 한편으로 그는 모든 히말라야 관련 문제에서 여전히 전권을 쥐고 있는 영국인들의 눈에 비친 자신의 입지를 개선할 수 있는 장치도 필요했다. 영국인들은 파울 바우어가 메르클과는 다르게 항상 주의 깊게 자신들에게 적절한 경의를 표시할 줄 알아서 좋아하고 존중했지만 나치의 관료라는 그의 새로운 직책에 분명한 거부감을 나타냈다. 바우어는 공무상의 지위를 독자적인 조직 속으로 감추면 히말라야와 관련된 사업에서 영국인들의 우려를 줄일 수 있을 것이고, 낭가파르바트가 독일의 영역으로 남아있다는 것을 확실히 할 수도 있을 것으로 생각했다. 그렇지만 결국 히말라야 재단을 창설한 가장 중요한 이유는 자금 문제였다. 1934년의 원정은 막대한 빚을 남겼고, 생존자들의 상속인들은 남아있는 자금을 '상업적으로 할당될 수 있는 이익'으로 자신들이 받아야 한다고 주장하고 있었다. 그러나 바우어가 지적했듯, 사실 그 돈은 원래 자발적인 모금으로 걷힌 것이며 그것도 거의 다 독일 철도원들이 기부한 것이었다. 바우어는 훗날 "이런 분쟁으로 인해 독일 히말라야 재단을 법적인 조직으로 만들었으며 두 번에 걸친 칸첸중가 원정(1929년, 1931년)과 낭가파르바트 원정(1932년, 1934년)의 장비와 기구, 사진 원판과 사진 그리고 판권을 재단에 귀속시키게 되었다."라고 설명했다. 즉, 그 재단의 창설을 계기로 지난 모든 원정과 앞으로의 원정에 대한 사적인 권리는 모두 없어졌으며, 자금 모금과 마케팅 및 홍보는 바우어의 간접적인 지휘하에 놓이게 되었다.

히말라야 재단은 처음부터 베를린이 아닌 바우어의 옛 본거지 뮌헨에 본부를 두었다. 1936년 3월 15일 재단 창설이 공식적으로 발표되었고, 바바리아 정부가 이를 11일 후에 등재했다. 그 무렵 영국 정부는 이미 앙리 드 세고뉴Henri de Ségogne가 이끄는 원정대가 카라코람의 가셔브룸1봉(히든피크)에 도전하는 것을 허가했으므로 정치적으로 예민한 지역인 길기트 도로로 다른 원정대가 오는 것을 허가하려 하지 않았다. 그래서 바우어는 낭가파르바트 사업을 1937년으로 미루고, 1936년 여름 낭가파르바트 원정대의 핵심대원으로 뽑힌 카를 빈Karl Wien, 아돌프 괴트너Adolf Göttner, 귄터 헤프Günter Hepp 등과 칸첸중가 산군으로 훈련등반을 떠났다. 네 명의 친구들은 동쪽의 트윈Twin(7,005m)과 텐트피크Tent Peak(7,365m)를 오르려 시도했지만 실패한 다음 셰르파 여섯 명의 도움을 받아 예전에 프레쉬필드가 '세계에서 가장 아름다운 산'이라고 말했던 시니올추(6,887m)에 올랐고, 북부 분수령을 넘어서 로나크로 가기 전에 심부 북봉Simvu North(6,587m)에 올랐다. 그것은 그 자체로 상당히 중요한 원정이었으며 바우어가 선호하던 '소수의 절친한 친구들로 이루어진 팀'이라는 개념을 입증해주었다. 그래도 어쨌든 이것은 예비원정에 지나지 않았다. 나중에 빈이 말했듯, 죽은 사람들에 대한 경의를 제대로 표하려면 독일인들은 다시 낭가파르바트로 가야 했다. 하지만 또 한 차례의 비극적인 사고가 아직도 그들을 기다리고 있었다.

에베레스트: 정찰과 참패

쉽턴과 틸먼은 이듬해 여름에 다시 올 것을 다짐하면서 1934년 9월 난다데비 성채를 떠났다. 물론 그들은 그 산을 정찰했기 때문에 정상에 오르고 싶어 했다. 그러나 나중에 쉽턴은 "내 상상 속에서 커져가는 멋진 계획에 에베레스트가 점점 더 큰 걸림돌이 되었다."라고 말했다. 1935년 3월 뜻밖에도 티베트 정부가 즉각적인 효력이 있는 2년짜리 통행증을 에베레스트 위원회에 발급했다. 이를 계기로 에베레스트에 다녀온 등산가들 사이에서 대장을 누가 맡을 것인가 하는 의견 대립이 일어났다. 롱랜드가 "자신들이 스스로 자신들을 임명한 소수의 독재"라고 논평했던 에베레스트 위원회와 등산가들 사이에서 벌어진 의견 대립은 1935년에 쉽턴이 가벼운 정찰등반을 지휘하고, 1936년에 정식 원정을 갈 때는 러틀레지가 지휘하는 것으로 마무리되었다. 쉽턴은 주저했고, 틸먼은 내키지 않아 했다. 쉽턴은 이렇게 썼다. "대규모 원정대와 함께 가는 것이 그에게는 내키지 않는 것 같았다." 그러나 결국 두 사람 모두 에베레스트 일대의 봉우리와 계곡을 여러 달 동안 자유롭게 돌아다닐 수 있고 경량등반의 장점을 세계에 알릴 수 있는 기회를 놓치기가 아쉬웠다. 그들은 참가하겠다는 서명을 했고 대학을 막 졸업한 세 명의 케임브리지대학 산악회 졸업생들을 초청했다. 그들은 찰스 워런Charles Warren, 에드윈 켐슨Edwin Kempson, 에드먼드 위그램Edmund Wigram이었다. 찰스 워런은 소아과 의사였는데 1933년 콜린 커커스Colin Kirkus와 함께 바기라티3봉Bhagirathi3을 등정함으로써 열정적인 젊은이들을 감동시킨 일이 있었다. 에드윈 켐슨은 말버러 칼리지Marlborough College의 사감이자 12년 경력의 노련한 고산 등산가였다. 에드먼드 위그램은 세인트토머스대학 의대생으로, 강인하지만 상대적으로 경험이 적었다. 댄 브라이언트Dan Bryant는 뉴질랜드에서 왔는데 그의 상냥한 태도는 쉽턴을 감동시켰고, 이로 인해 훗날 다른 뉴질랜드인이 에베레스트 원정대에 초청받게 된다. 에베레스트 위원회의 강권에 의해 마이클 스펜더Michael Spender가 초청됐다. 그는 시인인 스티븐Stephen의 동생이었는데 명석한 조사원이었지만 몇 번의 원정대 활동을 하는 동안 '잘난 척하고 거만한 태도'로 인해 사람들이 너무 싫어했다. 결국 그는 쉽턴과 친하게 지내지 못했다.

에베레스트 위원회에서 쉽턴에게 부여한 여섯 가지 임무는 몬순 시기 에베레스트 북벽의 눈 상태를 조사하는 것과 북서릉이나 아직 알려지지 않은 웨스턴 쿰을 통해 가는 대안루트를 탐색하는 것, 1936년 원정대를 위해 노스 콜의 현재 상태를 조사해 보고하는 것, 정찰 원정대원들이 1936년 원정대에 함께할 수 있는지 점검해보는 것, 새로운 디자인의 텐트와 다른 장비들을 시험해보는 것과 북부지역에 대한 측량조사 내용 전반에 있을지 모르는 오류를 바로잡고 이를 완성하는 것이었다. 이것은 하워드 버리의 1921년 정찰등반 이후 '정상 등정이라는 중대한 문제로' 보류된 과업들이었다. 그는 1,400파운드의 예산을 받았는데, 이것은 1933년의 등반에서 남은 돈으로 결코 큰돈이 아니었지만, 쉽턴은 현지에서 검소하게 생활하면 그것으로 될 것으로 생각했다. 쉽턴은 리스터 예방의학회의 질바S. S. Zilva 박사의 도움을 받아 페미컨, 치즈, 밀가루, 렌즈콩, 마른 야채와 견과류로 이루어진 아주 검소한 식단을 짰으며 현지에서 양고기와 달걀을 살 계획이었다. 지난 원정 때 호화롭게 포트넘 앤드 메이슨 식료품 회사에서 모든 것을 다 사가지고 갔던 것과는 극히 대조적이었는데, 결국 쉽턴은 나중에 그의 식단이 지나치게 단조롭다는 것을 인정해야 했다. 그러나 그 식단 덕분에 원정대원들은 좋은 컨디션을 유지할 수 있었고 짐 무게를 줄였으며 예산 범위 안에서 고국으로 돌아올 수 있었다. 요컨대, 이것은 원칙상의 승리였다.

틸먼과 브라이언트는 본대보다 이틀 먼저 다르질링에 도착했다. 두 사람은 서로 대화를 나눌 겨를도 없이 이제는 늘 거쳐 가야 하는 일이 된 셰르파들을 모집하는 일에 착수했다. 난다데비 시절의 옛 친구 세 명, 즉 앙 타르카이Ang Tharkay, 파상 보티아Pasang Bhotia, 쿠상 남기르Kusang Namgir가 왔다. 카메트를 등반했던 쿠상 시타르Kusang Sitar와 낭가파르바트 때의 통역이었던 지그메이 이쉐링Jigmey Ishering, 칸치와 에베레스트를 등반한 경험이 있는 앙 텐징Ang Tenzing, 린징 보티아Rinzing Bhotia와 쩨링 타르카이Tsering Tharkay가 뽑혔다. 모두 14명이었는데, 틸먼은 그 정도면 수적으로도 충분하고 또 경험이 노련한 셰르파들이라고 생각했다. 그러나 쉽턴은 그들에다 두 명이 더 필요하다고 보고 나중에 지원한 희망자 20명 가운데 앙 쩨링Ang Tsering(1934년의 생존자로 당시 다르질링에서 치료를 받고 있던 앙 쩨링과는 동명이인)과 늘 웃는 얼굴의 19세 청년 텐징 보티아Tenzing Bhotia를 뽑았다. 이 청년은 나중에 텐징 노르가이Tenzing Norgay라는 이름으로 등산역사에 길이 남게 된다.

텐징은 나중에 자신이 셰르파라고 말했고, 세계적으로 가장 유명한 셰르파가 되었지만 사실은 네팔의 솔루쿰부 출신이 아니었다. 그는 1914년경에 태어난 것으로 보이는데, 출생지는 티베트의 에베레스트 동쪽 카르타의 쩨추Tshechu라는 마을이었다. 그는 보티아라는 성

다르질링에서 에릭 쉽턴(맨 오른쪽에 앉아 있는 사람)이 셰르파들을 모집하고 등산화를 지급하고 있다. 젊은 텐징 노르가이가 왼쪽에서 네 번째에 있다.
(사진출처: 왕립 지리학회)

을 갖고 있었는데, 보티아는 산스크리트어로 보드Bod(티베트)라 불리는 보트Bhot족을 의미하는 말이었다. 그의 아버지 밍마Mingma는 야크를 쳤고, 텐징은 라마교 사원에서 내키지 않는 시간을 잠깐 보낸 것을 제외하고는 아버지의 집이 있던 카르타 추Kharta Chu의 당사르Dangsar에서 야크들을 몰고 철 따라 주변 계곡에 흩어진 목초지를 돌아다니며 어린 시절을 보냈다. 1921년에 찰스 하워드 버리가 텐징이 돌아다니던 계곡으로 탐사원정을 왔었는데, 전하는 말에 의하면 어린 텐징이 조지 맬러리를 만났을 것이라고 한다. 그것은 아마도 당사르 근처였거나 아니면 캉슝 빙하와 에베레스트 동벽으로 가는 길에 1921년 8월 3일 맬러리가 건너갔던 카마 계곡Kama Valley의 랑마 라Langma La 아래였을 것이다. 이 우연한 만남을 계기로 텐징이 에베레스트에 오를 야심을 품게 되었다고 말하는 것은 너무 과장된 상상이다. 그러나 텐징의 전기를 쓴 에드 더글러스Ed Douglas는 아마도 그 만남을 계기로 텐징이 '창백한 외국인'을 위해 짐꾼으로 일할 수도 있겠다는 생각을 품었을 것이라고 한다. 텐징의 조카딸과 결혼했으며 유명한 등반 셰르파가 되었던 도르제 라투Dorjee Lhatoo는 더글러스에게 "텐징은 어렸을 때 원정대가 카르타 계곡으로 오는 것을 보았는데 셰르파들과 보티아인들이 아주 넉넉하게 괜찮은 생활을 하는 것 같이 보이면서 좋은 옷과 두툼한 장화를 신고 있어서 너무나 부러워하는 눈으로 바라보았다."라고 말했다.

1920년대 초·중반 어느 때인가 이름 모를 병으로 텐징의 아버지가 소유했던 야크들이 모두 죽어서 그의 가족들은 티베트인 선조들이 그랬듯 일을 찾으러 5,716미터의 낭파 라를 넘어 쿰부로 갔다. 텐징의 가족들은 그곳에서 열등한 사회 계층으로 취급받았을 터인데, 셰르파들은 텐징의 가족과 같이 바구니와 막대기 하나만 들고 살러 들어온 사람들을 '캄바Khamba'라고 낮춰 불렀다. 텐징은 이 고통스러웠던 시절이 잘 기억나지 않는다고 말했지만, 더글러스는 텐징의 아버지 밍마가 당시 10대였던 아들을 쿰부의 유력가에게 일용 노동자나 목동으로 '임대했을' 것이라 추측한다. 이것은 사회적으로 가장 비천한 삶이었다. 기존 셰르파 사회로 완전히 동화될 수 있는 기회가 텐징에게는 별로 없어서, 당연히 그는 '외부 세계'로 도망갈 궁리를 했다. 그 기폭제는 사랑이었다. 1931년이나 1932년쯤 텐징은 다와 푸티Dawa Phuti를 만나 사랑에 빠졌는데, 그녀는 텐징이 나중에 자신의 고향이라고 주장한 보테코시Bhote Kosi의 타메Thame에 살던 부유한 셰르파 상인의 딸이었다. 텐징은 고작 캄바에 불과했기 때문에 셰르파 여자와 결혼할 가망이 없었으며, 다와 푸티의 아버지는 이미 다른 혼처를 결정해 놓은 상태였다. 그러나 두 사람은 담요 한 장만 달랑 들고 무일푼으로 다르질링 또는 티베트인들이 "천둥번개의 고장"이라고 부르던 도르제 링Dorje Ling으로 도망쳤다.

1930년대 초반의 다르질링은 역사의 교차점에 있었다. 그곳은 여전히 '산의 여왕'으로, 벵골의 주지사가 여름에 머무르는 공관이 있었다. 그곳에서는 민간인 지배 계층과 군 장교들이 소수의 캘커타 상인들과 함께 어울리며 영국령 인도의 느긋한 사교 활동을 즐기고 있었다. 훗날 히말라얀 클럽의 명예 비서를 역임했고 히말라얀 저널의 편집장으로 오랫동안 일한 트레버 브레엄Trevor Braham은 다르질링이 티베트와 서레이Surrey(영국의 남부 주)가 함께 있는 듯한 곳이었다고 다음과 같이 기억했다. "그곳에는 영국 시골 마을과 같은 한적한 분위기가 있었고, 튜더 왕조나 조지 왕조 혹은 빅토리아풍으로 지은 여름 별장들에는 깔끔하게 다듬어진 잔디밭과 화단도 있었다." 한편 다르질링은 그 당시 10년 동안 번잡한 등산 관광의 중심지가 되면서 짐꾼이나 인력거꾼으로 일거리를 찾아 경쟁하면서 떠도는 셰르파인, 보티아인, 티베트인, 벵골인들이 많았다. 브레엄은 이렇게 회상했다. "그들이 지역 사람들과 함께 어울리는 데는 많은 시간이 걸렸으며 부티아 부스티Bhutia Busti나 통 숭 부스티Toong Soong Busti처럼 외곽에서 한 동네를 이루어 자기들끼리만 모여 살았다. 켈러스, 브루스, 러틀레지가 훈련시켰던 노장들 중 많은 사람은 고소 포터의 명성을 얻었고, 이것은 젊은 세대로 이어 내려져오는 전통이 되었다."

처음에 텐징은 고개 아래쪽에 살던 셰르파와 보티아의 판자촌을 멀리했고 다르질링 위쪽 타이거 힐Tiger Hill로 가는 길에 있는 외딴 마을 알루바리Alubari에서 소를 돌보는 일을 했다. 그 마을은 이미 텐징 시절에도 에베레스트-마칼루 산군을 멀리서 볼 수 있는 곳으로 유명한 관광지였다. 텐징에게는 여전히 제2세대 고소 포터가 되겠다는 생각이 있었다. 1933년 2월 그는 러틀레지의 에베레스트 원정대에서 일거리를 잡겠다는 희망을 품고 플렌터즈 클럽Planter's Club으로 갔다. 그러나 그에게는 전 주인에게서 받아야 하는 추천서인 치트chit가 없었고, 히말라얀 클럽에서 발급하는 공식적인 자격증도 없었다. 게다가 그는 굉장히 마른 체구에 키가 173센티미터밖에 안 되고, 머리를 바싹 깎고 네팔인 복장을 하고 있어서 셰르파로 보이지 않았다. 나리들은 베란다에서 그를 보자마자 내쫓았고, 그는 어떻게 하면 일거리를 잡을 수 있을지 고민하면서 알루바리에 있는 소떼를 돌보러 비참한 마음으로 돌아왔다.

1934년 1월 국경지역인 비하르와 네팔에서 엄청난 지진이 일어나 카트만두에서부터 다르질링에 이르는 광범위한 지역에서 건물이 무너지고 사망자가 속출했다. 텐징은 부모님의 안위를 확인하러 쿰부로 돌아왔고, 부모님과 함께 집을 다시 지었다. 그는 그곳에 머물면서 농작물과 야크를 돌봤다. 한번은 낭파 라를 넘어서 티베트로 소금을 가지러 가기도 했지만 그는 가을에 다르질링으로 돌아왔다. 다르질링에서는 온통 지난번 낭가파르바트에서 일어난 참사와 그때 사망한 여섯 명의 셰르파, 특히 나리 옆을 지키다가 사망한 가이라이의 용맹에 대한 이야기뿐이었다. 텐징은 훗날 이렇게 말했다. "내가 산에 있지는 않았지만 그런 이야기를 들으니 셰르파라는 것이 자랑스러웠다." 그는 알루바리의 소떼를 등지고 통 숭 부스티의 판자촌으로 이사했는데, 운 좋게도 그의 집주인이 바로 1931년에 바우어와 칸첸중가를 다녀오고 1933년에 러틀레지와 에베레스트를 다녀왔으며 바로 얼마 전 쉽턴, 틸먼과 함께 가르왈에 다녀온 셰르파 앙 타르카이였다. 앙 타르카이는 1935년 쉽턴의 정찰등반대가 마을에 도착해서 짐꾼들을 구할 때 당연히 뽑혔고, 그의 강력한 추천을 받고 쉽턴은 가진 것이라고는 매력적인 미소밖에 없는 열아홉 살의 경험 없는 애송이 텐징에게 기회를 주었다.

1935년의 정찰등반대는 다르질링을 떠나 칼림퐁을 경유해 5월 하순 티스타 계곡Teesta Valley으로 갔다. 도중에 강토크Gangtok에서 지위를 중시하는 셰르파들이 짐을 지려 하지 않아서 문제가 발생했다. 앙 타르카이는 이렇게 회상했다. "베이스캠프에 가기 전까지 짐을 나르는 일은 원칙적으로 셰르파들의 일이 아니어서 우리는 항의했고 모두가 파업을 하고 집으로 가기로 결정했다." 쉽턴은 협상을 통해 그들의 체면을 세워주었고, 셰르파들은 하루 더 짐을 지기로 했다. 이들 일행은 다소 우호적인 분위기 속에서 라첸Lachen과 콩그라 라Kongra La까지 갔다. 이곳에서 쉽턴은 익숙해진 길을 따라 남쪽으로 에베레스트를 향해 가다가 티베트 국경선을 돌아 사르Sar라는 국경 마을로 들어가 2주일간 휴식을 취하면서 니요노 리Nyönno Ri를 탐험했다. 니요노 리는 히말라야 주산맥의 북쪽에 있는 아룬 협곡Arun Gorge 위쪽으로 낮지만 아름답게 솟아오른 6,663미터의 산이다. 날씨는 완벽했다. 쉽턴은 멋진 최초의 탐사를 지휘하면서 히말라야 지도에서 비어 있는 자리를 채워나가고 있었지만, 원정대가 에베레스트로 곧바로 가 절호의 기회를 잡아야 하는 것이 아닌가 하는 논란이 일어났다. 쉽턴은 니요노 리에서 2주일을 머문 것 때문에 제멋대로 한다는 뒷말을 들었고, 훗날 이로 인해 에베레스트 위원회는 쉽턴이 초지일관으로 굳게 밀고 나가야 하는 에베레스트 등반에 적합하지 않다는 판단을 하게 된다.

6월 26일 일행은 사르를 떠나 서쪽으로 나아갔는데 이때 몬순이 시작됐다. 7월 4일 그들은 롱북에 도착했고, 이곳에서 자트룰 린포체가 건강하게 생존해 있다는 것을 알았다. 그는 일행에게 언제나와 같이 축복과 조언을 해주었다. 일행은 옛 베이스캠프와 빙하 위쪽으로 짐을 옮기는 정교한 방식을 무시하고 전진하여, 쉽턴의 말에 의하면 "별다른 사고나 어려움 없이" 노스 콜 기슭의 3캠프에 이르렀다. 그들에게는 3주일을 지낼 수 있는 식량이 남아있었는데, 이것은 그들이 채택한 단순 검소한 방식이 옳았다는 것을 입증했다. 그들은 3캠프를 떠나 콜의 아래쪽 경사면을 정찰했다. 7월 9일 아침 찰스 워런이 텐트 한 동과 너무나 멀쩡한 등산화 한 켤레를 발견했다. 혹시나 1933년 원정 때 버려진 것이 아닐까 하면서 다가갔는데 눈 속에 시신 한 구가 묻혀있는 것을 발견하고 '상당히' 놀랐다. 워런은 나중에 이렇게 회상했다. "순간적으로 스친 생각이 바로 '윌슨!'이었다. 나는 쉽턴을 보고 소리쳤다. '대장님, 이 친구 윌슨인데요!'"

'이 친구 윌슨'은 잠깐 유명했던 요크셔 출신의 모리스 윌슨 대위Captain Maurice Wilson, M. C.인데, 1932년 여름 그는 에베레스트를 혼자 오르는 것을 일생의 목표로 정했다. 윌슨은 1898년 브래드포드 지역 모직 공장에서 직조공 감독을 하던 사람의 셋째 아들로 태어났다. 1932년에 그는 34세였다. 윌슨은 전쟁이 일어날 당시 16세에 불과했지만 서부 요크셔 연대의 5대대(황태자 직속 군대)에서 2년간 복무했다. 그는 상병으로 진급했고 나중에 사령으로 임명된 다음 플랑드르의 메테렌Meteren에서 벌어진 이프르Ypres의 4차 전투에서 적군과 맞섰을 때 헌신과 무공을 보여서 십자훈장을 받았다. 그는 부상을 입어 1919년 7월 제대했고 브래드포드에 돌아온 후 신경쇠약 증세를 보이면서 '불안정하고 늘 불만족스러운' 시기를 보냈다. 그는 민간인 생활에 적응할 수 없어서 미국으로 이민을 갔다가 다시 뉴질랜드로 가서 사이비 의학부터 농업에 이르기까지 '당황스러울 정도로 많은' 직업을 전전했다. 그는 1932년 영국으로 돌아오는 길에 우연히 인도 요가 수행자들과 친해졌다. 그들은 윌슨에게 자기절제와 고행이라는 철학을 소개해주었다. 윌슨이 그들의 가르침에 얼마나 많은 영향을 받았는지는 분명하지 않지만 3개월 후 건강이 갑자기 악화되었을 때 의사가 아니라 메이페어Mayfair에 있던 신비 치료사를 찾아갔고, 그곳에서 믿음과 단식을 추구하라는 처방을 받았다. 이리하여 윌슨은 일종의 자기만의 이론을 가지게 되었는데, 쉽턴의 설명으로는, 그것은 "만일 사람이 3주일간 음식을 먹지 않으면 생사의 갈림길에서 정신이 반쯤 혼미한 상태가 되는데, 이때가 바로 육체의 마음이 영혼과 직접적인 교류를 하게 된다."라는 것이었다. 윌슨은 자신이 이 단계에서 모든 신체적·정신적인 고통을 없애고 육체적인 힘을 배로 늘릴 수 있다고 믿었다.

이 무렵 우연히 윌슨은 오래된 1924년 신문에서 에베레스트 원정 기사를 읽게 되었다. 1932년 휴스턴이 비행기로 이동한 원정에 대해 일반 대중이 많은 관심을 가졌는데, 윌슨은 이런저런 우연을 섞어 자기 삶의 목표를 정하게 되었다. 그것은 비행기를 한 대 사서 인도로 날아간 다음 에베레스트의 아래쪽 경사면에 비상 착륙시키고, 홀로 산을 올라 인간의 무한한 능력을 입증한다는 것이었다.

물론 윌슨은 그렇게 하지 못하고 죽었지만 회의론자들에게도 한두 가지 시사점을 남겼다. 그는 이전에 비행한 경험도 없었고 관계 당국의 까다로운 문턱도 넘어야 했지만 어쨌든 혼자서 "에버 레스트Ever Wrest"라고 이름 붙인 집시 모스Gipsy Moth 비행기를 조종해 2주일 만에 비하르의 푸르네아Purnea로 갔다. 그의 회고록 집필자는 이를 "비행역사의 작은 서사극이었다."라고 말한다. 푸르네아에서 네팔로 넘어가는 비행허가를 받지 못하자 윌슨은 괴상한 순례를 포기하는 대신 에버 레스트를 팔아치우고 다르질링으로 가서 1933년에 러틀레지와 함께 등반했던 세 명의 셰르파(테왕 보티아Tewang Bhotia, 쩨링 타르카이Tsering Tharkay, 린징 보티아Rinzing Bhotia)를 모집한 후 불교 승려로 가장해 은밀하게 티베트로 들어갔다. 그는 롱북에 가서 린포체 주지를 만나 자신이 1933년 에베레스트에 갔던 대원 중 한 명이라고 안심을 시켜 러틀레지가 그곳에 감춰 놓았던 물자를 약간 확보했다. 그는 한 번의 시도가 실패로 돌아가는 등 등반 경험이 없어서 겪었던 모든 역경에도 불구하고 5월 14일 노스 콜 아래에 있는 이전의 3캠프 자리에 도착했다. 이때가 그가 에쥐웨어Edgeware의 스태그 랜드 비행장Stag Land Airfield을 출발한 지 1년이 되기 딱 일주일 전이었다. 그는 자신이 공언한 대로 이곳에 셰르파들을 남겨놓고 혼자 계속 올라갔다. 그는 1933년 러틀레지의 팀이 산에 남긴 발판 자리가 그대로 있을 것으로 생각했다. 그러나 발판 자리 대신 그는 바람에 노출된 빙벽을 발견했는데, 이것은 그의 보잘것없는 능력으로는 뛰어넘을 수 없는 것이었다. 그는 2주일 동안 산을 기어 올라가려 영웅적으로 애를 썼다. 한번은 콜 아래에 있는 12미터 높이의 빙벽까지 갔지만 추위와 피로로 무릎을 꿇었다. 그의 일기 마지막 장에는 이렇게 쓰여있었다. "다시 출발한다. 오늘은 정말 멋진 날이다!"

쉽턴은 윌슨이 경량 등반이라는 개념을 너무 극한까지 밀고 나갔다는 것을 인정하긴 했지만 켐슨이 그의 일기장을 큰 소리로 읽는 것을 바위 위에 앉아 듣고 있을 때는 윌슨의 신념에 대해 일말의 경외감을 억누를 수 없었다. 스마이드는 나중에 "그것은 등반은 아니었지만 정말 놀라운 일"이라고 말했다. 쉽턴과 그의 동료들은 가엾은 생각이 들어 윌슨의 유해를 동쪽 롱북 빙하에 묻었다. 그다음 날 그들은 노스 콜에 대한 도전을 계속했지만 처음부터 힘이 많이 들었다. 경사면은 좋은 상태였지만 1933년에 두고 간 식량에서 찾아낸 토피 사탕과 초콜릿을 너무 많이 먹은 등산가들은 상태가 좋지 않았다. 반쯤 올라갔을 때 딱딱한 눈이 떨어져 내리자 윌슨의 시신을 보고 겁을 먹은 셰르파들이 더 이상 앞으로 가기를 거부했다. 그날 밤 3캠프에서 '마음을 터놓고' 말한 — 셰르파들의 입장에서는 심하게 혼난 — 다음 일이 잘 풀렸고, 이틀 후 롱북 빙하를 떠나 6일만이라는 기록적인 속도로 쉽턴, 켐슨, 워런과 아홉 명의 셰르파들이 북동릉의 기슭에 있는 4캠프에 도달했다. 그들에게는 15일을 버틸 수 있는 충분한 식량이 있었다. 이제 계획은 7,925미터쯤에 작은 캠프를 설치하는 것이었으며, 그 위쪽의 눈 상태를 확인해본 다음 — 에베레스트 위원회가 쉽턴에게 부여한 임무에 의하면 정상 도전이 금지되어 있었지만 — 기회가 되면 정상에 도전해보는 것이었다. 하지만 이제 날씨가 확실히 그들 편이 아니었다. 그들은 형식적으로 4일간 북동릉을 탐사해본 다음 늦여름에 다시 올 것에 대비해서 텐트와 식량, 장비 등을 남겨놓고, 모두 7월 16일 새로 눈사태가 난 경사면을 따라 조심스럽게 빙하로 내려왔다.

여러 해가 지난 다음 쉽턴이 "등반에 대한 진정한 탐닉"이라고 묘사한 산행이 그 뒤에 이어졌다. 2캠프로 돌아오는 길에 일행은 카르타푸Khartaphu(7,227m)에 올랐다. 이 봉우리는 카르타 빙하를 내려다보면서 락파 라 위쪽으로 솟아있었고 접근이 쉬웠다. 그러고 나서 쉽턴은 스펜더와 켐슨, 워런을 보내서 훨씬 동쪽에 있는 카르타 창그리Kharta Changri(7,093m)를 등반하도록 했다. 쉽턴과 틸먼, 위그램은 맬러리가 예전에 "켈러스 바위 봉우리Kellas Rock Peak(7,071m)"라고 불렀던 P7071을 등반했고, 그 밖에도 서쪽 롱북 빙하와 동쪽 롱북 빙하가 만나는 합류점 위쪽에 솟아오른 이름 없는 봉우리를 몇 개 더 등정했다. 다음으로 쉽턴과 브라이언트는 베이스캠프에서 서쪽 롱북 빙하를 따라 올라가 링트렌(6,714m)에 올랐고, 그리운 마음으로 미지의 웨스턴 쿰을 내려다보며 그곳을 탐험하는 즐거운 상상을 했다. 한편 틸먼과 위그램은 로 라와 서릉을 탐사하기 위해 롱북 빙하를 올라갔는데, 그들은 즉시 '아래쪽은 도저히 손도 써볼 수 없는 곳'이라고 선언했다. 언스워드Unsworth가 말했듯, 이 모든 것이 맬러리가 1921년에 했던 작업의 '심층적인 재평가'였고, 실질적으로는 맬러리의 결론에 더 보탠 것이 없었다. 그러나 그들의 등정 실적은 대단했고 여기서 끝나지도 않았다. 일행은 에베레스트 북쪽의 인상적인 봉우리인 창체(7,580m)를 8월 16일 등정하려다가 실패한 다음 롱북 빙하에서 조를 다시 편성해, 동쪽으로 출발하여 북부 시킴 지방의 도당 니마Dodang Nyima 산맥에까지 이르렀다. 그들은 6천 미터 이상의 산을 26개나 등정한 후 9월 하순 다르질링으로 돌아왔는데, 이를 가리켜 롱스태프는 "아담 이래로 가장 많은 산을 올랐다."라고 논평했다.

그러나 아이러니컬하게도 에베레스트와 관련된 문제에서는 쉽턴의 정찰등반이 그 당시의 통념 — 그것도 상당히 잘못된 — 을 굳힌 것 말고는 한 것이 없었다. 그 통념이란 겨울이 끝나고 몬순이 시작되는 사이의 짧은 기간 동안만 산을 올라야 한다는 것이었고, 서릉(혹은 그들이 당시 '북서 아레트'로 알고 있던 곳)은 접근이 불가능한 루트며, 북쪽에서 유일하게 가능한 루트는 1924년 노턴과 소머벨이 횡단한 그 루트밖에 없다는 것이었다. 되돌아보면 에베레스트에 관한 한 쉽턴이 1935년에 이룬 가장 위대한 업적은 우연히 텐징을 발견한 것이라고 할 수 있다. 텐징은 원정 기간 내내 월등한 자질을 보여주었고, 그는 그 자질 덕분에 등산가로, 사다로 두각을 나타내게 되었다. 물론 그 당시에 쉽턴은 자기 팀의 '업적(그는 이렇게 불렀다.)'이 가볍고도 기동성 있는 등반대의 장점을 보여준 것이라 생각했다. 그러나 이런 등반 방식 덕분에 낮은 봉우리를 다수 등정하긴 했지만 결국 에베레스트 자체에서는 별 의미가 없었다. 쉽턴은 러틀레지가 1936년 원정을 전통적인 방식으로 엄격하게 조직하는 것을 보고 크게 실망했다. 쉽턴은 자리를 고사하려고도 했었는데 나중에는 그렇게 하지 않은 것을 후회했다. 그는 "기나긴 두 시즌 동안 간소함과 제약 없는 자유를 누려 보니 이전의 그 사업에 이제는 별로 공감이 가지 않았다. 따라서 굳게 마음먹고 정직하게 그 자리를 고사했어야 했다는 생각이 든다."라고 말했다. 그러나 잭 롱랜드는 전에 이렇게 말했다. "쉽턴은 에베레스트라는 과업을 오래되고 진부한 일이라 느꼈지만 그것을 거부하기는 힘들었다."

롱랜드는 러틀레지의 리더십을 지지하지 않겠다고 했던 항명자 중 한 명이었기 때문에 1936년 원정을 스스로 고사했다. 러틀레지의 라이벌이던 콜린 크로퍼드 또한 고사했다. 다른 저명한 후보 가운데 노엘 오델은 나이가 너무 많다는 이유로 탈락했고, 틸먼과 브라이언트는 고소증이 나타나는 체질이라는 이유로 탈락했으며, 존 헌트라는 젊은 장교는 폐기능이 떨어진다는 이유(신체검사에서 수은이 들어 있는 대롱을 통과 높이까지 불지 못해서인 것으로 보인다.)로 제외되었다. 결국 원정대원으로는 노장들 가운데 쉽턴, 윈 해리스, 켐슨, 워런, 위그램과 스마이드(실제는 러틀레지보다 원정대 지휘를 더 많이 하게 됐다.)가 선발되었다. 처음으로 원정대에 참가한 사람은 스마이드와 알프스에서 등반을 함께한 바 있는 짐 개빈Jim Gavin과 1933년 트리술 재등이라는 업적을 세운 피터 올리버Peter Oliver였다. 1935년에는 16명의 포터를 뽑았고 1936년에는 60명의 포터를 뽑았는데, 텐징은 두 번 다 선발되었다. 러틀레지가 이 숫자로도 불충분하다고 생각해 수송 담당이었던 존 모리스는 앙 타르카이와 앙 쩨링을 쿰부로 보내 100명을 더 데리고 오도록 했다. 역사상 가장 크고도 가장 잘 조직된 거대한 원정대는 두 팀으로 나뉘어 3월과 4월 초순에 티베트 고원을 지나갔다. 러틀레지는 이미 정상 공격조로 쉽턴과 스마이드를 점찍어 두고 있었는데, 두 사람은 원정대를 뒤따라가면서 '완벽한 호흡을 이루기 위해' 길옆에 있는 산을 함께 올라보았다. 에베레스트는 멀리서 보기에는 완벽한 조건인 것 같아서, 원정대는 롱북 사원에 다다를 무렵까지 희망에 차 있었다. 그곳에서 텐징은 롱북 라마승이 되어 12년째 수도를 하고 있던 사촌 트룰쉬크 린포체Trulshik Rinpoche를 만났다. 그러나 예상보다 한 달이나 빨리 실론(스리랑카의 옛 이름)에서 몬순이 시작되었다. 5월 10일 스마이드, 쉽턴, 워런이 노스 콜에 도달했을 때 에베레스트에 첫눈이 내리기 시작하더니 끝내 멈추지 않았다. 1936년의 원정은 이렇게 시작도 하기 전에 끝나버렸다.

원정대가 용감한 도전을 하기는 했다. 5월 13일 린징 보티아는 네 명의 나리와 세 명의 셰르파를 이끌고 콜까지 올라갔는데, 이것은 에베레스트 역사상 최초로 셰르파가 앞장서 이끈 등반이었다. 해리스와 켐슨이 그다음 날 46명의 포터를 이끌고 도착했다. 그들은 더 높은 곳으로 캠프를 옮길 때를 대비해 두 대의 가벼운 진공관 무전기 세트를 가져왔는데, 이것이 등반에 무전기를 도입한 첫 번째 사례였다. 대원과 포터는 모두 다 좋은 상태였지만, 산은 잔인하도록 상태가 좋지 않았다. 항상 눈과 바람에 노출되어 있는 북릉까지 신설이 60센티미터 두께로 덮여 있었고, 북벽 위쪽은 1924년 노턴의 횡단 루트가 거의 구분이 되지 않았다. 스마이드는 실낱같은 희망을 갖고 날씨가 좋아지기를 3일 동안 기다렸지만 그런 행운은 일어나지 않았다. 신설과 더운 날씨가 겹치면서 산 전체가 눈사태 위험 지역이 되었고, 결국 러틀레지는 1922년의 악몽에 시달리면서 5월 18일 등반대원 전원에게 1캠프로 철수하라는 명령을 내렸다. 사실상 그것으로 끝이었다. 스마이드와 쉽턴은 6월 4일과 5일 콜로 가려고 두 번에 걸쳐 시도했지만 두 번째 시도에서 눈사태를 만나 가까스로 탈출했다. 좌절한 쉽턴은 1935년에 오르려다가 실패한 창체를 오르려 했지만 이번에도 실패했다. 한편 스마이드는 롱북 빙하를 따라 올라가서 1921년 맬러리가 불가능하다고 결론을 내린 서쪽 접근로를 통해 노스 콜로 가는 과감한 시도를 해보자고 제안했다. 검토해보니 그렇게까지 나쁜 것 같지는 않았지만 러틀레지는 현명하게도 그렇게 하지 못하도록 했고, 원정대는 절망과 좌절감에 빠져서 철수했다. 이번에는 정말 실수가 없었다. 1936년의 참패는 어느 누구의 잘못도 아니었다. 그럼에도 이것은 네 번째의 완전한 실패였고, 1921년과 1935년의 정찰등반까지 친다면 여섯 번째 실패였으며, 알파인 클럽과 에베레스트 위원회, 일반 대중 모두는 이제 '포위전법'이나 '정상 공략', '참패'라는 말에 넌덜머리를 내기 시작했다. 조지 잉글 핀치George

Ingle Finch가 에베레스트 위원회에 앙심을 품은 반대파이긴 했지만 그가 1936년 10월 "현재의 상황은 우리 스스로를 정말 우스운 꼴로 만들었다."라고 공개적으로 비판한 것은 분명히 여러 사람의 생각을 나서서 대변한 것이었다.

난다데비 등정

평생 가장 지루한 원정이었다고 말한 에베레스트 원정을 마치고 쉽턴은 다르질링에 있었는데, 여기서 그는 우연히 고든 오스마스턴Gordon Osmaston 소령을 만났다. 오스마스턴은 뛰어난 군인이자 지리학자로 1924년에 자금부족으로 중단되었던 대 히말라야의 인도 삼각 측량 사업을 1936년에 이끌고 있었다. 그때 오스마스턴은 가르왈의 강고트리 지역(바기라티와 케다르나트 산군)에 대한 1차적인 조사를 끝낸 상황이었는데 난다데비 분지에 들어가 보고 싶어 했다. 그는 쉽턴에게 자신을 안내하여 리쉬 협곡까지 간 다음에 관측 지점을 선정하는 것을 도와달라고 요청했다. 쉽턴은 에베레스트의 눈을 등산화에서 털어버릴 기회가 왔다는 생각에 기뻐하면서 즉시 승낙했고, 텐징과 타르카이를 비롯한 포터 몇 명을 모은 다음 여신의 성채를 향해 다시 출발했다. 두 사람이 리쉬 협곡 입구 근처 조시마트의 라타Lata에서 야영하고 있던 어느 날, 뜻밖에도 피터 로이드가 '수염은 덥수룩하고 옷은 누더기가 된 채로' 그들 쪽으로 가파른 길을 달려 내려오고 있었다. 쉽턴과 오스마스턴은 로이드가 그해 여름 영·미 히말라야 합동 원정대에 합류해 난다데비에 도전할 예정이라는 것을 알고 있었는데, 그가 놀라운 소식을 알려주었다. 여신이 마침내 함락되었다는 것이다. 에베레스트에 맞지 않는다고 평가되었던 노엘 오델과 빌 틸먼이 8월 29일 난다데비의 정상에 올랐다는 것이다. 쉽턴은 이것은 분명히 '히말라야에서 여태까지 이루어진 등반 업적 가운데 가장 멋진 것'이라고 생각했다. 그리고 그는 즉시 자신이 '웃기는 에베레스트 사업'에 시간 낭비를 하지 않고 난다데비 원정대에 참가했었더라면 좋았을 것이라고 고백했다. 그는 등반대원으로만 이루어진 난다데비 원정은 엄청난 물자와 많은 인원으로 부담스럽게 진행되지 않았다는 점에서 '원정의 전형을 보여주는 모델'이라고 생각했다. 이로 인해 틸먼과 오델이 위대한 등산가라는 것이 증명되기도 했지만, 이 원정이야말로 쉽턴과 틸먼의 등반 방식을 입증했다는 데 의미가 있었다. 쉽턴은 마치 자신이 등정을 한 것처럼 자랑스럽게 생각했다. 그는 이렇게 말했다. "맹세코 이 일은 고국의 바보들을 안절부절 못하게 할 것이며 다른 무엇보다도 경량 등반을 추구하는 정신을 히말라야에서 고취시키는 데 도움이 될 것이다."

쉽턴의 말과는 달리 '고국의 바보들', 즉 에베레스트 위원회의 명사들이 깜짝 놀란 가장 큰 이유는 난다데비를 오르고자 했던 동기가 대영제국이 아니라 미국에서 시작되었으며, 케임브리지가 아니라 또 다른 케임브리지, 즉 매사추세츠의 하버드에서 나왔다는 것이었다. 하버드대학 산악회는 1924년에 창립되었는데, 브래드포드 워쉬번Bradford Washburn의 지도 아래 1913년 데날리Denali(매킨리)를 초등한 이후 시들해졌던 알래스카 등반을 그 당시 몇 년간 다시 유행시키고 있던 주역이었다. 산악회원 중에서 히말라야에 가본 사람이 아무도 없었는데 드디어 1932년 테리스 무어Terris Moore와 아서 에몬스Arthur Emmons(두 사람 모두 워쉬번과 알래스카 등반을 함께했다.)가 미냐 콩카Minya Konka(현재의 공가 샨Gongga Shan)을 초등하는 극적인 업적을 이루었다. 미냐 콩카는 중국 쓰촨 성 오지에 있는 고봉인데, 당시에는 이 산이 에베레스트보다 높을지도 모른다는 소문까지 있었다. 이 산은 나중에 에베레스트보다 1,294미터 더 낮은 것으로 밝혀졌지만 그 자체로도 7,556미터 높이의 만만치 않은 고도였으며 알래스카의 어떤 산보다도 훨씬 더 높았다. 상대적으로 경험이 적은 이 두 명의 등산가에게 이 산을 오르는 것은 극한의 어려움이었다. 훗날 워쉬번은 그들의 업적을 기리면서, 그들이 "전에 해본 적이 전혀 없던 일을 너무나 잘 했다."라고 칭찬했다. 에몬스는 미냐 콩카에서 발에 심한 동상을 입기도 했다. 그렇지만 미냐 콩카 등정은 히말라야 원정과 달리 포터의 도움 없이 진행되었고 그 자체로 놀라운 탐험 등반 업적이었으며, 미국인 등산가들의 아시아 진출을 알리는 극적인 선언이었다.

테리 무어는 미냐 콩카 등정 후 등반을 그만두고 비행을 시작했다. 그러나 에몬스는 괴저성 동상이라는 끔찍한 경험을 겪었음에도 여전히 등반에 관심을 갖고 있었다. 그는 미국으로 돌아오자 하버드대학 산악회에 가서 동료 두 명에게 히말라야로 가자고 역설했다. 그들은 애덤스 카터Adams Carter와 윌리엄 판스워스 루미스William Farnsworth Loomis였다. 카터는 1934년 워쉬번과 알래스카의 크릴론Mount Crillon에 간 적이 있었으며, 판스워스는 "파니Farnie"라고도 불린 뉴잉글랜드 출신의 암벽 등반가였다. 그들은 번갈아가며 하버드대학 산악회원인 찰리 휴스턴과 대화를 나눴다. 휴스턴은 워쉬번, 카터와 크릴론에 갔으며, 1934년에 포래커Mount Foraker(5,300m)를 초등할 때 참가한 경력이 있었다. 휴스턴은 그들의 생각에 동조했지만 의대를 다니느라 등반을 조직하는 일에서 주된 역할을 맡을 수 없어서 루미스와 에몬스가 '잡다한 일'을 맡기로 하고, 칸첸중가에서 경량 등반을 할 수 있을지를 알아보기 위해 연구에 착수했다.

사실 조금도 과장하지 않고 말하는 것인데, 히말라야 경험이 없는 네 명의 미국 대학생들이 세계에서 세 번째로 높은 산의 바우어 스퍼에 도전하겠다고 한 것은 경솔한 짓이었다. 처음부터 루미스는 실전에서 단련된 영국인들을 팀에 넣어야겠다고 생각했다. 일이 잘 풀리자니 스마이드의 옛 동료였지만 이제는 서로 숙적이 된 그레이엄 브라운이 휴스턴과 친했다. 브라운은 휴스턴과 1934년 포래커에 함께 갔었는데 당시 브라운이 52세, 휴스턴이 21세로 나이 차이가 많이 났지만 좋은 친구가 되었다. 에몬스와 휴스턴은 1935년 이탈리아의 호텔로 찾아가 브라운을 만났고, 허풍 섞인 계획을 늘어놓아 브라운으로부터 하버드대학 산악회의 명예회원 자리를 받아들인다는 허락을 받았다. 브라운은 칸첸중가 원정에 함께 가자는 제안을 수락하면서 쉽턴과 틸먼도 그들 대신 만나주기로 했다. 쉽턴은 애석하게도 에베레스트 사업에 묶여있었지만 틸먼은 함께 가기로 약속했으며, 에베레스트에 다녀온 유명한 노엘 오델과 케임브리지대학 산악회의 떠오르는 별이던 피터 로이드도 존 헌트처럼 대영제국 공군의 신체검사에서 불합격 판정을 받아 에베레스트 원정대에서 제외되었기 때문에 그들과 함께 가기로 했다.

그러는 동안 루미스는 영국에 가서 장비를 구입하고 여러 정치 및 등반 조직에 자문했는데, 휴스턴의 회상에 의하면 그들 중 일부가 칸첸중가가 '초보자들이 가기에는 좀 어렵다'면서 요령 있게 겁을 주었고, 그 대신 난다데비로 가라고 제안했다고 한다. 미국인들에게는 이것도 아무 문제가 되지 않았다. 그들에게는 칸첸중가나 난다데비나 모두 처음 가보는 산이었고, 게다가 난다데비는 등정 가능성도 더 많았으며 '신선함과 독특함'이 있었다. 그러나 틸먼은 자신이 한 번도 가본 적이 없는 칸첸중가를 선호해서, 1936년 3월 포터를 모으고 수송을 준비하기 위해 본대보다 먼저 떠날 때까지도 칸첸중가에 대한 희망을 버리지 않았다. 그러나 그 희망은 그저 희망에 불과했다. 틸먼이 캘커타에 묶여있을 때 인도성에서 유감스러운 태도로, 그러나 별도의 설명도 없이 영·미 합동 히말라야 원정대(미국인 대원들이 원래의 "하버드대학 칸첸중가 원정대"라는 이름을 이렇게 바꿨다.)가 시킴에 들어가는 것을 허가할 수 없다고 알려왔다. 따라서 차선의 선택이었던 난다데비만 남게 되었다. 틸먼은 '칸첸중가 남쪽 빙하에서 너무나 짧고 평화로운 2주일간'을 보내고 난 다음 에베레스트 원정대가 뽑지 않고 남겨둔 셰르파들 가운데 유능한 셰르파 파상 키쿨리Pasang Kikuli와 파상 푸타Pasang Phuta를 간신히 확보하여, 5월 말 이들을 데리고 군대가 주둔하고 있는 가르왈의 친숙한 라니케트로 갔다.

한편 루미스는 봄베이를 통해 다르질링으로 올 예정이었다. 틸먼은 미국 영사관에서 전보를 쳐서 루미스에게 간신히 연락을 했고, 그를 다르질링 대신 라니케트로 오게 해 두 사람이 함께 카우리 고개Kauri Pass를 넘어 조쉬마트로 갔다. 조쉬마트는 알라크난다 강과 다울리 강의 합류점 위쪽에 있는 유명한 순례자의 마을이었다. 이곳에서 틸먼은 마나 마을 출신의 보티아 짐꾼 14명(그들 중 3명은 틸먼과 1934년 정찰등반을 함께 갔었다.)을 뽑아 리쉬 강가로 들어갈 예비 원정대를 조직했다. 그는 협곡 위쪽으로 들어가는 길의 상태가 1934년과 거의 같다는 것을 알고 매우 안심했다. 어렵기는 하지만 지나갈 수는 있는 상황이었다. 틸먼은 예전에 그와 쉽턴이 "더 슬랩스The Slabs"라고 부르던 미끄럽고 경사진 지역 위쪽의 좁은 바위 턱에서, 떨어지는 돌에 맞아 넘어져서 거의 죽을 뻔했다. 로프를 풀어놓고 있었기 때문에 그는 슬랩 위로 6미터를 머리부터 떨어지면서 얼마간 더 구른 다음 400미터 밑의 강으로 떨어지기 직전에 겨우 멈추었다. 어깨를 삐고 허벅지는 멍들고 갈비뼈는 금이 가고 피부가 까졌는데, 틸먼의 회상록에 의하면 언제나 그렇듯이 가볍게 여기고 그냥 갔다고 한다. 그러나 상당히 위험했던 상황이라서 틸먼은 그다음 날에 감사하는 마음으로 하루를 쉬면서 긴장을 풀었다. 그러는 동안 루미스와 보티아 짐꾼들은 협곡을 완전히 지나갔다. 정찰대가 난다데비 성채 안쪽에 410킬로그램의 식량을 숨겨 놓고 난 다음 원정대원 전원이 안전하게 6월 25일 라니케트로 돌아왔다.

그들이 없는 동안 라니케트 포레스트 방갈로Ranikhet Forest Bungalow에 모인 식량과 장비가 엄청나게 많아졌는데, 틸먼과 휴스턴은 — 그리고 6월 28일부터는 아서 에몬스도 — 다른 대원들이 도착하기 전의 조용한 때를 틈타 틸먼의 표현대로 '잘게 쪼개는 재포장' 작업에 착수했다. 그들은 필요 없는 물건들을 다 뺀 나머지를 27킬로그램씩의 짐으로 꾸려서 멜 수 있도록 했다. 7월 3일 예약한 대로 네 명의 추가 셰르파들, 즉 누리Nuri, 다 남걀Da Namgyal, 니마 쩨링Nima Tsering, 키타르 도르제Kitar Dorje가 다르질링에서 왔고, 알려지지 않은 이유로 상하이에 간 애덤스 카터를 제외한 나머지 나리들이 그 후 곧 모두 도착했다. 휴스턴의 아버지인 오스카Oscar는 알래스카의 포래커 초등 원정등반을 조직하고 지휘했던 인물인데 이번에도 성채로 가는 원정대에 참가하러 휴스턴과 함께 왔다. 틸먼과 오델은 그의 체력이 리쉬 협곡의 험한 등반을 감당하지 못할 것으로 생각하여 뒤에 남아있으라고 강권했다. 휴스턴의 아버지는 이런 가혹한 판단을 두말없이 받아들이기는 했지만 끝까지 마음에 담아두고 있었다. 네팔의 도티 마을에서 37명의 전문적인 포터가 왔지만 틸먼은 사다나 요리사, 짐승을 돌보는 사람이나 통역, 그리고 '남는 사람들'은 아무도 고용하지 않았다. 그는 협곡이나 산을 오르는 곳에서 인원이나 물자를 가능한 한 최소한으로 줄여 운용하고자 했다. 모든 것이 잘되어갔고, 과학자인 오델 덕분에 원정대는 '경솔하게 계속 가기만 하는' 것이 아니라 약간은 진지한 과학적 과업을 수행할 수 있었지만, 사실 틸먼이 주장한 대로 했다면 오델의 거추장스러운 빙하 드릴이나 휴스턴의 의학적인 산소 실린더는 라니케트의 방갈로에 남겨놓고 올 수도 있었다.

카터는 나중에 그들을 뒤따라 잡겠다는 전보를 보냈으므로, 그를 뺀 나머지 일행은 7월 10일 라니케트를 떠나서 난다데비를 향한 282킬로미터의 도보여행에 나섰다. 이때 몬순이 시작되면서 3주일간 비가 계속 내렸다. 미국인들은 기죽지 않았지만 지친 영국인들은 기가 죽었다. 틸먼은 담배를 계속 피워댔고, 미국인들이 주장해서 가져온 로건Logan 텐트 안에 있는 것보다 차라리 밖에 있는 게 비에 덜 젖겠다고 불평하는 것을 빼놓고는 거의 아무 말도 하지 않았다. 그러나 노엘 오델은 에베레스트의 안개 사이로 조지 맬러리의 실종을 목격한 지 12년이 지난 후 다시 산으로 가는 굉장히 기쁜 마음을 털어놓았다. 같은 언어를 쓰는 두 나라의 등산가들은 전반적으로 그럭저럭 함께 잘 지냈다. 스스로 자신의 일을 하는 데 익숙한 미국인들은 여행 과정에서 틸먼이 각자에게 지정해준 셰르파들의 정성스러운 보살핌에 약간의 저항감을 느꼈다. 틸먼에 의하면 그러나 곧 그들은 그 나라의 방식에 기꺼이 따랐으며 나머지 우리들처럼 그들 역시 사소한 일만 생겨도 툭하면 "코이 하이koi hai?(거기 아무도 없느냐?)"라고 외쳤다고 한다.

10일 후 일행은 조쉬마트에 도착했는데, 틸먼은 이전과 같이 바드리나트와 가까운 마나 마을에서 보티아 짐꾼들을 10명 보충했다. 이것은 도티알 짐꾼들이 일자리를 자기들이 독점하고 있다고 생각하고 있어서 곧바로 문제가 되었다. 틸먼은 '사소한 일이 큰일이 될까 봐 종일 걱정하면서' 이삼 일을 보냈다. 이제 총 61명의 대부대(나리 8명, 셰르파 6명, 도티알

37명, 보티아 10명)가 된 일행은 다울리 계곡 위쪽으로 올라가 외부세계와의 마지막 연결고리인 라타로 갔다. 그리고 두라쉬 고개Durashi Pass와 '진초록의 소나무가 하늘을 컴컴하게 덮은 에메랄드 보석과 같은' 디브루게타 초원을 넘어 리쉬 협곡으로 들어갔다. 일행은 라마니Rhamani 강이 성채의 리쉬 코트Rishi Kot(6,236m) 봉우리 아래에서 리쉬 강과 합류하는 곳에서 계곡을 건너야 했다. 그러나 계절이 계절인지라 수위가 높았고 물살까지 빨라서, 도티알 짐꾼들은 모두 건너기를 거부하고 37개의 짐을 내려놓은 채 집으로 돌아가 버렸다. 이것은 심각한 차질이어서 원정이 그대로 끝날 수도 있는 상황이었다. 하지만 틸먼은 불필요한 것들을 좀 더 버릴 수 있는 기회라고 반쯤 기뻐했다.(그가 첫 번째로 생각한 것은 끓인 셔츠 같은 맛과 그 정도의 영양가밖에 없다고 생각해오던 미국인들의 쌀이었다.) 자부심 강한 보티아인들은 맨발의 라이벌들이 사라졌다고 기뻐했다. 보티아인, 셰르파, 나리 모두가 속도를 높여서 두세 배로 릴레이를 한 끝에 40일분에 해당하는 물자를 협곡 상부의 벽을 따라 성채 안쪽으로 옮겼다.

결국 8월 4일 원정대는 난다데비의 남동 빙하 위쪽 높은 빙퇴석의 4,572미터 지점 평편한 곳에 하부 베이스캠프를 쳤다. 준비를 위한 고된 일은 끝난 셈이어서 이날을 기념하여 저녁식사 후에 루미스가 작은 살구 브랜디 한 병을 땄다. 미국인들은 컵에 술을 따르고 나서 과묵한 영국인 친구들에게 자신들이 겪은 알래스카의 무시무시한 경험담을 허풍 섞어 즐겁게 들려주었다. 틸먼은 이 이야기를 이렇게 회상했다. "그렇잖아도 긴 동토의 빙하가 그 길이를 늘여버린 듯 길었다. 또한 겉으로 보면 마치 빙하 위의 나무에서 얼음으로 된 나뭇가지들이 쭉쭉 자라난 듯이 보였다. 과학적으로 기록된 것보다 기온은 훨씬 더 내려갔다. 회색곰은 코끼리만큼 몸집이 커진 데다 코끼리보다도 몇 배나 더 위험했고, 모기들은 회색 곰보다 몸집도 작고 사납기도 덜 했지만 그 숫자가 어마어마했다. 이렇게 여러 갑절로 커진 공포와 맞서며 우리의 용맹한 여행자들은 산을 오르고, 구운 마시멜로와 마른 달걀을 먹었으며, 우리와 비슷한 텐트에서 자고, 등을 아프게 하려고 고안된 것 같은 짐을 지고 다녔다. 존슨 박사의 말을 빌려서 좀 덧붙이자면, '포도주는 애들의 음료이고 포트와인은 어른들의 음료인데 살구 브랜디는 영웅의 음료'였다."

그다음 날 아침 오는 도중 몇 번 길을 잃었던 애덤스 카터가 드디어 나타나서, 산을 오르기 시작할 때가 되자 일행은 완전한 전열을 갖추게 되었다. 루트는 틸먼이 빙퇴석 캠프라고 부르던 곳에서부터 빙하를 따라 힘들게 한참을 올라가다가 1934년 쉽턴과 틸먼이 정찰했던 남동릉 혹은 '콕스콤Coxcomb(맨드라미) 능선' 기슭으로 향하는 것이었다. 900미터 높이의 바위 주춧돌(난다데비와 난다데비 동봉을 잇는 빙하 권곡의 상단) 위쪽으로부터 능선이, 마치 날아가는 버트레스처럼 직선으로 정상까지 뻗어있어, 마지막 수 백 미터를 빼고는 기술적으로 크게 어려워 보이지 않았다. 그러나 그것은 좁고도 가팔랐고 원근감 때문에 그들이 생각했던 것보다 훨씬 — 약 5킬로미터 정도 — 더 길었다. 원정대는 5,850미터에서 텐트 세 동을 간신히 펼쳐 칠 만한 좁은 바위 턱을 발견하여 1캠프를 설치했다. 이곳에서 누리, 다 남걀, 파상 푸타, 키타르가 병이 나서 의욕을 잃고 내려갔기 때문에 셰르파는 두 명, 즉 니마와 파상 키쿨리만 남았다. 이것은 불편한 일이었지만 진짜 비극은 8월 9일 차 봉지가 아래쪽 빙하로 떨어져서 더 이상은 차를 마실 수 없게 된 것이었다. 휴스턴은 여러 해가 지난 후 "영국인들은 차가 없이는 원정을 할 수 없다고 하면서 돌아가겠다고 말했다."라고 회상했다. 그러나 어쨌든 미국인들이 코코아와 차 비슷한 음료를 마시도록 설득해서, 며칠 동안 불어오던 폭풍이 잠잠해지자 등반이 재개되어 6,100미터 지점의 오버행 아래쪽에 2캠프가 설치되었으며 6,400미터 지점의 눈이 오는 능선에 3캠프를 설치했다. 남아 있던 셰르파 두 명이 각각 이질과 설맹에 걸려 이곳에서 하산하면서 나리들만이 여신의 분노와 맞서게 되었다.

틸먼이 그 지역을 잘 아는 관계로 모든 사람이 자연스럽게 그의 권위를 인정하고 있었지만 그때까지 난다데비 원정대에는 공식적인 대장이 없었다. 정말 특이하게도 그 원정대는 일종의 민주적인 의견 수렴을 통해 그때그때 앞으로 나아갔다. 그러나 이제 마지막 정상 공략이 임박했으므로 누군가가 공식적으로 책임을 지고 정상 공격조를 뽑아야 했다. 따라서 8월 21일 눈 때문에 3캠프에 갇혀 있을 때 원정대원 전원은 비밀 투표로 틸먼을 대장으로 선출했다. 그다음 날 틸먼은 오델과 휴스턴을 1차 정상 공격조로 지명했다. 그레이엄 브라운은 이것을 받아들이기 힘들어하면서 과대망상적인 공포감에 사로잡혔는데, 훗날 휴스턴에 의하면 그것은 고산증이 원인이었다. 이틀 동안 눈보라가 몰아쳐서 대원들은 어쩔 수 없이 서로 감정을 자극하게 되었지만, 틸먼이 텐트를 자주 바꿔줌으로써 개인적인 불만이 깊어지거나 공공연한 적대감으로 발전되지는 않았다. 결국 8월 24일 오델, 로이드, 루미스, 휴스턴과 틸먼은 6,645미터의 4캠프로 전진했다. 그 위쪽으로는 사면이 급경사를 이루어 원정대는 힘들게 발판을 깎으며 전진했다. 어려운 암벽을 만나자 좁은 통로 아래쪽에서 잠시 쉬었지만, 틸먼은 "빨판이 붙어있는 바지를 입지 않은 이상 오랫동안 앉아있을 만한 곳이 못 되었다. 그곳에는 앉을 만한 자리는커녕 발 디딜 곳을 만들 수도 없을 만큼 눈이 없었다. 바위의 경사도가 너무 가팔라서 단순한 마찰력도 얻을 수 없었다. 등산화, 손, 피켈을 모두 동원하여 안간힘을 써서 간신히 1,830미터 높이의 아래쪽 빙하로 미끄러져 떨어지는 것을 피했다."라고 말했다. 그 암벽의 좁은 통로 위로 계속 힘들게 발판을 깎으면서 올라가면 능선의 바위 탑 밑까지 갈 수 있을 것 같았다. 이번에는 암벽 등반가인 로이드가 선두를 맡아 일행을 이끌고 1시간도 안 걸려 어려운 침니를 올라 바위 탑 위까지 갔다. 이때가 4시였다. 휴스턴과 오델은 남아서 스스로 알아서 하기로 하고 틸먼과 로이드, 루미스는 마지막 공격에 대비해 4캠프로 내려갔다.

그다음 날인 8월 26일에는 짙은 안개가 산 위쪽을 감쌌다. 틸먼, 로이드, 루미스는 그날 그레이엄 브라운과 카터를 도와서 3캠프에서 4캠프로 짐을 나르면서 휴스턴과 오델의 신호를 간절히 기다렸다. 그들은 아무 신호도 보지 못했지만 그다음 날 아침 4캠프에서 아침을 먹고 있을 때 '당나귀가 히힝 거리면서 내는 소리 같은 오델의 익숙한 외침'을 듣고 깜짝 놀랐다. 이것이 구조 신호라는 것을 알아차린 틸먼은 폐활량이 큰 카터를 밖으로 보내서 의사소통을 하도록 했다. 결국 의사소통은 불가능했지만 몇 분 후 카터가 텐트로 돌아와서 분명하고도 놀라운 말 몇 마디를 들었다고 보고했는데, 그것은 "찰리… 가… 죽었다."였다. 즉시 틸먼과 로이드가 붕대와 여분의 옷을 가지고 출발했고, 그레이엄 브라운과 카터가 피하 주사기와 들것을 들고 뒤따라 올라갔다. 걱정스럽고 힘들게 여섯 시간을 올라가 틸먼과 로이드는 7,163미터의 비박 장소에 다다랐다. 여기서 그들은 먼저 안도의 숨을 내쉬고 그다음에는 화를 냈다. 그 이유는 휴스턴이 죽은 것(killed)이 아니라 아픈 것(illed)이었기 때문이었다. 그는 전날 저녁 오델과 나눠 먹은 통조림 쇠고기 때문에 식중독에 걸려서 누워있었다. 휴스턴의 제안에 따라 틸먼이 그곳 비박 장소에서 정상 공격조로 오델과 남기로 했고 로이드, 그레이엄 브라운, 카터는 환자를 데리고 4캠프로 내려갔다.

이틀 전에 휴스턴과 오델이 정상을 불과 90미터 앞둔 지점에서 돌아와야 했던 경험을 교훈삼아 공격조는 8월 28일 비박 장소를 7,315미터로 더 높이 옮겼다. 오델은 훗날 이렇게 말했다. "그곳에서 우리가 보낸 저녁시간은 오랫동안 기억에 남을 것이다. 너무나 장엄한 일몰이었다. 거대하고도 무서운 구름 덩어리가 먼 곳의 산 위에 도사리고 있었고, 그와 대조적으로 서쪽 하늘에는 생생한 진홍색, 금색, 초록색의 색조가 펼쳐져 있었다. 그토록 높은 곳에서 밤을 보낸 우리만이 그것을 볼 수 있는 특권을 누렸다." 그들은 이튿날 아침에 날씨가 나빠질까 봐 걱정했다. 그러나 추운 밤이 지나간 후 날씨가 화창해졌고, 당시로는 이른 시간이며 요즘 기준으로는 늦은 시간인 오전 6시 15분, 에베레스트 원정대에서 탈락했던 이 두 사람의 노련한 등산가는 무섭도록 부드러운 눈을 헤치고 날카로운 바위와 오래되어 무너져 가는 눈처마를 밟으며 정상부의 수월한 경사면까지 올라갔다. 이제 능선으로 갈 것인지 아니면 가까운 곳에 있는 눈의 통로로 갈 것인지를 결정하는 것만 남았다. 이 문제를 고민하기 위해 틸먼이 잠시 멈추었을 때 눈의 통로에서 눈사태가 나는 바람에 이 문제는 자연스럽게 해결되었다. 그들은 능선으로 향하여 3시에 영국령 인도에서 가장 높은 곳에 도달했다. 틸먼은 교양 있는 영국인답게 당시의 느낌을 이렇게 반어적으로 낮추어 표현했다. "어느 방향으로든 수백 킬로미터 이내의 그 어떤 산보다도 가장 높은 산의 정상에 서 있자니 흥미롭게도 우쭐하고 고양된 기분이었다. 우리는 축하의 악수를 나누는 것조차 잊어버렸다." 그러나 그는 승리의 기쁨에 젖어 이렇게 덧붙였다. "산이 굴복하고 마침내 자부심 넘치는 여신이 고개를 숙였다는 서글픈 감정도 들었다."

틸먼은 몰랐겠지만 한참 아래쪽에서는 핀다르 강이 범람하고 있었다. 오델과 그가 정상에 접근하고 있을 무렵 타랄리 마을에서는 40명이 범람한 강물에 휩쓸려 죽었다. 그리고 그들이 하산하자 베이스캠프에 있던 키타르 도르제가 원인을 알 수 없는 장염으로 사망했다. 틸먼은 훗날 여신이 성채가 파괴된 것에 대해 '맹목적으로, 그러나 무시무시하게 복수했다'고 말했다. 몸이 회복된 찰리 휴스턴과 함께 롱스태프 콜로 철수할 때 그가 느낀 기분은 약간 후회스러운 것이었다.

성공과 실패

등산에서 최종적인 성공의 척도가 루트를 찾아내거나 단순히 가장 높은 고도기록을 세우는 것이 아닌 바로 정상이라면, 에베레스트의 전통적인 5캠프보다 약간 더 높은 7,816미터의 난다데비 등정은 히말라야 등반에서 1950년 이전에 거둔 가장 큰 성공이었다. 톰 롱스태프와 같은 권위자조차도 찰리 휴스턴에게 편지를 써서 "이것은 겉치레로 하는 말이 아닙니다.

나는 히말라야에서 가장 멋진 등반을 거둔 원정대에 깊은 경의를 표합니다."라고 했다. 그러나 그들 말고도 이렇게 큰 업적을 세운 사람들은 많이 있었다. 독일과 영국 등산 조직들이 힘들고도 위험 부담이 큰 도전을 낭가파르바트와 에베레스트에서 하고 있을 동안에도 사실 쉽턴과 틸먼의 원정대 정도로 계획된 이름이 잘 알려지지 않은 원정대들이 이보다는 낮지만 상당히 주목받는 봉우리들을 수없이 등정했다. 카메트, 바기라티3봉, 시니올추, 심부 북봉이 1930년에서 1936년 사이에 작은 규모의 원정대에 의해 등정되었다. 윌리엄 그레이엄은 1883년에 '별 어려움 없이' 칸첸중가의 남쪽에 이웃한 봉우리인 카브루에 올랐다고 주장했지만 그것은 거짓말이었고, 1935년에 영국인 쿡C. R. Cooke이 정말 카브루를 올랐는데 더욱 놀라웠던 것은 그가 겨울에 혼자서 올랐다는 것이었다. 물론 정상에 올라가기 바로 전날까지는 쇼버스G. Schoberth와 여섯 명의 셰르파 — 뛰어난 앙 타르카이, 앙 쩨링2, 틸먼과 함께 등반했던 파상 푸타를 포함해 — 의 도움을 받기는 했다. 2년 후에 쿡은 나중에 에베레스트에서 명성을 날리게 되는 존 헌트와 함께 시킴으로 갔다. 헌트는 제무 빙하의 끝에 있는 네팔 갭으로 올라가서 네팔피크의 남서봉을 등정했다. 그러고 난 다음 쿡은 남쪽으로 가서 칸첸중가를 정찰 등반했는데 파상 키쿨리, 다와 톤둡Dawa Thondup과 함께 트윈스 빙하에서 시작하여 노스 콜을 300미터 남겨둔 곳까지 올라가보고는 이것이 바우어 스퍼에 대한 대안이 될 수도 있을 것이라고 추측했다.

한편 가르왈에서는 1936년 10월 일본 원정대가 난다데비 성채 바로 밖에 완벽한 비율로 솟아오른 난다코트를 성공적으로 초등해 히말라야 등반에서 서양인들이 지켜오던 독점적인 지위를 깨뜨렸다. 난다코트는 1905년 롱스태프가 처음으로 등정을 시도한 산이었다. 일본 원정대는 야이치 호타가 대장을 맡았고 올림픽 스키 선수인 사쿠타 타케부시도 대원으로 참가한 릿쿄대학 산악회원들이었다. 그 1년 후에는 쉽턴만큼이나 열성적인 프랭크 스마이드가 대규모의 정교한 원정을 잠시 멈추고 가르왈 중부로 와서 셰르파 왕디 누르부Wangdi Nurbu와 함께 데오반Deoban(6,855m)을 초등한 다음 닐기리파르바트Nilgiri Parbat(6,474m)에 올랐다. 스마이드는 닐기리파르바트에 대해 "내가 오른 산 중에서 눈과 얼음의 상태가 가장 좋은 산이었다."라고 말했다. 그러고 난 다음 스마이드는 피터 올리버와 함께 그 산맥에서 카메트와 아비가민 다음으로 높은 산인 마나피크Mana Peak(7,272m)에 올랐다. 닐칸트Nilkanth(6,596m)에 대한 도전은 실패했어도 이 산은 비교적 낮지만 어려운 곳인 데다 그 이후로도 수십 년 동안 초등되지 않았으므로 부끄러운 일은 아니었다. 스마이드는 난다데비의 북서쪽 성채에 있는 자랑스러운 수호봉인 두나기리에 대한 야심찬 도전도 해보았지만 실패한 다음 등반을 마무리하고 뷴다르Bhyundar 계곡에서 식물 채집을 했다. 스마이드와 동료는 쉽턴과 틸먼에 못지않게 가치 있는 휴가를 히말라야에서 보냈으며, 특히 이 휴가 덕분에 스마이드는 등반과 기행문학에 길이 남을 그의 대표작『꽃의 계곡The Valley of Flowers』의 집필을 위한 영감을 얻었다.

1938년 루돌프 슈바르츠그루버Rudolf Schwarzgruber가 이끄는 독일-오스트리아 원정대는 오스마스턴이 새로 만든 강고트리 지역 지도를 이용하여 등반했는데, 5주일 만에 바기라티2봉Bhagirathi2(6,512m), 찬드라파르바트Chandra Parbat(6,721m), 만다니파르바트Mandani Parbat(6,193m), 스와찬드Swachand(6,721m), 스리 카일라스Sri Kailas(6,932m)를 등정했다. 1년 후에는 스마이드가 떠난 자리를 메우듯 앙드레 로흐André Roch가 이끄는 소규모의 스위스 원정대가 가르왈로 와서 경험이 많지 않은 여섯 명의 셰르파들과 함께 정찰등반이 잘 이루어진 남서릉을 통해 두나기리를 등정했다. 그러고 난 다음 로흐는 카메트 남쪽으로 눈을 돌려서 낮은 편이지만 접근이 어려운 코사 산군의 라타반Rataban(6,166m)과 고리파르바트Ghori Parbat(6,708m)를 등정했다. 다음으로 좀 더 어려운 산인 차우캄바Chaukhamba(7,138m)에 대한 초등을 시도했는데 이때 셰르파 곰부Gombu와 현지 도티알 짐꾼이었던 아지티아Ajitia가 사망했다. 그들의 원정은 이 일만 없었다면 스위스인들이 히말라야에 왔다는 것을 알리는 성공적이고 괄목할 만한 원정이었을 것이다. 폴란드인의 히말라야 도전은 1939년 티르술리Tirsuli(7,074m)에서 비극으로 끝을 맺었지만, 곧 폴란드 산악회 출신의 야쿱 부약Jakub Bujak과 야누스츠 클라르네르Januscz Klarner가 7월 2일 가르왈에서 미등으로 남아있던 가장 높은 봉우리인 난다데비 동봉을 등정했다.

결과적으로 제2차 세계대전 전까지 6천 미터 이상의 히말라야 봉우리 600여 개 가운데 약 75개의 봉우리가 등정되었다. 7천 미터 급 봉우리 가운데에서는 1907년 트리술이 등정된 것을 필두로 하여 22개의 봉우리가 등정되었다. 당시까지 등정된 가장 높은 봉우리는 히말라야에서 대략 30번째로 높은 난다데비(7,816m)였고, 가장 높은 고도는 노턴이 도달했던 에베레스트 북벽의 8,570미터였다. 원시적이라고 말할 정도는 아니지만 초보적인 장비를 사용했고, 자주 잘못된 길로 안내하는 완벽하지 못한 지도를 이용했으며, 효율적인 산소 보조 장비를 쓰지 않았고, 산으로 접근하는 길을 찾는 데 상당한 어려움을 겪어야 했다는 점을 감안한다면 총체적으로 놀라운 성과였다. 따라서 쉽턴이 이 시기를 "히말라야의 전성기

Himalayan Hey-Day"라고 표현한 것은 매우 타당하다. 그러나 가장 높은 8천 미터 급 고봉은 아직 하나도 함락되지 않았고 사람들은 3대 고봉인 에베레스트, 칸첸중가, 낭가파르바트에만 관심을 두고 있었으므로 계속적인 실패와 헛걸음에 따른 좌절감을 맛보았을 뿐이었다. 8천 미터 기록을 깰 수 있는 산을 다른 곳에서 찾아보는 것이 하나의 분명한 의지였을지 모르지만, 남아있는 11개의 8천 미터 급 고봉 가운데 여섯 개는 네팔에 있어 정치적으로 접근이 불가능했고, 시샤팡마는 당시까지 잘 알려져 있지 않았다. 따라서 결국 선택의 폭은 카라코람의 고봉, 즉 브로드피크, 가셔브룸1봉, 가셔브룸2봉과 세계 2위 고봉인 K2로 좁혀졌다.

1929년 아브루치 공의 조카인 아이모네 디 사보이아 아오스타Aimone di Savoia-Aosta(스폴레토Spoleto 공)가 젊은 지리학자인 아르디토 데시오Ardito Desio와 다른 이탈리아 원정대원들을 이끌고 발토로 상부에 대한 정찰등반을 해서 비공식적으로나마 이탈리아가 K2에 대한 권리를 갖고 있다는 점을 확실히 했다. 그러나 양차 세계대전 사이에 카라코람을 방문해 최초로 실제적인 등반을 시도한 것은 G. O. 다이렌푸르트의 '1934년 히말라야 국제 원정대'였다. 다이렌푸르트가 이전에 이끌었던 칸첸중가 국제 원정대와 마찬가지로 이번에도 대규모의 급조된 원정대였는데 심지어 극영화를 만들기 위해 전문적인 배우들까지 원정대에 데려갔다. 그러나 다이렌푸르트는 셰르파들을 모집하지 못했고 전에 메르클이 당했던 것처럼 현지의 발티인들이 자주 파업을 벌이는 통에 곤욕을 치렀다. 어쨌든 그는 가까스로 이전에 콘웨이가 "히든피크"라고 불렀던 가셔브룸1봉에 대해 상당히 완벽한 정찰등반을 해냈다. 7월 6일 원정대원 중 한스 에르틀Hans Ertl과 앙드레 로흐 두 명이 남동 버트레스(IHE 스퍼)의 6,200미터까지 올라갔지만 그들 원정대보다 160킬로미터 남서쪽에 있던 낭가파르바트의 독일인들을 패퇴시켰던 바로 그 폭풍설에 갇혀버렸다. 폭풍설이 잠잠해질 무렵에는 이미 원정대에 가셔브룸에서 도전을 계속할 만한 물자나 시간이 남아있지 않았고, 결국 재빠르게 목표를 수정해서 시아 캉그리(7,422m)와 발토로 캉그리의 남동봉인 발토로 캉그리5봉Baltoro Kangri5(7,275m)을 초등하는 괄목할 만한 성과를 거두었다. 다이렌푸르트의 아내인 헤티 다이렌푸르트는 남편과 에르틀 회흐트Ertl Höcht와 함께 시아 산군의 가장 서쪽에 있는 봉우리(퀸메리피크4봉Queen Mary Peak4)인 시아 캉그리 C(7,273m)를 등정하여 여성 최고 고도기록을 세웠는데, 이것은 1950년대 중반까지 깨지지 않았다.

2년 후인 1936년, 러틀레지는 에베레스트에 대한 두 번째 시도로 분주하고, 바우어와 그의 친구들은 낭가파르바트에 대한 준비를 하기 위해 시킴에 있을 무렵, 앙리 드 세고뉴Henri de Ségogne는 카라코람으로 최초의 프랑스 원정대를 이끌고 와서 가셔브룸1봉에 대한 도전을 계속했다. 그 원정대는 프랑스 알파인 클럽의 후원을 받았고 국가적인 차원에서 대규모로 조직되었으며 당대 최고의 고산 등산가들이 대거 참가했다. 그들 가운데는 피에르 알랭Pierre Allain(바로 전해에 프티 드류Petit Dru의 북벽을 초등해서 유명해졌다.)과 장 레닝거Jean Leininger(그랑 조라스의 워커 스퍼에서 알랭의 파트너를 맡았다.)도 있었다. 그러나 그들 누구도 히말라야에 대한 경험이 없었으므로 세고뉴는 현명하게도 국가적인 자존심을 누르고 벵골 산악 포병대의 노먼 스트리트필드 대위Norman R. Streatfield, M. C.를 수송 및 연락 담당관으로 임명했다. 세고뉴는 경비 절약에 신경 쓰지 않고 대규모 원정대를 조직했다. 유럽인 11명, 셰르파 35명(대부분은 러틀레지가 탈락시켰던 신참들이었다.)과 대략 670명의 현지인 짐꾼, 장비 등 80톤에 달하는 물자의 프랑스 원정대는 당대 최고의 규모였으며 다이렌푸르트조차 이것이 '너무 심하게 복잡하다'고 비난했을 정도였다. 그럼에도 그 원정대는 조지 라까지 잘 나아갔으며 인더스 계곡을 따라 올라가 카라코람 중부의 영국군 최종 주둔지였던 스카르두까지 갔다. 원정대는 이곳에서 알렉산더 대왕의 시절까지 그 유래가 거슬러 올라간다는 원시적인 짐배를 타고 인더스 강을 건넌 다음 브랄두 계곡 위쪽으로 160킬로미터를 더 전진하여 발토로 빙하의 5,029미터 지점에 베이스캠프를 설치했다. 에쉐빙 다이렌푸르트Eschewing Dyhrenfurth의 'IHE 스퍼'는 너무 먼 데다 돌아서 가야 해서, 프랑스인들은 더 가파르고 바위가 많은 '남쪽 스퍼'에 도전하여 자신들이 "히든 서드Hidden Sud(7,069m)"라고 이름 붙인 돌출부 바로 전까지 올라갔다. 그곳에서 주봉까지는 남동릉이 30도 정도의 적당한 각도로 약 1.6킬로미터에 걸쳐 이어져 있었다. 기술적으로는 어려운 코스를 다 지나와서 프랑스인들은 성공을 확신했지만 몬순이 예상보다 3주일 일찍 시작되어 며칠 후 그들을 강타했다. 종합하자면 이것은 국가적으로는 성공적인 데뷔였지만 최초의 8천 미터 급 고봉 초등은 이루어지지 않았고, 따라서 히말라야는 1937년 독일인들이 운명의 산으로 돌아오기를 기다렸다.

당시 원정대장은 카를 빈이었는데, 그는 1928년에 리크머 리크머스와 파미르에 다녀왔고 바우어와 1931년, 1936년에 시킴에 다녀왔다. 바우어는 자신이 왜 원정대장을 맡지 않았는지에 대해서는 직접적인 언급을 피했다. 베를린에서 공무가 너무 바빴기 때문일 수도 있지만 아마도 그가 낭가파르바트에 대한 독점적인 권한을 공격적인 방식으로 나치국가에 양도해버린 것에 대해 산악연맹의 전통주의자들이 분개하고 있었기 때문에 그는 이것을 좀 누그러뜨리려 했던 것으로 보인다. 이상하게 프리츠 베흐톨트도 나서지 않았지만, 실제로는 베흐톨트와 바우어가 배후에서 지휘를 하고 빈이 현장에서 대장 역할을 한 것으로 보인다. 히말라야 경험이 있는 원정대원으로는 아돌프 괴트너Adolf Göttner(1936년 시킴), 귄터 헤프Günther Hepp(1936년 시킴), 페터 뮐리터Peter Müllritter(1934년 낭가파르바트)와 한스 하트만Hans Hartmann(1931년 칸첸중가)이 있었다. 히말라야에 처음 가보는 대원으로는 오랫동안 친구였고 고산 파트너였던 울리 루프트Uli Luft, 페르트 판크하우저Pert Fankhauser, 마르틴 페퍼Martin Pheffer가 있었다. 원정대는 스리나가르에서 12명의 엄선된 셰르파들을 만나 이제는 친숙해진 아스토르와 라키오트 빙하를 따라 전진했다. 산의 루트도 친숙했고 모든 것이 6월 11일까지는 당초 계획에 한 치의 오차도 없이 진행되었다. 그날 일곱 명의 독일인과 아홉 명의 셰르파, 네 명의 발티인과 수송 담당인 영국인 스마트D. M B. Smart는 라키오트피크 아래에 있는 6,180미터 고도의 플라토 위 완만한 설사면에 4캠프를 설치했다. 6월 11일 이후 3일 동안 눈이 많이 내려서 5캠프로 전진하려던 계획이 좌절되었다. 발티인 네 명이 기운이 없다고 호소해서 6월 14일 아침에 스마트가 그들을 데리고 베이스캠프까지 내려갔고, 베이스캠프에서는 울리 루프트가 다섯 명의 새로운 짐꾼을 데리고 물자를 보급하러 올라가려 하고 있었다. 그리고 4캠프에서 어떤 일이 일어났는지는 누구도 정확하게 알지 못했다. 루프트가 6월 18일 한낮에 4캠프에 도착했을 때 그곳은 눈사태로 처참하게 파괴되어있었다. 그곳에 있던 16명은 수백 입방 미터의 눈과 얼음에 깊이 파묻혀버렸다.

이틀 후인 6월 20일 일요일, 파울 바우어는 우연히 뮌헨의 히말라야 재단 사무실에 나와 있었는데 그 충격적인 뉴스가 길기트와 실마, 런던을 거쳐 날아들었다. 바우어는 울리 루프트를 제외한 친구들이 모두 죽었다는 것을 받아들일 수 없었다. 그는 즉시 베흐톨트와 카를 폰 크라우스(1929년 칸첸중가)를 대동하여 카라치로 날아가 영국령 펀자브 주의 수도였던 라호르로 가는 기차를 탔다. 세 사람은 라호르에서 1934년 낭가파르바트 참사의 생존자인 에밀 쿤Emil Kuhn을 만나서 영국 공군 덕분에 비행기 편으로 길기트를 향했고, 거기서 도보로 페어리 메도를 통해 베이스캠프에 도착했다. 그때까지 너무나 놀라 넋이 나가 있던 울리 루프트가 한 첫 말은 "당신들이 와줘서 너무나 기쁘다."였다고 한다. 바우어는 남아있는 몇 명의 셰르파들을 모아서 실낱같은 희망을 품고 구조에 나섰다. 나쁜 날씨와 불안정한 눈 상태는 4캠프의 하부 캠프까지 가는 것도 방해했으며, 루프트를 제외한 나머지 대원들은 모두 고소 적응이 안 된 상태였고 바우어는 말라리아에까지 걸렸다. 그러나 그들은 죽은 동료 대원들을 생각하고 계속 전진했다. 끔찍한 소식이 전해진 지 정확하게 한 달 만인 7월 20일, 바우어 일행은 4캠프 아래 눈의 플라토로 향하는 마지막 빙벽에 올라섰다.

바우어는 그곳에 도착해서야 참사의 규모를 알 수 있었다. 라키오트피크의 남쪽에서 거대한 눈처마가 붕괴되어 총그라피크까지 낮은 지역의 설사면을 넓게 휩쓸어갔다. 눈사태가 덮친 면적은 60,000평방미터에 달했고 깊이는 3~4미터에 달했다. 얼어붙은 거대한 잔해 속에서는 독일 원정대 캠프의 흔적을 전혀 찾을 수 없었다. 원정대는 오르려던 산이 마치 "후!" 하고 촛불을 꺼버린 듯 모두 압사 당했다. 루프트, 크라우스와 남아있던 셰르파들이 설원의 여기저기에 구덩이를 깊이 파서 그 고원을 마치 서부전선처럼 무시무시한 광경으로 만들어놓았다. 그들은 닷새 동안 무작정 여기저기 파보았지만 아무것도 없어서 거의 포기하려 했는데, 바로 그때 피켈 하나가 루프트의 발에 걸렸고 그다음으로 담배꽁초 두 개가 나오더니 빈 깡통이 하나 나왔다. 동료들이 묻힌 텐트가 가까이 있다는 증거였다. 그러고 나서 며칠간 더 파고들어 간 끝에 그들은 시신들을 찾을 수 있었다. 원정대는 사다인 누르상Nursang의 요청에 따라 셰르파들의 시신은 건드리지 않았고, 독일인 대원인 페퍼, 하트만, 헤프, 빈, 판크하우저의 시신을 발굴해서 엄숙한 의식을 거행하고 묻은 다음 비통한 마음으로 그 매정한 산에서 철수했다. 결국 뮐리터와 괴트너의 시신은 찾지도 못했다.

16명이 사망한 이 사건은(사망한 대원들의 손목시계와 일기가 나왔는데 1937년 6월 15일 0시 10분이었다.) 오늘날까지도 히말라야 등산의 역사상 단일 참사로는 가장 큰 것으로 남아있다. 그러나 이것은 어느 누구의 잘못도 아니어서 1934년의 참사와는 달리 고국의 어느 누구도 이에 대해 논쟁하지 않았으며 묻거나 비난하지도 않았다. 1937년의 참사는 그동안의 모든 논쟁을 잠재웠으며 독일인들과 전 세계의 등산계는 한마음으로 바우어가 이제는 11명으로 늘어난 독일인 사망자의 한을 풀기 위해 1938년 원정을 준비하는 것을 도와주었다. 영국인들은 즉시 허가증을 발급했고, 산악연맹은 전혀 말썽을 일으키지 않았으며, 차머운트 오스텐은 전국적인 지원을 약속했다. 모든 것으로 미루어 보았을 때 히틀러 자신도 낭가파르바트에 대해 분한 마음과 관심을 갖고 있었던 것으로 보인다. 문제는 등산가들이었다. 재능이 있는 인물들이 거의 다 사망한 것이다. 그러나 바우어에게는 베흐톨트와 루프트

가 남아있었고 두 사람 모두 낭가파르바트로 가기를 희망했다. 바우어는 그들의 도움을 받아서 젊지만 재능이 있는 고산 등산가들을 신속하게 모았다. 그들 가운데에는 마티아스 레비츠Mathias Rebitsch, 롤프 폰 츨링엔스퍼그Rolf von Chlingensperg, 스테판 주크Stefan Zuck, 루드비히 슈마데러Rudwigh Schmaderer가 있었다. 슈마데러는 1937년 트윈스의 동봉에 에른스트 그로프Ernst Grob, 파이다H. Paidar와 함께 도전했던 뮌헨 출신의 인물이었다. 누르상이 이번에도 사다로 가겠다고 나섰고, 셰르파들 대부분이 에베레스트에 가기 위해 틸먼과 약속이 되어 있거나 독일인들과 함께 낭가파르바트에 가는 것을 꺼렸지만, 결국 10명의 신참들이 함께 가기로 약속했다.

1938년 원정대는 라왈핀디를 떠나 완전히 새로운 길로 갔다. 그들은 카간Kaghan 계곡을 따라가서 바부사르 고개Babusar Pass를 넘어갔고 이로 인해 아주 간단하게 산으로 접근할 수 있었다. 바우어는 공격의 속도를 올리기 위해 창의력을 발휘하여 원정대의 물자를 낙하산으로 낭가파르바트의 전략적 지점 세 군데에 떨어뜨렸다. 그러나 이 낙하산 전략은 쓸모없이 거의 '무시무시한 난장판'을 만들고 말았다. 하지만 바우어의 회상에 따르면 그 외의 모든 것은 '한 치의 오차도 없이' 진행되었으며, 6월 1일 네 번째 독일 낭가파르바트 원정대는 안전하게 베이스캠프를 설치했다.

미리 말하자면, 그 이후부터는 날씨가 그들을 실패하게 하려고 사전에 약속이라도 한 듯이 보였다. 이전까지 독일인들의 경험에 의하면 낭가파르바트는 6월 중순부터 하순까지는 날씨가 항상 화창했다. 바우어의 계획은 그 단순한 사실을 전제로 하고 있었다. 1938년에는 6월의 날씨가 계속 끔찍해서 등반은 초기부터 벽에 부딪쳤다. 6월 25일이 되도록 4캠프를 설치하지 못했으며, 이것은 계획된 일정보다 열흘이나 늦어져 결국 7월 중순까지도 일정을 맞추지 못했다. 결국 라키오트피크에서 여러 차례 실패를 거듭한 끝에 7월 22일이 되어서야 바우어는 루프트, 베흐톨트, 주크와 네 명의 셰르파들로 이루어진 공격조를 이끌고 라키오트 능선에 올라섰다. 그들은 무어스 헤드가 솟아오른 곳 바로 옆에서 온전하게 보존된 빌리 메르클과 가이라이의 시신을 보고 깜짝 놀랐다. 바우어는 훗날 이렇게 회상했다. "낭가파르바트에 도전할 때 그토록 강하게 마음을 먹었는데도 죽은 사람들과의 예상치 못한 만남

1934년 총그라피크 사면에서 바라본 라키오트피크 아래쪽의 4캠프. 위험에 노출된 텐트들이 오른쪽 아래에 보인다. 1937년 위쪽의 설사면이 심하게 갈라지면서 4캠프를 순식간에 덮쳐 16명이 파묻혔다.
(사진출처: 독일 알파인 클럽)

은 우리에게 깊은 허탈감을 안겨주었다." 셰르파들이 특히 이 광경에 겁을 먹고 앞으로 나아가려 하지 않아서 바우어는 크게 낙심했다. 바우어는 셰르파들 없이 이틀 동안 힘들게 실버새들로 나아간 끝에 포기했다. 악천후를 뚫고 이 특별한 능선을 오를 때 생기는 위험을 그는 정확하게 파악하고 있었다. 그는 위기가 닥쳤을 때 독일인들이 보이는 무모함을 버리고 모험 대신 후퇴를 신중하고 주의 깊게 생각했다. 1938년의 원정은 등정이라는 면에서 보면 지나간 세 차례의 원정과 다름없이 별 소득도 없이 끝났지만, 바우어 덕분에 독일 원정대는 사상 최초로 모든 대원이 살아서 돌아올 수 있었다.

그것은 결국 제2차 세계대전 이전의 마지막 대규모 도전이었다. 바우어는 1938년 낭가파르바트에 관련된 모든 일에서 물러나기 전에 1895년 머메리가 도전했던 서쪽 디아미르 벽을 보고 오라고 루프트와 주크를 보냈다. 바우어는 메르클의 라키오트 루트가 너무 긴 데다 위험하다는 결론을 내렸다. 이제 좀 더 직선에 가까운 루트를 시도해볼 때가 된 것이다. 루프트와 주크의 사진에 고무된 바우어는 1939년 페터 아우프슈나이터Peter Aufschnaiter, 루츠 치켄Lutz Chicken, 하인리히 하러Heinrich Harrer, 한스 로벤호퍼Hans Lobenhoffer로 이루어진 소규모의 원정대를 낭가파르바트로 보내 디아미르 벽을 철저하게 정찰하도록 했다. 정상으로 가는 직선 코스인 머메리의 '세컨드 립second rib'에 대한 실험적이고도 위험한 등반 끝에 네 명의 대원은 북봉North Peak의 6,096미터 미들 립middle rib까지 올라갔지만 기술적인 어려움과 계속되는 낙석으로 후퇴했다. 그들의 다음 계획은 원정대를 조직해서 1940년에 디아미르 벽으로 가는 것이었지만, 8월 하순 그들이 카라치에 도착했을 때는 이미 전쟁이 임박해 그들은 고국에 돌아가지 못했다. 전쟁이 발발하자 그들은 데라 둔에 억류되었고, 아우프슈나이터와 하러는 나중에 티베트로 도망쳐, 그곳에서 1950년 중국이 티베트를 점령할 때까지 달라이 라마를 위해 일했다.

1938년의 에베레스트

한편 대 히말라야의 다른 쪽 끝인 에베레스트에서도 1938년의 날씨는 낭가파르바트보다 좋을 것이 없었다. 7차 원정이자 전쟁 전 마지막 원정이었던 빌 틸먼의 경량 원정대는 비용이 상당히 적게 들었고 인명의 손실도 없었지만, 이전의 두 번과 마찬가지로 완전히 실패하고 말았다. 틸먼의 원정 기록은 '불쌍하게 봐줄 만한 역경도 없고, 열거할 만한 참사도 없으며, 슬퍼할 만한 비극도 없는 점'에 대해 거의 사과하는 투였다. 그는 '과거의 모든 원정대에 적용됐던 전통적이고도 국가적인 대규모 조직 방식'을 깬 것 말고는 자신의 원정이 에베레스트 무용담에서 가장 지루한 부분이 될 것이라고 걱정했다. 그리고 이런 점에서 그는 자신의 원정이 적어도 새롭게 인식되기를 희망했다. 그의 에베레스트 원정이 얼마나 독특했는지에 대한 한두 마디의 설명이 필요할 것 같다.

일단, 비교적 소규모의 원정대가 1936년 난다데비에서 놀라운 성공을 이루어낸 것과 거의 같은 시기에 엄청난 홍보를 하면서 진행된 대규모 에베레스트 원정대의 실패가 비교되면서, 결국 등반은 쉽턴과 틸먼의 방식 쪽으로 방향이 바뀌었다. 또한 대공황이 전 세계를 휩쓸면서 가난과 굶주림을 일상적으로 목격해야 하는 시대상황이 되자 엄청난 액수의 공공자금을 무의미하게, 심지어는 사적인 야망을 위해서 써야 하는지에 대해 많은 사람들이 의문을 품기 시작했다. 1936년의 실패 직후 에베레스트 위원회의 퍼시 콕스Percy Cox 경이 "에베레스트의 정복은 어떤 측면에서 보면 모든 사람이 전력을 다해야 하는 국가적인 사업이 되었다."라고 큰소리치기도 했다. 그러나 켄싱턴 고어 바깥쪽에 있던 사람들 가운데 그렇게 생각하는 사람은 거의 없었다. 독일 등산계의 요란스러운 국가주의는 어느 면에서 영국의 반작용을 불러일으켰고, 그것은 맬러리의 약간 경박한 "산이 거기 있으니까."라는 말을 정당화하는 쪽으로 흘러갔다. 콕스의 말이 신문에 보도되고 나서 3일 후 히말라야 등반의 위대한 노장 톰 롱스태프의 뒤를 이은 찰스 미드가 『더 타임스』에 편지를 썼다. 그는 쉽턴이 수행했던 1935년 정찰등반의 뒤를 이어 에베레스트에 본격적으로 도전해야 한다고 주장했다. 『등산 저널Mountaineering Journal』의 편집장이었던 웨더번E. A. M. Wedderburn은 미드의 편지가 전국 등산인들의 견해를 대변했다면서 찬사를 보냈다. 그리고 9월에 프랭크 스마이드는 개인적으로 퍼시 콕스에게 편지를 보냈는데, 그는 이 편지에서 처음으로 쉽턴의 편을 들면서 알프스 산맥에서처럼 함께 도전하는 '친구들의 원정대'가 에베레스트 등반에 착수해야 한다고 주장했다.

이 주장은 너무 혁명적이어서 콕스로서는 받아들이기 힘들었다. '친구들의 원정대'가 국가적인 과업과 무슨 상관이 있다는 말인가? 그러나 그의 에베레스트 위원회는 어느 모로 보나 파산 상태였고, 톰 롱스태프가 갑자기 들러서 소규모 원정대가 에베레스트에 갈 수 있도록 재정적으로 후원하자고 제안할 당시 반대할 처지가 아니었다. 롱스태프가 제안한 조건은 세 가지였다. 첫째, 미리 홍보하지 않는다. 둘째, 원정대원들이 가능한 한 자신의 비용을 충당한다. 셋째, 쉽턴이나 틸먼 중 한 명이 대장으로 간다. 1937년 2월 에베레스트 위원회는 조용히 쉽턴, 틸먼, 스마이드, 찰스 워런을 만나서 이 독특한 제안에 대해 상의했다. 3월이 되자 그들은 마지못해 이 제안에 찬성하면서 틸먼을 대장으로 임명했다.

원정 날짜가 1년이나 남은 상황이었으므로 쉽턴과 틸먼은 그 기회를 잘 활용하여 1937년 여름에 마이클 스펜더Michael Spender와 존 오딘John Auden을 데리고 샥스감과 카라코람 북부로 즐거운 탐험에 나섰다. 이곳은 쉽턴의 원정 회고록 제목처럼 진정한 '지도의 공백'이었고, '30분도 안 걸려 메모지에 대원들의 이름을 써서 히말라야 원정대를 조직할' 정도의 능력을 가진 두 사람이었지만, 이번 원정은 그들에게도 해볼 만한 가치가 있는 도전이었으며 다가올 에베레스트 원정의 훈련등반으로도 시의적절했다. 같은 해 여름, 부탄과 인접한 머나먼 티베트 지역에서 프레디 스펜서 채프먼Freddie Spencer Chapman(당시 시킴 정치 관료의 개인 비서)이 새로운 경량 등반의 기준을 제시했다. 그는 39파운드의 비용으로 셰르파 세 명과 친구 두 명을 데리고 5일 만에 초몰하리(7,315m)를 등정했다. 예상치 못한 지역에서 날아든 이 소식에 찰스 브루스는 너무나 놀라고 진심으로 격려 받아서 이 위업을 "세계 8대 불가사의"라고 말했을 정도였다. 쉽턴과 틸먼은 이 말을 듣자 이와 같은 속전속결과 간소함이 에베레스트에서 어떤 성과를 거둘 수 있는지 보여주겠다는 결심을 더욱 굳혔다. 그들은 물론 8,840미터(29,000피트)와 7,010미터(23,000피트)의 차이가 얼마나 큰지 잘 알고 있었으며 고도의 차이보다 더 큰 난이도의 차이가 있다는 것도 잘 알고 있었다. 틸먼은 난다데비를 오를 때와 똑같은 방식으로 에베레스트를 오르겠다고는 생각하지 않았다. 그는 최소한 캠프를 두 개 더 설치해야 하며 포터도 더 많이 고용해야 한다는 점에 동의했다. 그러나 그는 다음과 같이 주장했다. "캠프 두 개를 유지하기 위해 더 많은 장비와 더 많은 포터가 필요하기는 하지만 수송 담당, 의사, 무선 담당 기사로 이루어진 집단이 필요하지는 않으며 이런 집단에서 흔히 보이는 과다함에 대한 무감각도 배격한다." 틸먼은 과거에 실패한 원정대는 실질적인 입장에서 보면 잘못된 점이 많다고 주장했다. 또한 그는 과거의 원정대들은 도중에 거쳐 지나간 마을과 국가에 경제생활의 균형을 깨뜨렸으며 부패하게 하고 혼란스럽게 했으므로 도덕적인 견지에서 비난받아 마땅하다고 주장했다. 그는 자신의 원정대에서는 '그저 무사 안일하도록' 모든 것을 풍족하게 예비로 준비하려는 경향은 '단호하게 억제될' 것이라고 말했다.

결국 최종 결론은 1936년 난다데비 원정대와 1936년 에베레스트 원정대 사이에서 타협을 본 것인데, 이에 대해 아무도 싫어하지 않았지만 좋아하지도 않았다. 원정대는 일곱 명으로 구성되었다. 원정대의 핵심은 당연히 틸먼, 쉽턴, 스마이드였고, 당시 46세였던 노엘 오델, 고용주가 휴가 주는 것을 거부해서 가지 못하게 된 잭 롱랜드 대신 피터 올리버, 난다데비에는 가본 적이 있지만 에베레스트에는 처음 가보는 피터 로이드가 참가했다. 또한 틸먼은 원정대에 의사를 데려가고 싶어 하지 않았지만 등산가의 자격으로 결국 찰스 워런이 함께 가기로 했다. 틸먼에 따르면 장비의 경우 오로지 필수품만 가져갔고, 그것조차 많이 가져가지 않았다는 게 유일한 혁신이었다. 라디오, 스키, 측량용 평판, 빙하에 구멍을 뚫는 드릴 같은 것은 가져가지 않았다. 틸먼은 물론 무거운 산소 장비도 버리고 가자고 했다. 그는 산소 실린더를 등산가가 등에 지고 가는 것은 마치 돛단배에 디젤 엔진을 다는 것과 같다고 생각했다. 그러나 결국 그는 개방형 두 개와 폐쇄형 두 개, 이렇게 네 개를 가져가는 데 동의했다. 산소통을 팔기 위해 로비를 하는 사람들을 진정시킬 필요도 있었고 폐렴이나 동상에 대한 대비도 되기 때문이었다. 틸먼은 식량에 대해서는 타협하려 하지 않았다. 그는 극도의 간소함이라는 원칙에 따라 중량 대비 가치에 따라 선택된 식량들만 골라 하루에 한 사람당 900그램을 소비할 것을 주장했다. 결국 이 말은 형편없이 조리된 죽과 페미컨만 계속 먹게 된다는 의미여서 대원들은 질색을 했다. 예를 들면, 노엘 오델은 1938년 에베레스트 원정을 끝내고 돌아오면서 그토록 먹는 데 인색했던 것에 대해 불만이 가득 차 있었다. 틸먼은 이것을 자신의 승리라는 듯이 받아들였다. 그는 이렇게 주장했다. "만일 서너 가지 마멀레이드 중에서 골라 먹을 정도로 호사스러운 아침식사를 기대했다면 그런 것이 아예 없다는 것에 놀랐을 것이다. 우리는 양초를 짧게 잘라 배급했을지는 몰라도 그것을 먹어야 할 정도로 궁지에 몰리지는 않았다."

1938년의 등반 자체는, 쉽턴의 말을 빌리자면 "인간이 제안했고, 신은 이에 뜻대로 처분했다.homme propose, Dieu dispose"라는 말로 만족했다. 틸먼은 다르질링에서 뛰어난 셰르파 12명을 모집했다. 그들 가운데는 사다 앙 타르카이와 텐징 보티아(데라 둔에 있는 둔 스쿨[†]Doon School의 잭 깁슨Jack Gibson과 존 마틴John Martyn이 그 당시 가르왈에 있는 반다르푼치

† 둔 스쿨Doon School 1935년에 개교한 인도의 독립적인 남학교로 우타락한드 주의 데라 둔에 있다.

1938년 에베레스트. 전설적인 사다 앙 타르카이(왼쪽)와 그의 동생.
(사진출처: 왕립 지리학회)

Bandarpunch(6,316m)를 초등할 때 동행했다.)가 있었다. 틸먼은 먼저 칼림퐁과 강토크로 가서 3월 초순에 원정대가 모이기를 기다렸고, 그 후 탕구Tangu를 지나 세부 라Sebu La를 넘어 캄파 쫑과 셰카르 쫑으로 간 다음 롱북으로 갔다. 원정대는 경량 원정의 놀라운 위력을 입증하면서 일정보다 훨씬 빨리 갔고, 동쪽 롱북 빙하로 느긋하게 전진한 다음 4월 26일 노스 콜의 기슭에 3캠프를 설치했다. 그 위쪽에 검게 솟아오른 삼각형 탑 모양의 산은 완벽한 조건이었다. 그러나 기온이 너무 낮아서 안전한 도전을 할 수 없었고, 며칠 동안 원정대는 목감기, 심한 기침, 두통, 이질과 같이 히말라야에서 겪는 일상적인 증상에 시달렸다. 틸먼은 원정대가 락파 라를 넘어 카르타 계곡으로 되돌아가 쉬면서 쉽턴이 말한 대로 '마지막 한 방을 위한 몸을 만들기 위해' 철수해야 한다는 결정을 내렸다. 5월 14일 전원이 롱북으로 돌아왔을 즈음 여름눈이 내리기 시작했고, 바람은 잦아들지 않았으며, 검은 삼각형 탑은 '설탕 케이크와 같은 모양'이었고, 노스 콜의 동쪽 사면에는 죽음의 위험이 곳곳에 도사리고 있었다. 틸먼은 스마이드와 쉽턴을 보내 스마이드가 1936년에 잠깐 생각해본 경로, 즉 롱북 빙하에서 서쪽으로 올라가는 루트를 정찰하도록 했다. 한편 그와 올리버, 오델과 워런은 5월 28일

늘 올라갔던 동쪽 루트를 통해 4캠프에 도달했다. 그리고 그다음 날 다른 대원들의 '여러 가지 허약한 모습'에도 불구하고 틸먼과 텐징이 용감하게 북릉을 올라 7,468미터까지 갔다. 그러나 콜과 산이 모두 상당히 안 좋은 상황이었다. 오후 1시에 틸먼은 중지 명령을 내린 다음 4캠프로 돌아왔고, 그다음 날 원정대원 전원이 동쪽 롱북 빙하에서 철수했다.

다른 쪽의 전망도 나을 것이 없었다. 쉽턴에 의하면 노스 콜의 서쪽 사면은 끔찍한 곳이었고 길면서 계속 위험에 노출된 데다 매우 가팔랐다. 그는 왜 맬러리가 그곳을 루트에서 배제했는지 알 수 있었다. 그러나 다른 대안이 없었기 때문에 6월 5일 쉽턴, 스마이드, 로이드, 틸먼, 그리고 12~15명의 짐꾼이 전인미답의 이 사면에 도전해서 결국 콜에 올라가 4캠프를 설치했다. 그다음 날 스마이드와 로이드가 5캠프를 설치하러 앞서 출발했다. 스마이드는 무산소였고 로이드는 산소를 썼다. 로이드의 시도는 1924년 이후 에베레스트에서 산소 보조 도구를 사용한 최초의 사례였다. 겁을 먹은 포터들이 도중에 짐을 버리고 가버렸지만, 텐징과 파상 보티아가 끈덕지게 계속 돌아가서 짐을 가져왔고, 날이 저물어 갈 무렵 7,864미터의 널찍한 설원에 5캠프가 설치되었다. 이곳에서 하루를 쉬고 난 다음, 처음부터 정상 공격조로 계획되었던 스마이드와 쉽턴이 텐징과 파상을 대동하고 전진하여 옐로 밴드의 돌이 깔린 사면 8,290미터에 6캠프를 설치했다. 그러나 산도, 사람도 정상을 공략하기에 적절한 상황이 아니었다. 6월 9일 쉽턴과 스마이드는 허리까지 빠지는 눈을 뚫고 우직하게 나아갔지만 결국 퍼스트 스텝에 훨씬 못 미치는 곳에서 패배를 인정해야 했다. 이틀 후 틸먼과 로이드가 뒤따라왔고 최소한 정상 능선까지는 가보고자 했지만, 옐로 밴드까지도 못 가서 틸먼의 손과 로이드의 발이 무감각해졌다. 4캠프로 돌아온 그들은 파상 보티아가 말도 못 하고 오른쪽이 마비되는 등 끔찍한 곤경에 빠진 것을 발견했다. 포기할 이유가 이미 충분했지만 파상 보티아를 위해 더욱 급히 하산해야 했다. 제2차 세계대전 전에 에베레스트를 오르고자 했던 마지막 시도는 노스 콜의 위험한 동쪽 사면에서 이 불운한 파상을 들것에 싣고 내려오는 힘든 일정으로 막을 내렸다.

승리와 비극의 K2

틸먼은 1938년 에베레스트 원정에 찰리 휴스턴을 초청하고 싶어 했지만, 에베레스트 위원회는 미국인을 후원하려고 하지 않았다. 따라서 휴스턴은 처음부터 자신이 주도하지 않은 다른 계획에 개입하게 되었다. 독일 출신의 미국인 프리츠 비스너는 1932년 낭가파르바트의 사면에서 '카라코람의 거칠고도 광대한 봉우리의 바다'를 찬탄하며 바라본 이후에 K2 원정대장을 해보고 싶은 열망을 갖고 있었다. K2는 세계 2위 고봉이라는 지위에도 아브루치 공의 1909년 등반 이후 변변한 원정등반 시도가 없었다. 비스너는 아브루치 공과 함께 K2에 갔던 비토리오 셀라의 탁월한 사진들을 연구하면서 야망을 키워갔다. 마침내 1936년이 되자 비스너와 미냐 콩카를 다녀온 유명 등산인인 딕 버드솔Dick Burdsall이 공식적으로 미국 알파인 클럽의 회장인 엘리스 피셔J. Ellis Fisher에게 제안서를 냈다. 피셔는 이에 화답하여 캘커타의 미국 영사인 에드워드 그로스Edward Groth에게 협조를 구했는데, 한참 뒤에 그로스는 영국인 연락관을 대동한다는 조건으로 소규모 원정대에 1938년 여름 발티스탄의 카슈미르 주로 들어가 K2에 도전할 수 있도록 허가했다. 하지만 이것은 너무나 시간이 촉박한 통보였다. 다른 두 친구의 말에 의하면, 오랫동안 비스너는 '자신이 마음에 품은 일을 다른 사람에게 먼저 시켜보는 습관'이 있었기 때문에 시간이 더욱 촉박하게 느껴졌다. 비스너는 일 때문에 안 된다는 이유로 자신이 받은 허가를 갑자기 휴스턴에게 양도하면서 정찰등반을 해보라고 권했으며, 자신은 1939년에 K2로 가서 등정 시도를 할 수 있도록 허가를 요청했다.

당시 겨우 25세였던 휴스턴은 컬럼비아 의과대학의 내과와 외과 3학년 학생이었지만 최초로 미국 카라코람 원정대를 조직하는 일을 맡았다. 그는 알래스카에서 워쉬번에게 배우고 나중에 난다데비에서 틸먼에게 배운 대로 경량 등반과 이동성이 강조된 방식으로 원정을 조직했다. 그의 생각에는 여섯 명이 최적의 숫자였다. 그는 먼저 친한 친구인 밥 베이츠Bob Bates와 딕 버드솔을 초청했다. 베이츠는 하버드대학 산악회원이며 휴스턴과 같이 클리온 산에 간 적이 있었고, 워쉬번과 함께 세인트 엘리어스 산맥St. Elias Range의 루카니아Mount Lucania를 초등했다. 버드솔은 당시 42세의 공학 기사였으며 1932년 미냐 콩카에 다녀온 다음부터 히말라야 원정을 '계속 선동해오던' 중이었다. 라이벌인 예일대학 산악회에서 빌 하우스가 왔다. 당시 24세의 산림학자였던 하우스는 1936년 비스너의 파트너로 브리티시컬럼비아 주의 웨딩턴Mount Waddington을 초등한 쟁쟁한 이력을 갖고 있었다. 파니 루미스가 가지 못해서 휴스턴의 실망이 컸다. 대신 루미스는 흥미롭게도 폴 페졸트Paul Petzoldt를 추천했는데, 그는 머나먼 와이오밍 주의 잭슨 홀Jackson Hole에서 목장을 운영하며 등산 가이드로 활동하고 있었다. 뉴욕 알파인 클럽의 저명인사들은 솔직히 '이 와이오밍의 목동 겸 가이드'가 다른 사람들과 잘 어울릴지, 특히 주인 노릇을 하려는 영국인과 인도인 동료들과 함께 편안하게 지낼 수 있을지에 대해 회의를 품었다. 그러나 휴스턴은 루미스가 추천한 데다 논쟁의 여지가 없는 페졸트의 등반기록(그는 스위스 마터호른에서 하루 만에 왕복 횡단을 한 기록도 갖고 있었다.)을 보고 아이비리그 사람들의 반대를 물리쳤다. 이렇게 하여 와이오밍 주의 목동은 이 원정에 참가하게 되었고, 얼마 전 가셔브룸1봉의 영국 연락 장교를 했던 노먼 스트리트필드Norman Streatfeild 대위까지 가세해서 휴스턴의 '친구들의 원정대'가 완성되었다.

1938년 4월 14일 하우스, 베이츠, 버드솔, 페졸트는 가엾은 휴스턴이 의대 3학년 시험을 치르도록 남겨둔 채 S 유로파S. Europa 호를 타고 런던으로 갔다. 그들은 런던에서 며칠을 보내며 케임브리지대학에 재학 중인 미국인 친구 데이비드 로버트슨의 조언에 따라 의류와 장비를 모았다. 당시 로버트슨은 맬러리의 둘째 딸인 베리지와 곧 결혼할 예정이었다. 도버 해협을 건너 파리에 도착했을 때 폴 페졸트는 우연히 원정대의 짐 상자를 들춰보다 동부 사람답게 철로 된 기구의 사용을 경멸하는 휴스턴이 등반장비는 거의 챙기지 않은 것을 발견했다. 훗날 페졸트는 믿을 수 없다는 표정이었다. "세상에! 피톤이나 카라비너가 없었어요. 그리고 이런, K2를 봤잖아요. 그건 바위산입니다! K2에는 추락하면 3,000미터 아래로 떨어지는 곳이 많아요." 그는 당장 파리의 등반용품 판매점에 가서 끝내주는 최신 등반장비인 독일제 카라비너와 피톤을 50세트 산 뒤 그것을 원정대의 나머지 짐 속에 보이지 않게 숨겼다. 이들 네 명은 파리에서 마르세이유로 간 다음 P&O 증기선을 타고 알렉산드리아를 거쳐 봄베이에 도착했고, 거기서 프론티어 메일Frontier Mail 기차를 타고 라왈핀디로 갔다. 라왈핀디에서 그들은 스트리트필드와 빌 틸먼이 그들을 대신하여 다르질링에서 모집해준 세르파 여섯 명을 만났다. 그들은 핀초 셰르파Pintso Sherpa, 펨바 키타르Pemba Kitar, 쩨 텐드룹Tse Tendrup, 앙 펨바Ang Pemba, 소남Sonam과 타이거 셰르파 파상 키쿨리였다. 파상 키쿨리는 당시까지 칸첸중가, 에베레스트, 낭가파르바트에 다녀왔고 얼마 전 난다데비까지 갔다 온 베테랑(그는 앙 쩨링과 함께 독일의 적십자 명예훈장을 받았다.)이었다.

한편 휴스턴은 간신히 시험을 마치고 퀸 메리Queen Mary 호를 타고 런던으로 가서 톰 롱스태프와 스트러트 외에도 히말라야의 저명한 노장들을 더 만났다. 휴스턴은 알파인 클럽에 가서 난다데비 시절의 옛 파트너였던 그레이엄 브라운이 바로 직전에 제임스 월러James Waller,

1938년 미국 알파인 클럽 카라코람 원정대. 서 있는 사람들 중 왼쪽에서 두 번째부터: 빌 하우스, 찰리 휴스턴, 노먼 스트리트필드, 폴 페졸트, 밥 베이츠, 딕 버드솔. 앉아 있는 사람들(무순): 핀초 셰르파, 펨바 키타르, 쪠 텐드룹, 앙 펨바, 소남, 파상 키쿨리.
(사진출처: 미국 알파인 클럽 도서관)

해리슨J. B. Harrison, 호지킨R. A. Hodgkin과 구르카 1소총대의 지미 로버츠Jimmy Roberts(훗날 그는 네팔에서 상업적인 트레킹 산업을 일으켜 유명해졌다.)와 함께 마셔브룸(7,821m)을 등반하러 갔다는 이야기를 듣고 깜짝 놀랐다. K2에서 남서쪽으로 40킬로미터가 채 되지 않는 거리에 있는 마셔브룸은 카라코람에서는 좀 작은 봉우리로 발토로 빙하 건너편에 있다. 요즘에는 등산가들이 같은 지역에서뿐만 아니라 같은 산이나 심지어는 같은 산의 능선에서도 다른 원정대를 여럿 만나는 것이 흔한 일이지만 1938년 당시에는 그런 만남이 전례 없는 것이었다. 물론 서로 만나지도 못했지만 당연히 — 로버츠가 훗날 말한 대로 — '모종의 우호적인 라이벌 의식'이 두 팀 사이에 싹텄다. 휴스턴은 자신의 행보에 달갑지 않은 경쟁자가 생긴 것을 의식하면서, 암스테르담에서 그 당시로는 최신 이동수단이었던 비행기를 이용해 카라치로 갔다. 5월 9일 그는 라왈핀디에서 바로 하루 전에 그곳에 도착한 자신의 일행을 따라잡았다.

일행은 영국인들이 펀자브의 마지막 북부 전초기지를 친근하게 부르던 '핀디Pindi'에서 출발하여 스리나가르로 가서 영국 총독부의 환송을 받으며 560킬로미터에 달하는 K2까지 한 달이 걸리는 여정에 올랐다. 그들의 여정은 신드 계곡 동쪽을 따라 조지 라(3,353m)를 넘어 발티스탄으로 들어간 다음 북쪽으로 드라스 강과 인더스 강을 따라가는 것이었다. 이곳은 지금은 잘 알려진 지역이지만, 그때 이 젊은 미국인들은 마치 자신들이 세계의 끝이나 키플링이 묘사한 '고개 너머의 신비한 세계'에 와 있는 것과 같은 기분이 들었다. 그들은 예상치 못했거나 멋진 광경이 나올 때마다 이것을 한껏 즐겼다. 나흘 뒤에 드라스 마을 근처에 도착한 그들은 강 위쪽의 대리석에 머리글자 "H.H.G-A"와 "1861-2-3"이라는 날짜가 새겨져 있는 것을 발견했고, 자신들이 카라코람 중부의 초창기 탐험가이자 발토로를 통한 K2 접근로를 발견했던 고드윈 오스틴의 발자취를 따라가고 있다는 것을 알게 되었다. 초목이 우거진 카슈미르를 지나자 메마르고 황량하며 먼지투성이인 발티스탄의 경치가 나타났다. 그러나 힘든 도보여행을 끝내면 매일 저녁 여행자들은 산에서 물을 끌어오는 마을의 오아시스에 갈 수 있었고, 호기심과 친절함이 섞인 환영을 받았으며, 고대로부터 내려온 원시적인 형태의 폴로에서부터 떠들썩한 산 노래와 춤까지 그 지역에서 할 수 있는 온갖 오락을 즐겼다. 휴스턴은 여러 해가 지난 후 이렇게 회상했다. "이 도보여행은 서로 알게 되고 함께 꿈꾸고 계획하고 소망할 수 있게 된, 멋진 시운전의 시간이었다. 그레이트 게임[†]이 아직도 진행 중인 이곳에서 우리는 이미 하나의 희망에 의해 고무되고 하나의 목표로 한마음이 되었다."

12일 후 휴스턴 일행은 발티스탄의 주도이며 분주한 상업 중심지인 스카르두로 가서 2년 전에 프랑스인들이 남겨놓았던 장비를 좀 구입하고, 8일간 힘들게 가야 도착할 수 있는 도보여행의 마지막 마을 아스콜리까지 짐을 날라다 줄 발티인 짐꾼을 55명 모집했다. 5월 26일 그들은 알렉산더 대왕의 전설이 남아있는 거룻배를 타고 인더스 강을 건너 쉬가르 계곡으로 올라가서 유노Yuno 마을까지 갔는데, 이곳에서 발티인 짐꾼들이 '놀라운 근대적 정신'을 발휘하여 주저앉아버렸다. 그들은 39킬로미터 남은 아스콜리까지 짐을 나르는 데 한 사람당 4.5루피라는 터무니없는 임금을 받기 전까지는 움직이지 않겠다고 떼를 썼다. 휴스턴은 스트리트필드에게 사정을 호소했다. 스트리트필드는 '향후 원정대를 위해서도' 2.5루피로 타협하는 게 좋겠다고 생각했다. 긴장 속에서 이틀이 지나갔고, 스카르두에서 추프라씨(일

† 그레이트 게임Great Game　히말라야 국경지역에서 영국이 펼쳤던 첩보전

종의 경찰대장)가 '감동적인 서류와 더욱 감동적인 몽둥이'를 갖고 와서야 그 불안정한 상황이 해결되었다. 휴스턴은 더 이상은 임금 문제를 겪지 않았지만 아스콜리에서 페졸트가 엄청난 고열과 뼈의 통증을 호소하는 바람에 원정대는 잠시 멈추었다. 휴스턴은 페졸트를 최대한 잘 보살피기 위해 남았고, 베이츠가 나머지 일행을 이끌고 비아포 빙하를 넘었다. 이 빙하는 20세기 초 미국인으로서는 유일하게 그들보다 먼저 카라코람에 왔었던 윌리엄 헌터 워크먼과 패니 벌락 워크먼이 올라가서 조사를 한 곳이었다. 베이츠 일행은 브랄두로 올라간 다음 파이주Paiju를 통해 거대한 발토로로 갔다. 이틀간 발토로를 올라갔을 때 휴스턴과 몸이 회복된 페졸트는 우르두카스에서 그들을 따라잡았고, 모든 대원들이 마셔브룸과 무즈타그 타워를 지나서 콩코르디아로 가 사보이아와 고드윈 오스틴 빙하의 합류점에 베이스캠프를 설치했다.

이제는 계획된 대로 정찰을 진행할 때였다. K2는 1909년에 필리포 데 필리피가 관찰한 대로 네 개의 주된 버트레스 능선이 북서, 남서, 남동, 북동의 코너에서 떠받치고 있는 사각형 피라미드 모양이었다. 이 가운데 첫눈에 보기에도 가장 위협적인 곳은 북서릉이었다. 이것은 에베레스트에 있는 맬러리의 북릉처럼 고소에 있는 콜인 사보이아 안부로부터 솟아올라간다. 사보이아 안부는 사보이아 빙하의 권곡에서 900미터 올라간 곳에 있다. 아브루치 공 일행은 이곳까지 올라오기 위해 굉장한 노력을 했지만 일정한 각도로 위쪽으로 치솟아 오른 가파른 능선의 모습을 좋아하지 않았다. 하지만 셀라가 당시 찍은 사진에는 지층이 위쪽으로 향하고 있어 잘하면 오를 수도 있다는 것을 분명히 보여주고 있었다. 따라서 6월 14일 미국인들은 K2의 무시무시한 남서릉을 바깥쪽에서 떠받치고 있는 에인절Angel의 기슭을 돌아서 혹시 올라갈 수 있지 않을까 하는 희망으로 사보이아 빙하를 따라 올라갔다. 그러나 결국 그들은 사보이아 안부까지 도달하지도 못하고 거듭 실패했으며, 사보이아 안부의 경사면이 오르기 불가능할 정도로 가파르고 초록색의 얼음 크레바스가 곳곳에 위험하게 도사리고 있다는 것을 발견했다. 따라서 그들은 6월 21일 고드윈 오스틴 빙하 위쪽으로 5킬로미터 올라간 곳의 '아브루치' 능선(1909년 이 능선을 6,250미터까지 올라갔던 아브루치 공을 기려 휴스턴 원정대가 이름 붙였다.), 즉 남동릉의 기슭으로 베이스캠프를 옮겼다. 이곳에서 베이츠, 버드솔, 휴스턴은 북동릉을 정찰하러 가고, 하우스와 페졸트는 아브루치 능선을 좀 더 잘 살펴보기 위해 빙하를 건너 날카로운 바위 능선을 올라갔다.

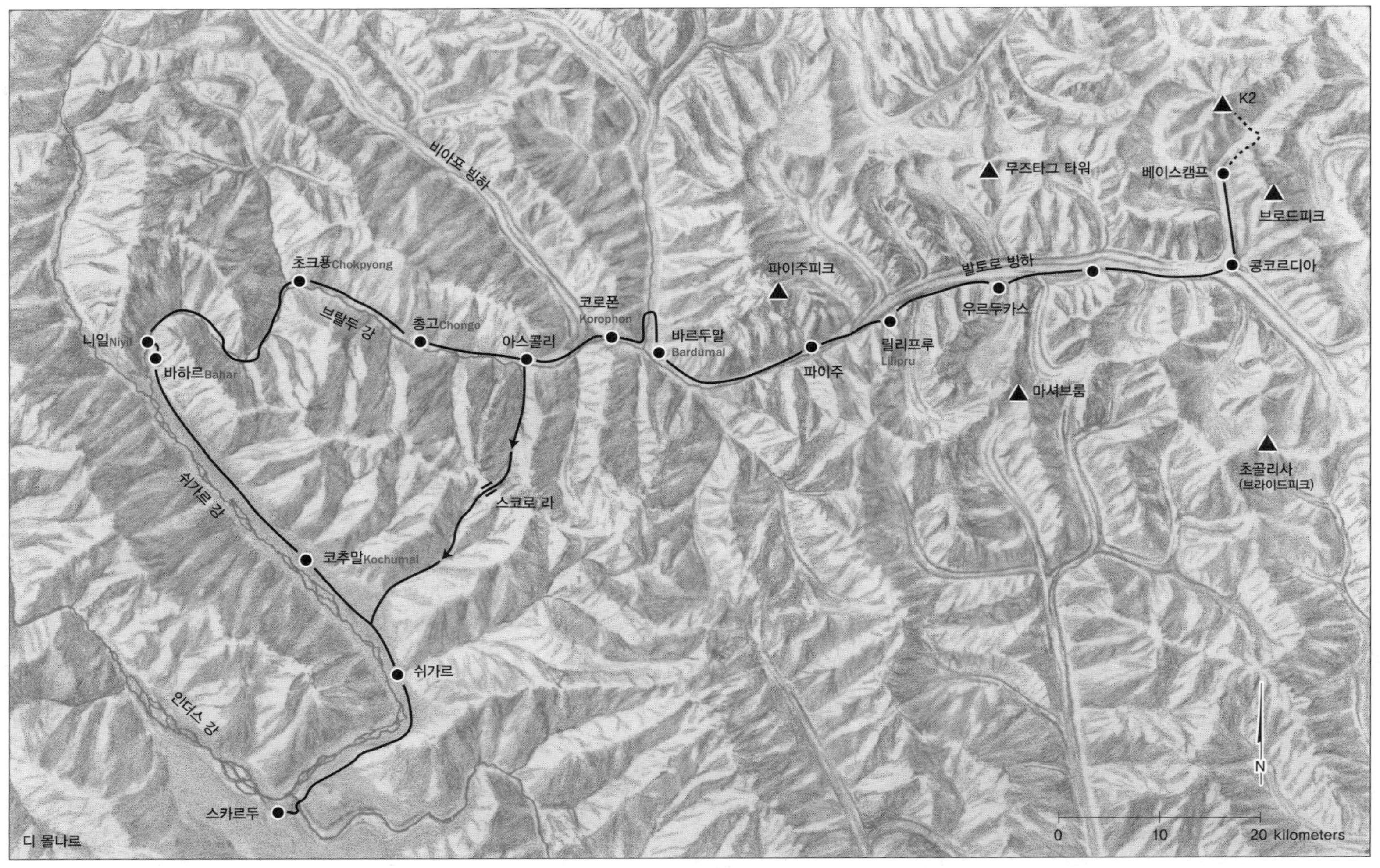

스카르두에서 K2까지의 1938년 트레킹 루트

휴스턴이 본 것은 아무도 좋아하지 않았다. 7,670미터 고도에 있는 눈에 분명하게 띄는 돌출부 아래쪽은 길고, 가파르고, 칼날 같은 북동릉이 위험스러운 눈처마를 이루며 죽 이어져 있었다. 휴스턴은 먼저 그 능선을 배제했다. 아브루치 능선은 능선이라기보다는 가파른 평행의 바위 지릉들과 쿨르와르가 7,620미터에 있는 눈과 얼음의 거대한 플라토 쪽으로 뒤죽박죽 얽혀 모여드는 형국이었다. 그 플라토 위쪽은 고도 문제만 해결되면 지나갈 수 있을 것 같았다. 그렇지만 그 아래쪽은 올라가기가 어려워 보여 휴스턴은 그곳에 도전하기 전에 직접 눈으로 관찰해보기로 했다. 6월 19일 또 열이 오르기 시작한 페졸트를 대신해 하우스와 휴스턴이 아브루치 능선으로 5,800미터까지 올라갔다. 그들은 거기서 1909년 원정대가 남긴 나무 조각, 즉 아브루치 공의 물건을 담았던 나무상자 조각을 보고 기뻐했지만 루트를 찾지 못한 채 낙담해서 돌아왔다. 아래쪽에서는 '괜찮은 바위 턱'처럼 보였던 것들이 실은 눈과 얼음 위에 헐겁게 얼어붙어 있는 바위들이었다. 이것이 마지막 가능성이라고 생각하고 있던 휴스턴은 절박한 심정에 베이츠와 하우스를 시켜 사보이아 빙하를 올라가 북서릉을 살펴보고 오라고 했고, 그동안에 자신과 스트리트필드는 북동릉에서 시험 등반을 해보기로 했다.

하우스는 훗날 "원정대의 사기가 매우 떨어졌다. 어느 곳에서도 루트를 찾을 수 없었다. 2주일이 지나갔는데 결국 우리가 봤던 루트는 모두 불가능하다는 것을 깨닫는 것 말고는 한 것이 아무것도 없었다."라고 말했다. 휴스턴은 북동릉에 실낱같은 희망을 걸고 있었지만 페졸트와 하우스는 아브루치 능선을 선호했다. 진지한 '토론 전쟁' 끝에 6월 28일 휴스턴은 그들의 판단을 민주적으로 받아들여 아브루치 능선으로 올라가기로 했다. 페졸트와 하우스는 7월 2일 그 능선의 기슭에 있는 전진 베이스캠프를 출발해 5,880미터에서 첫 번째 캠프 자리를 찾아냈다. 버드솔과 스트리트필드가 캠프 일을 뒤처리하면서 의무적인 과학 연구를 하도록 남겨놓은 다음 베이츠와 휴스턴은 페졸트, 하우스와 합세하여 7월 3일 다시 등반을 시작했다. 이 네 명의 친구들은 휴스턴의 말대로 25일간 '반은 포위전법, 반은 알파인 스타일'로 등반할 방법을 찾으면서 이리저리 바삐 움직였다. 더 높이 올라갈수록 더욱 어려웠고, 원칙적으로는 카라비너와 피톤에 반대하면서 그것이 산을 톱니바퀴로 이루어진 열차 선로같이 만든다고 개탄했던 휴스턴마저 결국 페졸트가 가져온 장비가 유용하다는 것을 알았다. 3캠프(6,310m)에 이르자 수직의 첨탑(훗날 '페졸트 젠다름'이라고 이름 붙였다.)이 그들을

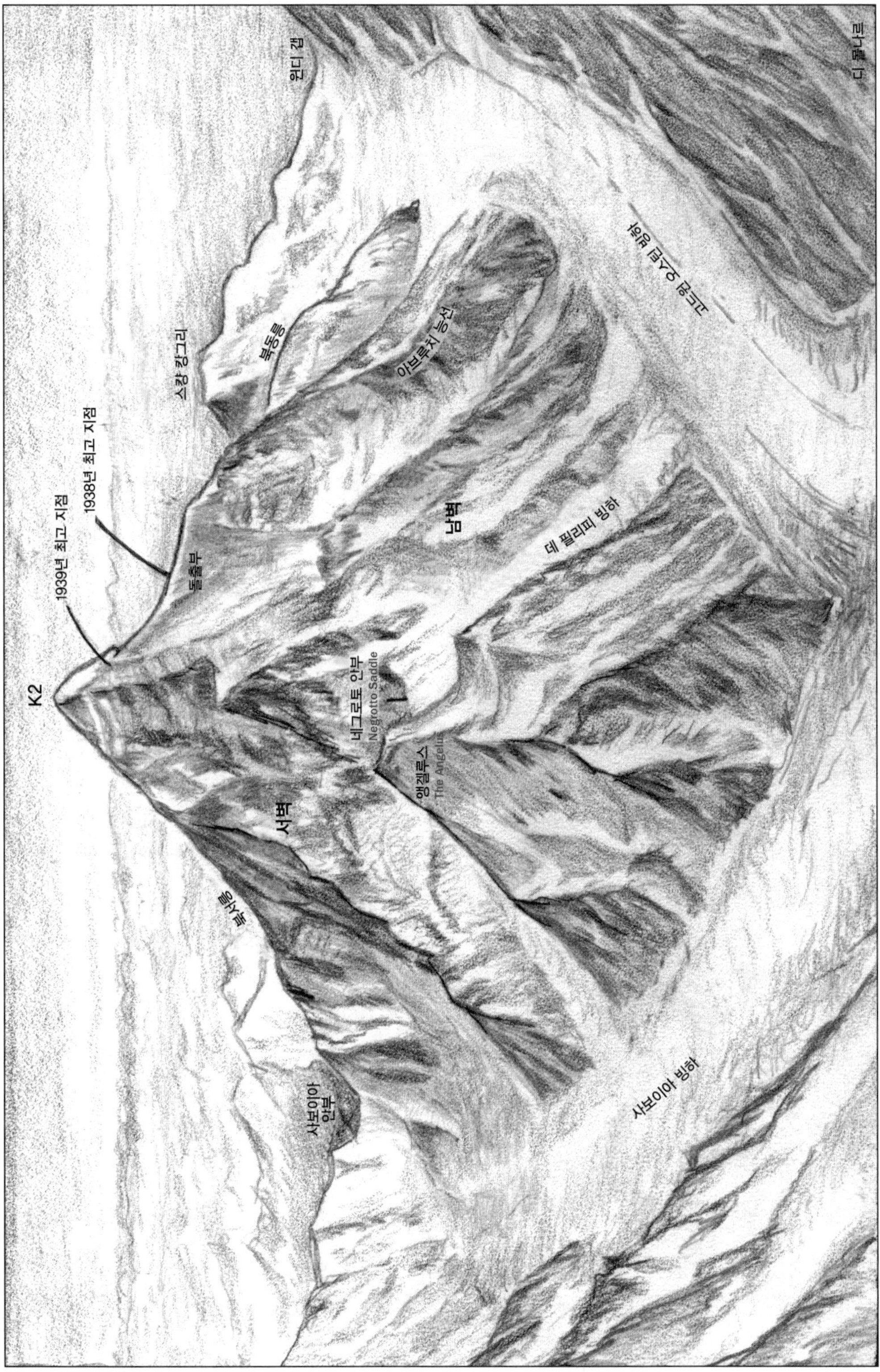

남서쪽에서 본 K2. 1938년과 1939년의 최고 지점을 알 수 있다.

가로막았다. 페졸트는 오버행 크랙을 따라 올라가서 그것을 넘어갔다. 더 큰 장애물은 4캠프(6,553m) 위쪽에 있는 45미터 높이의 붉은 바위 버트레스였는데, 하우스는 7월 16일 자신의 이름이 붙여진 유명한 침니를 통해 결국 이 버트레스를 넘어갔다. 그다음 날 폭풍설이 이 능선에 몰아쳤고, 네 명의 등산가들은 5캠프(6,706m)에서 침낭에 아무렇게나 포개 누워 후퇴할 것을 고려해보았다. 그러나 7월 18일 아침에 날씨가 맑아져서 휴스턴과 페졸트는 6캠프(7,100m)까지 전진하여 아브루치 능선 위쪽에 솟아오른 유명한 검은 피라미드를 보았다. 휴스턴은 훗날 이렇게 썼다. "이곳이 등반하기 가장 어려운 곳이었다. 처음 이곳을 관찰한 이래로 우리는 거대한 플라토 위로 이어지는 마지막 몇 백 미터가 등반에서 가장 난이도가 높고 도달하기 어려운 곳이 될 것이라고 느꼈다." 그러나 7월 19일 부분적으로는 혐오 받던 페졸트의 피톤 덕분에 그곳이 돌파되었고, K2 남동쪽 돌출부의 7,620미터 플라토에서 아이비리그의 의사와 와이오밍 주의 목장 주인은 악수를 하며 '담배 한 모금의 여유'를 즐길 수 있었다.

이제 무엇을 할 것인가. 아브루치 능선을 돌파함으로써 약속했던 정찰등반은 성공적으로 마무리했다. 비스너가 다음해에 정상을 공략할 루트는 명확해졌다. 그렇지만 휴스턴과 그 일행은 여기까지 온 김에 당연히 그 위업을 자신들이 이루어내 보고 싶었다. 그날 밤 6캠프에서 저녁식사를 마치자 다시 토론 전쟁이 벌어졌다. 휴스턴은 "그 토론 전쟁은 우리가 해온 것 중 가장 심각하고 결정적인 것이었다."라고 말했다. 베이츠는 6캠프에 10일간의 식량과 연료가 있다고 판단했는데, 그것을 믿고 본격적으로 정상을 도전하기에는 충분치 않았다. 정상까지는 아직도 1,500여 미터를 더 올라가야 하고 캠프를 두 개 더 설치해야 할 것 같았다. 아래쪽에는 물자가 풍부했으므로, 그들은 내려간 다음에 충분한 양을 챙겨가지고 다시 공략하러 돌아올 수도 있었을 것이다. 그러나 폭풍설이 다가오고 있었고, 만일 산에 있는 동안 몬순이 닥치면, 아마도 당시 모든 등산가들이 마음속에 새기고 있던 경구, "낭가파르바트를 기억하라!"를 다시 한 번 되새겨야 하는 상황이 될 지도 모를 일이었다. 페졸트는 한 번 공략해보고 싶었지만 휴스턴은 조심스러웠다. 기나긴 토론 끝에 네 명은 투표를 했고, 결국 내키지 않는 협상이 이루어졌다. 휴스턴은 이렇게 회상했다. "간절한 심정으로 우리는 두 명을 올려보내 7,730미터쯤에 7캠프를 설치하게 하고, 하루 안에 그 두 명이 최대한 가보고 그다음 날 6캠프로 돌아와 베이스캠프로 철수하는 것으로 결정했다."

합의한 대로 7월 20일 네 명의 대원과 이곳에 남은 유일한 셰르파 파상 키쿨리가 검은 피라미드를 넘어 돌출부에 있는 45도 경사의 설사면을 올라갔다. 베이츠, 하우스와 파상은 그 후 내려갔고, 휴스턴과 페졸트는 분투 끝에 정상 1,080미터 아래에서 텐트(7캠프)를 칠 수 있는 작은 캠프 자리를 찾았다. 저녁은 차와 페미컨이었는데, 페졸트가 차를 끓이려 버너에 불을 켜려는 순간 성냥을 가지고 오지 않았다는 것을 알았다. 고산증 때문에 일어난 섬뜩한 실수였고, 두 사람의 생명이 위협받는 순간이었다. 휴스턴은 한순간 당황했지만 호주머니에서 꾀죄죄하고 부서지기 직전의 성냥을 아홉 개비 찾아냈는데, 두 개비는 버너가 켜지기 전에 꺼져버렸다. 아침에 세 개비가 또 꺼져버려 휴스턴과 페졸트가 7월 21일 7캠프를 출발할 때는 남은 성냥 네 개비에 모든 것이 달려있었다. 돌출부 위쪽의 설사면은 경사가 좀 완만해져서 몸 상태가 조금 나았던 페졸트가 마지막 정상부를 향해 전진했다. 그러나 휴스턴은 자신이 인정한 대로 '바보 같을 정도로' 느렸다. 한 걸음을 옮길 때마다 고도로 인해 점점 더 힘들어졌다. 다리 힘이 너무 빠져서 대여섯 걸음을 가고 쉬어야 하는 등 피로로 인해 위쪽에 있을지도 모르는 위험에 무감각해졌다. 결국 정상부 바로 아래, 즉 약 7,925미터 고도에서 그는 더 이상 갈 수 없었다. 페졸트는 정상부로 이어지는 걸리를 조금 올라가보았고, 올라갈 만하다는 결론을 내리는 데 만족한 다음 유감스러워하면서 돌아섰다. 페졸트는 고산증 때문에 환각에 빠진 휴스턴이 있는 곳으로 돌아내려 가면서 구슬픈 승리의 고함을 질렀고, 두 사람은 짙어가는 황혼 속에서 함께 7캠프로 무사히 내려왔다.

휴스턴은 만족했다. 그는 훗날 이렇게 썼다. "미국 알파인 클럽에서 받은 우리의 임무는 등반이 가능한 루트를 발견하는 것이었다. 우리는 정상을 기대하지 않았다. 우리는 예상한 것보다 훨씬 더 높이 올라갔다." 그러나 페졸트는 더 높이 올라가고자 했으므로 짙은 구름과 태양 주위를 감싼 불길한 띠 앞에서 후퇴해야 했던 그 순간을 일생 동안 후회했다. 그는 훗날 이렇게 말했다. "세상에, 우리는 악천후 때문에 돌아온 것이 아니었다. 우리는 그 산을 등정하지 않기로 마음을 먹었다. 만약 우리가 식량을 조금만 더 가지고 올라가 정상으로 갈 계획을 세웠더라면 우리는 K2의 정복자로서 돌아왔을지도 모른다." 그러나 사실 그들은 돌아오지 못할 수도 있었다. 그해 5월에 캘커타의 미국 영사 에드워드 그로스는 낭가파르바트의 전례를 염두에 두고 휴스턴에게 '참혹한 결과를 가져올 수 있는 위험은 절대 피하려 하는 지혜'를 갖고, 야심에 불타 정상을 정복하겠다는 시도는 삼가라고 조언했다. 그로스는 미국 원정대의 향후 전망이 이 원정대의 안전한 귀환에 달려있다고 주장했다. 물론 7,925미터까지 올라갔을 때 휴스턴의 마음속에 이런 정치적인 고려는 전혀 없었지만 근저에 깔린 이러한 논리를 염두에 두고는 있었다. 그는 훗날 "악천후를 만난 데다 여러 주일에 걸친 힘든 원정과 짐을 나르는 일로 지쳤기 때문에 당시의 규범과 관행에 따라 우리들이 뒤돌아선 것은 옳은 결정이었다. 몇 년이 지난 후 다른 사람들이 우리의 한계를 넘어서 갔다. 몇몇은 영웅적으로 잘해냈고, 몇몇은 사망했는데 이들은 말할 필요도 없이 야심과 정신을 무뎌지게 하는 고산증의 피해자였다. 우리는 여러 해 동안 다시 그 산을 오르려 했다. 진정한 등반은 정상이 전부가 아니다. 그것은 오직 일부일 뿐이다."라고 썼다.

이제 프리츠 비스너의 차례였다. 그는 휴스턴과는 완전히 다른 유형의 등산가였는데, 휴스턴 원정대의 소식을 뉴욕에서 듣자마자 K2 원정을 다시 조직하기 시작했다. 비스너는 휴스턴이 K2에서 거둔 절반의 성공에 근거해 원정을 계획했다. 그는 이번에는 8천 미터 급 고봉의 초등을 이룰 수 있을 것이라고 확신했다. 그에게 필요한 것은 오직 최고 수준의 팀이었다. 그러나 슬프게도 일류 등산가를 구할 수 없었고, 바로 이 점 때문에 비극이 초래되었다. 때는 1938년 후반기였다. 미국 경제는 1937년부터 다시 공황의 늪에 빠지기 시작했다. 사람들은 여유가 없었고, 전쟁이 임박했다는 불길함이 감돌았기 때문에 여흥을 위해 외국으로 원정을 가는 일에 투자할 사람이 없었다. 그럼에도 비스너의 개인적인 문제만 아니었다면 최고 수준의 팀을 조직할 수도 있었을 것이다. 비스너는 재능 있고 수준 높은 교육을 받았으며 섬세했지만, 권력을 휘두르기를 좋아했고 독단적이었으며 완고할 정도로 의지가 강했다. 그를 잘 아는 두 사람은 이렇게 말했다. "프리츠는 권위에 대해 완전히 복종하는 학풍이 있는 학교에서 교육 받아 독일인다운 엄격함이 몸에 배었다. … 그는 독일인 원정대원 지휘에는 딱 맞았겠지만, 이런 개인적인 성장배경이 미국인들을 이끄는 데는 도움이 되지 않았다. 미국인들은 정식 대장이 있는 원정대에서도 형식에 치우치지 않고 민주적으로 움직이는 관행이 있었기 때문에 상호간의 토론과 대화로 결정을 내리기를 요구했다." 이 점 때문에 드러내놓고 그의 제안을 거절한 사람은 없었으므로 비스너의 독일식 스타일이 1939년 원정대를 조직하는 데 얼마만큼 어려움을 주었는지는 잘 모른다. 그러나 빌 하우스, 스털링 헨드릭스Sterling Hendricks, 알프레드 린들리Alfred Lindley, 베스터 로빈슨Bestor Robinson, 로저 휘트니Roger Whitney 등 일류 등산가들이 한 명 한 명 차례로 거절했다. 비스너는 결국 K2에 가지 않는 것이 나왔을 법한 별 볼일 없는 팀을 데리고 떠나게 되었다.

원정대는 채플 크랜머Chappell Cranmer, 조지 셸던George Sheldon, 토니 크롬웰Tony Cromwell, 잭 듀런스Jack Durrance, 더들리 프랜시스 울프Dudley Francis Wolfe 등으로 구성되었다. 크랜머는 유명한 콜로라도 가문의 상속자이자 캐나다 로키 산맥에서 1938년 비스너와 등반을 했던 경험이 있었고 원정 당시 다트머스대학생이었으며 어느 정도는 재능이 있었다. 셸던은 크랜머의 다트머스대학 동급생이자 친구였으며 티톤Teton 산맥에서 두 시즌 동안 등반한 경험이 있었다. 크롬웰은 뉴욕 출신의 부유한 중년 사나이였고, 미국 알파인 클럽 회원으로 오랜 기간 등반을 해온 경험을 자랑했지만 이렇다 할 등반 업적이 없었는데, 비스너에게 자신은 고소로 올라가지 않겠다는 양해를 구하고 원정대에 참가했다. 듀런스는 약간 나이가 있는 다트머스대학생으로 와이오밍 주에서 등산 가이드로 일한 적이 있었고, 그랜드 티톤의 북벽 초등을 선등하기도 했다. 마지막으로 울프는 덩치가 크고 몸이 둔하며 근시인 중년의 스포츠맨이었으며 스키와 등반여행에서 유능한 가이드를 충실히 따라간 정도의 이력을 갖고 있었는데, 그가 K2 원정대에 참가하게 된 유일한 이유는 돈이 많았기 때문이었다. 결론적으로 말하자면 비스너의 팀은 상업 등반시대 이전에 이루어졌던 8천 미터 급 원정대 사상 가장 약한 팀이었지만, 누가 뭐래도 굉장한 힘과 재능을 갖춘 원정대장이 지휘했기 때문에 결정적인 한두 번의 순간에 상황이 조금만 달라졌더라면 히말라야 제2위 고봉 등정이라는 영광을 거머쥘 수도 있었을 것이다.

등산가들은 각자 출발해 4월에 스리나가르에 모였다. 그들은 그곳에서 필수적으로 임명해야 하는 수송 담당관으로 조지 트렌치George Trench 중위, 즉 일명 '조'와 셰르파 아홉 명을 만났다. 이 가운데 당시 셰르파들 중에서는 따라올 자가 없었던 사다 파상 키쿨리와 핀수 셰르파Pinsoo Sherpa, 펨바 키타르Pemba Kitar, 소남 셰르파Sonam Sherpa, 쩨 텐드룹Tse Tendrup은 그전 해에 휴스턴과 K2에 다녀온 사람들이었다. 나머지 네 명 가운데 파상 다와 라마Pasang Dawa Lama와 다와 톤듑Dawa Thondup은 경험이 풍부한 타이거 셰르파였고, 파상 키타르Pasang Kitar와 쩨링 노르부Tsering Norbu는 초보자였다. 모두가 이번 셰르파 팀은 역대 가장 강력한 팀이어서 등반 팀의 약점을 보완할 수 있고, 따라서 원정대의 성공 확률이 크다고 말했다. 반면 트렌치는 믿음직했던 그전 해의 스트리트필드와는 달리 너무나 실망스러웠다. 그는 게으르고 성미가 급하며 멍청하고 현지어도 제대로 하지 못했다. 비스너는 케네스 해도우Kenneth Hadow(그는 히말라얀 클럽의 현지 비서였고, 우연하게도 1865년 마터호른 초등 당시에 사망한 더글러스 해도우의 조카손자였다.)의 조언에 따라 현지인들과 막역한 친분관계가 있던 찬드라 선생 Chandra Pandit을 통역담당으로 데려갔다. 그는 현지 기독교 계통 학교의 교사이자 당시 갓 발족한 카슈미르 산악회의 열성 회원이었다. 마지막 대원은 요리사 누르Noor였다. 여섯 명의 미국인 등산가와 영국인 수송 담당관, 아홉 명의 셰르파와 카슈미르 출신 교사, 요리사까지 포함해 총 18명의 원정대는 5월 2일 스리나가르를 출발하여 휴스턴이 갔던 길을 따라 발토로로 들어갔고, 5월 31일 아브루치 능선 기슭에 베이스캠프를 설치했다.

그다음 날인 6월 1일, 비스너와 크롬웰이 북동릉을 탐색하러 가서 보고 그곳을 가능한 루트에서 배제해야 한다는 결론을 내렸는데, 이때부터 일이 꼬이기 시작했다. 채플 크랜머가 몸이 좋지 않다면서 텐트에서 기어 나왔는데 날이 저물어갈 무렵 상태가 위중해졌다. 그는 폐에 생긴 엄청난 양의 거품투성이 점액을 쏟아내고, 토하기도 하고, 대소변을 가리지 못했으며, 다트머스에서 열린 야구경기가 어쩌고 하면서 헛소리를 해댔다. 비스너는 등반대에 의사를 데려올 생각을 하지 않았는데, 의사 지망생인 잭 듀런스가 크랜머의 용태를 보더니 폐렴진단을 내렸다. 그는 크랜머의 증세가 당시까지 아는 사람들이 극히 드물었던 고소 폐부종인지는 몰랐어도 어쨌든 이런 진단이 아주 틀린 것은 아니었다. 다행히 듀런스가 처방한 염화암모늄과 페노바르비톨은 잘 들었다. 위기를 넘긴 크랜머는 서서히 회복되어 7월 중순까지 베이스캠프에 머물러있었다. 하지만 그는 등반 팀에 합류할 상황이 아니었다. 이미 토니 크롬웰이 4캠프 이상 올라가지 않겠다고 결심한 이상 비스너의 팀은 단숨에 네 명으로 줄어들었다.

그럼에도 7월 5일부터 등반이 시작되어 다소간 계획에 맞게 진행되었는데, 7월 21일 사나운 폭풍이 몰아쳐서 모두가 2캠프와 4캠프에서 8일이라는 기나긴 시간 동안 꼼짝도 못하고 갇혀 있어야 했다. 조지 셸던은 그때를 이렇게 회상했다. "우리는 모직 속옷에 윈드 재킷을 입고 장갑과 모자를 쓴 채 침낭 안에 들어가 널브러진 짚단처럼 드러누워 있었다. 당장이라도 폭풍에 쓸려 근처의 티베트로 날아갈 것 같았다. 통조림의 라벨을 읽는 것 말고는 할 수 있는 게 없었고, 끊임없이 텐트를 후려치는 바람소리와 텐트가 삐걱대는 소리에 거의 미칠 지경이었다." 낭가파르바트에서 그런 폭풍을 몇 번 버텨본 비스너마저 투덜거렸다. 이제껏 화창한 날씨에 등반을 해본 경험밖에 없는 다른 대원들은 기진맥진했고, 설상가상으로 셸던이 동상에 걸렸다. 7월 29일 폭풍이 찾아들자 셸던은 4캠프에서 내려가더니 다시 올라오지 않았다. 그는 주로 자신의 경험에 비추어 훗날 이렇게 말했다. "폭풍은 우리 모두에게 상처를 남겼다. 공기가 희박한 고도에서 며칠 동안 꼼짝도 못하고 있었으므로, 기력이 다했을 때 계속해나갈 수 있는 힘을 주는 정신력이 우리 모두에게서 빠져 나갔다.

비스너를 제외한 나머지가 총체적으로 사기가 떨어진 상황에서 놀랍게도 예외가 있었는데, 그가 바로 울프였다. 그는 굼떴으며 유능하지도 도움이 되지도 않았다. 그러나 그는 완강하고 꾸준했다. 폭풍이 몰아치는 동안 그는 마치 가톨릭 신부의 복사服事인 것처럼 헌신적으로 비스너 옆에 있었고, 죽는 날까지 절대 복종했다. 7월 1일 듀런스, 셸던, 크롬웰이 폭풍의 영향으로 계속 동요하면서 자신들끼리 무엇을 해야 할지 모른 채 2캠프에서 시간을 보내고 있을 때, 울프는 비스너를 따라 하우스 침니를 넘어 5캠프까지 갔고, 그곳에서 파상 키쿨리와 비스너가 6캠프로 올라가는 동안 밑에서부터 올라올 보급품을 기다렸다. 그러나 기다렸던 보급품은 올라오지 않았다. 이미 7월 1일과 2일에는 산의 위와 아래가 단절된 상태였다. 비스너는 동행만 할 뿐 울프에게서 도움을 받지는 못하는 괴상하고 긴박한 등반 상황에서도 다른 대원이나 보급선의 상태에 아랑곳하지 않은 채 앞으로만 나아갔다. 듀런스는 7월 2일 일기에 "이것은 오직 한 사람만을 위한 것으로, 우리는 그저 꼭두각시처럼 움직이고 있다."라고 썼다. 그는 비스너를 10일 동안 보지 못했는데, 그 일기를 쓴 날로부터도 7일 동안이나 그를 보지 못했다. 이런 이상한 상황은 원정대가 잘못 운영되고 있었다는 것을 단적으로 말해준다.

마침내 7월 9일 비스너는 검은 피라미드 아래쪽 7,130미터에 6캠프를 설치한 다음 'K2를 뒤덮은 안개'를 헤치고 돌아왔다. 그는 듀런스와 크롬웰이 2캠프에서 아무것도 하지 않고 빈둥거리는 것을 보고 노골적으로 화를 냈다. 비스너는 고소에서 2주일 동안 있었기 때문에 당연히 듀런스의 눈에는 그가 지치고 여위어 보였다. 그럼에도 비스너가 돌아오자 팀은 다시 한 번 용기를 되찾았으며, 7월 11일 나리들과 셰르파들이 4캠프까지 가는 위업을 달성했다. 그것은 길고, 힘들고, 낙석이 발생하는 가운데 힘겹게 매달려 올라가는 과정이었다. 결국 크롬웰이 녹초가 되었다. 그는 하루 동안 휴식을 취하고 베이스캠프로 내려가더니 다시는 올라오지 않았다. 한편 듀런스는 비스너와 함께 5캠프까지 올라갔고, 그곳에서 'K2의 은자' 더들리 울프를 만난 다음 그를 끌고 올라가서 검은 피라미드 아래의 6캠프에 이르렀다.

듀런스는 울프가 이곳에서 포기할 줄 알았다. 그는 일기에 이렇게 적었다. "어떤 사람이 이 원정의 비용을 댔다고 해서 그 사람을 데리고 가서 끌고 올라가는 데 귀중한 시간을 낭비하는 것은 사리에 맞지 않는다. 또한 만일 그가 자신의 힘으로 혼자서 헤쳐 나가야 하는 상황이라도 된다면 위험하기도 하다." 그러나 비스너는 충성심과 친근함, 그리고 재정적인 헌신이라는 자신만의 기준으로 울프를 파트너로 정했고, 더 나아가 정상 공격조에 넣었으며, 울프가 앞으로 나아가고자 하는 한 그에게 내려가라고 명령하지 않으려 했다. 듀런스는 이런 처사를 결정적인 치욕으로 받아들이고 깊이 낙담했다. 그는 훗날 이렇게 말했다. "프리츠와 정상 공격조로 함께 가는 데 뽑히지 못하여 울화가 치밀기도 해서 며칠간 잠을 이루지 못한 데다 2캠프에서 오랫동안(여러 주) 머무르고 나서 이틀 동안 무거운 짐을 진 채 2캠프에서 6캠프까지 올라왔기 때문에… 결국 빠질 수 있는 기운이 모두 다 빠져버렸다." 7월 13일 7캠프로 올라가는 도중 듀런스는 고소증으로 고통 받자 6캠프로 돌아가서 그다음 날 다시 올라가려 했다. 그러나 결국 숨 쉬기가 어려워 잠을 못 자게 되자 그는 다음 날 셰르파 다와와 동상에 걸린 파상 키쿨리를 데리고 2캠프로 내려갔다.

듀런스가 하산해버려 낙담한 정상 공격조는 이제 나머지 대원들로부터 완전히 고립되었다. 그래도 비스너에게는 울프, 파상 키타르, 쩨 텐드룹과 굉장한 능력을 가진 파상 라마가 남아있었다. 그리고 쩨링 노르부와 핀수가 6캠프에서 일관성 없이 오락가락하는 보급선을 지키며 남아있었다. 듀런스는 일단 베이스캠프까지 가지 않고 2캠프까지 하산하긴 했지만 고소에 남아있는 미국인은 두 명뿐이었다. 그리고 7월 14일 이들이 8캠프와 정상을 향해 출발할 때 미국인 동포들은 이미 등을 돌려 비스너와 울프를 놔두고 내려가 버렸다. 베이스캠프에서는 원정대 부대장인 토니 크롬웰이 이미 짐을 싸 산을 떠나려 하고 있었다. 그는 7월 17일 2캠프에 있던 듀런스에게 2, 3, 4캠프의 모든 물자와 침낭을 회수하라는 이해할 수 없는 쪽지를 올려 보냈다. 듀런스는 뭔가 석연치 않은 이상한 기분이 들었지만 명령에 복종했고, 이로 인해 앞으로 닥칠 비극을 초래하는 데 한몫을 했다. 셸던과 크랜머는 가을학기가 시작되기 전에 다트머스의 대학으로 돌아가야 한다며 7월 18일 베이스캠프를 떠났다. 두 사람은 두려움이라고는 전혀 모르는 원정대장과 그의 불운한 동료에 대해서는 전혀 염려하지 않았던 듯하다.

비스너와 울프는 듀런스 일행과 떨어져서 7월 13일 파상 라마, 파상 키타르, 쩨 텐드룹과 함께 계속 전진해 7, 8캠프로 올라갔다. 비스너는 지원캠프 역할을 하고 8캠프로 보급품을 공급하도록 키타르와 텐드룹을 7캠프에 남겨두었다. 가벼운 폭풍이 불어와서 7월 17일 이전에는 앞으로 나아가지 못했다. 7월 17일 비스너, 울프, 파상 라마가 원뿔 모양의 마지막 정상부 아래쪽에 9캠프를 설치하려고 7,710미터의 8캠프에서 출발했다. 그러나 캠프에서 270미터도 채 가지 못했는데 울프가 돌출부에 있는 어려운 베르크슈룬트[†]를 건너지 못해서 멈추었다. 비스너는 울프에게 다시 8캠프로 돌아가서 다른 사람들과 함께 나중에 올라오든지, 아니면 근거리 지원을 위해 그곳에 있으라고 명령했다. 비스너와 라마도 그 베르크슈룬트를 건너느라 지쳐서 7,865미터에 있는 커다란 바위 밑에서 비박을 했다. 그다음 날인 7월 18일 이 두 사람은 마지막 피라미드 밑 남동릉 기슭 넓은 곳에 9캠프를 설치했다. 그곳은 1년 전 페졸트가 캠프 자리로 가장 적절하다고 판단했던 곳이었다. 비스너는 훗날 이렇게 썼다. "산에서 우리의 위치는 굉장히 좋았다. 우리는 산을 올라가면서 물자로 꽉 채운 캠프를 설치했다. 2, 4, 6, 7캠프에는 침낭과 여러 주일 동안 견딜 보급품이 있는 텐트가 있었다. 게다가 울프는 8캠프에서 나중에 올라올 보급품을 갖고 있고 — 그가 아직 우리 쪽으로 올라오고 있지 않다면 — 이곳 9캠프에는 6일을 버틸 식량과 그보다 오래 버틸 연료가 있었다."

사실, 비스너는 모르고 있었지만 그들의 위치는 정말로 안 좋은 곳이었다. 7월 15~16일에 불어온 폭풍 속에서 7캠프에 있던 텐드룹과 키타르의 의지가 꺾여버렸고, 그들은 명령받은 대로 8캠프까지 보급품을 옮기는 대신 4캠프로 내려가 버렸다. 쩨링과 핀수는 6캠프를 지켰지만 보급품을 옮기지 않았으며 7캠프와 8캠프에는 물자가 매우 적었다. 울프는 8캠프에서 버티고 있었지만, 아래에서는 파상 키쿨리와 다와 톤둡이 크롬웰과 듀런스의 이상한 명령을 받고 2, 4캠프를 철수하느라 정신이 없었다. 원정의 보급선은 복잡하고도 혼란스러웠다. 비스너와 파상 라마(다르질링 셰르파로서는 최초의 8천 미터 급 고봉 도전이었다.)가 정상을 공략하고 있었지만, 그보다 더 중요한 문제는 산 아래까지 이어지는 정교한 보급 체계라는 비스너의 구상이 사실은 공상에 불과했다는 점이다.

그래도 날씨가 화창했고 바람이 잦아서 조용한 밤을 보내고 아침을 잘 먹은 다음, 두 사람은 놀라울 정도로 늦은 시간인 오전 9시에 정상을 공략하러 9캠프를 떠났다. 그들은 9시간 동안 히말라야에서 가장 어려운 곳인 바위지대를 꾸준히 올라갔다. 비스너는 훗날 "서로의

† **베르크슈룬트**bergschrund 빙하의 상부 한계선에서 빙하의 빙설과 산 쪽의 빙설이 갈라져서 생기는 거대한 크레바스

말을 단지 몇 마디밖에 몰라도 마치 완전히 믿을 수 있는 오랜 친구와 등반하는 것 같았다." 라고 말했다. 파상 라마도 나중에 이 뜻밖의 편하고도 강력한 파트너 관계에 대해 증언했다. 그러나 그것으로는 충분하지 않았다. 문제는 시간이 없다는 것이었다. 그들은 오후 6시에 8,367미터에 도달했다. 정상까지는 적어도 서너 시간은 더 걸리는 244미터의 고도가 아직 남아있었다. 비스너는 어둠 속에서 등반을 계속하려고 했으나, 파상 라마는 합리적이고도 책임감 있게 그의 제안을 거절했다. 그는 "안 됩니다, 나리. 내일 갑시다."라고 말하면서 로프를 놔주지 않았다. 비스너는 이번 원정에서 최초로 다른 사람의 의지에 굴복했고 후회하는 마음으로 돌아섰지만 여전히 등정을 할 수 있을 것이라고 확신했고, 파상 라마가 하산하면서 로프에 얽힌 크램폰을 풀다가 크램폰을 잃어버렸을 때조차 이 확신은 깨지지 않았다. 두 사람은 몸은 지쳤어도 기대감에 차서 7월 20일 새벽 3시 30분경 안전하게 9캠프로 돌아왔다.

아침에 일어나니 날씨가 맑고 따뜻했다. 약간 불안하게도 아무도 보급품을 가지고 8캠프에서 올라오지 않아서, 비스너는 텐트를 250미터에서 300미터 정도 더 높은 곳으로 옮겨 설치하려 했던 원래의 계획을 포기하고 대신 온종일 쉬면서 몸을 회복하는 것으로 계획을 바꾸었다. 한편 아래쪽에서는 파상 키쿨리가 텐드룹과 키타르(그들은 7캠프에서 도망치는 중이었다.)를 4캠프에서 마주치고 무척 놀랐다. 그는 그들을 호되게 꾸짖고 도로 올라가 진행상황을 기다리라고 명령했다. 7월 20일, 비스너가 9캠프의 열린 텐트 안에서 옷을 입지 않고 침낭 위에 누워있는 동안, 텐드룹은 — 나중에 그가 한 말로는 — 8캠프 150미터 못 미친 곳까지 위험스러운 눈처마를 향하여 최대한 높이 올라가 세 번을 소리쳐 불렀다. 그는 비스너나 울프 나리를 6일 동안 보지도, 목소리를 듣지도 못한 데다 텐트 — 더들리 울프가 그 안에서 깊은 잠에 빠져있는 줄도 모르고 — 주변의 설사면의 상태로 보아 그들과 파상 라마가 눈사태에 휩쓸려 간 것으로 결론지었다. 텐드룹은 7캠프에서 쩨링과 키타르에게 이렇게 보고한 다음, 며칠 전에 파상 키쿨리가 4캠프에서 텐트를 철수하던 것을 기억하고는, 자신이 생각하기에는 분명하고도 책임감 있는 행동을 취했다. 즉 그는 캠프를 내려올 때마다 침낭과 매트리스, 식량을 모두 모은 다음 자신과 일행이 가져올 수 있는 한 많은 것들을 회수하면서 내려왔다. 그들은 산 위쪽에 빈 텐트만 남겨둔 채 7월 23일 베이스캠프로 돌아왔다.

해가 난 가운데 하루를 쉰 덕분에 힘이 난 비스너와 파상 라마는 — 아래쪽에서 무슨 일이 벌어지고 있는지 전혀 모르고 — 7월 21일 다시 정상 공략에 나섰지만 크램폰을 잃어버린 데다 눈을 깎아 발판을 만드는 데 시간이 많이 걸려 얼마 나아가질 못했다. 그다음 날 식량이 떨어진 것보다도 아래쪽에서 지원이 오지 않는 것을 훨씬 더 이해하지 못한 두 사람은 8캠프로 내려갔는데, 그곳에 울프가 혼자 있는 것을 발견하고는 깜짝 놀랐다. 울프는 성냥이 다 떨어져서 텐트의 접힌 부분에 고여 있는 눈이 녹은 물을 밑으로 떨어뜨리고 있었다. 울프는 "그 개자식들은 올라오지 않았어요!"라고 고함을 질렀다. 8캠프에는 통조림으로 된 나흘치의 식량만 남아있을 뿐이었다. 정상 공략을 하기에는 이것으로 부족했으므로 점점 어리둥절한 상황에서 비스너와 파상 라마는 불운한 울프를 로프에 묶고 내려가기 시작했다. 7캠프 150미터 못 미친 곳에서 울프가 로프에 걸려 넘어졌고 비스너와 파상을 낚아챘다. 그들 모두가 고드윈 오스틴 빙하 쪽으로 떨어져 영원히 잊히는 존재가 되기까지는 고작 18미터가 남아있었지만, 비스너가 피켈을 눈에 박아서 멈추어 세웠다. 세 사람은 여기저기 멍들고 터진 몸을 간신히 수습해서 황혼 무렵 7캠프에 도착했는데, 그곳은 텅 비어있었다. 울프는 추락하면서 침낭을 잃어버렸고, 비스너는 빠른 시일 내에 정상 공략에 다시 나서기 위해 자신의 침낭을 9캠프에 두고 온 상태였다. 6캠프로 내려가기에는 너무 늦은 시간이었으므로 세 사람은 침낭 하나를 나눠 덮고 덜덜 떨면서 아래쪽에 있는 다른 대원들을 저주하며 끔찍한 밤을 보냈다.

7월 23일 아침 울프는 계속 전진할 수 있는 상태가 아니었지만, 비스너는 그때까지 등정을 포기하지 못해 가급적 빨리 9캠프로 돌아가려는 생각에 울프를 7캠프에 남겨두고 파상과 함께 6캠프로 물자와 사람을 찾으러 내려갔다. 이 치명적인 결정은 훗날 굉장한 논란을 빚게 된다. 한편 두 사람에게는 더 큰 실망이 기다리고 있었다. 텐트 두 개는 무너져 있었고 식량이 든 더플 백이 있었지만 버너도, 침낭도, 매트리스도 없었으며, 가장 끔찍했던 것은 기다리는 사람이 아무도 없다는 것이었다. 두 사람은 이제 절박한 심정으로 비틀거리면서 5, 4, 3캠프를 거쳐 2캠프까지 내려갔고, 그곳에서 무너진 텐트를 덮고 추위 속에서 두 번째 밤을 보내야 했다. 비스너는 일기에 이렇게 썼다. "내가 그날 겪은 끔찍한 감정과 생각은 말로는 이루 다 표현할 수 없다. 이런 상황에 대해 변명의 여지가 있는가? 어떻게 사람의 탈을 쓰고 위대한 목표와 인간성을 이렇게까지 버릴 수 있는가?" 7월 24일 마침내 두 사람은 비틀거리면서 베이스캠프로 돌아왔고, 그곳에서 자신들의 시신을 찾아 고드윈 오스틴 빙하에서 헤매던 토니 크롬웰과 세 명의 셰르파들을 만났다. "오 세상에, 살아있었다니…."라면서 크롬웰은 안도의 미소를 지었지만, 비스너는 그를 보고도 전혀 고마운 마음이 들지 않았다. 그는 폐에서 목소리를 쥐어짜낸 듯 상한 목청으로 분통을 터뜨렸고 크롬웰에게 연달아 마음에 상처를 주는 장황한 비난을 늘어놓았다. 비스너는 원정대의 부대장이 태만했으며 경솔하게도 자신들을 놔두고 가버려서 결국 사람을 죽게 만들었다고 호통쳤다. 그는 크롬웰에게 중대한 법정 소송을 제기하겠다고 차디차게 말했다.

한편 도움을 받을 수 없는 울프는 7캠프에서 꼼짝도 못하고 있었다. 비스너는 그 당시 정신적으로 불안정했으며 과대망상에 빠져 있어서 여전히 다시 정상에 도전할 생각을 하고 있었기 때문에 울프에 대해 별로 걱정하지 않았다. 듀런스는 울프가 몹시 걱정되었지만 — 그가 정직하게 인정했듯 — 자신이나 다른 사람의 몸 상태가 다시 산으로 올라가서 그를 데려오기는 힘든 상황이었다. 그래도 그들은 울프를 구조해야 했다. 크롬웰과 텐드룹이 불명예스럽게도 포터의 본대와 함께 베이스캠프를 떠나 아스콜리로 가버린 7월 25일 듀런스, 핀수, 파상 키타르와 다와 톤둡이 구조를 위해 다시 산으로 올라갔다. 그들은 그다음 날 적절한 시간에 4캠프에 도착했지만, 그곳에서 다와 톤둡이 병이 나서 쓰러졌고 파상 키타르가 핀수와 함께 둘만 올라가는 것을 단호하게 거부했기 때문에 듀런스는 별 수 없이 다와를 데리고 베이스캠프로 돌아와서 다른 자원자를 찾는 수밖에 없었다. 비스너는 당연히 갈 수 없었지만, 파상 키쿨리와 쩨링 노르부가 영웅적인 용기를 발휘하여 베이스캠프에서 6캠프까지 2,100미터를 하루 만에 올라갔다. 이것은 앞으로 도래할 알파인 스타일의 등반을 예고라도 하듯 전례 없는 업적이었다. 그다음 날인 7월 29일 쩨링 노르부는 6캠프에서 지원하도록 남겨 두고 키쿨리, 키타르, 핀수가 7캠프로 올라갔는데, 울프가 그곳에서 무기력하고 무감각하게 얼굴을 묻고 엎드려있었다. 그가 셰르파들과 함께 내려가기를 거부해서 셰르파 세 명은 어쩔 수 없이 그에게 차를 끓여주고 그다음 날 다시 오겠다고 약속한 후에 6캠프로 돌아오는 수밖에 없었다. 그러나 폭풍이 불어와서 그 약속은 지켜지지 못했고, 울프가 상상을 초월하며 6,553미터 이상의 고도에서 40일째 버티던 7월 31일, 그를 데려오려고 세 명의 셰르파 파상 키쿨리, 파상 키타르, 핀수가 다시 올라갔다. 하지만 그들도, 더들리 울프도 다시는 볼 수 없었다.

인도에서 오랫동안 일해 온 케네스 메이슨은 1955년, 비스너의 K2 원정에 대해 "이 한심한 원정에 대해 기록할 때는 고운 말을 쓰기가 참 어렵다."라고 고백했다. 그리고 50년이 지난 지금도 비스너의 이름을 언급하면 등산계의 강력한 반작용을 불러일으킬 것이다. 그 참사는 1934년의 낭가파르바트 참사보다 규모는 작았지만, 둘 다 인간과 자연의 드라마라는 것과 이해할 수 없다는 것, 그리고 아주 위험한 잘못된 모험이라는 공통의 요소가 있었다. 게다가 이 원정에서 미국 히말라야 원정 사상 최초의 사망자가 발생했는데, 원정대장은 그 얼마 전 미국으로 귀화하긴 했지만 분명히 독일인이었다. 히틀러가 세계를 멸망으로 몰고 가는 시대 상황이었기 때문에 비스너의 출신 국적에 대해 가혹한 비난의 목소리가 더욱 높아졌다.

베이스캠프에서 비스너가 퍼부었던 장황한 비난 때문에 여전히 격분해있던 토니 크롬웰은 산에서 돌아오는 비스너와 듀런스를 스리나가르 북부 반디푸르에서 만났다. 그는 두 사람이 쓴 악의 없는 원정기의 초안을 읽고 나서 불명예스러운 은폐라고 공개적으로 비난했고, 비스너가 아무 죄도 없는 울프와 셰르파 세 명을 죽게 했다고 공격했다. 크롬웰은 스리나가르로 돌아오자 미국 알파인 클럽 회장을 역임하고 나서, 클럽의 회계를 맡고 있던 조엘 엘리스 피셔에게 그런 내용의 편지를 보냈다. 물론 그것은 앙심에서 나온 터무니없는 비난이었지만, 그 편지는 당시 카슈미르의 인도 총독 대리 사무관이던 영국인 프레이저D. M. Fraser 대령의 이목을 끌었다. 따라서 미국 영사 에드워드 그로스는 프레이저의 요청으로 9월 4일 스리나가르에서 비스너와 듀런스를 만났다. 그날은 영국이 독일에 전쟁을 선포한 바로 그다음 날이었다. 그로스는 일곱 시간에 걸친 대화 끝에 원정대의 불행이 일어난 이유는 특별한 실수 때문이 아니라 국민성의 근본적인 충돌 때문이라는 결론을 내렸다. 그는 워싱턴의 국무장관에게 개인적인 보고서를 비밀리에 써 보냈다.

> 제가 확신하는 바에 의하면 결국 불화가 일어나게 된 1차적인 요인은, 사실 비스너가 서류상으로 그리고 법적으로는 미국 시민이지만, 그의 사고나 행동방식이 여러 면에서 독일인 같았기 때문입니다. … 독일 출신이라는 배경에다가 다분히 독일인 같은 무뚝뚝한 성격이어서(동료 등반대원들 중 한 명을 빼고는 모두가 독일인의 그런 성품을 몰랐던 것은 분명해 보입니다.) 성격 차이로 인해 불화가 일어난 것은 당연합니다. 비스너는 의심할 바 없이 탁월한 등산가이고 좋은 대장이지만 명령을 내릴 때 독일인답게 매우 위

> 압적이었습니다. 그가 명령을 내릴 때 보였던 그런 퉁명스럽고 무뚝뚝한 태도가 그의 동료들, 즉 당연히 이와 같은 일에 있어서는 기본적으로 다른 태도와 사고방식을 가진 미국인 동료들에게 여파가 컸습니다.

그로스의 편지는 이렇게 이어진다. "미국인 측은 비스너의 성품을 분석하거나 이해하려는 시도를 거의 하지 않았다. 또한 미국인 등산가들은 대장이 있거나, 혹은 대장이 있어야만 하는 상황에 대한 경험이 충분치 않았다. 그들은 원정 자금을 나눠서 분담했으므로 원정대의 운영에서도 의사결정권을 갖는 것이 당연하다고 생각했다. 물론 이것은 일반적인 상황에서는 논리적인 말이지만 8천 미터 급 고봉에서는 순진하고도 위험한 생각이다."

뉴욕의 미국 알파인 클럽에서는 월터 우드의 주재 아래 그 참사에 대한 공식적인 청문회가 열렸다. 다른 회원 네 명, 즉 조엘 엘리스 피셔, 빌 하우스, 테리스 무어와 베스터 로빈슨은 모두 비스너와 잘 아는 사이였고 그를 친구로 생각하기까지 했다. 그들은 생존한 대원들과의 광범위한 면담과 면밀한 서면 조사를 한 다음, 감정에 치우치지 않고 참사의 원인에 대해 "정상 공격조와 지원조의 움직임에 대한 이해가 정확하지 못했다."라는 것으로 결론을 내렸다. 그들은 그러나 또한 원정대가 '인사 행정'을 잘못했다고 판단했다. 비스너 측은 이런 결정을 개인적인 비난으로 받아들였다. 그는 월터 우드에게 공식적으로 이의를 신청했고, 캠프를 비우고 철수하라고 했던 잭 듀런스의 역할에 초점을 맞춘 보고서를 다시 작성하라고 다른 사람들에게 요구했다. 결국 그의 주장이 받아들여졌다. 시간이 지나고 독일을 반대하는 정서가 누그러들자 그 참사에 대한 비난은 부당하게도 듀런스에게 집중되었다. 사실 그는 그저 크롬웰의 명령에 따라 아래에 있는 캠프들을 철수하라고 했을 뿐이었다. 그러나 청문회 당시에는 세계의 이목이 분명하고도 불가피하게 다른 곳에 가 있었다. 미국 알파인 클럽 위원회가 우드의 보고서에 대한 토론을 하기 위해 1940년 5월 18일 회의를 소집했을 때, 독일의 베르마흐트Wehrmacht(방위대)는 파리로 진격해오고 있었고, 영국의 원정군은 덩커크Dunkirk에서 패퇴하고 있었으며, 윈스턴 처칠은 다우닝 가 10번지로 이미 5일 전에 이사하여 수상으로서 첫 연설에서 영국인들에게 오로지 '피와 땀, 눈물과 노고'만을 요구했다. "누가 가엾은 더들리 울프의 죽음에 책임이 있는가?"라는 의문은 이 긴박한 상황에서 일순간에 사소한 문제가 되었다. 조엘 피셔는 K2 원정에 대해 겉치레에 불과한 짧은 토론을 한 후 런던 알파인 클럽에 "이 어려운 시기에 깊은 유감을 표명합니다."라는 문구를 담은 지지와 동정의 메시지를 보내자고 제안했다. 이 제안이 만장일치로 통과되면서 회의는 끝이 났고, 전 세계의 등산가들은 전쟁이라는 더 큰 위험에 마음을 쏟기 시작했다.

6장

미뤄진 황금시대

(1940~1950년)

영국 『알파인 저널』 1939년 5월 호는 그 당시 히말라야에서 이루어진 수많은 등정 성공과 거의 성공에 가까웠던 업적들을 보고하고 있다. 그해 봄에 다른 지역에서 일어난 심상치 않은 사건들로 인해 마음이 심란했던 독자들에게는 이런 소식이 굉장히 고무적이었을 것이다. 사실 다른 뉴스를 접하지 못하고 유럽과 미국의 등산 기사만 보는 독자들이 있었다면 세계 강대국들이 협력과 조화 속에서 서로 공존하고 있다고 생각했을 것이다. 히말라야의 고봉에 대한 탐사와 등정은 너그럽고도 강렬한 관심 속에서 유럽대륙, 대영제국, 일본, 미국의 등산가들이 함께 참가하여 서로가 쌓아올린 성과 위에 또 다른 성과를 쌓아나가며 이루어진 국제적인 업적이었다.

『알파인 저널』은 빌 틸먼의 1938년 영국 에베레스트 원정기를 실으면서 찰리 휴스턴의 미국 K2 원정보고서와 프리츠 베흐톨트의 독일 낭가파르바트 원정보고서도 같이 실었다. 이 세 원정 모두 도전했던 산의 정상에 올라가는 데는 실패했다. 사실 제1차 세계대전 후 20년간 서쪽의 낭가파르바트에서 동쪽의 칸첸중가에 이르기까지 8천 미터가 넘는 히말라야 고봉 14개 중 어느 하나도 등정되지 못했다. 그럼에도 등산가들과 날로 수가 늘고 있는 경험 많은 셰르파들은 히말라야 고산등반의 중요성을 더욱 깊이 이해하게 되었다.

당시까지 등정이 이루어진 가장 높은 봉우리는 1936년 틸먼과 노엘 오델이 등정한 인도 가르왈의 난다데비였다. 그러나 난다데비 정상의 7,816미터는 히말라야에서 등산가들이 올라간 가장 높은 고도는 결코 아니었다. 영국인 등산가들은 에베레스트에서 1924년의 에드워드 노턴을 필두로 14개의 8천 미터 급 고봉 중 11개의 정상보다 더 높은 8,534미터(28,000피트)의 고도를 여러 차례 돌파했다. 따라서 1939년 봄의 평화로운 시기를 낙관적으로 전망할 근거는 충분했다. 빠른 시일 내에, 아마도 1939년이 저물기 전에 한두 개의 8천 미터 급 고봉 등정이 이루어질 것 같았다.

1939년 봄과 여름에는 너무나 많은 원정대가 히말라야로 몰려와서(영국 두 팀, 독일 두 팀, 미국 한 팀, 스위스 한 팀, 폴란드 한 팀) 다르질링에서는 포터를 구하기가 힘들 정도였다. 독일인들은 그다음 해에 완전한 규모를 갖춰 낭가파르바트에 도전할 계획이어서 1939년에는 디아미르 벽의 정찰에 나섰다. 프리츠 비스너가 지휘하는 미국 원정대는 1939년에 K2로 가서 아브루치 능선에 도전할 계획이었다. 만일 비스너 팀이 실패하면 찰리 휴스턴과 그의 친구들뿐만 아니라 이탈리아 등산가들도 그다음 해에 그곳을 재도전하려 갈망하고 있었다. 영국인들은 1940년에 에베레스트로 원정대를 보낼 계획이었고, 만일 필요하다면 1941년과 1942년에도 연달아 원정대를 보낼 생각이었다. 뉴질랜드 등산가들은 1940년에 칸첸중가에 오를 계획을 갖고 있었다. 등산계는 이 시기를 "히말라야 등반의 황금시대"라고 부르기 시작했다.

그러나 결국 황금시대는 미뤄져야 했다. 스위스를 제외하고 1930년대에 주요 원정대를 보냈던 모든 국가들, 즉 영국, 독일, 이탈리아, 프랑스, 폴란드, 일본, 미국은 제2차 세계대전의 격랑 속으로 휩쓸려 들어갔다. 1939년의 등반 시즌에 대한 밝은 전망은 결국 아무런 성과도 없이 끝나면서 등산가들에게 허탈감만을 남겼다. 9월 초순 프리츠 비스너는 스리나가르에서 더들리 울프가 K2의 7캠프에서 죽은 비극을 알리려고 울프의 전처인 앨리스에게 이렇게 고백하는 편지를 썼다. "제 인생에서 이토록 큰 타격은 없었습니다. 첫 번째로 거의 손에 잡힐 듯했던 등정을 이루지 못했고, 두 번째로 더들리와 셰르파들이 죽은 끔찍한 현실을 받아들여야 했으며, 세 번째로 이제는 전쟁까지 터졌습니다." 그 후 오랫동안 어느 누구도 K2나 다른 8천 미터 급 고봉에 도전할 수 없었다. 1922년의 에베레스트 원정에 참가했던 노장 스트러트는『알파인 저널』1941년 봄 호에 "1939년 9월 이래로 등산은… 그저 추억에 불과한 일이 되었다."라고 슬프게 논평했다.

고산 정복인가, 세계 정복인가?

스트러트가 이렇게 슬픈 글을 쓸 때까지만 해도 미국은 아직 참전하지 않았다. 미국인들 사이에서는 중립을 선택할 것인가, 아니면 전쟁에 개입할 것인가에 대한 논쟁이 첨예하게 벌어졌다. 그러나 미국 알파인 클럽 회원들은 극소수를 제외하고 영국에 대한 지원에 찬성했다. 찰리 휴스턴은 1941년『알파인 저널』에 이렇게 썼다. "미국은 아직 평화롭지만 많은 사람이 외국에 있는 친구들과 한마음입니다."

주축국인 독일, 이탈리아, 일본에 반대하고 영국에 우호적인 미국인 가운데 뉴욕 출신의 제임스 램지 울먼James Ramsey Ullman이라는 작가가 있었다. 미국이 중립을 지킨 몇 개월이 끝나갈 무렵인 1941년, 울먼은『고산 정복 — 등산의 역사High Conquest: The Story of Mountaineering』라는 책을 출간했다. 이 책은 이 방면의 통사通史를 쓰고자 했던 미국인의 첫 시도였고 울먼은 이 책 덕분에 인기작가가 되었다. 그는 1930년대의 히말라야 원정등반을 회고하면서 낭가파르바트 사면에 대원들의 주검을 남기고 실패했던 원정등반처럼 독일은 전쟁에서도 패배할 것이라 예언했다. 울먼은 이렇게 썼다. "독일인들은 전부가 아니면 아무것도 아닌 식으로 공략했다. 그들에게는 성공 외에 다른 것이 없었다. 목숨을 잃은 용감한 등산가들에 대해 슬픔을 금할 수 없지만 전체적으로 보아 독일은 그런 재앙을 당해 마땅하다고 생각한다. 맹목적으로 분별없이 공격하는 것은 산을 정복하는 열쇠가 아니고, 당연히 세계를 정복하는 열쇠도 아니다."

이 글이 쓰인 시기를 감안하면 울먼의 강도 높은 비난이 이해되기도 하지만 이 내용이 모두 옳다고는 볼 수 없다. 물론 무모한 기술을 구사하면서 위험을 기꺼이 감수하고자 했던 독일인 등산가들의 태도가 영국인과 미국인의 눈에는 부적절하게 보였을 수 있다. 그리고 그들 중에는 한때 나치당원이었던 사람들도 있었다. 그러나 독일의 히말라야 원정은 울먼이 묘사한 대로 '죽기 살기'식의 자살적인 시도는 아니었다. 1932, 1934, 1937, 1938년에 이루어진 독일의 낭가파르바트 원정은 영국의 에베레스트 원정이나 미국의 K2 원정과 전략과 전술에서 거의 다를 바 없었다. 1937년에 16명의 목숨을 앗아간 눈사태는 나치 이데올로기 때문이 아니라 캠프 자리를 잘못 선택해서 당한 것이었다. 1938년의 독일 원정대는 성공하지는 못했지만 다치지 않고 돌아왔다. 게다가 다른 서구 민주주의 국가들이 추진했던 원정도 등반 사고를 면치는 못했다. 영국은 낭가파르바트를 포함한 에베레스트와 다른 산에서 셰르파뿐만 아니라 자국 등산가들의 목숨도 여럿 잃었다. 그러나 전쟁 중이어서 사람들은 가혹한 이분법을 받아들였고, 영·미 등산계는 독일인 등산가들의 암벽등반과 나치의 공격성을 동일시했다.

제2차 세계대전 종전을 몇 개월 앞두고 영국의 지리학자 케네스 메이슨은 『알파인 저널』의 편집장이자 친구인 해리 틴들Harry Tyndale에게 편지를 보내 전쟁과 등반의 관계에 대한 자신의 견해를 밝혔다. 그는 연합군 병력이 베를린을 동서로 포위해 들어가는 상황에서 자신의 오랜 '독일인 친구들', 즉 페터 아우프슈나이터, 리하르트 핀슈터발더, 파울 바우어가 전쟁의 난리 중에 어떻게 되었는지 궁금해했다. 메이슨은 1929년에 아우프슈나이터를 인도에서 만난 적이 있었다. 이 젊은 독일인 등산가는 당시 파울 바우어가 이끄는 칸첸중가 원정에 참가하고 있었다. 메이슨과 아우프슈나이터는 1938년 가을 뮌헨 위기†Munich Crisis 중에 다시 만났다. 그때 아우프슈나이터는 다음해의 낭가파르바트 정찰등반을 준비하면서 옥스퍼드에 있던 메이슨을 방문했었다. 메이슨은 전쟁이 발발하자 아우프슈나이터가 영국 당국에 의해 '인도에 강제 억류'되어 있으며 따라서 전쟁에서 안전하게 비켜서 있다는 것을 알고 안도했다.

그러나 메이슨은 1934년의 낭가파르바트 원정에 지도 제작자로 참가했던 핀슈터발더에 대해서는 낙관하지 못했다. 메이슨은 하노버가 폭격을 당했을 때 핀슈터발더가 교수로 재직 중이던 대학에서 '강의 중에 건물에 깔렸을까 봐' 걱정했다. 그리고 또 한 사람, 1929년 메이슨이 칸첸중가 원정준비를 도와주었던 파울 바우어가 있었다. 두 사람은 원정 문제로 만났던 그때, 1915년의 프랑스 서부전선에서 서로가 적군으로 만나 90미터 거리밖에 안 떨어진 참호에 있었다는 것을 알게 되었다. 메이슨이 기억하기로 바우어는 '영국식 생활 방식 하나하나를 몹시 부러워했지만 그런 것들을 독일에서 어떻게 구현할 수 있을지에 대해 잘 몰랐던 사람'이었다. 바우어가 마지막으로 히말라야에 갔던 것은 1938년의 낭가파르바트 원정이었다. 그 후 바우어의 운명에 대해 메이슨이 알고 있던 것은 1939년까지 군대에 있었다는 것이 전부였다.

메이슨은 독일인 친구들에 대해서는 걱정을 하면서도 나치의 패배에 대해서는 크게 만족스러워했다. 그는 이렇게 썼다. "지난 3~4년간 독일의 정신은 아이거 북벽이나 그랑드조라스, 그보다 더 유사하게는 낭가파르바트에서 자신들이 겪었던 실패의 패턴을 그대로 따라갔다. 눈사태가 독일 원정대원들을 죽음의 길로 몰아넣었던 것처럼 전쟁도 그들을 멸망의 길로 몰아넣고 있는 것 같다. 누가 구조대원이 될 것인가? 아무도 없다!"

메이슨의 '독일인 친구' 페터 아우프슈나이터는 1939년 8월에 다른 독일인 등산가들과 함께 인도를 떠날 준비를 하던 중 영국 당국에 체포되었다. 당시에는 몰랐지만 전쟁이 끝나고 나서 메이슨이 알게 된 사실은 아우프슈나이터가 동료 하인리히 하러와 함께 1944년 4월 데라 둔에 있는 영국의 수용소에서 도망쳐 그 당시의 기준으로도 매우 느린 속도로 티베트의 수도 라싸로 갔다는 것이었다. 이 내용은 전후 하러의 유명한 저서인 『티베트에서의 7년 Seven Years in Tibet』에 수록되어 있다. 다른 사람 둘을 보자면 먼저 리하르트 핀슈터발더는 하노

† 뮌헨 위기Munich Crisis 1938년 히틀러와 체코슬로바키아 간에 일어난 분쟁

버 공습에서 살아남아 전후 대학의 재건을 도왔다. 파울 바우어는 독일 방위대Wehrmacht 장교로 복무하다가 1942~1943년 동부전선의 전투에 투입되었고, 그 후 산악 전투 훈련부대로 재배치되었다.

영국인 등산가들도 전쟁에 휩쓸렸다. 전쟁이 터졌을 때에는 이미 많은 등산가들이 대영제국의 인도군 소속이었다. 가장 먼저 전사한 사람은 벵골 산악 포병대의 노먼 스트리트필드 소령이었다. 그는 프랑스의 히든피크 원정과 미국의 첫 K2 원정에서 연락 담당관으로 일한 인물이었다. 1940년 그는 영국 원정부대 소속으로 벨기에에 배속되었다. 독일의 전격전Blitzkrieg 이전에 벌어진 '엉터리 같은 전쟁'의 난리 중에서도 그는 여가시간에 부대원들에게 자신의 히말라야 등반을 찍은 영화를 보여주었다고 한다. 그는 던커크 작전 중 전사했는데, 찰리 휴스턴이 『알파인 저널』에 그의 추도사를 썼다.

빌 틸먼은 제1차 세계대전의 격전지 솜 전투의 생존자였는데 1930년대까지 예비역 장교 명단에 남아있었다. 그는 전쟁이 일어나자 이번에는 1938년의 영국 에베레스트 원정에 대해 쓰고 있던 원고를 미완성인 채로 놔두고 영국군으로 다시 복귀하여 야전포병 연대와 함께 배를 타고 프랑스로 갔다. 그도 역시 던커크에 있었는데 다행히 영국으로 무사히 돌아올 수 있었다. 그 후 5년간 그는 중요하고도 위험한 임무를 여러 차례 수행했다. 그는 1941년에 이탈리아의 엘 알라메인El Alamein 전투에서 싸웠다. 틸먼은 이미 중년을 훨씬 넘긴 나이였다. 하지만 영국군은 그에게 평범한 장교의 임무를 주는 것으로는 충분치 않은 것 같았는지 그 후 그를 특수부대로 전출시켰다. 틸먼은 1943년 8월 알바니아 전선 후방으로 낙하산을 타고 들어가서 현지 저항군과의 연락담당 장교로 일했다.(이것은 그의 생애 최초의 낙하산 점프였다. 그는 연습을 시간낭비라고 생각하는 사람이었다.) 1년 후 틸먼은 이탈리아 북부로 낙하산을 타고 들어가 산 속에서 투쟁하던 이탈리아 저항군과의 연락을 담당하다가 잠시 임무에서 떠나 1945년 1월 하순에 몬테 세라를 올랐다. 전쟁이 막을 내릴 무렵 틸먼 소령은 저항군과 함께 이탈리아에 있다가 벨루노 시의 해방을 도왔다.

프랭크 스마이드도 1939년 민간인 생활에 작별을 고했지만 산에 아주 작별을 고한 것은 아니었다. 그는 스코틀랜드 캐언곰스Cairngoms의 브래머Braemer에 갓 창설된 설산 특공대의 지휘부Command Mountain and Snow Warfare Center로 가라는 명령을 받았다. 학교에서 수석 교관을 지내던 인도군 소령 존 헌트에 의하면 스마이드는 '전쟁과는 정말 어울리지 않는 성격'이었지만 일반 병사들에게 산에 대한 깊은 사랑을 심어주는 일은 아주 잘했다고 한다.

군에 복무하던 다른 사람들처럼 스마이드도 평화가 찾아오면 자신의 취향에 맞는 일을 하고 싶어 했다. 그는 1943년 12월 캐나다 앨버타에서 훈련하던 중 『알파인 저널』과 『미국 알파인 저널』의 두 편집장에게 글을 써 보냈다. 그 글에서 그는 일단 전쟁이 끝나면 여덟 명이 넘지 않는 '영·미 에베레스트 합동 원정대'를 조직해보자고 제안하면서 에베레스트에 대한 국제적인 노력은 전 세계와 등산계에 상징적으로 대단히 큰 중요성을 갖게 될 것이라 말했다. 그 글에서 그는 "저는 등반에서 국가 간의 경쟁이나 편협성 같은 것을 전적으로 반대합니다. 독일인들이 그런 것을 알프스와 히말라야에 끌어들였는데 전쟁이 끝나면 그런 것은 사라져야 한다고 생각합니다. 우리가 전쟁을 통해 배운 이상을 이루는 방법 가운데 영국과 미국의 등산가들이 함께 지구의 가장 높은 곳에 올라가는 것보다 더 좋고 가치 있는 것이 어디 있겠습니까?"라고 밝혔다.

1941년 12월 미국이 마침내 참전했다. 찰리 휴스턴은 진주만에 폭탄이 떨어졌을 때 이미 군대에 있어서 콜로라도 펜사콜라의 미 해군 비행기지에서 임무를 수행 중이었다. 미군이 항상 사람의 적성에 맞도록 임무를 부여하는 것은 아니었지만 휴스턴을 해군 비행대의 군의관으로 배속시킨 것은 더할 나위 없이 적절한 결정이었다. 휴스턴은 히말라야를 등반하는 등산가들뿐만 아니라 비행 중 갑작스럽게 산소공급 감소를 경험하는 조종사와 항공기 승무원들에게도 치명적인 위협이 되는 산소 결핍의 영향에 대한 연구를 진행했다. 전쟁이 끝나갈 무렵까지 휴스턴의 부대는 조종사와 항공기 승무원 55,000명에게 저산소증이 시작될 때의 증상 진단법에 대해 훈련시켰다.

전시에 휴스턴은 임무를 위해 헌신적인 노력을 했지만 한편으로는 등반에 대한 그리움을 떨쳐버리지 못했다. 1942년 10월 그는 K2 원정 동료인 밥 베이츠에게 "낮은 구름이 회색으로 깔리면서 폭풍이 불어오면, 그리고 해가 뜨거나 질 때 저 위쪽에서 눈처럼 하얀 적란운이 위로 퍼져 올라가면, 그것은 마치 카슈미르나 다르질링에서 바라보는 거대한 히말라야 산맥같이 보인다네. 그걸 보면 눈물이 나네. 자네는 이곳 저지대가 얼마나 빌어먹을 정도로 지루한지 모를 거야."라고 쓴 편지를 보냈다.

휴스턴은 히말라야는 아니더라도 최소한 저지대에서 탈출하여 고산으로 갈 수 있는 군대의 다른 보직을 잠시 생각해보았다. 미국 알파인 클럽과 전미 스키 정찰대의 지도자들은 전쟁 발발 당시부터 산악지대 전투나 동계 전투를 위해 특별히 훈련된 최정예부대를 창설하자고 주장해왔다. 밥 베이츠와 애덤스 카터는 1939년 스위스 알프스를 등반하면서 스위스 산악부대가 작전 중인 것을 보았고, 그들의 용감한 활약에 깊은 인상을 받은 적이 있었다. 그 후 갑자기 전쟁이 발발하자 두 사람은 북미대륙의 방위를 위해 미군도 알프스와 유사한 지역(특히 알래스카)에 배치해야 하며, 만일 필요하다면 유럽에도 파병해야 한다는 결론을 내렸다. 핀란드 스키부대는 1939~1940년 '겨울전쟁[†]'에서 러시아에 치욕스러운 패배를 안겨주었는데, 이 전쟁은 동계 전투나 산악 전투기술로 훈련된 정예부대의 잠재력을 환기시켰다. 독일은 특수하게 훈련된 산악사단을 최소한 십여 개 갖고 있는 것으로 알려졌다. 카터와 베이츠는 전시 미국 국무장관이자 열성적인 등산가이며 영·미 양국의 알파인 클럽 명예회원인 헨리 스팀슨Henry Stimson과 미군 참모총장 조지 마셜George C. Marshall에게 산악부대의 필요성을 로비했다. 1940년 12월 매사추세츠의 저명한 투자 은행가이자 전직 미국 외교관이던 윌리엄 캐머런 포브스William Cameron Forbes가 카터를 대신하여 마셜 장군에게 편지를 썼다. 마셜은 다음과 같이 답신했다. "현재의 국제 상황을 감안했을 때 잘 훈련된 산악부대가 있다면 우리의 한두 가지 구체적 계획에 부합될 것 같습니다."

미군은 진주만 공습 바로 직전에 87산악보병대대를 창설했는데 이 부대가 나중에 10산악사단의 주축이 되었다. 신병들은 대개 대학 스키 팀이나 산림청 출신, 아니면 유사한 경력을 가진 사람들 중에서 뽑았다. 이들 중 많은 사람이 민간 야외 스포츠 그룹에서 모집되었으며, 이들은 당시 창설된 콜로라도 로키 산맥의 캠프 헤일Camp Hale에서 훈련 받았다. 휴스턴은 1942년 9월 밥 베이츠에게 편지를 보내 플로리다에서 하고 있는 연구를 포기하고 산악부대로 가고 싶은 마음이 '정말로 간절하다'고 말했지만, 결국 그 당시 하고 있던 일이 자신에게 가장 적합하다는 결론을 내렸다. K2에서 휴스턴의 파트너였던 폴 페졸트는 산악부대로 들어가서 신설부대의 위생병들에게 산악 구조방법을 훈련시켰다. 그 부대는 1944년 말 이탈리아 전선으로 파병됐고, 아펜니노 산맥의 북쪽과 포 계곡에서 있었던 겨울과 봄의 격전 속에서 1/4에 달하는 사람이 죽거나 부상당했다.

히말라야 원정 경험자들은 산악부대의 장비 개발에서 중요한 역할을 했다. 1941년부터

† **겨울전쟁**Winter War 제1차 소련-핀란드 전쟁. 소련은 1939년 발트 3국과 핀란드에 소련군 기지를 건설할 수 있도록 허가하라고 강요한다. 핀란드는 이를 거부했고, 소련군은 45만 병력으로 핀란드를 공격한다. 16만 명의 핀란드군은 게릴라식 전투와 기동성이 좋은 스키부대, 현지 지형에 밝은 이점을 십분 활용하여 소련군을 물리친다.

밥 베이츠, 빌 하우스, 테리스 무어는 전쟁성[†1]War Department의 혹한기 의류와 장비 개발을 감독하기 위한 민간인 고문으로 일했다. (베이츠는 진주만 공습 후 입대하여 병참부대에서 복무하다가 종전이 되자 중령으로 전역했다. 그는 1942년 브래드포드 워쉬번과 함께 혹한기 장비를 시험하러 매킨리에 갔으며, 1944년에는 이탈리아에 가서 군인들에게 혹한기 생존법을 가르쳤다.) 산악부대를 위해 고안된 혁신적인 장비와 기술은 등산가들에게 광범위한 영향을 끼쳤다. 프리츠 비스너는 독일이 개발한 페를론Perlon이라는 합성섬유를 사용해 산악부대를 위한 등반 로프를 만들자고 제안했다. 그 로프는 대마로 만들던 구식 로프보다 더 유연하고 강도도 더 셌다. 베이츠는 1942년에 몇 가지 새로운 로프를 실험해보았다. 그는 워싱턴의 사무실에 있는 책상에 로프의 한쪽 끝을 묶은 다음 창문을 통해 로프를 타고 하강했는데, 아래층에서 근무하던 비서들은 그가 자기들이 있는 곳의 창문을 지나쳐 건물 벽을 차면서 내려가는 것을 보고 소스라치게 놀랐다고 한다.

등산가들뿐만 아니라 야전의 병사들에게도 좋은 신발이 중요했다. 1939년 이탈리아의 등산가 비탈레 브라마니Vitale Bramani는 미끄럼 방지용 홈[†2](클리트)이 파인 고무창을 부착한 등산화를 개발했고 그것을 "비브람Vibram"이라고 불렀다. 새로운 고무창은 미끄러운 곳에서 접지력이 좋았으며 징이 박힌 전통적인 등산화보다 열전도율이 낮아서 등산가의 발에 냉기를 전달하지 않았다. 애덤스 카터와 밥 베이츠는 1939년 스위스에서 등산가들이 이 새로운 고무창이 부착된 등산화를 신고 있는 것을 본 적이 있어서 군대에도 이것을 도입하자고 제안했다. 카터는 수소문 끝에 뉴햄프셔 출신의 등산가가 이것을 갖고 있다는 것을 알아냈고, 1943년 대량 생산된 복제품이 산악부대에 지급되었다. 그러나 아이러니컬하게도 전쟁의 혼란 속에서 이 등산화와 특별히 개발된 혹한기 장비들이 배에 적재되지 않아 10산악사단은 이 장비 없이 이탈리아에 도착했다. 이 밖에도 군대는 군용 피켈과 피톤, 해머, 산악 텐트와 침낭을 개발했고, 등산가들은 전쟁이 끝난 후에 그것들 중 남은 것들을 구입해 썼다.

---

†1 전쟁성War Department 국방성the Department of Defense의 전신

†2 클리트cleat 쐐기 모양의 보강재, 미끄럼막이

1942년 매킨리에서 테리스 무어, 밥 베이츠, 에이너 닐슨이 군용 동계 의류를 시험했다.
(사진 출처: 미국 알파인 클럽 도서관)

⊰ 전시의 히말라야 ⊱

제2차 세계대전은 여러 지역과 지형에서 벌어졌다. 일부 전투는 이탈리아 북부에서처럼 익숙한 산과 들에서 벌어졌고, 또 일부는 과달카날†Guadalcanal처럼 처음 가보는 정글에서 벌어지기도 했다. 1939년의 히말라야는 서양인들 중 들어본 사람들은 많이 있었지만 정작 직접 본 사람들은 거의 없는 그런 지역이었다. 그러나 수만 명의 영·미 군인들이 일본과 싸우기 위해 중국-버마-인도CBI 교전지대로 파병되면서 상황이 많이 바뀌었다. 포위당한 중국의 장제스 군대를 지원하기 위해 인도에서 군수품을 싣고 떠난 항공병들은 위에서 봐도 겁에 질리도록 어마어마한 히말라야 산맥과 차츰 익숙해졌다. 하지만 거의 천 대에 달하는 비행기가 '그 산맥'을 넘다가 실종되었다.

연합군의 일부 공군은 그 산맥이 위험한 장애물이 아니라 매력적인 대상이라고 생각했다. 미 공군 '비호Flying Tigers' 소속의 로버트 스콧Robert L. Scott 대령은 호기심을 이기지 못해 1942년 여름 리퍼블릭Republic P43A기를 타고 무허가로 네팔과 티베트 상공을 비행했다. 그는 라싸의 포탈라 궁전을 촬영한 다음 칸첸중가에서 에베레스트까지 날아갔다. 미국 신문들은 그의 업적에 대해 찬사를 보냈고, 그는 1944년 자신의 회고록인 『하나님은 나의 부조종사God Is My Co-pilot』에 이 멋진 경험에 대해 썼다. 이 책은 베스트셀러가 되었지만, 그의 상관들은 냉담했다. 스콧이 히말라야 비행을 마치고 돌아온 지 2주 만에 공군 상관들은 유사한 비행을 금지했다. 스콧은 에베레스트에 대한 자신의 감정을 '숭배'라는 단어로 표현했다. 물론 이 숭배의 감정을 표현한 그의 방식은 좀 괴상했다. 그는 "나는 양쪽에 달린 50구경 캘리버를 빙하로 발사하여 경외감을 표하려 했지만 총이 얼어붙어서 작동되지 않았다."라고 썼다.(그는 아마도 에베레스트 상공을 비행하지는 않은 것으로 보인다. 스콧은 『하나님은 나의 부조종사』에 자신이 찍은 히말라야의 인상 깊은 사진 하나를 실었는데, 그 사진은 에베레스트라는 제목이 붙어있었지만 사실은 마칼루였다.)

3년 후 영국 공군 소속의 뉴질랜드인 앤드루스C. G. Andrews와 영국인 팬위크C. Fanwick가 드 하빌런드 모스키토de Havilland Mosquito 전투 폭격기를 몰고 에베레스트 상공으로 날아가서 사진을 촬영하기 위해 정상 10미터 위까지 급강하했다. 언론의 주목을 받았던 스콧의 비행과는 달

† **과달카날** 태평양 남서부에 있는 솔로몬 군도 제2의 섬

리 앤드루스와 팬위크의 모험은 네팔과 티베트 정부를 자극할 우려가 있어 조용히 진행되었다. 1947년 또 다른 영국 공군 조종사가 비슷한 비행을 한 번 더 했다.

마침내 전쟁이 끝났고 군인들이 고향으로 돌아왔다. 틸먼, 스마이드, 휴스턴처럼 어느 정도 나이가 있는 등산가들에게는 이 전쟁은 그들의 인생에서 기나긴 우회로였고, 휴스턴의 표현대로 '빌어먹을 정도로 지루한' 막간극이었다. 그러나 전후 히말라야 세대에게는 1939~1945년 사이의 시간은 앞으로 인생에서 무엇을 추구할 것인가에 대한 시야를 넓히는 계기가 되었다. 전쟁이 아니었다면 에드먼드 퍼시벌 힐러리Edmund Percival Hillary라는 후리후리한 뉴질랜드 청년은 성인이 된 다음 오클랜드에서 아버지의 양봉 사업을 이어받아 평생을 무명으로 고된 일을 하면서 어렸을 때부터 좋아한 원정등반을 다룬 책을 틈틈이 읽는 것으로 위안을 삼았을 것이다. 하지만 전쟁이 터졌고, 힐러리는 1944년 영연방 뉴질랜드 공군에 입대하여 카탈리나Catalina 비행정 항법을 훈련받았다. 그는 훈련 중 시간을 내어 3일간에 걸쳐 단독으로 해발 2,885미터의 뉴질랜드 타푸아에누쿠Tapuaenuku 산을 오름으로써 생애 최초로 '산다운 산'을 올라보았다. 훈련이 끝난 후 그는 피지 제도로 배치되었다. 그는 그곳에서 시간이 나면 총으로 악어 사냥을 하거나 등산 모험을 다룬 이야기를 읽으며 지냈다. 그가 뉴질랜드 공군 도서관에서 발견한 책 가운데 하나가 바로 제임스 램지 울먼이 쓴 『고산 정복』이었다. 힐러리는 솔로몬 군도로 재배치될 때 '그다지 양심의 가책을 느끼지 않고' 그 책을 가져갔다. 전쟁이 끝날 당시 그는 26세였는데 스스로 '별로 할 일이 없다'는 것을 알고 가업인 양봉을 하러 가족에게 돌아가려 했지만 '자유의 맛'을 떨쳐버릴 수 없었다. 힐러리에게는 군대 시절의 옛 친구와 함께 등반을 할 기회가 있었다. 또한 뒤이어 뉴질랜드의 유명한 가이드인 해리 에이레스Harry Ayres와도 함께 등반할 기회가 있었다. 이때 그는 평생 동안 자신이 가장 하고 싶은 일은 가능한 한 산에서 많은 시간을 보내는 일이라는 것을 깨달았다.

힐러리에게는 탐험할 수 있는 높은 산들이 가까운 곳에 있었지만, 영국의 등산가들은 힐러리만큼 운이 좋지 않았다. 빌 틸먼은 몇 년 후 이렇게 썼다. "전쟁으로 폐허가 된 1945년 가을, 나는 자연스레 히말라야 산맥에 관심이 쏠려 그곳으로 갈 방법을 모색하고 있었으며 나와 같은 욕구를 가지고 있되 마음도 잘 맞는 전쟁 생존자들을 찾아보고 있었다." 틸먼은 영국에서 마치 새장에 갇힌 새처럼 답답함을 느꼈다. 그는 배도 없는 선박회사, 장비도 없는 장비점, 허가를 받을 수 없는 여행과 통화 제한으로 절망했다. 그래서 그는 오랫동안 방치해둔 1938년 에베레스트 원정에 대한 원고를 마무리하고, 갓 복간된 『히말라얀 저널』에 투고할 "에베레스트의 문제The Problem of Everest"라는 제목의 기사를 작성하는 일에 만족하기로 했다. 그는 다시 한 번 소규모 경량 원정이라는 기치를 내걸었으며, "만일 원정을 갈 때 초기 원정대의 과다한 기준으로 복귀하려는 시도를 한다면 그것은 퇴보다."라고 선언했다.

틸먼의 옛 등반 파트너였던 에릭 쉽턴도 몇 달 후 해외 영사 업무에서 휴가를 받아 영국으로 돌아왔다. 그는 알파인 클럽이 최대한 빠른 시일 내에 에베레스트 원정을 다시 추진해야 한다고 주장했는데, 대중의 반응은 호의적이었다. 제프리 윈스롭 영은 쉽턴에게 잠정적이긴 하지만 1947년 봄으로 정해진 다음 원정의 대장을 맡아주면 클럽에서 기뻐할 것이라고 말하기도 했다. 이후 곧 알파인 클럽과 왕립 지리학회는 전쟁 전의 에베레스트 위원회를 복구하면서 그 명칭을 "히말라야 위원회"로 바꾸었다. 쉽턴은 전시에 개발된 새로운 나일론 로프와 같은 최신 장비를 갖춘 여섯 명 정도의 소규모 원정대를 구상했다. 불행히도 히말라야 위원회가 라싸 당국에 접근할 기회를 찾기도 전에 누군가 이 소식을 런던의 『뉴스 크로니클』에 흘렸고, 이 계획이 공개되어 사소한 외교적 마찰이 일어났다. 인도 총독으로 갓 부임한 워벨Wavell 경은 당시 벵골의 기근과 인도 해군의 반란, 인도 독립에 대한 협상 등 여러 긴급한 사안에 정신을 쏟고 있었기 때문에 영국인 등산가들의 사소한 야심에서 나온 것처럼 생각되는 일을 추진할 시간이 없었다. 따라서 워벨 경은 향후 상당 기간 동안 티베트로 가는 원정은 없을 것이라고 알파인 클럽에 통보했다.

전쟁이 끝난 바로 그해에 쉽게 히말라야로 갈 수 있었던 유일한 등산가들은 군대의 전진기지에 주둔해 있거나 그 지역에 일자리가 있는 운 좋은 사람들밖에 없었다. 1944년 카슈미르 공군 산악센터의 등반 교관으로 임명되었던 윌프리드 노이스Wilfrid Noyce가 그 좋은 예이다. 그는 전쟁 전에 영국의 원정대에 참가했던 셰르파 가운데 가장 유명한 앙 타르카이와 함께 1945년 가을 시킴 동부의 파우훈리 북벽을 재등했다. 다음해에 지미 로버츠J. O. M. (Jimmy) Roberts와 조지 라티머George Latimer가 구르카 대대에서 휴가를 받아 미등으로 남아 있던 카라코람 동부의 사세르 캉그리Saser Kangri(7,672m)에 대한 정찰등반에 착수했다. 데라 둔의 둔 스쿨에서 선생을 하고 있던 잭 깁슨Jack Gibson은 소규모 원정대를 조직하여 1946년 가르왈의 반다르푼치Bandarpunch(6,316m)에 도전했다. 그들은 5,490미터까지 올라간 다음 내려왔다. 둔 스쿨의 원정은 텐징 노르가이가 전후 최초로 일자리를 구한 원정이라는 점에서 의미가 있었다.

미국인들도 간절히 히말라야로 돌아가고 싶어 했다. 미국 알파인 클럽은 스마이드가 영·미 합동 원정대를 조직하자는 제안에 열정적으로 반응했지만, 아무리 기다려도 런던으로부터 그에 따른 초청장이 날아오지 않았다. 미국 내에서 최고의 히말라야 등산가였던 찰리 휴스턴은 1946년까지 계속 군대에 있었다. 그는 펜사콜라의 미 해군 항공의학교에서 저산소증의 영향에 대한 새로운 실험을 하고 있었다. 전쟁이 끝나면 무엇을 할 것인가에 대한 휴스턴의 계획은 그가 붙인 연구 제목에서 잘 나타난다. 그것은 바로 "에베레스트 작전Operation Everest"이었다.

1940년대 후반의 등산계

1945년에 미국인들은 주로 원정보다는 등산 문학작품에 더 많은 관심을 보였다. 제임스 램지 울먼은 등산역사서인『고산 정복』의 성공에 힘입어 등반소설을 펴냈다.『백색의 탑The White Tower』은 전쟁이 끝나갈 무렵에 출간되었는데,『뉴욕 타임스』의 평론가 오빌 프레스콧Orville Prescott은 "스릴 만점의 엄청난 모험 이야기"라고 극찬했다. 그 소설은 전쟁이 한창 진행 중일 때 알프스에서 추락한 미국인 비행사와 부대에서 휴가를 받아 나온 독일인 장교가 스위스에 있는 한 산을 도전한다는 줄거리로 실제로는 일어나기 힘든 이야기와 상징적인 내용을 다루고 있었다. 미국과 영국의 식견 있는 등산가들은 그 소설의 기술적인 오류를 비웃었지만 일반 대중들은 그런 비판에 아랑곳하지 않았다.『백색의 탑』은 '이달의 책A Book of the Month Club'에 선정되면서 50만 부 이상이 팔렸다.

이 책이 성공적으로 팔리자, 전후 미국 중산층의 취향을 대변하던『라이프Life』지는 1945년 12월 등산을 최초로 커버스토리로 다루면서 여섯 쪽에 사진을 실었다. 사진 제목은 "『백색의 탑』을 쓴 작가가 보여주는 격렬한 스포츠를 터득하는 법"이었다. 촬영은 뉴햄프셔의 경사가 완만한 워싱턴 산Mount Washington에서 이루어졌는데, 울먼과 동료 몇 명은 최신 고소 등반장비를 갖추고『라이프』지의 사진기자를 위해 아이거 북벽Eigerwand 정도의 어려운 코스를 등반할 때나 필요할 법한 다양한 횡단과 확보 기술을 연출해주었다.

울먼은『고산 정복』의 성공에 힘입어 1941년 미국 알파인 클럽 회원이 되었는데, 1946년의 클럽 저널은 당시 그가 이룬 문학적 성취에 대해 "울먼은 미국 대중들에게 등반에 대해

제임스 램지 울먼은 프린스턴대학의 학창시절부터 등반을 시작했다.
(사진 출처: 프린스턴대학 도서관)

큰 관심을 불러일으키며 등반이라는 주제를 제시했다는 점에서 놀라운 공헌을 했다. 전시의 근로자들과 가게 점원들이 전철과 통근 기차 안에서 울먼의 소설에 푹 빠졌다."라는 찬사를 보냈다.

미국 등산계에는 울먼이 자신들의 스포츠를 전시의 근로자들과 가게 점원들에게 소개했다며 기뻐한 사람들만 있는 것은 아니었다. 일부 사람들은 등반이 독점적이고 배타적으로 이루어져야 한다는 전통적인 생각을 갖고 있었다. 즉 그들은 소수의 사람만이 등반의 기술과 비법을 전수받고 사용해야 하며 등반할 사람을 뽑을 사회 계층도 일부에 국한되어야 한다고 생각했다. 미국 알파인 클럽 회원 대부분은 미국 동북부에 집중되어있었다. 그들은 백인에 신교도이며 좋은 교육을 받고 부유하며 서로 잘 아는 사이였다. 1960년대에 주로 뉴욕시에서 개최되던 알파인 클럽 연례 회의에 참가하는 회원은 전체 회원 중 대략 50퍼센트 이상이었다.

기술과 출신배경을 따진다면 로버트 언더힐Robert Underhill은 미국 등산 귀족 중 한 명이었다. 그는 전직 하버드대학 철학 교수로 하버드대학 산악회의 정신적 지주였으며, 뉴잉글랜드에 기반을 둔 애팔래치아 마운틴 클럽의 충실한 회원이었고, 1928년에 가입한 미국 알파인 클럽에서도 열성적으로 활동했다. 언더힐은 뉴잉글랜드로부터 시작해 요세미티에 이르기까지 미국 암벽등반의 놀라운 초등 기록을 갖고 있었으며, 1930년대에는 새롭게 등장한 유럽식의 정교한 로프 다루기 기술과 확보기술을 미국 등산계에 소개하기도 했다. 언더힐은 1946년 여름에 주말을 맞아 아내인 미리엄Miriam과 도보여행을 했다. 뉴햄프셔의 화이트 마운틴 산맥에는 애팔래치아 산악회가 운영하는 오두막집이 여럿 있었는데, 그는 여행 중 이곳에서 우연히 세련되지 못한 침입자를 만났다. 나중에 그는 미국 알파인 클럽 회장인 헨리 홀Henry S. Hall에게 이런 편지를 썼다.

> 제임스 램지 울먼과 개인적으로 아는 사이인가요? 저는 그를 별로 좋아하지는 않지만 미리엄과 제가 클라우즈의 호숫가에 처음 갔을 때 램지 씨도 아들 둘을 데리고 와 있어서 그날 밤에 그들과 함께 어울릴 기회가 있었습니다. 제 기억이 맞는다면 그는 아마 저급한 뉴욕 유태인 출신인 것 같습니다. 하여간 그의 아들들은 정말 유태인처럼 행동했고 그도 두말할 나위 없이 저급하더군요. 그는 "서드third"라는 말을 "소드thoid"라고 발음하고, 수프를 후루룩 소리 내며 마시고, 식탁 쪽으로 고개를 푹 숙이고 음식을 먹고, 먹던 오트밀을 다시 그릇에 넣고… 그러더니 입을 손등으로 닦더군요. 애팔래치아 산악회의 뉴욕 지부는 그런 잡종을 걸러내지 않았나 보네요. 미국 알파인 클럽이 좀 더 엄격하게 회원을 심사할 수도 있지 않을까요? 아마도 그 사람이 가진 다른 자격을 제가 좀 경시한 것 같긴 합니다. 그는 내세울 만한 등반기록은 없고 보잘것없는 책을 한 권 쓰긴 했습니다.

'저급한'이라는 표현은 보는 사람에 따라 달라질 수 있는 주관적인 말이다. 울먼의 아버지가 유태인이고 어머니인 케이트 램지가 스코틀랜드-아일랜드계의 후손이어서 울먼에게 유태인의 피가 섞인 것이 사실이었다. 그는 1925년에 필립스 앤도버 아카데미Phillips Andover

Academy를 졸업했고 1929년에 프린스턴대학을 졸업했는데, 당시 양 교육기관은 식사 예절이나 말씨를 중요하게 여기던 곳이었다. 만일 울먼 같은 사람조차 미국 알파인 클럽에 어울리는 사회적 지위가 되지 않았다면, 그 조직은 그 후 — 일부 인물들이 분명히 의도한 대로 — 엘리트를 자처하는 사람들만의 조직으로 남게 되었을 것이다.

적어도 미국에서는 등산은 분명히 일반 대중을 위한 스포츠가 아니었다. 1945년의 미국 알파인 클럽의 회원은 9명의 명예회원을 포함해 302명이었으며, 영국 알파인 클럽의 회원은 이보다 약간 더 많아서 20명의 명예회원을 포함해 586명이었다.

그러나 유럽 대륙에서는 상황이 완전히 달랐다. 여러 국가의 알파인 클럽은 전쟁 중에 조직이 거의 와해되었지만 평화가 찾아오자 신속히 재건되어 영국과 미국의 알파인 클럽보다 훨씬 더 큰 규모가 되었다. 1950년에는 프랑스 알파인 클럽의 회원이 31,000명에 달했고 이탈리아 알파인 클럽의 회원은 80,000명을 넘었다. 바야흐로 서유럽에서는 등산이 일반 대중 스포츠가 되었고, 최고 수준의 등산가들의 성공은 축구 다음으로 일반 대중의 관심을 끌었다.

전후 몇 년간 이루어진 최신식의 국제적 등반은 히말라야가 아니라 바로 유럽 알프스에서 이루어졌다. 유럽 등산가들은 알프스의 거대한 북벽으로 돌아갔고, 그 가운데 르네 디테르René Dittert, 레이몽 랑베르Raymond Lambert와 같은 스위스인 등산가들과 발터 보나티Walter Bonatti와 같은 이탈리아인 등산가, 그리고 리오넬 테레이Lionel Terray, 루이 라슈날Louis Lachenal, 가스통 레뷔파Gaston Rébuffat 같은 신세대 샤모니 가이드가 높은 수준의 등반을 보여주었다. 1950년대 초반에 여행과 통화 제한이 완화되면서 톰 보딜런Tom Bourdillon 같은 젊은 영국인 등산가들이 알프스로 갈 수 있게 되었다. 그곳에서 그들은 오랫동안 얕보아오던 대륙의 기술들을 받아들였는데, 그 가운데는 추락 방지와 인공등반에 피톤과 러너를 광범위하게 사용하여 난이도가 종전보다 훨씬 더 높은 루트를 오를 수 있게 해주는 기술도 있었다.

1947년은 히말라야 등반에서 중요한 한 해였다. 그해가 되어서야 전후 처음으로 유럽 원정대가 원정다운 원정을 하러 히말라야로 갈 수 있었다. 또한 그해에 비록 실패로 끝나긴 했지만 주목할 만한 에베레스트 단독 도전이 이루어졌다. 캐나다 출신으로 당시 남아프리카공화국에 거주하고 있던 얼 덴먼Earl Denman이라는 사람이 다르질링에 와서 함께 티베트로 잠입하여 에베레스트를 북쪽에서 공략할 셰르파를 모집했다. 국가주의와 결부된 등반을 강력하게 반대한 그는 에베레스트를 단독으로 올라가서 그곳이 국가 간 경쟁의 상징이 되는 것을 막아보려고 했다.

덴먼이 다르질링에서 만난 셰르파들은 당연히 회의적이었다. 그들은 13년 전에 돈키호테 같이 단독 등정을 시도했던 모리스 윌슨의 운명을 너무나도 잘 기억하고 있었다. 또한 그들은 전쟁이 끝났으므로 영국과 다른 유럽 국가들이 곧 에베레스트로 도전하러 올 것이고, 따라서 한 미친 서양 등산가를 안내해, 죽을지도 모르는 그 산으로 가는 책임을 맡는다면 이후의 일자리를 위해서라도 자신들의 이력에 도움이 되지 않는다는 것을 알고 있었다. 그러나 덴먼은 결국 경험이 많은 셰르파들 가운데 두 명, 즉 텐징 노르가이와 앙 다와를 설득해서 자신과 동행하도록 했다. 텐징은 덴먼이 성공할 가능성이 전혀 없다고 생각했지만, 그가 모리스 윌슨보다는 육체적·정신적으로 더 낫다는 판단을 내렸다. 게다가 텐징은 '에베레스트가 세상의 어떤 힘보다도 더 강력하게 나를 끌어당긴다.'라고 느꼈다. 아무도 텐징에게 기회를 주지 않았지만 이 괴상한 덴먼은 그에게 에베레스트로 갈 기회를 주었다.

덴먼은 티베트인으로 위장한 다음 셰르파 두 명의 도움을 받으며 비밀리에 국경을 넘어 4월 초순 롱북 사원에 도착했다. 4월 10일 그들은 사원을 출발하여 나흘 후에는 노스 콜의 기슭에서 야영했다. 그때서야 그들은 에베레스트의 규모를 보고 도전이 무모하다는 것을 깨닫기 시작했다. 하늘이 캄캄해지더니 산 쪽에서 사나운 바람이 그들을 향해 불어대기 시작했다. 매서운 추위였다. 그들은 산의 측면으로 조금 올라가보았지만 곧 포기하고 돌아왔다. 덴먼은 실망했지만 셰르파들은 안도했다. 덴먼은 이렇게 말했다. "나는 대규모 원정에 대해 비판적이었지만 이제 그 기준이 바뀌었다. 크든 작든 어떠한 원정대도 날씨가 지배하는 곳에서는 계속 싸워나갈 수 없을 것이다. 그러나 대규모 원정대는 일련의 캠프를 설치할 수 있고, 적어도 돌아올 수 있는 베이스캠프는 있으며, 그곳에 머물면서 상황이 좋아지기를 기다릴 수 있을 것이다. … 우리 팀은 완전히 지쳤다." 텐징이 옳았다. 덴먼은 모리스 윌슨이 아니었다. 텐징은 덴먼에 대해 이렇게 적절히 평가했다. "그는 용감한 사람이었다. 결심이 굳고 어떤 생각에 미친 것처럼 집착했다. 그렇지만 그는 최소한 미치지는 않았다."

에베레스트에서 다르질링으로 돌아오자 텐징은 다른 원정대의 일거리가 있다는 것을 알았는데, 이 원정대는 전통적인 방법을 추구하고 있었다. 반쯤은 국가 재단이며 자금도 충분한 스위스 산악조사 재단이 한 팀을 가르왈 히말라야에 보내기로 결정한 것이다. 그 원정대는 히말라야 경험이 있는 앙드레 로흐André Roch가 대장을 맡아 1939년 이후 처음으로 히말라야 지역으로 돌아오게 되었다. 그 원정대는 또한 여성인 아날리 로네Annalies Lohner가 정식 대원이었다는 점에서 주목할 만했다. 만약 로네가 처음부터 등반을 염두에 두지 않았다면 그것은 아마도 이루어질 수 없는 일이었을 것이다.

스위스는 전후 첫 원정의 목표를 상당히 낮추어 6,100미터(20,000피트) 범위에 있는 봉우리로 잡았다. 이러한 목표로 보면 그들은 매우 성공적이었다. 그들은 모두 여섯 개의 봉우리를 초등했으며, 그들의 사진은『라이프』지에 특집으로 실렸다. 로흐, 텐징, 디테르, 알프레 쉬테르Alfred Sutter, 알렉상드르 그라방Alexander Graven이 케데르나트Kedernath(6,940m)를 7월 11일에 초등했고, 이어 8월 1일에 로흐, 디테르, 쉬테르, 그라방이 북릉을 통해 사토판트Satopanth(7,075m)를 초등했다.

텐징에게 이것은 중요한 원정이었다. 사다였던 왕디 노르부Wangdi Norbu가 다치자 로흐는 텐징을 승진시켜 대신 그 일을 맡게 했는데, 이것은 텐징의 경력에서 중요한 도약이었다. 또한 그때 그는 히말라야 고봉의 정상을 최초로 올라보았다. 텐징은 스위스인 등산가들과 오랫동안 밀접한 친분관계를 맺었다. 그는 이후에도 등반을 할 때 다른 나라 등산가보다 스위스인 등산가를 선호했다. 스위스인은 셰르파들처럼 산악 민족이며 영국인이나 프랑스인과는 달리 아시아에 식민지를 건설한 역사가 없었다. 그들의 원정은 나리들과 셰르파들이 서로 농담을 나눌 정도로 편안한 분위기였다. 셰르파들이 유럽인을 부르는 "나리"라는 호칭은 사실 스위스인에게는 잘 어울리지 않았다. 텐징은 나중에 "스위스인 등산가들을 나리나 고용주로 생각하지 않고 그저 친구로 생각했다."라고 말하곤 했다.

같은 해에 스위스 산악조사 재단은 카라코람으로 가는 두 번째 원정을 후원했다. 이 원정은 약간 국제적인 성격을 띤 사업이었다. 원정대원 중 스위스인 등산가 두 명, 즉 앙 지르Hans Gyr와 로베르 카플레Robert Kappeler가 라카포시Rakaposhi(7,788m)를 정찰등반하자면서 빌 틸먼과 캐나다 등산가 캠벨 세커드Campbell Secord를 초청한 것이다. 지르와 카플레는 히말라야가 처음이었기 때문에 틸먼과 세커드가 함께 가는 것을 환영했다. 물론 틸먼도 이 기회를 반겼다. 틸먼과 세커드는 전쟁 전인 1938년 라카포시에 대한 본격적인 정찰등반을 한 적이 있었다. 틸먼은 이제 새장에 갇힌 새 같은 처지에서 해방되어 자유롭고 행복했지만, 이 원정대는 남서릉과 북서릉을 통해 라카포시에 도전했다가 정상 바로 아래에서 돌아서야 했다.

틸먼은 라카포시를 정찰 등반한 후 원정대의 나머지 대원들에게 작별을 고하고 민타카 고개를 넘어 중국의 북서 신장 지구로 갔다. 그는 그곳에서 카슈가르의 영국 영사직을 맡아 그 지역을 두 번째 순회하고 있던 에릭 쉽턴을 만났다. 오랜 등반 파트너인 두 사람은 자신들의 트레이드마크인 경량 도전을 하러 8월 11일 출발했는데, 이번에는 무즈타그 아타Muztagh Ata(7,546m)를 서릉으로 공략했다. 그들과 함께 간 셰르파는 기알겐Gyalgen이었다. 에베레스트에 다녀온 적이 있는 기알겐은 카슈가르에서 쉽턴의 하인으로 일하고 있었다. 8월 13일 그들은 정상 공격에 나섰지만 바람과 매서운 추위 때문에 좌절하고 말았다. 다행히 사고 없이 캠프로 돌아왔지만 쉽턴은 징이 박힌 등산화를 신어 동상에 걸린 발가락 때문에 고생했고, 틸먼은 새로운 비브람 창 등산화를 신은 덕분에 심한 동상은 면할 수 있었다.

제국의 종말

8월 14일과 15일 영국의 가장 유명한 등산가 두 명이 무즈타그 아타를 절뚝거리며 내려오고 있을 때 남아시아에서는 한 시대가 저물어가고 있었다. 영국령 인도는 그 자리에 공식적으로 인도와 파키스탄의 새 정부가 들어서면서 더 이상 존재하지 않게 되었다. 분할과 독립이 공식화되기도 전에 힌두교도와 이슬람교도 사이의 유혈 분쟁이 곧 분리될 두 나라 사이에서 발생해, 천만 명가량이 고향을 탈출했고 수십만 명이 죽었다. 틸먼은 라카포시 등반 후 스위스인 등산가인 지르와 카플레에게 원정대의 셰르파들을 맡겼는데, 카라코람이 파키스탄 땅이 되는 바람에 그들은 이 셰르파들을 모두 유럽인 나리로 변장시켜 간신히 이슬람교도가 지배하는 지역을 빠져나가게 할 수 있었다.

전쟁으로 인해 남아시아의 산으로 가는 것이 또다시 불가능해졌다. 인도와 파키스탄의 북부 접경지대에 자리 잡고 있는 카슈미르 지역은 한때 '동방의 스위스'라는 이름으로 널리 알려졌는데 당시에는 힌두교 토후가 다스리던 지역이었다. 잠무와 라다크에도 상당수의 힌두교도와 불교도가 살고 있었다. 그러나 광대한 산악 지역은 이슬람교도가 압도적이었고, 카슈미르 계곡에도 이슬람교도의 인구 밀도가 더 높았다. 따라서 파키스탄은 카슈미르가 당연히 자신들의 영토로 편입될 것으로 생각했다. 그러나 파키스탄 비정규군의 도발적인 군사 행동이 이어진 불안정한 몇 개월이 지난 후 카슈미르 토후는 카슈미르를 인도에 양도해버렸다. 그 결과 인도와 파키스탄 간에 전쟁이 일어났고 발토로 지역으로 들어가는 원정대가 늘 그 첫발을 내디뎠던 스카르두 같은 도시에서도 전투가 벌어졌다. 1948년 유엔이 정전을 주선하면서 '통제선'을 따라 카슈미르를 나누어 스리나가르와 카슈미르 계곡을 인도에, 스카르두, 길기트와 카라코람의 고봉들을 파키스탄에 분할해주었다. 그러나 양국 모두 그 통제선을 국제적인 국경선으로 인정하지 않았다. 이후 카슈미르에 대한 통치권을 놓고 20세기 내내 기나긴 전쟁이 이어졌다.

제2차 세계대전이 끝나자 히말라야로 갈 기회를 고대하던 서양 등산가들 사이에서는 우울한 기운이 감돌았다. 당시 윌프리드 노이스Wilfrid Noyce로부터 『히말라얀 저널』의 편집장 자리를 물려받았던 H. W. (해리) 토빈 중령은 다음과 같은 절망적인 사설을 썼다. "인도와 파키스탄 독립국에서 급박하게 벌어지는 사태로 인해 히말라얀 클럽에 속한 거의 모든 (영국) 등산가들이 고향으로 돌아갔다. 지금까지로 봐서는 인도와 파키스탄 양국에서 일하는 몇 명만 인도 북부 국경지역의 고봉으로 갈 수 있을 것 같다. 따라서 힌두교도, 이슬람교도, 시크교도나 다른 인도인들에 의해 본격적인 등반이 시작되기 전까지는 우리 클럽이 존재할 이유가 더 이상 없을 것 같다."

결과적으로 토빈의 전망은 지나치게 비관적이었다. 서양 등산가들은 그 지역을 다스려야 하는 양국의 새 정부가 소중하게 생각하던 자산을 갖고 있었는데, 그것이 바로 외국 자본이었다. 일단 새로 그어진 국경에 대한 분쟁이 가라앉자 등산가들은 양국으로 들어갈 수 있었고, 히말라얀 클럽도 외국 원정대를 위해 인력을 계약하고 공급하는 역할을 계속하지는 못했지만 어쨌든 살아남았다. 토빈도 1957년에 사망하기 전까지 『히말라얀 저널』의 편집장 직을 계속 수행했다. 1960년에는 최초로 인도인이 이 저널의 편집장이 되기도 했다.

히말라야 등반의 미래에 깊은 영향을 끼칠 수 있는 또 다른 분쟁이 그 지역에서 발생했다. 1947년 티베트에서 한 12세 소년이 천궁도로 점을 쳤다. 그는 티베트의 14대 달라이 라마인 텐진 갸초Tenzin Gyatso였다. 그의 천궁도는 가까운 장래에 외세가 티베트를 위협할 것이라는 점괘를 내놓았다. 티베트는 국경을 폐쇄했고, 총 8,500명으로 구성된 티베트 군대는 전쟁에 대비했다. 한편, 마오쩌둥의 중국 공산당은 중국 전역을 점령함과 거의 동시에 티베트를 위협하기 시작했다. 달라이 라마의 경고는 외국 원정대가 티베트로 들어오는 것을 막는 데는 효과가 있었지만, 1950년 10월 8만 명에 달하는 중국 인민해방군이 티베트 국경을 넘어 침략해 들어오는 것은 물리칠 수 없었다. 중국이 티베트를 점령하자 달라이 라마는 인도-시킴의 국경 쪽으로 안전하게 피신했다.(이때 달라이 라마의 유럽인 친구 페터 아우프슈나이터와 하인리히 하러도 함께 갔다.) 달라이 라마는 티베트가 중국 공산당의 지배하에 종교의 자유와 자치권을 가진다는 약속을 받고 1951년 8월 다시 라싸로 돌아갔다. 그러나 이것은 공허한 약속이었다. 1959년 중국 점령에 저항하는 전국적인 운동이 탄압을 받자 달라이 라마는 다시 영구적인 망명길에 올랐다.

서양 등산가들은 더 이상 티베트를 통해 히말라야로 들어갈 수 없었다. 맬러리와 어빈이 올랐던 에베레스트 북쪽 루트는 사회주의 국가의 등산가들을 제외하고는 갈 수 없게 되었다. 또한 서양 등산가들은 티베트 쪽에 속한 8천 미터 급 고봉에도 접근할 수 없게 되었다. 즉 로체, 마칼루, 초오유, K2, 가셔브룸1봉, 가셔브룸2봉, 브로드피크에 대한 접근이 불가능해진 것이다. 게다가 또 다른 8천 미터 급 고봉인 시샤팡마는 완전히 티베트 영토 안에 들어가 있었다. 쉽턴과 틸먼의 무즈타그 아타 등정 시도를 마지막으로 그 후 30년간 서양 등산가들은 어느 누구도 티베트 쪽으로는 히말라야의 고봉에 도전할 수 없었다.

네팔의 개방

그러나 바로 그때 새로운 가능성이 네팔에서 서양 등산가들에게 열렸다. 1950년대 초 빌 틸먼은 금단의 왕국 네팔을 "서양인들이 탐험하지 않은 나라 중 사람이 거주하는 가장 큰 국가"라고 표현했다. 네팔은 동서 축의 길이가 대략 845킬로미터로 동쪽은 시킴과 맞닿아 있고 서쪽은 인도와 맞닿아 있다. 또한 폭은 145~240킬로미터로 남쪽으로는 인도와 맞닿아 있고 북쪽으로는 티베트와 맞닿아 있다. 국토의 모든 지역이 산지는 아니지만 국토 북쪽의 1/3은 엄청나게 고도가 높아 히말라야 산맥의 1/3에 해당하는 면적을 차지한다. 틸먼은 그 지역이 개방될 가능성을 염두에 두고 흥분에 못 이겨 다음과 같이 분류했다. "네팔처럼 산이 많은 국가는 없다. … 에베레스트와 칸첸중가, 그리고 이 두 산의 8,230미터(27,000피트)가 넘는 위성봉 2개를 제외하고도 7,925미터(26,000피트)가 넘는 봉우리가 6개 있고, 7,620미터(25,000피트)를 넘는 봉우리는 14개 있으며, 이보다는 못 미치지만 6,100미터(20,000피트) 이상의 봉우리가 상당수 있는데, 현존하는 지도에 이 봉우리들이 모두 기록되어있지 않기 때문에 그 숫자를 정확하게 말하기는 힘들다."

서양 등산가들은 네팔 히말라야 고봉들의 높이도 잘 모를 정도로 그곳에 대해 아는 것이 별로 없었다. 1920년대에 인도 측량국의 영국인들이 훈련시킨 파견대가 영국인 장교가 동행하지 않는다는 조건으로 네팔 정부의 허가를 받아 네팔로 들어간 적이 있었다. 그들이 제작한 1/4인치 지도†에는 세부적인 내용, 특히 산악 지역과 관련된 부분에서 여러 군데 오류가 있었다. 에베레스트와 칸첸중가처럼 국경선에 걸쳐 있는 네팔의 산들은 부분적으로 탐사가 진행되었지만, 네팔 국경 안쪽에 있는 안나푸르나나 다울라기리 같은 산에는 등산가들의 발길이 닿아본 적이 없었다.

1945년까지는 네팔에 가본 서양인의 수가 몇 백 명에 지나지 않았고, 그중 그곳에 머무를 수 있도록 허가된 사람은 그보다도 훨씬 더 적었다. 전쟁이 끝날 무렵 네팔에 살던 유일한 서양인들은 영국인 외교관들과 외교부 직원들뿐이었는데 그들조차 네팔의 수도인 카트만두 밖으로 나가지 못하도록 행동반경이 제한되어있었다.

네팔이 서양의 교통수단을 받아들이지 않기도 했지만 실제적으로도 근대적인 교통수단을 이용해 네팔로 가는 것은 거의 불가능했다. 도보로 이동하는 셰르파들이 티베트나 시킴의 높은 고개를 넘어 들어가는 통로가 있기는 했지만, 사람들이 가장 많이 사용하는 입국 통로는 인도 국경의 철도 종착지인 락사울Raxaul이었다. 기차를 타고 온 승객들은 그곳에서 네팔 국영철도의 협궤 열차로 갈아탔다. 그들이 장난감 같은 기차를 타고 네팔 남부의 평원에서 암레칸지Amlekanj까지 고작 40킬로미터 정도를 가는 데도 4시간이나 걸렸다. 암레칸지에 도착하면 승객들은 차나 버스로 갈아탄 다음 시발릭 산군을 넘어 반대쪽의 빔페디Bimpedi 마을까지 38킬로미터를 더 가야 했다. 빔페디 근처에 전기로 운행되는 케이블이 있어 카트만두로 가는 짐은 여기에 실었다. 그 케이블은 부피가 크거나 무거운 짐을 실을 수 없어, 그런 것들은 짐꾼을 고용해서 따로 운송해야 했다. 물론 승객들도 케이블에 탈 수 없어서 그들은 도보로 높은 고개를 두 개 넘어 카트만두 계곡으로 들어갔다.

그 당시 카트만두에는 호텔도 없었고 초보적인 전기 시설도 없었으며 인도로 연락할 수 있는 전화도 한 대 없었다. 부서진 붉은 벽돌과 자갈로 포장된 카트만두의 거리는 사람들과 소, 개, 닭으로 북적였다. 1940년대 말에 최초로 그 거리에 버스와 자동차 몇 대가 등장했

† 1/4인치 지도 1/4인치가 1마일을 나타내는 지도

다. 이 자동차들은 분해한 다음 짐꾼들이 남쪽 산악지역을 통해 카트만두로 운반해 다시 조립한 것들이었다. 이 도시에 온 서양 방문객들은 이국적인 동화의 나라에 들어온 것 같은 기분을 느꼈고, 대개 이곳을 샹그릴라와 비교하곤 했다.

1949년에 비행기가 최초로 네팔에 내렸고, 1950년 여름에는 인도를 왕복하는 비행기가 정기적으로 운항되기 시작했다. 카트만두 공항은 풍향계를 갖춘 풀밭이었다. 비행기는 몬순으로 결항하는 경우를 제외하면 일주일에 한 번씩 운항됐다. 그조차도 편안한 비행은 아니었던 것 같다. 『뉴욕 타임스』 특파원의 1951년 보고에 따르면 "관광 업계에서 네팔에 대한 논의가 있었다."라고 했는데 그 당시로서는 시기상조였던 것으로 보인다.

네팔 인구는 1940년대 말에 대략 7백만 명이었다. 하지만 이들 중 소수만이 '네팔인'이었다. 그들은 대부분 자기 자신을 구룽Gurung, 타뭉Tamung, 구르카Gurka, 셰르파Sherpa와 같은 민족의 구성원으로 여겼다. 네팔은 공식적인 왕정국가로 왕인 트리부반 비르 비크람 샤 데브Tribhuvan Bir Bikaram Shah Dev가 다스렸지만, 네팔 국정에 대한 실권은 라나 가문이 쥐고 있었다. 라나 가문은 한 세기 이상 네팔 수상의 직함과 분봉왕maharaja, 군 최고사령관과 네팔 공군 원수라는 지위를 세습하고 있었다. 서양인들에게는 네팔이 동화 속 왕국처럼 보였겠지만 라나 가문은 자비로운 지배자가 아니었다. 그들은 세금을 모두 착복해서 카트만두에 거대한 라나 가문의 궁전을 지었고, 외국 은행으로 돈을 빼돌렸다.

라나 가문이 외국인들의 네팔 방문을 막고 라디오나 외국 신문도 금지했지만 외국으로부터 들어오는 사상의 영향까지 막을 수는 없었다. 망명자들로 구성된 네팔 의회당이 1946년 인도에서 창당을 선언하고 네팔의 정치 개혁을 부르짖었다. 원정대에서 서양인 등산가들을 만났던 수많은 셰르파와 양차 세계대전 당시 영국군에 복무했던 구르카 병사들을 통해 서양 사상의 영향이 스며들었다.(구르카족은 네팔 중부에 사는 민족을 가리키지만 인도의 '구르카 병사'는 셰르파를 포함해서 네팔의 여러 부족 중에서 뽑힌 병사들이었다.) 미국 전략정보국[†] 요원들이 제2차 세계대전 중에 인도에 사는 네팔인들을 모집하여 일본과의 전쟁에서 파괴 요원으로 활동하도록 훈련시키면서 네팔과 미국 간에 최초의 접촉이 있기도 했다.

라나 가문은 이런 일들을 모두 눈엣가시처럼 여겼다. 서구 민주주의 사상도 마음에 들지 않았지만 중국이 후원하는 사회주의 혁명에 대한 동조 기미나 중국의 침략 가능성에 대해서

† 미국 전략정보국OSS; United States Office of Strategic Services 미국 중앙정보국CIA의 전신

는 더욱 불안해했다. 라나 가문은 아주 조심스럽게 네팔을 외국인들에게 개방하기 시작했고, 그러면서도 자신들의 목적에 부합하도록 서방 국가들과 접촉을 유지하면서 힘 있는 반사회주의 동맹국을 얻고자 했다. 인도와 파키스탄이 독립하면서 남아시아에서 영국의 영향력이 눈에 띄게 쇠퇴했다. 네팔은 서양과의 접촉을 위한 최초의 제스처를 미국에 보냈다. 뉴델리에서 일하던 미국 대리 대사 조지 머렐George R. Merrell은 1946년 카트만두로 가서 미국과 네팔 간에 공식적인 외교 관계를 맺는 방안에 대해 대화를 나눴고, 그다음 해에 제한적인 외교 관계가 시작되었다.

대리 대사 메럴은 임박한 소련 및 사회주의 동맹과의 냉전에서 히말라야가 미국에게 결정적으로 중요한 지역이 될 것이라고 확신했다. 그는 1947년 1월 워싱턴으로 보낸 전보에서 '전쟁에 미사일이 사용될 시대'에 티베트가 미국 미사일의 발사대로서 중요한 역할을 할 것이라고 주장했다. 그는 네팔에 대해서도 비슷한 생각을 갖고 있었던 것 같다. 어느 경우이건 그는 네팔과 티베트 양국과의 공식·비공식 접촉을 넓히기 위해 부지런히 움직였다. 예일대학의 피바디 자연사박물관 부학예사로 일하던 조류학자 딜런 리플리S. Dillon Ripley는 메럴의 제안에 따라 1946년 네팔의 조류를 관찰하고 도감을 만들기 위한 답사를 허가해달라고 네팔 정부에 요청했다. 이에 따라 1947년 봄에 카트만두와 그 주변 계곡으로 떠난 1차 답사와 1948년 11월에 좀 더 먼 지역인 서부 카르날리Karnali 강 계곡과 망갈바레Mangalbare 주변의 아룬Arun 강 동쪽 구릉지대로 떠난 2차 답사가 이루어졌는데, 리플리는 이 두 차례의 답사에서 단장을 맡았다. 그는 수백 점의 조류 표본을 가져왔고 그가 『내셔널 지오그래픽』에 쓴 기사를 통해 미국인들은 경이로운 네팔의 자연을 처음으로 접할 수 있었다.

처음에 네팔 정부는 서양 과학자들은 환영한 반면 서양 등산가들은 싫어했는데 그 구분은 명확했다. 1948년 인도 과학 팀이 코시 계곡 상류를 탐험했고, 그다음 해에는 스위스 지질학자인 취리히의 아널드 하임Arnold Heim 박사가 허가를 받아 비행기 편으로 인도에서 네팔 영공으로 날아가서 안나푸르나와 다울라기리를 사진 촬영했다. 그러나 영국의 히말라야 위원회는 에베레스트 남쪽으로 접근하게 해달라고 요청했다가 거절당했고, 스위스의 다울라기리 육로 정찰 허가요청도 거절되었다. 네팔 당국은 1949년이 되어서야 조금 누그러지면서 과학자들이 동행한다는 조건으로 영국과 스위스의 등산가들에게 네팔 방문을 허가했다.

영국 원정대는 빌 틸먼과 피터 로이드(1936년 난다데비, 1938년 에베레스트를 빌 틸먼과 함께 등반), 식물학자 올레그 폴루닌Oleg Polunin, 지질학자 스콧J. S. Scott으로 구성되었다. 목적지는 네팔 중부의 북쪽이었다. 빌 틸먼과 1938년에 에베레스트 원정에 함께 갔던 셰르파 세 명에 텐징 노르가이를 포함해서 모두 네 명의 셰르파가 이때 영국 원정대와 동행했다. 텐징은 1934년에 다르질링으로 도망친 이후 15년 만에 다시 네팔 땅을 밟았다. 아마도 그는 이때 에베레스트 서쪽에 있는 네팔의 산들을 처음 보았을 것이다. 원정대는 5월에 카트만두를 떠나 9월까지 답사를 했다. 그들은 북쪽의 티베트 접경지대로 가서 랑탕Langtang, 가네쉬Ganesh, 주갈Jugal 히말의 빙하 구조를 탐사했다. 텐징은 제임스 램지 울먼에게 이렇게 말했다. "때로는 깊은 정글에 들어갔고, 또 때로는 높은 산에 올라갔습니다. 우리는 거대한 빙하를 건너기도 했고 눈 덮인 고개를 넘기도 했는데, 어느 경우이건 사람의 발길이 한 번도 닿은 적이 없는 곳에 길을 내느라고 대부분의 시간을 보내야 했습니다." 이 원정에서 틸먼과 로이드가 북동릉을 통해 팔도르Paldor(5,896m)를 초등하기는 했지만, 과학 탐사를 우선적으로 해야 한다는 조건에 틸먼은 좌절해야 했다. 그는 이렇게 결론지었다. "목표는 언제나 하나여야 한다."

한편, 르네 디테르가 대장을 맡은 스위스 원정대는 네팔의 북동쪽으로 향했다. 그들은 칸첸중가 빙하 기슭에 베이스캠프를 설치하고 네팔–시킴 국경선을 따라 캉바첸(7,903m)의 서쪽 사면으로 이어지는 람탕Ramthang 빙하 접근로를 포함한 여러 산들을 정찰했고, 피라미드 피크(7,100m)를 초등하는 성과를 올리기도 했다. 디테르는 원정대에 합류한 에두와르 비 뒤낭Edouard Wyss-Dunant 박사와 만약 네팔이 히말라야 고봉들에 대한 입산 금지를 해제할 경우 스위스 에베레스트 원정대를 꾸려보자는 대화를 나누기도 했다.

8천 미터로 돌아가다

1949년 영국과 스위스의 이들 소규모 원정대가 히말라야에 있는 동안, 프랑스의 등산연합인 프랑스 산악위원회가 본격적인 규모의 원정등반을 허가해달라고 네팔 정부에 요청했다. 그들의 신청서는 네팔 당국이 서양 등산가들에게 8천 미터 급 고봉 중 한 곳에 도전해볼 기회를 주자고 결정하려던 바로 그 시점에 도착했다. 네팔 정부는 1950년 봄에 프랑스인들이 세계 7위 고봉인 다울라기리1봉(8,167m)이나 10위 고봉인 안나푸르나1봉(8,091m)에 가는 것을 허가한다고 공표했다. 이에 프랑스는 기뻐했고, 자신들에게 우선권이 있다고 생각한 다른 서방 국가의 등산가들은 실망했다.

안나푸르나와 다울라기리의 정상은 칼리 간다키 강으로 인해 파인 협곡 양쪽으로 34킬로미터 거리를 두고 다울라기리는 서쪽에 그리고 안나푸르나는 동쪽에 위치해 있다. 두 산 모두 거대한 산군의 일부로, 이 두 산군에는 인상적인 위성봉들이 많다.(다울라기리 산군에는 7,925미터(26,000피트)가 넘는 산이 한 개, 7,620미터(25,000피트)가 넘는 산이 세 개, 안나푸르나 산군에는 7,925미터가 넘는 산이 두 개, 7,315미터(24,000피트)가 넘는 산이 세 개 있다.)

유명한 고산 등산가 루시앙 데비Lucien Devies가 프랑스 원정대를 조직하는 일에 앞장섰다. 그는 원정을 위해 프랑스에서 가장 뛰어난 등산가들을 불러 모았다. 먼저 데비는 모리스 에르조그Maurice Herzog를 원정대장으로 뽑았다. 에르조그는 리옹의 공학 기사로 프랑스 고령회GHM, 高嶺會 사무총장을 맡고 있었다. 원정대의 나머지 대원들은 에르조그보다 나이가 어렸다. 뛰어난 샤모니 가이드인 루이 라슈날Louis Lachenal, 리오넬 테레이Lionel Terray, 가스통 레뷔파Gaston Rébuffat가 뽑혔고, 추가로 에르조그가 '아마추어' 등산가라고 생각했던, 즉 프로 가이드가 아닌 장 쿠지Jean Couzy와 마르셀 샤츠Marcel Schatz가 뽑혔다. 쿠지는 항공학 기사였고, 샤츠는 화학자였다. 자크 우도Jacques Oudot가 원정대 의사로, 뉴델리의 프랑스 영사관에서 일하던 외교관 프랜시스 드 노이에Francis de Noyelle가 연락 담당관으로 합류했다. 또한 유명한 산악영화 촬영가인 마르셀 이샤크Marcel Ichac도 합류했는데, 히말라야에 가본 대원으로서는 그가 유일했다.

제2차 세계대전 중에 프랭크 스마이드는 전쟁이 끝나면 등산에서 '편협성과 국가 간의 경쟁'이 사라지기를 바란다고 말한 적이 있었다. 쉽턴, 틸먼, 휴스턴과 다른 등산가들도 그의 생각에 동조했다. 그러나 프랑스 등산조직과, 원정자금의 1/3을 후원한 프랑스 정부는 그렇게 생각하지 않았다. 리오넬 테레이가 말했듯이, 원정대의 자금 모집을 담당한 사람들은 "우리의 대의명분이 얼마나 가치 있는 일인가? 그리고 만일 우리가 성공한다면 프랑스의 위상이 얼마나 높아지겠는가?" 하는 말로 은행가와 기업가들을 납득시킬 수 있었다. 전후 최초로 대규모 히말라야 원정대를 조직했던 이 사람들의 이런 시각은 그 이후 몇 십 년간 여러 사람에 의해 계속 이어졌다.

그러나 원정 후원자들과는 달리 일부 대원들은 국가의 명예를 위해 등반한다는 생각에 동조하지 않았다. 애국심이 부족해서가 아니었다. 1940년 프랑스가 함락되자 테레이, 라슈날, 레뷔파는 당시 막 조직된 준군사 청년조직인 '청춘과 산Jeunesse et montagne'에 가입했다. 이 조직의 신참들은 프랑스 군 장교에게서 스키와 등반 훈련을 받았고, 전쟁의 막바지에는 생명이 위협받는 임무에 투입되기도 했다. 테레이와 레뷔파는 레지스탕스에 뛰어들어 알프스에서 독일군과 싸웠다. 이런 배경을 가진 젊은 대원들에게 1950년의 국가주의적인 원정은 전시 임무의 연장으로 받아들여졌을지도 모른다. 레지스탕스에서 싸운 전력이 있는 에르조그는 국가의 명예를 위해 등반한다는 생각을 당연하게 받아들였다. 그의 글 여기저기에도 전쟁에 빗댄 비유가 보였다. 그러나 테레이는 애국적인 말을 해대는 사람들이 가치가 없거나 부적절한 목적을 위해 원정을 이용하려는 것이 아닌지 의심했다. 테레이는 제2차 세계대전 당시인 1944~1945년에 목숨을 걸고 조국의 해방을 위해 싸웠지만 프랑스가 인도차이나에서 전쟁을 시작했을 때는 다시 입대할 생각이 전혀 없었다. 그는 이렇게 말했다. "모집 담당 장교들은 신비로운 동양의 매력을 선전하면서 신병을 모집하고 있다. 그러나 아무리 멋진 모험이 기다린다 해도 애국심이라는 말을 교묘하게 이용하는 제국주의 전쟁에 매력을 느낄 만한 사람들은 우리 중에 많지 않다."

출발 예정일 이틀 전이었던 1950년 3월 28일, 프랑스 산악회의 파리 사무실에 모인 대원들은 루시앙 데비 대장의 지휘 아래 선서를 했다. 원정에 참가하는 조건으로 등산가들은 다음과 같이 제창해야 했다. "나는 원정에 관련된 대장의 명령에 모두 복종할 것을 명예를 걸고 맹세합니다." 이 선서는 1936년 프랑스 히든피크 원정대원들에게도 요구된 것이었다. 그러나 전쟁과 점령 시기 동안 많은 변화가 일어나서 젊은 대원들은 대장에 대한 무조건적 복종이라는 생각뿐만 아니라 이런 선서 자체를 그리 달가워하지 않았다. 레뷔파 자신도 다른 대원들처럼 그 선서를 충실히 따라했지만, "몰개성화이며 나치 같은 일이다."라고 낙서하듯 그 경험을 써놓았다.

그때까지는 유럽에서 인도로 가는 직항편이 없어서 9명의 대원 가운데 8명은 에어프랑스 DC-4편으로 카이로와 카라치를 경유하여 뉴델리에 갔다. 프랜시스 드 노이에는 인도에서 합류할 예정이었다. 그들은 나일론 로프, 윈드 재킷, 오리털 파카, 펠트로 테두리를 두른 고무창 가죽 등산화 등 혁신적인 장비를 포함한 3.5톤의 짐을 가지고 갔다. 그들은 다울라기리와 안나푸르나 근처 마을에서 신선식품을 살 계획이었으므로 가져갈 식량의 양을 줄일 수 있었고 또한 무산소로 등반하기로 해서 짐의 무게를 더 줄일 수 있었다.

원정대는 델리에서 단거리 항공편으로 러크나우Lucknow까지 갔다. 그곳에서 앙 타르카이가 원정대의 사다로 합류했다. 그는 셰르파 앙가와Angawa를 데리고 왔다. 이후 그들은 기차편으로 인도-네팔 국경에 있는 나우탄와Nautanwa로 가서 그들과 합류하기 위해 기다리던 여섯 명의 셰르파를 만났다. 그곳에서 그들은 트럭을 타고 네팔의 산악지역 남쪽 끝 마을인 부트왈Butwal로 갔다. 부트왈부터는 라슈날과 테레이가 말을 타고 앞장섰고, 나머지 대원들은 도보로 이동했다. 또한 150명의 짐꾼이 동원돼 짐을 날랐다. 그들의 목적지는 네팔 중부의 북쪽에 있는 칼리 간다키 계곡이었는데, 그곳은 티베트로 가는 고대 교역로이자 순례의 길이었다.

목표로 한 산을 간절히 보고 싶어 하는 프랑스인들에게 4월 17일이 되자 마침내 '흰 산'이라는 뜻의 다울라기리가 처음으로 모습을 드러냈다. 에르조그는 이렇게 말했다. "햇빛 속에서 수정처럼 빛나는 거대한 눈의 피라미드가 우리 앞에 7,000미터 높이로 솟아있었다. 남벽은 희미한 산안개를 뚫고 푸르게 빛나고 있었는데, 믿을 수 없을 만큼 까마득히 치솟아 올라 마치 이 세상이 아닌 것처럼 보였다. 그토록 친숙한 이름이었지만 어마어마한 산의 현실과 마주치자 모두 할 말을 잊고 말았다. 우리는 우리가 마주한 현실에 너무나 놀라 한마디 말도 할 수 없었다. 그러자 우리가 여기에 온 이유가 천천히 고개를 들더니 우리의 경외감과 아름다움을 잠재웠다. 우리는 현실적인 관점에서 그 산의 거대한 윤곽선을 재보기 시작했다." 현실적인 관점에서 그들이 본 것은 좋아할 수만은 없는 것이었다. 훗날 에르조그는 다울라기리를 멀리서 처음 보았을 때 원정대원들의 반응을 "'오른쪽의 날카로운 능선을 좀 봐봐!' '그래, 그것은 불가능한데.'"라고 기록했다. 그는 "그 산을 보는 순간 우리들의 희망은 찬물을 뒤집어썼다."라고 결론지었다.

그들이 오를 수 있도록 허가받은 또 다른 산인 '풍요의 여신' 안나푸르나는 전혀 보이지 않았다. 칼리 간다키의 동쪽으로 닐기리스Nilgiris라고 불리는 산맥이 4,600미터 높이로 솟아올라 있어 안나푸르나를 가렸기 때문이다. 그 산맥은 안나푸르나로 가는 접근로를 막고 있었다. 뚫고 지나갈 수 없을 것 같은 닐기리스는 한 곳이 끊어져 있었는데, 남쪽 사면을 향해 깊게 파인 협곡 미리스티 콜라Miristi Khola로 강물이 흘러 들어가는 곳이었다. 프랑스 팀이 갖고 있던 지도는 1920년대에 인도 측량국이 네팔을 탐사할 때 제작한 것으로, 그 계곡이 북쪽으로 굽어 틸리초Tillicho라고 불리는 높은 고개로 이어지고, 거기서 안나푸르나 북벽 쪽으로 접근할 수 있다고 되어있었다. 그러나 그들이 탐문했던 원주민 가운데 그런 고개를 아는 사람은 아무도 없었고, 미리스티 콜라 협곡을 따라 들어가면 어떻게 되는지 아는 사람도 없었다.

칼리 간다키 계곡을 통해 올라가는 구불구불한 산길은 계속 위쪽으로 이어졌다. 프랑스팀은 4월 21일 2,590미터에 있는 투쿠차Tukucha에 도착했다. 다울라기리와 안나푸르나 사이에 있는 이곳은 수백 명이 거주하는 장터마을이었다. 프랑스인들은 이곳에 임시 베이스캠프를 설치했다. 투쿠차 주민들은 경이로운 표정으로 이 서양인들을 쳐다보았고, 프랑스인들도 그들을 경이로운 표정으로 쳐다보았다. 에르조그의 눈에 비친 투쿠차와 주변 마을의 생활은 당황스러울 정도로 원시적이었다. 그는 이렇게 썼다, "여자들은 매우 잘 어울리는 앞치마를 입고 있었다. 몽고인처럼 생긴 그들의 양 볼에 작은 소똥 덩어리가 묻어있었다." 반면 리오넬 테레이는 네팔 사람들과 그들의 생활 방식에 매력을 느꼈다. 테레이는 델리에서 목격한 극심한 가난에 소스라치게 놀라 "마치 온 나라 사람들이 부헨발트나 아우슈비츠 수용소에서 방금 전에 나온 것처럼 더러운 누더기와 해충에 뒤덮여있었다."라고 묘사하기도 했다. 네팔 중부도 물질적으로는 궁핍했지만 인도에서 볼 수 있었던 다양하고도 절망적인 수준은 아니었던 것 같다. 그곳 사람들은 강 위쪽의 가파른 경사면에 다닥다닥 만들어놓은 계단식 경작지 덕분에 간소하지만 괜찮은 생활을 유지할 정도의 식량을 조달할 수 있었다. 테레이는 네팔의 시골이 '경건한 매력'이 있다고 느꼈다. 그곳에는 '인간이 자연의 조화를 깨뜨리지 않고 오히려 그것을 완성해 더욱 아름답게 만든 것처럼 보이는 경치'가 있었다.

그들은 루트를 찾는 일에 착수했다. 에르조그는 장 쿠지에게 투쿠차 위쪽으로 솟아오른 닐기리스 산맥에 있는 3,960미터 높이의 봉우리에 올라가서 다울라기리의 동쪽 벽을 보고 오라고 지시했다. 원정대원들은 전통적인 방법과 본능에 의존하면서 정상으로 이어지는 능선을 찾았다. 능선은 직선에 가까웠고 눈사태나 낙석의 위험은 크지 않은 것 같았다. 그러나 쿠지는 그가 서있는 곳에서 본 다울라기리의 남동릉이 '기술적으로 엄청나게 어려운 루트로 너무나 소름끼친다.'라고 생각했다.

쿠지의 보고는 — 에르조그의 말처럼 — 장밋빛 희망을 주지는 않았지만, 그때까지 안나푸르나를 볼 수 없어서 안나푸르나에 비해 다울라기리가 좀 더 도전 가능성이 있는 산이라 생각하는 데는 도움이 되었다. 4월 24일 그들은 투쿠차를 출발해 다울라기리의 동쪽과 북쪽 접근로를 찾으러 갔다. 라슈날과 레뷔파가 먼저 동쪽 빙하로 들어갔고, 다른 소규모 팀도 그 다음 2주일 동안 그곳에 거듭 들어가서 북동릉이나 남동릉, 동벽이나 남벽으로 가는 접근로를 찾아보았지만 결국 허사였다.

한편 에르조그, 테레이, 이샤크는 다울라기리 북쪽으로 가보았지만 기슭까지 가는 루트를 찾는 것은 고사하고 산도 제대로 보지 못하고 돌아왔다. 대신 그들은 지도에 나오지 않은 계곡을 만나 석회암 절벽으로 둘러싸인 그 계곡을 "히든 밸리Hidden Valley"라고 이름 붙였다. 테레이와 우도는 며칠 후 그곳으로 다시 돌아가 계곡 위쪽으로 이어진 5,334미터의 안부(나중에 프렌치 패스 혹은 프렌치 콜로 불림)에 올랐고, 그곳에서 다울라기리를 관찰했다. 그 산의 북벽은 문제가 있어 보였고, 연결되는 능선들은 타고 넘어갈 수 없어 보였다. "저 다울라기리는 절대 오를 수 없어." 테레이는 이렇게 에르조그에게 외쳤다. "정말로 어려워 보여!"

그들이 한참 산을 탐험하고 있는 동안 한 불교 승려가 투쿠차의 프랑스 캠프로 찾아왔다. 이샤크는 원정대가 다울라기리를 오를 수 있는지 승려에게 물어보았다. 그 승려는 한참동안 침묵을 지키더니 이렇게 대답했다. "당신들에게는 다울라기리가 상서롭지 못한 것 같습니다. 다울라기리를 포기하고 생각을 다른 쪽으로 돌리는 게 어떻겠습니까?" "다른 쪽이라면 어디를 말하는 건가요?" 하고 이샤크가 물었다. 승려는 "묵티나트Muktinath 쪽으로 가세요." 라고 대답했다. 그곳은 안나푸르나 북쪽에 있는 마을이었다.

'다른 쪽으로' 가는 길을 찾는 일은 쉽지 않았다. 에르조그는 안나푸르나 산군의 서쪽에 있는 산의 사면에 나있는 미리스티 콜라 협곡을 살펴보도록 이미 쿠지와 우도, 샤츠를 보내놓은 상황이었다. 세 사람은 그 협곡에서 칼리 간다키로 쏟아져 나오는 물의 양에 깜짝 놀랐다. 그 물의 양은 닐기리스의 빙하가 녹은 물이 모두 미리스티 콜라로 흘러들어온다고 단순하게 가정해보아도 그보다 훨씬 더 많은 양이었다. 닐기리스의 남릉을 올라가니 멀리 안나푸르나가 보였다. 그러나 그들이 있는 곳에서 그곳으로 갈 수 있을지는 여전히 불분명했다. 그들이 서 있는 곳에서 수백 미터 아래 있는 미리스티 콜라 협곡은 그 발원지가 안나푸르나의 빙하인 것 같았다. 그 협곡은 지나갈 수 없을 것 같았고, 전설적인 틸리초 고개는 보이지 않았다.

미리스티 콜라가 접근로로 적절치 않은 것 같았기 때문에 에르조그는 승려의 조언을 따라 5월 8일 레뷔파와 이샤크를 데리고 안나푸르나의 북쪽 접근로를 찾을 수 있는지 알아보려 캠프를 떠났다. 그들은 안나푸르나의 정북 방향에 있는 틸리초Tilicho(7,134m) 아래에서 동서로 연결되는 고개를 찾아냈다. 또한 그들은 틸리초 고개의 남쪽에 있는 높은 산이 안나푸르나로 접근하는 길을 찾을 수 없도록 시야를 가리고 있다는 사실도 알아냈다. 그들은 그것을 "거대한 장벽Great Barrier"이라고 이름 붙였다. 낙담한 이샤크는 불쑥 이렇게 말했다. "빌어먹을 안나푸르나는 도대체 어디에 있는 거야?"

또 한 주가 그냥 흘러가자 그들은 시간에 쫓기게 되었다. 인도 기상청은 7월 첫 주가 끝날 무렵에는 안나푸르나에 몬순이 닥칠 것이라고 예보했다. 그렇다면 그들이 산을 찾아서 올라갈 수 있는 시간은 겨우 3주밖에 남지 않았다는 말이었다. 5월 14일 원정대는 투쿠차 베이스캠프에서, 에르조그의 표현을 빌리면 '격렬한 전투 같은 회의'를 열었다. 그때까지 원정대원들은 등산가라기보다는 탐험가처럼 행동하고 있었다. 그들의 노력은 그 당시 존재하던 지도의 오류를 바로잡는 데는 많은 기여를 했지만 산의 정상으로 가는 데는 거의 도움이 되지 않았다. 이제는 접근로를 찾아 그 접근로가 어디로 이어지든 그것을 따라가야 했다. 그들은 안나푸르나보다는 다울라기리에 대해 아는 것이 더 많았지만 그것은 그들에게 별로 도움이 되지 않았다. 따라서 그들은 알지도 못하는 산을 대상으로 도박을 하기로 했고, 미리스티 콜라로 다시 가서 그 협곡을 따라 올라가면 안나푸르나로 갈 수 있는지 알아보기로 했다.

테레이, 라슈날, 샤츠가 네 명의 셰르파를 데리고 바로 그날 오후에 선발대로 출발했다. 테레이는 드디어 산을 오르기 위해 출발한다는 즐거움에 들떠 힘차게 프랑스 군가를 부르면서 피켈을 군악대장의 지휘봉처럼 휘둘러댔다. 그들은 닐기리스를 올라 미리스티 콜라 위쪽 높은 곳에 동쪽으로 난 좁은 길을 따라갔다. 그러다가 쿨르와르가 나타나자 그곳을 따라 600미터를 내려가 강을 건넌 다음 계속 강을 따라 남쪽으로 갔다. 강은 북동쪽으로 점점 굽어졌다. 이것은 — 승려가 암시한 것처럼 — 그 산으로 가는 접근로가 북쪽에서 시작되지만 거대한 장벽의 남쪽에 있다는 의미였다. 강을 따라가니 마침내 안나푸르나의 북서쪽 날카로운 능선 아래에 있는 빙퇴석 지대가 나왔다. 이리하여 그들은 마침내 산에 도착했고, 이제 올라가는 일만 남게 되었다.

안나푸르나의 북쪽 빙하에 설치된 베이스캠프에서 테레이와 라슈날, 그리고 이어서 테레이와 에르조그가 5일 동안 북서쪽 날카로운 능선으로 올라가는 루트를 만들어냈다. 그들은 고소등반 기술을 마음껏 구사하며 5월 22일 능선의 5,790미터 지점에 올라섰다. 하지만 그곳은 막다른 길이었다. 몬순이 닥칠 때까지 남은 촉박한 시간을 5일이나 허비했지만 안나푸르나 정상은 멀기만 했다.

다행히도 그 사이에 라슈날과 레뷔파가 자발적으로 나서서 북서쪽의 날카로운 능선을 돌아서 그 능선의 동쪽으로 가는 루트를 등산가의 본능으로 찾아냈다. 이렇게 하면 안나푸르나 북벽 아래로 곧바로 갈 수 있었다. 알프스에서처럼 히말라야에서도 정상으로 올라가는 데는 벽이 더 어렵지만 능선은 결코 만만치 않았고, 촉박한 시간 속에서 그들이 선택할 수 있는 유일한 대안은 북벽뿐이었다.

5월 23일 그들은 북쪽 빙하 5,105미터에 1캠프를 설치했다. 그 위쪽의 설사면은 낙빙과 눈사태의 위험이 있긴 했지만 경사가 비교적 완만했고 기술적으로도 그다지 어려워 보이지 않았다. 오후에는 거의 언제나 30센티미터 정도의 신설이 내렸는데, 이로 인해 루트를 개척하는 일이 더욱 어려워졌다. 그러나 일정이 너무 지체된 데다 루트를 찾아내는 데도 시간을 허비해 그들은 굉장한 속도로 전진했다. 특히 테레이가 무섭게 속도를 내어 5월 28일에는 낫처럼 구부러진 무시무시한 빙벽 바로 아래 7,160미터에 4캠프를 설치했다. 그들은 그곳을 "시클The Sickle(낫)"이라고 이름 붙였다. 이제 장애물을 넘어섰기 때문에 정상으로 죽 이어지는 상부 빙하로 올라서기만 하면 되었다.

빠른 전진에 따른 부작용도 있었다. 그들 중 에르조그와 테레이가 고소 적응이 가장 잘되어서, 두 사람이 한 조가 되면 정상 등정이 가능할 것으로 기대를 모았다. 그러나 쿠지와 라슈날이 너무 지쳐서 필수품들을 4캠프로 옮기지 못하자 테레이가 돕게 되었다. 그는 레뷔파, 셰르파들과 함께 5월 30일 4캠프로 짐을 옮겼는데 그만 지치고 말았다. 휴식을 취한 라슈날이 체력이 회복되어 그가 테레이 대신 정상 공격조가 되었다.

에르조그와 라슈날은 5월 31일 마침내 2캠프를 떠나 정상으로 향했다. 두 사람은 올라가는 도중에 휴식을 취하기 위해 2캠프로 내려가는 테레이와 레뷔파를 만나 작별인사를 했다. 에르조그는 그들에게 이렇게 말했다, "우리가 내려오면 그건 정상 등정에 성공했다는 의미야. 아니면…."

그들은 셰르파 앙 타르카이, 사르키Sarki와 함께 6월 1일 4캠프에 도착해 텐트 하나를 조금 더 높은 안전한 곳에 쳐서 전진 4캠프를 만들었다. 6월 2일 그들은 시클을 돌아갈 수 있는 걸리를 통해 위쪽으로 올라가 7,400미터에 공격캠프인 5캠프를 설치했다. 에르조그는

1978년의 안나푸르나 북벽. 사진 오른쪽 상단의 어두운 부분이 '시클'이다.
(사진 촬영: 알린 블룸)

셰르파 앙 타르카이에게 그다음 날 아침 함께 정상에 올라가자고 제안했다. 그는 그런 영예를 누릴 자격이 충분히 있었다. 그는 1931년에 칸첸중가에 갔었고, 1934년에는 난다데비에 갔었으며, 1933, 1935, 1938년에는 에베레스트에 갔었다. 에르조그는 그에게 이렇게 말했다. "너는 사다고 셰르파 중에서 가장 경험이 많아. 만약 네가 우리와 함께 정상에 올라간다면 나는 너무나 기쁠 거야." 앙 타르카이는 잠시 침묵하더니 이렇게 대답했다. "정말 감사합니다, 대장 나리. 하지만 제 발에 동상 기운이 있습니다."

앙 타르카이와 사르키가 4캠프를 향해 걸리를 내려가자 에르조그와 라슈날은 그날 밤을 보낼 준비를 했다. 그들은 아무것도 먹지 못하고 차만 마셨다. 그리고 뜬눈으로 밤을 지새웠다. 바람이 계속 불어댔고 텐트 뒤쪽은 눈보라가 휘몰아쳐 주저앉았다. 6월 3일 새벽이 되자 몹시 추웠지만 눈은 더 이상 내리지 않았다. 버너를 켜서 눈을 녹여 차를 마시는 아침의식은 그냥 포기하고 말았다. 결국 고도로 인한 무감각증으로 몸에 음식과 액체를 공급하지 못하게 된 것인데, 그들은 나중에 이것 때문에 커다란 대가를 치러야 했다.

오전 6시 두 사람은 정상까지 죽 이어지는 시클 위쪽의 상부 빙하를 따라 올라갔다. 그때부터 발의 통증이 라슈날을 괴롭히기 시작했다. 그는 여러 번 멈추어서 등산화를 벗고 양말을 신은 발을 마사지하여 감각이 돌아오게 해야 했다. 그들이 원정에 가지고 온 펠트로 가장자리를 두른 가죽 등산화는 별 도움이 되지 않았다. 라슈날은 에르조그에게 이렇게 말했다. "나는 랑베르처럼 되고 싶진 않습니다." 그가 말한 사람은 스위스의 유명한 가이드 레이몽 랑베르Raymond Lambert였다. 그는 1938년 몽블랑에서 비박을 한 후 발가락이 심한 동상에 걸려 무척 고생해야 했다. 에르조그가 기록한 바에 의하면 라슈날은 그 얼마 후 이렇게 물어보았다고 한다. "만일 제가 내려가면 대장님은 어떻게 할 건가요?" 에르조그는 그 질문에 대해 곰곰이 생각했다고 한다.

> 그때 내 머릿속에 여러 장면이 주마등처럼 스쳐 지나갔다. 무더위 속에서 걸어온 날들, 우리가 이겨낸 어려운 곳들, 이 산을 우리의 것으로 만들기 위해 했던 엄청난 수고, 캠프를 설치하기 위해 매일같이 내 친구들이 보여준 영웅심. 이제 목표물에 가까이 와 있다. 아마도 한두 시간 후면 우리는 승리할 것이다. 포기해야 하는 걸까? 안 돼! 나의 존재 전체가 포기라는 생각에 저항했다. 나는 굳게 마음먹었다. 오늘 우리는 하나의 이

상에 전념하면서 어떤 희생도 바칠 각오가 되어있었다. 나 자신의 목소리가 또렷하게 들려왔다. '혼자서라도 올라갈 거야.'

나는 혼자서라도 갈 것이다. 만일 그가 내려가고 싶어 한다면, 나는 그를 막지 않을 것이다. 그는 스스로 자유롭게 선택할 권리가 있다.

"그럼, 나도 대장님을 따라 올라가겠습니다."

그때의 대화에 대한 라슈날의 생각은 여러 해가 지난 후에 밝혀졌다. 그의 사후에 출간된 『현기증에 대한 기억Carnets du vertige(Notebook of Vertigo)』이라는 회고록의 원정일지 부분에는 루시앙 데비와 에르조그가 일반 대중이 받아들이기에는 당황스럽거나 부적절하다며 삭제한 내용이 여러 줄 있었다. 라슈날은 그들이 삭제한 줄에 이렇게 썼었다. "이 등반은 다른 등반과 크게 다를 것이 없다. 단지 알프스보다 높을 뿐이지 더 중요한 것은 아니다. 만약 발을 잃는다면, 안나푸르나가 나에게 무슨 소용이 있단 말인가? 내 발은 '청춘과 산'이라는 조직의 것이 아니다. 그래서 나는 내려가고 싶었다. 내가 내려간다면 모리스는 어떻게 할 것인지 알고 싶어서 그에게 물어봤다. 그는 혼자서라도 올라가겠다고 했다. 그가 그렇게라도 해야 할 이유를 물어볼 필요는 없었다. 왜냐하면 등산은 지극히 개인적인 일이기 때문이다. 그러나 나는 만일 그가 혼자 올라간다면 살아서 돌아오지 못할 것이라고 생각했다. 그때 내가 돌아서지 않은 것은 그를 위해서였다. 정말 오직 그를 위해서였을 뿐이다." 라슈날이 정상을 향해 계속 올라간 것은 '국가의 명예'를 위해서가 아니었다. 그것은 '자일 파트너'의 문제였다. 하나의 로프에 묶인 두 사람은 생사를 같이한다는 약간 신비스러운 등반 윤리 — 비록 그날은 두 사람이 서로 로프를 묶지 않았지만 — 는 라슈날이, 앞으로 어떤 일이 벌어지든, 그의 파트너와 함께 계속 올라갈 수밖에 없다는 것을 의미했다. 반면 에르조그는 위로 올라가면서 크게 고민하지 않았고 오히려 도취감에 젖어있었다. '이 투명한 경치, 이 순수함의 정수는 내가 아는 산에서는 경험하지 못한 것이다. 이것은 바로 내 꿈속에 있는 산이다!'

빙하 끝에서 그들은 정상으로 이어지는 마지막 쿨르와르 밑에 도착했다. 눈이 단단해서 그들은 크램폰을 매단 등산화로 발 디딜 곳을 차면서 올라갔고 피켈에 기대어 거친 숨을 내몰아쉬었다. 에르조그는 등반의 마지막 순간에 대해 "조금 왼쪽으로 돌아서 몇 걸음만 더 올라가면 정상으로 이어지는 능선이 나올 것 같았다. 바위 몇 개만 피하면 될 것 같았다. 우리

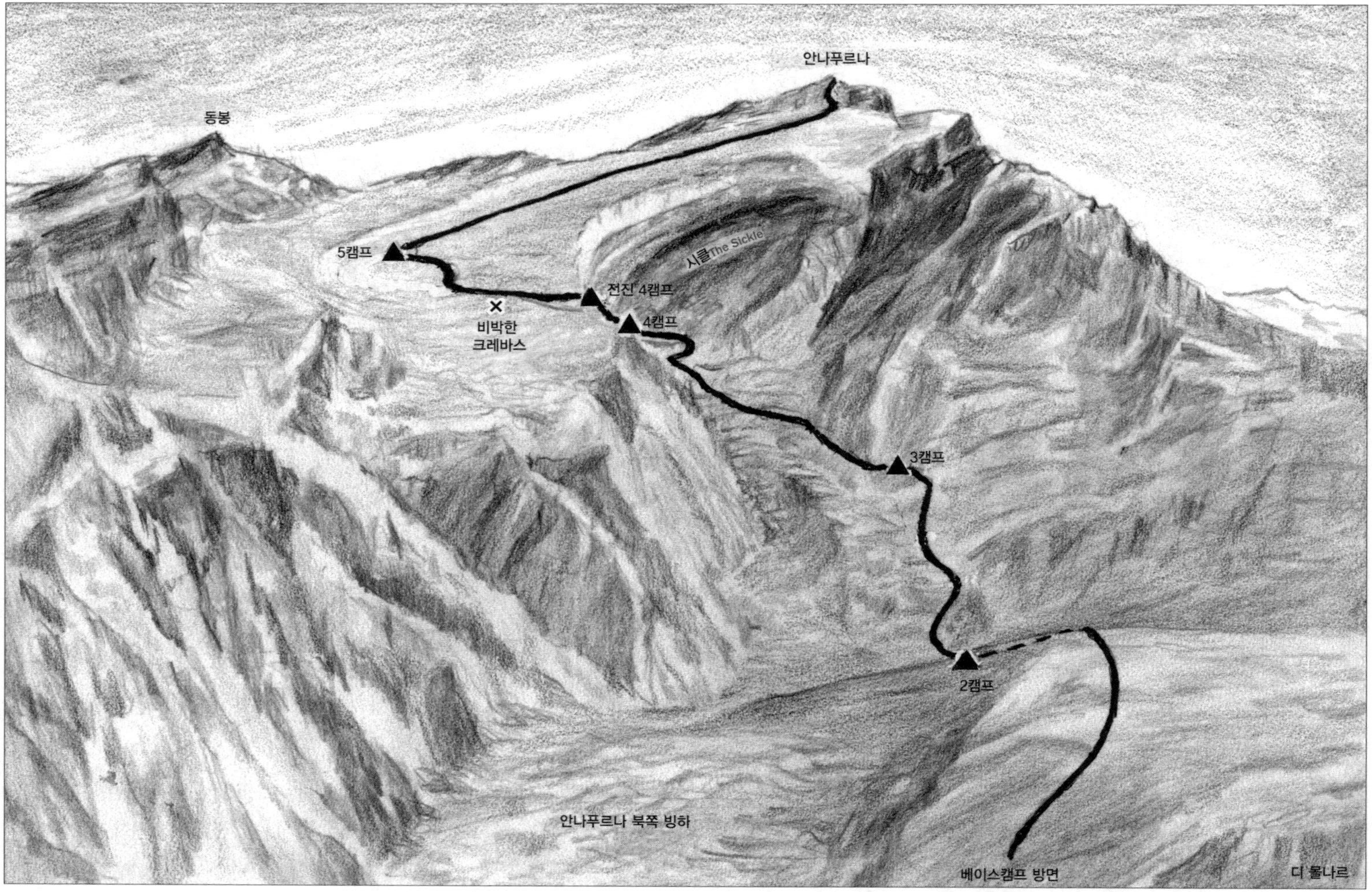

북쪽에서 바라본 안나푸르나와 1950년 프랑스 등반 루트.

는 마지막 순간까지 우리 자신을 힘들게 끌어올렸다."라고 기억했다.

마침내 그곳에 그들이 있었다. 1950년 6월 3일 오후 2시, 모리스 에르조그와 루이 라슈날이 안나푸르나의 정상에 섰다. 에르조그와 라슈날이 인류 최초로 8천 미터 급 고봉의 정상에 선 것이다. 그것도 정찰등반도 하지 않은 산에서 첫 번째 도전으로 이루어낸 성과였다. 에르조그가 머메리, 맬러리, 어빈, 바우어, 벨첸바흐, 틸먼, 쉽턴과 같은 히말라야 등산의 역사를 이끈 쟁쟁한 선배들의 뒤를 이어받은 것이다. 에르조그는 "나는 이토록 순수하고도 강렬한 기쁨을 맛본 적이 없었다."라고 회상했다. 그가 이토록 흥분한 것은 당연했지만 동시에 위험신호이기도 했다. 역사적인 목표를 성취했다는 만족감보다 더 큰 문제가 남아있었다. 두 사람 — 특히 에르조그는 — 산소 결핍, 탈수와 피로감에 시달리고 있었다. 그들은 우도 박사가 처방해준 각성제를 복용했는데, 에르조그가 정상에서 사진을 찍을 때 보여준 태평스러운 흥분이 어느 정도는 이 각성제 때문이었을지도 모른다. 라슈날은 에르조그가 프랑스 국기를 매단 피켈을 들고 있는 사진을 서둘러 찍었다. 이어 에르조그가 자신의 회사 깃발을 꺼내자, 라슈날은 화가 나기 시작했다. 에르조그가 카메라에 필름을 한 통 더 넣자, 라슈날은 급기야 그것을 빼앗았다. "대장님, 제정신입니까? 지체할 시간이 없어요. 즉시 내려가야 합니다."라고 말하면서 라슈날은 정상에서 내려가기 시작했다.

잠시 후 에르조그도 뒤따라 내려왔다. 곧 그는 멈추었고 배낭을 벗었다.(그는 후에 자신이 왜 그렇게 했는지 기억하지 못했다.) 그는 배낭을 열기 위해 장갑을 벗어서 옆에 놓았다. 이 작은 행동은 엄청난 결과를 초래했다. 그의 장갑은 손으로 잡을 수 없는 곳으로 미끄러지더니 에르조그가 놀라서 바라보는 사이에 사면 아래로 영원히 사라져버렸다. 정신적인 충격이 너무나 커서, 그는 배낭에 있는 여분의 양말을 꺼내어 손에 껴도 된다는 생각조차 하지 못했다.

그 후 이틀 동안 모든 일이 꼬여버렸다. 정상으로 올라가는 것이 투명한 꿈이었다면, 내려오는 것은 끔찍한 악몽이었다. 어둠이 깔릴 때쯤 에르조그는 비틀거리며 5캠프로 돌아왔다. 아침에 그들이 떠날 때는 텐트가 한 동이었는데, 그곳에 두 동의 텐트가 있었다. 레뷔파와 테레이가 그곳까지 올라와서 그다음 날 정상을 공략하기 위해 텐트 한 동을 더 설치한 것이었다. 에르조그의 발자국 소리를 듣고 테레이가 텐트에서 뛰쳐나와 그를 맞이했다. 테레이는 인사를 하며 너무나 기뻐 에르조그의 손을 잡았는데, 그는 훗날 "마치 고드름과 악수하는 것 같아서 너무나 놀랐다."라고 말했다. 라슈날은 어디에 있는가? 에르조그는 자세히는 모르지만 그가 곧 올 것이라고 레뷔파와 테레이를 안심시켰다. 그러나 라슈날이 먼저 내려왔기 때문에 산소 결핍에 시달리는 한 사람을 빼놓고 그것은 말도 안 되는 소리였다. 테레이와 레뷔파가 텐트 안에서 물을 덥혀 에르조그를 돌보고 있는데 도움을 구하는 희미한 비명이 들려왔다. 밖으로 나온 테레이는 그의 오랜 등반 파트너가 캠프에서 90미터 정도 떨어진 아래쪽 사면에 쓰러져있는 것을 발견했다. 테레이는 그를 구조하기 위해 피켈로 제동을 걸며 설사면을 내려갔다. 라슈날은 발을 헛디디면서 피켈과 크램폰 한 짝을 잃어버렸다. 라슈날은 2캠프로 내려가면 우도 박사가 동상에 걸린 자신의 발을 치료할 수 있을 것이라고 생각해, 친구에게 자신을 5캠프로 데리고 올라가지 말고 그냥 자신과 함께 2캠프로 내려가자고 간절하게 말했다. 어둠은 점점 짙어갔고 눈보라는 더욱 거세져 로프나 크램폰도 없이 그 상태로 내려가는 것은 자살행위나 다름없었다. 테레이는 그를 간신히 설득해서 5캠프로 데려갔다. 테레이는 텐트 안에서 라슈날의 얼어붙은 등산화를 벗기려 했다. 하지만 결국은 가죽을 잘라 뜯어내는 수밖에 없었다. 테레이는 "등산화 안의 발을 보는 순간 내 심장이 '쿵!' 하고 내려앉았다. 발은 하얗게 변했고 감각이 전혀 없었다. 인류 최초의 8천 미터 급 고봉 안나푸르나 초등이 이렇게까지 대가를 치러야 할 정도로 가치가 있는가?"라고 회고했다.

그다음 날 그들은 안나푸르나 등정에 대한 대가를 전날보다 더 혹독하게 치러야 했다. 날씨가 계속 나빴다. 그들은 길을 찾아가며 시클을 돌아서 안전한 4캠프로 내려와야 했는데, 하루 종일 고생했지만 길을 잃고 피난할 만한 곳도 찾지 못했다. 그들의 상태와 그날의 날씨로 보면, 만약 그들이 노출된 곳에서 비박한다면 네 명 모두 죽을 것이 분명해 보였다. 그런 절망적인 순간에 라슈날이 히든 크레바스로 굴러 떨어졌는데, 다행히 그곳이 눈으로 채워져 있어 네 명 모두가 그곳에서 그럭저럭 하룻밤을 보낼 수 있었다. 그들에게는 식량이나 물도 없었고, 침낭도 테레이가 선견지명을 발휘해서 가져온 것 하나밖에 없었다. 레뷔파는 "히말라야의 7,000미터 고도에 있는 크레바스 바닥에 쪼그리고 앉아 있자니 인간이 너무나 미약한 존재라는 느낌이 들었다."라고 그날 밤을 회상했다. 6월 5일 아침 첫 햇살이 비칠 때쯤 눈사태가 그들을 덮쳤고, 발을 마사지하기 위해 전날 밤에 벗어 놓은 등산화가 눈 속에 파묻혀버렸다. 그들이 네 켤레를 다 찾기 위해서는 길고도 절박한 사투를 벌여야 했다. 네 사람이 아침 햇살 속에 크레바스 위로 올라왔을 때는 전날 내려오는 길을 찾느라 고글을 벗었던 테레이와 레뷔파가 밤새 설맹에 걸렸다는 것을 알게 되었다. 발이 심한 동상에 걸린 두 사람이 눈이 안 보이는 두 사람을 기적적으로 이끌며 산을 내려와서 아래쪽에 있던 친구들을 불렀고, 결국 그들은 구조되었다. 마르셀 샤츠가 걱정하면서 전진 4캠프에서 기다리고 있었는데 그들이 부르는 소리를 듣고 올라가서 네 명 모두를 안전하게 데리고 내려왔다. 테레이는 훗날 "우리는 고통과 기쁨, 영웅심과 비겁함, 숭고함과 비열함이 뒤섞인 일종의 공포감을 느끼며 사람들이 사는 곳으로 돌아왔다."라는 수수께끼 같은 내용의 글을 썼다.

특별히 더 많은 고통이 에르조그와 라슈날을 기다리고 있었다. 우도 박사는 동상을 입은 손과 발을 살리기 위해 할 수 있는 모든 것을 다했지만 결국 라슈날의 발가락 모두와 에르조그의 손가락과 발가락 모두를 절단해야 했다. 고국으로 빨리 돌아가고 싶어 하는 대원들의 실망에도 에르조그는 카트만두로 가서 네팔 수상의 축하를 받겠다고 고집했고, 결국 예정보다 일주일 더 걸려서 한 달 반이라는 긴 시간이 지난 후 원정대는 프랑스로 돌아왔다. 7월 17일 마침내 그들이 탄 비행기가 파리의 오를리 공항에 착륙했고, 그들은 국가의 영웅을 보기 위해 몰려온 군중들의 환영을 받았다. 테레이가 안나푸르나에서 목격했던 비열함이나 비겁함은 모두 잊혔고, 오로지 영웅심과 숭고함만이 기억되고 찬사 받았다.

주간지『파리 마치』는 1950년 8월 19일자 커버스토리로 '히말라야에 대한 승리'를 선언하며 안나푸르나 원정기를 독점 게재했다. 그 잡지는 기록적인 숫자로 팔려나갔다. 그 후 수년간 계속 복사된 표지 사진은 에르조그가 안나푸르나 정상에서 프랑스 국기를 매단 피켈을 들고 있는 것이었다. 그리고 그 사진의 설명에는 "인류 최초로 8천 미터 급 고봉의 정상에서 깃발이 날렸는데, 그것은 바로 안나푸르나의 정상에서 에르조그가 치켜들고 있는 프랑스 국기였다."라고 분명하게 쓰여있었다.

만일 에르조그와 그의 동지들이 독일인이었다면, 그리고 그들이 오른 산이 낭가파르바트였고 그때가 1937년이었다면, 프랑스 원정대의 '죽기 살기'식 정상 도전은 — 최소한 독일인이 아닌 사람의 눈에는 — 나치가 등산의 진정한 가치를 타락시킨 것으로 비쳐졌을 것이다. 그러나 에르조그와 라슈날은 10월 25일 엘리제궁에서 열린 연회에서 프랑스 공화국의 대통령인 뱅상 오리올Vincent Auriol로부터 레지옹 도뇌르 훈장을 받았다. 오리올은 안나푸르나 등정을 프랑스 레지스탕스가 나치와 벌였던 전투에 비유하면서 이렇게 연설했다. "여러분은 세계인 앞에서 위대한 프랑스인의 결속을 보여주었습니다. 우리는 프랑스가 점령당했을 때 우리가 무엇을 했는지 알고 있습니다. 그리고 프랑스인들이 레지스탕스 운동을 얼마나 용감하게 전개했는지도 알고 있습니다. 여러분 대부분은, 아니 제 생각에 여러분 모두는 레지스탕스였습니다. 여러분은 프랑스가 평화의 시기에 무엇을 성취할 수 있는지를 분명하게 보여주었습니다."

에르조그는 그런 찬사를 자신의 공으로 받아들였다. 다른 사람들은 그의 그런 태도에 마음이 상했을지 모르지만 이의를 제기하지는 않았다. 그러나 레뷔파가 만년에 쓴 안나푸르나 원정기에는 그들이 프랑스로 돌아왔을 때 베풀어진 연회에 대한 논평이 다음과 같이 되어 있었다. "참, 에르조그가 잃어버린 것이 장갑이 아니라 국기였다면 얼마나 좋았을까!"

에르조그는 귀국 후 거의 1년 동안 파리 바로 북쪽 뇌이Neuill에 있는 미국 병원에서 치료를 받으며 보냈다. 그곳에서 그는 역사상 가장 큰 성공을 거둔 원정기를 구술했고, 그 원정기의 영문판은 『초등 안나푸르나』라는 이름으로 출간되었다. 그 원정기는 1951년 처음으로 출간된 이후 수십 개의 언어로 번역되었고 현재까지 천백만 부 이상이 팔렸다. 1950년 이전에 히말라야를 탐험했던 등산가들은 자기 고국에서만 찬사를 받았다. 예를 들면 쉽턴은 영국에서, 메르클은 독일에서, 아브루치 공은 이탈리아에서만 알려졌었다. 세계적으로 유명해진 등산가는 오직 조지 맬러리 한 명밖에 없었다. 하지만 그는 사후에, 그것도 1924년 에베레스트에서 의문의 실종사고를 당한 이후에 유명해진 것뿐이었다. 모리스 에르조그는 『초등 안나푸르나』가 출간되면서 등산을 좋아하는 사람들뿐만 아니라 일반 대중에게까지 최초로 생전에 유명해진 세계적인 등산가가 되었다.

에르조그는 빌 틸먼처럼 근사한 문장가가 아니었다. 일단 그는 빌 틸먼이 구사했던 멋진 반어법 감각이 없었다. 그러나 에르조그는 책을 어떻게 끝맺어야 하는지를 잘 알고 있었다. 『초등 안나푸르나』의 마지막 문장은 등산 역사상 맬러리의 "산이 거기 있으니까." 이래로 가장 유명한 문장이 되었다. 에르조그는 마지막 문장을 "모든 사람의 인생에는 저마다의 안나푸르나가 있다.There are other Annapurnas in the lives of men."라고 끝맺었다.

『초등 안나푸르나』는 자연에 대한 영웅적인 승리의 이야기로 읽힐 수도 있고, 고통을 이겨내는 훨씬 더 위대한 정신세계의 이야기로 읽힐 수도 있다. 제임스 램지 울먼은 『뉴욕 헤럴드 트리뷴』에 게재된 서평을 통해 이 책을 "호쾌하고도 감동적이며 어떤 점에서는 무서운 이야기"라고 소개하면서 "등산문학의 고전이 될 것"이라고 예언했다. 에르조그가 안나푸르나 등정을 묘사한 부분은 전통적인 감동이지만, 독자들의 마음에 남은 것은 하산 과정의 역경과 에르조그와 라슈날이 승리의 대가로 치러야 했던 혹독한 고통이었다. 에르조그의 손가락과 발가락이 괴사해 들어가면서 결국은 절단해야 했던 과정을 읽은 독자라면, 아무도 그 부분을 금방 잊어버리지는 못할 것이다. 한 익명의 독자는『타임』지에 이렇게 서평을 썼다. “책의 앞부분은 실망스러워서 ‘캠프 여행을 간 소년이 친구에게 보낸 편지’ 같지만, 정상에서 하산하는 이야기는 ‘안락의자에 앉아 모험담을 읽는 독자들 가운데 가장 대담한 사람이라도 가슴을 졸이게 만드는 너무나 끔찍한 역경’을 담고 있다.”

인류 최초로 8천 미터 급 고봉이 마침내 함락되었다. 그러나 등산역사상 궁극의 목표인 에베레스트는 아직도 굳건히 버티고 서 있었다. 소련이나 중국 출신의 등산가들이 티베트 쪽으로 올라가지 않는 이상, 에베레스트 정상으로 가는 길은 하나밖에 없었다. 그것은 바로 네팔을 통해 가는 것이었다. 그리고 만일 에베레스트가 등정된다면, 그것은 분명히 히말라야 등산에 황금시대가 도래했음을 알리는 것이 될 것이다.

7장

소심한 겁쟁이가 되지 말라

에베레스트(1950~1953년)

에릭 쉽턴은 1943년에 발간된 회고록 『에베레스트에 대하여Upon That Mountain』를 통해 1930년대 영국 에베레스트 원정대가 경험한 실망을 되돌아보았다. 그는 자기 세대 등산가들이 에베레스트에서 맞닥뜨렸던 어려움과 이전 세대 등산가들이 마터호른을 오를 때 맞닥뜨린 어려움을 비교해보았다. '알프스 등반의 황금시대'였던 19세기 중반에 마터호른을 오르고자 했던 당대 최고 등산가들의 도전은 실패를 거듭했다. 그러다 결국 1865년 에드워드 윔퍼가 이끈 등반대가 정상을 오르는 데 성공했다. 몇 년이 지나자 그 산은 '귀부인도 오를 수 있는 쉬운 산' — 꼭 그런 것은 아니었지만 — 이라고 불릴 정도가 되었다. 그렇다면 처음 오를 때까지는 왜 그토록 오랜 시간이 걸린 것일까?

쉽턴은 "등산가들의 능력이 부족해서가 절대 아니다."라고 주장했다. 그는 그것보다는 어떤 봉우리든 초등을 할 때 겪는 실체가 없는 이상한 어려움에서 그 원인을 찾았다. 그 어려움은 알프스에서와는 다르게 히말라야에서 몇 배 더 컸는데, 알프스에서는 공략에 실패하면 산에서 물러나와 숙소에서 하룻밤을 편하게 보내면서 체력을 회복하고 그다음 날 다시 도전할 수 있지만, 히말라야에서는 그렇게 할 수 없기 때문이었다. "그렇다. 에베레스트가 처음 몇 번의 시도로 함락되지 않은 것은 놀라운 일이 아니다."라고 하면서 쉽턴은 이렇게 결론을 내렸다. "처음 몇 번의 시도로 함락된다면 정말 놀라운 일이지 슬픈 일은 아닐 것이다. 왜냐하면 거대한 산은 그런 식으로 함락되어서는 안 되기 때문이다. … 사람들이 조만간 우리들의 보잘것없는 시도를 되돌아보면서 놀라워하고, 우리들이 왜 그렇게 실패를 거듭했는지 이해가 되지 않는다고 말할 날이 아마도 분명히 올 것이다. 그때쯤 다음 세대들은 우리들보다 훨씬 더 어려운 문제와 싸우고 있을 것이다. 그래도 만일 우리들이 그때까지 살아 있다면, 그들의 말을 듣고 당연히 화를 내면서 우리들의 연약함을 정당화하려고 희끗한 수염 사이로 웅얼거리며 절망적인 노력을 할 것이다. 그러나 만일 우리 세대가 지혜롭다면, 이전 세대로부터 위대한 등산역사의 유산을 물려받은 혜택을 되돌아보며 깊이 감사하고 우리가 물려준 유산을 젊은이들이 향유하는 것을 보면서 기뻐할 것이다." 쉽턴과 '수염이 희끗한' 쉽턴 세대 등산가들은 에베레스트 등반을 준비하는 과정에서 그 후로도 많은 기여를 하게 된다. 하지만 결국 에베레스트 등정의 영광은 다음 세대 등산가들의 몫이었다.

에베레스트의 남쪽

1930년대에 에베레스트에 갔었던 경험 많은 등산가들 중에서 그 산을 남쪽에서 접근할 기회를 처음 가진 사람은 빌 틸먼이었다. 그리고 운 좋게도 틸먼은 난다데비 때의 옛 등반 파트너 찰리 휴스턴과 함께 그 산의 남쪽을 정찰할 수 있었다. 틸먼은 1950년 늦봄과 여름을 마나슬루Manasulu, 히말출리Himalchuli, 안나푸르나 북쪽 산군의 빙하 구조를 연구하며 보냈다. 그때 빌 틸먼과 함께 다녔던 인물들은 원정대의 식물학자였던 가르왈 소총대 장교 출신 조지 로운디스George Lowndes, 구르카 장교 지미 로버츠Jimmy Roberts 소령, 찰스 에번스Charles Evans 박사, 에믈린 존스J. H. Emlyn Jones, 뉴질랜드인 빌 패커드Bill Packard와 셰르파 네 명이었고, 군인 몇 명으로부터 호위를 받았다. 그 원정대는 런던 히말라야 위원회의 후원을 받았는데, 틸먼의 표현에 의하면, 위원회는 그 원정을 '양차 세계대전 사이에 살아남은 경험 많은 등산가들의 핵심적인 기술을 축적하는 하나의 단계'로 생각했다.

틸먼과 그의 동료들은 프랑스 원정대가 자신들보다 먼저 다울라기리나 안나푸르나에 도전하기 위해 네팔 중부로 갔다는 것을 알고 있었다. 영국 원정대는 8천 미터 급 고봉에 올라갈 장비도 없었고 네팔 정부로부터 허가도 받지 못했지만 최소한 괜찮은 수준의 등반은 한번 해보고 싶어, 안나푸르나 산군의 안나푸르나4봉(7,525m)에 집중했다. 그러나 베이스캠프를 설치하자 곧바로 몬순이 시작되었다. 그들은 안나푸르나4봉의 등정을 세 번 시도했지만 날씨와 고소증, 그리고 경미한 동상 때문에 정상까지 230미터의 고도를 남겨놓은 채 돌아서야 했다.

한편 그해 봄에 또 다른 팀이 네팔로 갈 준비를 하고 있었다. 뉴욕의 변호사였던 오스카 휴스턴Oscar Houston은 에베레스트의 남쪽 경계선 지역을 가볼 수 있도록 도와달라고 인도 대사이며 네팔 공사였던 로이 헨더슨Loy Henderson에게 요청했다. 오스카 휴스턴은 당시 67세였고 나이에 비해 기력이 정정한 편이었지만 최초의 네팔 쪽 에베레스트 정찰등반을 지휘할 만한 사람은 아니었다. 그러나 오스카는 아들 찰리와 함께 갈 예정이었다. 찰리에게는 이번이 1938년 K2 원정 이후 히말라야로 다시 가볼 수 있는 절호의 기회였다. 경험이 많은 찰리 휴

1950년 휴스턴-틸먼의 에베레스트 정찰등반 팀. 왼쪽부터 앤더슨 베이크웰, 오스카 휴스턴, 벳시 카울스, 빌 틸먼, 찰리 휴스턴
(사진 출처: 미국 알파인 클럽 도서관)

스턴에게는 아버지가 계획하고 있는 이 에베레스트 여행이 본격적인 원정이라기보다는 휴가철 산책 정도로 가볍게 느껴졌다. 4월에 허가가 나와 찰리 휴스턴 일행은 그해 10월에 출발했다.

그 팀의 다른 두 명 중 한 명은 당시로서는 독특하게도 여성이었다. 그녀는 휴스턴 가족의 친구이자 미국 알파인 클럽의 간부였던 벳시 카울스Betsy Cowles였다. 나머지 한 명은 역시 휴스턴 가족의 친구이자 인도 쿠르성Kurseong의 세인트메리대학에서 예수회 사제가 되고자 공부하고 있던 앤더슨 베이크웰Anderson Bakewell이었다. 이 작고도 형식에 얽매이지 않는 팀은 전쟁 전의 거대한 원정대들이 모두 샘을 낼 정도로 멋진 여행을 떠나게 된다. 그들은 솔루쿰부를 지나서 에베레스트의 남쪽 지역으로 향할 예정이었다. 솔루쿰부는 네팔에 거주하는 셰르파 대부분이 사는 지역으로 당시까지는 서양인들이 가본 적이 없는 곳이었다.

오스카 휴스턴, 그의 아내, 벳시 카울스는 10월 초순에 카트만두로 가서 수상의 개인적인 손님 자격으로 원정 전에 네팔을 관광했다. 찰리 휴스턴은 그때까지 뉴욕에 있어서 나중에 인도에서 그들과 합류할 예정이었다. 오스카 휴스턴은 영국 대사관 환영 만찬에서 빌 틸먼을 만났다. 그들의 만남은 1936년 이후 처음이었다. 1936년에 오스카는 찰리, 틸먼, 그리고 다른 대원들과 함께 난다데비 성채의 입구인 리쉬 협곡까지 갔었다. 그러나 그곳에서 틸먼은 동료들을 부추겨 오스카에게 나이가 너무 많아 앞으로 더 나아가는 것이 무리라고 넌지시 조언하도록 했었다. 충동적으로 그랬는지 혹은 난다데비에서 있었던 불편한 감정이 없다는 것을 보여주기 위해 그랬는지는 확실하지 않지만 오스카 휴스턴은 에베레스트로 가는 팀에 틸먼을 초청했다.

틸먼은 다른 일정이 이미 잡혀있었다. (틸먼은 자신이 완고한 여성 차별주의자라고 주장하곤 했고, 여성이 참가한 원정에 한 번도 참가해본 적이 없었다.) 그렇지만 에베레스트의 남쪽 지역을 가까이에서 볼 기회를 놓칠 수는 없었다. 티베트는 더 이상 에베레스트 접근을 허락하지 않았다. 또한 등산가들은 — 자세히 보지 못했지만 — 에베레스트의 네팔 쪽이 전통적인 북쪽 루트에 비해 분명히 등반에 더 유리하다는 것을 알고 있었다. 네팔을 통해 그곳으로 가는 길이 더 짧고, 몬순을 피할 수만 있다면 메마른 티베트 고원을 지나가는 것보다 훨씬 더 편한 길로 갈 수 있었다. 북쪽 사면은 거의 온종일 햇빛이 들지 않지만, 남쪽 사면은 등반하는 동안 햇빛이 들 확률이 높아서 고소의 매서운 추위를 누그러뜨릴 수 있었다. 게다가 에베레스트의 티베트 쪽 사면은 정상부에 있는 바위 층이 아래쪽을 향하고 있지만, 네팔 쪽에서 올라가면 고도가 높은 지점의 퇴적암 층이 위를 향하고 있어서 발을 디딜 곳이 좀 더 안정적이었다. 그러나 남쪽에 적절한 루트가 없다면 이런 것은 모두 소용이 없는데, 틸먼은 바로 이 적절한 루트를 찾고 싶었다. 그는 또한 셰르파들의 고향인 쿰부 지역에서 그들을 '있는 그대로' 볼 수 있다는 데 마음이 끌렸다.

10월 29일 오스카 휴스턴과 찰리 휴스턴 부자, 틸먼, 카울스, 베이크웰은 네팔 국경에 있는 인도의 철도 종착지 조그바니Jogbani에서 다시 만났다. 그들은 그들의 짐을 네팔 수도까지 옮기는 경비와 수고를 피하려고 카트만두가 아닌 조그바니를 출발 장소로 삼았다. 다르질링으로부터 여섯 명의 셰르파가 와서 그들을 기다리고 있었다. 그들 가운데에는 틸먼의 옛 친구이자 몇 년 전에 틸먼, 쉽턴과 무즈타그 아타에 함께 도전했던 기알겐도 있었다. 그들은 트럭과 승용차를 타고 국경에서 북쪽으로 향하여 길이 끊어지는 다란Dharan에 도착했다. 일행은 네팔에서 모집한 짐꾼 18명과 함께 다란에서부터 도보로 언덕을 여러 개 넘어 타무르Tamur 계곡과 아룬Arun 계곡 사이의 능선에 있는 단쿠타Dankhuta 마을에 도착했다. 방문객들은 단쿠타의 모습에 놀랐다. 틸먼의 표현대로라면 그곳은 '더러움 한 점 없는 깨끗한 마을'이었다. 그들이 흥미를 가진 곳 중 한 곳이 영어 학교였는데, 누군가 벽에 이렇게 써 놓은 것이 보였다. "용기를 갖고, 소심한 겁쟁이가 되지 마라." 역경을 당했을 때 용기를 북돋우는 그 말은 잠시 그 팀의 모토가 되기도 했다.

그들은 단쿠타를 출발해 아룬 계곡으로 내려갔다. "일을 절대로 적당히 하지 않는다."라고 틸먼이 감탄하기도 한 찰리 휴스턴은 2인용 낚시 도구를 챙겨와 틸먼과 아룬 강에서 낚시를 하기도 했다. 그들은 3,597미터의 살파 라Salpa La까지 모두 세 개의 높은 고개를 넘어 서쪽으로 갔다. 이리하여 일행은 마침내 에베레스트와 다른 고봉에서 흘러내리는 퇴적물로 뿌연 물이 흘러 '밀크 리버Milk River'라고도 불리는 두드 코시Dudh Kosi 강의 계곡으로 들어섰다.

강을 따라 3일을 올라가니 두드 코시와 보테 코시Bhote Kosi 강 사이에 난 능선의 3,350미터 고도에 자리 잡은 남체 바자르라는 셰르파 마을이 나왔다. 일행은 11월 14일 남체 바자르에 도착했는데, 그곳은 석회로 하얗게 칠해진 30채 가량의 가옥으로 이루어진 마을이었다. 서양인들은 따뜻한 환영을 받아서 기뻐했다. 또한 티베트와의 무역과 원정대에 고용되는 다르질링 셰르파들이 보내주는 돈 덕분에 마을이 전체적으로 풍요로운 분위기를 풍겨서 깊은 인상을 받았다. 틸먼은 이층집에서 간간이 보이는 유리 창문들에 주목했다. "문명세계에서 14일을 걸어 들어온 깊은 히말라야 속의 가옥에서 유리 창문을 발견한다는 것은 좀 놀랍다."

11월 15일 휴스턴과 틸먼은 빨리 나아가기 위해 네 명의 짐꾼을 데리고 남체를 떠나 두드 코시 계곡을 따라 올라갔고, 다른 일행들은 느긋한 속도로 뒤따라갔다. 두 사람은 두드 코시와 임자 콜라Imja Khola 강이 만나는 곳에서 1.6킬로미터 떨어진 언덕 꼭대기에 있는 텡보체 사원을 발견했다. 3,746미터 고도에 있는 그 사원은 1923년에 지어졌는데 그 10년 후에 지진으로 무너져 다시 지어졌다. 휴스턴은 이렇게 기록했다. "그곳의 라마승들은 백인을 본 사람이 아무도 없어서 갑자기 사원으로 들어선 허름한 여행객 두 명을 보고 깜짝 놀라는 표정이었다." 텡보체 사원은 전쟁 전의 영국 등반대가 늘 들르던 에베레스트 북쪽 롱북 사원의 1/4정도 규모였다. 틸먼은 텡보체가 티베트의 롱북 사원에 비해 주위 경관이 비교할 수 없

1950년 남체 바자르
(사진 출처: 미국 알파인 클럽 도서관)

을 만큼 훨씬 더 아름답고 환경도 훨씬 덜 혹독하다고 생각했다. 산이 구름에 덮여 있어서 두 사람은 그때까지 텡보체 위쪽을 보지 못했는데 그다음 날 구름이 걷혔다. 휴스턴은 훗날 경외하는 마음으로 이렇게 말했다. "첫 아침햇살을 받으며 에베레스트의 가파른 바위 절벽으로 된 능선들이 대담하게 얼굴을 내밀었는데, 거의 수직에 가까운 곳들에 쌓인 눈의 순수한 흰색이 더욱 두드러져 보였다."

휴스턴과 틸먼 두 사람만 텡보체를 떠나 산기슭으로 올라갔고, 나머지 일행은 라마승의 환대를 받으며 텡보체에 남았다. 두 사람은 팡보체라는 작은 마을까지 걸어간 다음 에베레

1950년 텡보체 사원의 주지 라마승
(사진 출처: 미국 알파인 클럽 도서관)

스트로 향했다. 그들은 에베레스트 남쪽 사면에서 흘러나오는 쿰부 빙하 바로 아래의 4,900미터에 캠프를 설치했다. 두 사람은 그곳으로 가는 도중 마칼루, 참랑Chamlang, 아마다블람Ama Dablam의 모습에 매료되었다.

틸먼이 자신의 경험에서 알아차린 것처럼 에베레스트의 북쪽 하부 사면을 오르는 것은 비교적 쉽다. 사실 본격적인 어려움은 산의 상부인 노스 콜 위쪽에서 시작된다. 반면 남쪽에서는, 틸먼과 휴스턴이 곧바로 알아차린 것처럼 그 산으로 접근하는 것 자체가 어려움과 위험으로 가득했다. 쿰부 빙하는 산의 옆쪽에서 내려오다가 에베레스트와 눕체 사이의 좁은 곳

칼라파타르. 휴스턴과 틸먼은 칼라파타르의 검은 사면을 올라갔다. 뒤쪽으로 푸모리가 솟아있다.
1978년 존 우드워스John A. Woodworth 촬영
(사진 출처: 애팔래치아 마운틴 클럽)

으로 뚝 떨어졌다. 틸먼과 휴스턴은 원정대가 쿰부 빙하에 뒤엉켜 있는 세락과 숱한 얼음 장애물들, 얼음 조각들과 크레바스들을 뚫고 600미터 위쪽에 있는 웨스턴 쿰의 좁은 계곡으로 가야 한다고 생각하자 소름이 끼쳤다. 휴스턴은 쿰부 아이스 폴 밑에 서서 '아마도 갈 수는 있을 것 같지만' 그 루트가 등산가들이 에베레스트로 갈 만한 '아주 매력적인 접근 루트'는 아닌 것 같다는 결론을 내렸다.

틸먼과 휴스턴은 시간이 많지 않았다. 그들은 12월 6일까지 조그바니로 돌아가야 해서 정찰할 수 있는 시간이 이틀밖에 남지 않게 되었다. 그들은 떠나기 전에 아이스 폴 위쪽이 어떻게 되어 있는지 보고 싶었다. 그래서 두 사람은 에베레스트 근처에서 보내는 마지막 날인 11월 18일, 푸모리Pumori의 남릉에 있는 칼라파타르Kala Patar(5,643m)에 올라가기 시작했다. 틸먼은 지난 몇 개월간 안나푸르나 지역을 돌아다녔고 안나푸르나4봉에서 6,700미터 이상을 올라갔었기 때문에 고소 적응이 잘되어 있었지만, 휴스턴은 뉴욕을 출발한 지 3주밖에 되지 않아서 고소 적응에 어려움을 겪었다. 결국 그들은 칼라파타르 꼭대기까지 고도로 90미터 정도 남은 지점에서 멈추어야 했다.

틸먼은 그곳에서 에베레스트의 남쪽을 촬영했다. 두 사람은 정상에서 가파르게 떨어지는 능선을 보았는데, 그 능선이 사우스 콜로 이어질 것으로 추측했다. 그들은 눕체의 튀어나온 능선과 로체의 아래쪽 사면이 시야를 가려서 콜 자체를 보지는 못했다. 그러나 정상으로 이어지는 그 능선은 도전이 가능할 것 같지 않았다.

그들은 한정된 시야로 인해 에베레스트를 제대로 보지 못했다. 칼라파타르에서 본 그 능선은 사우스 콜로 연결된 것이 아니었다. 그것은 에베레스트의 남서릉으로, 웨스턴 쿰으로 직접 가파르게 떨어지는 버트레스에 연결된 것이었다.(이 버트레스는 훗날 "사우스 필라South Pillar"라고 불리게 된다.) 그들이 서 있던 곳에서는 보이지 않았지만 동쪽으로 조금 더 간 곳에 에베레스트의 남동릉이 있고, 그 능선이 실제로 사우스 콜과 이어지는 능선으로 다른 능선들에 비해서는 비교적 덜 어려운 곳이었다. 만약 이때 두 사람이 칼라파타르 꼭대기까지 남은 140여 미터의 고도를 올라갔더라면 그들 앞에 펼쳐진 것들을 좀 더 넓게 조망할 수 있었을 것이고, 따라서 그들이 잘못 보았다는 것이 명백하게 드러났을 것이다.

벳시 카울스는 그들 팀이 경험한 사건들을 기록한 비공식 소식지를 고향의 친구들에게 보냈다. 11월 23일의 소식지는 이렇게 시작한다. "에베레스트를 남쪽에서 올라갈 수 있는 좋은 루트가 안 보여. … 여태까지 영국인 등산가들이 이용한 북쪽 루트가 날씨와 위치가 안 좋기는 하지만 남쪽보다 훨씬 간단하고 쉬워. 찰리와 빌이 5,800미터 이상을 올라가 4일간 열심히 정찰했지. 그들은 지치고 야위었지만 매사에 활기차 보였어."

카울스가 세부적인 것들을 모두 맞게 쓴 것은 아니었다.(휴스턴과 틸먼은 5,500미터 정도까지만 올라갔다.) 그러나 그 산을 남쪽에서 올라갈 수 있는 가능성에 대해 그들 팀이 가졌던 의견을 요점 정리한 것은 정확했다. 돌아오는 길에 찰리 휴스턴과 빌 틸먼은 나름까 같은 원고를 써서 뉴델리에 있는『뉴욕 타임스』기자에게 보냈다. "에베레스트 남쪽에 대한 우리의 결론은 그곳이 북쪽보다 훨씬 더 어렵다는 것이다. 남쪽은 가파르며 복잡하게 얽힌 긴 능선들이 있어서 기술적으로 어렵고 위험하다. 남쪽에서는 아마 오르기가 불가능할 것 같다. 실제로 등반이 가능할 것 같은 루트가 보이지 않았다."

그들이 에베레스트로부터 가져온 보고서는 비관적이었지만, 벳시 카울스가 소식지에서 전한 것처럼 일행은 계속 활기에 차있었다. "전에 내가 쓴 것처럼 셰르파들은 초등학교를 막 졸업한 학생같이 익살스럽게 까불어. … 웃음과 유쾌함뿐! 그들은 세상에서 가장 사랑스럽고, 가장 즐겁게 뛰노는 민족이야. (앞으로 가능한 한 셰르파처럼 살고 싶어.) 찰리는 내 옆에서 계속 노래하고 있어. 하이 디들리 디, 셰르파의 생활이 나에게 딱 맞는다네.[†]"

에베레스트의 등정이 남쪽에서 가능하든 아니든 솔루쿰부는 석회로 하얗게 칠해진 가옥에 다정한 주민들과 에베레스트 사면에 덮인 '순수한 흰 눈'을 조망할 수 있는 텡보체 사원까지 있어서 1950년대의 다른 아시아 지역에 비교하면 천국 같았다. 휴스턴과 틸먼이 정찰에 몰두하고 있을 때 중국이 티베트를 침략했고, 한국에서는 38선 이북 지역에서 유엔군이 중국의 공격으로 패퇴하고 있었다. 따라서 많은 사람들은 혹시 제3차 세계대전이 터지지는 않을까 걱정하고 있었다. 네팔에서도 극적인 사건이 일어났다. 권위적인 통치체제가 어설픈 개혁을 하다가 실패하는 다른 경우들처럼, 네팔에서도 라나 가문이 자신들의 이익을 위해 서양과의 접촉을 권장하면서 한편으로는 통제하고 또 한편으로는 대화 채널을 유지하려고 했던 시도가 실패로 돌아갔다. 트리부반Tribhuvan 왕이 네팔 의회당과 연합해 결과적으로 인도를 등에 업게 되었다. 1950년 11월 트리부반 왕과 왕족은 카트만두의 인도 대사관으로 피

† Hi Diddly Dee/ A Sherpa's life for me. 1940년 디즈니 애니메이션 〈피노키오〉에 삽입된 Hi-Diddle-Dee-Dee An Actor's Life for Me라는 노래를 찰리 휴스턴이 바꾸어 부른 노래

신한 다음 인도로 망명했다. 휴스턴 일행이 네팔을 떠날 준비를 하는 동안 그 나라의 정치적인 미래는 매우 불투명했다.(트리부반 왕이 권좌로 돌아가 입헌군주제를 확립해야 한다고 요구하는 대중 폭동이 일어났고 국제적인 압력도 있었기 때문에 1951년 2월 왕은 네팔로 돌아갔다. 이로 인해 라나 가문의 권력은 약화되었다.)

휴스턴이『미국 알파인 저널』에 쓴 보고서에는 솔루쿰부의 고요함에 대한 찬사와 세계 정치에 대한 우려가 동시에 나타나 있다. "이렇게 행복한 태고의 땅에서 나와 처음 들은 소식이 한국에서 유엔군이 패퇴하고 있고, 세계의 여러 국경지역이 정치적으로 불안하다는 것이었다. 우리는 정말 문명세계로 돌아온 것이 맞는가?"

거듭된 정찰

이듬해 봄, 런던에서는 장래가 촉망되는 영국 의무부대 소속의 마이클 워드Michael Ward라는 젊은 외과의사가 에베레스트에 대한 우울한 소식을 접했음에도 휴스턴과 틸먼의 충고(전례)에 따라 용기를 발휘했다. 워드는 1951년 당시 26세였는데, 어렸을 때 프랭크 스마이드의『6캠프Camp Six』를 읽은 것을 계기로 꾸준히 산을 오르기 시작했다. 그해 봄, 그는 여가 시간에 에베레스트 남쪽이 가능성이 있는지를 알아보려고 왕립 지리학회의 자료를 꼼꼼하게 찾아보았다. 먼저 워드는 1921년 맬러리가 푸모리와 링트렌 사이의 콜에서 촬영한 사진을 찾아냈고, 이어 1933년 휴스턴 웨스트 랜드가 비행기에서 찍은 항공사진을 찾아낸 다음, 푸모리 콜에서 뉴질랜드인 댄 브라이언트가 찍은 사진에 이어, 마지막으로 빌 틸먼이 칼라파타르에서 찍은 사진을 찾아냈다. 그리고 우연히 소인이 찍히지 않은 봉투 안에서 영국 공군 비행사가 에베레스트 상공에서 1945년과 1947년에 촬영한 항공사진을 찾아냈다. 휴스턴과 틸먼은 1950년 칼라파타르에서 에베레스트 남동릉을 제대로 볼 수 없었지만, 영국 공군의 사진은 그곳을 선명하게 보여주고 있었다. 남동릉은 넓었으며 눈에 덮여있었고 바로 아래쪽에 있는 사우스 콜 — 비록 사진에서는 보이지 않았지만 — 로 이어지고 있었다. 워드는 남동릉과 사우스 콜이 연결되는 이곳이 정상으로 올라갈 수 있는 열쇠일지 모른다고 생각했다. 그는 이곳을 더 자세히 정찰해보고 싶다며 히말라야 위원회에 네팔 원정을 후원해달라고 요청했다.

히말라야 위원회는 정력적인 스위스 산악조사 재단이나 프랑스의 등산 조직에 비해 활발하지 못했다. 1945년 이후 그 위원회는 에베레스트를 공략해보자는 생각을 간간이 해보기는 했지만 단 한 명의 영국인 등산가도 그 산 가까이로 보내지 못했다. 따라서 위원회는 워드 같은 열성적인 청년이 히말라야 등반에서 거대한 발걸음을 내디딜 대담한 아이디어를 제안했어도 그다지 긍정적인 반응을 보이지 않았다. 워드는 자신의 에베레스트 정찰 제안에 대해 위원회가 '굉장히 차갑고도 회의적인' 반응을 보였다고 묘사했다.

워드는 자신을 대변할 수 있도록 히말라야 경험이 있는 유력 인물인 캠벨 세커드Campbell Secord와 빌 머레이W. H. (Bill) Murray를 찾아냈다. 5월에 그들은 가까스로 히말라야 위원회를 설득해서 그해 가을 두 번째 정찰을 허가해달라고 네팔 정부에 요청하도록 했다. 위원회는 마지못해 승인했다. 워드는 위원회가 그 요청이 거절당하기를 은근히 바란다고 믿었다. 그러나 네팔 당국은 그런 요청에 점차 협조적인 태도를 보이면서 6주일 만에 그 계획을 승인해줘서 모두를 놀라게 했다. 워드와 그의 친구들은 8월에 출발할 수 있도록 준비를 서둘렀다.

다른 등산가들도 이 원정에 참가하고 싶어 했다. 한 시즌 동안 알프스에서 힘든 등반을 하고 갓 돌아온 톰 보딜런과 세커드의 친구이자 케임브리지대학에서 근무하던 스위스 생화학자 알프레드 티시에레스Alfred Tissieres가 그들이었다. 처음에 빌 머레이가 원정대장으로 지명되었지만, 에릭 쉽턴이 6월 중순 중국에서 돌아오자 갑자기 계획이 바뀌었다. 쉽턴은 우연히 세커드를 만났는데, 쉽턴의 회상에 의하면, 그때 세커드가 이렇게 말했다고 한다. "오, 돌아오신 건가요? 그럼 이제 무얼 하실 거죠?" 쉽턴이 별다른 계획이 없다고 하자 세커드는 이렇게 말했다. "그럼, 이 원정대의 대장을 맡아주시면 어떻겠습니까?" 쉽턴이 물었다. "무슨 원정 말인가?"

세커드가 길게 설득할 필요도 없이 쉽턴도 원정대에 합류했다. 머레이는 기쁜 마음으로 대장 자리를 양보했다. 머레이는 쉽턴 같이 에베레스트에 다녀왔던 사람이 이번 원정을 지휘한다면 히말라야 위원회의 회의론자들이 안심하리라는 것을 알고 있었다. 쉽턴은 전통적으로 등산가들에게 자금을 후원하던 언론사인『더 타임스』로부터 돈을 받아낼 수도 있었다. 지난해에 틸먼이 비관적인 평가를 내렸기 때문에 쉽턴은 에베레스트의 남쪽에서 정상으로 올라갈 수 있는 루트를 정말 발견할 수 있을지 확신하지 못했다. 그러나 그는 오랫동안 꿈꿔온 세계의 일부를 볼 수 있는 기회를 거절할 생각이 없었다. 그는 이렇게 말했다. "나는 셰르파들로부터 그 지역에 대해 정말 많이 들어왔다. 셰르파들과 함께 히말라야의 다른 지역이나 중앙아시아를 다니다가 정말 아름다운 곳이 나오면 그들은 누구나 할 것 없이 항상 '이곳은 정말 솔루쿰부 같아요.'라고 말했다. 그리고 그 비교는 항상 길고도 향수 어린 대화로 이어졌다. … 결국 나에게는 솔루쿰부가 히말라야 탐험에서 궁극적인 목표인 일종의 메카가 되었다."

출발 전에 티시에레스와 세커드는 개인사정으로 빠졌고, 쉽턴은 소규모의 원정대를 선호했기 때문에 이 원정에 참가하고 싶어 한 몇몇 다른 등산가들의 요청을 거절했다.(그 가운데에는 스위스인 등산가 르네 디테르도 있었다.) 그러나 그는 영국을 출발하기 직전 뉴질랜드 알파인 클럽에서 전보를 받았다. 그 전보는 젊은 뉴질랜드 등산가 네 명이 인도 가르왈 지역에서 등반하고 있는데, 그들 중 일부가 에베레스트 정찰등반에 참가할 수 있는지를 묻는 것이었다. 쉽턴은 처음에는 거절하려 했지만 델리로 향하는 길에 마음을 바꾸었다. 그는 히말라야에서 막 경험을 쌓은 등산가 두세 명이 더 있으면 유리할 것으로 생각했다. 이 즉흥적인 결정은 히말라야 등산의 역사에 길이 남는 영향을 주었다.

뉴질랜드 등산가들, 즉 얼 리디포드Earle Riddiford, 조지 로우George Lowe, 에드 카터Ed Cotter, 에드먼드 힐러리Edmund Hillary가 가르왈 원정에서 돌아오자, 언덕 위에 자리 잡은 산간 마을 라니케트의 호텔에 쉽턴이 보낸 전보가 와있었다. 그것은 "네팔로 들어올 허가를 받고 각자 식량과 장비를 가져온다는 조건으로 두 명을 우리 팀에 초청합니다."라는 초청장이었다. 그곳에 갈 특권을 누가 누릴까에 대해 토의한 결과, 결국 리디포드와 힐러리가 영국인 등산가들을 따라잡으러 서둘러 떠났다.

앙 타르카이가 이끄는 12명의 셰르파를 포함한 쉽턴 일행은 네팔 국경의 조그바니에서 8월 27일 출발했다. 그들은 휴스턴-틸먼 원정대가 지난해에 갔던 길을 따라 솔루쿰부로 향했다. 힐러리와 리디포드는 이들이 떠난 5일 후에 조그바니에 도착해 몬순으로 축축하게 젖어 거머리가 들끓는 아룬 계곡을 따라 쉽턴 일행의 뒤를 쫓아갔고, 결국 9월 8일 아룬 강의 서쪽에 있는 딩글라Dingla에서 쉽턴 일행과 합류했다. 힐러리는 10대에 이미 난다데비에 관한 쉽턴의 책을 읽었기 때문에 그와의 만남은 자신의 우상을 만나는 가슴 벅찬 것이었다. 이 원정대가 지나가는 지역은 모든 대원들에게 낯설었지만 먼저 지나간 원정대의 발자취가 곳곳에 남아있었다. 쉽턴은 전쟁 전의 에베레스트 원정 때부터 그를 알고 있는 많은 셰르파들의 환영을 받았다. 일행이 9월 25일 텡보체 사원에 도착했을 때, 쉽턴은 사원에서 라마승들이 식사와 기도를 알리려고 쓰는 종이 몇 십 년 된 영국제 산소통으로, 동쪽 롱북 빙하에서 셰르파가 가져온 것이라는 것을 알았다.

힐러리가 쉽턴을 만나 기뻐한 것처럼 노장 쉽턴도 힐러리와의 동행을 반겼고, 그의 의욕과 열정을 높이 샀다. 쉽턴은 9월 30일 에베레스트의 남벽을 자세히 정찰하러 갈 때 힐러리를 파트너로 선택했다. 두 사람은 푸모리와 칼라파타르를 연결하는 능선에 올라갔다. 휴스턴과 틸먼은 그전 해에 5,500미터까지밖에 올라가지 못했지만, 쉽턴과 힐러리는 6,100미터의 능선 위까지 올라갔다. 하지만 600미터는 큰 차이였다. 두 사람은 숨을 돌린 후 에베레스트를 바라보았다. 먼저 쉽턴의 주의를 끈 것은 에베레스트의 티베트 쪽과 북벽이었다. "좋은 쌍안경을 가져갔기 때문에 예전에 그쪽에서 올라갔던 모든 발자취를 눈으로 따라갈 수 있었다. 오랜 시간과 여러 가지 경험을 겪고 난 후에도 그토록 나에게 기억이 생생한 곳들을 이렇게 새로운 각도에서 하나하나 바라보니 정말 이상한 기분이 들었다. 우리가 그토록 힘들게 며칠 밤을 보냈던 7,833미터의 작은 터, 날카로운 북동릉 위쪽에 있던 노턴의 6캠프, 옐로 밴드, 블랙 밴드의 절망적인 오버행, 세컨드 스텝과 그레이트 쿨르와르가 눈앞에 보였다. 이 모든 것이 1938년에 마지막으로 봤을 때처럼 신설에 깊이 파묻혀있었다.

에베레스트를 처음 본 힐러리의 주의를 끈 것은 과거보다는 미래였다.

> 이곳에서는 웨스턴 쿰 전체를 다 보지 못할 것으로 생각하며 가벼운 마음으로 바라보았다. 그런데 놀랍게도 계곡 전체가 우리 눈앞에 펼쳐졌다. 길고도 좁은 통로가 아이스 폴 위쪽의 웨스턴 쿰에서 시작되어 로체의 사면 쪽으로 가파르게 이어지고 있었다. 나와 같은 생각을 하고 있는지 쉽턴이 이렇게 말했다. "저기, 저게 루트야!" 이 광경을 본 그가 믿을 수 없다는 기분에 빠져있다는 것은 그의 목소리로 알 수 있었다. 비록 가파르고 크레바스가 많은 것처럼 보였지만 웨스턴 쿰의 바닥에서 로체 빙하를 올라가는 것은 가능할 것 같았다. 거기서부터 길고도 가파른 사면을 횡단해 가면 7,925미터의 안부, 즉 사우스 콜까지 갈 수 있을 것 같았다. 물론 어려운 곳으로 보였지만, 그것은 분명한 루트였다. 우리는 흥분한 목소리로 이 루트에 대해 이야기를 나누었다. 우리의 발견을 유용하게 이용할 수 있는 장비나 대원은 없지만 최소한 아이스 폴 위로 올라갈 수 있는 루트

를 찾아낼 수 있을 것 같았고, 내년에 다시 오면 본격적으로 그 산을 공략할 수 있을 것 같았다.

쉽턴과 힐러리가 푸모리의 사면에서 바라다 보이는 광경에 넋을 놓고 있는 동안 리디포드, 워드, 보딜런과 셰르파 파상은 쿰부 아이스 폴 하단을 통과할 루트를 찾고 있었다. 쉽턴과 힐러리는 10월 2일 아이스 폴이 시작되는 곳에서 리디포드, 보딜런과 합류했다.(워드는 고소증으로 몸이 좋지 않아서 머레이와 함께 베이스캠프로 돌아갔다.) 쉽턴 일행은 많은 눈이 내리는 바람에 하루 반나절 동안 캠프에 꼼짝없이 묶이고 말았다. 하지만 10월 4일 아침에는 춥기는 했지만 날씨가 맑게 개어 영국인 두 명과 뉴질랜드인 두 명이 파상과 다른 셰르파 두 명을 데리고 아이스 폴에 다시 도전했다. 그들은 자주 허벅지까지 빠지는 눈을 헤치며 힘들게 위로 올라갔고, 복잡하게 뒤얽힌 세락과 크레바스를 지나 웨스턴 쿰에서 10미터 떨어진 곳까지 갔다. 거기서 앞으로 더 갈 수도 있었지만 쉽턴은 눈 상태가 너무 위험하다고 생각했다.(설사면에서 눈사태가 나서 리디포드가 깊은 크레바스의 가장자리까지 휩쓸려갔다.) 쉽턴은 어쨌든 그 지대를 더 정찰해보고 싶어 아이스 폴 지대가 몇 주 후에는 단단해지기를 기대했다.

쉽턴과 힐러리는 다시 파트너가 되어서 그다음 2주일간 지도에 수록되지 않은, 에베레스트 남쪽에 있는 임자Imja와 홍구Hongu의 빙하 구조를 탐험했다. 두 사람은 높은 고개에서 바룬Barun 빙하가 마칼루(8,463m) 기슭까지 뻗어있는 것을 보았다. 마칼루 아래쪽 계곡은 서양인들은 한 번도 가본 적이 없고 네팔 목동 몇 명만이 본 곳이었다. 힐러리는 이렇게 회상했다. "전혀 탐험되지 않은 완전히 새로운 곳이었다. 그리고 나는 그런 미지의 땅을 좋아하는 쉽턴의 마음에 곧바로 공감했다." 힐러리는 훗날 마칼루 기슭으로 연결되는 그곳을 탐험하러 오리라고 마음속으로 굳게 다짐했다.

쉽턴과 힐러리는 10월 19일 베이스캠프로 돌아왔고, 이틀 후 아이스 폴로 다시 올라갔다. 그때 다른 대원들은 아직 돌아오지 않았다. 그들은 그 사이에 아이스 폴이 정말 많이 변했는데, 그것도 좋지 않은 쪽으로 변했다는 것을 알았다. 그들이 지난번에 지나갔던 곳 중에는 그 사이에 얼음 덩어리가 엄청나게 무너져있어 마치 '핵폭탄'이 떨어진 것 같은 곳도 있었다. 1951년 정찰등반의 교훈 중 하나는 아이스 폴을 오르는 데는 절대 '좋은' 때나 '더 나은' 때란

1951년 에드먼드 힐러리가 푸모리의 6,100미터 능선에서 서서 쿰부 빙하와 눕체를 바라보고 있다.
(사진 출처: 왕립 지리학회)

없다는 것이었다. 히든 크레바스들과 당장이라도 무너져 덮칠 것 같은 세락들이 사라지면 얼마 후엔 다른 크레바스들과 세락들이 그 자리를 대신하고 있었다. 며칠 후 다른 대원들도 쉽턴과 힐러리에 합세해 아이스 폴에 달라붙었고, 10월 28일 그들은 결국 웨스턴 쿰의 입구에 도달할 수 있었다.

그러나 그들은 입구에서부터 막혔다. 깊이는 30미터쯤 되고 길이는 거의 90미터쯤 되는 거대한 크레바스가 그들 앞을 가로막았다. 시간과 노력만 들인다면 그런 장애물은 넘어갈 수 있겠지만 쉽턴은 이번 원정은 그 정도면 충분하다고 생각했다. 게다가 지금 그 산에서 철수하면 아직 알려지지 않은 곳들을 탐험할 시간을 더 많이 낼 수도 있었다.

쉽턴의 신중한 선택은 절대 용기가 부족해서가 아니라 오히려 여러 번의 결정적인 위기에서 그가 보여주었던 덕목 중 하나였다. 신중한 선택은 전쟁 이전에 영국인 등산가들이 지켜온 뿌리 깊은 가치를 반영한 것이었으며 위험 수위를 적절히 조절하는 규칙 중 하나였다. 정찰대는 이미 아이스 폴을 통과할 수 있는 루트를 찾은 큰 성과를 거두었기 때문에 이제는 분별력을 발휘해서 철수할 때였다. 쉽턴은 무거운 짐을 지고 여러 번 아이스 폴을 오르내린 셰르파들을 걱정했다. 또한 그는 중용을 지키지 않으면 위험한 결과를 초래할 수 있다고 생각해서 혹시 등반대원들이 불의의 사고를 당하지는 않을까 걱정했다. 에베레스트와 같은 거대한 산에 있을 때 무엇이 중용이고 무엇이 분별력인지는 물론 주관적인 판단의 문제지만, 쉽턴 세대의 등산가들에게는 그 경계선이 분명했던 것 같다. 그 경계선을 밀고 나가는 것은 다음 세대 등산가들의 몫이었다. 마이클 워드는 몇 년 후 이렇게 썼다. "더 많은 경험을 쌓고 나서 그때를 되돌아보니 우리가 계속 전진했어야 했다는 점이 분명히 드러났다. 따라서 나는 그 뒤에 훨씬 더 위험한 상황에서도 앞으로 나아가는 결정을 해왔다. 그러한 결정은 히말라야의 상황을 더 잘 이해했을 뿐만 아니라 등산에 대한 나의 자세에도 변화가 일어났기 때문에 내린 것이었다. 현재의 등반에서는 이제 객관적인 위험을 과거보다 훨씬 더 기꺼이 받아들인다."

쉽턴은 아이스 폴의 끝까지 도달하지는 못했지만 "이미 웨스턴 쿰에서 에베레스트 정상까지 가는 그럴듯한 루트를 찾는 데 성공했다."라고 런던에 보고했다. 쉽턴의 탐험기는 다음해에 책으로 출간되었는데, 에베레스트의 정상으로 가는 가장 그럴듯한 루트를 그린 삽화가 수록되어있었다. 그 삽화는 쿰부 아이스 폴을 통해 웨스턴 쿰으로 간 다음, 로체 사면을 왼쪽으로 계속 올라 사우스 콜로 가는 루트가 점선으로 표시된 것이었다. 쉽턴과 그의 동료들은 1952년 에베레스트에 다시 와서 그 등반선을 따라 정상으로 올라가 장장 30년에 걸친 영국의 에베레스트 도전을 만족스럽게 끝내자는 계획을 세웠다.

그러나 그들은 최소한 1952년에는 그럴 기회를 갖지 못했다. 히말라야 위원회는 본격적인 규모의 에베레스트 원정대를 보내겠다는 신청서를 네팔에 제출하지 않고 시간을 끌었다. 하지만 위원들의 머릿속에는 1920~1930년대에 에베레스트가 '영국의 산'이라고 생각해주던 관행을 — 남아시아의 정치적 변화를 감안하면 — 네팔이나 다른 유럽 국가들이 이제 더 이상 지키지 않을 것이라는 생각이 전혀 떠오르지 않았다. 1951년 5월 스위스는 다음 해에 에베레스트에 가기 위해 허가신청서를 제출했고, 네팔 정부는 이 신청을 받아들였다.

쉽턴은 실망했지만 사실 그는 에베레스트가 영국의 독점적인 산이라는 생각에 크게 집착한 것은 아니었다. 곧 그는 취리히로 가서 너그럽게도 스위스의 등산가들에게 공략하기 가장 좋은 루트에 대해 조언해주었다. 한편 런던에서는 에베레스트의 대서사시에 마침표를 찍을 수도 있는 이 결정적 순간에 영국의 역할을 조금이나마 끼워 넣으려고 히말라야 위원회가 마지막 노력을 다하고 있었다. 히말라야 위원회가 스위스 측에 쉽턴을 1952년 원정대의 공동 대장으로 하고 영국인들을 원정대에 참가시키자고 제안한 것이다. 스위스는 쉽턴을 존경했으며 쿰부 아이스 폴에서 영국의 도움을 받을 수 있으리라는 생각에 이 제안을 단호히 거절하지는 않았다. 12월 내내 협상이 이어졌지만 결론이 나지 않았다. 또 다른 타협안은 스위스가 몬순이 오기 전 봄에 공략을 하고 몬순이 지나간 가을에 영국이 공략을 하자는 것이었으나, 이 제안은 네팔 정부가 거부했다. 결국 스위스 원정대, 즉 스위스인으로만 구성된 원정대가 1952년 에베레스트 입산 허가를 받았다.

초오유 정찰등반

네팔은 영국을 달래기 위해 영국에 1953년 에베레스트 입산 허가서를 내주었다. 또한 영국이 1952년에 어느 산이든지 골라 도전할 수 있도록 해, 남은 시간을 활용할 수 있게 해주었다. 따라서 1951년 정찰등반을 다녀온 대원들은 이번에는 세계에서 여섯 번째로 높은 산이며, 에베레스트에서 북서쪽으로 27킬로미터 떨어져 있는 초오유(8,201m)에 도전하기로 했다. 에베레스트처럼 초오유도 네팔과 티베트의 국경지대에 걸쳐있었다. 셰르파들은 이 산의 바로 서쪽에 있는 5,716미터의 낭파 라를 솔루쿰부와 티베트 간의 주 교역로로 이용하며 자주 넘어다녔기 때문에 이 지역을 잘 알고 있었다. 1921년의 에베레스트 원정대는 초오유에 접근했지만 정찰은 하지 않았다. 1951년의 에베레스트 정찰등반 때는 머레이와 보딜런이 가능한 루트를 찾아 초오유를 정찰하러 갔었는데, 낭파 라를 넘어 훗날 갸브락Gyabrag 빙하로 알려지게 되는 케트락Kyetrak 빙하로 들어가서 티베트 쪽으로 가보았으며 그 산의 북쪽을 자세히 보고 왔었다. 쉽턴과 워드도 남쪽에서 등반 가능한 루트를 찾기도 했었다.

초오유 원정은 영국이 시도한 전후 최초의 본격적인 원정으로, 1953년 에베레스트 원정을 위해 대원들이나 장비를 시험해 보기에도 좋은 기회였다. 물론 초오유를 등정한다면 금

상첨화일 것이다. 히말라야 위원회는 쉽턴을 대장으로 임명했다. 쉽턴은 이번에도 힐러리, 리디포드, 보딜런과 함께 갔다. 새롭게 합류한 대원들은 캠벨 세커드, 찰스 에번스, 알프레드 그레고리Alfred Gregory, 로이 컬리지Roy Colledge와 뉴질랜드인 조지 로우였다. 이번에는 루이스 그리피스 크레스웰 에번스 퓨Lewis Griffith Cresswell Evans Pugh 박사도 함께 갔다. 퓨 박사는 2차 세계대전 동안 레바논의 영국군 산악전술학교에서 스키부대 훈련을 도왔으며 전후에는 극한의 환경이 인간의 생리현상에 미치는 영향을 연구하러 영국 해군의 북극 탐사에 참가했다. 퓨 박사는 전시에 이루어졌던 고소 생리학에 대한 연구와 결부하여 이번 초오유 원정에서는 3주일간에 걸쳐 등반대원들과 그들의 산소 장비를 검사할 예정이었다. 그의 더 큰 목표는 고소에서 인공적으로 산소를 공급하는 방법을 개선하여 전쟁 전의 원정대가 해결하지 못한 문제, 즉 대원들이 8,534미터의 고도를 돌파한 다음 에베레스트의 마지막 300미터 정도의 구간에서 겪을 문제를 해결하는 것이었다.

원정대는 4월 29일 초오유의 남서쪽에 있는 보테 코시 계곡의 5,640미터 지점에 베이스캠프를 설치했다. 그들은 남서릉으로 그 산을 올라보았다. 이것이 별 소득이 없자 힐러리, 로우, 그리고 셰르파 몇 명이 재빨리 낭파 라를 넘어가 북서쪽 접근로를 찾아보았다. 그들은 가능할 것 같은 한 루트를 점찍어 놓았다. 힐러리는 팅그리에 주둔 중이던 중국 군인들에게 발각되면 '덫에 걸린 쥐'처럼 붙잡힐 가능성이 있다는 것은 인정했지만 대담하게 한 번 공략을 시도해보자고 주장했다. 그러나 쉽턴은 티베트 쪽에서 본격적인 공략을 하는 위험을 무릅쓰고 싶어 하지 않았다.

쉽턴은 결국 힐러리, 보딜런, 그레고리, 세커드, 로우를 산의 북쪽으로 보내서 재빨리 시도한다면 얼마나 높이 올라갈 수 있을지 보고 오도록 했다. 그러나 그는 보급 물자를 쌓아둘 중간 캠프를 티베트 쪽에는 설치하지 못하게 했다. 따라서 만약 그들이 정상에 올라가려고 한다면, 그들과 셰르파들은 모두 짐을 등에 메고 알파인 스타일로 올라가야만 했다. 힐러리는 이 결정에 대해 다음과 같이 썼다. "연락 체계가 너무 길고 기동성이 제한되어 있어서 강력한 시도를 하지 못하게 되었다. 나는 그때 이미 우리가 실패할 것이라고 생각했다." 그들은 6,550미터의 고소 캠프에서 그들이 할 수 있는 모든 것을 해보았지만 결국 6,830미터에서 어려운 빙벽에 가로막히고 말았다. 그 장애물을 넘기 위해 포위전법을 쓰기에는 물자가 너무 부족해서 그들은 네팔 쪽에 설치한 베이스캠프로 5월 12일에 돌아왔다. 이번 원정에서 대원들은 6,400~7,000미터의 봉우리 11개를 초등하기는 했지만, 초오유를 떠날 때 힐러리는 "기꺼이 패배를 인정한 우리 자신이 부끄럽기까지 하다."라고 했다. 그것은 다가올 영국의 에베레스트 원정에 결코 좋은 조짐은 아니었다.

스위스의 에베레스트 도전

1953년에 영국 원정대가 에베레스트에 갈 수 있을지의 여부는 이제 라이벌인 스위스의 손에 달려있었다. 에두와르 비 뒤낭 박사와 르네 디테르는 1949년 네팔에서 등반을 끝내면서 스위스 에베레스트 원정대를 꾸려보자는 대화를 처음으로 나누었었다. 이제 비 뒤낭이 원정대장을 맡고 디테르가 등반대장을 맡은 스위스 원정대가 에베레스트로 가게 되었다. 대원 9명, 과학자 3명, 셰르파 14명으로 이루어진 이들 원정대는 스위스 산악조사 재단, 제네바 시와 제네바 주, 제네바 산악회인 랑드로사세L'Androsace가 공동으로 후원했다. 일단 스위스인 가운데에서는 앙드레 로흐가 히말라야 경험이 가장 많은 대원이었지만, 어느 누구도 이번이 벌써 다섯 번째 에베레스트 원정인 사다 텐징 노르가이의 맞수가 되지는 못했다.

텐징은 스위스인 대원 중 몇 명을 이전 원정 때부터 알고 있었다. 그가 이번에 처음 만난 대원 중에는 레이몽 랑베르가 있었다. 제네바 출신 가이드인 랑베르는 1938년 몽블랑의 고지대에서 5일간 크레바스에 갇혔지만 극적으로 살아남았다. 그 호된 시련 때문에 랑베르는 네 손가락의 끝 부분과 발가락 전부를 동상으로 잃었다. 그것이 바로 루이 라슈날이 2년 전 안나푸르나에서 랑베르의 이름을 떠올리면서 그의 사고를 교훈으로 삼고자 했던 이유였다. 그러나 랑베르는 부상에도 불구하고 계속 가이드로 활동했으며 특별히 고안된 짧은 등산화를 신고 최고 수준의 등반을 해냈다. 셰르파들은 랑베르에게 매료되었다. 그는 발가락이 절단된 것에 대해 자기연민을 갖지 않았고, 이 점 때문에 셰르파들은 그를 특히 더 좋아했다. 게다가 랑베르는 등반에 대한 프로 의식이 있었고 개방적인 성격이어서 셰르파들은 그를 존경했다. 특히 텐징이 랑베르를 좋아했는데, 나중에 텐징은 그를 "가장 좋아하는, 가장 친한 친구"라고 말했다.

3월 29일 스위스 원정대는 카트만두를 출발했다. 그해 봄 스위스 원정대는 동쪽으로 향해 두드 코시 강에 도착한 다음 그 강을 따라 북쪽으로 가서 루클라Lukla, 가트Ghat, 남체 바자

1952년 에베레스트에서 레이몽 랑베르와 텐징 노르가이
(사진 출처: 스위스 산악조사 재단)

르 마을을 지나 북동쪽으로 방향을 틀어 텡보체로 향했고 마침내 에베레스트에 도착했다. 이들이 에베레스트로 갔던 루트는 이후에 등반과 트레킹의 노멀 루트가 되었다.(텐징은 이 루트를 '올라갔다 내려갔다 올라갔다 내려갔다 하는 길'이라고 불렀다.)

원정대는 4월 20일 쿰부 빙하 아래에 있는 고락 셰프Gorak Shep라는 작은 호수 옆에 베이스 캠프를 설치했다. 곧 그들은 빙하가 바로 시작되는 5,250미터로 캠프를 옮겼다. 4월 25일 그들은 아이스 폴을 공략하기 시작했다. 그곳은 1951년에 영국인들을 거의 한 달이나 붙잡은 곳이었다. 그러나 스위스인들은 쉽턴의 조언과 전례 덕분에 4일 만에 그곳을 돌파했다. 쉽턴 때처럼 스위스인들도 웨스턴 쿰으로 가는 통로에서 거대한 크레바스에 가로막혔는데 쉽턴과는 달리 크레바스를 넘어갈 방법을 미리 준비해 왔다. 먼저 스위스인 대원 장 자크 아스페Jean-Jacques Asper가 크레바스 안의 18미터 밑에 형성된 스노 브리지를 조심스럽게 타고 건너가 반대편으로 올라갔다. 그런 다음 그는 가지고 간 로프를 그쪽에 고정했다. 대원들은 곧 정교한 줄사다리를 설치해 포터들이 짐을 메고 건너갈 수 있게 했다. 여기서부터 그들이 내디딘 한 걸음 한 걸음은 등산역사의 새로운 장이 되었다. 디테르는 이렇게 썼다. "쿰부를 통과하자 우리는 정상까지는 몰라도 높이 올라갈 수는 있을 것이라는 확신이 섰다."

더 높이 올라가기 위해 스위스 원정대는 포위전법을 펼쳐야 했다. 20세기에 어떤 전쟁에도 참전하지 않았던 산악국가의 후예인 디테르는 에베레스트 원정에서 전통적으로 사용되어 오던 군사용어를 쓰는 것을 꺼렸지만, 결국은 어쩔 수 없었다.

> "사령부!" "작전!" 히말라야에 대한 이야기에 나오는 이런 군사용어를 볼 때마다 웃긴다고 생각했던 나 역시 그걸 쓴다! 내가 원하건 원하지 않건 전투라는 개념이 매일같이 나를 강하게 몰아세운다. … 히말라야에서 겪은 지난 경험을 통해 나는 경량 등반의 열렬한 지지자가 되었다. 틸먼이나 쉽턴처럼 나도 속도를 위해 중량을 줄여야 한다고 생각했지만, 이곳은 시작부터 완전히 딴판이었다. 8~10일치의 보급품만 가진 공격조와 셰르파 몇 명을 무모하게 위로 올려보내 놓고, 캠프의 물자를 매일 조금씩 위로 옮긴다는 생각은 꿈도 꿀 수 없다. 거리가 너무 멀고 우리 앞을 가로막는 장애물이 너무 견고하다. 한 지역을 점령하면 그곳에 캠프를 설치하고 제2의 베이스캠프가 될 정도로 장비와 식량을 충분히 보급해야 한다. … 전투 준비가 된 네 명의 공격조를 7,925미터 위쪽으로 올려보내려면 카트만두에서 출발할 때 3백 명은 되어야 한다. 이것은 어느 정도 전쟁에 가까운 규모다.

마침내 웨스턴 쿰 쪽으로 올라가는 루트가 뚫렸으므로 본격적으로 포위전법이 시작되었다. 셰르파들은 아이스 폴을 뚫고 줄사다리를 놓아 물자를 날랐고, 스위스인 대원들은 전진해서 3, 4캠프를 설치한 다음 가장 높은 5캠프를 5월 11일 로체 사면 바로 아래인 6,900미터의 웨스턴 쿰에 설치했다.

에베레스트에서는 언제나 그런 것처럼 5월의 처음 2주일간은 날씨가 온화했다. 사실 대원들은 주변을 둘러싼 벽이 쿰 안에 가둔 한낮의 열기로 인해 무척 애를 먹고 있었다. 그 벽은 또한 때때로 들려오는 이쪽저쪽의 눈사태 소리를 빼고는 모든 소음을 차단했다. 그들은 그곳을 "고요의 계곡Valley of Silence"이라고 불렀다. 5월 중순이 되자 그들은 5캠프에서 고도로 1,000미터 가량 위쪽에 있는 사우스 콜로 올라갈 준비가 되었다. 원래 쉽턴의 조언은 로체 사면을 올라가서 길게 옆으로 횡단하여 콜로 가라는 것이었지만, 스위스인 대원들은 아래쪽에서 사우스 콜을 올려다보고 쉽턴의 조언을 무시하기로 결정했다. 대신 그들은 좀 더 직선에 가까운 루트를 택해 7,300미터에 있는 검은 바위 버트레스를 옆으로 끼고 올라가 콜을 내려다볼 수 있는 곳까지 가기로 했다. 그들은 이 검은 바위 버트레스를 '에페롱 드 제네바 Éperon des Genevois' 즉, 제네바 스퍼Geneva Spur라고 이름 붙였다.

5월 15일 디테르, 로흐, 랑베르와 텐징은 사우스 콜로 올라가기 시작했다. 그들은 첫째 날 상당한 진전을 보여 스퍼의 밑에서 오른쪽으로 올라갔다. 그러나 곧 이 루트에는 중간에 캠프를 설치할 장소가 전혀 없는 근본적인 결함이 있다는 것을 깨달았다. 즉 이것은 5캠프에서 사우스 콜까지 기나긴 구간을 계속 올라가야 한다는 뜻이었다.

그다음 일주일 동안 대원들은 루트를 확보하기 위해 애쓰면서 스퍼 옆에 고정로프를 설치하고 7,500미터에 확보한 작은 보급 장소로 물자를 나르기 시작했다. 5월 21일 날씨가 험악해지더니 강풍이 불며 눈이 30센티미터 가량 더 내렸다. 이것은 몬순이 시작되기 전까지 시간이 얼마 남지 않았다는 신호였다.

이곳에서부터 두 가지 사실이 점차 분명해졌다. 첫 번째는 등반이 계획대로 되지는 않을 것이라는 것이고, 두 번째는 그들의 전진이 거의 전적으로 텐징의 노력에 달려있다는 것이었다. 5월 25일 랑베르, 르네 디테르, 레옹 플로리Leon Flory와 텐징이 여섯 명의 셰르파와 함께 어두워지기 전에 콜에 도착하겠다는 희망을 갖고 5캠프를 출발했다. 그러나 세 명의 셰르파가 올라가는 도중에 고소증과 초기 동상 증세로 인해 탈락했다. 남은 대원들은 10시간이나 등반했지만 콜까지는 여전히 수백 미터가 남아있었고, 그들은 점점 탈진해가기 시작했다. 태양이 푸모리 너머로 떨어지자 어둠이 빠르게 다가왔다. 그들은 7,800미터에서 움푹 들어간 작은 곳을 발견하여 비박하기 위해 바닥을 파냈지만 뜬눈으로 그날 밤을 보내야 했다. 세 명의 스위스인 대원들은 2인용 텐트 안에서 서로 부둥켜안고 있어야 했고, 네 명의 셰르파는 나머지 2인용 텐트 안에서 쪼그리고 앉아 밤을 보내야 했다. 어둠 속에서 텐징이 나리들에게 차와 비스킷, 치즈를 가져다주었고, 그다음 날 아침에는 뜨거운 코코아를 끓여다 주었다. 텐징은 쾌활하게 외쳤다. "나리님들, 날씨가 좋네요!" 네 명의 셰르파 가운데 텐징만이 더 높이 올라가겠다고 했다. 나머지 셰르파 중 두 명은 전날 다른 셰르파들이 포기하고 돌아갔기 때문에 어쩔 수 없이 아래쪽 사면에 두고 온 장비들을 이곳 비박 장소까지 나르기로 했고, 다른 한 명은 몸이 아파서 측은하게도 침낭 속에 누워 꼼짝도 하지 못했다.

텐징, 오베르, 플로리, 랑베르는 제네바 스퍼 위쪽으로 올라가기 시작했다. 스퍼의 꼭대기에 올라서자 60미터 아래에 있는 콜을 내려다볼 수 있었다. 스위스인 대원들은 사우스 콜을 향해 내려가기 시작했는데 거센 바람이 그들을 날려버릴 듯 불어대서 손과 발을 모두 사용해 기다시피 내려가야 했다. 훗날 랑베르가 쓴 것처럼 '바닥에 벌레처럼 붙어서' 기다시피 내려온 대원들은 6캠프의 텐트를 세우기 위해 2시간 동안이나 애를 써야 했다. 한편 텐징은 비박 장소로 다시 내려가 주저하는 셰르파들을 사우스 콜로 올라가도록 다그쳤다. 그는 그날 더 많은 물자를 날라오기 위해 비박 장소로 세 번이나 내려갔다 왔다.

정상은 아직도 멀리 있었지만 사우스 콜에 올라갔다는 것 자체가 큰 성과였다. 7,925미터에 세운 6캠프는 안나푸르나 정상의 높이보다 고작 166미터 낮았다. 다른 8천 미터 급 고봉의 정상에서는 등산가들이 겨우 몇 분을 머무를 수 있지만, 스위스인들과 셰르파들은 황량하기 짝이 없고 거센 바람이 불어대는 사우스 콜에서 며칠간 생활할 수 있었다. 텐징은 이렇게 말했다. "일생 동안 거칠고 황량한 곳에 많이 가보았지만 사우스 콜 같은 곳은 아무 데도 없었다."

스위스 원정대가 웨스턴 쿰에서 내디딘 한 걸음 한 걸음이 등산역사의 새로운 장을 쓴 것처럼 이제 그들은 또다시 새로운 역사를 쓰려 하고 있었다. 그들은 완전히 새로운 각도에서 이전까지 어떤 사람도 볼 수 없었던 에베레스트의 정상으로 이어지는 능선을 바라보았지만 최종 목표인 정상은 보이지 않았다. 에베레스트의 진짜 정상은 둥글고 작은 위성봉인 남봉South Summit에 가려져 있었다. 그곳은 랑베르가 밑에서 보고 추산한 바에 의하면 8,595미터(실제로는 8,750미터)였다. 발 아래쪽은 구름이 깔려 있고 멀리 칸첸중가와 마칼루의 정상만이 구름 위로 모습을 드러내고 있었다. 그들은 장비가 부족했는데, 텐징이 데리고 올라온 세 명의 셰르파들은 고소의 영향을 받은 듯 더 이상 위로 올라가기를 거부했다.

임박한 몬순을 걱정한 스위스인 대원들은 5월 27일 남동릉을 올라가기로 결정했다. 셰르파 세 명이 비교적 안락한 5캠프로 내려가자 텐징은 배낭에 텐트를 하나 챙긴 다음 랑베르, 플로리, 오베르와 함께 출발했다. 원래의 계획은 그날은 정찰 삼아 최대한 높이 올라가서 공격캠프 자리에 텐트를 쳐놓고 밤을 보내기 위해 콜로 돌아오는 것이었다. 그러나 올라가는 도중에 랑베르와 텐징은 각자 '이렇게까지 정상에 가까이 왔는데 사우스 콜로 돌아가는 것은 바보 같은 짓'이라는 결론을 내렸다. 오후 4시가 조금 지난 시간에 랑베르가 8,400미터라고 추정한 곳에 도착한 그들은 그곳에서 텐트를 하나 칠 정도의 공간이 있는 넓적한 바위를 발견했다. 텐징은 그 장소를 가리키며 랑베르에게 이렇게 말했다. "나리, 우리는 여기서 밤을 보내야 합니다." 랑베르도 기꺼이 동의했다. 플로리와 오베르가 곧 그곳에 도착하자 랑베르는 새로운 계획을 그들에게 말했다. 텐트에는 두 명만 들어갈 수 있어서 플로리와 오베르는 랑베르와 텐징에게 행운을 빌고 사우스 콜로 도로 내려갔다.

랑베르와 텐징은 7캠프에 안락하게 들어앉았다. 하지만 그것은 세계 최고봉을 정복하러 나서는 텐트치고는 너무나 보잘 것이 없었다. 스위스인들은 에베레스트를 공략하면서 전쟁의 포위전법에서 쓰는 용어를 사용하는 법을 배웠다. 르네 디테르가 말했듯, 에베레스트에 대한 도전은 '전투 준비가 된 네 명의 공격조를 7,925미터 위쪽으로 올려보내는 일'이었다. 그러나 이제 공격조는 두 명뿐이고, 그다음 날의 전투를 위해 필요한 보급품은 거의 없었다. 그들에게는 텐트가 하나 있었지만 침낭도, 버너도 없었고, 식량도 거의 없었으며, 산소통에는 산소가 충분하지 않았다. 그들은 촛불에 눈을 좀 녹여서 물을 마시고 추위를 이기기 위해 서로를 껴안았다.

잠을 이룰 수 없는 긴 밤을 보내고 랑베르와 텐징은 5월 28일 아침 6시 쌀쌀한 안개 속에서 6시간을 버틸 수 있는 산소를 갖고 출발했다. 하지만 그들은 그들의 산소 장비에 결함이 있다는 것을 알게 됐다. 극심한 추위로 밸브가 굳어서 작동되지 않았다. 그 산소 장비는 그들이 올라가려고 움직일 때 산소를 빨아들일 수 있는 것이 아니고, 쉬고 있을 때만 산소를 빨아들일 수 있었다. 훗날 랑베르는 이렇게 썼다. "다리가 점점 무거워지더니 마침내 납덩이처럼 느껴졌다. 뇌가 굳어지더니 기능이 마비됐다. 시시각각 안개가 우리를 감싸, 우리는 혹시 폭풍에 갇히게 될까 봐 두려웠다. 어느 순간 로체가 보이더니 차츰 구름 속으로 모습을 감추었다."

두 사람이 5시간 반 동안 힘들게 올라간 고도는 200미터였다. 만일 랑베르의 계산이 맞는다면, 그들은 새로운 고도기록인 8,598미터에 도달한 것이다. 사실 두 사람은 공격캠프의 고도를 지나치게 높게 계산해서 실제로는 그들의 추측보다 약 90미터 아래에 있었다. 그들은 에베레스트의 정상 부근까지 갔지만 노턴이 1924년 산소를 사용하지 않고 세웠던 8,570미터의 고도기록을 경신하지는 못했다. 그들은 얼마 남지 않은 산소가 떨어질 때까지 계속 갈 수도 있었고, 산소가 떨어지면 산소 없이도 또 계속 갈 수 있었을 것이다. 그러나 시간이나 체력을 감안했을 때, 그리고 앞쪽에 펼쳐질 지형을 전혀 모른다는 것을 감안했을 때 그들이 감수해야 하는 위험은 너무나 컸다. 랑베르는 이렇게 말했다. "마치 산에서 길을 잃은 양을 불러들이는 목동의 피리 소리처럼 나에게 들려오는, 하산하라는 절대적이고도 분명한 신호를 무시했다면 우리도 1924년 어느 저녁때의 맬러리와 어빈처럼 실종되었을 것이다. 그들도 틀림없이 그 경고 신호를 들었겠지만, 그들은 그 신호를 듣고 싶어 하지 않았다." 랑베르와 텐징은 서로 쳐다보았고, 그다음 날을 위해 오늘은 살아남아야 한다는 무언의 동의를 하며 돌아섰다.

디테르가 이끄는 2차 공격조가 그다음 날 사우스 콜로 올라갔지만, 날씨가 좋지 않은 데다 체력이 바닥나자 대원들의 사기가 떨어졌다. 6월 1일 원정대는 캠프를 버리고 산을 내려갔다. 철수하는 길에 디테르는 정상에 가지 못한 것을 후회하지 않느냐는 질문을 받았다. (스위스인처럼 고결한 민족에게도) 지나치게 관대하게 들릴지 모르지만, 디테르는 후회하지 않는다며 이렇게 말했다. "우리가 어느 정도는 성과를 거두었다고 생각한다. 에베레스트는 한 원정대가 다른 원정대의 어깨를 밟고 올라가는 곳이다. 우리는 쉽턴의 어깨를 밟고 올라서서 등반했고, 쉽턴은 휴스턴의 어깨를 밟았다. 우리 뒤에 올 원정대는 우리의 어깨를 밟고 등반할 것이다. 이것만이 유일한 길이다."

포스트 몬순 시즌의 도전

9월 10일 가브리엘 쉬발리Gabrielle Chevalley가 이끄는 가을 원정대가 카트만두를 출발했다. 이 원정대는 에베레스트를 본격적으로 오를 계획으로 출발한 첫 포스트 몬순 원정대였다. 랑베르가 텐징과 함께 에베레스트로 돌아왔다. 텐징은 사다 역할도 했지만 정식으로 대원 자격을 부여받았는데, 이렇게 정식으로 대원 자격을 부여받은 셰르파는 그가 처음이었다. 다른 네 명의 스위스인 등산가와 스위스계 미국인 영화 제작자인 노먼 다이렌퍼스Norman Dyhrenfurth(스위스 지질학자 귄터 다이렌푸르트Günther Dyhrenfurth의 아들)가 원정에 참가했다. 지난봄의 실수에서 배운 것이 있어 그들은 이번에는 좀 더 개선된 산소 장비를 가져왔다. 그들은 먼저 제네바 스퍼를 통해 사우스 콜로 올라가는 것을 시도한 후, 쉽턴이 권한 대로 로체 사면에 루트를 내는 것으로 계획을 바꾸었다. 그러나 불운과 비극이 그들을 가로막았다. 제네바 스퍼 루트를 포기하기 전인 10월 31일 셰르파 밍마 도르제Mingma Dorje가 로체 사면 북쪽 가장자리에서 세락이 무너지면서 떨어진 얼음 파편에 맞아 치명상을 입고 말았다. 그는 에베레스트에서 목숨을 잃은 14번째이자 남쪽에서 목숨을 잃은 첫 번째 희생자가 되었다. 텐징이 그를 묻었다. 같은 날 오후 다른 셰르파 세 명이 로체 사면에서 180미터를 추락해 부상을 입었다. 원정대는 11월 19일이 되어서야 사우스 콜에 올라갔지만 시속 100킬로미터의 강풍과 혹독한 겨울 날씨로 원정을 끝내야 했다. 랑베르는 훗날 공식 원정기에 이렇게 썼다. "그때 우리가 고집을 부렸다면 사우스 콜에서만 네다섯 명이 더 목숨을 잃었을 것이다."

런던에서는 스위스의 패퇴 소식을 조용히, 그러나 만족스럽게 받아들였다. 결국 다음 차례는 영국이었다. 스위스인들이 고향으로 돌아갈 준비를 하고 있을 때 랑베르는 텐징에게 그다음 해에 영국 원정대와 다시 에베레스트로 돌아갈 것인지 물어보았다. 텐징은 여름을 보내면서 이미 에릭 쉽턴과 계약을 한 상태였다. 쉽턴은 그를 사다로 데려가기를 간절히 원했고, 1952년 가을에 찰스 와일리Charles Wylie가 확인을 위해 거듭 초청장을 보내놓은 상태였다. 두 번의 에베레스트 원정으로 몸이 좋지 않은 데다 지친 텐징은 스위스 원정대가 다시 에베레스트로 올 때까지 기다리겠다고 대답했다. "아니, 그 기회를 잡아." 랑베르는 그가 다시 생각해야 한다고 강력하게 설득했다. "누구와 함께 가느냐가 중요한 게 아니야." 랑베르는 목에 감고 다니던 빨간색 목도리를 텐징에게 주면서 작별의 포옹을 했다. 텐징은 그들의 이별에 눈물을 흘렸다.

스위스 원정대가 에베레스트 남쪽에서 2차 도전을 하고 있을 때 또 다른 원정대가 그 산의 북쪽에서 훨씬 더 큰 곤란을 겪고 있었던 것으로 보인다. 1951년 가을, 다음해에 소련이 비밀리에 옛 노스 콜 루트를 공략할 계획이라는 소문이 서방 세계에 돌았다. 소련과 중국의 관료들은 그 원정대의 존재에 대해 부인했지만, 1952년 10월 중순 대규모의 소련 원정대가 모스크바를 떠나 에베레스트로 갔을 가능성이 있다. 소문에 의하면 소련 원정대가 8,170미터에 공격캠프를 설치했는데, 이때 원정대장이었던 파벨 다츠놀리언Pawel Datschnolian 박사와 다섯 명의 대원이 실종되었다고 한다. 이 재앙에 대한 소문이 낭파 라를 넘어다니던 티베트인에 의해 서방 세계로 퍼진 것이다. 그 후 그 러시아 등산가들은 종적을 찾을 수 없었다.

≪ 영국인들이 선택한 대장 ≫

에베레스트에 도전하기 위한 원정이 속속 추진되고 있는 상황에서 영국인들도 본격적으로 도전 준비를 하기 시작했다. 이번 원정은 전쟁 전의 다른 영국 원정에 비할 수 없을 정도로 위험 부담이 컸다. 전쟁 전에는 다른 나라의 어느 누구도 에베레스트 초등이라는 영광을 가로채려 하지 않았기 때문에 설령 한 차례의 원정이 실패로 돌아간다 해도 결국 영국이 초등의 영광을 차지할 것이라는 점에는 변함이 없었다. 그렇지만 이제는 상황이 달라졌다. 스위스인들이 1952년 봄에 거의 성공할 뻔했는데, 만일 1953년에 영국인들이 등정하지 못한다면 1954년에는 프랑스 원정대가 도전할 예정이었다. 프랑스는 원래부터 영국과 라이벌인데다 벌써 최초의 8천 미터 급 고봉 초등이라는 영광을 거머쥔 후여서 만일 프랑스가 에베레스트를 먼저 오른다면 영국으로서는 스위스에게 진 것보다 훨씬 더 수치스러울 터였다.

영국의 초오유 원정이 끝난 다음 쉽턴은 네팔에 남아서 자신이 가장 좋아하는 일을 했다. 그것은 바로 탐험되지 않은 지역을 돌아다니는 것이었다. 힐러리가 이 탐험의 일부를 함께 했다. 힐러리는 쉽턴이 "일단 대규모 원정의 부담을 벗어던지자 새로운 사람으로 변신해서 그가 가장 잘하는 종류의 원정을 마음껏 즐겼다."라고 했다. 초오유 원정대원 대부분이 쉽턴보다 먼저 영국이나 뉴질랜드로 돌아갔다. 그러나 몇몇은 불만을 품었다. 캠벨 세커드는 런던에 돌아오자마자 히말라야 위원회에 편지를 보내 초오유에서 쉽턴이 대장으로는 부적절한 태도를 보였다고 항의했다. 쉽턴에 대한 이런 항의 편지에 그리피스 퓨, 알프레드 그레고리, 얼 리디포드가 동의 서명했다. 위원회 안에서도 세커드의 말에 동조하는 목소리가 나왔다. 그들은 스위스인들이 에베레스트 정상 근처까지 갔던 업적과 성의가 없어 보였던 영국 초오유 원정대의 모습을 비교했다. 그들은 쉽턴이 '열정이 없다'고 하면서 원정대에 '새로운 피가 필요하다'고 말했다.

쉽턴에게 실망한 사람들은 다른 대장을 찾기 시작했다. 가장 열성적인 지지를 받았던 후보는 존 헌트 대령이었다. 인도군에서 복무한 적이 있는 헌트는 당시에는 독일에 주둔 중인 영국 부대에서 복무하고 있었다. 인도에서 태어나 1935년부터 알파인 클럽 회원이었던 헌트는 카라코람에 다녀온 적이 있었고, 알프스에서도 경험을 쌓은 노련한 등산가였다.(그는 1935년에 살토로 캉그리에서 7,470미터까지 올라간 기록을 갖고 있었다.) 그는 1936년 에베레스트 원정 때 잠정적으로 선발되었는데, 신체검사에서 심박을 측정하는 기계의 오진으로 선발이 취소되었다. 전시에 그는 브레머에 있는 설산 특공대의 훈련 센터에서 교관으로 복무했다.

헌트의 또 다른 자격 중 하나가 우르두어를 할 수 있다는 것이었는데, 네팔 사람들이 우르두어 계통의 말을 하고 있어서 의사소통이 가능했다. 그는 또한 수송의 달인으로 알려졌는데, 당시에는 영국 군대의 독일 내 작전 기획에 참여하고 있었다. 그리고 그는 히말라야 위원회의 몇몇 위원들과 친분도 있었다. 위원회의 명예 서기였던 베이질 굿펠로우Basil Goodfellow는 1951년 여름 알프스에서 헌트를 만나 몇 주 동안 유쾌한 산행을 즐긴 적이 있었다. 7월 초순에 굿펠로우가 나서서 "대부분의 사람들이 새로운 대장이 필요하다고 생각하는데, 자네 이름이 거론되고 있다네."라는 편지를 보냈다. '대부분의 사람들'이라고 한 것은 그냥 하는 말이었다. 새로운 대장이 헌트여야 한다는 점에 대해서는 물론 말할 것도 없고 새로운 대장이 필요하다는 점에 대해서도 히말라야 위원회 전체가 동의한 상태가 아니었다. 위원회 내에는 왕립 지리학회의 서기를 맡고 있던 로렌스 커원Laurence Kirwan 경을 비롯한 영향력 있는 쉽턴의 지지자들이 있었다.

쉽턴은 다음 해의 원정대장 자리가 위험하다는 것도 모른 채 영국으로 돌아왔다. 그가 돌아온 지 일주일 만인 7월 28일 알파인 클럽 본부에서 히말라야 위원회 회의가 열렸지만 그에게 그런 정보를 알려주는 사람은 없었다. 그를 강력히 반대한 위원 가운데 베이질 굿펠로우와 『히말라얀 저널』의 편집장 해리 토빈Harry Tobin 대령이 회의에 불참했고, 당시 참석한 사람들 중에서 히말라야 위원회의 위원장이던 클로드 엘리엇Claude Elliott을 비롯한 어느 누구도 자신들이 쉽턴의 자격에 의구심을 품고 있다는 사실을 알리는 불쾌한 일을 떠맡으려 하지 않았다. 사실 그렇게 하려 했다면 완벽한 기회가 회의 초에 있었다. 쉽턴 스스로가 먼저, 자신은 잘 알려진 바와 같이 소규모 경량 등반을 선호한다고 하면서 1953년의 등반은 그렇지 않을 것이기 때문에 우려가 된다는 의사 표명을 한 것이었다. 그러나 위원회는 그를 대장으로 뽑는 결정에는 변함이 없다고 그를 재차 안심시켰다. 쉽턴은 찰스 에번스 박사를 부대장으로 추천하면서 위원회가 자신의 제안을 승인했다고 생각하며 돌아갔다.

물론 에베레스트 원정대장을 누가 맡을 것인가에 대한 논란이 새로운 것은 아니었다. 항상 열성적인 젊은이들은 이전 원정을 이끌었던 무능한 잔재를 벗어던지고자 했다. 이번 논란이 다른 점은 무능의 정도였는데, 대장의 리더십에 대한 문제 제기에 있어서 본질과 근거가 분명하지 않았다. 7월 28일 회의에 참석한 사람들 중 누구도 쉽턴처럼 존경받는 인물을 직접적으로 비판해서 불쾌하게 하고 싶어 하지 않았지만 쉽턴을 믿을 수 없다는 비판적 태도를 어느 정도는 교묘하게 내비쳤다.

7월이 되자 베이질 굿펠로우는 존 헌트에게 원정대의 조직담당 비서 자리를 제안했다. 조직담당 비서의 역할은 원정대장에게 행정적인 지원을 하는 것이다. 헌트는 이 자리를 기쁜 마음으로 받아들였는데, 얼마 후 클로드 엘리엇이 그에게 편지를 보내 원정대의 부대장을 맡으면 어떻겠냐고 제안해서 더욱 기뻐했다. 쉽턴은 헌트가 조직담당 비서를 맡는 것을 반대하지 않았지만, 헌트를 부대장으로 임명할지에 대해서는 아무도 쉽턴의 의견을 물어보지 않았다. 7월 28일 쉽턴은 히말라야 위원회에서 자신이 추천한 대로 찰스 에번스가 부대장을 맡으리라고 생각하고 있었다. 그래서 8월 22일 쉽턴이 왕립 지리학회에서 헌트를 만났을 때 헌트가 자기와 함께 원정대를 운영할 것으로 생각하고 있다는 것을 알고 깜짝 놀랐다. 헌트의 표현대로 하면 그 만남은 "꿈이 사라지는 슬픈 만남이었다." 그는 휴 러틀레지가 이끌었던 에베레스트 원정대에서 제외된 그해를 언급하면서 "마치 1936년 사태가 다시 일어난 것 같았다."라고 했다. 헌트는 에베레스트 정복에서 자신이 맡을 역할의 마지막 기회가 사라졌다고 생각하면서 독일의 주둔지로 돌아갔다.

그러나 결국 기회를 잃은 것은 헌트가 아니라 쉽턴이었다. 그는 9월 11일에 열린 히말라야 위원회에서 마지막 한 방을 얻어맞았다. 이번에는 쉽턴의 지지자인 왕립 지리학회의 로렌스 커원과 지질학자 로렌스 웨이저(1933년 에베레스트 원정대 참가)가 불참했다. 쉽턴은 위원회가 자신의 거취에 대해 상세히 토론할 동안 자리를 비켜달라는 요청을 받았다. 그는 1시간 후 회의장으로 돌아와 최종 결정을 들었다. 그것은 쉽턴이 존 헌트와 '공동 대장'을 맡는 것을 수락한다면 에베레스트 원정을 갈 수 있다는 내용이었다. 원정대가 에베레스트의 베이스캠프에 도착하면 쉽턴은 그 보잘것없는 지위조차 포기해야 할 판이었다. 왜냐하면 실제 등반이 시작되면 헌트가 단일 대장의 역할을 하게 될 것이 뻔했기 때문이다. 히말라야 위원회는 쉽턴에게 "히말라야 위원회는 에베레스트 원정이 국가적으로 중요하다는 것을 인식해, 이번 원정의 대장으로는 정력적인 추진력과 열정이 있는 사람이 적합하다고 생각한다."라고 밝혔다.

위원회가 쉽턴의 자질을 더 이상 믿지 않는 것이 분명해 보였다. 따라서 그가 원정대에서 맡게 될 역할은 그저 장식에 지나지 않는 것이었다. 쉽턴은 훗날 이렇게 썼다. "그 순간 맨 처음 떠오른 생각은 지난 번 회의가 끝난 뒤 밀실에서 엄청난 외교전이 오갔는데 내가 그것을 전혀 몰랐다는 것이었다." 위원회는 쉽턴의 대답을 듣지도 않고 바로 그날 헌트에게 대장을 맡아달라는 전보를 보냈다.

이틀 후 쉽턴은 히말라야 위원회 위원장인 클로드 엘리엇에게 편지를 보내 이런 상황이라면 "원정대에 참가하지 않겠다는 결론을 미안하지만 확고하게 내렸다."라고 알렸다. 자신이 히말라야 위원회의 제안대로 이름뿐인 대장을 맡아서 원정대에 참가한다면, 결과적으로 (진짜) 대장에게 당황스러울 것이며, 원정대 내 분쟁의 원인이 될 것이고, 충성심에 분열이 일어날 여지가 생기며, 토론을 하면 의견이 나뉠 것이기 때문이었다.

쉽턴은 히말라야 위원회가 자신에게 부여한 지위에 굴욕감을 느꼈다. 또한 그는 그때 나이가 마흔 여섯 살인 데다 직업도 없었다. 그는 그 후 직장과 결혼생활 문제로 여러 해 동안 고생을 하다가 1950년대 후반에 파타고니아 탐험가로 재기에 성공했다. 쉽턴은 그 원정을 공식적으로 언급할 때 항상 분한 마음을 숨기고, 자신이 뒤로 물러난 것은 '우호적인 의견차이' 때문이라고 말했다. 이듬해 봄, 그는 미국 잡지 『콜리어스Colliers』에 에베레스트 원정에 대한 기사를 썼는데 사소한 의견차이로 그가 교체되었다고 밝혔다. 그는 다음과 같이 썼다. "12명의 등산가들이 참가하는 이번 원정대는 에베레스트 원정역사상 규모가 가장 큰 것이다. 나는 소규모 원정대를 좋아하는데, 이것이 내가 가지 않는 이유 중 하나다. (우리 등산가들은 자신의 취미에 대해 자신만의 강한 견해를 갖고 있다.)"

쉽턴이 원정대에서 축출되었다는 소식이 알려지자 등산계에서는 반대의 목소리가 높았다. 초오유 원정 때 조심할 필요가 있다는 쉽턴의 의견에 동의했던 톰 보딜런은 너무 화가 나서 1953년 원정에서 자신을 빼달라고 히말라야 위원회에 편지를 보냈다. 그러나 쉽턴은 보딜런을 설득해 그의 생각을 바꾸었다. 힐러리도 화가 나서 해리 에이레스에게 이렇게 편지를 썼다. "쉽턴이 없으니 에베레스트가 예전같이 매력적으로 들리지 않습니다." 그러나 일부 사람들은 쉽턴이 너무나 공개적으로 망신을 당한 점에 대해 분개하긴 했지만 위원회가 새로운 대장을 뽑고자 했던 이유를 이해했다. 빌 머레이는 여동생인 마가렛Margaret에게 은밀히 이런 편지를 보냈다. "치밀한 계획 없이 나서서… 되는 대로 기회를 잡는 소규모 원정에서는 (쉽턴이) 월등하지만 포위전법을 써야 하는 대규모 원정의 대장을 맡을 인물은 아니야. 쉽턴을 믿지 못한다는 말이 아니야. 그는 타의 추종을 불허하는 히말라야 등산가이며, 거대한 산에서도 포위전법을 펴지 않는 진정한 등산가이지. … 그렇지만 분명히 에베레스트 원정대장으로서는 헌트가 더 적임자야."

존 헌트의 원정

헌트는 10월 8일 영국으로 돌아와 특유의 정력적인 추진력으로 왕립 지리학회 건물에 켄싱턴 호텔의 정원이 내려다보이는 방 두 개를 빌려 원정 본부를 차렸다. 그가 주의를 기울인 것 중 하나인 인사 문제는 가장 중요한 것이었지만 곤란한 것이기도 했다. 헌트는 뉴질랜드 등산가들을 더 받아야 한다는 압력을 받았다.(쉽턴이 이미 힐러리, 로우 그리고 유명한 뉴질랜드인 가이드 해리 에이레스에게 초청장을 발송해놓은 상태였다.) 그리고 그해 봄 히말라야 위원회도 반쯤은 빈말로 미국 알파인 클럽에 한두 명의 미국인이 원정대에 들어올 자리가 있을 것 같다고 말해 놓은 상태였다. 헌트는 어느 것도 염두에 두지 않았다. 힐러리와 로우는 이전 원정에서 이미 중요한 역할을 담당했기 때문에 받아들이겠지만 에이레스 같은 새로운 뉴질랜드 대원은 받을 생각이 없었고, 미국인들은 두말할 필요가 없었다. 베이질 굿펠로우는 뉴질랜드인 얼 리디포드가 더 많은 뉴질랜드인 대원이 참가하게 해달라고 요청하자 이렇게 답신했다. "헌트가 — 우리도 그 의견에 동의하는데 — 가장 중요하게 느끼는 것은… 원정대가 영국을 떠나기 전에 가능하면 하나의 팀이 되어야 한다는 것입니다. 대원들은 서로를 잘 알아야 하며 겨울에 스위스나 아니면 영국 내에서일지라도 함께 등반할 기회를 반드시 가져야 합니다. 또한 개별 맞춤으로 제작되는 특수한 의류와 산소 장비가 각자에게 맞는지 보고, 실전 테스트를 해봐야 합니다. 히말라야 현지에서 뉴질랜드인 대원이 합류하는 문제도 이와 같이 준비하는 데 어려움을 가중시킬 것입니다. 따라서 두 명 이상으로 숫자를 늘리는 것은 적절치 않습니다."

쉽턴의 탈락으로 전쟁 전 에베레스트 원정대와 1953년 에베레스트 원정대를 연결하는 마지막 인적 고리가 끊어졌다. 존 헌트 원정대의 최종 대원은 두 명의 뉴질랜드인 대원인 힐러리와 로우, 1951년과 1952년 쉽턴 원정대에 참가했던 찰스 에번스, 톰 보딜런, 알프레드 그

1953년 존 헌트와 제프리 윈스롭 영
(사진 출처: 알파인 클럽 도서관)

레고리와 의료 담당으로 마이클 워드, 생리학자로 그리피스 퓨였다. 새로운 대원으로는 최연소인 22세의 케임브리지대학 지질학과 대학생 조지 밴드George Band와 옥스퍼드대학 산악회장이며 로담스테드 실험 기지의 통계학자인 마이클 웨스트매컷Michael Westmacott, 그리고 여러 차례 히말라야 원정을 다녀온 경험이 있는 차터하우스학교 교직원 윌프리드 노이스Wilfrid Noyce가 있었다. 새로운 대원 가운데에는 헌트처럼 군 소속인 장교 찰스 와일리도 있었다. 그는 당시 구르카 10소총대 소령이었는데 원정의 조직담당 비서 역할을 수행하기 위해 휴가를 받았다. 아울러 노련한 아웃도어 영화 제작자인 톰 스토바트Tom Stobart가 원정영화를 제작하기 위해 카메라맨 역할을 하기로 했다. 『더 타임스』의 특파원인 제임스 모리스James Morris는 원정대 기자로 네팔에서 합류하기로 했다.(『더 타임스』가 이번 원정에 자체 기자를 보내기로 결정할 정도로 이미 이 원정은 중요한 관심거리였다. 이전의 모든 에베레스트 원정에서는 대장이 소식지를 보내는 임무를 수행했다.) 스위스 원정대가 포스트 몬순 원정을 마치고 돌아온 후, 영국 원정대는 텐징 노르가이로부터 팀의 사다를 맡겠다는 동의를 받아낼 수 있었다.

1953년 영국 에베레스트 원정대는 쉽턴과 틸먼의 유명한 방식인 어림잡아 하는 식으로는 계획되지 않았다. 그것은 치밀하게 계획되고 아낌없이 투자된 작전이었다. 먼저 『더 타임스』는 산에서 들어오는 소식을 독점적으로 게재하기로 하고 10,000파운드를 제공했다. 프랑스가 안나푸르나 초등에 성공했고 에르조그의 책이 엄청난 인기를 끌었으며 1952년에 스위스 팀이 에베레스트를 거의 정복할 뻔했기 때문에 이번 에베레스트 원정에 대한 대중의 관심은 1920년대 이후 최고조에 달해있었다. 따라서 신문사는 투자에 대한 이익이 상당할 것으로 기대했다. 영국 원정대를 에베레스트로 보내는 실제 비용은 『더 타임스』가 제공한 금액의 두 배에 달했다. 나머지는 대중들의 기부금과 정부의 직·간접적인 지원금으로 충당했다.

윌프리드 노이스는 1952년 10월부터 원정대가 2월 중순 봄베이로 향하는 배에 탈 때까지 "우리는 지시사항, 프로그램, 일정, 각자가 해야 할 일이 담긴 서류를 매일같이 존 헌트와 찰스 와일리로부터 받았다."라고 회상했다. 헌트는 1952년 봄에 스위스 원정대가 실패한 이유를 자세히 연구해, 정상 공격조에 대한 보급 지원이 충분하지 못한 상황에서 너무 높이 올라간 것이 패인이라는 결론을 내렸다. 프랑스 원정대는 1950년 안나푸르나 원정에 3.5톤의 짐을 가져갔고, 스위스 원정대는 1952년 에베레스트 원정에 4톤 이상을 가져갔다. 1953년 영국 원정대는 13톤 이상을 가져갈 계획이었다. 헌트가 에베레스트 원정에서 이루어낸 가장 큰 업적은 그 많은 짐에 순서를 부여하고 짐을 꾸린 다음에 (필요한 날짜에 필요한 고도로) 수송시킨 것이었다. 그는 1952년 가을 동안 각각의 대원과 짐이 정해진 날짜에 어디에 있어야 하는지에 대한 임시 계획을 세웠다. 계획은 공략 시작일인 'X-데이'로부터 시작해서 'X+1', 'X+2' 등으로 진행되어 정상 공격조가 등정하는 날짜까지 자세하게 세웠다. 나중에 헌트는 원정기의 두 장을 특별히 할애해 계획과 장비에 대해 썼는데, 아이러니컬하게도 그 두 장의 제목은 '준비 1'과 '준비 2'로 간략했다.

식량에도 상당히 주의를 기울였다는 점에서 헌트의 원정대는 쉽턴의 원정대와는 달랐다. 1930년대에 쉽턴과 틸먼이 함께 갔던 에베레스트 원정대는 식량의 상당 부분을 현지에서 조달했다. 특히 쌀, 감자, 짬파와 같이 부피가 나가는 식량은 지나가는 지역에서 구했었다.

쉽턴은 1951년과 1952년에 네팔 원정을 갈 때도 똑같은 원칙에 따라 식단을 만들었다. 톰 보딜런은 1951년 정찰등반 때 몸무게가 무려 16킬로그램이나 빠져서 1953년 원정 계획을 세울 때는 '식량에서 가장 중요한 것은 뭔가 먹을 것이 있어야 한다는 점'이라고 제안했다. 헌트도 이 점에 주의하여 군대 배급품에서 가져온 것이긴 하지만 캔에 든 고기와 생선, 베이컨, 달걀, 버터, 치즈, 커피와 심지어는 과일 케이크까지 포함된 식단으로 대원들을 잘 먹이려 했다.(헌트 자신도 산에서 보낸 처음 몇 주 동안 2.3킬로그램이 늘었다고 보고했다.)

대원들은 최신 고소용 의류를 갖췄는데, 그 가운데에는 오리털 파카와 바지 위에 덧입을 수 있는 면-나일론 합성의 윈드 트라우저즈도 있었다. 에르조그가 『초등 안나푸르나』에서 원정 이후에 받은 수술에 대해 쓴 부분이 대원들의 마음에 그때까지 생생히 남아있어서 발에 착용하는 것에는 특별한 주의를 기울였다. 모든 대원들은 두 켤레의 등산화를 지급받았다. 가벼운 등산화 한 켤레는 저지대에서 사용하는 것이고, 거의 2.5센티미터 두께의 케이폭 섬유를 단열재로 대고, 단열을 위해 특수하게 제작된 창을 부착한 묵직한 등산화 한 켤레는 고지대에서 사용하는 것이었다. 에르조그의 혹독한 시련 덕분에 두꺼운 겉 장갑 안에 착용할 얇은 실크 장갑도 대원들에게 지급되었다. 겉 장갑은 산소 장비를 조작하거나 크램폰을 묶는 것과 같은 섬세한 작업을 할 때는 벗을 수 있도록 한 것이었고, 속의 실크 장갑은 그런 작업을 하는 동안에 동상을 막아주기 위한 것이었다.

가장 중요한 것은 산소 공급 장비였다. 영국인들은 1920년대와 1930년대에 산소통 사용에 대해 확고한 결정을 내리지 못했다. 에베레스트 북쪽에서 가장 높게 올라갔던 몇 번은 산소 보조장비 없이 갔었다. 헌트는 이번에는 모든 고산등반에서 영국인 등반대원들과 셰르파들은 모두 산소를 사용할 것이며 고소에서 잠을 잘 때에도 산소를 사용할 것이라고 선언했다. 그리피스 퓨는 1952년 초오유 원정에서 수행했던 연구에 근거해서 등산가들이 고소로 올라가면 1분에 4리터의 비율로 산소를 사용해야 한다고 주장했는데, 이것은 전쟁 전에 사용하던 양의 두 배였다. 또한 이것은 원정대가 모두 합해 173,000리터에 달하는 어마어마한 양의 산소를 가지고 올라가야 한다는 의미였다.(1952년 스위스 원정대는 25,000리터를 갖고 올라갔다.)

원정대는 두 종류의 산소 장비, 즉 개방형 12세트와 폐쇄형 8세트를 가져갈 계획이었다. 구형인 개방형 장비를 사용하면 등산가들은 산소통의 산소와 주위 공기를 혼합해서 들이마시게 된다. 등산가가 산소통으로부터 한 번 산소를 들이마실 때마다 산소통에 들어 있는 산소가 줄어들었다. 왜냐하면 마신 숨을 공기 중으로 내뱉어야 하기 때문이다. 신형인 폐쇄형 장비를 사용하면 등산가가 밖의 공기와 섞이지 않은 순수한 산소를 들이마시게 된다. 등산가는 숨을 공기 중으로 내뿜는 대신 튜브로 내보내는데, 이 숨은 소다 석회가 든 여과통으로 들어가고, 여기서 이산화탄소가 제거되면서 날숨에 섞여 있던 산소가 순환 재사용된다. 폐쇄형의 장점은 등산가가 100퍼센트 순수한 산소를 들이마셔서 생리학적으로 해발 0미터인 상태 혹은 그보다 더 낮은 지점에 있는 것과 같은 효과를 거두고, 개방형 산소 장비보다 오랫동안 산소통의 산소를 사용할 수 있다는 점이다. 하지만 이 장비의 단점은 훨씬 더 무겁고, 작동이 복잡하며, 밸브가 얼면 닫히는 경향이 있고, 꽉 조이는 마스크를 불편하게 써야 하며, 갑자기 이 장비가 작동되지 않을 경우 등산가에게 훨씬 엄청난 결과를 가져올 수 있다는 점이다. 즉, 해발 0미터에서 8,500미터나 8,800미터의 고도로 갑자기 이동하는 것과 같은 결과를 가져올 수도 있다. 반면 개방형은 6,100미터 정도에서 8,500미터나 8,800미터의 고도로 이동하는 정도의 결과만 가져올지 모른다. 1952년 봄의 스위스 원정대는 폐쇄형 산소 장비를 사용했지만 가을에는 좀 더 믿을 수 있는 개방형 산소 장비로 바꾸었다. 그러나 톰 보딜런은 여전히 폐쇄형 장비의 굳건한 지지자였고, 헌트는 양쪽 모두를 이번 에베레스트 원정에서 사용해볼 생각이었다.

마침내 모든 준비가 끝나 출발하게 되었다. 이번이 에베레스트를 향한 영국의 9번째 원정이었으며 실제로 정상을 오르겠다는 의도를 갖고 출발하는 7번째 원정이었다. 원정대원 대다수는 1953년 2월 12일 배편으로 떠났다. 헌트는 원정대원들이 서로를 잘 이해할 수 있도록 배편의 긴 여행을 선택했다. 카트만두에서 두 명의 뉴질랜드 대원과 사다인 텐징 노르가이가 이끄는 20명의 셰르파들이 합류했다. 셰르파들은 도중에 더 많이 합류해 모두 36명이 되었다.

텐징은 영국과 뉴질랜드 대원들의 지대한 관심을 받았다. 그가 스위스 원정대에 기여한 공헌이 잘 알려졌었기 때문에 헌트도 그를 원정대의 정식 대원으로 초청했다. 윌프리드 노이스는 텐징의 첫인상이 다음과 같았다고 말했다. "나리들과 악수할 때 그는 하얀 이를 드러내 보이며 이제는 유명해진 수줍은 미소를 지었다. … 그는 다른 셰르파보다 덩치가 커 보였으며 군인처럼 반바지에 각반을 착용하고 초록색 베레모를 써서 더욱 당당해 보였다."

1952년 가을에 원정대의 셰르파를 모집하는 데 약간의 문제가 발생했다. 이것은 1951년 에베레스트 정찰등반 때 임금을 놓고 발생한 분규의 감정적 앙금이 남아있었기 때문이기도 했다. 셰르파족 포터들의 인력시장을 전통적으로 감독해온 히말라얀 클럽은 클럽의 임금 결정력이 점차 약화되고 있다는 것을 느끼고 있었다. 1952년 10월 인도의 크로퍼드C. E. J. Crawford는 런던의 해리 토빈에게 이렇게 보고했다. "전후 히말라야의 인기가 올라가면서 '시장이 점차 어지럽혀지고' 있습니다. 제 생각에는 특히 스위스 사람들이 주범인 것 같습니다. 그들은 클럽이 권고한 임금을 지키지 않았습니다. … 이것이 바로 제가 지적하는 상호 불만족의 배경입니다. 이것은 전시에 미국인들이 이 지역에서 '하인 문제'를 야기한 것과 매우 흡사합니다."

'하인 문제'가 카트만두에서 또다시 불거져 나왔다. 카트만두에는 제대로 된 호텔이 없었기 때문에 대원들과 셰르파들이 모두 영국 대사관에 머물렀다. 그러나 대원들은 대사관 안에서 묵은 반면 셰르파들은 이전에 마구간이었던 차고에 수용되었다. 그곳은 화장실도 없는 불편하기 짝이 없는 곳이었다. 셰르파들은 대사관 밖에서 노상방뇨를 하는 것으로 자신들의 불만을 표출했다. 셰르파들이 차고에서 묵도록 결정한 사람은 원정대장이 아닌 대사관 직원이었지만, 헌트는 셰르파들에게 사람들이 빤히 보는 곳에서 노상방뇨를 한다고 꾸짖어서 문제를 악화시켰다. 텐징은 이번 사건은 보다 뿌리 깊은 문제가 드러난 것일 뿐이라고 우려했다. 그는 제임스 램지 울먼에게 이렇게 말했다. "다른 유럽인들보다 영국인들은 대개 속마음을 내보이기 싫어하며 격식을 차리는 것 같습니다. 그리고 특히… 자기들과 다른 인종에게는 더욱 그런 것 같습니다." 텐징은 그 원인이 바로 영국인들이 너무 오랫동안 동양의 지배자 역할을 했다는 사실에 있다고 생각했다. 텐징은 여러 해 동안 영국인 친구들을 깊이 사귀었고 그들의 용기와 공정심을 존경했다. "그러나 항상 그들과 다른 사람들, 나리와 피고용인들 사이에 일정한 선이 있었습니다. 그래서 우리 셰르파들처럼 그런 구분이 없이 살아온 동양인들에게 이것은 어려움과 문제가 될 수 있습니다."

원정대는 두 팀으로 나뉘어 3월 10일과 11일 카트만두를 출발했다. 짐꾼 350명이 원정대의 짐을 날랐다.(한 달 후에는 에베레스트 베이스캠프로 2차 수송이 있었다.) 원정대는 17일간의 도보여행 끝에 텡보체에 도착했고, 이곳에 임시 베이스캠프를 구축했다. 장비를 분류한 다음 대원들과 세르파들은 소규모로 팀을 만들어 3주일간 고소 적응과 등반을 했다.

힐러리가 1차 선발대를 이끌고 아이스 폴을 정찰하러 쿰부 빙하로 올라갔고, 2차 선발대는 나중에 올라갔다. 4월 12일 그들은 아이스 폴 아래에 1캠프를 설치했다. 아이스 폴에는 지난해에 스위스 원정대가 길을 표시하기 위해 사용했던 깃발이 남아있었다. 그러나 고작 몇 개월이 지났을 뿐인데 얼음이 완전히 바뀌어서 그 깃발들은 전혀 쓸모가 없었다. 대원들은 매우 위험한 크레바스들을 건너기 위해 영국에서 가져온 알루미늄 사다리를 사용한 다음 텡보체 주변의 숲에서 잘라온 통나무로 교체했다. 4월 16일이 되자 그들은 아이스 폴 중간 지대에 2캠프를 설치할 수 있었다. 그다음 날 힐러리, 조지 로우, 조지 밴드가 아이스 폴의 끝 부분에 도달했다. 언제나처럼 웨스턴 쿰으로 가기 위해서는 반드시 넘어야 하는 거대한 크레바스가 있었지만, 그들은 먼저의 경험을 거울삼아 사다리를 미리 준비해 가지고 왔다. 그들은 스위스 팀이 사용했던 복잡한 로프 사다리를 피하고 세 개의 알루미늄 사다리를 서로 볼트로 고정해 길게 만들어 이곳을 돌파했다.

일단 원정대가 웨스턴 쿰을 향해 올라가기 시작하자, 존 헌트는 선두에 서서 자기 역할을 하고 루트를 찾고 길을 내며 짐을 옮기는 일에 솔선수범함으로써 '선두에 서서' 원정대를 이끌겠다는 약속을 충실히 지켰다. 4월 22일 3캠프가 아이스 폴 위 6,160미터에 설치되었고, 이어서 5월 1일 웨스턴 쿰의 중간에 있는 옛 스위스 캠프 자리인 6,460미터에 4캠프가 설치되었다. 4캠프는 마지막 단계를 위해 필요한 물자를 충분히 쌓아 놓는 전진 베이스캠프였다. 며칠 후 5캠프가 로체 사면 바로 아래의 6,710미터에 설치되었다.

4월 28일 헌트는 부인 조이Joy에게 이렇게 알렸다. "모든 일이 일정대로 되어 가고 있어 오랫동안 열망해왔던 목표를 이룰 수 있을 것 같소." 5월 초순 등반대는 로체 빙하를 올라 제네바 스퍼 위쪽을 향해 길게 횡단 등반할 준비를 했다. 이 루트는 1951년 쉽턴이 제안했던 것이고, 스위스 원정대가 1952년 포스트 몬순 시즌에 등반하러 왔을 때 선택했던 루트였다. 5월 2일 헌트는 보딜런, 에번스와 함께 로체 사면을 정찰했다. 헌트는 42세로 팀의 평균 연령보다 열 살이나 더 많아 하루 종일 등반하면 자주 초췌하고 지쳐 보였다. 그러나 그다음 날 아침이면 항상 대장의 역할을 맡을 준비를 끝내고 있었다. 그때까지도 쉽턴을 존경하는 대원들이 있었지만, 헌트의 겸손한 인격과 효율성 그리고 추진력은 그의 리더십에 대한 의구심을 잠재웠다. 힐러리를 비롯한 대원 몇몇은 헌트가 군인이어서 원정대를 권위적으로 운영할 것이라고 걱정했지만 곧 이것이 기우였다는 것을 알게 되었다. 힐러리는 "누구나 금방 빠져 들어가는 존의 매력이야말로 그가 가진 가장 강력한 무기다. 다른 대장들처럼 그도 가끔은 고독하고 혼자 틀어박혀 있는 사람이지만, 한편으로는 의지력을 발휘해서 따뜻하고 강인한 성품을 드러내는 사람이다."라고 말했다. 1953년 에베레스트 원정대는 여러 가지 면에서 놀라웠지만 가장 놀라운 것 중 하나가 대원들 사이에 불화가 없었다는 것이다. 톰 보딜런은 3월에 에베레스트로 걸어 들어올 때 헌트에게 이렇게 말했다. "우리는 정말 즐거운 팀입니다." 지난해 쉽턴이 원정대에서 배제되자 가장 많이 화를 냈던 대원의 입에서 그런 말이 나왔다는 것은 특히 의미심장했다. 처음에 헌트가 원정대의 노사문제에서 실수를 하기는 했지만 셰르파들도 그를 존경하기 시작했다.

산에서 바깥세상으로 전달되는 뉴스는 시간이 많이 걸렸다. 장비 중에는 무전기도 있었지만 그것은 산에서 캠프 간에 연락하는 데만 쓸모가 있었다.(하지만 그것도 불통일 때가 많았다.) 특파원 제임스 모리스가 원정대의 전진에 대한 정기 속보를 발송했지만, 이것을 보내려면 6~7일이 걸리는 인편으로 카트만두로 보낸 다음 전신 기사의 손을 빌려 런던에 전보로 보내야 했다. 결국 모리스가 써 보낸 소식이 『더 타임스』에 실리기까지는 7~8일이 걸렸다. (모리스는 또한 '혹시 모를 일'에 대비해 비밀리에 모든 대원의 추도사를 준비해서 런던으로 보내놓았다.) 이 정도로 소식이 늦어지고 있어도 4월에서 5월로 넘어가자 전 세계의 등산가들은 드디어 에베레스트에 결정적인 시기가 다가오고 있다는 것을 알았다. 1921년 첫 영국 에베레스트 정찰등반을 이끌었던 70세의 찰스 하워드 버리는 헌트의 원정대가 떠난 직후 알파인 클럽 본부에 들러 클럽 부서기였던 블레이크니T. S. Blackeney에게 두 가지 소원을 밝혔다. 첫 번째는 "누가 정상에 올라가든 맬러리가 거기에 먼저 올라갔다는 것을 알아야 한다."라는 것이었고, 두 번째는 "6월 2일로 예정된 엘리자베스 2세의 여왕 대관식 날짜와 등정일이 같았으면 좋겠다."라는 것이었다.

대원들이 웨스턴 쿰으로 올라가자, 에베레스트 등반이 일곱 번째인 텐징과 두 번째인 힐러리가 원정대 내에서 가장 강력하다는 것을 모든 대원, 특히 존 헌트가 분명히 알게 되었다. 힐러리와 텐징은 4월 26일 처음으로 함께 등반을 했고 그 이후 자주 파트너가 되어 로프를 함께 썼다. 엄밀한 의미에서 그들은 친구가 아니었다. 텐징은 레이몽 랑베르나 다른 서양인 나리들에게 쓰던 열렬한 찬사를 힐러리에 대해서는 절대 쓰지 않았다. 그러나 두 사람은 호흡이 잘 맞았고 서로를 존중했다.

두 사람은 어울리지 않는 파트너였다. 힐러리는 키가 191센티미터여서 173센티미터의 텐징 옆에 서면 엄청나게 커 보였다. 그러나 그들을 자세히 관찰하면 비슷한 점을 찾을 수 있었다. 마이클 워드는 텐징을 보고 "자연스러운 우아함과 편안함… 산간 지대를 돌아다니면서 일생을 보내는 사람들의 특성이 몸에 배어있다. 마치 기름칠이 잘된 바퀴를 달고 산을 오르는 것 같다."라며 깊은 인상을 받았다고 말했다. 윌프리드 노이스는 힐러리에 대해 이렇게 말했다. "그의 각진 체구는 오직 산을 올라가기 위한 것 같다. 그는 긴 다리로 사면을 성큼성큼 쉽게 올라간다." 두 사람은 스타일만큼 야심도 비슷했다. 텐징이 셰르파로서는 이상할 정도로 거대한 산, 특히 에베레스트의 정상에 올라가려는 욕구가 강하다는 것은 서양 등산가들 사이에서는 이미 오래전부터 알려진 사실이었다. 그리고 힐러리도 자신이 그저 시골 양봉업자라고 말하곤 했지만(완전히 틀린 말도 아니었다.) 산에 발을 들여놓으면 굉장한 경쟁심을 보였다. 그는 원정 초기에 단지 자신이 얼마나 체력이 좋은지 보여줄 목적으로 다른 대원들이 뒤따라 올 수 없는 속도로 한참 앞서 나아간 적이 한두 번이 아니었다.

5월 7일 베이스캠프에서 열린 회의에서 헌트는 정상 공격을 위한 전략을 다음과 같이 설명했다. "일단 원정대가 사우스 콜에 무사히 올라가면, 2명으로 된 2개 공격조가 정상 공략을 위한 준비에 들어가 하루 차이를 두고 출발한다. 1차 공격조는 톰 보딜런과 찰스 에번스다. 그들은 폐쇄형 산소 장비를 사용하고, 사우스 콜에서 남봉까지 바로 올라가거나 상황이 되면 정상까지도 간다. 한편, 지원 역할을 하는 2차 공격조는 남동릉의 8,534미터(28,000피트)에 설치될 공격캠프에서 대기한다. 2차 공격조는 힐러리와 텐징으로 개방형 산소 장비를 사용하고, 공격캠프에서 기다렸다가 그다음 날 정상을 공략한다."

헌트가 5월 7일 개략적으로 설명한 전략은 논쟁을 불러일으켰다. 논리적으로 보면 보딜런과 에번스가 1차 공격조였으므로, 영국인 대원들이 정상에 첫발을 내딛도록 하는 것이 헌트의 목적이라는 추론이 가능하다.(특히 텐징이 그렇게 생각했고 1차 공격조에 자신이 포함되지 않자 당황했다.) 그러나 그렇게만 생각할 수 없는 또 다른 이유가 있었다. 영국을 떠나기 전 헌트는 1924년 원정대장이었던 에드워드 노턴으로부터 "공격캠프를 남봉 위나 아니면 바로 밑에 설치해야 한다."라는 조언을 들었다. 이것은 1920년대와 1930년대에 에베레스트를 북쪽에서 공략할 때 가능하면 공격캠프를 더 높이 올려서 구축했던 경험을 반영한 조언이었다. 이것은 또한 1952년의 스위스 전략을 반영한 것이기도 했다. 헌트는 훗날 에베레

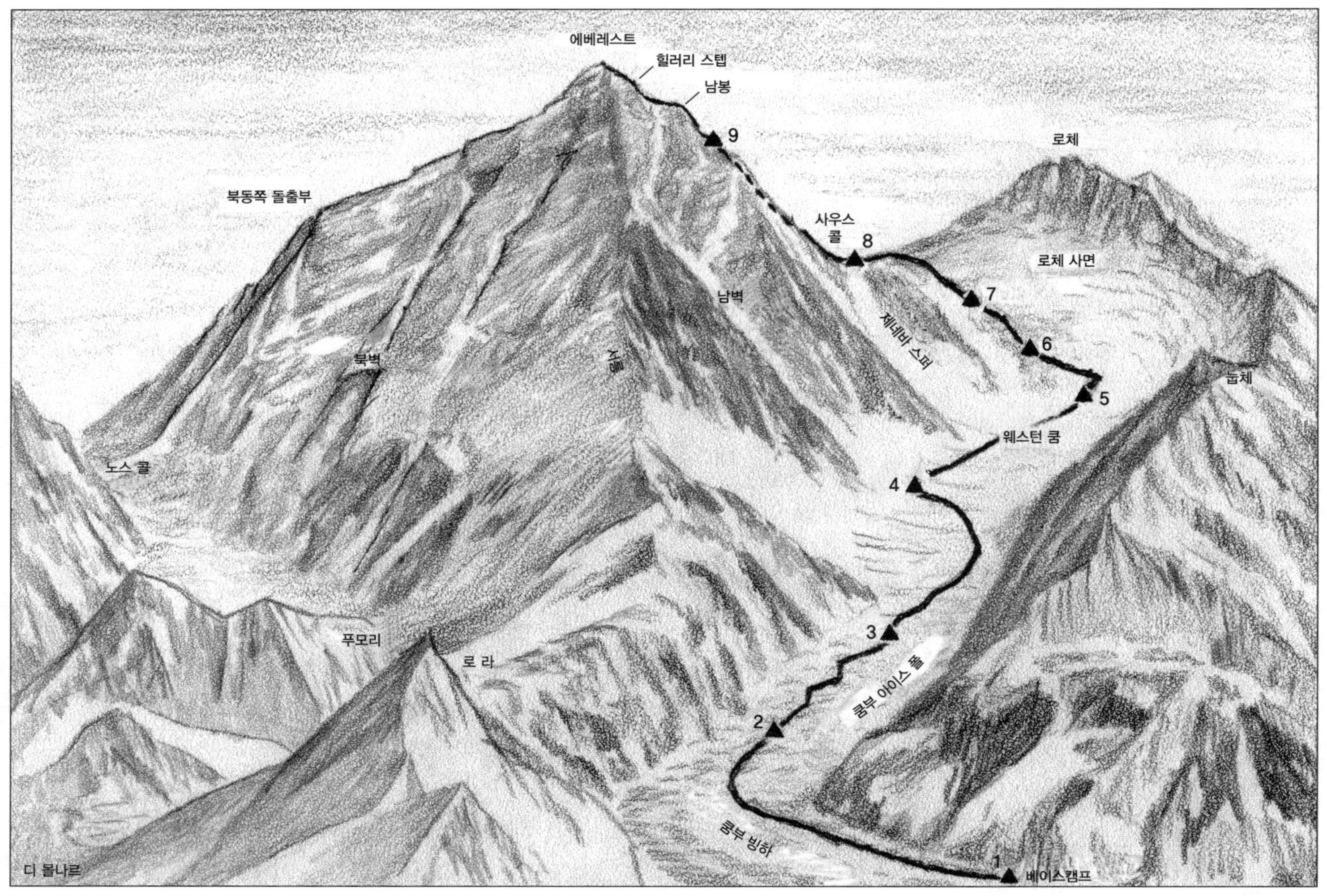

1953년의 영국 에베레스트 등반 루트

스트 원정기에 노턴의 이 제안을 '특히 마음속 깊이 새겼다'고 기록했다.

그러면 왜 헌트는 보딜런과 에번스가 곧 설치될 8,534미터의 공격캠프에서 출발하도록 하지 않고 7,925미터의 사우스 콜에서부터 정상을 공략하도록 했을까? 정상까지 2차 공격조인 힐러리와 텐징은 300미터 정도의 고도만 올라가면 되지만, 1차 공격조인 보딜런과 에번스는 900미터 이상의 고도를 올라가야 한다. 표면적인 이유는 1차 공격조가 사용하는 폐쇄형 산소 장비였다. 이 장비는 더 무겁지만 2차 공격조가 가져가는 개방형 산소 장비보다 효율성이 더 뛰어났다. 폐쇄형이므로 보딜런과 에번스는 산소를 더 많이 마실 수 있고 따라서 힐러리와 텐징보다 훨씬 더 빠르게 올라갈 것이며 그렇기 때문에 사우스 콜과 정상 사이의 공격캠프에서 올라갈 필요가 없다는 것이었다. 그러나 폐쇄형 장비는 고소에서 작동 불량을 자주 일으켜서 악명이 높았다.

정상 공격조를 고르면서 헌트는 딜레마에 빠졌다. 그는 국적과 개인 능력을 모두 고려해야 했다. 헌트는 — 힐러리도 수긍한 것처럼 — 절대로 뉴질랜드인 2명을 한 조로 편성할 수 없었다. 만일 힐러리와 로우, 둘이 정상에 올라간다면 에베레스트 등정이 마치 영국 '원정대'의 승리가 아니라 뉴질랜드 '등산가들'의 승리인 것처럼 비춰질 수 있었다. 힐러리와 텐징은 같은 국가 출신이 아니므로 힐러리-텐징 조는 그런 문제가 없었다. 힐러리가 '뉴질랜드 출신'인 것을 텐징이 효과적으로 약화해주면 힐러리는 뉴질랜드 대표이자 '영연방' 대표가 될 수 있었다. 헌트는 보딜런과 에번스를 1차 공격조로 편성하여 이 두 대원에게 먼저 정상에 오를 기회를 줘서 영국의 국가적인 위신을 지켜야 한다는 요구 조건도 만족시켰다. 만일 그들이 해낸다면 모든 것이 좋게 되는 것이다. 그러나 만일 그들이 실패한다면 — 헌트는 그렇게 예측하고 있었는데 — 영국인 대원은 원정대에서 가장 강력한 힐러리와 텐징에게 길을 내줄 것이다.

헌트는 5월 7일 회의에서 로우와 웨스트매컷, 밴드에게 로체 사면을 횡단해 사우스 콜로 올라가면서 6, 7캠프를 설치하라는 임무를 주었다. 노이스와 와일리는 셰르파들을 이끌고 사우스 콜로 물자를 보급하는 것을 맡기로 했다. 또한 헌트 자신과 그레고리는 남동릉으로 8,534미터까지 올라가 공격캠프를 설치하기로 했다. 그러나 이 원정등반에서 처음으로 예기치 않은 지연사태가 일어났다. 로우와 웨스트매컷, 밴드가 로체 횡단 등반을 이끄는 동안 정도의 차이는 있었지만 모두 고소증에 시달렸고 마지막 구간에서는 악천후와도 싸워야 했다. 헌트는 로체 사면을 일주일 내에 올라갔으면 했지만 사우스 콜로 올라서기도 전에 그 기간이 2주일로 늘어졌다. 5월 20일 헌트는 좌절한 마음을 담은 편지를 아내에게 보냈다. "이유는 잘 모르겠지만 로체 사면을 오르는 루트를 개척하는 팀이 임무를 완수하지 못하고 있다오. 무선통신이 끊겨서 여기(전진 베이스캠프)에서 쳐다보는 것 말고는 별다른 도리가 없소. 어제 그들은 하루 종일 캠프에 있었소. 이틀 전처럼 오늘도 출발은 했지만 다시 돌아왔다오. 애가 타고 너무나 실망스럽소."

그다음 날인 5월 21일 드디어 획기적인 진전이 있었다. 윌프리드 노이스와 셰르파 아눌루Annullu가 드디어 사우스 콜에 올라선 것이다. 같은 날 텐징과 힐러리가 뒤처져 있는 셰르파들이 사우스 콜로 올라갈 수 있도록 돕기 위해 전진 베이스캠프를 출발했다. 두 사람은 정상 공격조 중 한 팀이어서 정상 공격을 위해 힘을 비축해야 했지만 어쩔 수 없었다. 헌트는 아내에게 이렇게 썼다. "셰르파들을 이끌고 있는 윌프(노이스)가 셰르파 한 명과 함께 로체 사면을 올라감으로써 교착상태를 멋지게 타개했다오. 그렇지만 그다음 날(5월 22일) 나머지 대원들이 올라갈 수 있을지는 확실하지 않소. 7캠프에 14명이 있는데, 정상 공략은 그들이 가지고 있는 물자를 사우스 콜로 올릴 수 있느냐에 달려있소. 이 상황을 바꿀만한 대원은 힐러리와 텐징밖에 없기 때문에 2차 정상 공격 때 힘을 쓰지 못할 위험성을 알면서도 그들을 전진 베이스캠프 위로 올려보냈소. 어쨌든 먼저 해결해야 하는 것을 먼저 해야만 하니까요. 그리고 이것이 멋지게 맞아떨어졌소."

헌트의 계획에서 마지막 단계를 실행할 준비가 완료됐다. 5월 25일 보딜런과 에번스는 사우스 콜에 도착해 그다음 날 정상 도전을 할 준비를 했다. 헌트와 셰르파 다 남걀이 힐러리와 텐징의 공격캠프까지 가져갈 물자를 운반하기 위해 그들과 합세했다.

그다음 날인 5월 26일 아침, 헌트와 다 남걀이 가장 먼저 능선을 향해 출발했다. 보딜런과 에번스는 일찍 출발하려 했지만 산소 장비 한 개에서 밸브가 얼어붙어 1시간 이상이나 시간을 끌어야 했다. 그들은 결국 오전 7시 30분에 출발했다. 그들은 곧 헌트와 다 남걀을 설사면에서 따라잡았고 꾸준한 속도로 능선을 올라갔다. 그들은 스위스 원정대의 정상 공격캠프 자리를 지나갔고 텐징과 랑베르가 지난해 5월 올라갔던 최고점도 돌파했다.

보딜런과 에번스는 출발한 지 5시간 반 만에 에베레스트의 남봉 위로 올라섰다. 그들은 8,750미터의 고도에 도달함으로써 그동안 에베레스트를 올랐던 그 누구보다도 더 높은 곳에, 그리고 다른 어떤 8천 미터 급 고봉의 정상보다 더 높은 곳에 올라섰다. 그들은 신체적인 한계뿐만 아니라 정신적인 한계도 넘어섰다. 노튼, 스마이드, 해리스, 웨이저, 랑베르, 텐징이 모두 정상으로부터 300미터쯤 아래의 고도에서 멈추어야 했지만, 보딜런과 에번스는 정상까지 90미터 이내의 고도에 있었다. 그러나 그들 앞쪽으로 눈처마가 무섭게 형성된 칼날 같은 능선이 펼쳐져 있어 올라가고 싶은 생각을 주저하게 만들었다. 보딜런과 에번스의 생각에는 정상까지 올라가려면 서너 시간은 더 걸릴 것 같았고 사우스 콜로 내려가도 그 이상의 시간이 걸릴 것 같았다. 그때쯤이면 산소는 이미 바닥이 날 것이고, 그런 고도에서 산소 없이 얼마나 오래 버틸지 알 수 없었다. 게다가 에번스의 산소 장비에 문제가 생겼다. 보딜런은 혼자라도 가보고 싶은 생각이 간절했지만, 그것은 8천 미터 급 고봉에서 아무도 해본 적이 없는 행동이었다. 따라서 결국 그는 에번스와 함께 돌아서기로 결심했다.

보딜런과 에번스가 정상 공략을 하고 있는 동안 헌트와 다 남걀은 공격캠프를 위한 물자를 가지고 그들 나름대로 남동릉을 오르고 있었다. 그들은 스스로 8,534미터(28,000피트) 정도라고 생각한 남봉 아래의 눈으로 된 튀어나온 턱 위에 도달했다고 판단했다.(그곳은 사실 능선 상의 8,440미터로 후에 '발코니The Balcony'라는 이름이 붙었다.) 그러나 그들은 거기까지 올라가지 못했고 8,336미터에 짐을 내려놓고 사우스 콜로 돌아왔다.

이들 두 팀이 남동릉을 오르고 있을 때 힐러리, 텐징, 그레고리, 로우와 세 명의 셰르파들은 7캠프에서 사우스 콜로 올라가기 시작했다. 헌트와 다 남걀이 완전히 지쳐 비틀거리며 한낮에 콜로 내려오자 힐러리와 텐징은 그들이 텐트 안으로 들어갈 수 있도록 도와주었다. 그날 이러한 일이 일어나기 전에 보딜런과 에번스가 남봉에 올라선 것이 목격되자 사우스 콜에 있던 셰르파들은 환호를 지르며 그날이 바로 에베레스트가 등정되는 날이라고 확신했다. 하지만 4시 30분 경 보딜런과 에번스가 지치고 우울한 표정으로 사우스 콜로 돌아오는 것을 본 힐러리와 텐징은 — 자신들의 속내를 드러내지는 않았지만 — 그들의 고통에 깊이 공감하면서도 그들이 실패한 사실에 마음속 깊이 안도했다.

보딜런과 에번스는 힐러리와 텐징에게 남봉에 오를 때 직접 경험한 것들을 설명해주었고 그곳에서 본 그 위쪽의 인상에 대해서도 말해주었다. 이때 그들이 정확하게 뭐라고 말했는지는 분명하지 않다. 존 헌트가 기억한 대화 내용으로는 보딜런과 에번스가 정상으로 가는 마지막 능선 부분이 '무시무시하다'고 말했다고 한다. 그러나 텐징은 에번스가 다음과 같이 간단하게 말한 것으로 기억했다. "날씨가 좋으면 해낼 수 있을 거야. 내년에 또 올 수는 없잖아."

그다음 날인 5월 27일 힐러리와 텐징이 능선으로 올라가 정상 공격캠프로 갈 예정이었지만 강풍이 콜 쪽으로 내리 불어서 출발할 수 없었다. 헌트, 보딜런, 에번스와 다 남걀이 웨스턴 쿰에 있는 전진 베이스캠프로 내려가는 동안 힐러리는 산소 장비를 점검했다. 힐러리와 텐징은 그날 가능한 한 많이 먹고 마셨다. 그다음 날 날씨가 좀 좋아졌고 두 사람은 캠프 물자를 잔뜩 짊어진 로우, 그레고리, 셰르파 앙 니마Ang Nyima의 지원을 받으며 정상 공격을 위한 공격캠프를 설치하러 출발했다.

그들은 그날 오후 2시 30분 작은 바위 절벽 아래 8,500미터쯤 되어 보이는 곳에서 경사면의 각도가 대략 30도 정도로 줄어드는 곳을 발견했고 그곳에 9캠프를 설치하기로 했다.(사실 이곳은 8,425미터였다.) 로우, 그레고리, 앙 니마는 짐을 그곳에 내려놓은 다음 작별인사를 하고 내려갔다. 힐러리와 텐징은 텐트를 치려고 경사진 곳의 바닥을 다졌다. 느슨한 돌들을 2시간 정도 파내고 나니 선반 두 개를 맞붙인 정도의 바닥을 만들 수 있었다. 높은 곳과 낮은 곳은 거의 30센티미터 정도의 높이 차이가 났다. 두 사람은 텐트를 치고 짐을 풀었다. 힐러리는 애초에 바랐던 것보다 산소가 적다는 것을 알았지만, 보딜런과 에번스가 남봉에서 대략 150미터 아래쪽에 산소가 남아있는 산소통 두 개를 두고 왔다고 했으므로, 하산하면서 그걸 잘 사용하면 겨우 맞을지 모르겠다고 생각했다.

그날 밤 힐러리와 텐징이 잠을 자려고 자리를 잡자 존 헌트의 세심한 준비가 빛을 발했다. 1952년 5월 랑베르와 텐징은 정상 공략 바로 전날 밤 먹을 것이 거의 없었고 마실 것은 사실 전혀 없었다. 하지만 힐러리와 텐징은 정어리, 비스킷, 치킨 누들 수프, 신선한 대추야자 열매, 캔에 든 살구를 먹고 뜨거운 레몬 음료를 마실 수 있었다. 랑베르와 텐징이 추위에 떨며 잠을 거의 자지 못하고 정상 공략 전날 밤을 꼬박 새웠던 반면에, 힐러리와 텐징은 침낭 속에 들어간 다음 숙면을 위해 산소를 마셨다.(밤새도록 사용할 정도로 산소의 양이 충분하지는 않았다. 대신 그들은 밤 9시에서 11시 사이에 산소를 마시면서 잠을 잤고, 그다음에 일어나서 뜨거운 레몬 음료를 마시면서 밤 11시에서 새벽 1시까지 버틴 다음, 또 산소를 마시면서 잠깐 눈을 붙였다.)

5월 29일 새벽 3시 30분경 힐러리와 텐징은 부스럭거리며 일어났다. 그들은 아침으로 뜨거운 레몬 음료와 커피, 비스킷, 정어리를 먹었다. 힐러리는 밤사이에 등산화가 얼어붙은 것을 발견하고 그것을 버너 위에서 녹이고 주물러 발이 들어갈 수 있도록 부드럽게 만들었다. 그는 텐징에게 이렇게 말했다. "나도 랑베르처럼 동상에 걸릴 것 같은데…." 3년 전 안나푸르나 정상으로 향하던 날 에르조그의 말에 라슈날이 무의식적으로 떠올린 것도 이 말이었을 것이다. 해가 떠오르자 4,570미터 아래로 텡보체 사원이 보였다. 틸먼과 휴스턴이 텡보체 사원 앞에 서서 힐러리와 텐징이 캠프를 설치한 바로 이곳을 바라본 지 2년 반이 되는 날이었고, 힐러리와 영국 정찰원정대가 쿰부 아이스 폴을 뚫고 지나가는 루트를 찾아내 웨스턴 쿰의 입구에 선 지는 1년 반이 채 되지 않는 날이었다. 그리고 텐징과 레이몽 랑베르가 정상 공략을 하던 날로부터는 1년 하고도 하루가 지난 날이었다.

텐트 밖은 몹시 추웠지만 하늘은 맑았고 바람도 거의 없었다. 오전 6시 30분 텐징이 앞장서서 출발했다. 경사면은 가팔랐고 표면이 얇게 얼어 등산화가 푹푹 빠질 정도로 눈이 깊었다. 잠시 후 등산화가 따뜻해진 힐러리가 선두에 나섰다. 그는 힘을 내기 위해 자기 자신에게 말을 걸었다. "야, 에드. 이건 에베레스트야. 좀 더 힘차게 밀어붙여!" 한 번은 눈이 뭉개지는 곳에서 몇 번 뒤로 미끄러지자 힐러리가 텐징에게 계속 가야 할지 물어보았다. 그러자 텐징은 담담하게 대답했다. "하고 싶은 대로 하시지요."

그들은 보딜런과 에번스가 3일 전에 올랐던 시간보다 4시간 빠른 오전 9시 남봉에 올라섰다. 그들은 보온병을 꺼내 물을 마시고 다 쓴 산소통을 버린 다음 정상 능선을 올라갈 방법을 궁리했다. 힐러리의 계산으로는 그때 두 사람에게 남아있는 산소는 정상까지 갔다가 보딜런과 에번스가 버린 산소통을 가지러 갈 정도밖에 되지 않을 것 같았다. 보딜런과 에번스가 산소를 1/3정도 남겨 놓은 산소통은 남봉 아래쪽에 있었다. 그전에 산소가 바닥나는 것을 막기 위해 두 사람은 장비의 밸브를 조여서 그리피스 퓨가 권장한 소비량보다 1리터 적은 1분당 3리터씩 산소가 나오게 했다.

남봉 위쪽으로 발을 떼면서 그들은 그날 처음으로 아무도 올라가본 적이 없는 곳을 밟게 되었다. 텐징이 확보를 보는 가운데 힐러리가 발판을 깎으면서 경사면을 올라갔다. 눈은 남봉 아래쪽보다 더 단단했고, 힐러리는 희망으로 가슴이 부풀어 올랐다. 그러나 발 디딜 곳을 주의해서 깎아야 했다. 만일 왼쪽으로 조금 벗어나면 2,400미터를 추락해서 웨스턴 쿰으로 떨어질 수 있고, 오른쪽으로 조금 벗어나 오버행을 이룬 눈처마가 붕괴되면 3,000미터를 추락해 캉슝 빙하로 떨어질 위험이 있었다. 그러나 힐러리는 이렇게 말했다. "그것은 신나는 작업이었다. 바삭바삭 부서지는 눈의 에베레스트 정상 능선에서 피켈 놀림이 쉽고도 자연스럽게 되니 예전에 높은 고도에서 겪은 것보다 더 큰 힘이 느껴지는 것 같았다."

남봉을 떠난 지 1시간 만에 힐러리와 텐징은 높은 바위 스텝에 도달했다. 이곳은 마이클 워드가 왕립 지리학회 자료에서 찾아낸 영국 공군 항공사진에 나타나는 남동릉의 두드러진 지형 중 하나였기 때문에 두 사람은 크게 놀라지는 않았다. 그러나 그것을 어떻게 올라갈 것인가가 여전히 문제였다. 그 스텝은 가파르고 미끄러운 데다 힐러리의 눈대중으로 봤을 때는 거의 12미터 높이였고, 텐징의 눈대중으로 봤을 때는 5미터 정도 되는 것 같았다.(두 사람은 모두 실제 높이를 과소평가했다. 훗날 측정한 바로는 17미터였다.) 웨일스에서라면 이런 바위를 오르는 게 시시했겠지만, 거의 8,840미터에 달하는 고도에서는 이 스텝이 무시무시한 장애물이었다. 힐러리는 잠시 동안 그것을 빤히 쳐다보다가 마침내 해결책을 찾았다. 그는 "오른쪽 눈처마의 얼음과 바위 사이에 나 있는 수직의 크랙을 발견했다. 그 크랙은 높이가 12미터 정도 되었고 사람의 몸이 들어갈 정도로 넓었다. 그 안으로 기어들어가서 몸을 끼고, 크램폰은 뒤쪽 얼음에 대고 얼굴은 바위로 향한 채 위로 올라갔다."라고 말했다. 만일 그의 뒤쪽에 있는 얼음이 떨어져나가면, 밑에서 텐징이 잡고 있는 로프만이 힐러리가 3,000미터를 추락하여 캉슝 빙하로 떨어지는 것을 막을 수 있는 유일한 것이었다. 그는 그 크랙을 비집고 올라가서, 아래쪽에서 그를 잡아주던 로프의 길이가 거의 끝날 때쯤 마침내 그 위로 올라섰다. 그는 바위 위에 드러누워서 '격렬하게' 헉헉거렸다. 잠시 쉰 다음, 그는 바위 위에서 텐징이 올라올 수 있도록 확보를 봐주었다. 이 바위 구조는 그 후 '힐러리 스텝'으로 불리게 된다.

두 사람은 헉헉거리는 호흡을 진정시킨 후 정상을 바라보았다. 1953년 5월 29일 오전 11시 30분이 되어가고 있었다. 힐러리가 앞장섰다. "지난 2시간 동안 쉴 새 없이 발판을 깎았다. 텐징의 움직임도 매우 느려졌다. 한 스텝을 깎고 올라서자 또 다른 모퉁이가 나타났다. 나는 멍해져서 우리가 얼마나 오랫동안 그렇게 올라갈 수 있을지 의문이 들었다. 처음에 느꼈던 기쁨이 우울한 기분이 드는 투쟁으로 바뀌었다. 그때 앞쪽의 능선이 갑자기 완만해지더니 멀리 아래쪽으로 노스 콜과 롱북 빙하가 보였다. 위를 쳐다보니 좁은 능선이 눈에 덮인 정상으로 이어지고 있었다. 단단한 눈에 몇 번 더 피켈을 휘둘러 박은 다음 우리는 정상에

1953년 에베레스트 정상의 텐징 노르가이. 에드먼드 힐러리 촬영
(사진 출처: 왕립 지리학회)

올라섰다."

힐러리가 에베레스트 정상에 먼저 올라서자 텐징이 잠시 후에 뒤따라왔다. 힐러리는 텐징에게 손을 내밀어 악수를 청했다. 텐징은 힐러리를 껴안았다. 두 등산가는 이 산에 도전했던 선배들이 생각났다. 힐러리가 티베트 쪽으로 노스 콜과 동쪽 롱북 빙하를 내려다보자 맬러리와 어빈이 떠올랐다. 정상에는 1924년 두 사람이 실종되기 전 그곳에 올라왔었다는 눈에 보이는 증거는 없었다. 텐징은 산에서 보낸 자신의 지난날이 생각났고 함께 등반했던 사람들이 떠올랐다. 그는 1948년 얼 덴먼이 준 모직 바라클라바를 쓰고 있었고, 1952년 레이몽 랑베르가 준 빨간색 목도리를 하고 있었다.

힐러리는 배낭을 뒤져 코닥 레티나 카메라를 꺼내 20세기의 가장 유명한 컬러 사진 중 하나가 된 사진을 찍었다. 그것은 텐징이 바람에 날리는 유엔, 대영제국, 네팔, 인도 깃발을 매단 피켈을 머리 위로 높이 들고 있는 사진이었다. 그는 또한 정상에서 여러 방향을 내려다보며 에베레스트를 둘러싸고 있는 주변 봉우리들의 사진을 찍었다. 그가 이전에 보였던 야심에 비하면 정상에서 보여준 행동의 근본은 겸손이었다. 그의 겸손을 이해하지 못한다면 에베레스트 정상에서 왜 에드먼드 힐러리를 촬영한 사진이 없는지 설명하기가 어렵다.

정상에서 해야 할 몇 가지 의식을 수행할 시간이었다. 텐징이 눈을 파고 과자, 사탕, 그리고 딸이 준 색연필을 넣었다. 힐러리는 존 헌트가 이틀 전에 사우스 콜에서 주었던 십자가에 매달린 예수 상을 넣었다. 그들은 텐징의 피켈에 달려 있던 깃발들을 그곳에 남겨두었다. 그들은 몇 분간 산소마스크를 벗고 해수면의 기압보다 1/3밖에 되지 않는 희박한 공기를 들이마셨다. 공식적인 의식 말고도, 그렇게 고상하지는 않지만 인간이기 때문에 어쩔 수 없이 해야 하는 일도 했다. 힐러리는 아침에 탈수를 방지하기 위해 차를 여러 잔 마셨기 때문에 꽉 찬 방광을 비워야 했고, 그날 몇 번밖에 서보지 못한 평편한 곳에 서서 소변을 보았다.

그들은 11시 45분에 하산을 시작하여 12시 45분에는 남봉까지 내려왔다. 남봉 밑이 부드러운 눈 때문에 가장 위험했다. 두 사람은 눈사태에 가장자리로 쓸려 캉슝 빙하로 추락할까 봐 걱정하면서 조심스럽게 길을 찾아 내려왔다. 그들은 의도한 대로 에번스와 보딜런의 산소통을 찾은 다음, 오후 2시경 9캠프로 돌아와 충분히 쉬면서 뜨거운 음료를 마셨다. 그리고 사우스 콜에는 여분이 없다는 걸 알고 있었기 때문에 침낭과 에어 매트리스를 배낭에 챙겨 넣고 지치긴 했지만 노련한 기술과 의지력을 발휘해서 사우스 콜의 8캠프로 돌아왔다. 그들이 위쪽에서 내려가고 있을 때 작고 검은 점들이 콜에서 그들을 향해 위쪽으로 올라오는 것이 보였다.

조지 로우가 뜨거운 토마토 수프가 든 보온병과 새 산소통을 들고 맨 먼저 그들에게 올라왔다. 힐러리는 이 오랜 등반 파트너에게 "음, 그 자식을 해치웠어."라고 말해서 그들의 승리를 알렸다. 아마 맬러리라면 이렇게 표현하지는 않았겠지만, 힐러리의 이 표현은 산이라는 맞수에 대해 느끼는 조용한 애정이 담긴 것이었다. 로우는 "꼭 해낼 거라고 생각했지."라고 쾌활하게 말을 받으면서 수프를 컵에 따라 지친 대원들에게 건넸다.

그날 밤 사우스 콜에서 힐러리와 텐징은 로우, 윌프리드 노이스와 등반 이야기를 나누다

에드먼드 힐러리와 텐징 노르가이가 에베레스트를 등정하고 돌아와 4캠프에서 포즈를 취하고 있다.
알프레드 그레고리Alfred Gregory 촬영
(사진 출처: 왕립 지리학회)

가 겨우 잠이 들었다. 그다음 날인 5월 30일 아침 이들은 다시 하산을 시작했다. 찰스 와일리가 그들을 마중하러 7캠프에 올라와 있었지만, 웨스턴 쿰의 4캠프에 도착하자 비로소 진정한 축하가 시작되었다. 헌트와 다른 사람들은 힐러리와 텐징의 정상 공략이 어떻게 됐는지 궁금해서 4캠프에서 이틀 동안 안절부절 못하면서 계속 능선 쪽을 훑어보고 있었다. 두 명의 대원이 오전 9시 남봉에 있는 것이 마지막으로 목격된 후에 사우스 콜 아래쪽에 있는 사람들은 5월 29일과 그다음 날 아침까지도 어떻게 됐는지 그 결과를 전혀 알 수 없었다. 정상 등정에 성공한 그날 오후 윌프리드 노이스가 성공을 알리기 위해 약속된 대로 콜의 가장자리에 침낭 두개를 십자형으로 놓아 신호를 보냈지만 안개가 끼어 헌트는 그 신호를 보지 못했다.

나머지 대원들은 웨스턴 쿰에서 5월 29일 저녁과 그다음 날 아침까지 몹시 초초하게 기다리고 있었다. 늦은 아침에 5개의 작은 점들(힐러리, 텐징, 로우, 노이스, 파상 푸타르Pasang Phutar)이 로체 사면을 내려오는 것이 보였다. 『더 타임스』에 만일에 대비해 제임스 모리스가 미리 보내놓은 추도사는 필요 없게 되었다. 그러나 그때까지는 힐러리와 텐징이 과연 정상 등정에 성공했는지 알 방법이 없었다. 오후 2시가 조금 지나자 이 작은 팀이 마침내 450미터 떨어진 곳에서 4캠프로 힘들게 다가오고 있는 것이 보였다. 힐러리와 텐징은 같은 로프를 쓰고 있었다. 톰 스토바트는 그들이 오고 있는 것을 영상으로 찍기 위해 일찌감치 빙하 위쪽으로 갔고, 아래쪽에 있던 나머지 대원들은 숨을 죽이면서 스토바트를 눈으로 따라갔다. 바로 그때 조지 로우가 자랑스럽게 피켈을 흔들면서 정상을 가리키자 그들 모두의 심장이 흥분으로 뛰기 시작했다. 텐징은 "그 순간부터 히말라야 역사상 그보다 더 큰 흥분은 없었다."라고 기억했다. 헌트는 영국 군인의 자제심을 벗어던지고 웃고 울면서 대원들을 얼싸안았다. 헌트는 부인에게 이렇게 썼다. "모두 몰려들었고, 모두 다 열광했소. 셰르파들도 이 위대하고도 운 좋은 두 대원을 부여안고 크게 웃었다오. 그런 장면을 상상은 해봤지만 정말 일어날 것이라고는 생각하지 않았소. 어제 오전 11시 30분 에드와 텐징이 에베레스트를 등정했소. 우리가 드디어 해낸 것이오. 그것도 정확하게 계획에 맞추어서 말이오."

힐러리와 텐징은 자신들의 등정 과정을 이야기하고 또 이야기했다. 그들은 먹고 마시고, 에릭 쉽턴을 위한 축배를 들었다. 제임스 모리스는 모스부호로 된 급전을 휘갈겨 써서 사람을 시켜 남체 바자르로 보냈고, 계획대로 이미 그곳에 와 있던 인도군 무선통신 요원이 카트만두의 영국 대사관으로 전송했다. 영국 대사관은 그 메시지를 『더 타임스』에 전송했고, 『더 타임스』는 그 메시지를 버킹검 궁과 영국 외교성에 보냈다. 그다음 날인 6월 2일, 군중이 엘리자베스 2세의 여왕 대관식을 보러 런던 거리에 모여 있을 때 『더 타임스』는 힐러리와 텐징의 승리를 담은 호외를 거리에 뿌렸다. 『더 타임스』의 편집인들에게 있어서 영국 원정대의 에베레스트 등정은 새로운 엘리자베스 여왕의 시대가 열렸다는 신호였다. 그들은 이렇게 썼다. "프랜시스 드레이크가 골든 힌드 호를 타고 플리머스 사운드 항구에 닻을 내린 후, 영국 탐험가가 그 군주에게 이토록 영예로운 선물을 드린 적이 거의 없었다.† 존 헌트 대령과 그의 대원들은 엘리자베스 여왕의 대관식에서 여왕의 발 앞에 영예로운 선물을 바쳤다."

6월 2일에 에베레스트 원정대원들은 베이스캠프로 철수했다. 그들은 그곳에서 BBC 방송을 듣고 자신들의 승리를 전하는 뉴스가 영국과 전 세계로 전달되고 있다는 것을 알 수 있었다. 힐러리는 "지구 반대쪽에서 이 소식을 공식적으로 전하는 라디오 뉴스를 들으니 우리의 등정이 훨씬 더 중요하고 실감나게 느껴졌다."라고 기억했다. 에릭 쉽턴도 그날 런던의 대관식 축하 행렬 속에 있다가 에베레스트 등정 소식을 들었다. 그는 자신의 기쁨을 전하기 위해 며칠 후 제프리 윈스롭 영에게 편지를 썼다. "에베레스트에 대한 엄청난 뉴스가 있었습니다. 기나긴 이야기가 완벽한 클라이맥스로 끝났습니다. 저는 그곳에 올라간 사람이 힐러리여서 너무나 기쁩니다. 그는 대단한 사람이고 앞으로 다가올 대중의 갈채를 견뎌낼 인격을 가진 몇 안 되는 사람입니다!"

대영제국 기사 작위Knight Commander of the British Empire를 받아 에드먼드 힐러리 경이 되는 에드먼드 힐러리, 그리고 텐징 노르가이는 세계에서 가장 유명한 사람이 되는 것이 무엇을 의미하는지 드디어 깨닫기 시작했다. 1953년 5월 29일 이후 그들의 인생은 돌이킬 수 없을 정도로 변했다. 그리고 히말라야 등산계도 변하기 시작했다. 힐러리와 텐징, 그리고 그들 이전의 에르조그 덕분에 등산가가 아닌 일반 대중들도 히말라야에서 일어나는 등반 업적에 열성적으로 관심을 갖게 되었다. 이런 열성적인 사람들 가운데 미시건의 그로스 포인트Grosse Pointe에 사는 알프레드 B. 피트Alfred B. Fitt라는 사람이 있었는데, 그는 에베레스트 등정 소식이 미국에 전해진 바로 그날 제임스 램지 울먼에게 이런 편지를 보냈다.

> 몇 달 전에 저와 제 아내는 『초등 안나푸르나』를 읽었습니다. 그것을 시작으로 고산 등산가들에 대한 책을 마구 읽기 시작했는데 그중 우연히 선생님이 에베레스트 원정에 대해 쓴 책을 접하게 되었습니다. 우리는 노스 콜, 퍼스트 스텝, 세컨드 스텝, 능선 아래의 슬랩 지대에 대해 알게 되었습니다. 우리는 맬러리와 어빈에 대해 슬퍼했고, 1933

† 프랜시스 드레이크Francis Drake가 골든 힌드Golden Hind 호를 타고 세계일주를 끝낸 다음 1580년 9월 영국으로 돌아온 것을 가리키는 표현이다.

년에 발견된 피켈에 대해 고민하면서 이론적으로 접근해봤습니다.(우리 둘 다 그 두 사람이 에베레스트를 등정했을 거라고는 생각하지 않습니다.) 히말라야를 결코 볼 수 없는 우리가 세계에서 가장 높은 산에 대해 흥미를 갖게 되었습니다. … 그리고 모든 사람의 관심이 대관식에 쏠려있는 오늘밤 에베레스트가 결국 정복되었다는 소식을 들었습니다. 힐러리(Hillery인가요?)라는 뉴질랜드 사람과 '현지 등산가'가, 아마도 셰르파겠죠. … 정상에 올라갔다고 하더군요. 이 소식을 듣자 왠지 우울한 기분이 들었습니다. 선생님의 책 어딘가에 아니면 영허즈번드나 프랭크 스마이드의 책 어딘가에 에베레스트는 등정되지 않는 것이 오히려 더 좋다는 말이 나온 적이 있었지요. 이제 세계에서 가장 위대한 산이 무릎을 꿇었습니다. 보잘것없는 인간이 세계에서 제일 높은 곳에 올라섰습니다. 그럼, 다음에는 어디인가요?

8장

히말라야 등반의 황금시대

(1953~1960년)

그럼, 다음에는 정말 어디일까? 에베레스트 초등 소식이 전해진 바로 그날 미국 독자가 제임스 램지 울먼에게 했던 질문에 대한 대답은 1953년의 여름이 채 가기도 전에 찾아왔다. 또 다른 8천 미터 급 고봉이 초등된 것이다. 이어서 1954년에는 두 개가 더 초등되었고, 1955년에는 다른 두 개가, 1956년에는 세 개가, 그리고 1957, 1958, 1960년에는 각각 한 개씩이 초등되었다. 이 7년 동안 이미 초등된 몇 개의 8천 미터 급 고봉의 재등이 이어졌고, 이보다는 낮지만 결코 만만찮은 히말라야의 봉우리들이 초등되었다. 이것은 프랑스, 영국, 독일, 이탈리아, 오스트리아, 일본, 미국, 스위스, 중국에서 보낸 원정대가 총체적으로 이루어낸 업적이었다. 정상에 오른 등산가들은 자국 내에서 명성을 누렸고, 때로는 국제적으로도 유명해졌다. 이 시기는 등반이 스포츠가 되면서 대중의 관심을 끈 진정한 히말라야 등반의 황금시대였다.

연이어 초등에 성공한 이 시대가 히말라야 등산가들에게도 행복한 시대였다고 말하기는 쉽지 않다. 몇몇 원정대는 훈훈한 동료애 속에서 성공을 거두었지만, 다른 많은 원정대는 갈등 속에서 산산이 찢어지기도 했다. 권위적인 대장과 말을 잘 따르지 않는 대원들 사이에서, 라이벌 등산가들 사이에서, 국가의 명예나 개인의 성취를 위한 경쟁 속에서 갈등이 일어났다. 그러나 대중은 원정등반이 고상한 모험이라는 이미지를 갖고 있었다. 에드먼드 힐러리가 에베레스트 등반기의 제목으로 붙였던 "하이 어드벤처High Adventure"라는 이미지는 10년 가까이 깨지지 않았다.

에베레스트 초등의 여파

존 헌트는 영국 에베레스트 원정대의 공식 원정기인『에베레스트 등정The Ascent of Everest』을 1953년 여름, 30일 만에 완성했다. 이 책은 9월에 서둘러 출간되어 세계적인 베스트셀러가 되었다.『에베레스트 등정』은 에르조그가 쓴『초등 안나푸르나』처럼 승리를 노래하는 서사시적인 면은 없으나, 헌트가 이끌었던 원정처럼 장인의 솜씨가 느껴지는 세밀하게 잘 짜인 한 편의 산문이다. 헌트는 이 책의 서두에서 60년에 걸친 영국 히말라야 탐험 역사로부터 물려받은 원정 문화의 핵심적 가치를 거장답게 수정 제시하고 있다. "이것은, 1953년 5월 29일,

뛰어난 힘과 기술을 갖춘 두 사람이 불굴의 의지로 에베레스트의 정상에 오른 다음 그의 동료들에게 무사히 다시 돌아온 이야기다."

고무적인 말이었고 실제로도 그랬다. 그러나 5월 29일 이후 벌어진 결코 고무적이라고 할 수 없는 사건을 이 책에 포함시켰더라면 문제는 더 복잡해졌을지도 모른다. 정상에서 돌아오는 힐러리와 텐징의 모습을 보고 기쁨의 눈물을 흘리고 난 지 3주일 만에 카트만두에 돌아오니 '놀라운 일'이 벌어지고 있었다고 헌트는 런던의 히말라야 위원회에 알렸다. "간단히 말해, 현지 정치인들이 텐징을 '접촉'한 것 같습니다. 우리는 공산당이 그 배후에 있다고 확신하고 있습니다. 그들의 의도는 두 가지입니다. 첫째 네팔 민족주의를 고양시키고, 특히 인도를 깎아내리기 위해 에베레스트 등정 성공을 이용하는 것과, 둘째 영국 원정대 전체를 불신하고 서양인들과 동양인들 사이에 갈등을 불러일으키는 것입니다. … 민족주의자들과 공산주의자들의 관심 속에 정치인들이 분명하게 의도하는 것은 텐징의 네팔 국적과 그가 정상에 먼저 올라갔다는 성명서입니다." 문제는 민족주의자들과 공산주의자들만이 아니었다. 에베레스트에서 돌아오는 남편을 맞으러 고향인 다르질링에서 온 텐징의 부인 앙 라무Ang Lhamu도 두통거리였다. 헌트는 히말라야 위원회에 이렇게 불평했다. "돈밖에 생각하는 게 없는 그녀는 당해낼 수가 없습니다." 승리 축하행사에 참석하러 원정대와 함께 영국에 가지 않겠다고 텐징이 고집을 부렸는데, 헌트는 돈이라면 무슨 짓이라도 하는 앙 라무의 본성 때문에 텐징이 이런 결정을 했다고 비난했다. "텐징은 영국 국민으로부터 막대한 포상금을 받지 않는다는 것이 확실해지자 영국을 방문하지 않겠다고 합니다."

문제는 일행이 카트만두에 도착하기 전부터 불거졌다. 텐징은 돌아오는 길에 독점 인터뷰를 하고 싶어 하는 기자들의 접근을 받았다. 『더 타임스』와의 독점 계약에 묶여있는 영국과 뉴질랜드 대원들과는 달리 텐징은 가장 높은 금액을 제시한 측에 자유롭게 자신의 이야기를 팔 수 있었다. 그는 전신 서비스 특파원과 이야기를 하기로 동의했는데, 이것은 『더 타임스』의 최대 라이벌인 『데일리 익스프레스』가 그 이야기를 런던에서 받아 본다는 의미였다. 헌트는 이것을 승인하지 않았지만 텐징은 이 계약에 대해 사과하지 않았다. 텐징은 이렇게 말했다. "일생 동안 이렇게 큰돈을 벌 만한 처지가 되어본 적이 없었습니다. 그리고 이렇게 하는 것이 왜 옳지 않고 부적절한지 모르겠습니다."

헌트가 히말라야 위원회에 넌지시 알린 것처럼 텐징의 유명세를 정치적인 목적을 위해 이용하려 했던 사람들이 있었다. 지난 10년간 인도의 독립에 고무되어 2년 전 라나 가문을 축출한 네팔 민족주의자들은 셰르파의 에베레스트 정복을 자신들의 대의를 보여주는 결집의 상징으로 편리하게 이용할 수 있겠다고 생각했다. 에베레스트 원정대가 카트만두 외곽 마을인 다울라가트Dhaulagat에 도착했을 때를 텐징은 이렇게 회상했다. "네팔인들이 몰려들어 대원들로부터 나를 거의 떼어내다시피 했다. 그 이후 나는 그들이 공산주의자들이었는지 자주 질문 받았는데 솔직히 잘 모르겠다. 그러나 확실한 것은 그 사람들이 매우 신념이 강한 민족주의자들이었으며, 에베레스트에 대해서나 에베레스트를 어떻게 올랐느냐에 대해서는 전혀 관심이 없었고 오직 정치에만 관심이 있었다는 것이다. 그들은 나보고 인도인이 아니라 네팔인이라고 말하라고 했다. 그리고 내가 힐러리보다 먼저 정상에 올라갔다고 말하라고 요구했다."

텐징은 티베트에서 태어났고 솔루쿰부에서 성장했으며, 게다가 지난 20년간 인도에서 살았기 때문에 자신의 국적 문제에는 거의 관심이 없었다. 그럼에도 그는 이 소동에 당황해서 누군가가 손에 쥐어준 문서에 서명하고 말았다. 그 문서에는 힐러리가 아니라 텐징 자신이 먼저 에베레스트에 올랐다는 선언문이 적혀있었다. 그러나 텐징은 문맹이어서 그 내용이 무엇인지 알지도 못했다.

누가 영예를 내려주느냐에 따라 대원들에게 돌아간 영예가 달랐다. 헌트와 힐러리는 엘리자베스 여왕으로부터 기사 작위를 받았지만, 텐징은 그보다 격이 낮은 조지 훈장을 받았다. 원정대원들이 카트만두에 도착했을 때 거리에는 영웅의 모습으로 그려진 텐징이 연약하고 지쳐 보이는 힐러리를 정상으로 끌어올리는 장면을 묘사한 깃발이 온통 나부꼈다. 힐러리는 이것을 웃어넘겼지만 헌트는 심각하게 받아들였다.

이전의 에베레스트 원정이나 히말라야의 다른 산에 대한 원정은 그들이 고용한 셰르파에 의해 주목받아본 적이 한 번도 없었다. 에베레스트 등정과 함께 이 전례가 깨졌는데 셰르파들뿐만 아니라 영국인들도 어떻게 해야 할지 몰라 당황했다.

존 헌트는 남아시아에서 대영제국의 시대가 막을 내렸다는 것을 알아차릴 정도로 지적이고 자유로운 본성을 가진 사람이었다. 그러나 그런 그 역시 텐징이 에베레스트 등정의 의미를 독자적으로 말하고 다니는 것을 공산주의자들의 책동으로 이해할 뿐이었다. 헌트는 텐징의 혼란을 전혀 알아차리지 못했기 때문에 카트만두에서 열린 기자회견에서 정상 등정 문제를 바로잡으려 하다가 사태를 악화시켰다. 영국 신문에 나온 그의 발언은 "텐징이 정상에 먼저 올라 에드먼드 힐러리를 끌어올렸다는 신문 보도를 보고 놀랐다. 텐징의 역할은 등반 내내 그가 밑에 있을 때 앞장서서 발판을 깎는 등 등반을 이끈 힐러리의 보조역할이었다."라고 강조한 것으로 되어있었다.

텐징은 헌트가 자신을 "그의 경험 내에서는 좋은 등산가"라고 언급해서 화가 났다. 생색을 내는 듯한 헌트의 어조에 반발한 사람은 텐징만이 아니라 갓 식민 통치를 벗어난 그 지역 전체 사람들이었다. 『타임스 오브 인디아Times of India』는 6월 23일자에 "대장의 견해에 분개—텐징이 항의의 목소리를 높이다"라는 제하로 "텐징은 자기가 경험이 없다고 존 헌트 경이 암시했다는 것이 차마 믿어지지 않는다고 말했다. 그는 '총 11번의 에베레스트 원정 가운데 7번 참가한 사람이 나 말고 누가 있는가?' 하고 반문했다."라는 글을 실었다.

결국 헌트와 힐러리, 텐징 그리고 이들의 막후에 있던 인도와 영국 정부는 원정 후에 이런 식으로 분규가 일어나는 것이 어느 누구에게도 도움이 되지 않는다는 것을 알아차렸다. 영국 외무성은 조용히 텐징의 부인과 10대 딸 두 명의 여비를 지불하고 텐징을 설득해서 다른 대원들과 함께 영국으로 오도록 조치했다. 오래전부터 자일 파티는 아니었던 힐러리와 텐징은 단어를 주의 깊게 골라서 그들이 에베레스트 정상에 '거의 동시에' 올랐다는 성명서를 발표했다.

결국 여러 주일에 걸친 갈등은 그렇게 마무리되었다. 7월 3일 존 헌트는 힐러리와 텐징을 옆에 세우고, 에베레스트를 정복하고 돌아오는 영웅들을 맞이하기 위해 런던 공항에 모여들어 환호하는 군중 앞에 환한 미소를 지으며 섰다. 이어진 기자 회견에서 누가 먼저 정상에 올랐느냐는 불가피한 질문을 받자 헌트는 카트만두에서 했어야 했을 대답을 했다. "그것은 중요하지 않습니다. 우리는 하나의 로프에 묶인 하나의 팀의 동료로서 함께 등반했기 때문에 그 오르기 힘든 산의 정상에 오를 수 있었습니다." 『더 타임스』는 기자회견을 이렇게 썼다. "헌트 대령이 텐징을 챙기는 가운데 그들은 카메라 플래시 세례를 받는 동안 동료애로 똘똘 뭉쳐서 자주 팔짱을 꼈다."

영국에서 받은 대중적인 찬사로 인해 카트만두에서 그토록 분명하게 드러났던 악의에 대한 기억이 지워졌다. 텐징은 화려한 행렬과 의식으로 정신이 없는 낯선 세계에서도 위엄 있는 태도를 지켰고, 영국 대중은 그를 자연에서 온 신사라고 생각했다. 대원들을 위해 런던에서 열린 디너파티에서 『더 타임스』의 특파원이었던 제임스 모리스는 저명한 손님 한 사람이 "텐징 씨가 좋은 포도주를 감별해 마시는 법을 아는 것 같아서 정말 기분이 좋습니다."라고 말하는 것을 듣고도 전혀 놀라지 않았다고 한다.

텐징은 영국에서 2주일을 보내고 나서 가족과 함께 인도의 고향으로 돌아갔다. 몇 주 후, 존 헌트는 텐징에게 『에베레스트 등정』의 조판본과 함께 개인적인 안부를 묻는 편지를 보냈다. "자네가 원정에서 했던 큰 역할이 응당한 인정을 받았다는 것을 알기 바라네. 우리가 '하나의 팀'이었다는 것을 늘 기억하고, 함께 쌓은 동료애를 망치는 어떤 것도 우리 사이에 끼어들지 못하게 하게."

그러나 사실 텐징은 에베레스트 원정의 시작과 끝 부분에서 겪은 무시를 잊지 못했다. 그는 다르질링에 자리를 잡은 후, 히말라야 원정을 위한 셰르파들을 등록, 고용시킬 '셰르파 불교 연합'의 설립을 도왔다. 등반을 위한 포터를 모집하고 통제하는 것은 영국이 운영하던 히말라얀 클럽의 전통적인 특권이었기 때문에 영국 등반 조직에 몸담은 고위관료들은 텐징의 행동에 불만스러워했다. 그들은 그 조직이 셰르파들의 임금 인상을 부추긴다고 생각했다. 그들의 생각에 텐징의 행동은 존 헌트가 염두에 두었던 '하나의 팀의 동료'의 사례가 아니었다. 이듬해, 텐징은 다르질링에 새로 조직된 히말라야 등산학교Himalayan Mountaineering Institute(HMI)의 실전 훈련 감독이라는 임무도 맡았다. 인도 수상 네루가 처음 발의한 HMI는 스위스 산악조사 재단을 본떠서 조직되었다. 이 학교는 '수천 명의 텐징'을 양성하겠다는 목표로 젊은 인도인 등산가들을 훈련시켰다.

다른 대원들은 1954년까지 프랑스, 소련, 미국을 포함한 여러 국가를 돌며 정신없이 바쁜 일정을 따라 여행을 하고 행사에 참가하고 강연을 했다. 존 헌트의 책과 그들의 강연료와 원정영화인 〈에베레스트 정복The Conquest of Everest〉의 상연료는 히말라야 위원회에 상당한 이익을 안겨주었다. 힐러리는 8월에 뉴질랜드 알파인 클럽 회장의 딸인 루이스 메리 로즈Louise Mary Rose와 결혼하기 위해 여기에서 빠져 있다가 나중에 헌트와 다른 사람들의 강연 여행에 합류했다.

1954년이 되자 에드먼드 힐러리 경 부부는 조지 로우, 찰스 에번스와 함께 미국으로 가서 6주일에 걸친 순회강연을 시작했다. 이 순회강연 일정에는 수많은 대중 강연과 슬라이드 쇼, 텔레비전 출연에 드와이트 아이젠하워 대통령이 직접 주최하는 백악관 만찬까지 포함되어있었다. 1923년 맬러리가 에베레스트 등반 후 미국에서 진행했던 순회강연 때 미국인들이 보였던 무관심과는 사뭇 대조적인 모습이었다. 힐러리는 1월에 뉴욕에 도착하자 엠파이어스테이트 빌딩을 방문했고 아내를 그 빌딩의 옥상 전망대로 데려가서 뉴욕을 보여주었다. 『유나이티드 프레스』 뉴스 사진에 딸린 설명에 의하면 힐러리가 기자들에게 "엘리베이터가 어떻게 작동되는지 알고 싶어서 세계에서 가장 높은 이 건물에 와보고 싶었다."라고 말했다고 한다.

맬러리라면 절대로 이와 비슷한 농담은 하지 않았을 것이다. 에베레스트 등정은 — 누가 그것을 해냈느냐에 관계없이 — 대단한 뉴스거리였지만, 힐러리는 특히 뉴질랜드 사람다운 멋진 유머감각에 잘난 척하지도 않아서 미국 언론과 대중에게 인기가 많았다. 한편 그런 자리에 나서지 못한 텐징은 거의 잊힌 존재가 되었다. 워싱턴 주의 한 신문은 힐러리에 대해 "지난 5월 29일 원주민 가이드와 함께 정상에 올랐을 때 그를 포옹하고, 즉시 그와 모든 공적을 나누려 했던 힐러리 경의 행동을 보면 이 사람이 얼마나 겸손한지 알 수 있다."라고 썼다. 미국인들은 1955년에 텐징이 제임스 램지 울먼과 공동 집필로 쓴 자서전 『설원의 타이거Tiger of the Snows』를 낸 다음에야 에베레스트 원정에서 텐징이 한 정당한 역할을 인정하게 되었다.

헤르만 불의 낭가파르바트

힐러리와 텐징의 에베레스트 등정 소식에 이어 『뉴욕 타임스』는 남아시아 통신원이 보내온 "올해 원정대들의 목표는 아시아의 고봉 6개"라는 제목의 특집 기사를 실었다. 그중에서 가장 중요한 두 개의 원정등반이 이미 파키스탄에서 진행되고 있었다. 독일-오스트리아 원정대가 낭가파르바트에 도전하려고 이미 길기트를 출발해 남쪽으로 향하고 있었고, 미국 원정대가 K2에 도전하기 위해 스카르두를 출발해서 북동쪽으로 향하고 있었다. 이 원정대의 대원들은 각자 도전하는 산을 향해 출발하고 나서야 에베레스트가 등정되었다는 뉴스를 듣게 되었다.

그중 한 사람인 헤르만 불Hermann Buhl은 6월 16일에서야 에베레스트 초등 소식을 들었다. 그때 그는 낭가파르바트 북동쪽인 라키오트 빙하 상부의 6,150미터 캠프에 있었다. 불은 그곳까지 가지고 온 뮌헨 캔 맥주 하나를 따서 영국의 승리를 축하했다. 그도 2주일 반 후에 세계에서 아홉 번째로 높은 봉우리의 정상에 서는 승리의 순간을 만끽했다. 더욱 놀라운 것은 그는 그곳에 혼자서 올라갔다. 즉 8천 미터 급 고봉을 단독으로 초등한 것이다.

불은 오스트리아 인스브루크 출신의 등산가였다. 그는 1952년 7월 아이거 북벽 등반을 포함한 많은 대담한 등반을 알프스에서 해내어 1950년대 초 유럽 등산계의 선두 주자로 명성을 쌓았다. 그러나 히말라야는 이번 낭가파르바트 원정이 처음이었다. 다른 대원들처럼 그 역시도 낭가파르바트의 치명적인 명성을 익히 알고 있었다. 그 산은 1895년부터 1950년대까지 등산가 31명의 목숨을 앗아가 사망자 수로는 히말라야 고봉 가운데 단연 최고였다. 불은 후에 낭가파르바트에 대해 다음과 같이 썼다. "등산계와 수백만 명의 일반인들에게 낭가파르바트는 마법과 같은 상징으로 자리 잡았다. 이 산은 운명의 산Fateful Peak이나 공포의 산Mountain of Terror 등 여러 이름으로 불렸는데, 구름을 뚫고 솟아오른 이 고봉은 이미 31명의 생명을 집어삼켰다. 인정사정없는 이 산은 숱한 생명의 희생을 요구하면서 아무런 은혜도 베풀지 않고, 인간을 꾀어 노예로 만든 다음 절대 놓아주지 않는다."

이번 원정은 빌리 메르클 추모 원정Willy-Merkle-Gedächtnisexpedition으로 알려졌는데, 대장을 맡은 뮌헨의 카를 마리아 헤를리히코퍼Karl Maria Herrligkoffer 박사는 개인적으로도 낭가파르바트에 원한이 있는 사람이었다. 라키오트 능선 6,950미터에 묻힌 빌리 메르클은 그의 이복형이었다. 헤를리히코퍼 원정대의 부대장이자 등반대장이었던 페터 아쉔브레너는 1932년과 1934년 낭가파르바트 원정등반에 참가한 경험이 있었지만, 정작 대장인 헤를리히코퍼 자신은 히말라야가 이번이 처음이었다. 전후 독일의 첫 히말라야 원정대를 조직할 때 메르클과 가족 관계라는 것이 헤를리히코퍼가 내세울 수 있었던 유일한 장점이었다. 파울 바우어 같은 노련한 독일인 등산가들은 그의 자격조건에 대해 회의적인 반응을 보였고 그의 경솔한 언행에 화를 냈다. 바우어의 글에 따르면 헤를리히코퍼는 등산계에서는 무명으로 등반 경험도 별로 없었다. 메르클 원정대를 후원했던 독일 알파인 클럽은 헤를리히코퍼의 프로젝트에 관심이 없었다.

그러나 헤를리히코퍼는 독일 알파인 클럽 뮌헨 지부뿐만 아니라 오스트리아 알파인 클럽의 승인까지 받아냈다. 그리고 그는 원정대에 독일과 오스트리아의 일류 등산가들이 합류하도록 설득해냈다. 원정대원은 모두 열 명이었는데, 이들은 불, 여러 차례 불의 고산 파트

1953년 낭가파르바트의 카를 헤를리히코퍼
(사진 출처: 독일 알파인 클럽)

너였던 오스트리아인 동료 쿠노 라이너Kuno Rainer, 프리츠 아우만Fritz Aumann, 알베르트 비털링Albert Bitterling, 한스 에르틀Hans Ertl, 발터 프라우엔베르거Walter Frauenberger, 오토 켐터Otto Kempter, 헤르만 쾰렌슈페르거Hermann Köllensperger였다. 파울 바우어가 말한 대로 헤를리히코퍼의 인간적 장점 중 하나는 바로 '불굴의 의지'였다. 그는 이복형을 죽인 라키오트 벽의 같은 루트로 대원들을 보내겠다고 굳게 마음먹었다. 그는 원정대가 출발하기 전날 "독일의 등산가들은 메르클의 염원을 이루어야 한다."라고 선언했다.

1930년대의 독일 원정과는 달리 이번 낭가파르바트에는 셰르파들이 동행하지 않았다. 새로 독립한 파키스탄과 인도는 서로 적대국이었다. 셰르파들은 비록 인도 출신은 아니었지만 이슬람교도가 아니고, 게다가 다르질링에서 원정대를 위해 일했다는 점 때문에 파키스탄 당국의 환영을 받지 못했다. 헤를리히코퍼 원정대의 대원들은 파키스탄의 훈자 계곡에서 뽑은 짐꾼들에게 물자 수송을 의존해야 했는데, 이 짐꾼들은 경험도 적었으며 고소로는 물자를 수송하지 않으려 했다.

원정대는 5월 25일 3,960미터 지점에 베이스캠프를 설치한 후 그다음 날부터 꾸준히 전진해나갔다. 5월 26일 라키오트 아이스 폴 입구 4,450미터에 1캠프가 설치되었고, 5월 31

일 아이스 폴 위쪽의 5,300미터에 2캠프가, 6월 10일 라키오트 빙하 상부의 6,150미터에 3캠프가, 6월 12일 라키오트피크의 빙벽 밑 6,710미터에 4캠프가 설치되었다. 그러고 나자 기상이 악화되었다. 일주일간 눈이 심하게 내려 대원들은 3캠프에서 오도 가도 못했다. 폭풍이 불기 시작한 지 닷새째 되던 날 바로 이곳 3캠프에서 불이 에베레스트 등정 소식을 듣게 된 것이었다.

그다음 2주일도 사정이 그다지 나아지지는 않았지만 헤르만 불과 오토 켐터는 더 높은 곳에 설치할 캠프로 짐꾼들이 짐을 옮길 수 있도록 루트를 개척하고 있었다. 불은 훗날 "히말라야 등반이란 것이 길을 내고 초인적인 힘을 내어 올라가는 것 말고는 아무것도 아니라는 느낌이 가끔 들었다."라고 회상했다. 4캠프에서 그들은 눈앞에 펼쳐진 정상까지 이어지는 루트를 볼 수 있었다. 7,480미터에 실버 새들이 있고, 그 위로 정상 플라토가 이어지며, 그곳을 올라가면 7,910미터 고도의 전위봉forepeak에 도달한다. 그 위로 올라가거나 돌아가면 바즈힌 갭Bazhin Gap이라고도 불리는, 두 번째로 높은 봉우리와 정상 사이를 잇는 깊은 노치† 에 도달할 수 있다. 이 노치 위쪽에 8,070미터 고도의 어깨처럼 튀어나온 곳으로 이어지는 바위 능선이 있는데, 그 능선을 오르면 바로 정상에 가 닿을 수 있는 것이다. 항상 파트너 역할을 했던 쿠노 라이너가 정맥염 때문에 무릎을 꿇었지만, 그럼에도 불은 강인하게 등반했으며 1차 정상 공격조에 들어가고 싶어 한다는 점을 확실히 했다. 따라서 라이너 대신 불과 켐터로 이루어진 새로운 팀이 1차로 정상 공격을 하게 되었다.

물론, 헤를리히코퍼가 허락하면 그렇게 한다는 뜻이었다. 이것이 바로 헤를리히코퍼가 선두로 나섰던 대원들과 벌였던 숱한 의견 대립의 시발점이었다. 헤를리히코퍼는 '죽음의 산'을 정복해서 형의 숙원을 풀고 싶기도 했지만, 다른 한편으로는 베이스캠프에서 명령을 내려 대원들을 통제하고 싶어 했고, 대원들이 그의 명령을 순순히 받아들이기를 바랐다. 헤를리히코퍼는 원정에서 가장 큰 죄악은 '개인주의적 열정'이라는 철학을 가지고 있었다. 그는 개인주의적인 생각을 가진 대원의 명예나 영광을 위해 등반이 이루어진다면 산을 오르는 것이 아무 의미가 없다고 생각했다. 그는 이렇게 말했다. "만일 내가 두 가지 중에 하나를 골라야 한다면, 정상보다는 상호 협동을 택할 것이다."

불은 다른 철학을 갖고 있었다. 헤를리히코퍼는 이미 무전으로 몬순이 임박했다고 충고

† 노치notch V자 모양의 작은 골

1953년 낭가파르바트의 헤르만 불
(사진 출처: 독일 알파인 클럽)

했고, 베이스캠프에서는 산 위쪽의 상황이 심각하게 나쁘다고 판단하고 있었다. 6월 30일 3캠프에는 대원 네 명과 훈자 포터 네 명이 정상 도전을 위해 대기 중이었는데, 헤를리히코퍼는 무전으로 이들에게 안전한 베이스캠프로 철수하라고 명령했다. 그러나 헤를리히코퍼의 대원들은 자신들의 독자적인 판단에 따라 행동하기로 결정했다. 3캠프에는 불, 켐터, 프라우엔베르거, 에르틀이 있었는데 날씨가 나빠지기는커녕 좋아지는 것 같았다. 불은 자신들의 항명에 대해 이렇게 말했다. "고소 적응이 잘되어 굳이 회복을 위해 베이스캠프로 내려갈 필요가 없었다. 좋은 날씨를 최대한 이용할 생각이었다. 3캠프는 마치 요양소처럼 더할 나위 없이 편안했다." 헤를리히코퍼는 이후의 지원을 끊겠다고 협박했지만, 불과 그의 동료들은 모두 꿈쩍도 하지 않았다. 7월 1일 그들은 하산하지 않고 올라가기 시작했다. 4캠프에서 그들은 베이스캠프로 철수하라는 명령을 또다시 받았지만, 그들은 이번에도 따르지 않았다.

그다음 날 네 명의 대원들은 무어스 헤드Moor's Head라고 불리는 바위 바로 위쪽의 실버 새들로 이어지는 능선 6,900미터에 5캠프를 설치했다. 그들은 이곳을 공격캠프로 삼을 예정이었다. 정상까지는 1,226미터의 고도가 남아있었다. 이 고도는 한 달 전 힐러리와 텐징이 에베레스트 정상을 향해 출발했던 영국의 9캠프에서 정상까지의 고도와 비교하면 두 배였다. 애초의 계획은 위쪽 더 높은 곳, 즉 정상에서 고도로 300미터쯤 아래인 능선이 오목하게 들어간 바즈힌 갭에 캠프를 최소한 하나 더 설치하는 것이었다. 그러나 이제 그럴 시간이 없었다. 불과 켐터가 그다음 날 정상 공략을 하기로 했다. 프라우엔베르거와 에르틀도 5캠프에 남아 정상 공략을 하고 싶어 했지만, 그곳은 두 명이 들어갈 자리밖에 없었다. 불은 감사의 마음을 담아 이렇게 썼다. "그들은 기꺼이 사양했다. 우리 젊은이들을 위해 나이가 많은 그들이 기회를 양보했다. … 우리가 마지막 순간까지 의지할 수 있는 동료 두 명이 뒤에서 우리를 보호하고 있다는 것을 생각하니 정말 마음이 편안했다."

7월 3일 새벽 2시 불은 출발할 준비가 됐지만 켐터는 고소증으로 출발할 상황이 아니었다. 불은 헤를리히코퍼가 그토록 싫어했던 바로 그 개인주의적 열정을 발휘해 먼저 출발했고, 켐터는 45분 후에 뒤따라 올라갔다. 안나푸르나에서 에르조그와 라슈날이 그랬던 것처럼 불과 켐터도 산소 없이 올라갔다. 불은 오전 7시에 실버 새들에 도착했다. 켐터는 불의 발자국을 따라 1시간 후 그곳에 도착했지만 더 이상 올라가지 않기로 결정했다.

불은 켐터가 돌아서는 것을 바라보았다. 한 달여 전 톰 보딜런이 에베레스트의 남봉에 섰을 때, 보딜런도 파트너인 찰스 에번스 없이 에베레스트의 정상까지 남은 90미터의 고도를 혼자서 가야 할지 고민했었다. 그러나 그는 돌아서는 것이 현명하다는 판단을 내렸다. 불은 낭가파르바트 정상까지 가려면 600미터의 고도를 더 올라가야 했지만 한순간도 혼자서 올라가는 것을 주저하지 않았다. 보딜런과 불은 같은 해에 태어났지만 다른 시대에 속한 등산가였다.

불은 짐 무게를 줄이기 위해 실버 새들 위쪽 정상 플라토에서 배낭을 버렸다. 그는 호주머니에 장비 몇 개를 챙겨 넣었는데, 이 중에는 다행히 여벌 장갑 한 켤레도 있었다. 그는 전위봉을 가장자리로 돌아 2시에 바즈힌 갭에 도착함으로써 이 산에 도전했던 어느 누구보다도 더 높은 곳에 올라섰다. 이곳에서부터 정상까지는 300미터의 고도가 남아있었다. 그는 힘을 내기 위해 각성제 두 알을 삼키고 정상 아래에 있는 어깨처럼 튀어나온 곳을 올랐다. 바즈힌 갭에서 1시간 안에 정상에 도달하려 했지만 능선이 생각보다 어려운 데다 한 걸음을 뗄 때마다 다섯 번씩 숨을 쉬어야 해서 1시간으로 잡은 시간이 계속 늘어졌다. 정상 가까운 곳은 커다란 장다름[†]gendarme이 길을 막고 있었다. 그는 그것을 서쪽인 디아미르 벽 쪽으로 매달리다시피 돌아서 건너편으로 갔다. 이 기술 등반은 그렇게 높은 고도에서 단독으로 이루어진, 역사상 전례가 없는 위업이었다.

결국 불은 출발한 지 17시간 만인 오후 7시에 두 손과 무릎을 대고 기다시피 정상에 올라섰다. 그는 이렇게 회상했다. "어느 방향으로든지 더 이상 위로 솟은 게 없었다. 눈으로 된 작은 플라토가 있었고 조그만 언덕 두 개가 있었다. 거기서부터는 모든 것이 아래쪽을 향하고 있었다." 짙어가는 어둠 속에서 그는 작은 케른을 만들었다. 그는 주변 산과 피켈에 매단 인스브루크 산악회의 페넌트를 사진 찍었다. 그는 하산하기 전에 등정 증거를 남기려고 파키스탄 국기를 피켈에 매단 다음 정상에 꽂았다.(독일 신문들은 불이 정상에서 독일 국기를 들어 올렸다고 보도했다. 사실 그는 독일 국기를 가지고 가긴 했지만 그렇게 하지는 않았다.)

불은 피켈을 정상에 두고 온 것을 후회하면서 스키폴로 균형을 잡아, 올라왔던 발자국을 따라 천천히 산을 내려왔다. 그는 완전히 어두워지기 전에 바즈힌 갭까지 가고 그다음은 달빛을 이용해 정상 플라토를 건너서 5캠프로 안전하게 돌아오려 했지만 그렇게 되지는 않았다. 크램폰의 줄이 끊어져서 걸음이 느려지는 바람에 밤 9시가 되었는데도 그는 여전히 정상 능선을 조심스럽게 내려와야 했다. 계속 내려가기에는 너무 어두워서 그는 7,925미터의 바위지대에서 멈추었다. 몸을 숨길 곳이 없어서 그는 바위 옆에 서서 7시간을 버텼다. 다행히 그날 밤 낭가파르바트 정상 부근에는 바람이 불지 않았다. 이토록 위험한 상황에도 불은 '모든 것이 정상인 것 같은 기분이 들 정도로 놀랍도록 편안했다'고 한다.

새벽 4시가 되자 다시 내려갈 수 있을 정도로 날이 밝아왔다. 그는 실버 새들 위쪽의 플라토까지 가서 배낭을 찾았다. 전날 오후 이후에 아무것도 먹지 못했지만 배낭에 있는 음식도 삼킬 수 없을 정도로 탈수증세가 심했다. 그가 할 수 있는 것이라고는 각성제와 동상 방지약인 파두틴Padutin을 삼키는 것뿐이었다. 완전히 지친 데다 저산소증에까지 시달리면서 불은 상상 속의 동료와 이야기를 나누기 시작했다. 그는 장갑을 잃어버렸는데, 그의 동료가 다행히 이것을 지적하면서 뭔가 해야 한다고 말했다. 운 좋게도 그는 주머니에 넣어 두었던 장갑을 찾아내서 모리스 에르조그가 안나푸르나에서 당한 운명을 피할 수 있었다.

† **장다름gendarme** 능선에 우뚝 서 있는 뾰족한 바위

그는 계속 내려가 바즈힌 갭을 지나 전위봉을 돌아 정상 플라토를 건너 실버 새들로 간 다음 계속 무어스 헤드 쪽으로 내려갔다. 7월 4일 오후 7시 마침내 헤르만 불은 정상을 향해 출발한 지 41시간 만에 완전히 지치고 동상에 걸린 채 동료인 발터 프라우엔베르거와 한스 에르틀이 기다리고 있는 5캠프로 돌아왔고, 3일 후 낭가파르바트 베이스캠프로 내려왔다.

5캠프에서 불은 동료들로부터 영웅 대접을 받았지만 베이스캠프로 내려왔을 때는 그렇지 않았다. 눈물을 글썽이며 그를 포옹할 존 헌트는 그곳에 없었다. 그 대신 불의 기억으로는 헤를리히코퍼 박사로부터 '차디찬 응대'를 받았다고 한다. 빌리 메르클의 낭가파르바트 염원을 실현했을 때 응당 느낄 만족감을 박탈당했다고 생각한 헤를리히코퍼는 불이 명령을 거역한 것을 용납하지 않았다. 그다음 몇 달 동안 헤를리히코퍼는 원정 성공에서 헤르만 불의 역할이 별로 중요하지 않았다고 거듭 깎아내렸다. 이에 화가 난 불은『8000미터 위와 아래 Nanga Parbat Pilgrimage』라는 제목의 독자적인 원정기를 출간하고 헤를리히코퍼의 허가를 받지 않은 채 대중강연을 하러 다님으로써 원정 계약을 파기했다.

대장과 대원 사이의 이런 불화는 볼썽사나운 법정 소송으로 번졌고, 결국 독일과 오스트리아 등산계가 서로 갈라서게 되었다. 불은 강연과 출판으로 인해 벌어들인 돈에서 자신의 원정비용을 상환하지 않겠다고 하여 오스트리아 알파인 클럽과도 등졌다. 그러나 가장 큰 타격을 입은 것은 헤를리히코퍼의 명성이었다. 평론가들은 에르조그가 "모든 사람의 인생에는 저마다의 안나푸르나가 있다."라고 원정기를 멋지게 끝맺은 것과는 대조적으로 헤를리히코퍼의 낭가파르바트 원정기가 "아홉 명의 대원 가운데 여섯 명이 내 편이었다."로 끝난 것을 비웃었다.

헤르만 불은 낭가파르바트에서 자신의 본능을 따라간 것이 옳은 결정이었다는 생각을 한 번도 의심하지 않았다. 그는 자신의 원정기에 이렇게 썼다. "적어도 낭가파르바트 정도 되는 히말라야 고봉의 정상에 오르려면 개인적인 위험을 무릅쓰지 않으면 안 된다. 1953년 원정을 이끈 사람들은 이러한 진실을 직시하지 못했다. … 정상 공격조는 위험을 기꺼이 감수했다. 우리는 상황과 날씨를 올바르게 분석할 수 있는 위치에 있었기 때문에 그렇게 할 자격이 있었다. 우리의 결정에 무모나 경솔은 결코 없었다. 그것은 사려 깊은 판단 끝에 나온 것이다. … 나는 정상 등정에 따르는 나 자신의 위험을 기꺼이 감수했다. 나는 그럴 자격과 이렇게 말할 자격이 있다."

미국인들이 K2로 돌아오다

에베레스트에서 영국이 거둔 승리는 원정 후 존 헌트와 텐징 노르가이 사이에 일어난 갈등으로 빛이 바랬고, 독일-오스트리아 원정대가 낭가파르바트에서 거둔 승리도 헤를리히코퍼와 불이 산의 안팎에서 불화를 빚어 오점으로 남았다. 반면 1953년에 이루어진 8천 미터급 고봉에 대한 세 번째 도전인 미국의 K2 원정은 날씨만 험악하게 변하지 않았더라면 다른 원정과는 대조적으로 행복한 결말로 끝났을 것이다.

고드윈 오스틴 빙하의 베이스캠프에서 K2의 정상까지 가려면 3,350미터 이상의 고도를 올라가야 하는데, 이것은 에베레스트를 남쪽에서 오르는 것과 거의 같다. 그러나 전쟁 전의 원정대가 이미 발견한 대로 K2는 에베레스트의 사우스 콜 루트보다 훨씬 더 어려워서 등산가들에게 많은 기술적인 문제를 안겨주었다. K2의 남동릉, 즉 아브루치 능선은 당시 그 산을 오르는 '노멀' 루트가 되었는데 힐러리와 텐징이 에베레스트에 올랐던 루트보다 전반적으로 20도나 더 가팔랐다. 그리고 K2는 에베레스트 북쪽 사면보다 위도가 8도 더 높은 곳에 있어 에베레스트의 등산가들이 몬순이 닥쳤을 때 겪는 위험을 겪지는 않지만, 위도 차이로 인해 기온이 훨씬 더 낮고 맹렬한 폭풍이 더 자주 발생한다.

찰리 휴스턴은 항상 K2로 돌아가고 싶어 했다. 1938년에 그가 이끌었던 원정대는 기술적으로 가장 어려운 곳인 하우스 침니House's Chimney구간을 해결했다. 그곳은 하우스가 선등으로 올라가 '하우스 침니'라고 이름 붙여진 곳이다. 프리츠 비스너가 그다음 해에 거의 정상 가까이 올라갔지만 대원 한 명과 셰르파 세 명이 사망하는 비극으로 끝나고 말았다. 휴스턴은 비스너가 소홀히 했다고 생각하는 안전에 주의를 기울이면 K2를 충분히 올라갈 수 있다는 것을 보여주고 싶어 했다. 그러나 제2차 세계대전으로 그는 자신의 계획을 실행할 수 없었다.

휴스턴은 1946년 제대하기 훨씬 전부터 이미 1938년 원정대원인 밥 베이츠와 빌 하우스가 참가하는 새로운 K2 원정대를 조직할 계획을 세우기 시작했다. 그러다가 전후에 파키스탄과 인도 간의 새로운 무장 충돌이 발생해 그 계획을 또다시 미룰 수밖에 없었다. 1950년대 초 그 지역에서 인도-파키스탄 간에 불안한 휴전이 이루어지자 휴스턴, 베이츠, 하우스는 곧바로 원정대 조직에 착수했다. 국무부와 파키스탄 정부 간의 기나긴 고위급 협상이 이루어져야 했으므로 휴스턴은 그들의 노력이 별 소득이 없을 것이라고 생각해 반쯤은 포기하고 있었다. 그는 한국전쟁이 발발하자 1950년 7월 미국 알파인 클럽 회장 헨리 홀Heny Hall에게 이렇게 편지를 썼다. “세계가 한순간에 멸망할 것 같은 이 순간에 내년에 인도 쪽으로 갈 계획을 세우는 것이 마치 현실도피 같다는 생각이 듭니다.”

1952년 2월에야 파키스탄으로부터 공식 허가가 났기 때문에 그해에는 원정을 떠날 수 없었다. 휴스턴은 1953년에 가기로 결심하고 홀에게 다시 편지를 보냈다. “세계대전 같은 큰 일이 있을지라도 꼭 가겠습니다.”

하우스가 개인사정으로 원정대에서 빠져, 이번 원정대에는 초기 원정에 참가했던 대원 중 휴스턴과 베이츠만 남았다.(그래도 하우스는 원정대의 재정 문제를 맡아주었다.) 그들은 대원들을 모집한다는 소문을 내 총 40명을 인터뷰했고, 그중 다섯 명을 선발했다. 이 다섯 명의 대원들은 조지 벨George Bell, 밥 크레이그Bob Craig, 아트 길키Art Gilkey, 디 몰나르Dee Molenaar, 피트 셰닝Pete Schoening이었다. 이 대원들은 모두 휴스턴과 베이츠보다 어렸고 막강한 등산가들이긴 했지만 히말라야에 다녀온 경험은 없는 사람들이었다. 휴스턴과 베이츠는 지원자들의 등반기록보다는 서로 잘 어울릴 수 있는 사람들을 찾았다. 공식 원정기에는 휴스턴과 베이츠가 원정대에 개인적인 성공만 생각하는 뛰어난 등산가(프리츠 비스너를 염두에 두고 한 말 같다.)를 위한 자리는 없다고 말한 것으로 되어있었다. 영국 제1글로우스스터셔 연대British First Gloucestershire Regiment의 토니 스트리더Tony Streather 대령도 그들과 함께 갔다. 그는 노련한 고산 등산가로 공식적으로는 원정대의 수송 담당이었지만 산에서는 등반대원의 역할을 했다.

여덟 명으로 최종 확정된 원정대는 그해의 에베레스트나 낭가파르바트 원정대보다는 작았지만 미국의 1938년과 1939년 K2 원정대보다는 규모가 컸다. 휴스턴은 규모가 더 작은 원정대를 원했지만, 이제는 이슬람교 통치하에 놓인 카라코람에서 셰르파들을 고소 포터로 쓸 수 없기 때문에 더 많은 대원이 필요하다고 생각했다. 전쟁 중에 휴스턴은 고소증을 완화시킬 수 있는 산소 장비 사용법의 전문가가 되었지만 산으로 올려야 하는 물자의 무게를 줄여야 했기 때문에 이번에는 산소 없이 등반하기로 했다.

원정대는 5월 25일 미국을 떠났다. 미국인들은 런던에서 프랑크푸르트로, 프랑크푸르트에서 카라치로, 카라치에서 라왈핀디로 단 3일 만에 지구를 훌쩍훌쩍 날아서 목적지에 도착했다. 전쟁 전에는 K2 원정대가 스리나가르에서 출발하여 도보로 조지 라를 넘고 드라스 강과 인더스 강을 따라 북쪽으로 간 다음 스카르두에 도착하기까지 2주일간 386킬로미터를 가야 했고, 여기서부터 160킬로미터를 더 걸어 올라가야 K2에 도착할 수 있었다. 스리나가르가 인도 지배하의 카슈미르에 있었기 때문에 스리나가르에서 스카르두로 가는 길은 더 이상 이용할 수 없었다. 그러나 더 좋고 빠른 대안이 있었다. 이제 라왈핀디에서 DC3 비행기를 타고 1시간 반만 가면 갓 개장한 스카르두 비행장에 도착할 수 있었다. 대원들은 가는 길에 낭가파르바트를 내려다보았지만 그 무렵 라키오트 빙하 위쪽으로 올라가던 등산가들을 식별하기에는 너무 하늘 높이 떠있었다.

그들은 6월 5일 스카르두를 출발하여 도보로 K2로 향했다. 그 이전에 그들은 라왈핀디에서 연락 담당관인 파키스탄 군의관 모하매드 아타 울라Mohammad Ata-Ullah를 만났다. 아타 울라 대령은 이 미국인들을 점점 더 깊이 알게 되면서 이들이 그동안 등산 문헌에 나온 나리들과는 다르게 행동한다는 것을 알게 되었다. 그는 훗날 "미국인들은 모두 평등하게 행동했다. 이들은 기꺼이 자신들의 텐트를 쳤고, 자신들이 마실 물을 가져오고, 스스로 설거지를 했다. … 이들은 스스로를 챙길 정도로 강인한 사람들이었다."라고 말했다. 아타 울라가 관찰한 바에 의하면 휴스턴은 원정대장이긴 했지만 '모두가 동등한 가운데 순서만 첫 번째인 대원이 되겠다고 굳게 결심한 사람' 같았다.

대원들이 파키스탄에 있을 때 영국인들이 에베레스트에서 성공을 거두었다는 소식이 들려왔다. 브랄두 강가에 친 캠프에서 휴스턴은 6월 9일 아버지에게 이런 편지를 썼다. "우리가 이 산을 등정하기 전에 영국인들이 에베레스트에서 성공을 거두어서 마음속으로 조금 실망하기는 했습니다. 그렇지만 이런 기분을 입 밖으로 내어 말하는 사람은 아무도 없습니다. 그리고 저는 에베레스트 등정 소식이 저희 원정대에 큰 문제가 되지 않는다고 생각합니다. 가장 중요한 것은 저희가 등반을 안전하게 잘하고 가능하면 정상까지 올라가는 것입니다. 저희는 높은 포부를 가진 화기애애한 좋은 팀입니다."

10일 후인 6월 19일, 원정대는 K2 아래 고드윈 오스틴 빙하의 4,953미터 지점에 베이스캠프를 설치했다. 15년이 지났어도 그곳은 친숙했다. 휴스턴과 베이츠는 오래된 로프와 피톤들을 보고 옛날을 떠올렸고, 덕분에 옛 원정대원들이 올라갔던 루트를 쉽게 찾을 수 있었다. 휴스턴은 "대원들이 그다음 2주일간은 '비교적 수월하게' 등반했다. 날씨가 정말 좋았고 고도가 거의 느껴지지도 않았다."라고 회상했다. 1캠프가 옛 캠프 자리인 아브루치 능선 바로 아래 5,395미터에 설치되었다. 7월 1일 5,880미터에 설치된 2캠프도 옛 캠프 자리였다. 그들은 1939년 원정 때 그곳에 두고 간 물자를 찾았다. 이 가운데에는 큼직한 로건 텐트도 있어서 훈자 짐꾼들이 사용했다. 일주일 후 훈자 짐꾼들이 올라갈 수 있는 가장 높은 지점인 6,310미터에 3캠프가 설치되었다. 휴스턴은 1938년에 낙석으로 인해 캠프가 위험했던 것을 기억하고, 이번에는 보호될 수 있는 곳으로 3캠프를 옮겨 설치했다. 4캠프는 6,553미터에 설치되었는데, 그곳 역시 1938년과 1939년 원정 때의 캠프 자리여서 거기서도 물자를 좀 찾아냈다. 그 가운데에는 침낭도 세 개 있어서 잘 말린 후 여분으로 보관했다.

4캠프는 하우스 침니 바로 아래쪽에 있었다. 이번에는 휴스턴이 벽에 난 46미터 길이의 매끈한 수직 크랙을 발견해서 '놀랍도록 기분 좋게' 그 꼭대기에 올라섰다. 대원들은 이 장애물을 넘어선 다음 90미터를 더 올라가 옛 캠프 자리인 6,706미터에 5캠프를 설치했다. 그들은 도르래 시스템을 이용해 침니 위쪽으로 물자를 끌어올렸다.

7월 중순에 폭풍이 불어서 전진이 좀 느려졌지만, 7월 셋째 주에는 대원들이 다시 위쪽으로 루트를 개척했다. 7월 18일 휴스턴은 4캠프에서 미국에 있는 산 친구들과 지원자들에게 편지를 썼다. 그는 그때까지 진행된 등반에 대해 설명하고 난 다음 이렇게 편지를 끝맺었다. "마지막 순간까지 일부러 주위 환경에 대해 말씀을 드리지 않았습니다. 이 지역의 황량함, 광막함과 거대함은 말로 표현할 수 없을 정도입니다. 더 높이 올라갈수록 더 넓은 지역이 우리 앞에 펼쳐집니다. 동쪽으로는 지도에도 나와 있지 않고, 이름도 적혀 있지 않고, 탐험된 적도 없는 곳이 펼쳐져 있습니다. 서쪽의 높은 지역은 동쪽보다는 더 잘 알려져 있지만 그렇게 거대하지는 않습니다. 우리는 모두 이토록 엄청나고 독특한 지역에 올 수 있었던 대단한 특권에 대해 굉장히 감사합니다." 모든 일이 잘 된다면, 8월 1일과 3일 사이에 정상 공략을 할 수 있을 것으로 휴스턴은 예상하고 있었다.

7월 21일에 대원들은 1938년과 1939년에도 사용되었던 7,100미터의 6캠프 자리에 도착했다. 1930년대 원정에 참가했던 대원들은 그곳으로 다가가면서 다소 불안감을 느꼈다. 왜냐하면 1939년 7월의 마지막 날 파상 키쿨리, 파상 키타르와 핀수가 더들리 울프를 구하기 위해 출발했다가 돌아오지 못한 곳이 바로 그곳이었기 때문이다. 대원들은 찢어진 텐트, 침낭, 파란색 손수건에 싸인 차 한 덩이와 같은 이전 원정대의 유품들을 발견하고 깊은 감회에 젖었다. 휴스턴은 이것들을 보고 "셰르파들의 용기와 헌신을 생각하며 슬픈 추억에 젖었다."라고 말했다.

복잡하게 얽힌 아브루치 능선은 무섭도록 가파르고 위험하게 노출된 300미터 높이의 검은 피라미드로 모이는데, 대원들은 놀라운 정신력을 발휘하여 그곳을 하루 만에 넘어가 7,468미터 고도의 사면에 1.8×1.2미터 크기로 터를 파내고 7캠프를 설치했다.(1938년과 1939년에 7캠프를 설치했던 좀 더 널찍한 곳은 그 사이에 산에서 쓸려 내려갔다.) 7월 31일, 피트 셰닝과 아트 길키가 앞장서서 올라가 마지막 캠프 바로 직전의 캠프인 8캠프를 7,710미터에 설치했다. 이곳은 검은 피라미드의 가장 높은 바위 위에서 150미터 정도 더 높이 올라간 곳이지만 여전히 아브루치 능선의 어깨처럼 튀어나온 돌출부 아래쪽이었다. 그다음 이틀간 다른 여섯 명의 대원들이 8캠프로 올라가 이들과 합류했다.

가장 높은 캠프에 모인 대원들은 건강했고, 고소 적응도 잘되어 있었고, 장비도 좋았으며, 모두 낙관적이었다. 휴스턴은 이렇게 썼다. "우리는 목표물에서 놀랍도록 가까운 곳에 있다. 정상은 우리 차지가 될 것이다." 그들에게 필요한 것이라고는 이틀간에 걸친 화창한 날씨뿐이었다. 8,230미터에 9캠프를 설치하는 데 하루가 필요하고, 그다음 날에는 그 캠프에서 2인으로 구성된 정상 공격조가 도전을 하면 되는 것이다. 3일간 연달아 날씨가 좋다면 두 조가 정상에 올라갈 수 있을지도 모른다. 그들은 비밀 투표로 크레이그와 벨을 1차 정상 공격조로 뽑았고, 길키와 셰닝을 2차 정상 공격조로 뽑았다. 그들은 깜빡하고 성조기를 베이스캠프에 두고 왔다는 것을 알았다. 대신, 그들은 등반의 초기 단계에서 "1953년 미국 K2 원정대"라는 글귀가 바깥쪽 면에 부착된 빨간 우산을 가지고 다녔는데, 그것을 정상 증명사진으로 쓰기로 했다. 그러나 사실 그 우산은 3캠프까지밖에 가지고 오지 못했다.

하지만 사흘은 고사하고 단 하루도 날씨가 화창해지지 않았다. 대원들은 베이스캠프의 아타 울라와 무전기로 통신하고 있었는데, 7월 31일 아타 울라가 하루 정도 악천후가 닥칠 것이라는 소식을 전했다. 그다음 이틀간은 날씨가 종잡을 수 없었다. 햇빛이 나다가도 강풍이 불고 구름이 끼더니 눈도 내렸다. 그때까지도 대원들은 낙관적이었다. 휴스턴은 8월 1일 태양이 구름을 뚫고 빛나는 것은 "올라가라, 폭풍이 끝났다. 하늘이 곧 푸르게 갤 것이다…."라는 메시지로 느꼈다고 한다. 그러나 그것은 태양의 거짓말이었다. 8월 3일에는 폭풍이 오히려 더 거세졌다. 디 몰나르는 일기에 이렇게 기록했다. "구름이 짙고 바람이 불고

브로드피크의 북쪽 튀어나온 능선에서 바라본 K2와 1953년 미국 등반 루트

눈보라가 몰아친다. 머리가 깨지는 것 같은 두통과 구토 때문에 잠에서 깼다." 대원들은 큰 타격을 받지 않았고 여전히 낙관적이었다. 같은 날 디 몰나르가 쓴 일기의 다른 부분은 이렇게 되어있었다. "최근 계획: 내일 여섯 명이 9캠프로 가고, 그다음 날의 정상 공격을 위해 두 명이 그곳에 남는다."

다음 세대 히말라야 등산가들은 이런 폭풍이 시작되면 고소증으로 인한 신체 손상을 막기 위해 아래에 있는 캠프로 내려가야 한다는 것을 알 것이다. 그러나 그 당시 원정대는 그것을 몰랐고 물자가 충분했기 때문에 당연히 버텨야 한다고 생각했다. 디 몰나르는 이렇게 회상한다. "우리는 그곳에 있으면 고소순응이 된다고 생각했다. 그러나 사실은 점점 약해져 갔고 생각을 제대로 할 수 없었다." 8월 4일에 벨과 휴스턴이 쓰던 텐트가 폭풍에 무너져 다른 사람들과 함께 비좁은 곳에서 지내야 했다. 폭풍은 여전했다.

8월 7일 날씨가 조금 좋아지자 텐트 밖으로 나왔다. 그러나 움직일 수 있게 되어서 안도의 한숨을 쉬기는커녕, 대원 중 한 명이 상당히 위험한 상태라는 것을 알게 됐다. 그때까지 팀에서 가장 힘이 좋은 것 같았던 — 그래서 2차 정상 공격조로 뽑힌 — 아트 길키가 텐트 밖으로 한 걸음을 내딛더니 의식을 잃고 눈 위에 쓰러졌다. 길키는 지난 닷새 동안 꼭 '쥐가 난 것'처럼 왼쪽 다리를 잘 움직일 수 없었다. 대원들은 그를 텐트 안으로 옮겼다. 휴스턴이 그를 진찰하고 나더니 길키가 혈전성 정맥염을 앓고 있다고 말했다. 그의 왼쪽 다리 정맥에 혈전이 침착되고 있었다. 그 혈전이 조각난 다음 폐로 들어가면 치명적인 상태가 될 수 있었다.

일부 대원들은 길키의 상태가 자연스럽게 호전될지 모르며, 날씨가 잠깐이라도 좋아지면 곧 정상에 올라갈 수 있다는 희망을 버리지 않았다. 그러나 휴스턴은 더 이상 K2를 오르는 것이 불가능하다고 생각했다. 게다가 그가 보기에 이미 길키의 상태는 호전되기 힘들었다. 이런 고도에서는 그의 상태가 좋아질 리가 없고, 팀이 움직이지도 못하는 사람을 데리고 검은 피라미드와 하우스 침니를 거쳐 2,758미터 아래에 있는 베이스캠프로 안전하게 철수할 방법도 마땅하지 않았다. 그래도 그들은 시도해보기로 했다. 대원들은 장비를 챙겼다. 그들은 길키를 침낭과 찢어진 텐트 조각으로 싸서 묶은 다음 로프로 내리면서 끌고 가기로 했다. 그들은 첫째 날 8캠프에서 600미터 가량을 내려가기로 했다. 7캠프에는 작은 선반과 비상시를 대비해 숨겨둔 1인용 비박 텐트밖에 없었다. 그러나 만일 6캠프까지 내려간다면 그곳은 충분한 보급품이 있는 피난처가 될 수 있었다.

그들은 8월 7일 오전 10시경에 출발했지만 계획은 곧바로 무산되었다. 8캠프 아래의 설사면은 얼음 위에 신설이 60센티미터 가량 쌓여 있어서 눈사태가 나기 딱 좋은 조건이었다. 그다음 날 그들은 여전히 8캠프에 머물면서 날씨가 잠깐 좋아져서 다른 루트, 즉 눈사태 위험이 있는 설사면 동쪽에 있는 바위로 된 지릉 루트로 하산할 수 있게 되기를 바랐다. 한편, K2에 대항하는 최후의 시도를 해보고자 셰닝과 크레이그가 8캠프 위쪽의 설사면을 150미터 더 올라갔지만 짙은 구름을 뚫고 도로 내려왔다.

8월 9일 폭풍이 더 세졌다. 길키는 하루 이틀만 더 지나면 상태가 호전될 것이고, 그러면 아마 등반을 계속할 수도 있을 것이라고 말했다. 그러나 휴스턴은 길키의 기침을 듣고 이미 혈전이 폐로 들어갔다는 것을 알았다. 눈을 녹여서 마실 물을 충분히 얻을 수도 없어서 모두 탈수증에 시달렸다. 휴스턴은 한 사람이라도 살아서 산을 탈출할 수 있을지 걱정되기 시작했다.

8월 10일, 대원들은 길키의 목숨을 구하기 위한 필사적인 시도를 마지막으로 해보기 위해 날씨와 상관없이 내려가기로 결정했다. 그들은 눈사태가 날지 모르는 설사면의 서쪽에 있는 바위로 된 지릉 옆의 얼음 걸리를 새로운 루트로 선택했다. 그들은 이 루트가 7캠프 바로 아래에서 주능선과 만나기를 기대했다. 그들은 개인 장비와 가벼운 텐트 한 동을 챙긴 다음 오전 9시경에 출발했다. 길키에게는 진통제로 모르핀을 투여했는데, 그때까지는 의식이 있었고 불평하지 않았다. 그들은 그를 침낭과 텐트에 다시 싼 다음 이번에는 산의 아래쪽에서 끌어당겼다. 폭풍이 불어서 그를 산에서 구조하는 것은 고사하고 대원들 자신이 내려가기도 힘들었다. 그러나 선택의 여지가 없었다. 베이츠는 "우리 모두는 일생일대 가장 큰 위험에 처했다는 것을 알고 있었다."라고 회상했다. 캠프 아래쪽의 가파른 경사면 몇 백 미터를 내려서는 데 6시간이나 걸렸다. 그들은 크레이그와 길키를 거의 휩쓸어갈 뻔한 눈사태를 간신히 피했다. 오후가 반쯤 지나자 그날은 도저히 6캠프까지는 갈 수 없다는 것이 분명해졌다. 대신 그들은 얼음이 덮인 사면을 왼쪽으로 횡단해서 작은 터에 있는 7캠프로 가야 했다. 밥 크레이그가 혼자 그곳으로 넘어가 다른 대원들이 텐트를 칠 수 있도록 터를 좀 더 넓혔다.

오후 3시경 그들은 7캠프의 서쪽에 있는 경사면을 횡단하려고 줄지어 서 있었고, 셰닝이 위쪽에서 길키를 확보하고 있었다. 길키에 연결된 다른 로프는 크레이그 바로 옆에 서 있던 몰나르와 연결되어있었다. 그들은 길키를 바위 절벽 가장자리에서 안전하게 내리고 있었는데, 조지 벨이 동상에 걸린 발 때문에 걸려 넘어지면서 중심을 잃었다. 위쪽을 쳐다보고 있던 몰나르가 "젠장, 벨이 미끄러지고 있어!"라고 소리쳤다. 그러나 벨뿐이 아니었다. 벨이 미끄러지면서 설사면 아래쪽의 토니 스트리더를 낚아채는 바람에 그도 중심을 잃고 미끄러졌다. 스트리더는 길키와 휴스턴과 베이츠를 연결하는 또 다른 로프의 아래쪽에 서 있었다. 두 로프가 얽히면서 휴스턴과 베이츠도 아래쪽으로 쓸려갔다. 베이츠는 이것이 얼마나 큰 재앙인지 떠오르는 순간 '안 돼!'라고 생각했다고 한다. 그는 이렇게 회상했다. "최선을 다했지만 최선만으로 되는 일이 아니었다."

네 명의 대원이 미끄러지면서 아래쪽의 절벽으로 속절없이 떨어지고 있었다. 그리고 넘어지는 대원이 몰나르와 길키를 연결한 로프에 얽혔다. 몰나르도 미끄러지기 시작했다. 길키는 다른 로프로 묶인 채 셰닝에게 연결되어 매달려 있었기 때문에 미끄러지지 않았다. 셰닝까지 추락했다면 그것으로 모두 끝이었을 것이다. 일곱 명의 대원 모두가 공중으로 떠서 수천 미터를 날아서 고드윈 오스틴 빙하로 떨어져 죽었을 것이다. 만일 밥 크레이그가 7,468미터에서 혼자 내려올 수 있다면, 7캠프에서 그들의 죽음을 지켜본 유일한 목격자로 이 이야기를 전할 수 있을 것이다. 만일 밥 크레이그마저 탈출하는 데 실패한다면, 1953년 미국 K2 원정대의 운명은 — 맬러리와 어빈의 실종사건처럼 — 등산역사의 한 페이지를 장식하면서 영원한 수수께끼로 남아, 등산 잡지에서 끊임없는 논쟁거리가 될 것이다.

그러나 절체절명의 순간 셰닝이 재빨리 잡아채서 모두의 목숨을 구했다. 그는 바위 절벽 옆으로 길키를 내리면서 계속 확보를 보기 위해 작은 바위 뒤쪽의 눈에 피켈을 박았고 로프를 피켈에 감은 다음 다시 허리에 한 번 더 감았다. 그는 다른 사람들이 떨어지는 것을 보는 순간 모든 체중을 피켈에 실어 위에서 눌렀다. 나일론 로프가 팽팽해지면서 그의 몸을 조였다. 그러나 그것은 버텼고, 셰닝도 버텨냈다.

미국 K2 원정대원들은 이렇게 로프에 매달려 있었지만 위험을 완전히 벗어난 것은 아니었다. 스트리더는 미끄러져 내려가 죽을 위기에 처한 그 순간에 대해 영국인다운 겸손을 발휘해서 "그것은 정말 긴박한 상황이었다."라고 말했다. 크레이그가 길키에게 다가가서 피켈 두 자루로 그를 경사면에 고정시켜 셰닝이 확보를 풀 수 있게 해주었다. 대원 가운데 벨은

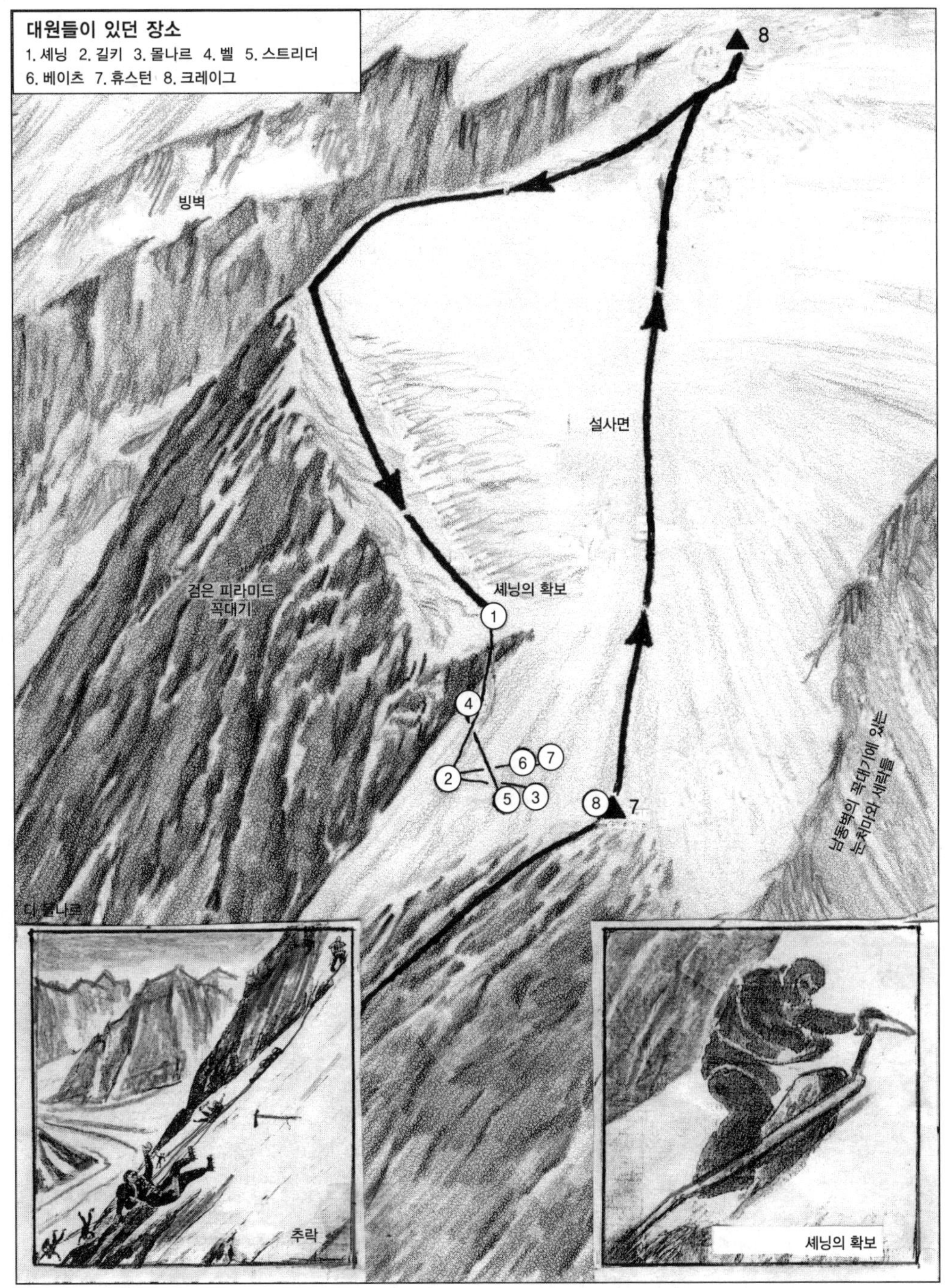

1953년 셰닝의 확보. 원정대원 디 몰나르 스케치

발뿐만 아니라 손도 얼어붙었다.(그는 추락하면서 벙어리장갑을 잃어버렸다.) 몰나르는 갈비뼈에 금이 가고 다리가 찢어졌다. 다른 대원들도 거의 모두 충격을 받아 여기저기 멍이 들었다. 휴스턴이 가장 심하게 부상을 입었는데, 그는 깎아지른 벼랑 위 바위 턱에 부딪혀 뇌진탕을 입어서 의식을 잃고 쓰러져있었다. 베이츠가 그가 쓰러진 곳으로 내려갔다. 베이츠는 위험으로부터 그를 구조해 설사면 위쪽으로 데려오려고 계속 휴스턴을 불렀지만, 그는 쓰러진 채 반응이 없었다. 마침내 베이츠는 휴스턴에게 아내와 여덟 살 된 딸을 상기시켰다. "찰리, 도르카스와 페니를 다시 보고 싶으면 지금 당장 저기로 올라가!" 그러자 휴스턴은 의식을 되찾고 일어나 올라갔다.

그들은 그날 더 이상은 갈 수 없었다. 살아남으려면 7캠프로 가서 가져간 텐트 두 동을 설치하고 그날 밤을 맞이해야 했지만 길키를 끌고서는 그곳까지 갈 수 없었다. 그들은 잠시 길키를 캠프에서 서쪽으로 15미터 떨어진 경사면에 매달아놓았다. 크레이그는 길키에게 사고가 일어나 잠깐 그를 두고 가지만 다시 돌아올 것이라고 말했다. 길키는 이해한다고 말했다. "응, 괜찮을 거야." 그는 크레이그에게 말했다. "나는 괜찮아."

그들은 텐트를 쳤다. 멀리서 길키가 뭐라고 외치는 소리가 몇 번 들렸지만, 그때는 그를 위해 해줄 수 있는 것이 없었다. 그러고 나서 침묵이 흘렀다. 마침내 텐트를 다 친 다음 베이츠, 크레이그, 스트리더가 부상당한 동료를 데리러 갔다. 그러나 놀랍고도 무섭게 그 걸리는 비어있었다. 그곳엔 피켈도, 로프도, 그리고 아트 길키도 없었다. 그는 실종 당시 27세였다. 그리고 K2로 출발하던 그날 컬럼비아대학의 지질학 박사과정 논문을 완성해놓은 상태였다. 그 후 여러 해 동안 다른 대원들은 그가 눈사태에 휩쓸려갔는지, 아니면 다른 대원들의 목숨을 구하기 위해 스스로를 희생했는지 의문을 풀지 못했다.

생존자들이 악전고투 끝에 그 산을 내려오는 데는 닷새가 더 걸렸다. 8월 10일 밤에는 휴스턴이 가장 심각한 상태였다. 그는 분별력을 잃고 환각상태에 빠졌다. 그들은 8월 11일에도 6캠프까지밖에 내려가지 못했다. 몰나르는 이 고통스러운 철수를 일기에 이렇게 적었다. "안개가 자욱하고 바람이 불지만 내려가야 한다. 찰리, 피트, 크레이그가 첫 번째 자일 파티가 되어 앞장서서 가파른 걸리를 내려갔다. 찰리는 여전히 멍한 상태였지만 6캠프까지는 안전하게 내려갔다. 우리들이 올라오면서 고정해 놓은 로프에 얼음이 낀 데다 새로 내린 눈까지 덮여 있어서, 특히 '검은 피라미드'의 '까다로운 너덜바위 지대shingles/slabs' 위를 내려가는 것이 위험하고 힘들었다. 우리는 내려오는 길에 아트를 잡아주던 로프 더미와 찢어진 침낭, 그리고 그것들 뒤쪽의 눈 위에 난 핏자국을 보고 그가 바로 얼마 전에 죽었다는 것을 알았다. 가엾은 아트! 우리는 모두 아무 말 없이 그것들을 지나쳤고, 나는 사진을 찍어둘 생각조차 하지 못했다." 그들은 6캠프에서 무전기로 베이스캠프의 아타 울라와 교신하고, 이 상황을 알렸다. 휴스턴의 뇌진탕은 내려갈수록 조금씩 나아졌지만, 발에 동상을 입은 벨은 점점 더 고통스러워했다.

8월 13일 그들은 하우스 침니를 내려왔다. 휴스턴은 다른 대원들이 모두 그 장애물을 내려간 다음에 내려가겠다고 마음먹었기 때문에 다른 사람들을 확보 봐주고 그들의 배낭을 로프로 내린 다음 가장 마지막에 내려왔다. 휴스턴이 동료들에게 내려가려고 하자 날이 어두워졌다. 침니의 꼭대기에는 여러 개의 로프가 길게 매달려 있었는데, 그 가운데는 1930년대의 원정대가 사용했던 썩은 로프들도 있었다. 이미 어두웠기 때문에 휴스턴은 로프를 잘못 고를까 봐 두려웠다. 그러나 그는 무사히 동료의 품으로 돌아왔다. 그다음 날 그들은 2캠프로 돌아왔다. 그곳에는 여섯 명의 훈자 포터들이 기다리고 있다가 대원들이 산을 비틀거리며 내려오는 것을 보고 눈물을 흘리며 맞이했다. 8월 15일 성한 곳이라곤 한군데도 없는 대원들이 마침내 베이스캠프로 돌아왔다. 아타 울라와 훈자 포터들은 3미터 높이의 아트 길키 추모 케른을 사보이아와 고드윈 오스틴 빙하가 합류하는 곳 근처 바위 위에 세웠다. 나머지 대원들은 그곳을 꽃과 깃발과 길키의 피켈로 꾸몄고, 베이츠는 성경의 시편 23편을 읽었다. "내가 사망의 음침한 골짜기로 다닐지라도 해를 두려워하지 않을 것은 주께서 나와 함께하심이라."

미국 K2 원정대는 등산가들 사이에 전설로 남았고, 등산계는 극한의 상황에서 그들이 보여준 용감성을 기렸다. 당시 새롭게 떠오르던 미국인 등산가였던 닉 클린치Nick Clinch는 몇 년 후 이렇게 썼다. "미국 등산의 역사에서 최고의 순간은 휴스턴 박사의 1953년 K2 원정대가 이루어낸 서사시적 철수였다." 찰리 휴스턴은 K2 원정 동료들에 대해 쓰면서 원정 문화에서 가장 숭고한 이상을 한 줄로 요약했다. "우리가 산으로 들어갈 때는 낯선 사람들이었지만 나올 때는 형제가 되었다."

이탈리아인들이 K2에 오르다

찰리 휴스턴이 1953년 8월 말 라왈핀디로 빠져나왔을 때 그는 기자들에게 다음해에 다시 K2로 가겠다고 말했다. 그러나 미국인들은 차례를 기다려야 했다. 1953년에 어느 서양인 한 사람이 라왈핀디에서 휴스턴을 간절히 기다리고 있었다. 그는 지리학자이자 지질학자인 아르디토 데시오로, 이듬해에 이루어질 이탈리아의 K2 원정을 준비하러 그곳에 와 있었다. 데시오는 1929년 스폴레토 공Duke of Spoleto 원정대의 일원으로 K2에 와본 적이 있어서 K2와의 인연은 휴스턴보다 훨씬 더 길었다. 휴스턴은 미국으로 돌아가기 전에 너그럽게도 그 산에 대한 정보를 라이벌인 이탈리아에 알려주었다. 두 사람은 아브루치 능선을 따라 올라가는 루트를 찍은 사진을 열심히 연구했다. 곧 데시오는 이탈리아의 유명한 등산가 리카르도 카신Richardo Cassin과 그 산의 하부 루트를 정찰하러 떠났다.

데시오의 원정대는 — 오르고자 하는 루트를 빼면 — 1953년 미국 원정대와는 비슷한 점이 하나도 없었다. 이탈리아의 원정은 이탈리아 알파인 클럽, 이탈리아 올림픽위원회, 과학 단체인 이탈리아 연구위원회 등 쟁쟁한 단체의 후원을 받은 절반쯤은 국가적인 사업이었다. 이탈리아 언론과 대중은 원정 준비 과정을 열성적으로 지켜보았다. 데시오가 초청한 등산 스타 중 한 명인 발터 보나티Walter Bonatti는 "국가의 자존심이 전국적인 관심사가 되면서 이탈리아 전역이 열광하고 흥분했다."라고 회상했다.

데시오는 미국인들이 실패한 이유가 너무 적은 인원과 물자 때문이었다고 굳게 믿었다. 그의 대원들은 정상 공격에서 산소를 사용할 예정이었다. 휴스턴과는 달리 데시오는 모두가 동등하므로 누구 한 명을 우선으로 삼을 의도가 없었다. 1953년 12월 데시오는 계획서에 이렇게 썼다. "우리의 산악 연대에서 — 특별히 전시 상황이라고 가정하고 — 인생의 일정 기간을 보낸 사람들에게는 친숙하다고 보고 이번 원정대는 군대식으로 조직할 필요가 있다." 데시오는 사령관으로서 베이스캠프에 머물면서 최전선의 대원들에게 격려의 메시지를 보낼 것이다. 그는 대원들에게 "이탈리아 등반의 명예가 위기에 처해 있다."라는 메시지를 보내고, 이어서 " 만일 제군들이 그 봉우리를 점령하는 데 성공한다면, 전 세계가 제군들을 인류의 챔피언이라 일컬을 것이다."라는 메시지를 하나 더 보낼 것이다.

데시오가 이번 산악 연대를 위해 영입한 등산가 11명은 그에게 복종할 것을 맹세해야 했다. 원정대가 이탈리아를 떠나기 훨씬 전에도 데시오가 의견 차이나 자신의 권위에 대한 잠재적 도전을 참지 못하리라는 것은 분명했다. 리카르도 카신은 대원 선발과정에서 탈락했다. 건강 문제 때문이라는 추정과는 달리, 몇몇은 그가 배제된 것이 건강 문제라기보다는 카신이라는 등산가의 명성이 너무 높았기 때문이라고 생각했다. 리노 라체델리Lino Lacedelli는 여러 해가 지난 다음 이렇게 말했다. "만일 카신이 갔더라면 언론의 관심은 데시오보다는 카신에게 쏠렸을 것이다."

원정대에는 대원뿐만 아니라 과학자 네 명, 의사, 영화제작자와 훈자 고소 포터 열 명도 있었다. 미국인들이 고용했던 것보다 네 배 많은 500명의 짐꾼이 산소통 230개를 포함하여 총 13톤의 짐을 날랐다. 당연히 돈이 많이 들었다. 미국 원정대의 비용은 30,000달러였다. 데시오는 원정 자금을 대기 위해 1억 리라를 모금했다.(이 금액은 2008년도 물가로 환산하면 210만 달러에 달한다.)

1954년 4월 하순 원정대는 세 팀으로 나뉘어 스카르두를 출발했다. 중간에 폭풍우와 짐꾼들의 소요사태가 있었기 때문에 대원들과 장비는 계획보다 늦어진 5월 28일 베이스캠프에 도착했다. 데시오는 DC3 비행기를 타고 K2 상공을 돌며 최종 정찰을 했다. 이것은 그 산에서 이루어진 최초의 순회 비행이었다.

이탈리아인들은 비교적 빨리 K2로 출발했고 초기 단계의 산에서는 그전 해의 미국인들보다 전진이 몇 주 빨랐다. 그러나 그들의 전진에는 대가가 따랐다. 6월 21일, 쿠르마예 출신의 36세 가이드 마리오 푸코즈Mario Puchoz가 2캠프에서 사망했다. 사망 원인은 폐부종으로 보였다. 그는 이 산에서 사망한 여섯 번째 사람이었는데, 그의 시신은 아래로 운구되어 아트길키 추모 케른 옆에 묻혔다. 7월에 들어서자 날씨가 험악해져 7월 28일이 되어서야 8캠프를 7,742미터에 설치할 수 있었다. 그 고도는 그전 해에 미국인들이 설치했던 가장 높은 캠프와 거의 비슷했다. 거의 8천 미터 고도에서 너무 많은 시간을 보내야 했던 선두 대원들이 고산증과 피로로 점차 쇠약해졌다. 보급 문제도 있었다. 230개의 산소통 가운데 위쪽 캠프들로 수송된 산소통은 몇 개 되지 않았다. 데시오는 산에서 원정대를 철수시키고 가을에 이탈리아에서 새로운 등반대원들을 데려와 다시 공략을 할 가능성을 검토하기 시작했다.

그러나 그럴 필요가 없었다. 7월 29일 8캠프에서 발터 보나티, 리노 라체델리와 아킬레 콤파뇨니Achille Compagnoni가 정상 공략 계획을 세웠다. 그들은 라체델리와 콤파뇨니뿐만 아니라 가능한 대원들이 이틀 만에 정상 공략이 가능한 곳까지 올라가기로 했다. 라체델리와 콤파뇨니가 먼저 올라가서 공격캠프를 설치하고, 같은 날 보나티와 피노 갈로티Pino Gallotti는 산소 장비를 은닉해둔 7캠프 근처로 내려가서 그것을 가지고 공격캠프로 올라가기로 했다. 그들은 이 새로운 9캠프를 '보틀넥Bottleneck'이라고 알려진 7,894미터의 눈이 찬 좁은 걸리 옆의 조금 튀어나온 곳에 설치하기로 합의했다. 7월 30일 네 명의 대원들이 출발했다. 라체델리와 콤파뇨니는 위로 올라갔고, 보나티와 갈로티는 아래로 내려갔다. 보나티와 갈로티는 7캠프 근처의 물자를 은닉해둔 곳에서 에리히 아브람Erich Abram과 훈자 포터 마디Mahdi와 이사크한Isakhan을 만났다.(그전 해의 미국인들과 달리 이탈리아인들은 훈자 포터 일부를 설득해 그들과 함께 고소까지 올라가도록 했다.) 다섯 명의 대원들은 짐을 지고 8캠프로 다시 올라갔으며, 갈로티와 이사크한은 체력이 떨어져 그곳에 남았다.

마디도 자신의 능력을 훨씬 뛰어넘어 올라왔기 때문에 다른 사람들과 함께 8캠프에 머물러 있고 싶어 했다. 그러나 보나티는 마디에게 짐을 9캠프까지 옮기면 정상 공격조가 될 수 있다고 약속하며 그를 설득했다. 하지만 이것은 보나티답지 않은 말이었다. 원래부터 그는 훈자 포터를 정상으로 데려갈 생각이 전혀 없었다. 마디는 고소용 등산화도 없었고, 산소 장비를 다루어본 경험도 없었다. 게다가 9캠프에서 정상으로 올라갈 준비가 된 대원이 몇 명이든 간에 산소 장비는 두 개밖에 되지 않았다.

오후 3시 30분 보나티, 아브람, 마디는 산소통과 다른 장비들을 가지고 8캠프를 떠났다. 4시 30분 세 명의 대원들이 빙벽을 오르자 거기서 정상이 또렷하게 보였다. 그러나 위쪽을 올려다보니 9캠프를 설치하기로 약속한 장소에 텐트가 보이지 않았다. 보나티는 소리쳐 불렀다. "리노! 아킬레! 어디 있어? 텐트를 어디에 친 거야?" 두 사람의 모습은 보이지 않았지만 위쪽에서 목소리가 들렸다. "발자국을 따라와!" 세 사람은 발자국을 따라갔지만 6시 30분이 되도록 그들을 찾을 수 없었다. 아브람은 발에 감각이 없어서 8캠프로 돌아가기로 했다. 이제 보나티와 마디만 남았다. 만일 그다음 날 정상을 공략하려면 그들이 라체델리와 콤파뇨니에게 산소통을 가져다줄 수 있느냐에 성패가 달려있었다. 날은 점점 어두워졌다.

라체델리와 콤파뇨니는 2인용 텐트를 설치하긴 했지만 전날 보나티와 약속했던 그 장소에 설치하지 않았다. 콤파뇨니의 주장에 따라 두 사람은 원래 계획보다 왼쪽으로 좀 더 높이, 좀 더 멀리 올라가서 8,100미터에 9캠프를 설치했다. 캠프 자리를 그곳에 잡은 진짜 이유는 한참 후에 밝혀졌다. 라체델리는 등정 50주년 기념행사에서 어떤 기자가 "콤파뇨니가 왜 왼쪽으로 횡단하고 싶어 했다고 생각합니까?"라고 묻자 이렇게 대답했다. "그는 보나티가 우리를 따라잡는 것을 원치 않았던 것 같습니다. 나는 보나티가 우리를 향해 올라오는 것을 보고 콤파뇨니에게 왜 보나티가 우리에게 올라오는 것을 원치 않는지 물어봤고, 그는 최종적으로 우리 두 명만 정상에 올라가야 하기 때문이라고 대답했습니다. 내게는 우리 두 명만 올라가든, 다른 두 명과 함께 네 명이 올라가든 별로 문제가 되지 않았습니다. 만일 네 명이 올라갈 수 있다면 훨씬 더 좋은 일이라 생각했습니다. … 그러나 콤파뇨니는 산소 장비가 두 개뿐이기 때문에 그것이 불가능하다고 말했습니다. 나는 돌아가면서 산소를 사용하자고 제안했고 산소 없이도 갈 수 있다는 말까지 했지만 그는 마음을 바꾸지 않았습니다."

짙어가는 어둠 속에서 보나티는 절망적으로 라체델리와 콤파뇨니를 불렀다. 결국 그는 포기할 수밖에 없었고 아브루치 능선의 가파른 곳에서 비박을 하기 위해 작은 턱을 파냈다. 마디는 공황에 빠져 오도 가도 못하며 어찌할 바를 몰랐다. 그때 갑자기 두 사람을 부르는 소리가 들리면서, 쿨르와르를 지나 왼쪽 사면 위쪽으로 90미터도 안 되는 곳에서 그들 쪽으로 불빛이 내리비추었다. 라체델리는 보나티에게 산소 장비를 그 자리에 두고 마디와 함께 내려가라고 소리쳤다. 이 상황에서는 그것이 불가능하다는 것을 보나티는 알고 있었다. 그는 라체델리와 콤파뇨니가 내려와서 그들을 텐트로 안전하게 데려가기를 바랐지만, 그의 간절한 외침에도 더 이상 대답은 들려오지 않았다. 보나티와 마디는 꼼짝없이 서로를 부둥켜안고 추위를 견디는 수밖에 없었다. 그들은 그전 해에 헤르만 불이 낭가파르바트에서 예상치 못한 비박을 하게 된 고도와 거의 비슷한 높이에 있었지만, 그날 밤 K2의 날씨는 불이 낭가파르바트에서 겪은 것보다 훨씬 더 추웠다. 두 사람은 엄청난 고통을 겪어야 했다. 보나티는 얼어가는 팔다리의 감각을 되살리기 위해 피켈로 자신의 몸을 때렸다. 마디는 부실한 등산화를 신고 있어서 훨씬 더 혹독한 대가를 치러야 했다. 그는 동상으로 양쪽 발의 발가락 절반을 잃어 다시는 산을 오를 수 없게 되었다. 새벽에 마디가 일어나서 얼어붙은 발로 설사면을 힘겹게 기어 내려갔고, 보나티가 곧 뒤따라갔다.

한편, 콤파뇨니와 라체델리는 정상을 공격할 준비를 했다. 날이 밝아오기 시작하자 두 사람은 텐트를 떠났다. 라체델리의 말에 의하면, 두 사람은 보나티가 설사면 아래쪽에 있는 것을 보고 소스라치게 놀랐다고 한다. 그들은 보나티와 마디가 전날 밤에 안전하게 내려갔다고 생각하고 있었다. 두 사람은 보나티와 마디의 비박 장소로 90미터를 내려가서 산소 장비를 챙긴 다음 돌아서서 올라왔다.

콤파뇨니와 라체델리는 느리지만 꾸준한 속도로 올라갔다. 그들은 이전 원정대가 그 산에서 도달했던 가장 높은 곳을 통과했다. 그들이 정상에 도달하기 몇 시간 전에 산소가 바닥났거나 남아있었을 수도 있다.(산소통에 남아있던 산소의 양에 대해서는 아직도 논쟁 중이다.) 두 사람은 완전히 지친 상태에서 유산소 혹은 무산소로, 추위와 탈수증, 환각 증상으로 고생하며 올라갔다. 두 사람은 죽은 동료인 마리오 푸코즈가 함께 등반하고 있다고 믿었다.

그들은 비스너와 파상 다와 라마가 1939년에 도달했던 가장 높은 곳인 정상 피라미드의 8,382미터를 넘어섰다. 그들은 이제 아무도 밟지 않은 곳을 올라가고 있었다. 오후 6시 직전, 부서진 바위를 넘어 올라가자 경사가 완만해져 두 대원은 드디어 정상에 올라섰다는 것을 깨달았다. 그들은 정상 사진을 찍기 위해 이탈리아 국기와 파키스탄 국기를 꺼냈고 몇 초 동안 영화 촬영도 했다.(8천 미터 급 고봉 정상에서 이루어진 최초의 영화 촬영이었다.) 콤파뇨니는 분명한 저산소증세를 보이고 있었다. 그는 라체델리에게 정상에서 밤을 보내고 그 다음 날 내려가겠다고 말했다. 라체델리는 그 말을 듣자 즉각 내려가지 않는다면 피켈로 때리겠다고 협박했다. 그들은 어둠 속에서 계속 넘어지고 미끄러지면서 산을 내려왔고, 어쨌든 안전하게 밤 11시경 8캠프로 돌아왔다. 그곳에는 보나티, 아브람, 갈로티, 마디, 이사크한이 기다리고 있었다. 콤파뇨니의 손은 얼어있었다. 그는 나중에 손가락을 여러 개 잃었다.

콤파뇨니와 라체델리는 보나티의 도움에 절대적으로 힘입어 세계에서 두 번째로 높은 산을 올랐다. 그들은 K2 등정이라는 40년에 걸친 이탈리아 등산가들의 과제를 성공적으로 완수했다. 그러나 지난해 K2 등정에 실패했던 미국인 등산가들과는 달리 이탈리아인 등산가들은 '형제'로서 산을 떠나지 못했다. 그들은 수십 년에 걸쳐 점차 그 수위를 높여가며 서로를 공격하고 또 공격했다. 그들은 경솔, 사보타주, 살인이라는 단어를 써가며 서로를 물어뜯었다. 오랜 시간이 지난 후 발터 보나티는 "이 산의 정복에 대한 이야기 전체가 형편없고 추악하다."라고 말했다.

원정 직후 잠시 동안은, K2 등정 소식에 들뜬 이탈리아인들의 애국적인 축하 열기 속에서 분쟁이 잊혔다. 이탈리아 정부는 승리를 거둔 원정대원들에게 훈장을 수여했고, 그들의 업적을 기리는 기념우표를 발행했으며, 바티칸에서는 교황 피우스 12세Pius XII가 몸소 그들을 맞이했다. 〈이탈리아 K2〉라는 제목의 기록 영화를 상영하는 영화관은 관객들로 가득 찼다. 『코리에레 델라 세라Corriere della sera』 신문은 K2 등정을 "이탈리아에 오랜만에 찾아온 가장 좋은 소식"이라며 극찬했다.

찰리 휴스턴은 『뉴욕 타임스』에 편지를 보내 이탈리아 등산가들에게 축하의 마음을 전하고, 세계 최고봉과 제2위 고봉이 등정되었으니 "이제부터는 많은 등산가들이 정복에 대한 자긍심에서보다는 등산을 사랑하는 마음에서 원정등반을 했으면 좋겠다."라는 소망을 밝혔다. 이탈리아 측은 가을에 열리는 축하 행사에 휴스턴을 초청했다. 이 행사는 제노아의 베네치아 궁에서 열렸고, 열광적인 군중 앞에서 아르디토 데시오가 콜럼버스 국제 훈장을 받았다. 휴스턴은 자신을 부르는 소리에 놀라며 단상으로 나갔는데, 라체델리가 그에게 K2의 미국 원정대 3캠프에서 가져온 빨간 우산을 선물로 주었다.

휴스턴은 이탈리아에서 돌아온 후 미국 원정대의 옛 친구들에게 편지를 보내 제노아에서 열린 축하행사에 대해 전해주었다. 그는 데시오를 비롯한 이탈리아 등산가들이 '정말 겸손하다'고 생각했지만 그날 저녁 여러 연설에서 거듭 반복된 '글로리아 이탈리아'라는 말에는 정말 넌더리가 났다고 말했다. 그는 이렇게 썼다. "민족주의적인 감정이 너무 강해 나는 정말 넌더리가 났다. 그렇지만 이 등반으로 인해 이탈리아가 꼭 필요한 시기에 큰 격려를 받은 것은 의심의 여지가 없는 사실이다. 이탈리아의 등반 열기는 정말 놀랍다." 휴스턴은 이탈리아인들과 나눈 대화에서 그들의 관점에서 '미국의 원정은 정말 아마추어 같다'고 여기고 있고, 또한 이탈리아인들은 '편하게 즉석에서 이루어지는 소규모 원정에 대한 미국인들의 관심'을 이해하지도 못한다는 인상을 받았다. 그 편지에 휴스턴은 "이탈리아의 노력에는 찬사를 보낼 만한 점이 여러 가지 있지만, 결론적으로 분명한 것은 그 원정대원들이 화목하지 않았다는 것이다. 정상을 등정하기는 했지만 그들에게는 우리 팀을 그토록 위대하게 해주었던 동료애가 없었다."라고 썼다.

오스트리아인들이 초오유에 오르다

11명으로 이루어진 이탈리아 원정대원들이 K2를 공략하고 있을 때 단 3명으로 이루어진 강력한 오스트리아 원정대원들은 세계 6위 고봉인 초오유(8,201m) 초등에 나서고 있었다. 2년 전 초오유는 대부분이 1953년의 에베레스트 원정대 후보자들이었던 영국의 일류 등산가들이 산소 장비까지 갖추고 도전하는 것을 물리쳤었다. 1954년의 오스트리아 원정대는 결국 무산소로 성공하게 된다. 소규모로 가벼운 장비를 사용한 오스트리아의 초오유 등정은 몇십 년 후 히말라야 등반에 도래할 미래의 경향을 분명하게 보여주었다.

오스트리아 원정대는 헤르베르트 티히Herbert Tichy가 지휘했다. 그는 언론인이자 지질학자였고 히말라야 경험이 상당히 있는 등산가였다. 원정대의 나머지 대원 두 명은 헬무트 호이베르거Helmut Heuberger와 제프 외흘러Sepp Jöchler였다. 그들은 셰르파 일곱 명을 데려갔다. 사다는 1939년 K2 원정등반을 비롯하여 히말라야에서 가장 어렵고도 위험했던 원정등반에 다녀온 경험이 있는 파상 다와 라마였다.

티히의 리더십 스타일은 데시오나 헤를리히코퍼의 그것보다는 휴스턴의 스타일에 가까웠다. 그는 이렇게 말했다. "내가 원정대장을 맡기는 했지만 우리가 군대식으로 훈련받은 것도 아니었기 때문에 결정을 해야 할 때는 함께 앉아 상의했다." 티히는 이런 민주적인 태도를 셰르파들에게도 보였다. 당시 원정등반에서는 드물게 그는 셰르파들에게도 서양 등산가들과 동일한 의류와 장비를 지급했다. 티히는 파상의 경험과 능력을 존중했는데, 결국 그것은 원정대의 궁극적인 성공에 가장 큰 요인으로 작용했다.

원정대는 9월 초 카트만두를 떠나 3주일 후에 초오유에 도착했다. 그들은 영국인들이 갔던 루트를 따라 낭파 라를 넘어 티베트로 들어갔다. 쉽턴과는 달리 티히는 중국의 국경 수비대에 들킬 걱정을 하지 않았다. 그는 원정대가 산의 높은 곳에 있어서 중국군의 눈에 띄지 않을 것이고, 설령 눈에 띈다 하더라도 그들을 잡으러 올 수 없을 것으로 생각했다. 그래서 그는 티베트에 원정대의 베이스캠프를 설치했다. 1캠프가 웨스트 버트레스 기슭 5,790미터에, 2캠프가 6,200미터에 설치되었고, 3캠프는 1952년 영국인들이 발길을 돌린 빙벽 바로 아래 6,860미터에 설치되었다. 티히에 의하면 그러고 난 다음 놀라운 일이 벌어졌다고 한다. "3캠프에 도착하자마자, 아니 3캠프를 설치하려는 곳에 도착해서 짐을 내려놓고 숨을 헐떡이며 짐 옆의 눈 위에 주저앉자마자, 파상이 아이스 피톤과 카라비너를 꺼내기 시작했다. 텐트를 치고 차를 마시고 저녁에 쉴 준비를 하기에 딱 좋은 오후 2시인가 3시였다. 그러나 파상은 그런 것에 개의치 않았다. … 그는 마치 빙벽이 자신만을 모욕이라도 한 듯이 노려보았다."

1951년 쉽턴의 원정대가 그 빙벽에서 겪었던 고생을 감안하면 티히가 그날 거기서 일정을 끝내고 싶어 했던 것은 합리적이었다. 그러나 티히와 셰르파 아드지바Adjiba는 순순히 파상을 따라 깊은 눈을 헤치며 빙벽 아래로 가서 그의 로프에 몸을 묶었다. 파상이 그 피치를 선등했고, 1시간 만에 그는 승리감에 가득차서 그 빙벽 꼭대기에 올라섰다. 쉽턴의 원정대는 그 빙벽을 넘어서는 데 2주일은 걸릴 것이라고 추측했었다. 티히는 이렇게 말했다. "우리가 운이 좋아서 유일한 등반선을 곧바로 찾았거나, 아니면 쉽턴이 도전한 후에 얼음이 바뀌었는지도 모른다." 하지만 얼음보다도 더 분명하게 바뀐 것은 셰르파가 등반에 대해 내린 결정을 서양 등산가가 기꺼이 따랐다는 것이었다.

이틀 후 일행은 빙벽 위 7,010미터에 4캠프를 설치했다. 그러나 10월 6일 눈보라가 몰아쳤다. 티히가 바람에 날아가려는 텐트를 붙잡느라 손에 심한 동상을 입었기 때문에 대원들은 회복을 위해 1캠프로 돌아가야 했다.

1캠프로 돌아오자 놀라운 일이 또 벌어졌다. 똑같은 산에 도전하려는 유럽의 라이벌 원정대원들이 그곳에 와있었다. 그들은 레이몽 랑베르가 지휘하는 프랑스-스위스 원정대원들이었는데 가우리샹카르(7,134m) 도전을 포기하고 초등할 만한 다른 산을 찾고 있었다. 선발대인 클로드 코강Claude Kogan과 데니 베르톨레Denis Bertholet가 1캠프로 와서 함께 힘을 합쳐 초오유에 도전하자고 티히에게 제안했다. 알프스에서는 등반 경쟁이 있었지만 히말라야에서는 똑같은 산에서 두 원정대가 동시에 등반 경쟁을 한 적이 없었다. 코강과 베르톨레는 — 그리고 그들에게 의견을 타진하도록 명령한 랑베르 역시 — 이것이 상당히 공정한 협상이라고 생각했다.

그러나 오스트리아인들은 — 그들의 입장에서 — 당연히 협상에 열의를 보이지 않았다. 초오유를 오를 수 있도록 허가를 받은 것은 랑베르가 아니라 바로 그들이었기 때문이다. 그뿐만 아니라 티히는 소규모 원정대가 8천 미터 급 고봉을 공략해서 오를 수 있다는 것을 보여주고 싶은 마음도 있었다. 결국 티히는 코강과 베르톨레를 설득해 최소한 오스트리아 원정대가 1차 공격을 해보고 난 다음에 합치자고 했다. 그들이 3캠프로 다시 올라갈 동안 랑베르의 원정대는 이후에 이어질 자신들의 공략을 위해 고정로프를 설치하기 시작했다.

랑베르 원정대와 이것저것 따지고 있는 동안 티히 원정대의 중요한 인물, 즉 파상이 연락

되지 않았다. 그는 그때 추가로 필요한 물자를 구입하기 위하여 남체 바자르에 가있었다. 파상은 물건을 구입해서 돌아오는 길에 초오유에서 50킬로미터 떨어진 말룽Marlung 마을에 들렀는데, 그곳에서 랑베르 원정대가 끼어든 것을 알았다. 몹시 화가 난 그는 영웅적인 속도로 50킬로미터의 거리, 거의 3천 미터에 달하는 고도를 단 이틀 만에 올라가 3캠프에서 오스트리아인들을 만났다. 더욱 놀라운 것은 파상이 동료들과 만난 10월 18일, 바로 그날 그는 4캠프로 올라갈 정도로 체력이 뛰어났다는 점이다.

그다음 날인 10월 19일이 정상을 공격하는 날이었다. 제프 외흘러와 파상이 계속 전진하는 동안 티히는 여전히 부은 손이 고통스러워 4캠프 위로는 더 올라갈 생각이 없었다. 외흘러는 견실한 능력을 가진 등산가였다.(그는 1952년 헤르만 불과 아이거 북벽을 오른 적이 있었다.) 그리고 파상은 그 누구보다도 간절히 초오유의 정상에 올라가고 싶어 했다. 두 사람은 원정대장의 도움이 없어도 확실하게 자기들끼리 갈 수 있었다. 그러나 티히는 만족하지 않았다. 그날 밤 티히는 현명하게 4캠프에 남아있을 것인지, 아니면 모든 것을 걸고 그의 친구들과 함께 정상에 올라갈 것인지에 대해 번민했다. '내가 무력하다는 것이 싫다. 손을 아주 따뜻하게 감싼다면 혹은 정상까지 올라가는 루트가 그렇게 어렵지 않다면 나도 갈 수 있지 않을까? 하지만 폭풍 속에서 2시간만 있으면 손이 돌이킬 수 없을 정도로 죽어버릴 것이다. 그런 위험을 감수할 수 있을까?' 마침내 그는 최종 결심을 하고 외흘러와 파상이 자는 텐트로 가서 아침에 함께 가자고 말했다. 제프는 이렇게 말했다. "좋습니다. 대장님이 그러기를 바랐지요." 그러자 파상도 고개를 끄덕였다.

10월 19일 새벽, 정상 공격조가 출발 준비를 하는 동안 티히는 얼어붙은 등산화에 발을 집어넣기 위해 다른 대원들의 도움을 받아야 했다. 그는 침낭의 온기가 사라지면 손이 피켈 위에서 갈퀴처럼 오그라들 것이라는 것을 알고 있었기 때문에 피켈을 오른손으로 잡았다. 그들은 아침햇살이 비치자마자 출발했다. 그들이 정상에 올라서기 위해서는 거의 1,200미터의 고도를 올라가야 했다. 이것은 에베레스트에서 영국인들이, 그리고 K2에서 이탈리아인들이 올라간 고도보다 더 높고, 낭가파르바트에서 헤르만 불이 올라간 고도와 거의 비슷했다. 북서릉(이 능선은 그 뒤 '티히 능선'으로 불린다.)의 어깨처럼 튀어나온 곳에 이르자 파상은 보온병에서 뜨거운 커피를 따라 티히에게 주고, 그의 입 속에 밥알을 넣어줘서 삼키게 했다. 티히는 손이 처참하고 게다가 발가락까지 동상에 걸리기 시작하는 느낌이 들었지만 “말로 형언할 수 없는 탈 자아의 행복감이 들었다. 그것은 하느님께 가까워지고 우주의 근본에 다가서는 것 같은 기분이었다. 형이상학적인 경계를 넘어서서 새로운 세계로 가는 듯했다.”라고 말했다. 초오유 정상을 향해 오르고 있는 티히의 머릿속에는 윌리엄 블레이크의 시 〈천국과 지옥의 결혼〉에 나오는 다음 구절이 떠올랐다. “지각知覺의 창문을 깨끗이 닦으면 모든 것이 있는 그대로의 무한대로 인간에게 나타날 것이다.†”

추위로 고생한 사람은 티히뿐만이 아니었다. 아이거에서 동상을 입었던 외흘러도 사면을 올라가면서 상태가 악화되었다. 티히는 안전을 위해 돌아가라고 그에게 명령할까도 생각해 보았지만 각자가 자신의 한계를 잘 알고 있으므로 판단은 스스로 내려야 한다고 결론지었다. 동쪽으로 에베레스트의 장엄한 광경이 펼쳐지면서 마침내 정상이 시야에 들어오기 시작했다. 오후 3시, 세 사람은 초오유의 정상에 올랐다. 파상이 오스트리아, 네팔, 인도 국기가 달린 자신의 피켈을 정상에 꽂았다. 티히는 “나는 평소에는 국기를 좋아하지 않는 사람인데, 내가 그토록 사랑하고 아끼는 고국과 다른 두 나라의 상징을 보고 자랑스러운 눈물을 흘리는 나 자신에 놀랐다.”라고 말했다.

파상 다와 라마의 눈에서도 눈물이 흘러내려 얼굴에 얼어붙었다. 그는 1939년의 K2에서 정상을 코앞에 두고 프리츠 비스너를 돌려세운 적이 있었다. 비스너는 자기 혼자였다면 안전하게 정상에 오를 수 있다고 믿었지만, 빠르게 어둠이 다가오고 있는 상황이었으므로 파상의 판단이 아니었다면 비스너와 파상, 두 사람 모두 어떻게 되었을지 알 수 없었을 것이다. 그 사이에 셰르파들의 등반 수준은 그들이 나리를 대하는 태도만큼이나 변했다. 텐징이 에베레스트에서 성공을 거둔 이후부터 셰르파들은 새로운 열망을 가슴에 품게 되었다. 10월의 그날 오후, 초오유의 정상에서 티히는 파상이 오직 한 단어 “정상!”을 거듭거듭 나지막이 내뱉는 것을 들었다.

영국인들이 칸첸중가에 오르다

1953년에 에베레스트가, 1954년에 K2가 등정되었으므로 이제 칸첸중가(8,596m)가 미등으로 남은 가장 높은 봉우리가 되었다. 처음 그 산에 도전했던 사람은 1905년 그곳에 갔었던

† If the doors of perception were cleansed everything would appear to men as it is, infinite.

알리스터 크로울리였다.(그 등반은 대원 한 명과 포터 세 명의 사망으로 끝났다.) 그 후에도 1929년부터 1931년까지 3년간 세 번의 원정이 이루어졌지만 모두 실패로 돌아갔다. 1955년 에베레스트 재단은 칸첸중가 도전에 대한 자금을 지원했는데, 그것은 영국이 국가적으로 조직한 마지막 원정이었다.

원정대는 대원 여덟 명과 원정대 의사, 다와 텐징Dawa Tenzing이 이끄는 28명의 셰르파들로 구성되었다. 앙 타르카이의 동생인 다와 텐징은 영국 에베레스트 원정대의 부사다를 한 경력이 있었다. 대원 가운데 익숙한 얼굴은 에베레스트를 다녀온 원정대장 찰스 에번스와 조지 밴드가 있었다. 히말라야 경험이 있는 다른 대원들로는 토니 스트리더와 노먼 하디Norman Hardie가 있었다. 새로운 대원 가운데에는 최연소인 24세의 조 브라운Joe Brown이 눈에 띄었다.

조 브라운이 남달랐던 것은 나이뿐만이 아니었다. 당시 스코틀랜드의 등산가 톰 페이티Tom Patey는 등산 조직들의 잘난 척하는 태도를 조롱하는 시와 노래를 만들어서 1950~1960년대 영국 등산계에서 유명했었다. 페이티의 유명한 시 중에는 알파인 클럽이 히말라야 원정을 갈 때 대원을 모집하는 방식을 조롱한 것이 있었다.

> 우리 원정대장들은 바보가 아니라네.
> 제일 좋은 공립학교를 나오셨거든.
> 에베레스트에 갈 사람들을 아무나 고를 수야 없지.
> 그래서 그들은 우리를 고르고 또 고르고,
> 고르고 또 고르고, 고르고 또 고르지.

조 브라운은 이 시에서 묘사된 사람들과는 전혀 달랐다. 그는 에베레스트에 다녀오지도 못했을 뿐더러 제일 좋은 공립학교를 나오지도 못했다.(사실 그는 14세에 학교를 중퇴해서 배관공의 도제로 들어갔으며 어떤 학교도 나오지 않았다.) 그는 맨체스터 교외에서 디킨즈의 소설에나 나올 것 같은 우울한 어린 시절을 보냈다.(아버지도 없고, 형제자매는 여섯 명에 어머니가 빨래를 해서 가족을 부양했다.) 그는 동네 채석장의 돌가루 날리는 암장에서 암벽등반을 배웠고 오래된 빨랫줄을 로프로 사용했다. 등반기술이 늘자 그는 웨일스로 무대를 옮겼고 이어서 알프스로 진출했다.

브라운은 전후 영국의 암벽등반과 등산을 이어받은 노동자 계급 출신의 '하드 맨'을 대표하는 인물로 가장 유명했다. 그들은 적어도 젊은 시절에는 영국 알파인 클럽에 가입하지 않았다. 대신 그들은 고향이나 지역 산악회에서 기량을 갈고닦았다. 브라운은 자기처럼 맨체스터의 배관공이던 돈 윌런스Don Whillans, 그리고 지역 등산가들과 함께 '록 앤드 아이스 클럽Rock and Ice Club'을 창립했는데, 이 클럽은 글래스고의 그들 경쟁 상대 산악회인 크리그 두Creagh Dhu와 더불어 어려운 암벽에서 놀라운 초등 업적을 세운 것으로 전설적인 클럽이 되었다. 1954년 브라운과 윌런스는 알프스에서 드류Dru 서벽을 세 번째(최단 등반시간 기록)로 오르고, 블래티에르Blaitière의 서벽에 신루트를 내어 영국인 등산가들 사이에서 자신들의 위상을 드높였다. 그들이 드류 서벽을 완등했다는 소식이 알려지자 샤모니 가이드들은 길에서 두 사람을 보면 불러 세워 악수를 청했다.

이런 것들이 브라운에게는 전혀 돈이 되지 않았다. 그는 찰스 에번스로부터 칸첸중가 원정대에 합류하라는 초청을 받았을 때 기뻐하기도 했지만 당황하기도 했다. 에번스는 그에게 여행과 장비를 포함한 모든 경비를 다 지원해줄 것이라고 말했다. 브라운은 "20파운드 정도의 용돈만 있으면 충분할 것이라고 말했다. 나는 그 20파운드가 없다고 차마 그에게 말할 수가 없었다."라고 회상했다.

1955년의 원정대는 얄룽이나 남서벽에 집중할 계획이었다. 존 켐프John Kempe가 이끌었던 1954년 정찰을 통해 남서벽의 하단을 올라갈 수 있는 두 개의 가능한 루트가 발견되었다. 하나는 '켐프의 바위 버트레스Kempe's Rock Buttress'라고 불리는 지릉을 따라 올라가는 것이고, 다른 하나는 1905년 눈사태로 사망한 알렉시스 파슈가 묻혀있어서 '파슈의 무덤Pache's grave'이라고 불리는 곳을 지나는 것이었다.

다르질링에 모인 원정대원들은 멀리 솟아 있는 그들의 목표물을 볼 수 있었다. 조지 밴드는 『알파인 저널』에 실은 원정기에서 "멀리 칸첸중가가 새벽빛을 받아 붉게 빛나고 있었다. 어두운 쪽은 추워보였고 접근이 쉽지 않아 보였다. 사이사이의 어두컴컴한 골짜기에서 아지랑이가 피어오르고 있었는데, 산은 그 위에 둥실 떠올라있는 것처럼 보였으며 그 거대한 산군이 북서쪽 지평선을 꽉 채우고 있었다."라고 말했다.

4월 14일 원정대는 트럭을 타고 다르질링을 떠나 네팔 국경선에 있는 싱갈리라 능선의 기슭으로 갔다. 그곳에서 차도가 끊기자 그 다음에는 걸어서 이동했다. 전쟁 전에는 원정대 대

남서쪽에서 바라본 칸첸중가와 1955년 영국 등반 루트

부분이 그 산의 시킴 쪽에서 접근했지만, 제2차 세계대전 후부터 시킴이 서양인들에게 문호를 닫아버리자 영국인들은 어쩔 수 없이 네팔 쪽에서 도전해야 했다. 대원들은 절대로 정상을 더럽히지 않겠다고 시킴 사람들에게 약속했다. 그렇게 되면 신성한 그곳은 침범되지 않은 채로 남을 수 있었다.

원정대는 철쭉과 앵초가 만발한 숲을 지나 얄룽 빙하가 시작되는 곳으로 간 다음 칸첸중가의 남서벽으로 이동해, 4월 12일 그곳에 베이스캠프를 설치했다. 켐프의 바위 버트레스 루트는 어려운 아이스 폴 지대를 넘어가야 했는데, 조지 밴드가 그것을 보고 "이곳에 비하면 쿰부 아이스 폴은 애들 놀이터 같군."이라고 말할 정도였다. 그들은 최초의 계획을 포기하고 베이스캠프를 벽을 따라 왼쪽으로 이동시켜서 파슈의 무덤 근처에 설치한 다음, 아이스 폴을 우회하기 위해 가파른 눈의 걸리를 올라갔다. 4월 26일 대원들은 서쪽 바위 버트레스를 2/3 정도 올라간 6,005미터에 1캠프를 설치했다. 그리고 2캠프는 6,218미터에, 3캠프는 6,645미터에 설치했다. 5월 13일 그들은 남서벽의 7,300미터쯤에 가로로 뻗어 있는 그레이트 셸프Great Shelf, 즉 거대한 얼음 테라스에 도달했다. 조지 밴드는 그곳이 "에베레스트의 사우스 콜과 같은 곳이다"라고 말했다. 그리고 거기에 5캠프를 설치했다.

에번스는 정상 공격조로 두 팀을 골랐다. 1차 공격조는 밴드와 브라운이었고, 2차 공격조는 스트리더와 하디였다. 맹렬한 눈보라로 4캠프에서 3일 동안 갇히는 바람에 밴드와 브라운의 정상 공격이 지체되었다. 5월 22일 하늘이 맑게 갰다. 전진캠프가 있는 곳에서는 에베레스트까지 모두 보였다. 5월 24일 1차 공격조 두 명이 에번스와 닐 매더Neil Mather, 다와 텐징Dawa Tenzing의 지원을 받아 정상의 서릉으로 이어지는 길고 가파른 설원, 즉 갱웨이Gangway(통로)를 반쯤 올라가 8,200미터에 6캠프를 설치했다. 다른 대원들은 밴드와 브라운을 그곳에 남겨두고 내려갔다. 그날 밤 두 사람은 등산화가 얼지 않도록 침낭 속으로 신고 들어가 산소를 마시며 잠을 잤다. 아침에 일어나니 날씨가 맑았다. 밴드와 브라운은 5월 25일 오전 8시 15분 정상을 향해 출발했다.

그들의 루트는 일단 갱웨이를 똑바로 올라가는 것이었다. 그러나 서릉과 만나는 곳이 거칠게 부서진 바위 지형이었기 때문에 그곳까지 계속 갱웨이를 따라가고 싶지 않았다. 대신 그들은 횡단하면서 위쪽으로 올라가 설원과 벽의 부서진 바위를 피하기로 했다. 그러나 그들은 갱웨이를 너무 일찍 벗어나, 남서벽의 어려운 곳에서 위험을 무릅쓰고 넘어가느라 1시

1955년 칸첸중가의 조지 밴드와 조 브라운
(사진 출처: 왕립 지리학회)

간 반을 허비했다. 결국 그들은 발자국을 따라 다시 내려와 갱웨이를 더 올라간 다음 횡단했다. 5시간 만에 마침내 서릉에 올라섰지만 정상 피라미드까지는 여전히 120미터를 더 가야 했다. 산소는 떨어져 가는데 능선은 무서운 암벽으로 곧장 뻗어있었다. 밴드는 "그 벽은 여러 개의 수직 크랙으로 갈라져 있었다. 6미터쯤 되어 보이는 크랙들은 끝부분이 약간 오버행으로 되어있었다. 조가 그중 하나를 골라 올라가보자고 했다."라고 말했다. 밴드는 미심쩍었지만, 브라운이 산소 공급량을 올린 다음 수월하게 그 크랙의 꼭대기에 올라서는 것을 보고 감동했다. 브라운이 "조지, 다 왔어!"라고 소리치자 밴드는 로프를 따라 올라갔다.

이 난관을 극복하자 정상까지는 고작 1.5미터만 남아있었다. 정상으로 올라가는 것은 쉬운 일이었지만 그들은 그곳에서 멈추고 약속대로 정상을 밟지 않기로 했다. 이때가 오후 2시 45분이었다. 그들은 멀리 지평선 위로 솟아오른 에베레스트, 로체, 마칼루의 실루엣을 보았다. 브라운은 자신들의 업적에 대해 이렇게 말했다. "사람들은 특히 칸첸중가처럼 거대한 산의 정상에 서면 엄청난 승리감에 도취될 것으로 생각한다. 그러나 우리는 정상을 밟지 않았다는 사실에 안도감을 느꼈고, 평화와 고요라는 심오한 감정의 느낌을 받았을 뿐이다.

산에서 오랜 시간을 보내고 나면 정상이 있다거나, 그곳에 올라가는 것이 원정의 핵심이라는 사실을 잊어버리게 된다."

15분 후에 그들은 정상에서 내려오기 시작했다. 그러자 곧 산소가 바닥났다. 오후 7시 두 사람이 6캠프로 내려오자, 그곳엔 정상 공격을 위해 그날 거기까지 올라온 하디와 스트리더가 있었다. 네 사람은 6캠프의 2인용 텐트에서 쪼그리고 잤다. 브라운은 설맹으로, 밴드는 손가락 끝에 동상을 입어서 고생했다. 그다음 날 거의 정상까지 이어진 동료의 발자국을 따라 하디와 스트리더가 올라갔다. 그러나 그들은 정상 직전에서 브라운이 올랐던 암벽을 돌아서 남릉으로 이어지는 설사면을 따라갔다. 오후 12시 14분 그들은 정상 바로 직전까지 오른 다음 안전하게 돌아왔다.

미국 알파인 저널은 칸첸중가 등정이 '위대한 등반의 전형'이라며 축하를 보냈다. 그러나 2년 전의 에베레스트 등정에 비해 칸첸중가 등정은 극히 일부의 대중으로부터만 이목을 끌었을 뿐이고, 심지어 영국에서도 그랬다. 밴드와 브라운이 8천 미터 급 고봉에 오른 최초의 영국인이었지만 정상에 올랐다고 작위가 수여된 것도 아니었다. 에베레스트에서 힐러리와 텐징이 세운 업적과는 비교조차 되지 않았다. 게다가 흥미롭게도 등반대원들 스스로도 자신들의 모험에 민족주의적 의의를 결부시키는 것을 의식적으로 피했다. 찰스 에번스는 공식 보고를 할 때 정상에서 두 팀 중 한 팀이라도 영국 국기를 들어 올렸는지에 대해 언급하는 것은 신경도 쓰지 않았다.

마칼루, 마나슬루, 로체, 가셔브룸2봉

리오넬 테레이와 장 쿠지Jean Couzy가 1955년 5월 15일 세계 5위 고봉인 마칼루(8,463m)를 북벽-동쪽 능선을 통해 등정함으로써 결국 프랑스인들도 영국인들처럼 8천 미터 급 고봉 두 개를 등정하는 기쁨을 맛봤다. 장 프랑코Jean Franco, 귀도 마뇽Guido Magnone과 사다 기알젠 노르부Gyalzen Norbu도 5월 16일 정상을 밟았다. 그다음 날 프랑스 원정대의 나머지 대원 전원이 마칼루 정상에 올라, 원정대원 전원이 8천 미터 급 고봉을 등정한 첫 번째 기록을 남겼다. 무엇보다도 등반이 너무나 부드럽게 진행되었고 날씨와 눈의 상태가 거의 완벽해, 대원들은 나중에 그 등반이 너무 수월했다면서 약간 실망하기도 했다. 프랑코는 세 개의 정상 능선이 모이는 마칼루의 정상을 "완벽한 눈의 피라미드로 너무나 뾰족해서 한 손을 그 위에 올리면 손가락 하나는 티베트를, 다른 하나는 네팔을, 세 번째 손가락은 에베레스트를 가리킨다."라고 묘사했다.

1956년에는 세 팀의 원정대(두 팀은 네팔로, 한 팀은 파키스탄으로)가 추가로 8천 미터급 고봉으로 향했다. 가장 먼저 현지로 온 팀은 12명의 대원들로 구성된 일본산악회 원정대였다. 존경받는 산악인 마키 유코가 대장을 맡아 세계 8위 고봉인 마나슬루(8,163m)에 도전하려는 것이었다. 전쟁 전의 일본인 등산가들은 히말라야 경험이 별로 없었다. 가장 주목할 만한 것이 1936년의 난다코트 등정 시도였다. 제2차 세계대전 후 일본이 패전의 치욕에서 서서히 벗어나면서 미군의 폭격이 남긴 폐허로부터 국가를 재건하는 동안, 그들은 1952년 헬싱키 올림픽에서 레슬링 선수 이시이 쇼하치가 금메달을 따는 등 자국의 운동선수들이 국제적인 승리를 거두는 것을 보며 마음의 위안을 삼았다. 일본인들은 히말라야에서도 위업을 달성하기를 간절히 바라면서 안나푸르나에서 동쪽으로 64킬로미터 떨어진 마나슬루에 그들의 노력을 집중했다.

1956년에 일본이 거둔 성공은 이전 원정을 통해 차근차근 준비한 결과였다. 1952년 이마니시 긴지는 일본산악회 소속의 등산가 다섯 명을 이끌고 안나푸르나4봉과 마나슬루를 정찰하러 갔다. 그 후 3년간 일본 원정대는 세 번 더 마나슬루로 가서 정찰과 공략을 했고, 결국 마키 유코 원정대가 성공을 거두었다. 이마니시 도시오와 사다 기알젠 노르부는 5월 9일 오전 8시 공격캠프를 출발해서 북쪽을 통해 오후 12시 30분 정상에 올라섰다. 기알젠 노르부는 1955년 프랑스 원정대와 마칼루에 올랐는데, 따라서 그는 8천 미터 급 고봉을 두 번 오른 — 최초로 두 번 초등을 한 사람은 아니지만 — 최초의 등산가가 되었다. 이틀 후 1차 공격조의 뒤를 이어 가토 기이치로와 히게타 미노루 역시 등정에 성공했다. 거의 모든 일본 언론이 마나슬루 도전을 다루었고, 성공을 거둔 등산가들은 영웅 대접을 받으며 환호 속에 귀국했다. (K2를 오른 이탈리아 원정처럼 일본에서도 등정을 기리는 기념우표가 발행되었다.) 일본은 이 성공에 크게 고무되어 등산이 주요 스포츠가 되었고, 그 중심에는 대학산악회가 있었다. 이후 일본의 등산가들은 세계의 여러 산군으로 영역을 넓혔지만 그들의 주된 관심사는 여전히 히말라야였다,

1956년 스위스인들은 에베레스트 산군으로 다시 갔다. 4년 전 그들은 에베레스트 정상

몇 백 미터 아래에까지 올라갔었다. 1956년에는 두 가지 목표를 염두에 두고 원정이 이루어졌다. 첫 번째 목표는 에베레스트의 재등을 노리는 것이고, 더 중요한 두 번째 목표는 세계 4위의 고봉이자 에베레스트에 인접한 로체(8,516m) 초등이었다. 이번 원정대의 대장은 베른의 알베르트 에글러Albert Eggler가 맡았고, 스위스 산악조사 재단의 후원으로 충분한 장비를 갖추었다. 스위스인 등산가들은 쿰부 아이스 폴을 통해 웨스턴 쿰으로 간 다음에 로체 사면을 통해 사우스 콜로 가는 익숙한 루트를 택했다. 그곳에서부터는 정상 공격을 위한 물자를 끌어올리기 위해 케이블 호이스트(소형 승강기)를 사용했다. 그들은 또한 이번에는 프론트 포인트가 있는 크램폰을 사용할 수 있어서 얼음에 덮인 가파른 사면에서 발판을 깎는 수고를 덜 수 있었다. 12발 크램폰은 이미 알프스 등반에서 사용되긴 했지만 히말라야 원정에서 사용되기는 이때가 처음이었다. 5월 18일 프리츠 루흐징거Fritz Luchsinger와 에른스트 라이스Ernst Reiss가 로체의 서쪽 벽에 난 쿨르와르를 통해 정상에 올라섰다. 정상은 너무나 뾰족해서 루흐징거나 라이스가 앉거나 배낭을 내려놓을 곳이 없었다. 그래서 그들은 정상 바로 아래에 작은 발판을 살짝 깎아내고 몸을 그 위로 끌어올린 다음 등을 맞대고 버티면서 그곳에 섰다.

원정대는 이제 에베레스트로 관심을 돌렸다. 독자적으로 움직인 두 팀, 즉 에른스트 슈미트Ernest Schmied, 위르크 마메Jürg Marmet 팀과 아돌프 라이스트Adolf Reist, 한스 루돌프 폰 군텐Hans Rudolf von Gunten 팀이 5월 23일과 24일 이틀 연속으로 에베레스트의 정상을 밟아서 그들은 이 산에 대한 두 번째와 세 번째 등정을 완수했다. 이리하여 이번 원정대는 두 개의 8천 미터급 고봉을 동시에 오른 최초의 원정대가 되었다.

그 시즌에 이루어진 세 번째의 주요 원정은 오스트리아의 카라코람 원정이었다. 프리츠 모라벡Fritz Moravec이 이끄는 8명의 원정대원들이 세계 13위 고봉인 가셔브룸2봉(8,035m)을 오르기 위해 나섰다. 원정대는 6월 30일 1캠프를 집어삼킨 눈사태로 많은 장비를 잃었다. 하지만 그들은 경량 등반으로 밀어붙여 무산소로 그 산의 남동벽을 등반했다. 정상 공격 전날 밤, 정상 공격조 대원인 모라벡, 제프 라르흐Sepp Larch와 한스 빌렌파르트Hans Willenpart는 사전에 계획된 비박을 했다. 이것은 히말라야 등반에서 이루어진 또 다른 혁신이었으며 앞으로 도래할 알파인 스타일 전술의 전조가 되었다. 그다음 날 아침인 7월 7일 오전 11시 30분, 세 사람은 정상에 올라섰다.

다소 낮은 산들

에베레스트 등정이 이루어지자 에릭 쉽턴은 '히말라야 등반의 새로운 시대'를 예견했다. 즉, 그는 8천 미터가 다분히 임의적인 기준이며, 조만간 등산가들이 히말라야로 가서 '자신만의 동기로 좀 더 적은 물자를 가지고' 8천 미터보다 다소 낮은 수백 개의 미등봉에 도전할 것이라고 예견했던 것이다. 그는 "그렇게 함으로써 그들은 자신들이 한 노력에 대한 진정한 즐거움을 추구할 것이다."라고 말했다. 1950년대 중반이 되자 일부 등산가들은 히말라야의 다소 낮은 산들(빌 틸먼은 일찍이 이 산들을 '약간 왜소한 자이언트들'이라고 언급했다.)로 관심을 돌리기 시작했다. 그리고 쉽턴이 예상한 대로 그들은 그곳에서 보다 만족스러운 등반 스타일을 찾았다.

그런 시도 가운데 첫 번째는 다름 아닌 에드먼드 힐러리 경이 주도했다. 1954년 힐러리는 뉴질랜드-영국 원정대를 이끌고 에베레스트 동쪽의 바룬 계곡으로 갔다. 그곳은 그가 1951년 에베레스트 정찰등반 도중 쉽턴과 함께 잠깐 가서 처음으로 얼핏 본 곳이며, 1952년 초오유 원정 후에 조지 로우와 함께 다시 가서 좀 더 자세히 본 곳이었다. 힐러리는 그곳이 지난번 방문 때의 기억대로 여전히 아름다운 것을 보고 굉장히 기뻐했다. "우리 위쪽으로 양쪽에 엄청난 바위 절벽과 뾰족한 얼음 능선들이 솟아올라 있었다. 하지만 계곡은 푸르렀고, 소나무 향기가 가득한 공기는 신선했다."라고 그는 말했다.

원래 힐러리는 바룬 계곡을 굽어보고 있는 또 하나의 8천 미터 급 고봉인 마칼루에 도전하는 원정대를 이끌려고 했었다. 그러나 어떤 미국 원정대가 이 산의 1954년 허가를 이미 받아놓은 상태였다.(이 팀은 윌 시리Will Siri가 이끄는 캘리포니아 히말라야 원정대로 마칼루의 남동릉을 7,070미터까지 도달했다.) 힐러리 원정대는 그 지역의 다른 봉우리들로 눈을 돌려서 23개를 초등했다. 이 가운데는 바룬체Baruntse(7,129m), 페탕스체Pethangstse(6,739m), 차고Chago(6,893m)를 포함한 19개가 6,100미터(20,000피트) 이상의 봉우리들이었다. 그러나 불행하게도 원정대의 이런 성공은 힐러리가 바룬 계곡에서 부상을 입어 들것으로 후송되는 바람에 빛을 잃고 말았다. 그는 크레바스에 떨어진 대원을 구조하는 도중 갈비뼈에 부상을 입었는데, 나중에 이것이 폐렴으로까지 진행되고 말았다.

2년 후 영국 원정대가 정상이 뭉툭한 오벨리스크 형태인 무즈타그 타워(7,284m)를 등정하기 위해 출발했다. 그 첨탑은 오랫동안 카라코람의 상징적인 지형이었다. 1892년에 마틴 콘웨이가 발토로 빙하에 왔을 때 그 산을 보고 "이 지역에서 가장 멋진 산이다."라고 말한 적이 있었다. 많은 원정대가 다른 산에 도전하러 발토로 빙하를 따라가다가 그 산 옆을 지나가긴 했지만, 그런 명성을 받았음에도 콘웨이 이후 60여 년이 지나도록 어느 원정대도 그 산에 도전하지 않았다는 것은 놀라운 일이다. 아마도 그것은 8천 미터 급 고봉에 대한 오래된 집착과도 관련이 있을 것이다. 그리고 아무도 도전하지 않은 또 다른 이유는 비토리오 셀라가 1909년 촬영해 여러 번 인화된 사진 때문일 것이다. 그가 찍은 각도에서 보면 이 산을 공략하는 것은 거의 불가능해 보인다. 타워의 상단에서는 고도의 빙벽과 암벽 등반기술을 사용해야 할 것 같았기 때문에 주변의 고봉들을 오르는 것이 오히려 더 쉬워 보였다.

존 하터그John Hartog가 이끈 1956년 영국 무즈타그 타워 원정대는 북서 리지를 통해 이 오벨리스크에 도전할 생각이었다. 아르디토 데시오가 K2 정찰 비행에서 촬영한 항공사진을 연구하던 하터그는 셀라의 유명한 1909년 사진이 촬영된 각도로 말미암아 중요한 사실을 그동안 잘못 전달해왔다는 것을 깨달았다. 무즈타크 타워의 정상은 하나가 아니라 둘로, 360미터 정도의 거리를 두고 콜로 연결되어있었다. 확실하지 않은 것은 두 곳 중 어디가 더 높은가 하는 것이었다. 영국 원정대는 서봉으로 올라가는 루트를 먼저 등반할 예정이었다.

원정대는 한 달 간의 노력 끝에 그 산에 캠프 4개를 설치하고 보급품을 수송했다. 7월 6일, 조 브라운과 이안 맥노트 데이비스Ian McNaught-Davis가 정상 공략에 나섰다. 그들이 서봉에 올라서자 진정한 정상은 콜 건너편 동봉이었다. 그들은 그들이 서 있는 곳보다 3미터 높은 진짜 정상으로 건너가려 했지만 조 브라운이 눈처마를 뚫고 추락했다. 브라운이 2,100미터 아래의 빙하로 떨어지지 않은 것은 순전히 운이었다. 두 사람은 그날의 등반을 거기서 끝내고 서봉 90미터 아래에서 비박했다.

그다음 날인 7월 7일 브라운과 맥노트 데이비스는 계속 내려가다가 오전 9시 30분쯤 정상 도전을 위해 올라오는 하터그와 톰 페이티를 만났다. 하터그와 톰 페이티는 브라운과 맥노트 데이비스보다 4시간 빠른 2시 30분에 서봉에 올라섰다. 그들은 그곳에서부터 동봉으로 이어지는 칼날 같은 능선을 — 3미터에 달하는 반반한 슬랩을 넘어서기도 하며 — 조심조심 건넜다. 그들은 그곳에서 카라코람의 거의 모든 거대한 봉우리들과 멀리 외따로 우뚝 솟아있는 낭가파르바트를 바라볼 수 있었다. 4시 30분에 내려오기 시작해 7시 30분이 되었

는데도 고소 캠프까지 가려면 아직도 거리가 멀어 그들은 할 수 없이 비박을 해야 했다. 결과적으로 하터그는 발가락에 동상을 입고 말았다. 며칠 후인 7월 12일과 13일, 귀도 마뇽이 이끄는 프랑스 등반대의 대원 네 명 전원이 그 산의 남동 리지를 통해 정상에 올랐다.

영국과 프랑스의 무즈타그 타워 등정은 그때까지 히말라야에서 이루어진 등반 중 기술적으로 가장 어려운 등반이었다. 이 두 팀의 등반은 문서에 기록된 것으로는 주요 히말라야 봉우리에서 서로 다른 루트로 등정된 첫 번째 사례였다. (맬러리와 어빈의 에베레스트 실종사건이 아직도 수수께끼로 남아있어서 에베레스트가 북쪽과 남쪽 루트로 모두 등정되었는지는 알 수 없다.) 또 하나 인상적이었던 것은 두 팀의 대원 모두가 등정했고, 서로 소리쳐 부를 수 있는 거리에서 함께 등반했다는 것이다. 앤서니 롤린슨Anthony Rawlinson은 무즈타그 타워에서 두 팀의 동시 등정이 이루어진 그다음 해『알파인 저널』에 다음과 같이 썼다. "히말라야 등반에 새로운 경향이 시작되었다는 것을 알 수 있다. 가장 높지도 가장 쉽지도 않은 멋진 봉우리들을 찾아가는 것이다. 알프스에서 했던 기준으로 대상들을 선택하고 있다. 즉 기술적인 어려움에 도전하는 것이 시작되고 있다."

오스트리아인들이 브로드피크에 오르다

1957년 6월 9일 네 명으로 구성된 오스트리아 원정대의 대원 전원이 세계 12위 고봉인 카라코람의 브로드피크(8,051m) 정상에 오른 다음 네 명 모두 무사히 베이스캠프로 돌아왔다. 히말라야 등반의 황금시대에 이루어졌던 몇몇 불만족스러운 원정과는 대조적으로 오스트리아 팀에는 복종을 요구하는 권위적인 대장도 없었고, 이루어야 할 민족주의나 가족의 숙원 같은 것도 없었다. 그들은 순수하게 산을 올라 멋진 성공을 거두었다. 네 명 가운데 가장 유명한 헤르만 불은 8천 미터 급 고봉을 두 번째로 초등했다.(다른 누구도 그런 위업을 달성하지 못했다.) 모든 면에서 최상의 결과였다. 그러나 브로드피크 원정은 그 후 10년 동안 많은 논쟁을 불러일으켰고, 대원들 사이에서 불화가 일어난 대표적인 사례가 되었다.

헤르만 불은 1953년 낭가파르바트 단독 등정으로 대중적인 영웅이 되어 고국 오스트리

1909년 무즈타그 타워. 비토리오 셀라 촬영
(사진 출처: 폰다지오네 셀라)

아로 돌아왔지만, 정작 그는 유명세를 즐기지 못했다. 동상으로 오른쪽 발가락 두 개를 잃은 그가 회복하는 데는 오랜 시간이 걸렸다. 설상가상으로 그는 낭가파르바트에서 실제로 어떤 일이 벌어졌는가를 놓고 카를 헤를리히코퍼와 벌인 분쟁에 휘말려있었고, 먼저 독자적인 원정기를 출간해서 원정 계약을 위반했기 때문에 법적인 문제도 겪고 있었다. 불은 알프스에서 여러 번 함께 업적(에귀 드 샤모니Aiguilles de Chamonix를 처음으로 완전히 횡단 등반한 것을 포함해)을 거둔 옛 파트너 쿠노 라이너가 헤를리히코퍼의 편을 들어서 이 분쟁에 대해 더욱 화가 났다. 1954년 헤를리히코퍼는 한 번 더 원정등반에 나섰는데, 처음에는 가셔브룸1봉에 도전하려 했지만 곧 브로드피크로 목표를 바꾸었다. 헤를리히코퍼는 그 원정등반에 라이너는 초청했지만 당연히 불은 초청하지 않았다.

헤를리히코퍼의 원정대는 브로드피크를 오르는 데 실패했고, 불은 히말라야에서 자신이 다음에 오를 산으로 브로드피크를 선택한 것에 흐뭇해했다. 잘츠부르크 출신의 등산가 마르쿠스 슈무크Marcus Schmuck는 헤를리히코퍼와의 사이에 해묵은 감정은 없었지만 브로드피크를 오르고자 하는 불의 야망을 따르기로 했다. 불과 슈무크는 1956년 알프스에서 함께 등반하면서 굳건한 우정을 쌓은 것으로 보인다.(두 사람은 함께 드류 서벽을 여섯 번째로 완등했다.) 불과 슈무크는 헤르베르트 티히가 소규모 원정대를 이끌고 초오유에서 거둔 성공의 영향을 받았고 자신들도 브로드피크를 서부 알프스 스타일로 공략하겠다고 결정했다. 즉, 히말라야 등반에서도 고소 포터를 쓰지 않는 경량 도전을 해보겠다는 뜻이었다. 훗날 진정한 등반이라고 평가 받는 '알파인 스타일'은 등산가들이 캠프 장비를 가지고 계속해서 위로 올라가는 것으로, 두 사람이 구상한 것과 완전히 똑같지는 않다. 그러나 이들의 구상은 정교한 계획에 따라 산을 오르면서 피라미드식으로 캠프를 하나씩 설치해나가고 물자를 수송해 비축하는 대규모 원정대의 전통적인 포위전법(헤를리히코퍼의 주특기)에 확실히 변화가 찾아왔다는 것을 의미했다.

슈무크는 비용의 1/4가량을 부담한 오스트리아 알파인 클럽을 만족시키기 위해 일단 원정대장은 자신이 맡고 산에서는 불이 등반대장을 맡기로 했다. 리더십을 이렇게 나누자 슈무크보다 훨씬 더 화려한 등반경력을 가진 불은 화를 냈고, 클럽의 지도자들은 불이 1953년 자신의 원정비용을 상환하지 않은 점뿐만 아니라 언쟁을 자주 일으킨다는 평판에 대해 우려감을 나타냈다. 하지만 브로드피크를 등반하는 데 있어서 두 사람이 동등하게 개입한다면 리더십의 분할은 그들의 결정이 의견일치 — 만일 의견일치가 이루어진다면 — 를 본다는 장점이 있었다. 슈무크와 불은 젊은 오스트리아 등산가를 두 명 뽑아 명단을 완성했다. 한 사람은 슈무크와 같이 잘츠부르크 출신의 전기 기사 프리츠 빈터슈텔러Fritz Wintersteller였고, 다른 한 사람은 빈의 의대생인 쿠르트 딤베르거Kurt Diemberger였다.

파키스탄 연락 담당관으로 카데르 사에드Qader Saaed를 합류시킨 오스트리아인들은 짐꾼 65명을 고용해 1957년 4월 18일 스카르두를 떠나 브로드피크로 향했다. 그러나 산에 도착하기도 전에 매일매일의 짐꾼 관리를 놓고 불과 슈무크 사이에 첫 번째 불화가 일어났다. 불은 일기에서 슈무크를 헤를리히코퍼에 비유했다. 그것은 불이 내릴 수 있는 가장 모욕적인 판단이었다. 사실 그것은 적절치 않은 비유였는데, 불의 주된 불평은 슈무크가 짐꾼들을 다룰 때 지나치게 권위적이라는 것이 아니라 너무 무르다는 것이었다. 불은 낭가파르바트에서 헤를리히코퍼에게 받았던 푸대접에 대한 분노를 폭발시킬 새로운 표적을 찾은 셈이었다. 이로써 브로드피크 도전은 시작부터 조짐이 좋지 않았다.

원정대는 베이스캠프로 가기 훨씬 전부터 이미 두 팀으로 나뉘었다. 불과 딤베르거가 한 팀, 슈무크와 빈터슈텔러가 한 팀이었다. 노련한 등산가 두 명이 경험이 적은 등산가 두 명과 각각 자일 파트너가 된다는 점에서 보면 이렇게 짝이 지어진 것은 합리적이었다. 그러나 문제는 두 팀이 서로 파트너라기보다는 라이벌로 생각했다는 것이다.

이것 말고도 다른 문제가 산으로 접근해가는 도중 발생했다. 담요나 편의시설이 부족하다고 계속 불평해온 짐꾼들은 이름이 어울리지 않는 콩코르디아[†] 위쪽으로는 짐을 옮기지 않겠다고 고집했다. 그곳은 발토로 빙하와 고드윈 오스틴 빙하가 만나는 합류점이다. 결국 네 명의 대원이 카데르 사에드와 전령 두 명과 함께 4,877미터 지점의 베이스캠프까지 남은 20킬로미터의 거리를 짐을 날라야 했다.

5월 13일 스카르두를 떠난 지 3주일 반 만에 네 명의 오스트리아인들은 정상으로 이어지기를 바란 서릉을 향하여 서벽을 올라가기 시작했다. 등반 첫째 날 그들은 5,790미터에 1캠프를 설치했다. 그 캠프 자리는 바로 아래쪽에 바위 첨탑이 있어 '이빨 캠프Tooth Camp'로 불렸다. 그들은 곧 6,400미터 바로 아래에 2캠프를 설치했다. 오스트리아인들은 알파인 스타일을 융통성 있게 변화시켜 자신들의 짐을 직접 고소 캠프로 날랐다.(그들은 산을 오르내리면

† 콩코르디아Concordia 로마 신화에 등장하는 조화와 평화의 여신

서 물자도 옮기고 고소순응도 할 수 있었다.) 그들은 또한 헤를리히코퍼 원정대가 남겨놓은 고정로프를 활용했고, 그 원정대가 두고 간 물자 더미에서 필요한 것을 찾아 썼다. 날씨로 인하여 지연된 것을 제외하면 원정대의 전진속도는 빨랐다. 그러나 원정일지에는 그들 사이에 팽팽한 긴장감이 감돌고 있었다고 기록되어있다. 불은 5월 15일 일기에 이렇게 적었다. "잘 먹었지만 잠은 잘 자지 못했다. 너무 속이 상했다."

5월 25일 저녁 날씨가 좋아졌고 오스트리아인들은 그다음 날 아침 일찍 베이스캠프를 떠나 다시 산을 올라갔다. 5월 28일 그들은 7,000미터쯤에 공격캠프인 3캠프를 세우고 '독수리 둥지'라는 이름을 붙였다. 그들은 이제 정상으로 올라갈 수 있는 위치에 있었다. 그러나 불은 지쳐가고 있었다. 그는 원정기에 5월 28일을 이렇게 썼다. "낭가파르바트의 정상을 향해 올라갈 때 느꼈던 것과 똑같은 흥분, 열정, 기대감을 느낄 수 없었다." 그의 불안감은 정상에 도전하는 날 그가 바랐던 것보다 훨씬 늦게 출발하자 점점 커져갔다. 그날 저녁 그는 이렇게 썼다. "솔직히 말해서 오늘 별로 의욕이 없다. 어떻게든 정상에 올라가야 한다고 느끼지도 않는다."

불은 스스로 '낭가파르바트의 발가락'이라고 부르던 동상 입은 발가락 때문에 굉장히 고통스러워했다. 그가 뒤처지자 익숙해진 파트너 관계가 붕괴되기 시작했다. 딤베르거와 빈터슈텔러가 앞장섰고, 오후 6시 30분 그들이 정상이라 생각한 곳에 올라섰다. 하지만 짙어가는 어둠 속에서 보니 정상 능선이 끝나는 곳에 높은 곳이 하나 더 있었는데, 그들은 그들이 서있는 곳보다 그곳이 더 높은지 낮은지 알 수가 없었다. 그것을 확인하기에는 이미 시간이 너무 늦어서 딤베르거와 빈터슈텔러는 그들이 올라간 가장 높은 곳이라는 표시를 하기 위해 케른을 하나 만든 다음 불과 슈무크에게 돌아갔다.(이곳은 정상이 아닌 것으로 밝혀졌고, 나중에 '전위봉forepeak'으로 불리게 된다.)

그 후 대원 전원은 베이스캠프로 철수했다. 그곳에서 그들은 7일간 먹고, 자고, 싸우고, 서로에게 관심을 갖지 않는 동안에는 각자 자신의 체력을 회복하는 데 집중했다. 모두가 한 가지 사실에는 동의했다. 그것은 그들이 브로드피크를 다시 올라가서 확실하게 초등을 입증하자는 것이었다. 이에 따라 7월 7일 그들은 다시 산을 올라갔고, 그다음 날 독수리 둥지에 도착했다.

그들의 2차 정상 공략은 7월 9일에 이루어졌다. 이번에는 전보다 이른 새벽 3시 30분에서 4시 사이에 출발했다. (이 원정에서 여러 번 그랬듯 슈무크와 빈터슈텔러 팀이 먼저 갈 것인지, 아니면 불과 딤베르거 팀이 먼저 갈 것인지를 놓고 언쟁이 있었다.) 그들은 서로 조금 다른 루트로 갔고, 아침나절이 되자 슈무크와 빈터슈텔러가 앞서갔다. 딤베르거는 혼자였다면 선두를 따라잡았겠지만 파트너인 불이 다시 속도가 느려지고 동상과 체력 저하로 힘들어 해서 그의 옆에 바짝 붙어 갔다. 슈무크와 빈터슈텔러는 전위봉으로 가는 루트를 뚫으며 오후 4시 그곳에 도착했다. 이번에는 브로드피크의 진짜 정상이 앞쪽에 있는 것이 분명하게 보였다. 1시간 후 슈무크와 빈터슈텔러는 진짜 정상에 도착해 너무나도 기뻐했지만 완전히 지쳐있었다. 5시 50분 그들은 정상에서 내려오기 시작했다.

한편 불은 전위봉 약간 못 미친 곳에서 이미 한계에 다다르고 있었다. 딤베르거는 혼자 가겠다며 허락해달라고 했다. 불은 훗날 그때 느꼈던 기분을 다시 생각하며 이렇게 썼다. "그 젊은 호랑이가 나 때문에 8천 미터 급 고봉 등정을 놓쳐서는 안 된다. 나는 나의 모든 야망이 사라졌다고 솔직하게 고백해야 한다. 나의 8천 미터 급 고봉은 낭가파르바트였다. 그때 내가 경험한 것은 어떻게 해도 다시 돌아오지 않는다." 불은 앉아서 다른 대원들이 돌아오는 것을 기다리기로 했고, 딤베르거는 혼자 출발했다. 그는 전위봉을 올라선 다음 계속 밀어붙여 슈무크와 빈터슈텔러가 내려오기 시작할 무렵 브로드피크의 진짜 정상에 도달했다. 그들은 딤베르거를 기다려주지 않고 서둘러 지나가 내려가 버렸다. 그러자 딤베르거는 무척 화가 났다. 그는 홀로 정상에 서서 아래쪽에 펼쳐진 광경을 보면서 마음을 달랬다.

딤베르거가 하산을 시작할 때는 이미 저녁이 되어가고 있었다. 그러나 그는 전위봉에 도착하기 전에 놀라운 광경을 목격하게 된다. 불이 의지력을 한데 모아 그곳 설사면을 절뚝거리며 올라오고 있었다. 딤베르거는 불이 자기 쪽으로 올라오기를 기다렸다가 돌아서서, 그의 파트너와 함께 다시 정상으로 올라갔다. 이것은 히말라야 등반에서 한 번도 전례가 없는 일이었으며 그 이후에도 거의 되풀이된 적이 없는 훈훈한 일이었다. 두 사람은 브로드피크의 정상에 섰고 원정대원 전원이 8천 미터 급 고봉을 초등하는 업적을 이뤘다. 오후 7시 30분 불과 딤베르거가 정상 능선을 내려오기 시작했다. 딤베르거는 그날 두 번째로 중요한 결정을 내렸다. 그는 몸을 피할 곳이 없는 곳에서는 비박하지 않기로 했다. 그들은 보름달빛에 의지해서 자정이 약간 지난 시간에 3캠프의 텐트로 돌아왔다. 슈무크와 빈터슈텔러는 그다음 날 베이스캠프로 내려갔다. 불과 딤베르거 두 사람은 모두 등반을 힘들게 하느라 지쳐서 하루 더 쉰 다음, 앞선 두 사람과는 달리 고소 캠프에 개인 장비를 모두 놔두고 내려왔다.

베이스캠프로 돌아온 직후 불이 쓴 원정기에는 이렇게 돼 있었다. "브로드피크는 가장 이상적이고도 짧은 루트로 등정되었다. 고소 포터도 쓰지 않고 대원 네 명의 힘만으로 이루어냈다. 이 이상 우리가 무엇을 더 바랄 수 있을까?"

정말 무엇을 더 바랄 수 있을까? 그러나 7월 9일 브로드피크에서 이루어낸 승리로 인해 둘로 갈린 등반 팀의 사이가 다시 좋아지지는 않았다. 오스트리아인들은 고국의 친구들과 지원자들에게 보낼 엽서에 쓸 내용에 대해 말다툼을 벌였다. 슈무크와 빈터슈텔러가 그날 첫 번째 자일 파티로 정상에 올랐다는 것을 강조하자, 불과 딤베르거는 '팀 전체'의 업적을 깎아내리는 것에 분개했다.(오래전부터 확립된 관습에 의하면 정상에 오른 순서와 관계없이 같은 날 정상을 초등한 모든 대원은 동등하게 공적을 인정받았다.) 두 팀은 이제 서로 다른 길로 갔다. 불과 딤베르거는 2, 3캠프에 두고 온 개인 장비를 가지러 브로드피크를 다시 올라갔고, 슈무크와 빈터슈텔러는 자체적으로 등반을 떠나서 이틀간의 놀라운 노력 끝에 — 진정한 알파인 스타일로 — 7월 19일 스킬 브룸Skil Brum(7,360m)을 남서벽으로 초등했다.

이전까지는 8천 미터 급 고봉을 초등한 등산가들에게 또 다른 봉우리를 올라가고 싶은 욕망이 남아있었던 적이 없었기 때문에 슈무크와 빈터슈텔러는 새로운 전례를 남겼다. 그러나 불과 딤베르거는 오스트리아로 돌아가기 전에 등반을 또 하러 갈 필요가 없었다. 두 사람 모두, 특히 불은 브로드피크 등반 때 고생을 심하게 해서 완전히 지쳐있었다. 무엇을 더 입증해야 하나? 등산역사에서 그들은 이미 위대한 업적을 세웠다. 불은 세계에서 가장 위대한 등산가라는 명성을 갖고 고국으로 돌아갈 수 있었다. 딤베르거는 새로운 명성을 누릴 것이고, 화려한 기록을 세울 날이 앞으로도 숱하게 남아있었다. 그러나 브로드피크의 정상에 그들보다 먼저 발을 디딘 숙적 슈무크와 빈터슈텔러의 과감한 또 다른 초등은 분명 무시하기에는 너무나 큰 도전이었다. 불과 딤베르거는 배낭을 챙겨서 남쪽으로 향했다. 그들은 발토로 빙하 상부를 넘어가서 초골리사(7,654m)에 도전했다.

그리고 그들은 성공에 가까이 다가섰다. 산에서 세 번째 맞는 7월 27일, 그들은 북동릉을 통해 정상으로 향했다. 서로 로프를 묶지 않아서 속도가 빨랐다. 그러나 7,315미터부터 날씨가 험악해지더니 바람이 어찌나 심하게 부는지 뒤쪽의 발자국들이 모두 지워졌다. 두 사람은 따라 내려와야 하는 발자국이 지워질까 봐 두려웠고 발을 헛디뎌 눈처마를 뚫고 떨어질까 봐 두렵기도 해서 정상 바로 아래에서 돌아섰다. 그것은 현명한 결정이었지만 아무 소용이 없었다. 앞장서서 내려오는 딤베르거의 뒤쪽 눈처마가 갑자기 무너졌다. 그는 간신히 안전한 곳으로 피할 수 있었다. 그가 불을 확인하기 위해 뒤쪽을 돌아보자 그곳엔 아무것도 없었다. 그의 눈에 들어온 것은 오직 가장자리까지 이어진 불의 발자국뿐이었다.

오스트리아 알파인 클럽의 성공적이고도 혁신적인 카라코람 원정은 이렇게 히말라야 등반 황금시대의 영웅 한 명이 죽음을 맞이하면서 끝을 맺었다. 헤르만 불의 죽음은 위험한 산에서 발을 잘못 디뎌 일어난 것이었지만, 어떤 의미에서는 그의 마지막 원정을 집어삼킨 쓰디쓴 경쟁의 결과이기도 했다.

미국인들이 히든피크에 오르다

1957년 겨울, 제임스 램지 울먼이 쓴 책의 애독자였던 메사추세츠 윌리먼셋Willimansett 출신의 게리 요틴Gary Yortin은 울먼에게 편지를 써서 이렇게 부탁했다. "저는 열다섯 살이고 등산을 좋아합니다. 저는 『설원의 타이거』를 두 번이나 읽었는데 지금까지 읽은 책 중 최고였습니다. 저의 가장 큰 꿈은 히말라야에 가보는 것입니다. … 제 친구들과 저는 산악회를 만들려고 합니다. 하지만 우리에게는 장비가 없습니다. 저희들이 피켈, 피톤, 해머를 살 수 있을 만한 가게의 주소를 알려주시거나 말씀해주시면 좋겠습니다. 도와주신다면 정말 고맙겠습니다."

울먼의 답신은 남아있지 않다. 아마도 1957년에 그가 요틴에게 줄 수 있는 도움이라고는 REIRecreational Equipment Incorporated에 연락해보라고 하는 정도였을 것이다. 시애틀에 기반을 둔 이 회사는 아웃도어와 등반장비를 전문으로 취급하는 소매회사였다. 짐 휘태커Jim Whittaker라는 젊은 등산가가 운영하는 REI는 시애틀 파이크 스트리트의 그린 애플파이 식당 2층에 6×12미터 크기의 사무실을 쓰는 작은 회사로, 이곳에서 판매하는 피켈, 피톤, 해머와 다른 등반장비들도 대부분 유럽에서 수입한 것이었다.

안나푸르나와 에베레스트의 초등으로 인해 등산이 대중들에게 인기를 얻으면서 1950년대의 젊은 미국인들도 산을 올라보고 싶다는 열망을 품게 되었다. 그러나 거대한 산맥 주변에 있는 시애틀 같은 일부 지역이나 하버드, 다트머스, 스탠포드 같은 대학산악회 몇 군데를 제외하면 미국에서는 새로운 세대의 등산가들을 끌어모으고, 훈련시키고, 필요한 장비를 갖출 수 있게 도와줄 만한 인프라가 거의 구축되어있지 않았다. 그로 인해 미국의 거대한 산들을 찾는 등산가들은 별로 없었다. 훗날 디날리Denali로 알려지는 북미 대륙 최고봉 알래스카의 매킨리(6,194m)에는 기껏해야 일 년에 한두 팀이 찾는 정도였다. 미국 대중들은 다른 나라의 히말라야 원정 성공 소식을 어느 정도 흥미를 갖고 지켜보고 있었지만, 자국 등산가들의 업적에는 상대적으로 관심을 갖지 않았다. 미국의 뛰어난 등산가 이름을 단 한 명이라도 생각해낼 수 있는 미국인보다 에드먼드 힐러리 경이 에베레스트를 정복했다는 것을 아는 미국인이 훨씬 더 많았다. 미국 언론의 헤드라인을 장식한 1953년의 K2 원정대에 대한 기사는 등산 모험에 대한 것이 아니라 그들의 생존에 대한 것이었다. 『새터데이 이브닝 포스트』는 "K2에서 맞닥뜨린 죽음"이라는 제목으로 두 번에 걸쳐 밥 베이츠의 원정등반을 다뤄, 기사를 읽고 난 독자들이 그런 모험을 따라하고 싶어 하지 않게 만들었다. 울먼에게 투고했던 게리 요틴 같은 열렬한 젊은이들이 있긴 했지만, 1950년대의 미국인들이 등산가에 대해 가지고 있던 이미지는 이국적이지만 전적으로 존경할 만한 인간들은 아니며, 외국인들이거나 스릴을 즐기는 괴짜들이라는 정도였다.

따라서 닉 클린치가 1950년대 중반 미국 카라코람 원정대를 조직하기 위해 대원들을 모집했을 때의 경험을 '범죄 모의' 같았다고 말한 것은 과장이긴 했지만 그렇게 심한 말은 아니었다. 그는 이렇게 썼다. "그런 모험에 참가하고 싶어 하는 유능한 등산가가 많이 있었지만, 당연히 그렇게 비이성적이고 무책임한 일을 생각하고 있다는 것을 대중이나 고용주, 고객, 환자, 사업 파트너나 가족이 어떻게 생각할지 모두가 걱정했다. … 명성에 대한 위험을 무릅쓰면서까지 원정에 참가할 가치가 있는가?"

클린치가 오르려고 모의한 산은 히든피크로 더 잘 알려진 가셔브룸1봉이었다. 8,068미터의 히든피크는 세계 11위 고봉이며, 카라코람에서 미등으로 남아있던 마지막 8천 미터 급 고봉이었고, 당시까지 미등으로 남아있던 8천 미터 급 고봉 세 개 중 하나였다. 그 산에 대한 본격적인 도전은 1936년 프랑스 원정대가 했던 것이 유일했다.

스탠포드대학 산악회원이었던 클린치는 스탠포드 법대를 막 졸업한 1955년 가을부터 원정대를 조직하기 위한 활동에 들어갔다. 쉬운 일은 하나도 없었다. 미국 알파인 클럽은 그의 허가 신청서에 보증을 서는 데 주저했다. 클럽 지도층 일부는 무모한 서부 젊은이가 조직하는 원정대를 후원하는 것을 내키지 않아 했다.(그러나 찰리 휴스턴은 협조적이었다.) 자금 모집이 특히 기운 빠지는 일이었다. 유럽에서는 등산가들이 에베레스트 재단이나 스위스 산악조사 재단 같은 협조적이고 돈이 많은 후원 조직들로부터 지원을 받을 수 있었지만, 미국인 등산가들은 친구들, 기업, 일반 대중에게 자금 지원을 호소해야 했다. 1958년 1월 클린치는 스위스인 등산가 위르크 마메Jürg Marmet에게 "돈이 서서히 들어오고 있기는 하지만 미국 등산의 토대를 위해 쓸 만한 정도는 아직 안 됩니다."라는 편지를 보냈다.

또 다른 두통거리는 대원 모집이었다. 수많은 등산가가 가고 싶다는 의사를 내비치기는 했지만, 확실히 가겠다고 한 사람은 몇 명 되지 않았다. 확실히 가겠다고 약속한 등산가 가운데는 파리의 미국 영사관에 근무하는 외무부 관료이자 하버드대학 산악회의 전 회장이며 1954년에 브리티시컬럼비아의 험난한 코스트 레인지Coast Range를 클린치와 답사한 바가 있는 앤드루 코프먼Andrew Kauffman이 있었다. 클린치는 파키스탄으로 출발하기 몇 달 전에 코프먼에게 최종 세부사항을 담은 편지를 보냈다. 그는 원정대를 조직하는 부담 때문에 히든피크에 도전하겠다는 열정이 꺾이지는 않았다고 분명히 말했다. "만일 우리가 해낸다면 미국의 등산역사에서 가장 환상적인 일이 될 거야. 친구, 나는 꼭 그렇게 할 거야."

1958년 봄 마침내 여섯 명의 미국인 등산가가 파키스탄으로 출발했다. 일행은 클린치와 코프먼, 톰 맥코맥Tom McCormack, 밥 스위프트Bob Swift, 원정대 의사 톰 네비슨Tom Nevison과 비록 늦게 원정대에 합류했지만 모두에게 환영받은 K2의 노장 피트 셰닝Pete Schoening이었다. 다른 두 명의 미국인 길 로버츠Gil Roberts와 딕 어빈Dick Irvin은 여름에 합류하기로 했다. 거기에 더하여 이번 원정에는 파키스탄 등산가인 모드 아크람Mohd Akram 중위와 리즈비S. T. H. Rizvi 대위도 함께 가기로 했다.

5월에 그들이 라왈핀디로 날아갔을 때, 그들은 발토로 빙하 상부로 향하는 또 다른 원정대를 만났다. 1953년 아르디토 데시오와 함께 K2를 정찰했지만 정작 1954년 원정에서는 제외되었던 리카르도 카신이 가셔브룸4봉(7,925m)에 도전하기 위해 이탈리아 알파인 클럽Club Alpino Italiano 원정대를 이끌고 있었다. 이 원정대에는 K2를 다녀온 발터 보나티를 포함한 유명한 일류 등산가들이 대거 포진되어있었다.(발터 보나티는 그 후 1955년에 프티 드류의 남서 필라Pillar를 단독으로 완등해 등산계를 놀라게 했다.) 그 원정대에는 사진사 포스코 마라이니Fosco Maraini도 있었는데, 그는 이탈리아 원정대와 미국 원정대의 대조적인 모습에 굉장히 놀랐다. "이탈리아 원정대원 가운데 네 명은 프로 등산 가이드였지만 미국인들은 멋지고, 조용하고, 예의바르고, 순진했다."라고 하면서 "나의 동료들은 — 내 생각으로는 — 이 순진한 젊은이들보다 훨씬 강인하고 거친 패거리였다. … 미국인들은 글자 그대로 아마추어 동호인이었다. 그들은 의사나 학교 선생, 기사, 농학자였고, 책상이나 사무실을 빠져나와 영광스럽지만 약간은 미친 모험을 떠나온 사람들이었다. 우리 원정대원들은 기본적으로 등산가이자 프로 클라이머들이었다. 빙벽이나 빙하, 아레트는 그들이 일생 동안 살아온 인생이며 직업이고, 가족이자 생계수단이며 열정이었다."

두 원정대는 라왈핀디에서 비행기를 타고 스카르두로 갔고, 거기서 발토로 상부를 통해 각자의 산으로 갈 준비를 했다. 미국인들은 챙이 넓은 카우보이모자를 쓰고 영화 〈콰이 강의 다리〉에 나오는 행진가를 흥얼거리며 걸어갔다. 그들의 뒤를 따라 여섯 명의 발티인 고소 포터와 짐꾼 110명이 걸어갔다.(후원금을 더 많이 모금한 이탈리아인들은 짐꾼 500명을 데리고 갔다.) 미국 원정대는 6월 6일 히든피크의 남서쪽에 있는 아브루치 빙하 5,180미터 지점에 베이스캠프를 설치했다. K2에 다녀온 적이 있는 셰닝과 라카포시에 다녀온 적이 있는 스위프트와 어빈을 제외하고 대원 어느 누구도 그들 주위에 있는 것과 같은 거대한 산들을 본 적이 없었다. 클린치는 이렇게 회상했다. "나는 비토리오 셀라의 무즈타그 타워 사진을 경외감을 갖고 오랫동안 봐왔다. 이제 바로 그 산이 내 친구들 뒤에 있었다."

클린치가 원정대 전체를 조율했고, 대원들이 설사면을 올라가자 셰닝이 등반대장을 맡았다. 그렇지만 산에서 내려야 하는 중요한 결정은 합의를 통하거나, 아니면 다수결 투표로 정했다. 제일 쉬운 결정은 정상 공격조를 정하는 것이었다. 코프먼과 셰닝이 만장일치로 지지를 받았다. 가장 어려운 결정은 루트 선택이었다. 그들은 등반 가능한 루트를 다섯 개 찾아냈다. 직선에 가까운 것들이 있었고, 암벽등반을 요구하는 것이 있었으며, 설사면을 오랫동안 올라가야 하는 것들이 있었다. 결국 그들은 설사면을 오랫동안 올라가야 하는 루트로 결정했다. 그 루트는 아브루치 빙하에서 눈에 덮인 바위 지릉을 올라가서 남동쪽 플라토로 간 다음, 그 플라토를 따라 8킬로미터를 가서 히든피크의 정상 피라미드를 올라가는 것이었다. 이 루트의 장점 중 하나는 1934년 앙드레 로흐와 한스 에르틀이 얼마간 등반한 적이 있다는 것이었다. 따라서 미국인들은 플라토로 이어지는 바위 지릉을 "로흐 아레트"라고 이름 붙였다.(훗날 이것은 국제 히말라야 원정대 능선International Himalayan Expedition Ridge/IHE Ridge으로 이름이

남서쪽에서 바라본 가셔브룸1봉(히든피크)과 1958년 미국 등반 루트

바뀐다.)

미국인들은 전통적인 포위전법을 사용했다. 그들은 고소에서 산소를 사용할 예정이었다.(미국 원정대로서는 처음이었다.) 그리고 고소 포터들이 남동쪽 플라토까지 물자를 나르도록 했다. 그렇게 하려면 로흐 아레트 전체와 그 위쪽으로 상당히 올라간 곳까지 고정로프를 설치해야 했다. 그들은 5,640미터에 1캠프, 6,400미터에 2캠프, 6,710미터에 3캠프, 능선과 남동쪽 플라토가 만나는 6,860미터에 4캠프를 설치해서 능선 위에 모두 4개의 캠프를 설치했다.

플라토에 도착하자 스키를 가져오지 않은 것이 후회됐다. 만약 그들이 스키를 가지고 올라갔다면 정상 피라미드까지 설사면이 완만해서 상당히 쓸모가 있었을 것이고, 8천 미터 급 고봉을 초등하는 데 스키를 사용한 최초의 원정대가 될 수도 있었을 것이다. 7월 4일 5캠프가 남동쪽 플라토 중간쯤인 7,160미터에 설치되자 모든 준비가 끝났다.

그다음 날 새벽 3시에 일어난 코프먼과 셰닝은 새벽 5시에 화창한 날씨 속에서 정상 공격에 나섰다. 그들은 식량 상자에서 20×20센티미터 크기의 합판을 뜯어낸 다음 크램폰 포인트를 박아서 즉석 설피를 만들었으나, 거추장스럽기만 하고 별로 쓸모가 없어 벗어 던져버리고 무릎까지 차오른 신설을 헤치며 나아갔다. 그들은 10시간 동안 허우적거리며 걸어간 끝에 — 클린치의 표현대로라면 '하늘 위에서 기나긴 산책'을 한 끝에 — 정상에 도달했다. 가장 힘든 구간은 눈사태가 일어나기 쉬운 쿨르와르인 마지막 부분이었는데, 두 사람은 조심스럽게 그곳을 올라서서 정상 능선으로 갔다. 아래에서 걱정스럽게 두 사람을 쌍안경으로 지켜보던 동료들은 오후 3시 정상에 선 그들의 모습을 볼 수 있었다. 두 사람 주위로 K2, 브로드피크, 가셔브룸4봉을 비롯한 카라코람의 장엄한 광경이 펼쳐졌다.(가셔브룸4봉에 설치된 이탈리아 원정대의 텐트도 보였다.)

1953년 K2에 갔던 선배들처럼 이번에 히든피크를 오른 미국인 등산가들도 정상에서 깃발을 든다는 생각에는 그다지 흥미가 없었지만 그래도 정상 사진을 찍기 위해 가져가기는 했다. 클린치는 "우리의 원정이 선구자들의 어깨를 밟고 올라선 것뿐만 아니라 방대한 국제적 노력의 결과라는 것을 강조하기 위해 영국, 프랑스, 파키스탄, 스위스 국기와 더불어 성조기와 유엔기를 모두 가져갔다."라고 밝혔다. 그들은 5시간 동안 산을 내려와 5캠프로 돌아왔고 그다음 날에는 본격적으로 철수하기 시작했다. 셰닝과 클린치는 '성공을 거둔 지금이 순간, 카라코람에 다녀간 우리의 선배들을 기억하는 것이 중요하다.'라고 생각했기 때문에 근처 K2 기슭에 있는 아트 길키의 추모 케른을 찾아갔다.

그들은 출발한 지 두 달 만에 스카르두로 돌아왔다. 원정을 조직한 사람이나 원정대원 대부분이 히말라야 등반의 초보자들로 마라이니의 표현을 빌리자면 '아마추어 동호인'이었지만, 무엇보다도 이번 원정은 모범적이었다. 8천 미터 급 고봉이 모범적인 방식으로, 안전하게, 그것도 역대 최단시간을 기록하며 초등된 것이다.

이러한 사실에도 불구하고 히든피크 원정대는 미국에서 실질적으로 무시당했다. 3주일 후 등정 소식이 바깥세상에 알려졌을 때 『뉴욕 타임스』는 이 소식을 신문 안쪽 면의 전신 소식란에 두 번에 걸쳐 간략하게 소개했을 뿐이다. 첫 번째 소식에서는 히든피크의 높이를 610미터 낮게 보도했는데, 두 번의 소식 모두에서 이번 원정이 미국인에 의한 최초의 8천 미터 급 고봉 초등이라는 것을 언급하지 않았다. 『내셔널 지오그래픽』은 앤드루 코프먼에게 원정 기사를 의뢰했지만 이것을 게재하지는 않았다.

국가 공무원이었던 코프먼은 이 원정등반을 하기 위해 휴직 허가를 받지 않고 파리의 미국 영사관 이등 서기관 자리를 비웠는데, 귀국하자 자신이 일자리를 잃을 위기에 몰렸다는 것을 알게 되었다. 그는 외무부의 여러 친구들과 지지자들에게 소위 그의 직무 태만이 결국 미국 정부에 도움이 될 것이라고 호소하는 편지를 썼다. 그 편지들 중 하나에는 이렇게 쓰여 있었다. "제 행동의 결과로 외무부의 제 지위가 좀 불투명해졌습니다. 우리의 성공은 실제적으로 모든 유럽 스포츠 및 등산계에서 광범위한 축하를 받았습니다. 그리고 상당한 대가를 치르긴 했지만 — 제 생각에는 — 우리가 출발할 때부터 입증하고 싶었던 것을 충분히 보여주었다고 생각합니다. 즉 미국인은 유럽인들이 생각하는 것처럼 허약하지 않다는 것입니다." 결국 코프먼은 캘커타의 힘든 보직으로 좌천되는 징계를 받았지만 일자리를 잃지는 않았다.

히든피크 등정의 성공조차 미국인 등산가들을 알리는 데는 도움이 되지 않았다. 이듬해 완성된 클린치의 원정기 『하늘 위의 산책A Walk in the Sky』은 1982년까지도 출판사를 찾지 못했다. 그는 이렇게 회상했다. "1950년대 후반기에는 창고마다 원정등반에 대한 책이 재고로 가득 쌓여 있어 다른 책이 들어갈 자리가 없었다. 특히 아무도 다치지 않은 원정등반에 대한 책은 그런 창고에조차 들어갈 수 없었다."

여성의 히말라야 원정대

1945년 베스트셀러가 되었던 제임스 램지 울먼의 소설 『백색의 탑』은 전쟁이 한창 중일 때 추락한 미국인 비행사가 스위스에 있는 한 산을 초등한다는 내용을 다루고 있는데, 이 책의 주인공은 어린 시절의 여자 친구이자 등반 파트너였던 칼라 덴Carla Dehn을 만나 정상까지 가는 도중에 일부 구간을 함께 가게 된다. 소설에서 칼라 덴의 역할은 주인공으로부터 로맨틱한 관심을 받는 것인데, 그들의 관계는 알프스 오두막의 침낭 속에서 섹스를 하는 장면에서 절정에 달한다. 1947년 피츠버그의 올마 부커Alma Booker라는 독자가 울먼에게 편지를 써서 칼라의 제한적인 역할에 대해 이의를 제기했다. 그녀는 이렇게 썼다. "이것은 선생님의 박진감 넘치는 소설 『백색의 탑』을 칭찬하려는 편지가 아닙니다. 그런 편지는 셀 수 없이 받으셨겠지요. 이 편지는 선생님이 여주인공인 칼라 덴을 다룬 방식에 대해 항의하려고 쓰는 것입니다. 선생님은 왜 그녀가 산의 정상에 올라가지 못하도록 했습니까? 남자 주인공처럼 쉽게 등반하는 남성들보다도 뛰어난 여성 클라이머로 그녀의 능력에 대해 책의 전반에 걸쳐 칭찬해놓고, 정작 정상에는 올라가지 못하도록 한 것은 받아들이기 어렵습니다. 페미니즘에 대해 일격을 가하려는 의도로 그렇게 하신 건가요?"

울먼의 소설에 정치적인 의도가 있었다면 그것은 나치즘에 대해 '일격'을 가하려는 것이었다. 페미니즘은 1940년대에는 실질적으로 대중의 지지가 거의 없었던 정치 운동이었는데, 울먼이 이런 페미니즘에 대해 강한 편견을 가졌던 것 같지는 않다. 그러나 칼라 덴의 남자친구가 영광을 위해 등반하는 동안 그녀는 오두막에서 화롯불 옆에 머문다는 설정은 우연이 아니었다. 울먼도, 그리고 두말할 것 없이 그의 독자 대부분도, 다른 힘든 모험들처럼 등반은 남성만이 하는 것으로 생각했다. 1947년 당시 미국 알파인 클럽의 회원 326명 가운데 여성 회원은 45명밖에 되지 않았다. 미리엄 언더힐즈Miriam Underhills나 바버라 워쉬번즈Barbara Washburns처럼 그 시절에 두각을 나타냈던 소수의 여성 등산가들도 이런 대중의 생각을 바꿔놓지 못했는데, 그 이유는 그들이 남편과 함께 등반을 했기 때문이었다.

따라서 제2차 세계대전 이후 히말라야 등반에서 남편을 동반하지 않은 — 때로는 셰르파를 제외하면 남성들이 전혀 없는 — 여성이 원정등반에 등장하기 시작한 것은 큰 혁신이었다. 아날리 로네Annalies Lohner는 — 물론 일부는 그녀의 참가에 의문을 제기하기는 했지만 —

스위스 산악조사 재단의 후원을 받아 떠난 1947년 가르왈 스위스 원정에 참가하여 선구적인 역할을 했다. 스위스인 등산가 에른스트 포이즈Ernst Feuz는 훗날 “재단은 여성의 참가에 적극적이지는 않았다. 우리는 몇 개월 동안 엄청난 체력이 필요하고 위험과 고생이 따르는 일에 그녀를 데려가기를 주저했다. 그러나 결국 우리들은 로네에 대해 주저하는 마음을 접었고, 원정에서 성공을 거두어 우리의 생각이 옳았다는 것을 입증해서 기뻤다.”라고 썼다.

1950년대의 여성 히말라야 원정에서 가장 중요한 인물은 두말할 나위 없이 프랑스 출신 클로드 코강이었다. 그녀는 키가 152센티미터였고 몸무게는 45킬로그램 정도였는데 동시대의 가장 위대한 남성 등산가들과 함께 지속적으로 산에 올랐다. 처음에 그녀는 남편인 조르주 코강Georges Kogan과 함께 산을 오르는 것으로 등반경력을 시작했다. 그녀는 남편과 함께 1944년과 1951년 사이에 알프스와 페루에서 놀라운 등반경력을 쌓았는데, 1951년 남편이 병으로 사망한 다음에도 남편 없이 더 어려운 산을 올랐다. 1953년 코강은 인도 펀자브 히말라야의 눈 쿤 산군 남쪽에 있는 눈Nun(7,135m)을 피에르 비토Pierre Vittoz와 함께 초등했다. 그녀는 1954년 레이몽 랑베르가 이끄는 프랑스-스위스 원정대에 참가하여 가우리샹카르와 초오유에 갔고, 초오유에서는 헤르베르트 티히에게 자신들도 정상을 노리고 있다는 것을 알리는 유쾌하지 못한 임무를 수행하기도 했다. 티히 원정대가 초오유 초등에 성공한 다음, 그녀는 랑베르와 함께 7,620미터까지 올라가 — 비록 정상에 올라가지는 못했지만 — 여성 최고 고도기록을 세웠다.(이전의 최고 기록은 1934년 헤티 다이렌푸르트가 시아 캉그리 정상 부근의 7,315미터까지 올라간 것이었다.) 이듬해 코강은 가네쉬 히말Ganesh Himal, 즉 가네쉬1봉(7,429m)을 등정하여 여성으로서는 가장 높은 산을 오른 기록을 세웠다. 이 업적으로 인해 그녀는 여성 최초로 런던의 알파인 클럽에서 연설해달라는 초청을 받았다.

1950년대 중반의 또 다른 혁신은 여성으로만 구성된 히말라야 원정대가 탄생했다는 것이었다. 1955년 봄, 세 명의 스코틀랜드 출신 여성이 네팔-티베트 국경을 따라 서양인들이 전에 가본 적이 없는 주갈 히말Jugal Himal 지역을 탐사하기 위해 출발했다. 모니카 잭슨Monica Jackson이 『알파인 저널』에 약간 사과하는 투로 쓴 원정기에 의하면, 그녀와 동료인 엘리자베스 스타크Elizabeth Stark, 에블린 캠러스Evelyn Camrass는 의도적으로 여성만의 원정대를 구성하려 한 것은 아니었다고 한다. 그녀는 “계획이 모양새를 갖추고 나서야 우리가 전례 없는 일을 하려 한다는 것을 깨달았다.”라고 말했다. 그들은 전례가 없는 일을 했을 뿐만 아니라 주갈 히말에서 지도에 수록되지 않은 산을 다섯 개 발견하기도 했다. 그들은 이중 하나에 올랐고 팀의 사다 이름을 따서 "기알겐피크Gyalgen Peak(6,706m)"라는 이름을 붙였다. 그들은 또한 지도에 수록되지 않은 빙하를 찾아 "레이디스 빙하Ladies Glacier"라는 이름을 붙이기도 했다. 그들은 서로 잘 지냈고 남성으로 이루어진 셰르파들과도 잘 지냈다. 잭슨은 이렇게 말했다. "무엇보다도 우리 원정대는 화목했다. 대장은 없었고, 책임은 셋이 나누어서 졌다."

그다음 몇 년 동안 여성으로만 이루어진 원정대 여러 팀이 히말라야에 도전했다. 클로드 코강이 조직한 원정대가 그중 가장 중요한데, 그녀는 12명으로 구성된 여성 국제 원정대를 조직해 1959년 포스트 몬순 시즌에 초오유에 도전했다. 이 원정대에는 히말라야에서는 최초로 등반 팀에 여성 셰르파 세 명이 참가하기도 했다. 이들은 텐징 노르가이의 딸들과 조카였다. 코강의 원정대는 이례적으로 준비 단계에서부터 언론의 관심을 받았다. 물론 이러한 보도는 초오유를 등정한다는 원래 목표나 여성들의 등반 이력보다도 다른 쪽에 초점을 두고 있긴 했지만, 어쨌든 이로 인해 이들의 원정은 유명해졌다. 『뉴욕 타임스』의 남성 기자는 '최하 35달러 이상의 가격으로 판매되는 매우 우아한 수영복'의 디자이너인 코강이 생계를 제쳐두고 산으로 떠난다는 것을 언급하면서, 그녀가 '수영복을 입은 여성이 30초 이상은 버틸 수 없는 곳'으로 간다고 썼다. 코강은 기자의 주의를 등반으로 돌리려고 무진 애를 썼지만 소용이 없었다. 그녀는 그 기자에게 이렇게 말했다. "저는 여성 참정권주의자는 아니지만 산을 사랑하는 여성들이 고봉에 도전하지 못할 이유가 없다고 생각합니다." 그러자 그 기자는 "아가씨들이 서로 싸울까요?"라고 물었다. 코강 여사는 (약간 화가 나서 한숨을 쉬며) 이렇게 대답했다. "남성이 없다면 12명의 여성 대원 모두가 서로 깊이 이해할 수 있을 것입니다."

그 후 약 두 달쯤 지난 10월 2일, 코강과 벨기에 등산가 클로뎅 반 데 스트라텐Claudine van der Stratten, 셰르파 앙 노르부Ang Norbu는 초오유의 고소 캠프에 있다가 눈사태에 휩쓸려 목숨을 잃었다. 다른 셰르파 추왕Chuwang도 그들을 구하려다가 역시 눈사태에 목숨을 잃었다. 코강과 반 데 스트라텐은 히말라야에서 목숨을 잃은 최초의 여성 등산가가 되었다.

중국인들이 에베레스트에 오르다

1950년대의 중국에서 스포츠는 공산주의 선전 및 통치 전략과 밀접한 관계가 있었다. 마오쩌둥 치하의 중국에서는 대중의 건강, 사회주의적인 노동윤리와 국가적 위신을 높이기 위해 체육이나 운동 시합에 대중의 참가를 권장했다. 공산주의자들이 권력을 잡기 전까지는 중국에서 스포츠로서 등반은 존재하지 않았다. 1955년 세 명의 중국 청년들이 소련연방의 코카서스 산맥으로 가서 산악 훈련캠프에 참가했다. 3주일간 훈련을 받은 그들은 파미르 산맥으로 파견되어 소련인 등산가들과 함께 피크 옥토버Peak October(6,780m)를 초등했다. 그 가운데 러시아어 통역을 맡았던 조우 젱Zhou Zheng이라는 청년이 있었는데, 이 청년은 20세기 후반 내내 중국 등산계의 핵심 인물로 활동했다.

이듬해 중국의 등산가들은 자국의 영토 안에 있는 산으로 도전 방향을 돌렸다. 중국-소련 원정대는 에릭 쉽턴과 빌 틸먼의 1947년 원정 이후 처음으로 무즈타그 아타(7,546m)에 도전했고, 1956년 7월 31일 31명이 정상에 올랐다.(19명은 러시아인이었고, 12명은 중국인이었다.) 그들 중 소련인 등산가 여섯 명과 중국인 등산가 두 명은 2주일 후에 다시 인근의 콩구르Kongur(7,719m)를 초등했다. 1957년 7월 13일에는 중국인들로만 구성된 원정대가 1932년 미국 원정대가 초등에 성공한 미냐 콩카(7,556m)를 재등했다. 그 과정에서 등산가 네 명이 사망했는데, 그중 세 명은 하산하다가 숨졌다.

이제 중국인들은 자국 영토 안에 있는 가장 큰 목표인 에베레스트에 도전할 준비를 했다. 에베레스트의 북쪽 사면을 마지막으로 찾아간 것은 1938년의 영국 원정대이거나, 만일 인명 피해를 보고 철수했다는 소련의 원정등반이 진짜 있었다면 1952년의 소련 원정대였다. 소련-중국의 에베레스트 합동 원정등반은 1958년 봄부터 추진되기 시작했다. 원정등반을 준비하기 위해 1958년 12월 양국의 등산가들은 에베레스트를 찾았다. 또한 중국인들은 광범위한 항공사진 정찰을 수행했고, 라싸에서 롱북 사원까지 322킬로미터에 달하는 도로를 1959년 3월에 완공했다.

만약 1959년에 중국의 등산가들이 에베레스트 정상에 올라섰더라면 중화인민공화국 수립 10주년을 기념하는 것으로써 굉장한 선전효과를 거두었을 것이다. 그러나 3월에 중국 지배에 저항하는 무장 반란이 티베트에서 일어나 정상 도전계획이 연기되고 말았다. 반란이 진압될 무렵 달라이 라마는 8만 명의 티베트인을 이끌고 티베트를 탈출했다. 에베레스트 원정 계획은 그 이듬해로 조정되었다. 정치 상황의 변화도 원정 계획 변경에 한몫했다. 1959년이 저물기도 전에 중화인민공화국과 소련연방 간의 긴장 상태가 결국 중-소 분쟁으로 이어졌다. 따라서 이전에 중국인 등산가들의 정신적 지주 역할을 했던 소련의 등산가들이 에베레스트 원정대에서 빠졌다. 중국인들은 그들이 에베레스트를 티베트 이름으로 부르는 초모룽마Chomolungma(또는 Qomolongma)에 단독으로 도전해야 했다.

조우 젱과 쉬 잔춘이 소련이 선뜻 제공하지 않으려고 하는 등반장비를 구입하기 위해 유럽으로 피견되었다. 그들은 산소 장비, 피켈, 크램폰, 로프, 텐트, 침낭이 포함된 6톤의 장비를 사 가지고 중국으로 돌아왔다. 당시 마오쩌둥의 '대약진 운동'이 실패로 돌아가 중국 소작농들이 굶주리고 있는 실정이었는데, 장비 구입에 이토록 큰 지출을 한 것으로 보면 중국 공산주의자들이 이 원정의 성공에 얼마나 높은 우선순위를 부여했는지 알 수 있다. 중국인 등산가들이 에베레스트 정상에 올라선다면, 중국은 티베트 지배권을 강화할 수 있고, 더 이상 소련의 도움이나 후견을 받지 않고도 스스로 잘해 나갈 수 있다는 것을 모스크바에 보여줄 수 있으며, 카트만두에는 북쪽의 이웃 강대국과 좋은 관계를 유지하는 것이 중요하다는 것을 상기시켜 줄 수 있을 것으로 기대했다.

쉬 잔춘이 에베레스트 원정대장으로 임명되었다. 1960년 2월 베이스캠프 설치를 위해 선발대가 롱북 빙하로 파견되었고, 3월 19일 본대가 라싸에서부터 새로 뚫린 도로로 트럭을 타고 베이스캠프에 도착했다. 베이스캠프는 200명 이상의 대원들을 수용할 수 있는 큰 텐트 20동으로 이루어져 있었다. 그곳에는 발전기, 라디오 기지국, 병원, 간이식당 등 전쟁 전 영국 원정대의 베이스캠프에서는 볼 수 없었던 많은 시설들이 만들어졌다.

그들의 베이스캠프가 색다르게 보이는 것만큼이나 중국의 히말라야 등반에 대한 이상은 서양 등산가들의 이상과는 확연히 달랐다. 서양 원정대는 국가의 명예를 드높인다는 것도 있었지만 그 밖에도 다양한 야망을 가지고 고국을 떠났다. 서양 등산가들은 국가적인 목표 말고도 획일화된 대중사회의 구속에서 벗어나고 싶다는 낭만적인 갈망에 차 있었고, 등반에서 마주치는 어려움을 기꺼이 받아들인다면 좀 더 근본적인 자아로 돌아갈 수 있다고 생각했다. 반면 중국의 등반은 개인보다는 집단의 가치를 보여주기 위한 것이었으며, 근대 산업사회의 관료적인 합리성으로 산을 굴복시키려는 열성에 차있었다. 중국 원정대는 당국이 5

개년 계획을 발표할 때 늘 쓰는 전형적인 말투로 에베레스트 공식 원정기에 다음과 같이 한껏 자랑했다. "우리는 세심한 고려와 완벽한 준비를 통해 등반 도중에 일어날 수 있는 모든 어려움에 대비했다. 고소에서 성냥을 사용하는 것과 같은 극히 작은 일까지도 모두 고려했다." 중국 에베레스트 원정대 베이스캠프 입구에는 소나무 가지로 만든 아치가 있었고, 거기에는 서양 등산가들 대부분이 입 밖으로 욕을 내뱉지는 않더라도 혐오스럽게 생각할 다음과 같은 슬로건이 적힌 플래카드가 걸려있었다. "영웅이 초모룽마를 아래에 두고 크게 웃으며 하늘나라로 올라가다." "인간이 자연에 대해 승리를 거둘 것이다."

중국 원정대에는 관료주의의 이상에 맞게 노동에 대한 엄격한 구분이 있었다. 선발 팀이 아래쪽에 캠프를 설치했고, 우수한 대원들로 이루어진 다음 팀이 뒤따라 올라가 정상 공격을 맡았다. 이 두 팀은 노스 콜의 설사면에 발판을 깎고, 크레바스에 사다리를 놓고, 로프를 고정시키는 '도로 건설공들'의 지원을 받았다. 3월 말 본대가 등반을 시작할 무렵 선발 팀은 모두 세 개의 캠프를 설치했는데, 가장 높은 것이 6,400미터였다.

그러나 에베레스트는 관료주의적 지시에 쉽게 굴복하지 않았다. 중국인들은 준비를 섬세하게 했고 원정을 위해 막대한 물자를 퍼부었지만 전진 속도가 너무 느렸다. 중국인들은 오래전에 개척된 맬러리-어빈 루트를 따라 북동릉의 세컨드 스텝으로 가려 했다. 그러나 그들의 속도는 이전의 영국 원정대의 속도보다 더 느렸다. 그들이 노스 콜에 캠프를 설치하는 데만도 5주일이나 걸렸다. 그들의 1차 정상 공격조는 세컨드 스텝까지 갔지만 그곳을 올라가지 못했다.

중국인들은 영국 원정대가 남겨놓은 많은 물건들을 발견했는데, 이 가운데에는 20년 이상이 지났는데도 여전히 '영국의 공기'가 들어있는 산소통도 하나 있었다. 또한 그들은 노스 콜 아래 빙하에서 한 구의 시신과 북동릉 기슭에서 또 한 구의 시신을 발견했다. 아래쪽에 있던 '빛바랜 초록색 영국 양복'을 입고 있는 시신은 1934년 이 산에 단독으로 도전했다가 사망한 영국의 신비주의자 모리스 윌슨으로 1935년의 영국 원정대가 크레바스에 묻은 것이었다. 침낭과 텐트로 싸인 위쪽의 시신은 혹시 앤드루 어빈이 아닐까 하는 억측이 난무하긴 했지만 신원을 알 수 없었다. 중국인들은 이 시신 두 구를 모두 묻었는데, 윌슨의 시신은 크기가 점점 작아지긴 했지만 빙하의 이동으로 인하여 그다음 몇 십 년 동안에도 여러 번 다시 나타났다.

5월 중순이 되자 늘 그러했듯 몬순이 오기 전에 속도를 내야 했다. 5월 17일, 새로운 정상 공격조가 베이스캠프를 떠나 산을 오르기 시작했다. 이 공격조에는 중국인 왕 푸조우Wang Fuzhou, 리우 리안만Liu Lianman, 추 인후아Qu Yinhua와 티베트인 공부Gongbu가 있었다. 공부는 처음에는 '도로 건설공'으로 뽑혔지만 정상 공격조로 승진했다.

5월 23일 오전 9시 30분, 네 명의 대원들은 8,504미터의 최종 캠프에서 정상을 향해 출발했다.(그들이 이렇게 늦게 출발한 것은 좀 이상한 일인데, 중국의 공식 보고서에는 이에 대한 언급이 없다. 아마 대원들의 경험 부족 때문인 것으로 보인다.) 공부가 얼음과 바위로 된 너덜지대를 앞장서 올라가서 2시간 만에 세컨드 스텝 밑에 닿았다. 그들이 세컨드 스텝을 올라가는 데는 시간이 오래 걸렸다.(어떤 원정기에는 3시간이 걸렸다고 적혀 있고, 또 다른 원정기에는 5시간이 걸렸다고 적혀 있다.) 리우 리안만이 세컨드 스텝의 3미터 높이 벽을 올라가려고 네 번 시도했지만 연달아 떨어졌다. 추 인후아는 바위에 더 잘 매달리기 위해 등산화와 양말을 벗고 세컨드 스텝의 왼쪽에 있는 크랙을 따라 올라가려 했다. 그러나 그것도 실패했다. 시간은 점점 늦어지고 산소는 바닥나가고 있었다. 왕과 추는 원정기에 이렇게 적었다. "무엇을 해야 할까? 영국인 등산가들이 했던 것처럼 돌아서야 할까? 안 돼, 절대 안 돼! 모든 중국 인민들과 당이 우리를 지켜보고 있다."

리우가 인간 사다리를 만들어보자고 제안해, 여전히 맨발인 추가 리우의 어깨 위로 올라갔다. 그렇게 하여 추는 피톤을 박고 그 위쪽으로 힘겹게 올라간 다음 동료들을 세컨드 스텝의 나머지 구간 위쪽으로 끌어올렸다. 그들이 세컨드 스텝을 완전히 올라섰을 때는 오후 5시였다. 리우는 너무 지쳐서 더 이상 갈 수 없었다. 공식 원정기에 의하면 전원이 당원증을 소지한 공산당원인 중국의 등산가 세 명은 그다음에 어떻게 해야 할 것인가를 놓고 그곳에서 회의를 했다고 한다. 그들은 리우를 그 자리에 남겨두고, 나머지 두 명의 대원이 공부와 함께 정상으로 올라가기로 결정했다. 그들은 식량과 하나 남은 산소통을 리우에게 주고 정상을 향해 출발했다.

그들이 세컨드 스텝을 떠나 북동릉을 뒤로 하고 북벽 위쪽으로 나와서 정상까지 가는 데 다시 11시간이 걸렸다. 왕 푸조우의 원정기에는 이렇게 쓰여 있다.

100미터 길이의 설사면 끝에 도달했을 때는 자정 무렵이었다. 아래쪽의 계곡은 검

> 은 그림자로 꽉 차있었다. 우리 위쪽으로 초모룽마의 정상이 별이 총총한 하늘 아래 어슴푸레 솟아있었다. 우리는 또 하나의 암벽을 돌아 작은 설사면을 횡단했다. 공기가 너무 희박해서 질식할 것 같았고 몇 걸음 걸은 다음에는 한참을 쉬어야 했다. 우리 위쪽에 가파른 빙벽이 하나 더 있었다. 그 꼭대기가 틀림없이 가장 높은 곳이라고 생각하면서 큰 흥분에 쌓여 발걸음을 재촉했다. 앞서 가던 공부가 "정상이다!" 하고 외쳤다. 추와 나도 서둘러 올라가 공부 옆에 섰는데, 남서쪽 멀지 않은 곳에 더 높은 곳이 있었다. 어디서 나는지 알 수도 없는 힘으로 우리는 그곳으로 갔다. 다시 공부가 "정상이다! 한 걸음만 더 가면 네팔로 내려간다!"라고 소리쳤다.

왕 푸조우는 공책을 꺼내서 "1960년 5월 25일, 중국 원정대의 공부, 왕 푸조우, 추 인후아가 새벽 4시 20분 세계 최고봉에 오르다."라고 썼다. 공부는 그 페이지를 찢어서 정상의 북동쪽 모퉁이에 돌로 눌러 놓았다. 그들은 마오쩌둥에게 선물할 돌멩이를 아홉 개 줍고 당 주석의 석고 흉상을 오성홍기에 싼 다음 그곳에 남겼다. 15분간 정상에서 머문 그들은 내려오기 시작했다.

그들은 세컨드 스텝 꼭대기에서 기다리고 있던 리우 리안만을 만났다. 리우는 산에서 죽겠다고 결심하고 동료들에게 작별인사를 쓴 다음 남은 산소를 사용하지 않고 버티고 있었다. 동료들이 그를 일으켜 세웠고, 네 명은 힘겹게 7캠프로 무사히 귀환했다. 세컨드 스텝에서 등산화와 양말을 벗었던 추는 손가락 여섯 개와 발가락 전부를 잃었다. 왕은 오른쪽 발가락들을 잃었다. 그들은 라싸와 베이징에서 열린 집회에서 정복 영웅으로 환영받으며 고국으로 귀환했다. 중국은 선전문구로 가득 찬 공식 기록을 통해 에베레스트 정상에 올랐다고 주장했지만 서방 세계는 그 주장을 당연히 회의적인 시각으로 받아들였다. 원정대장 쉬 잔춘은『알파인 저널』에 기고한 글에서 "당의 영도력과 사회주의 체제의 탁월한 우수성이 없었다면… 평범한 노동자, 소작농, 병사인 우리는 성공할 수 없었을 것이다."라고 주장했다. 정상 등정을 입증할 사진이 없다는 것이 문제였다.(중국의 주장에 의하면 정상에서는 너무 어두워서 사진을 찍을 수 없었고 산을 한참 내려와서야 사진을 찍을 수 있었다고 한다.) 또한 인도 원정대가 같은 날 남동릉에서 등반을 시도했지만 엄청난 바람으로 되돌아선 사실 역시 문제였다. 마지막으로는 어떤 서양 등산가도 8,230미터에 있는 암벽에서 더 잘 매달리기 위해 등산화와 양말을 벗은 적이 없기 때문에 세컨드 스텝 등반에 대한 중국의 기록이 그럴듯하게 보이지 않았다.

그러나 그 후 20년이 지난 1980년대에 서양 등산가들이 중국인 등산가들을 만난 다음에야 이런 의구심이 사라졌다. 영국의 등산 언론인 피터 길먼Peter Gillman은 1981년 기사에서 이렇게 말했다. "이후의 에베레스트 등정으로 인해… 중국의 주장이 점점 신빙성을 띠어 갔다. 산소가 떨어진 다음에 계속 전진해서 반쯤 어두워졌을 때 정상에 도달한 원정대들도 있었고, 정상 근처에서 비박을 하고도 살아남은 등산가들도 몇 명 있었으며, 중국 원정대가 찍은 사진을 분석해본 결과 8,700미터에서 찍었다는 것이 드러났다. … 세컨드 스텝 위쪽이고 이곳에서부터 정상까지 가는 루트는 분명하다." 추 인후아가 신발을 벗고 발가락이 없는 그의 발을 보여주자 서양인들도 어쩔 수 없이 인정할 수밖에 없었다.

관료주의적인 중국 원정대가 사회주의적 집단주의를 목청 높여 찬양하긴 했지만, 사실 중국이 맬러리 루트를 따라 에베레스트를 등정한 것은 세 등산가의 엄청난 개인적 능력에 힘입은 것이었다. 세 사람 중 나이가 가장 많았던 공부는 당시 27세였다. 왕 푸조우와 추 인후아는 25세였다. 그들 중 2년 이상 등반해본 사람은 아무도 없었다. 반면 텐징 노르가이는 에베레스트 정상에 섰을 때 이미 39세였고, 20년 동안 등반을 해왔으며, 에베레스트만 일곱 번째였다. 중국인 등산가들은 실제로 이틀 동안 아무것도 먹거나 마시지 못했고, 인위적인 산소의 도움 없이 등반의 마지막 구간을 해결해냈다. 등반기술을 따진다면 중국인들은 서양 등산가들보다 뒤처졌다. 하지만 체력이나 용감성을 따진다면 공부, 왕 푸조우, 추 인후아는 최고의 히말라야 등산가들이었다.

새로운 시대, 새로운 인물

1960년 히말라야의 다소 낮은 산에서 주목할 만한 몇 개의 초등이 이루어졌다. 이 등반은 성과가 아니라 새로운 인물들이 등장했다는 점에서 가치가 있었다. 네팔에서는 지미 로버츠가 영국-인도-네팔군 안나푸르나2봉(7,937m)원정대를 이끌었다. 1960년 5월 17일, 영국 해군의 리처드 그랜트Richard Grant 대위와 영국 포병 연대의 크리스천 보닝턴Christian Bonington 중령, 구르카 소총대의 앙 니마Ang Nyima 상병이 정상에 올라 초등을 기록했다. 안나푸르나2봉은 보닝턴 중령이 초등한 가장 높은 미등봉이었지만, 그는 군대에서 제대한 후 크리스 보닝턴Christ Bonington이라는 이름으로 여러 해에 걸쳐 많은 업적을 남겼다.

카라코람에서는 닉 클린치가 그 지역에 그때까지 미등으로 남아 있던 마셔브룸(7,821m)에 도전하기 위해 다시 원정대를 조직했다. 윌리 언소울드Willi Unsoeld와 조지 벨George Bell이 남동벽을 통해 1960년 7월 6일 초등을 달성했다. 클린치와 파키스탄군 대위 자웨드 악테르 칸Jawed Akhter Khan도 이틀 뒤 정상에 올랐다. 클린치의 히든피크 등정 때처럼 이번 등정도 미국 언론의 주목을 거의 받지 못했다. 『뉴욕 타임스』는 간단한 세 단락짜리 전신 소식으로 이 등정을 보도했는데, 이 기사는 "오리건 주 코벌리스 출신의 윌리엄 선소울드William E. Sunsoeld 박사가 정상에 오른 첫 번째 팀에 속해있었다."라고 잘못되어있었다.

스위스인들이 다울라기리에 오르다

1960년이 되자 8천 미터 급 고봉 가운데 미등봉은 두 개밖에 남지 않게 되었는데, 그중 서양 등산가들에게 개방된 것은 세계 7위 고봉인 다울라기리(8,167m)였다. 10년 전 다울라기리는 전후의 원정대가 정상에 오르기 위해 찾은 첫 번째 8천 미터 급 고봉이었다. 에르조그의 원정대가 정상에 올라갈 수 있는 루트를 찾는 데 실패했지만 1953년과 1959년 사이에 여섯 개의 원정대가 정상에 도전했다. 하지만 두 명의 사망자만 낸 채 어느 팀도 성공하지 못했다.

이 산에 세 번 도전했던 스위스는 1960년 다시 원정대를 꾸렸다. 루체른의 등산가 막스 아이젤린Max Eiselin은 베르너 슈토이블Berner Stäuble이 이끈 1958년 스위스 원정대에 참가해서 북서릉으로 정상 등정에 도전했지만 실패했었다. 이제 그가 원정대장이 되어 북동릉으로 정상을 공략하기 위해 12명의 대원들을 이끌고 다울라기리로 갔다. 아이젤린은 두 가지 기준을 우선하여 대원을 선발했다. 첫 번째는 악천후와 비박을 견딜 수 있는 '정말 강인한 사람'이어야 했고, 두 번째는 아이젤린의 의견에 의하면 이기적인 사람 한 명이 원정대 전체를 망칠 수 있으므로 '좋은 동료의식'을 가지고 있어야 했다. 그가 선발한 대원 가운데는 1957년 브로드피크 원정을 다녀온 오스트리아인 쿠르트 딤베르거도 있었다.

이 원정대는 STOL(단거리 이착륙 다용도 비행기)을 사용했다는 점에서 주목받았다. 이들은 빙하에 착륙할 때를 대비해, 스키를 장착한 "예티Yeti"라는 이름의 4인승 필라투스Pilatus PC6 포터 비행기를 타고 스위스에서 네팔까지 곧장 갔다. 예티는 포카라에서 대원들과 물자를 싣고 다울라기리의 담부쉬Dambush 고개(5,200m)로 바로 날아갔다. 그 비행기는 북동릉의 기슭 5,700미터에 착륙하여 날개가 고정된 비행기로는 가장 높은 고도에 착륙한 기록을 세웠으며, 이 기록은 아직까지 깨지지 않고 남아 있다. 그러나 이 비행기가 산에서 제 구실을 하지 못해, 그 후 아이젤린의 전례를 따르려는 원정대는 별로 없었다. 예티는 엔진 고장으로 4월에서 5월 초순까지 3주일간 시동이 걸리지 않았는데, 엔진이 수리된 이틀 후에는 담부쉬 고개에 비상착륙하고 말았다.

예티 덕분에 대원들은 4월에 일찍 다울라기리에 도착했지만, 갑자기 높은 곳으로 이동해서 예상대로 몇몇 대원이 심각한 고소증을 보였다. 그러나 일단 고소에 적응이 되자 빠른 속도로 전진했고, 인근의 리틀 투쿠차피크Little Tukucha Peak(5,720m)와 담부쉬피크Dambush Peak(5,950m)를 등정할 시간까지 낼 수 있었다.

쿠르트 딤베르거, 에른스트 포러Ernst Forrer, 알빈 쉘베르트Albin Schelbert와 셰르파 네 명이 다울라기리의 북동쪽 날카로운 능선 위쪽으로 올라가면서 캠프를 설치했다. 이들은 오스트리아 팀이 그전 해에 남겨둔 고정로프를 활용했다. 5월 초 공격캠프인 5캠프를 7,407미터에 설치하고, 5월 4일 1차로 정상 공격을 했다. 맑은 하늘에 바람도 없는 이상적인 날씨였다. 정오쯤 되자 이들은 7,803미터에 있는 마치 정상처럼 보이는 봉우리에 도착했다. 하지만 364미터의 고도를 더 올라가야 진짜 정상이었다. 그러나 그때, 오후가 되면 돌연히 나빠지는 것으로 악명 높은 다울라기리의 날씨가 폭풍설로 바뀌는 바람에 이들은 어쩔 수 없이 후퇴해야 했다. 이들은 더 높은 곳에 캠프를 설치할 필요성을 절감했다. 만약 7,620미터 이상의 고도에 캠프를 설치하고 거기서 출발한다면, 정오 무렵 진짜 정상에 오르고 오후의 폭풍이 휘몰아치기 전에 내려올 수 있을 것 같았다.

딤베르거는 기침이 심하고 발가락의 동상도 점점 심해져 회복을 위해 5,750미터의 2캠프로 내려왔고, 대원 세 명과 셰르파 두 명만 고소 캠프에 남았다. 아이젤린은 딤베르거의 건강을 걱정해 그에게 일단 좀 쉬고 나서 2차 공격조에 합류하라고 했다. 그러나 5월 9일, 딤베르거는 초등을 하겠다는 결심을 굳히고 원정대장에게 한마디 말도 없이 4캠프로 떠났다. 이것은 아이젤린이 대원을 선발할 때 우선 기준으로 삼았던 '좋은 동료의식'이 아니었다. 아이젤린은 딤베르거의 불복종에 대해 원정기에 "아! 그래, 그것은 단지 전술상의 문제다."라고 다소 모호하게 썼다. 딤베르거는 4캠프로 가서 자신도 1차 공격조로 정상에 갈 권한이 있다고 주장했다. 그는 "브로드피크에서 힘든 일은 내가 다 했는데, 그들이 선수를 쳤다."라고 에른스트 포러에게 말했다. 다른 대원들도 반대하지 않았다. 5월 12일 저녁 딤베르거, 포러, 페터 디너Peter Diener, 알빈 쉘베르트와 셰르파 니마 도르제Nima Dorje, 나왕 도르제Nawang Dorje가 7,803미터의 6캠프에서 그다음 날 정상 공략을 위한 준비에 들어갔다. 여섯 명의 대원들은 비좁은 2인용 텐트 하나에서 뜬눈으로 밤을 지새웠다.

그다음 날인 5월 13일 아침은 바람 한 점 없는 화창한 날씨였다. 오전 8시에 포러와 도르제가 로프의 앞쪽에 서서 공격캠프를 떠났다. 딤베르거는 힘겹게 위로 올라가면서 1950년의 에르조그 원정대가 다울라기리에서 루트를 찾다가 포기했던 것을 생각했다. "저 아래쪽 3천 미터 밑에 '프렌치 콜'이 있다. 믿을 수 없을 만큼 멀리 떨어진 저기가 바로 모든 것이 시작되었던 곳이다." 산소도 없이 좁은 능선에서 균형을 잡으며 올라가느라 등반 속도가 느렸지만, 캠프를 떠나온 지 4시간 반 만에 대원 여섯 명은 정상에 올라섰다.

그들은 1시간 동안 정상에 머물러 있다가 멀리서 천둥이 치자 하산하기 시작했다. 이 등정으로 딤베르거는 헤르만 불(그는 그 등반이 마지막이었다.) 이후 처음으로 8천 미터 급 고봉 두 개를 초등했다는 명성을 거머쥐었다. 또한 여섯 명의 동시 등정은 히말라야의 8천 미터 급 고봉 정상에 가장 많은 사람이 오른 기록으로 남았다.

1950년 리오넬 테레이와 자크 우도가 프렌치 콜에서 위를 올려다보며 다울라기리 북벽을 '절대 오를 수 없다'고 판단했던 그때는 8천 미터 급 고봉 중 단 한 개도 등정하지 못한 시절이었다. 그 후 10년이 흐르는 동안 티베트의 시샤팡마를 제외한 모든 8천 미터 급 고봉이 초등되었다. 또한 마법의 8천 미터에는 조금 못 미치는 다른 많은 봉우리들도 그 10년 동안 초등되었다. 윌프리드 노이스는 『알파인 저널』에 새로운 10년에 대해 이렇게 평가했다. "한두 세대 전에는 1960년에 7,620미터(25,000피트)나 7,925미터(26,000피트)가 넘는 봉우리 중에서 등정되지 않은 봉우리를 찾는 것이 힘들 것이라는 상상을 감히 하지 못했을 것이다. 그러나 이제 에베레스트 등정 이후 7년이 흘렀을 뿐인데, 히말라야 등반의 황금시대에 나름대로 한몫을 해보려 하는 등산가들이 업적을 달성할 산을 찾기 어렵게 되었다." 초등이 과거의 일이 되면서 다음 세대 등산가들은 히말라야에서 새로운 도전을 통해 명성을 얻어야 했다.

9장

새로운 등반,
새로운 인물

(1961~1970년)

1961년 크리스 보닝턴은 에베레스트 바로 남서쪽에 있는 눕체(7,855m)를 초등하기 위한 원정대를 이끌고 카트만두에서 솔루쿰부 지역까지 3주일 동안을 걸어 들어갔다. 4반세기가 지난 후 보닝턴은 그때를 추억하며 이렇게 썼다. "그때는 트레커들이나 여행하는 사람들이 이곳을 찾기 이전이었다. 길가에 짐이나 무역상품을 나르는 짐꾼들을 위해 차를 파는 작은 집들이 몇 채 있었지만, 그곳에서 살 수 있는 것이라고는 말라빠진 과자 몇 봉지와 차 몇 잔뿐이었다." 그때 보닝턴 원정대는 네팔 사람이 아닌 사람으로는 딱 한 명을 만났었는데, 그는 다름 아닌 하인리히 하러와 함께 1944년 티베트로 도망쳤던 페터 아우프슈나이터였다. 보닝턴은 이렇게 회상했다. "그 시절은 히말라야 등반이 막 꽃피기 시작한 때여서 히말라야에서 한 개 이상의 루트로 등정된 산이 없었고, 재등된 산도 몇 개 되지 않은 때였다."

10년이 지나자, 크리스 보닝턴은 눕체 원정대의 젊고 유망한 대원에서 영국 내의 가장 유명한 등산가로 성장했다. 루클라의 2,800미터 고도에 활주로가 건설되자 카트만두에서 에베레스트까지 가는 시간이 크게 단축되었다. 루클라에서 남체 바자르까지는 하루 온종일이나, 여유 있게 가면 이틀이면 되었다. 젊고 유행에 민감하며 서양문명에 대해 문화적·정신적으로 염증을 느낀 사람들에게 네팔이 삶의 신비를 찾을 수 있는 곳으로 알려지면서, 카트만두는 물론이고 네팔의 등산로에서도 유럽인과 미국인의 숫자가 급격하게 늘어났다. 서양 등산가들은 점차 히말라야에 대한 도전을 국가의 영광이나 정복이라는 전통적인 기준보다는 개인적이고 초월적인 경험이라는 기준으로 받아들이기 시작했다. 1960년대 초까지는 공식적인 협찬을 받고 국가의 위신을 높이기 위해 진행되었던 구식 원정이 히말라야에서 압도적이었지만, 1960년대 말이 되자 많은 등산가들은 그런 원정을 구시대의 부끄러운 잔재로 생각했다. 그러면서 새로운 유형의 원정이 자리 잡기 시작했다. 이제는 소규모의 비공식적인 원정이나, 또는 대규모라도 대중의 관심을 끌거나 경제적 이익을 얻기 위해 유명 등산가의 카리스마에 기대는 원정이 이루어지기 시작했다. 셰르파들은 자신들이 보기에도 그리고 그들이 모셨던 나리('나리'라는 말은 이제 점차 꺼리는 명칭이 되었다.)들이 보기에도 점차 제국주의 시대의 종속관계 잔재를 벗고 서양 등산가들과 동등한 위치로 부상했다. 또한 등산가들은 8천 미터 급 고봉의 능선에서 벽으로 시선을 돌리기 시작했다. 모든 면에서 볼 때 1960년대는 히말라야 등반에서 급격한 변화가 일어난 시대였다.

히말라야 과학 원정등반대

새로운 10년이 시작되면서, 히말라야로 갔던 사람들 가운데는 9개월간의 장기 원정대를 이끌고 1960년 9월 에베레스트 지역으로 떠난 에드먼드 힐러리 경도 있었다. 이것은 1954년 그의 불운한 원정 이후 다시 히말라야로 돌아간 첫 번째 원정이었다. 그는 그 동안에도 남극 탐험에 여러 번 참가하는 등 모험이나 탐험을 멈추지 않았었다. 그러나 그는 늘 네팔을 그리워했다. 에베레스트에 다녀온 두 베테랑인 힐러리와 그리피스 퓨는 남극의 맥머도McMurdo 기지에서 이야기를 나누던 중 히말라야로 가서 과학 연구와 등반이라는 두 가지를 모두 추진하는 장기 원정을 해보자고 의기투합했다. 힐러리가 이 새로운 모험을 위해 모집한 22명의 대원들은 뉴질랜드, 호주, 영국, 인도, 미국 출신의 과학자와 등산가들로 결국 국제적인 사업이 되었다. 원정대는 힐러리, 퓨, 마이클 워드, 조지 로우 같은 잘 알려진 인물들과 미국 빙하학자인 배리 비숍Barry Bishop 같은 새로운 인물들로 구성되었다. 원정대는 에베레스트에서 남쪽으로 18킬로미터 떨어진, 아마다블람(6,812m) 아래쪽의 밍보Mingbo 계곡 4,570미터 지점에 베이스캠프를 설치했다.

히말라야 과학 원정등반대는 월드북 백과사전으로부터 자금을 지원받아 여러 가지 임무를 수행했다. 첫 번째 임무는 — 조금 엉뚱하게도 — 흉측한 설인 예티Yeti를 찾아보는 것이었다. 모습을 드러낸 적이 거의 없는 이 유명한 생명체를 보았다고 단언하는 셰르파들이 많았고, 본 사람을 알고 있다는 셰르파들은 더 많았다. 네팔을 찾는 서양인들도 점차 그들의 말을 믿게 되었다. 1951년 에베레스트 정찰등반 때 에릭 쉽턴과 마이클 워드는 멘룽Menlung 빙하의 눈 위에 난 발자국을 발견하고 사진을 찍었다. 그들은 이 발자국이 덩치가 크고 직립이며 털이 많이 난 생명체의 것이라고 확신했다. 1950년대에 네팔로 원정을 갔던 몇 개 팀은 예티를 추적하거나 사로잡을 의도가 있다고 발표하기도 했다. 힐러리는 개인적으로 이 생명체의 존재에 대해 회의적이었지만 원정 후원자들에게 홍보하는 데는 예티 추적이 효과가 클 것으로 생각했다. 1960년 가을 힐러리는 예티를 사냥하러 네팔의 로왈링Rowaling 계곡과 쿰부 지역으로 들어갔다. 물론 원정대는 예티를 한 번도 보지 못했다.

보다 현실적인 두 번째 과학 임무는 인간의 고소 적응을 연구하는 것이었다. 원정대는 주거 및 연구 본부로 사용하기 위한 독립된 반원형 막사Quonset를 아마다블람 콜 아래쪽 설원

5,720미터에 설치하고 "실버 헛Silver Hut"이라 불렀다. 대원들 중 몇 명이 다섯 달 동안 그곳에 머문다는 계획이었다. 서양인이 그 정도로 높은 고도에서 그렇게 오랫동안 머물러 본 적은 없었다. 에베레스트를 무산소로 등정하는 것이 가능하다고 믿는 동료들은 거의 없었지만, 힐러리는 이 실험을 통해 그 가능성을 타진해보고 싶었다.

원정대의 마지막 임무는 등반이었다. 특히 힐러리는 1961년 봄에 마칼루를 시도하고 싶어 했다. 그러나 그렇게 하기 전에 네팔에서 겨울을 나던 대원 네 명이 실버 헛 위쪽으로 솟아오른 아마다블람을 올라보려고 경량 등반에 나섰다. 아마다블람은 예술적으로 균형 잡힌 모양 때문에 "히말라야의 마터호른"이라고 불렸는데, 1958년과 1959년에 영국 원정대가 도전했지만 실패한 적이 있었다. 1958년 원정은 에베레스트에 다녀온 알프레드 그레고리가 이끌었는데, 그는 『알파인 저널』에 기고한 원정보고서에서 "등산가들은 그 산에서 적절한 루트를 찾을 수 없을 것이다."라는 암담한 심정을 고백했다. 그러나 배리 비숍, 월리 로마네스Wally Romanes, 마이크 길Mike Gill, 마이클 워드는 겨울에 고소에서 오버행 바위를 오르는 등 고도의 기술 등반을 해내면서 결국 어려움을 극복하고 아마다블람 정상에 올랐다.

네 명의 대원들은 당연히 자신들의 업적에 대해 굉장히 기뻐했다. 비숍은 미국에 있는 친구 아널드 웩슬러Arnold Wexler에게 이런 편지를 보냈다. "아마다블람 등정은 엄청난 뉴스겠지. 마이클 워드(53년 에베레스트 등반 등)와 뉴질랜드 출신의 월터 로먼스, 마이크 길, 그리고 내가 3주일간의 힘든 등반 끝에 3월 13일 정상 등정에 성공했다네. 우리는 남서릉(그레고리 능선)으로 붙으면 루트가 없어 정상에 올라갈 수 없다는 견해를 뒤집었지. 어떤 산이든 불가능하다는 말을 공식적으로 하면 안 된다네."

그해 봄으로 예정된 마칼루 등반에 필요한 물자를 구하러 네팔을 떠나 있었던 힐러리는 아마다블람 등반 계획을 사전에 알지 못했다. 그는 어떤 등반이든 산의 아래쪽에서만 해야 하고 고소 적응은 순수하게 과학적 측정을 위한 목적으로만 써야 한다고 생각했다. 네팔 당국은 이 무허가 등반에 대해 문제를 제기하면서 프로젝트 전체를 중지하라고 위협했다. 힐러리는 사태를 수습하기 위해 카트만두에 가서 며칠을 머물러야 했다.

별로 유쾌하지 않은 이 사태가 수습되자 힐러리는 마칼루로 눈을 돌렸다. 마칼루는 1951년 에릭 쉽턴과 함께 바룬 계곡에 처음으로 가본 후부터 한 번 올라보고 싶었던 산이었다. 그러나 마칼루는 힐러리와 인연이 없었다. 그는 5월 초순에 6,400미터까지 오르고 나서 가벼운 심장발작을 일으켰고, 이 때문에 등반대장을 마이클 워드에게 맡기고 하산해야 했다. 남아 있는 대원들도 병과 동상, 사고로 고생하면서 결국 아무도 정상에 오르지 못했다.

1961년 6월 원정등반이 끝나자 대원들은 각자 흩어졌다. 비숍은 미국으로 돌아오자『내셔널 지오그래픽』의 기자 겸 사진사로 자리를 잡고 "세계의 지붕에서 보낸 겨울"이라는 기사를 썼다. 그런데 독자들 가운데는 등산에 대한 단순한 간접경험보다도 다른 면에 관심을 가진 사람들이 있었다. 미국 공군은 남아시아를 소련에 대한 항공 정찰기지로 여러 해 동안 활용해왔다. 즉, 1960년 소련에 의해 격추된 U2 정찰기는 파키스탄 페샤와르의 비밀 기지에서 발진한 것이었다. 그러자 소련은 1961년부터 히말라야 산맥 위쪽으로 그들의 정찰 비행을 늘렸다. 이런 상황이 되자 국방부의 "프로덕션 센터 플래닝 그룹PCPG"의 책임자인 해군 대령 랠프 스타일스Ralph N. Styles는 1962년 12월 비숍에게 다음과 같은 편지를 보내 면담을 요청했다. "『내셔널 지오그래픽』 1962년 10월호에 실린 기사를 읽고 작년에 히말라야에서 겪은 귀하의 경험에 상당한 관심을 갖게 되었습니다. 그 지역의 현재 정세로 보아, 특히 기후학에 관한 귀하의 관측에 관심이 많습니다. 그 지역을 좀 더 깊이 이해하고자 귀하를 국방부에 모셔서 최근에 귀하가 경험한 것에 대해 편하게 이야기를 나누고자 합니다."

이것은 물론 뜻밖의 일은 아니었다. 미국 공군은 힐러리의 원정 자금을 지원했다. 게다가 제2차 세계대전 동안 내셔널 지오그래픽 협회NGS는 미국의 군사 정보원과 긴밀한 관계를 맺어 왔다.(협회에서 만든 지도가 공식 서류상의 최신 정보보다도 더 정확할 때가 많았다.) 냉전 시대에 협회 이사 멜빌 그로스브너Melville Grosvenor는 내셔널 지오그래픽 기자들이 오지에서 돌아오면 으레 미국 중앙정보국CIA이 그들을 불러서 보고를 들을 수 있도록 허용했다. 이 관행 때문에 일부 편집자들은 기자들이 외국에 나가면 CIA 요원이나 정보 제공자로 비춰질 수 있다는 점을 우려하기도 했다. 비숍은 협회 지도자들의 승인 하에 국방부로 가서 "시속 320킬로미터의 비행기가 계곡이나 고개에서 작전을 수행할 수 있는가?"라든가 "항공사진 촬영이나 항공 정찰 조건은 어떤가?" 하는 것과 같은 질문에 성실히 답변하면서 자신의 경험을 말해줬다. 남아시아의 국지적 분쟁뿐만 아니라 냉전이라는 정치적 상황도 1960년대 내내 히말라야 등반에 어두운 그림자를 드리웠다.

힐러리의 1960~1961년 원정은 또 다른 멋진 유산을 남겼다. 쿰중Khumjung의 셰르파인들이 그들의 자랑인 '예티의 머리가죽'을 미국에서 검사하도록 빌려주는 대가로 힐러리는 그들에게 학교를 지을 자금을 지원해주기로 약속했다. 이 일은 힐러리가 평생에 걸쳐 네팔 내에서 셰르파 사회를 위한 박애적인 운동을 전개하는 시발점이 되었다. 그가 설립한 히말라얀 트러스트는 그 후 40년 동안 깨끗한 물 확보 프로젝트와 삼림 녹화사업을 후원했을 뿐만 아니라 기금을 모아 학교 24개, 진료소 12개, 종합병원 2개, 비행장 2개(1964년에 건설된 루클라 비행장을 포함), 다리 24개를 지었다.

1960년 11월 배리 비숍은 힐러리의 과학 원정등반대 베이스캠프에서 워싱턴의 내셔널 지오그래픽 협회 본부에 있는 친구에게 편지를 보내어 외부 세계의 뉴스를 들려달라고 요청했다. "단파 라디오로 미국의 소리를 가끔 '듣기'만 해도 이곳에 있는 우리가 세상으로부터 얼마나 단절되어 있는지, 그리고 우리가 생활하는 이 초소가 얼마나 작고 보잘 것 없는지 느껴진다네. 그래도 닉슨과 케네디의 토론과 11월 8일 선거 결과는 들었다네. 협회도 많이 바뀌겠군!"

대대로 내셔널 지오그래픽 협회의 운영권을 행사해온 그로스브너 가문은 공화당 쪽이어서 11월에 민주당 출신의 존 F. 케네디가 당선된 것을 반가워하지 않았다. 그러나 그들은 몇 년 지나지 않아 에베레스트 정상에 미국인을 최초로 올려놓겠다는 공통적인 관심사를 대통령과 함께 추진하게 된다. 비숍은 그 가운데 한 명이었다.

케네디는 "활력에 넘치는 나라를 만들겠다."라고 공약하면서 대통령 선거에 나섰었다. 힘 있는 생활(혹은 케네디가 좋아한 용어를 쓰자면 '활력'이 넘치는 생활)의 미덕을 그토록 열성적으로 공언한 대통령이 백악관에 입성한 것은 테디 루즈벨트 이후 처음이었다. 할아버지 같은 각료들로 구성된 1950년대의 아이젠하워 정부와는 대조적으로 케네디 정부는 나이도 젊었고 운동도 좋아했다.(각료들 가운데 국방장관 로버트 맥나마라Robert S. McNamara와 내무장관 스튜어트 유돌Stewart Udall은 열성적인 등산가였고, 법무장관 로버트 케네디Robert Kennedy도 항상 새롭고도 위험한 운동을 찾아다녔다.) 이들은 존 F. 케네디가 내세웠던 선거운동의 핵심 슬로건처럼 미국을 '뉴 프런티어'로 이끌고자 했다.

국제 관계 정책에도 케네디 정부의 슬로건이 적용되었고 "신체적인 활력"이라는 말이 슬로건처럼 자주 사용되었다. 냉전 상황에서 미국이 다른 나라들의 지지를 얻기 위해서는 공산주의의 적과 맞서는 투쟁에서 미국인들이 고난과 자기희생을 감내할 수 있다는 것을 보여주어야 했으며, 자유세계를 수호하기 위해 '어떤 짐이든 지고 어떤 대가도 지불하겠다'는 굳센 의지를 보여주어야 했다. 그린베레, 즉 오지에서 살아남아 싸울 수 있도록 훈련받은 미국 특전대는 케네디의 군사 프로그램에서 큰 관심을 받았다. 아이젠하워 대통령 시절에는 댐이나 도로 건설과 같은 거대한 개발 계획이 해외원조라는 개념이었지만, 케네디가 평화봉사단 창설을 제안하면서 해외원조는 모험적인 전환기를 맞이했다. 평화봉사단은 케네디의 가장 인기 있는 정책이 되었고, 젊고 이상주의적이며 건강한 자원봉사자들은 이 평화봉사단에 매료되었다.(평화봉사단 가운데 가장 강건한 사람들이 네팔에 파견되었다. 단장은 밥 베이츠였고, 윌리 언소울드가 부단장이었다.) 평화봉사단은 젊은 이상주의와 이국 생활을 경험하고자 하는 욕망에 호소하면서 희망자를 모집했다. 네팔에서 봉사활동 하는 것을 홍보하는 문구 중에는 네팔을 "예티와 에베레스트의 나라"로 묘사한 것도 있었다.

노먼 다이렌퍼스의 뉴 프런티어

노먼 다이렌퍼스는 예티와 에베레스트의 나라에서 겪을 모험에 대해 오랫동안 관심을 가져왔다. 그는 등산가이자 지질학자였던 귄터 다이렌푸르트의 아들로, 스위스에서 자랐고 제2차 세계대전 직전에 미국으로 이민 갔다. 다이렌퍼스는 군 복무를 마치자 다큐멘터리 영화 제작자로 성공적인 경력을 쌓기 시작했다. 그는 유럽 등산계와 긴밀한 관계를 유지해서 1952년 스위스의 에베레스트 원정 때는 공식 사진사로 참가하기도 했다. 그는 에베레스트에 신비하게 끌려 전생에 산이 보이는 텡보체 사원에서 살았다는 생각이 강하게 들었다고 한다. 그는 언젠가는 자신의 원정대를 이끌고 산을 오르고 싶어 했다.

에베레스트 입산 허가를 받기는 어려웠지만 다이렌퍼스는 어떻게든 네팔로 돌아가려고 노력했다. 1953년 그는 오래된 친구인 제임스 램지 울먼에게 편지를 써서 1954년에 솔루쿰부로 들어가서 아마다블람이나 아직 결정하지는 않았지만 다른 산을 함께 등반하자고 제안했다.(그의 원정대는 '예티를 사냥해서 죽이려는 단호한 시도'도 할 것이라고 언급했다.) 다이렌퍼스는 정치적인 상황을 고려해 미국인들만의 원정대는 조직하지 않을 것이라고 하면서 "인도나 네팔 지역에서 미국인들을 별로 좋아하지 않는다는 점(사실, 굉장히 싫어한다.)을 감안해서 베른의 정치 부서를 통해 네팔의 허가를 받아낼까 한다네."라고 설명했다. 그 원정대는 출발하지 못했다. 하지만 다이렌퍼스는 1955년 드디어 네팔로 돌아가서 에베레스트 바로 옆에 있는 로체에 도전했지만 뜻을 이루지 못하고 돌아왔다. 그는 그 후 몇 년 사이에 네팔에 두 번 더 갔는데, 1958년에는 예티 사냥 원정대의 대장으로 갔고, 1960년에는 다울라기리로 가는 스위스 원정대의 영화 제작자로 갔었다.

에베레스트 원정대를 이끌어보겠다는 다이렌퍼스의 열망은 사그라지지 않았다. 1960년이 되자 그는 미국을 등에 업는 것이 더 유리하다는 것을 깨달았다. 그가 아는 한 에베레스트 등정에 성공한 1953년 영국 원정대와 1956년 스위스 원정대는 거의 공식적으로 국가의 후원을 받았고 장비를 잘 갖춘 대규모 포위전법을 사용했다.(당시까지 서양 등산가들이 등정의 성공에 대해 의문을 품고 있던 1960년의 중국 원정도 국가가 전적으로 후원했다.) 마셔브룸과 히든피크 원정을 조직했던 닉 클린치에게 다이렌퍼스가 미국 에베레스트 원정을 위해 수십만 달러를 모금하려 한다고 하자, 클린치는 솔직하게 이렇게 대답했다. "이 나라에서 그 정도의 돈을 모으지는 못할 것입니다. … 산이나 등반에 대해 그 정도로 관심을 갖고 있는 사람은 아무도 없습니다." 다이렌퍼스는 미국인들과 특히 미국 정부가 관심을 갖도록 할 방법을 찾기로 결심했다. 그리고 그는 훌륭하게 성공했다.

미국 에베레스트 원정대

1960년 여름에 쓴 미국 에베레스트 원정등반AMEE의 취지문에서 다이렌퍼스는 맬러리의 익숙한 '산이 거기 있으니까'보다 시대감각에 훨씬 더 맞는 말로 등반을 정당화했다. 다이렌퍼스는 중국인들이 그해 봄에 에베레스트 정상에 올라서서 마오쩌둥의 흉상을 그곳에 두고 왔다고 주장하는 점을 언급하면서 미국인들도 세계 최고봉에 대한 도전에 착수해야 한다고 말했다. "자유세계 등산가들은 대부분 히말라야를 향한 도전이 순수한 이상주의에서 비롯된 비정치적 행위여야 한다고 주장한다. 그러나 미국의 에베레스트 등정은 의심할 바 없이 다양한 지역에서 새로운 우방을 만드는 데 큰 도움이 될 것이다."

마치 다이렌퍼스 자신이 케네디 후보자의 연설문을 직접 쓴 것처럼 선거 때 케네디의 수사법과 다이렌퍼스의 대의명분은 완벽하게 일치했다. 에베레스트 정상이 궁극의 뉴 프런티어가 아니고 무엇이란 말인가? 케네디 취임 6개월 후에 다이렌퍼스는 백악관에 편지를 보내 에베레스트 원정 계획을 설명하기 위해 대통령과 면담을 하고 싶다고 요청했다. 백악관

과학 고문 제롬 위즈너Jerome B. Wiesner는 케네디를 대신하여 당분간은 대통령이 다이렌퍼스를 만날 시간이 없어서 유감이라는 답장을 보냈다. 그는 또한 다이렌퍼스가 자금 지원을 요청할 만한 여러 정부 기관을 추천하면서 "내셔널 지오그래픽 협회 같은 민간 그룹이 귀하와 같은 활동에 관심을 갖고 지원해온, 논리적으로 가장 전통적인 자금의 출처입니다."라고 덧붙였다. 그리고 그는 "기원합니다. … 귀하의 1963년 도전이 성공하기를."이라고 말했다. 이것은 예의바른 거절이었지만 다이렌퍼스는 액면 그대로 받아들이지 않기로 했다. 그는 8월 1일에 나온 원정대 소식지 1호를 통해 이렇게 알렸다. "대통령이 이 원정등반에 개인적인 관심을 표명하면서 격려의 편지 한 통을 보내주셨습니다."

다이렌퍼스는 그다음 한 달을 원자력 에너지위원회Atomic Energy Commission(AEC)를 위한 영화를 제작하면서 캐나다 북부에서 보냈다. 그는 돌아오자마자 케네디에게 "존경하는 대통령 각하, 저는 세계 최초로 방사성 동위원소로 작동되는 기상관측소의 항구적인 설치를 위한 임무를 띤 원정대원의 일원으로 캐나다의 북극에서 방금 돌아왔습니다."라는 편지를 보냈다. 그는 원자력 에너지위원회의 방사성 동위원소 개발 분과Division of Isotopes Development '최고위급' 몇 명과 대화를 나눈 다음, 미국 에베레스트 원정대가 세계에서 가장 높은 곳에 위치한 방사성 동위원소로 작동되는 기상관측소를 에베레스트 위쪽 사면, 즉 정확하게 말하자면 7,925미터의 사우스 콜에 건설하는 것을 나서서 도와주기로 결정했다. 다이렌퍼스는 에베레스트 기상관측소가 여러 가지 긍정적인 효과를 가져올 것이라면서 다음과 같이 주장했다. "그것은 인도와 네팔 정부로 하여금 최초로 히말라야 상층부의 기상관측 데이터를 정규적으로 얻을 수 있게 할 것이다. 관측소를 건설하면 결정적으로 아시아인들에게 미국의 과학적인 위상을 드높일 수 있다. 마지막으로 아주 중요한 것은 지구의 '제3의 극지'인 에베레스트는 어디에서나 상징적인 존재이므로, 정상에서 920미터 이내에 세계 최고 고도의 기상관측소를 설치하면 우리나라가 원자력 에너지를 인류의 경제·사회적 복지를 위해 사용하고자 한다는 점을 극적으로 보여줄 수 있을 것이다."

그 제안은 사실 과학보다는 세일즈에 더 초점이 맞춰져 있었다. 다이렌퍼스가 그런 목적으로 네팔 영토를 사용하겠다고 말한 것을 네팔 정부가 알고 있었는지는 확인하기 어렵다. 물론 미국이 네팔-티베트 접경 지역에 그런 시설을 설치하는 것을 중국이 기쁜 마음으로 지켜보지도 않을 것이다. 다이렌퍼스는 케네디의 관심을 자극해 원정대의 세부적인 일들을 풀어나갈 수 있기를 희망했다. 어떻든 간에 중요한 것은 에베레스트 등반과 미국의 위상을 연관시키는 것이었다.

대통령의 일정은 — 꼭 베를린과 쿠바, 베트남의 위기상황 때문만은 아니었지만 — 다이렌퍼스를 만나기에는 너무 빡빡했다. 케네디는 정치적인 자산을 주의 깊게 사용할 줄 아는 약삭빠른 정치인이었다. 미국 에베레스트 원정대 같은 개인적인 모험을 성급하게 승인했다가 당황스럽게도 실패한다면 아무것도 얻지 못한다는 것을 그는 잘 알고 있었다. 다이렌퍼스는 결국 내무장관인 스튜어트 유돌을 만나는 것으로 만족해야 했다.

유돌을 만나기로 한 것은 좋은 선택이었다. 그는 서부 사람인 데다 열성적인 자연보호주의자로 원래부터 에베레스트 원정등반에 관심이 있었기 때문에 정부의 지원을 받을 수 있도록 길을 터주었다. 결국 여러 정부 기관이 이 원정에 과학 기금 형태로 자금을 지원했다. 미공군의 과학연구소와 항공우주국NASA은 고소에서 생리학 연구를 위해 자금을 지원했고, 혹독한 환경에서 인간이 겪는 정신적인 문제에 대한 연구를 위해 해군 연구소에서도 자금을 지원했다.(어떤 해군 장교는 이에 대해 "우리는 장기적인 잠수함 복무, 극지 복무와 우주 탐사에 적합한 인물을 뽑을 가장 적절한 기준에 대해 알고 싶다."라고 『뉴스위크』에 밝혔다.) 『라이프』가 에베레스트 원정기 판권을 사들였으며, 이 밖에도 원정대는 주요 개별 후원자들을 확보했다.

다이렌퍼스는 내셔널 지오그래픽 협회를 설득해서 후원 단체로 등록시키는 개가도 올렸다. 영국 에베레스트 원정의 초기부터 관여한 왕립 지리학회와는 다르게 내셔널 지오그래픽 협회는 외국으로 가는 원정대에 절대 이름을 빌려주지 않았고, 그들의 자산을 활용하도록 허용한 적도 없었다. 1962년 봄, 협회는 절박하게 필요했던 운용 자금을 원정대에 대주기로 합의했고 배리 비숍이 다이렌퍼스를 위해 일하도록 허락했으며 원정 소식을 『내셔널 지오그래픽』에 싣고 텔레비전 중계용 영화를 제작하기로 했다. 결국 협회는 40만 달러에 이르는 원정 자금 가운데 1/4 이상을 부담했다.(2008년 기준으로 보면 협회가 부담한 자금은 대략 265만 달러에 달한다.)

우주선이나 잠수함에 유용한 과학적인 자료를 가져오겠다는 약속은 기금을 모금할 때 잘 먹혀들었다. 그러나 대중을 위해서는 좀 더 단순한 호소가 필요했다. 그들은 "다른 국가들은 에베레스트를 등정했거나 등정했다고 주장한다. 미국은 왜 그렇게 하지 않는가?"라고 설득했다. 제임스 램지 울먼은 1961년 말 언론사에 배포한 미국 에베레스트 원정대 보도 자료에서 다음과 같이 밝혔다. "노골적인 국가주의와 맹목적인 국기 흔들기 경쟁은 모든 인류 위에 솟아오른 거대한 봉우리에 더 이상 설 자리가 없다. 그러나 여전히 미국인이 최초로 에베레스트 정상에 오른다는 것은 큰 사건이 될 것이다. 만일 성공한다면 그것은 두말할 나위 없이 가장 빛나는 국가의 상징이 될 것이며, 국가의 위상을 끌어올릴 기폭제가 될 것이고, 우리나라를 나약한 겁쟁이 나라라고 조롱하는 비방꾼들의 훼방에 반박할 수 있게 될 것이다. 만일 성공하지 못한다면… 우리는 최소한 그 도전을 위한 경기장에 입장한 것이고, 이 거대한 과업에 매진하는 다른 여러 나라의 대열에 합류한 것이며, 전쟁터나 다른 분야에서 우리가 고립주의를 버렸듯 등반에서도 미국의 '고립주의'를 타파하게 될 것이다."

"미국인 최초 에베레스트 등정" 프로젝트를 성공으로 이끌기 위해 다이렌퍼스는 미국 등산 역사상 가장 큰 규모로 원정대를 조직했다. 대원은 모두 20명이었다. 다이렌퍼스는 원정대장이자 영화 제작자로 갈 생각이었다. 시에라 클럽의 1954년 마칼루 원정에서 대장을 맡았던 윌 시리가 부대장이자 원정대의 과학 분과 대원으로 참가하겠다고 서명했다. 1960년 마셔브룸 정상을 밟았던 윌리 언소울드는 등반대장을 맡기로 했고, REI의 짐 휘태커가 장비 담당을 맡기로 했다. 마셔브룸에 다녀온 또 다른 대원인 톰 혼바인Tom Hornbein은 산소 장비를 주문하는 책임을 부여받았다.(그는 원정대가 사용할 새로운 산소마스크를 디자인하는 일도 맡았다.) 혼바인도 의사였지만 원정대를 일상적으로 보살피는 의사 역할은 길 로버츠와 데이브 딩먼Dave Dingman이 맡았다. 내셔널 지오그래픽의 배리 비숍은 원정대 사진사를 맡았고, 댄 두디Dan Doody는 영화 카메라맨으로 다이렌퍼스의 조수를 맡기로 했다. 과학 및 사회과학 분과에는 딕 에머슨Dick Emerson, 짐 레스터Jim Lester, 메이너드 밀러Maynard Miller, 배리 프래더Barry Prather가 있었다. 카트만두에서 영국군 수행원을 하다가 갓 전역한 지미 로버츠는 수송 담당으로 일하기로 했다. 앨 오튼Al Auten, 제이크 브라이텐바흐Jake Breitenbach, 배리 코비트Barry Corbet, 루트 저스태드Lute Jerstad, 딕 파우놀Dick Pownall이 등반대원이었다. 마지막으로 제임스 램지 울먼은 에베레스트 베이스캠프까지 원정대를 따라가 원정대 홍보와 기록을 맡기로 했다.

20명의 대원 가운데 13명이 미국의 서부에서 출생했거나 서부로 이주한 사람들이었는데, 그 이후 미국 히말라야 원정대에서는 이 비율이 기준이 되었다. 또한 9명은 티톤Teton이나 캐스케이드Cascade 산맥에서 프로 가이드로 일해왔다.(윌리 언소울드는 이 두 산맥을 모두 잘 아는데 자신을 3인칭으로 "늙은 가이드"라고 부르는 버릇이 있었다.) 원정대원 몇 명은 등반장비 소매 업무와 관련이 있었다. 다이렌퍼스는 생계를 위해 등반을 다룬 영화 말고도 다양한 기록영화를 찍는 일을 했지만 직업적인 원정 조직가가 되고 싶은 열망을 갖고 있었다. 이러한 면으로 본다면 여러 명의 대원들은 더 이상 초창기 미국 히말라야 원정대처럼 '아마추어 동호인'들이 아니라 생활이나 직업이 산과 상당히 관련된 사람들이었다. 한편 원정대원 가운데 히말라야 등반 경험이 있는 사람들은 다이렌퍼스를 포함해 8명밖에 되지 않았다. 1953년 K2 원정대원 중에는 이번에 참가한 사람이 없었고, 1958년 히든피크 원정대원 중에는 한 명(길 로버츠)만 이번 원정대에 참가했다.

"에베레스트로 가는 미국인들"은 미국 일반 대중들의 시각으로 보면 에베레스트 정상에 미국인 한 명만 올라가면 성공하는 것이었다. 그것은 이 원정대가 에베레스트 정상으로 가는 입증된 루트인 남동릉을 주로 공략해야 한다는 것을 의미했다. 하지만 다이렌퍼스에게는 원정을 계획할 때부터 마음속으로 소중하게 생각했던 또 다른 의견을 가진 관중, 즉 국제 등산계가 있었다. 국제 등산계는 남동릉으로 에베레스트를 오르는 것을 더 이상 신선하게 받아들이지 않았다. 이미 영국이 1953년에 그것을 해냈고, 스위스는 1956년에 그 영국의 루트로 재등하면서 인접한 로체까지 초등해 원정 기록을 뚜렷하게 차이나도록 만들었다. 앞선 원정대들의 업적에 필적하려면 미국은 무엇을 해야 할까? 에베레스트의 웨스턴 쿰을 둘러싼 세 봉우리인 에베레스트, 로체, 눕체를 한 원정대가 모두 오른다는 소위 '그랜드 슬램' 달성이 다이렌퍼스의 초기 구상이었다.

하지만 다이렌퍼스가 모집한 대원들의 생각은 달랐다. 로체와 눕체의 정상에 오르는 것은 에베레스트 정상에 오르는 것만큼 마음이 끌리지 않았다. 그래서 몇몇 대원들은 대중에게는 공개하지 않은 채 출발 몇 개월 전부터 다른 대안을 조용히 토론하기 시작했다. 그랜드 슬램 대신 에베레스트를 신루트로 오르는 것은 어떨까?

이 구상은 다이렌퍼스와 톰 혼바인이 혼바인의 샌디에고 집에서 만났을 때 수면 위로 떠올랐다. 다이렌퍼스는 원정대원들이 남동릉의 노멀 루트로 에베레스트 정상에 올라간 다음 아직 등반된 적이 없는 서릉을 통해 웨스턴 쿰으로 내려오는 에베레스트 횡단등반을 제안했다. 따라서 이 횡단등반은 동쪽에서 서쪽으로 가는 것이었다. 혼바인은 "노멀 루트로 올라가는 것으로 충분하지 않을까?"라면서 이 구상에 대해 회의적이었다.

그러나 혼바인도 생각하면 생각할수록 횡단등반은 매력적이었다. 1962년 가을 레이니어Rainier 산에서 훈련등반을 할 때 혼바인은 이 구상에 대해 다른 대원들과 상의해보았다. 하지만 다이렌퍼스의 제안은 처음부터 큰 문제점을 하나 갖고 있었다. 혼바인은 "사우스 콜에서 에베레스트 정상까지 올라가면 산소가 달랑달랑할 텐데 잘 알지도 못하는 그 반대편 루트로 내려온다는 것이 상상이 갑니까?"라고 질문했다. 서릉으로 내려오다가, 만일 어떤 이유로든지 루트가 막힌다면 탈출할 방법이 없을 것이다. 대원들이 다시 정상으로 올라가 남동릉으로 내려오는 것이 불가능하게 된다는 의미였다. 명백한 해결책은 다이렌퍼스의 제안을 뒤집는 것이었다. 신루트를 개척하면서 서릉으로 정상에 오른 다음 보다 더 쉬운 남동릉으로 내려오는 횡단등반을 해보면 어떨까?

에베레스트와 맞선 네 사람

미국 에베레스트 원정대가 어떤 방법으로 등반할 것인지를 놓고 신중하게 고려하고 있는 동안, 규모와 철학에서 다이렌퍼스 원정대의 모험과는 상당히 다른 또 하나의 미국 원정대가 독자적으로 에베레스트 원정을 추진하고 있었다. 43세인 터프츠Tufts대학 철학교수 우드로 윌슨 세이러Woodrow Wilson Sayre는 우드로 윌슨 대통령의 손자이기도 했는데, 그는 자신의 모험을 혼자의 노력으로 실현시키려고 할 뿐 백악관의 후원이나 승인을 바라지 않았다. 대신, 그는 보스턴에서 검사로 일하던 친구 노먼 한센Norman Hansen과 터프츠대학의 학생이던 로저 하트Roger Hart를 설득해서 1947년 얼 덴먼이 단독으로 해본 것처럼 비밀스러운 시도를 함께 해보기로 했다. 그 후 하트가 알고 지내던 스위스인 등산가 한스 페터 두틀Hans Peter Duttle도 함께 가기로 했다. 그들은 함께 카트만두까지 간 다음, 에베레스트 지역까지 걸어 들어갔다. 그 사이에 티베트가 중국의 지배하에 놓였는데도 그들은 15년 전의 덴먼처럼 에베레스트를 북쪽에서 시도할 작정이었다.

네팔-티베트 국경에 있는 미등봉 갸충 캉Gyachung Kang(7,952m) 입산 허가를 네팔 당국으로부터 받은 세이러의 작은 팀은 네팔인 연락 담당관을 산 아래의 '베이스캠프'에 남겨두고, 본래의 목표를 향해 슬그머니 빠져나와 눕 라를 넘어 티베트로 몰래 들어갔다. 그들은 모든 물자를 직접 수송하며 노스 콜에 있는 옛 영국 루트를 따라 무산소로 7,770미터까지 올라갔지만 도로 내려와야 했다. 세이러가 추락해 갈비뼈가 부러지고 한쪽 팔까지 다친 데다 모두 몹시 지치고 심한 영양부족에 시달렸지만, 그들은 가까스로 안전하게 네팔로 넘어와 셰르파 마을인 쿰중에서 카트만두의 미국 대사관에서 보낸 헬리콥터를 타고 돌아왔다.

노먼 다이렌퍼스는 원정 문제로 카트만두에 있다가 우연히 세이러의 팀을 데리러 가는 헬리콥터에 타게 되었다. 그때는 그도 다른 사람들처럼 세이러가 갸충 캉을 오르려고 하다가 단순히 길을 잃은 것으로 생각했다. 다이렌퍼스는 세이러가 자기 일행이 실제로 어디에 있었는지 고백하자 소스라치게 놀랐다. 만일 중국 당국이 세이러가 국경을 몰래 넘어 티베트로 들어왔었다는 것을 안다면, 그들은 국제적인 사건으로 몰고 갈 수도 있었다. 그렇게 되면 네팔 외교부가 북방의 강한 이웃을 달래기 위해 합법적으로 허가된 미국 에베레스트 원정을 취소할 수도 있었다. 다이렌퍼스는 세이러에게 티베트에 몰래 들어갔다는 사실을 누구에게도 발설하지 말라고 혼신의 힘을 다해 설득했지만, 그가 말을 듣지 않자 백악관과 국무부, 심지어는 CIA에까지 전화해서 세이러의 입을 막아달라고 요청했다.

세이러는 네팔에 있는 동안에는 갸충 캉으로 가려 했다며 이야기를 꾸며냈지만 미국으로 돌아오자 실제 이야기를 『라이프』에 싣고 나중에 책까지 낼 준비를 했다. 미국의 등산 조직들은 다이렌퍼스가 세이러의 국경 침범에 대해 귀띔해주었기 때문에 이 사실을 알고 경각심을 품었으며 이 괴짜 등산가를 피했다.(그러나 이것으로 세이러의 마음이 상한 것 같지는 않다.) 세이러의 원정기는 1963년 봄에 "에베레스트 공습"이라는 제목으로 『라이프』에 게재되었다. 그가 이듬해 낸 『에베레스트와 맞선 네 사람Four against Everest』은 2만 부나 팔렸고, 1960년대 초에 벌써 앞으로 도래할 기존 산악 조직에 반발하는 움직임을 선구적으로 보여주었을 뿐만 아니라 잘 팔리는 책은 아니었지만 어쨌든 등산문학의 고전이 되었다. 1964년 1월 『뉴욕 타임스』에는 『에베레스트와 맞선 네 사람』에 대한 브룩스 애킨슨Brooks Atkinson의 다음과 같은 서평이 실려있었다. "장비도 제대로 갖추지 못한 세이러의 에베레스트 원정은 미친 짓이었지만 경탄을 자아낸다."

⊰ 에베레스트로 가는 공식 원정대 ⊱

마침내 최초의 미국 에베레스트 원정대가 — 세이러가 "두 번째 미국 에베레스트 원정대"라고 빈정거리기는 했지만 — 도전할 시간이 되었다. 1963년 1월에 다이렌퍼스와 일부 대원이 비행기 편으로 카트만두에 도착했고, 나머지 대원들은 2월 초에 카트만두에서 합류했다. 2월 20일에는 900명의 짐꾼과 고산 셰르파 30명 남짓(이 숫자는 가는 길에 셰르파들을 임시로 고용해서 더 늘어났다.), 그리고 미국 에베레스트 원정대원 20명이 긴 행렬을 이루면서 에베레스트로 가는 길에 있는 카트만두 외곽의 바네파Banepa 마을을 출발했다. 원정대에서 가장 나이가 많은 55세의 제임스 램지 울먼은 오른쪽 다리에 고질적인 순환 장애가 심해져서 하루 만에 돌아가야 했다. 그러나 그는 카트만두의 원정대 보도 사무실에서 다이렌퍼스의 아내인 샐리Sally와 함께 원정대 일을 했다.

대원들은 에베레스트로 걸어 들어가면서 그들의 계획을 계속 논의했다. 그랜드 슬램 전략도 선택의 여지를 남겨두었다. 그러나 서릉을 통해 올라가자는 대원들은 확고부동했다. 서릉 지지자들에는 — 그들은 나중에 '서릉파'로 불리게 되는데 — 이미 히말라야 등반 경험이 있는 7명 중 4명이 포함되어있었다. 톰 혼바인, 윌리 언소울드, 딕 에머슨과 배리 비숍이 그들이었다. 혼바인은 열성적인 서릉 지지자로 심지어 남동릉의 노멀 루트로 올라가는 것보다 서릉으로 올라가는 것이 우선돼야 한다고 말하기까지 했다. 반대파인 사우스 콜 지지자에는 짐 휘태커와 루트 저스태드뿐만 아니라 원정대장과 부대장까지 포함되어 있었다. 다이렌퍼스가 자신은 원정대장으로서 모든 것을 서릉을 통한 도전에 투입해서 전통적인 사우스 콜 루트를 통한 성공마저 위협할 수도 있는 것에 결코 동의하지 않을 것이라고 확실한 입장을 밝히긴 했지만, 이때까지 양쪽 지지자들 간의 토론은 우호적인 분위기였다. 다이렌퍼스와 울먼은 어떻게든 국가의 위상을 높이겠다고 국내 보도용 전신을 보냈고, 재정 후원자들은 원정대가 에베레스트 정상에 대원을 올려놓는 일에 성공하기를 기대했다. 순수한 등반을 추구하는 등산가들이 중요하게 생각하는 여러 가지 사항들과는 달리, 원정대는 마케팅 전략상 남동릉을 통한 도전을 경시하거나 포기할 수는 없었다. 일단 모든 대원이 그런 현실을 수긍했지만, 다이렌퍼스는 여전히 '서릉에서 중대한 한 판'을 감행해 볼 의지를 갖고 있었다.

3월 21일, 5,425미터 지점에 베이스캠프가 설치되었다. 그다음 날 짐 휘태커, 윌리 언소울드, 루트 저스태드와 셰르파 나왕 곰부Nawang Gombu가 쿰부 아이스 폴을 뚫고 나아가는 루트 작업을 시작했다. 3월 23일에는 제이크 브라이텐바흐, 딕 파우놀, 길 로버츠, 앙 페마Ang Pema, 일라 쩨링Ila Tsering이 그 일을 넘겨받아 아이스 폴에서 루트를 정비했다. 한편 하루를 쉬게 된 서릉 지지자들은 그들의 등반 대상을 좀 더 가까이에서 관찰해보기로 했다. 배리 코비트는 일기에 이렇게 적었다. "에머슨과 혼바인 그리고 나는 서릉을 직접 볼 수 있는 근처 능선을 150미터쯤 올라갔다. 한눈에 보기에도 무시무시해 보였다. 눈이 거의 덮이지 않아 바위가 드러나고 경사가 매우 센 1,500미터의 능선이었다. 나는 성공 가능성을 상당히 낮게 잡았지만, 멋지고 매력적인 도전 대상이었다. 실패에 단단히 대비해야 하겠지만 나는 격렬한 이 등반을 그 어느 때보다도 더 즐기고 싶었다. 노먼에게야 어떤 대가를 치르든지 성공을 거두는 것이 중요하겠지만, 그렇게 하는 것은 더 이상 중요하지 않은 것 같다. 물론 내가 말하는 '어떤 대가를 치르든지'라는 의미는 우리의 힘을 모두 사우스 콜에 쏟아 붓는 것을 의미하는 것이지 독일인들처럼 '죽기 살기'식을 의미하는 것은 결코 아니다."

아이스 폴에서 작업하던 팀이 전날 도달했던 곳 근처까지 올라갔다. 그들은 두 동의 로프를 사용하고 있었다. 한 동은 딕 파우놀, 앙 페마, 제이크 브라이텐바흐가 사용했고, 나머지 한 동은 길 로버츠와 일마 쩨링이 사용했다. 갑자기 빙탑의 일부가 엄청난 굉음을 내면서 무너졌다. 로버츠와 일마 쩨링은 간신히 피했지만, 얼음덩어리들이 다른 쪽 로프에 묶여 있던 대원들을 덮쳤다. 로버츠와 일마 쩨링은 동료들을 구조하기 위해 허겁지겁 달려가 파우놀과 앙 페마를 파냈지만, 어마어마한 얼음덩어리들 밑에 깔린 로프만 보일 뿐 제이크 브라이텐바흐의 흔적을 찾을 수 없었다. 그는 즉사한 것 같았다. 베이스캠프에서 구조대가 올라와 생존자들을 데리고 내려가는 동안 휘태커, 언소울드와 저스태드는 동료의 흔적을 찾으려고 얼음덩어리들을 파보았지만 헛수고였다. 그다음 날 이 소식은 베이스캠프에서 카트만두로 무전으로 전달됐고, 미국 국무부는 메리 루이스 브라이텐바흐에게 남편의 죽음을 알렸다.

에베레스트가 위험한 산이라는 것이 다시 한 번 입증되었다. 1952년부터 1962년 사이에 — 세이러의 '공습'을 제외하면 — 일곱 개의 원정대가 이 산에 도전했다. 그 기간 동안 아홉 명이 정상을 밟았고, 세 명이 목숨을 잃었다. 미국 등반대는 등반을 시작한 지 겨우 이틀 만에 사망사고를 당하고 말았다. 성공적으로 등정을 끝낼 때까지, 아니면 패배로 철수할 때까지 얼마나 더 많은 사망사고가 날지 알 수 없었다. 히말라야에서 일어난 마지막이자 가장 많이 알려진 미국인 사망사고였던 아트 길키의 K2 사고가 있은 지 10년이 채 되지 않은 시점이었다. 브라이텐바흐도 길키처럼 사망 당시 27세였다. 그는 짐 휘태커의 동생인 로우를 대신해 원정대에 합류했다. 브라이텐바흐의 친한 친구로 와이오밍 주 잭슨에서 그와 함께 스키와 등반용품 가게를 운영하던 배리 코비트는 자신의 일기에 "멍청하기 짝이 없는 남자들의 스포츠가 한창 나이의 청년을 죽였다."라고 적었다.

산에서 보내야 하는 시간을 최대한 줄이기 위해 원정 자체를 포기하거나 최소한 서릉 도전을 포기하자는 논의가 있었다. 대원 일부는 에베레스트에 오르겠다는 열정을 되찾지 못했다. 그럼에도 3일이 지나자 원정대는 다시 아이스 폴을 올라가는 루트를 보수하는 작업에 들어갔고, 3월 29일에는 웨스턴 쿰까지 올라갔다. 그다음 날 1캠프가 쿰의 입구 6,160미터에 설치되었고, 2캠프가 쿰을 반쯤 올라간 6,510미터에 있는 1953년 영국 원정대 4캠프 자리에 설치되어 전진 베이스캠프 역할을 했다. 루트가 이곳에서 서릉과 사우스 콜로 갈리게 된다. 따라서 이후의 캠프 명칭은 루트에 따라 다른데, 전통적인 사우스 콜-남동릉 루트에 세워지는 다음 캠프는 '3캠프'가 되고, 서릉에 새롭게 설치되는 캠프는 '3W캠프'가 된다.

4월 3일부터, 하나였던 원정대가 로체 사면을 올라가는 사우스 콜파와 에베레스트 북벽과 서릉으로 갈 수 있는 눈 덮인 돌출부 웨스트 숄더West Shoulder의 꼭대기로 올라가는 서릉파로 나뉘게 되었다. 혼바인은 "각자의 목표를 위해 지금부터는 인력과 장비 확보 경쟁을 해야 할 것 같다."라고 말했다. 원정대의 심리학자였던 짐 레스터는 서로 다른 루트로 올라가는 두 팀 간에 흥미로운 차이점이 있다는 것을 발견했다. "서릉 지지자들은 외부 세계에서 그들이 받을 보상에 대해 신경을 덜 쓰는 것 같았고 객관적인 실패의 가능성에 대해 덜 민감했다. 그들은 내적 보상, 즉 스스로의 보상을 위해 기꺼이 실패를 무릅쓰려 했다." 그들이 즐겼던 보상 중 하나는 아무도 가본 적이 없는 곳을 밟는다는 것이었고, 또 하나는 그 산에 갔었던 다른 등산가들이 보지 못한 광경을 볼 수 있다는 점이었다. 4월 11일 혼바인, 언소울드와 비숍은 웨스트 숄더에 올라서서 티베트 쪽을 바라보았다. 혼바인은 이렇게 말했다. "우리의 시선은 경사진 퇴적암 바위지대, 검은색 바위, 노란색 바위, 회색 바위들로 이루어진 1,500미터의 능선을 따라 정상까지 올라갔다. 노스 콜이 광대한 빙하 분지 저편에 우리보다 300미터 아래에 있었다. 인간이 한 번도 서본 적이 없는 곳에 서서 우리는 역사를 되돌아보았다. 1920년대와 1930년대에 영국이 했던 모든 도전이 콜 저쪽의 롱북 빙하를 통해 북벽

1963년 에베레스트의 서릉을 정찰 등반하고 있는 윌리 언소울드(왼쪽)와 톰 혼바인
배리 비숍 촬영
(사진출처: 내셔널 지오그래픽 협회)

에서 이루어졌다. 그레이트 쿨르와르와 어린 시절 우리들의 영웅이었던 노턴, 스마이드, 쉽턴, 웨이저, 해리스, 오델, 그리고 맬러리의 발자국이 서려있는 북릉이 하늘을 배경으로 정상까지 이어져 있었다."

루트를 탐험해볼 시간은 없었지만 약간 변형할 수는 있다는 것을 알았다. 그들이 선 자리 위쪽으로 웨스트 숄더가 서릉으로 이어지는 곳에서 바위의 갈라진 틈이 벽을 사선으로 가로지르며 위쪽으로 이어져 나중에 "혼바인 쿨르와르Hornbein Couloir"로 알려지게 되는 곳으로 연결되어있었다. 서릉 자체는 — 그들이 본 바로는 — 날카로운 능선인 데다 썩은 바위들이어서 결코 좋아 보이지 않았다. 그 쿨르와르를 이용해 서릉의 왼쪽으로 올라간다면 어려운 기술 등반 구간을 피할 수 있고, 정상 가까이에서 서릉으로 다시 돌아오면 거기서부터는 쉬울 것 같았다.

그들이 이 가설을 조만간 시험해볼 기회는 없을 것이다. 서릉파가 티베트 쪽을 바라보면서 깊은 생각에 잠겨있는 동안, 다이렌퍼스는 동시에 서로 다른 두 루트로 에베레스트를 공략할 계획을 재검토하고 있었다. 4월 13일 혼바인, 언소울드, 딩먼과 비숍이 휴식을 취하기 위해 전진 베이스캠프로 돌아와 보니, 그들이 없을 때 사우스 콜을 지지하는 대원들이 투표를 통해 사우스 콜로 정상 공략을 하는 팀의 인원을 4명씩 두 팀으로 늘리기로 결정했다는 것을 알았다. 혼바인의 주장대로 서릉과 사우스 콜에서 동시에 공략하는 대신 순차적으로 공략을 하자는 것이었다. 즉, 먼저 사우스 콜에서 공략을 하고 그다음에, 반드시 그다음에 서릉을 공략하자는 것이었다. 그것은 다음 10일간(혹은 그 이상) 서릉으로 물자를 나를 셰르파를 확보할 수 없다는 뜻이었다. 서릉파는 브라이텐바흐가 죽은 데다 고소 적응에 실패한 대원들도 있어 이미 숫자가 줄었으므로, 남은 셰르파를 확보한다는 극히 드문 경우를 제외하고는 모든 물자를 대원들이 직접 웨스트 숄더까지 가지고 올라가야 할 판이었다. 혼바인은 훗날 슬픈 유머가 담긴 글을 썼다 "우리 소수 팀에는 기본적인 발언의 자유와 행복을 추구할 권한(서릉)이 허용되었지만 셰르파를 활용할 권한은 없었다."

다이렌퍼스는 서릉파에게 보상으로서 다른 제안을 했다. 그들도 사우스 콜 도전에 함께할 수 있다는 것이었다. 정상 공격조가 여러 팀이면 그중 가장 강력한 대원이 나오게 마련이며, 그렇게 되면 정상 등정 가능성이 높아질 것이다. 혼바인과 언소울드는 반대했는데, 언소울드는 "우리가 정상에 올라갈 확률이 현격하게 줄어들었는데, 등산이란 분명히 — 비록 그 정상이 에베레스트라 하더라도 — 정상 그 이상의 것이다."라고 단언했다. 그러나 배리 비숍은 사우스 콜로 방향을 바꾸는 것에 동의했다. 그는 내셔널 지오그래픽 협회가 어떻게 하면 가장 이익을 볼 것인지에 대해 고려해야 했고 『내셔널 지오그래픽』에 싣기 위한 정상 사진을 찍을 가능성이 가장 높은 루트로 가야 했다.(사실 그는 이번 원정 사진 가운데 가장 유명해진 사진을 이미 찍었다. 그것은 4월 11일 3W캠프에서 웨스트 숄더의 꼭대기를 향해 올라가는 혼바인과 언소울드의 사진이었다.)

미국 원정대는 다이렌퍼스의 계획 변경 덕분에 전진 속도를 올려서 로체 사면을 오른 다음 사우스 콜로 횡단등반을 해서 4월 16일 그들의 목표에 도달하는 성과를 거두었다. 이리하여 그들은 1953년 영국 원정대보다 거의 한 달이나 빨리 1차로 정상 공격을 할 준비를 갖추게 되었다. 1차 정상 공격조는 나리 두 명과 셰르파 두 명이었다. 정상 공격조 중 한 팀은 짐 휘태커와 나왕 곰부였는데, 이는 필연적인 선택이었다.(곰부는 텐징 노르가이의 사촌으로, 1953년 영국 에베레스트 원정대와 1960년 인도 에베레스트 원정대에 참가한 경력이 있었다.) 다른 팀은 놀랍게도 다이렌퍼스 자신과 그의 전속 셰르파였던 앙 다와Ang Dawa였다.

1961년, 다이렌퍼스는 원정대원들이 돌려보는 회람용 문서의 '고소로 올라가고 싶은 대원 명단'에 자기 이름도 써넣었지만 이전까지는 자신이 정상 공격조의 일원이 되겠다는 의도는 내비치지 않았었다. 그는 이제 45세의 나이로 가장 높이 오르는 기록을 세우겠다는 것이었다. 그는 자신의 이상형으로 존 헌트를 자주 언급했는데, 자기도 헌트처럼 앞쪽에서 팀을 이끌어야 한다고 믿었다. 그러나 그는 1953년에 헌트가 했던 것보다 훨씬 더 힘든 등반이라는 과업까지 맡으려 했다. 당시 42세였던 헌트는 영국의 고소 캠프인 남동릉의 9캠프 근처까지 물자를 운반하기는 했지만 그곳에서 밤을 보내지는 않았다. 반면 다이렌퍼스는 미국의 고소 캠프에서 밤을 보내고 그다음 날 아침에 출발해서 산소통뿐만 아니라 카메라 장비까지 가지고 가능한 한 높이, 가급적이면 남봉이나 그보다 더 높은 곳까지 갈 생각이었다. 다이렌퍼스는 헌트와는 달리 원정대장이자 원정 영화 제작자였다. 미국 원정대의 다른 카메라맨 댄 두디는 29세밖에 안 되는 젊은 나이였지만 고소 적응에 실패했다. 따라서 정상을 올라가는 대원들을 촬영한 영상을 확보하려면 다이렌퍼스가 직접 찍어야 했다.

1차 공격조가 간 발자국을 따라 하루 늦게 올라가는 4명의 2차 공격조는 비숍, 저스태드, 파우놀, 기르미 도르제Girmi Dorje였다. 또한 딩먼과 프레더가 그들을 뒤따라갈 계획이었다. 이 세 번째 팀의 목표는 에베레스트 정상이 아니라 로체 정상이었다. 묵은 그랜드 슬램 전략의 일환인 로체 도전은 뜻밖이었는데, 서릉파는 다이렌퍼스가 서릉 루트를 원정대의 성공에 중요하지 않게 생각한다는 것을 알았다.

4월 27일 1차 공격조가 전진 베이스캠프를 떠나 쿰의 끝에 있는 3캠프에서 밤을 보냈다. 그들은 이틀간 더 전진해서 사우스 콜의 5캠프로 갔다. 4월 30일 그들은 남동릉을 등반해 8,367미터까지 갔고, 그곳에 정상 공격캠프인 6캠프를 세웠다.(이 공격캠프는 1952년 봄의 스위스 캠프보다는 높았지만 1953년의 영국 캠프보다는 낮았다.)

남서쪽에서 바라본 에베레스트와 1963년 미국 등반 루트

그다음 날인 5월 1일 바람이 부는 가운데 날이 밝아왔다. 하늘은 맑았다. 아래쪽에서 쳐다보는 사람들은 정상 부근에 설연이 날리고 있어 그날은 정상 도전이 불가능할 것으로 생각했다. 그러나 6캠프의 대원들은 기다리지 않기로 했다. 휘태커와 곰부가 오전 6시 15분에, 다이렌퍼스와 앙 다와가 1시간 후에 출발했다. 뒤늦게 출발한 두 명은 카메라 장비의 무게와 지독한 바람으로 금방 지쳐서 되돌아섰지만, 앞서 올라간 두 명을 6캠프에서 기다리기로 했다. 앞에 섰던 두 명은 꾸준히 올라가서 오후 1시 직전에는 정상을 코앞에 둔 곳까지 도달했다.

이번에는 "누가 먼저 올라갔는가?"라는 논쟁의 소지가 없었다. 휘태커는 곰부에게 먼저 가라고 권유했다. 곰부도 휘태커에게 양보했다. 휘태커는 결국 두 사람이 타협을 했다며 이렇게 말했다. "우리는 비틀거리면서 마지막 몇 미터를 나란히 올라가 오후 1시에 세계에서 가장 높은 곳에 섰다." 휘태커는 배낭에서 미국 국기가 감겨있는 1.2미터 알루미늄 깃대를 꺼내 국기를 펴고 그 깃대를 정상의 눈에 꽂았다. 그것으로써 다이렌퍼스 원정대는 자금 모집을 할 때 널리 홍보하고 다녔던 공식적인 사명을 완수했다. 그들은 약속대로 가장 빛나는 국가적 상징이 되며, 국가적 위상을 끌어올릴 기폭제가 되고, 자기들 나라가 나약한 겁쟁이 나라라고 조롱하는 비방꾼들의 훼방에 반박할 증거를 미국에 만들어주었다. 그러나 그 순간 짐 휘태커의 마음속에는 그런 생각이 전혀 들지 않았다. 그는 "거대하거나 숭고한 생각은 들지 않았다. 나중에 말했듯이, 나는 그때 인간이 너무나 보잘것없는 존재라는 느낌이 들었을 뿐이다. 일반 대중들은 산을 '정복한다'고 말한다. 내 생각에, 이것은 진실과 너무나 동떨어진 표현이다. 산은 너무나 크고 강한 존재고, 등산가는 너무나 작고 힘없는 존재다."라고 고백했다.

20분 후에 그들은 하산하기 시작했다. 곰부가 앞장섰다. 힐러리 스텝에 이르기 직전 능선을 따라 형성된 눈처마가 로프로 묶인 두 대원 사이에서 무너져 곰부 바로 뒤부터 휘태커 바로 앞까지 큰 구멍이 생겼다. 하지만 휘태커는 초골리사에서 헤르만 불이 당했던 운명을 간신히 면할 수 있었다. 그는 저산소증이 더해진 탈진 상태에서도 '어! 한두 걸음 옮겨야겠는데.' 하고 최대한 차분히 대처했다고 기억했다. 5시간 만에 6캠프로 내려온 두 대원은 그들을 기다리던 다이렌퍼스와 앙 다와를 만나 모두 함께 그곳에서 밤을 보냈다.

그러는 동안 2차 공격조인 비숍, 저스태드, 파우놀, 기르미 도르제는 5월 2일로 예정된 정상 공격을 위해 5캠프로 올라갔다. 그들은 사우스 콜에 기대했던 것보다 훨씬 적은 양의 산소가 남아 있다는 것을 알고 깜짝 놀랐다. 그곳에는 비숍–저스태드 2인조가 사용할 만큼의 산소밖에 없었다. 2차 공격조가 6캠프로 올라가기로 예정된 5월 1일 사우스 콜에 강풍이 불어 닥쳤다. 비숍과 저스태드는 날씨가 좋지 않아 6캠프의 휘태커와 다른 대원들이 도전하지 못했을 것으로 생각했다. 5월 2일에는 날씨가 조금 나아졌다. 오전 10시 비숍과 저스태드는 마음이 간절해져서 6캠프로 올라가려 했다. 그러나 그들은 남동릉에서 휘태커와 곰부가 그들을 향해 내려오는 것을 보고 계획을 바꾸었다. 그 둘을 설사면에서 만났을 때 비숍과 저스태드는 정상 공격을 포기해야 한다는 것을 깨달았다. 휘태커와 곰부의 상태가 너무 나빴는데, 두 사람의 말로는 다이렌퍼스와 앙 다와는 더 심각하다는 것이었다. 그들 네 명은 모두 사우스 콜로 돌아갔다. 1시간 반이 지나자 다이렌퍼스와 앙 다와가 그곳으로 내려왔다. 저산소증으로 얼굴이 새파래진 다이렌퍼스는 루트 저스태드의 팔에 쓰러져서 "난 이제 꼼짝도 못하겠어!"라고 힘없이 말했다.

탈진한 대원들을 데리고 최대한 빨리 사우스 콜을 내려가야 했다. 로체 팀인 배리 프래더와 데이브 딩먼도 도전을 포기했다. 6캠프에서 프래더가 폐부종에 걸렸기 때문이었다. 데이브 딩먼은 2차 공격조의 에베레스트 정상 공략을 지원하기 위해 산소를 가지고 사우스 콜로 올라가다가 다른 대원들이 그곳에서 내려오는 것을 보고 함께 돌아왔다.

다이렌퍼스는 로체 사면의 4캠프에서 5월 2일 밤을 보냈지만, 휘태커와 곰부는 내려오면서 체력을 조금 회복해 전진 베이스캠프까지 내려왔다. 그들의 성공이 베이스캠프에 무전으로 보고됐고, 거기서 다시 카트만두로 무전 연락됐다. 그다음 날 아침 미국의 조간신문들은 일제히 미국의 최초 에베레스트 등정을 다루었다. 원정대는 정상에 오른 모든 대원에게 돌아가야 할 영예를 대원 한 명이나 정상 공격조 한 팀이 독차지하는 것을 막기 위해 모든 도전이 끝날 때까지 정상에 오른 대원들의 신원을 비밀로 하기로 사전에 약속했다. 이런 상황 때문에 기자들이 미국 에베레스트 원정대의 성공을 대중에게 알릴 때 어려운 점이 있었다. 『뉴스위크』는 커버스토리에 열정적이지만 애매하게 "지난주 미국에 새로운 영웅이 탄생했다"라는 제목으로 보도했다.(이 주간지는 그 영웅이 누구인지 몰랐다.) 이 주간지는 "영웅이 누구든 간에 그는 히말라야의 규모에 맞는 젊고, 활력에 넘치며, 재능 있는 뉴 프런티어스맨으로… 그리고 이 나라는 세계 최고봉인 에베레스트 정상에 미국인이 최초로 성조기를 꽂은 것을 자랑스럽게 생각한다."라고 확신하듯이 기사를 실었다.

케네디 대통령은 주저 없이 다이렌퍼스 원정대와 미국 행정부의 위상을 연관시켰다. 그는 공식적인 축하 메시지에서 이렇게 선언했다. "미국인 대원들은 인간의 지구력과 경험을 밀고 나아가 가장 머나먼 프런티어까지 도달했고, 그 위업을 이미 달성한 영국과 스위스의 위대한 등산가들의 반열에 합류했습니다. 저는 미국인 모두가 저와 함께 우리의 늠름한 건아들을 축하할 것으로 생각합니다."(그는 아직 두 사람 중 한 사람이 셰르파라는 것을 모르고 있었다.) 기자들은 카트만두의 울먼에게 정상에 오른 대원들의 이름을 알려달라고 졸랐다. 그는 일주일간 입을 다물었지만 언젠가는 그 정보가 새어나갈 것임을 깨닫고 결국 5월 9일 그들의 이름을 밝혔다. 그리고 예상대로 미국인 대다수가 그때부터 지금까지 원정대의 성공을 생각하면 "짐 휘태커"라는 이름을 떠올리게 되었다.

미국 내에서는 미국 에베레스트 원정대의 용감한 대원들에 대한 찬사만 들렸을 뿐이었다. 그러나 에베레스트 베이스캠프에서는 맹렬한 비난이 쏟아졌다. 다이렌퍼스는 사우스 콜 루트에 산소가 부족했던 것에 대해 서릉파 전체를 비난했고 특히 혼바인에게 비난의 화살을 퍼부었다. 그는 "만일 톰이 서릉에 그토록 집착할 줄 알았다면 예산을 늘려서 산소를 300통 주문하고 셰르파도 50명을 고용할 걸 그랬어. 미국에 있을 때 톰이 자기 야심을 솔직하게 말하기만 했어도 말이야."라고 비난했다. 혼바인은 자신이 정직하지 못하고 맹목적으로 집착했다는 말을 듣고서도 화를 참았다.(언소울드가 혼바인을 달래고 화내지 말라고 경고도 할 겸 그의 어깨를 붙잡았던 것도 도움이 되었다.) 그가 보기에는 다이렌퍼스가 지친 데다 실망한 것 같기도 했고 아마도 산소 결핍증의 여파가 남아있어서 자제력을 잃은 것 같았다.

나중에 다이렌퍼스도 인정했듯이 사우스 콜과 남동릉에서 벌어진 산소 부족 사태는 부실한 계획 때문이 아니라 사우스 콜과 남동릉의 대원들이 산소를 과도하게 사용한 결과였다. 6캠프로 짐을 옮기는 셰르파들은 원래 올라갈 때만 산소를 사용하기로 되어 있었는데 내려올 때도 산소를 사용하겠다고 고집을 부렸다. 게다가 다이렌퍼스를 비롯한 대원 여럿이 사우스 콜과 고소 캠프에서 낮 동안에도, 그리고 '앉아 있을 때'도 산소를 사용했다.(원래의 계획은 잠을 잘 때와 등반할 때만 산소를 사용하는 것이었다.) 산소 부족 사태는 원정 전반에 걸쳐 계속 다툼의 씨앗이 되었고 이로 인해 대원들, 특히 산소 부족 사태로 인해 정상에 올라갈 기회가 사라질 위험에 처했다고 생각한 대원들이 다이렌퍼스의 리더십에 불만을 품게 되었다. 배리 비숍은 베이스캠프에 있을 때는 인간관계를 생각해서 자기 생각을 입 밖에 내지 않았지만 고국의 아널드 웩슬러에게 그 몇 주간 있었던 일에 대해 보낸 편지에서는 다소 자제력을 잃었다. "5월 2일 6캠프로 출발했는데, 올라가서 보니 다이렌퍼스와 앙 다와가 산소를 계속 사용해서 결국 2차 공격조와 다른 두 명이 사용해야 할 산소를 몽땅 다 써버렸다네. 다이렌퍼스와 앙 다와는 우리(2차 공격조)가 그들을 어쩔 수 없이 데리고 내려올 무렵에는 거의 다 쓰러져 가는 상태였어. 내가 화를 내는 게 당연하다는 말은 아니지만 정상이 너무도 가까워서 그곳에 오를 수 있는 절호의 기회였고, 순조롭게 잘 가고 있었던 데다, 5월 3일은 날씨가 완벽했다네. 이제는 사우스 콜을 통해 2인조가 한 번 갈 수 있을 정도의 산소밖에 없어."

휘태커와 곰부의 등정을 끝으로 에베레스트 원정을 마쳤다면 미국의 대중은 기뻐했겠지만, 많은 대원들은 불만스러워하며 다퉜을 것이다. 그러나 다이렌퍼스 원정대가 에베레스트 베이스캠프로 들어간 시기가 시즌 초반이었기 때문에 계속 도전해볼 만한 시간이 있었다. 그리고 이번에는 대원들이 이미 입증된 안전한 루트를 따라가기보다는 같은 날에 각각 다른 루트로 정상에 도전해서 등산역사의 새로운 장을 열고 싶어 했다. 그 계획은 남동릉의 대원들이 서릉 대원들을 정상에서 만나 함께 사우스 콜로 내려오는 것이었다. 비숍은 5월 9일 웩슬러에게 쓴 편지에서 이렇게 말했다. "루트 저스태드와 내가 선발되어서 18일에 '모 아니면 도'식으로 정상에 도전하기 위해 올라갈 걸세. 혼바인과 언소울드도 같은 날에 서릉을 통해 정상에 도전할 계획이야. 대담한 도박이지!"

정상 도전 일에 가장 큰 도박을 하고 가장 큰 위험을 무릅쓰게 될 대원들은 바로 서릉 팀이었다. 만일 약속된 날에 저스태드와 비숍을 정상에서 만나지 못한다면 그들은 방금 올라온 서릉으로 다시 내려오거나(위험한 곳이어서 어렵거나 불가능할지 모른다.), 아니면 남동릉으로 횡단등반을 해야 한다. 남동릉은 이론상 좀 쉬운 루트지만, 두 사람은 한 번도 발을 들여놓은 적이 없는 곳이다. 그리고 그들이 횡단등반을 시도할 무렵이면 아마 산소가 바닥나면서 날은 점점 어두워질 것이다.

혼바인과 언소울드는 서릉 도전을 다시 하기 위해 5월 6일 아이스 폴을 올라갔다.(웨스트 숄더에서는 이미 코비트, 오튼과 에머슨이 임시로 설치한 크랭크 시스템을 이용해 물자를 나르고 있었다.) 비숍과 저스태드는 사우스 콜로 올라가기 위해 5월 12일 웨스턴 쿰으로 출발하도록 되어있었다. 서릉 팀은 이미 4월에 7,650미터 지점에 4W캠프 자리를 점찍어 놨었는데, 그 자리는 웨스트 숄더의 눈이 서릉의 암벽과 만나는 곳이었다. 5월 14일 대원들은 4W캠프로 올라가 그곳에 물자를 내려놓았다. 5월 15일 서릉 팀 대원 다섯 명과 셰르파 다섯 명이 짐을 좀 더 옮긴 후 혼바인과 언소울드가 그곳에서 밤을 보냈다. 그다음 날 그들은 출발해서 북벽을 지나갔고 — 그리고 티베트로 들어갔고 — 4월에 그들이 발견하고 "사선 디치Diagonal Ditch"라는 이름을 붙인, 바위가 갈라진 틈을 따라 비스듬히 위로 올라 혼바인 쿨르와르 아래쪽에 도착했다.

그날 밤 4W캠프에는 사람들이 북적였다. 코비트, 오튼과 셰르파 네 명이 혼바인과 언소울드와 합세했다. 그리고 운이 나쁘면 늘 그러하듯 그 산에서 겪은 것 중 가장 혹독한 폭풍이 몰아쳤다. 코비트, 오튼, 셰르파들이 있던 텐트가 강풍에 날려 산 아래로 굴러 떨어졌다. 다행히 굴러 떨어지던 대원들과 텐트가 4W캠프 자리에서 30미터 내려간 곳의 움푹한 곳에 걸려 북벽에서 2,500미터 아래의 빙하로 떨어지는 참사를 피했다. 아침이 되자, 대원들은 3W캠프로 철수해서 상황을 분석하고 다시 조를 편성했다. 시간과 물자의 손실이 있었으나 혼바인은 도전을 중단하려 하지 않았다. 그는 동료들에게 이틀에 걸쳐 각각 2인조의 공격팀을 보내기는 어렵고 한 번만 도전할 기회가 남아 있다고 말했다. 그리고 혼바인 쿨르와르 아래쪽과 위쪽에 각각 캠프를 설치하는 대신, 하나만 설치하고 버텨야 할 것 같다고 말했다. 따라서 5월 20일 대원들은 4W캠프로 다시 올라갔다. 그다음 날 코비트와 오튼이 루트를 탐색하고 최종 캠프 자리도 물색하러 일찍 출발했다. 그 뒤를 이어 혼바인, 언소울드, 에머슨과 셰르파 다섯 명이 따라갔다. 모두 사선 디치를 따라 혼바인 쿨르와르까지 갔는데, 그곳에서 에머슨이 포기했다. 나머지 대원들은 쿨르와르를 올라가 옐로 밴드가 시작되는 곳까지 갔고 8,306미터에 있는 조그만 눈의 턱에 5W캠프를 설치했다.(혼바인의 동료들은 이 구간을 "혼바인의 눈사태 덫Hornbein's avalanche trap"이라 부르기도 했는데, 사실 그 며칠 전에 4W캠프를 사정없이 강타한 강풍이 알고 보니 전화위복이 되었다. 강풍이 불안정한 눈을 쿨르와르에서 쓸어가 버린 것이다.) 같은 날 저스태드와 비숍은 남동릉의 공격캠프인 6캠프에 도착했는데, 혼바인과 언소울드의 5W캠프는 6캠프보다 고도가 180미터가량 낮았다. 5월 21일 밤, 히말라야 등산의 역사상 최초로 에베레스트 반대쪽 사면에 각각 설치된 공격캠프 두 곳에서 네 명의 미국인들이 잠자리에 들었다.

혼바인과 언소울드는 5월 22일 오전 4시에 일어나 7시에 출발했다. 떠나기 전 그들은 정상까지 두 사람을 서로 이어줄 로프를 맸다. 혼바인은 매듭을 허리에 묶는 이 친숙한 의식에서 기쁨을 느꼈다. "이 매듭은 나와 과거, 사람들에게 알려진 경험, 맞서 싸워 극복한 어려움을 튼튼하게 이어준다. 오늘처럼 외로운 에베레스트의 아침에 로프를 허리에 묶고 있자니 지금까지 알려진 도전들과 앞으로 올 도전을 잇는 선 위에 내가 서 있다는 생각이 든다. 투박한 벙어리장갑을 낀 손으로 매듭을 능숙하게 묶고 있으면 나의 자신감과 능력에 대한 확신이 든다. 내 앞에 놓인 암벽을 얼마나 능숙하게 오르내릴지, 그 모든 도전에 내가 얼마나 과감하게 맞설지에 대한 자신감이 충만하다."

그들은 산소, 약간의 식량과 개인 소지품, 무전기만을 가지고 떠났다. 그들은 텐트나 침낭을 다시 볼 수 있을 것으로 기대하지 않았다. 옐로 밴드는 경사가 거의 55도가 될 정도로 가팔랐다. 그들의 크램폰은 작은 알갱이의 가루눈 위에서 지지력을 별로 얻지 못해 힘들게 스텝 커팅을 해야 했다. 처음 120미터를 올라가는 데 4시간이 걸렸다. 옐로 밴드의 마지막 부분을 스텝 커팅 해 쿨르와르의 거의 꼭대기에 올라서자 18미터 높이의 암벽이 앞을 가로막았다. 혼바인이 그곳을 선등해 꼭대기에서 3미터가 채 남지 않는 곳까지 올라갔지만 너무나 지쳐서 출발지점의 언소울드 옆으로 도로 내려왔다. 언소울드가 혼바인이 박아놓은 피톤을 이용해 그곳까지 올라간 후 마지막 3미터의 바위를 잘 잡기 위해 벙어리장갑을 벗고 산소를 최대로 올려 결국 그곳을 넘어갔고, 거기서 그는 혼바인이 올라오도록 확보를 봐줬다. 그것은 그날 중 가장 힘든 등반이었다. 잠시 쉰 다음 그들은 무전기로 베이스캠프를 불렀다. 베이스캠프에서는 짐 휘태커가 퇴로를 열어놓는 것이 상당히 중요하다고 충고했다. 좋은 충고였지만 선택의 여지가 없었다. "하강 포인트가 없어, 짐. 하강 포인트가 전혀 없어!" 언소울드가 무전기에 대고 응답했다. "로프를 붙잡아 맬 곳이 전혀 없어. 그래서 우린 오늘 완전히 끝장을 봐야 해."

그들은 일단 정상까지 오른 다음 남동릉으로 내려가는 것에 전력투구하기로 했다. 이제 두 사람은 북벽의 아래쪽으로 경사진 썩은 바위지대를 가로질러 다시 서릉으로 붙어야 했다. 그들이 바란 대로 서릉의 위쪽은 옐로 밴드보다는 덜 위험한 바위지대였다. 정상이 가까워지자 바위가 눈으로 바뀌었다. 출발한 지 11시간이 막 지난 오후 6시 15분, 그들이 위를

1963년 5월 22일 루트 저스태드가 짐 휘태커의 깃발이 여전히 날리고 있는 에베레스트 정상으로 향하고 있다.
배리 비숍 촬영
(사진출처: 내셔널 지오그래픽 협회)

올려다보자 휘태커와 곰부가 3주 전에 정상에 꽂아 놓은 깃발이 눈에 들어왔다. 그들은 손을 맞잡고 정상까지 몇 미터를 함께 걸어 올라갔다. 훗날 언소울드는 등반 상황을 담은 슬라이드를 청중에게 보여주며 이렇게 말했다. "어떤 사람들은 누가 먼저 올라갔느냐에 대한 논쟁을 피하려고 우리가 일부러 그렇게 했을 거라고 생각할 것입니다. 하지만 손을 맞잡은 이유는 우리가 친구였기 때문입니다." 정상에 오르자 언소울드는 카타[†]를 깃대에 묶고 그 옆에 눈을 판 후 십자가상을 묻었다.

혼바인과 언소울드는 정상의 눈 위에 찍힌 발자국을 보고 배리 비숍과 루트 저스태드가 그날 먼저 정상에 왔다 갔으며 만나기로 약속한 시간에 자기들이 너무 늦자 반대쪽에 있는 6캠프로 이미 내려갔다는 것을 알았다. 혼바인과 언소울드는 내려가다가 잠시 쉬면서 무전기로 전진 베이스캠프를 불렀다. 언소울드는 아래쪽에 있는 친구들에게 그들의 성공을 알린 다음 프로스트의 시 가운데 "지킬 약속이 있다네."와 "잠들기 전에 가야 할 길이 멀다."라는

† **카타** 티베트인들이 귀한 손님을 맞이하거나 헤어질 때 목에 걸어주는 기도용 스카프

말을 인용해 끝을 맺었다. 오후 6시 35분이었다. 그들은 이미 다른 사람들의 설명을 들었기 때문에 그들 앞쪽의 루트를 알고 있었고, 최소한 어둠이 짙어지기 전까지는 저스태드와 비숍의 발자국을 따라갈 수 있었다. 7시 15분 그들은 남봉에 도착했다. 7시 30분이 되자 너무 어두워져서 비숍과 저스태드의 발자국은커녕 그들 자신의 발도 잘 보이지 않았다. 휴대용 전등의 건전지도 다 되어가고 있었다. 그들은 6캠프에서 지원조로 기다리고 있을 데이브 딩먼과 기르미 도르제를 소리쳐서도 부르고 가성도 질렀다. 그러나 6캠프는 300미터 이상 아래쪽에 떨어져 있어 그들의 목소리를 들을 수 없었다. 하지만 누군가의 응답이 왔다. 혼바인과 언소울드는 2시간 동안 그 목소리를 따라 남동릉을 120미터 내려가서, 능선에서 웅크리고 앉아 그들을 기다리던 비숍과 저스태드를 만났다.

사우스 콜에서 올라간 두 사람도 그들 나름대로 무척 힘들고 긴 하루를 보냈다. 아침에 부탄가스 버너에서 불길이 확 올라와 텐트를 거의 태울 뻔했다. 그들은 먹지도 마시지도 못하고 고생 끝에 정상에 올라가 휘태커의 깃발을 보고 겨우 기운을 차렸다. 저스태드는 이 깃발을 보자 이오 지마Iwo Jima의 깃발이 떠올랐다. "깃발이 오르자 모든 것이 끝났다." 그들은 3시 30분에 정상에 올라 에베레스트 정상에서 최초로 영화를 촬영하고 4시 15분에 내려오기 시작했다. 네 사람이 만난 시간은 오후 9시 30분이었다. 그들은 완전히 탈진한 상태였는데, 특히 비숍의 상태가 좋지 않았다. 그들은 그날 밤 안전하게 6캠프까지 내려갈 수 있기를 희망하면서 사면을 더듬더듬 내려왔지만 자정이 되자 계속 내려가는 것은 너무 위험하다는 결론을 내렸다. 결국 비스듬히 돌출된 바위 사면에서 해가 뜨기를 기다리는 것 외에 달리 방법이 없었다.

그날 밤 네 명은 8,530미터쯤의 고도에서 비박했는데, 이것은 1953년 낭가파르바트에서 불이 비박했던 고도보다 600미쯤 높은 것이었다. 불과 마찬가지로 그날 밤 바람이 불지 않은 것은 그들에게 천만다행이었다. 혼바인은 발에 냉기가 전달되지 않도록 크램폰을 벗어야겠다고 생각했는데, 다른 대원들은 그런 생각조차 하지 못했다. 언소울드는 혼바인의 발을 자기 배 위에 올려놓도록 했다. 혼바인이 이제는 자기 발이 따뜻해졌으니 크램폰을 신은 언소울드의 발도 따뜻하게 하라고 했지만 언소울드는 사양했다. 그는 자기 발의 감각이 좋다고 말했다.

5월 23일 오전 6시 그들은 다시 하산하기 시작했다. 비숍과 저스태드를 찾아 데이브 딩먼과 기르미 도르제가 6캠프에서 올라오고 있었다. 딩먼은 멀리서 두 사람이 그들 쪽으로 내려오는 것을 보고 굉장히 안심했다가 그들이 그가 생각했던 비숍과 저스태드가 아니라 혼바인과 언소울드라는 것을 알고는 깜짝 놀랐다. 이것이 도대체 무엇을 의미하는지 생각하느라 딩먼의 발걸음이 느려졌다. 이것은 에베레스트가 신루트로 등정되었을 뿐만 아니라 횡단등반도 되었다는 의미였다. 딩먼이 산소를 권했지만 혼바인과 언소울드는 사양했다. 그들은 스스로 6캠프까지 갈 수 있었다. 산소가 더 절실하게 필요한 사람들은 뒤따라오는 비숍과 저스태드였다.

네 명 모두 하산에 성공했다.(혼바인과 언소울드는 독특하게도 남동릉과 로체 사면을 오르지는 않고 내려오기만 한 최초의 두 사람이 되었다.) 이 소식은 무전으로 베이스캠프를 통해 카트만두로 전해진 다음, 같은 날 오후 바깥세상인 미국 신문에 실릴 수 있도록 전파되었다. 케네디 대통령은 미국 에베레스트 등반대원들의 총체적인 성공은 그런 위업을 이루기 위해 필요한 엄청난 체력과 용기, 육체적 기량을 찬양하는 모든 사람의 찬사를 받아 마땅하다고 선언했다. 에드먼드 힐러리, 텐징 노르가이, 존 헌트와 다른 많은 사람들로부터도 축하 메시지가 쇄도했다. 비숍과 언소울드는 남체 바자르에서 카트만두의 병원으로 헬리콥터로 이송되어 동상 입은 발을 치료했다. 비숍은 발가락을 모두 잃었고, 언소울드도 한 개를 빼고 모두 잃었다. 저스태드는 심각한 손상 없이 경미한 동상에서 회복되었고, 놀랍게도 혼바인은 한 군데도 상하지 않았다.

1953년 영국이 에베레스트에서 성공을 거둔 지 10년이 지난 1963년 미국도 성공을 거두었다. 1953년 에베레스트 베이스캠프에서 카트만두로 돌아온 존 헌트에게는 영국 여왕으로부터 기사 작위가 기다리고 있었다. 그러나 1963년 에베레스트 베이스캠프에서 카트만두로 돌아온 노먼 다이렌퍼스는 자신이 원정대장이자 대장 나리의 지위에서 그저 정상에 올라가지 못한 대원 중 한 명의 지위로 전락한 것 같은 기분이 들었다. 5월 초 내셔널 지오그래픽 협회는 원정대 소식이 미국에서 얼마나 많은 관심을 끄는지 깨닫고 서둘러 취재진을 카트만두로 보냈다. 그들은 협회의 이익을 추구했고 — 노먼 다이렌퍼스의 노력으로 미국 에베레스트 원정대가 조직된 것이 아니라 마치 내셔널 지오그래픽의 주도로 이루어진 것처럼 보도했고 — 이로 인해 원정대장이 굉장히 화를 냈다. 협회 홍보 담당인 매트 맥데이드Matt McDade는 워싱턴의 상관들에게 전보를 보내 다이렌퍼스가 불만스러워한다는 것을 알렸다. "맥데

1963년 7월 8일 나왕 곰부가 존 F. 케네디 대통령의 목에 우정의 스카프인 카타를 걸어주고 있다.

이드의 기밀 전보. 이번 미국 에베레스트 원정등반은 다이렌퍼스의 오랜 계획과 노력 끝에 이루어졌다는 것을 내셔널 지오그래픽 협회는 기억하기 바람. 다이렌퍼스는 원정대장의 지위에 걸맞은 적절한 관심을 받지 못한 채 완전히 무시당하고 있다고 생각함. 워싱턴 본부는 백악관 연회나 원정대를 다루는 지면에 다이렌퍼스의 개인적인 공로를 인정하고 자문하기 바람."

다이렌퍼스의 섭섭한 마음은 그 후 몇 개월간 더 커져갔다. 그러나 마침내 다이렌퍼스는 대통령을 만날 수 있었다. 7월 8일 백악관의 로즈 가든에서 열린 환영식에서 케네디는 다이렌퍼스에게 내셔널 지오그래픽 협회 허바드 탐험 메달을 수여했고, 복제된 메달을 미국 에베레스트 원정대원들에게 — 동상으로 그때까지도 카트만두에서 회복 중이던 윌리 언소울

케네디 대통령이 내셔널 지오그래픽 협회의 허바드 탐험 메달을 노먼 다이렌퍼스에게 수여하고 있다.
(사진출처: 내셔널 지오그래픽 협회)

드는 제외하고 — 수여했다. 케네디는 이렇게 연설했다. "오늘 이 메달을 원정대장에게 수여하면서, 원정대가 미국인들을 매료시킨 위대한 활동을 보여준 것처럼 본인도 그 전통을 이어가도록 하겠습니다."

원정대의 셰르파 중 다섯 명도 그 환영식에 참석했다. 나왕 곰부가 대통령에게 우정의 스카프인 카타를 선사하자 대통령은 굉장히 기뻐했다.(경호 요원들은 곰부가 대본에 나와 있지 않은 돌발 행동으로 주머니에 손을 넣자 깜짝 놀라 얼굴이 굳어지면서 무기에 손을 댔다.) 전신 서비스 사진사들은 환영식 내내 사진을 찍었는데, 그다음 날 이 장면은 사진 편집자들에게 가장 많은 사랑을 받았다. 신장 188센티미터의 대통령이 157센티미터의 아담한 곰부가 목에 카타를 둘러주자 미소를 짓고 있는 이 사진은『뉴욕 타임스』와『워싱턴 포스트』

에 동시에 실렸다. 존 F. 케네디에게 있어서 이것은 뉴 프런티어의 주제인 금욕, 자기희생, 용기, 활력을 멋지게 보여줄 수 있는 또 하나의 기회였다. 또한 이것은 안팎에서 나쁜 소식만 들려오던 1960년대를 보내기 전에 미국이 마지막으로 누렸던 순수한 승리의 순간이었다.

1963년 9월 『라이프』는 울먼의 미국 에베레스트 원정기를 커버스토리로 다루었다. 배리 비숍의 원정기는 『내셔널 지오그래픽』 10월호에 실렸다. 그다음 해에는 원정 이야기를 담은 울먼의 책 『에베레스트의 미국인Americans on Everest』이 출간되었다. 1965년 9월에는 울먼의 책과 똑같은 제목의 내셔널 지오그래픽 원정영화 〈에베레스트의 미국인Americans on Everest〉이 CBS 텔레비전의 1시간짜리 특집 방송으로 전파를 타면서 TV 다큐멘터리 사상 가장 높은 시청률을 기록했다.

미국인이 최초로 에베레스트 정상에 섰을 때 비록 그 대원이 누구인지는 몰랐어도 『뉴욕 타임스』는 1면에 대서특필했다. 그러나 톰 혼바인과 윌리 언소울드가 에베레스트를 서릉으로 초등하고 계속해서 최초로 에베레스트 횡단등반을 해냈을 때 그 소식은 같은 신문의 28면으로 밀려났다. 미국인들에게는 짐 휘태커가 원정대의 최고 영웅이었고, 그의 이름만 전국적으로 알려졌다. 휘태커 자신은 갑자기 그의 어깨 위에 떨어진 이 유명세를 곤혹스러워했다. 휘태커는 여러 해가 지난 후 이렇게 말했다. "내가 생각하기에는 그때가 순수한 시대였던 것 같다. 그때는 한 개인이 갑자기 국가적 희망의 상징으로 여겨지던 때였다. 하여간 우리는 그 일에 대해 별로 할 말이 없다. 점차 나는 그 경험이 내 인생을 완전히 바꾸어 놓았다는 것을 깨닫기 시작했다." 케네디 대통령이 암살되고 나서 1년 반이 지난 다음 "케네디 산"이라고 개칭된 캐나다의 유콘에 있는 산을 바비 케네디가 떠들썩하게 홍보하면서 초등할 때 그를 도운 사람이 바로 휘태커였다. 이를 통해 휘태커는 미국에서 가장 유명한 등산가라는 확고한 명성을 쌓았다.

그러나 국제 등산계에서는 톰 혼바인과 윌리 언소울드의 업적을 미국 에베레스트 원정대의 다른 모든 대원들의 업적보다 훨씬 더 높게 평가했다. 빌 틸먼은 『알파인 저널』에 울먼의 원정기에 대한 서평을 썼는데, 아마도 그는 사우스 콜 등반에 할애된 부분을 참을 수 없었던 것 같다. 그는 혼바인과 언소울드에게만 다음과 같은 최고의 찬사를 보냈다. "사우스 콜 루트를 선택해서 성공하기보다는 패배의 위험을 감수하고서라도 처음부터 서릉을 선택한 대원들은 찬사를 받아 마땅하다. 그들은 사우스 콜 도전에 동원되고 남은 셰르파들과 지원조를 간신히 끌어다 써야 하는 상황에서도 결연하게 온갖 고난을 무릅쓰고 자신들의 목표를 향해 나아가서 성공을 거두었다." 털먼은 서릉을 통한 등정으로 인해 1963년 미국 에베레스트 원정이 그저 그런 수준의 원정에서 1953년의 초등 수준의 등반으로 격상되었다고 단언했다.

변화하는 미국의 등반

"에베레스트 정상에 나부끼는 우리 회사의 깃발!" 에디 바우어 사는 1965년 광고에서 이렇게 자랑했다. 물론 그 의류 회사가 염두에 둔 것은 성조기가 아니었다. "1963년 미국 에베레스트 원정대의 '모든 대원'은 100% 북부지방의 오리털이 든 에디 바우어 파카, 바지, 속옷, 장갑, 등산화, 침낭으로 머리끝에서 발끝까지 무장했습니다."

에베레스트 등반으로 가장 큰 상업적 혜택을 본 곳은 짐 휘태커를 고용했던 REI였다. 이 회사의 멤버십 회원은 1965년에 5만 명에서 1972년에 25만 명으로 급격하게 늘어났다. 시애틀에서 작은 소매회사로 시작한 이 회사는 1970년대에 전국으로 영업망을 확충하여 20세기가 끝날 무렵에는 46개의 소매점을 거느린 체인점에 우편 주문까지 취급하게 될 정도로 성장했고, 1년에 5억 달러의 총매출을 올렸다. 같은 시기에 시애틀의 직영 매장은 식당 위층에 있던 보잘것없는 사무실에서 아웃도어 용품만 파는 3천만 달러짜리의 으리으리한 건물로 이사했다. 새 사옥에는 휘태커의 에베레스트 피켈이 전시되었다. 새로운 소매업자들도 이 시장에 뛰어들었다. 이 가운데는 EMSEastern Mountain Sports도 있었다. 이 회사는 1967년 첫 번째 점포를 매사추세츠의 웰즐리에 개장했고 REI가 동부로 뻗어갔듯이 서부로 대리점을 확장해나갔다. 베이비붐 세대의 소비자들이 폭발적인 매출 증가의 주인공이었다. 1960년대 후반이 되자 대중 사이에서 "와플 구두"로 불리던 비브람 창 하이킹 등산화는 베이비붐 세대의 정체성을 나타내는 상징이 되었다. 아웃도어 의류 디자이너들은 여성들에게 잘 어울리는 파카를 만들어내기 시작했다. 등산은 — 또는 언제라도 등산에 나설 수 있는 옷차림은 — 미국 대학 캠퍼스의 유행이 되었다.

또한 이 회사에서 만든 일부 등산화와 파카는 원래의 디자인 목적대로 사용되기도 했다. 화이트 산맥에서부터 캐스케이드 산맥에 이르기까지 정상에 올라간 사람들이 서명하는 곳의 페이지는 1960년대에 급격히 늘어났고, 이런 추세는 그 이후에도 계속되었다. 초보자들 중 많은 사람들이 친구들의 시행착오를 통해 비공식적인 방법으로 등반기술을 배웠다. 한편 등산학교로 눈을 돌리는 사람들도 있었다. K2에 다녀온 폴 페졸트는 1965년 내셔널 아웃도어 리더십 스쿨NOLS을 열어 등반을 가르쳤다. 페졸트가 사망한 1999년까지 NOLS를 졸업한 사람은 5만 명에 달했다. 등산 조직들도 1960년대에 급격히 성장했다. 캘리포니아를 기반으로 하는 전통적인 시에라 클럽은 수만 명의 회원을 거느린 전국적인 조직으로 확장되었다. 고루한 평판에다 젊은 등산가들의 가입 의욕을 꺾을 만큼 신청절차가 번거로운 미국 알파인 클럽마저 1965년에서 1970년 사이에 회원이 1/3가량 증가했다. 1960년대 초반 닉 클린치가 불평했던 것처럼 미국의 어느 누구도 산이나 등반에 대해 관심을 보이지 않았던 상황이 1960년대가 저물 무렵에는 완전히 바뀌었다.

히말라야에 등장한 새로운 얼굴들

에베레스트가 신문의 머리기사에 가장 많이 등장했을지 모르지만, 7천 미터 이상 되는 봉우리가 1962년에는 8개, 1963년에는 6개, 1964년에는 11개가 초등될 정도로 1960년대 초에 수십 개의 다른 봉우리들도 초등되었다. 1962년 칸첸중가 지역의 자누(7,100m)가 장 프랑코가 이끌고 리오넬 테레이가 참가한 강력한 프랑스 팀에 의해 초등되는 등 대부분은 유럽 등산가들에 의한 것이었다. 그러나 점차 유럽과 미국 원정대는 히말라야의 사면을 다른 대륙에서 온 등산가들과 공유하기 시작했다. 일본인들은 등산가의 숫자에 비해 초등을 많이 달성했는데, 이 가운데는 카라코람의 살토로 캉그리(7,741m) 초등도 있었다.

인도의 등산가들도 히말라야 등반에서 중요한 세력으로 떠올랐다. 1958년 인도 원정대는 초오유를 등정함으로써 그 산의 재등을 달성했다. 곧 인도 정부는 준 정부 조직인 인도산악연맹을 만들었는데, 이 연맹은 히말라야에 정규적으로 등반대를 보냈다. 인도는 1960년과 1962년에 에베레스트에 도전했지만 실패했다. 1961년에는 인도 원정대가 당시 안나푸르나 산군에서 유일하게 미등봉으로 남아있던 안나푸르나3봉을 등정했다. 정상에 오른 사람들 중 모한 싱 콜리Mohan Singh Kohli는 해군 대령이었는데, 그는 후에 인도에서 가장 유명한 등산가가 되었다. 1964년 인도 원정대는 — 정상에 오른 세 명이 모두 셰르파들이긴 했지만

— 난다데비를 재등했다. 1965년 콜리는 인도의 세 번째 에베레스트 원정대를 이끌었다. 인도 원정대는 이번에는 세 번의 서로 다른 도전을 통해 아홉 명의 대원이 정상에 올라섰다. 1차 공격조에 나왕 곰부가 있었다. 그는 짐 휘태커와 함께 2년 전에도 정상에 올랐으므로 최초로 에베레스트를 두 번 등정한 사람이 되었다. 곰부와 인도인 등산가 체마A. S. Cheema가 5월 20일 정상에 올라갔을 때 그들은 1963년 휘태커가 꽂아 놓은 1.2미터 깃대가 성조기는 없어진 채 여전히 그곳에 남아 있는 것을 보았다. 그들은 그 깃대에 가지고 온 인도와 네팔 국기를 매달았다.

마지막 8천 미터 급 미등봉은 1964년 서양인이 아닌 등산가들에게 함락되었다. 세계 14위 고봉인 시샤팡마(8,013m)는 에베레스트에서 서북서 방면으로 160킬로미터 떨어진 거리에 있다. 이 산은 완전히 티베트 영토에 들어가 있는 유일한 8천 미터 급 고봉이다. 시샤팡마는 카트만두에서 보이기는 하지만 서양 등산가들이 도전은커녕 정찰도 해본 적이 없었다. 중국은 1964년 봄에 195명으로 이루어진 대규모 원정대를 보내 이 산에 도전했다. 5월 2일 이 가운데 10명이 북서벽과 북릉을 통해 정상에 올랐고, 늘 그랬듯 이번에도 마오쩌둥의 흉상을 정상에 남기고 왔다.(이 가운데 1960년 에베레스트 정상에 올랐던 왕 푸조우도 있었다.) 그 후 중국은 문화대혁명의 혼란기에 접어들어, 이 등정은 1960년대에 이루어진 중국의 마지막 주요 업적이 되었다.

등산과 첩보활동

미국의 1963년 에베레스트 등정 성공에 힘입어 미국 대중과 정부 사이에서 등산가의 위상이 올라갔다. 따라서 이후 인도 가르왈에서 이루어진 미국의 대규모 히말라야 도전은 공식적인 후원자를 확보하는 데 전혀 어려움이 없었다. 그러나 이번에는 아무도 미국 에베레스트 원정대가 네팔로 갈 때처럼 홍보하려 하지 않았다. 오히려 그 정반대였다.

1961년에 인도 수상 자와하를랄 네루가 "산꼭대기로 군대를 보내지 않겠다."라고 선언했지만, 그가 이렇게 말할 때도 인도군은 중국과의 산악 접경지대에 있는 초소의 경비를 강화하고 있었다. 히말라야 지역은 1960년대 내내 지역적인 긴장으로 인한 냉전으로 일촉즉발의 위기에 놓여있었다. 1950년대에 보였던 중국–인도 간의 화해 무드는 1959년에 중국이 티베트의 저항운동을 진압하고 달라이 라마가 인도로 피신하면서 막을 내렸다. 파키스탄과 중국은 이제는 인도라는 공동의 적에 대응하기 위해 1960년대 초반부터 비공식적인 동맹을 강화했다. 한편 미국-파키스탄의 관계는 점점 악화되었다. 인도와 중국은 1962년에 산악 지역인 라다크를 놓고 전쟁을 벌였다. 인도와 파키스탄은 1965년 카슈미르의 통치권을 놓고 두 번째 전쟁을 벌였다. 이 충돌 중 어느 것도 해결이 되지 않아 히말라야 등반은 전망이 어두웠다.

1964년 10월 중국 과학자들이 신장의 핵실험 기지에서 핵폭발에 성공함으로써 중화인민공화국이 핵보유국의 대열에 들어갔는데, 미국의 정책 입안자들은 이를 크게 우려했다. 이 소식이 워싱턴에 알려진 직후, 배리 비숍은 미 공군 참모총장 커티스 르메이Curtis LeMay 장군과 칵테일을 한 잔 하면서 대화를 나누었다.(르메이는 미 전략 공군U. S. Strategic Air Command을 창설한 주요 인물이자 내셔널 지오그래픽 협회의 이사이기도 했다.) 두 사람은 중국이 거둔 성과가 미국의 국가 안보에 끼치는 영향에 대해 토론했다. 비숍은 히말라야의 봉우리 중 한 군데에 핵연료로 작동되는 원거리 감청 장치를 비밀리에 설치해서 향후 핵실험을 감시하면 어떻겠냐고 제안했다. 비숍이 이런 생각을 어떻게 했는지는 명확하게 밝혀지지 않았지만, 아마도 다이렌퍼스가 그 몇 년 전에 케네디 대통령에게 에베레스트의 사우스 콜에 방사성 동위원소로 작동되는 기상관측소를 설치하자고 했던 즉흥적인 제안의 영향을 받은 것으로 보인다.

워싱턴은 그 제안에 찬성했고, 최종적으로 뉴델리도 동의했다. 인도는 — 특히 자체 핵실험의 성공이 10년은 더 걸릴 것으로 내다봤으므로 — 당연히 중국의 핵기술 발전에 불안감을 느끼고 있었다. 따라서 미국 CIA가 인도에 있는 히말라야의 봉우리 중 한 곳의 꼭대기에 감청 장치를 설치하고 중국의 핵실험이나 미사일 발사 실험을 감시하자고 제안했을 때, 인도는 호의적인 반응을 보였다.

비숍은 그 장치를 설치하기 위한 원정을 계획하고 지휘하도록 내셔널 지오그래픽 협회로부터 휴가를 받았다. 그는 1965년 인도 에베레스트 원정대를 성공적으로 이끌었던 콜리를 포함한 인도의 등산가들과 접촉했다. 비숍은 원래 그 장치를 칸첸중가 정상에 설치하려고 했지만, 콜리는 등반대가 그렇게 무거운 장비를 가지고 올라가서 감청 장치를 조립하기에는 칸첸중가가 너무 높고 위험하다고 생각했다. 따라서 미국과 인도는 그 장치를 난다데비 정상에 설치하기로 합의했다.

비숍은 루트 저스태드, 톰 프로스트, 샌디 빌Sandy Bill, 로버트 샬러Robert Schaller 등의 등산가들을 모아 팀을 조직했다. 비숍은 그 팀과 함께 가지는 않을 생각이었고, 샬러는 병으로 인해 가지 못했다. 미국인 등산가들은 매월 1천 달러씩 받기로 했는데, 당시로는 상당히 좋은 조건이었다. 이들은 비밀을 지키기로 서약했다. 인도 팀은 콜리가 조직했다. 그들은 1965년 포스트 몬순 시즌에 출발했지만 겨울이 빨리 오는 바람에 정상에 올라가지 못했다. 그들은 거추장스러운 감청 장치를 산 아래로 끌고 내려가는 대신 난다데비의 7,240미터 사면에 숨겨놓았다.

다음해 5월 인도 등반 팀은 그 장비를 되찾으려고 미국의 핵 전문가 한 명과 함께 난다데비로 갔다. 겨울이 지나자 CIA가 그것을 난다데비 대신 난다코트에 설치하기로 결정했기 때문이었다. 그러나 그전 해 10월에 장비를 숨겨둔 곳에 가보니 장비가 감쪽같이 사라지고 없었다. 눈사태로 인해 장비와 플루토늄 연료가 함께 쓸려간 것이 분명했다.

CIA 본부는 바짝 긴장했다. 만일 빙하가 녹으면서 감청 장치에 전력을 공급하는 플루토늄이 흘러나와 인도의 여러 대도시의 주요 수원이자 힌두교 성지인 갠지스 강으로 유입된다면 무슨 일이 일어날지는 아무도 모르는 일이었다. 이렇게 되면 환경, 인명, 정치에 불러올 재앙의 잠재력은 실로 엄청난 것이었다. 톰 프로스트, 로버트 샬러, 데이브 딩먼 등으로 구성된 미국의 새로운 팀이 난다데비로 급파되어 수색에 참가했다. 산의 정상으로 올라갈 기회를 잡은 샬러는 미국인 단독등반의 새로운 고도기록을 세웠다. 그러나 그의 팀은 사라진 핵 장비를 찾는 데 실패했다. 이 프로젝트를 완수하고자 하는 CIA의 결의에는 변함이 없었고, 1967년 프로스트, 샬러, 배리 코비트, 배리 프래더가 난다코트 정상에 감청 장치를 설치하는 데 성공했다.

다른 공식적 기밀사항처럼 1970년대 초의 워터게이트 사건 와중에 난다데비의 실패담도 대중에게 알려지게 되었다. 과거 CIA 요원이었던 빅터 마케티Victor Marchetti가 이 사건에 대해 말을 흘렸는데 — 애매하면서도 핵심적인 부분이 잘못된 정보이긴 했지만 — 추문을 캐고 다니던 칼럼니스트 잭 앤더슨은 마케티의 정보에 근거해 1974년 이 이야기를 처음으로 폭로했다. 앤더슨의 말은 원자력 감청 장치가 '1960년대 후반 언제쯤' '히말라야의 아주 높은 봉우리 중 하나'인 '익명의 산'에 '성공리에 설치'되었지만, 후에 눈보라에 휩쓸려 이미 갠지스 강을 방사능으로 오염시키고 있다는 것이었다. 앤더슨의 이야기는 세부사항이 모호한 데다 1974년에 워터게이트 위기로 닉슨 행정부가 무너지는 대사건에 국내의 이목이 집중되어 폭로의 여파는 그렇게 크지 않았다.

한편, 난다데비 사건의 막후에서는 세 대륙의 저명한 등산가들이 격렬한 논쟁을 비밀스럽게 벌였다. 영향력 있는 등산잡지 『마운틴Mountain』의 영국인 편집장인 켄 윌슨Ken Wilson도 1973년 이 정보를 접한 것이 확실했다. 미국 알파인 클럽 이사였던 알렉스 버튤리스Alex Bertulis가 살짝 귀띔해준 것 같았다. 윌슨은 로버트 샬러에게 이 정보에 대해 질의했는데, 샬러는 다음과 말하며 비밀에 부칠 것을 강력히 요구했다. "여러 해에 걸친 정치적인 격변 끝에 결국 서양인들이 히말라야 산맥으로 접근하는 것이 허용되었습니다. 이 시점에서 '선정적인' 이야기를 터뜨리면 — 시간이 많이 지났고 시기가 적절치 않다 하더라도 — 동방의 문호가 미국인뿐만 아니라 다른 많은 유럽 등산가들에게도 닫히게 될 것입니다." 윌슨은 만일 난다데비 이야기가 퍼져나가면 자신이 그 결과에 대한 책임을 져야 할 것이라는 암시에 벌컥 화를 냈다. 그는 샬러에게 이렇게 답신했다. "시간이 지났으므로 이제는 이것이 역사적으로 사소한 사건이 되었다는 견해에 반대합니다. CIA의 기분을 맞추기 위해 미국의 뛰어난 등산가들이 히말라야 원정등반 전체를 위기에 처하게 했다는 사실은 상당히 불명예스러운 사건입니다."

윌슨은 이 이야기를 공개하기 전에『히말라얀 저널』의 편집장인 솔리 메타Soli Mehta에게 물어보았다. 메타는 윌슨에게 이렇게 말했다. "제가 어린애입니까? 난다데비 성채의 장비에 대해서는 오래전부터 알고 있었습니다. … 윌슨! 사실은, 그 장비가 있다는 것만으로도 수많은 원정대가 그 성채로 접근하지 못하고 있으며 앞으로도 접근하지 못할 것입니다." 그러나 메타도 샬러처럼 윌슨에게 그렇게 되면 방어 전략과는 전혀 관계가 없는 등반이라 할지라도 가르왈과 다른 지역에서 이루어지는 등반 전반에 대한 대응이 강경해질 것이라면서 이 이야기를 비밀에 부치라고 강력하게 권했다. 윌슨은 이에 설득되었고『마운틴』은 난다데비 사건을 다루지 않았다.

1978년 미국에서 새로 창간된『아웃사이드Outside』의 편집장은 난다데비 이야기를 다루기로 결심하고 하워드 콘Howard Kohn 기자의 추적 기사를 실었다. 그는 연루된 사람들의 이름은 밝히지 않았지만 산의 이름을 밝히면서 세부적인 사실에 가장 근접한 기사를 썼다.(사소한 몇 가지는 틀렸다. 그는 미국인 등산가 한 명이 1965년 가을에 난다데비를 등정했다고 썼는데, 사실은 그 이듬해였다.) 하워드의 "난다데비에서 한 못된 짓Nanda Devi Caper" 기사는 널리 주목받았고, 이로 인해 미국은 인도에서 정치적인 어려움을 겪어야 했다.

사라진 핵 연료봉은 결국 찾아내지 못했다. 그리고 난다코트의 정상에 두 번째 감청 장치를 설치하고 나서 1~2년이 지난 다음에는 그것도 쓸모가 없어졌다. CIA는 인공위성으로 중국의 핵개발 프로그램을 감시할 수 있게 되었다. 이 '못된 짓'에서 유일하게 긍정적인 면은 찰리 휴스턴이 난다데비 정상 근처에서 발을 돌린 지 30년 만에 미국인 등산가 로버트 샬러가 결국 난다데비 정상에 올랐다는 것이었다. 그러나 샬러는 어느 누구에게도 자신의 등정을 알리지 말라는 압력을 받았다.

1960년대 중반의 공백기

인도-파키스탄 국경 분쟁에 휘말린 파키스탄은 1961년부터 카라코람으로 가는 원정등반대의 숫자를 줄였다. K2와 가셔브룸 같은 높은 봉우리가 가장 먼저 제한을 받았고, 매년 그 제한이 강화되었다. 1960년대에 카라코람에서 마지막으로 이루어진 주요 등반은 1963년 일본 원정대에 의한 발토로 캉그리(7,312m) 초등과 1964년 오스트리아 원정대에 의한 몸힐 사르Momhil Sar(7,343m)의 초등이었다.

인도 역시 말썽 많은 국경지역에 원정대가 접근하는 것을 점차 어렵게 만들었다.(물론 난다데비 성채는 다른 이유를 들어 접근을 금지했다.) 중국은 티베트-네팔 국경에 대한 순찰을 적극 강화했다. 1963년, 중국은 길을 잃고 티베트 국경을 넘어온 일본인 등산가와 그를 안내하던 셰르파를 체포했는데 네팔 당국의 요청으로 닷새 후에 석방하기도 했다.

1965년 3월, 네팔 정부가 그해의 등반시즌이 끝나면 원정등반을 금지하겠다고 선포함으로써 히말라야 등반은 결정적인 타격을 받았다. 네팔은 인도나 파키스탄보다 외국 원정등반대에 의한 수입에 훨씬 더 많이 의존하고 있었다. 원정대가 셰르파를 고용하는 장소는 더 이상 다르질링이 아니라 카트만두였다. 따라서 원정등반을 금지하기로 한 당시 네팔 당국의 결정은 가볍게 내려진 것이 아니었다. 금지 조치의 이유를 밝히지는 않았지만, 이러한 조치는 중국 외교부장관 첸 이Chen Yi의 카트만두 방문 며칠 전에 나온 것이었다.

이에 따라 1960년대 중반 이후 히말라야 등반에 공백기가 찾아오면서 세대교체가 일어났다. 히말라야 등반 황금시대에 최고의 성공을 이루어냈던 등산가들은 — 소수를 제외하고는 — 등산계에서 이사나 명예직의 역할로 물러났다. 한편 새로운 세대는 히말라야에서 자신들이 성공을 거둘 날을 꿈꾸며 알프스, 알래스카, 요세미티 등지에서 실력을 갈고닦으면서 차례가 오기를 기다리고 있었다.

트레킹 산업의 등장

히말라야 등반의 황금시대에 이루어진 성공이 서양 언론에 보도되자 적은 숫자이긴 했지만 전문 등산가가 아닌 일반 여행객들이 히말라야, 특히 네팔지역으로 들어갔다. 영국 여행사 토머스 쿡 앤드 선Thos. Cook & Son이 모집한 소규모 관광객들이 1955년 캘커타에서 카트만두까지 비행기를 타고 간 다음 그곳에서 이틀을 머물렀다. 이것은 그 지역에 대한 최초의 조직적인 관광이었다. 그러나 그들은 카드만두 시내를 벗어나지 못했다. 카트만두에는 왕궁과 사원, 시장 등 볼거리가 많긴 했지만 기본적인 편의시설이 거의 없었다. 1950년대에는 카트만두에서 관광객이 묵을 만한 곳이 단 한 군데, 로열 호텔밖에 없었다. 이 호텔은 허물어져 가는 옛 라나 가문의 저택을 사용했는데, 불만에 찬 한 손님이 "초기 크로마뇽인이나 쓰는 화장실"이라고 투덜거릴 정도로 시설이 엉망이었다. 1960년대 초의 네팔 관광산업은 기껏해야 1년에 5~6천 명의 관광객만을 끌어들일 정도로 낙후돼있었다.

미국 에베레스트 원정대 출신의 짐 레스터는 1964년 제임스 램지 울먼에게 쓴 편지에서 네팔에서 일어나고 있는 새로운 상업등반에 대해 지나가는 말투로 언급했다. "혹시『홀리데이』잡지에 실린 지미 로버츠의 광고를 보셨습니까? 그는 텡보체로 여행하려는 하이커들을 위한 가이드 서비스를 개발하려 하고 있습니다! 우리가 남체 같은 곳에 레모네이드 매점이 생길지도 모른다고 했던 농담들이 예언처럼 맞아들어가고 있습니다." 1963년 미국 원정대의 수송 담당이었던 로버츠는 새로 설립한 가이드 서비스 여행사에 "네팔 산악여행"이라는 이름을 붙였다. 곧 에베레스트로 가는 길에 레모네이드 매점이 들어설 것이라는 농담이 실현될 것처럼 보였다.

로버츠가 미국의 관광 잡지인『홀리데이』에 1965년 봄 솔루쿰부로 가는 자신의 여행상품에 대한 첫 광고를 싣자, 가이드를 동반한 관광(트레킹)을 하겠다는 손님이 세 명 나타났다. 모든 비용이 포함되는 여행 경비는 하루 15달러였다. 이 여행을 가겠다고 신청한 세 명의 미국인은 모두 중년의 여성들이었다. 이 선구적인 여행자들을 시작으로 수많은 서양 트레커들이 네팔로 향했다. 1964년부터 1974년 사이에 네팔을 방문한 외국 관광객들은 9배 증가하여 9만 명이 되었는데, 미국인이 가장 많은 숫자를 차지했다. 로버츠가 기획했던 첫 트레킹이 시작된 이후 20여 년이 지나자, 네팔에서는 70개 이상의 트레킹 대행사가 생겨났다.

로버츠와 그의 모방자들이 가이드를 동반한 여행을 설명하기 위해 "트레킹"이라는 단어를 선택한 것은 천재적인 마케팅 전략이었다. 트레킹이라는 단어는 그저 관광이나 하는 겉핥기식의 맥없는 경험과 완전히 차별화된 진정한 모험이라는 어감을 주었다. 처음부터 트레킹의 인기와 등반의 매력은 어느 정도 연관이 있었다. 트레킹을 하는 사람들은 솔루쿰부를 지나 텡보체 사원이나 에베레스트 베이스캠프까지 걸어가면서 글자 그대로 등산가들의 발자취를 따라갔다. 에릭 쉽턴을 포함한 몇몇 유명한 등산가들은 네팔에서 트레킹 하는 사람들을 안내해 짭짤한 부수입을 올리기도 했다. 배리 비숍이나 루트 저스태드 같은 다른 등산가들도 이제 막 등장한 트레킹 산업에서 한 축을 담당했다.

가이드북 출판사들도 트레킹을 비롯한 새로운 형태의 '모험 여행'을 광고하면서 수지맞는 시장을 찾았다. 영국의 두 젊은 여행자 토니Tony와 모린 휠러Maureen Wheeler는 1973년 94쪽짜리의 간소한 팸플릿에 『아시아 횡단 싸게 하기Across Asia on the Cheap』라는 이름을 붙여 출간했다. 이것이 바로 『론리플래닛 가이드북』 시리즈의 모태였다. 그 후 『론리플래닛 가이드북』은 30년간 650개의 각종 제목으로 출간되면서 수백만 부가 팔리는 문고가 되었다. 이 출판사는 그들이 서술하는 여행의 고난을 강조하면서 세계의 오지를 소개하는 『론리플래닛 가이드북』을 "여행 생존 지침서"라고 했다.

당연히, 모험과 생존에 대한 다양한 이야기를 듣고서도 부유한 트레커들은 트레킹을 매력 있게 만드는 바로 그 뻔히 예상되는 고난을 경험하기 위해 네팔의 오지로 몰려들어 갔다. 소위 '샹그릴라'는 점차 서양의 소비문화가 영향을 끼친 다른 지역을 닮아갔다. 기운이 가장 좋은 트레커라 하더라도 하루 종일 걷게 되면 시원한 음료수를 마시기 위해 쉬고 싶어 한다는 것을 장사를 하는 네팔의 마을 주민들은 재빨리 알아차렸다. 그리고 진정한 하드코어 트레커들이 더 편한 시설을 원하는 일반 관광객들과 트레일을 함께 쓰기 시작했다. 1971년 남체 바자르에 셰르파가 운영하는 최초의 호텔이 문을 열었다. 이것은 1973년 일본에서 자금을 댄 에베레스트 뷰 호텔이 에베레스트에서 20킬로미터가량 떨어진 쿰중 위쪽 3,960미터 언덕에서 문을 여는 것으로 이어졌다. 관광객들은 세계에서 가장 높은 곳에 있는 이 숙박시설에 카트만두에서 헬리콥터를 타고 곧바로 오거나, 아니면 필라투스 포터Pilatus Porter 비행기를 타고 3,810미터의 상보체Sangboche 비행장에 내려서 왔다. 하지만 불행하게도 저지대에서부터 걸어 들어온 사람들이 고소에 적응할 수 있었던 반면, 비행기로 온 에베레스트 뷰 호텔의 손님 대다수는 이곳에 머무르는 동안 고산증에 시달려야 했다.(하룻밤에 10달러를 더 지불하면 사용할 수 있는 손님용 산소통이 방마다 비치되어 있기는 했지만 여전히 고생했다.)

방문객뿐만 아니라 셰르파들에게도 쿰부의 생활이 편리해졌다. 셰르파들은 트레킹과 관광산업 덕분에 가이드로 일할 기회가 확대되었을 뿐만 아니라 가게 점원이나 호텔 직원으로 일할 새로운 경제적 기회도 잡을 수 있었다. 트레킹 회사에서 가이드로 일하는 것은 원정등반에서 고소 포터나 등반대원으로 일하는 것보다 안정된 일자리에 근무 조건도 좋았으며 나이를 먹어서도 할 수 있었다. 점차 일자리가 늘어나면서 숙련된 셰르파의 임금이 치솟았는데, 네팔이 마침내 등반 규제를 풀었을 때 서양의 원정대 조직자들은 네팔에 와서 이것을 알고 상당히 낙심했다.

등산과 반문화주의

1960년대에 서양에서 일어난 사회·문화적 변화는 다른 기성세대들에게처럼 등산계의 일부 원로들에게도 충격으로 다가왔다. 케네스 메이슨은 1953년에 옥스퍼드대학의 지리학 교수직을 은퇴하고 서섹스로 이사하기 전까지 10년 동안 옥스퍼드에서 살았다. 그는 퇴임을 준비하면서 회고록을 썼는데 출간되지 않은 원고에 다음과 같이 불평이 있었다. "지난 몇 년간 옥스퍼드에서는 큰 변화가 있었다. 권위에 대한 존경심이라고는 눈곱만큼도 없는 괴상한 꼬락서니의 장발족들을 흔하게 볼 수 있었다."

1960년대 후반이 되자 '괴상한 꼬락서니의 장발족들'이 네팔에도 나타나기 시작했다. 젊은이들이 유럽의 런던이나 암스테르담에서 인도나 네팔까지 버스나 차를 타고 여행하는 국제 '히피 트레일'이 성장했고, 이들 중 많은 젊은이들은 카트만두의 '마약 거리'를 벗어나지 않았다. 그러나 몇몇은 트레킹으로 산에 가기도 하고 텡보체 사원 같은 곳으로 성지순례를 가기도 했다. 사실 1960년대가 끝나갈 무렵에는 젊은 히피족들과 젊은 등산가들을 구분하기가 점차 어려워졌다.

1960년대에 나타난 히피라는 하위문화의 특징 중 하나는 남아시아의 종교에 대한 열광이 었는데, 이러한 현상은 몇 가지 원인에서 비롯됐다. 1950년대에 알렌 긴즈버그Allen Ginsberg나 게리 스나이더Gary Snyder 같은 비트족† 시인들, 잭 케루악Jack Kerouac 같은 소설가는 티베트 불교와 선불교에 관심을 가졌고, 이에 따라 "카르마"나 "다르마" 같은 개념이 그들의 작품에 특징적으로 나타났다. 케루악의 『길 위에서On the Road』나 『유랑하는 다르마들Dharma Bums』 같은 책을 탐독한 많은 사람들은 히피 트레일을 따라 여행했다. 1960년대 중반이 되자 서양 팝 문화의 최고 스타인 비틀즈가 인도의 현자이자 모험심이 강한 마하리쉬 마헤쉬 요기Maharishi Mahesh Yogi의 제자를 자처하며 힌두교와 다른 동방의 종교들을 적당히 뒤섞고 절충한 사상을 대중에게 퍼뜨렸다. 그때 조지 해리슨은 자청해서 인도 악기 시타르의 달인인 라비 샹카르Ravi Shankar의 음악 제자로 들어갔는데, 그 뒤로 비틀즈의 인기 있는 노래들은 확실하게 인도의 영향을 받기 시작했다. 해리슨은 훗날 1960년대 중반의 영적 방황을 이렇게 회상했다. "LSD를 하고 나니 머릿속에 어떤 생각 하나가 떠오르더니 사라지지 않았다. 그것은 바로 '히말라야의 요가 수행자'라는 말이었다. 왜 그 말이 떠올랐는지 모르겠다. 그들에 대해서 생각해본 적조차 없었다. 그런데 갑자기 그 말이 내 의식의 뒤편에 있었다. 마치 누군가 나에게 '히말라야의 요가 수행자'라고 속삭이는 것 같았다. 그런 이유도 있고 해서 인도로 갔다. 라비와 시타르는 그저 핑계에 불과했다. 그들이 나의 방황에서 매우 중요한 부분을 차지하기는 했지만, 영적인 관계를 찾는 것이 더 중요했다."

비틀즈가 가는 곳은 히피들도 재빨리 따라갔다. 인도는 네팔과 가까웠고 네팔은 티베트와 가까웠기 때문에 이 세 나라는 히피들에게 영적인 각성을 얻을 수 있는 소중한 지리적 중심부가 되었다. 1960년대가 끝나기 전에, 인도로 망명했던 달라이 라마는 냉전의 순교자로부터 문화에 반대하는 대중 영웅으로 받들어졌다. 『티베트 사자의 서Tibetan Book of the Dead』는

---

† **비트족(비트 제너레이션)** 1950년대 중반 샌프란시스코와 뉴욕을 중심으로 대두된 보헤미안적인 문학가·예술가들의 그룹을 말하기도 한다. 그들은 현대의 산업사회로부터 이탈하여 원시적인 빈곤을 통해 개성을 해방하려고 하였다. 사회적으로는 무정부주의적인 개인주의의 색채가 짙으며, 재즈·술·마약·동양적인 선(禪) 등에 의한 도취로 '지복(至福: beatitude)'의 경지에 도달하려고 했다.

죽음과 윤회에 대한 안내서인데 의외로 서양에서 베스트셀러가 되었다.(이 책은 그 시대에 가장 오랫동안 활동했던 록 밴드 "그레이트풀 데드Grateful Dead"의 이름을 짓는 데 영감을 주기도 했다.) 10년 사이에 히말라야에 대한 젊은 서양인들의 지배적인 이미지가 산 정상에 깃발을 꽂기 위해 힘들게 싸워야 하는 곳에서 고대의 지혜와 내적인 평화를 탐색하는 데 환상적인 배경을 제공하는 곳으로 바뀌었다.

물론, 해쉬쉬와 각성을 촉진시키는 강력한 향의 냄새가 샌프란시스코의 하이트Haight와 애쉬버리 가의 교차로에 퍼지기 훨씬 전에도 모범적인 옷차림에 버젓한 직업을 가진 수많은 등산가가 저마다 다른 계기로 신비한 동양의 매력에 이끌려 히말라야를 찾았었다. 제임스 램지 울먼은 『에베레스트의 미국인』의 한 대목에서 "열심히 도전하며 행동하는 인간의 정신은 1963년 에베레스트 원정대원들에게는 동기의 한 부분에 불과했다."라고 하면서 "이런 동기뿐만 아니라 스테이크와 우유를 먹고 자란 미국의 젊은이들에게서는 기대할 수 없는 불교적인 신비주의와 경건성에 대한 갈망이 섞여있었다. 에베레스트는 단지 육체에 대한 모험이 아니라 마음과 영혼에 대한 모험이었으며… 인간의 경험을 고조시켰다. 즉 평범한 삶, 인간의 시야와 능력에 대한 욕구 너머로 경험을 확장시켰다."라고 썼다.

등반은 항상 낭만적인 측면을 가지고 있어서 자기 나라의 문화를 별로 좋아하지 않는 사람들을 매혹했으며, 19세기의 알프스 등반이나 20세기의 히말라야 등반에도 이런 낭만주의가 있었다. 에베레스트 대원들에 대한 울먼의 묘사는 20세기 중반 미국 사회에 대한 그의 이중적인 감정을 잘 드러낸다. 울먼은 『에베레스트의 미국인』에서 국가의 영광을 열정적으로 찬양하긴 했지만 한편으로는 미국의 단점에 대한 비판도 서슴지 않았다. 많은 등산가들은 정상으로 올라가는 길목에서 마주치는 난관을 극복하면서 물질주의적인 속세의 사소한 유혹에서 벗어나 진실하고 순수한 것을 향해 나아가고 있다는 느낌을 받았다. 그들은 자신들이 오르는 산, 더 넓게 말해 자연세계 그 자체와 신비스러움을 연관 지었다. 헤르베르트 티히가 초오유의 정상을 향해 가면서 마침내 '우주의 근본'을 느낄 수 있었다고 말한 것이 대표적인 예이다. 히말라야에서는 산악 환경이 만들어낸 사람들인 셰르파들과 함께 등반하면서 이러한 범위가 더 커졌다. 서양인들에게는 그들이 등반이라는 행위와 연관된 가치와 경험, 즉 순수, 진정, 초월, 각성의 문으로 들어가기 위해 몸과 마음의 정화를 모두 체현하고 있는 존재로 보였다.

1960년대의 히말라야 등산가들은 비트족 작가들이나 영국 음악가들의 작품으로부터 간접적으로 불교를 접할 필요가 없었다. 그들은 불교식으로 살아가는 셰르파들의 생활을 직접 볼 수 있었다. 등산가들은 셰르파들이 고산에서 보여주는 육체적인 강인함뿐만 아니라 영적인 조화에 대한 감수성도 겸비했다고 여기며 점차 그들을 존경하기 시작했다. 리오넬 테레이는 『무상의 정복자Conquistadors of the Useless』라는 등반 회고록을 냈다. 이 책은 1961년에 프랑스에서 출간되었고 2년 후 영어로 번역되었는데, 그는 이 책에서 셰르파들이 "선량하고, 쾌활하며, 요령 있고, 시적 감수성이 있다"라고 칭찬했다. 셰르파들의 생활이 의식이 있는 서양인들의 눈에는 유토피아처럼 비쳐졌다. 테레이는 "셰르파와 함께 시간을 보내니 더 나은 세상을 꿈꾸는 내 자신이 그렇게 바보스럽지는 않다고 느껴졌다."라고 말했다. 4년 후 톰 혼바인도 에베레스트로 걸어 들어가는 길에서 본 셰르파 사회의 생활에 대해 열성적인 지지를 보냈다. "이곳 사람들은 대지와 끊임없는 조화를 이루며 사는 것 같았다. … 그들은 감사하는 마음으로 대지를 사용했다. … 자연과 평화롭게 공존하는 이곳에서 사람은 초청된 손님이었다. 부러운 공생이었다." 유명한 히말라야 원정기에 나오는 셰르파들의 생활이나 그들의 가치에 대한 열광적인 묘사는 1960년대 후반에 미국 젊은이들 사이에서 일어났던 '자연으로 돌아가자'는 운동에 어느 정도 영향을 주었을지도 모른다.

불교와 셰르파들의 공동체적인 농촌 생활은 서양의 젊은 방문객들의 반문화적인 감수성과 잘 맞아떨어졌고, 그들은 셰르파들의 고향을 두드 코시에 있는 "우드스톡Woodstock"이라고 여겼다. 네팔의 트레일 주변에 야생 대마초가 자란다는 것도 이에 한몫했을 것이다. 1960년대에 아편과 해쉬쉬는 네팔에서 흔하고 값이 쌌으며 소지하고 소비하는 것이 합법적이었다.(미국 정부의 압력으로 네팔 당국은 1973년에 대마초 판매를 금지했고, 이 때문에 카트만두의 대마초 가격이 올라가긴 했지만 여전히 쉽게 구할 수 있었다.) 1963년 에베레스트 원정대의 '스테이크와 우유를 먹고 자란 미국의 젊은이들'이 이런 것들을 스스로 구해서 해보았다는 증거는 전혀 없다. 그러나 1970년대 중반에 미국인 등산가들이 에베레스트로 돌아왔을 때는 가는 도중에 많은 금지사항을 지켜야 했다. 원정등반을 다룬 책들도 참가한 사람들이 마약을 복용했다는 것을 차츰 아무렇지도 않게 언급하기 시작했고, 심지어 마약에 중독된 사람들의 이름을 밝히기까지 했다. 시에라 클럽에서 발행하는 회보 『어센트Ascent』는 가상의 봉우리 푼탕가Poontanga 원정을 패러디하여 게재했는데 한쪽에 이런 글을 싣기도 했다. "(원정대원 한 명이) 카트만두에서 명상에 필요한 것들을 사다가 황금색 수정 같은 가루를 발견한 것이 원정대 임무 중 가장 큰 성공이었다. 그 가루는 어느 쪽 콧구멍으로 흡입해도 되며 규칙적으로 흡입해도 되는데, 이것은 대원들의 사기를 북돋우는 것은 말할 것도 없고 5,200미터 위에서 자주 겪는 두통과 감기증상을 기적처럼 완화시킨다."

섹스, 마약, 로큰롤 말고도 등산계의 반문화주의는 나름의 이슈를 갖고 있었다. 그 가운데에는 1950년대에 요세미티나 알프스 같은 곳에서 이루어진 고난이도 등반의 특징인 정교한 '바위 기술자'에 대한 반발도 있었다. 1930년대의 미국과 영국 등산 단체들은 피톤 사용이 스포츠 정신에 어긋나며 무신경한 독일인들이나 사용하는 것이라고 비난했다. 1950년대가 되자 인공적인 보조 장비를 섬세하게 사용하는 암벽등반이 가장 흥미진진한 혁신으로 받아들여지면서 그 추세가 완전히 반전되었다. 클라이머들이 바위에 피톤과 볼트를 박고 그곳에 로프나 슬링을 걸어, 전에는 불가능했던 곳을 올라가기 시작한 것이다. 인공등반의 장비와 기술을 도입한 사람들은 이 분야의 종결자라는 느낌을 받으면서 기뻐했다.

그러나 1960년대에는 바위 기술자들에 대한 반발이 시작되었다. 일부 젊은 클라이머들이 인위적인 것을 경멸하기 시작한 것이다. 좋아하는 등반 스타일을 이야기할 때 '클린'이나 '프리'와 같은 단어를 많이 사용한 것을 보면 이전 세대와는 다른 가치들이 나타난 것으로 보인다. 1960년대의 혁신적인 클라이머들은 피톤과 확장 볼트의 사용 또는 과다 사용이 바위에 '자국'을 남긴다고 비난했다. 선등을 하는 클린 클라이머들은 추락 확보용으로 바위에 피톤을 박는 대신 바위에 자국을 남기지 않는 금속제 촉스톤chockstone을 바위틈에 끼워 넣었고, 마지막으로 올라오는 클라이머가 그것을 회수했다. 암벽등반의 순수주의자들은 어려운 곳을 등반하기 위해 몸무게를 로프나 슬링에 의존하는 대신 오로지 바위의 자연적인 지형지물을 이용해 자유등반 하는 것을 가장 큰 이상으로 삼았다.

이탈리아의 남 티롤 출신 등산가 라인홀드 메스너는 1971년 『마운틴』에 "불가능에 대한 말살The Murder of the Impossible"이라는 선언을 실어 이런 새로운 기풍을 글로 표현했다. 메스너는 "바위는 더 이상 등반의 기술로 극복되지 않는다."라며 "이제는 단순한 육체노동으로 한 피치 한 피치를 올라가고 있다."라고 비판했다. 메스너는 인공등반은 등반의 순수성을 오염시키므로 클라이머들이 로프와 확보용 피톤 몇 개만 가져가는 간소함을 자발적으로 실천해야 한다고 역설했다. 피톤 사용에 대한 반발에서 시작된 이러한 풍조는 산소 장비를 포함한 인위적인 도움이라는 또 다른 형태로 히말라야에 번졌다.

네팔의 입산 금지 해제

1968년 네팔은 입산 금지를 해제한다고 발표했다. 따라서 이듬해부터는 네팔 영토 안에 있는 8천 미터 급 고봉을 포함한 40여 개의 봉우리를 오를 수 있게 되었다. 좋은 소식이었지만 등산가들은 그 발표에 덧붙여진 세부사항을 보고 실망했다. 이전과 똑같이 어떤 산이든 그 산의 한쪽 사면에는 한 시즌에 한 원정대만 갈 수 있도록 연간 원정등반대의 숫자가 엄격히 제한되어있었다. 에베레스트는 한쪽 사면만 네팔의 국경선에 걸쳐 있어서 기껏해야 일 년에 두 팀의 원정대만 그곳에 도전할 수 있다는 것을 의미했으므로 즉시 이 제한된 기회를 잡고자 희망자들이 줄을 섰다. 또한 규정에 의하면 입산 허가를 받고자 하는 원정대는 국가가 인정한 등산 조직의 보증과 해당 국가 정부의 승인을 받아야 자격조건을 충족시킬 수 있었다. 게다가 입산료가 전처럼 싸지 않았다. 640달러였던 에베레스트 입산료가 1,000달러로 올랐다. 좀 낮은 봉우리에 대한 입산료는 800백 달러로 올랐다. 입산 금지 전과 같이 모든 원정대는 정부에서 임명한 연락 담당관을 동행해야 하고, 이들의 임금은 원정대가 지불해야 하며, 베이스캠프 위쪽으로는 올라갈 일이 거의 없는 이들에게도 완전한 등반장비를 지급해야 했다. 새로운 조항에는 이제부터는 원정대에 고용되는 셰르파나 네팔인은 히말라야 협회라는 단일 중앙 중개조직을 통해 고용해야 하며, 높아진 새 보수 기준에 맞춰야 한다고 되어 있었다.(중앙 중개조직을 통해 고용해야 한다는 조항은 1975년 폐지되었지만, 높아진 보수 기준은 그대로 유지되었다.) 서양 등산계는 이런 규제조치를 "산악 관료주의"라고 투덜거렸지만 피할 도리가 없었다. 몇 년이 지나자 인도, 파키스탄 그리고 중국도 네팔의 시스템을 따라 하기 시작했다.

1969년 본격적인 원정등반대 열 한 개 팀과 정찰등반대 두 팀이 네팔 히말라야로 들어갔다. 이 가운데 두 팀, 안나푸르나의 독일 팀과 다울라기리의 미국 팀은 8천 미터 급 고봉에 도전했다. 독일 팀은 성공을 거두지 못했고, 미국 팀은 재앙을 만났다.

11명의 대원으로 구성된 미국 팀은 월스트리트의 증권 분석가였던 보이드 에버렛 주니어Boyd N. Everett Jr.가 이끌고 있었다. 4월 20일 원정대원들은 다울라기리의 남동쪽 빙하 위에 베이스캠프를 설치했다. 그들은 1950년 가스통 레뷔파가 올라가다가 포기했던 남동릉으로 도전할 계획이었다. 그러나 그들은 그 능선까지도 가지 못했다. 선발대가 빙하의 끝 부분에서 크레바스에 통나무다리를 놓고 있을 때 그들 위쪽에 있던 빙벽이 무너지면서 눈사태가 일어났다. 대원 가운데 일곱 명, 즉 원정대장 에버렛, 데이비드 사이드먼David Seidman, 빈 호우먼Vin Hoeman, 폴 거하드Paul Gerhard, 빌 로스Bill Ross, 셰르파 펨바 푸타르Pemba Phutar와 판보체 텐징Panboche Tenzing이 눈사태에 쓸려 흔적도 없이 사라졌다. 선발대에서 살아남은 유일한 대원인 루 라이카트Lou Reichardt는 히말라야 등반이 재개된 바로 그해에 일어난 첫 번째 참사에 대해 슬픈 기록을 남겼다.

> 그날 눈사태 나는 소리가 여러 번 들렸는데, 이번에는 우리를 덮칠지 모른다는 불길한 생각이 드는 순간 사고가 일어났다. 피할 곳을 향해 몸을 돌릴 수도 없을 정도로 순식간이었다. 굉음이 들리면서 머리와 등에 눈이 쏟아졌다. 공기가 있어 숨을 쉴 수 있는 공간인 에어포켓에서 태아와 같은 자세를 유지하려고 몸부림치고 있었는데, 곧 격렬했던 눈사태가 가라앉기 시작했다. 상황을 파악하기 위해 고개를 들었다가 얼음덩어리에 머리를 정통으로 얻어맞았다.
>
> 그러고는 정적이 찾아왔다. 비명소리도 없었다. 그저 정적뿐이었다. 맨 처음에 든 생각은 내가 다치지 않았다는 것이었다. 천만 다행이었다! 이제 눈에 익숙한 것들을 찾아보았다. 친구, 텐트, 보급품 저장소, 장비… 아무것도 없었다. 텐트도, 보급품도, 피켈도, 친구도….

시신을 찾으려고 수색을 했지만 성과가 없었다. 생존자들은 빙하로 올라가는 길옆에 추모비를 세우고 반드시 다시 오겠노라고 다짐한 후 고국으로 돌아갔다.

다섯 달 후 리하르트 호이어Richard Hoyer가 이끄는 오스트리아 원정대가 다울라기리4봉(7,661m) 초등에 도전했지만, 정상 공격일이었던 11월 9일 호이어를 포함한 오스트리아인 다섯 명과 셰르파 한 명 등 정상 공격조 전원이 흔적도 없이 사라졌다. 그들은 그해 초에 왔던 미국 원정대처럼 눈사태에 희생된 것으로 보였다. 1969년은 네팔 등산 역사상 가장 인명 피해가 컸던 한 해였다.

새로운 인물: 크리스 보닝턴

크리스 보닝턴은 안나푸르나에서 동쪽으로 32킬로미터 떨어진 안나푸르나2봉에 도전하는 원정대의 일원으로 1960년 안나푸르나에 처음 갔었다. 보닝턴이 참가한 안나푸르나2봉 원정대는 능선으로 그 산의 정상에 올랐다. 사실 히말라야 고봉들에 대한 대부분의 초등은 능선을 통해 이루어졌는데, 그 이유는 어떤 높이의 산이든 대개 능선이 정상까지 이어지는 가장 쉽고도 덜 위험한 루트이기 때문이었다. 하지만 안나푸르나는 예외였다. 그 산은 모리스 에르조그의 원정대가 1950년 북벽을 통해 초등에 성공했다. 에르조그와 그의 동료들은 산의 북서쪽 날카로운 능선에서 넘어갈 수 없는 장애물을 만나자 할 수 없이 벽을 통해 올라가자는 결정을 내렸다. 나중에 알고 보니 북벽은 비교적 완만한 경사면이었다. 프랑스 원정대는 굉장히 복잡한 하부의 빙하지대를 통과하고 나자 정상까지 이어지는 그 위쪽이 오히려 덜 복잡하다는 것을 알았다.

안나푸르나의 북벽이 등반되긴 했지만 경사가 더 세고 바위와 얼음으로 뒤덮인 3,300미터의 남벽은 훨씬 더 어려운 곳이어서 1960년에는 어느 누구도 그곳을 오를 꿈을 꾸지 못했다. 그러나 10년이라는 시간이 흐르면서 많은 것이 변했다. 8천 미터 급 고봉 14개가 모두 초등되었고, 미국이 1963년 새롭고도 어려운 에베레스트의 서릉 루트를 — 혼바인 쿨르와르를 오르는 등 일부 벽등반을 포함해 — 개척함으로써 심리적인 장벽이 무너졌다. 점차 등산가들은 히말라야의 산을 검토할 때 그저 또 다른 능선을 따라 눈 덮인 길을 오랫동안 올라가는 것보다는 더 위대한 도전을 시도할 만한 루트가 있는지 찾기 시작했다.

1960년대 후반의 입산 금지로 인해 당분간 히말라야에서는 새로운 루트로 등반하는 대담한 도전을 할 수 없게 되었다. 등산가들은 네팔과 파키스탄에 갈 수 없었으므로 다른 곳, 즉 요세미티와 아이거 북벽에서 거벽을 오르는 데 필요한 기술과 담력을 연마하고 있었다. 이런 기술과 담력을 히말라야의 벽등반에 적용하는 것은 단지 시간과 기회의 문제였다.

크리스 보닝턴의 인생에도 10년의 세월 동안 큰 변화가 찾아왔다. 1960년대에 들어서자 보닝턴은 '영국 등산계를 대표하는 인물'로 떠올랐다. 그는 TV 덕분에 (젊어서 극적인 죽음을 맞이했기 때문에 유명해진) 맬러리를 제외한 선배들보다 일반 대중에게 더 많이 알려졌다. 그러나 그는 영국인 선배들이 받았던 등산계의 찬사는 받지 못했다. 대신 보닝턴은 좀 모순되게도 사회적 우월감에서 비롯된 권위주의와 과도한 상업주의에 빠져 있다는 비판을 받았다. 1955년 어떤 노동계층의 등산가가 샤모니에서 보닝턴을 처음 만났을 때 "빌어먹을 상류계층의 말을 쓰네."라고 내뱉은 적도 있었다. 몇 년 후 어떤 등산 언론인은 보닝턴이 등반 활동에서 수입을 얻으려고 지나치게 '열성'을 보인다면서 "많은 다른 스포츠처럼 등산에서도 신사들이 물러나고 선수들이 그 자리를 차지했다."라고 비판했다.

신사든 선수든, 보닝턴은 특권층 출신은 아니었다. 그는 1934년에 햄스테드에서 태어났는데 아버지가 가족을 버리고 떠나자 어머니가 비서로 일하면서 받는 월급으로 그를 키웠다. 보닝턴 이전의 영국의 주요 등산가들과 원정대장들에 비해 그는 출신이 가장 변변치 않은 축에 속했다.(게다가 그는 유일하게도 어머니가 영국 공산당원이었다.)

보닝턴은 — 빌 머레이의 스코틀랜드 등산역사 책을 읽고 어느 정도 영향을 받기도 해서 — 10대에 등반을 시작했는데, 그가 등반을 시작한 것을 보면 그 시기에 맨체스터와 글래스고를 중심으로 영국 등산계의 사회적인 기반이 확장되었다는 것을 알 수 있다. 보닝턴은 크리그 두나 록 앤드 아이스 클럽과 관련된 등산가들과는 다르게 교육을 받아 전문가가 되고 싶어 했다. 1954년 보닝턴은 샌드허스트 육군사관학교에 들어갔고, 2년 후 졸업하자마자 영국군의 포병 지휘관으로 독일의 주둔지에 부임했다. 그는 군대 생활에 무관심한 군인이었지만 군 복무를 통해 몇 가지 중요한 교훈을 배웠다. 보닝턴은 훗날 이렇게 말했다. "샌드허스트 사관학교에서는 '친숙하면 얕잡아 보일 위험이 있다'고 가르쳤지만 탱크처럼 좁은 공간에 갇히면 다른 선택의 여지가 없다. 부대원들은 지휘관의 개인적인 습관, 약점, 성격에 익숙해진다. 규율을 심하게 강조하거나 입술을 굳게 다무는 것은 전혀 도움이 되지 않는다. 지휘관은 부하들의 우정과 동시에 그들의 존경심도 얻어야 했다." 보닝턴은 훗날 원정대장이라는 직책을 맡게 된 후에도 대부분 권위와 우정 사이에서 적절한 균형을 잡는 것에 유념했다.

그가 독일에서 군 복무를 한 것이 좋았던 것은 알프스 근처에 있었다는 것이었다. 그는 알프스에서 등반기술을 닦고 경험을 쌓을 수 있었다. 1958년 그는 해미쉬 매킨스Hamish Macinnes와 돈 윌런스Don Whillans와 팀을 이루어 드류의 남서 필라Pillar를 올랐다. 보닝턴의 명성은 군 복무 중이던 등산가들 안팎에서 점차 높아졌고, 이런 명성을 바탕으로 그는 1960년 안나푸르나2봉 군 원정대에 초청받았다.

민간으로 돌아온 보닝턴은 1961년 눕체로 두 번째 히말라야 원정을 갔다. 그는 런던의 식료품 가게들에 마가린을 팔던 회사에서 잠깐 만족스럽지 못한 경영 훈련을 받았지만 일반적인 직업에서 성공하겠다는 생각을 아예 버리고 스스로 프리랜서 등산 언론인이자 사진사라는 직함을 달았다. 그러던 중 1962년 이안 클로Ian Clough와 함께 영국인으로는 처음으로 아이거 북벽을 오르자 절호의 기회가 그에게 찾아왔다. 영국 수상 헤럴드 맥밀런Harold Macmillan으로부터 개인적인 축하 메시지를 받았고, 더욱 중요하게는 한 출판사와 처음으로 출판 계약을 맺게 되었다.

보닝턴은 등산가의 재능에다가 쇼맨십도 있었다. 그는 TV로 생중계되는 등반을 여러 차례 했는데, 이 가운데 1967년 스코틀랜드의 북동쪽에 있는 오크니 제도의 올드 맨 오브 호이Old Man of Hoy라고 알려진 암벽을 등반한 것이 가장 유명했다.(그는 1966년에 톰 페이티Tom Patey, 러스티 베일리Rusty Baillie와 이 암벽을 초등했다.) 수염을 북슬북슬하게 기른 그는 달변가였는데 큼직한 모직 스웨터를 즐겨 입었다. 대중에게 비친 그의 이미지는 깡마르고 머리가 헝클어진 학자였다. 동료들 중에는 산에서 내려오면 술집에서 싸움판을 벌이는 것으로 유명한 사람들도 꽤 있었던 시절이었기 때문에 그의 이미지는 대중들로부터 호감을 받았다. 그가 등반하는 TV 중계방송에서 아이디어를 얻어 만든 "몬티 파이턴Monty Python" 희극에서 존 클리스John Cleese가, 헬멧을 쓰고 로프를 맨 그레이엄 채프먼Graham Chapman을 인터뷰하는 장면이 나온다. 채프먼은 수평으로 놓인 홈통에서 자기 자신을 죽 끌어당기며 "억스브리지Uxbridge 가의 북벽"이라고 설명하고, 이어 숨을 헐떡거리면서, 그 홈통을 레이백† 자세로 오르고 있었다고 심각한 표정을 지으며 인터뷰한다.

1960년대 중반이 되자 보닝턴도 다른 등산가들처럼 히말라야로 가고 싶은 마음이 간절했다. 그러나 그 당시의 히말라야는 그럴 수 없는 상황이었기 때문에 그는 친구인 닉 에스트코트Nick Estcourt, 마틴 보이슨Martin Boysen과 함께 알래스카로 갈 궁리를 하기 시작했다. 그들은 한 명이 더 필요하다는 판단을 내리고 두걸 해스턴Dougal Haston을 초청했다.

스코틀랜드 출신의 해스턴은 보닝턴보다 여섯 살 아래였는데, 당시 그는 스위스 제네바 인근의 작은 알프스 마을 레이장Leysin에서 국제등산학교 이사를 맡고 있었다. 해스턴은 1950년대에 크리그 두에서 거친 선배들로부터 등반을 배운 다음 1960년대에 알프스로 이

† 레이백layback 크랙이나 플레이크에서 바위 모서리를 손으로 당기고 발로 벽을 차며 등반하는 자세

주했다. 1966년 그는 언론이 주목한 아이거 북벽의 새로운 직등 루트 '디레티시마'의 동계 초등에 참가했고, 이를 계기로 영국 최고의 알피니스트 반열에 올랐다. 그때 보닝턴은 등반 사진을 찍어서 『데일리 텔레그래프』에 실었고, 나중에 해스턴과 몇 번 함께 등반했는데 그 중에는 아르장티에르Argentière 북벽 동계 초등도 있었다. 해스턴은 보닝턴처럼 일반 대중에게 널리 알려지지는 않았고 책벌레보다는 술집에서 싸움질을 하는 부류에 더 가까웠지만 등산계에서는 유명인으로 추종자가 상당히 많았다. 그는 우울한 듯한 낭만주의가 겁 없는 화려함과 섞인 1960년대의 특징을 완벽히 보여주었다. 그 시절의 록 스타들처럼 해스턴도 젊어서 죽을지 모른다는 비장한 분위기를 풍겨 카리스마가 더욱 돋보였다.

1968년 가을, 네팔이 다시 개방된다는 소식이 들리자 보닝턴과 다른 친구들은 재빨리 목적지를 바꾸기로 했다. 해스턴의 기억에 의하면 1967년 아르장티에르를 등반할 때 이미 그와 보닝턴은 안나푸르나 남벽을 도전해보면 어떨까 하고 탐을 냈다고 한다. 보닝턴은 1964년 영국이 마차푸차레Machapuchare 원정을 할 때 찍은 슬라이드 한 통을 갖고 있었다. 그 슬라이드에 나오는 안나푸르나 남벽은 무시무시하기도 했지만 매력적이었다. 보닝턴과 친구들은 가운데 쪽에 등반 가능한 루트가 있을 것으로 생각했다. "우리가 실질적으로 심사숙고했던 것은 히말라야 등반의 새로운 개념이었다."라고 하면서 "이전의 히말라야 등반은 가장 쉬운 루트를 찾아 오르는 것이었으나, 우리의 꿈은 가장 어려운 벽으로 오르는 것이었다."라고 해스턴은 말했다.

등산가들이 산에 가기 위해서는 언제나 수많은 난관을 극복해야 한다. 이번에는 그래도 자금 모집이 아주 어렵지는 않았다. 에베레스트 재단이 모든 자금을 지원했다. 보닝턴은 씁쓸하다는 듯 "갑자기 우리가 그 조직의 산하로 들어간 것 같았다. 우리는 이런 조직에서 완전히 이방인이었기 때문에 모두가 믿지 못하겠다는 표정이었다."라고 말했다.

1969년 7월 카트만두에서 안나푸르나 입산 허가가 나왔지만 이듬해 원정을 가기에는 시간이 너무 없었다. 하지만 보닝턴은 원정대를 구성하며 등반 준비를 했다. 전에 보닝턴과 함께 알프스에서 등반한 경험이 있는 영국인 등산가 이안 클로Ian Clough와 믹 버크Mick Burke가 명단에 이름을 올렸다. 보닝턴의 출판 대리인이 미국인과 함께 가면 미국에서 원정기가 잘 팔릴 것 같다고 제안함에 따라 유일한 이방인인 미국인 등산가 톰 프로스트가 추가되었다. 국적에 따른 상업성과는 별개로 프로스트는 요세미티의 화강암 암벽에서 갈고닦은 암벽등반 기술에다 등반 이력도 화려했다. 게다가 그때는 잘 알려지지 않았지만, 그는 당시의 다른 대원들보다 훨씬 여러 번 히말라야에 다녀온 경험이 있었다. 그는 CIA가 주도한 작전에 참가하여 1966년에는 난다데비, 1967년에는 난다코트에 다녀왔었다. 보닝턴 원정대의 다른 대원들이 마음에 걸려 했던 단 한 가지가 그의 모르몬교 신앙이었다. 해스턴은 이렇게 언급했다. "나머지는 모두 종교가 없는 사람들이어서 계명을 지키는 데 별로 관심이 없었다."

보닝턴은 의사, 베이스캠프 매니저와 등반을 지원해줄 등산가를 모집했다. 그러나 그에게는 등반을 이끌 최고 수준의 대원 한 명이 더 필요했다. 보닝턴이 마지막 대원으로 돈 윌런스를 선택하자 사람들은 깜짝 놀랐다. 물론 윌런스는 그 당시 영국에서 히말라야 경험이 가장 많은 등산가였다. 그는 이미 마셔브룸, 트리보Trivor, 가우리샹카르 원정을 다녀왔다. 그러나 그는 그중 어느 곳도 정상에는 올라가지 못했고, 1960년대 말에는 배가 불룩 나온 알코올 중독자가 되어 등산계에서는 점점 골칫거리가 되어가고 있었다. 1962년 보닝턴이 아이거를 오를 때 윌런스와 한 번 시도했다가 실패하자 이안 클로로 파트너를 바꾸어 성공했고, 이에 윌런스가 보닝턴에게 섭섭한 마음을 품었다고 하는 말도 있었다. 그러나 보닝턴은 여전히 윌런스의 능력을 높이 평가했고, 그를 원정부대장으로 초청했다.

드디어 모든 준비가 끝났다. 1970년 3월, 원정대는 카트만두를 거쳐 새롭게 아스팔트 활주로를 갖춘 네팔 중부의 포카라Pokhara까지 날아갔다. 안나푸르나로 향하고 있는 것은 보닝턴 원정대만이 아니었다. 영국군 등산협회British Army Mountaineering Association 소속의 원정대원 8명이 브루스 나이븐Bruce Niven의 지휘하에 1950년의 프랑스 루트를 다시 도전하려고 안나푸르나의 북벽으로 가고 있었다. 20년 전 안나푸르나 초등이 이루어진 이후 많은 변화가 있었다. 보닝턴은 "에르조그 원정대가 안나푸르나에 갔을 때 가장 큰 문제는 루트를 찾는 것이었다. 반면 우리는 루트를 찾기 위해 지도를 볼 필요가 없었다. 지형적인 특징은 거의 다 알 수 있었다. 남은 것은 등반뿐이었다. 즉, 우리가 고소의 벽에서 마주치는 다양한 어려움을 어떻게 극복하느냐 하는 것이었다."라고 썼다.

보닝턴은 안나푸르나로 들어가면서 말쑥한 차림새의 트레커들부터 그 지역의 옷을 각양각색으로 입고 대마초에 잔뜩 취한 히피들까지 다양한 서양인들을 만났다고 전했다. 사실

등반대원들도 1950~1960년대의 선배들과는 달랐다. 해스턴은 원정대가 "긴 머리에 찢어진 청바지를 입고 마약을 찾아다니는 괴짜들처럼 보였다."라고 묘사했다.

10년 만에 히말라야로 돌아온 보닝턴에게 확실히 달라 보인 것 또 하나는 셰르파들의 태도와 차림새였다. 지미 로버츠의 트레킹 사업에서 일했던 파상 카미Pasang Kami에 대해 보닝턴은 이렇게 말했다. "내가 앞선 두 번의 원정에서 만났던 고소 셰르파들은 영어도 거의 못하는 평범한 마을 주민들일 뿐이었는데 파상 카미는 훨씬 세련되어있었다." 파상이 나리들과 동등한 입장에서 이야기하자 보닝턴은 샤모니 가이드가 떠올랐다. "파상은 신세대 셰르파들을 대표하는 것 같았다. 네팔에서는 상당수의 일자리가 관광객들이 계곡을 한 바퀴 돌 수 있도록 수행하는 것이었는데, 이 역할에서 셰르파들이 새롭게 두각을 나타냈다. 이 역할에 가장 이상적인 자격 요건은 조직을 구성하는 능력과 언어 구사력, 예의 바른 태도였는데, 파상은 이 세 가지를 모두 갖추고 있었다."

다른 대원들이 짐꾼들과 함께 안나푸르나로 들어가는 동안 윌런스는 남벽을 정찰하기 위해 앞서갔다. 그는 그 벽에서 그럴듯한 루트를 찾아냈다고 생각했다.(그는 예티도 봤다고 했는데, 다른 사람들은 이것이 아마 그가 가지고 간 위스키와 관련이 있을 것이라고 의심했다.) 윌런스는 안나푸르나로 접근해가면서 뱃살이 좀 빠졌지만 다른 대원들에 비하면 여전히 체력이 좋지 않았다. 보닝턴이 해스턴과 윌런스를 등반조로 짠 것은 원정대장으로서는 재치 있는 판단이었다. 그는 해스턴의 힘이 아직은 확신할 수 없는 윌런스의 체력적인 조건을 보완할 수 있으며, 윌런스의 경험과 판단력은 정상으로 올라가는 가장 좋은 루트를 결정하는 데 도움이 될 것으로 생각했다.

3월 29일부터 본격적인 등반이 시작되었다. 윌런스, 해스턴, 믹 버크, 셰르파 칸차가 남벽 기슭에 베이스캠프를 설치하기 위해 올라갔다. 해스턴은 자서전에서 그들 앞에 놓인 과업에 대해 감탄스러울 정도로 간결하게 다음과 같이 썼다. "벽은 몇 개의 구역으로 뚜렷하게 구분된다. 하부는 아이스 폴과 빙퇴석 지대, 아이스 폴 위쪽은 얼음이 덮인 능선과 세락들로 이어지는 쿨르와르, 그 위쪽은 바위 지대와 정상 직전의 절벽이다." 대원들은 벽에 6개의 캠프를 설치할 계획이었는데, 이중 가장 높은 캠프는 바위 지대의 중간인 7,300미터에 설치할 생각이었다.

눈사태나 세락의 붕괴 위험은 언제나 존재했다. 그들은 올라가면서 맞닥트리는 지형에

"다모클레스의 칼[†1] Sword of Damocles"이나 "무서운 횡단" 같은 이름을 붙였다.

가파르기는 했지만 일부 설사면 같은 곳에서는 비교적 직선으로 올라갈 수 있었다. 그러나 얼음이 덮인 능선과 바위 지대는 어려운 기술 등반이 필요해서 속도가 늦어지면서 체력을 빼앗겼다.

그들의 벽등반은 히말라야 등반에 도래할 새로운 시대를 예고하는 것이었으나, 그들이 쓴 포위전법은 지난 반세기 동안 히말라야에서 사용되던 것과 거의 다를 바 없었다. 그들은 두 명으로 된 등반조가 앞에서 루트를 개척해나가면 다른 대원들은 아래의 캠프에서 휴식을 취하거나 위로 물자를 올리는 것을 교대로 해나갔다. 톰 프로스트는 "산에서 보낸 60일 가운데 43일은 짐을 옮기거나 눈 위를 힘들게 걸어 올라가는 데 보냈고, 11일은 쉬는 데 보낸 반면, 기술 등반을 하는 데는 겨우 6일을 보냈다."라고 회상했다. 그들은 요세미티의 거벽등반 기술을 적용할 바위만 있는 구간은 거의 발견하지 못했다. 오히려 대부분의 구간은 눈과 얼음으로 된 지형이었다. 아이거 직등과 비교해봐도 그들이 올라간 루트는 직등주의와는 맞지 않았다. 그들은 자연적인 장애물을 피하기 위해 중요한 두 곳에서 왼쪽으로 돌아야 했다.

이번 원정등반은 주마[†2]의 사용 등 장비에서 상당한 혁신을 보여주었다. 이 기계적인 등강기는 슬링으로 안전벨트에 연결한 다음 고정로프에 끼워 사용하는 것이었다. 이것은 움직이는 톱니바퀴가 있어 로프 위로는 밀려 올라가지만 하중을 받으면 그대로 멈추는 장비였다. 주마는 추락을 막아주고 어려운 곳을 올라갈 때 도움을 주었다. 요세미티와 알프스에서 이미 사용돼온 주마는 그러나 히말라야에서는 이때가 처음이었다. 대원들은 돈 윌런스가 디자인한 '하단 안전벨트'도 사용했다. 이것은 이후 클라이머들의 표준 장비가 되었고, 윌런스에게 상당한 수입을 가져다주었다. 고소 캠프 몇 군데에서는 내부 프레임이 보강된 박스형 텐트를 사용했는데 이것도 윌런스가 고안한 것이었다. "윌런스 박스"라고 불린 이 텐트는 신설이 쌓이면 쉽게 무너지던 기존의 능선형 텐트를 상당히 보완했다.

에베레스트의 존 헌트처럼 보닝턴도 6,000미터 위에서 31일을 보내면서 원정대를 진두

---

†1 **다모클레스의 칼** 한번은 시종 다모클레스가 디오니소스에게 제왕의 행복과 위엄에 관해 이야기했다. 그러자 디오니소스는 다모클레스를 호사스런 연회에 초대했다. 다모클레스는 식탁의 즐거움을 만끽하다가 자신의 머리 바로 위에 날카로운 칼이 매달려있는 것을 알게 되었다. 이에 다모클레스는 행운이 순식간에 사라져버릴 수 있는 것임을 깨닫게 되었다.

†2 **주마** jumar 어센더 ascender, 등강기라고도 불림. 로프에 끼워 사용하며 로프 위쪽으로만 움직이고 아래쪽으로는 멈추도록 고안된 장비

지휘했다. 보닝턴보다 더 높은 곳에서 머무른 사람은 해스턴, 윌런스, 그리고 프로스트 정도였는데 그들도 하루 이틀 정도 더 머물렀을 뿐이었다. 그는 또한 끊임없이 수송 문제와 씨름했는데, 선두에 선 대원들을 받쳐줄 충분한 물자가 가장 위쪽 캠프로 올라가게 하려고 애썼다.(등반이 막바지에 이르렀을 때 식량이 충분히 조달되지 않아 문제가 되었다.)

보닝턴은 다른 사람을 월등히 능가하는 수송의 달인이었다. 그러나 정작 문제가 된 것은 대원 관리였다. 바위 지대의 커다란 마지막 장애물을 넘어서느라고 4월과 5월 초순을 보내면서 몬순이 점점 다가오고 있었기 때문에 한 팀 이상이 정상에 도전할 수 있는 가능성이 점차 줄어들고 있었다. 보닝턴은 선두에 있는 여덟 명 가운데 오직 두 명만을 만족시킬 수 있었다. 그 자신을 제외한 나머지 다섯 명은 실망한 채로 돌아가야 했다.

보닝턴은 자신이 전통적인 영국 등반 조직의 일원은 아니라고 생각하고 있었지만, 이때 그는 자신이 여러 면에서 옛 원정 문화에 익숙하다는 것을 깨달았다. 그는 1980년대에 있었던 한 인터뷰에서 이렇게 말했다. "제가 히말라야 등반을 시작하던 무렵, 그러니까 1960년 안나푸르나2봉으로 가던 시절의 원정은 전쟁 전의 원정들과 비슷했습니다. 대원들은 제2차 세계대전 당시의 규범이 몸에 배어 있던 군인들이었고 원정대의 결속력도 강했지요." 1970년이 되자 팀워크와 자기희생을 강조하고 권위를 기꺼이 존중하던 — 무조건적으로 복종하지는 않았지만 — '제2차 세계대전 당시의 규범'이 사라졌거나 쇠퇴해가고 있었다. 남벽 원정대의 대원들은 대장에게 복종하겠다는 서약서를 쓰는 데 동의했지만, 보닝턴은 "내 명령과 대원들끼리 합의한 내용이 서로 어긋나는 어려운 상황에서는 내 명령이 무시될 것 같다는 느낌이 늘 들었다."라고 말했다.

보닝턴의 권위는 5월 13일 대원들과 무전으로 교신하면서 한계에 이르렀다. 모든 캠프에는 휴대용 무전기가 있어 대원들은 진행 상황을 보고하고 물자를 요청했으며 대장의 지시를 받기 위해 하루에 두 번 연락을 취하게 되어있었다. 보닝턴은 사전 연락 없이 해스턴과 윌런스에게 선두 위치인 5캠프로 올라가 바위 지대를 끝내라고 명령했다. 이것은 곧 이 두 사람이 1차로 정상 공략을 할 위치로 올라간다는 뜻이었다. 문제는 보닝턴의 이 명령이 선두 조의 교대 흐름을 깨뜨렸다는 것이었다. 원래는 보이슨과 에스트코트가 가야 했다. 5캠프의 믹 버크는 이에 반발하면서 해스턴과 윌런스는 당연히 그들의 임무(4캠프에서 5캠프로 짐을 올리는 일)을 해야 한다고 주장했다. 보닝턴은 타협책을 찾았고 두 사람이 하루 동안 짐을 올린 다음 위쪽으로 올라가는 데 동의했다. 그러나 처음에는 잠자코 있던 윌런스가 갑자기 논쟁에 끼어들었다. "두걸과 나는 일주일 전에 그곳 5캠프에서 내려왔다. 5캠프는 아직 완전하게 구축되지 않았고 6캠프로 전진하는 것이 너무 더뎌서 나와 두걸은 계속 실망하고 있었다. 믹이 5캠프에서 무슨 역할을 하고 있다고 생각하는지 모르겠지만 그것으로는 부족하다. 루트를 뚫어 6캠프를 설치하거나 최소한 설치할 자리를 찾고 싶지 않다면 다른 사람에게 자리를 양보해야 한다. 우리는 앞에서 루트를 뚫고 싶다. 일주일 동안 그는 전진이 너무 느렸다." 이 무례한 말에 다른 사람들이 격분하자 보닝턴은 서둘러 대화를 끝낼 수밖에 없었다. "우리는 지금까지 사이좋게 지내왔다. 이 정도로 해두자. 이상!"

윌런스와 해스턴이 올라가고 다른 대원들이 내려오자 보닝턴은 자신의 결정과 윌런스의 퉁명스러운 참견으로 일어난 사태를 수습해야 했다. 바위 지대의 어려운 곳을 선두에서 이끌었던 톰 프로스트도 다른 대원들처럼 배신감을 느꼈다. 그는 "우리는 지금까지 힘들게 교대해왔지만 돈과 두걸은 다른 대원들보다 짐을 덜 올리면서 정상에 가려고 분명히 몸을 사렸다. 나라면 실패할 위험을 감수하더라도 모두가 정당하게 선두에 나설 권한이 있다고 느끼게 할 것이다. 결국 이것이 우리 모두가 이 등반을 위해 모인 이유다."라고 말했다. 그러나 보닝턴에게는 대원 각자의 감정보다는 원정대의 성공이 우선이었다. "에베레스트의 힐러리와 텐징을 봐라." 그는 프로스트에게 말했다. "그들은 존 헌트 덕분에 체력을 아낄 수 있었다. 우리도 성공하려면 그렇게 해야 한다."

1953년의 전례는 1970년의 원정대원들에게는 설득력이 없었다. 그리고 프로스트의 말에서 알 수 있듯, 해스턴과 윌런스가 보닝턴으로부터 '보살핌'을 받은 것이 아니라 체력 소모가 심하고 별로 재미있지도 않은 짐을 옮기는 일에서 자신들 스스로 몸을 사리면서 정상 공략을 하려고 체력을 아낀 것이 문제였다. 닉 에스트코트는 보닝턴의 원정기 부록에 각 대원이 원정에 얼마나 공헌했는지를 통계적으로 분석해놓고 있다. '짐을 옮긴 날짜' 항목에서 에스트코트와 보이슨이 각각 22일간의 기록으로 최고였다. 반면 해스턴은 겨우 10일, 윌런스는 고작 7일간 짐을 옮겼다. 윌런스와 해스턴이 선두를 맡아 마침내 바위 지대를 넘어 정상에 올라가기 전까지 윌런스가 3캠프 위쪽에서 보낸 시간은 여덟 명의 선두 대원 가운데 가장 적었다. 에스트코트의 맺음말에는 당연히 이에 대한 불만의 감정이 섞여있었다. "경험 많고 영리한 윌런스는 일정에 딱 맞추어 행동했다."

보닝턴의 결정으로 대원들이 서운한 감정을 느끼긴 했지만 사실 그 결정은 의심할 여지없이 적절한 것이었다. 보이슨과 에스트코트는 5월 중순이 되자 상당히 지쳤다. 해스턴-윌런스 조는 체력도 좋았고 추진력도 그만이었다. 그들은 5캠프까지 올라간 다음 곧이어 7,300미터에 6캠프를 설치했다. 그러고 난 다음 며칠 동안 그들은 바위 지대의 나머지 부분을 올라갈 수 있는 걸리를 찾아냈다. 그들은 그 꼭대기에 7캠프를 설치할 생각이었지만 날씨가 안 좋은 데다 식량이 절대적으로 부족했다.(윌런스는 아마도 시가만 피우면서 버틴 것 같다.) 결국 5월 27일 오전 7시 해스턴과 윌런스가 정상 도전에 나섰다. 그들은 7캠프용으로 텐트를 하나 가져갔지만 계속 올라갔다. 처음부터 무산소를 계획하긴 했지만 숨을 쉬는 것이 그렇게 어렵지는 않았다. 윌런스가 계속 앞장서서 오후 2시 30분 안나푸르나 정상에 올라섰다. 아래쪽은 구름에 가려있었다. 그들은 빠른 속도로 6캠프로 내려와서 무전으로 보닝턴을 불렀다. 위쪽이 모두 구름에 덮여있어서 아래쪽에서는 정상을 도전하기에는 좋지 않은 날이라고 생각하고 있었다. 보닝턴이 무전에 대고 "오늘은 밖에 나가 봤는가?"라고 묻자 해스턴은 "네, 우리는 방금 전 안나푸르나 정상에 올랐습니다."라고 대답했다.

해스턴과 윌런스는 하산 도중 정상 도전을 위해 6캠프로 올라오는 프로스트와 버크를 만났다. 그러나 이틀 후 프로스트-버크 조는 정상 도전에 실패했다. 그리고 바로 그날인 5월 29일, 1962년 보닝턴과 함께 아이거 북벽에 올랐던 이안 클로가 하산 도중 2캠프 아래쪽에서 눈사태에 휩쓸려 사망했다. 이 사고는 안나푸르나에서 일어난 첫 사망사고였지만 이후로 안나푸르나에서는 계속 사망사고가 이어져 결국 안나푸르나는 히말라야의 고봉 가운데 가장 위험한 산이라는 악명을 떨쳤다.

보닝턴은 원정기를 끝맺으면서 모리스 에르조그가 안나푸르나 초등기의 마지막 부분을 장식했던 "모든 사람의 인생에는 저마다의 안나푸르나가 있다."라는 유명한 말을 인용했다. 보닝턴에게 있어서도 이 말은 '등반의 영역'이나 '삶의 여정'에서 모두 맞는 말이었다. 보닝턴은 다음과 같이 전망하면서 책을 끝맺었다. "우리의 안나푸르나 등정은 세계에서 가장 높은 산들이 있는 히말라야의 거벽에서 이루어진 새로운 차원의 등반이었다. 이것은 히말라야 등반이 끝난 것이 아니라 새로 시작됐다는 것을 의미한다. 등산가들은 다른 거벽에 눈을 돌릴 것이다. 그들은 등반대의 규모를 줄이려 할 것이고, 우리가 써야 했던 부담스러운 포위전법을 쓰지 않을 것이며, 이러한 큰 산에서도 경량 등반으로 도전할 것이다."

새로운 인물: 라인홀드 메스너

두걸 해스턴과 돈 윌런스가 안나푸르나 정상에 오른 지 한 달이 지난 1970년 6월 27일, 히말라야 등반에서 또 다른 획기적 사건이 일어났다. 라인홀드 메스너가 동생 권터Günther와 함께 파키스탄의 낭가파르바트 정상에 선 것이다. 그들 역시 아무도 도전한 적이 없는 4,500미터 높이의 루팔 벽을 통해 정상에 올랐다. 라인홀드는 그날의 쾌거를 시작으로 가장 위대한 히말라야 등산가로서의 명성을 쌓아가게 된다. 메스너는 나중에 이 경험을 "내 인생을 결정지은 순간"이라고 말했다.

라인홀드 메스너는 1944년 독일어를 사용하는 이탈리아 티롤 지방에서 태어났다. 그는 다섯 살 때 아버지를 통해 알프스 등반을 접하게 되었다. 그는 10대 시절에 동생 권터와 함께 돌로미테를 탐험했고, 그 후 서부 알프스로 가서 등반을 계속했다. 그는 25세까지 어려운 루트에서 단독등반을 무수히 해냈을 뿐만 아니라 알프스에서 50번의 초등을 해냈다. 그러자 그는 더 큰 산으로 가고 싶었다.

카를 헤를리히코퍼 박사가 1970년 여름으로 예정된 지기 뢰브Sigi Löw 낭가파르바트 추모 등반에 그를 초청하자 드디어 메스너에게도 큰 산으로 갈 기회가 찾아왔다.(뢰브는 헤를리히코퍼 원정대의 일원으로 1962년 낭가파르바트의 디아미르 벽을 성공적으로 오른 후 사망했다.) 헤를리히코퍼의 목표는 그 산에 남아 있는 유일한 미등벽인 루팔 벽을 오르는 것이었다.

헤르만 불을 존경한 메스너는 1953년 원정에 대해 잘 알고 있었고, 헤를리히코퍼가 등반을 이끈 대원과 심하게 다퉜다는 것도 잘 알고 있었지만 이번 기회는 놓치기가 너무 아까웠다. 그는 독일어권 등산가들을 그토록 오랫동안 매혹시켰던 그 산의 마지막 문제를 풀 기회를 차지하고 싶었다. 그리고 결국 그는 자신의 오랜 등반 파트너인 동생 권터와 함께 이 과업을 달성할 수 있었다. 권터도 형이 초청받은 후 얼마 되지 않아서 11번째 대원으로 선발되었다.

1970년 5월과 6월의 6주일간, 대원들은 루팔 벽의 아래쪽에서 포위전법으로 등반에 임했다. 고소 캠프인 5캠프는 루팔 벽의 소위 메르클 걸리Merkl Gully 아래 7,350미터에 설치되었다. 헤를리히코퍼는 자신이 이끈 모든 원정대에서 항상 그랬듯 중요한 모든 결정은 베이스캠프의 사령부에서 하달하려고 마음먹고 있었다. 그러나 1953년 원정 때처럼 대원들이 낭가파르바트 위쪽으로 올라갈수록 헤를리히코퍼의 장악력이 점점 약해졌다. 메스너도 자신보다 앞서 살았던 헤르만 불처럼 산을 오르는 것에 대한 나름의 생각이 확고했다. 6월 26일 메스너, 귄터, 게르하르트 바우어Gerhard Baur가 그다음 날 정상으로 가려고 고소 캠프로 출발했다. 그러는 동안 그들과 베이스캠프 사이에 무전이 끊기고 말았다.

헤를리히코퍼는 라디오 방송을 들으며 기상 전선을 주시하고 있었다. 그는 메스너와의 마지막 교신에서 6월 26일 저녁에 신호를 보내어 산 위쪽의 대원들에게 그다음 날 날씨가 어떨지 알리기로 약속했다. 즉, 빨간색 로켓은 날씨가 좋지 않다는 것을, 파란색 로켓은 날씨가 좋다는 것을 의미하기로 했다. 날씨가 좋지 않으면 셋 가운데 가장 빠르고 힘이 좋은 메스너가 서둘러 단독등정을 시도하기로 했다. 만일 날씨가 좋으면 동생, 바우어와 함께 올라가기로 했다. 오후 8시 그들이 5캠프로 다가가고 있을 때 로켓을 봤는데, 그것은 빨간색이었다. 그래서 메스너는 그다음 날 아침에 혼자 올라가기로 했다.

그다음 날 새벽 2시가 막 지난 시간에 메스너는 혼자 출발했다. 귄터와 게르하르트 바우어는 뒤에 남아서 날씨가 좋아지면 도전하기로 하고, 메르클 걸리 아래쪽에 고정로프 작업을 하기로 했다. 그러나 27일의 날씨는 빨간색 로켓과 상관없이 화창했고, 걸리에 고정로프 작업을 하기에는 바우어의 몸 상태가 너무 좋지 않아 귄터는 충동적으로 형을 따라 올라가기로 했다. 그는 정상을 300미터 앞둔 곳에서 형을 따라잡았다. 두 형제는 함께 올라가서 오후 5시 낭가파르바트의 정상에 섰다.

그러나 귄터는 고소의 영향으로 고생하고 있었다. 메스너는 혼자 올라갔기 때문에 로프를 가져가지 않았다. 그는 귄터가 로프 없이 가파른 루팔 벽을 내려가지는 못할 것이라고 우려했다. 따라서 그들은 남서릉으로 내려가다가 메르클 걸리로 횡단할 곳을 찾기로 했다. 그들은 정상 300미터 아래쪽에 있는 능선의 오목하게 들어간 메르클 갭Merkl Gap에서 비박을 해야 했다.

라인홀드와 귄터 메스너 형제가 6월 27일 낭가파르바트 정상을 향해 올라가고 있을 때 2차 정상 공격조인 펠릭스 쿠엔Felix Kuen과 페터 숄츠Peter Scholz가 5캠프로 올라갔다. 두 사람은 그다음 날 아침 일찍 메스너 형제의 흔적을 따라 메르클 걸리를 올라갔다. 오전 6시 그들은 라인홀드 메스너가 위쪽에서 소리치는 것을 들을 수 있었다. 4시간 후 그들은 라인홀드와 권터가 비박을 한 곳 아래까지 갔다. 두 사람은 이 형제가 서 있는 능선에서 80미터 떨어진 곳에 서 있었다. 다음에 일어난 일은 논쟁과 억측으로 얼룩졌다. 메스너에 의하면 쿠엔과 숄츠에게 능선으로 올라와서 자신과 동생이 루팔 벽을 안전하게 내려갈 수 있도록 로프를 달라고 외쳤다고 한다. 그는 두 사람에게 능선을 따라가면 정상으로 올라갈 수 있다고 말했다고도 한다. 그러나 쿠엔과 숄츠의 기억은 달랐다. 그들의 말에 의하면 라인홀드가 모든 일이 잘 되어간다고 말했고, 자신들에게 도움을 구하지 않았다고 한다.

쿠엔과 숄츠가 자신들의 로프를 포기하지 않으려 한 것은 있을 수 있는 일이다. 그들은 그 로프가 있어야 루팔 벽을 올라 정상에 갈 수 있었다. 또는 메스너가 동생의 상태는 아랑곳하지 않고 루팔 벽 초등의 영광에다가 디아미르 벽으로 내려오는 성과를 보태서 낭가파르바트의 최초 횡단등반이라는 업적을 세우고 싶어 했을 수도 있다. 그러나 가장 납득이 갈 만한 설명은 바람이 심하게 부는 날 산에서 80미터 떨어진 거리에 있었고, 저산소증의 영향으로 서로 잘못 알아들었거나 오해한 것 같다는 것이다.

어쨌든 쿠엔과 숄츠는 루팔 벽을 계속 올라갔고, 라인홀드와 권터 메스너는 로프도 없이 디아미르 벽을 내려왔다. 디아미르 벽은 루팔 벽보다는 짧고 덜 가파르지만 모르는 지형을 내려가는 것이라 상당히 힘들었다. 그리고 디아미르 벽에는 중간에 쉬면서 회복할 만한 5캠프 같은 것도 없었다. 그들은 머메리 능선 근처 6,100미터 바로 아래에서 두 번째 비박을 해야 했다. 급기야 형제의 몸 상태가 몹시 나빠졌고 체온 저하와 동상으로 체력이 매우 떨어졌다. 라인홀드는 다른 대원 한 명이 더 있다는 고전적인 환각에 시달리고 있었다. 그들이 산에서 맞는 세 번째 날이 밝자 라인홀드는 동생의 상태가 좋아지고 있다고 생각했다. 디아미르 벽의 아래쪽을 향해 내려가면서 라인홀드는 권터를 잠시 쉬게 한 다음 자신은 앞쪽의 빙하를 살펴보러 가야겠다고 결정했다. 권터도 곧 자기를 따라오기로 했다. 그러나 동생이 따라오지 않자 그는 다시 위로 올라가서 그를 찾았다. 권터는 그곳에 없었다. 대신 그 자리에는 방금 전 눈사태가 휩쓸고 지나간 흔적만 남아있었다.

메스너는 그날 온종일 그리고 밤까지 동생을 찾아 헤맸고 충격과 슬픔, 체온 저하로 고생하면서 다시 산 아래로 내려갔다. 그는 거의 기어가야 할 만큼 좋지 않은 상태로 그 지역 주민에게 발견되어 구출되었다. 원정대는 그가 죽었다고 생각하고 있었다. 메스너가 살아서 돌아왔을 때 그는 6월 26일 발사된 빨간색 로켓이 실수였다는 것을 알았다. 헤를리히코퍼가

라디오로 들었던 기상 소식은 날씨가 나빠진다는 것이 아니라 좋아진다는 것이었다. 만일 메스너와 그의 동료들이 그것을 알았으면 로프를 가지고 정상을 향해 출발했을 것이고 정상을 오른 다음 메르클 걸리를 무사히 내려올 수 있었을 것이다.

물론 이것은 메스너의 생각이었다. 헤를리히코퍼는 단독등반을 허가한 적이 없었다고 하면서 "메스너의 등정 욕심이 동생을 희생시켰다."라고 비난했다. 메스너와 헤를리히코퍼는 유럽으로 돌아오자 여러 법정 소송에 얽혔다. 메스너는 원정 계약을 위반하고 출간한 자신의 원정등반기인 『낭가파르바트의 빨간색 로켓Die Rote Rakete am Nanga Parbat』의 출판을 중단할 수밖에 없었다.(1950년대에 일어난 헤를리히코퍼-헤르만 불의 분쟁이 또다시 일어난 듯했다.) 메스너는 원정 후 엄청난 회한에 잠겼다. 헤를리히코퍼처럼 그 자신도 낭가파르바트에 집착한 것이다. 그는 또한 동상으로 발가락 일곱 개를 잃었고, 다시 주목받을 만한 등반을 할 수 있을지에 대한 확신이 한참 동안 서지 않았다. 그는 1971년 『마운틴』과의 인터뷰에서 "만일 한 번 동상을 입으면 다음에는 동상에 더 쉽게 걸린다."라고 하면서 "그래서 나는 상당한 핸디캡을 갖게 되었다. 많은 초등을 이룩하고 싶었는데 이제는 불가능할 것 같다."라고 말했다.

그러나 이것은 등산역사상 가장 빗나간 예언이었다. 메스너는 히말라야에 도래할 극한등반 시대의 전략과 가치를 다른 어느 누구보다도 잘 보여주게 된다.

10장

극한등반의 시대

(1971~1996년)

찰리 휴스턴은 1953년 K2 원정대원들에 대해 "우리가 산으로 들어갈 때는 낯선 사람들이었지만 나올 때는 형제가 되었다."라고 말했다. 히말라야 등산의 역사에 기록된 다른 모험에서도 이런 모습을 찾아볼 수는 있지만, 특히 휴스턴의 원정대는 원정 문화에서 가장 이상적인 모습, 즉 로프로 묶인 진정한 형제애를 보여주었다. 모두 죽을 수 있는 위험한 상황에서 피트 셰닝의 유명한 확보는 대원들의 목숨을 구해냈다.

물론 미국 K2 원정대원들이 보여준 이상적인 동료애를 구현하지 못한 원정대도 많았다. 그러나 적어도 1960년대에는 로프로 묶인 형제애라는 개념은 가장 기본적인 도덕적 원칙이자 규범이었고, 대부분의 등산가들이 인정하는 것처럼 이로부터 대원 간의 의무와 책임이 시작되었다. "로프로 묶인다는 것은 상징성을 갖습니다." 윌리 언소울드는 1963년 에베레스트 원정에 대한 슬라이드 쇼에서 청중들에게 이렇게 말했다. "그것은 서로를 연결하는 탯줄입니다. 그것은 원정대의 다른 대원들에 대한 끊임없는 관심입니다. 또한 그것을 통해 전쟁터에서 제가 목격한 전우애와 아주 비슷한 친밀감과 협동정신이 대원들 사이에서 자라납니다."

그러나 20세기 후반에는 다른 대원에 대한 의무감과 복종심이 점차 사라졌다. 산으로 들어갈 때 낯선 사람들이었던 등반대원들은 헤어질 때도 자주 서로 섭섭한 마음을 품은 채 흩어졌다. 더 노골적으로 말하자면, 그들은 함께 등반하는 것을 통해 '무엇'을 얻을 수 있을 것으로 기대하지도 않았다. 1970년대와 1980년대에 뛰어난 히말라야 등산가였던 존 로스켈리John Roskelley는 인터뷰에서 이렇게 말했다. "확보를 하지 않을 때는 로프를 풀어놓습니다. 그것이 제1의 규칙입니다. 그래야 제가 다른 대원들을 죽이지 않고, 다른 대원들도 저를 죽이지 않습니다."

한때는 서로를 보호해주는 끈끈한 결속의 상징이었던 로프가 이제는 자기가 필요할 때만 사용하는 것이 되고 말았다. 옛 등반 문화가 점차 빛을 잃다가 결국 사라지면서 히말라야 등산가들은 글자 그대로나 상징적으로나 서로의 몸에 묶인 로프를 풀어버렸다. 그러자 오랫동안 함께 등반하는 동료의식도 점차 사라져갔다. 등산가들은 단독 등반을 통해 명성을 얻기 시작했고, 전문 가이드들은 분명한 사업으로써 미리 돈을 받고 아마추어 동호인 집단을 히말라야의 고봉으로 데리고 갔다. 서로를 비난하고 서로의 말에 반박하는 풍조가 등산계에 점차 뿌리를 내려갔다.

예전에도 한 차례의 원정에 대해 여러 편의 원정기가 출간된 적은 있었다. 예를 들어, 최초의 미국 에베레스트 원정이 끝난 지 2년도 채 되지 않아 4편의 독자적인 원정기가 서로 다른 원정대원에 의해 출간되었다. 제임스 램지 울먼은『에베레스트의 미국인』을 썼고, 배리 비숍은『내셔널 지오그래픽』에 기사를 실었으며, 톰 혼바인과 루트 저스태드가 각각 책을 냈다. 이 책들은 강조하고자 하는 점은 서로 달랐지만 모두 다른 대원들에 대한 존경심이 바탕에 깔렸었다. 물론 미국 에베레스트 원정대에서도 의견 충돌이 있었다. 하지만 이로 인한 적의를 이 책에서 파악하려면 아주 주의 깊게 읽어야 한다. 원정대원 앨 오튼은『에베레스트의 미국인』이 출간되자마자 울먼에게 이런 편지를 썼다. "특히 원정대원 간의 불화와 갈등을 사려 깊게 다뤄주셔서 고맙습니다. 원정 기간 내내 모든 일이 잘 된 것은 아니었는데도 문제와 해결을 다룬 선생님의 균형 감각은 가히 달인의 경지입니다."

그러나 그 후 20년간 출간된 등반 관련 문헌에는 울먼식의 '균형 감각'은 사라지고 기록을 바로잡겠다는 날선 의지로 가득 찬 시각이 지배적이었다. 이런 경향이 어느 한 지역에 국한된 것은 아니었지만, 미국 원정 문헌에서 특히 두드러졌다. 미국이 두 번째로 에베레스트 정상에 오른 1976년의 독립 200주년 기념 원정Bicentennial Expedition을 기록한 릭 리지웨이Rick Ridgeway의 원정기에 생생히 묘사된 다음의 대화를 읽어보면, 등반이 지적이고 우아한 행위라는 환상이 단번에 깨진다.

> 너는 내가 보기에 하나도 한 게 없어. …
>
> 뭐라고? 나는 이 산에서 제일 힘든 일을 했단 말이야. …
>
> 능력은 없고 야망만 가진 녀석과 등반하는 건 문제지. …
>
> 너한테 정말 놀랐어. …
>
> 너는 내가 등반을 잘하지 못한다고 생각해. 증명해봐. 이 멍청한 놈아. …
>
> 나는 네가 별 볼일 없는 놈이라는 걸 증명할 수 있단 말이야. …

원정의 성공 여부는 문제도 되지 않았다.(1976년 원정에서 두 명이 에베레스트 등정에 성공했지만, 리지웨이의 책에서는 위업을 달성하고 난 다음에 이어진 갈등을 더 크게 다루었다.) 실패한 K2 원정을 다룬 게일런 로웰Galen Rowell의 『산신들의 신전에서In the Throne Room of Mountain Gods』와 리지웨이 자신을 포함해 네 명이 K2를 오르는 데 성공한 1978년 원정기 『마지막 한 걸음The Last Step』에서는 나쁜 점들을 모두 까발리고 있다. 어떤 영국 독자는 리지웨이의 K2 원정기를 읽고 난 다음 미국인들이 까발리는 것을 좋아하는 점에 대한 불만을 토로하기도 했다. 그는 "대서양 서쪽의 등반 저술가들은 등산가들이 산에 올라가면 당연히 극도로 이기적이고 호전적이 된다고 생각한다. 그리고 그런 근거 없는 이야기가 진실을 다룬 이야기보다 더 좋은 이야깃거리가 되곤 한다."라고 말했다. 그러나 대서양의 양쪽에서, 더 나아가 히말라야에서는 까발리는 사람들, 반발심이 강한 사람들, 상업성이 강한 사람들이 선두로 나섰다. 마침내 극한등반의 시대가 온 것이다.

1971년: 국제 에베레스트 원정대

1971년 국제 에베레스트 원정대는 모든 면에서 극단을 보여주었다. 1970년 보닝턴 원정대가 안나푸르나 남벽 등반에 성공하자 히말라야 등반에서 그 다음의 대과제로 떠오른 것이 웨스턴 쿰에서 정상까지 2천 미터 높이로 솟아오른 에베레스트 남서벽이었다. 언론들은 그 벽을 "에베레스트에서 가장 무서운 벽"이라고 묘사했다. 그곳은 에베레스트의 다른 루트에 비해 기술적으로 훨씬 더 어려운 곳임이 확실했는데, 특히 설사면이 바위 지대와 만나는 위쪽 1/3이 그러했다. 몇몇 뛰어난 등산가들은 네팔이 원정대에 산을 개방하면 남서벽에 도전하겠다는 계획을 세우면서 독자적으로 움직이고 있었다. 그중에는 노먼 다이렌퍼스도 있었는데, 그는 1930년에 아버지가 칸첸중가 국제 원정대를 이끌고 다녀와서 쓴 회고록을 읽고 감동받아 이와 비슷한 도전을 남서벽에서 해볼 계획이었다. 영국과 노르웨이 등산가들로 이루어진 한 팀도 그 벽에 도전할 준비를 하고 있었다. 그들은 지미 로버츠를 대장으로 영입했다. 로버츠 팀과 다이렌퍼스 팀은 서로의 계획을 알게 되자 힘을 합치기로 했다. 다이렌퍼스는 자금 모집에 상당한 힘을 기울여서 BBC와 『더 타임스』를 주요 후원자로 잡았다. 그는 1963년 미국 에베레스트 원정을 계획할 때와 같이 큰 그림을 그릴 줄 알아서 이 원정에 목표를 하나 더 추가했다. 국제 에베레스트 원정대는 한 루트가 아니라 두 루트로 정상에 도전한다는 목표를 세웠다. 그들은 남서벽도 도전하고 서릉에 직등 루트도 뚫을 계획이었다. 그렇게 되면 1963년 톰 혼바인과 윌리 언소울드가 북벽으로 돌아서 올라갔던 업적을 뛰어넘게 되는 것이었다.

1969년 네팔이 마침내 입산 금지를 해제하자 제일 먼저 남서벽에 도전장을 내민 것은 일본인들이었다. 그들은 그해 두 번에 걸쳐 정찰을 하고 나서 1970년에 본대를 파견했다. 비록 네 명의 대원이 남동릉을 통해 정상에 올라가기는 했지만 그들의 남서벽 시도는 실패로 끝났다.

결국 1971년이 되자 에베레스트 최초의 국제 원정대Cordée Internationale에 기회가 찾아왔다. 동시에 두 루트로 도전하기 위해서는 양쪽에 완벽한 팀을 갖추어야 했으므로 원정대는 10개국에서 모두 21명의 등반대원을 모집했다. 다이렌퍼스의 초청을 수락한 사람들로는 오스트리아의 볼프강 악스트Wolfgang Axt와 이탈리아의 카를로 마우리Carlo Mauri, 프랑스의 피에르 마조Pierre Mazeaud, 인도의 하르쉬 바후구나Harsh Bahuguna, 스위스의 미셸 보쉐Michel Vaucher와 이베트 보쉐Yvette Vaucher 부부 등이 있었다. 우에무라 나오미는 1970년 일본 원정 때 정상에 올라, 가장 최근에 에베레스트를 경험한 대원이었다. 원정대는 BBC 스태프 7명을 포함해 10명이 더 있었으므로 모두 31명이 되었다. 이 원정대가 남쪽에서 에베레스트를 도전한 원정대 가운데 규모가 가장 큰 것은 아니었다.(1970년 일본 원정대는 39명이었다.) 그러나 이 원정대는 일본인 등산가가 최초로 유럽 및 미국의 히말라야 원정등반에 참가할 정도로 다양한 면을 가지고 있었다.

다이렌퍼스의 원정대원들은 전에 함께 등반해본 경험이 없었다. 유일한 예외가 안나푸르나 남벽을 성공적으로 오른 돈 윌런스와 두걸 해스턴이었는데, 이 둘이 남서벽에서 선두를 맡을 예정이었다.(영국의 뛰어난 등산가인 크리스 보닝턴은 등반대장으로 초청받았다. 그는 남서벽을 오른다는 데 흥미를 느끼긴 했지만 다이렌퍼스의 계획이 뭔가 꺼림칙하다는 느낌을 받았다. 그는 처음에는 초청을 거절했다가 마음을 바꿔서 수락했지만 결국 마지막에는 가지 않았다.)

1963년의 다이렌퍼스 미국 원정대는 일단 대원을 정상에 올려놓고 본다는 목표를 노골적으로 내걸었었다. 따라서 어떤 루트로 올라가든 세계 최고봉에 최초로 성조기만 나부끼면 되는 것이었다. 이번에 그는 대담하고도 혁신적인 루트 두 개를 개척하고자 했다. 이 계획은 남동릉으로 이미 정상에 오른 영국인, 미국인, 일본인, 인도인 대원들로부터 지지를 받았다. 그러나 아직 한 번도 정상에 국기를 꽂아본 적이 없는 나라에서 온 대원들은 여전히 기존 루트에 매력을 느끼고 있었는데, 문제는 다이렌퍼스가 이 사실을 간과했다는 것이었다.(게다가 스위스 출신의 이베트는 여성 최초로 에베레스트에 오를 기회를 갖고 있었다.)

3월 23일에 구축한 베이스캠프를 떠난 원정대는 쿰부 아이스 폴을 뚫고 나아가 4월 5일 웨스턴 쿰에 전진 베이스캠프를 설치했다. 국적은 서로 달랐지만 처음에는 모두 잘 지냈다. 다이렌퍼스는 4월 4일의 일기에 이렇게 썼다. "대원들이 온전히 화합하고 있다. 지금까지는 아주 작은 불화의 징조도 보이지 않는다."

이제 두 팀은 각각의 목표에 매달리기 시작했다. 윌런스와 해스턴은 미국, 일본, 독일, 오스트리아의 등산가들과 함께 남서벽에 집중했고, 카를로 마우리, 마조, 보쉐 부부, 악스트, 바후구나와 다른 대원 몇 명은 서릉으로 향했다. 1963년 원정 때처럼 양쪽 루트로 가는 물자의 분배를 놓고 긴장감이 조성되었다. "라틴계Latins"라고 불리게 된 대원들(마우리, 마조, 보쉐 부부)은 영·미인들이 의도적으로 자신들의 노동력을 이용해 물자를 비축하려 한다고 의심했다. 또한 그들은 오를 가망성도 없는 곳에서 시간을 낭비하고 있다는 생각을 하면서 격분하기 시작했다. 그들은 힘들게 서릉을 올라가는 대신 익숙한 로체 사면을 통해 사우스 콜로 간 다음 남동릉으로 가고 싶어 했다. 4월 중순에 다이렌퍼스가 라틴계 대원들에게 1캠프에서 전진 베이스캠프로 수송 작업을 하면 서릉으로 물자를 운반하는 것이 빨라질 것이라고 제안하자, 라틴계 대원들은 자신들에게 하찮은 일을 맡겼다며 더욱 격분했고, 이로 인해 감정의 골이 더 깊어졌다. 다이렌퍼스는 직접 물자를 수송해 다른 사람들을 격려하려고 1캠프에 내려갔지만 소용이 없었다. 쿰부 아이스 폴 아래에서 '온전한 화합'을 보여주었던 원정대는 웨스턴 쿰에서는 완전히 다른 원정대가 되어서 말다툼을 벌였다.

일이 꼬이려니 4월 18일 서릉에서 사고가 일어났다. 하르쉬 바후구나와 볼프강 악스트가 전진 베이스캠프에서 쉬려고 능선을 내려오던 중 7천 미터쯤에서 눈보라를 만났다. 악스트가 앞에 서서 고정로프를 타고 내려오고 있었기 때문에 두 사람은 얼음이 덮인 사면을 횡단하는 동안 로프로 서로의 몸을 묶지 않았다. 앞쪽에 선 파트너가 보지 못한 사이에 바후구나는 — 틀림없이 — 실족으로 부상을 당해 계속 전진할 수 없게 되었다. 악스트는 파트너의 비명을 들었지만 도와주러 돌아가지 않았다. 날씨가 좋아 쉽게 내려갈 수 있을 것으로 판단한 그에게는 로프도, 여분의 카라비너도 없었다. 기진맥진한 데다 몸이 얼어오기 시작한 악스트는 가능한 한 빨리 웨스턴 쿰으로 내려가서 다른 대원들에게 바후구나가 처한 상황을 알리는 것이 최선이라고 생각했다.

그러나 구조가 너무 늦었다. 구조대가 눈보라를 뚫고 옴짝달싹 못하고 있는 인도인 동료에게 다가갔을 때 바후구나는 이미 얼굴에 얼음이 덮여 있을 정도로 빈사상태였다. 바후구나를 피난처가 될 수 있는 곳까지 아래로 데리고 내려가려는 시도가 좌절되자, 구조대는 할 수 없이 구조를 포기했다. 그를 사면 아래로 안전하게 데리고 내려가려 하다가는 모두의 목숨이 위태롭게 될 수도 있었다. 구조대가 내려갈 준비를 하고 있을 때, 윌런스는 죽어가는 동료를 향해 이렇게 말했다. "미안해, 하르쉬. 어쩔 수가 없어." 바후구나의 죽음은 우울한 통계를 남겼다. 그때까지 정상에 오른 사람이 28명이었는데, 그는 그 산에서 죽은 28번 째 사람이 되고 말았다.

존 클리어John Cleare가 『알파인 저널』에 기고한 공식 원정기는 이렇게 전한다.

> 그다음 날 아침 제일 늦게 악스트가 침묵에 싸인 주방 텐트로 들어왔다. 전날 그는 의사의 처방에 따라 수면제를 복용한 뒤 잤기 때문에 그 비극을 전혀 모르고 있었다. "하르쉬는 어떻게 되었습니까?" 하고 그가 물었다. "하르쉬는 죽었네."라고 다이렌퍼스가 말하자 악스트는 그 자리에 주저앉아 울음을 터뜨렸다.

대원들은 눈보라로 그다음 10일간을 텐트에 갇혀 있어야 했다. 존 클리어는 "네팔 히말라야 역사상 70년 만의 가장 끔찍한 날씨"라고 했다. 가끔 구름이 걷히면, 전진 베이스캠프에 있는 대원들은 위쪽 사면에서 로프에 매달린 채 얼어붙은 바후구나의 시신을 볼 수 있었다. 그 모습을 본 대원들의 사기는 땅에 떨어졌다.

마침내 눈보라가 멎었지만 불화는 멎을 줄을 몰랐다. 위계질서를 무시한 집단행동이 벌어져 다이렌퍼스를 곤혹스럽게 했다. 라틴계 대원들은 서릉을 포기하고 대신 남동릉으로 정상에 올라가는 것에 집중하겠다고 다이렌퍼스에게 통보했다. 다이렌퍼스는 낙담했지만 자신의 의견을 관철시키려 하지 않았고, 처음에는 라틴계 대원들의 의견에 동의했다. 하지만 그는 루트를 바꾼다고 해도 하극상을 일으킨 대원들을 달랠 수 없다는 것을 깨달았다. 결국 다이렌퍼스는 양쪽 루트를 다 지원할 수 없다는 결론을 내리면서 사우스 콜 도전을 중지시켰다. 이로 인해 다이렌퍼스와 BBC가 서로 짜고 자신들을 정상 도전에서 배제하려 한다는 라틴계 대원들의 의혹이 더욱 깊어졌다. 5월 1일 그들은 산에서 철수해 카트만두로 돌아왔고, 그곳에서 2시간에 걸친 기자 회견을 열어 남서벽에 도전하기 위해 산에 남아 있는 대원들을 공개적으로 비난했다. 피에르 마조는 드골파 공화주의자였는데, 화려한 언변을 발휘해서 이번 원정에서 가장 기억에 남을 만한 말을 남겼다. "그들은 프랑스 국회위원이자 마흔두 살이나 된 나, 피에르 마조에게 영·미인들과 일본인을 위해 셰르파들이나 할 짐꾼을 시키려 했다. 절대 있을 수 없는 일이다! 그들이 모욕한 것은 내가 아니라 프랑스다!" 역사상 처음으로 대중매체에 에베레스트 등반대원들이 영웅적인 인물이 아니라 우스운 인물로 묘사된 것이다.

이번에는 전진 베이스캠프를 휩쓴 전염병으로 대원들이 잇따라 산을 떠났다. 다이렌퍼스는 여러 대원을 괴롭힌 정체불명의 바이러스가 텡보체에서 만났던 히피들 때문이라고 비난했다. 그 자신 역시 병으로 산을 떠나야 했고, 지미 로버츠가 남아 있는 원정대원들을 지휘했다.

10개국이 참가했던 원정대는 이제 영국과 일본의 원정대원들만 남게 되었다. 이 난리법석 속에서도 윌런스와 해스턴은 우에무라 나오미와 이토 레이조의 지원을 받아가면서 남서벽을 계속 올라가 그전 해에 일본 원정대가 올라갔던 곳을 넘어섰다. 남서벽의 아래쪽은 가파르지만 비교적 복잡하지 않은 설사면이었다. 그러나 8,100미터에 이르자 루트는 180~300미터 높이의 바위 지대에 가로막혀서 그 위쪽의 설사면과 정상 바위 지대로 이어지는 루트를 찾을 수가 없었다. 5월 초, 라틴계 대원들이 카트만두에서 기자회견을 열고 있을 때 윌런스와 해스턴은 바위 지대를 오른쪽으로 돌아가려 애쓰고 있었다.(그들은 처음에는 왼쪽으로 가보려 했지만 그쪽으로는 갈 수 없다는 결론을 내렸다.) 그들이 올라갈 만한 침니를 찾아냈을 때는 악천후와 물자 부족, 특히 로프의 부족이 그들의 뒤를 붙잡았다. 결국 5월 21일, 윌런스는 해스턴을 돌아보면서 지친 듯이 말했다. "이제 여길 뜨는 게 어때?" 그러자 해스턴도 고개를 끄덕였다.

양쪽 능선에서 있었던 대실패와는 달리 남서벽의 도전은 최소한 대원들이 원래의 목표에 충실했다는 점에서 값진 패배였다. 윌런스는 2캠프로 돌아와서 존 클리어에게 자신과 해스턴이 남서벽을 일찍 포기했다면 남동릉으로 횡단해서 자기들끼리 정상에 갔을 것이라고 말했다. 그는 경멸하는 투로 이렇게 말했다. "하지만 그 루트로는 에베레스트가 너무나 많이 등정되었잖아."

막다른 골목과 창의적인 새 시도

세계 최고의 등산가들에게 에베레스트는 — 아주 특별한 등반이 아니라면 — 별로 기댈 것이 없는 곳이 되었다. 1971년이 저물기 전 아르헨티나 원정대가 포스트 몬순 시즌에 남동릉으로 도전했지만 실패했다. 1972년에는 또 다른 국제 원정대가 남서벽에 도전했는데, 이번에는 불화를 빚기로 유명한 카를 헤를리히코퍼 박사가 대장이었다. 18명의 원정대원 중에는 돈 윌런스도 있었고, 히말라야가 처음인 더그 스콧Doug Scott도 있었다. 헤를리히코퍼 원정대에서는 늘 있는 일이지만 곧 원정대는 적대적인 내분에 휩싸였다. 이 원정대는 그전 해에 윌런스와 해스턴이 올라갔던 남서벽의 최고 지점까지도 올라가지 못했다.

보닝턴도 헤를리히코퍼의 원정대에 참가할 기회가 있었지만 이번에도 일이 잘못될 낌새를 눈치 채고 원정대가 네팔로 떠나기 직전 빠졌다. 그렇지만 보닝턴은 여전히 남서벽에 도전할 기회가 오기를 간절히 바라고 있었다. 그는 1972년 포스트 몬순 시즌에 에베레스트에 도전하기로 했던 다른 원정대의 계획이 취소되었다는 얘기를 듣자 대신 자신의 원정대가 갈 수 있도록 네팔의 허가를 받아냈다. 이번에는 영국인으로만 구성된 원정대였다. 보닝턴은 자금 지원을 호소하면서 "아직 에베레스트 정상에 오른 영국인이 없다."라는 사실 — 힐러리와 텐징은 1953년에 자금을 댄 후원자들과 같은 국가 출신이 아니었으므로 — 을 강조했다. 시간이 촉박했지만 보닝턴에게는 이 짧은 시간에도 최고의 등반대원들을 모집할 수 있는 인맥과 신뢰가 있었다. 두걸 해스턴과 믹 버크 같은 오래된 동료들뿐 아니라 더그 스콧 같은 신예들도 원정대에 참가했다. 돈 윌런스는 에베레스트 남서벽에 두 번 도전했던 경력이 있었고 보닝턴의 1970년 안나푸르나 원정 때 정상을 밟았지만 이번에는 초청하지 않았는데, 그 이유는 남서벽의 루트를 훨씬 더 잘 아는 윌런스가 대장의 명령을 듣지 않을 것을 우려했기 때문이었다.

싸우기를 좋아하는 윌런스가 없었지만 보닝턴 원정대는 화목하지 못했다. 보닝턴은 1970년 안나푸르나 원정등반의 전략을 다시 사용해 두걸 해스턴과 해미쉬 매킨스Hamish

MacInnes를 스콧과 믹 버크의 앞에 세우되 더 강한 팀이 바위 지대를 돌파하도록 하려고 했다. 실망한 스콧은 보닝턴에게 이렇게 내뱉었다. "헤를리히코퍼와 다를 바 없군요." 이 말을 들은 보닝턴은 그렇다면 짐을 싸서 카트만두로 돌아가라고 말했다. 결국 그들은 간신히 화해했고, 지난 원정대들처럼 일부 대원들이 원정을 보이콧하는 사태는 일어나지 않았다.

해스턴과 매킨스는 1971년의 원정대 루트를 따라갔으나 결국 바위 지대를 넘어갈 루트를 찾지 못했다. 윌런스와 해스턴이 1971년에 가능한 루트라고 보았던 바위 지대 오른쪽의 침니는 고도와 11월의 날씨를 감안하면 너무 어려운 곳이었다. 등반이 막바지에 이를 무렵 보닝턴과 다른 대원들은 그때까지 등반해온 곳의 왼쪽에서 대안이 될 만한 걸리를 발견했다. 하지만 그 걸리에 대한 도전은 그들의 몫이 아니라 다음 원정대의 몫이었다.

보닝턴의 1970년 안나푸르나 원정은 막판에 발생한 이안 클로의 사망사고로 막을 내렸는데, 이번에도 비슷한 비극이 보닝턴의 에베레스트 원정에서 일어났다. 토니 타이Tony Tighe라는 트레커가 비공식적인 자원봉사자로 참가하여 거의 전 기간 동안 베이스캠프에서 잡일을 도왔다. 원정대가 철수를 하는 바로 그 마지막 날, 보닝턴은 토니에게 쿰부 아이스 폴을 올라가서 남서벽을 보고 와도 좋다고 허락했다. 그러나 세락이 무너져내리는 바람에 토니는 엄청난 무게의 얼음에 깔리고 말았다.

보닝턴은 네팔을 떠나기 전 그다음 봄 시즌의 남서벽 등반 허가서를 제출했다. 그러나 1979년 봄 시즌이 되어야 자리가 있었다. 보닝턴은 런던으로 돌아오자 존 헌트에게 포스트몬순 시즌에는 '절대로' 남서벽에 도전하지 않겠다고 다짐했다.

1973년에는 이탈리아 원정대가 에베레스트에 갈 기회를 잡았다. 그들은 이전의 모든 에베레스트 원정대를 무색하게 할 만큼 아낌없는 인력과 물자를 쏟아부었지만 그다지 큰 업적을 세우지 못했다. 그들은 주로 이탈리아 군에서 차출한 64명의 원정대원과 120명의 셰르파, 2,000명의 짐꾼을 동원해 산을 공략했다. 또한 의심쩍은 혁신이긴 했지만 어쨌든 그들은 헬리콥터를 이용하여 물자를 등반대원들에게 수송하는 방법을 썼다. 하지만 그 결과는 헬리콥터 한 대가 웨스턴 쿰에 추락하는 것으로 막을 내렸다. 이토록 공을 들였는데도 20년 전에 초등한 남동릉 루트로 이탈리아 대원 다섯 명과 셰르파 세 명이 정상을 밟았을 뿐이었다. 에드먼드 힐러리 경은 이탈리아의 도전을 "등산이 아니다."라고 혹평했는데, 이탈리아 밖에서 이 말에 이의를 제기하는 사람은 거의 없었다.

1973년 가을이 되자 이번에는 대규모의 일본 원정대가 에베레스트로 향했다. 하지만 남서벽에서 실패한 그들은 남동릉으로 진로를 바꾸어 두 명의 대원을 정상에 올려놓았다. 일본 원정대는 그래도 이탈리아 원정대만큼 조롱을 받지는 않았다. 그 이유는 이들이 포스트 몬순 시즌에 도전한 팀으로는 최초로 에베레스트 정상을 밟았기 때문이다. 일본 원정대의 정상 공격조였던 이시구로 히사히와 가토 야스오는 사상 처음으로 공격캠프를 남동릉의 중간에 설치하지 않고 사우스 콜에서 정상까지 곧바로 올라간 기록을 세우기도 했다.

1974년에는 어느 누구도 에베레스트 정상을 밟지 못했다.(그 이후의 20세기에서는 이런 해가 없었다.) 스페인 원정대가 봄에 남동릉으로 도전했지만 실패했고, 프랑스 원정대는 서릉으로 도전했지만 눈사태로 대원 한 명과 셰르파 다섯 명이 사망하면서 도전을 접어야 했다. 1974년의 사망사고로 에베레스트를 오르려다 사망한 사람의 숫자가 34명으로 늘어났다. 그에 비해 그때까지 정상을 밟은 사람의 숫자는 38명에 불과했다.

작은 규모의 의미 있는 등반

에베레스트로부터 자주 사망사고 소식이 전해지기는 했지만 이미 그곳에서는 온갖 도전을 다 해보았기 때문에 진정한 등반 업적을 거둘 만한 것이 별로 남아 있지 않았다. 1970년대 초반 히말라야에서는 국가의 이름을 걸고 가는 대규모 원정대가 여전히 에베레스트 남동릉을 오르고 있었지만, 한편으로는 훨씬 작은 규모의 원정대가 다른 곳에서 의미 있는 업적을 거두고 있었다. 히말라야의 가장 높은 산에 딸린 미등의 지봉이 그 대상이었는데, 이 산들 중에는 그 자체로 8천 미터가 넘는 것도 있었다. 오스트리아 원정대는 1970년에 로체의 세 봉우리 중에서 가장 낮은 로체 샤르Lhotse Shar(8,400m)를 초등했고, 오스트리아-미국 합동 원정대는 1971년에 다울라기리2봉(7,751m)을 초등했다. 한편 일본 원정대는 1973년에 칸첸중가의 서봉인 얄룽캉Yalung Kang(8,505m)을 초등했고, 스페인 원정대는 1974년에 안나푸르나 동봉(8,010m)을 초등했다. 전에는 관심을 받지 못했던 7천 미터 급 봉우리들도 거대한 산들의 노멀 루트를 대신하는 대안으로 등산가들을 끌어들였다. 이 등반들 중 일부는 전통적인 포위전법을 사용해서 성공을 거두었지만, 칸첸중가와 이웃한 캉바첸Kangbachen(7,903m)을 알파인 스타일로 초등한 폴란드 원정대처럼 혁신적인 등반도 많았다.

1970년대 초반에는 폴란드 등산가들이 히말라야 등반의 전면에 부상했다. 사실 이들의 특징은 높은 수준의 팀워크와 낮은 수준의 물자 조달이었는데, 이것은 그들이 선택한 것이라기보다는 필연에 의한 것이었다. 폴란드 등산가들은 정부로부터 공식적인 지원을 받기는 했지만 등반에서 업적을 거둔다고 해서 경제적으로 이득을 보는 것은 거의 없었고, 고작해야 사회주의권 밖으로 나갈 수 있는 특권을 부여받았을 뿐이었다. 그중 가장 유명한 반다 루트키에비츠Wanda Rutkiewicz는 미국 언론과의 인터뷰에서 "(폴란드에서의) 생활이 너무 힘들어서 거기에 비하면 히말라야 등반은 사치에 가까워요."라고 말하기도 했다. 그들은 산에서 고국으로 돌아가도 편안한 삶을 누리지 못했다. 그들 대부분은 자신과 가족들을 부양하기 위해 육체노동을 해야 했다.(가장 유명한 등산가들조차도 공장의 굴뚝을 칠해서 먹고 살아야 했다.) 그들은 원정등반에서 중고 장비를 사용해야 했고 셰르파도 최소한으로 고용해야 했다.

폴란드인들은 히말라야 등반에 상당한 혁신을 가져왔다. 이들은 프레 몬순과 포스트 몬순이라는 전통적인 두 시즌의 원정등반에 제3의 시즌을 추가했다. 안드레이 자바다Andrej Zawada는 점차 인기를 끌게 된 히말라야 동계등반에서 핵심적인 인물이었다. 1973년 2월 자바다는 타데우스 피오트로브스키Tadeusz Piotrowski와 함께 아프가니스탄에서 가장 높은 산이자 힌두쿠시 산맥에서 두 번째로 높은 노샤크Noshaq(7,492m)를 등정했다. 그 후 그는 히말라야로 시선을 돌려 1974~1975년의 동계 시즌에 로체를 오르는 대담한 시도를 했다. 그들은 비록 정상을 밟지는 못했지만 동계에 최초로 8천 미터 이상의 고도에 오르는 기록을 세웠다. 그로부터 5년 후 폴란드는 그간의 동계등반에서 축적한 경험을 바탕으로 자바다의 지휘 아래 최초의 에베레스트 동계등반에 성공했다. 1980년 2월 17일 레섹 치키Leszek Cichy와 크리스토프 비엘리키Krzysztof Wielicki는 영하 50도의 혹한을 뚫고 남동릉을 통해 정상에 올랐다. 이듬해에는 폴란드인들의 업적에 고무되어 에베레스트의 두 팀을 포함한 일곱 개 이상의 팀이 히말라야에서 동계등반에 나섰다.

창가방

크리스 보닝턴도 대규모 에베레스트 원정대를 조직하는 와중에 소규모 등반을 실험해보았다. 1974년 그는 난다데비 성채의 가장 북쪽에 있는 창가방(6,864m)으로 원정대를 이끌었다. 보닝턴은 창가방을 "하늘을 가르며 솟아오른 창백한 회색의 화강암 상어 이빨"로 묘사했다. 창가방은 난다데비 성채를 오른 사람들한테만 보이는 곳에 있었다. 롱스태프, 틸먼, 쉽턴, 스마이드를 비롯한 여러 유명한 등산가들이 멀리서 이 산을 찬탄하며 바라보기는 했지만 어느 누구도 정상으로 올라갈 수 있는 루트를 제시하지는 못했다. 보닝턴 원정대는 정찰과 정상 공략이라는 두 가지 과업을 한꺼번에 수행해야 하는 드문 상황이었다.

보닝턴은 '국제' 원정대를 탐탁하게 생각하지 않았지만(1971년과 1972년 원정을 생각해 보면 근거는 충분하다.) 이번에는 영국-인도 합동 원정대의 대장을 맡았다. 이 원정대에는 양국에서 네 명씩 참가했다. 영국인 대원으로는 최고의 등반 기량을 자랑하는 보닝턴, 두걸 해스턴, 더그 스콧, 마틴 보이슨Martin Boysen이 있었다. 인도인 대원 가운데는 기술적인 능력에서 이들을 따라갈 사람이 없었다. 그러나 인도 가르왈 지역이 서양 등산가들에게 문호를 개방한 지가 얼마 되지 않았기 때문에 보닝턴은 최소한 한 명의 인도인 등산가라도 함께 정상에 올라가는 것이 정치적으로 중요하다고 생각했다.

그들은 그 산의 남쪽에 있는 라마니 빙하의 입구에 베이스캠프를 설치한 다음, 오래된 사진에서 본 바로는 등반 가능한 루트가 있을 것 같이 보였던 서릉이 너무 가파르다는 판단을 내렸다. 남릉도 비슷했다. 따라서 그들은 마틴 보이슨과 더그 스콧을 앞장 세워 쉽턴의 콜Shipton's Col로 이어지는 가파른 능선을 올라가 산의 반대편으로 넘어갔다. 짐꾼들과 일부 인도인 대원들은 콜을 넘지 못했기 때문에 이 원정대는 모든 것을 스스로 해결해야 하는 6명의 작은 원정대로 재편성되었다.

6월 5일 네 명의 영국인 등산가, 즉 보닝턴, 보이슨, 스콧, 해스턴과 인도군 장교 발완트 산두Balwant Sandhu, 셰르파 타쉬 체왕Tashi Chewang이 오전 1시에 고소 캠프를 출발해서 창가방과 북동쪽으로 인접한 칼란카Kalanka 사이의 콜을 올랐다. 시간이 지나자 그들은 떠오르는 태양의 햇살이 인접한 난다데비를 황금색으로 물들이는 것을 보았다. "새벽이었다. 아름다운 새벽! 마치 인생의 아침과 같은." 산두는 정상 공격일의 그날 아침을 이렇게 회상했다. "구름 한 점, 바람 한 점 없었다. 거대한 산들이 주위에 펼쳐져 있었다. 나는 지금 도대체 어디에 있는 건가?" 그들은 콜을 올라간 다음 칼날 같은 동릉을 따라 창가방의 정상으로 향했다. 구름이 몰려들기 시작한 오후 5시 여섯 명의 대원 모두는 정상등정에 성공했다.(능선의 어디가 가장 높은 곳인지 확실히 몰라 해스턴과 스콧은 로프 길이의 몇 배만큼 더 남쪽으로 가서 그들이 정상에 올랐다는 것을 확인했다.) 산두는 자신이 속한 연대의 깃발을 꺼내 들고 정상 기념사진을 찍었다. 영국인들은 깜빡하고 유니언잭을 가져오지 않았다. 그들은 캠프를 출발한 지 20시간 만에 다시 고소 캠프로 돌아왔고, 보닝턴은 득의양양한 기분을 만끽했다. 그는 이렇게 말했다. "창가방은 세계에서 가장 높거나 어려운 미등봉은 아니지만, 그곳에서 한 3일간의 집중적인 노력은 오랫동안 우리에게 힘이 되어줄 것이다."

1975년: 에베레스트

1975년이 되자 에베레스트가 다시 신문의 헤드라인에 등장했다. 당시까지 에베레스트는 두세 루트, 즉 남릉과 서릉, 그리고 중국의 1960년 등정이 사실이라면 북동릉–북벽을 통해 등정되었다. 그동안은 같은 해에 두 루트를 통해 정상이 등정된 적은 없었다. 1975년에는 최초로 같은 해에 세 루트로 에베레스트 정상이 함락되었고, 최초로 벽등반도 이루어졌다.

1975년에 처음으로 정상에 오른 사람들은 일본인들이었다. 이들은 전통적인 남동릉을 통해 성공했다. 이 원정이 전통적인 루트로 올라갔던 다른 원정과 달랐던 것은 셰르파를 제외하면 모두 여성이었다는 것이다. 원정대장이었던 다베이 준코는 5월 16일 셰르파 앙 쩨링Ang Tsering과 함께 정상에 올랐다. 다베이는 에베레스트에 오른 38번째 등정자로 당시 35세였는데, 그녀보다 먼저 남동릉을 통해 정상에 올랐던 서양인 남성 등산가들과 비교해보면 셰르파 체구와 비슷하다고 할 정도로 작았다.(그녀는 152센티미터에 42킬로그램이었다.) 에베레스트 정상에 오른 사람 중 피아노 교습으로 돈을 벌어 원정 분담금을 낸 사람은 그녀가 유일할 것이다.

12일 후, 또 다른 여성인 티베트인 판토그Phantog가 여덟 명의 중국인들과 함께 북동릉–북벽을 통해 에베레스트 정상에 올랐다. 1960년 정상에 올랐다는 중국의 주장은 서양 등산계로부터 여전히 무시당하고 있었지만, 이번에는 의심의 여지가 없었다. 중국 원정대는 사진과 영화로 이 등반을 기록했을 뿐 아니라 북동릉의 세컨드 스텝 위쪽에 볼트를 써서 알루미늄 사다리를 고정했고, 정상에 금속 삼각대를 세워놓아 물리적인 증거물도 남겼다.

중국 원정대가 정상을 향해 오르고 있을 때 대원 중 한 명이었던 왕 홍보아Wang Hongboa는 흥미로운 것을 발견했다. 그는 4년 후에 일본인 등산가와 이야기를 나누던 중 자신이 8,200미터에서 '오래전에 죽은 영국인'으로 보이는 시신을 발견했다고 말했다.(이 대화를 나눈 그 다음 날 왕이 사망해서 더 이상 자세히 알 수는 없었다.) 당시 왕과 한자漢字로 필담을 나누었던 일본인 등산가 하세가와 료텐에 의하면 "볼에 구멍이 나 있었고 입이 벌어져 있었다."라고 한다. 그리고 왕이 옷을 건드리자 이미 다 닳아빠진 옷들이 그냥 부스러지면서 날아다녔고 왕의 입김에 춤추듯 흩날렸다고 한다. 왕이 발견했다는 이 시신에 대한 소문은 몇 개월 사이에 일본을 거쳐 세계로 퍼져나갔다. 서양 등산가들은 맬러리나 어빈의 시신이 곧 발견될 것이고 따라서 그들이 사망하기 전에 정상에 올라갔는지를 밝힐 수 있을지도 모른다는 희망을 갖게 되었다.

1975년의 에베레스트 등정 중 가장 유명한 것은 크리스 보닝턴의 원정이었다. 그는 1979년까지는 다시 에베레스트에 갈 계획이 없었지만 1973년 말에 캐나다 원정대가 1975년의 포스트 몬순 시즌을 포기했다는 것을 알고 그 기회를 낚아챘다. 그는 가을에는 절대로 남서벽에 도전하지 않겠다는 이전의 다짐을 기억하고는 최초의 경량 알파인 스타일로 남동릉을 올라가보기로 했다. 그러나 그가 1974년 창가방으로 출발하기 직전, 그의 등반 파트너인 더그 스콧과 두걸 해스턴이 본격적인 남서벽 원정대를 꾸려보자고 그를 설득했다.

보닝턴은 1972년의 원정보다 훨씬 더 많은 대원과 물자가 필요할 것으로 판단했다. 마침 바클레이즈Barclays 은행이 10만 파운드의 후원금을 지원함으로써 이 계획을 실현 가능하게 만들었다. 1920년대 이후 에베레스트 원정마다 어느 정도의 상업성이 가미되기는 했지만 1975년 원정의 기업 후원은 예상을 뛰어넘는 것이었다. 이전까지 기업들은 자신들의 상품 판매가 가져올 예상 수익 범위 내에서 후원금을 지원했었다. 따라서 신문이나 TV 방송국, 스포츠 의류와 등반장비 회사들이 전통적인 후원자였다. 반면 바클레이즈는 보닝턴 원정대가 정상에 오른다고 해도 직접적인 이익은 없었다. 그들은 대담하고도 성공적인 에베레스트 원정을 후원하여 생겨나는 간접적인 이익을 얻고자 했다.

은행에서 지원한 자금 덕분에 보닝턴은 1953년 이래 최대 규모로 원정대를 꾸릴 수 있었다. 대원들은 히말라야에서 숱한 경력을 쌓은 18명의 정예 멤버로 구성되었다. 두걸 해스턴, 더그 스콧, 해미쉬 매킨스는 남서벽만 벌써 세 번째였다. 44세의 매킨스는 팀의 최고령자로 부대장을 맡았는데 1953년 이후 처음으로 에베레스트 지역에 가게 되었다. 히말라야가 처음인 피터 보드먼Peter Boardman은 24세로 원정대에서 가장 어렸다. 그는 힐러리와 텐징이 에베레스트 정상에 올랐을 때 너무 어려서 주요 히말라야 원정대원 중에서 그때를 알지 못하는 최초의 영국인 대원이었다.

등반대원들은 셰르파 38명과 BBC 직원 4명을 동행했다. 물론 해스턴과 스콧이 유력하기는 했지만, 보닝턴은 지난 원정 때의 불화를 기억해서 어느 팀을 1차 공격조로 생각하는지 밝히지 않으려 조심했다. 그는 1972년 때보다 훨씬 빨리 등반을 시작하기로 결정했다. 원정대가 8월 22일 베이스캠프에 도착하자 두걸 해스턴과 닉 에스트코트Nick Estcourt는 곧바로 쿰부 아이스 폴에 루트를 내는 작업을 시작했다.

몬순이 남겨 놓은 많은 눈 때문에 눈사태의 위험이 컸지만 원정대의 전진은 빨랐다. 9월 13일 5캠프가 1972년 원정 때의 최고 지점에 가까운 바위 지대 바로 아래에 설치되었다. 특이했던 것은 선두 대원들 사이에서 불화가 발생하지 않았다는 것이었다. 보닝턴이 경쟁적인 야심을 다루는 데 능숙해져서인지, 아니면 모두가 안나푸르나와 지난 몇 차례의 에베레스트 도전 당시 일어났던 일에 대해 잘 알고 있어서인지, 대원들은 다음 원정기에는 악한으로 등장하기 않기로 마음 먹고 자제심을 발휘하는 것처럼 보였다. 원정대 의사였던 찰스 클라크 Charles Clarke는 정상에 올라갈 야심이 없어서 다른 대원들을 자세히 살펴볼 수 있었다. 그는 9월 초순의 일기에 이렇게 썼다. "분열도 파벌도 심술도 없었지만 모두 마음속으로 꾹 참고 있었다."

바위 지대 전까지의 원정대 전술은 아주 간단했다. 눈사태가 일어날 것 같지 않은 곳만 골라 고정로프를 설치하며 남서벽을 올라가면 되는 것이었다. 일단 바위 지대에서는 에스트코트와 폴 브레이스웨이트Paul Braithwaite가 1972년 당시 보닝턴과 몇몇 사람들이 시도해볼 만한 가치가 있다고 판단했던 왼쪽의 걸리를 공략했다. 그리고 이번에는 하루 만에 까다로운 바위지대를 돌파하는 인상적인 등반을 성공적으로 해냈다. 존 헌트는 이 등반이 "아이거 북벽에서 최초로 힌터슈토이서 트래버스를 넘어갔던 등반이나, 하얀 거미 위쪽의 엑시트 크랙을 올라갔던 선등에 견줄 만하다."라며 극찬했다.

드디어 정상으로 올라갈 수 있는 루트가 열렸다. 9월 22일 해스턴과 스콧은 바위 지대 위쪽 8,320미터에 공격캠프인 6캠프를 설치했다. 그다음 날 그들은 동쪽 방향으로 나아가면서 남봉으로 이어질 것 같은 걸리 밑까지 고정로프를 깔았다. 9월 24일 새벽 3시 30분에 출

석양을 배경으로 에베레스트 정상에 선 두걸 해스턴. 오른쪽 아래로 롱북 빙하가 보이고, 초오유가 그 위쪽으로, 시샤팡마가 멀리 지평선에 보인다. 더그 스콧 촬영
(사진 출처: 알파인 클럽 도서관)

발한 두 사람은 고정로프의 끝까지 간 다음, 등반로프를 사용해 인간의 발길이 한 번도 닿지 않은 지역으로 들어갔다. 그들은 해스턴의 산소 장비에 얼음이 끼어서 1시간을 낭비해야 했다. 또한 그들은 걸리를 메운 깊은 눈을 헤치면서 남동릉과 만나는 남서벽의 꼭대기까지 올라가느라 많은 시간을 낭비해야 했다. 해스턴은 "바람에 의해 눈사태가 일어날 수 있는 전형적인 조건이었다."라고 이 상황을 간결하게 묘사했다.

출발한 지 11시간 반 만인 오후 3시 해스턴과 스콧은 남봉에 도달했다. 그곳에서 그들은 차를 마시며 쉬면서, 밤에 기온이 내려가면 눈이 얼어붙어서 올라가기가 쉬우므로 그때까지 기다릴 것인지 진지하게 고려해보았다. 그러나 그들은 날씨가 계속 좋을지 믿을 수 없다고 보고 다시 출발해서 깊은 눈에 덮인 힐러리 스텝을 올랐다.

9월 24일 오후 6시 두 사람은 6캠프를 떠난 지 14시간 반 만에, 그리고 원정대가 베이스캠프에 도착한 지 33일 만에 정상에 올라섰다. 이로써 해스턴과 스콧은 에베레스트 정상에 선 최초의 영국인 — 맬러리와 어빈이 이미 정상에 올랐을지도 모른다는 희미한 가능성은 일단 제쳐두고 — 이 되었다. 그들은 중국인들이 남겨놓은 붉은 리본이 달린 삼각대를 발견

히스로 공항으로 돌아온 1975년 에베레스트 남서벽 원정대. 왼쪽부터: 피터 보드먼, 크리스 보닝턴, 페르템바, 두걸 해스턴, 더그 스콧
(사진 출처: 헐튼 자료실)

해 그 옆에서 서서 기념 촬영을 했다. 그들이 내려오기 시작한 시간이 너무 늦어서 6캠프에 도착하기도 전에 완전히 캄캄해졌다.

두 사람은 남봉에서 바람을 피하기 위해 설동을 파고 비박했다. 그들은 산소도, 식량도 없었고 버너의 연료가 떨어져 물을 만들어 마시지도 못했다. 8,748미터 고도에서 비박은 사상 처음이었다. 스콧은 이렇게 회상했다. "우리가 살아남을 수 있을지 어떨지 걱정은 하지 않았다. 우리보다 아래쪽에서 비박을 하긴 했지만 어쨌든 장비도 제대로 없이 에베레스트에서 밤을 보냈던 다른 등산가들의 경험을 알고 있었기 때문이다. 그러나 그들 모두는 나중에 손가락과 발가락을 몇 개씩 잘라내야 하기는 했다." 두 사람은 그런 운명을 피하기 위해 밤새도록 손과 발을 문질렀다. 동이 트자 그들은 다시 출발했고, 9월 25일 오전 9시에 침낭이 있는 6캠프로 돌아올 수 있었다.

보닝턴은 이미 목표를 달성했으므로 철수를 위해 모두 즉시 하산하라고 명령을 내릴 수도 있었다. 그는 원래 한 팀만 정상에 올려 보낼 계획이었다. 그러나 정상 등정이 너무 빨리 성공해 다른 대원들도 정상에 도전할 수 있는 시간이 확보되었다. 따라서 해스턴과 스콧이 정상 도전을 하고 있는 동안 이미 다른 4인조, 즉 보이슨, 버크, 보드먼과 셰르파 페르템바 Pertemba가 고소 캠프로 이동하여 기회를 엿보고 있었다. 보닝턴은 믹 버크를 걱정했다. 그는 너무 오랫동안 고소에 있어서 움직임이 둔해졌다. 그러나 버크가 9월 25일의 등반을 잘 해내서 6캠프의 다른 대원들은 그다음 날 버크와 함께 정상 공격을 하기로 했다. 9월 26일, 네 명의 대원은 정상을 향해 출발했다. 보이슨은 산소 장비에 문제가 있었던 데다 크램폰 한 짝을 잃어버려 일찍 돌아섰다. 무비 카메라를 가진 버크는 뒤로 처졌다. 보드먼과 페르템바는 신속하게 남서벽과 남동릉을 올라 오후 1시가 막 지난 시간에 정상에 올라섰다. 보드먼은 소형 녹음기에 익살스러운 정상 등정 소감을 남겼다. "그런데, 바클레이즈 은행 지점이 여기에는 없네요."

두 사람은 내려오다가, 정상에서 몇 백 미터 떨어진 곳에서 쉬고 있는 버크를 만났다. 그는 두 사람이 그와 함께 다시 정상으로 올라가서 BBC 방송에 내보낼 영상을 찍을 수 있겠냐고 물어봤다. 하지만 보드먼은 페르템바가 6캠프까지 안전하게 내려갈 수 있을지 걱정하고 있었다. 버크는 정상까지 잘 찍혀있는 발자국을 따라 혼자서 올라가기로 결정했다. 다른 대원들은 남봉에서 그를 기다렸다가 함께 내려가기로 했다. 보드먼과 페르템바는 남봉까지 내려온 다음 1시간 반 동안 버크를 기다렸다. 기상이 악화되면서 걱정이 점점 커졌지만, 보드먼은 결국 더 이상 기다렸다가는 자신들의 목숨도 위태로울 것으로 판단했다. 그들은 루트를 분간할 수 없을 정도로 심한 눈보라를 뚫고 내려오다가 두 번이나 눈사태에 휩쓸릴 뻔했다. 오후 7시 30분 그들은 6캠프에 도착해, 기다리고 있던 보이슨을 만났다. 보드먼은 안전한 텐트에 도착하자 눈물을 흘렸다.

믹 버크의 시신은 발견되지 않았다. 그는 정상에 오른 다음 하산하다가 오버행 눈처마에서 발을 헛디딘 것 같았다. 이로써 그는 보닝턴 원정대에서 막판에 목숨을 잃은 세 번째 대원이 되었다.

보닝턴은 원정등반의 공을 세운 것이 인정되어 대영제국 커맨더 훈장을 받고 기사로 서품되었다. 보닝턴의 여섯 번째 책이자 그의 원정기 가운데 가장 훌륭한 책인『에베레스트—험난한 길Everest: The Hard Way』은 베스트셀러가 되었다.

그다음 몇 년 동안에도 에베레스트에서는 주목할 만한 성취가 있었다. 그중 일부는 보닝턴 원정대처럼 본격적인 원정대가 세운 것이었다. 1979년에는 유고슬라비아 원정대가 서릉 루트를 완성했고, 1988년에는 252명의 대원이 참가해서 규모만도 엄청났던 중국-일본-네팔 합동 원정대가 최초로 북쪽에서 남쪽으로 또 남쪽에서 북쪽으로 동시 횡단등반에 성공했다. 1984년 오스트리아 원정대에 의한 북벽의 그레이트 쿨르와르 완등과 같은 새로운 최고의 루트들은 소규모 원정대들에 의해 개척되었다. 그러나 1975년 보닝턴 원정대 이후 대규모든 소규모든 에베레스트 원정등반은 커다란 인명 피해가 나지 않는 이상 일반 대중의 이목을 끌지 못했다.

1970년대의 미국인 등산가들

미국인 등산가들은 친한 사람들끼리 히말라야 원정등반을 가는 오랜 전통이 있었다. 1938년과 1953년의 K2 원정, 1960년의 마셔브룸 원정은 공동의 목표를 위해 서로 협력하는 원정의 전형이었다. 톰 혼바인은 마셔브룸 원정 때 의사로 참가해서, 정상에 오르겠다는 야심을 만족시키지 못했다. 그러나 몇 년 후 그가 "내가 열심히 노력해서 우리 원정대가 정상에 올랐기 때문에 내가 정상에 오르지 못했다는 것은 큰 문제가 되지 않는다. 우리의 성공은 나의 성공이다. 우리의 동료애는 다른 사람들과 다르다."라고 썼듯, 원정대는 돈독한 동료애를 과시했다. 물론 모든 원정이 다 이런 것은 아니었다. 1939년의 K2 원정은 분명한 예외였고, 1963년의 에베레스트 원정도 대원들이 불화를 겪었다. 그러나 제2차 세계대전 전후 세대의 미국인 등산가들은 동일한 윤리 의식과 공동체 의식을 가지고 있었다. 간혹 불화와 반목이 있기는 했지만 그들은 어떤 의미에서 형제였다.

1970년대가 되자 세대 간의 역학관계가 달라졌다. 1963년 에베레스트 원정 이후 미국의 히말라야 등반에 세대 차가 나타난 것이다. 물론 네팔이 1965년에 입산 금지령을 내려서 히말라야로 가기 어려워진 이유도 있었지만, 원정으로 유명해진 사람들은 점차 원정등반에서 멀어져갔다. 경제적인 압박은 세대 차를 더 벌려놓았다. 미국인 등산가들은 캐스케이드 산맥이나 티톤 산맥에서 한 시즌 동안 직업적인 가이드를 할 수 있는 경우를 제외하면 등반으로 먹고 살기가 힘들었다. 미국에는 크리스 보닝턴처럼 책이나 TV 출연, 강연료로 안정적인 수입을 거둘 수 있는 사람이 없었다. 짐 휘태커는 에베레스트에서 돌아오자 아웃도어 용품 회사의 공동 운영자가 되었다. 톰 혼바인은 다시 의사로 돌아갔다. 윌리 언소울드는 평화봉사단으로 돌아갔다. 그는 나중에는 아웃워드바운드Outward Bound(심신 단련을 위한 체험교육기관)에서 일하다가 에버그린 주립대학 교수가 되었다. 배리 비숍은『내셔널 지오그래픽』의 일자리로 돌아갔다. 이 노장들이 1970년대 중반에 다시 히말라야에서 모험을 할 무렵에는 거의 명예직으로 물러나있었다. 그들은 등산가로서 여전히 왕성한 활동을 하고 있었지만 능선이나 벽에 새로운 루트를 내는 힘든 도전에서는 핵심적인 역할을 맡으려 하지 않았다. 물불을 가리지 않는 젊은 세대는 히말라야 등반에서 간절히 명성을 쌓고 싶어 해서 이런 선배들의 모습을 참지 못했다. 젊은 세대는 '돈독한 동료애'와 '정상 등정' 사이에서 망설임 없이 후자를 선택했다.

1969년에 네팔이 등산가들에게 다시 문호를 개방하자, 한 미국 원정대가 다울라기리로 가서 두 명의 셰르파와 다섯 명의 미국인이 눈사태로 죽는 재앙을 당했다. 그때 살아남은 미국인들은 다시 다울라기리로 가겠다고 맹세했는데, 1973년에 그 약속을 지켰다. 16명으로 구성된 1970년대 미국 최대 규모의 히말라야 원정대가 세 번째 등정을 노리며 다울라기리로 출발했다.(그 사이에 일본 팀이 재등에 성공했다.)

미국인들은 미등으로 남아있던 다울라기리의 남동릉으로 도전할 생각이었지만 그것이 너무 어렵다는 것을 알게 되자 이미 두 번의 성공을 거두었던 북동릉으로 방향을 돌렸다. 훗날 되돌아봤을 때 이 원정은 1970년대에 가장 두각을 나타낸 두 명의 미국인 등산가, 즉 루 라이카트와 존 로스켈리John Roskelley를 배출했다는 점에서 등산역사적으로 의의가 있었다. 1969년 다울라기리의 눈사태에서 유일하게 살아남은 사람이 라이카트였는데, 그는 원래 강인하고 지구력도 좋아서 처음부터 가장 유력한 정상 공격조로 꼽혔다. 존 로스켈리는 라이카트의 정상 파트너 자리를 차지하기 위한 경쟁에서 가장 앞서있었다. 로스켈리는 워싱턴 주 스포케인Spokane 출신으로 히말라야 원정은 그때가 처음이었다. 그는 다울라기리로 오기 전에 단 한 번도 북미대륙 바깥의 산에 가본 적이 없었고 4,300미터를 넘는 산도 올라가본 적도 없었다. 그러나 로스켈리는 강인함과 지구력을 겸비한 데다 다른 사람을 주눅 들게 할 정도로 자신감이 강했기 때문에 정상 공격조에 뽑힐 수 있었다. 나중에 로스켈리는 다른 원정기에 당시의 자신을 이렇게 표현했다. "나는 강했다. 그러나 그 원정에 참가한 다른 사람들도 강했다. 내가 그들과 달랐던 것은 나는 실패를 전혀 두려워하지 않았다는 것이다." 5월 12일 라이카트, 로스켈리, 셰르파 나왕 삼덴Nawang Samden이 정상에 올라서 성조기와 네팔 국기, 내셔널 지오그래픽 협회의 깃발을 꽂고, 불교도들이 기도를 할 때 사용하는 스카프도 함께 걸었다.

K2에도 미국인들이 이루지 못한 숙원이 남아있었다. 1938년에서 1953년 사이에 미국 원정대 세 팀이 K2에 도전했는데, 그때 사망한 두 명의 미국인과 세 명의 셰르파 시신이 그곳에 묻혀있었다. 1960년 독일-미국 합동 원정대 이후 14년 동안 K2에 도전한 원정대는 없었다.

1974년에 파키스탄이 원정대에 카라코람을 개방하자, K2에 세 번 다녀온 밥 베이츠가 그 기회를 처음으로 잡았다. 그는 『미국 알파인 저널』의 편집장인 애드 카터Ad Carter와 함께 정찰 등반을 갔고, 그때까지 미등으로 남아있던 북서릉에서 등반이 가능한 루트를 찾아냈다.

이듬해 미국에서 가장 유명한 등산가인 짐 휘태커가 본격적인 규모의 원정대를 이끌고 K2로 갔다. 원정대는 10명의 등반대원으로 구성되었는데, 그 가운데에는 아내 다이앤 로버츠와 그의 쌍둥이 동생 루 휘태커가 있었고, 이 원정에 대한 아이디어를 처음으로 냈던 짐 위크와이어Jim Wickwire와 사진사 게일런 로웰Galen Rowell도 있었다. 그런데 처음부터 일이 꼬이기 시작했다. 나쁜 날씨와 짐꾼들의 파업 그리고 질병으로 전진이 늦어졌다. 가족 관계도 대실패의 원인이 되었다. 루가 사업상의 이유로 1963년 미국 에베레스트 등반에서 갑자기 빠진 이후 짐과 루는 오랫동안 사이가 좋지 않았다. 짐은 1975년 원정을 계기로 화해할 수 있기를 바랐지만, 루 휘태커가 다이앤 로버츠의 고소등반 자격에 의문을 제기하자 두 사람의 관계가 더욱 틀어졌다.

등반대의 다른 대원들은 휘태커의 스코틀랜드계가 자신들을 K2 정상 등정의 영광을 받쳐줄 포터로 초청했다고 생각했다. 게일런 로웰은 원정대를 스코틀랜드계인 '빅 4', 즉 휘태커의 친족 세 명과 위크와이어, 그리고 '마이너리티 5', 즉 나머지 다섯 명으로 구분했다. 한편 북서릉은 너무나 어려워서 결국 원정대는 6,700미터까지밖에 올라가지 못하고 포기했다.

원정대원들은 불만에 가득 찬 채 미국으로 돌아갔다. 게일런 로웰의 원정기인 『산신들의 신전에서In the Throne Room of the Mountain Gods』는 K2와 다른 산들의 멋진 사진과 함께 히말라야 등산의 역사에 대한 흥미로운 사색을 담아내서 눈길을 끌었고, 이후에 출간되는 '등반 에세이'에 선구적인 역할을 했다. 이전의 등반 관련 문헌에는 동상이나 저산소증으로 인한 환각을 다룬 글들이 자주 보였지만, 1970년대의 등반 관련 문헌에서는 이런 것이 서서히 자취를 감춘 대신 상처 입은 감정과 들끓는 분노가 두드러지게 나타나기 시작했다. 로웰은 이것을 잘 보여주는 글을 하나 썼다. "다이앤과 나는 서로 강한 적대심을 갖고 있었다. 우리는 서로 상대방이 경쟁심이 지나치게 강하다고 생각했다. 둘 다 주인공이 되고 싶어 해서 사건이 벌어지면 항상 끼어들었다. 다이앤은 내가 뼛속까지 남성 우월주의자라고 생각했다."

미국으로 돌아온 짐 휘태커는 그 원정이 CIA가 K2 정상에 원자력 감청 장치를 설치하려는 계략의 일환으로 기획되었다는 소문 때문에 곤욕을 치러야 했다. 원정대 의사였던 롭 셸러Rob Schaller가 1965년 '난다데비에서 한 못된 짓'에 연루되기도 한 데다, 1970년대 중반이 워터게이트 사건 직후여서 이런 근거 없는 중상모략이 사람들에게 그럴듯하게 먹혀들었다. 게다가 휘태커는 짐꾼들을 학대하고 혹사시켰다는 민원이 들어와 미국 알파인 클럽의 조사까지 받게 되자 기분이 많이 상했다. 그는 이에 대해 "어려운 원정에 비하면 뒤끝이 너무 씁쓸했다."라고 토로했다.

그다음 해에 또 다른 대규모의 미국 원정대가 에베레스트를 향해 출발했다. 1976년의 독립 200주년 기념 원정에도 게리Gerry와 바브 로치Barb Roach 부부가 참가했고 등반대원들의 여자 친구들이 동행하기도 했지만 원정대가 애를 먹은 것은 가족 문제가 아니었다. 이번에는 등반 다큐멘터리를 제작하기 위해 CBS TV에서 파견된 직원들이 자꾸 간섭해서 갈등이 일어났다. 워터게이트 사건 이전에는 언론사가 우주비행사나 대통령 같은 주요 유명 인사들을 다루듯이 존경심을 갖고 등산가들을 다뤘지만 일단 워터게이트 사건이 터지자 언론의 태도가 변했다. 대통령에게도 더 이상 존경심을 보이지 않는 언론인데 꾀죄죄한 등산가들은 말할 필요도 없었다. CBS는 처음부터 마치 인기 없는 프로그램을 위해 동원된 엑스트라들을 녹화 세트장에서 다루듯이 대원들을 다루었다. 대원들은 원정을 떠나기 전에 콜로라도주 보울더에 모여서 장비를 점검하며 체력 훈련을 했다. 이때 CBS 직원이 콜로라도 대학 운동장에 가서 그들이 조깅하는 것을 촬영했다. 대원들이 운동화를 신고 운동복 차림으로 나타나자 촬영감독은 불만스러워했다. 그는 대원들에게 고소용 부츠를 신고 배낭을 멘 상태로 운동장을 돌라고 지시했다. 그는 대원들에게 "당신들은 세계 최고봉에 도전하기 위해 훈련을 하지 않습니까? 우리는 그런 느낌이 나도록 촬영해야 합니다."라고 말했다. 원정대가 7월 하순에 카트만두에 도착했을 때에도 비행기에서 내리는 장면을 촬영하기 위해 세 번을 오르락내리락해야 했다.

일단 산으로 들어가자, 대원들은 카메라맨들이 자기 자신들의 목숨뿐 아니라 주위 사람들의 목숨도 위태롭게 만드는 바보, 멍청이라고 여기게 되었다. CBS 촬영감독은 여러 각도에서 촬영을 한답시고 원정대장인 필 트림블Phil Trimble에게 위험한 크레바스에 놓인 불안정한 사다리 위에서 여러 번 다시 건널 것을 요구했다. 대원들은 방송국 직원들이 등산광, 페미니스트 등 인물의 성격을 미리 설정해놓고, 카메라를 들이대며 유도질문을 해서 자신들을 그 성격에 고착시키려 한다고 생각했다. 대원들 간의 불화는 TV에 담기에 좋은 소재여서 그것을 포착하려고 카메라와 녹음기가 항상 켜져 있었다. 한번은 대원 한 명과 수석 카메라맨이 피켈을 들고 서로 죽여버리겠다고 싸워서 다른 사람들이 뜯어말린 적도 있었다. 물론 이것은 방송으로 나가지는 않았다.

이런 온갖 어려움에도 10월 8일 오후 4시 15분 크리스 챈들러Chris Chandler와 롭 코맥Rob Cormack이 에베레스트의 정상 등정에 성공하면서 여섯 번째와 일곱 번째 미국인 등정자가 되었다. 지난번 미국 에베레스트 원정대원들처럼 그들도 시간이 너무 늦어서 내려오다가 비박을 해야 하지 않을까 두려워했지만 다행히 어둠 속에서 가까스로 텐트까지 내려왔다. 코맥은 "에베레스트에서 그날 한 등반을 생각하면 지금도 머리털이 쭈뼛 선다."라고 말했다.

그 후 일부 등산가들은 남동릉을 통해 열 번째로 정상 등정에 성공한 미국 원정대를 보고 충분한 인원과 물자만 있으면 노멀 루트를 통한 등정은 더 이상 어려운 일이 아니라고 생각하게 되었다. 원정대원 게리 로치는 이렇게 말했다. "사람이 아니라 원정대가 산에 도전한 것이다. 원정대는 개개인의 추진력보다는 돈의 힘에 의해 좌우되는 것 같다. 진정한 추진력은 결국 돈의 힘이다."

1976년: 난다데비

난다데비는 미국인 등산가들에게는 늘 손에 잡힐 듯 말 듯 지평선 저쪽에 있는 신비로운 존재였다. 1936년 빌 틸먼과 노엘 오델이 이 산을 초등할 때 찰리 휴스턴이 갑자기 심한 식중독에 걸려서 정상 공격조에 끼지 못한 불운한 일화도 있었다. 그리고 CIA가 1960년대 중반에 이 산에 원자력 감청 장치를 설치하려 작전을 수행했다는 소문도 있었다. 그때 여러 명의 등산가가 한꺼번에 몇 달 동안 사라졌지만, 그들이 산에 무엇을 해냈다는 주장도 없었다. 히말라야의 다른 지역처럼 1960년대 중반부터 1970년대 초반까지 난다데비도 입산이 금지되었지만, 1974년 인도가 이 지역을 다시 등산가들에게 개방했다. 1975년 프랑스-인도 합동 원정대가 난다데비에 도전해서 전통적인 남릉 루트로 정상에 올라 이 산에 오른 다섯 번째 팀이 되었고, 이듬해에는 일본 원정대가 난다데비와 난다데비 동봉까지 올랐다. 하세가와 요시노리와 다카미 쿠시게가 동봉과 난다데비 정상을 연결하는 칼날 같은 능선을 종주하는 위업을 세워 등산계의 숙원을 풀었다.

난다데비는 윌리 언소울드와도 특별한 인연이 있었다. 언소울드가 알프스에서 히말라야로 와서 즐겁게 돌아다니던 1949년, 그는 멀리서 난다데비를 보고 그 아름다움에 넋을 잃어 나중에 딸을 낳으면 난다데비로 이름 짓겠다고 결심했다. 그 여행에서 그는 자신만의 등반 철학을 확립했는데, 당시에 지나치게 순진하다는 말을 들었던 그의 이 철학은 1970년대가 되자 보편적인 사상이 되었다. 1949년 언소울드는 인도 가르왈에 있는 닐칸트(6,596m)에 도전했지만 정상에 오르는 데는 실패했다. 그는 위험했지만 즐겁기도 했던 이 원정에 대해 1956년『미국 알파인 저널』에 다음과 같이 썼다. "이번처럼 어려운 여행은 안락한 여행보다 여러 가지 면에서 장점이 훨씬 더 많다. 그 나라와 그 나라 사람들을 직접 만나보는 강렬하고 순수한 감동은 두꺼운 가이드북에서는 결코 얻을 수 없다. … 소규모 원정에서 대원들이 얻는 경험은 최근 대중의 이목을 끌고 있는 대규모 히말라야 원정에서 얻는 경험보다 훨씬 더 즐겁다."

언소울드가 이 신성한 여신의 산을 가르왈에서 목격하고 나서 5년이 지난 후 아내 졸린Jolene이 딸을 낳았다. 부부는 이 아이의 이름을 난다데비 언소울드라고 지었다. 데비는 아버지가 평화봉사단의 부단장으로 티톤과 네팔의 가이드 캠프에서 일하고 있을 때 전원과 산을 벗 삼아 성장했다. 그녀의 철학도 사회적 정의에 대한 1960년대의 이상주의와 관련된 '최소한의 것만을 가지고 여행하는 것'이었다.

1975년 데비 언소울드는 자신의 이름과 똑같은 산으로 원정을 가보고 싶었다. 그녀는 1936년에 원정을 다녀왔던 애드 카터에게 그녀의 아버지와 함께 난다데비 도전 40주년을 기념해 1976년에 원정을 가자고 제안했다. 데비는 물질적 검소함을 엄격하게 따랐던 빌 틸먼 원정대처럼 초창기 사상으로 돌아가 원정을 해보고 싶어 했다. 등반에 관한 한 그녀도 아버지처럼 굉장한 이상주의자였다. 1976년에 그녀는 기자에게 "나는 대원들 사이에서 일어

1974년 파키스탄의 난다데비 언소울드
(사진 출처: 미국 알파인 클럽 도서관)

나는 상호관계가 등반에 미치는 영향에 대해 무척 관심이 많다."라고 말했다.

카터와 윌리 언소울드는 이런 종류의 원정 제안에 신이 났고 둘이서 공동 대장을 맡기로 했다. 팀을 구성하기 위해 그들은 다양한 등산가들을 초청했다. 이 가운데에는 다울라기리에 다녀왔던 루 라이카트, 존 로스켈리와 앤디 하버드Andy Harvard도 있었다. 또한 인도의 등산가 키란 쿠마르Kiran Kumar와 니르말 싱Nirmal Singh도 초청해서 결국 미국-인도 합동 원정이 되었다. 여성 대원으로는 데비와 마티 호이Marty Hoey가 있었다. 호이는 레이니어 가이드 출신인 원정대원 피터 레브Peter Lev와 연인 사이였다. 만일 데비 언소울드나 마티 호이가 정상에 오른다면 미국 여성으로는 최고 고도기록을 세울 수 있었다.

존 로스켈리는 데비 언소울드와는 달리 정상에 오르는 것이 1차적인 목표였다. 그는 정상에 오르고자 하는 자신의 희망을 방해하는 누구도 받아들일 생각이 없었다. 따라서 마티 호이가 참가하자 로스켈리의 심기가 불편해졌다. 그는 여성이 남성과 기량이 같다고는 절대 믿지 않았고, 특히 연인이 함께 원정대에 참가하는 것을 받아들일 수 없었다. 그는 데비 언소울드가 참가한 것도 싫었지만 이 원정이 처음부터 그녀의 아이디어였기 때문에 그녀를 빼야 한다고 목소리를 높일 처지가 아니었다. 반면 윌리 언소울드는 여성과 남성이 아무런 문제없이 이런 일을 함께할 수 있다는 것을 증명하면 좋은 일이고, 또한 등반이 거친 남성들의 전유물이라는 이미지를 탈피할 때가 왔다고 생각했다. 로스켈리는 결국 논쟁에서 졌고, 퉁명스럽긴 했지만 "미국이 대단한 실험을 하려는데 내가 방해하고 있다는 것을 어느 순간 깨달았다."라고 인정했다.

처음부터 이 원정은 상징적 의의를 너무 많이 두고 있었다. 언소울드 부녀에게는 산을 등반하는 과정이 정상이라는 목표만큼 중요했다. 그들은 경량 등반과 여유 있게 운영되는 원정 방식을 선호했고, 결정도 퀘이커 교도들처럼 전원 합의 후에 내려지길 바랐으며, 기본적으로 여성과 인도인 대원 모두가 정상 공격조로 뽑힐 기회가 있다고 생각했다. 언소울드는 고정로프 사용을 그다지 좋아하지 않았다. 고정로프를 사용하면 대원들이 안전을 위해 서로에게 의지하는 대신 로프에 의지하게 되어 등반조가 서로 갈라진다는 게 그의 생각이었다. 따라서 그는 가능하면 고정로프 설치를 줄이고 싶어 했다. 물론 그도 산을 올라가고 싶어 했고, 또한 가능하면 신루트로 올라가고 싶었다.(남서벽이냐 아니면 북릉이냐를 놓고 전략회의 중이었다.) 그러나 한편으로는 그도 대원들이 서로 화목하기를 바랐고, 모두가 성취감을 갖고 돌아가기를 원했다.

다른 사람들은 이런 문제들에 대해 크게 개의치 않았다. 로스켈리는 고정로프를 쓰는 전통적인 포위전법을 선호했고, 원정대장의 결정에 따라 엄격한 위계질서를 유지하며, 가장 몸이 좋은 두세 명을 정상에 올려놓기 위해 나머지 사람들이 고된 물자 수송을 해야 한다고 생각했다. 더욱이 그는 정상 공격조 가운데 한 명은 자신이 되어야 한다고 이미 마음을 굳힌 상태였다.

윌리 언소울드와 존 로스켈리는 인생 경험과 야망에서 큰 차이가 있었다. 언소울드는 1960년에 마셔브룸 초등을 이루었고, 1963년에 톰 혼바인과 에베레스트 서릉에서 성공을 거두어 등산역사에 길이 남을 업적을 쌓았다. 반면 로스켈리는 아직 히말라야에 있는 산의 정상을 한 번밖에 밟아본 적이 없었는데, 이조차도 노멀 루트를 통한 것이었다. 언소울드는 대학교수였지만, 로스켈리는 전문적인 경력이나 안정적인 수입이 없어 전문 등산가로 생계를 꾸려가야 했다. 언소울드는 관절염으로 고생하고 있어서 이번이 자신의 마지막 주요 히말라야 등반이라고 생각하고 있었다. 로스켈리는 난다데비를 디딤돌 삼아 더 크고 더 높은 산으로 가고 싶어 했다. 이런 것들 말고도 언소울드는 직업상 논쟁을 좋아했지만, 로스켈리는 무뚝뚝하고 직설적이었다. 결과는 — 분열되고 불행한 원정대라는 — 정해진 것이었다.

언소울드의 아들 중 크랙 언소울드Krag Unsoeld가 처음에는 데비와 함께 원정을 가고 싶어 했지만 워싱턴 주 올림피아의 언소울드 집에서 로스켈리를 한 번 보고 나자 가겠다는 마음을 즉시 접었다. 다른 원정대원인 마티 호이는 산에 다닌 경험이 없었다. 그녀는 난다데비로 접근해가면서 뇌부종에 시달렸다. 산소통 덕분에 살아난 그녀는 계속 가고 싶어 했지만, 로스켈리와 루 라이카트, 그리고 원정대 의사 짐 스테이츠Jim States는 그녀가 계속 가면 자기 자신의 목숨뿐 아니라 다른 사람들의 목숨도 위태롭게 만들 것이라고 경고했다. 그녀를 돌려보내기로 한 결정은 옳은 것이었지만, 그때 발생한 날선 언쟁으로 인해 모두 감정이 상하고 말았다.

그때부터 원정대는 두 편으로 갈리기 시작했다. 한 편은 로스켈리와 스테이츠였는데, 등반과 관련해서는 라이카트도 이들 편이었다. 다른 편은 숫자는 많지만 결속력이 약한 언소울드 부녀와 그 밖의 사람들이었다. 다른 대원들보다 산에 늦게 도착한 존 에번스는 이런 불화에서 한 걸음 비켜나 있었다. 원정대가 남서릉 아래에 첫 번째 캠프를 설치하자 애드 카터가 원정대를 조직하기로 한 자신의 역할이 끝났다면서 돌연 돌아가겠다고 결정했다. 그의 결정은 모두에게 충격을 주었다. 원정은 처음부터 그와 데비 언소울드의 아이디어였다. 그렇지만 카터는 윌리 언소울드와 존 로스켈리의 감정적 대립을 몇 차례 지켜본 데다 전진 베이스캠프까지 갈 만한 몸 상태가 아니라는 생각이 들자 더 이상 갈 마음이 없어졌다. 곧이어 엘리엇 피셔Elliot Fisher가 두 번째로 원정대를 떠났다.

본격적인 등반이 시작되자 윌리 언소울드도 결국 고정로프가 필요하다는 점에 동의했다. 그러나 어디에 로프를 설치할 것인가가 또 하나의 문제였다. 어느 날에는 언소울드가 전날 설치한 고정로프를 로스켈리가 하루 종일 다시 설치하기도 했다. 윌리는 로스켈리가 자신의 등반 능력을 모욕하기 위해 일부러 그렇게 한다고 느꼈는데, 다른 대원들도 그렇게 느꼈다. 로스켈리와 라이카트는 남서릉의 위쪽에 솟아오른 엄청난 바위 버트레스를 발견했고, 이것이 열쇠라고 생각했다. 고소 캠프인 4캠프는 그 버트레스 위에 설치되었고 9월 1일 로스켈리, 라이카트, 스테이츠가 난다데비의 정상에 올랐다.

이제 다른 대원들도 정상을 오를 수 있는 기회였지만 모두 그럴 준비가 된 것은 아니었다. 윌리 언소울드는 인도인 대원들이 정상에 오르기를 바랐고 그들 자신도 간절히 그렇게 원했

남서쪽에서 바라본 난다데비와 1936년, 1976년의 등반 루트

지만 기술적인 능력이 부족했다. 몇몇 대원들은 끊임없는 기침과 복통 등 고소 적응에 실패했을 때 나타나는 전형적인 고산증에 시달리고 있었다. 존 에번스는 고소 적응이 제대로 되지 않아 심한 간염 증상이 나타났고 이로 인해 하산해야 했다. 데비 언소울드도 비록 등반에 지장은 없었지만 탈장으로 고생했다. 그래도 그녀는 기죽지 않았다. 캠프에서는 아버지로부터 배운 그녀의 요들송을 자주 들을 수 있었다. 데비는 앤디 하버드와 사랑에 빠져서 더욱 편안한 기분을 느꼈다. 그 둘은 떨어질 수 없는 사이가 되었고, 미국에 돌아가면 결혼하기로 했다. 고소에 올라가자 가장 높은 계급인 브라만 출신의 키란 쿠마르Kiran Kumar가 그들의 결혼을 산스크리트 의식으로 성스럽게 미리 축복해주었다. 그러자 포터들은 난다데비의 여신이 다시 산으로 돌아왔다며 기뻐했다.

데비의 건강 상태도 대원들 사이에서 논쟁거리가 되었다. 원정대 의사였던 짐 스테이츠는 그녀에게 정상으로 가지 말라고 말렸다. 그가 얼마나 강력하게 말렸는지에 대해서는 아직도 의견이 분분하다. 로스켈리는 윌리 언소울드에게 데비가 3캠프 이상 올라가서는 안 된다고 말했다. 윌리는 이미 로스켈리의 조언은 듣지 않기로 마음먹고 있었기 때문에 데비 스스로 결정하도록 했다. 데비는 올라가기로 결심했다.

데비 언소울드는 앤디 하버드, 피터 레브와 함께 9월 3일 4캠프로 올라갔다. 그다음 4일간 그녀는 7,315미터에 머물러있었다. 몇 달 후 하버드는 루 라이카트에게 편지를 써서 4캠프에서 일어난 일을 설명했다. “데비는 기진맥진해서 도착했고, 다른 사람들도 그랬습니다. … 하루가 지난 다음에도 그녀가 회복되지 않자 걱정되기 시작했습니다. 저는 피터와 함께 올라갈 수 있을 정도로 몸 상태가 괜찮았지만 그 당시에는 정상 도전보다 데비의 상태가 더 중요했습니다. 이틀 후 우리들은 — 저와 피터, 그리고 데비는 — 그녀가 내려가야 한다고 결정했습니다.”

3일째가 되던 날 윌리 언소울드가 올라왔다.(그는 3캠프로 내려가서 인도인 대원들이 정상에 도전할 수 있도록 기술 지도를 했지만 결국 그들이 정상에 도전할 수 없을 것이라고 결론지었다.) 데비는 정상을 도전하기에는 여전히 너무 약했지만 아버지가 올라오자 다시 희망에 부풀었다. 그녀는 자기가 4캠프에서 기다리는 동안 다른 사람들이 정상에 다녀오기를 바랐다. 그러나 그녀의 상태가 그다음 날에도 좋아지지 않자 모두 그녀가 낮은 곳으로 내려가야 한다고 말했다. 그녀의 상태는 9월 7일 밤에 더욱 악화되어 구역질과 심한 복부 팽만

1976년 난다데비 3캠프의 난다데비 언소울드
존 에번스 촬영

으로 고생했다. 9월 8일 오전 10시경 윌리는 출발 준비를 하러 텐트 밖에 나왔다. 피터 레브와 앤디 하버드는 텐트 안에 있었다. 하버드는 데비 옆에 앉아서 그녀를 안고 있었다. 그녀는 갑자기 자신의 하모니카를 그의 주머니에 넣더니 잘 간직하라고 부탁했다. 그러더니 그녀는 애정 어린 말을 몇 마디 중얼거리고 나서 "나… 죽어!"라는 마지막 말을 남기고, 토한 다음 의식을 잃었다. 윌리 언소울드가 텐트로 급히 들어와, 하버드와 레브, 윌리 세 사람 모두 그녀를 인공호흡으로 살려보려 했지만 소용이 없었다. 윌리는 "데비야, 제발 떠나지 마!"라고 애원했다.

그녀의 사망 원인은 알려지지 않았고 알 수도 없지만, 아마도 폐의 색전증이나 장염 혹은 충수염일 것이다.(폐의 색전증은 고소와 관련이 있다.) 하버드는 라이카트에게 쓴 편지에서

"그날 아침까지만 해도 그녀에게 응급 상황의 징후가 보이지 않았고 피곤한 것을 제외하고는 다른 고소증도 나타나지 않았다. 그녀는 정신이 멀쩡했고 잘 먹었으며 쾌활했다. 그날 아침 그녀는 동행자의 도움을 받지 않고 혼자서 내려갈 수 있을 것이라고 생각했고, 모두 그렇게 믿었다."라고 밝혔다.

충격과 슬픔에 휩싸인 세 사람은 데비의 시신을 침낭에 넣어 산의 가장자리로 옮겼다. 만약 그들이 그녀의 시신을 텐트에 남겨둔다면 다음 원정대가 그녀의 시신을 볼 수도 있을 것이다. 그렇지 않고 시신을 수습하려 한다면 다른 사람들의 목숨이 위태로워질 수도 있다. 앤디 하버드는 에드 카터에게 쓴 편지에서 데비의 마지막 가는 길을 이렇게 묘사했다. "나는 그녀에게 키스로 작별인사를 했다. 우리는 가장자리에 그녀를 내려놓았다. 그녀는 바람만 불어대는 수천 미터 아래의 빙하로 미끄러지듯 떨어졌다. 그 바람이 그녀를 데려갔다." 언소울드는 나중에 청중에게 이렇게 말했다. "그 애가 시야에서 사라질 때 나는 마지막 요들송을 불러주었는데, 언제나 요들송으로 화답하던 그 애는 아무 대답이 없었습니다."

데비가 죽었다는 말을 들은 포터들은 그녀가 여신이 되었다고 굳게 믿었다. 그들은 그녀와 이름이 같은 산이 단지 그녀를 다시 데려갔을 뿐이라고 했다. 그녀의 사망 원인을 부정적인 쪽에서 찾은 사람도 있었다. 몇몇 대원들의 기억에 의하면 델리로 돌아오는 길에 존 로스켈리는 윌리 언소울드에게 "딸을 죽였다."라며 비난했다고 한다. 나중에 등산계 일각에서는 페미니즘 이데올로기로 인해 그녀가 희생되었다고 주장하는 사람도 나타났다. 게일런 로웰은 『아웃사이드』에 이렇게 밝혔다. "데비는 여성이었기 때문에 고소 캠프에 머물러있으면서 성공을 거두어야 했다. … 만일 남자가 똑같이 아픈 상황이었다면 '이런 젠장, 나는 여기서 내려갈 거야.'라고 생각했을 것이다."

로웰은 원정에 따라가지 않았으나 존 에번스는 함께 갔었다. 에번스는 데비 언소울드가 4캠프까지 등반하기로 한 결정에 대해 다른 의견을 피력했다. 원정대가 고국으로 돌아오자마자 존 로스켈리는 원정에 대한 책을 쓰기로 했다. 그는 에번스에게 — 다른 대원들에게도 — 여러 가지 질문과 논평을 하라고 요청했다. 이 가운데에는 데비 언소울드의 죽음에 대한 것도 있었다. 1977년 1월 1일 에번스는 이런 편지를 보냈다.

> 나는 데비를 보며 날마다 깊은 감동을 받았습니다. 그녀의 등반 능력이 별 볼일 없

을 것으로 생각했는데 직접 보니 생각했던 것보다 대단했습니다. 결과를 놓고 되돌아보면서 그녀가 고소 캠프로 가기로 한 결정이 잘못된 것이라고들 말하지만, 지금 생각해 봐도, 아마 나를 포함한 우리 모두가 그때 다르게 판단했을 것 같지는 않습니다. 물론 나는 그녀가 당시의 몸 상태에 대해 짐 스테이츠와 대화를 나눌 때 그 자리에 없었기 때문에 그녀가 정말 짐의 조언을 어겼는지는 잘 모르겠습니다. 그러나 짐의 조언은 내가 당시 짐과 나누었던 대화를 감안해보면 단지 약간 걱정하는 정도였을 것이라고 생각합니다. 그는 나와 데비에 대해 비슷한 정도로 걱정하고 있었습니다. 그때 그는 나에게도 올라가지 말라고 강하게 조언하지 않았습니다. 다시 말해, 나는 그녀가 계속 전진했다고 해서 그토록 비판받을 이유는 없으며, 그 정도의 위험은 예상했다고 생각합니다. 그녀의 결정은 위험을 무릅쓰고 고봉에 올라가는 우리와 같은 사람들이 등반을 하면서 순간순간 내리는 결정과 크게 다르지 않았다고 생각합니다.

여성의 자리: 1978년의 안나푸르나

1970년대가 되자 히말라야 원정에서 여성이 상당한 비율을 차지하기 시작했다. 그 숫자는 그들의 참가를 남성 동료가 받아들이는 수준만큼이나 국가마다 달랐다. 놀랍게도 폴란드는 전통적인 사회주의적 보수주의 문화임에도 1970년대 히말라야 원정등반에서 여성 등산가들의 성차별을 깨는 데 선구적인 역할을 했다. 1975년 폴란드 원정대의 반다 루트키에비츠와 영국 등반가 앨리슨 채드윅 오니스키에비츠Alison Chadwick-Onyszkiewicz(나중에 폴란드 등산가와 결혼했다.)가 당시로서는 가장 높은 미등봉이던 가셔브룸3봉(7,952m) 초등에 성공하여 역사에 이름을 남겼다. 이로써 가셔브룸3봉은 여성이 남성과 함께 초등한 가장 높은 봉우리가 되었다.

폴란드와는 대조적으로, 1975년 K2 원정과 1976년 난다데비 원정을 하면서 미국 등산계의 남성들은 아직 여성 대원들을 동료로 받아들일 준비가 되지 않았다는 것이 입증되었다. 미국 히말라야 원정대에 여성이 참가하는 문제는 1970년대 내내 불화와 분쟁의 씨앗이 되었다.

제임스 램지 울먼은 1963년 미국 에베레스트 원정기에서 원정대 참가 희망자 100명 가운데 3명이 여성이었는데 이들 중 한 명도 뽑히지 못한 사실을 재미삼아 다음과 같은 주석을 달았다. "원정대 조직에 여성을 반대하는 조항은 없었다. 뛰어난 여성 등산가가 많이 있었지만 에베레스트는 언제나 위험한 곳인데 페티코트를 입은 여성을 보고 흥분하는 문제까지 끌어들일 필요는 없다고 생각했다."

1970년대의 미국 여성 등산가들은 울먼의 남성 우월주의적인 논평과는 다른 종류의 반발에 부딪혔다. 사실 '페티코트 흥분'은 남성들의 잘못된 생각에서 나온 것이었다. 여성들은 미국 에베레스트 원정에 초청되지 않았는데, 그것은 여성들 잘못이 아니었다. 남성이 약한 것이었지, 여성이 약한 것이 아니었다. 남성들은 여성 앞에서 예의바르게 행동한다는 신뢰를 주지 못했다. 당시 다른 원정에서도 여성을 배제시키는 논리로 울먼의 말이 인용되기는 했지만, 이 논쟁에는 신사적인 면이 있었지 반대편 성에 대한 적대적인 면은 없었다.

미국이 처음으로 에베레스트를 등정한 1963년에 우연찮게 베티 프리던Betty Friedan의『여성의 신비The Feminine Mystique』라는 책이 출간되었다. 1970년대가 되자 많은 것이 변했다. 여성은 정치, 경제, 학문 등 여러 분야에서 남녀평등을 요구해 상당한 성과를 거두었다. 1972년 미국 하원은 "타이틀 나인Title IX"이라는 양성평등교육법안을 통과시켜 체육을 비롯한 교육 프로그램에서 성차별을 금지시켰다. 타이틀 나인은 전반적으로 여성의 운동 참여를 기하급수적으로 증가시켰다. 그러나 등반은 학교 체육이 아니어서 그런 법안이 통과된다고 해도 여성이 히말라야 원정에서 환영받지는 못했다. 그들의 참가를 반대하는 남성 등산가들은 더 이상 제임스 램지 울먼의 태도나 논평에 얽매이지 않았다. 1970년대에는 전통적으로 남성들이 독점하던 영역을 여성들이 침해하는 것을 막고자 하는 욕심으로 '반 페미니즘 조항'이 공공연히 표명되었고, 가끔은 거칠게 나타나기도 했다. 그 시절의 논점은 '페티코트 흥분' 정도가 아니었다. 남성의 독점적인 지위를 그대로 지키려고 한 사람들은 여성들이 허약하고 경험이 부족하다는 점을 강조했다. 남성 비판자들의 말에 의하면 히말라야에 오르는 여성들은 자신들의 능력을 뛰어넘는 모험을 통해 자신들이 남성들과 동등하다는 것을 보이려 한다는 것이었다. 문제는 그렇게 하는 것이 등반을 할 때 건전한 판단을 그르치게 하고 자신과 다른 대원들을 위험에 빠뜨리게 한다는 것이었다.

1972년에는 어떤 국가의 여성도 8천 미터 급 고봉의 정상에 오르지 못했다. 그해에 반다 루트키에비츠와 앨리슨 채드윅 오니스키비에츠는 노샤크를 등정하기 위해 힌두쿠시에 갔다가 미국인 등산가 알린 블룸Arlene Blum을 우연히 만났다. 정상에서 즐겁게 내려오던 루트키에비츠가 정상을 향해 올라가던 블룸을 6,400미터에서 만나 잠깐 대화를 나누게 된 것이다. 이때 루트키에비츠가 폴란드-미국 여성 합동 원정대를 조직해서 안나푸르나에 가자고 제안했다. 하지만 그들은 목표로 삼은 1975년의 입산 허가를 네팔로부터 받아내지 못하자 다른 프로젝트를 계획했다. 그러다가 블룸이 1976년 독립 200주년 에베레스트 원정에서 돌아올 때(그녀는 이 원정에서 7,468미터까지 올라 미국 여성 최고 고도기록을 경신했다.), 그녀는 카트만두에서 미국 여성 원정대가 1978년의 포스트 몬순 시즌에 안나푸르나에 갈 수 있도록 허가를 받아냈다.

이 원정에는 일종의 '조직적인 시위' 성격이 있었다. 말하자면 번지르르한 전문성과 언론 또는 기업체의 후원 같은 특유의 보닝턴 원정대와는 사뭇 달랐다. "미국 여성 히말라야 원정"으로 알려진 이 프로젝트를 위한 원정 자금 8만 달러의 대부분이 "여성의 자리는 정상이다—안나푸르나A Woman's Place is on Top: Annapurna"라는 슬로건이 인쇄된 티셔츠를 팔아서 충당되었다. 이 원정을 조직한 사람들은 이 슬로건이 미국 여성들뿐 아니라 여성 셰르파들에게도 적용된다는 것을 입증하고 싶어 했다. 여성 셰르파들은 클로드 코강이 1959년 초오유 원정을 하면서 전원 여성인 원정대를 지휘한 이후 한 번도 주요 히말라야 원정에 참가하지 못했다. 미국 여성들은 고소 경험이 있는 여성 셰르파들을 찾을 수 없어서 결국 원정 전에 그들 중 몇 명을 훈련시키기로 했다. 카트만두에서 그들의 중개인을 했던 마이크 체니Mike Cheney는 여성 셰르파들을 데려가면 원정대의 남성 셰르파들과 '큰 문제'가 발생할 것이라고 경고했다. 여성 셰르파가 두 명 모집되었지만, 결국 그들은 베이스캠프 위로는 가지 않았다.

10명의 미국 원정대원들은 1978년 8월 중순 포카라를 출발해서 안나푸르나로 향했다. 그들이 안나푸르나의 북벽에서 오를 루트는 그전 해에 네덜란드 팀이 개척한 "더치 립Dutch Rib"이었다. 블룸은 네덜란드 팀이 초등한 몇 달 후에 이 루트를 직접 정찰했었다. 이 변형 루트는 북벽의 하단부에서는 1950년 에르조그 루트의 왼쪽에 있는 가파른 얼음 지릉으로 올라가고, 상단부에서는 시클 빙하의 눈사태 위험을 줄이기 위해 다시 에르조그 루트를 따라가는 것이었다.

원정대는 8월 28일 4,570미터 지점에 베이스캠프를 설치했지만 1977년과는 상황이 많이 달랐다. 심한 폭풍과 적설량으로 눈사태의 위험이 상당히 컸다. 그다음 6주일에 걸쳐 대원들은 지릉을 올라가 시클 빙하 위에 다섯 개의 캠프를 설치했는데, 가장 높은 캠프의 고도는 7,380미터였다. 여섯 명의 셰르파가 함께 등반에 임했는데, 이것은 대규모 에베레스트 원정대의 셰르파보다는 적은 숫자였지만 안나푸르나 기준으로는 보통이었다.(1970년 남벽에서는 여섯 명이 함께 등반했고, 1977년 네덜란드의 북벽에서는 여덟 명이 함께 등반했다.) 원정대 셰르파 여섯 명 중 세 명이 고소증에 시달려, 결국 고소에서는 대원들이 직접 거의 모든 짐을 운반해야 했다. 원정대는 논쟁 끝에 셰르파 중 두 명을 1차 공격조에 포함시키기로 했다. 10월 15일 아이린 비어드슬리 밀러Irene Beardsley Miller, 베라 코마르코바Vera Komarkova, 셰르파 밍마 쩨링Mingma Tsering, 체왕 린제Chewang Rinjee가 오전 7시 5캠프를 출발해 8시간 반 만에 정상 등정에 성공했다. 그들은 성조기, 네팔 국기와 함께 원정대 슬로건인 "여성의 자리는 정상이다"와 "고래를 구하자"라고 쓰인 배너를 펼쳤다. 이것은 안나푸르나 역사상 다섯 번째 등정이자 여성의 첫 번째 등정이었다. 또한 그들은 미국 여성 최고 고도기록도 세웠다.

이틀 후인 10월 17일, 2차 공격조인 베라 왓슨Vera Watson과 앨리슨 채드윅 오니스키비에츠가 4캠프를 떠나 공격캠프로 향했다. 그들의 목표는 안나푸르나의 중앙봉을 셰르파나 산소 없이 초등하는 것이었다. 원래는 5캠프에 도착하면 베이스캠프와 교신하기로 되어 있었지만 연락이 두절되었다. 10월 19일 셰르파 두 명이 채드윅 오니스키비에츠의 시신을 발견했다. 그녀는 4캠프와 5캠프 사이에서 300미터를 추락했다. 그녀는 크레바스 속으로 이어진 로프에 묶여 있었는데, 틀림없이 그 로프의 끝에는 영원의 안식을 취한 그녀의 파트너가 있었을 것이다. 두 사람의 시신은 수습되지 못했다. 채드윅 오니스키비에츠와 왓슨은 안나푸르나에서 사망한 최초의 여성들이었고, 1970년 이후 그 산에서 희생된 10번째와 11번째 사람이 되었다.

이런 비극으로 끝났지만, 안나푸르나 여성 원정대는 고국으로 돌아오자 슬로건이 적힌 티셔츠를 입은 지지자들뿐 아니라 다른 사람들로부터도 열광적인 환영을 받았다. 지미 카터 대통령은 그들의 '탁월한 업적'을 기리는 축전을 보냈고, 백악관 만찬에도 초청했다. 다큐멘터리 영화는 관객들로부터 호평을 받았고 나중에는 TV에도 방영되었다. 또한 블룸의 『안나푸르나—여성의 자리Annapurna: A Woman's Place』는 베스트셀러가 되었다.

그러나 등산 단체들로부터 비판이 없었던 것은 아니다. 게일런 로웰은 1975년 K2 원정에서 다이앤 로버츠와 충돌했었는데 후에 그는 자신의 원정기에 그녀를 '완강한 페미니스

■ 안나푸르나 정상 쪽을 향한 추모비에 알린 블룸이 알리슨 채드윅 오니스키에비츠와 베라 왓슨의 이름을 새기고 있다.

트'로 묘사했다. 그는 1979년 초『내셔널 지오그래픽』에 블룸의 안나푸르나 원정기를 게재하지 말 것을 강력히 요구하는 편지를 보냈다. 미국에서 한 사람의 등산가가 언론에 다른 원정대의 원정기를 싣지 못하도록 압력을 넣기는 그때가 처음이었다. 더욱이 그는 그 내용에 대해 알지도 못하고 있었다. 그는 자신의 이름이 아니라 여자 친구인 멜린다 샌더스Melinda Sanders의 이름으로 그 편지를 보냈다.(로웰은 나중에 블룸에게 "여성의 서명이 들어가 있는 편지가 좀 더 비중 있게 다뤄질 것 같아서 그렇게 했다."라고 해명했다.)

로웰(샌더스)의 편지는 1978년 안나푸르나 원정을 '여성의 업적'이라고 주장하는 것은 '뻔뻔스러운 성차별주의'라고 비난했다. 로웰(샌더스)은 정상에 올라가면서 한 실제 작업은 여성 대원들과 동행했던 남성 셰르파 두 명이 다 했다고 주장했다. 그뿐 아니라 그 '무모한 행위를 한 여성들'은 남녀공학에서 남녀가 함께 생활하던 식으로 원정대를 운영했고, 여성들이 남성들과 함께 잠을 잤으며, 이들은 술에 취해 성적인 관계를 가졌다고 비난하기도 했다. 로웰(샌더스)은 그 원정은 여성이 셰르파와 결혼한 것으로 끝났다는 충격적인 공언을 했다.

이 공격에 대한 반응은 없었다.(안나푸르나 여성 대원들은 이것을 누가 썼는지 몇 년 후에나 알았다.)『내셔널 지오그래픽』은 이 편지를 무시하고 블룸의 글을 실었다. 편집장인 길 그로스브너는 샌더스에게 원정대를 옹호하는 편지를 보냈다. 그는 이 편지에서 거의 모든 히말라야 원정대가 셰르파의 도움을 받는다고 언급하면서 안나푸르나 원정대가 그렇게 한 것은 전혀 문제가 되지 않는다고 말했다. 그리고 '사생활과 관련된 문제'에 대해서는 내셔널 지오그래픽 협회가 그런 혐의를 입증할 만한 어떠한 근거 자료도 보거나 듣지 못했다고 말했다.

2년이 지나자 그런 논쟁은 — 비록 공론화되지는 않았지만 — 잊힌 것 같았다. 그러나 1981년 여름, 이번에는 데이비드 로버츠가 『아웃사이드』에 "여성의 등반은 결국 실패했나?Has Women's Climbing Failed?"라는 글을 써서 이 논쟁이 다시 한 번 공개적으로 불거졌다. 그는 여성이 사망한 — 예를 들어, 데비 언소울드가 난다데비에서 사망한 것은 그녀 자신의 책임이라는 존 로스켈리나 게일런 로웰의 말을 인용하는 등 — 다른 원정대에 대해 언급했지만, 사실 그의 표적은 1978년 안나푸르나 원정대였다. 로버츠는 게일런 로웰의 말을 한 번 더 인용하면서 안나푸르나 여성 대원들이 열성분자일 뿐 아니라 위선자라고 다음과 같이 비난했다. "그 등반은 여성만의 등반이라고 널리 선전되었다. 그러나 그들은 산소도 없는 셰르파들에게 항상 더 많은 짐을 나르도록 시키면서 자신들은 산소에 의지해서 등반했다. 자주 셰르파들이 루트를 개척하면서 앞장섰다."

로버츠의 견해는 정치적 성격을 띤 원정에 대한 미국인 등산가들의 전통적인 혐오를 보여주는 것이었다. 페미니즘 성격을 띤 이번 원정에 대한 그의 비판은 그의 선배 세대들이 지나치게 국가주의 성격을 띤 원정에 대해 퍼부은 비판과 크게 다르지 않았다. 한편 안나푸르나 여성 대원들과 등산계 내에서 그들을 옹호하던 사람들은 자신들이 등반의 순수성이라는 새로운 자의적 기준에 의해 비난받는다고 생각했다. 로버츠는 여성 대원들이 남성 대원들보다 사망할 확률이 높다고 주장했지만 통계나 다른 방식으로 근거를 제시하지 않았다. 또한 사망한 여성 대원들이 고소등반의 전형적인 위험 때문에 그렇게 된 것이 아니라 정치적인 욕심 때문에 경솔하게 등반을 해서 그렇게 되었다고 비난했지만 자신의 논리를 입증하기 위한 시도조차 하지 않았다. 알린 블룸과 아이린 비어드슬리는 『아웃사이드』의 경영 편집장인 존 라스무스에게 이렇게 답신을 보냈다. "누구나 남성들의 등반에서 발생한 많은 비극을 인용하면서 이와 비슷한 글을 쓸 수 있을 것입니다. 그리고 사실 로버츠 씨의 등반에서도 많은 비극이 발생했습니다." 로버츠는 안나푸르나 여성 원정대가 다른 보통의 원정대보다 셰르파들에게 더 많이 의존해 루트를 개척하거나 짐을 옮기는 등의 힘들고 어려운 일을 했는지 구체적인 비교 통계를 제시하지 않았다. 블룸과 비어드슬리는『아웃사이드』에 실린 비난의 글에 담긴 모든 험담이 "남성의 원정에도 똑같이 적용된다."라고 말하면서 "로버츠는 '남성의 등반은 결국 실패했나?'가 아니면 '등반은 결국 실패했나?'라는 기사를 쓰는 게 차라리 나았을 것이다."라고 반박했다.

1978년: K2

1977년 말까지 에베레스트는 4개의 서로 다른 루트로 14개 원정대가 등정에 성공했다. 반면 K2는 오직 한 루트로만 두 번 등정되었다. 한 번은 1954년 이탈리아 원정대가, 또 한 번은 1977년 일본 원정대가 정상 등정에 성공했다. 미국 원정대는 K2에 네 번이나 갔지만 한 번도 성공하지 못했다.

1978년 파키스탄 당국이 처음으로 한 해 두 팀에 K2 등반 허가를 내주었다. 8명으로 구성된 크리스 보닝턴의 영국 원정대가 서릉에 신루트를 개척하려고 먼저 떠났다. 보닝턴은 더그 스콧, 닉 에스트코트를 비롯해 늘 함께했던 친구들을 초청했다. 등반 12일째 되던 날 스콧과 에스트코트가 가파른 설사면을 횡단하다가 6,860미터에서 눈사태에 휩쓸렸다. 앞에 있었던 스콧은 살아남았지만, 에스트코트는 죽고 말았다. 그는 1970년대에 보닝턴이 이끌었던 원정대의 네 번째 희생자가 되었다. 이 원정등반은 이렇게 갑자기 막을 내렸다.

1978년 K2에 도전했던 두 번째 원정대는 미국 팀이었다. 짐 휘태커가 다시 대장을 맡았고, 짐 위크와이어가 원정대를 조직하는 데 핵심적인 역할을 했다. 미국 원정대는 원래 서릉으로 오르려 했지만 보닝턴의 계획을 듣고 북동릉으로 계획을 변경했다. 이 직선 루트는 부실한 장비를 가지고도 대담한 시도를 했던 1976년의 폴란드 원정대가 실패한 곳이었다. 이번 원정대의 대원은 1975년에 K2에 갔었던 다이앤 로버츠와 로버트 샬러를 포함해 모두 10명이었다. 1975년 K2 원정대에서 이 두 사람을 제외한 다른 사람들은 다시 초청되지 않았다. 새로운 대원 가운데는 릭 리지웨이, 루 라이카트, 존 로스켈리가 있었다.

원정대가 K2에 도착하자 예상대로 또다시 갈등이 일어났다. 로스켈리는 휘태커의 아내

뿐 아니라 체리 베크Cherie Bech(남편인 테리 베크와 원정에 참가했는데 K2로 접근해 들어오는 과정에서 크리스 챈들러와 사랑에 빠져 텐트를 함께 썼다.)와 같은 여성이 원정대에 낀 것을 싫어했다. 릭 리지웨이가 체리 베크의 자격에 의문을 제기하자, 로스켈리는 "사람들은 내가 원정대에 여성이 끼는 것을 싫어한다고 항상 비판하지만, 나는 자격이 있는 사람하고만 큰 산에 온다."라고 말했다. 지난 2년간 로스켈리가 1963년 에베레스트 원정대의 영웅의 권위에 대든 것이 두 번째였는데, 이번에도 표면적인 이유는 여성 가족을 데리고 온 것이었다. 로스켈리는 휘태커와 언쟁을 하던 중 "여기에 온 사람들은 다이앤이 당신 부인이라서 따라왔다는 것을 모두 다 압니다."라고 쏘아붙였다. 휘태커는 로스켈리가 너무 건방지게 굴자 "나는 네가 태어나기도 전에 레이니어 산에서 가이드를 하고 있었다."라며 무척 화를 냈다.

이상한 일은 1976년 난다데비 등반과는 달리 이번에는 휘태커와 로스켈리가 등반 전략에서는 기본적으로 의견이 갈리지 않았다는 점이다. 난다데비의 언소울드와는 달리 휘태커는 전통적인 방법으로 — 장비를 아주 잘 준비해서 — 원정대를 운영했다. 로스켈리처럼 휘태커도 포위전법을 사용해서 새롭고 어려운 루트로 올라야 한다는 데 전적으로 동의했다. 두 번이나 등반된 아브루치 능선의 노멀 루트를 피하자는 데는 어떠한 이견도 없었다. 여성과 관련된 문제라면 데비 언소울드가 난다데비 원정에 참가하는 것이 기정사실이었듯, 사실 다이앤 로버츠가 K2 원정에 참가하는 것 역시 로스켈리가 초청되었을 당시 기정사실이었다. 로스켈리는 원정대장들에게 대들어 등반에서 우위를 차지하려고 그런 문제를 제기한 것 같았다. 존 로스켈리는 히피나 페미니스트 같은 부류의 사람들을 미워하기는 했지만, 스스로를 자랑스럽게 "스포케인 출신의 소탈한 백인 촌놈"이라고 한 것을 보면 생각보다는 60년대 베이비붐 세대 냄새가 무척 나는 사람이었다. 그는 데비 언소울드보다 겨우 다섯 살 위로, 그녀처럼 베이비붐 세대의 절정기에 태어났다. 그에게는 1960년대의 유산인 그럴듯한 이상주의가 없었으나, 데비에게는 그런 이상주의가 있었다. 그러나 그의 직설적인 분노, 거리낌 없이 다른 사람과 맞서는 태도, 또는 애드 카터, 윌리 언소울드, 휘태커 같은 선배 권위자들에 대한 불신을 보면 그는 확실히 그의 세대와는 다른 면모를 가지고 있었다.

원정대는 이제 익숙한 패턴으로 둘로 갈려 매사에 충돌했다. 'A팀'은 라이카트, 로스켈리, 위크와이어, 리지웨이였고, 'B팀'은 챈들러와 베크 부부였다. 휘태커가 이 두 팀을 중재하기 위해 애썼지만 별다른 소득이 없었다. 결국 B팀은 기회를 잡지 못했다. 8월 하순이 되자 원

동쪽에서 바라본 K2와 1978년 미국 등반 루트

정대에서 첫 번째 탈락자가 나왔다. 크리스 챈들러가 떠나겠다고 선언한 것이다.

이런 불화에도 원정은 성공리에 끝났다. 7월 하순 로스켈리와 리지웨이가 칼날 같은 능선을 횡단해 북동릉 위로 올라서서 정상을 공략할 준비에 들어갔다. A팀은 그 능선에서 정상까지 어떻게 올라가는 것이 가장 좋은지에 대해 다시 둘로 갈렸다. 로스켈리와 리지웨이는 그 능선을 계속 올라가, 1976년 폴란드 원정대가 처음으로 도전했던 직선 루트를 완성하자고 주장했다. 반면 위크와이어와 라이카트는 동벽을 가로질러 아브루치 능선으로 가서 정상으로 올라가자고 주장했다. 양쪽 루트가 모두 어려웠지만, 결국 아브루치 능선 쪽이 더 쉬운 것으로 밝혀졌다.

정상 공격일인 9월 6일, 짐 위크와이어가 아브루치 능선 위쪽으로 올라서자 1953년 미국 원정대의 8캠프 자리가 내려다보였다. 그 아래쪽에는 피트 셰닝이 유명한 확보로 동료들의 목숨을 구했던 곳도 보였다. 오후 5시 15분, 위크와이어와 라이카트는 손을 맞잡고 K2의 정상에 올라섰다. 라이카트는 정상으로 올라가는 도중 산소 장비가 고장을 일으키자 버렸다. 위크와이어는 산소가 있었다. 라이카트는 먼저 내려가기 시작했지만, 위크와이어는 뒤에 남아 사진을 더 찍었다. 라이카트는 고소 캠프까지 내려갈 수 있었다. 하지만 위크와이어는 8,530미터에서 비박을 해야만 했다. 기온은 영하 37도까지 떨어졌다. 그가 자리를 잡자 곧 산소가 바닥났고, 가져간 버너가 고장 나서 눈을 녹여 물을 마실 수도 없었다. 그다음 날 아침 거의 설맹이 된 그는 심하게 쇠약해진 몸을 이끌고 하산하기 시작했다. 그는 내려가다가 존 로스켈리와 릭 리지웨이를 만났는데, 그들은 직선 루트를 완성하려는 시도를 포기하고 라이카트-위크와이어의 횡단 루트를 따라 아브루치 능선으로 올라오고 있었다. 위크와이어가 로스켈리와 리지웨이에게 자기는 괜찮다고 안심시켜서, 그들은 계속 정상으로 향했다. 그날 로스켈리와 리지웨이가 고소 캠프로 돌아오자 위크와이어는 그들에게 차를 끓여주었다. 모든 대원이 무사히 베이스캠프로 내려왔지만, 위크와이어는 산에서 내려오자 폐렴 증상을 보여 결국 헬리콥터로 후송되었다.

라이카트는 『미국 알파인 저널』에 자신의 원정기를 "K2 — 40년에 걸친 미국의 숙제를 풀다K2: The End of a 40-Year American Quest"라는 제목으로 기고했다. 이 원정대는 많은 팀이 성공하지 못한 정상 등정을 이룩하고도 대원 간의 불화와 반목으로 얼룩진 원정대로 주로 기억되었다. 릭 리지웨이의 뒤이은 원정기 『마지막 한 걸음The Last Step』에는 찰리 휴스턴이나 피트 셰닝 같이 영웅적인 모습을 보이는 대원들은 등장하지 않는다. 대신 그는 정상에 오르지 못한 대원들은 부적격자로 묘사했고, 실제로 정상에 올라갔던 사람 중에는 인간성이 의심스러운 사람도 있다고 썼다.

그 책에서 그나마 호의적으로 묘사된 인물은 리지웨이의 등반 파트너였던 존 로스켈리였다. 리지웨이와 로스켈리는 정상에 함께 올랐을 뿐 아니라 원정대를 갈라놓았던 의견 대립에서도 같은 편이었다. 리지웨이는 로스켈리에게 "너는 최고의 등산가야. 그리고 히말라야 등반에서는 미국 내에서 가장 앞서있는 등산가지."라는 말을 했다고 썼다. 사실 그는 정말 훌륭해서, 리지웨이는 언젠가 그는 등산으로 먹고 살 것으로 생각했다. 그는 로스켈리에게 이런 말도 했다. "메스너를 봐. 그는 멋지잖아. 집도 있고, 먹고 살 걱정 없이 늘 등반하러 다니잖아."

로스켈리는 다른 경우를 들어 메스너를 끌어들였다. 둘이 원정대의 다른 사람에게 넌더리가 났을 때 그는 리지웨이에게 이렇게 말했다. "메스너라면 이런 걸 견딜 수 없었을 거야. 그래서 그가 최고지. 이런 종류의 대규모 원정이라면 그도 미쳐버렸을 거야."

메스너의 시대

1970년대와 1980년대에 등산계에서 가장 많이 입에 오르내린 인물은 역시 라인홀드 메스너였다. 물론 그럴 만한 충분한 이유가 있었다.

1971년 동생 귄터의 죽음으로 마음이 괴로웠던 라인홀드 메스너는 낭가파르바트에서 돌아오자마자 카를 헤를리히코퍼와 법정 분쟁에 연루되었고, 발가락도 일곱 개나 잃었다. 그는『마운틴』의 독자들에게 이제 자신의 전성기는 끝났다고 고백했다. 그러나 이듬해 그의 파트너들이 정상을 포기하고 돌아서자 그는 단독으로 마나슬루 남벽을 초등했다.

이어서 메스너는 그 10년 동안 일정한 간격을 두고 히말라야의 고소등반에서 가능성이라는 개념을 극적으로 바꾸어나갔다. 그는 연속적인 업적, 높은 이상, 끈질긴 자기 홍보로 그 세대 히말라야 등산가 가운데 가장 유명해졌다. 이제 그의 명성은 크리스 보닝턴의 명성과 대등하게 되었다.

그러나 보닝턴과 메스너의 경력에는 분명한 차이가 있었다. 보닝턴은 등반의 핵심을 팀

워크로 정의했다. 그는 스타 등산가로서보다는 원정대장으로서 빛나는 업적을 거두었다. 그와는 대조적으로 메스너는 원정대에서는 거의 행복하지 못했고, 스스로 원정대장으로 나선 적도 없었다. 대신 그는 원정을 다녀온 다음에 유명해진 최초의 등산가가 되었다. 그는 외로운 늑대, 관례와 권위에 도전하는 반항아, 극단적인 개인주의자라는 이미지가 일반대중에게 차곡차곡 쌓이면서 유명해졌다. 그의 많은 책 가운데 한 권에서 — 그는 30년간 매년 한 권 꼴로 책을 냈는데 — 메스너는 자신을 가리켜 "물질만능주의가 팽배해 일상생활이 혐오스러운 세상에서 인기 없는 직업이 갖는 의미가 무엇인지를 물어봐야만 하는 한 세대의 방랑자"라고 묘사했다.

메스너의 트레이드마크는 히말라야 단독 등반이지만, 사실 그는 초기에 오스트리아인 파트너 페터 하벨러Peter Habeler와 함께 매우 의미심장한 등반들을 했다. 로프로 묶인 그들의 형제애는 — 얼마 동안은 — 쉽턴과 틸먼의 관계만큼 칭송받았다. 두 사람은 1966년에 알프스에서 함께 등반했고, 1969년에는 페루에도 함께 갔었다. 5년 후 그들은 함께 아이거 북벽에 도전해, 이전 기록을 절반으로 줄인 단 10시간 만에 완등했다.

이듬해인 1975년, 그들은 첫 히말라야 모험으로 1958년 초등된 이후 재등되지 않은 히든피크(가셔브룸1봉)에 도전하기 위해 파키스탄으로 갔다. 메스너와 하벨러는 8천 미터 급 고봉에서는 최초로 알파인 스타일을 적용해 북서벽에 신루트를 내고자 했다. 그것은 인위적인 산소의 도움이나 고정로프 없이, 또한 베이스캠프까지 동행하는 수십 명의 포터들로부터 물자 수송의 도움을 받지 않고 히든피크의 기슭에서부터 정상까지 계속 치고 올라간다는 것을 의미했다. 2주일간의 정찰등반과 고소 적응을 마치고 8월 8일 그들은 도전을 시작했다. 그들은 하루 동안 5,900미터까지 올라가 비박을 했다. 그다음 날 그들은 얼음이 덮인 부서진 바위 지대를 넘어가서 7,100미터에서 두 번째 비박을 했다. 정상 도전일인 8월 10일, 그들은 오전 8시에 출발했다. 그들은 비록 서로 로프를 묶지 않고 등반했지만, 두 사람의 등반은 전통적인 '로프로 묶인 하나의 팀' 과 비슷했다. 메스너는 "우리는 서로 로프로 묶인 하나의 팀 같다는 느낌을 받았다. 생각하는 방식이나 행동이 똑같았다. 흘끗 보기만 해도 어떤 마음인지, 어떤 심리인지 분명하게 알 수 있어서 원하는 것을 그대로 해줄 수 있었다."라고 말했다. 오후 12시 30분, 그들은 정상에 올라섰다. 메스너의 영웅인 헤르만 불은 최초로 8천 미터 급 고봉 두 개를 오른 인물이었다. 메스너는 이날 8천 미터 급 고봉 세 개를 오른 최초의 인물이 되었다.

이틀 후 메스너와 하벨러는 베이스캠프로 돌아왔고, 가셔브룸2봉과 3봉에 도전하기 위해 그곳에 와 있던 폴란드 원정대의 박수를 받았다. 이 폴란드 등산가들을 시작으로 전 세계 등산가들은 메스너와 하벨러의 대담성과 알파인 스타일 등반에 대한 비전을 높이 평가했으며 이 업적을 히말라야 등반의 새로운 시대를 알리는 사건으로 인식했다. 하벨러는 그러한 관심에 감사했고, 메스너는 그러한 관심을 자신의 사명으로 확신했다. 그는 원정기 『도전The Challenge』에서 "이 원정은 8천 미터 고봉이 두 사람에 의해 알프스의 봉우리를 오르는 것과 완전히 똑같은 방식으로 등반될 수 있다는 것을 보여주었을 뿐 아니라 나에게는 인간의 근본적인 존재에 대한 의문에 답을 주었다."라고 썼다. 하지만 그는 더 이상의 자세한 설명은 하지 않았다.

힐러리와 텐징이 에베레스트를 오르고 며칠이 지난, 1953년의 어느 날 빌 틸먼은『더 타임스』 편집자에게 이런 예측을 담은 글을 보냈다. "지금의 흥분이 가라앉은 후에, 오직 폐와 심장의 힘으로만 에베레스트를 올라야 한다고 주장하는 엉뚱한 소리가 들리지 않는다면 나는 오히려 놀랄 것이다." 4반세기가 지난 1978년 5월 8일, 메스너와 하벨러가 틸먼의 예언을 실현해서 다시 한 번 등산계를 놀라게 했다. 그들은 자신들의 도전을 "정당한 방법에 의한 에베레스트 등반"이라고 불렀다. 그들은 히든피크를 무산소로 등정할 때와는 달리 에베레스트에서는 알파인 방식을 쓰지 않았다. 메스너와 하벨러는 남동릉을 도전하려는 규모가 제법 큰 오스트리아 원정대에 서로의 필요에 의해 합류하게 되었다. 그들은 이미 계획된 원정대에 합류함으로써 입산 허가를 받기 위해 대기해야 하는 긴 줄을 단숨에 뛰어넘을 수 있었다. 그들은 그들 둘이 별도로 움직이면서 1차로 정상 공격에 나서기로 다른 대원들과 합의를 보았다.

처음에는 일이 순조롭게 풀리지 않았다. 메스너와 하벨러는 남서벽의 오른쪽 가장자리에 있는 사우스 필라에 눈이 거의 없는 대신 얼음으로 덮인 것을 발견하고, 신루트를 개척하려는 도전을 포기했다. 그들은 목표를 바꾸어 노멀 남동릉으로 방향을 틀었다. 그러나 그곳에서도 문제에 부딪혔다. 하벨러가 식중독에 걸려 로체 사면에 있는 캠프에서 베이스캠프로 돌아가야 했다. 메스너는 단독으로 도전하려 했지만 사우스 콜에서 눈보라에 갇혀 그 역시 철수해야 했다. 한편, 하벨러는 무산소로 등반한다는 그들의 계획에 대해 다시 생각하게 되었고 다른 오스트리아 대원들에게 함께 올라갈 수 있는지 물어보았다. 그러나 그들은 산소를 나눠 쓰거나 정상 공격조에 그를 끼워주고 싶어 하지 않았기 때문에 거절했다. 결국 5월 7일 메스너와 하벨러는 사우스 콜로 다시 올라갔고, 그다음 날 아침 5시 30분에 정상 도전을 위해 출발했다. 날씨가 몹시 춥고 바람이 부는 데다 신설이 쌓여있어 루트를 뚫고 나가기가 어려웠다. 그들은 며칠 전 정상에 오른 오스트리아 대원들이 8,504미터에 남겨놓은 텐트와 식량을 이용해 잠깐 쉬면서 차를 마셨다.

힐러리 스텝에 도착하자 메스너가 먼저 올라가 그 위에 서서 하벨러가 뒤따라오는 것을 촬영했다. 그들은 힐러리 스텝 아래에서 로프로 서로를 묶었지만, 메스너는 파트너를 확보 봐주지 않았다. 하벨러는 나중에 인터뷰에서 "기분이 별로 좋지 않았다. 나는 확보 봐달라고 소리쳤지만 아마도 그가 내 말을 알아듣지 못한 것 같았다." 별 수 없이 하벨러는 확보도 받지 못하는 상태에서 위험한 스텝을 올라야 했다. 이제 정상 능선만 남아있었다. 메스너와 하벨러는 열 걸음마다 멈춰서 숨을 몰아쉬었지만 계속 자신을 다그치며 올라갔다. 결국 오후 1시 15분, 그들은 에베레스트 정상에 섰다. 두 사람은 무산소로 사우스 콜에서 정상까지 8시간도 안 걸려 올라갔다. 이 시간은 초기 등반에서 남동릉의 고소 캠프에서 출발한 등산가들이 정상에 올라갈 때까지 걸린 시간 정도밖에 되지 않았다.

그들은 각자 사우스 콜로 내려왔다. 앞장섰던 하벨러는 마지막의 긴 능선을 선 채로 미끄러지듯 내려오다가 마지막에 넘어져 발목을 삐고 피켈과 고글을 잃어버렸다. 곧이어 메스너는 걸어서 내려왔지만 그도 설맹에 시달리고 있었다. 그들은 이런 부상에도 그다음 날 사고 없이 사우스 콜에서 내려왔다. 며칠 후 그들은 베이스캠프를 벗어나 하이킹에 나섰다가 쿤데에서 에드먼드 힐러리 경을 만났다. 힐러리 경은 그들에게 축하인사를 건넸고, 이를 시작으로 영예로운 찬사가 그들에게 쏟아졌다. 틸먼은 1953년『더 타임스』에 보낸 편지를 "어려움은 단숨에 극복할 수 있지만 불가능은 시간이 많이 걸린다."라고 하면서 끝을 맺었었다. 메스너와 하벨러는 그동안 많은 동료가 진정으로 불가능하다고 생각해온 과업을 이루었다.

이런 승리에도 메스너와 하벨러의 파트너 관계가 항상 좋았던 것은 아니다. 힐러리 스텝에서 서로 호흡이 맞지 않았던 것처럼, 두 사람이 에베레스트 정상을 향해 올라갈 때 품었던 생각이나 보여준 행동은 전혀 '똑같지' 않았다. 잠깐 서로 로프로 몸을 묶기는 했지만 그들은 마치 로프를 묶고 있지 않은 것처럼 등반했으며, 우연히 그곳의 8,840미터 고도 부근을 오르게 된 두 명의 단독 등반가들처럼 행동했다. 나중에 하벨러는 그 등반에 대한 책이자 자신의 첫 번째 책을 쓰기로 마음먹었다. 그것은 메스너의 책보다 먼저 출간되면서 그나마 남아있던 '로프로 묶인 하나의 팀' 관계가 완전히 청산됐다. 하벨러는 파트너를 칭찬했지만 한편으로는 그를 외롭고, 번뇌에 가득 찬 사람이며, 동생의 죽음으로 인한 죄의식 때문에 자신을 더욱 몰아붙이고 있는 것 같고, 약간 대중 지향적이라고 묘사했다. 메스너는 비방을 받았다고 생각했고, 마침내 그들의 파트너 관계는 끝이 났다.

메스너는 어떠한 상황에서도 단독으로 등반할 준비가 되어있었다. 그것은 1972년 마나슬루에서처럼 원래의 파트너가 함께 올라갈 수 없을 때 단독으로 등반을 끝내는 것을 의미하는 것이 아니라 완전한 단독 등반을 의미했다. 누구도 히말라야의 주요 고봉을 베이스캠프에서부터 정상까지 단독으로 오른 적이 없었다. 그것은 불가능한 목표라고 여겨졌다. 그러나 1978년이 저물기 전에 메스너는 1970년 귄터와 내려왔던 낭가파르바트의 디아미르 벽을 단독으로 올랐다. 이듬해, 그는 K2를 단독은 아니었지만 무산소로 올랐다.

그는 에베레스트를 단독 등반하고 싶어 했지만, 단독 등반을 시도하기에는 그곳에 고도 이상의 어려움이 있다는 것을 알았다. 그는 1976년 한 인터뷰에서 에베레스트에서 그런 도전을 구상하고 있는지 질문을 받았을 때 감정의 양면성을 드러냈다. "가능하다고 확신하지만 약간 미친 짓입니다. (쿰부) 아이스 폴과 긴 빙하는 조심스럽게 돌파해야 합니다."

그러나 티베트가 외국 등산가들에게 개방되자 메스너의 생각이 달라졌다. 1976년 마오쩌둥이 사망하자 중국의 새로운 지도자들은 서방의 영향이나 서방의 자본에 대해 개방적인 태도를 취하기 시작했다. 티베트는 1950년대의 점령 이후 주로 중국의 위신과 전략적인 위치로 중요했었는데, 이제는 경제적인 자원으로서 장래성이 있었다. 부유한 외국 등산가들이 고봉에서 목숨을 걸고 욕망을 충족시키는데, 왜 네팔과 파키스탄만 이득을 보아야 하는가?

이에 따라 1979년 중국 정부는 에베레스트의 북쪽 사면에 대한 — 시샤팡마를 포함한 7개 산을 포함하여 — 외국 원정대의 입산을 허용한다고 발표했다. 중국-일본 원정대가 그해 가을 에베레스트 북쪽 사면에 대한 정찰등반을 수행하고 나서 이듬해 봄에 본격적인 원정에 들어갔다.

메스너가 구상했던 단독 등반은 에베레스트의 북쪽 사면이 남쪽 사면보다 훨씬 더 유리했

1980년의 에베레스트 단독 등반 루트를 설명하는 라인홀드 메스너
(사진 출처: 헐튼 자료실)

다. 왜냐하면 그곳에는 조심스럽게 돌파해야 할 쿰부 아이스 폴 같은 것이 없기 때문이었다. 1980년 4월, 메스너는 베이징으로 날아가서 중국등산협회CMA에 상당한 금액의 입산료를 지불하고 그해 늦여름에 북릉–북벽을 통한 에베레스트 등반 허가를 받았다. 그는 그전 해 가을에 일본인 등산가 우에무라 나오미가 1980~1981년 동계 시즌에 에베레스트 단독 등반을 추진하고 있다는 정보를 입수했기 때문에 서둘렀다. 메스너는 나오미에게 영광을 빼앗길까 봐 초조했다.

메스너는 새로 사귄 미국인 여자 친구인 니나 홀귄Nena Holguin과 6월에 에베레스트로 출발했다. 그들은 노스 콜 아래의 옛 영국 3캠프 자리에 캠프를 설치했다. 그다음 6주일 동안 니나는 캠프를 돌보고, 메스너는 고소 적응을 위해 노스 콜에 시험 삼아 올라가보기도 하고, 시샤팡마 기슭에도 다녀왔다. 8월 중순이 되자 몬순 시즌 최악의 눈사태 위험이 줄어들었다. 8월 17일 그는 콜 꼭대기 근처까지 가서 배낭, 비박 텐트, 침낭, 버너, 그리고 일주일간은 버틸 수 있는 충분한 식량과 연료를 두고 내려왔다. 그날 밤을 니나와 베이스캠프에서 보낸 그는 그다음 날 아침 정상 도전에 나섰다. 그는 그날 밤은 북동릉에서, 그다음 날 밤은 북벽에서 보냈다. 8월 20일, 심한 안개가 몰려와서 몇 미터 앞도 내다볼 수 없었다. 그는 그레이트 쿨르와르를 통해 오르다가 정상 바로 못 미친 곳에서 다시 북동릉으로 붙어 정상으로 향했다. 오후 3시, 그는 손과 무릎으로 기다시피 그 자신을 위쪽으로 끌어올렸다. 주위를 둘러싼 구름 때문에 자신의 위치를 정확히 알 수 없었지만 갑자기 오래된 중국의 삼각대가 보였다. 그는 손을 내밀어 '마치 친구를 만난 것처럼' 그 삼각대를 움켜잡았다. 영국의 첫 원정 등반이 이루어진 후 59년 만에 에베레스트가 드디어 무산소로 단독 등정된 것이다. 그동안에는 1934년에 단독으로 도전했다가 사망한 모리스 윌슨처럼 망상에 사로잡힌 사람들을 빼고는 어느 누구도 이런 등반이 이루어지리라고 믿은 사람은 없었다. 메스너는 조롱거리가 되었던 윌슨의 정신을 되새겼다. 메스너는 존경심을 담아 "윌슨은 마지막 순간까지 두 다리로 올라갔다. 그는 고결한 믿음과 신에 의해 태어난 사람이었다."라고 말했다.

메스너는 에베레스트에서 돌아오는 길에 베이징에서 가진 인터뷰에서 어떤 깃발을 정상으로 가지고 갔느냐는 질문을 받았다. 그는 "나 자신이 나의 고국입니다. 그리고 나의 손수건이 바로 나의 깃발입니다."라고 대답했다. 메스너는 스스로 정한 그 고국을 자화자찬하는 데 있어서 그 어떤 애국자보다도 훨씬 더 열성적이었다. 자신의 에베레스트 단독 등반을 기록한 『수정의 지평선The Crystal Horizon』에서 메스너는 여자 친구 니나의 편지와 일기를 마음에 내키는 대로 인용했다. 메스너가 공개한 니나의 일기에는 "내 자신이 이 남자로 인해 부서지는 것 같다! 하지만 그것이 바로 내가 원하는 것이다. 그는 정말 강한 남자다."라고 쓰여있었다.

메스너는 이런 자화자찬 때문에 자주 조롱을 당했지만, 그는 그런 비판을 대수롭지 않게 받아넘겼다. 그는 1983년 『마운틴』에 실었던 "모험 시장 — 직업 등반의 유명세와 붐을 돌아보며The Risk Market: Reflections on Fame and the Boom in Professional Mountaineering"라는 글에서 자신을 시장에서 잘 팔리는 상품에 비유하면서 자랑했다

> 나를 비판하는 사람들이 말하는 것은 모두 사실이다. 나의 시장가치는 새로운 최고의 업적을 거둘 때마다, 또한 내가 새로운 기록을 수립하고 극한의 상황에서 살아남을 때마다 올라가고 있다. 더구나 그런 비판의 목소리는 나의 시장가치를 더 높인다. 따

라서 내가 세계에서 비난을 가장 많이 받는 등산가라는 소리를 자주 들어도 전혀 기분이 나쁘지 않다. … 서명과 날짜가 적힌 포스터, 루트를 설명한 책, 위험한 상황에 대한 설명 등 등산가가 자신의 꿈을 이루는 데 필요한 모든 물건의 형태로 내가 상품화되어 있다. 나는 응당한 돈을 받고 광고에 응하고, 강연을 하고, 영화를 만든다. 내가 상품으로 팔 수 없는 유일한 것이 있다면 그것은 아마도 내 죽음일 것이다.

메스너의 등반을 비판하는 한 사람은 "메스너는 에베레스트가 자기 자신을 8천 미터로 높여놓은 것으로 착각한다."라고 말했다. 사실 메스너는 고대 그리스 신화의 나르시스처럼 자연에 비추어진 자신의 모습에 매혹되었다. 그러나 자신에게 몰두한 것은 메스너만이 아니었다. 그가 1971년에 선언한 "불가능에 대한 말살The Murder of the Impossible"에 정리된 내용은 동시대 알프스와 히말라야 등산가 전체의 이상적인 희망을 대변하는 것이었다. 1983년에 메스너가 쓴『모험 시장』은 극한등반의 시대에 흔히 보이는 자기홍보의 가장 대표적인 예였을 뿐이다.

1977년: 거장들의 죽음

에릭 쉽턴은 1977년 3월 28일 자택에서 69세를 일기로 죽음을 맞이했다. 그는 죽기 얼마 전의 인터뷰에서 인생에서 가장 후회되는 일은 너무 오랫동안 에베레스트를 어슬렁거린 것이라고 말했다. 그러고 난 다음 그는 만일 모든 것을 다시 되돌릴 수 있다면 친구 몇 명과 전통적인 장비 몇 개만 갖고 7,620미터(25,000피트) 이하의 미등봉에 더 많이 갔을 것이라고 말했다. 1930년대 영국 에베레스트 원정에 세 번이나 참가했던 찰스 워런은『알파인 저널』에 추도사를 쓰면서 그의 죽음은 큰 충격이라고 말했다. 워런은 "에릭은 영원히 등반과 탐험을 다닐 위대한 노장이라는 생각이 사람들에게 각인되어있었다."라면서, 당시 유명인 행세를 하던 등산가들을 염두에 두고 "에릭은 잡다한 대중매체에 자신의 영혼을 팔려는 생각을 한 번도 해보지 않았다."라는 말을 덧붙였다.

쉽턴이 죽고 나서 7개월 남짓 지난 1977년 11월 1일, 틸먼이 79세의 노구를 이끌고 다섯 명의 선원과 더불어 "앙 아방En Avant(앞으로)"이라는 작은 배를 타고 리우데자네이루를 출발했다. 그는 이 배를 타고 영국에서 대서양을 건너왔다. 그와 다른 선원들은 포클랜드 제도를 거쳐 남극해로 가는 항로를 잡았다. 이것이 틸먼의 마지막 모험이었다. 앙 아방 호는 발견되지 않았고, 배에 탔던 사람들의 운명도 미궁에 빠졌다. 1936년 틸먼과 함께 난다데비 정상에 올랐던 노엘 오델은『히말라얀 저널』에 추도사를 써서 그를 기렸다. 2년 후 더그 스콧, 피터 보드먼, 조 태스커Joe Tasker, 조지스 베템버그Georges Bettembourg로 이루어진 소규모 경량 등반대가 칸첸중가의 정상에 올랐을 때 그들은 틸먼의 넋을 기렸다. 더그 스콧이 동료들에게 "축하의 악수를 나누는 것조차 잊어버렸네."라고 담담하게 말함으로써 1936년 틸먼과 오델이 난다데비에서 나눈 대화에 경의를 표했다.

붐비는 히말라야

히말라야 산맥이 점점 붐비기 시작했다. 하벨러와 메스너가 1975년 히든피크를 그들 둘이서만 도전하기 위해 발토로 빙하로 들어가면서, 그들은 파이주피크Paiju Peak에서 돌아오는 프랑스 팀, 트랑고 타워Trango Tower에서 돌아오는 영국 팀, 그랜드 커시드럴피크Grand Cathedral Peak에서 돌아오는 이탈리아 팀, 시아 캉그리에서 돌아오는 스위스 팀, K2에서 돌아오는 미국팀과 가셔브룸2봉 기슭에 베이스캠프를 설치한 폴란드 원정대를 만났다. 1970년대 말이 되자 네팔 정부는 하나의 산에 한 해 한두 팀만 허가를 내주던 규제를 풀었다. 그 결과, 특히 에베레스트는 — 네팔뿐 아니라 티베트에서도 접근할 수 있게 되어 — 굉장히 붐비기 시작했다. 1960년대에는 우드로 윌슨 세이어의 허가받지 못한 원정까지 합쳐 6팀이, 1970년대에는 23팀이, 1980년대에는 대략 140팀이 에베레스트에 갔다. 점점 더 많은 등산가들이 1년에 한 번씩 혹은 두 번씩 히말라야를 찾았다. 찰리 휴스턴은 등반경력 18년을 통틀어 히말라야에 네 번 갔었다. 반면 1980년대의 최고 등산가들 몇 명은 2년에 한 번씩 원정대를 꾸렸다. 라인홀드 메스너는 1982년 최초로 한 해에 8천 미터 급 고봉 세 개를 올랐다.

1970년대 말 라왈핀디와 중국의 카슈가르를 잇는 파키스탄의 카라코람 하이웨이(KKH)가 개통되면서 낭가파르바트나 라카포시를 비롯한 히말라야의 여러 산에 접근하는 것이 훨씬 더 쉬워졌다. 이 하이웨이는 발토로 지역으로 가는 원정대가 전통적으로 출발하던 곳인 스카르두로 가는 길과 연결되면서 중국으로 이어지기 때문에 쿤룬 산맥 서쪽의 콩구르 산군과 무즈타그 아타로 접근할 수 있는 통로도 열렸다. 또한 이 하이웨이 덕분에 그때까지 걸음마 단계에 있던 파키스탄의 트레킹 산업이 발달하자, 곧 파키스탄 쪽의 히말라야 트레킹만 전적으로 취급하는『론리플래닛 가이드북』이 나왔다.

이전까지는 완전히 닫혔거나 엄격하게 제한되던 지역이 개방되면서 히말라야 등산가들에게도 새로운 기회가 열렸다. 시킴이 1976년에, 티베트는 1979년에, 부탄은 1983년에 원정대에 개방되었다. 부탄만해도 19개의 7천 미터 이상 되는 봉우리 중 등정된 것은 초몰하리(7,315m)가 유일했다. 1985년 존 로스켈리는 부탄을 처음으로 여행하면서 릭 리지웨이에게 이렇게 말했다. "히말라야에만 열아홉 번째인데 이제서야 비로소 샹그릴라를 찾았네."

이 모든 것에는 대가가 따랐다. 샹그릴라는 외부인들을 끌어들이는 매력으로 오염되어 갔다. 인류학자인 셰리 오트너Sherry Ortner는 1960년대 중반 이후부터 솔루쿰부를 정기적으로 찾았는데, 1976년의 현지답사 노트에 이렇게 기록했다. "우리는 타미Thami에서 루클라로 이틀간 트레킹 했다. 수많은 관광객들이 있었다. 트레일도, 루클라 자체도 엉망이었는데, 특히 관광객들에 의한 '오염'이 심각했다."

미적인 면이나 정신적인 면에서 그 지역을 '오염'시키고 있는 관광객들에 더해 확연히 눈에 띄게 물리적으로 오염시키는 사람들도 있었다. 1960년대의 미국 배낭여행 모토는 "가지고 온 것은 다시 가지고 가자."였는데, 히말라야 원정등반에서는 이것이 전혀 구현되지 않았다. 1963년 미국 에베레스트 원정대가 사우스 콜에 도착했을 때, 이미 그 지역은 "세계에서 가장 높은 쓰레기장"으로 불릴 정도로, 거기까지 올라왔던 이전의 여섯 팀이 남겨놓은 쓰레기 더미와 마구 버려진 산소통이 쌓여있었다. 20년 후 이런 쓰레기장 현상은 베이스캠프와 사우스 콜을 넘어 널리 퍼져 나갔다. 노르웨이 등산가 한스 크리스천 도세트Hans Christian Doseth는 1984년『마운틴』에 영국, 일본, 스페인 원정대가 가르왈 히말라야에 쓰레기를 쌓아놓았다며 이렇게 비난했다. "그들의 베이스캠프 자리는 쓰레기장이었다. 플라스틱 병이나 깡통 등의 쓰레기가 사방에 널려있었다. 어떻게 등산가라는 사람들이 캠프 자리를 이렇게 남겨놓을 수 있을까? 이것은 상상조차 할 수 없는 이기적이고 무책임한 등산 제국주의의 극치다. 고국에서 캠핑을 해도 이렇게 행동하는가?"

등산가들로 인해 발생한 환경문제는 쓰레기만이 아니었다. 원정대원들과 트레커들이 에베레스트로 향하는 접근로 주위의 철쭉나무와 노간주나무를 베어 내어 땔감으로 사용하는 바람에 산이 헐벗기 시작했다. 1953년 영국인들이 에베레스트 베이스캠프로 들어갈 때 짐꾼들은 노간주나무 수백 꾸러미를 지고 올라갔는데, 그곳에는 그전 해에 스위스 원정대 두 팀이 남겨놓은 노간주나무도 산더미처럼 쌓여있었다. 힐러리는 1970년대에 이렇게 회상했다. "처음 쿰부를 방문했을 때만 해도 온통 짙은 녹색이었고 노간주나무가 계곡과 빙하 옆을 가득 덮고 있었다. 하지만 1976년에는 어디에서도 변변한 나무덤불조차 찾기 힘들었다."

산에 버려진 섬뜩한 쓰레기인 인간의 시신 문제도 점점 커졌다. 1980년대까지 히말라야의 산에서 사라졌거나 버려진 시신은 수십 구였다. 일부 시신은 크레바스로 떨어진 다음 빙하에 의해 운반되어 여러 해가 지난 후에 산기슭에서 나타나기도 했다. 이런 시신들은 최소한 매장할 수는 있었다. 그러나 고소에서 얼어붙어 거의 영구적으로 산의 일부가 된 것들도 있었는데, 일부 시신들은 사람들이 자주 다니는 루트 근처에 있기도 했다. 독일인 등산가 하넬로레 슈마츠Hannelore Schmatz는 에베레스트를 등정한 네 번째 여성이었는데 1979년에 정상에서 내려오다가 남동릉의 높은 곳에서 사망했다. 여러 해 동안 그녀의 머리와 상체가 빤히 보이는 곳에서 마치 눈 하나 깜빡하지 않고 노려보는 것 같은 모습을 보여 정상을 오르는 사람들을 기겁하게 만들었다.

원정대의 숫자가 빠르게 늘어난 만큼 1980년대에 히말라야에서 사망한 사람들의 숫자도 빠르게 늘어났다. 경험 많은 등산가들은 — 여러 전투에서 너무나 많은 사상자를 목격한 병사처럼 — 늘어나는 사망사고와 그로 인한 시신에 대해 무감각해지는 일이 많아졌다. 영국의 등산가인 앤디 팬쇼Andy Fanshawe가 1986년 여름 초골리사로 향하다가 남은 식량을 좀 얻어가려고 K2 베이스캠프에 들렀다. 베이스캠프의 영국 원정대 의사는 이전 등반 시즌에 사망한 발티인 짐꾼의 손뼈를 킷캣Kit-Kat 초코바 몇 개와 같은 통에 넣어서 보관하고 있었다. 그는 팬쇼에게 그것을 보여주며 "네 손가락 간식"이라고 아무렇지도 않게 말했다. 또한 이탈리아의 등산가 레나토 카사로또Renato Casarotto가 바로 며칠 전에 크레바스에 빠져서 사망했는데, 이를 두고 "K2 멀리뛰기 시합에서 탈락했군."이라고 농담하는 사람도 있었다.

1980년대가 되자 히말라야를 본격적으로 등반하는 사람들 가운데 등반사고로 친구나 원정대원 한두 명을 잃어보지 않은 사람은 거의 없었다. 셰르파들도 사정은 마찬가지였다. 1953년에서 1983년 사이에 솔루쿰부 지역의 셰르파 116명이 원정등반에서 목숨을 잃었다. 이 가운데 28명이 쿰중과 쿤데 출신이고, 14명이 남체 바자르 출신이었다.

1975년 에베레스트 남서벽에 도전하기 위해 다시 그곳을 찾은 피터 보드먼은 그 원정에 대해 약간의 죄책감이 든다고 일기에 적었다. 1970년대의 많은 서양 등산가들도 비슷한 심정을 고백했다. 보드먼은 "한 나라가 힘으로 다른 나라를 예속시키는 것이 옳다고 생각하는 사람은 아무도 없다. 나는 셰르파들에게 시중을 받는 것이나 서양인들의 짐이나 무거운 장비를 타망Tamang 짐꾼을 시켜 등에 지고 줄지어 나르도록 하는 것을 보면 죄책감이 든다."라고 적었다. 릭 리지웨이가 쓴 1976년의 독립 200주년 기념 원정기에도 미국인 등산가들이 짐을 쿰부 아이스 폴 위로 올리는 것을 싫어했다는 것과 그로 인해 겪은 양심의 가책이 잘 드러나 있다. "우리 중 어느 누구도 인정하려 들지는 않겠지만, 우리가 다른 사람들에게 돈을 주고 우리를 위해 목숨을 걸게 하고 있다는 것을 잘 알고 있었다. '여기는 목숨 값이 싸. 그들은 우리만큼 소중하지 않아.'라는 아시아에 와있던 서양인들의 태도를 우리는 가지고 있지 않았다고 누가 자신할 것인가?" 캐나다 원정대와 함께 에베레스트에 갔던 로버트 패터슨Robert Patterson은 '우리는 잘 어울리는 아디다스 운동복과 운동화로 단장을 하고 네팔인 대부분이 평생 벌어도 사지 못할 카메라를 각자 하나씩 들고 여기에 왔다.'라는 생각이 들어 괴로웠다고 한다. 그는 "여기 있는 것만으로도 미안한 마음이 들었다. 나는 나 자신의 만족을 위해 여기에 왔지만, 그들은 하루하루를 힘들게 살아가고 있었다."라고 말했다.

한 가지 해결 방안은 대규모 원정을 그만두는 것이었다. 이렇게 되면 낮은 곳에서든 높은 곳에서든 시중을 드는 포터들을 동행시키지 않기 때문에 식민지 시대의 '나리들'에 대한 추억을 불러일으키는 관행을 계속 이을 필요가 없었다. 피터 보드먼은 1976년 에베레스트 원정에 대해 이렇게 썼다. "길모퉁이를 돌았더니 영국령 인도의 위계질서가 그대로 되살아나 있었다. 텐트가 세워진 곳에는 현지인들을 얼씬도 못하게 했다. … 보닝턴의 에베레스트 원정은 내 인생에서 마지막으로 경험할 수 있었던 굉장한 제국주의적 경험이었다."

알파인 스타일의 등반은 이렇게까지 심하게 영국령 인도를 상기시키지 않았다. 서양 등산가들이 작은 규모로, 덜 격식을 갖춘 원정을 하는 것이 이상적인 방법이었다. 이렇게 하면 대자연을 가볍게 스쳐 지나갈 수 있고, 현지인들과 거리를 유지하기보다는 그들과 섞일 수 있었다. 1977년 영국인 등산가 조 태스커는 『알파인 저널』에 이렇게 썼다. "작은 팀으로 어떤 지역에 가면 그곳 사람들의 심성이나 생태에 피해를 덜 줄 수 있다. … 그곳은 외부의 충격을 크게 받지 않으면서 다른 문화를 경험할 수 있고, 원정대원들은 민주적으로 친근하게 그들과 교류할 수 있다. 이것이 과거 제국주의 시대 원정의 유산인 이름 모를 하인의 역할보다 훨씬 더 건전하다."

물론 서양인들의 이런 감수성은 좋은 의도에서 나온 것이지만, 아이러니컬하게도 셰르파들은 이전의 원정대 방식을 더 좋아했다. 봉사정신이 투철해서가 아니라 직업을 찾기 위해서였다. 1990년대 초 네팔 등산협회장이었던 카드가 비크람 샤Khadga Bickram Shah는 "알파인 방식은 (서양 등산가들에게) 윤리적으로 좋을지는 모르겠지만 우리에게는 경제적으로 최악이다."라고 말했다. 대부분의 셰르파들에게는 원정대의 고소등반을 지원하는 것이 위험하긴 하지만 보수가 가장 좋은 경제적 기회였다. 네팔인 1인당 연평균 소득의 10~15배를 단 두 달 만에 벌 수 있기 때문이었다.

새로운 인물: 피터 보드먼과 조 태스커

조 태스커와 피터 보드먼은 영국의 전후 세대로는 최초로 히말라야의 떠오르는 등산 스타였다. 두 사람은 1970년대 초부터 서로 알고 지냈는데 1975년에는 각자 히말라야에 갔다. 보드먼은 에베레스트 남서벽 원정대원으로 호사스러운 여행을 했다. 반면 태스커의 모험은 영국 제국주의 시대의 호사스러운 잔재와는 거리가 멀었다. 태스커는 파트너인 딕 렌쇼Dick Renshaw와 고물 밴을 사서 등반장비를 싣고 육로를 통해 인도로 갔다. 원정 전체 비용은 밴(돌아오는 길에 카불에서 버렸다.) 구입비용까지 포함해서 고작 1,600파운드에 불과했는데, 이것은 남서벽 원정대의 1/15에도 못 미치는 적은 돈이었다. 두나기리의 초등은 1939년에 이루어졌는데, 태스커와 렌쇼는 두나기리의 남릉에 새로운 루트를 내면서 재등에 성공했다. 이들은 오랜 시간 동안 끔찍하게 하산해야 했으며 그 와중에 렌쇼가 손가락에 심한 동상을 입었다. 하지만 이것이 문제가 아니었다. 이 남루한 2인조 원정대를 수상하게 여긴 인도 당국의 의심을 해결하는 것이 가장 큰 문제였다. 태스커는 "우리는 '히피 트레일'로 넘어왔고 히피처럼 청바지를 입었으며 히피들이 주로 묵던 싸구려 숙소에 묵었다."라고 썼다.

에베레스트 정상에 오르는 데 성공한 보드먼은 영국으로 돌아가 순회강연을 했다. 그러나 그는 유명 등산인 행세에는 별로 관심이 없었다. 그는 보닝턴 원정대의 "고도에 따른 유기적 집단 통제"라는 실험에 의해 자신이 에베레스트 정상에 올랐을 뿐이라며 고민에 빠졌다. 그는 강연을 할 때마다 "정상에 섰을 때 기분이 어땠습니까? 무얼 먹었습니까? 고소에서는 볼일을 어떻게 보나요? 에베레스트 정상에 올랐으니 모든 것을 다 이루었다고 생각합니까? 용기가 굉장하시군요!" 같은 질문과 찬사를 받아야 했다. 늘 반복되는 이런 일을 겪으면서 그는 '에베레스트는 참 지루하군!'이라는 생각이 들었다. 보드먼은 두나기리 등반 소식을 듣고 태스커와 렌쇼의 원정에 진정한 모험과 불확실성이 있다며 부러워했다.

렌쇼가 동상으로 등반에 나설 수 없게 되자 태스커는 새로운 파트너를 찾았다. 그는 창가방 서벽에 도전하자면서 보드먼을 찾아갔다. 태스커는 두나기리 정상에서 창가방 서벽을 사진으로 찍어 가지고 왔다. 창가방은 1974년 보닝턴의 영국-인도 합동 원정대가 초등한 산이었다. 당시 원정대원들은 서릉으로 도전하는 것을 잠깐 고려해보았지만 더 쉬운 동릉으로 방향을 돌렸었다. 그때 그들은 서벽을 보고 등반이 불가능하다고 생각했었다. 마틴 보이슨은 1974년에 "거대한 바위가 깨끗하게 쓸린 듯 수직과 오버행으로 이루어져 있었고, 곳곳이 말도 안 되게 가파른 얼음이었다."라고 말했다. 크리스 보닝턴은 보드먼과 태스커의 계획을 듣더니 "그곳을 정말로 오른다면, 그것은 아마도 히말라야에서 가장 어려운 루트가 될 것이다."라고 말했다. 『마운틴』의 편집장 켄 윌슨은 그들의 성공 가능성에 대해 "결혼한 남자가 올라갈 루트는 아니다."라고 간결하지만 회의적으로 논평했다.

1976년 9월 초 보드먼과 태스커는 라타트Latat 마을을 떠나 리쉬 협곡을 통해 난다데비 성채로 들어갔다. 9월 8일 그들은 라마니 빙하에 있는 4,570미터 지점의 베이스캠프에 도착했다. 이번 원정은 태스커와 렌쇼의 1975년 두나기리 등반처럼 구두쇠 작전은 아니었지만, 보드먼과 태스커는 빠듯한 예산을 쓰고 있었다. 그들이 베이스캠프에 도착했을 때 인도인 연락 담당관은 식사의 질에 실망하고는 곧바로 일을 그만두었다.

보드먼과 태스커는 요세미티에서 개발된 거벽등반 기술을 서벽에 적용할 작정이었다. 그들은 벽 아래쪽 날카로운 능선의 5,490미터에 설치한 1캠프를 출발해, 고정로프를 설치하면서 벽을 등반한 다음 밤에는 캠프로 내려와 쉬고, 그다음 날 다시 등반을 이어갔다. 캠프로 내려가지 않고 천으로 된 얇은 해먹 안에서 매달려 잔 날도 며칠 있었다. 그들은 벽의 중간 지점인 6,100미터까지 올라가 2캠프를 설치했다. 그들은 아래쪽에 설치해놓았던 고정로프를 전부 회수한 다음, 벽의 상단부를 같은 방식으로 계속 등반해 나아가, 마침내 6,864미터 높이의 정상까지 치고 올라갈 수 있는 위치까지 올라갔다.

그들은 첫 번째 도전에서 실패했는데, 버너가 제대로 작동되지 않아 눈을 녹일 수 없어 심한 탈수증세가 나타났던 것도 실패 원인 중 하나였다. 서벽의 가파른 경사와 오버행 바위를 넘어가는 기술적인 어려움도 문제였지만, 먹고 마시고 잠자는 일을 해결하는 문제가 승리의 관건이었다. 보드먼은 원정기에 "어떤 사람들은 등반 속도나 그들이 등반할 수 있는 암벽의 난이도 같은 것으로 등산가를 평가한다. 그러나 창가방에서는 얼마나 효율적으로 따뜻한 음료를 마시고, 손가락을 따뜻하게 하며, 등산화를 잘 벗느냐가 진정한 시험이었다."라고 썼다.

10월 14일, 벽에 붙은 지 5주일 만에 두 사람은 정상에서 얼마 떨어지지 않은 눈의 통로를 뚫고 올라갔고, 처음으로 로프를 서로 묶고 함께 걸어 올라갔다. 선등자와 후등자 모두 동시에 등반할 수 있었고, 더 이상 수직의 상태에서 서로가 해놓은 작업을 따라 주마로 올라갈 필요가 없었다. 보드먼은 걸리를 올라가던 중 가장 완벽한 형태의 암빙 혼합등반 구간과 마주쳤고, 로프를 써서 그곳을 올라갔다. 그가 글로 남긴 이 등반 경험은 아마도 현대 등산 문학사상 가장 멋진 표현일 것이다.

> 나는 완벽한 균형 감각을 느꼈다. 허리에서 허공으로 늘어지면서 빙빙 꼬인 로프를 보자 아찔한 기분이 들었다. 내 몸은 주변의 공기만큼 가벼웠다. 마치 발가락 끝으로 서서 춤을 추는 것 같았다. 마음이 편안해서 모든 동작을 계산하면서 완벽하고 효율적으로 힘을 분배했다. 가슴으로부터 흘러나온 말을 눈으로 말하고, 손으로 말했다. 진정한 의사소통… 진정한 의사소통이란 침묵이었다. 체호프는 사람이 정해진 행동을 가장 적은 움직임으로 나타낸다면 그것은 은혜라고 말한 적이 있었다. 내가 이 외로운 탐색에 빠져 있을 때 로프가 팽팽해졌다. 나는 멈추어서 내 확보를 해야 했다. 이것은 나에게 동료가 있다는 뜻이었다. 조를 돌아보는 순간 시간이 얼마나 걸렸는지 실감났다. … 서로의 존재에 대한 자각과 서로의 힘이 우리 둘 사이에서 파동으로 흘렀다. 조가 올라오자, 내 몸이 가볍게 떨리는 것을 보고 나는 그가 지쳤다는 것을 알았다.

그들은 그날 밤 걸리 위쪽 6,710미터에서 침낭 속에 들어가 비박을 했다. 10월 15일 오후 1시 30분 두 사람은 창가방의 정상에 올라서서 건너편의 난다데비를 바라보았다. 폭풍이 몰

1980년 K2로 가는 딕 렌쇼, 더그 스콧, 피터 보드먼, 조 태스커(왼쪽부터). 더그 스콧 촬영
(사진출처: 알파인 클럽 도서관)

려오고 있었으므로 그들은 정상에 오래 머무르지 않았다. 보드먼은 베이스캠프에 도착하자 뒤따라오는 태스커에게 — 앞으로 계속 함께 등반하자는 의미로 — 등산의 '영웅의 전당'에 들어온 것을 환영한다며 놀렸다. 태스커는 보드먼의 순회강연 이야기를 이미 들었기 때문에 "아니, 싫어. 그건 진짜 무의미한 경쟁이야."라고 대답했다.

자신들은 별로 탐탁지 않게 여겼지만 이제 보드먼과 태스커는 영웅의 전당에 들어갔다. 그들은 그 후 몇 년 동안 대규모 원정과 소규모 원정에 여러 번 참가했지만, 그 후 소규모 원정의 새로운 히말라야 등반 방식에 대한 이야기가 나올 때마다 그들의 이름이 오르내렸다. 1978년 이 두 사람은 대규모 보닝턴 원정대에 초청되었다. 이 팀은 K2를 서릉으로 도전할 예정이었지만, 닉 에스트코트가 눈사태로 사망하자 원정을 포기하고 철수했다. 그다음 해에 두 사람은 칸첸중가를 북릉으로 등정한 팀에 합류했고, 보드먼은 가우리샹카르도 등정했다. 1980년 보드먼과 태스커는 한 번 더 K2에 도전했지만 등정에는 실패했다. 그러나 두 사람은 1981년 보닝턴 원정대에 참가하여 콩구르의 정상에 올랐다. 두 사람은 이 시기에 각자 첫 번째 책을 내놓았다. 보드먼의 창가방 등반기인 『창가방 그 빛나는 벽The Shining Mountain』이

1979년에 출간되어 찬사를 받았고, 에베레스트의 서릉 도전 실패기를 담은 태스커의『에베레스트—잔인한 길Everest: The Cruel Way』은 그 이듬해에 출간되었다.

1982년 봄 보드먼과 태스커는 보닝턴 원정대에 합류하여 북동릉으로 정상에 도전하려고 에베레스트를 다시 찾았다. 5월 17일 보닝턴은 노스 콜 아래의 캠프에서 망원경으로 북동릉 약 8,230미터에 있는 미등의 피너클 구간을 오르고 있는 보드먼과 태스커를 지켜보고 있었다. 만일 모든 일이 잘 된다면, 그들은 그다음 날 정상에 오를 수 있는 위치로 들어갈 수 있었다. 오후 9시 그들의 희미한 모습이 보닝턴의 망원경에 잠깐 잡혔다. 보닝턴은 다음과 같이 전했다. "두 번째 피너클의 바로 아래 작은 콜에 있는 한 사람의 모습이 희미하게 실루엣으로 보였다. 그리고 다른 사람의 모습이 그에게 다가가고 있었다." 이것이 그들의 마지막 모습이었다.

기록을 세워라

1986년 더그 스콧은 한 인터뷰에서 "히말라야에 다음으로 남은 위대한 과제가 무엇인가?"라는 질문을 받자 웃기지도 않게 이런 대답을 했다. "K2 서벽을 동계에 단독으로 오르는 것이다. 그것도 맨발로!" 물론 '최초'의 기록을 세우는 것이 그 시대의 전유물은 아니었다. 히말라야 등반이 시작된 이래로, 1950년대에 최고조에 달한 8천 미터 급 고봉 초등 경쟁뿐 아니라 고도기록도 주의 깊게 기록되어왔다. 그러나 이제 그런 초등 기록이 모두 달성되었기 때문에 뛰어난 히말라야 등산가들에게는 새롭게 평가받을 업적이 필요했다. 그들은 다양한 방법으로 선구자는 물론이고 수없이 많은 평범한 등산가들과 자신들을 차별화하는 데 비상한 재주를 보였다.

기록 경신의 가장 일반적인 형태는 자신의 정체성을 세우는 것이었다. 예컨대 이런저런 봉우리를 최초로 오른 이런저런 국가의 남성 또는 여성 등산가가 되는 것이었다. 언제나처럼 에베레스트가 가장 인기 있는 목표였다. 바첸드리 팔Bachendri Pal은 1984년에 인도 여성 등산가 최초로 에베레스트에 올랐고, 스테이시 앨리슨Stacy Allison은 1988년에 미국 여성 등산가 최초로, 레베카 스티븐스Rebecca Stephens도 1993년에 영국 여성 등산가로 같은 업적을 달성했다. 1989년에는 리카르도 토레스Ricardo Torres가 에베레스트 정상을 밟은 첫 멕시코 출신의 라틴 아메리카 등산가가 되었다. 1995년에는 나수 마흐루키Nasuh Mahruki가 터키인이자 이슬람교도 출신으로는 최초로 에베레스트 정상을 밟았다. 가족이 최초로 에베레스트에 오른 경우도 있었다. 1990년 마리아Marija와 앙드레 스트렘페리Andrej Stremfelj(슬로베니아)가 동시에 에베레스트 정상을 밟아 부부로는 처음으로 성공을 거두었고, 2년 후에는 알베르토Alberto와 펠릭스 이누라테귀Felix Inurrategui 형제가 나란히 정상을 밟았다.

또한 스턴트 기록도 나왔다. 베이스 점핑BASE jumping, 패러글라이딩, 스노보딩이나 익스트림 스키 같은 비 등산의 익스트림 스포츠가 정상 등정과는 상관없는 산악 스턴트 분야에서 위험을 무릅쓰고 기록에 도전했다. 모든 에베레스트 스턴트맨의 시조는 1970년에 '에베레스트를 스키로 하산한 사나이' 미우라 유이치로였다. 그의 모험을 쓴 책『에베레스트를 스키로 하산한 사나이The Man Who Skied Down Everest』가 출간되었고, 같은 이름의 기록영화는 아카데미 다큐멘터리 상을 받았다.(그는 사우스 콜 아래쪽에서부터 로체 사면을 스키로 내려갔고, 200미터 정도는 그냥 굴러 떨어졌다.) 다른 사람들도 그의 뒤를 따랐다.(때때로 그 이상의 기록도 세웠다.) 장 마르크 부아뱅Jean Marc Boivin은 1988년 에베레스트에서 최초로 행글라이더를 타고 내려오는 데 성공했고, 1991년 리오 디킨슨Leo Dickinson은 열기구를 타고 최초로 에베레스트 위까지 올라갔다.

1980년대에 히말라야에서 가장 뜨거웠던 경쟁은 "누가 8천 미터 급 고봉 14개를 가장 먼저 완등하는가?"였다. 이것 역시 모험적인 성격이 짙었다. 비판자들은 이 경쟁이 새롭고 어려운 루트를 개척하는 것이 아니기 때문에 단지 정상에 오르는 것 이상의 의미는 없다고 지적하기도 했다. 라인홀드 메스너가 초반부터 선두를 유지해, 1986년 로체에 오른 것을 끝으로 14개를 완등했다. 폴란드 등산가인 예지 쿠쿠츠카Jerzy Kukuczka가 이 경쟁에서 메스너를 바짝 따라붙어, 최초의 8천 미터 급 고봉 등정 8년 만인 1987년 14개를 완등했다.

중국의 개방

1980년 중국이 외국 등산가들에게 국경을 개방하기로 결정하면서, 새로운 산에 갈 수 있게 되었고 이미 등정된 산에서는 신루트를 개척할 수 있게 되었다. 외국 등산가들은 특히 시샤팡마를 오르고 싶어 했는데, 이 산은 1964년 중국 원정대가 북서벽으로 초등한 것이 유일했다. 독일의 등산가인 미흘 다흘러Michl Dachler, 볼프강 샤페르트Wolfgan Schaffert, 귄터 스투름Günther Sturm과 프리츠 진틀Fritz Zintl이 또다시 북서벽으로 도전해서 1980년 5월 7일 정상 등정에 성공했다.

쓰촨 성의 미냐 콩카(현재는 티베트어인 공가 샨Gongga Shan으로 알려졌다.)는 1932년 미국인 등산가 테리스 무어Terris Moore와 리처드 버드솔Richard Burdsall에 의해 초등되었다. 1980년 미국 원정대 두 팀이 북서릉으로 정상에 도전했지만 둘 다 실패했다. 그 가운데 무어 버드솔 루트로 북서릉을 올라가던 팀은 눈사태를 만나 조너선 라이트Jonathan Wright가 사망하고 킴 슈미츠Kim Schmitz는 척추가 부러지는 사고를 당했다. 그해 중국에서 도전했던 게일런 로웰, 네드 길레트Ned Gillette, 얀 레이놀즈Jan Reynolds는 운이 좀 더 좋아서 무즈타그 아타를 스키로 오른 첫 번째 팀이 되었다.(그들은 이 산을 세 번째로 오른 팀이었다.)

에베레스트의 티베트 쪽 능선과 벽에 새로운 루트를 내는 것도 당연히 외국 등산가들의 관심을 끌었다. 1980년 봄에 일본 팀이 북동릉으로 정상에 올랐고, 북벽에 신루트를 내면서도 등정에 성공했다. 가을에는 라인홀드 메스너가 북벽으로 최초의 무산소 단독 등정에 성공했다. 그해 또 한 명의 서양 등산가가 에베레스트의 티베트 쪽에 나타났지만, 그의 목표는 북쪽이 아니었다. 미국인 등산가 앤디 하버드는 에베레스트의 북벽 대신 동벽, 즉 캉슝 벽을 단독으로 정찰등반했는데, 이렇게 한 사람은 1921년의 맬러리 이후 그가 처음이었다. 그때 캉슝 벽을 정찰등반한 맬러리는 "우리가 올라갈 만한 곳이 아니다."라고 선언했었다. 하버드가 카마 계곡으로 들어가 에베레스트의 동쪽으로 접근하면서 한 곳의 모퉁이를 돌자, 하늘 높이 치솟은 어마어마한 크기의 얼음과 바위가 그의 시야를 가로막았다. 에베레스트에서 전혀 알려지지 않은 동벽을 마주하자 그는 발걸음을 멈추었다. 그는 그다음 며칠간 전혀 알려지지 않은 세계의 오지를 홀로 탐험하는 즐거움을 만끽했다. 이틀 후 하버드는 산기슭에서 그 벽을 관찰하며 등반 가능한 루트를 찾아보았다. 미묘하지만 능선으로 이루어진 분명한 등반선이 보였다. 그것은 정상으로 가는 중간에 1,000미터 높이의 바위와 얼음으로 된 버트레스를 넘어가야 하는 무서운 도전으로 생각되었다. 그러나 하버드는 "자살이나 다름없을 정도로 불가능한 루트는 아니다."라는 판단을 내렸다.

그다음 해 가을 하버드는 미국 원정대와 함께 돌아와서 동벽에 첫 도전장을 내밀었다. 리처드 블룸이 이끄는 원정대는 17명의 대원으로 구성되었는데, 에드먼드 힐러리 경과 쿠르트 딤베르거가 참가해서 주목을 받았다. 원정대는 바위와 얼음으로 된 버트레스를 넘어 벽을 반 이상 올라갔지만 병과 사고, 불화로 애를 먹었다. 원정대원인 존 로스켈리는 더 확실한 북벽 루트로 가겠다면서 불끈 성을 내고 떠나버렸다. 망신스러웠던 1971년 국제 에베레스트 원정 때처럼 로스켈리는 미국으로 돌아가자 기자회견을 하는 자리에서 원정대 동료들을 비방했다.

그해에 중국 신장성에 있는 콩구르(7,719m)가 초등되었다. 크리스 보닝턴, 조 태스커, 피터 보드먼과 앨 로즈Al Rouse가 남서쪽 지릉을 통해 1981년 7월 12일 정상 등정에 성공했다. 이들이 성공한 직후 일본 팀이 콩구르를 북쪽에서 도전했지만, 정상을 향해 출발한 원정대원 테라니시 요지, 시가 미츠노리와 마츠미 시네는 실종되고 말았다.

1982년 중국이 K2의 북쪽을 개방했다. 그해 고니시 마사츠가가 이끄는 일본산악회 원정대가 K2 북벽의 날카롭게 튀어나온 능선을 올라섰다. 8월 14일 야나기사와 유키히로, 사키시타 나오에, 요시노 히로시가 정상에 올라, 이 산의 여섯 번째 등정이자 북쪽에서 이루어진 최초 등정 기록을 세웠다. 그러나 야나기사와 유키히로는 하산 중에 사망했다.

1983년 짐 모리시Jim Morrissey가 이끄는 미국 원정대가 에베레스트의 캉슝 벽에 다시 도전장을 내밀었다. 그들은 버트레스(1981년에 선등했던 미국인 등산가 조지 로우의 이름을 따 지금은 로우 버트레스Lowe Buttress로 불린다.)까지 빠르게 전진했다. 그들은 1981년 원정대가 남겨놓은 고정로프의 도움을 받았고, 물자를 나르는 데도 기계식 릴의 도움을 받았다. 원정 역사상 이런 장비가 실제로 도움이 되었던 경우는 거의 없었다. 로우 버트레스를 올라서는 데 한 달이 걸렸다. 그로부터 10일 후인 10월 8일 그들은 마침내 정상을 공격할 수 있는 준비를 갖추었다. 카를로스 불러Carlos Buhler, 킴 몸Kim Momb, 루 라이카트가 버트레스 위쪽의 설사면을 등반해 남봉 아래쪽의 남동릉으로 올라선 다음 계속 정상으로 향했다. 그다음 날 세 명의 미국인 등산가들이 그들의 뒤를 따라갔다. 미국인들이 에베레스트에 대담한 신루트를 낸 것은 이번이 두 번째였다. 이로써 1921년 맬러리가 캉슝 벽을 어렴풋이 처음 바라본 이후 시작된 탐험의 한 사이클이 완성되면서, 에베레스트의 3대 거벽인 북벽과 남서벽, 동벽이 모두 등반되었다.

외국 등산가들은 그들의 중국인 파트너들과도 친밀한 관계를 맺었다. 특히 중국등산협회의 핵심 인물인 조우 젱Zhou Zheng은 미국의 장년층 등산가들과 친했다. 그는 밥 베이츠를 "밥

아저씨"라고 부르기도 하고, 그에게 중국 등산역사에 대한 자신의 연구서인 『봉우리에 남긴 발자취—중국 등산역사Footprints on the Peaks』의 원고를 보내 조언을 구하기도 했다. 1980년 중국이 개방되자 등산가들은 여러 면에서 혜택을 보게 되었다. 그렇지만 중국에서 도전하려면 한 가지 어려운 점이 있었다. 중국의 고산들은 중국의 통치권이 거의 미치지 않는 지역에 있었다. 앤디 하버드는 1980년 에베레스트의 캉슝 벽을 등반하고 난 다음 "오늘날의 티베트에는 슬픈 역사가 있다. 그것은 중국이 새로 지어준 학교나 병원 또는 길이나 트랙터로는 지워지지 않는다."라고 말했다. 1920년대와 1930년대의 원정기와 기록영화에 등장하여 잘 알려진 롱북 사원은 중국 문화대혁명의 광기 속에서 1970년대 초에 파괴되어 1980년대에는 폐허로 남아있었다. '빛나는 수정 사원'이었던 세가르Xegar와 같이 원정기를 통해 알려진 다른 사원들도 똑같은 운명을 당했다.

티베트 원정의 시발점인 라싸는 중국의 점령으로 인한 파괴를 덜 겪은 편이었지만 중국식 권위주의의 상징들이 두드러지게 눈에 띄었다. 1987년에는 에베레스트에서 돌아오던 미국인 블레이크 커Blake Kerr와 존 애컬리John Ackerly가 3일간 숙소에서 구금되었는데, 중국 당국이 애컬리의 가방에 붙은 티베트 국기를 문제 삼았기 때문이다. 최소한 15명의 티베트인이 사망한 티베트의 반중국 가두시위 중에 일어난 일이었다.(의사인 커는 구타를 당하거나 총상을 당한 사람들의 상처를 치료해주기도 했다.) 결국 이 시위를 계기로 중국은 티베트를 무력으로 지배하기 시작했다.

히말라야의 개탄할 상황

한때 고드윈-오스틴 빙하는 지구상에서 가장 외진 곳이었지만, 1986년 7~8월에는 베이스캠프 자리에 아홉 개의 원정대가 몰려들어 텐트가 꽉 들어찼다. 그곳에는 여성 최초 등정을 노리고 있던 반다 루트키에비츠를 포함해 다양한 원정대의 등산가 27명이 K2 정상에 도전하기 위해 그곳에 있었다. 대부분이 폴란드인인 또 다른 사람들은 K2의 남벽과 남서 필라에 대담한 신루트를 개척하려 하고 있었다. 그러나 그들의 성취는 13명의 등산가들이 여덟 차례의 서로 다른 사고로 죽으면서 빛이 바랬다. 그들 중 7명은 정상 등정에 성공한 후 내려오다가 사망했다. 사망사고는 등반 시즌 중 광범위한 지역에서 일어나고, K2 등반은 에베레스트 등반만큼 주목을 끌지 못하기 때문에 일반 대중은 거의 관심을 갖지 않았다. 그러나 그때 일어난 사망사고는 등산계가 재앙에 대한 기준을 다시 정립해야 할 정도로 규모가 너무 컸다.

그다음 해 여름, 『히말라얀 저널』의 편집장 솔리 메타Soli Mehta는 미국인 등산가 앤디 코프먼에게 K2의 사망사고를 비롯해 당시 히말라야 등반에서 일어났던 사고들을 되돌아보며 이런 편지를 보냈다. "정치나 스포츠 분야의 폭력이나 국제 테러를 보면 세계 곳곳에서 생명이 경시되고 있는 것은 사실입니다. 경쟁적인 생활의 나쁜 면이지요. 그런데 부끄럽게도 우리가 그런 태도를 산에서 목격하고 있습니다. '산이 거기 있으니까'가 이제는 '잭, 꺼져버려. 나는 어쨌든 괜찮으니까'로 바뀐 것 같습니다. 너무나 슬픈 일인데 새로운 종류의 등산가들이 각성을 하고 자신들에게 자성의 목소리와 질문을 던지기 전까지는 이런 개탄할 풍조가 사그라질 것 같지 않습니다. 그저 그 새로운 등산가들이 정직한 대답을 찾아주기를 기원할 수밖에요."

K2에서 1986년 여름에 사망한 등산가 가운데 모리스 배러드Maurice Barrard와 릴리언 배러드Liliane Barrard 형제, 레나토 카사로또Renato Casarotto는 어찌할 수 없는 사고로 죽었다. 반면 앨런 로즈Alan Rouse는 너무 쇠약해져서 하산할 수 없게 되자 아브루치 능선의 고소 캠프에 버려졌다. 로즈의 동료가 내렸던 결정은 1953년 K2 원정대가 아트 길키를 구조하기 위해 벌였던 영웅적인 자기희생의 모습과는 너무나 대조적이었다. 트레버 브레햄Trevor Braham은 그 사건 이후 『알파인 저널』에 메타의 우려와 궤도를 같이하는 글을 썼다. 브레엄은 서로 돕는다는 '등반의 전통'이 쇠퇴하고 있다고 다음과 같이 공개적으로 언급했다. "이제는 고소 등산가들이 팀의 다른 대원들을 돕거나 도움을 받을 것이라고 기대하지 않는다. 올라갈 것인가 말 것인가는 스스로 판단해야 하고, 자신의 생존에 대한 책임은 자기 스스로 져야 한다."

로즈는 물론이고 그해 여름 K2에 갔던 다른 대원들 모두 전문 등산가이거나 최소한 경험이 아주 많은 사람들이었다. 그 후 여러 해 동안 등반 윤리에 대한 의문이 제기되어왔는데, 1980년대 중반부터 상업등반이 인기를 끌기 시작하면서 문제가 복잡해졌다. 고소 경험이 거의 없거나 아예 없는 등산객들이 세계에서 가장 위험한 산에 나타나기 시작했고, 그들은 자신의 등반기술에 의지하기보다는 정상까지 그들을 안내해줄 전문 등산가에게 자신의 목숨을 맡겼다.

1990년대의 상업 가이드들은 가이드 등반이 1880년대에 히말라야에서 그레이엄W. W.

Graham이 스위스 가이드를 고용해, '고객들'과 '가이드들' 모두에게 미지의 산이었던 칸첸중가 지역으로 들어갔을 때부터 시작된 전통이라고 주장했다. 물론 1939년 K2 원정의 더들리 울프처럼 기술적인 능력이 있어서라기보다는 자금을 지원할 수 있는 능력이 있어서 히말라야 원정등반에 초청되는 경우도 있었다. 그러나 그 원정의 목표는 K2 초등이었다. 당시 원정대장이었던 프리츠 비스너에게 더들리 울프를 정상에 올려놓는 문제는 전혀 관심 밖이었다.

히말라야 고봉에서 가이드를 동반한 등반은 트레킹 산업에서 자연스럽게 성장해갔다. 등산가들이 에베레스트 베이스캠프까지만 트레킹 손님들을 데리고 가도 유럽의 어떤 산의 정상보다도 더 높은 고도로 그들을 안내하게 되는 것이었다. 트레킹 목록에 산을 하나 집어넣는 것은 명백한 그다음 단계였다. 1977년 게일런 로웰과 킴 슈미츠는 인도의 눈 쿤으로 13명의 미국인 고객들을 데리고 가서 7천 미터 이상의 산에서 최초의 가이드 등반을 했는데, 이때 안내를 맡았던 두 명과 고객 세 명이 정상을 밟았다. 이런 전례가 세워지자 고객들은 너도나도 에베레스트를 포함한 8천 미터 급 고봉에 데려가 달라고 요구하기 시작했다. 55세의 딕 베스Dick Bass라는 유타 주 스노버드 스키 리조트 소유주는 1985년에 데이비드 브레셔스David Breashers에게 가이드 비용을 지불하고 에베레스트에 오른 최초의 인물이 되었다. 스키를 능숙하게 탔던 베스는 에베레스트에만 네 번째였기 때문에 로프를 묶지 않고 등반했다. 그는 정상에 올라가기 위해 비용을 지불하긴 했으나 이전에 정상에 올랐던 189명의 등산가와 대등한 능력을 갖고 있었다. 그는 에베레스트 정상에 오르는 데 성공함으로써 7대륙 최고봉, 즉 7개의 대륙에서 각각 가장 높은 산을 모두 오른 최초의 인물이 되었다. 베스, 브레셔스, 셰르파 앙 푸르바Ang Phurba가 정상에 올랐을 때는 사람이 붐비지 않았다. 그날 에베레스트의 고소에는 그들만 있었다.

시장의 논리가 전통적인 등반을 이기고 승리를 거두자 에베레스트가 곧 붐비기 시작했다. 1990년 네팔 당국은 누구든지 입산료만 내면 에베레스트를 오를 수 있도록 개방했다. 입산료는 계속 올랐다. 1991년에서 1997년 사이에 입산료는 7배로 올라, 원정대는 7명까지는 7만 달러를 내고, 그 뒤 1명이 늘어날 때마다 1만 달러를 추가로 내야 했다. 많은 사람들이 기꺼이 그 비싼 입산료를 지불했는데, 특히 미국인들이 그랬다.

1990년 10월에는 4일 동안 31명이 남동릉을 통해 정상에 올랐다. 이 숫자는 1953년에서 1970년 사이에 정상에 올랐던 사람의 숫자를 모두 더한 것보다 더 많았다. 정상이 붐비는 현상을 우려하는 사설이 1990년 『마운틴』에 실렸다. "정상까지 올라가야 정체현상으로 산에서 기다린 것에 대한 보상이 된다는 것은 말할 필요가 없다. 하지만 올해의 성공으로 네팔 관광청이 에베레스트에 올라가는 사람 수가 많아도 안전하다고 믿게 될까 봐 우려스럽다. 작년 10월에 심한 폭풍으로 대부분의 원정대가 도중에 등반을 포기하고 돌아갔는데, 그 정도의 폭풍이 정상 쪽에 들이닥친다면 어떤 사태가 일어날지는 오직 상상에 맡길 뿐이다."

그러나 상업 가이드는 그런 우려를 무시했다. 1992년 5월 12일 32명이 정상에 올랐는데, 이들 중 여섯 명이 뉴질랜드 가이드인 롭 홀Rob Hall의 고객이었다. 『아웃사이드』는 이 점에 주목하고 에베레스트 정상에 고객을 안내하는 가이드들을 인터뷰했다. 마운틴 트레블 소벡 회사의 척 크로스Chuck Cross는 "전 세계의 수많은 사람이 신체적으로나 재정적으로나 에베레스트 정상에 올라갈 능력이 된다."라고 공언했다. 알파인 어센트 인터내셔널 회사의 스킵 호너Skip Horner는 "가이드가 성실하다면, 좋은 고소 셰르파들도 있고 산소도 충분하므로 안전하게 정상까지 올라갈 수 있다."라고 말했다. 호너는 상업등반이 일부 등산가들을 불편하게 한다는 점을 인정하면서 "사람들은 에베레스트에 처음으로 올라간 미국 원정대원이 되거나 아니면 에드먼드 힐러리가 되고 싶어 했다. 하지만 그들은 그렇게 하지 못했고, 그렇게 할 수도 없다. 혼자서 정상에 올라가는 것이 더 낫지만 이제는 그렇게 하지 못한다."라고 덧붙였다.

희박한 공기 속으로

1996년 봄 최소한 6개의 상업 팀을 포함한 11개의 원정대가 쿰부 아이스 폴 아래에 베이스캠프를 설치했다.(이들 중 한 팀은 에베레스트가 아니라 로체를 목표로 삼고 있었다.) 에베레스트 상업 등반대 중 둘이 미국인 팀이었는데, 한 팀은 스콧 피셔Scott Fischer가 이끌었고, 다른 팀은 피터 애썬스Peter Athans와 토드 벌슨Todd Burleson이 이끌었다. 뉴질랜드인 롭 홀은 다른 에베레스트 상업 등반대의 가이드를 맡고 있었다. 티베트 쪽에서 도전하는 또 다른 상업 등반대도 있었다.

『아웃사이드』 기자인 존 크라카우어Jon Krakauer는 가이드 등반에 대한 이야기를 쓰기로 하고 홀의 등반대와 계약했다. 홀은 당시 에베레스트 상업 가이드 가운데 가장 존경받는 사람

1996년 에베레스트 베이스캠프에 모인 컨설턴트들
앞줄 왼쪽에서 세 번째가 존 크라카우어, 다섯 번째가 롭 홀이고, 뒷줄 왼쪽에서 네 번째가 벡 웨더스다.
(사진출처: 타임 앤드 라이프 픽처스)

이었다. 그러나 크라카우어는 일찍이 미국인 가이드 스콧 피셔와 함께 올라가기로 했다. 피셔는 놀라운 기록을 보유하고 있었다. 그는 에베레스트에 세 번 도전해서 1994년에는 마침내 무산소로 정상 등정에 성공했다. 그는 폴 페졸트의 등산학교 제자로 그에게 기본적인 등반기술을 배웠다. 피셔는 주의 깊은 등산가로 고객의 안전뿐 아니라 등반하면서 만나는 다른 사람들의 안전도 세심하게 배려했다. 1992년 K2를 오를 때 피셔와 에드 비에스터스Ed Viesturs는 자신들의 정상 도전 무산을 무릅쓰고, 고소 캠프에서 내려가는 부상자를 도왔다. 그런 다음 두 번째 도전에서 정상에 올랐는데, 내려가다가 또 다른 부상자를 만나자 자신들도 위험해질 수 있는 상황에서 그를 도와 안전하게 하산시켰다. 그때 구조된 사람이 게리 볼Gary Ball이었다. 그는 롭 홀의 등반 파트너이자 사업 파트너가 되었다. 상업등반이라는 새로운 세대에 여전히 옛 등반 문화의 이상을 실천하는 사람이 있다면 그가 바로 피셔였다. 그러나 그는 고객을 다룰 때 엄청나게 허풍을 떨었다. 1994년 그는 크라카우어에게 "우리는 높은 통신 탑을 설치해서 무선통신이 완전히 됩니다. 내가 장담하는데, 요즘은 정상까지 길이 잘 닦여있습니다."라고 말하기도 했다.

어떤 의미로는 에베레스트에서 무선통신이 확실히 가능했다. 등반대 가운데 다섯 팀이 웹사이트를 운영했다. 피셔 등반대의 웹사이트는 NBC 방송이 지원했고, 에베레스트에서는 등반대원이자 뉴욕시의 사교계 명사인 샌디 피트먼이 관리했다. 그녀는 전 세계 인터넷 사용자들에게 정상으로 향하는 등반대의 전진을 실시간으로 보도했고, 대원들과의 인터뷰는 물론 사진도 올렸다.(그녀는 에베레스트로 두 대의 노트북과 다섯 대의 카메라, CD 플레이어와 카푸치노 기계까지 — 일부에 의하면 — 가져갔다.) 에베레스트 베이스캠프의 연락 텐트에는 위성으로 송출하는 팩스와 전화도 있어, 사람들은 고국의 가족, 친구, 직장과 언제든지 연락할 수 있었다. 손으로 쓰거나 부호화된 메시지를 사람을 시켜 산 아래로 전달하던 시절은 징 박힌 등산화처럼 아주 오래된 과거가 되었다.

그해 봄 상업 등반대에 등록했던 고객 대부분은 초보자들이었다. 그들이 이전에 고소에서 경험했던 것은 거의 다 가이드를 동반한 등반이었다. 예를 들어, 샌디 피트먼은 가이드 비용을 지불하고 7대륙 최고봉 가운데 여섯 개를 오른 경험이 있었다. 노련한 등산가인 크라카우어는 예외였다. 하지만 그 역시 4,300미터 이하의 산에서 쌓은 경험이 전부였다. 가장 경험이 많은 사람은 피트 셰닝이었다. K2와 히든피크를 다녀온 이 노장은 스콧 피셔의 등반대에 참가해서 생애 처음으로 조카인 클레브 셰닝Klev Scheoning과 함께 에베레스트 정상을 올라가보고 싶어 했다. 벡 웨더스Beck Weathers 같은 사람이 고객들 가운데 제일 많았다. 웨더스는 부유한 병리학자로, 9년 전인 40세부터 등반을 시작했다.

피셔와 홀의 등반대는 고도를 점차 높여가며 몇 주간 고소 적응을 마치고, 5월 6일 정상 도전을 위해 베이스캠프를 떠났다. 두 팀의 상업 등반대원들에다 대만 원정대원들까지(정체현상을 막기 위해 다른 날에 정상 등정을 시도하기로 사전에 약속했었다.) 모두 사우스 콜에 자리를 잡았고, 이들은 5월 9일 저녁에 자정이 되면 정상을 향해 올라가려고 준비하고 있었다.

그 후 24시간 동안 일어난 참사는 등산역사에서 맬러리와 어빈의 실종이나 힐러리와 텐징의 초등만큼이나 잘 알려졌다. 1924년, 1953년, 1996년은 히말라야 등반의 세 시대, 즉 제국시대, 황금시대, 극한등반 시대를 각각 대변한다.

5월 10일에 일어난 참사는 1990년『마운틴』이 예견한 그대로였다. 에베레스트 정상은 여러 명이 간다고 해서 안전한 곳이 아니었다. 고객들의 능력이 다양했기 때문에 팀은 가장 느린 사람의 속도로 전진해야 했다. 그러던 중 힐러리 스텝에서 병목현상이 일어났다. 정상까지 깔렸다고 생각했던 고정로프가 제자리에 없었다. 고객들은 추위 속에서 기다리며 산소를 모두 사용해버렸다. 가이드는 한편으로는 정상이 너무나 가깝고, 다른 한편으로는 가능한 한 많은 고객이 정상에 올라가도록 해야 하는 직업적 이해관계 때문에 무사히 돌아올 수 있는 골든 타임을 무시했다. 그러던 중 갑자기 기상이 나빠졌다. 구름이 끼더니 눈이 내리면서 시속 100킬로미터가 넘는 강풍이 불어온 것이다. 어둠이 내리는 가운데 한 치 앞을 내다볼 수 없는 시계로 고객들의 하산 속도가 느려졌다. 저산소증으로 탈진한 고객들은 사우스 콜까지 내려왔어도 자기 텐트조차 찾아갈 수 없었다.

5월 10일에서 11일 사이의 밤에 진정한 영웅주의가 발휘되었다. 롭 홀은 고객 더그 한센Doug Hansen이 탈진하자 힐러리 스텝에서 그의 곁을 떠나지 않았다. 그 자신은 남봉으로 내려와 그곳에 남겨놓은 산소로 기력을 회복할 수도 있었다. 홀과 한센이 위험에 빠졌다는 무전을 듣자 홀의 보조 가이드인 앤디 해리스가 남봉에서 두 사람 몫의 산소통을 가지고 힐러리 스텝에서 꼼짝 못하게 된 두 사람을 구조하러 다시 올라갔다. 그리고 결과적으로 자신도 목숨을 잃고 말았다. 5월 10일 피셔 등반대의 가이드인 아나톨리 보크리프Anatoli Boukreev는 몇 가지 논쟁의 소지가 될 결정을 내렸다.(그는 정상을 향해 힘들게 올라가고 있는 그의 고객을 남겨둔 채 사우스 콜로 내려가자고 주장했다.) 그러나 보크리프는 5월 11일 이른 아침 사우스 콜에 불어 닥친 눈보라를 헤치고 올라가서 길을 잃고 헤매는 세 명의 고객을 구하는 용기를 발휘했다. 다른 상업 등반대 두 팀의 리더들과 아이맥스 영화를 찍고 있던 팀도 정상으로 가려는 계획을 포기하고 생존자 구조작업에 나섰다.

하지만 인간의 고통을 애써 외면한 사람들도 있었다. 남아프리카공화국의 원정대장은 구조작업을 위해 무전기를 빌려달라는 요청을 거절했다. 5월 10일 인도인 등산가 세 명이 북동릉의 높은 곳에서 고립되었는데, 그다음 날 아침 일찍 정상 도전에 나선 일본인들은 그들 옆을 그냥 지나쳤다. 그들은 그때까지 살아있었다. 일본인들이 내려왔을 때 한 사람은 죽고, 한 사람은 실종되고, 나머지 한 사람은 로프에 엉킨 채 겨우 목숨이 붙어있었다. 일본인들은 그 생존자를 로프에서 풀어주었지만, 하산할 수 있도록 도와주지 않아서 결국 그도 죽고 말았다. 일본인 중 한 명은 자기 자신을 정당화하면서 "8천 미터 이상의 고도는 윤리를 따질 만한 장소가 아니다."라고 말했다.

이 비극 중 가장 유명한 이야기는 롭 홀이 죽기 전 에베레스트에서 나눈 마지막 교신 내용이다. 더그 한센이 그날 밤 죽었거나 실종되었다. 이제 홀은 살아남기 위해 탈출했다. 그는 5월 11일 이른 새벽에 힐러리 스텝에서 남봉까지 갔고, 그곳에서 새벽 4시 43분 베이스캠프와 교신했다. 그 후 14시간 동안 베이스캠프의 친구들은 그에게 일어나서 사우스 콜로 내려가라고 계속 요구했다. 홀에게 딱 한 번 운이 찾아왔다. 그는 남봉에 숨겨진 산소통 두 개를 우연히 발견했다. 이른 아침에 무전으로 전해진 그의 목소리는 좀 나아보였다. 그러나 그는 더 이상 움직일 수 없었다. 셰르파들이 구조를 위해 출발했으나 강풍으로 발길을 돌려야 했다. 홀은 뉴질랜드에 있는 임신한 아내와 두 번 위성전화로 통화했다. 이른 아침의 첫 번째 통화는 구조될 수 있을 것 같다는 내용이었다. 오후 6시 20분이 막 지난 시간에 이루어진 두 번째 통화에서는 이제 둘 다 구조가 불가능하다는 것을 알았다. 홀은 마지막 작별인사를 했다. "사랑해. 여보, 잘 자. 너무 걱정하지 마."

5월 10일과 11일의 참사로 모두 여덟 명이 목숨을 잃었다. 에베레스트의 남쪽에서 홀, 해리스, 한센, 남바 야스코(사우스 콜에서 사망한 홀의 고객)와 스콧 피셔가 목숨을 잃었고, 북쪽에서 인도의 등산가 쩨왕 스마늘라Tsewang Smanla, 쩨왕 팔조르Tsewang Paljor, 도르제 모룹Dorje Morup이 목숨을 잃었다.

무선통신의 발달로 대중은 곧바로 참사를 알게 되었다. 5월 11일 인터넷 뉴스가 이 슬픈 소식을 전 세계에 알렸다. 5월 14일 『뉴욕 타임스』의 독자들은 홀이 아내에게 남긴 마지막 작별인사를 신문의 1면에서 읽을 수 있었다. 그러자 곧바로 등산 관련 웹사이트에서는 위험이 매우 큰 등반의 윤리에 대한 논쟁이 불붙었다. 『아웃사이드』의 웹사이트에는 벡 웨더스(그는 살아 돌아오기는 했지만 심한 동상을 입었다.)의 친구라고 자신을 소개한 여성이 "(롭 홀에 의해) 홀로 남겨진 임신한 아내는 혼자서 아이를 낳아야 하고, 아이를 반겨주는 아버지, 양육을 도와줄 남편도 없는데, 이런 것들은 용감한 남편이었다는 것으로는 전혀 위안이 되지 않는다."라고 쓴 글을 올려 위험을 무릅쓰는 등산가들을 비난했다. 홀과 피셔를 두둔하는 사람들도 있었다. "롭과 스콧 피셔는 고객들을 돌보다가 목숨을 잃었다. 그들은 진정한 전문가의 자세를 끝까지 잃지 않았다." 이 참사를 대서특필한 기사는 다른 통신원의 논평도 함께 실었다. "이 사람들이 용감했다는 것은 부인할 수 없지만… 이 특별한 등반이 지혜로웠는지 의심스럽다. 만일 등산가들이 '개인적인 도전'을 위해 정상에 올라가려고 한다면,

1950년 텡보체 사원. 벳시 카울스 촬영
(사진출처: 미국 알파인 클럽 도서관)

왜 언론을 앞세우며, 왜 웹사이트를 운영하는가?" 아마도 그들은 무의식중에 등산역사에서 가장 유명한 질문과 대답을 되풀이한 것 같다. "왜 에베레스트에 오르려고 하나?" "산이 거기 있으니까." 왜 웹사이트를 운영하는가? 이 세상에 많은 일들이 일어났다. 맬러리 이래의 등산도 마찬가지다. 하지만 언제나 좋은 일만 일어나는 것은 아니니까.

용기를 내라

1950년이 저물어갈 무렵 찰리 휴스턴, 빌 틸먼과 그들의 동료들이 에베레스트 정찰등반을 마치고 고국으로 돌아왔다. 그들은 서양인으로서는 처음으로 솔루쿰부를 여행하고, 남체 바자르에 머물렀으며, 텡보체의 라마승을 만나고, 에베레스트의 남쪽을 네팔에서 바라보았다. 휴스턴이 『미국 알파인 저널』에 쓴 보고서에는 그 기회를 자신이 얼마나 고맙게 생각했는지 잘 나타나 있다.

> 우리는 미국인들이나 유럽인들이 전혀 밟아보지 못한 곳에 5주일간 머물렀다. 거친 계곡에 난 길을 280킬로미터쯤 걸어갔고, 3,000미터가 넘는 고개를 세 개 넘었으며, 지구상에서 가장 높은 산의 기슭에 가기 위해 조잡하게 만들어진 다리들을 건넜다. 그곳에서 작은 마을을 만났다. 그들은 종교를 중심으로 자족적으로 살아가며, 자부심이 강하고 행복하고 건전했다. 이 작은 라마교 사원과 마을은 말로 표현할 수 없을 정도로 아름다운 경치에 둘러싸여 있었는데 복잡한 세상 속에 있는 작은 오아시스처럼 느껴졌다. 여행을 하면서 만난 사람들은 모두 친근하고 예의가 바랐는데, 어떤 사람들은 상당히 친절했다. 우리는 다른 방식의 삶과 새로운 종교에 눈을 떴다. 이렇게 행복한 태고의 땅에서 나와 처음 들은 소식이 한국에서 유엔군이 패퇴하고 있고 세계의 여러 국경지역이 정치적으로 불안하다는 것이었다. 우리는 정말 문명세계로 돌아온 것이 맞는가? 우리들의 생활 방식이 우리에게 지워준 근심걱정, 기쁨, 책임으로 다시 돌아오자 인상 깊었던 마을인 단쿠타Dankhuta의 영어 학교 벽에 쓰여있던 격언을 잊을 수가 없었다. "소심한 겁쟁이가 되지 말고 용기를 내라."

우리는 이 책에서 히말라야 등산의 역사는 외국에서 이 지역으로 온 등산가들이 일시적으로 남겨놓은 삶의 방식과 밀접한 관련이 있다고 주장했다.(앞에서 예를 든 것처럼 그들은 때때로 돌아가고 싶어 하지 않았다.) 휴스턴과 틸먼도 그들 앞에 있었던 맬러리와 어빈, 그들 뒤에 있었던 피셔와 홀처럼 자신들이 산 시대에 속한 사람들이 가졌던 장점과 단점을 모두 보여주었다. 그러나 그들의 역사를 비판은 하되 냉소해서는 안 된다. 히말라야 등산가들의 영웅적인 모험 이야기 이면에 다른 무엇인가가 있다고 해서 그들이 보여준 영웅주의를 부정해서는 안 된다. 물론 부정한다고 해서 그들의 모험이 주는 감동이 줄어드는 것도 아니다. 단쿠타 마을 주민들이 방문객들에게 지혜롭게 충고한 것처럼 소심한 겁쟁이가 되지 말고 용기를 내라!

찾아보기

땀, 눈물, 그리고 정성으로

2008년 봄이었다. 친하게 지내던 선생님이 재미있는 친구 한 분을 만나러 가자고 했다. 별달리 할 일도 없고 호기심도 나서 따라간 그날, 내 인생의 많은 것이 바뀌었다. 어떤 빌딩의 꼭대기 층으로 올라가니, 사무실 앞에 산을 다룬 잡지 더미가 보관되어 있었다. '산과 관련한 업체인가.' 사무실로 들어가니 고서들이 빼곡하게 꽂혀 있었다. '교수님 연구실인가'라고 생각했는데, 그 사무실 주인은 사업가란다. 그 분은 두툼한 책을 한 권 넘겨주셨다. 재미있어 보였다. 그 책을 번역 출판할 생각이라고 했다. 겉표지를 보니 히말라야 등산사란다. 38년 동안 살면서 한 번도 보지도, 듣지도 못한 분야의 책이다. 그래도 역사와 사회는 자신 있었다. 호기롭게 번역을 맡았다. 그리고 진땀과 눈물을 참 많이도 흘렸다. 용어와 지명을 우리말로 어떻게 읽는지 몰라서 진땀을 뺐고, 영어가 어려워서 눈물을 흘렸다. 멋진 문장을 우리말로 딱 떨어지게 옮길 수가 없어서 눈물이 났다.

이 책 속에서 참 많은 사람들을 만났다. 조지 맬러리, 에드먼드 힐러리, 헤르만 불, 라인홀드 메스너 같은 등산가뿐 아니라 정치가, 지도 제작자, 탐험가, 페미니스트…. 수천 명의 이름이 내 보잘것없는 손끝을 거쳐갔다. 등산은 그저 산에 올라가는 것이라고 생각했는데, 이렇게 방대한 역사가 그 안에 있었다니. 솔직히 번역하기 전에는 몰랐다.

이 모든 것은 이 책의 저자들인 모리스 이서먼과 스튜어트 위버 덕분이다. 그들의 꼼꼼함에 진저리를 치며 번역을 하다 도망치기도 여러 차례였다. 이 두 사람의 장인정신이 이 모든 것을 가능하게 했다. 마음속 깊이 존경한다.

책을 번역하며 여러 인터넷 사이트를 찾아보고 참조했다. 우리말로 된 보석 같은 등산 웹사이트들을 알게 되었다. 등산과 관련한 정보를 나누려는 노력 위에 조그만 성과를 하나 보태어 기쁘다. 웹사이트에서 가끔 사소한 번역 오류들이 눈에 띄기도 했다. 나도 이번 책의 번역을 통해 그런 오류를 또 하나 보태는 것이 아닐까 두렵기도 하다. 나름대로 최대한 정확하게 번역을 해보려 노력했다. 그럼에도 불구하고 이 책에서 오류가 보인다면, 그것은 전적으로 부족한 역자 탓이다.

세상에는 산을 오르는 사람들이 있다. 그리고 산을 오르는 사람들을 지켜보는 사람들이 있다. 산을 올랐던 사람들에 대한 이야기를 읽는 사람들이 있다. 먼 길 떠날 때 그런 책을 가방에 넣고 가는 사람들이 있다. 이 책은 그 모든 사람들에게 도움이 되었으면 한다.

번역하는 데 도움을 주신 1977년 에베레스트 원정대장이자 전 대한산악연맹 회장이셨던 김영도 고문님에게 감사드린다. 김영도 고문님께서는 따뜻한 조언을 해주셨으며 특히 해박한 독일어 실력으로 많은 도움을 주셨다. 전문 산악인으로 꼼꼼한 검수를 해주신 한국외대 산악회 김동수 선생님께도 감사드린다. 프랑스어 지명과 인명의 발음을 도와주신 이창용 선생님, 독일에서 오랫동안 살다 와서 도움을 준 박상현 학생과 폴란드어와 헝가리어 인명의 우리말 발음 번역을 도와주신 정희찬 학생의 아버님께 감사를 드린다. 그리고 기나긴 번역 기간 동안 참을성 있게 기다려주시고, 이 모든 것을 가능하게 해주신 하루재클럽의 변기태 사장님께 감사드린다.

2015년 10월

조 금 희

107일간의 고통과 기쁨

지금은 누렇게 색이 바랜 월터·언쉬즈의 『알프스의 北壁』. 30여 년 전 나는 이 책을 처음 만나고 나서, '100번을 읽자.'라는 생각을 했었다. 물론 그렇게까지 읽지는 못했지만, 30번 정도는 읽은 것 같다. 등산역사의 선구자들에게 다가갈 수 있는 이 책은 언제나 나에게 잔잔한 감동을 주었다.

『알프스의 北壁』과의 첫 만남 이후 30여 년이 흐른 지금, 『Fallen Giants』가 내게는 다시 100번을 읽고 싶은 책이 되었다. 등산의 역사를 정치, 경제, 문화의 배경과 함께 종합적으로 풀어낸 책은 이 책이 유일할 것이다. 『Fallen Giants』를 만난 것은 모두에게 엄청난 행운이다.

이 책 덕분에 거의 40여 년 만에 히말라야 도전의 역사를 다시 공부했다. 이제 도전과 모험을 할 수 있는 곳이 점점 줄어들면서 등산이 '인스턴트'가 된 오늘날, 역사적 선구자들이 경험한 모험의 세계로 가보는 것은 매우 흥미진진할 것이다.

이 책의 "5장 히말라야의 전성기" 중 "승리와 비극의 K2"를 보면 "두 사람의 생명이 위협받는 순간이었다. 휴스턴은 한순간 당황했지만 호주머니에서 꾀죄죄하고 부서지기 직전의 성냥을 아홉 개비 찾아냈는데, 두 개비는 버너가 켜지기 전에 꺼져버렸다. 아침에 세 개비가 또 꺼져버려 휴스턴과 페졸트가 7월 21일 7캠프를 출발할 때는 남은 성냥 네 개비에 모든 것이 달려 있었다."라는 문장이 나온다. 1938년 미국 K2 원정대에서 있었던 일이다. 사실 원서에는 총 개수가 9개비고, 세 번에 걸쳐 8개비(2개비+3개비+3개비)로 상황 설명을 해놓고 있었다. 이것은 명백한 숫자이기 때문에 문장으로 요령을 부릴 수 있는 것이 아니었다. 나는 휴스턴과 페졸트를 위해 총 개수를 8개비로 줄이지 않고, 남은 성냥개비에 한 개를 더 얹어주었다. 비록 정상 등정에는 실패했지만, 그들이 구슬픈 승리의 고함을 지르며 질어

가는 황혼 속에 7캠프로 돌아올 수 있었던 것은 아마도 내 덕분일 것이다.

『사이코버티컬』이 끝도 없는 분사구문으로 속을 썩이더니, 이 책은 처음부터 끝까지 수많은 등장인물과 역사적 사건, 수치가 날줄과 씨줄로 엉켜있어 잠시도 긴장을 풀 수가 없었다. 문학적 표현이 문제가 아니었다. 오류를 범하기가 너무나도 쉬워 어떻게 하면 꽁꽁 숨어있는 오류를 잡아내느냐가 더 큰 문제였다.

어느 날 시간의 흐름을 놓친 적이 있었다. 금요일이 공휴일로 낀 날이어서 사무실에 나 혼자 있었다. 그때 나는 4일 밤을 집에 들어가지 않을 생각으로 이미 하룻밤을 사무실에서 보내면서 재번역과 교정과 윤문에 매달리고 있었다. 갑자기 멍해지면서 무슨 요일인지 전혀 생각이 나지 않았다. 천천히 생각이 돌아오자 금요일이었다. 토요일과 일요일, 이틀 더 책에 매달릴 수 있는 시간이 있다는 것이 그때만큼 반갑고 고마운 적이 없었다. '바보 같으니라고', 나는 씩 웃었다. 그렇게 집에 들어가지 않고 침낭에서 모기와 싸운 날이 아마도 40일쯤은 되는 것 같고, 정말 107일간은 사투를 벌였다.

"There are other Annapurnas in the lives of men.(모든 사람의 인생에는 저마다의 안나푸르나가 있다.)" 모리스 에르조그의 이 말이 『Fallen Giants』를 한 마디로 나타내는 말일 것이다.

하루재클럽의 '산서 번역 출간'이 성공하기를 기원하며, 주위에서 격려하고 도와주신 많은 분께 감사의 말씀을 드리고 싶다.

2015년 10월

김 동 수

무상의 정복자

위대한 등반가 리오넬 테레이의 불꽃 같은 삶과 등반 이야기 • 그랑드조라스 워커룽, 아이거 북벽에 이어 안나푸르나, 마칼루, 피츠로이, 안데스, 자누, 북미 헌팅턴까지 위대한 등반을 해낸 리오넬 테레이의 삶과 등반 이야기가 펼쳐진다.

리오넬 테레이 지음 | 김영도 옮김 | 46,000원

나의 인생 나의 철학

세기의 철인 라인홀드 메스너의 인생과 철학 • 칠순을 맞은 라인홀드 메스너가 일찍이 극한의 자연에서 겪은 체험과 산에서 죽음과 맞서 싸웠던 일들을 돌아보며 다양한 주제로 자신의 인생과 철학에 대해 이야기한다.

라인홀드 메스너 지음 | 김영도 옮김 | 41,000원

엘리자베스 홀리

히말라야의 영원한 등반 기록가 • 에베레스트 초등부터 현재에 이르기까지 히말라야 등반의 방대한 역사를 알고 있는 엘리자베스 홀리의 비범한 삶과 세계 최고 산악인들의 이야기가 흥미롭게 펼쳐진다.

버나데트 맥도널드 지음 | 송은희 옮김 | 38,000원

RICCARDO CASSIN

등반의 역사를 새로 쓴 리카르도 캐신의 50년 등반 인생 • 초창기의 그리냐와 돌로미테 등반부터 피츠 바딜레, 워커 스퍼와 데날리 초등까지 상세한 이야기와 많은 사진이 들어 있는 이 책은 리카드로 캐신의 반세기 등반 활동을 총망라했다.

리카르도 캐신 지음 | 김영도 옮김 | 36,000원

하루를 살아도 호랑이처럼

알렉스 매킨타이어와 경량·속공 등반의 탄생 • 알렉스 매킨타이어에게 벽은 야망이었고 스타일은 집착이었다. 이 책은 알렉스와 동시대 클라이머들의 이야기를 통해 삶의 본질을 치열하게 파헤쳐 들려준다.

존 포터 지음 | 전종주 옮김 | 45,000원

마터호른의 그림자

마터호른 초등자 에드워드 윔퍼의 일생 • 걸출한 판각공이자 뛰어난 저술가이며 스물다섯 나이에 마터호른을 초등한 에드워드 윔퍼의 업적에 대한 새로운 평가와 더불어 탐험가가 되는 과정까지 그의 일생이 담겨 있다.

이언 스미스 지음 | 전정순 옮김 | 52,000원

ASCENT

알피니즘의 살아 있는 전설 크리스 보닝턴의 등반과 삶 • 영국의 위대한 산악인 크리스 보닝턴. 사선을 넘나들며 불굴의 정신으로 등반에 바쳐온 그의 삶과 놀라운 모험 이야기가 가족에 대한 사랑과 더불어 파노라마처럼 펼쳐진다.

크리스 보닝턴 지음 | 오세인 옮김 | 51,000원

프리솔로

엘 캐피탄을 장비 없이 홀로 오른 알렉스 호놀드의 등반과 삶 • 극한의 모험 등반인 프리솔로 업적으로 역사상 최고의 암벽등반가 지위를 획득한 호놀드의 등반경력 중 가장 놀라운 일곱 가지 성과와 그의 소박한 일상생활을 담았다.

알렉스 호놀드, 데이비드 로버츠 지음 | 조승빈 옮김 | 37,000원

산의 비밀

8000미터의 카메라맨 쿠르트 딤베르거와 알피니즘 • 역사상 8천 미터급 고봉 두 개를 초등한 유일한 생존자이자 세계 최고의 고산 전문 카메라맨인 쿠르트 딤베르거. 그의 등반과 여행 이야기가 흥미진진하게 펼쳐진다.

쿠르트 딤베르거 지음 | 김영도 옮김 | 45,000원

太陽의 한 조각

황금피켈상 클라이머 다니구치 케이의 빛나는 청춘 • 일본인 최초이자 여성 최초로 황금피켈상을 받았지만 뜻하지 않은 사고로 43세에 생을 마감한 다니구치 케이의 뛰어난 성취와 따뜻한 파트너십을 조명했다.

오이시 아키히로 지음 | 김영도 옮김 | 30,000원

카트린 데스티벨

암벽의 여왕 카트린 데스티벨 자서전 • 세계 최고의 전천후 클라이머로, 스포츠클라이밍, 암벽등반 그리고 알파인등반에서 발군의 실력을 발휘한 그녀의 솔직담백한 이야기가 잔잔한 감동으로 다가온다.

카트린 데스티벨 지음 | 김동수 옮김 | 30,000원

Art of Freedom

등반을 자유와 창조의 미학으로 승화시킨 보이테크 쿠르티카 • 산악 관련 전기 작가로 유명한 버나데트 맥도널드가 눈부시면서도 수수께끼 같은 천재 알피니스트 보이테크 쿠르티카의 전기를 장인의 솜씨로 빚어냈다.

버나데트 맥도널드 지음 | 김영도 옮김 | 36,000원

국립중앙도서관 출판예정도서목록(CIP)

Fallen giants : 히말라야 도전의 역사 / 지은이: 모리스 이서먼, 스튜어트 위버 ; 옮긴이: 조금희, 김동수 ; 그린이: 디 몰나르. -- 서울 : 하루재 클럽, 2015
p. ; cm. -- (등반사 시리즈 ; 2)

원표제: Fallen giants : a history of Himalayan Mountaineering from the age of empire to the age of extremes
원저자명: Maurice Isserman, Stewart Weaver, D. Molenaar
색인수록
영어 원작을 한국어로 번역
ISBN 978-89-967455-1-8 03900 : ₩62000

등산[登山]
히말라야 산맥[--山脈]

699.1-KDC6
796.522-DDC23 CIP2015026568

Fallen Giants 히말라야 도전의 역사

초판 2쇄 2021년 9월 14일

지은이 모리스 이서먼Maurice Isserman / 스튜어트 위버Stewart Weaver
옮긴이 조금희 / 김동수
그린이 디 몰나르D. Molenaar

펴낸이 변기태
펴낸곳 하루재 클럽
주소 (우) 06524 서울특별시 서초구 나루터로 15길 6(잠원동) 신사 제2빌딩 702호
전화 02-521-0067
팩스 02-565-3586
이메일 haroojaeclub@naver.com
출판등록 제2011-000120호(2011년 4월 11일)

편집 유난영
디자인 장선숙

ISBN 978-89-967455-1-8 03900

* 책값은 뒤표지에 있습니다.